Guía
Repsol

Guía Repsol

Rutas con los Mejores Sabores

La extraordinaria riqueza y variedad de la gastronomía española ha logrado que los motivos que conducen a un viaje hayan cambiado y que el conocimiento de nuestra herencia culinaria sea, realmente, el objetivo último de los viajeros. Conscientes de ello, la nueva **Guía de Rutas con los Mejores Sabores** propone, en nuestro 35 aniversario, disfrutar de España con los cincos sentidos. Una selección de 34 itinerarios, dos por Comunidad Autónoma, para paladear el país y recorrer su geografía, sus fiestas gastronómicas y sus costumbres mediante un plato o producto arraigado en cada zona.

Nuestro objetivo es ayudar al viajero a idear su viaje y acompañarle conociendo mejor uno de nuestros más valiosos tesoros: **la gastronomía española.** Sus exquisiteces nos presentarán los paisajes, la historia, las tradiciones y las fiestas de los diferentes recorridos exclusivos marcados en esta Guía: desde los *ferreiros* de Taramundi a los paisajes dalinianos del Alt Empordà, pasando por el nacimiento del río Mundo o la costa norte de Menorca, entre otros.

Una selección que, junto con nuestra **Guía de Mapas de Carreteras de España y Portugal** y nuestra **Guía de Turismo con los Mejores Restaurantes,** se convierte en la mejor compañera para sacar el mayor rendimiento posible a su viaje.

Como cada año, la Guía de Ruta de los Mejores Sabores cuenta con el asesoramiento de la **Asociación de Amigos de la Real Academia de Gastronomía,** que nos apoya en la selección de alimentos y recetas, y de la **Fundación Española de la Nutrición,** que ha elaborado y avala la información nutricional relativa a cada uno de ellos. Asimismo, contamos con la colaboración permanente de las **Consejerías de Turismo, Agricultura y Pesca de las Comunidades Autónomas,** a las que queremos mostrar nuestro agradecimiento.

Con estas nuevas propuestas, son ya más de 200 las rutas gastronómicas que el usuario puede recorrer en nuestra versión digital, ***www.guiarepsol.com,*** en la que están disponibles un total de doce recorridos por cada una de las Autonomías con material audiovisual de gran calidad.

Índice

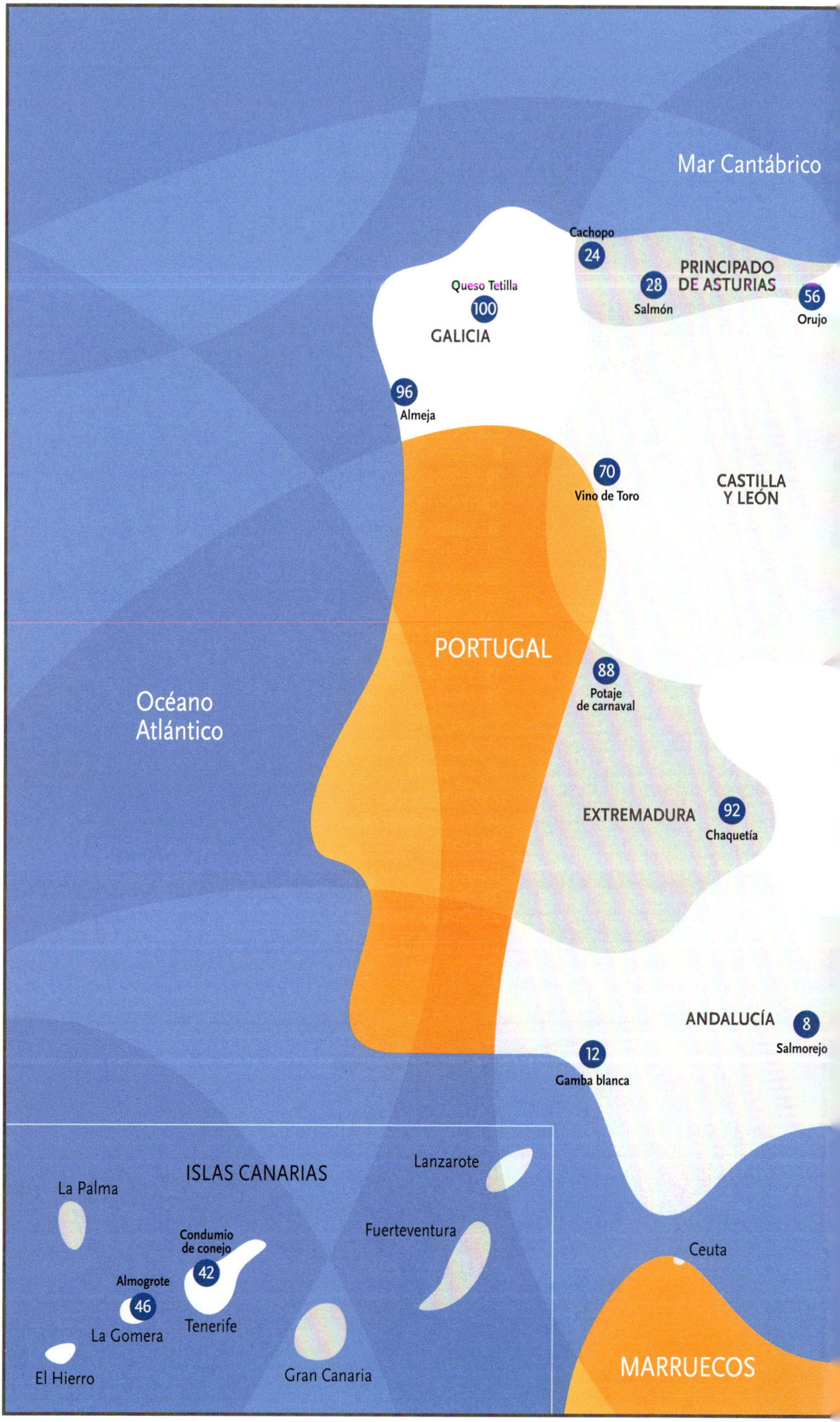
Mar Cantábrico
Cachopo
24
PRINCIPADO DE ASTURIAS
28
Salmón
56
Orujo
Queso Tetilla
100
GALICIA
96
Almeja
70
Vino de Toro
CASTILLA Y LEÓN
PORTUGAL
88
Potaje de carnaval
Océano Atlántico
EXTREMADURA
92
Chaquetía
ANDALUCÍA
8
Salmorejo
12
Gamba blanca
ISLAS CANARIAS
Lanzarote
La Palma
Fuerteventura
Condumio de conejo
42
Almogrote
46
La Gomera
Tenerife
El Hierro
Gran Canaria
Ceuta
MARRUECOS

Mapa de Rutas con los Mejores Sabores

El color del verano andaluz

Salmorejo

El corazón de la Cordillera Bética, a caballo entre Córdoba, Jaén y Málaga, es el centro geográfico andaluz. Y el Parque Natural de las Sierras Subbéticas aúna su alma más cordobesa: naturaleza, patrimonio y un recetario contundente.

Pan, ajo, sal, aceite de oliva virgen extra y tomate rojo mezclados con sabiduría para que tengan en boca un tacto suave y cremoso y ninguno destaque sobre los demás. Ese es el secreto del salmorejo cordobés, un gazpacho sólido que lleva el color del verano a las mesas de la provincia. Aunque está presente en todas las cartas de Córdoba, con una clientela amante de la cocina tradicional y poco dada a los experimentos, esta ruta discurre por el sureste provincial, en la comarca de la Subbética.

Perla de Sefarad

En **Lucena,** punto de partida de nuestro itinerario, el casco histórico rezuma sabor andalusí por los cuatro costados. A poco más de media hora desde Córdoba por la autovía A-45, se alcanza esta localidad conocida entre los siglos IX y XI como Eliossana, la perla de Sefarad, por ser la ciudad judía más importante del sur peninsular. La visita comienza donde estuvo prisionero Boabdil, último rey nazarí de Granada: el castillo del Moral, que cuenta con un museo arqueológico muy interesante y unas vistas magníficas desde su torre del homenaje. Tampoco hay que perderse la iglesia de San Mateo ni el palacio de los Condes de Santa Ana. Y a la hora de comer, Lucena conserva la tradición de la repostería sefardí y ofrece un tapeo muy aconsejable: desde el salmorejo a las albóndigas de boquerones. Desde aquí, la A-331 lleva a **Rute,** conocido como el pueblo del anís, famoso por sus fábricas de dulces de Navidad, que inundan sus calles de un dulce aroma los meses previos a diciembre. Sorprenden sus numerosos museos, dedicados al

Lucena conserva la tradición de la repostería sefardí

Estampa andaluza en Priego de Córdoba

Completa tu ruta

- **Longitud del itinerario propuesto:** 120 km aprox.
- **Mapa completo de la zona:** Guía Repsol de Mapas, pág. 98 B-4
- **Información turística, hoteles y restaurantes:** Guía Repsol de Turismo, pág. 107
- **Más información:** *www.guiarepsol.com*

FIESTA

Sabores de la antigua Sumeria

Desde 2009, y cada 24 de abril, la Cofradía Gastronómica del Salmorejo Cordobés celebra el Día del Salmorejo, una cita donde se ensalzan las bondades de este plato cuyo origen se sitúa en la antigua Sumeria, al sur de Mesopotamia. Para promocionarlo, se reparten carteles en restaurantes, mercados y tabernas y se hacen recetas para celíacos y postales con su valor nutricional. Hay degustaciones y catas gratuitas en muchos establecimientos y, como colofón, se rinde un homenaje al salmorejo, maridado con vino de la D. O. Montilla-Moriles, en un patio típico: la sede de la Asociación de los Patios de San Basilio.

El río Genil se convierte en Iznájar en el mayor pantano andaluz

anís, el mantecado e incluso el que alberga el belén de chocolate más grande de España. La misma A-331 conduce hasta **Iznájar.** Antes de avistar el pantano, un desvío por la CO-8216 lleva a la garganta de la Hoz, paraje natural de gran belleza. A los pies de Iznájar se embalsan las aguas del río Genil, el pantano andaluz con mayor capacidad. La villa, alzada sobre un cerro y ordenada en torno a la vetusta fortaleza de Hisn Ashar, cumple los cánones de los viejos pueblos de Al-Andalus: casas encaladas y calles angostas repletas de macetas. Hay que visitar el Arco de la Villa, la antigua alcaicería musulmana (patio de comedias desde el siglo XVI), la iglesia de Santiago Apóstol, el pósito y el mirador de la Cruz de San Pedro y Las Peñas.

El barroco cordobés

El recorrido continúa por la A-333 hacia el corazón de las Sierras Subbéticas, **Priego de Córdoba,** capital del barroco cordobés y famosa por sus aceites producidos en la comarca de la D. O. del mismo nombre. Situado en las estribaciones del pico de La Tiñosa, la cumbre más elevada de la provincia, Priego y su serranía enmarcan una sucesión de barrancos, valles y laderas donde el horizonte es una cuadrícula de olivos. Su barrio de la Villa es uno de los ejemplos más emblemáticos de urbanismo medieval. Destacan sus iglesias de la Asunción, de San Francisco y de la Aurora; el Balcón del Adarve; el paseo de las Rosas; su castillo; la fuente del Rey y las Carnicerías Reales. La ruta bordea el Parque Natural de las Sierras Subbéticas: desde Priego se continúa hasta **Zamoranos,** con su Museo de la Almendra, y luego siguiendo la CO-7201 y la N-432 (a la derecha queda la Laguna del Conde, reserva natural) se llega a **Luque.** Situada en la campiña olivarera, en esta localidad destacan los restos de la fortaleza de Hisn Lukk, de la época nazarí. Conserva tres lienzos de sus murallas y dos torreones,

Prácticas de parapente sobre un campo de olivos

Claustro del convento de San Francisco, en Lucena

un caso único en Andalucía. A los pies del castillo, espera la iglesia de la Asunción, con su espectacular nave central cubierta por un artesonado de madera diseñado por el insigne artista cordobés Pedro de Mesa. De Luque a **Zuheros** hay un bello trazado por la CO-6203. Estamos ante una de las villas más pintorescas de la región: quedan restos de calles sinuosas, miradores, un castillo árabe del siglo IX y un entorno natural de ensueño con la vía ferrata del río Bailón. A 4 kilómetros, en el cerro de los Murciélagos, está el acceso a uno de los yacimientos del Neolítico más importantes de Europa: la cueva de los Murciélagos. La ruta conduce por la misma carretera a **Doña Mencía** –hay que recorrer la Vía Verde y visitar alguna de sus bodegas asociadas a la D. O. Montilla-Moriles– y concluye, por la CO-6211, en **Cabra.** Merece un paseo por sus murallas, los restos del castillo de los Condes de Cabra y la parroquia de la Asunción y Ángeles, conocida como la mezquita del barroco.

Detalle del barrio de la Villa de Priego de Córdoba

Salmorejo

Cuando el termómetro sube, el salmorejo bien fresquito sienta de maravilla, además de hidratar y de nutrir.
Es muy sencillo de preparar. La receta clásica indica que hay que escaldar los tomates, pelarlos, triturarlos y colarlos para quitarles todas las pepitas. Se añade entonces el pan troceado, preferiblemente de telera cordobesa, el aceite de oliva virgen extra, los ajos y la sal, y se tritura todo de nuevo hasta obtener una crema homogénea con la batidora (en sus orígenes se mezclaba a mano, lo cual le confería excesiva contundencia palatal).
La guarnición más habitual es huevo picado y jamón serrano, aunque según zonas también se acompaña de atún en aceite desmigado, de tiras de patata o berenjena frita e incluso de algunos daditos de naranja.

El principal ingrediente de esta receta es el tomate, rico en potasio y vitaminas C, E y A. Esta última se encuentra en forma de carotenoides (luteína y zeaxantina), relacionadas con la prevención de problemas de visión y el licopeno, responsable del característico color rojo y del alto poder antioxidante. Por otro lado, el pan, con alto contenido en hidratos de carbono complejos, y el aceite de oliva, rico en ácidos grasos monoinsaturados, hacen que este plato resulte un buen ejemplo para incluir en una dieta sana y equilibrada.

Fundación Española de la Nutrición

La reina de la bajura

Gamba blanca

Entre la desembocadura de los ríos Guadalquivir y Guadiana, la costa onubense es una sucesión de playas, espacios naturales, exclusivas urbanizaciones y puertos pesqueros que ofrecen al comensal lo más sabroso del litoral atlántico.

Completa tu ruta

- **Longitud del itinerario propuesto:** 171 km aprox.
- **Mapa completo de la zona:**
  Guía Repsol de Mapas, pág. 103 E-1
- **Información turística, hoteles y restaurantes:**
  Guía Repsol de Turismo, págs. 48, 154, 203 y 251
- **Más información:** *www.guiarepsol.com*

En las imágenes,
la romería de El Rocío

De largos bigotes y aplanado cuerpo, la gamba blanca es la reina en las lonjas y en el tapeo de Huelva. La flota de bajura la captura de manera artesanal en los fondos arenosos del litoral. Y su fina piel, de un tono levemente rosado, requiere un punto exacto de cocción y una pizca de sal para convertir a este marisco en uno de los manjares más deliciosos de la cocina onubense. De este a oeste, la Costa de la Luz nace en el límite occidental del Parque Nacional de Doñana y culmina en la desembocadura del Guadiana, frontera fluvial entre España y Portugal. La ruta propuesta comienza en las marismas de **Almonte,** en la aldea de El Rocío. Miles de fieles peregrinan hasta aquí el primer lunes de Pentecostés en la romería más multitudinaria, alegre, ritual e íntima de cuantas se celebran en Andalucía. El santuario (construido en los años sesenta), las calles de arena a la puerta de las casas de las hermandades y las vistas frente a la marisma son lugares de visita obligada.

Gamba blanca

Hay una gran variedad de gambas, pero la de más alta calidad y mayor valor gastronómico es la que se captura en la costa de Huelva, y que se subasta a diario en las lonjas de Ayamonte, Huelva, Isla Cristina y Punta Umbría. Su carne es muy apreciada y su preparación no reviste dificultad. Se puede degustar de diferentes formas, aunque cocida y a la plancha son las más solicitadas. Para cocerlas, hay que poner a hervir agua con sal e introducir las gambas cuando comience la ebullición. Después de unos minutos al fuego, dejarlas reposar en un recipiente con agua, hielo y sal. Si se quieren a la plancha, hay que poner una base de sal gorda en la plancha, calentarla y hacer las gambas vuelta y vuelta. Al sacarlas, ser generosos con la sal gorda.

Crustáceo de alto valor nutritivo, fuente de proteínas, fósforo, selenio, hierro, calcio y vitaminas como B12 y niacina. Cien gramos de este alimento proporcionan más del 80% de las ingestas recomendadas de yodo para una mujer mayor de 16 años. Una elevada parte de su composición es agua y su aporte de colesterol es relativamente elevado.

Fundación Española de la Nutrición

Monasterio de Santa María de La Rábida

La A-483 conduce hasta **Matalascañas.** Allí hay que disfrutar de su extensa playa frente al Atlántico, acercarse a su imponente faro y recorrer el Parque Dunar a través de senderos señalizados y bajo la sombra de un bosque de sabinas y pinos. Y si luego quedan fuerzas, es recomendable acercarse al museo del Mundo Marino y desviarse a El Acebuche (Centro de Recepción de Visitantes del Parque Nacional de Doñana). La A-494 atraviesa el Parque Nacional de Doñana y une la playa de la Torre de la Higuera (Matalascañas) con la de **Mazagón**. El viajero encontrará varias zonas de recreo antes de llegar al desvío que conduce a la playa del Parador, con sus espectaculares acantilados de arenisca, como el del Asperillo. Desde Mazagón hacia Huelva, primero por la A-494 y luego por la N-442, el paisaje se torna industrial y concluye en La Rábida, cuna del descubrimiento del Nuevo Continente: hay que visitar el parque botánico José Celestino Mutis (gratuito y con especies de los cinco continentes), el Muelle de las Carabelas (con una reproducción de las tres naves que llevaron a Colón hasta América) y el monasterio de Santa María de **La Rábida.** Frente al cenobio, al otro lado de la ría de Huelva, se avista la desembocadura del Odiel y sus marismas, también declaradas paraje natural. Se entra en Huelva cruzando el puente sobre el río Tinto para enlazar con la A-497, una carretera que recorre el dique Juan Carlos I hasta el faro, frente a la refinería. **Punta Umbría,** otro de los centros oficiales de veraneo en Huelva, queda a un paso. Varias pasarelas de madera facilitan el acceso a las playas y dunas de los Enebrales y Mata Negra. La A-5052

Paseo entre los pinos en Matalascañas

llega desde Punta Umbría hasta **El Portil,** extremo de otro de los espacios naturales protegidos más representativos de la Costa de la Luz: la desembocadura del río Piedras y la Flecha del Rompido, una barra arenosa de 10 kilómetros de longitud que se extiende hasta El Terrón y que alberga una importante colonia de aves acuáticas como el ánade rabudo, el cormorán o la garceta común. Desde allí, siguiendo por la A-5053 hay que poner rumbo a la playa de **La Antilla,** una larga playa de ambiente familiar en la que destaca su paseo marítimo, con palmeras y terrazas casi hasta la arena.

Lonja con historia

Pegada al litoral, la A-5055 conduce hasta **Isla Cristina.** Su lonja pesquera, afamada desde el siglo XVIII, lidera las capturas de gamba blanca en Huelva, con una importante flota de bajura. Hay que acercarse por allí y tapear. Además de sus magníficas playas –Islantilla, la del Centro o la de Punta del Caimán– son famosos sus carnavales y el Festival Coral del Atlántico. La ruta concluye, por la N-431, en **Ayamonte,** el municipio más occidental de la provincia, junto al cauce del Guadiana.
Desde el barrio de la Villa se divisa el estuario, el Puente Internacional y la localidad lusa de Vila Real de Santo António. La iglesia del Divino Salvador, el Pozo Nuevo y el museo de la Hermandad de la Soledad, con piezas de la Semana Santa local, son paradas obligadas rumbo a la zona de La Ribera, con los puertos pesquero y deportivo y las calles más animadas de la plaza de La Laguna.

Idílicas playas y densos pinares dibujan la Costa de la Luz

FIESTA

Feria del Pescado y el Marisco

El recinto ferial de El Carmen acoge el fin de semana más próximo al 15 de agosto la Feria del Pescado y el Marisco de Isla Cristina. En plena temporada estival, es posible disfrutar de la gran protagonista culinaria isleña, la gamba blanca, y también de otras especies muy apreciadas como la chirla de Isla Cristina (si no hay veda), las sardinas, los boquerones, los chocos y los langostinos. Todos estos productos son capturados por los barcos que tienen base en el puerto de Isla Cristina. La actual feria es heredera de la muestra que por las mismas fechas organizaba la Lonja de Isla.

Un horizonte con traza medieval

Farinoso

La comarca de las Cinco Villas rompe el tópico de una Zaragoza barrida por el cierzo y el polvo de Los Monegros. En el Prepirineo abundan los cascos históricos medievales, los horizontes quebrados y una cocina de hondas tradiciones populares.

Completa tu ruta

- **Longitud del itinerario propuesto:** 125 km aprox.
- **Mapa completo de la zona:** Guía Repsol de Mapas, pág. 23 3-D
- **Información turística, hoteles y restaurantes:** Guía Repsol de Turismo, pág. 298
- **Más información:** *www.guiarepsol.com*

Detalle de la fachada de Santa María La Mayor, en Uncastillo

Tentación irresistible para golosos, los postres y los dulces aragoneses extraen sus sabores de un hermético y milenario recetario que solo entiende de ingredientes sencillos y deliciosos. Se elaboran para agasajar la visita de familiares y endulzar las fiestas locales, como estos farinosos que se preparan en las cocinas de algunos pueblos de las Cinco Villas. Son dulces con sabor a miel y a frutos secos, según las variedades locales. En Layana, a caballo entre Sádaba y Uncastillo, los elaboran además con anisetes y canela. Y cada 29 de diciembre se encargan de mantener viva la tradición con talleres y una pequeña fiesta en la que invitan a los pueblos vecinos a compartir sus postres y a combatir el frío con vino quemado. El itinerario propuesto comienza en **Tauste,** donde se puede visitar la iglesia de San Antón y el santuario de la Virgen de Sancho Abarca. Desde la plaza del Ayuntamiento se divisa la torre almenada de la iglesia mudéjar de Santa María, del siglo XIV. A sus pies parte la carretera A-127, que llega a **Ejea de los Caballeros.** Capital de las Cinco Villas, esta localidad destaca por

Cuentan las crónicas que Fernando de Aragón nació en Sos del Rey Católico

Calle del casco histórico de Sos del Rey Católico

Cerca de Sádaba se conservan unos interesantes restos romanos

su patrimonio románico, representado por el templo de San Salvador y su característica estampa de iglesia-fortaleza con campanario almenado. Su interior atesora uno de los más valiosos retablos mayores de estilo gótico de Aragón. Después merece la pena caminar por la calle Mediavilla hacia la plaza de España, entre casonas señoriales, y acabar en el barrio de la Corona, en cuyo centro emerge la iglesia de Santa María de la Corona, con el aire inconfundible de los templos del Cister. Siguiendo la A-127, se llega a **Sádaba,** localidad amurallada donde sobresale su castillo cisterciense, del siglo XIII, que conserva casi intactas sus siete torres, y su iglesia parroquial, uno de los mejores ejemplos del gótico aragonés, con un órgano rococó fabricado en el año 1768. Por su ubicación en la fértil vega del río Riguel, los terratenientes del Bajo Imperio romano eligieron el entorno de Sádaba para extender sus haciendas: hay que acercarse hasta el mausoleo de los Atilios y el yacimiento de Los Bañales, célebre por las 35 columnas del acueducto que abastecía a un cercano complejo termal.

FIESTA

Un encuentro intergeneracional

Desde el año 2007, los vecinos de Layana celebran cada 29 de diciembre el Día del Farinoso. Durante las tres jornadas anteriores, los mayores de la localidad imparten talleres en los que se cocina este dulce típico. El 29, a las cinco de la tarde, hay un concierto en la iglesia parroquial con algún coro o banda musical de la comarca y a las seis se baja a las antiguas escuelas, actual centro social, donde se degustan los dulces realizados en los talleres y se cata el vino quemado (vino tinto al que se añade azúcar, frutas, frutos secos y canela en rama y se prende fuego antes de consumir).
Una experiencia comunal, en la que se invita a los vecinos de otros pueblos para compartir recetas de farinosos y experiencias.

Paisaje primaveral en Los Monegros

Continuando por la A-1202 se llega a **Layana,** donde hay que parar para contemplar su característica torre medieval del siglo XI y el templo románico de Santo Tomás. La ruta continúa hacia el norte, de vuelta por la A-127, hasta **Sos del Rey Católico.** Cuentan las crónicas que Fernando de Aragón nació en el palacio de Sada, hoy Centro de Interpretación Fernando II de Aragón. Justo detrás de este palacio se encuentra una de las juderías mejor conservadas de la región. También se han descubierto los restos de lo que pudo ser el baño ritual de la sinagoga. En Sos quedan en pie las siete puertas del núcleo amurallado, y es un placer deambular por el elegante conjunto de su Plaza Mayor, por los restos del castillo y, también, hacer un alto en la iglesia románica de San Esteban, con su majestuosa cripta. O comprar sus afamadas tortas de manteca y algún queso de la zona.

Vuelta al medievo

Una intrincada CV-841 une Sos con **Uncastillo,** una villa medieval donde el tiempo parece haberse detenido: conserva seis iglesias románicas, entre ellas la de San Martín de Tours, hoy transformada en Centro de Interpretación del Arte Románico. Hay que callejear por el casco antiguo, entre casonas palaciegas, hasta la lonja y subir a lo alto de la peña Ayllón, donde se sitúa el museo de la Torre y el palacio de Pedro IV, y disfrutar de las panorámicas que ofrece la antigua torre del Homenaje. La última etapa de la ruta es el territorio de las Cinco Villas orientales: la sinuosa A-1202, a los pies de la Sierra de Santo Domingo, llega hasta **Luesia,** donde quedan restos de la aljama judía y de un castillo y templos románicos como San Salvador y San Esteban. Por la A-1202, la ruta concluye en **Biel,** otra bella localidad ubicada en la margen izquierda del río Arba, con un majestuoso castillo del siglo XI y un caserío con trazas hebreas y casas populares.

Farinoso

Obtener un buen y crujiente farinoso comienza con la preparación de la masa: se mezclan en una olla aceite de oliva, agua y azúcar, y se pone al fuego. Tras un pequeño hervor, se pone a enfriar. Cuando esté casi frío, el caldo se echa sobre la harina y se trabaja hasta obtener una masa homogénea. Se deja reposar unos minutos y, cuando esté lista, se forman círculos de unos 22 centímetros de diámetro lo más finos posibles. Aparte, se prepara el relleno hirviendo en una olla con anís en rama, aceite y miel hasta que la mezcla quede fluida. Para montar los farinosos, se echa una cucharada sopera de relleno en cada círculo de masa y se espolvorea con azúcar y canela. Se dobla la masa en cuatro, dejando el relleno dentro, se unta con huevo batido y se mete al horno hasta que se dore. Antes de comer, hay que dejarlo enfriar.

Este plato aporta principalmente hidratos de carbono, la mayoría azúcares, y lípidos, gran parte provenientes del aceite de oliva, protagonista de la dieta mediterránea. Este aceite se caracteriza por ser rico en grasas monoinsaturadas y actuar de forma saludable en nuestro organismo. Entre los minerales, se encuentra en mayor proporción el fósforo. Se recomienda no consumirlo de manera habitual por ser un postre de elevado aporte energético.

Fundación Española de la Nutrición

Delicias de queso de la zona

Aires templarios del Maestrazgo

Queso de Tronchón

El gélido aliento que barre serranías y barrancos del Maestrazgo turolense es el hábitat ideal para los rebaños de ovejas con las que se elabora un sustancioso queso, el de Tronchón, ya mencionado por Cervantes en *El Quijote*.

La trashumancia de ganado ovino fue, durante siglos, una de las actividades ganaderas más relevantes para la economía del Maestrazgo de Teruel. Bajar a los pastos invernales de las vecinas comarcas levantinas era una de las tareas anuales de los pastores turolenses, una actividad relacionada directamente con la producción artesana de un manjar local: el queso de leche de oveja y cabra de Tronchón. Miguel de Cervantes ya lo menciona en la segunda parte de *El Quijote* y se sabe que en el siglo XVIII era muy apreciado en el palacio de Maria Antonieta y Luis XVI. Este queso, con su peculiar forma trapezoidal, se elabora hoy en amplias zonas de Teruel y Castellón, pero tiene sus orígenes en una época que habla de vías pecuarias y órdenes militares.

Una ruta en torno a este producto comienza en **Molinos,** donde se levanta el único ejemplo del gótico levantino de todo Teruel: la iglesia de Nuestra Señora de las Nieves, del siglo XV. Frente a ella hay unos característicos soportales y desde ahí se asciende al cerro que conserva la torre exenta de una primitiva fortaleza calatrava, hoy desaparecida. A unos 3 kilómetros del casco urbano están las Grutas de Cristal, un conjunto visitable de cavernas subterráneas de origen kárstico y gran belleza descubiertas en 1961. La A-226 enlaza con **Castellote.** Los restos de su castillo templario se asoman sobre la gran cresta caliza que anuncia el pueblo. Antes de atravesar el largo túnel que lleva a la localidad, se puede tomar el camino de tierra que queda a la derecha y acercarse hasta la ermita del Llovedor, emplazada junto a una fuente en la pared calcárea.

La actividad trashumante está en el origen de este manjar

Completa tu ruta

- **Longitud del itinerario propuesto:** 130 km aprox.
- **Mapa completo de la zona:** Guía Repsol de Mapas, pág. 56 B-2
- **Información turística, hoteles y restaurantes:** Guía Repsol de Turismo, pág. 91
- **Más información:** *www.guiarepsol.com*

FIESTA

En honor a San Antonio Abad

Esta fiesta se celebra en torno al 17 de enero inaugurando el calendario festivo tradicional. El fuego purifica y anticipa el cambio de estación, y los vecinos se reúnen alrededor de las brasas para compartir viandas, risas y canciones. En Tronchón perviven los elementos básicos del festejo: la hoguera, la recolecta y la subasta. El domingo, tras la procesión del santo, el alguacil realiza la "tranza", subasta de productos entre los que sobresale el queso de Tronchón, para financiar los gastos con los que ha tenido que correr como organizador del festejo. Es el acto que cierra una fiesta que mezcla ritos ancestrales con la iconografía cristiana.

Mirambel, con su genuino aire medieval, es un escenario de cine

Cada primero de mayo se realiza una romería nocturna con antorchas que iluminan el barranco creando una estampa sobrecogedora. Ya en Castellote, hay que pasear por su casco antiguo, de empinadas y angostas callejuelas repletas de edificios renacentistas aragoneses, y llegar hasta la torre albarrana de vigilancia. Esta atalaya funcionó como cárcel hasta mediados del siglo pasado y ahora sirve para mostrar el auge y el declive de la orden militar templaria en el Maestrazgo. En el municipio funciona también una subsede de Dinópolis –Bosque Pétreo, dedicada a la paleografía–, y es un lugar ideal para comprar buena repostería, aceite, vino del Bajo Aragón y los célebres jamones de Teruel.

Tras los pasos del Cid

La ruta continúa en dirección sur por la A-226 y se asoma a las aguas esmeraldas del pantano de Santolea, que embalsa el cauce del río Guadalope. Si se tiene tiempo y ganas se puede llegar hasta la pedanía de **Ladruñán** por la TE-V-8101. Allí se conserva el Abrigo del Torico, el Abrigo del Arquero y el Friso del Pudial, un importante conjunto de pinturas rupestres del arte levantino declarado patrimonio de la humanidad por la Unesco. Retomando la A-226, la ruta llega a **Bordón:** desde el Mirador de los Estrechos de Bordón se tienen unas espectaculares panorámicas de los cañones que forma el río homónimo. La CV-123 engancha con la TV-V-8424 hasta **Tronchón,** localidad originaria del sabroso queso que marca esta ruta. Duramente castigado durante las guerras carlistas, este municipio conserva su belleza pretérita: la casona del marqués de Valdeolivo (reconvertida al turismo rural), la iglesia de Santa María Magdalena y el Ayuntamiento, de estilo aragonés. Es posible aprovisionarse de buen queso antes

Casa típica en Cantavieja

Portal de las Monjas, en Mirambel

de engarzar de nuevo con la A-226 camino de **Mirambel,** cuyo conjunto arquitectónico recibió en 1982 el Premio Europa Nostra de restauración. Así, mantiene en pie sus murallas medievales, con cinco portales de acceso, el castillo-palacio de la Orden de San Juan y un buen puñado de casas solariegas. Un escenario que sumerge de lleno al visitante en la Edad Media, y que ha convertido a la villa en escenario de varias películas y series. La riqueza patrimonial de esta ruta se prolonga hasta **Cantavieja.** La villa, declarada conjunto histórico-artístico y alzada entre barrancos, atesora un casco histórico imponente. En torno a su calle Mayor se encuentra el Museo de las Guerras Carlistas y la Plaza Mayor, con la Casa Consistorial, la iglesia y la Casa del Bayle. La ruta concluye en **La Iglesuela del Cid** (por la A-227): la leyenda del Campeador se reúne en torno a la ermita de la Virgen del Cid y su talla románica, a 6 kilómetros. El pueblo, con casonas y palacios señoriales, merece un sosegado paseo donde el alma barroca y la esencia templaria ponen el broche perfecto.

Queso de Tronchón

El paso del tiempo no ha alterado el proceso artesano de elaboración de este queso de fama secular. Los ingredientes continúan siendo los mismos: leche de cabra y oveja cruda, que tan solo necesita cuajo, sal y un tiempo de curación de, como mínimo, 60 días. En general, cada queso pasa por las manos del artesano hasta 32 veces. Durante el proceso, la leche no sufre tratamientos térmicos elevados, así permanecen intactos el particular e intenso sabor y el aroma que la flora local confiere al queso. Tampoco ha variado su característica forma cilíndrica, ligeramente abombada, que le viene dada del molde utilizado, llamado encilla. Al corte, el queso presenta una pasta firme, compacta y homogénea, de tonalidad marfil.

Se trata de un queso de alto valor calórico. Dentro de las grasas aproximadamente la mitad son ácidos grasos saturados. Al ser elaborado con leche de cabra, tiene menor contenido en grasa que la de oveja y se caracteriza por su buena digestibilidad. En cuanto a las proteínas, 100 g contienen alrededor de un 23%, destacando por su alto valor biológico. Es rico en vitaminas como la A y B12 y minerales como el calcio, importante para los huesos.

Fundación Española de la Nutrición

La magia del Finisterre astur

Cachopo

El río Eo marca la frontera natural entre Asturias y Galicia y da la bienvenida a una de las comarcas menos conocidas del Principado, Los Oscos, donde arquitectura popular, naturaleza y una contundente gastronomía sorprenden al visitante.

Caballos en el valle de Taramundi

En los pastos de las montañas oscenses se cría la ternera que sirve de materia prima para preparar el cachopo, uno de los platos más populares de la gastronomía asturiana. La receta es muy sencilla: un par de filetes de ternera, queso del país y jamón, y todo ello empanado a la manera de un san jacobo. Muy valorado en su tierra pero prácticamente desconocido fuera de Asturias, el cachopo se come entre una, dos, tres o cuatro personas, dependiendo del tamaño; atendiendo a la sabiduría popular, cuanto más grande mejor. La ruta para degustar este plato transcurre en el límite del Principado de Asturias y Galicia, en un territorio muy bello que conforma la reserva de la biosfera del río Eo, Oscos y Terras de Burón. El camino comienza en **Castropol,** cuyo nombre proviene de un poblado castreño prerromano situado en el cerro en el que se alza la iglesia de Santiago, antiguo hospital de peregrinos jacobeos. Esta villa es uno de los hitos del Camino de Santiago

Castropol es un punto clave del Camino de Santiago de la Costa

Completa tu ruta

- **Longitud del itinerario propuesto:** 117 km aprox.
- **Mapa completo de la zona:** Guía Repsol de Mapas, pág. 2 F-3
- **Información turística, hoteles y restaurantes:** Guía Repsol de Turismo, págs. 98 y 301
- **Más información:** *www.guiarepsol.com*

Barcos en la desembocadura del Eo, en Castropol

FIESTA

Jornadas Gastronómicas Oscos-Eo

El mes de noviembre es el elegido por algunos restaurantes de la mancomunidad de Oscos-Eo para celebrar estas jornadas gastronómicas que se organizan en torno a los productos más característicos de la ría y del interior. Los concejos participantes son los de Castropol, Vegadeo, San Tirso de Abres, Taramundi y los tres Oscos. Durante el otoño, la gastronomía de esta zona del Principado tiene como protagonista a la carne de ternera, elaborada en cachopo, en guisos, en escalopines o a la brasa, y son varios los restaurantes de Santa Eulalia y San Martín que ofrecen sabrosos menús a precios muy atractivos.

de la Costa y a su casco antiguo se accede por la empinada calle que lleva hasta el monumento al Pueblo Ejemplar de Asturias, título que la ciudad obtuvo en 1997. En su arquitectura perdura el aire indiano que recuerda la emigración hacia América que se produjo en el siglo XIX. Buenos ejemplos de este estilo son la casa-palacio de los Bermúdez (conocida como Villa Rosita), el parque de Vicente Loriente, la estatua del militar y escritor Fernando Villamil y el palacio de los Cancio o de las Cuatro Torres, el edificio más antiguo de la villa. Desde la dársena del muelle deportivo parten las excursiones acuáticas que llegan hasta la vecina Ribadeo.

La influencia del agua

Por la N-640 el recorrido continúa hasta el desvío de la AS-26, que llega a **Taramundi,** concejo famoso por sus artesanos del hierro o *ferreiros,* que desde el siglo XVIII elaboran todo tipo de herramientas y utensilios, especialmente navajas y cuchillos. La localidad también es popular por uno de los ingredientes del cachopo, el queso, cuya feria se celebra en el mes de julio. El concejo de Taramundi cuenta con una notable colección de elementos de patrimonio arqueológico, etnográfico y cultural. Para conocerlo, hay que recorrer una carretera vecinal que lleva hasta Mazonovo, primero, y a Os Teixois y Esquíos, después. En Mazonovo, enclavado a orillas del río Cabreira, se encuentra el Museo de los Molinos, un antiguo complejo hidráulico aún en funcionamiento donde se explican las diversas técnicas de molienda del grano utilizadas a lo largo de los siglos. Os Teixois es una encantadora aldea en la que se puede descubrir un valioso conjunto de ingenios hidráulicos (un molino, un mazo, un batán y

Jóvenes gaiteros ataviados con trajes típicos

una rueda de afilar) movidos por la energía del arroyo de Las Mestas. En Esquíos hay un museo etnográfico que muestra una importante recopilación (más de un millar de piezas) de objetos antiguos que formaron parte de la vida de la comarca. De vuelta a Taramundi, se toma la AS-11 y el desvío de la AS-27 hacia **Santa Eulalia de Oscos.** Hay varios recorridos senderistas de interés, como la Senda Verde de las Carballeiras o el que parte desde el área recreativa de Pumares hasta la bella cascada de la Seimeira del Murias. Desde allí, por la AS-33, se alcanza **Villlanueva de Oscos,** donde se encuentra el antiguo monasterio benedictino de Santa María, monumento nacional fundado en el siglo XII por Fray Martín de Vega. Es posible visitar el claustro y la iglesia, aunque de la primitiva factura románica apenas quedan vestigios visibles. En este municipio se puede visitar la parroquia de Santa Eufemia y el Ecomuseo del Pan, centro donde se desvelan los secretos de su proceso de elaboración. La AS-13 conduce hasta **San Martín de Oscos,** otro de los concejos de la comarca que participa en las Jornadas Gastronómicas Oscos-Eo, donde la ternera tiene un gran protagonismo. Allí hay que visitar el palacio de Mon, junto a la boscosa cuenca del río Ahío. Por la misma AS-13 se llega a la Casa del Marco, donde se ubica el Museo de la Casa Campesina. Esta casa marca la frontera territorial entre San Martín y **Grandas de Salime,** punto final de la ruta. Villa de embutidos, vinos, truchas y mantecadas, allí hay que visitar el castro de Chao de Samartín y el museo etnográfico. El segundo domingo de agosto celebran un tradicional mercado, el Feirón, una ocasión ideal para disfrutar de la gastronomía de la zona y un broche delicioso a esta bella ruta.

Cachopo

En castellano, la palabra cachopo significa tronco seco y hueco de un árbol. Nada más lejos de la realidad, porque en Asturias hace referencia a uno de los platos más tradicionales y sabrosos de su gastronomía popular. El proceso de elaboración es muy sencillo: se cogen dos filetes de ternera, cuanto más grandes mejor, entre los que se pone queso y jamón. Se reboza en pan rallado y huevo y se fríe en abundante aceite de oliva. Cuidado con que no esté demasiado caliente para que se haga bien por dentro. Para servirlo, se suele acompañar de una guarnición de patatas, pimientos y/o champiñones. Desde la receta original han surgido muchas variantes, y ahora se pueden encontrar cachopos de pescado, cerdo y pollo, rellenos de marisco, cecina, setas, pimientos o espárragos.

Se trata de un plato con alto contenido energético, rico en grasas y proteínas. Una sola ración de cachopo supera la cantidad diaria recomendada de vitamina B12 para un adulto de cualquier edad. En cuanto a minerales, podemos resaltar el fósforo; y en cuanto a vitaminas, la niacina. Si se acompaña con pimientos de piquillo, mejora su perfil nutricional.

Fundación Española de la Nutrición

Delicias **ribereñas**

Salmón

El de Salas es uno de los concejos salmoneros por excelencia del Principado: cultura ribereña y pesca deportiva en el corazón de la Comarca Vaqueira, donde late el alma de los indianos.

Completa tu ruta

- **Longitud del itinerario propuesto:** 150 km aprox.
- **Mapa completo de la zona:** Guía Repsol de Mapas, pág. 3 D-3
- **Información turística, hoteles y restaurantes:** Guía Repsol de Turismo, págs. 175, 198 y 269
- **Más información:** *www.guiarepsol.com*

Monasterio de San Salvador de Cornellana. Abajo, boda *vaqueira*

Pocos productos como el salmón están tan ligados a la historia de Asturias. De hecho, se considera que esta variedad autóctona es la más antigua de Europa, siendo especialmente abundante hacia el 22.000 a. C. cuando, al helarse los ríos del norte de Europa, el salmón emigró en busca de refugio a los ríos vascos, cántabros, astures y gallegos, donde podía desarrollar mejor su ciclo biológico. Ya en la Edad Media, el salmón estuvo ligado al monasterio de San Salvador de Cornellana que acumuló, junto a los de San Juan Bautista de Corias y Santa María de Belmonte, los derechos de pesca en el río Narcea. Desde mediados del siglo XVII, el municipio de Cornellana, por decisión real, tuvo la potestad de subastar la adjudicación del derecho a la media pesca en el coto. Y aunque ya no tocan las campanas para anunciar el inicio de la época de pesca, la subasta del *campanu* (el primer salmón de la temporada) se ha convertido en uno de los momentos más esperados del año por los amantes de

Salmón

El salmón salar es una especie habitual en los ríos asturianos y se caracteriza por su cuerpo esbelto, flancos plateados y dorso de color azul metalizado cubierto de manchas oscuras. Es un pescado de gran calidad, con una carne especialmente sabrosa, que se puede degustar de múltiples y muy variadas formas: a la ribereña (acompañado de una salsa preparada con otra delicia local, la sidra); en marmita, a la sartén...
Una de las recetas más tradicionales es el salmón al brandy, tal y como se preparaba durante las primeras décadas del siglo XX en los comedores de las empresas mineras. Consiste en colocar varias rodajas del pescado en una cazuela de barro y acompañarlo de una salsa preparada a base de cebolla, ajo, tomate, harina, caldo, brandy y una guindilla.

Buena fuente de proteínas de alta calidad y de ácidos grasos monoinsaturados y poliinsaturados, omega 6 y omega 3, beneficiosos para la salud. También es fuente de vitaminas del grupo B y de minerales, como el fósforo (una ración aporta casi la mitad de las ingestas diarias recomendadas de este mineral para un adulto), el potasio y el magnesio. La salsa de acompañamiento, característica por su toque de brandy y elaborada a base de hortalizas, aporta hidratos de carbono y distinta variedad de vitaminas y minerales.

Fundación Española de la Nutrición

Bateadoras de oro en el río Navelgas

la pesca deportiva en los ríos asturianos. El escenario de este evento, **Cornellana,** es el comienzo de un itinerario que recorre el corazón de la Comarca Vaqueira, una vasta extensión del territorio centro-occidental del Principado que abarca cinco concejos (Salas, Cudillero, Valdés, Allande y Tineo). La N-634, en dirección al puerto de La Espina, conduce a **Salas,** capital del concejo homónimo, por donde discurría una de las vías más transitadas de peregrinación a Compostela: el Camino Primitivo o del Interior. Es recomendable seguir el viejo trazado, repleto de hórreos y casas tradicionales, y dejarse sorprender por su riqueza monumental. Por la planta baja del Palacio de Valdés Salas, monumento nacional del siglo XVI y oficina de turismo, se accede a la torre medieval. Allí está instalado el Museo Prerrománico de San Martín, que custodia las piezas originales de la iglesia de dicho nombre, situada a 1 kilómetro del casco urbano. También es imprescindible visitar la colegiata de Santa María la Mayor, de estilos gótico y renacentista. Desde aquí, por la AS-225, se llega hasta **Malleza,** pueblo que cuenta con una de las más interesantes colonias de casas indianas del Principado. Tanto, que se la conoce como la Pequeña Habana. Es un lugar interesante para reponer fuerzas antes de regresar a Salas, continuar por la N-634 hacia el alto de La Espina y desviarse por la AS-216 hacia **Tineo,** otro importante hito en la ruta jacobea. La iglesia de San Pedro, con su torre y portada románicas, alberga actualmente un valioso museo de arte sacro. Es lo único que queda en pie del desaparecido monasterio de San Francisco (a quien la leyenda popular atribuye la creación del cenobio en su peregrinación compostelana). Hay que pasear por la calle

Vista del muelle de Luarca

Mayor, que conserva algunas casas blasonadas, y admirar el sobrio Palacio de Merás, del siglo XVI, convertido en hotel, y la plaza del Fontán, antaño centro del bullicio comercial de la villa. En sus alrededores hay decenas de rutas de senderismo, aunque destaca la que recorre el monumento natural de las Hoces del Esva. Y no hay que olvidar la visita al monasterio de Santa María la Real de Obona, del siglo VIII.

Boda 'vaqueira'

La AS-219 llega, pasado el Alto del Forcayao, hasta **Navelgas,** conocida como la Capital del Oro por las antiguas explotaciones mineras romanas. Un pasado accesible al visitante a través del Museo del Oro de Asturias (MOA) y la ruta de la huella del oro. La misma carretera conduce hasta la braña de **Aristébano** donde se celebra, cada último domingo del mes de julio, la Fiesta de la Vaqueirada, una vistosa y multitudinaria romería. A esta fiesta popular se le añade un elemento singular: la conocida como boda *vaqueira*, un enlace matrimonial que sigue el rito de los antiguos *vaqueiros* y que suspende, por un momento, el discurrir del tiempo al paso de jinetes, vacas y gentes. Queda luego un buen trecho hasta desembocar (siguiendo la AS-219) en el casco urbano de **Luarca,** uno de los destinos obligados para cualquier viajero gastronómico y última parada del itinerario. *Pixin* (rape), congrio, pescado de roca, cualquier excusa es buena para sentarse a sus mesas y disfrutar de la oferta marinera. Y si todavía queda tiempo, es aconsejable visitar el Aula del Mar para asombrarse con los calamares gigantes encontrados en los fondos marinos del Cantábrico.

FIESTA

Subasta del *campanu*

Entre marzo y mayo, el fin de semana más próximo a la apertura de la temporada de pesca con muerte, los amantes de la captura del salmón de Asturias están convocados al *prao del convento,* un terreno anexo al monasterio de San Salvador de Cornellana, para celebrar la Feria del Salmón. Declarada de interés turístico regional desde 2008, está vinculada a la defensa de la pesca deportiva y del medio ambiente, y cumple 15 ediciones en 2014. Desde 2012 acoge la celebración de las jornadas profesionales CAPENASTUR (Feria de la Caza, Pesca, Naturaleza y Turismo Activo) así como otra multitud de actividades, como jornadas gastronómicas en los restaurantes del concejo, un mercadillo de productos artesanos, exposiciones, charlas, audiovisuales, cursos de iniciación a la pesca y, por supuesto, la tradicional subasta del *campanu*.

Isla blanca, **patata roja**

Patata roja

Alejada de los tópicos de la capital existe una Eivissa interior tranquila y muy bella, que vive cerca de la tierra. En la comarca de Santa Eulària des Riu los fértiles campos de cultivo ofrecen productos como la patata roja, básica en la gastronomía local.

Completa tu ruta

- **Longitud del itinerario propuesto:** 41 km aprox.
- **Mapa completo de la zona:** Guía Repsol de Mapas, pág. 68 D-2
- **Información turística, hoteles y restaurantes:** Guía Repsol de Turismo, págs. 368, 369 y 370
- **Restaurantes con Soles Repsol:** ☼ Ama Lur (Santa Gertrudis de Fruitera)
- **Más información:** *www.guiarepsol.com*

Fachada de una casa típica ibicenca

Con el olor a mar siempre próximo, esta isla balear, la más occidental del archipiélago, posee una gran tradición payesa basada en el cultivo de tierras ricas en productos autóctonos. Uno de los más importantes es la patata roja ibicenca, una pieza clave en la gastronomía campesina que ahora está al servicio de la vanguardia culinaria de la isla. Llegó a ser muy importante como fuente de riqueza, ya que en el siglo XIX se exportaba en grandes cantidades a Reino Unido, donde era considerada una *delicatessen*. Ahora es la base de platos como la ensalada payesa y las patatas a lo pobre, típicos de **Santa Eulària des Riu,** inicio de esta ruta y municipio de mayor tradición patatera. Esta comarca bañada por las aguas del río Santa Eulalia, al oeste de la isla, presume de costa y de interior, con gran variedad de playas, pueblos llenos de encanto, fértiles campos y un rico patrimonio natural y monumental. La localidad que da nombre al municipio combina una vida vacacional

Este tubérculo se exportaba desde Eivissa a Inglaterra, donde lo consideraban una exquisitez

Detalle del mercadillo de Las Dalias en Sant Carles de Peralta

FIESTA

Diada de sa Patata

La patata roja es un alimento exquisito y versátil que alcanza grandes niveles de excelencia. Para dar a conocer este producto e impulsar su consumo, la Agrupación Folclórica Local de Puig d'en Valls puso en marcha en 2013, con el apoyo de Gustum (iniciativa europea de apoyo al producto local), una fiesta que se celebra cada mes de abril. Durante el fin de semana tienen lugar una serie de actos que buscan dar a conocer las bondades del tubérculo ibicenco, con degustación de platos como patata con alioli; salteada con sobrasada y crujiente de avellanas; *vichysoisse* con crujiente de jamón o ensalada payesa. Otras de las propuestas son patatas a lo pobre con cebolla, pimiento rojo y verde y ajos; con salsa brava; al horno con ajos y hierbas del campo; en tortilla de patatas con ajos tiernos; y gratinada con nata cebolla y queso. La jornada siguiente se celebran yincanas, exhibiciones de *xacota pagesa* (fiesta campesina) con música tradicional, tiro con honda, cine y otras actividades culturales.

cosmopolita con la proximidad del campo payés y del mar. En su punto más alto está emplazado el Puig de Missa, un conjunto arquitectónico emblemático formado por una iglesia fortificada del siglo XVI, un cementerio y varias casas encaladas. La iglesia consta de una nave y una torre integradas que se atribuyen al autor de las murallas de la ciudad de Eivissa. Fue objeto de construcciones anexas posteriores que trataron de dulcificar su aspecto fortificado: las capillas laterales, los *porxos* (lugares de reunión), la casa del vicario y la sacristía. El interior del templo destaca por su sobriedad y por su altar mayor barroco, proveniente de San Millán de Segovia, al igual que los retablos de las capillas.
La playa también reclama su protagonismo en pleno centro urbano de la villa, que cuenta con un paseo marítimo y con un puerto deportivo con múltiples opciones para la práctica de actividades náuticas.

Hacia el corazón de la isla

El litoral de Santa Eulària des Riu presenta una sucesión de playas, acantilados, torres de defensa e islotes, además de pintorescos rincones marineros y numerosas calas; algunas de las más emblemáticas son las de Figueral, Cala Boix, Cala Nova, S'Argamassa o Cala Llonga, todas caracterizadas por una finísima arena.
En la carretera que se dirige hasta esta última cala se encuentra el único campo de golf de toda la isla de Eivissa. La ruta continúa por la PM-810 hacia **Sant Carles de Peralta,** rumbo al norte de la isla y tomando cierta distancia con el mar; no mucha, ya que en Eivissa es imposible desprenderse del Mediterráneo. Sant Carles destaca por su arquitectura y sus casas de

Iglesia de Santa Eulària des Riu

payeses repartidas en un campo lleno de almendros, higueras y algarrobos. Es una localidad pequeña presidida por una iglesia del siglo XVIII, con una traza rectangular y un singular campanario, desplazado hacia la izquierda. El conjunto incluye un pequeño jardín en el que también hay un pozo tradicional y los restos de una almazara romana para hacer aceite. En Sant Carles se celebra el mercadillo de Las Dalias, uno de los de mayor tradición y personalidad de la isla. Los lunes y los sábados decenas de puestos se colocan bajo las jaimas y las parras. El blanco que predomina en la arquitectura

Acantilados, playas, islotes, torres... dibujan el litoral de Santa Eulària des Riu

Almendros en flor en el interior de la isla

Cala Nova en Eivissa

Algunas casas de Balàfia tienen cruces protectoras en las fachadas

se apodera también de la ropa que se vende en los puestos, siempre rebosantes de artesanía y moda. El itinerario se sigue adentrando en la isla por la carretera PM-810 hasta el desvío de la C-733 que llega a **Sant Llorenç de Balàfia,** siguiente punto de la ruta. De camino sale al paso Cal Negret, villa residencial y turística con espectaculares vistas. Ya en Balàfia la isla muestra su rostro campesino en todo su esplendor, con una luz espléndida y un campo verde. El casco antiguo de la villa está constituido por cinco casas payesas y dos torres defensivas, que conforman una zona de gran interés arqueológico. Algunas de ellas tienen cruces blancas pintadas en la fachada, un ritual que las protegía de cualquier asalto. La vida gira en torno a la iglesia, que se caracteriza por tener un solo arco a la entrada. Por la carretera de Santa Gertrudis-San Lorenzo se llega al siguiente destino, **Santa Gertrudis de Fruitera.** Este tranquilo pueblo de interior se ha convertido en uno de los núcleos rurales con mayor encanto de la isla. Sus casas blancas se extienden en torno a una imponente iglesia encalada construida a finales del

Traje folclórico de la zona

siglo XVIII. Cuenta también con tiendas de productos artesanos, anticuarios y restaurantes que elaboran magníficos ejemplos de cocina autóctona de vanguardia. La C-733 lleva al final del recorrido, **Puig d'en Valls,** de nuevo buscando la costa y ya bajo la influencia de la capital de la isla, la cosmopolita Eivissa.

Molino con historia

Hasta 1970, año en que se construyó la iglesia, la villa de Puig d'en Valls no era más que un puñado de casas payesas pero ahora es una destacada localidad turística. Sobresale el molino de finales del siglo XVIII. Actualmente es propiedad del Consejo Insular de Eivissa, que lo ha convertido en museo con gran acierto, recuperando las instalaciones para moler grano que tanto peso tuvieron durante siglos. Se trata de una localidad muy activa en el deporte y la restauración y posee el control del tráfico marítimo del puerto de Eivissa, participando en diversos proyectos de investigación de carácter internacional. Es en esta localidad donde se celebra la Diada de sa Patata para festejar el sabor de este sencillo y delicioso producto de la tierra.

Patata roja

El origen del cultivo de esta variedad autóctona hay que buscarlo en el llano contiguo a la villa de Eivissa. En medio de esta tierra de labor se asienta Puig d'en Valls y a su alrededor se extiende la huerta de la villa. Los ibicencos la cuidan con primor y los sembrados parecen jardines en los que se obtienen las mejores cosechas de esta variedad que solo se puede comercializar en el archipiélago balear. El resultado es de una calidad excepcional debido a las peculiares características de la tierra y al saber de los agricultores, basado en la fertilización orgánica. La patata ibicenca llegó a ser muy importante en la isla, no solo como alimento protagonista de muchos platos sino como fuente de ingresos, ya que se exportaba a diversos países europeos. En la actualidad, el cultivo en la isla se reparte entre las siguientes variedades: Bartina (patata roja de buena calidad), Cóndor (patata roja de calidad gustativa limitada pero de gran producción) y Picasso (patata blanca de ojos rojos), de reciente introducción.

En la composición de la patata destacan los hidratos de carbono y un contenido alto de vitamina C, pero una parte considerable de ésta se pierde durante el cocinado. Además, aporta vitaminas como tiamina, niacina, B_6 y carotenoides; y minerales como potasio, fósforo, magnesio y hierro.

Fundación Española de la Nutrición

Prácticas de *windsurf*

De puerto **a puerto**

Caldereta de langosta

Un recorrido por la costa norte de Menorca y su exhuberante paisaje, formado a base de calas tranquilas, puertos naturales y aguas turquesas. Un lugar donde deporte, naturaleza y gastrononía se dan la mano con un único objetivo: el relax total.

Los 702 kilómetros cuadrados que ocupan la isla de Menorca, en la parte más oriental del archipiélago balear, están declarados reserva de la biosfera por la Unesco. Un paraíso de calas prácticamente intactas y formas caprichosas que el mar Mediterráneo ha ido tallando en el litoral. Como producto rey en estas costas encontramos la langosta roja, un apreciado crustáceo que se pesca de forma artesanal mediante trampas colocadas en el fondo marino, y cuya captura está sometida a determinadas restricciones: solo está permitida entre el 1 de marzo y el 31 de agosto, y se limita a los ejemplares que miden más de 19 centímetros. Dicen por estas tierras que para saber si las langostas son frescas hay que cogerlas por las antenas delanteras y que, cuanta más energía demuestren moviendo la cola, mejor. Algo que saben muy bien en Fornells, encantadora localidad pesquera que ejerce como templo de uno de los platos más típicos de la gastronomía menorquina: la caldereta de langosta. Este pueblo pertenece al municipio de **Es Mercadal,** punto de inicio de la ruta. Está situado en las faldas del monte Toro, el más alto de la isla con 357 metros. Además de sus impresionantes vistas de la costa, merece la pena visitar el santuario de la Virgen de Toro, construido en el siglo XVII y atendido por una comunidad de religiosas franciscanas. Ya en el pueblo, destacan edificios como la iglesia de San Martín o un aljibe creado en el siglo XVIII con fines militares y al que hoy en día siguen acudiendo los locales a abastecerse de su agua

La bahía de Fornells, de 2 kilómetros de longitud, es reserva marina de la biosfera

Completa tu ruta

- **Longitud del itinerario propuesto:** 40 km aprox.
- **Mapa completo de la zona:** Guía Repsol de Mapas, pág. 66 E-1
- **Información turística, hoteles y restaurantes:** Guía Repsol de Turismo, pág. 365
- **Más información:** *www.guiarepsol.com*

FIESTA

Jornadas Gastronómicas de Es Mercadal

Durante un fin de semana a principios de mayo, más de 20 restaurantes de Es Mercadal, Fornells y urbanizaciones como Son Parc y Ses Salines organizan unas Jornadas Gastronómicas en las se que ofrecen atractivos menús de cocina auténticamente menorquina a un precio fijo. Cada menú incluye, además, una degustación gratuita de queso y vino elaborado en fincas agrícola-ganaderas de Es Mercadal. Una forma de promocionar la gastronomía de la zona y dar a conocer al visitante platos tan emblemáticos como la caldereta de langosta.

Típico *llaut* en el puerto de Fornells

La playa de Ses Salines acoge la práctica de deportes naúticos

de gran calidad. Además, Es Mercadal es el sitio perfecto para adquirir productos tradicionales, ya que cuenta con un centro de artesanía donde adquirir desde cerámica, a delicias como la miel o los quesos, pasando por las famosas abarcas, el calzado típico del campo menorquín.

Calas de ensueño

La ruta continúa por la Me-15 hasta **Fornells,** localidad asentada en la bahía del mismo nombre. Un típico pueblo pescador cuyas casas blancas combinan a la perfección con unas aguas cristalinas ideales para la práctica de deportes náuticos como el *windsurf*, la vela, el *kayak* o el buceo. El casco antiguo de Fornells aúna la estética mediterránea con elementos decorativos de influencia inglesa. En lo alto de la calle principal, el Carrer Major, se ubica la iglesia de Sant Antoni (siglo XIX), con una capilla dedicada a la Virgen del Carmen, patrona de los pescadores. En el centro de la villa se conservan las ruinas del castillo, una fortificación del siglo XVII que dio origen al actual pueblo. Siguiendo por la calle Tramontana, el paseo que bordea la bahía ofrece una bonita perspectiva sobre la costa. En esta zona se encuentra la torre de Fornells, una de las más grandes de la isla, construida con el objetivo de controlar la entrada al puerto e impedir el asalto al castillo de Sant Antoni. En su interior, un museo sumerge al visitante en la vida cotidiana del siglo XIX. Además de sus monumentos, el gran encanto de Fornells reside en su conjunto de playas vírgenes, muchas veces solo accesibles por mar, así como en las tres pequeñas

Artesano fabricando abarcas

Iglesia de San Martín, en Es Mercadal

islas ubicadas en la bahía: Ses Sargantanes, Dels Revells y el islote Des Porros. Como curiosidad, se trata del hábitat de la sargantana balear, una especie endémica de lagartija que se ha convertido en uno de los símbolos más populares del archipiélago.

Casi sin perder de vista Fornells, por la Me-15 sale al encuentro **Ses Salines,** una playa de un kilómetro de longitud entregada a los deportes náuticos y con un pequeño rincón de arena tostada para disfrutar del baño.

En torno a ella se creó un pequeño núcleo de población, al igual que en la vecina **Son Parc** (a la que se llega por una carretera vecinal desde la Me-7), un enclave residencial famoso por sus campos de golf que empezó a construirse a principios de la década de los setenta para dar cobijo al turismo que llegaba atraído por las posibilidades deportivas, paisajísticas y gastronómicas de la zona. Retomando la Me-7, el desvío de la Me-9 llega hasta **Port d'Addaia,** que asoma al final de la avenida del mismo nombre.

Cuenta con un puerto deportivo que se integra con respeto en el paisaje, entre el Parque Natural de S'Albufera des Grau y la Reserva Marina del Norte de Menorca. Además de ser un buen punto para la observación de aves migratorias, está próximo a numerosas calas y lugares ideales para la práctica del submarinismo y la pesca.

Una carretera vecinal que parte de la Me-9 conduce al punto final de esta ruta, **Punta Grossa,** que cuenta con una playa grande, profunda, limpia y unos fondeaderos que harán las delicias de los amantes de la navegación.

Caldereta de langosta

La receta tradicional de este plato es muy sencilla: se pone al fuego una cazuela de barro con aceite y se sofríen ligeramente los medallones de langosta. Se sacan y se reservan. En la misma cazuela, se rehogan las cabezas de langosta con ajo y picadillo de verduras (tomate, pimientos, cebolla, ajos, perejil). Se añade el caldo de pescado (*fumet*) –elaborado previamente– y al final se incorpora la langosta. Se deja cocer el guiso al menos veinte minutos. Cinco minutos antes de retirarlo del fuego se añade la majada, que se prepara con un hígado de rape asado, ajo y almendras, todo bien triturado y aderezado con una copa de brandy y perejil hasta conseguir una pasta consistente. A la hora de servir se suele colocar en el fondo del plato unas rebanadas de pan tostado untadas con ajo.

El ingrediente principal de esta receta es la langosta, crustáceo con proteínas de alto valor biológico. Es un plato muy nutritivo y con poca grasa, (la mayoría son ácidos grasos poliinsaturados omega 3). Esta receta se acompaña de un picadillo de verduras que aportan vitaminas y minerales. La unión de estos ingredientes hace que destaque por su alto contenido en vitaminas como el ácido fólico y minerales como el magnesio. Se sirve con pan como acompañamiento, nutriente básico en nuestra alimentación.

Fundación Española de la Nutrición

De dragos y volcanes

Condumio de conejo

Icod de los Vinos es el municipio tinerfeño que mantiene vivas más tradiciones centenarias, lo que se refleja en su sabrosa cocina. Famosa por sus caldos y platos, la villa es el inicio de una ruta por el extremo noroccidental de la isla canaria.

Cuentan que fueron los cazadores de la zona los primeros que guisaron el conejo con papas, ajo y especias para recuperar fuerzas después de las largas jornadas de campo. Lo tomaban acompañado de los vinos que han hecho famosa a esta localidad tinerfeña, vidueño y malvasía, variedades cuyo cultivo se remonta al siglo XVI. Este hermoso territorio situado en las faldas del Teide, "rico de vinos, labores y crianzas", es un municipio fértil y agrícola con una cocina de sabores especiados y contundentes: una de estas recetas es el condumio de conejo, macerado en ajo y especias y acompañado de papas arrugadas. Un plato delicioso que se puede degustar en las jornadas gastronómicas que desde 2010 se celebran en abril en **Icod de los Vinos,** comienzo de esta ruta por los confines noroccidentales de la isla de Tenerife.

Símbolo centenario

La localidad cuenta en su casco antiguo con uno de los símbolos canarios: el centenario drago que figuraba en los antiguos billetes de mil pesetas. El magnífico ejemplar, que tiene una antigüedad de ocho siglos, está situado en un jardín contiguo a la Casa del Drago y se puede contemplar desde la plaza de Andrés de Lorenzo Cáceres, lugar donde se celebra la fiesta que cierra las jornadas del condumio de conejo. Al lado se encuentra la parroquia de San Marcos Evangelista, templo de comienzos del siglo XVI que posee una de las imaginerías más ricas del archipiélago y un interesante Museo de Arte Sacro.

Muy cerca se encuentra la plaza de la Pila, con un pequeño jardín botánico y repleta de mansiones de los siglos XVII al XIX.

La ruta discurre entre el mar y las montañas volcánicas de Tenerife

Dragos de la flora autóctona canaria

Completa tu ruta

- **Longitud del itinerario propuesto:** 49 km aprox.
- **Mapa completo de la zona:** Guía Repsol de Mapas, pág. 116 B-2
- **Información turística, hoteles y restaurantes:** Guía Repsol de Turismo, pág. 384
- **Más información:** *www.guiarepsol.com*

FIESTA

Innovación y sabor en los fogones

En las Jornadas del Condumio de Conejo, Icod de los Vinos invita a degustar uno de sus platos más tradicionales durante dos semanas del mes de abril. Nueve restaurantes de la localidad incluyen el condumio de conejo durante esos días en sus cartas, cada uno con sus respectivas innovaciones. El último día de las jornadas, estos establecimientos lo ofrecen en la plaza de Andrés de Lorenzo Cáceres, con unos bonos que dan derecho a probar tres de los guisos. El programa de las jornadas se completa con la Fiesta Canaria del Paseo de las Tradiciones y con la Exposición de Escaparates por la Cultura.

El paisaje que rodea Masca es uno de los más bellos de Tenerife

No hay que perderse el Museo de Malvasía, situado en la misma plaza, donde se pueden degustar los famosos caldos de la D. O. Ycoden Daute Isora. Además, este municipio canario tiene otros encantos: es el que más fiestas tradicionales mantiene, con los hachitos y los cabezudos de Las Canales o el diablo y la diabla de Las Angustias; y alberga la Gruta del Viento, el tubo volcánico más grande del planeta.
Desde Icod de los Vinos se toma la TF-42, que sigue la costa y llega hasta las inmediaciones del puerto deportivo de **Garachico,** con su característico roque, monumento natural. La localidad fue el puerto principal de la isla hasta que la erupción del volcán Arenas Negras, en 1706, cegó su entrada. Es imprescindible recorrer su casco histórico de casas señoriales y templos religiosos. Junto a la zona de baño del Caletón se alzan los gruesos muros del único castillo de la comarca, el de San Miguel, del siglo XVI. Callejeando desde ahí se llega a la plaza de la Libertad, delimitada por la Casa de los Marqueses de la Quinta Roja y el ex convento de San Francisco, actual Casa de la Cultura y Ayuntamiento, cuya iglesia conserva un magnífico artesonado mudéjar. Las mejores panorámicas de la villa se tienen desde el mirador del Emigrante, al que se puede llegar caminando.

Joyas naturales

Desde Garachico y entre interminables explotaciones bananeras, se llega por la misma TF-42 a **Los Silos,** que debe su nombre a un convento en honor a Santo Domingo de Silos. En la plaza principal sorprende el perfil neogótico de la iglesia de Nuestra Señora de la Luz, obra del arquitecto Estanga. La localidad posee un animado mercado con productos de la tierra, que se celebra los domingos.
Siguiendo la TF-42 se llega a **Buenavista del Norte,**

Panorámica de la cordillera tinerfeña

Faro en Punta de Teno

municipio que se extiende alrededor de la iglesia de Los Remedios, del siglo XVI, y su plaza. Severiano Ballesteros diseñó en 2003 el campo de 18 hoyos de Buenavista Golf, situado a los pies del mirador del Fraile, junto a la costa. Desde aquí parte la TF-445 hasta el faro y la punta de Teno, una de las joyas naturales de la isla. Desde Buenavista y por la TF-436 se llega hasta **Masca.** Es recomendable detenerse antes en el mirador de Baracán, punto de partida de rutas senderistas por el macizo de Teno. En medio de impresionantes barrancos se encuentra el caserío de Masca, dentro del Parque Rural de Teno. Este pintoresco lugar, declarado recinto etnográfico y arquitectónico, es una de las mejores muestras de arquitectura natural de Canarias y uno de los sitios más visitados de la isla. Desde allí se puede realizar el descenso desde el barranco de Masca hasta el mar.

Piscinas naturales en Garachico

Condumio de conejo

Para elaborar este plato se puede utilizar conejo de monte o de granja. El primer paso es limpiarlo y trocearlo, para sazonarlo con sal y pimienta blanca. Después se pone aceite abundante en una sartén para dorar las papas (mejor negras), sazonarlas y reservarlas al calor. Se fríen en el mismo aceite los trozos de conejo y se pasan, según estén fritos, a un caldero. Se pica la cebolla y se dora lentamente en el aceite sobrante en la misma sartén durante 3 minutos. Se incorpora el pimiento rojo y verde, lavado y picado, y a continuación el tomate pelado y troceado, dejándolo hacer unos 7 minutos. Se añade el pimentón, la pimienta blanca, el orégano, el vinagre y el vino y se deja cocer un cuarto de hora a fuego suave. Esta salsa se tritura sobre el conejo y se deja cocer unos 10 minutos. Por último, se añaden las patatas y se cuece hasta que esté tierno. El plato se deja reposar 10 minutos y se sirve.

La carne de conejo es magra, con muy bajo porcentaje graso, el cual, al contrario que otros tipos de carne, está en su mayoría compuesto por ácidos grasos monoinsaturados, beneficiosos para la salud. Destaca también por su alto contenido en proteínas de buena calidad, minerales como el hierro (de buena disponibilidad), zinc y vitaminas hidrosolubles del grupo B.

Fundación Española de la Nutrición

La isla del tesoro

Almogrote

La quebrada orografía de La Gomera, que esconde el mayor bosque de laurisilva del mundo, es el hábitat perfecto para la cabra autóctona, cuya leche es la base para elaborar el picante almogrote que acompaña a las papas y otros manjares gomeros.

Manada de delfines

El almogrote es uno de esos platos de la cocina tradicional que remite a tiempos difíciles en los que la imaginación popular inventó sabrosas combinaciones con los productos de la tierra. Se elabora a partir de una mezcla de queso muy curado de cabra canaria, ligeramente ahumado con brezo y tabaiba (arbusto típico de Canarias), dientes de ajo bien majados, pimentón, aceite y pimiento palmero picón. Su origen se atribuye a la población primera de la isla, de procedencia bereber, y es una especie de mojo seco con un toque picante que se toma como aperitivo con pan o papas arrugadas. Puro sabor gomero que invita a recorrer la isla desde su capital, **San Sebastián de la Gomera.** Se trata de una villa de fuerte influencia colombina: desde su puerto zarpó por última vez el almirante Cristóbal Colón antes de descubrir el Nuevo Mundo. Y hasta su muelle ha de llegar el viajero en alguno de los ferris que hacen el trayecto

La ruta se inicia en la capital de la isla, desde donde Colón zarpó hacia el Nuevo Mundo

Completa tu ruta

- **Longitud del itinerario propuesto:** 101 km aprox.
- **Mapa completo de la zona:** Guía Repsol de Mapas, pág. 115 F-2
- **Información turística, hoteles y restaurantes:** Guía Repsol de Turismo, pág. 386
- **Más información:** *www.guiarepsol.com*

FIESTA

Romería de San Sebastián

El almogrote es uno de los platos que protagonizan la comida popular de la fiesta en honor del patrón de la capital gomera: San Sebastián. Se celebra el sábado más cercano al día 20 de enero, y es la primera de las romerías que cada año se convocan en el archipiélago canario. Además de un apretado programa de actos en el que no faltan las actividades deportivas y folclóricas, el encuentro más multitudinario tiene lugar ese día con una peregrinación que recorre la calle Real de San Sebastián de la Gomera animada por el toque de las chácaras y tambores, el típico baile de Santo Domingo y las carrozas, recorrido que desemboca en la plaza de las Américas, y sus calles aledañas, lugar donde se celebra la comida popular bajo una enorme carpa. Es el momento de compartir risas, almogrote y papas.

Excursionista en el Parque Nacional de Garajonay

entre Los Cristianos, al sur de Tenerife, y La Gomera. En la capital de la isla, frente a la playa de San Sebastián, está el parque de la Torre del Conde: en su centro destaca la fortaleza militar construida en el siglo XV por el conde de la Gomera.
No muy lejos, unido a la Oficina de Turismo, queda el Pozo de la Aguada, situado en la plaza de la Constitución. Cuentan que de allí el navegante genovés extrajo el agua para las tres carabelas el 6 de septiembre de 1492, antes de iniciar su travesía. Paseando por la calle del Medio, también conocida como Real, repleta de viviendas típicas como las de Ruiz de Padrón, Ascanio, Ayala y Bencomo, se llega hasta la iglesia de Nuestra Señora de la Asunción, gótica del siglo XVI, con una bonita espadaña en la fachada de piedra roja y un interesante artesonado mudéjar. Más adelante está el museo Casa de Colón, donde se guarda una destacada colección de piezas arqueológicas de la cultura chimú, población del antiguo Perú.

Barrancos y miradores

Dicen las crónicas que Colón sentía una especial atracción por doña Beatriz de Bobadilla, esposa de Hernán Peraza, conde de La Gomera, a la que convirtió en su amante, lo que explica las continuas visitas del marino a la isla. Precisamente en las cercanías de la capital de La Gomera se encuentra el lugar donde el conde fue asesinado por los indígenas. Se llega tomando la TF-713, que nace en la barriada de El Calvario y asciende hasta el barranco de La Degollada de Peraza.

Valle Gran Rey

Este es uno de los 33 barrancos de forma radial que surcan La Gomera desde la cumbre hasta sus costas, y en los que pastan numerosos rebaños de cabras autóctonas. Pasada La Degollada se encuentra el mirador de La Laja, por donde discurre el Camino Natural Cumbres de La Gomera. Este itinerario senderista de 43,5 kilómetros parte de la capital y llega hasta el corazón del **Parque Nacional de Garajonay,** donde se esconde el gran tesoro de la isla, la mayor selva de laurisilva del mundo. La TF-713 se divide en dos ramales que se adentran en el corazón de este bosque: el de la derecha (CV-14) sigue en dirección a Los Cedros y alcanza el mirador de los Roques, con preciosas panorámicas de los picos Agando y Ojila. El de la izquierda (CV-15) se asoma al mirador de Roque de Tajaqué y deja atrás el Paso de la Bruma y el acceso a la cañada de Jorge. La ruta sigue por la CV-15, que conduce hasta **Arure:** en esta pequeña población se celebra cada 16 de agosto la ofrenda de El Ramo, un árbol adornado con productos de la tierra (quesos, miel de palma, frutas) que se engalana con flores y cintas. Son imprescindibles las panorámicas desde el mirador de la Ermita del Santo sobre la caldera y el pueblo de Taguluche.
Desde Arure se puede descender hasta **Valle Gran Rey,** uno de los centros turísticos de la isla, siguiendo la CV-6. Las playas de María, las de La Calera y La Puntilla, de arena negra, poseen numerosos restaurantes donde saciar el apetito. De nuevo en Arure, se toma la CV-6 hasta enlazar con la CV-16 que desemboca en **Alojera.**

En La Gomera está la mayor selva de laurisilva del mundo

Chorros de Epina en Gomera

Vista general de Vallehermoso

La leche de la cabra canaria sirve para elaborar un excelente queso curado

Allí se encuentran los palmerales más frondosos de la isla y es el centro de producción de la miel de palma, producto artesanal que se logra extrayendo el guarapo, néctar que 'suda' del árbol a partir del raspado de su cogollo durante el atardecer. Posteriormente, se espesa al fuego en calderas, convirtiéndose en la apreciada miel de color negro dorado que endulza los guisos locales.

Volviendo por la CV-16, la ruta toma el desvío de la CV-6, que desciende hasta el municipio más extenso de la isla, el de **Vallehermoso.** Antigua villa vinícola, aún conserva alguna bodega en activo. Su casco antiguo se concentra en torno a la iglesia de San Juan, del siglo XVII. Junto a la playa de Argaga hay un jardín botánico y en la parte superior del pueblo está el

Calle de Ibo Alfaro en Hermigua

Bananos en flor

embalse de la Encantadora. Desde el mismo centro parte la TF-711, carretera general del norte para llegar hasta **Agulo.** Dentro de este término municipal está el Centro de Visitantes del Parque Nacional de Garajonay, conocido como Juego de Bolas, un espacio arquitectónico que mezcla salas de exposiciones, un museo etnográfico, talleres de artesanía y un jardín botánico.

Plataneras y pescantes

El casco antiguo de Agulo, levantado sobre un acantilado, posee calles empedradas, empinadas y estrechas, que conducen a la iglesia de San Marcos, coronada por cinco cúpulas redondas. Desde allí se toma la TF-711 para alcanzar el final de la ruta, **Hermigua,** población pegada a la playa de Santa Catalina. Se trata de un pueblo agrícola en el que hay que visitar la cooperativa platanera, la iglesia de Santo Domingo de Guzmán, el museo etnográfico y la playa de El Pescante. Esta villa destaca por los bancales de la ladera vertical del barranco y por los viejos pescantes, enormes poleas inglesas de finales del siglo XIX gracias a las cuales se cargaban los plátanos en los barcos sin necesidad de muelle de atraque. La guinda del viaje son las fabulosas vistas del Teide que se contemplan desde esta costa.

Almogrote

La palabra almogrote viene de almodrote, una salsa hecha con aceite, ajo y otros ingredientes. Se elabora siempre en mortero –el almirez de madera basto y con mango, típico de la isla canaria–, pero, al contrario que los mojos, que han de majarse siempre a mano para que conserven su personalidad, el almogrote puede hacerse en batidora siempre y cuando las cuchillas del aparato tengan la fortaleza suficiente para enfrentarse a la dureza del queso. Se majan el queso de cabra canaria (es conveniente rallarlo previamente), los dientes de ajo, el pimentón, el aceite y el pimiento palmero picón en el mortero o en la batidora hasta lograr una pasta espesa y fina que se puede untar con facilidad en el pan. Si se utiliza tomate, que aporta suavidad al resultado final, hay que tener en cuenta que el almogrote deberá consumirse pronto para evitar que se ponga ácido. Se sirve acompañado de papas.

La base de esta salsa es queso de cabra curado, que contiene potasio, vitaminas A, riboflavina, niacina y ácido fólico. Tiene un alto contenido energético, es fuente de proteínas y grasas saturadas y por ello se recomienda un consumo moderado. Sin embargo, el aceite de oliva es rico en grasas monoinsaturadas, buenas para la salud. Las papas, al ser fuente de hidratos de carbono complejos, son un acompañamiento perfecto.

Fundación Española de la Nutrición

Pimientos, ingrediente principal del plato de la ruta

El fruto de la huerta norteña

Rabas de tierra

En el histórico territorio cántabro de las Siete Villas de Trasmiera, entre marismas y playas, se cultiva desde el siglo XVI uno de los pimientos más suculentos del país, el de Isla.

Situada entre las bahías de Santoña y de Santander, a unos 40 kilómetros de la capital cántabra, la antigua merindad de Trasmiera ocupa un territorio integrado por 19 municipios. Allí se cultiva una de las delicias de la huerta norteña, el pimiento de Isla. Esta variedad, incluida desde 2009 en la marca de garantía Calidad Controlada que certifica el Gobierno de Cantabria, se ha producido en la comarca desde hace siglos. El característico clima de Isla, marcado por el Atlántico, hace que la brisa marina impregne la atmósfera de sal, lo que le proporciona una dulzura y un sabor extraordinarios. Su punto dulce y su grosor lo convierten en el pimiento ideal para tomarlo emulando a las rabas de calamar: cortado en tiras que después se rebozan en harina y se fríen. El viajero encontrará fácilmente los campos donde crece el pimiento en **Isla,** punto de inicio de esta ruta. Se trata de un pueblo que pertenece al municipio de Arnuero y está situado en una verde península entre las rías de Ajo y de Quejo. En su casco antiguo destacan las torres medievales de El Rebollar y Cabrahigo y, especialmente, la iglesia de San Julián y Santa Basilisa, que domina el conjunto. Este templo se levantó en el siglo XVI, y fue reformado dos siglos después por mandato de uno de los hijos ilustres del pueblo: Juan Fernández de Isla, arzobispo de Burgos. En su interior destaca un majestuoso altar mayor barroco en madera policromada del siglo XVII y en el exterior, la torre campanario, de tres cuerpos y con el estilo vistoso de las torres de Trasmiera. A su sombra se encuentra un antiguo hospital de peregrinos compostelanos: por aquí discurre el Camino de la Costa. Muy cerca se erige, tras gruesos muros, la Casa-Palacio de los condes de Isla, un magnífico edificio del

El pimiento de Isla es muy dulce debido a la influencia de la brisa del mar en su cultivo

Completa tu ruta

- **Longitud del itinerario propuesto:** 14 km aprox.
- **Mapa completo de la zona:** Guía Repsol de Mapas, pág. 5 D-2
- **Información turística, hoteles y restaurantes:** Guía Repsol de Turismo, pág. 154
- **Más información:** *www.guiarepsol.com*

FIESTA

Jornadas del Pimiento de Isla

El 15 de septiembre se celebra el mercado de la huerta y del pimiento de Isla, un encuentro entre productores y consumidores de esta especialidad cántabra cultivada en el municipio de Arnuero. En paralelo, y durante tres semanas (hasta comienzos de octubre), los restaurantes de la localidad realizan la Feria del Pincho y unas Jornadas Gastronómicas de la Huerta, ambas en torno a esta hortaliza, con un menú de la tierra de precio cerrado en el que los productos hortícolas y las apreciadas alubias cobran un protagonismo absoluto para mostrar la otra cara de la oferta culinaria cántabra, en la que el marisco y el pescado suelen ser los reyes.

El Ecoparque de Trasmiera es un museo al aire libre de la esencia cántabra

siglo XVII. Tomando la SP-4032 se llega hasta las playas de Isla, entre las que destaca la del Sable. Es la zona puramente turística del municipio: emplazadas frente a la desembocadura de la ría de Quejo, cuentan con multitud de establecimientos hosteleros y apartamentos. Desde Isla y por la misma SP-4032, carretera que vertebra de un lado a otro el término municipal, se desemboca en **Arnuero,** sede del Ayuntamiento. A sus espaldas, entre terrenos de pasto y casas dispersas, está la iglesia de la Asunción, con un bello retablo renacentista.

Observatorio de aves y cetáceos

A lo largo de todo el término municipal de Arnuero se encuentran las instalaciones del **Ecoparque de Trasmiera,** un museo a cielo abierto que permite conocer las peculiaridades de este singular ecosistema. El sendero que empieza junto a la ermita de los Mártires conduce hasta el molino de Castellanos, que perteneció a los condes de Isla. Siguiendo hacia el este, los acantilados de Gracedo, muy escarpados, forman un reducto natural solo expuesto al envite del oleaje. Allí, en la Punta Cueva Colina hay un observatorio de aves migratorias y cetáceos. A los pies del cercano monte Cincho se encuentran las marismas de Joyel, la principal zona húmeda de la cornisa cantábrica. Cada año llegan hasta aquí aves migratorias procedentes del norte y centro de Europa. Muy cerca está el molino de mareas de Santa Olaja, ahora rehabilitado. La reconstrucción respeta su estructura original y reproduce el ingenio mecánico, instrumentos y objetos originales, permitiendo contemplar la molienda tal y como era en el siglo XVIII. Dentro del Ecoparque también se puede visitar el Observatorio del Arte, un centro de interpretación donde se desvela el papel

Excursión a caballo por la costa de Trasmiera

Balcón en Escalante

que jugaron los maestros canteros y los campaneros trasmeranos durante la Edad Media en la construcción de templos y en el fundido de campanas tan emblemáticas como las de la catedral de Toledo.

Desde Arnuero, la CA-141 enlaza con la SP-4031, que llega hasta **Soano.** Su iglesia románica del siglo XII es una de las más antiguas de Cantabria y en su interior destaca la talla de su patrona, la Virgen de Santa María, y su retablo.

Por la SP-4031 y enlazando con la CA-147 se alcanza **Castillo.** En sus antiguas escuelas se encuentra el Observatorio de la Memoria, un centro de interpretación dedicado a mantener vivo el recuerdo social del municipio y del pionero aviador Salvador Hedilla. Desde allí, por la S-402 se llega hasta **Escalante,** final de esta ruta por la tierra del pimiento de Isla. Se pueden admirar las ruinas del castillo de Montehano, monumento nacional, y una de las reliquias románicas de la comarca, la ermita de San Román, una auténtica joya que alberga un importante conjunto escultórico.

Rabas de tierra

El dulzor del pimiento de Isla lo convierte en el ingrediente ideal de este sabroso plato, muy sencillo de elaborar y típico de la cocina cántabra. Se corta el pimiento en tiras no muy gruesas, retirando las semillas y quitando las hebras. Se mezcla un poco de agua tibia con la harina para que el rebozado quede más crujiente. Se bate esta mezcla hasta conseguir una mezcla homogénea. Se calienta en una sartén aceite en cantidad suficiente para freír. Se rebozan las tiras de pimiento sazonadas con la mezcla de harina y freímos en aceite caliente. Se reduce el exceso de aceite y se sirve.

Esta sencilla receta está compuesta principalmente por pimientos verdes, hortaliza de bajo valor calórico cuyo aporte en fibra y diferentes vitaminas y minerales enriquece este plato. Los pimientos contienen principalmente agua y carotenos (con actividad provitamina A) que tienen función antioxidante, al igual que la vitamina C (en mayor cantidad que en los cítricos), nutriente muy destacado en este alimento, aunque se pierde parte durante el cocinado. Además aportan potasio (que interviene en el impulso nervioso), magnesio, fósforo y calcio (estos tres últimos son importantes para la mineralización y formación del hueso).

Fundación Española de la Nutrición

Explosión **de júbilo**

Orujo

Liébana es una comarca encajonada entre los Picos de Europa y la Cordillera Cantábrica. Hace siglos que en sus aislados monasterios se comenzó a cultivar la vid y a producir vinos y licores destilados: había nacido el orujo lebaniego.

Completa tu ruta

- **Longitud del itinerario propuesto:** 55 km aprox.
- **Mapa completo de la zona:** Guía Repsol de Mapas, pág. 11 E-1
- **Información turística, hoteles y restaurantes:** Guía Repsol de Turismo, págs. 132 y 247
- **Más información:** *www.guiarepsol.com*

Arriba, iglesia de Ntra. Sra. de la Asunción en Mogrovejo. Abajo, detalle de zuecos

Se cree que la peculiar climatología de la comarca de Liébana, con las montañas haciendo de barrera natural contra las borrascas, permitió a los romanos extender el cultivo de la vid en las tierras bajas de sus valles. Pero es un documento del año 826 extraído del Cartulario de Santo Toribio de Liébana la primera prueba escrita de la existencia de viñedos en la zona. La llegada tardía de la plaga de la filoxera, a comienzos del siglo pasado, arruinó en gran medida lo que la cultura del hombre había alcanzado con dedicación; pero, al mismo tiempo, los cambios en la tradicional economía agraria de subsistencia hicieron que se dejara de trabajar la viña, pero no de destilar. En la actualidad, las destilerías compran la uva o el hollejo en otras regiones vinícolas españolas y lo transforman en orujo siguiendo procesos industriales. Se han multiplicado los productos comercializados –hay licor de orujo con miel, con hierbas, con café, con chocolate y hasta

Orujo

Su elaboración en la zona de Liébana es una tradición centenaria. En el proceso es fundamental la alquitara, normalmente fabricada en cobre. Se compone de tres partes: la inferior es la caldera; la intermedia o capotillo sirve como tapa para la caldera, y la parte superior o copa, que cuenta con dos salidas exteriores, una para el agua y otra para el orujo. Para preparar el licor, se vierte en la caldera el brujo (restos de uva después de sacar el mosto) y se rellena de agua la copa. La alquitara se coloca al fuego (según la tradición con leña de encina), fuerte al principio y más suave cuando empieza a destilar, es decir, a emanar el vapor. El agua de la copa enfría el vapor y hace que se condense, formando el aguardiente. La destilación debe regularse para obtener los grados convenientes, y todo el proceso dura unas 12 horas. El tipo de orujo más común es el blanco, que es el que sale directamente de la alquitara. Las otras variedades son producto de la mezcla de este con endrinas, guindas, te, flores o miel.

Este tipo de aguardiente tiene una graduación alta, entre un 35-40% vol., aunque depende de la destilación. Dada su cantidad de alcohol, el valor calórico es elevado (cada gramo de alcohol aporta al organismo 7 kilocalorías). Se recomienda un consumo moderado, ya que la ingesta de cantidades abusivas de alcohol puede perjudicar nuestra salud.

Fundación Española de la Nutrición

Detalle del códice del Beato de Liébana

crema de manzana al orujo–. Y hay, también, una concurrida fiesta en torno a este licor que se celebra cada año en Potes, capital de la comarca de Liébana y punto central de esta ruta. El itinerario arranca en **Panes** siguiendo el sinuoso trazado de la N-621 hacia el desfiladero de La Hermida. En la confluencia de los ríos Urdón y Deva, límite entre el Principado de Asturias y Cantabria, hay que hacer una parada obligada ante el salmón cincelado en piedra por el escultor Jesús Otero, uno de los artistas cántabros más relevantes del siglo XX. Pasado el desfiladero, a la altura de Allende, se toma el desvío que por la SV-2301 conduce hasta **Lebeña.** A las afueras del pueblo está una de las iglesias más antiguas de Cantabria, Santa María de Lebeña. Sus arcos de herradura, los capiteles dibujados con hojas de acanto –en alusión a la eternidad–, el ara céltica, el tejo que se alza sobre el cementerio y los espigados olivos situados junto al ábside (y que, según la leyenda, plantaron los condes de Lebeña) le confieren un halo simbólico propio de lugares vinculados a un culto arcano.

El corazón de Liébana

La N-621 llega hasta **Tama,** localidad que celebra una feria del quesuco en julio. A la derecha de la carretera abre sus puertas el moderno Centro de Visitantes de Sotama, cuyas instalaciones están dedicadas al Parque Nacional de los Picos de Europa en su vertiente cántabra. Y un poco más

Vista del Parque Nacional de los Picos de Europa

Cestos artesanos

En muchos rincones de Potes se puede comprar el auténtico orujo lebaniego

allá, tras dejar atrás los caseríos de Aliezo y Ojedo, se llega por la misma N-621 a **Potes.** Desde hace siglos, la Real Villa de Potes es el corazón de Liébana. Por mandato real se le concedió en el siglo XIV el privilegio de realizar un mercado semanal: desde entonces, cada lunes acuden hasta aquí los vecinos de las aldeas y barrios de todo el territorio para reponer provisiones e intercambiar noticias y saludos. Auténtico motor del turismo lebaniego, su fisionomía está marcada por la piedra noble, los escudos blasonados, las calles empedradas, los balcones de madera y los tejados que se apuntalan unos a otros en el barrio de La Solana. Aunque la torre del Infantado es su monumento más emblemático, también merecen una visita el pasaje de Fuente La Riega, la calle del Sol y la iglesia de San Vicente, la más antigua de la villa (siglo XIV). Para comprar algún

Reliquia del Lignum Crucis

En Santo Toribio de Liébana se conserva la reliquia más grande de la cruz de Cristo

recuerdo –por supuesto, el orujo o los garbanzos– están las tiendas de la calle de La Cántabra. Y atravesando el río Quiviesa por el puente de San Cayetano se encuentra el Museo Cartográfico Juan de la Cosa, junto a la torre de Orejón de Lama (siglo XV).

La memoria de la Reconquista

A la salida de Potes, en dirección a Fuente Dé, se toma la carretera SV-2402 que conduce al monasterio de **Santo Toribio de Liébana,** monumento nacional. Fundado en la Alta Edad Media con el nombre de San Martín de Turieno, en el cenobio descansan desde finales del IX los restos de Santo Toribio. Sobrecoge la talla yacente en madera policromada del obispo (siglo XIV), de una excepcional belleza y serenidad. Aunque, sin duda, lo que atrae la devoción de los peregrinos que buscan el jubileo es la reliquia del Lignum Crucis (madera de la cruz), el que dicen es el fragmento más grande conservado de la cruz donde murió Jesucristo. El monasterio se encuentra rodeado de numerosas grutas y varios conjuntos de ermitas entre las que destacan la Cueva Sacra y la ermita de San Miguel. En esta última, a apenas un kilómetro, hay un bonito mirador hacia el valle y el pueblo de Argüébanes. Retomando la guía de la N-621, **Mogrovejo** es otra parada obligada: la memoria popular cuenta que aquí nació Santo Toribio. Es un pueblo pequeño y pintoresco, declarado conjunto histórico-artístico gracias a monumentos como la iglesia de la Asunción –que alberga una virgen

Rabel, instrumento de cuerda típico

Teleférico, en Fuente Dé

FIESTA

Catas con mucho ritmo

Declarada de interés turístico nacional en 2012, la Fiesta del Orujo de Potes se remonta a 1991, se celebra durante el segundo fin de semana de noviembre y tiene como punto culminante la entrega del trofeo de la Alquitara de Oro a la empresa que haya producido el mejor orujo del año. La organización elige también un Orujero/a Mayor, normalmente un personaje público nacido en Cantabria. Los actos se inician el viernes por la tarde-noche con un espectáculo de luz y sonido. El sábado es el día central de la fiesta con el desfile de cofradías y grupos folclóricos que concluye en el encendido de la alquitara en la caseta del Ayuntamiento. Luego se realiza la cata de los orujos presentados a concurso y se completa con actuaciones de música tradicional y moderna. El fallo del jurado se da a conocer el domingo, acto que cierra las celebraciones.

gótico-flamenca muy valiosa– y al conjunto arquitectónico formado por la torre, la casona y la capilla de los Condes de Mogrovejo. La misma carretera lleva hasta **Cosgaya,** donde la leyenda sitúa el nacimiento de don Pelayo, primer rey de la Reconquista. Hoy, una imponente estatua que mira majestuosa al Macizo Oriental representa a este héroe que alzó su voz desde estos parajes contra los árabes. Pasado Espinama, lugar ideal para adquirir quesucos de las dos denominaciones de origen propias de Liébana (Quesucos de Liébana y Picón Bejes-Tresviso), se toma el desvío hasta Pido, que es el último pueblo del valle de Camaleño. La carretera N-621 acaba en **Fuente Dé,** municipio famoso por su Parador de Turismo y por el teleférico que, en solo tres minutos, recorre 1.400 metros hasta llegar al mirador de Áliva, desde donde se divisa ampliamente todo el valle de Liébana. Este mirador, a más de 1.800 metros de altitud, es, sin duda, el mejor punto de partida para adentrarse en el Parque Nacional de los Picos de Europa.

El nacimiento del **Mundo**

Gazpacho manchego

Rompiendo con los tópicos de la llanura manchega, el sur de Albacete es un territorio repleto de rincones sorprendentes. Allí, en el lugar donde nace el río Mundo, pervive una rica gastronomía llena de matices.

Completa tu ruta

- **Longitud del itinerario propuesto:** 91 km aprox.
- **Mapa completo de la zona:** Guía Repsol de Mapas, pág. 92 A-2
- **Información turística, hoteles y restaurantes:** Guía Repsol de Turismo, pág. 21
- **Más información:** *www.guiarepsol.com*

Cascada del nacimiento del río Mundo

Contundente y caldoso, elaborado con carne de una pieza de caza (conejo de monte o liebre), ajo, pimientos, tomate y una torta troceada de pan cenceño o ácimo (sin levadura), los gazpachos manchegos son un plato rotundo, de origen pastoril, que extienden su radio de influencia por las comarcas más orientales de Castilla-La Mancha y sus vecinas limítrofes, Valencia y Alicante. Ya los mencionaba Don Quijote en sus andanzas y desventuras por La Mancha; es una comida de raíces populares que ha sobrevivido, con ligeras variantes y denominaciones, en un amplio territorio del sureste peninsular. La ruta para degustar este plato se ciñe al extremo más meridional de la provincia de Albacete, por donde las sierras de Alcaraz y Segura rompen con el tópico de llanuras infinitas, molinos y gigantes. **Alcaraz** es el punto de inicio, pero antes de visitar su casco antiguo y sentarse a comer un buen gazpacho manchego hay que visitar el santuario de la Virgen de Cortes, en las afueras de la ciudad. Allí, cada 26 de agosto, tiene lugar la romería religiosa más multitudinaria de la provincia albaceteña.

El gazpacho manchego es un plato de pastores que ya se menciona en *El Quijote*

Paisaje manchego de la ruta

Por la villa de Riópar Viejo discurre uno de los caminos jacobeos

En el lugar donde se erige el santuario tuvo lugar en el año 1265 el encuentro de Alfonso X el Sabio y Jaime I de Aragón para establecer las lindes de la reconquista cristiana. La tradición contaba que, años antes, un pastor había encontrado una imagen mariana en el lugar. Los dos monarcas promovieron entonces, con sus donaciones, la construcción del templo.

Por el camino jacobeo

Ya en Alcaraz, el paseo puede comenzar en su monumental Plaza Mayor, con las torres de la Trinidad y del Tardón, conocidas como las "torres gemelas", en uno de sus vértices. La villa, que perdió relevancia estratégica a medida que la reconquista avanzó hacia Granada, alcanzó su máximo esplendor en el siglo XVI cuando se convirtió en una población famosa por la elaboración artesanal de alfombras de lana. La plaza está delimitada por tres lonjas: a los pies de la torre del Tardón está la del Corregidor, con cinco arcos; las otras dos son las de la Regatería y el Ahorí. Esta última da acceso a la calle Mayor, repleta de casonas de

Llamador en Alcaraz

FIESTA

Feria de Tradiciones Populares

El gazpacho manchego se puede degustar en Yeste el último fin de semana de octubre. Esta feria, que ya cumple quince años, reivindica las recetas tradicionales de La Mancha y también la memoria de antiguos oficios como el *torraor* de garbanzos. Los asistentes a esta fiesta podrán también disfrutar de música en cuadrillas, bailes, muestras de ganado, talleres de elaboración de dulces típicos, como hojuelas con miel o roscos con limón, tertulias y otras muchas propuestas desperdigadas por el casco antiguo de La Villa, desde su castillo al claustro del convento franciscano y el barrio de La Villa. En cada edición hay degustaciones de andrajos (como aquí se llama al gazpacho), ajo de harina, migas con matanza y potaje bochero.

Torres de la Plaza Mayor de Alcaraz

influencia renacentista. La ruta continúa por la N-322 hasta el desvío de la CM-412, que se interna en la serranía y llega hasta **Riópar Viejo.** Por aquí discurre uno de los caminos jacobeos: desde las ruinas de su alcazaba almohade, convertidas en cementerio, las panorámicas son fantásticas. También hay que visitar la iglesia del Espíritu Santo, del siglo XV, y las Reales Fábricas de San Juan, fundadas por el rey Carlos III en el siglo XVIII, donde se exponen auténticas joyas de bronce y maquinaria industrial de la época.

A las afueras de Riópar parte la pista que se interna en el Parque Natural de los Calares del río Mundo y de la Sima. Este río nace de forma espectacular en Los Chorros y se abre camino entre paredes calizas hasta formar un tramo de gargantas pintorescas que se conoce como las hoces del Mundo. El paseo por estos parajes es, simplemente, precioso.

Al encuentro de la buena mesa

Desde Riópar hay que seguir la CM-412 y enlazar con la CM-3206 para llegar a **Yeste.** En el siglo XIII, los caballeros de la Orden de Santiago construyeron, sobre la atalaya musulmana del siglo XI, una de las fortalezas más inaccesibles de la frontera entre los reinos nazaríes y cristianos. Hoy en día alberga las instalaciones de un centro de interpretación medieval y un museo etnológico. Desde allí se puede pasear por el barrio de La Villa, de casas encaladas, y seguir hasta la iglesia de la Asunción de Nuestra Señora, con un magnífico retablo barroco del siglo XVII. No hay que perderse el convento franciscano, cuyo claustro constituye una pieza de singular belleza artística. Yeste es tierra de buena mesa: a sus dulces y embutidos hay que añadir un amplio recetario de cocina tradicional, en el que destaca el gazpacho. Un buen plato de este guiso será una buena guinda de esta ruta.

Gazpacho manchego

El primer paso para elaborarlo es sofreír en el aceite caliente reservando una cucharada, la liebre o perdiz, el pichón, el conejo y la gallina troceados. Cuando estén dorados, agregar la cebolla, el pimiento, el tomate y cuatro dientes de ajo, sin que tomen color. Agregar el perejil y el laurel y mojar con el agua. Dejar cocer durante dos horas a fuego lento.

Majar dos dientes de ajo en el mortero junto con la pimienta y dos cucharadas del caldo de la cocción de la caza, y agregar a la cazuela junto con una torta de gazpacho cortada en trocitos pequeños. La torta cenceña, ingrediente básico de los gazpachos manchegos, es un pan ácimo, sin levadura. Lo ideal es cocer la torta en horno de leña, aunque puede comprarse en los pueblos manchegos. Después se rehogan los níscalos en el aceite reservado y se agrega a la cazuela. Cocer durante quince minutos. Servir acompañado de una torta entera de gazpacho.

La liebre, perdiz, pichón, conejo y gallina de este plato aportan proteínas de alto valor biológico, hierro y zinc (ambos de fácil absorción), selenio y vitaminas como niacina y vitamina B12, entre otras. La torta de gazpacho incluye hidratos de carbono que mejoran el equilibrio nutricional del plato. Las verduras y las hierbas aromáticas de esta receta contribuyen con la fibra y los antioxidantes.

Fundación Española de la Nutrición

Manjares de caza a contracorriente

Perdiz escabechada

Si hay algo que singulariza a la gastronomía de Guadalajara es la caza. Y en el territorio del Señorío de Molina, entre barrancos y planicies, se prepara uno de sus platos más representativos.

Fiesta de los Gancheros

Bienvenidos al Señorío de Molina, un territorio donde confluyen las provincias de Zaragoza, Cuenca y Guadalajara, casi a los pies de los Montes Universales, y fuente de arroyos y torrenteras que alimentan con sus aguas a un incipiente río Tajo. Es este, con sus afluentes principales –el Gallo y el Cabrillas–, el que conforma el conjunto de hoces y barrancos más singular y apartado de la península ibérica. Una comarca de severos inviernos y abrasadores estíos donde no puede faltar la cocina de conservación y su representante más genuino en Castilla-La Mancha: el escabechado. Un proceso de marinado en vinagre y sal que en las tierras de Molina se centra en una de las aves más apreciadas a nivel cinegético del país, la perdiz roja (sin olvidar las truchas del Tajo). Plato tradicional en las fondas y posadas, no falta en las cartas de los restaurantes de una ruta que comienza

Los barrancos más singulares de la península ibérica surcan el Señorío de Molina

Completa tu ruta

- **Longitud del itinerario propuesto:** 121 km aprox.
- **Mapa completo de la zona:** Guía Repsol de Mapas, pág. 55 A-1
- **Información turística, hoteles y restaurantes:** Guía Repsol de Turismo, pág. 208
- **Más información:** *www.guiarepsol.com*

Perdiz escabechada

Una de las especialidades culinarias de la cocina castellana es la perdiz escabechada, un delicioso plato que se sirve caliente o frío. Para prepararla hay que limpiar bien la pieza y dorarla en una sartén con aceite. Después se cuece, hasta que quede tierna, con agua, aceite, vinagre, ajos, laurel y granos de pimienta negra. El toque final lo conseguirá tras ser macerada durante varios días en el escabeche.

La perdiz es un alimento con un importante valor nutricional. Su componente mayoritario es el agua, seguido de proteínas de buena calidad. Posee muy poca cantidad de grasa, por lo que se clasifica dentro del grupo de las carnes magras, cuyo consumo recomendado es de tres raciones a la semana. Destaca su contenido en minerales como el hierro de elevada biodisponibilidad, potasio, magnesio, fósforo y selenio. Si la comparamos con otros alimentos del grupo de carnes y derivados, la perdiz contiene una cantidad sensiblemente mayor de calcio aunque no alcanza los niveles de este mineral en los lácteos. En relación a las vitaminas, es fuente de las del grupo B: tiamina, riboflavina, niacina, B_6 y B12. Esta carne, al igual que otras de caza, debe ser consumida con moderación por personas que padezcan hiperglucemia o gota por su contenido en ácido úrico, superior al encontrado en otros alimentos.

Fundación Española de la Nutrición

en **Molina de Aragón,** localidad de Guadalajara donde cada invierno se registran las temperaturas más bajas de España. Declarada en su totalidad conjunto histórico-artístico, conserva una de las fortalezas medievales más imponentes de la vieja Castilla. El alcázar de los Condes de Lara está erigido sobre un castro celta y una fortificación musulmana, y destaca por su tamaño y la espectacularidad de la torre de Aragón, situada fuera del recinto amurallado, sobre el cerro que domina la villa. Al casco urbano lo cercena el trazo de asfalto de la N-211. Atrapados entre el río Gallo, con su precioso puente románico, y la carretera, quedan los barrios de la Morería y de la Judería, las seis iglesias abiertas al culto y más de media docena de palacios señoriales de rancia tradición molinesa.

La hoz del Gallo

El 1 de mayo se celebra la romería de El Butrón, en la ermita de la Reina del Señorío, con una sardinada multitudinaria. Y a 11 km de Molina, siguiendo la GU-958 (frente al convento de San Francisco en dirección a Ventosa y Torete), se llega hasta el santuario de Nuestra Señora de la Hoz. Se trata de una ermita del siglo XV enclavada en un espectacular paraje junto al cauce del río Gallo. El primer domingo de Pentecostés (finales de mayo o

Santuario de Nuestra Señora de la Hoz

Paisaje idílico en el Parque Natural del Alto Tajo

principios de junio) se representa en su exterior la Loa a la Virgen, un auto sacramental del siglo XVIII que incluye un pintoresco ritual de danzas (de paloteo, de espadas y de la cadena). Situada al pie del barranco, hay una senda con escalones tallados en la roca que asciende desde la ermita hasta el mirador de la cima. La panorámica resulta espectacular. La carretera no tiene continuación, hay que retroceder hasta Molina y tomar la CM-210 hacia el sur para llegar a **Tierzo.** A sus afueras, en la Vega de Arias, se pueden visitar las salinas de Almallá, explotadas desde el tiempo de los celtíberos. La CM-2111 conduce a las siguientes paradas de la ruta: **Megina** (donde además de visitar su iglesia parroquial del siglo XVI, hay que recorrer el tramo del Camino del Cid que discurre por sus dominios); **Chequilla** (pequeña localidad situada a los pies de unos curiosos farallones rojizos que cuenta con una plaza de toros tallada en roca); y **Checa** (donde es obligado pasear por su monumental Plaza Mayor y admirar la estampa de la Casa de los Pelegrines y el templo parroquial). Retrocediendo hasta Terzaga, se coge la CM-2106 hasta **Peralejos de las Truchas,** uno de los destinos más recurrentes para recorrer la parte oriental del Parque Natural del Alto Tajo, con una buena oferta de alojamientos rurales y restaurantes. Una de las excursiones preferidas por los amantes de la naturaleza y de la fotografía es la que sigue la pista que llega, por la ermita de Ribagorda, hasta la minicentral hidroeléctrica, el paraje de Las Juntas y la presa de la Hoz Seca. Son casi 13 kilómetros y siete horas de marcha. Una alternativa es adentrarse en el barranco del Horcajo a partir de la pista que nace antes del puente de Martinete y, tras recorrer unos parajes de ensueño, alcanzar la laguna de Taravilla. Desde Peralejos, enlazando la CM-2106 con la CM-2201 y luego con la CM-210, se llega a **Poveda de la Sierra.** Hay que acercarse a su famoso salto de agua y visitar su iglesia parroquial. A finales de agosto y primeros de septiembre, Peralejos y Poveda celebran, igual que otros pueblos de la zona, la Fiesta de los Gancheros, un homenaje a las actividades rurales que han forjado su vida y su cultura.

Los amantes de la naturaleza deben visitar el Parque Natural del Alto Tajo

La reina de la caza

La perdiz roja *(Alectoris rufa)* está considerada por muchos cazadores alcarreños como la reina de la caza, tanto por la majestuosidad de su porte como por su relativa escasez. El reglamento de la temporada de caza lo establece cada año la Consejería de Agricultura de la Junta de Comunidades de Castilla-La Mancha en función de criterios de sostenibilidad cinegética. Así, la legislación reconoce como modalidad tradicional la caza de la perdiz roja con reclamo, estableciendo unos parámetros muy definidos: solo se puede practicar en cotos privados entre enero y principios de marzo, con una autorización expresa y sometida al plan técnico de caza para el coto.

Alma guerrera

Vino de Toro

Joyas del románico junto a leyendas medievales se conjugan en esta ruta que discurre por las zonas de producción de la denominación de origen Toro. Un vino fuerte e intenso, que en las últimas décadas ha adquirido un gran prestigio.

"Tengo un toro que me da vino y un León que me lo bebe". Esta frase, atribuida al rey Alfonso IX de León (1171-1230), evoca la época dorada en la que el vino de Toro, de gran sabor y textura, gozó de privilegios reales y era el preferido de monarcas y guerreros españoles. Sus orígenes son anteriores a los asentamientos de los romanos y, además de gozar de gran fama durante la Edad Media, fue el encargado de llenar las bodegas de los barcos que conquistaron las tierras del Nuevo Mundo. Durante el siglo XIX también se exportaron grandes cantidades a Francia para suplir la falta de vino por la plaga de filoxera, un parásito de la vid. Sin embargo, a pesar de contar con una gran tradición, la denominación de origen Toro es mucho más reciente: los primeros pasos para crearla se dieron en los años setenta del siglo XIX y el proceso culminó en 1987. En la actualidad, el Consejo Regulador avala la calidad de 51 bodegas.

Pinos en campos de cereal

Un museo al aire libre

La ruta, que sigue los pasos de estos vinos, comienza en **Zamora,** cuyo casco histórico está declarado conjunto histórico-artístico. Con más de una veintena de iglesias, como la de San Pedro y la de San Ildefonso, es un museo de arte al aire libre. De hecho es la ciudad con mayor número de templos románicos de Europa. Es imprescindible visitar su catedral, en la que sobresalen su singular cimborrio bizantino y su cúpula decorada con escamas de piedras. Además de los tres recintos amurallados que tenía en el siglo XIII, la ciudad conserva el castillo y varias puertas y tramos de muralla, que ofrecen unas panorámicas

Zamora tiene el mayor número de templos románicos de Europa

Uva tinta con la que se elabora vino con denominación de origen Toro

Completa tu ruta

- **Longitud del itinerario propuesto:** 108 km aprox.
- **Mapa completo de la zona:** Guía Repsol de Mapas, pág. 31 4-A
- **Información turística, hoteles y restaurantes:** Guía Repsol de Turismo, págs. 310 y 344
- **Restaurantes con Soles Repsol:** ☼ Los Caprichos de Meneses (Zamora)
- **Más información:** *www.guiarepsol.com*

FIESTA

Fiesta de la Vendimia

En torno al segundo domingo de octubre, se celebra en Toro la Fiesta de la Vendimia, declarada de interés turístico regional y que, durante cuatro días, escenifica la exaltación del mundo del vino y su importancia en la vida de la región. El momento más esperado de la fiesta es el desfile de carros tradicionales que, tirados por animales, recorren las calles más importantes de la localidad engalanados a la antigua usanza y con cestas repletas de viandas. El desfile termina en la Plaza Mayor con la pisada de uvas y la recogida del primer mosto, que será degustado, junto con los embutidos, por los asistentes. Los festejos se complementan con un gran número de actividades como el mercado medieval, el festival flamenco, representaciones teatrales o las jornadas gastronómicas que muestran los platos más representativos de la cocina toresana. Es, sin duda, una oportunidad única para entrar en contacto con la cultura del vino.

únicas del río Duero. Desde Zamora se coge la N-122 para llegar a **Toro,** sede del Consejo Regulador y una de las zonas vitivinícolas emergentes más importantes de España. Sus calles, repletas de conventos, monasterios, palacios y casas señoriales, dan testimonio de su pasado glorioso. La villa conserva parte del castillo y las puertas de la Corredera y el Arco del Reloj, del siglo XVIII, aunque su edificio más emblemático es la colegiata de Santa María la Mayor, una joya del románico zamorano. Antes de poner rumbo Pedrosa del Rey, merece la pena hacer una parada en el mirador del Espolón, desde el que se divisa toda la vega del Duero y un puente románico de los siglos XII y XIII. La N-122 enlaza con la VA-VP-6701 para llegar a **Pedrosa del Rey,** un pequeño pueblo en el que se puede visitar la iglesia de San Miguel Arcángel, del siglo XVI y en la que destacan el artesonado mudéjar y su magnífico retablo. Volviendo por la misma carretera, cogemos la N-122 y la VA-VP-7703 hasta **San Román de Hornija.** Allí el viajero encontrará

Colegiata de Santa María la Mayor

Puente romano sobre el Duero, en Toro

un yacimiento arqueológico de la Edad de Bronce, aunque este municipio es conocido por albergar en su iglesia los restos del rey godo Chindasvinto y de su esposa, Reciverga. Los pasos de esta ruta continúan por una pequeña carretera que se adentra en la Reserva Natural de las Riberas de Castronuño-Vega del Duero. En esta zona migratoria y de nidificación de aves es posible observar multitud de especies, como la garza imperial o el aguilucho lagunero, por lo que en la mochila no pueden faltar unos prismáticos. El paisaje más representativo de este espacio protegido es el bosque de ribera –formado por chopos negros, sauces, álamos blancos, fresnos y majuelos– y el carrizal. Para conocer la reserva natural, lo mejor es empezar por la Casa del Parque, en **Castronuño.** Es un centro de información y recepción al visitante donde le ayudarán a planificar la excursión. En Castronuño también hay que acercarse a la iglesia de San Martín del Castillo, declarada monumento histórico-artístico y edificada en un enclave único, el Alto de la Muela, a orillas del Duero y junto a la Casa del Parque.

El corazón de la Tierra del Vino

La ruta continúa por la ZA-610 para alcanzar el punto final del camino, **Venialbo,** situado en el corazón de la Tierra del Vino y con un pasado clave en el feudalismo zamorano. La construcción de su iglesia data del siglo XII, aunque la mayor parte del templo que se conserva en la actualidad es del siglo XV. Llama la atención la capilla mayor, una pieza gótica construida por el arquitecto Rodrigo Gil de Ontañón. Junto a la puerta de la iglesia descansan los vestigios de dos impresionantes negrillos u olmos, que también forman parte de la historia del municipio. Y para terminar, nada mejor que degustar unos chatos de vino en alguna de las bodegas del pueblo, que alberga una gran muestra de arquitectura popular vitivinícola.

Vino de Toro

Carnosos y con volumen, los vinos de Toro se elaboran con uva tinta de Toro, una variedad autóctona, y con garnacha tinta, implantada en esta región por fenicios y romanos. Dentro de la uva blanca, se distinguen dos variedades: malvasía y verdejo. La extensión total de la zona que ampara la denominación de origen Toro, que se encuentra situada al sureste de la provincia de Zamora y suroeste de la provincia de Valladolid, abarca 62.000 hectáreas de terreno, de las cuales la superficie dedicada a viñedos es de 8.000, pertenecientes a más de 1.200 viticultores. Los vinos tintos poseen unas cualidades organolépticas que van del aroma a frutos rojos de los caldos jóvenes a los matices de cacao o regaliz de los gran reserva. Los rosados, por su parte, aportan aromas frutales, como la fresa o la cereza, mientras que los blancos poseen un toque más amargo, como el de los frutos verdes.

Esta bebida es obtenida por la acción de levaduras que transforman sus azúcares en alcohol etílico y dióxido de carbono. Contiene agua, alcohol, azúcares no fermentables, ácidos orgánicos, sales minerales y una pequeña cantidad de vitaminas del grupo B; además de sustancias colorantes y taninos, con potente capacidad antioxidante. Se trata de uno de los alimentos tradicionales de la dieta mediterránea. Su consumo debe ser moderado en población adulta sana no gestante.

Fundación Española de la Nutrición

Bocado **de historia**

Morcilla

Por la Ribera del Duero discurre una de las rutas de enoturismo más visitadas. En su vertiente burgalesa aúna patrimonio, regias fortalezas y una acompañante de lujo en las barras: la clásica morcilla de Burgos.

Completa tu ruta

- **Longitud del itinerario propuesto:** 63 km aprox.
- **Mapa completo de la zona:**
  Guía Repsol de Mapas, pág. 32 D-3
- **Información turística, hoteles y restaurantes:**
  Guía Repsol de Turismo, págs. 38 y 259
- **Restaurantes con Soles Repsol:**
  ☼ Mesón de la Villa (Aranda de Duero)
- **Más información:**
  www.guiarepsol.com

Arriba, detalle de las ruinas de Clunia en Peñalba de Castro. Abajo, un viñedo en Aranda de Duero

Sangre, arroz, manteca, especias, sal y una variedad de cebolla típicamente burgalesa, la Horcal, que le da un característico toque de dulzor. Así se elabora desde hace siglos la morcilla de Burgos, uno de los productos más genuinos de esta provincia castellano-leonesa que en la comarca de Aranda de Duero presenta, además, una variante propia en su elaboración con dos cocciones (una previa al embutido y otra posterior), aderezada con pimienta negra, comino y una pizca de canela. La morcilla es imprescindible en bares, tabernas y mesones, acompañando un vino de la Ribera y, por supuesto, en cualquier evento gastronómico que se precie, desde las jornadas del lechazo, el concurso comarcal de tapas, pinchos y banderillas y las nuevas propuestas, empezando por la Feria Internacional de la Cerveza Artesana. Un buen punto para comenzar la ruta es el yacimiento de la antigua ciudad romana de Clunia. Situada a las afueras de **Peñalba de Castro,** fue uno de los enclaves más

Morcilla de Burgos

Para preparar la clásica morcilla, todo comienza con la matanza del cerdo: la sangre obtenida se mezcla con cebolla Horcal (de suave sabor, ligeramente dulce), manteca, arroz (se añade crudo o levemente cocido para dilatarlo), sal y especias. Las más habituales son la pimienta negra y el pimentón y, según variedades y con carácter opcional, canela, clavo, orégano, tomillo...
La mezcla se entripa dentro del intestino del cerdo, el cual ha sido previamente limpiado; se cierra con una cuerda y se cuece en agua hirviendo hasta que adquiere su característico tono negro. La morcilla está lista para consumir, ya sea sola o cocinada en todo tipo de preparaciones, desde una simple tosta, acompañando a unas lentejas o como relleno en pimientos y tortilla.

La morcilla es un alimento con gran valor nutricional. Aporta especialmente hierro hemo, es decir, de fácil utilización por el organismo. Consumiendo una ración de morcilla de arroz se cubren el 75% de las ingestas recomendadas de este mineral para mujeres de 20 a 39 años y el 140% para hombres de la misma edad.
Si la tomamos con pan, incorporamos hidratos de carbono complejos (junto con los del arroz).

Fundación Española de la Nutrición

Enólogo catando vino

importantes de la Hispania romana. Hoy, es posible visitar su Aula Arqueológica, el teatro y sus mosaicos en recorridos organizados y guiados por el yacimiento. La CL-111 conduce hasta **Coruña del Conde.** Este pueblo, coronado por las ruinas de un castillo del siglo X, es conocido por ser el lugar de nacimiento del primer aviador español: Diego Marín.
Un monumento conmemorativo del Ejército del Aire recuerda la fallida gesta del pastor, que llegó a diseñar y volar con un artefacto en la noche del 15 de mayo de 1793.

Frontera del Duero

A las afueras del pueblo se levanta una pequeña joya: la ermita del Santo Cristo, románica, del siglo XII. Un templo sencillo, de una sola nave y ábside recto, en cuyas paredes se encuentran sillares y otras piezas procedentes de Clunia. La de Coruña del Conde fue una de las fortalezas erigidas para marcar la frontera entre los reinos musulmanes y cristianos durante la reconquista castellana, al igual que el castillo de **Peñaranda de Duero** (CL-111). A sus pies se tiende una villa que conserva algunas de las puertas de la primitiva muralla y la soledad y el encanto de muchos pueblos castellanos.
La soberbia estampa de la excolegiata de Santa Ana (siglo XVI) y el aire renacentista del palacio de los Condes de Miranda cierran una irregular Plaza Mayor que conforma una de las imágenes más bellas de Burgos. En Peñaranda hay que visitar también la botica de la familia Ximeno, en funcionamiento desde hace ocho generaciones. Las fiestas patronales de la Virgen de los Remedios, con romería

Plaza Mayor de Peñaranda de Duero

incluida, o de San Isidro Labrador son ocasiones propicias para degustar la típica morcilla burgalesa, el lechazo asado y los vinos de Peñaranda. La carretera CL-111 hacia el oeste desemboca en **Aranda de Duero,** ciudad industriosa y desgarbada que domina la campiña.

Bodegas subterráneas

El barrio de Aquendeduero se ciñe a la cuadrícula medieval amurallada: su subsuelo está horadado por 7 kilómetros de antiguas bodegas que se pueden visitar gracias a los guías del CIAVIN (Centro de Interpretación de la Arquitectura Asociada al Vino, situado en la Plaza Mayor). Hay que acercarse hasta el puente medieval sobre el río Bañuelos (junto a la vieja iglesia de San Juan Bautista, con su impresionante museo de arte sacro); también a la Casa de las Bolas (que acoge la colección de pinturas de Félix Cañada) y sobre todo hasta el majestuoso templo de Santa María la Mayor (de estilo gótico tardío, rodeado de callejuelas donde tapear un buen pincho de morcilla).
Se sale de Aranda, para continuar pegado al cauce verdeante del río, por la BU-120. Pasado Berlangas, y como punto final de la ruta, el Duero se arrebuja a los pies de **Roa de Duero** y su paseo-mirador del Espolón. Esta localidad, muy vinculada a la producción de caldos con D. O. Ribera del Duero (no en vano aquí se encuentra su sede), conserva una iglesia colegial del XVI, la de Santa María, restos de su antigua muralla y la memoria de uno de los héroes de la Guerra de la Independencia, Juan Martín, el *Empecinado*.

FIESTA

Feria Internacional de la Cerveza Artesana

El recinto ferial de Aranda de Duero acoge una naciente feria dedicada a la difusión de las bondades de uno de los sectores emergentes de la economía: la cerveza artesana. Aunque el consumo de este tipo de cerveza solo alcanza el 1% del total y está muy vinculado a ámbitos locales, el encuentro arandino pretende facilitar los canales de distribución y el conocimiento entre los amantes del mismo. Algunos productores de la comarca de Aranda (de Torquemada y Fuentenebro) comparten espacio con otros cerca de cuarenta artesanos llegados de toda España. Catas, maridajes con embutidos y quesos, actuaciones musicales y sorteos amenizan el encuentro realizado a finales del mes de junio.

Paisajes **dalinianos**

Anxova de l'Escala

La comarca gerundense del Alt Empordà disfruta de una situación privilegiada, entre el Mediterráneo de la Costa Brava y los Pirineos. Su paisaje relajante, lleno de pequeños pueblos medievales, invita al cultivo del espíritu y a la buena mesa.

Completa tu ruta

- **Longitud del itinerario propuesto:** 62 km aprox.
- **Mapa completo de la zona:** Guía Repsol de Mapas, pág. 27 C-3
- **Información turística, hoteles y restaurantes:** Guía Repsol de Turismo, págs. 80, 126, 129 y 263
- **Restaurantes con Soles Repsol:**
  - El Molí de Sant Vicenç (L'Escala)
  - El Motel (Figueres)
  - La Llar (Roses)
- **Más información:** *www.guiarepsol.com*

Parque Natural del Cabo de Creus

El Alt Empordà, en la provincia de Girona, está formado por villas costeras blancas y llenas de encanto que componen un paisaje sosegado, luminoso y refinado. En esta zona, donde se respira una sensibilidad diferente, la gastronomía es de altísima calidad. Los salazones son un buen ejemplo de ello. En este sentido, **l'Escala** se erige como cuna de la *anxova*. Esta localidad, inicio de la ruta, es de gran tradición en la salazón del pescado desde la llegada a Ampurias de los pueblos fenicio y griego en los siglos VI y V a. C. Desde 1940 se dedica a la elaboración de la anchoa siguiendo métodos tradicionales, con un alto nivel de exigencia en la selección del mejor pescado, lo que da lugar a un producto exquisito y de excepcional calidad, con una textura y sabor únicos. En el pueblo hay cinco fábricas de anchoas y todas ellas pueden visitarse para conocer cómo es el proceso de salazón, conservación y envasado. Además, cuenta con un Museo de l´Anxova i de la Sal y un Centro de Interpretación del Pescado. En l'Escala también hay que recorrer el barrio de pescadores

La tradición de la salazón del pescado llegó a l'Escala con los pueblos fenicio y griego

Faro del cabo de Creus

Puerta de la antigua ciudad de Empúries

de Sant Martí de Empúries, del siglo XVII y, por supuesto, la ciudad greco-romana de Empúries. Es el único yacimiento arqueológico de la península donde conviven restos de una ciudad griega (siglo VI a. C.) con restos de una ciudad romana (siglo I a. C.). Este asentamiento está formado por tres núcleos de población: la ciudad griega antigua, Palaiápolis; la nueva ciudad griega, Neápolis, y la ciudad romana. Aquí se encuentra una de las sedes del Museo d'Arqueologia de Catalunya (MAC). También destacan las playas de Empúries, unidas entre sí por un paseo peatonal de dos kilómetros y medio; la cala Montgó, con una torre de defensa del siglo XVI, y la playa de Riells, que se extiende hasta el puerto pesquero y deportivo de la Clota.
Desde allí la ruta sigue por la C-31 hasta **Figueres,** con la visita imprescindible del Teatro Museo Salvador Dalí, que supera el millón de visitantes anuales, en el que se exhibe la obra del pintor y donde está enterrado. En Figueres nació Salvador Dalí en 1904 y allí paso sus últimos años, tras la muerte de Gala,

El espíritu de Salvador Dalí está en cada rincón de la ciudad de Figueres

FIESTA

Entre degustaciones y habaneras

La Fiesta de la Anxova de l'Escala tiene lugar el primer fin de semana de octubre, pasada la temporada de pesca de la anchoa (de julio a septiembre). Durante esta fiesta se organizan varias actividades, entre las que hay degustaciones y ventas de este producto, jornadas gastronómicas, exposiciones, habaneras... Además, se entrega el galardón de la Anchoa de Oro. En los días precedentes se pueden saborear más de una veintena de tapas realizadas por diversos restaurantes con la anchoa como ingrediente principal. Estos platos participan en el concurso de la Ruta de la Tapa de la Anchoa, cuyo ganador se da a conocer el día de la fiesta.

Panorámica de Empuriabrava

en 1982. Cada rincón habla de él: la tienda donde compraba la pasta con la que se engominaba el bigote; la terraza del Emporium donde escribió con Buñuel *Un perro andaluz;* la iglesia de Sant Pere, donde fue bautizado; su casa y su estudio. En la villa también se pueden visitar el castillo de San Fernando, la mayor fortaleza europea, del siglo XVIII, y el Museo del Joguet de Catalunya, que cuenta con cuatro mil juguetes (mecanos, bicicletas, coches, caballos, trenes, muñecas...) reunidos por el coleccionista local Josep Maria Joan Rosa.

Espacio natural protegido

El camino sigue por la C-68 en dirección a **Castelló d'Empúries,** que ofrece un amplio patrimonio civil y religioso: una lonja convertida en casa del concejo, una curia y prisión de estilo gótico, el puente del siglo XIV sobre el río Muga, la torre carlista a la entrada del pueblo y numerosos conventos. Junto a este pueblo medieval se ha levantado Empuriabrava, todo un complejo residencial que atiende las exigencias del turismo. También es destacable su patrimonio natural, del que forma parte el Parque Natural dels Aiguamolls de l'Empordà. Tres escenarios ecológicos constituyen este espacio protegido, que ocupa una extensión superior a las 4.000 hectáreas: la reserva de los Estanys, con grandes extensiones de cañaverales, espadañas y prados inundables; la reserva de las Llaunes, compuesta por conjuntos de lagunas litorales, prados salobres y dunas, y la reserva de la isla de Caramany, situada en medio del río Fluvià, un marco ideal para la nidificación de un gran número de aves acuáticas.

Tras este recorrido por el interior, la ruta se dirige de nuevo hacia la costa por la misma C-68, en busca de **Roses,** que forma parte de las bahías más bellas del mundo, un título

Estatua de Dalí en Cadaqués

Vista de la costa desde un barco

Cadaqués se encuentra en el cabo de Creus, un ecosistema natural de gran riqueza

concedido por la Unesco. Los tres parques naturales (Parque Natural dels Aiguamolls de l'Empordà, Parque Natural del Cabo de Creus y Paraje Natural de Interés Nacional de la Albera), los 45 kilómetros de playas, la gastronomía o la variedad de posibilidades de ocio por tierra, mar y aire le han servido para obtener esta certificación.
Un paseo por el recinto de la ciudadela, conjunto histórico-artístico, es imprescindible para todo aquel que visite Roses. Encierra los restos de un barrio helenístico, una villa romana, una necrópolis paleocristiana, edificios de la época visigoda y el monasterio medieval de Santa María de Roses.
Después hay que llegar, por la lengua de tierra que abraza el golfo, al castillo de la Trinidad, una construcción militar con forma de estrella de cinco puntas. Se halla frente al famoso faro de Roses, del siglo XIX, que anuncia la entrada al puerto pesquero, donde resulta interesante asistir a la subasta de pescado. Los productos del mar son un elemento clave de la gastronomía de Roses, a medio camino entre la tradición y la vanguardia. Su cocina, de fama internacional por albergar El Bulli de Ferran Adrià –que fue considerado hasta su cierre en 2011 el mejor restaurante del mundo–, se vale de la riqueza de las aguas mediterráneas, de los productos de la tierra y de excelentes vinos.
Por la GI-614 se llega al final de la ruta, coincidiendo con el municipio más oriental de la península ibérica: **Cadaqués,** en pleno cabo de Creus, encajada entre el mar y la roca.

Ventana en Sant Martí de Empúries

Gigantes y trabuqueros en la fiesta mayor de Roses

De esta villa quedó prendado Dalí, cuya casa puede visitarse en la cala de Port Lligat. Esta fue su única residencia estable y en ella vivió y trabajó hasta la muerte de Gala. Durante cuarenta años, el pintor construyó y dio forma a la vieja barraca de pescadores que había adquirido hasta convertirla, según sus palabras, en "una verdadera estructura biológica". La distribución arquitectónica consta de tres ambientes: el espacio íntimo, el de trabajo o estudio y el público, que se completa con aberturas muy proporcionadas que sirven de marco al maravilloso paisaje que rodea la casa.

Entre el mar y la tierra

Cadaqués acoge parte del Parque Natural del Cabo de Creus, el único de España que abarca una zona marítima y otra terrestre, unidas por un perfil abrupto de acantilados y calas. En este escenario coexisten diferentes ecosistemas, desde su cima en el pico de Sant Salvador hasta el nivel del mar, lo que permite la convivencia de gran variedad de especies. La flora está condicionada por la fuerte influencia marina y la agreste orografía. Así los pinos y las encinas crecen en las zonas más expuestas, mientras que los valles dan cobijo a olmos, fresnos, alisos, avellanos y sauces. En cuanto a la fauna, es destacable la presencia del lagarto ocelado y la tortuga mediterránea, el halcón peregrino, el búho real y el cormorán moñudo, sin olvidar la gran riqueza en especies de los fondos marinos.

Anxova de l'Escala

Frescas, seleccionadas, saladas y aromatizadas siguiendo las enseñanzas ancestrales. Así se elaboran las *anxoves* de l'Escala, una salazón que requiere de un periodo de maduración y de curación de al menos dos meses antes de ser envasadas. Tradicionalmente, son las mujeres de l'Escala las encargadas de elegir las anchoas, sazonarlas, colocarlas en los bidones, filetearlas y acondicionarlas una a una en su envase especial. Este método se caracteriza por una gran delicadeza y un saber hacer que mantiene intacto el proceso desde la primera generación de anchoveras. La anchoa se toma de muchas formas: sobre tostada de pan payés con tomate natural, en coca con verduras, en ensalada y en gazpacho, entre otros.

Las anchoas destacan por su contenido en proteínas de alto valor biológico, ácidos grasos omega-3 (al tratarse de un pescado azul) y vitamina D. También son ricas en minerales como el selenio y el fósforo. Poniendo las anchoas en aceite con una tostada de pan con tomate, completaremos su valor nutricional añadiendo los hidratos de carbono complejos del pan y vitaminas y minerales del tomate.

Fundación Española de la Nutrición

Fuerza natural

Butifarra

Agroturismo y cultura se dan cita en la comarca barcelonesa de Osona. El frío y la niebla característicos de la zona, junto al buen hacer de sus artesanos, dan lugar a unos embutidos famosos por su calidad.

Entre el mar y los Pirineos, Osona ha sido una comarca aguerrida, testigo de momentos históricos. En sus tierras un tanto frías, no faltan los bosques donde, desde tiempos inmemoriales, se ha criado un cerdo de gran calidad. También el clima ha puesto su granito de arena a favor de la excelencia. La niebla que blanquea sin piedad el paisaje invernal de Vic (esta zona es la que cuenta con más días de niebla al año en toda España) es pieza clave en la maduración artesanal de algunos embutidos. Los payeses continúan trabajando como hace más de cien años, criando unos cerdos cuya deliciosa carne ha servido como base para la elaboración de sus afamados embutidos: butifarra, longaniza, fuet...
Osona, epicentro de esta ruta, es una comarca de paisajes extraordinarios como los del Parque Natural del Montseny, el Espacio Natural de Guilleries-Savassona y el Parque del Castillo de Montesquiu. En el centro, la llanura de Vic, en claro contraste entre tantos bosques, deja claro que aquí nada es uniforme.

Centro L'Atlàntida, en Vic

Naturaleza y arte

Entrando por el sur, la primera parada es **Viladrau,** dentro del Parque Natural del Montseny. Se trata de un bello pueblo que tiene al agua como protagonista, ya que en sus alrededores confluyen varios riachuelos que han dado lugar a más de cien fuentes. Desde aquí resulta interesante realizar distintas rutas para descubrir los muchos encantos naturales que conforman el Parque Natural del Montseny, uno de los más conocidos de Cataluña. En realidad, es muchos parques en uno: tiene bosques

Tres parques naturales definen el paisaje de la comarca

Tradicional torre de *castellers*

Completa tu ruta

- **Longitud del itinerario propuesto:** 71 km aprox.
- **Mapa completo de la zona:** Guía Repsol de Mapas, pág. 37 C-1
- **Información turística, hoteles y restaurantes:** Guía Repsol de Turismo, pág. 328
- **Restaurantes con Soles Repsol:** ☼ Boccatti (Vic)
- **Más información:** *www.guiarepsol.com*

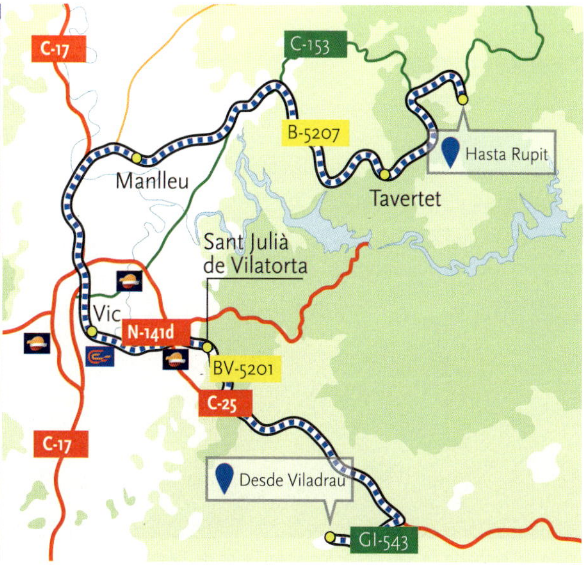

Fiesta del Cerdo y la Cerveza

El último fin de semana de septiembre se celebra en Manlleu la Fiesta del Cerdo y la Cerveza. Dos días de actividades gastronómicas dedicados a este manjar, con degustaciones de embutidos y cerveza de importación, y demostraciones en directo de cómo se cocina y se producen los productos elaborados del cerdo. Además, algunos chefs de Osona preparan platos para la ocasión que se pueden degustar. A lo largo del paseo del río Ter, dónde se organiza el evento, se instalan casetas donde se venden variedades de cerveza y embutidos. También hay actividades paralelas para toda la familia; desde espectáculos a conciertos gratuitos.

La capital de Osona atesora un patrimonio medieval de gran riqueza

mediterráneos de encinares y pinares y otros propios de Centroeuropa, con robles, abetos o hayas. Tiene, también, llanos y cimas altas, donde los contrastes climáticos están a la orden del día. Y sobre todo, es un rincón que ofrece infinitas posibilidades de turismo activo y comunión con la naturaleza. A unos 20 kilómetros por la GI-543 enlazando con la C-25, vale la pena una rápida visita a **Sant Julià de Vilatorta.** A principios del siglo XX el pueblo se convirtió en destino de veraneo de las familias barcelonesas acaudaladas, lo que dio pie a la edificación de fincas modernistas al gusto de la época. Actualmente, hay una ruta que incluye 25 de las más importantes, como la escuela El Roser, la torre Montseny o el hostal Ca la Manyana. El pueblo tiene además un parque muy agradable, el de las Set Fonts, por el que pasan varias rutas señalizadas de senderismo y bicicleta. Siguiendo la BV-5201 y la N-141d se llega a **Vic.** Un paseo a pie por el centro histórico de la capital de la comarca descubre un patrimonio en el que destacan las edificaciones medievales.
A relativamente poca distancia se pueden visitar sus puntos claves, como el templo romano, las murallas del siglo XIV, la catedral y el Museo Episcopal, con una de las mejores colecciones europeas de arte románico y gótico. Vic es también una ciudad próspera, y eso se nota en sus tiendas.
La Plaza Mayor, también llamada Mercadal, es el corazón de la actividad comercial. Sus arcadas, que le imprimen un carácter especial, alojan varias terrazas que son un reclamo infalible para el descanso. Además, desde la Edad Media alberga un mercado que, actualmente, se cita los martes y sábados. Alrededor de la plaza, las vibrantes calles comerciales son un buen sitio para adquirir los embutidos típicos de la zona, protagonistas de la Fiesta del Cerdo que se celebra en el siguiente punto de la ruta, **Manlleu** (por la C-17). La historia de este municipio está marcada por el río Ter, alrededor del cual proliferaron las

Vista del embalse de Sau desde los acantilados de Tavertet

Panorámica de Rupit

fábricas textiles que lo convirtieron en un motor industrial catalán. De ese pasado quedan como testimonio el Museo Industrial o el embarcadero y paseo del Ter, actualmente punto de encuentro y ocio. Ya en el centro histórico, perderse por las antiguas calles del Pont o Sant Domènech es un placer, al igual que descubrir sus numerosas plazas.
La ruta finaliza en dos pueblos llenos de encanto.
Por la BV-5207 se llega a **Tavertet,** situado en lo alto de un risco de 200 metros. Hay que pasear por su centro urbano, declarado bien de interés cultural, que llevará al visitante por un conjunto de casas de los siglos XVII y XVIII e interesantes monumentos como la iglesia de Sant Cristòfol, del siglo XI.
Desde allí por la C-153, se alcanza **Rupit.** Aquí, otra vez, el pasado medieval cobra fuerza para descubrir calles empedradas, el puente de Can Badaire o, a pocos kilómetros, la primitiva iglesia románica de Sant Joan de Fàbregues.

Fiesta de las castañas en Viladrau

Butifarra

El cerdo es protagonista absoluto de muchos platos autóctonos; albóndigas, pies de cerdo...Y por supuesto de los famosos embutidos de Osona.
Entre ellos, de la butifarra, pero también la longaniza, el fuet, etc. La butifarra puede ser cocida o fresca.
Si de la primera hay infinitas variedades –de huevo, de perol...– las frescas tampoco se quedan atrás.
La base es la carne picada y salpimentada de espalda o pata de cerdo, pero luego se le pueden añadir ingredientes como setas o ajo y perejil.
El resultado: un delicioso embutido. Para apreciar su sabor, lo mejor es cocinarlo a la brasa o la plancha.
Hay muchos platos que llevan como ingrediente principal la butifarra.
Acompañadas de setas o en cocidos son algunos ejemplos. Quizás el más típico es la butifarra con alubias, la *botifarra amb seques*, un plato que se hizo muy popular en Cataluña desde la segunda mitad del siglo XIX.

La butifarra es rica en hierro y vitaminas del grupo B. Si elegimos las alubias como acompañante, la cantidad de proteínas y hierro de origen vegetal que aportan se complementan con el elevado contenido en proteínas y hierro de la butifarra. Las alubias son bajas en grasa, y ricas en almidón, minerales y fibra, que favorece el tránsito intestinal.

Fundación Española de la Nutrición

Tierras de fábula

Potaje de carnaval

Entre valles y colinas se dibujan los abruptos parajes naturales que componen la comarca de Las Hurdes, al norte de Extremadura. Cinco ríos alimentan su espesa vegetación y dan color a unas tierras que se esfuerzan por conservar su pasado.

Río Malvellido a su paso por Nuñomoral

Al norte de la provincia de Cáceres, casi adentrándose en territorio salmantino, se encuentra la comarca de Las Hurdes. Cinco ríos surcan sus valles y riegan sus montañas formando espectaculares meandros y piscinas naturales. Un espacio de gran belleza natural, cuyo relieve escarpado y de difícil orografía lo condenó, en tiempos remotos, a un aislamiento forzoso que sirvió para alimentar todo tipo de mitos y leyendas. Hoy, esas tradiciones ancestrales se siguen transmitiendo de generación en generación, contribuyendo a dotar a los pueblos de la zona de un carácter muy especial. Un buen ejemplo es el carnaval hurdano, poblado de seres mágicos como el Burru Antrueju o el Machu Lanú, y cuya celebración va intrínsecamente ligada a la degustación de una de esas recetas atesoradas de padres a hijos: el potaje de alubias con berzas y patas de cerdo. Se trata de una costumbre común a los seis municipios

En las cuevas de la comarca se conservan importantes vestigios de la prehistoria

Completa tu ruta

- **Longitud del itinerario propuesto:** 56 km aprox.
- **Mapa completo de la zona:** Guía Repsol de Mapas, pág. 51 B-4
- **Información turística, hoteles y restaurantes:** Guía Repsol de Turismo, pág. 79
- **Más información:** *www.guiarepsol.com*

Vista de la alquería de Castillo, en el municipio de Pinofranqueado

FIESTA

Al son de los tamborileros

Una de las celebraciones más arraigadas de este territorio es el carnaval, de gran valor antropológico. Lleno de colorido, costumbrismo, y sabor tradicional está protagonizado por personajes de dualidad hombre-animal como el Burru Antrueju, el Machu Lanú o la Mona; de peleles como la Tarara, el Cenizu, el Obispu Jurdanu, los Diabrilluh, y los Mozos del Guinaldu. Todos ellos van acompañados por el sonido de los tamborileros, que amenizan bailes y danzas de antigua interpretación durante todo el día. Esta tradición festiva incluye también una comida de fraternidad a base de potaje de alubias con berzas y patas de cerdo, todo ello regado con una buena polienta (vino casero) y acompañado con hogazas de pan. Productos que se han conseguido con los famosos *guinaldus*, ofrecidos por las gentes de los pueblos.

que componen la comarca, y por los que discurre esta ruta. El camino comienza en **Pinofranqueado,** la localidad más poblada de las Hurdes. Hay que visitar la iglesia parroquial de Nuestra Señora de la Encina y el Centro de Documentación de Las Hurdes, que cuenta con una biblioteca de gran interés y que es referencia obligada para los investigadores de la cultura de la comarca. Merece la pena zambullirse en su piscina natural. Antes de poner rumbo a la siguiente parada, es muy recomendable recorrer algunas de las alquerías de este municipio. Pequeñas aldeas de callejas y callejones en los que se lee el carácter de sus gentes –que conservan un dialecto propio, el hurdano, influenciado por el leonés– y que esconden, en la hostilidad del terreno, huellas de la Edad de Bronce y de Hierro. Buenos ejemplos son La Peña del Molde, en Mesegal; el Petroglifo de las Erías, en la alquería homónima; el Tesito de Los Cuchillos, en Castillo...

Arquitectura popular hurdana

De nuevo en Pinofranqueado, el recorrido se dirige por la EX-204 hacia **Caminomorisco,** antiguamente conocido como Las Calabazas. Su término municipal también conserva numerosos vestigios de épocas prehistóricas, sobre todo del Calcolítico y de la Edad de Bronce. Como edificio de arquitectura típica, pero de reciente construcción, destaca su Casa de la Cultura, que mezcla piedra y pizarra respetando los principios de la arquitectura popular hurdana. Desde esta localidad, por la EX-369, se pone rumbo a **Casar de Palomero,** un pueblo que ha dado cobijo a distintas civilizaciones a lo

Campanario en Casares de las Hurdes

largo de la historia. Aquí sobresalen la basílica de la Cruz Bendita y la parroquia del Espíritu Santo, antiguas sinagoga y mezquita, respectivamente, del siglo XVIII. Hay que pasear por las estrechas calles de su barrio judío y de su barrio árabe y llegar a la Plaza Mayor para observar sus soportales.

Desde Casar de Palomero, retomando la senda de la Ex-204 y cogiendo el desvío de la EX-368, se alcanza **Nuñomoral,** ya en la zona de Las Hurdes Altas. De nuevo la arquitectura típica, la riqueza artesanal y los espacios naturales para el baño se dan cita en este territorio en el que se recomienda adentrarse hasta la alquería de El Gasco para contemplar el chorro de la Miacera, una espectacular caída de agua con varios escalones muy próxima al pueblo y bien señalizada. También aquí hay un Centro de Interpretación de la Casa Hurdana, donde se puede contemplar una reconstrucción exterior e interior de la vivienda típica.

Siguiendo por la CCV-55, el final de la ruta lo pone **Casares de las Hurdes,** lindando ya con la provincia de Salamanca. Sus habitantes tienen fama de ser buenos bailarines y muy diestros en tocar las castañuelas, sonido que acompaña al tamboril y a la gaita cuando hay que poner melodía a la fiesta. Es muy recomendable visitar el campanario de la iglesia (exento de la misma, el repique de sus dos campanas era escuchado en un radio de 7 kilómetros), así como la Casa de la Cultura. Para acabar, nada mejor que pasear por la parte más antigua del pueblo y contemplar algunos ejemplos de arquitectura hurdana.

Potaje de carnaval

En Las Hurdes, la comida de fraternidad que se celebra durante el carnaval tiene forma de potaje. Un plato compuesto a base de productos asequibles y de gran contundencia para saciar en pleno invierno los estómagos. Lleva alubias, berza, tocino, patatas y costillas de cerdo. Las alubias se ponen a remojo la noche anterior para que pasen en agua al menos 12 horas. En pucheros, de grandes dimensiones cuando el objetivo es dar de comer a todos los participantes del carnaval, se ponen al fuego las alubias con los productos del cerdo, que tardan bastante tiempo en cocinarse. Por otro lado, se cuecen las berzas y se rehogan con un ajo. Antes de terminar se pone todo en el puchero y se deja reposar otros 15 minutos.

Se trata de un plato muy completo de elevado valor calórico. De sus ingredientes destacan las alubias, que son fuente de proteína vegetal, fibra, almidón, hierro, magnesio, zinc y fósforo. De la berza es importante su contenido en fibra y ácido fólico, vitamina con una función esencial en la multiplicación de las células (por ello, es muy necesaria durante la gestación). Además contiene otros compuestos bioactivos con importante actividad antioxidante. Por otro lado, la carne de cerdo nos aportará proteína de origen animal, además de hierro, zinc y diferentes vitaminas.

Fundación Española de la Nutrición

Ganado bravo en la dehesa

Tradiciones siberianas

Chaquetía

La zona nororiental de Badajoz concentra el mayor número de embalses por kilómetro cuadrado del país. La Siberia es un territorio de soledades, sorpresas visuales y una rica gastronomía popular vinculada a las fiestas.

Muchas de las celebraciones del Día de Todos los Santos encuentran su origen en una mezcla de ritos paganos y religiosos, muchos de los cuales han llegado hasta nuestros días. Algunas de estas festividades, repartidas por toda la geografía nacional, recuerdan a los banquetes fúnebres y mantienen vivo el engarce con el universo campesino, que todo lo abarcaba hasta hace no mucho tiempo. A principios de noviembre se apela a la dulce memoria de los que ya no están con la cosecha de los primeros frutos que trae el otoño y con el vino nuevo. A la vez, en las casas y obradores se elaboran dulces y tortas con nombres y formas vinculados al mundo de los difuntos: huesos de santo, panes de muerto, almendradillos y sepulturas. Y también las tortas o chaquetías que, con dulce de membrillo, nueces y castañas asadas, se comparten y se comen en algunos pueblos de la comarca pacense de La Siberia durante la fiesta campestre del 1 de noviembre.

En el pantano de García de Sola se embalsan las aguas del río Guadiana

Capital de La Siberia extremeña

Este territorio recóndito de la zona nororiental de Badajoz que recorre el itinerario propuesto tiene su punto de partida en el embalse de Cíjara, acodado entre las Sierras del Algibe y la Rinconada, en plena reserva nacional. La carretera N-502 bordea la cola del pantano de García de Sola, donde se embalsan las aguas del Guadiana, y llega hasta **Castilblanco,** tranquilo pueblo situado en el punto de encuentro entre el Guadiana y su afluente, el Guadalupillo.

Completa tu ruta

- **Longitud del itinerario propuesto:** 132 km aprox.
- **Mapa completo de la zona:** Guía Repsol de Mapas, pág. 72 E-3
- **Información turística, hoteles y restaurantes:** Guía Repsol de Turismo, pág. 49
- **Más información:** *www.guiarepsol.com*

FIESTA

Dulce aguinaldo

Antiguamente, durante el Día de Todos los Santos en algunas zonas de Extremadura, los más pequeños tenían la costumbre de ir de casa en casa pidiendo la chaquetía, un aguinaldo en forma de dulces o tortas que luego se comían mientras los mayores recordaban a sus seres queridos tomando unas migas. La tradición continúa y en algunas localidades, como Herrera del Duque, la gente sale ese día al campo a comer con los amigos y compartir la típica torta, con forma de flor o de serpiente, acompañada de membrillo, nueces, granadas y castañas asadas. En Puebla de Alcocer son los más jóvenes los que se concentran en la ermita de San Isidro para comer la torta (con forma de estrella) y beber vino de pitarra.

Herrera del Duque es la capital oficiosa de la comarca

El entorno de Castilblanco estuvo poblado desde tiempos remotos, tal y como lo atestiguan sus pinturas rupestres y sus monumentos megalíticos. No obstante, la localidad debe su nombre a la Orden de los Templarios, caballeros que controlaron el valle y dejaron su impronta en otras localidades como Valdecaballeros o la Puebla de Alcocer. En Castilblanco se puede pasear por los barrios de Picocerro y Perchel, con una estampa muy característica que recuerda su alma mudéjar. Además, el Día de Todos los Santos se celebra la fiesta de El Calbote, en la que grupos de amigos se reúnen y salen al campo para asar castañas.

La EX-316 llega hasta **Valdecaballeros,** donde se situaba la desmantelada central nuclear. Unos kilómetros antes, el embalse recibe las aguas del río Guadalupejo, en un terreno declarado corredor ecológico y de biodiversidad por la Agencia de Medio Ambiente extremeña por su riqueza de fauna y flora. La ruta continúa por la N-502-a, atraviesa las aguas del embalse en una zona donde los pescadores suelen probar suerte, y conduce hacia uno de los enclaves históricos de la Baja Extremadura: **Herrera del Duque,** capital oficiosa de la comarca. Su enorme casco urbano se desparrama por el llano componiendo un babel de tejados anaranjados y viviendas que se articulan alrededor de su Plaza Mayor soportalada. El mejor mirador sobre el pueblo lo encontramos en lo alto del cerro donde se alza la vieja fortaleza, edificada en el siglo XV sobre los restos de la primitiva alcazaba árabe. En Herrera hay que visitar la iglesia de San Antonio Abad, lo que queda del antiguo convento franciscano de la Purísima y sus casonas señoriales. Asimismo, el primer fin de semana de mayo tiene lugar

Buitres leonados aposentados sobre una roca

Castillo de Puebla de Alcocer

un concurrido concurso de tapas que certifica que Herrera es un sitio ideal para los amantes del tapeo, sobre todo la zona conocida como el paseíllo, en la avenida de las Palmeras.
La misma N-502-a llega hasta el puerto de los Carneros y enlaza con la EX-103 en dirección a Talarrubias y a Puebla de Alcocer.

Territorio del buitre leonado

En **Talarrubias** destaca el templo parroquial de Santa Catalina de Alejandría, una bella muestra de estilos gótico, renacentista y mudéjar. El visitante tampoco puede perderse la cúpula del Carmen ni la ermita de la Virgen Coronada, centro de las fiestas patronales del mes de agosto. Además, la mayor colonia de buitre leonado de Extremadura se encuentra en la zona de Puerto Peña, con un centro de interpretación.
La ruta continúa por la EX-103 hasta **Puebla de Alcocer,** donde el antiguo convento de la Visitación, en ruinas y repleto de cigüeñas, recibe al viajero. El pueblo, acurrucado en la falda de la Sierra de Lares, acoge una fortaleza templaria desde la que el visitante, orientado hacia el sur, puede descubrir la Sierra de Siruela y el embalse del Zújar. A finales de septiembre en el castillo se celebra una feria medieval que pone en valor los productos del pueblo: desde sus dulces, quesos y embutidos al vino pitarrero y el *chapurrao,* aguardiente con hierbas y azafrán.

Chaquetía

Con forma de estrella, de flor, de herradura o de animales, la chaquetía es un producto típico de repostería que se consume en Extremadura durante el Día de Todos los Santos. Se trata de una torta tradicional que se elabora con masa de pan, manteca de cerdo, aguardiente, aceite, anís en grano y harina. Con estos ingredientes se hace la masa y se trabaja con ella para darle la forma deseada. Después, las tortas se adornan con almendras, nueces y anises de colores y se introducen en el horno hasta su perfecta cocción. Se come acompañada de frutos típicos de la temporada como castañas asadas, nueces, higos secos y dulce de membrillo. Es una tradición propia de los vecinos de zonas agrícolas que, con la llegada del frío, consumen frutos calóricos y dulces para sobrellevar mejor los rigores climatológicos.

Este dulce es rico en hidratos de carbono, lípidos o grasas. Entre las grasas destacan las contenidas en el aceite de oliva (rico en ácidos grasos monoinsaturados) y en los frutos secos (contienen mayoritariamente ácidos grasos mono y poliinsaturados). Este postre tiene un elevado valor energético, pero puede ser consumido de manera ocasional en nuestra dieta. Respecto a los micronutrientes, es rico en minerales como el magnesio, el cual forma parte de los huesos y vitaminas como la E, que protege a las células de daños oxidativos.

Fundación Española de la Nutrición

Al tamiz de la ría

Almeja

La ría de Arousa, entre las provincias de Pontevedra y A Coruña, es un punto de encuentro de los amantes de la cocina marinera. Un viaje con historia, termalismo, naturaleza desbordante y un gran ambiente pesquero.

Completa tu ruta

- **Longitud del itinerario propuesto:** 70 km aprox.
- **Mapa completo de la zona:** Guía Repsol de Mapas, pág. 8 C-4
- **Información turística, hoteles y restaurantes:** Guía Repsol de Turismo, págs. 230 y 333
- **Restaurantes con Soles Repsol:** ☼ Casa Bóveda (O Carril)
- **Más información:** *www.guiarepsol.com*

Arriba, islote de la ría de Arousa. Abajo, personaje de la romería vikinga catoirense

Uno de los moluscos más apreciados de la comarca pontevedresa de O Salnés, donde confluyen la desembocadura del Ulla y la ría de Arousa, es la almeja. Los hay que la prefieren fina, otros del tipo babosa, pero tanto al natural, con unas gotitas de limón, a la plancha o cocinadas a la marinera siempre están deliciosas. La variedad de almeja babosa es la que se degusta en la afamada y multitudinaria Fiesta de la Ameixa que, cada año desde 1992, viene celebrándose en Santiago de Carril, una de las parroquias del *concello* de **Vilagarcía de Arousa.** La ciudad, octava en población de toda Galicia, tiene un emplazamiento estratégico en el margen derecho de la ría de Arousa. Su puerto ha estado históricamente vinculado a la capital gallega, Santiago de Compostela, y el actual, situado junto al parque de Miguel Hernández, es el punto de partida del paseo marítimo que, a lo largo de 2 kilómetros, conduce hasta la parroquia de Carril.

Almeja

Al natural, con unas gotitas de limón, a la plancha o cocinadas a la marinera (con un refrito de cebolla, una pizca de harina y pimentón, un chorrito de albariño, perejil picado y aceite de oliva). Hay muchas formas de preparar la almeja de la ría de Arousa, un recetario que siempre aconseja disfrutar de este sabroso molusco junto a un buen vino blanco de la tierra. La almeja –que vive en aguas saladas, enterrada en la arena de la ría entre 15 y 30 centímetros– se mantiene oculta en los fondos arenosos alimentándose de pequeños seres vivos mediante la filtración de agua. Comparada con la almeja fina, la babosa es más pequeña, tiene la concha pulida y levemente grisácea, sus valvas son más ligeras y posee una carne especialmente tierna.

Las almejas son bivalvos de bajo valor calórico compuestas por proteínas, carecen de hidratos de carbono y su contenido en lípidos es mínimo. Son ricas en minerales como el hierro y el yodo (una ración cubre el 81% de las ingestas recomendadas para hombres entre 20 y 39 años). Entre las vitaminas destacan la A (que ayuda a la buena visión y formación y mantenimiento de mucosas y piel) y niacina. Se puede acompañar de una copa de vino blanco, aportando antioxidantes a nuestra dieta.

Fundación Española de la Nutrición

Pasarela de madera en Catoira

Muy frecuentado por los paseantes, constituye uno de los puntos de referencia de Vilagarcía de Arousa. Otro es la iglesia románica de San Martiño de Sobrán, del siglo XII, con su característica fachada y el sepulcro yacente de Juan Mariño de Sotomayor. El casco antiguo se pega al cauce del río del Con, por la rúa de Vista Alegre y el parque urbano de Buenavista, junto al convento de las Agustinas, y cruza el río por O Castro. Es aconsejable dar un paseo antes de continuar hasta el recoleto puerto de Carril y disfrutar de las panorámicas sobre la isla de Cortegada y la desembocadura del Ulla.

De vikingos y petroglifos

La ruta continúa por la PO-548 hasta llegar a **Catoira,** a tan solo 30 kilómetros de Compostela. Por este municipio pasa la conocida como ruta del mar de Arousa y río Ulla, una de las vías de peregrinación jacobea más concurridas fuera del tradicional Camino Francés. Se puede aparcar el coche junto a la estación y, desde la playa fluvial, tomar la pasarela de madera que llega hasta las torres del Oeste. Estos restos fortificados son el principal atractivo de la localidad. El conjunto, monumento nacional, alcanzó su esplendor a principios del siglo XII, cuando el obispo Diego Gelmírez hizo fuerte el enclave para prevenir los asaltos por mar a *Jacobusland*. Las excavaciones arqueológicas han sacado a la luz significativos hallazgos que demuestran su relevancia como puerto comercial durante la Pax romana, la posible existencia en el lugar de un faro fenicio y, también, la de un poblado de la Edad del Hierro (siglo I a. C.). Más allá de su

Escultura de mariscadores en O Salnés

indudable valor histórico, se trata, además, del escenario de la romería vikinga que se celebra cada año el primer domingo de agosto, y en la que se representa el asalto a las torres de los ejércitos vikingos a bordo de sus *drakkar*.
Llega el momento de poner rumbo por la PO-548 hasta **Padrón,** el lugar donde la leyenda sitúa la llegada del cuerpo del Apóstol Santiago a Galicia en una lancha amarrada a un ara romana o pedrón, a orillas del Sar. En la alameda contigua se celebra cada domingo un mercado donde se pueden adquirir los típicos pimientos o probar una ración de pulpo *a feira*. También es recomendable visitar la iglesia de Santiago, el Jardín Botánico-Artístico y la Casa-Museo de Rosalía de Castro.
Hacia el sur por la N-550 se llega a **Caldas de Reis,** donde merece la pena dar un paseo entre el puente romano, la zona de las Burgas –fuentes donde mana agua termal– y el Jardín Botánico. Luego la N-640 alcanza **Cuntis,** que se cree que está levantada sobre la ciudad romana de Aqua Calidae. En el centro de la villa destaca la zona de las Burgas, la iglesia de Santa María de los Baños y la plaza de los Árboles, donde se encuentra la Fundación Terra Termarum, un museo-taller en el que hacen réplicas de piezas de alfarería del cercano castro fortificado de Castrolandín.
Para finalizar la ruta, por la PO-226 y la PO-221 se llega hasta el santuario de Nuestra Señora de los Milagros –en Amil, Moaña– y luego hasta **Campo Lameiro,** sede del Parque Arqueológico de Arte Rupestre, considerado por los expertos como el Atapuerca gallego por sus importantes petroglifos.

Campo Lameiro está considerado el Atapuerca gallego

FIESTA

Sabroso homenaje

Durante la Fiesta de la Ameixa –el tercer domingo de agosto–, la alameda de Carril es el multitudinario punto de encuentro de los amantes de la almeja de la ría de Arousa. Todo un homenaje a este molusco en el que el público asistente llega a consumir unos 2.000 kilos de almejas a la marinera (unas 6.000 raciones), acompañadas de vino del país, el maridaje perfecto para degustar este manjar. Completan el evento el pregón, el concurso gastronómico y los nombramientos de caballero y dama por parte de la Orden de la Almeja de Carril.

Con los cinco sentidos

Queso Tetilla

El interior de Galicia brinda experiencias que justifican, de sobra, la fama de esta tierra en cuanto a paisaje, tradición y gastronomía. Esta ruta discurre entre pazos y jardines señoriales mientras se descubre la magia eterna del Camino de Santiago.

En Galicia todo es más auténtico: la naturaleza, el mar, el clima y, cómo no, la gastronomía. El interior de la comunidad, en medio del triángulo que dibujan sobre el mapa las ciudades de A Coruña, Lugo y Santiago de Compostela, se asienta la cuna de una de las delicias locales, el Queso Tetilla. Aunque su origen no extraña en una zona de verdes pastos ideal para alimentar el vacuno de leche, es su peculiar forma la que ha dado pie a todo tipo de leyendas. La más extendida remite al pórtico de la Gloria de la catedral de Santiago, donde se puede observar la famosa escena en la que Daniel sonríe a la reina Esther. Cuentan que la autoridad eclesiástica, escandalizada por la pícara estampa, ordenó reducir el tamaño de los pechos de la reina. La creencia popular sostiene que el pueblo gallego, para protestar por la decisión del obispo, decidió dar a algunos de sus quesos forma de tetilla. Desde entonces, estos quesos son una seña de identidad en Galicia, y los pechos de Esther, una leyenda que se cuenta en voz baja a los visitantes de la catedral.

Caminar entre prados

El producto cuenta con denominación de origen desde 1992 y, aunque se da en toda la comunidad gallega, está especialmente presente en los pueblos que jalonan esta sabrosa ruta. El camino comienza en **Sobrado dos Monxes.** La masa forestal y los pastizales y prados dominan el paisaje y sirven de pasto a las vacas de raza frisona, pardo alpina y

El Queso Tetilla nace de la leche de las vacas de los pastos gallegos

Cuña recién cortada

Completa tu ruta

- **Longitud del itinerario propuesto:** 84 km aprox.
- **Mapa completo de la zona:** Guía Repsol de Mapas, pág. 8 F-2
- **Información turística, hoteles y restaurantes:** Guía Repsol de Turismo, págs. 110 y 245
- **Más información:** *www.guiarepsol.com*

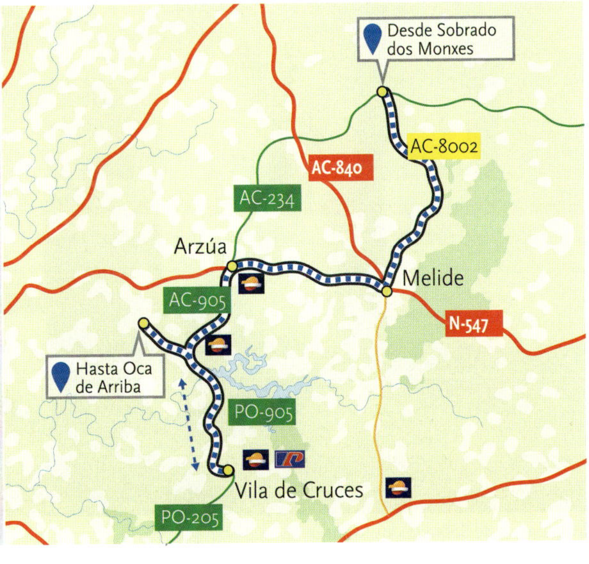

Carro tirado por bueyes

rubia gallega que proporcionan la materia prima para los afamados quesos. Por su territorio discurre el Camino del Norte de Santiago, procedente de Oviedo. Quizá por ello la hospitalidad abunda por estos parajes. Las raíces de este *concello* se hunden en la historia a través del monasterio cisterciense de Santa María de Sobrado, del siglo X, aún habitado por monjes. En el siglo XVI, para abastecer de agua a la comunidad religiosa, se creó una laguna artificial por la que las truchas llegaban nadando hasta la cocina. En la actualidad, esta laguna es un espacio natural protegido, desbordante de vegetación y fauna autóctona –ranas, patos, libélulas y cuervos marinos, entre otras especies–. Además del monasterio, cabe admirar en Sobrado el campamento romano de origen militar de A Ciadella, rodeado de la Sierra da Corda, un lugar estratégico para controlar las mercancías que iban hacia A Coruña y hacia Lugo. Curiosa es también *a naveira*, un pozo de 15 por 5 metros de longitud en la aldea de Vilariño, que durante el siglo XV sirvió para abastecer de nieve prensada y partida en barras a las ciudades de A Coruña y Lugo.

Con aires jacobeos

La ruta continúa por la AC-8002 y la AC-840 hasta **Melide,** pueblo de gran fama por sus raciones de pulpo –consideradas de las más sabrosas del país aún sin ser una zona costera– y por su repostería. Después de una buena comida, se aconseja un paseo tranquilo para apreciar, entre otros monumentos, el crucero más antiguo de Galicia

Monasterio de Sobrado dos Monxes

Cascadas del río Toxa

–el de la capilla de San Roque del siglo XIV– en el antiguo hospital de peregrinos, hoy reconvertido en el Museo da Terra de Melide. También merece una visita la iglesia románica de Santa María de Melide, del siglo XII, con interesantes pinturas murales, una mesa de altar policromada y una reja románica.

Desde Melide, la N-547 desemboca en **Arzúa,** muy cerca ya de Santiago de Compostela. Un municipio cuyos quesos cuentan con D. O. propia, la de Arzúa-Ulloa, y que es el escenario idóneo para la celebración del Festival do Queixo. Se trata, además, de un lugar muy especial, refugio de tradiciones y leyendas. Entre la espesura se esconde la ermita da Mota (objeto de romería en el mes de agosto) o el paraje de la Fuente Santa, con una fuente a la que se atribuyen toda clase de bondades para el cuerpo y para el alma y cuyas aguas dan buen alivio a los peregrinos. El agua es precisamente uno de los elementos que más magia aporta a los paisajes de este territorio, surcado por varios ríos y riachuelos y anegado, en parte, por el embalse de Portodemouros. Las culturas romana y jacobea campan a sus anchas por Arzúa, por lo que merece la pena quitarle algo de ojo al paisaje para centrarse en las construcciones civiles y religiosas de las distintas parroquias.

FIESTA

Festival do Queixo

En 1976, un grupo de jóvenes organizó una gran fiesta que aprovecharon para dar a conocer el queso de Arzúa, un producto gallego elaborado artesanalmente con leche entera de vaca. Con el tiempo, la elaboración y venta de este tipo de queso se convertiría en la principal actividad económica del municipio junto con el turismo surgido alrededor del Camino de Santiago, dando pie a una cita que, desde entonces, se celebra cada año a principios de marzo. Hoy, como entonces, en el Festival do Queixo de Arzúa el queso gallego se lleva el protagonismo. Miles de personas tienen ocasión de degustar piezas de las cuatro denominaciones de origen protegidas de Galicia: Tetilla, Arzúa-Ulloa, San Simón da Costa y O Cebreiro. Una cita con gran tradición que permite disfrutar durante tres días de eventos como el concurso de tapas y pinchos, talleres, espectáculos audiovisuales, teatro, circo e incluso un festival de música.

En Melide se encuentra el crucero más antiguo de Galicia

Pazo de Oca, en el *concello* de A Estrada

El Pazo de Oca es un conjunto arquitectónico realmente excepcional

Desde la AC-905, enlazando con la PO-905, se llega hasta **Vila de Cruces,** en la comarca de Deza, que preserva en el conjunto de sus 28 parroquias lugares de singular belleza como las cascadas de A Toxa, las islas de Gres o las playas fluviales de A Carixa. En el propio municipio destaca el monasterio románico de San Salvador de Camanzo, construido en 1166, cuya iglesia sigue abierta al culto bajo la advocación de San Salvador. El cercano embalse de Portodemouros, en el río Ulla, ofrece amplias posibilidades de ocio, al contar con varias áreas recreativas y ser, además, un punto propicio para la pesca de especies como la trucha, el escalo, las anguilas y el salmón.

Peregrinas en el Camino de Santiago

Típico hórreo gallego

Y de esta encrucijada de caminos que es Vila de Cruces a otra, el *concello* de A Estrada, que toma posesión del terreno hasta alcanzar el Atlántico en plenas Rías Baixas. Por la PO-205 enlazando con la N-525 concluye este recorrido, concretamente en la aldea de **Oca de Arriba.** Allí se encuentra uno de los máximos exponentes de la arquitectura civil gallega: el Pazo de Oca, el más señorial y mejor conservado de Galicia. Declarado monumento nacional, sobresale en el conjunto el palacio barroco junto a la torre del Homenaje (restos del antiguo castillo sobre el que se erigió). La iglesia-capilla, dedicada a San Antonio de Padua y en un perfecto estilo barroco, está unida al pazo por una galería. Aunque, sin duda, lo más representativo son sus enormes y magníficos jardines, que le han valido el sobrenombre del Versalles gallego. La clave está en la combinación perfecta de agua –presente en forma de estanques y fuentes– con formas decorativas de vegetación (setos, balaustradas, veredas...) y una gran variedad de flora, como camelias y tilos que convierten un paseo por este rincón en toda una delicia para los sentidos.

Queso Tetilla

La excelente calidad, aval del reconocimiento universal de este queso gallego, se debe a varios factores. Lo principal es la materia prima, la leche en su estado natural sin añadidos químicos, obtenida de vacas de las razas frisona, pardo alpina y rubia gallega, así como su esmerado proceso de elaboración y de maduración. El resultado es un queso de forma cónica, de no más de kilo y medio de peso y de color amarillo pajizo. Un conjunto visual que lo hace inconfundible y genuino. Su olor suave y ligeramente ácido pone en antecedentes al paladar, para degustar en plenitud el sabor mantecoso y suavemente salado de la pasta cremosa, uniforme y blanda que sustenta la corteza, de no más de 3 milímetros de grosor. Consumiéndolo a una temperatura de entre 16 y 18 °C es ideal tanto para aperitivo como para postre, además de otros usos como complemento de platos más elaborados que siempre se ven enriquecidos con este ingrediente.

Este sabroso queso, de valor calórico medio-alto, aporta proteínas de alto valor biológico procedentes de la leche. Destaca por su contenido en minerales como el fósforo y el calcio, esenciales para los huesos. También incluye vitaminas como la A y la B12, cubriendo esta última un 29% de las ingestas recomendadas para un hombre de 20 a 39 años.

Fundación Española de la Nutrición

Espíritu **cervantino**

Torrijas

Entre los ríos Henares y Tajuña, la Alcarria madrileña muestra una de las caras menos conocidas de la Comunidad de Madrid, con una gastronomía de Pascua que recuerda los mejores momentos del Siglo de Oro.

Completa tu ruta

- **Longitud del itinerario propuesto:** 47 km aprox.
- **Mapa completo de la zona:** Guía Repsol de Mapas, pág. 53 E-3
- **Información turística, hoteles y restaurantes:** Guía Repsol de Turismo, pág. 23
- **Restaurantes con Soles Repsol:**
  ☼ Santo Tomás (Alcalá de Henares)
- **Más información:** *www.guiarepsol.com*

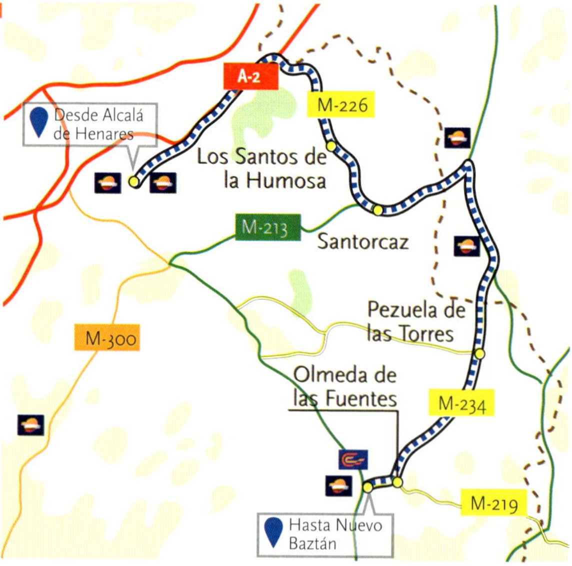

Estatua de Cervantes en la alcalaína plaza homónima

La calle Mayor de Alcalá de Henares es el eje comercial del municipio

Alcalá de Henares fue el núcleo urbano más relevante del territorio del Arzobispado de Toledo al norte del río Tajo. Prueba de ello es que contó con fuero propio hasta bien entrado el siglo XV. Su calle Mayor, con sus característicos soportales y donde se aloja el Museo Casa Natal de Cervantes, es el eje gastronómico de esta ruta. Plagada de terracitas en las que charlar o degustar alguna pequeña delicia, los ecos de su Semana Santa la envuelven agrandando aún más su aire secular. Son exquisitos los dulces conventuales elaborados en las clausuras del barrio universitario, como las almendras garrapiñadas y las rosquillas de las monjas clarisas; los típicos 'penitentes', delicias de Pascua con forma de capirote rellenos de almendra, y, claro está, las deliciosas torrijas madrileñas elaboradas con la sencillez y la sabiduría de antaño: pan, huevo, aceite de oliva, azúcar y canela, bien empapadas en leche (o vino, según el gusto de cada cual). Todo gira en Alcalá en torno a su repostería de vigilia y cualquier paseo comienza junto a sus murallas. La Puerta de Madrid, que enmarca la torre de la iglesia Magistral y los tejados circundantes,

Detalle del templo de San Torcuato, en Santorcaz

El cardenal Cisneros estuvo preso en el castillo de Santorcaz

fue mandada construir en el siglo XVIII por el arzobispo Lorenzana siguiendo el canon neoclásico. A su izquierda discurre el lienzo de la primitiva muralla medieval que todavía se mantiene en pie y cuyas almenas acogen los nidos de las cigüeñas, otro de los símbolos de la ciudad. Si los sigue, el viajero llegará frente a la fachada oriental del Palacio de los Arzobispos de Toledo. A su lado queda el monasterio cisterciense de San Bernardo y la sede del Museo Arqueológico Regional, instalada en el antiguo colegio convento de dominicos de la Madre de Dios.

Ciudad universitaria

El paseo continúa por la calle Mayor, que desemboca en la plaza de Cervantes, un histórico solar dedicado a ferias y mercados. La torre de la destruida iglesia de Santa María la Mayor, el Ayuntamiento y el casino dan paso a la Universidad de Alcalá, el edificio más emblemático del municipio, con su fachada de estilo renacentista-plateresco tallada en piedra caliza por Rodrigo Gil de Hontañón. Desde Alcalá

FIESTA

Semana Santa de Alcalá de Henares

Declarada de Interés Turístico Regional desde 2004, la Semana Santa alcalaína cuenta con ocho cofradías –algunas de ellas fundadas en el siglo XVI– y unos 5.000 cofrades. Es una de las más singulares de la Comunidad de Madrid y con sus trajes y colorido parece que quiera devolvernos al Siglo de Oro. Entre las procesiones más solemnes están las del Sagrado Descendimiento y la del Santo Entierro, ambas celebradas el Viernes Santo por la tarde-noche. Esta cita es una oportunidad excelente para degustar uno de los postres más típicos de la región por estas fechas: las torrijas. La mayoría de las pastelerías y muchos restaurantes locales ofrecen este dulce manjar.

Figuras de Sancho Panza y Don Quijote en la calle Mayor de Alcalá

Iglesia en Olmeda de las Fuentes

de Henares se toma la A-2 dirección Guadalajara hasta enlazar con la M-226 hacia **Los Santos de la Humosa,** ascendiendo por esos barrancos resquebrajados del Henares que a Unamuno le producían una melancolía tranquila. Los Santos destaca en el horizonte por el sólido cuerpo del templo de San Pedro, del siglo XVI. El domingo posterior a San Isidro celebran la romería de San Isidrillo, con una animada comida campestre en la ermita de la Humosa. La ruta continúa por la M-226 y llega hasta **Santorcaz,** en las mazmorras de cuyo castillo estuvieron encarcelados el cardenal Cisneros y la princesa de Éboli. Junto al conjunto amurallado se alza la iglesia de San Torcuato, de sencilla factura mudéjar y en la que destacan algunos de sus altares, construidos en vieja cerámica talaverana.

Hacia el Baztán madrileño

La M-213 discurre por la campiña hacia Pozo de Guadalajara y, por Pioz, se entra de nuevo en la Comunidad de Madrid llegando, por la M-234, hasta **Pezuela de las Torres.** El poblado originario es de fundación árabe y el actual templo se levanta sobre una antigua mezquita. También destaca su atrio renacentista con lujosa portada plateresca y la picota que se yergue en la plaza contigua. El itinerario continúa por la M-234 hasta **Olmeda de las Fuentes.** Refugio de artistas plásticos de primer nivel (Fernández Granell y Vela Zanetti, entre otros muchos), la iglesia parroquial atesora una interesante colección de sus obras. A las afueras se encuentra el Centro de Interpretación de la Alcarria, elogio de aperos agrarios. El recorrido termina en **Nuevo Baztán,** el sueño barroco de Juan de Goyeneche, navarro de Arizcun, precursor de la revolución industrial que levantó este complejo fabril en el primer cuarto del siglo XVIII a pocas leguas de Alcalá, y que también alberga la iglesia de San Francisco Javier.

Torrijas

Es uno de los dulces más típicos de la Semana Santa, una receta casera y de gran arraigo pero de elaboración muy sencilla. Para elaborarlas hay que cortar una barra de pan en rebanadas bastante gruesas –tradicionalmente, en las casas lo habitual era usar el pan del día anterior, aunque en la actualidad se pueden hacer con uno específico para torrijas–. A continuación, se empapan en leche, azúcar y huevo, y se fríen en abundante aceite de oliva hirviendo. Para terminar, la presentación de este plato de la repostería tradicional depende del gusto de cada persona: se pueden rociar con leche, almíbar, vino, miel o azúcar y canela; en cualquier caso, todas las variantes de este dulce son igual de deliciosas.

Este postre, a base de pan, leche, azúcar, huevo y aceite, tiene un gran valor nutricional. Destacan los hidratos de carbono complejos procedentes del pan, las proteínas de la leche y los huevos (de gran valor biológico), las grasas principalmente del aceite, las vitaminas (A, D, grupo B) y los minerales (calcio, hierro...). Según el ingrediente que se le añada para presentarlas (leche, almíbar, vino, miel, azúcar...) aportará más o menos energía al total de la receta.

Fundación Española de la Nutrición

Genuinamente **madrileños**

Callos

Al noreste de la Sierra de Madrid se esconde una de las zonas menos conocidas y con más historia de la región. El río Jarama es el eje de un itinerario de contundente gastronomía y sorpresas monumentales.

Fachada de piedra en Patones de Arriba

Si hay un plato que pueda presumir de *gato*, son los callos: gelatinosos, de lenta y paciente elaboración, caseros y ajenos al vaivén y a las prisas de los tiempos que corren. Madrileños cien por cien y españoles por extensión, tienen un sinfín de adeptos y una historia de siglos a cuestas. Muchos son los fogones de la comunidad autónoma que se atreven a prepararlos, pero pocos, sin duda, los elegidos que logran el punto exacto de sabor y cocción que ha elevado los callos a los altares gastronómicos patrios. Para conmemorar en familia y en las grandes ocasiones, la historia de este guiso tiene sus primeros antecedentes en el siglo XV, vinculada con arrieros y comerciantes y con la zona de la Comunidad de Madrid por donde discurrieron las tropas napoleónicas esquilmando riquezas y recetarios, el de los callos incluido, rumbo a la corte parisina. Sede, por cierto, en la que también causaron furor.

Las tropas napoleónicas llevaron la receta de los callos hasta la corte parisina

Completa tu ruta

- **Longitud del itinerario propuesto:** 22 km aprox.
- **Mapa completo de la zona:** Guía Repsol de Mapas, pág. 53 E-1
- **Información turística, hoteles y restaurantes:** Guía Repsol de Turismo, pág. 238
- **Más información:** *www.guiarepsol.com*

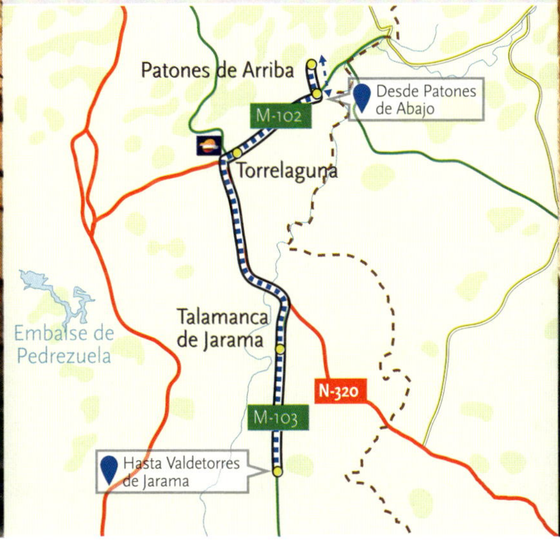

FIESTA

Un recorrido gastronómico

El mes de noviembre, con el otoño bien metido en fechas, es el elegido por el Ayuntamiento de Madrid y varias asociaciones de hosteleros y restauradores para celebrar el Mes de los callos. Hasta una veintena de restaurantes capitalinos participan en estas jornadas gastronómicas y ofrecen entre los días 1 y 30 de noviembre un menú especial que incluye una entrada, un plato principal de callos, postre y bebida. Una excelente oportunidad para degustar las diferentes elaboraciones de este plato que se hacen en las distintas regiones españolas. Un recorrido sorprendente que va desde los callos gallegos a los asturianos, pasando, por supuesto, por los madrileños.

Plaza Mayor de Torrelaguna desde los soportales

La ruta comienza en **Patones de Abajo,** un pueblo creado a mitad del siglo XX al arrullo de la carretera que comunica con Torrelaguna y que fue dando acomodo a los vecinos de uno de los rincones más escondidos y reverenciados de la sierra madrileña: el otro Patones, el de Arriba. Es un reducto insólito de la arquitectura de pizarra en la región que, con los años, ha acabado transformándose en refugio de bohemios y destino de quienes buscan placeres culinarios de fin de semana. Una serpenteante M-912 enlaza ambos pueblos salvando el arroyo de Patones y las canalizaciones del Canal de Isabel II. Hay una segunda alternativa: subir a pie desde el frontón de Patones siguiendo la empinada senda ecológica de Patones, algo menos de 1 kilómetro que une las dos poblaciones. El camino pasa junto a la cueva del Aire, donde se han encontrado restos del Neolítico, con 218 metros de galerías. Al otro lado del cauce está el yacimiento prerromano de la Dehesa de la Oliva.

Artesanía de esparto local

La cuna de Cisneros

Patones de Arriba fue declarado bien de interés cultural en 1999. Su apretado caserío, de centenarias viviendas apiladas entre sí para paliar los rigores del invierno serrano, le confiere un carácter muy singular. Hoy en día apenas quedan vecinos, pero los fines de semana recobra el pulso vital gracias a la oferta hostelera. Retomando la M-102 hacia el oeste pronto se deja a la izquierda el desvío a Torremocha de Jarama y se alcanza otro de los puntos monumentalmente más interesantes del recorrido: **Torrelaguna.** Amurallada en la época medieval, es una tierra de buen pan y de buenos quesos, en la que nació el célebre cardenal Cisneros.

Escalador en Patones

Su casco antiguo rezuma el sabor de la vieja Castilla. Atravesando la muralla por la Puerta del Cristo se llega a la plaza de la Montera, donde dos casas solariegas de los siglos XVII y XVIII blasonadas reciben al viajero y le dirigen, por la calle del mismo nombre, hasta la Plaza Mayor.

Románico serrano

El conjunto está integrado por la iglesia de Santa María Magdalena, antiguo depósito de grano y actual Casa Consistorial, la Cruz de Cisneros y el convento de Concepcionistas. No faltan las animadas terrazas en los pocos soportales que se tienden entre las calles de las Monjas y del Cardenal Cisneros, esta última repleta de comercios donde adquirir productos típicos de la zona. Tras un sosegado paseo se continúa por la N-320 dirección Guadalajara hasta salvar el cauce del Jarama a la altura de Caraquiz y tomar la M-103 hacia **Talamanca de Jarama.** La Armántica hispanorromana fue un bastión estratégico del entramado militar altomedieval y conserva el ábside de la iglesia de San Juan Bautista, tal vez el único ejemplar propio del románico puro del siglo XII en Madrid. A su lado está, muy maltrecho y apoyado en parte de la primitiva muralla, el conjunto de la Cartuja, del XVII, vinculado con los cartujos del Real Monasterio de Santa María de El Paular. Su puente romano, de cinco ojos, a las afueras de la población confirma la relevancia del enclave. La misma M-103 enlaza con **Valdetorres de Jarama:** la portada del templo de la Natividad de Nuestra Señora, de estilo plateresco, pondrá un sobresaliente broche final a este recorrido por el valle medio del río Jarama.

Callos

Elaborados principalmente a base de tripas y morros de ternera, los callos son uno de los platos más típicos de la gastronomía madrileña. Se desconoce su origen, pero ya en el año 1599, Mateo Alemán, en el libro *Guzmán de Alfarache,* se refería a esta receta como "revoltillos hechos de las tripas, con algo de los callos del vientre". En su elaboración, uno de los pasos más importantes es la limpieza previa de las tripas y los morros, que suele hacerse con sal y limón o vinagre. Una vez preparados, se cuecen muy lentamente junto con el tocino, el hueso de jamón, las morcillas, los chorizos, la cebolla, el ajo, el laurel, el perejil, la sal y la pimienta. Para terminar, se prepara un sofrito con cebolla, pimentón y harina, y se sirven en una cazuela de barro.

Plato de alto valor nutritivo y elevado aporte calórico. Es una buena elección si necesitamos un extra de vitaminas y minerales, aunque sin olvidar que es necesario quemar la energía de los alimentos a través de la práctica de actividad física. También destacan las proteínas animales y el hierro de fácil absorción, además del zinc, fósforo y potasio, y entre las vitaminas, la niacina.

Fundación Española de la Nutrición

Crisol mediterráneo

Tortada lorquina

Pueblos de costa e interior, huertos y tierras yermas, bosques y zonas desérticas... se alternan al suroeste de la Región de Murcia. Un paraíso para los golosos que acuden a sus fiestas, donde es tradición degustar la dulce tortada lorquina.

Completa tu ruta

- **Longitud del itinerario propuesto:** 68 km aprox.
- **Mapa completo de la zona:** Guía Repsol de Mapas, pág. 100 D-2
- **Información turística, hoteles y restaurantes:** Guía Repsol de Turismo, pág. 174
- **Más información:** *www.guiarepsol.com*

Fuente barroca del siglo XVI, en Lorca

Al suroeste de la Región de Murcia, recibiendo las aguas del río Guadalentín procedente de tierras almerienses, se encuentra la comarca del Alto Guadalentín (antaño comarca de Lorca o Campo de Lorca). Encrucijada de caminos y por ende de culturas, esconde un crisol de paisajes y modos de vida. Tiene montañas, valles y litoral virgen; campo y huerta; cultivos de secano y de regadío... Tres municipios la componen: Lorca, Águilas y Puerto Lumbreras. Los tres endulzan sus fiestas y romerías con la tortada lorquina: un bizcocho bañado en almíbar y relleno de crema pastelera o cabello de ángel y recubierto de merengue. Es un postre típico imprescindible en todas las celebraciones, que sirve de guía en esta golosa ruta que arranca en **Lorca.** Rodeada de un paisaje hortícola, esta localidad es también conocida como la ciudad barroca, por su poderío monumental. Su Semana Santa, de interés turístico internacional, y su gastronomía la han convertido en un destino de primer orden. En marzo de 1964, su casco antiguo y el recinto del castillo fueron

Lorca también es conocida como la ciudad barroca por su poderío monumental

Estatua de un caballero sobre las almenas en la torre del Espolón

declarados conjunto histórico-artístico. Esta fortaleza, que es una de las más grandes de España, puede ser un buen punto de partida para recorrer esta localidad repleta de arte religioso y civil. De origen medieval (construida entre los siglos IX y XV), se yergue sobre un cerro que domina toda la ciudad, por lo que durante la Reconquista fue un lugar estratégico ejerciendo de vigía en la frontera entre el reino cristiano de Murcia y el musulmán de Granada. La muralla medieval y el porche de San Antonio (o Puerta de San Ginés) rodean el castillo. Desde ahí se tiene una buena panorámica de la ciudad y de su afamada huerta.

Lujos barrocos

Un recorrido por su casco histórico sorprenderá por su riqueza monumental. La plaza de España marca el pulso de la vida de sus gentes. Ahí se asienta el Ayuntamiento, edificio del siglo XVII que, en su día, fue levantado como prisión real, y la colegiata de San Patricio, monumento nacional que, según cuenta la historia, fue construido en su honor a petición de los lorquinos para conmemorar la victoria en la batalla de los Alporchones contra los musulmanes el 17 de marzo de 1452, festividad del santo irlandés. Unos 250 años tardaron en edificar este templo renacentista con aires barrocos en su portada principal. En la cercana plaza del Caño, destacan la Casa del Corregidor, construida en el siglo XVI y que alberga actualmente los juzgados de Lorca, y el Archivo Histórico Municipal de Lorca, un edificio del siglo XVI que hasta la primera mitad del siglo XX acogió el Pósito de los Panaderos, institución municipal destinada a mantener acopio de grano. La iglesia de San Francisco, la de San Diego, la de San Cristóbal o la del Carmen son solo algunas de las que habría

FIESTA

La rifa de los romeros

La tortada es un dulce muy popular en las comarcas del Alto y Bajo Guadalentín, donde es tradición tomarla en fiestas y romerías. En la diputación lorquina de Marchena, por ejemplo, es costumbre subastar una tortada de siete pisos durante el día de la romería en honor a la patrona, Santa Gertrudis, en febrero. Los romeros pujan para conseguirla y la recaudación va destinada a las necesidades de la parroquia. La Rifa de la Tortada se celebra en torno a la fiesta de la Candelaria, el domingo anterior o siguiente. La tortada es paseada por los lugares de la diputación de Marchena y Tercia previa petición y donativo de los vecinos que desean que pase por su puerta.

Interior de la iglesia lorquina de San Francisco

que destacar de esta primera parada por la región murciana. También hay que acercarse al monte Calvario, un cerro sobre el que se edificaron una serie de ermitas a comienzos del siglo XVII como alternativa a los peregrinos que no pudieran desplazarse a Tierra Santa. Desde ahí se tiene una imponente vista de Lorca y de su castillo, así como de sus campos de labor que contrastan con la abrupta Sierra de la Tercia, donde culmina el tradicional rezo del Vía Crucis de la Semana Santa lorquina. A principios de febrero, coincidiendo con la

El Vía Crucis de Semana Santa culmina en el monte del Calvario

Sierra de la Muela

Tortada lorquina

Este dulce típico de Lorca consiste en un bizcocho bañado en almíbar, relleno de crema y cabello de ángel y recubierto de merengue. Para prepararlo, el bizcocho debe ser lo suficientemente alto como para abrirlo en tres partes. Se necesitará también cabello de ángel, almíbar, crema pastelera, merengue, frutas confitadas o en almíbar y azúcar para rebozar las frutas. Tras elaborar el bizcocho, la crema pastelera y el merengue, hay que montar la tortada. La base de bizcocho se moja ligeramente con el almíbar, se cubre con una capa de cabello de ángel, se coloca otra capa de bizcocho, se vuelve a mojar y se coloca la crema pastelera y la tercera rebanada de bizcocho. Se cubre con frutas en almíbar rebozadas en azúcar y secas, se tapa todo con el merengue y se gratina muy brevemente al horno.

La tortada lorquina es un dulce energético. Contiene alta proporción de hidratos de carbono complejos. En su composición también participan la leche (para realizar la crema) y la clara de huevo (en el merengue). Ambos son alimentos con un importante valor nutricional, aportando cantidades relevantes de proteínas de buena calidad, calcio, magnesio, potasio, vitaminas A, D y niacina. Su consumo se debe realizar de forma ocasional y con moderación.

Fundación Española de la Nutrición

Formaciones rocosas en la bahía de Águilas

celebración de Santa Gertrudis y Santa Candelaria, merece la pena acercarse a la pedanía lorquina de Marchena, a unos 3 kilómetros al sur por la carretera de la Pulgara, para presenciar la Rifa de la Tortada. Con el dulce sabor de este postre, el viaje continúa por la RM-11, hasta **Águilas.**

Vistas al mar

En el punto más meridional de la región, espera esta localidad que se asienta sobre el Mediterráneo y está custodiada por el castillo de San Juan de las Águilas.
Las distintas culturas que han poblado este territorio han dejado su huella, especialmente la romana, cuyo legado principal se guarda en las termas. Esta villa de tradición marinera que constituía la salida natural para los productos de la vega de Lorca se ha adaptado a la afluencia masiva de turistas que buscan el reposo de sus playas y calas sin perder la esencia de su rico pasado. Destaca el Ayuntamiento, un edificio del siglo XIX de estilo neomudéjar rodeado de unos antiguos jardines y con una fuente presidida por un cisne.
Se conoce este paraje como la Pava de la Balsa y, además del Consistorio, alberga varios edificios modernistas.

Su oferta cultural pasa por el Auditorio y Palacio de Congresos Infanta Doña Elena. Atendiendo más al litoral hay que hacer mención a la treintena de calas que salpican su costa, las puntas rocosas que se adentran en el mar o las playas de fina arena entre las que habría que mencionar la de Calarreona, la de la Calabardina, la del Arroz o la de las Delicias. La naturaleza cobra especial importancia en dos espacios naturales protegidos: el Parque Regional de Cabo Cope y Puntas de Calnegre, con su vieja torre vigía, y el Paisaje Protegido de Cuatro Calas.

Los productos hortofrutícolas de Lorca salían por el puerto de Águilas

Riqueza histórica

La ruta se acerca a su final buscando **Puerto Lumbreras,** de nuevo hacia el interior de la Región de Murcia por la RM-11 y la RM-D19, a unos 30 kilómetros. El castillo de Nogalte (construido en el siglo XII y monumento nacional), las casas-cueva y la Casa del Cura de esta población son visitas inexcusables. Las dos primeras se localizan en el cerro del Castellar, un lugar de ubicación estratégica que acogió el crecimiento demográfico de la zona a partir del siglo XVIII. Otros lugares de interés son la Casa de los Duendes (vivienda burguesa del siglo XIX), el observatorio astronómico, el Centro de Interpretación de la Naturaleza, el Paraje Natural de Cabezo de la Jara, el Centro Turístico Medina Nogalte y la torre del Obispo (en la pedanía de El Esparragal). Recorrer este característico pueblo blanco del sur de Murcia es en sí mismo un placer.

Auditorio y Palacio de Congresos Infanta Doña Elena

Herencia **de sabor**

Pelotas murcianas

En el extremo nordeste de la Región de Murcia, situado entre el litoral mediterráneo y las estepas manchegas, está la comarca del Altiplano. Habitada desde la prehistoria, su cocina y su cultura recogen lo mejor de los pueblos que allí se han asentado.

Completa tu ruta

- **Longitud del itinerario propuesto:** 111 km aprox.
- **Mapa completo de la zona:** Guía Repsol de Mapas, pág. 84 B-4
- **Información turística, hoteles y restaurantes:** Guía Repsol de Turismo, págs. 103, 159 y 342
- **Más información:** *www.guiarepsol.com*

Fiestas de la Virgen del Castillo de Yecla

La comarca murciana del Altiplano ha estado habitada por distintas civilizaciones desde la Edad de Bronce hasta la Edad Media, desde romanos a musulmanes. Y todos dejaron su huella en pinturas rupestres, yacimientos arqueológicos y otras muestras de arte y arquitectura. Estas culturas también han influido en la rica gastronomía de la zona, en la que destacan las pelotas murcianas, un plato sencillo y humilde de gran arraigo en toda la comarca. Se trata de una variedad de albóndigas especiadas, muy sabrosas y nutritivas, que no faltan en las celebraciones navideñas de esta región. Recorrer esta comarca es acercarse a una forma de vida apegada a la tierra y a cultivos tan importantes como los viñedos de Yecla y de Jumilla. La ruta comienza precisamente en **Yecla,** donde Murcia linda con las provincias de Albacete y Alicante. Esta situación de cruce de caminos le ha impregnado de un carácter singular. Está coronada por los restos de un castillo árabe del siglo X donde hoy se levanta el santuario de la Virgen del Castillo, en cuyo honor se celebran las fiestas

Esta comarca murciana destaca por sus vinos, sus fiestas y su excelente cocina

Vista de la localidad de Jumilla

más importantes de la villa, declaradas de interés turístico nacional. Además, Yecla atesora un importante legado arquitectónico en el que destaca la iglesia de la Purísima, con una interesante cúpula semiesférica; la Plaza Mayor, de factura renacentista; la iglesia de la Asunción; la lonja y la torre del Reloj. No se puede abandonar la localidad sin degustar sus vinos con denominación de origen. En los alrededores de este municipio se encuentra el monte Arabí, ideal para practicar actividades al aire libre como el senderismo o la bicicleta de montaña. Allí también están los abrigos naturales del Canto de la Visera y Mediodía, que guardan importantes pinturas rupestres del periodo Neolítico.
Desde Yecla y en dirección suroeste por la N-344 espera **Jumilla,** famosa también por los vinos de denominación de origen. De su rica historia se conserva un castillo y la iglesia de Santiago, ambos del siglo XV, y varios edificios civiles entre los que destacan el antiguo concejo y la lonja. Muy cerca del casco urbano se localiza el poblado ibérico de Coimbra, en el barranco Ancho, manteniéndose en el Museo Arqueológico del Palacio del Concejo buena parte de los objetos hallados en

Las cepas de uvas tintas de Jumilla son la base de un excelente vino

FIESTA

Ruta del Vino y la Tapa de Yecla

Cada año, desde primeros de abril hasta primeros de mayo, se celebran unas jornadas en homenaje al vino y la gastronomía murciana: la Ruta del Vino y la Tapa de Yecla. Durante ese mes, las bodegas y establecimientos adheridos sirven a precio único una copa de vino y su consiguiente tapa. Cada visitante dispone de una credencial que debe sellar en cada local. Quienes completen la ruta votarán las que a su juicio sean las tres mejores tapas.

Cerámica esgrafiada en el Museo de Siyasa de Cieza

las diferentes excavaciones realizadas. En las inmediaciones se encuentra el Parque Regional de El Carche, un bosque mediterráneo en el que habitan poblaciones de águila real, búho real, halcón peregrino y cernícalo.
El siguiente punto de la ruta es **Cieza,** adonde se llega por la N-344. Sobresalen sus yacimientos arqueológicos del Paleolítico y del Neolítico, declarados patrimonio de la humanidad, y los restos de Medina Siyasa, poblado musulmán del siglo XI, el yacimiento arqueológico más importante en decoración islámica de Europa. El Museo de Siyasa alberga objetos hallados en el poblado y expone reproducciones a escala real de varias viviendas. También hay que visitar la iglesia de la Asunción y el monasterio de la Inmaculada Concepción, ambos del siglo XVIII.

Hacia el desierto murciano

La ruta sigue por la A-30 y enlaza con la MU-411 hasta **Fortuna,** famosa por sus aguas termales, que ya conocían los romanos. El Castillico de los Moros, musulmán; la iglesia de la Purísima y la Casa Consistorial, de estilo modernista, son parte de la herencia de este municipio.
La localidad está situada en un paraje semidesértico pero, gracias a la riqueza hidrológica de su subsuelo, posee dos espacios protegidos de singular belleza: el Humedal del Ajauque y Rambla Salada. Continuando por la RM-A7 espera la localidad de **Abanilla,** punto final de la ruta. Escenario de batallas durante la Reconquista, de aquella época datan el trazado urbano de sus calles y las casas solariegas. Destaca la iglesia de San José, consagrada en 1712. Abanilla se encuentra en el desierto murciano, un paisaje precioso de ramblas como la de Parra, donde las aguas del río Chícamo crean un ecosistema singular y un escenario casi lunar.

Pelotas murcianas

Es uno de los tradicionales platos de la gastronomía murciana que protagonizan las celebraciones navideñas. La receta es muy sencilla, pero de exquisito sabor, fácil de cocinar y de alto valor nutritivo. Para una correcta elaboración son necesarios los siguientes ingredientes: carne magra de cerdo, tocino fresco, longaniza blanca, embutido murciano (morcón), piñones, sal, pimienta molida, ajos, perejil, limón, molla de pan, leche y huevos. La preparación debe comenzar poniendo la molla de pan a remojo en leche. Mientras tanto se hace un picadillo con la carne magra de cerdo, el tocino, la longaniza y el morcón y se mezcla con los ajos picados, el perejil troceado, los piñones, la sal y la pimienta. A continuación se añade la molla de pan bien escurrida y se mezcla todo a mano para conseguir una masa homogénea. Después de unos minutos enfriando en el frigorífico, ya estará lista para preparar a mano las pelotas, del tamaño de una de tenis, y terminar la elaboración al gusto, es decir, en caldo, en guiso, en cocido...

Parte de los ingredientes de este plato provienen del cerdo, que junto con la leche y los huevos aportan proteínas de buena calidad y colesterol. De los minerales destaca el fósforo y de las vitaminas, la B12, nutrientes que cubren más del 50% de las ingestas recomendadas para un hombre de entre 20 y 39 años.

Fundación Española de la Nutrición

En el corazón del Reino

Pochas de Sangüesa

La historia de Navarra se escribe entre los parajes de la Sierra de Leyre. Impresionantes monasterios, ecos del Reino y maravillas naturales acompañan en esta ruta guiada por el sabor de los pucheros y sus grandes protagonistas: las pochas.

Impresionante conjunto montañoso del prepirineo navarro, la Sierra de Leyre es una joya natural que combina elementos del paisaje mediterráneo y atlántico, creando a un llamativo contraste. Aunque, sin duda, lo más característico de esta cordillera, atravesada por los ríos Esca, Salazar e Irati, es la formación de abruptos valles conocidos como foces. Un lugar que suma a su encanto paisajístico la posibilidad de degustar un auténtico puchero a base de pochas cultivadas en la zona. Se trata de una variedad de alubia blanca que se consume antes de que maduren. Por este motivo, a diferencia de otras legumbres, necesita bajo tiempo de cocción y posee una textura y mantecosidad especiales. La ruta conduce por algunos de los pueblos donde se produce esta joya de la huerta navarra, entre los que destaca Sangüesa, donde cada mes de agosto se celebran unas jornadas de exaltación de la pocha.

Lecciones de historia

Antes de dejarse llevar por las excelencias gastronómicas de la zona, merece la pena detenerse en **Yesa** (en la A-21). En este municipio se encuentran la presa que forma el embalse del mismo nombre y el monasterio de San Salvador de Leyre. Ubicado en un entorno privilegiado, constituye uno de los conjuntos monásticos más importantes de España por su relevancia histórica y arquitectónica. El recorrido descubre al visitante tesoros como su cripta del siglo XI (la parte más antigua) y la Puerta Speciosa, en la iglesia abacial, una auténtica 'biblia' en piedra llena de fascinantes detalles. Ya en el interior de

El monasterio de Leyre es el tesoro del románico más antiguo de Navarra

Judías pochas

Completa tu ruta

- **Longitud del itinerario propuesto:** 30 km aprox.
- **Mapa completo de la zona:** Guía Repsol de Mapas, pág. 23 C-1
- **Información turística, hoteles y restaurantes:** Guía Repsol de Turismo, págs. 242 y 275
- **Más información:** *www.guiarepsol.com*

Panorámica del castillo de Javier

la iglesia, sobresale la gran nave central (siglo XI) y la bóveda gótica, una de las más bellas de Navarra. Tras una reja de estilo gótico tardío está el panteón de los primeros reyes de Navarra y junto a él se venera el Cristo de Leyre, una enorme talla del siglo XVI. El conjunto monástico sobrecoge por su atmósfera de sosiego, acentuada por los cantos gregorianos de los monjes benedictinos que lo habitan. Camino ya a Sangüesa por la NA-5410, merece la pena desviarse a la localidad de **Javier,** que conserva una fortaleza medieval erigida sobre roca viva que congrega cada año a principios de marzo a miles de navarros en la popular peregrinación conocida como Javierada. No obstante,

Libro del monasterio de Leyre *Vitae Beatissimi Benedicti*

FIESTA

Tradición y sabor

Ya desde la Edad Media son reconocidas las excelencias culinarias de la pocha de Sangüesa. Por ello cada año, a finales del mes de agosto –coincidiendo con la mejor época de la legumbre–, el Ayuntamiento de Sangüesa organiza unas jornadas gastronómicas bajo la denominación Elogio a la Pocha, con el objetivo de ensalzar y dar a conocer las cualidades del producto estrella local. Durante los dos días que duran las celebraciones se invita a vecinos y visitantes a participar en tareas como el desgrane de las pochas, mientras se disfruta de un ambiente festivo en el que nunca faltan anécdotas e historias de la villa. La fiesta continúa con la participación de todos los asistentes en la preparación, elaboración y degustación de este producto, desde la receta más tradicional (estofadas) a preparaciones singulares como el helado de pochas.

Foz de Ugarrón en el cauce del río Areta

es el lugar donde nació (1506) y vivió San Francisco Javier, cofundador de la Compañía de Jesús y patrón de Navarra. En la visita al castillo destaca la capilla del Cristo de Javier, con una imagen del siglo XVI que, según la tradición cristiana, sudó sangre cuando el Santo agonizaba en Sancián. Está rodeado de un fresco medieval, única representación gótica de la danza de la muerte que existe en España. Tras esta nueva lección de historia, retomando la NA-5410, se alcanza **Sangüesa,** punto de paso del Camino de Santiago Francés. Entre sus múltiples joyas se distingue la portada de la iglesia de Santa María la Real, obra cumbre del románico. Este monumento nacional recibe al turista nada más salir del puente metálico que cruza el río Aragón. Su casco histórico guarda obras de arquitectura civil como el palacio de Añués o la Casa Consistorial, construida sobre una de las alas del palacio de los Reyes de Navarra, que en tiempos establecieron allí su corte. Entre los monumentos religiosos sobresale el convento de San Francisco de Asís, cuya fundación se atribuye al propio santo en el siglo XIII. De nuevo en la A-21, el enlace con la NA-150 conduce al punto final de la ruta, **Lumbier,** ubicado a los pies de la Sierra de Leyre. El núcleo urbano de esta localidad respira ya aires pirenaicos. En su calle Mayor, se ubica el Ayuntamiento más antiguo de Navarra, renacentista del siglo XV. Pero quizá lo más sorprendente de este municipio sea la foz de Lumbier, un cañón de algo más de 1 kilómetro de longitud tallado por el río Irati en la roca caliza, generando unas paredes de hasta 400 metros de altura. Esta área, por la que discurrió el tren Irati, el primer eléctrico de la península, está declarada reserva natural al tratarse de un importante hábitat de aves rapaces, entre las que predominan los buitres leonados y el alimoche.

Pochas de Sangüesa

Caparrona, pilarica, medio palo... Son variedades de este tipo de alubia blanca que ya por San Fermín empieza a aparecer en las mesas navarras, aunque será en agosto cuando alcance su mejor momento. Se obtiene de desgranar las vainas de la alubia verde cuando estas todavía no se han secado. Por este motivo los granos son de color verde marfil (de este tono desvaído se deriva su nombre). Es una legumbre poco harinosa, tierna y fina, que resulta excelente simplemente cocida y aderezada con un sofrito vegetal de cebolla, pimiento verde, tomate e incluso algún puerro.
Para ello, se cuecen lentamente las pochas y se le añaden el resto de ingredientes. El secreto, según los lugareños, es ser pacientes y esperar el tiempo preciso para que la salsa ligue con el aceite y las pochas queden enteras.

Las alubias blancas son fuente de proteínas de origen vegetal, tienen un alto contenido en hidratos de carbono complejos y también destacan por su contenido en fibra, que mejora el tránsito intestinal. El contenido en grasa de esta receta es bajo. Las alubias se preparan junto con un sofrito de verduras, que aportan minerales y vitaminas. Este plato es rico en hierro y magnesio y cubre un 115% y un 78%, respectivamente, de las ingestas diarias recomendadas para un hombre de entre 20 y 39 años.

Fundación Española de la Nutrición

Las eras de las salinas, en Salinas de Oro

El cristal *gourmet*

Sal de oro

A los pies de la Sierra de Esparaz pervive una secular forma de extraer la sal de manantial, cuya presencia guía esta ruta por abigarrados caseríos, muestras de románico rural y los profundos cañones fluviales que rodean la presa de Alloz.

Completa tu ruta

- **Longitud del itinerario propuesto:** 52 km aprox.
- **Mapa completo de la zona:** Guía Repsol de Mapas, pág. 14 A-4
- **Información turística, hoteles y restaurantes:** Guía Repsol de Turismo, pág. 234
- **Más información:** *www.guiarepsol.com*

Cerradura en Zurucuáin

En Tierras de Iranzu, un territorio situado a solo 27 kilómetros de Pamplona, todavía se extrae, con técnicas ancestrales, la sal. El proceso es muy sencillo: basta con extender las aguas saladas de manantial en unas eras o piscinas y dejar que los rayos de sol y el aire las evaporen para luego recoger de forma manual su flor. Una delicia *gourmet*, base para la preparación de deliciosas salazones y adobos, que cada mes de agosto protagoniza unas jornadas gastronómicas en la localidad de Salinas de Oro, punto de arranque de esta ruta. Atrapados entre el Parque Natural de Urbasa y Andía (al norte) y la autovía A-12 (que marca el trazado del Camino de Santiago entre Pamplona y Estella, al sur), los municipios de Abárzuza, Lezáun, Valle de Yerri, Valle de Guesálaz y Salinas de Oro conforman una minúscula

Sal de oro

En Salinas de Oro pervive una de la pocas salinas de manantial que quedan activas en España. Su extracción se sigue haciendo de manera tradicional: el agua salada, que proviene de un manantial natural, se extiende en las eras o piscinas saleras y el sol se encarga de evaporar el agua hasta dejar a la vista el preciado mineral. Esta actividad únicamente se lleva a cabo durante los meses de verano, aproximadamente entre mayo y agosto, cuando se dan las mejores condiciones climatólogicas para su elaboración: presencia de sol y viento. Con la extracción de la sal de oro de manantial también se produce la flor de la sal, nombre que se da a las escamas de sal obtenidas tras el proceso de evaporación. Este producto *delicatessen* da el toque preciso a los platos, sin salarlos en exceso y manteniendo todo su sabor.

Destaca por su contenido en minerales como el magnesio, yodo y fósforo. Los objetivos nutricionales para la población española indican que no se deben superar los 5 g de sal al día, ya que puede ser perjudicial para la salud. Es un producto de alta calidad que aporta palatabilidad a los distintos platos.

Fundación Española de la Nutrición

cuadrícula tejida al abrigo esmeralda del embalse de Alloz. ¿Por dónde comenzar? Saliendo de la capital navarra por la N-111 hay que tomar el desvío a la derecha hacia Ororbia. Enseguida se atraviesa el cauce del Arga y comienza una espectacular ascensión hacia el alto de Etxauri por la NA-700. Merece la pena detenerse en el kilómetro 20, donde se disfruta de una excelente panorámica de la ribera del Arga.
En **Salinas de Oro** (Jaitz, en euskera) el horizonte es un muro calizo junto a las viejas saleras, actualmente explotadas por un par de empresas locales. La extracción del río Salado se remonta al tiempo de los romanos, aunque solo queda constancia de su dependencia, en la época medieval, del monasterio de Leyre.

Aires medievales

Al norte de Salinas de Oro, siguiendo la NA-700, la Sierra de Andía revela un paisaje repleto de pequeños conjuntos con sabor medieval que culmina en las orillas del pantano de Alloz. Antes de llegar a Muez, se toma la NA-7040, que se interna en el valle de Guesálaz. Una de las joyas de este valle es **Muzqui,** donde se puede visitar el museo etnográfico del palacio de Andresenekoa. Antes de continuar, conviene desviarse hasta **Arzoz** para visitar la iglesia de San Román, cisterciense y con un destacado retablo plateresco policromado. Muy cerca, en **Viguria,** se puede admirar el bello palacio del Marqués de Montehermoso, del siglo XVII.
La ruta continúa por la NA-7120 hacia Lerate. En **Garísoain,** destacan los restos de calzada romana (situados junto a la carretera, en el alto de Guirguillano) y el museo dedicado al escultor Bernabé Imberto, en la iglesia de la Natividad.
Ya en **Lerate**, al borde del pantano de Alloz, hay un camping donde tiene sus instalaciones la Escuela Navarra de Vela,

Río Urederra en la Sierra de Urbasa

Claustro del monasterio de Santa María de Iranzu, en el valle de Yerri

un rincón ideal para los amantes de los deportes náuticos. Se continúa por la NA-7171 hacia el muro de la presa: la carretera dirección Lorca serpentea bien pegada al cauce del río Salado y enlaza con el trazado de la ruta jacobea junto a un precioso puente medieval. A partir de ahí, siguiendo la NA-7175, se llega a **Lácar.** En sus inmediaciones tuvo lugar en febrero de 1875 una decisiva batalla entre las tropas liberales, con Alfonso XII a la cabeza, y los carlistas. El monarca estuvo a punto de caer prisionero y cada año hay una representación histórica de los hechos en el mes de junio. A las afueras del pueblo, una pequeña pista de tierra lleva hasta la ermita de Santa Engracia, otras de las delicias románicas del itinerario.

La bodega Aroa es un referente enoturístico en el valle de Yerri

La Sierra de Urbasa

La NA-7320 desemboca en la autovía A-12: unos kilómetros más adelante se toma el desvío hacia Grocin y **Zurucuáin,** por la NA-7008. En las afueras de esta localidad está el edificio vanguardista de la bodega Aroa, uno de los referentes enoturísticos del valle de Yerri. Desde aquí hay que seguir la NA-120 hacia **Abárzuza,** camino de las profundidades de las Sierras de Urbasa y Andía. A 3,5 kilómetros está el desvío que conduce al monasterio de Santa María de Iranzu, una abadía cisterciense del siglo XII. Las visitas al claustro y la iglesia son guiadas y, además, hay un Centro de Interpretación en el que se revelan los secretos del valle y de las elaboraciones del pacharán y el queso de la zona. También desde Abárzuza se puede seguir una carretera comarcal que asciende hasta uno de los lugares más emblemáticos de todo Urbasa: el Balcón de Pilatos. El río Urederra marca con sus frondosas riberas todo el camino desde Estella, haciendo de tránsito perfecto hacia el profundo bosque atlántico que salpica la meseta de Urbasa.

FIESTA

Delicatessen de manantial

El segundo domingo de agosto el Ayuntamiento de Salinas de Oro, la Asociación Tierras de Iranzu y las dos empresas que extraen la sal de manantial de las aguas del río Salado organizan las Jornadas de la Sal de Oro; una cita para promocionar este preciado producto. En el programa, además de conferencias impartidas por especialistas en la materia, se realizan otras actividades como catas de diversas sales, talleres gastronómicos (el de 2012 fue de salazón) o degustaciones de *pintxos* en los que la flor de sal es la protagonista *gourmet*. También hay una actividad infantil en la que los niños, acompañados del resto de la familia, pueden extraer la sal y llevársela a casa.

Detalle de una corta de troncos en las fiestas de la Virgen Blanca

Donde crecen los sombreros blancos

Perretxikos

La comarca de Valles Alaveses, el camino natural entre Vitoria-Gasteiz y el norte de Castilla, es uno de los rincones más bellos del País Vasco. Allí, en sus prados, crece el *perretxiko*, una seta deliciosa muy apreciada por los cocineros de la tierra.

En Vitoria-Gasteiz, capital de la provincia de Araba y sede de las instituciones autonómicas del País Vasco, la magnífica cocina local se aleja sutilmente del mar Cantábrico para sacar un gran partido de los productos de la tierra. Un buen ejemplo son los *perretxikos,* pequeñas setas que reciben en esta zona nombres tan dispares como sisas, lansarones, setas de primavera, rayo de Orduña o setas de San Jorge (pues su época coincide con esta festividad). Este hongo, típico de los prados y claros de Araba, es de pequeño tamaño, con sombrero blanco crema y pie corto y ancho, y tiene una carne densa, de buen sabor y fresco aroma. Se consume durante la festividad de San Prudencio en **Vitoria-Gasteiz,** punto de inicio de esta ruta; el revuelto de *perretxikos,* junto a los caracoles, es el plato típico de estos días y se puede degustar en los restaurantes y bares del casco viejo, uno de los conjuntos urbanísticos de España que mejor conserva el trazado medieval. Se levanta sobre la colina donde se construyó la antigua aldea de Gasteiz, refundada como Nova Victoria por el rey Sancho el Sabio de Navarra en el siglo XII. Su centro es la catedral vieja dedicada a Santa María, un edificio gótico del siglo XV con una torre del XVII que ha sido sometida a un interesante proceso de restauración y excavación arqueológica. En torno a este templo se ordenan en anillos concéntricos las calles de nombres gremiales (Cuchillería, Zapatería, Pintorería, Herrería, Correría...). Frente a ellas está la plaza de la Virgen Blanca, el centro del comercio de la ciudad. Muy cerca se levantó en el siglo XX un nuevo

El revuelto de *perretxikos* es el plato estrella de la fiesta de San Prudencio

Completa tu ruta

- **Longitud del itinerario propuesto:** 47 km aprox.
- **Mapa completo de la zona:** Guía Repsol de Mapas, pág. 13 C-4
- **Información turística, hoteles y restaurantes:** Guía Repsol de Turismo, pág. 338
- **Restaurantes con Soles Repsol:**
  ☼ Ikea (Vitoria-Gasteiz)
  ☼☼ Zaldiarán (Vitoria-Gasteiz)
- **Más información:** *www.guiarepsol.com*

Museo Bibat junto a las murallas de Vitoria

Vitoria-Gasteiz conserva parte de la muralla medieval del siglo XI

templo catedralicio, de estilo neogótico, consagrado a María Inmaculada. Es un edificio de imponentes proporciones y gran riqueza escultórica. La arquitectura religiosa prosigue por la iglesia de San Pedro Apóstol, la del Carmen y la de San Vicente Mártir. Destacan en la ciudad los restos de la muralla medieval del siglo XI, donde ahora se encuentra integrado el Bibat, el Museo de Arqueología y Naipes de Araba. El medievo también se refleja en la torre de los Hurtado Anda, del siglo XV, situada tras la catedral vieja y declarada monumento nacional. También destacan el palacio Escoriaza-Esquivel, el de los Marqueses de la Alameda, el de Villasuso,

Hojas de la flora autóctona en otoño

Fachada de Caja Vital

la Casa del Cordón y el antiguo hospicio. Después de dejarse seducir por las posibilidades de la capital alavesa, la ruta continúa por la A-2124 hasta **Armentia,** localidad casi integrada en la periferia de Vitoria-Gasteiz y donde se encuentra la basílica de San Prudencio, patrón de Araba, y donde se celebra la romería en su honor.

Arquitectura rústica

La ruta sigue por la N-102 hasta **Villodas,** que se encuentra en la ladera meridional de la Sierra de Badaia, a orillas del río Zadorra y a 13 kilómetros de la capital. Los bosques de encinas arropan una arquitectura recia, típica de la llanura alavesa. En esta localidad destaca la torre del Reloj y la parroquia de San Cristóbal. También la ermita de San Pelayo, en una pequeña loma al sudoeste del pueblo, conquista por su sencillez y su aspecto rústico. Saliendo de Villodas se encuentra un puente romano de diez ojos, bastante transformado, y el poblado romano de Iruña-Veleia, uno de los yacimientos arqueológicos más importantes del País Vasco. Por la A-3302 se llega a **Trespuentes,** donde hay que visitar los 32.500 metros cuadrados del Jardín Botánico de Santa Catalina, en el monasterio del mismo nombre que fue rescatado para este fin a finales del pasado siglo. Volviendo atrás por la A-1 y tomando el desvío de la A-2622 se llega

Perretxikos

Se trata de una de las setas más apreciadas en el País Vasco y Navarra. En Araba se ha elevado este pequeño hongo a la categoría de símbolo festivo de San Prudencio. El *perretxiko* se consume con devoción durante el mes de abril en todo el territorio, se cocina con mimo en los restaurantes que lo ofrecen como plato de temporada y se reserva en casa para los domingos, como plato principal. De sombrero claro y pie ancho y corto, esta seta se aprecia más cuando es de pequeño tamaño, casi como un botón. A la hora de prepararlos en casa, se debe ser extremadamente cuidadoso para no estropear algo tan costoso. Se limpian con una puntilla o un trapo mejor que con agua, pues podría arruinar la esencia del producto.
Lo tradicional es cocinarlos salteados o en revuelto.
El revuelto de *perretxikos* parece sencillo, pero alcanzar la perfección es un arte.

Las setas son un alimento con un importante contenido de agua y de fibra y su aporte energético es bajo. En relación a sus micronutrientes, destacan como minerales el potasio, el fósforo y el selenio y entre las vitaminas, la riboflavina, la niacina y la vitamina A en forma de carotenos.

Fundación Española de la Nutrición

Los secretos del **caviar verde**

Guisantes lágrima de costa

En esta parte del litoral guipuzcoano, la montaña se funde con el agua y quedan muchos rincones por descubrir. El guisante lágrima de costa, que se cultiva y recolecta de forma artesanal, crece en esta tierra de gastronomía exquisita.

Vista de la bahía de la Concha con el monte Urgull y la isla de Santa Clara

En las huertas que hay entre la montaña y el mar Cantábrico crece el guisante lágrima de costa, que precisa un trato minucioso y artesanal tanto en su cultivo y recolección como en su manipulación. La temporada de esta verdura va de mediados de febrero hasta mediados de junio. De cada vaina se obtienen en torno a una docena de guisantes, pero no todos se consideran perfectos para su comercialización: de cada kilo recolectado solo se venden 80 o 90 gramos. Su producción limitada y su altísima calidad hace que le denominen el caviar verde o caviar vegetal. En la restauración ha dado lugar a variadas propuestas gastronómicas de manos de los mejores cocineros: Juan Mari Arzak, Martín Berasategui y Pedro Subijana –todos ellos con tres Soles Repsol– han elaborado recetas teniendo como base este producto. La riqueza gastronómica es buena carta de presentación de esta ruta que comienza en la capital guipuzcoana, **Donostia,** una ciudad que rinde culto al

Donostia conquista al viajero por su elegancia, su cocina y su cultura

Completa tu ruta

- **Longitud del itinerario propuesto:** 40 km aprox.
- **Mapa completo de la zona:** Guía Repsol de Mapas, pág. 6 F-4
- **Información turística, hoteles y restaurantes:** Guía Repsol de Turismo, págs. 119, 134, 348 y 349
- **Restaurantes con tres Soles Repsol:**
  ☼☼☼ Akelarre (San Sebastián/Donostia)
  ☼☼☼ Arzak (San Sebastián/Donostia)
- **Más información:** *www.guiarepsol.com*

Capilla de San Telmo en Zumaia

FIESTA
Pintxo pote

La fiesta en torno al guisante lágrima de costa se celebra en Astigarraga el fin de semana más próximo al 15 de mayo. Los bares de la localidad acogen su habitual *pintxo pote*, con el guisante como protagonista, y se sirve un menú elaborado a base de este producto en los diferentes restaurantes de la villa. Además, se imparten distintas conferencias sobre su origen y cultivo y se organizan visitas hasta las huertas cercanas, con la posibilidad de que los asistentes puedan recolectar y desgranar guisantes. Estas jornadas concluyen el domingo, día grande de las mismas, con una feria de 10 a 14 horas en la plaza de Los Fueros de Astigarraga, en la que además de productos autóctonos, también hay degustación de guisantes.

sabor, conocida mundialmente por su cocina, por la calidad de sus materias primas y la exhibición de *pintxos* de las barras de sus bares. El paseo puede comenzar en *El Peine del Viento,* la emblemática obra del escultor vasco Eduardo Chillida, situada en el paseo de la playa de Ondarreta. Las olas rompen sobre las esculturas y proporcionan una bella estampa del mar Cantábrico. Siguiendo a pie y rodeando la playa de Ondarreta está el palacio de Miramar, que fue durante muchos años alojamiento de la realeza española y que ahora pertenece al Ayuntamiento, que ha abierto al público sus bonitos jardines. Desde aquí se puede disfrutar de una de las mejores vistas de la bahía de la Concha. El paseo continúa hasta la glamurosa playa del mismo nombre, situada entre los montes Igueldo y Urgull. Frente a la costa, la isla de Santa Clara completa la imagen de una de las más bonitas playas urbanas. Desde la desembocadura del río Urumea se divisa la playa de la Zurriola, ideal para la práctica del surf. A su espalda se levanta el Kursaal, escenario de los grandes eventos culturales de la ciudad, como el Festival de Cine o el Jazzaldia. La parte vieja se extiende en el brazo que forman la bahía y el río Urumea. Cabe destacar edificios como la iglesia de Santa María, el Museo San Telmo y, adentrándose en la ciudad, la Diputación Foral de Gipuzkoa, el Ayuntamiento, la catedral del Buen Pastor y el edificio de Correos. La visita a Donostia se puede rematar con la subida en funicular al monte Igueldo, donde su parque de atracciones es una visita imprescindible para los niños.
Al sureste de Donostia, a 11 kilómetros por la GI-131, se encuentra **Astigarraga,** villa que preserva la tradición sidrera vasca, además de ofrecer un amplio paseo por su patrimonio. Entre los

Museo Balenciaga en Getaria

monumentos religiosos destaca la iglesia de Nuestra Señora de la Asunción y la ermita de Santiagomendi; en lo civil, el palacio de Murguía, y en lo militar, el fuerte de Txoritokieta que, construido en el siglo XIX, es una gran obra excavada en la roca y ejecutada en sillería. En esta localidad se celebra en el mes de mayo una fiesta del guisante. Siguiendo la costa y el curso de la N-634 en dirección oeste espera la villa de **Zarautz.** Fundada en 1237, posee la playa más extensa del País Vasco. Su paseo marítimo destaca por la presencia de palacetes y viviendas construidas por la alta burguesía durante el siglo XIX.

Pueblo marinero

Poco a poco el viaje continúa sin abandonar la N-634 hasta **Getaria.** Pueblo de indiscutible tradición marinera que un día vio nacer al marino Juan Sebastián Elcano, es un destino turístico de primer orden gracias a su rica gastronomía, basada en los pescados que llegan a su afamado puerto, y al *txakoli* con denominación de origen obtenido en los viñedos próximos. Hay que detenerse en el interesante Museo Balenciaga, sin olvidar disfrutar de sus playas y sus olas, ideales para la práctica del surf. Por la misma carretera se llega al final de la ruta, a **Zumaia,** donde tradición marinera y buen hacer culinario se dan la mano en uno de los rincones más bellos del litoral guipuzcoano. Rodeada de bosques de encinas que se asoman al mar, la villa cuenta entre sus atractivos con dos hermosas playas, un casco histórico en el que destaca la parroquia de San Pedro y un moderno puerto deportivo. Muy cerca se encuentra el *flysch* de Zumaia, una espectacular zona de acantilados litorales.

Guisante lágrima de costa

Se trata de un producto selecto que se cultiva de forma aislada en una producción de 5 hectáreas en el norte de Gipuzkoa, en la explotación Aroa de Getaria. Exige un proceso muy artesanal desde su cultivo hasta su preparación. La recolección se realiza entre finales de febrero o principios de marzo hasta junio o julio y de cada kilo solo 80-90 gramos son considerados perfectos para su uso gastronómico. Debido a su exquisitez, estos guisantes se comen prácticamente crudos o con un ligero cocinado. Al guisante lágrima de costa se le conoce también como caviar de la huerta o caviar verde y exige ser recogido y pelado a primera hora de la mañana a mano. De cada vaina se obtienen en torno a una docena de guisantes.

Es un alimento con un bajo contenido energético, rico en proteínas e hidratos de carbono y con un escaso contenido graso. Es resaltable su aporte de fibra y micronutrientes como magnesio, fósforo, tiamina, niacina, folato y vitamina C. Es rico en carotenoides, algunos se convierten en vitamina A y otros son muy positivos para nuestro organismo, ya que mejoran la visión (luteína y zeaxantina).

Fundación Española de la Nutrición

Habas frescas

De la pradera al plato

Habas de San Benito

Entre muestras de arquitectura popular y una naturaleza desbordante, la comarca del Alto Oja se adentra en una tierra rica en tradiciones, cuyos municipios están unidos por la historia, las costumbres y el paisaje.

En La Rioja la tradición popular agraria ha incorporado muchos productos de la tierra a su gastronomía, como las habas, un plato de raíces humildes que en la actualidad se degusta bajo el título de manjar. La ruta en torno a ellas comienza en **Ezcaray,** uno de los destinos turísticos más destacados de La Rioja, y donde cada año con la llegada de la primavera se celebra la Fiesta de las Habas de San Benito. La costumbre se remonta a tiempos medievales, cuando los monjes del priorato de Santa María de Ubaga, muy cercano a la aldea de Cilbarrena, repartían este menú entre los más hambrientos. Actualmente el reparto no viene tanto a saciar estómagos como a mantener viva una tradición que sirve de reclamo a miles de vecinos del municipio y a foráneos.

La villa de Ezcaray es uno de los destinos turísticos más destacados de La Rioja

Riqueza monumental

Además de disfrutar de sus singulares tradiciones, en Ezcaray resulta obligado dar un paseo por su casco antiguo, en un gran estado de conservación. Junto a las plazas soportaladas, que dan cobijo a sus gentes cuando llega el frío, los pasos del viajero deben buscar sin falta lugares como la iglesia de Santa María La Real, que data del siglo XV y está construida sobre los cimientos de un templo románico. Declarada monumento nacional, destacan su retablo mayor, del siglo XVI, y el museo de la sacristía, que recoge el patrimonio de la zona. Su pasado industrial también ha dejado en la localidad

Completa tu ruta

- **Longitud del itinerario propuesto:** 21 km aprox.
- **Mapa completo de la zona:** Guía Repsol de Mapas, pág. 22 A-3
- **Información turística, hoteles y restaurantes:** Guía Repsol de Turismo, pág. 128
- **Restaurantes con Soles Repsol:** ☼☼☼ El Portal de Echaurren (Ezcaray)
- **Más información:** *www.guiarepsol.com*

FIESTA

Reparto de caridad

De origen medieval y recuperada hace más de cincuenta años, la Fiesta de las Habas de San Benito hunde sus raíces en un tiempo en el que la hambruna hacía mella en la población y los monjes del priorato de Santa María de Ubaga realizaban este reparto de caridad. Se celebra cada primavera, el primer fin de semana siguiente al 21 de marzo, y las habas son las protagonistas del festejo. Desde las seis de la mañana, en el Atadero de Ezcaray, la Cofradía de San Benito y Valvanera comienza a preparar en grandes calderos las tradicionales habas, de las que se repartirán varios miles de raciones mientras la charanga ameniza la jornada.

Santurdejo es una zona ideal para los amantes del senderismo

edificios como la Real Fábrica de Paños El Fuerte. Fue fundada en el año 1752 con el apoyo del marqués de la Ensenada y estuvo activa hasta bien entrado el siglo XIX. En la actualidad, ejerce de albergue con el reconocimiento de bien de interés cultural. El recorrido por esta localidad de unos 2.000 habitantes, que en los meses de verano dispara su población, también incluye el palacio del Ángel, en cuya fachada luce un ostentoso escudo de estilo rococó, la ermita de la Virgen de Allende, barroca, la ermita de Santa Bárbara, o el palacio de Barroeta. La riqueza patrimonial de Ezcaray, enmarcada en un paisaje de gran belleza, y su cercanía a la estación de esquí de Valdezcaray la convierten en la primera villa turística de La Rioja.

Belleza natural

Muy cerca, a unos 2 kilómetros por la LR-111, sale al paso la segunda parada de este itinerario, **Ojacastro,** que toma su nombre de la fortificación romana que dio origen a la localidad, muy rica en fiestas y folclore, y con una amplia tradición ganadera. El pueblo en sí destaca por su estructura, ya que el casco urbano se divide en dos barrios, uno denominado Pisón y otro que gira alrededor de la iglesia parroquial de San Julián y Santa Basilisa. El templo actual data del siglo XVI, pero al pie de la torre todavía queda una ventana del templo románico anterior. Su pila bautismal también es un gran ejemplo del románico del valle del siglo XII.
La ermita de la Ascensión, de románico tardío, y la del Santo Ángel completan su patrimonio monumental más destacado, aunque el simple hecho de pasear por sus calles y admirar sus bellas edificaciones de arquitectura rural cautivará al visitante.

Arquitectura popular de Santurdejo

Estación de esquí de Valdezcaray

El itinerario continúa en busca de **Santurdejo** por la misma carretera, la LR-111, 8 kilómetros más al norte. Se ubica al abrigo de los montes de Suso –poblados de pino silvestre y rebollo, por un lado, y castaños y cerezos silvestres por el otro–, una zona ideal para los amantes del senderismo y la naturaleza. En el casco urbano, con construcciones típicas de mampostería y entramados de madera, sobresale la iglesia parroquial dedicada a San Jorge, del siglo XVIII, con un bello arco en el pórtico y en cuyo interior se custodian varios retablos barrocos. Destaca, también, la imagen del santo a caballo en el altar mayor.
Y tras Santurdejo, el camino toma la LR-413 hasta **Pazuengos.** Enclavado entre Ezcaray y San Millán de la Cogolla, se postra en un valle a los pies de la Sierra de San Lorenzo. Un final de ruta que invita a conocer la pequeña iglesia de San Martín y un territorio de pastos dedicados al ganado caballar y vacuno. La localidad es famosa porque fue escenario de la batalla medieval de Pazuengos, en la que luchó el Cid Campeador para defender el castillo, del que lamentablemente ya no queda ningún rastro.

Habas de San Benito

Con la llegada de la primavera, los huertos inauguran la temporada de habas en las cocinas riojanas. Hay muchas formas de cocinarlas, pero en esta región lo más habitual es prepararlas con jamón. Hacen falta habas secas, tocino, jamón serrano, cebolla, un hueso de jamón, ajo, guindilla roja seca, aceite, sal y pimentón. Tras tener las habas en remojo durante toda una noche, se les quita la piel y se hierven en una cazuela con el agua, los ajos, el hueso de jamón, la sal y el aceite. En paralelo, se dora en una sartén la cebolla, la guindilla, el tocino, el jamón en tacos y una cucharada de pimentón. A continuación, se añade a la cazuela y se deja cocer a fuego lento. Y tras reposar durante unos minutos, ya se puede degustar esta tradicional receta.

Este plato, de contenido energético medio, es fuente de hidratos de carbono y proteínas de origen vegetal y animal, proporcionadas, respectivamente, por las habas y el jamón serrano. Destaca su contenido en fibra. Esta receta también tiene un importante contenido de micronutrientes, resaltando su aporte de minerales como hierro, magnesio, zinc, potasio, fósforo, selenio y vitaminas como la tiamina y la niacina.

Fundación Española de la Nutrición

Hogar de pastores

Caldereta serrana

Tradición, arte y naturaleza dibujan el perfil de la Sierra de Cameros, al sur de La Rioja. Siglos de trashumancia han marcado su cultura y su gastronomía con platos pastoriles cocinados en calderos con ingredientes de la tierra.

Al sur de La Rioja, rozando la provincia de Soria, se eleva la Sierra de Cameros, tierra de contrastes y bellos paisajes, que bebe del río Iregua, a la sombra de robles y hayedos. A este paraíso de la naturaleza regresaban durante el verano los pastores que en los meses de invierno buscaban para sus rebaños el calor de otros lares al sur de la península. La dura vida del pastoreo trashumante ha forjado la cultura y la gastronomía de esta zona, que tiene en la caldereta serrana uno de sus platos estrella. Privados de la gran variedad de verduras que brotan en los valles de esta región, los pastores cocinaban el cordero con manteca de cerdo, cebolla, harina, pimientos rojos secos, guindilla (también seca), laurel, ajo y perejil. Un bocado contundente y sabroso que puede ser degustado en la comarca de Tierra de Cameros.

Fresco del templo de San Esteban

Por el valle de Iregua

En la zona conocida como Camero Nuevo se asientan los pueblos de Las Trece Villas. Estas tierras fueron morada de nobles, y las disputas surgidas entre ellos en los siglos XIV y XV promovieron el hermanamiento de las distintas villas para defender, todos a una, los terrenos que los reyes habían ido donando a los señores. **Viguera** es una de ellas y un punto de arranque perfecto para una ruta que discurre por el valle del Iregua. Hay que visitar su iglesia parroquial del siglo XVI y sus ermitas, la de San Esteban (prerrománica del siglo X) y la de San Marcos, y aprovechar su vía romana y sus tres puentes romanos para descubrir la historia del lugar y su maravilloso entorno, como el barranco de los Infiernos (una excursión

Los pueblos de las Trece Villas se asientan en la zona del Camero Nuevo

Pastores conduciendo un rebaño de ovejas

Completa tu ruta

- **Longitud del itinerario propuesto:** 83 km aprox.
- **Mapa completo de la zona:** Guía Repsol de Mapas, pág. 22 B-4
- **Información turística, hoteles y restaurantes:** Guía Repsol de Turismo, pág. 172
- **Más información:** *www.guiarepsol.com*

Valle de Iregua en primavera

entre rocas). Con la imagen de un paisaje majestuoso todavía en la retina, se pone rumbo por la N-111 a **Torrecilla en Cameros,** considerado el municipio más bello y extenso de la comarca. Dividido en tres barrios –San Martín, El Campillo y Barruelo–, alberga un buen número de monumentos: la iglesia de San Martín (siglo XV) y las ermitas de San Pedro, de San Andrés y de la Virgen de Tómalos. No hay que irse de la localidad sin cruzar el puente medieval, sobre el río Iregua, que comunica los barrios de San Martín y el Barruelo. Se retoma la N-111 para llegar a

En La Venta de Piqueras tiene su sede la Hermandad de las Trece Villas

Caballo en los prados de la zona

Típica fachada de la arquitectura local

Villanueva de Cameros. Dominando el pueblo, se encuentra la iglesia parroquial de San Martín, conocida como la catedral de Cameros. Su retablo mayor es de ébano y marfil y tiene una gran importancia artística. Saliendo del templo, se ve la fuente de la iglesia, de la que no ha dejado nunca de manar el agua, y junto a ella el antiguo lavadero, que ahora sirve para regar los huertos cercanos. Hay que pasear por su plaza, con el Ayuntamiento y su antigua escuela (hoy hogar del pensionista), y llegar hasta la ermita de Nuestra Señora de los Nogales, construida en el siglo XVIII y monumento nacional desde 1982, que luce pizarra en tejados y cúpula.

Sabor tradicional

De nuevo en carretera, la N-111 acercará la siguiente parada de la ruta: **Lumbreras.** Limítrofe con la provincia de Soria, en pleno Parque Natural Sierra de Cebollera (curioso es su museo al aire libre en el Parque de las Esculturas) y sobre la soleada ladera del río Piqueras, esta población conserva buena parte de su arquitectura tradicional y numerosos escudos.

FIESTA

Fiesta de la Trashumancia

A principios de junio se celebra en Brieva de Cameros la Fiesta de la Trashumancia, un fin de semana de conferencias, exposiciones, demostraciones de artesanía, degustaciones populares de platos típicos pastoriles y actos relacionados con el pastoreo trashumante. Esta fiesta homenajea el regreso de los rebaños, que pasaban los meses de verano en los pastos frescos de la sierra y 'emigraban' cuando llegaba el frío en busca de lugares más cálidos en el sur. Este modo de vida ha dado lugar a una gastronomía propia que cocina lo que los pastores encontraban por los lugares por donde pasaban. La caldereta serrana es uno de los platos protagonistas de este fin de semana festivo, en el que los asistentes participan en la preparación, elaboración y degustación de esta receta tradicional entre relatos de anécdotas e historias de la villa.

Rueda de molino en el mosaico de Villanueva de Cameros

Ortigosa de Cameros está cimentado sobre la ladera de un cañón natural

Embalse de González Lacasa

Cuenta con una iglesia del siglo XVI dedicada a San Bartolomé y con una bonita ermita en la zona más elevada del pueblo, la de la Virgen de la Torre. Muy cerca de Lumbreras se encuentra La Venta de Piqueras, actual Centro de la Interpretación de la Trashumancia.
Siguiendo una vez más el trazado de la N-111, se enlaza con la LR-333 para alcanzar **Villoslada de Cameros.** En pleno corazón de la Sierra de Cebollera, luce en su casco histórico grandes casonas del siglo XVIII y buenos ejemplos de la arquitectura popular. Su puente medieval formaba parte de la calzada romana que venía de Numancia. Hay que visitar su iglesia parroquial, con un interesante retablo barroco; recorrer algunas de sus ermitas, como la de San Roque y Nuestra Señora de Santa María, y perderse por sus alrededores. Muy recomendable es el sendero de las Cascadas, un paseo desde la ermita de Lomos de Orios hasta los saltos y cascadas de Puente Rá.

El poder de la naturaleza

El camino continúa rumbo a **Ortigosa de Cameros** (por la N-111 y la LR-232). Sobre la ladera de un cañón natural, el macizo de Encinedo, se cimentó el casco urbano de esta villa, perfecto ejemplo de cómo la arquitectura popular se ha plegado a la geografía. Su puente de hierro de 1910 es el icono de este

Cascada de Puente Rá

municipio serrano que está compuesto por dos barrios, el de San Martín y el de San Miguel, a ambos márgenes del arroyo Alberco. Recorrer sus iglesias y ermitas es una buena manera de acercarse a su patrimonio histórico. Hay que visitar sus cuevas, la gruta de la Paz y la de la Viña, para apreciar el poder del agua. Un capricho de la naturaleza en forma de estalactitas y estalagmitas que se formó hace millones de años.
Impresionados todavía por la belleza de estas cuevas, se pone rumbo a **El Rasillo de Cameros** por la LR-232. De todos sus edificios, destaca la iglesia parroquial de Nuestra Señora de la Virgen de las Heras, bajo la sombra de un olmo centenario. A las afueras, está la ermita de San Mamés, edificio románico del siglo XII reconstruido en 1815. Los amantes de los deportes acuáticos encontrarán en el Club Náutico de El Rasillo un paraíso. En el embalse González Lacasa se puede practicar piragüismo, windsurf, vela...
Por la LR-232 se llega al punto final de esta ruta: **Brieva de Cameros,** en la comarca de Las Siete Villas. Además de un interesante patrimonio artístico –iglesias de San Miguel y Santa María de Barrueso–, este pueblo es conocido por su vinculación con la trashumancia. Esta práctica pastoril recibe su merecido homenaje en junio, con la celebración de la Fiesta de la Trashumancia de Brieva de Cameros.

Caldereta serrana

En un caldero pequeño, sobre un fuego de leña, se pone la manteca. Con ella se dora el cordero y la cebolla cortados en trozos grandes. Se sala ligeramente y se da vueltas con una espumadera para que tome color. Después se añade la harina, se deja hacer y se cubre con una generosa cantidad de majado de ajo y perejil desleído en agua. Se incorporan las hojas de laurel, los pimientos y la guindilla en trozos. Se deja hacer a fuego lento, hasta que esté tierno (unas 2 horas) y se ajusta de sal antes de servir.

Plato de elevado contenido calórico, cuyo ingrediente principal es la paletilla de cordero, con notable cantidad de proteínas de alto valor biológico y grasa saturada. En cuanto a los micronutrientes destacan las vitaminas del grupo B y minerales, dentro de los que predominan el hierro de fácil absorción, el fósforo, el potasio y el zinc; este último fundamental para el crecimiento, para mantener el sentido del gusto y facilitar la cicatrización de las heridas. La grasa de esta carne varía cuantitativamente en función de la edad del animal y de la pieza que se consuma, de forma que a medida que aumenta la edad, aumenta la cantidad de grasa. Otros ingredientes del plato como el pimiento, el perejil, el ajo o la cebolla aportan vitaminas y minerales a la receta.

Fundación Española de la Nutrición

Rincones de la Suiza valenciana

Mojete

Histórico territorio fronterizo entre los reinos de Valencia y Castilla, en la Hoya de Bunyol sobrevive el espíritu agrario del interior valenciano. Fiel reflejo de ello son sus celebraciones y su gastronomía.

Completa tu ruta

- **Longitud del itinerario propuesto:** 87 km aprox.
- **Mapa completo de la zona:** Guía Repsol de Mapas, pág. 76 D-2
- **Información turística, hoteles y restaurantes:** Guía Repsol de Turismo, pág. 103
- **Más información:** *www.guiarepsol.com*

Tradicional tomatina en Bunyol

El litoral valenciano se adentra en la meseta castellana a través de la Hoya de Bunyol, comarca situada en el centro de la Comunidad Valenciana. Los valles plagados de vides dan paso a una montañosa estampa, orografía que le ha valido el sobrenombre de la Suiza valenciana. Por ahí discurre una ruta que sabe a mojete, un plato sencillo de la cocina de labranza. De un lado a otro, cargaban en su carro sacos, aperos y utensilios cotidianos entre los que no faltaba una escudilla para preparar el rancho del día: embutidos (morcilla o longaniza), caza (la que hubiera), bacalao seco, harina de almortas, tomate, ajo y aceite. Todo puesto al fuego y cocinado hasta alcanzar la consistencia de unas gachas. Una delicia transmitida desde hace siglos y que cobra protagonismo en las noches festivas de agosto.
La ruta comienza en **Cheste,** tierra de buenos vinos. Su casco antiguo, de reconocible sabor moruno, invita a visitar la plaza del Calvario, con la ermita de San Vicente Ferrer y la torre barroca de la iglesia de San Lucas. A sus afueras se sitúa el Circuit de la Comunitat Valenciana Ricardo Tormo. El viaje continúa por la

Por sus agrestes paisajes, esta zona se conoce como la Suiza valenciana

Reserva de Millares

CV-3850 hasta **Chiva.** A los pies de la loma donde está su castillo, el barrio de Bechinos atesora muestras de su pasado musulmán, con un intrincado callejero y su vieja atalaya, torre defensiva del siglo XII rehabilitada que funciona como espacio cultural. El templo de San Juan Bautista (barroco y neoclásico) guarda importantes obras del pintor José Vergara. Hay que auparse hasta la ermita de la Virgen del Castillo y disfrutar de sus vistas antes de retomar el antiguo trazado de la N-III para llegar a **Bunyol.**

Chiva regala una maravillosa panorámica de Valencia, con vistas al mar y a la sierra

Tierra de aguas

La Tomatina ha colocado a Bunyol en el mapa de fiestas más internacionales de la Comunidad Valenciana, junto con las Fallas. Pero el pueblo cuenta con otros atractivos: su barrio del Castillo sintetiza el patrimonio monumental de la Bullion romana. Entre el cauce del río Buñol y el barranco de Borrunes espera su fortaleza medieval, del siglo XIII. Conserva la plaza de armas (donde cada primer domingo de mes se celebra un animado mercadillo de artesanía y arte) y sus torres, desde las que divisar el barranco, los tejados de la población y la cúpula de cerámica azul de la iglesia

FIESTA

Una noche alrededor del fuego

La última semana de agosto se celebran en Bunyol las fiestas patronales en honor de San Luis Bertrán y de la Virgen de los Desamparados, patronos de la localidad. Además de la Tomatina, la más internacional y multitudinaria de las celebraciones locales, se realizan varios concursos gastronómicos populares como el del mojete, que, durante la noche siguiente a la Tomatina, reúne alrededor del fuego de leña y de las sartenes a peñas y entusiastas en las calles del centro de Bunyol. Lo mismo sucede en la cercana localidad de Chiva, donde el último domingo del mes se celebra también la Noche del Mojete, con otra cena en torno a este guiso popular en la avenida del Parque. No faltan la música y el baile.

Campanario de la iglesia de San Pedro en Bunyol

de San Pedro Apóstol. El templo custodia interesantes esculturas religiosas. Junto al castillo, en la desacralizada iglesia del Salvador, está el museo arqueológico, con una curiosa colección etnográfica local. Entre Bunyol y Yátova, por la CV-425, hay que desviarse hasta el paraje de la cueva Turche, con su cascada y lago, un espectacular anfiteatro calizo con área de recreo. Continuando por la CV-425 y la CV-426 se llega a **Dos Aguas,** pueblo encajado entre la Sierra del Ave y la del Caballó, que mantiene sus raíces moriscas y donde es posible visitar su castillo medieval, la iglesia de la Virgen del Rosario y el torreón de La Matrona. La CV-580 desciende hacia el Júcar y llega hasta **Millares,** con un interesante pasado morisco y un castillo que sobresale en un promontorio sobre el Júcar. El punto final a la ruta lo pone la serpenteante carretera que, camino hacia **Bicorp,** llega al yacimiento del Tambuc, con huellas de dinosaurios fosilizadas. En la cueva de la Araña, a las afueras del pueblo, se conservan pinturas rupestres del arte levantino, patrimonio de la humanidad. No hay que abandonar esta localidad sin recorrer el castillo palacio del Señor de Bicorp (renacentista) y su ecomuseo.

Dani Pedrosa, durante un Gran Premio de la Comunitat Valenciana

Mojete

Para preparar este plato, en primer lugar hay que freír las longanizas, el tocino, las morcillas y el hígado de cerdo. En el aceite sobrante, se fríe el tomate y la patata (previamente ambos bien troceados) y el pimentón. Se pica en un mortero el ajo y el hígado frito y se echa también a la sartén.
A continuación, se añade agua y se deja hervir durante 15 minutos.
Se incorpora la harina poco a poco, sin dejar de remover, hasta que espese. De nuevo en el fuego hay que seguir removiendo durante unos 15 o 20 minutos. Esta receta también se puede hacer con bacalao en lugar de longanizas, morcillas e hígado. En ese caso, la diferencia es que el bacalao se fríe con la patata y con el tomate y no se saca de la sartén.

Receta de alto valor calórico y fuente de proteínas de buena calidad. La morcilla y el hígado de cerdo aportan hierro hemo, es decir, de fácil utilización por el organismo. Entre las vitaminas que proporciona este plato destaca la B12. Esta receta cubre el 113% de las ingestas recomendadas de esta vitamina para un hombre de entre 20 y 39 años. Las patatas que acompañan este plato ayudan a equilibrar su aporte nutricional.

Fundación Española de la Nutrición

La tentación **más dulce**

Níspero

De árbol ornamental a dulce manjar, el níspero encontró en las terrazas y bancales de la comarca de la Marina Baixa alicantina el ecosistema ideal para ofrecer el primer fruto maduro de la primavera.

Completa tu ruta

- **Longitud del itinerario propuesto:** 58 km aprox.
- **Mapa completo de la zona:**
  Guía Repsol de Mapas, pág. 85 C-4
- **Información turística, hoteles y restaurantes:**
  Guía Repsol de Turismo, págs. 34, 66 y 86
- **Más información:**
  www.guiarepsol.com

Panorámica de Altea. Abajo, las Fonts d'Algar, en Callosa d'en Sarrià

Su pulpa es amarillenta o blanquecina, brillante y fresca en boca; la piel, fibrosa y dura; y el sabor, dulce o con un toque ligeramente ácido. Se trata del níspero, la fruta protagonista en los bancales e invernaderos de la Marina Baixa, comarca situada al norte de Alacant, en un intrincado terreno montañoso que alcanzó notoriedad internacional con el desarrollo del turismo a partir de los años sesenta del pasado siglo. Benidorm, Altea y El Castell de Guadalest son algunos de los municipios por los que se extiende la D. O. Nísperos de Callosa d'en Sarrià. Esta fruta tiene su origen en el Extremo Oriente: en Japón se utilizaba como árbol ornamental, ya que pertenece a la familia de las rosáceas, y fueron los jesuitas quienes la trajeron a Europa a finales del siglo XVIII, iniciándose su cultivo en Francia e Italia. Dice la tradición que fue un marino mercante de nombre Roig quien la desembarcó, allá por 1821, en el puerto de Sagunto. Otra versión otorga los honores al botánico y naturalista callosino Juan Bautista

Níspero

Rey de la primavera, el níspero brota de un árbol de la familia de las rosáceas y es la fruta de pepita que más pronto madura. Se siembra en Callosa d'en Sarrià desde hace más de cien años y sus niveles de calidad son extraordinarios gracias a la labor paciente y experimentada de los agricultores callosinos y a los controles de calidad del Consejo Regulador Denominación de Origen Níspero de Callosa d'en Sarrià. Se cultiva principalmente la variedad Algar, que presenta una piel delgada, pero a la vez resistente y fácil de desprender. Es una fruta carnosa, de color anaranjado y de sabor dulce y ácido. Además de postre, se emplea como un ingrediente más del menú.

El níspero es una de las frutas con mayor contenido en fibra de tipo soluble, que ayuda a disminuir los niveles de colesterol en sangre y aumenta la velocidad del tránsito intestinal. En cuanto a minerales, destaca su aporte en magnesio, calcio y fósforo; y en cuanto a vitaminas, en vitamina A, concretamente en ß-carotenos, responsables de su característico color anaranjado y de ejercer un papel preventivo frente a diversas enfermedades. Además, es rico en taninos, con función antioxidante.

Fundación Española de la Nutrición

Fiesta de moros y cristianos en Altea

Berenguer: sería él quien la introdujo en la agricultura levantina, facilitando su función de adorno en paseos y jardines y su cultivo por toda la Marina Baixa.

Sea como fuere, esta fruta protagoniza unas deliciosas jornadas gastronómicas –la Mostra de Cuina del Nyespro, que se celebra en Callosa d'en Sarrià desde 2008– y es el eje de una suculenta ruta que comienza en **Calp.** Al abrigo de los acantilados de la Sierra de Bèrnia, en las estribaciones del macizo del Mascarat, esta localidad es uno de los principales municipios turísticos alicantinos y cuenta con el Peñón de Ifach, uno de los parques naturales más conocidos y emblemáticos de la Comunidad Valenciana. El viajero puede acercarse hasta el Centro de Visitantes, situado en el istmo que lo une a la urbe. Junto al mismo se inicia la ruta senderista que conduce hasta la cima del peñón. Atraviesa primero un yacimiento arqueológico íbero y luego un túnel horadado en la roca para ofrecer impresionantes panorámicas de la línea costera y del Mediterráneo. Refugio de escaladores, el sendero que recorre el peñón tiene una longitud de 2 kilómetros y ofrece una escasa dificultad.

Valle del Guadalest

Desde Calp se toma la N-332, que salva los accidentes orográficos de la Sierra de Bérnia con un trazado sinuoso, para llegar hasta **Altea.** Pese al voraz crecimiento urbanístico de las últimas décadas, es uno de los lugares con más magia del norte alicantino. Su empinado casco antiguo, la luz, la bonanza meteorológica... atrajeron a artistas y escritores convirtiéndola en la capital *hippy* de la Costa Blanca. Hay que callejear hasta alcanzar la plaza de la Iglesia (donde se alza la parroquia de Nuestra Señora del Consuelo, con sus llamativas cúpulas azules) y disfrutar de las vistas del Mediterráneo, con Ifach a un lado y el Parque Natural de la Serra Gelada y Benidorm al otro. Y luego sentarse en una terracita y respirar la paz del lugar. Cada tarde,

Vista de las montañas y el embalse de El Castell de Guadalest

Fuente en Benidorm

sobre las seis, los pescadores regresan con sus capturas: no hay que perderse la vistosa subasta de pescados en el muelle.
A 12 kilómetros, por la misma N-332, se llega a **Benidorm:** una doble bahía separada por un istmo rocoso donde antaño se situaba la vieja fortaleza mora conquistada por Jaime I enmarca el conjunto. En el promontorio queda la iglesia de San Jaime, el mirador del castillo y el Balcón del Mediterráneo, un minúsculo jardín con vistas privilegiadas sobre las playas de Levante y Poniente. Centro del turismo estival de la Costa Blanca, Benidorm ofrece animación, buen tapeo, buceo en aguas esmeraldas y senderismo por el Parque Natural de la Serra Gelada. La ruta continúa por la CV-70 hacia el interior de la Marina Baixa: La Nucia y Polop anteceden a **Callosa d'en Sarrià** en un paisaje salpicado de bancales e invernaderos donde se cultiva el fruto más preciado de la zona: el níspero. Una vez en la población es sencillo seguir las indicaciones que conducen hasta las Fonts de l'Algar, una sucesión de cascadas y pozas donde es posible bañarse. En las inmediaciones hay varios restaurantes y tiendas para comprar nísperos, naranjas y limones. De regreso al pueblo, por el Portal, antigua puerta de la muralla medieval, se accede al casco antiguo. Hay que visitar los restos del castillo, la iglesia de San Juan Bautista y subir hasta El Calvario. Luego la CV-755 se adentra en el valle de Guadalest. A solo 11 kilómetros espera otro de los destinos más visitados de la provincia, **El Castell de Guadalest.** Sus típicas calles, repletas de tiendas con *souvenirs* y artesanía, el interior del castillo de San José (situado sobre la roca en la parte más elevada del municipio), la Casa Orduña y, sobre todo, el encanto del lugar ponen fin al recorrido.

FIESTA

Jornadas gastronómicas y ruta de tapas

Las tres últimas semanas de mayo y la primera de junio varios restaurantes y bares de la localidad alicantina de Callosa d'en Sarrià ponen sus fogones al servicio de la Mostra de Cuina del Nyespro. Unas jornadas gastronómicas, organizadas por el Consejo Regulador de la Denominación de Origen Protegida del Níspero de Callosa d'en Sarrià, que tienen como protagonista a esta fruta de primavera y que viene celebrándose desde 2008. Los restaurantes participantes en estas jornadas elaboran menús en torno al producto estrella del municipio.
Y además de los actos institucionales organizados, como la entrega del premio Callosa a Taula a una personalidad destacada, desde la edición del año 2011 se realiza una ruta de tapas por los bares de la localidad. Toma el nombre de Les Nits del Nyespro y ofrece a un módico precio una tapa elaborada con esta fruta, acompañada de una caña o un vino.

Cueva de Pozalagua (Bizkaia)

En busca de las estalactitas excéntricas

Un fenómeno casi único

Las Peñas de Ranero, en el municipio vizcaíno de Karrantza, albergan el Mejor Rincón 2013 de la Guía Repsol: la **Cueva de Pozalagua**. Con 125 metros de longitud, 70 de anchura y 12 de altura, cobija una extraordinaria congregación de estalactitas excéntricas.

Se trata de un fenómeno casi único cuya peculiaridad es que crecen desafiando la gravedad y ramificándose en todas las direcciones, anudándose, entrelazándose y creando figuras grandiosas.

Descubierta de manera fortuita hace algo más de medio siglo, la Cueva de Pozalagua, situada en la bella comarca de las Encartaciones, nos ofrece un recorrido repleto de estalactitas, estalagmitas, columnas, coladas...un tesoro espeleológico que el visitante no se puede perder si decide escaparse a Bizkaia.

Apuesta por el turismo nacional

El Mejor Rincón es un concurso digital que anualmente organiza la Guía Repsol con el objetivo de promover el turismo nacional como motor económico de España. Compiten 17 emplazamientos, uno por comunidad autónoma, seleccionados en la edición de 2013 de entre un total de 1.244 candidaturas propuestas por los internautas.

Los viajeros son los auténticos protagonistas de esta competición que en sí misma es un premio, ya que supone un gran incentivo al turismo. Olivenza (Badajoz), duplicó sus visitas después de que la **Iglesia de la Magdalena** se alzara como Mejor Rincón en 2012.

A la izquierda, interior de la cueva. Abajo, panorámica del Valle de Karrantza

Plata y bronce del concurso

La Cueva de Pozalagua se impuso en la votación final a la Judería de Hervás (Cáceres), tras haber ganado en semifinales al Torcal de Antequera (Málaga), plata y bronce de este concurso.

La **Judería de Hervás**, localidad situada al norte de Cáceres, conserva el recuerdo de la comunidad hebrea que pobló la villa. La calle más angosta de España, de medio metro de ancho, es la reina de este barrio de callejuelas que culebrean entre casas con grandes voladizos y balconadas.

Al sur de Antequera se yergue el **Torcal**, sierra caliza de rocas sorprendentes fraguadas hace 150 millones de años en el fondo del mar. El paso del tiempo ha dibujado un paisaje de hoyos, dolinas o torcas que dan nombre al lugar con peñas de formaciones impresionantes.

Los otros rincones

Los otros rincones únicos que compitieron en este concurso fueron:

- Batería de Castillitos (Región de Murcia)
- Ermita de la Regalina (Asturias)
- Castillo de Davalillo (La Rioja)
- Ibones de Batisielles (Aragón)
- Nacimiento de Río Cuervo (Castilla-La Mancha)
- Lago de Truchillas (Castilla y León)
- Monasterio de Caaveiro (Galicia)
- Siurana (Cataluña)
- Acantilados de Langre (Cantabria)
- Castell de Guadalest (Comunidad Valenciana)
- La Geria (Islas Canarias)
- Cascada del Purgatorio (Madrid)
- Santa María de Eunate (Navarra)
- Torre del Pirata (Islas Baleares)

Los mejores vinos de España

Guía Repsol invita al viajero a disfrutar de los mejores vinos de nuestro país. Una ruta sensorial llena de matices que se esconden en el color, en el olfato y en el gusto; y con sabores evocadores a los que no escapa la liturgia de la copa, el corcho, la botella o la etiqueta. Es también un punto de partida para quien guste de armonizarlos con platos y productos, descubriendo una nueva gama de sensaciones de un mismo caldo.

En selecciones avaladas por los mejores profesionales y bajo la coordinación y supervisión de la Asociación de Amigos de la Real Academia de Gastronomía, le proponemos los diez vinos de España imprescindibles y sendos listados por Comunidades Autónomas de aquéllos que han obtenido las mejores calificaciones en las catas que el equipo de expertos lleva a cabo a lo largo del año.

Se trata de una cuidada selección de los caldos más destacados del panorama nacional. Un punto de partida para adentrarse en el mundo del vino con mayúsculas en el que el consumidor, a través de la cata, la comparación y el disfrute, tiene la última palabra.

Contador 2011 99

D.O.: Rioja · Bodega: Vinos de Benjamín Romeo

Vega Sicilia Único 2004 99

D.O.: Ribera del Duero · Bodega: Vega Sicilia

Reliquia Palo Cortado 99

D.O.: Jerez-Manzanilla* · Bodega: Barbadillo

L'Ermita 2011 98

D.O.: Priorato · Bodega: Álvaro Palacios

Barón de Chirel 2006 98

D.O.: Rioja Alavesa · Bodega: Vinos de los Herederos del Marqués de Riscal

Pingus 2010 98

D.O.: Ribera del Duero · Bodega: Dominio de Pingus

Viña El Pison 2011 98

D.O.: Rioja Alavesa · Bodega: Bodegas y Viñedos Artadi

Arinzano Gran Vino 2008 98

D.O.: Navarra · Bodega: J. Chivite Family States

Termanthia 2010 97

D.O.: Toro · Bodega: Numanthia

Pintia 2010 97

D.O.: Toro · Bodega: Bodegas y Viñedos Pintia

** Jerez-Xérèz-Sherry y Manzanilla de Sanlúcar de Barrameda*

Los 10 mejores vinos por Comunidad

Andalucía

Existen cinco D.O.: D.O. Condado de Huelva, Vinagre del Condado de Huelva y Vino Naranja del Condado de Huelva, D.O. Jerez-Xerez-Sherry y Manzanilla de Sanlúcar de Barrameda, D.O. Málaga y Sierras de Málaga, D.O. Montilla-Moriles y D.O.P. Vinos de Calidad de Granada. Hay doce Vinos de la Tierra.

* *Vino de la Tierra*

** *Vino de Mesa de Andalucía. Sin Denominación de Origen*

Taberner Nº 1 2007 — 94
Calificación: Cádiz* · Bodega: Huerta de Albala

Molino Real 2009 — 94
D.O.: Málaga y Sierras de Málaga · Bodega: Cia. Vinos Telmo Rodríguez

Spira 2011 — 93
D.O.: D.O.P. Vinos de Calidad de Granada · Bodega: Marqués de Casa-Pardiñas

1500H. Pinot Noir 2007 — 93
Calificación: V.M.A.** · Bodega: Pago del Mare Nostrum

Finca Moncloa. 9 Barricas 2009 — 92
Calificación: Cádiz* · Bodega: Finca Moncloa

1500H 2007 — 92
D.O.: V.M.A.** · Bodega: Pago del Mare Nostrum

Albayda 2012 — 92
Calificación: D.O.P. Vinos de Calidad de Granada · Bodega: Bodegas Fontedei

Gibalbin 2011 — 91
Calificación: Cádiz* · Bodega: Barbadillo

Muñana. 3 cepas 2009 — 91
Calificación: Altiplano de Sierra Nevada* · Bodega: Señorío de Nazarí S.L. (Bodegas Muñana)

Entrechuelos Chardonnay 2012 — 91
Calificación: Cádiz* · Bodega: S.A.T. Los Entrechuelos

Generosos

* Jerez-Xérèz-Sherry y Manzanilla de Sanlúcar de Barrameda

Reliquia Palo Cortado	99
D.O.: Jerez-Manzanilla* · Bodega: Bodegas Barbadillo	
Moscatel Toneles	98
D.O.: Jerez-Manzanilla* · Bodega: Valdespino	
Don Px Selección 1946	98
D.O.: Montilla-Moriles · Bodega: Toro Albala	
Solera Pap Vors Palo Cortado	97
D.O.: Jerez-Manzanilla* · Bodega: Osborne	
Fino La Panesa	96
D.O.: Jerez-Manzanilla* · Bodega: Hidalgo	
Selección Robles 1927	96
D.O.: Montilla-Moriles · Bodega: Bodegas Robles S.A.	
Tio Pepe	96
D.O.: Jerez-Manzanilla* · Bodega: González Byass	
Pedro Ximenez 1830	96
D.O.: Montilla-Moriles · Bodega: Alvear	
Victoria Regina Oloroso	95
D.O.: Jerez-Manzanilla* · Bodega: Díaz Merito	
Oloroso Tradición V.O.R.S.	95
D.O.: Jerez-Manzanilla* · Bodega: Bodegas Tradición	

Aragón

En Aragón existen cuatro D.O.: Calatayud, Campo de Borja, Cariñena y Somontano.
Hay cinco menciones tradicionales de Vino de la Tierra: Valle del Cinca, Ribera del Jiloca, Bajo Aragón, Valdejalón, y Ribera del Gállego-Cinco Villas.

Blecua 2007 — 93
D.O.: Somontano · Bodega: Viñas del Vero (Blecua)

Atteca Armas 2010 — 93
D.O.: Calatayud · Bodega: Bodegas Ateca

Borsao Tres Picos 2011 — 93
D.O.: Campo de Borja · Bodega: Borsao

Enate Chardonnay Fermentado en Barrica 2010 — 93
D.O.: Somontano · Bodega: Enate (Viñedos y Crianzas del Alto Aragón S.A.)

Enate Uno Tinto 2009 — 93
D.O.: Somontano · Bodega: Enate (Viñedos y Crianzas del Alto Aragón S.A.)

Secastilla 2009 — 93
D.O.: Somontano · Bodega: Viñas del Vero

Viñas del Vero Chardonnay Colección 2012 — 93
D.O.: Somontano · Bodega: Viñas del Vero

Enate Uno'2011 Chardonnay 2011 — 93
D.O.: Somontano · Bodega: Enate (Viñedos y Crianzas del Alto Aragón S.A.)

Baltasar Gracián Garnacha Viñas Viejas 2011 — 92
D.O.: Calatayud · Bodega: San Alejandro

Fagus de Coto de Hayas 2010 — 92
D.O.: Campo de Borja · Bodega: Aragonesas

Islas Baleares

Las Islas Baleares, tienen dos D.O. –D.O. Binissalem y D.O. Pla i Llevant,– junto con cuatro Vinos de la Tierra: Ibiza, Isla de Menorca, Islas Baleares, Sierra de Tramuntana-Costa Nord y Vino de la Tierra de Mallorca.

* *Vinos de la Tierra*

Chardonnay Roure 2011 — 93
D.O.: Pla i Llevant · Bodega: Vins Miquel Gelabert

An 2010 — 93
Calificación: Mallorca* · Bodega: An Negra Vit, S.L.

Ribas de Cabrera 2011 — 93
Calificación: Mallorca* · Bodega: Ribas

José L. Ferrer. Reserva Especial 2005 — 92
D.O.: Binissalem · Bodega: Bodegas Franja Roja S.L.

Galdent 2011 — 92
D.O.: Pla i Llevant · Bodega: Can Majoral Sat

12 Volts 2011 — 92
Calificación: Mallorca* · Bodega: 4 Kilos Vinícola S.L.

Blanc de Blanc 2012 — 92
D.O.: Binissalem · Bodega: Bodegas Franja Roja S.L.

1912 Miquel Oliver 2009 — 91
D.O.: Pla i Llevant · Bodega: Vinyes i Bodegues Miquel Oliver

Torrent Negre - 22 aniversario 2007 — 91
D.O.: Pla i Llevant · Bodega: Vins Miquel Gelabert

Angel Gran Selecció 2010 — 90
Calificación: Mallorca* · Bodega: Angel

Canarias

Existen diez D.O.: Gran Canaria y Monte Lentiscal; El Hierro; La Palma; Lanzarote; La Gomera; Abona, Tacoronte Acentejo, Valle de Güimar, Valle de la Orotava, e Ycoden-Daute-Isora.

Canari 94
D.O.: Lanzarote · Bodega: El Grifo

El Grifo Malvasía Seco Colección 2010 92
D.O.: Lanzarote · Bodega: El Grifo

Malvasía Seco 2012 92
D.O.: Lanzarote · Bodega: Bodegas Stratvs

Moscatel 2012 91
D.O.: Lanzarote · Bodega: Bodegas Rubicón

Malvasía Naturalmente Dulce Bermejo 91
D.O.: Lanzarote · Bodega: Bodegas Los Bermejos

Tara 2010 91
D.O.: Ycoden-Daute-Isora · Bodega: Viña La Guancha

Crater 2010 90
D.O.: Tacoronte-Acentejo · Bodega: Bodegas Crater

Hollera Monje 2012 90
D.O.: Tacoronte-Acentejo · Bodega: Monje

Marmajuelo 2012 90
D.O.: Ycoden-Daute-Isora · Bodega: Viña La Guancha

Diego Seco Ecológico Bermejo 2012 90
D.O.: Lanzarote · Bodega: Bodegas Los Bermejos

Castilla-La Mancha

Hay 4 Agrupaciones de Productores de Vinos de la D.O. Almansa, Manchuela, Mondéjar y Ribera del Júcar; una Asociación Interprofesional de la D.O. Vitivinícola Valdepeñas; una Interprofesional de la D.O. Vitivinícola Méntrida; la Interprof. del C.R. de la D.O. La Mancha; la Asociación Vitivinícola de la D.O. Uclés; cuatro Vinos de la Tierra y cinco Vinos de Pago con D.O.

** Vinos de la Tierra*
*** Asociación Interpr. D.O. Vitivinícola*
**** Interprofesión del Consejo Regulador de la D.O.*

Hipperia 2009 95
Calificación: Castilla* · Bodega: Pago de Vallegarcía

Vallegarcía Viognier 2011 95
Calificación: Castilla* · Bodega: Pago de Vallegarcía

Dehesa del Carrizal Chardonnay 2011 95
D.O.: Dehesa del Carrizal · Bodega: Dehesa del Carrizal

El Vínculo 2005 94
Calificación: La Mancha*** · Bodega: El Vínculo (Grupo Pesquera)

Viña Albali Gran Reserva de Familia Selección Privada 2007 94
Calificación: Valdepeñas** · Bodega: Félix Solís S.L.

Viña Albali Gran Reserva de Familia 2006 94
Calificación: Valdepeñas** · Bodega: Félix Solís S.L.

Clavis 2006 94
Calificación: La Mancha*** · Bodega: Finca Antigua (Martínez Bujanda)

Pago del Vicario Talva 2007 94
Calificación: Castilla* · Bodega: Pago del Vicario

Pago del Vicario Agios 2007 94
Calificación: Castilla* · Bodega: Pago del Vicario

Pinuaga 200 cepas 2010 93
Calificación: Castilla* · Bodega: Bodegas y Viñedos Pinuaga

Castilla y León*

Existen en la actualidad nueve D.O.: Bierzo, Cigales, Ribera del Duero, Rueda y Toro, y las recientes Arribes, Tierra del Vino de Zamora, Tierra de León, y Arlanza. También están las D.O.P. Vino de Calidad de Sierra de Salamanca y Vino de Calidad de Valtiendas; un Vino de la Tierra de Castilla y León, y un Vino de Calidad Valles de Benavente.

** En esta lista no se incluye la D.O. Ribera del Duero*

*** Vinos de la Tierra*

Termanthia 2010 — 97
D.O.: Toro · Bodega: Numanthia

Pintia 2010 — 97
D.O.: Toro · Bodega: Bodegas y Viñedos Pintia

Alabaster 2011 — 97
D.O.: Toro · Bodega: Teso La Monja

La Faraona 2011 — 97
D.O.: Bierzo · Bodega: Descendientes de J. Palacios

Belondrade y Lurton 2011 — 95
D.O.: Rueda · Bodega: Belondrade

Naiades 2010 — 95
D.O.: Rueda · Bodega: Naia

Gran Colegiata Selección Especial Viñas Viejas 2008 — 95
D.O.: Toro · Bodega: Bodegas Fariña

Villa de Corullón 2011 — 94
D.O.: Bierzo · Bodega: Descendiente de J. Palacios

Terreus 2010 — 94
Calificación.: Castilla y León** · Bodega: Mauro

Valdelosfrailes Pago de las Costanas 2004 — 94
D.O.: Cigales · Bodega: Bodegas Valdelosfrailes

Ribera del Duero

Vega Sicilia Único 2004 — 99
D.O.: Ribera del Duero · Bodega: Bodegas Vega Sicilia S.A.

Pingus 2010 — 98
D.O.: Ribera del Duero · Bodega: Dominio de Pingus

Vega Sicilia Reserva Especial — 97
D.O.: Ribera del Duero · Bodega: Bodegas Vega Sicilia S.A.

Aalto PS 2011 — 96
D.O.: Ribera del Duero · Bodega: Aalto Bod. y Viñedos

Pérez Pascuas Gran Selección 2006 — 96
D.O.: Ribera del Duero · Bodega: Bodegas Hnos. Pérez Pascuas

Pago de los Capellanes Parcela El Picón 2009 — 96
D.O.: Ribera del Duero · Bodega: Pago de los Capellanes

Honoris 2007 — 96
D.O.: Ribera del Duero · Bodega: Bodegas Valdubón S.L.

Valbuena 5º año 2009 — 96
D.O.: Ribera del Duero · Bodega: Bodegas Vega Sicilia S.A.

La Mala 2009 — 95
D.O.: Ribera del Duero · Bodega: Dominio de Atauta

Secreto de Viña Mayor Vendimia Seleccionada 2011 — 95
D.O.: Ribera del Duero · Bodega: Bodegas y Viñedos Viña Mayor

Cataluña

El cultivo de la viña llegó del Mediterráneo de la mano de los griegos y romanos. En la actualidad, hay doce D.O.: Alella, Catalunya, Cava, Conca de Barberà, Costers del Segre, Empordà-Costa Brava, Montsant, Penedès, Pla de Bages, Tarragona, Terra Alta, la D.O.Ca. Priorat y un Vino de Mesa situado en Font-Rubí, en la zona del Penedés.

* *Vinos de la Tierra*

L'Ermita 2011 — 98
D.O.: Priorato · Bodega: Álvaro Palacios, S.L.

Clos Martinet 2009 — 97
D.O.: Priorato · Bodega: Mas Martinet

Grans Muralles 2009 — 96
D.O.: Conca de Barberà · Bodega: Torres

Mas La Plana 2009 — 95
D.O.: Penedès · Bodega: Torres

Finca Dofí 2011 — 95
D.O.: Priorato · Bodega: Alvaro Palacios, S.L.

Vall Llach Finca de la Rosa 2010 — 95
D.O.: Priorato · Bodega: Vall Llach

Zemis 2007 — 95
D.O.: Penedès · Bodega: Jean Leon

Iohannes 2007 — 94
D.O.: Penedès · Bodega: Juve Camps

Petjades 2012 — 94
D.O.: Penedès · Bodega: Torello

Tros de Clos 2009 — 94
D.O.: Priorato · Bodega: Portal del Priorat

Cavas

Elyssia Pinot Noir — 97
D.O.: Cava · Bodega: Cavas Freixenet

Recaredo Reserva Particular — 96
D.O.: Cava · Bodega: Cavas Recaredo

Elyssia Gran Cuvée — 96
D.O.: Cava · Bodega: Cava Freixenet

Gran Juve Camps — 95
D.O.: Cava · Bodega: Juve y Camps

Reserva Real — 95
D.O.: Cava · Bodega: Cavas Freixenet

Cava Sumarroca Gran Brut Allier — 95
D.O.: Cava · Bodega: Bodegues Sumarroca

Gran Torello — 94
D.O.: Cava · Bodega: Torello

Kripta — 94
D.O.: Cava · Bodega: Agustí Torelló

Codorniu Reina María Cristina — 94
D.O.: Cava · Bodega: Codorníu

Raventtos i Blanc de Nit — 93
D.O.: Cava · Bodega: Raventós i Blanc

Comunidad Valenciana

Tiene tres D.O.: Alicante, Utiel-Requena y Valencia. Dos vinos de la Tierra: Castelló y Terrazo. Dos vinos de Pago: Pago de Tharsys y Pago Chozas Carrascal. La diversidad de suelos y climas, permite una interesante variedad de vinos.

Salinas 1237 2007 — 94
D.O.: Alicante · Bodega: Bodegas Sierra Salinas S.L.

Estrecho 2009 — 93
D.O.: Alicante · Bodega: Enrique Mendoza

Enrique Mendoza Reserva Santa Rosa 2009 — 93
D.O.: Alicante · Bodega: Enrique Mendoza

Cerrogallina 2010 — 93
D.O.: Utiel-Requena · Bodega: Cerrogallina

FG Black Edition 2005 — 93
D.O.: Alicante · Bodega: Bodegas Francisco Gómez

FG Gold Edition 2012 — 93
D.O.: Alicante · Bodega: Bodegas Francisco Gómez

Cueva del Perdón 2010 — 92
D.O.: Alicante · Bodega: Murviedro

Cueva del Pecado 2009 — 92
D.O.: Valencia · Bodega: Murviedro

Maduresa 2009 — 92
D.O.: Valencia · Bodega: Celler del Roure

El Sequé 2011 — 92
D.O.: Alicante · Bodega: Bodegas y Viñedos El Sequé

Extremadura

Extremadura cuenta con una D.O., Ribera del Guadiana, que acoge vinos muy distintos porque su extensión es muy grande y las variedades cultivadas muy diferentes. Hay también Vinos de la Tierra de Extremadura.

* *Vinos de la Tierra*

Torremayor 2010 — 94
Calificación: Extremadura* · Bodega: Viña Santa Marina

Torre Julia 2008 — 94
D.O.: Ribera del Guadiana · Bodega: Las Granadas S.L.

Los Balancines Matanegra 2009 — 93
D.O.: Ribera del Guadiana · Bodega: Pago Los Balancines

Miraculus 2007 — 93
Calificación: Extremadura* · Bodega: Viña Santa Marina

Carabal Cavea 2009 — 93
D.O.: Ribera del Guadiana · Bodega: Viñedos y Bodega Carabal (El Cumbrón)

Viña Santa Marina Viognier Vendimia Tardía 2012 — 93
Calificación: Extremadura* · Bodega: Viña Santa Marina

Marqués de Valdueza Gran Vino de Guarda 2007 — 93
Calificación: Extremadura* · Bodega: Bodegas Marqués de Valdueza

Palacio Quemado 2010 — 91
D.O.: Ribera del Guadiana · Bodega: Palacio Quemado

Victorino Martín Blanco 2012 — 90
Calificación: Extremadura* · Bodega: Victorino Martín

Castelar 2009 — 90
D.O.: Ribera del Guadiana · Bodega: Bodegas Castelar

Galicia

En la actualidad tiene cinco D.O.: Monterrei, en la provincia de Ourense; Rías Baixas, en la que se cultivan distintas variedades de uva, destacando el albariño; Ribeira Sacra, con un muy sabroso godello, blanco y mencía tinto; Ribeiro, que produce blancos y tintos; y Valdeorras. También tiene Vinos de la Tierra del Miño-Ourense.

Pazo de Señorans Selección Añada 2006 — 96
D.O.: Rías Baixas · Bodega: Pazo de Señorans

Martin Codax Gallaecia 2009 — 95
D.O.: Rías Baixas · Bodega: Bodegas Martin Codax

1583, Albariño Fefiñanes 2012 — 95
D.O.: Rías Baixas · Bodega: Palacio de Fefiñanes

As Sortes 2011 — 95
D.O.: Valdeorras · Bodega: Rafael Palacios

La Comtesse 2010 — 94
D.O.: Rías Baixas · Bodega: Pazo Barrantes

Martin Codax 2012 — 94
D.O.: Rías Baixas · Bodega: Bodegas Martin Codax

Sin Palabras 2012 — 94
D.O.: Rías Baixas · Bodega: Bodegas Castrobrey

Abadia da Cova 2011 — 94
D.O.: Ribeiro · Bodega: Adegas Moure

Pazo de Señorans 2012 — 93
D.O.: Rías Baixas · Bodega: Pazo de Señorans

Terra do Gargalo 2011 — 92
D.O.: Monterrei · Bodega: Gargalo

La Rioja

La zona de producción se extiende por las Comunidades Autónomas de País Vasco, Navarra y La Rioja, pero la sede de la D.O. calificada Rioja se encuentra en Logroño. Distingue las subzonas de Rioja Alavesa, Rioja Alta y Rioja Baja. Los Reserva y Grandes Reserva están entre los más apreciados del mundo. Se ha incorporado una nueva zona clasificada como Vino de la Tierra Valles de Sadacia.

Contador 2011 — 99
D.O.: Rioja · Bodega: Vinos de Benjamín Romeo

Dalmau 2009 — 96
D.O.: Rioja · Bodega: Bodegas Marqués de Murrieta

Amancio 2010 — 96
D.O.: Rioja · Bodega: Bodegas Sierra Cantabria

Aurus 2009 — 96
D.O.: Rioja · Bodega: Finca Allende S.L.

Aro 2009 — 96
D.O.: Rioja · Bodega: Muga

Cirsion 2010 — 96
D.O.: Rioja · Bodega: Bodegas Roda

La Viña de Andrés Romea 2011 — 95
D.O.: Rioja · Bodega: Vinos de Benjamín Romea

Prado Enea 2005 — 95
D.O.: Rioja · Bodega: Muga

Calvario 2009 — 95
D.O.: Rioja · Bodega: Finca Allende

Gaudium Gran Vino 2008 — 95
D.O.: Rioja · Bodega: Marqués de Cáceres

Madrid

La Comunidad Autónoma de Madrid cuenta con una única D.O., Vinos de Madrid, dividida en tres subregiones: San Martín de Valdeiglesias, Navalcarnero y Arganda.

Cantocuerdas 2011 — 93
D.O.: Vinos de Madrid · Bodega: Bodega Bernabeleva

Félix Martínez. Cepas Viejas 2009 — 93
D.O.: Vinos de Madrid · Bodega: Vinos Jeromín

Manu 2007 — 93
D.O.: Vinos de Madrid · Bodega: Vinos Jeromín

El Regajal Selección Especial 2011 — 93
D.O.: Vinos de Madrid · Bodega: Bodegas El Regajal

Armonium 2010 — 92
D.O.: Vinos de Madrid · Bodega: Bodegas Orusco S.L.

Libro Siete - Las Luces 2007 — 92
D.O.: Vinos de Madrid · Bodega: Las Moradas de San Martín

Oicos 2008 — 92
D.O.: Vinos de Madrid · Bodega: Viña Reyes Magos

Tagonius Reserva 2004 — 91
D.O.: Vinos de Madrid · Bodega: Bodegas Tagonius

Las Retamas de El Regajal 2011 — 91
D.O.: Vinos de Madrid · Bodega: Bodegas El Regajal

Tejoneras Alta Selección 2008 — 90
D.O.: Vinos de Madrid · Bodega: Bodegas Nueva Valverde

Murcia

Tiene tres D.O.: Yecla, Bullas y Jumilla, esta última situada a caballo entre las provincias de Albacete y Murcia; y dos Vinos de la Tierra.

* *Sin Denominación de Origen*

El Nido 2010 — 96
D.O.: Jumilla · Bodega: Bodegas El Nido

Las Gravas 2010 — 94
D.O.: Jumilla · Bodega: Propiedad Vitícola Casa Castillo

Clio 2010 — 93
D.O.: Jumilla · Bodega: Bodegas El Nido

Casa Cisca 2010 — 93
Calificación.: Yecla* · Bodega: Bodegas Castaño

Casa Castillo Pie Franco 2010 — 92
D.O.: Jumilla · Bodega: Propiedad Vitícola Casa Castillo

Juan Gil 18 meses 2010 — 92
D.O.: Jumilla · Bodega: Juan Gil

Barahonda Barrica 2011 — 92
Calificación.: Yecla* · Bodega: Barahonda

Castillo de Luzón 2010 — 91
D.O.: Jumilla · Bodega: Bodegas Luzón

Luzón Roble 2011 — 91
D.O.: Jumilla · Bodega: Bodegas Luzón

Silvano García Dulce Moscatel 2012 — 91
D.O.: Jumilla · Bodega: Bodegas Silvano García

Navarra

Además de la D.O. Navarra, tiene los Vinos de Pago de Otazu, Pagos de Arinzano y Vino de Pago Prado Irache.

* *Vinos de Pago*

Arínzano Gran Vino 2008 — 98
D.O.: Navarra · Bodega: J. Chivite Family Estates

Chivite Colección 125 Vendimia Tardía 2010 — 96
D.O.: Navarra · Bodega: J. Chivite Family Estates

Chivite Colección 125 Reserva 2009 — 95
D.O.: Navarra · Bodega: J. Chivite Family Estates

Arínzano La Casona 2008 — 95
Calificación: Pagos de Arínzano* · Bodega: Propiedad de Arínzano

Chivite Colección 125 - Blanco fermentado en barrica 2010 — 95
D.O.: Navarra · Bodega: J. Chivite Family Estates

Chivite Colección 125 Rosado 2011 — 95
D.O.: Navarra · Bodega: J. Chivite Family Estates

Señorío de Andión Moscatel 2007 — 94
D.O.: Navarra · Bodega: Señorío de Andión

Chivite Finca de Villatuerta Syrah 2011 — 93
D.O.: Navarra · Bodega: J. Chivite Family Estates

Pago de Larrainzar 2007 — 93
D.O.: Navarra · Bodega: Pagos de Larrainzar

Santa Cruz de Artazu 2011 — 93
D.O.: Navarra · Bodega: Artadi

País Vasco

Comparte con la D.O. Ca. Rioja, la Rioja Alavesa.

La mayor zona de producción de la viña se encuentra en Araba.

Existen tres D.O. de Txacoli: Arabako Txakolina, Bizkaiko Txakolina y Getariako Txakolina.

Viña El Pisón 2011 — 98
D.O.: Rivera Alavesa · Bodega: Bodegas y Viñedos Artadi

Barón de Chirel 2008 — 98
D.O.: Rioja Alavesa · Bodega: Vinos de los Herederos de Marqués de Riscal S.A.

La Nieta 2011 — 97
D.O.: Rioja Alavesa · Bodega: Viñedos de Páganos

Marqués de Riscal 150 aniversario 2004 — 97
D.O.: Rioja Alavesa · Bodega: Vinos de los Herederos de Marqués de Riscal S.A.

Marqués de Riscal 2008 — 96
D.O.: Rioja Alavesa · Bodega: Vinos de los Herederos de Marqués de Riscal S.A.

La Olvidada 2009 — 95
D.O.: Rioja Alavesa · Bodega: Bodegas Solar de Samaniego

Artadi Pagos Viejos 2011 — 95
D.O.: Rioja Alavesa · Bodega: Bodegas y Viñedos Artadi

La Olvidada 2010 — 95
D.O.: Rioja Alavesa· Bodega: Bodegas Solar de Samaniego

Remírez de Ganuza 2011 — 95
D.O.: Rioja Alavesa · Bodega: Fernando Remírez de Ganuza

Artadi el Carretil 2011 — 95
D.O.: Rioja Alavesa · Bodega: Bodegas y Viñedos Artadi

Más información de los mejores vinos Txakolis en Guiarepsol.com

Edita
Repsol, S. A.

Realización
HEARST *boutique creativa*

Diseño, Maquetación y producción
Manuel Estrada Design
HEARST *boutique creativa*

Impresión
Central de Producción, S. A.

ISBN
978-84-87980-33-6

Depósito legal
M-26904-2013

La información nutricional que se da de cada uno de los productos en la presente publicación ha sido aportada por la Fundación Española de la Nutrición (FEN).

Autores: Teresa Valero Gaspar, Susana del Pozo de la Calle, Emma Ruiz Moreno, Cristina del Campo Mur, Belén Miralles Rivera y José Manuel Ávila Torres.

FEN
FUNDACIÓN ESPAÑOLA DE LA NUTRICIÓN

Guía Repsol

Guía Repsol

Turismo con los mejores restaurantes

Guía Repsol celebra este año 2014 el **35 aniversario** de su nacimiento. Y lo hace con la misma ilusión y las mismas señas de identidad que en 1979: rigor, compromiso e innovación. Rigor, porque en carretera sólo podemos acompañar al viajero de la mano de los mejores expertos y desde la precisión y la fiabilidad. Compromiso, porque siendo la única guía reconocida con la **Placa al Mérito Turístico del Gobierno de España,** llevamos más de tres décadas apoyando y creyendo en el turismo de calidad y en la gastronomía, motores económicos de nuestro país. E innovación, porque sólo desde la creatividad y las nuevas tecnologías podemos viajar con el usuario desde cualquier soporte, anticipándonos a sus necesidades y sea cual sea su perfil.

Como en anteriores ediciones, presentamos tres guías totalmente actualizadas y en formato práctico y manejable. A la medida del viajero, con un diseño atractivo y muy visual y con el objetivo de acompañar al usuario en todas las etapas del viaje: ayudándole a *soñar* un destino, facilitándole la planificación y sugiriéndole propuestas para que aproveche al máximo su tiempo.

La Guía de Mapas de Carreteras de España y Portugal incluye cartografía totalmente actualizada y planos de las principales ciudades. Su tradicional espiral y sus mapas, en cómodos desplegables y en **escala 1:300.000,** son perfectos para quien quiere tocar su recorrido con los dedos sin perder ningún detalle. En esta guía además podrá localizar todas las estaciones de servicio Repsol, Campsa y Petronor.

La Guía de Turismo con los Mejores Restaurantes incluye información sobre cerca de 800 localidades de España, Portugal, sur de Francia y Andorra, más de 550 hoteles singulares por su arquitectura o emplazamiento y más de 1.500 restaurantes seleccionados y valorados por la **Asociación de Amigos de la Real Academia de Gastronomía y la Cofradía de la Buena Mesa.** De ellos, 502 están distinguidos con los prestigiosos **Soles,** símbolo de la excelencia culinaria y muestra del vínculo y el apoyo de Repsol a la gastronomía de nuestro país en estos 35 años. La máxima expresión de este galardón, los tres Soles, los atesoran este año 37 establecimientos.

La Guía de Rutas con los Mejores Sabores completa la oferta gastronómica y turística proponiendo al viajero una novedosa forma de conocer España con los cinco sentidos: 34 productos o deliciosos platos tradicionales de nombres evocadores y gusto delicioso guían al viajero por otros tantos destinos, dos por cada una de las Comunidades Autónomas. Con ellos recorremos España a través del paladar, conociendo la historia, tradiciones y fiestas de las localidades que atesoran los mejores sabores.

Nuestro servicio al viajero de hoy no sería completo si no contásemos con nuestra versión digital, accesible desde la web **www.guiarepsol.com,** una plataforma que utilizan más de tres millones de usuarios desde la que compartir experiencias y enriquecer esta guía. Facilitando la planificación de rutas gracias a su constante actualización del estado de carreteras y climatología, *guiarepsol.com* logra que el viajero no pierda un minuto en sus desplazamientos. Todo ello acompañado de cientos de sugerencias de viajes, propuestas adaptadas a cada disponibilidad de tiempo y compañía, recomendaciones de los mejores cocineros de nuestro país o sugerencias para llegar a los Mejores Rincones. Sin olvidar la potente y reconocida industria vitivinícola española, cuyos caldos más destacados invitamos a conocer a través de un completo espacio de consulta.

Además, el usuario podrá compartir sus experiencias, destinos y opiniones con más de 100.000 personas en nuestros perfiles de Facebook y Twitter. A ello sumamos las **aplicaciones gratuitas de Guía Repsol para *smartphones*** y tabletas: aplicaciones actualizadas de iPhone, iPad, Nokia y Windows 8 para cualquier consulta, en todo momento y en cualquier lugar.

Guía Repsol cumple 35 años de viajes. Más de tres décadas de trabajo constante e ilusión al servicio del viajero, de los municipios españoles, del turismo y de la gastronomía. Celébrelo con nosotros y siga acompañándonos en esta ruta inolvidable.

Información Gastronómica

Desde la página 7 podrá consultar la lista de poblaciones que tienen establecimientos calificados con Soles Repsol.

En la página 14, detrás del mapa desplegable encontrará la lista completa de restaurantes calificados con Soles Repsol.

La **Guía Repsol,** ya desde su primera edición hace 35 años, cuando comenzó como Guía Campsa, ha sabido apreciar el importante patrimonio gastronómico de nuestro país y así lo ha querido trasmitir a los viajeros a los que ha acompañado durante todo este tiempo. Por ese motivo, y con el apoyo en exclusiva de la **Asociación de Amigos de la Real Academia de Gastronomía** y la **Cofradía de la Buena Mesa,** anualmente hace una selección de los restaurantes más destacados de España, Portugal, Andorra y sur de Francia.

Estas dos asociaciones tienen como objetivo investigar y divulgar los diferentes aspectos de la gastronomía española, siempre desde una perspectiva cultural.

Los restaurantes de la Guía Repsol

Cada año, estas dos instituciones, apoyadas por las 17 Academias Autonómicas, establecen los restaurantes que entran a formar parte de la prestigiosa lista de establecimientos seleccionados en cada edición de la Guía Repsol.

Este año la información de Portugal ha sido notablemente ampliada, con mayor detalle de los restaurantes, hoteles y de la información turística de aquel país.

La inclusión de un restaurante en la Guía debe pasar por un proceso de selección riguroso, nunca supeditado al criterio exclusivo de una sola persona. La selección y clasificación de los restaurantes pasa por un primer tamiz: las sugerencias de las distintas Academias Autonómicas y, en paralelo, los inspectores de la Academia y la Cofradía de la Buena Mesa llevan a cabo sus propuestas.

La excelencia culinaria, la calidad de la materia prima y su ejecución, el respeto por la cocina de la región y la incorporación de productos frescos de la zona, la sencillez en la elaboración de los platos, la carta de los vinos, el servicio de mesa y de sala, así como la presentación, son algunos de los criterios a los que obedece este estricto proceso de selección. Sin olvidar la importancia que desde el punto de vista turístico pueda tener el municipio y el nivel gastronómico de la zona.

Soles Repsol

Los mejores restaurantes del año son calificados con Soles Repsol, sinónimo de la mayor calidad gastronómica en España, que distinguen al establecimiento como una apuesta segura por la buena mesa y acreditan la alta calidad de su cocina.

Categorías

☼☼☼ **Tres Soles:** Distinguen a los mejores restaurantes del año.

☼☼ **Dos Soles:** Excelente calidad en la cocina y el servicio. Buena bodega.

☼ **Un Sol:** Cocina de gran calidad y variedad suficiente.

En cuanto a los restaurantes ® son lugares interesantes por su estilo de cocina tradicional o vanguardista, emplazamiento, servicio y bodega, historia, trayectoria, o por estar de moda.

Todos los establecimientos que figuran en la prestigiosa **Guía Repsol,** y que por tanto han superado el riguroso examen de la **Asociación de Amigos de la Real Academia de Gastronomía** y la **Cofradía de la Buena Mesa,** lucen un distintivo que les acredita como restaurante seleccionado cuya oferta gastronómica aparece avalada por los mejores expertos.

A continuación, detallamos los miembros que componen ambas instituciones, así como el listado de los mejores restaurantes de España, Andorra, Portugal y sur de Francia calificados con uno, dos o tres Soles Repsol, en esta edición de **Guía Repsol 2014.**

Asociación de Amigos de la Real Academia de Gastronomía y Cofradía de la Buena Mesa

La Asociación de Amigos de la Real Academia de Gastronomía y la Cofradía de la Buena Mesa están integradas por profesionales de diferentes sectores, a los que une un especial interés por la gastronomía, miembros de las Academias de cada una de las Comunidades Autónomas y colaboradores independientes que, entre otras funciones, revisan, evalúan y seleccionan los restaurantes que aparecerán en cada edición de la Guía.

Real Academia de Gastronomía

www.academiagastronomia.com

Junta Rectora

Presidente: Sr. D. Rafael Ansón.

Vicepresidente: Sr. D. Carlos Falcó, marqués de Griñón.

Secretario General: Sr. D. Alfonso Cortina.

Tesorero: Sr. D. Santiago Foncillas.

Académicos de número

Sr. D. Ferrán Adriá; Sra. Dª Ana Alonso (de Letamendía); Sr. D. Cristino Álvarez; Sr. D. David Álvarez; Sr. D. Ignacio Bayón; Sr. D. Borja Beneyto; Sr. D. Luis Miguel Beneyto; Sr. D. Luis Cabanas; Sr. D. José Carlos Capel; Sr. D. Artur Carulla; Sr. D. Javier Chico de Guzmán, duque de Ahumada; Sra. Dª Teresa de la Cierva; Sr. D. Alberto Corazón; Sr. D. Alberto Cortina; Sra. Dª Sol Daurella; Sr. D. Ismael Díaz Yubero; Sr. D. Juan Echanove; Sr. D. Valentín Fuster; Sr. D. Manuel Garaizabal; Sr. D. Miguel Garrido; Sr. D. Tomás Gaytán de Ayala, conde de Valdellano; Sra. Dª. María Jesús Gil de Antuñano; Sra. Dª Clara María González Amezua; Sr. D. Enrique Mapelli; Sr. D. Iñigo Méndez de Vigo, barón de Claret; Sr. D. Ramón de Miguel; Sra. Dª María Isabel Mijares; Sr. D. Eduardo Montes; Sr. D. Iván Moreno, conde de Los Andes; Sra. Dª Ymelda Moreno, marquesa de Poza; Sra. Dª Teresa Muguruza; Sr. D. Marcelino Oreja; Sr. D. Federico Palacios; Sra. Dª Julia Pérez Lozano; Sr. D. Juan Antonio Pérez Ramirez; Sra. Dª Lourdes Plana; Sr. D. José Antonio Quiroga; Sr. D. Leopoldo Rodes; Sr. D. Juan Rodríguez-Inciarte; Sr. D. Juan Antonio Sagardoy; Sra. Dª Sesé San Martín; Sr. D. Victor de la Serna; Sra. Dª Carmen Simón Palmer; Sr. D. Gonzalo Sol; Sra. Dª Paloma Soria; Sr. D. Juan Ángel Vela del Campo; Sr. D. Gregorio Varela Moreiras; Sra. Dª Almudena Villegas.

Académicos Supernumerarios

Sra. Dª Alejandra Ansón; Sr. D. Alberto Alcocer; Sr. D. Pablo Amate; Sr. D. Gustavo de Aristegui; Sr. D. Juan Manuel Bellver; Srta. Dª. Patricia Capel; Sr. D. José Ángel Cortés; Sr. D. Lorenzo Díaz; Sr. D. Miguel Ángel Díaz Yubero; Sra. Dª Xandra Falcó, marquesa de Mirabel; Sr. D. Pedro Gómez de Baeza; Sr. D. Marcial Gómez Sequeira; Sr. D. Cristino Lobillo; Sr. D. Alberto López García-Asenjo; Sra. Dª Gabriela Llamas; Sr. D. José Luis Muguiro; Sr. D. Alfonso Rodes; Sr. D. Enrique Rojas; Sr. D. José Mª Sanz-Magallón, marqués de San Adrián; Sr. D. Eloy Ybáñez; Sr. D. Santiago Ybarra; Sr. D. Juan Carlos Zurita.

Academias de las Comunidades Autómonas

ANDALUZA: Sr. D. Fernando Huidobro; ARAGONESA: Sr. D. Víctor Guelbenzu, *www.academiaaragonesadegastronomia.com;* ASTURIANA: Sr. D. Eduardo Méndez Riestra; CÁNTABRA: Sr. D. Javier Hernández de Sande; CASTELLANO LEONESA: Sr. D. Julio Valles; CASTELLANO MANCHEGA: Sr. Marqués de Griñón; CATALANA: Sr. D. Joan Ras Sirela, *www.acg.cat;* EXTREMEÑA: Sr. D. Francisco Sauco; GALLEGA: Sr. D. José Antonio Quiroga; RIOJANA: Sr. D. Luis Javier Rodríguez Moroy, *www.gastronomiariojana.com;* de LAS PALMAS: Sr. D. Miguel Escudero; MADRILEÑA: Sr. D. Miguel Garrido, *www.academiamadrilenadegastronomia.com;* MALLORQUINA: Sr. D. José Luis Roses Ferrer; MURCIANA: Sr. D. Rodrigo A. Borrega; de NAVARRA: Sra. Dª. Ana Laguna; de TENERIFE: Sr. D. José Luis Zubieta; VALENCIANA: Sra. Dª Cuchita Lluch, *www.academiavalencianadegastronomia.com;* VASCA: Sra. Dª María del Mar Churruca, *www.gastrovasca.com.*

Cofradía de la Buena Mesa

Miembros de Honor

Sr. Conde de los Andes; Dª Giuliana Arioli de Calvo Sotelo; Sr. D. José del Castaño; Sr. Marqués de Laserna; Dª Trinidad Jiménez Lopera, Vda. de Fierro; Sr. D. Santiago Gil de Biedma; Sr. D. Juan Luis González; Dª Clara María González-Amezua; Sra. Baronesa de Grado; Sr. D. Luis Infante; Sra. Dª Helena Kirby; Sr. Marqués de Llanzol; Sr. D. Alberto Schommer; Sr. Duque de Victoria de las Amezcoas.

Miembros de número

Presidenta: Sra. Marquesa Vda. de Poza.

Vicepresidente: Sr. Barón de Claret.

Vicepresidente: Sr. Conde de Valdellano.

Secretario General: Sr. D. Federico Palacios.

Tesorero: Sr. D. Manuel Melgar.

Sr. Duque de Ahumada; Sr. Conde de Almaraz; Sr. D. Rafael Ansón, (Presidente Real Academia de Gastronomía); Sr. D. Ramón de Arana; Sra. Dª Sonia Arróspide; Sr. Marqués de Avella; Sr. Conde de Ballobar; Sr. Conde de Bañares; Sr. D. Daniel Busturia; Sra. Dª Isabel Carvajal; Sr. D. Iñigo Casla; Sr. Duque de Castro Enríquez; Dª Sofía de la Cierva; Sr. Barón de Claret (Vicepresidente); Sr. D. Alfonso Cortina; Sra. Dª María Elena Cobarrubias; Sr. Marqués de Cubas; Sra. Dª Pilar Díaz de Bustamante; Sr. D. Javier Espinosa de los Monteros; Sr. D. Marco Fernández-Araoz; Sr. D. Diego Fernández de Henestrosa; Sr. D. Carlos Fernández Lerga; Sr. D. Juan Carlos Fierro; Sr. D. Martín González del Valle; Sr. Marqués de Griñón; Dª Mariate Herrero; Dª Ana Alonso de Letamendía; Dª Beatriz Llamas; Sr. Duque de Maura; Sr. D. Manuel Melgar (Tesorero); Sra. Dª Victoria Montiel; Sr. D. Ramón Morenés; Dª Beatriz Moreno de Borbón; Sr. Marqués de Nervión; Sr. Marqués de Orellana; Sr. Conde de Orgaz; Sr. D. Federico Palacios (Secretario General); Sr. D. Ramón Pérez-Maura; Sra. Marquesa Vda. de Poza (Presidenta); Dª Mónica Prado; Sr. D. Estanislao de la Quadra-Salcedo; Sr. D. Juan Quijano; Sr. D. Iñigo de la Riva; Sr. D. Jaime Urquijo; Sr. Conde de Valdellano (Vicepresidente); Sr. Marqués de Vargas; Sr. Marqués de Valterra; Sra. Dª Rosemary Ward; Sr. D. Emilio Zurita.

Miembros Correspondientes

Sr. D. Pablo Amate, (Andalucía); Sr. D. Sergio Ferrer-Salat, (Barcelona); Sr. D. Miguel Muñagorri, (Guipúzcoa); Sra. Dª Carolina Porcel, (La Rioja); Sra. Duquesa de Sueca, (Bélgica); Sr. Conde de Vallesa de Mandor, (Valencia).

Secretaria ejecutiva

Sra. Dª Isabel de la Serna.

Poblaciones con soles

Localidades con restaurantes calificados con uno, dos o tres Soles Repsol

Tres Soles ☼☼☼
Distinguen a los mejores restaurantes del año

Dos Soles ☼☼
Garantizan una calidad excelente en cocina

Un Sol ☼
Lo obtienen los locales con una excelente calidad y variedad de platos

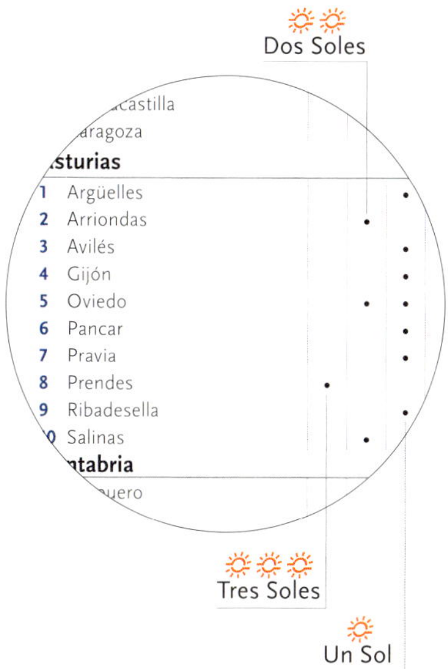

Nº
Numeración de las poblaciones por comunidad autónoma en el mapa desplegable de la página siguiente

	Andalucía	☼☼☼	☼☼	☼
1	Almería			•
2	Baeza			•
3	Barbate		•	
4	Cádiz			•
5	Casares		•	•
6	Cenes de la Vega			•
7	Córdoba		•	•
8	El Ejido			•
9	El Puerto de Santa María	•	•	
10	Fuengirola			•
11	Granada			•
12	Huelva			•
13	Jaén			•
14	Málaga		•	•
15	Marbella	•	•	•
16	Palmones			•
17	Sanlúcar de Barrameda			•
18	Sanlúcar la Mayor			•
19	Sevilla		•	•
20	Úbeda			•
21	Vejer de la Frontera			•
22	Vera			•
23	Villamartín			•
24	Zahara de los Atunes			•

	Aragón			
1	Huesca		•	•
2	Tramacastilla			•
3	Zaragoza			•

	Asturias			
1	Argüelles			•
2	Arriondas		•	
3	Avilés			•
4	Gijón			•
5	Oviedo		•	•
6	Pancar			•
7	Pravia			•
8	Prendes	•		
9	Ribadesella			•
10	Salinas		•	

	Cantabria			
1	Ampuero			•
2	Arce			•
3	San Vicente de la Barquera			•
4	Santander		•	•
5	Villaverde de Pontones		•	

	☼☼☼	☼☼	☼
10 Port des Canonge			•
11 Puerto Portals			•
12 Sant Josep de sa Talaia			•
13 Sant Rafael de Sa Creu			•
14 Santa Gertrudis de Fruitera			•
15 Ses Illetes			•
16 Ses Salines			•
17 Sóller			•
18 Urbanització sa Coma			•

Islas Canarias

	☼☼☼	☼☼	☼
1 Adeje			•
2 Guía de Isora		•	
3 La Ampuyenta			•
4 La Orotava			•
5 La Playa de Arguineguín			•
6 Las Palmas de Gran Canaria	•	•	•
7 Macher			•
8 Maspalomas			•
9 Médano			•
10 Mogán			•
11 Playa de Arinaga			•
12 Playa del Águila		•	
13 Playa Honda			•
14 Puerto Calero			•
15 Puerto de Santiago			•
16 Santa Cruz de Tenerife			•
17 Santiago del Teide			•

Andorra

	☼☼☼	☼☼	☼
1 Soldeu-el Tarter			•

Francia

	☼☼☼	☼☼	☼
1 Ainhoa			•
2 Bayonne			•
3 Eugenie les Bains		•	
4 Magescq			•
5 Saint Jean Pied de Port		•	

Portugal

	☼☼☼	☼☼	☼
1 Albufeira	•		•
2 Almancil		•	•
3 Amarante		•	
4 Angra do Heroísmo			•
5 Armamar			•
6 Belmonte		•	
7 Braga			•
8 Bragança			•
9 Caldas da Rainha			•
10 Cascais			•
11 Coimbra		•	
12 Estoril		•	•
13 Estremoz			•
14 Evora			•
15 Fátima			•
16 Foz do Douro			•
17 Funchal		•	
18 Guincho	•		•
19 Lisboa	•	•	•
20 Melgaço			•
21 Mirandela			•
22 Montemor-o-Novo			•
23 Moreira de Cónegos			•
24 Paço de Arcos			•
25 Paderne			•
26 Paredes			•
27 Porches	•		
28 Porto		•	•
29 Póvoa de Varzim		•	
30 Sesimbra (Santiago)			•
31 Valença			•
32 Vila Nova de Cacela			•
33 Vila Nova de Famalicão			•
34 Vila Nova de Gaia		•	
35 Vila Viçosa			•
36 Vilamoura		•	•

Nº Numeración de las poblaciones por comunidad autónoma en el mapa desplegable

Calificaciones y símbolos utilizados en la Guía Repsol

Classificações e símbolos utilizados no Guia Repsol
Ratings and symbols used in the Repsol Guide

34 • B-1	Guía Repsol de Mapas	Guia Repsol de Mapas	Repsol Maps
☼☼☼	Distinguen a los mejores restaurantes del año	Foram já escolhidos os melhores restaurantes do ano	They recognize the best restaurants of the year
☼☼	Excelente calidad en la cocina y el servicio. Buena bodega	Excelente qualidade na cozinha e no serviço. Boa adega	Excellent quality cooking and service. Good winecellar
☼	Cocina de gran calidad y variedad suficiente	Cozinha de grande qualidade e suficiente variedade	High quality cooking and variety extensive menu
®	Recomendado	Recomendado	Recommended
	Restaurantes con precio medio inferior a 30 €	Restaurantes com preço médio inferior a 30 €	Restaurants with an average price off less than 30 €
	Ciudad Patrimonio de la Humanidad	Cidade Património da Humanidade	World Cultural Heritage Site
	Monumento Nacional, Bien de Interés Cultural	Monumento Nacional, Bem de Interesse Cultural	National monument. Place of cultural interest
	Parque Natural/Nacional, Reserva de la Biosfera	Parque Natural/Nacional, Reserva da Biosfera	National / Natural Park, Biosphere Reserve
	Balneario	Balneário	Spa
	Esquí	Esqui	Ski
	Golf	Golfe	Golf
☆☆☆☆☆	Hotel gran lujo	Hotel de grande luxo	Grand luxury hotel
☆☆☆☆	Hotel de lujo	Hotel de luxo	Luxury hotel
☆☆☆	Hotel muy confortable	Hotel muito confortável	Highly comfortable hotel
☆☆	Hotel confortable	Hotel confortável	Comfortable hotel
☆	Hotel correcto	Hotel correcto	Orderly hotel
	Acceso minusválidos	Accesso minusválidos	Access handicapped
	Aire acondicionado	Ar condicionado	Air conditioning
P	Aparcamiento	Parking	Parking
	Bodega destacable	Adega destácavel	Outstanding wine cellar
	Buena relación calidad-precio	Boa relação qualidade-preço	Good value for money
	Aceite de oliva excelente	Azeite excelente	Excellent olive oil
S	Cocina saludable	Cozinha saudável	Healthy cooking
	Restaurante apto para celiacos	Restaurante apto para celíacos	Restaurant suitable for celiacs
	Restaurante apto para vegetarianos	Restaurante apto para vegetarianos	Restaurant suitable for vegetarians
	Jardín	Jardim	Garden
	Lugar pintoresco, histórico y artístico	Lugar pitoresco, histórico e artístico	Picturesque site, historical and artistic
	Terraza	Terraço	Terrace
	Permitido perros	Autorizado cães	Dogs allowed
	Con restaurante	Com restaurante	With restaurant
	Piscina	Piscina	Pool
	Golf	Golfe	Golf
	Tenis	Ténis	Tennis
C	Sala convenciones	Sala para conferências	Conference room
SPA	Spa/Sauna	Spa/Sauna	Spa/Sauna
	Aparca-coches	O porteiro estaciona	Car parking service
	Turismo rural	Turismo verde	Rural tourism
Q	Certificado de Calidad Turística otorgado por el I.C.T.E.	Certificado da Qualidade Turística emitido pelo I.C.T.E.	Quality Tourism Certificate granted by the I.C.T.E.
	No se aceptan tarjetas	Não se aceitam cartões de crédito	Credit cards not accepted

34 · B-1

Ablitas Navarra Ver Tudela

113 · B-1

Aguadulce Almería Ver Almería

Aguilar de Campoo Palencia

12 · A-4
A Palencia, 100 km
A Madrid, 322 km
Alt. 897 m · Pob. 7.300
T. 979 123 641
GPS 42° 47' 32'' N · 4° 15' 41'' O

Iglesia de Sta. Cecilia

Visitar: Muchos son los alicientes de esta localidad declarada conjunto histórico-artístico por sus vestigios del románico europeo. Sus grandes joyas son el **monasterio de Sta. María la Real,** hoy un centro de estudios del románico, y la **iglesia románica de Sta. Cecilia,** ambas bienes de interés cultural.

Fiestas: La celebración más importante es el **carnaval de la Galleta** (del 28 de febrero al 4 de marzo), aunque también es muy popular el mercado medieval que se celebra a finales de junio, después de las fiestas patronales de S. Juan y S. Pedro.

Alrededores: Destacan joyas naturales como el paisaje de las Tuerces, visible junto al pueblo de **Villaescusa de las Torres** (a 3,7 km), y el cañón de la Horadada, un importante yacimiento del Paleolítico Medio y la Edad de Bronce. Sin olvidar **Villallano** (a 5 km) o **Matalbaniega** (a 8 km) y **Mave** (a 10 km), que cuentan con la mayor concentración de iglesias románicas de Europa.

Restaurantes

® **Cortés.** El Puente, 39. T. 979 123 055.
Con 11 habitaciones. Marcelo Cortés y su familia son una referencia de la gastronomía local. **Garbanzos con calamares, menestra palentina, tarta de hojaldre.** Menú del día 15 €. Precio medio 30 €.

® **Ticiano.** (En VILLALLANO, a 5 km). Concepción, s/n. T. 979 123 610. *www.ticiano.es*
Cierra lunes y 20 días entre enero y febrero. Francisco José Fossati, en cocina, y su esposa, Elena, en la atención de sala y vino, son una buena referencia de la zona. Un restaurante con agradable terraza-jardín. **Ensalada de chipirones y acederas al *tartufo* con pastel de boniato y jamón, pierna de lechazo confitada con tomate al pesto y crema de queso, milhojas de chocolate con crema de azafrán y quenefa helada.** Menú 15 €. Precio medio 32 €.

Aínsa Huesca

24 · D-2
A Huesca, 104 km
A Madrid, 515 km
Alt. 589 m · Pob. 2.180
T. 974 500 767
GPS 42° 24' 55'' N · 0° 8' 45'' E

Visitar: Villa amurallada de inconfundible carácter medieval, declarada conjunto histórico-artístico, que invita a seguir las huellas del románico a través de su casco antiguo, donde se alza su emblemática **Plaza Mayor,** la **iglesia de Sta. María** (ss. XI-XII) y el castillo-fortaleza que alberga el Centro de Interpretación del Geoparque de Sobrarbe.

Fiestas: El domingo más próximo al 22 de mayo tiene lugar el tradicional descenso de navatas por el río Cinca. En junio se celebra la romería a la Virgen de los Palacios, todo un adelanto de las fiestas mayores en honor de la **Sta. Cruz** a mediados de septiembre.

Alrededores: La naturaleza brinda maravillas, como el **Parque Nacional de Ordesa y Monte Perdido** (a 20 km), patrimonio de la humanidad. Interesante también es el monasterio budista de **Panillo** (a 24 km), con su estupa de 17 m de altura.

Restaurantes

Bodegón de Mallacán. (Hotel Posada Real). Pza. Mayor, 6. T. 974 500 977. *www.posadareal.com*
Con 6 habitaciones. Bodega medieval en la Plaza Mayor. Las croquetas rellenas de *ceps* y *foie-gras* preceden la paletilla de ternasco de Aragón coronado con melocotón al vino. Menú 19 €. Precio medio 30 €.

Callizo. Pza. Mayor, s/n. T. 974 500 385. *www.restaurantecallizo.es*
Cierra cenas de martes a jueves de octubre a junio, domingo cena, lunes y del 9 de diciembre al 20 de marzo, excepto Navidad. Antigua casona medieval restaurada. Colmenillas, *muixardones* y trigueros de nuestros bosques, solomillo de ternera con raíces y verduras en *tempura*, fresas con nata y chocolate. Menú 28 €. Precio medio 30 €.

Hoteles

***** **Barceló Monasterio de Boltaña.** (En BOLTAÑA, a 6 km). Afueras, s/n. T. 974 508 000. *www.barcelomonasteriodeboltana.com*
Hab. 132: 70 €. Suites: 2. Antiguo monasterio del s. XVII a orillas del río Ara. Restaurante Marboré.

** **Mesón de L'Ainsa.** Avda. Sobrarbe, 12. T. 974 500 028. *www.mesonainsa.com*
Hab. 60: 50 €. Junto al Parque Nacional de Ordesa y Monte Perdido.

Alacant/Alicante

93 · D-2
A Madrid, 422 km
Alt. 7 m · Pob. 334.757
T. 965 147 038
GPS 38° 20' 41'' N · 0° 28' 56'' O

Visitar: Ciudad con 3.000 años de historia que ofrece todo tipo de alicientes turísticos. En el casco antiguo se concentran los principales monumentos, como la **iglesia-concatedral de S. Nicolás de Bari** (ss. XV-XVI), monumento nacional, con una impresionante cúpula azul de 45 m. La basílica gótica de Sta. María, antigua mezquita musulmana, es digna de ver, así como el **Museo Arqueológico,** que ofrece un apasionante paseo histórico. Imposible hablar de la ciudad sin citar sus playas: la única urbana es la de **Postiguet,** y a unos kilómetros al norte está la de S. Juan, una de las mejores de Europa. Tras visitar el Alacant más contemporáneo, con rincones como la Explanada de España (hermoso paseo marítimo alfombrado de teselas) o el parque Canalejas, con ficus de más de 100 años de antigüedad, merece la pena ascender hasta el monte Benacantil. Allí se alza el **castillo de Sta. Bárbara,** construido por los musulmanes y desde donde hoy se obtienen las mejores panorámicas de la ciudad.

Fiestas: Las **Hogueras de S. Juan,** del 20 al 24 de junio, son de interés turístico internacional; la fiesta comienza el día 20 con la *plantà* de las hogueras y, la noche del 24, la *cremà* o Nit del Foc arranca con una gran palmera de fuegos artificiales desde el castillo de Sta. Bárbara.

Alrededores: A 5 km, el monasterio de la Sta. Faz guarda una de las tres faces reconocidas por el Vaticano. En **Tossal de Manises** (a 22 km) se encuentra el yacimiento arqueológico de la ciudad íbero-romana de Lucentum (s. IV a. C.). Una excursión ineludible es el conjunto histórico-artístico de **Isla Tabarca,** que posee hermosas calas y playas declaradas reserva natural marina del Mediterráneo.

Bellesas del foc en las Hogueras de S. Juan

Restaurantes

César Anca. Ojeda, 1. Esq. Pza. Gabriel Miró. T. 965 201 580. *www.cesarancahosteleria.com*
Cierra lunes cena y domingo. Buena ubicación frente al mar en un local acogedor. Vieira a la parrilla con crema de maíz y alcachofas salteadas, canelón de rabo de buey con crujiente de ibérico, *soufflé* de almendra. Menú 18 €. Precio medio 30 €.

El Portal Taberna & Wines. (Gastrobar). Bilbao, 2. T. 965 143 269. *www.elportaltaberna.com*
Atractiva creatividad contemporánea a buenos precios. **Arenque con guacamole, pescado del día, tres chocolates.** Completísima bodega. Menú 12 €. Precio medio 20 €.

® **Els Vents.** Puerto de Alacant, Marina Deportiva. Muelle de Levante, Planta 1ª, Local 1. T. 965 215 226. *www.elsvents.es*
Cierra domingo en verano, cenas de domingo y martes; lunes, 10 días en enero y 10 días en septiembre. José Antonio Sánchez propone una moderna cocina marinera repleta de alicientes. **Ostras con alcachofas y habitas, alubias rojas con tocineta y cigalas, pastel líquido de cacahuete.** Menú 25 €. Precio medio 30 €.

® **La Ereta.** (Parque de la Ereta). Subida Castillo de Santa Bárbara, s/n. T. 965 143 250. *www.laereta.es*
Cierra almuerzos de lunes a miércoles en verano; cenas de martes y miércoles en invierno; lunes en invierno, domingo, segunda y tercera semanas de enero y semana de Pascua. Sabores del Mediterráneo en clave s. XXI. Firma Dani Frías. Vistas impresionantes. **Salpicón de pulpo, arroz mar y montaña.** Solo menús 35 y 59 €.

La Taberna del Gourmet. San Fernando, 10. T. 965 204 233. *www.latabernadelgourmet.com*
Ambientazo y soberbio producto con horario ininterrumpido hasta la medianoche y a un paso de **Tribeca** (hamburguesería de confianza bajo el culinario impulso de la familia Perramón-San Román). **Calamarcitos de Santa Pola, *steak tartar,* espuma de crema catalana.** Menú 17 €. Precio medio sin marisco 35 €.

Hogueras de S. Juan

La monumental palmera de fuegos artificiales desde el monte Benacantil pone un espectacular broche a la celebración en Alacant de estas fiestas de interés turístico internacional.

Maestral. Avda. Andalucía, 18. T. 965 262 585.
www.maestral.es P
Cierra domingo cena. Los arroces alicantinos, los pescados de la bahía y el tocino de cielo con granizado son toda una referencia en este lujoso chalé. Plato del día 9 €. Precio medio 40 €.

Monastrell. (Hotel Hospes Amérigo). Rafael Altamira, 7. T. 965 200 363.
www.monastrell.com
Cierra domingo y lunes. Siempre merece una visita. Mª José San Román es pionera y una abanderada muy activa de la revolución verde. **Tiradito vegetal con caviar de esturión, pularda con gazpachos de la montaña alicantina, cerezas con helado de queso azul.** Menú 49 €. Precio medio 45 €.

Nou Manolín. Villegas, 3. T. 965 200 368.
www.noumanolin.com
Con más de 40 años, está garantizada la plena satisfacción gastronómica. **Salteado de *sepionet* sobre pasta fresca, lomo de salmonetes crujientes, leche, cacao, avellanas y azúcar.** Precio medio 40 €.

Piripi. Avda. Óscar Esplá, 30. T. 965 227 940.
www.piripi.com S
Juan José Castelló sigue la pauta marcada por su progenitor. **Cigalas, *tartar* de atún, helado de queso con salsa de frambuesa.** Precio medio 40 €.

Hoteles

***** **Hospes Amérigo.** Rafael Altamira, 7. T. 965 146 570.
www.hospes.es
Hab. 81: 292 €. Suites: 3. Antiguo convento dominico. En pleno centro histórico de la ciudad, invita a disfrutar de la esencia del más puro espíritu mediterráneo. Restaurante Monastrell.

**** **Eurostars Mediterránea Plaza.** Pza. del Ayuntamiento, 6.
T. 965 210 188. *www.eurostarsmediterraneaplaza.com*
Hab. 49: 54 €. En el centro histórico. Próximo a la playa y al puerto deportivo.

**** **SPA Porta Maris & Suites del Mar.** Pza. Puerta del Mar, 3.
T. 965 147 021. *www.hotelspaportamaris.com* P
Hab. 180: 90 €. Suites: 1. Entre la playa del Postiguet y el puerto deportivo. A 100 m del Ayuntamiento y de la Explanada de España. Frente al Casino Mediterráneo. Restaurante Marabierta.

53 · E-3

Alalpardo Madrid Ver Madrid/Restaurantes/Alrededores

76 · E-2

Alaquàs Valencia Ver Valencia

Alarcón Cuenca

75 · C-2
A Cuenca, 83 km
A Madrid, 191 km
Alt. 831 m · Pob. 187
T. 969 330 301
GPS 39° 32' 45'' N · 2° 5' 5'' O

Visitar: El monumento más singular de la villa es la **iglesia de S. Juan Bautista,** cuyas paredes centenarias fueron cubiertas de pinturas murales por el artista contemporáneo Jesús Mateo. El descomunal trabajo, bajo la protección de la Unesco, es hoy el Centro de Arte Contemporáneo de la Pintura Mural de Alarcón. Como contrapunto, están la **iglesia de Sta. María,** monumento nacional con uno de los retablos renacentistas más importantes de Castilla-La Mancha, y el **castillo-fortaleza,** bien de interés cultural que alberga el Parador de Turismo.

Fiestas: Las más importantes son las de **S. Sebastián,** en enero, y las del **Cristo de la Fe,** en septiembre.

Alrededores: En el pantano de Alarcón, alimentado por el río Júcar, se practican deportes de aventura. A 16 km se encuentra **Villanueva de La Jara,** con monumentos como la basílica de Ntra. Sra. de la Asunción. La ruta de los castillos y fortalezas de los conquistadores conduce desde el propio Alarcón a **Castillo de Garcimuñoz** (a 36 km) y a **Belmonte** (a 70 km).

Iglesia de S. Juan Bautista

Restaurantes

La Cabaña de Alarcón. Álvaro de Lara, 21. T. 969 330 373.
www.restaurantelacabanadealarcon.es
Se empieza con ajo cocido y se sigue con cordero asado o codillo y flan de queso. Menú 18 €. Precio medio 25 €.

Hoteles

**** **Parador de Alarcón.** Avda. Amigos de los Castillos, 3. T. 969 330 315.
www.parador.es
Hab. 14: 248 €. Suites: 1. Castillo medieval del s. VIII, asentado en un meandro del río Júcar. Céntrico. Restaurante Don Juan Manuel, cocina castellano-manchega.

Albacete

83 · D-1
A Madrid, 251 km
Alt. 688 m · Pob. 170.475
T. 967 580 522
GPS 38° 59' 50" N · 1° 51' 40" O

Visitar: La ciudad tiene el 'corazón partido' entre dos plazas: la del Altozano, donde se encuentra el antiguo ayuntamiento (hoy Museo Municipal), y la de la **catedral de S. Juan Bautista** (s. XVI), en cuyos alrededores se alza el palacio de la Diputación y un coqueto palacete modernista, sede del Museo de la Cuchillería. El gran museo de Albacete es el **Arqueológico Provincial,** ubicado en el **parque de Abelardo Sánchez,** una de las zonas verdes más importantes de la ciudad junto con el jardín botánico de Castilla-La Mancha.

Fiestas: La festividad de **S. Juan,** patrón de la ciudad, se celebra el 24 de junio, aunque la fiesta por antonomasia es la **Feria de Albacete,** del 7 al 17 de septiembre, de interés turístico internacional.

Alrededores: Chinchilla (a 13 km) es una joya medieval declarada conjunto histórico-artístico. Un poco más lejos, **Alcaraz** (a 65 km) conserva una necrópolis íbero-romana con tumbas excavadas en piedra. El **Parque Natural de las Hoces del Río Cabriel** garantiza estupendos paisajes y agradables caminatas.

Réplica de la Bicha de Balazote en la plaza del Altozano

Restaurantes

Casa Paco. La Roda, 26. T. 967 220 041.
Cierra domingo cena, lunes y agosto. Un clásico de auténtica cocina manchega. Ensalada de perdiz, paletilla lechal al horno, fruta natural.
Precio medio 20 €.

Don Gil. Baños, 2. T. 967 239 785.
www.restaurantedongil.com
Cierra domingo cena, lunes y 15 días en agosto. Cocina tradicional de raíces manchegas sustentada en la familia Gil. Arroz con carabineros, paletilla de cordero, torrija de *brioche*. Menú 25 €. Precio medio 35 €.

El Callejón. Guzmán el Bueno, 18. T. 967 211 138.
www.restauranteelcallejon.com
Cierra domingo cena, lunes y agosto. Ambiente taurino y rural. Arroz caldoso con pollo de corral, costillar de lechal al horno, tarta de manzana.
Menú 32 €. Precio medio 35 €.

® **Nuestro Bar.** Alcalde Conangla, 102. T. 967 243 373.
www.nuestrobar.es
Cierra domingo cena y julio. Un clásico de la ciudad. Fernando Martínez Useros mantiene la calidad en su local con una gran cocina manchega.
Gazpachos manchegos, judías con perdiz, pan de Calatrava.
Menú 23 €. Precio medio 26 €.

Hoteles

**** **Gran Hotel.** Marqués de Molins, 1. T. 967 193 333.
www.abgranhotel.com
Hab. 49: 100 €. Suites: 1. Céntrico. Cocina mediterránea y regional.

**** **Parador de Albacete.** Ctra. N-301, km 251. T. 967 010 500.
www.parador.es
Hab. 68: 75 €. Cierra del 1 de enero al 28 de febrero y los días 1 y 31 de diciembre. En el Hondo de la Morena, la quinta manchega con estratégica situación ofrece descanso y manjares al viajero.

**** **Santa Isabel.** Avda. Gregorio Arcos, s/n. T. 967 264 680.
www.hotelsantaisabelalbacete.com
Hab. 39: 100 €. Suites: 3. Edificio estilo Luis XV.

Albarracín Teruel

55 · C-4
A Teruel, 37 km
A Madrid, 271 km
Alt. 1.171 m · Pob. 1.100
T. 978 710 262
GPS 40° 24' 22" N · 1° 26' 44" O

Visitar: Azorín dijo de ella que era una de las ciudades más bonitas de España, y méritos no le faltan. Esta población amurallada, declarada conjunto histórico-artístico, cautiva por sus calles, repletas de escalinatas y pasadizos, el característico tono rojizo de sus casas y su esencia medieval, presente en edificios como la **catedral,** el **Palacio Episcopal** o la **iglesia de Sta. María.**

Fiestas: Destaca la manifestación folclórica de **Los Mayos,** el 30 de abril. Las fiestas patronales se celebran a mediados de septiembre.

Casa de la Julianeta, en Albarracín

Alrededores: Albarracín se ubica a las puertas del **Parque Cultural del Arte Rupestre** –patrimonio de la humanidad–, a 4 km, con vestigios del 6000 a. C. La vecina **Tramacastilla** (a 15 km) destaca por su ermita de la Magdalena y por su espectacular paisaje rico en vegetación.

Restaurantes

El Batán. (Hotel Hospedería El Batán, en TRAMACASTILLA, a 15 km). Ctra. C-1512, km 43; Albarracín-Orihuela del Tremedal. T. 978 706 070. *www.elbatan.es*
Cierra martes y 15 días en enero. Con 8 habitaciones. Oasis gastronómico en un paraje natural junto al río Guadalaviar. Sebastián Roselló demuestra su profesionalidad en la sala y su esposa, María José, en la buena oferta de cocina tradicional con su peculiar punto culinario. **Alcachofas salteadas con jamón ibérico y oro *micuit*, crujiente de cochinillo con puré trufado y confitura de cebolla roja, cremoso de queso con base de jijona y lecho de migas confitadas.** Precio medio 42 €.

Tiempo de Ensueño. Palacios, 1-B. T. 978 706 070. *www.tiempodeensuenyo.com*
Cierra cenas de miércoles y jueves; lunes, martes, enero y febrero. Casa rehabilitada en el casco antiguo, peatonal. De Sebastián Roselló, cuenta con el asesoramiento culinario de María José Meda (El Batán, Tramacastilla). **Borrajas salteadas sobre una crema láctea de queso de Albarracín, lomo de ciervo en *carpaccio* con queso de Albarracín, cremoso de tocinillo de cielo y sidra con sorbete de Granny Smith.** Menú 25 €. Precio medio 29 €.

Hoteles

** **Casa de Santiago.** Subida a las Torres, 11. T. 978 700 316. *www.casadesantiago.es*
Hab. 8: 64 €. Suites: 1. Antigua casa restaurada con estilo y personalidad propia. Situada en el casco antiguo del pueblo, muy tranquila y con inmejorables vistas desde su solanar.

Alberca, La Salamanca

51 · C-3
A Salamanca, 75 km
A Madrid, 290 km
Alt. 1.050 m · Pob. 1.209
T. 923 415 483
GPS 40° 29' 19'' N · 6° 6' 45'' O

Visitar: Este bello pueblo montañés fue el primero de España en recibir, en 1940, la denominación de conjunto histórico nacional. ¿La razón? Su particular ordenación repleta de angostas calles y callejones sin salida. La **Casa-Museo Satur Juanelo** permite familiarizarse con este singular modelo arquitectónico. Pasear por sus calles depara otras agradables sorpresas como la **Plaza Mayor,** la **iglesia de Ntra. Sra. de la Asunción** o el **Museo de Trajes Tradicionales.**

Fiestas: Cada 17 de enero se festeja **S. Antón,** y se rifa el marrano que los albercanos llevan cuidando meses. Más adelante, el 15 de agosto y durante tres días, se celebra la fiesta grande de su patrona, la **Virgen de la Asunción.**

Alrededores: Antes de llegar a La Alberca, aparece la indicación hacia la **Peña de Francia,** que ofrece una panorámica impresionante. También es interesante el **valle de las Batuecas** y sus pinturas rupestres, a 15 km, en pleno **Parque Natural de las Arribes del Duero.**

Restaurantes

Las Bóvedas. (Hotel Abadía de Los Templarios). Ctra. SA-201, km 76. T. 923 423 107. *www.abadiadelostemplarios.com*
Ubicado en el corazón del Parque Natural de Las Batuecas. **Manitas de cerdo rellenas de *boletus edulis*, gelatina de frutos rojos del bosque.** Menú 21 €. Precio medio 30 €.

Hoteles

**** **Abadía de los Templarios.** Ctra. Salamanca-La Alberca, km 76. T. 923 423 107. *www.abadiadelostemplarios.com*
Hab. 61: 119 €. Suites: 3. Complejo de 100.000 m² en plena naturaleza, rodeado de castaños y robles. Ofrece todo tipo de actividades como vuelos en globo, cenas medievales... Restaurante Las Bóvedas.

**** **Doña Teresa.** Ctra. Mogarraz, s/n. T. 923 415 308. *www.hoteldeteresa.com*
Hab. 41: 97 €. Organiza actividades de multiaventura, cenas medievales, vuelos en globo y comidas camperas. Restaurante La Abuela Carmen.

Alcalá de Henares Madrid

53 · E-3
A Madrid, 30 km
Alt. 590 m · Pob. 204.120
T. 918 892 694
GPS 40° 28' 53'' N · 3° 21' 55'' O

Visitar: Declarada patrimonio de la humanidad por la Unesco, pasear por Alcalá es recorrer la cultura del Siglo de Oro español. La pista de Cervantes, hijo ilustre de la villa, comienza en su casa natal, continúa en el teatro que lleva su nombre (que esconde el corral de comedias más antiguo de España) y llega hasta la **plaza de Cervantes,** antesala del colegio mayor de S. Ildefonso, con su impresionante fachada plateresca. Otros edificios únicos son la **Universidad** y la iglesia magistral o **catedral,** seguidos de monasterios como el de **S. Bernardo,** de excepcional barroco; oratorios como el de **S. Felipe Neri;** ermitas como la del Cristo de los Doctrinos... Una visita al **Museo Arqueológico Regional,** a los restos arqueológicos de la ciudad romana de **Complutum** y al yacimiento de la Casa de Hippolytus completan esta lección de arte e historia.

Fiestas: Del 24 al 30 de agosto, las Fiestas y Ferias de Alcalá marcan el final del verano en el municipio. Música, teatro, feria del libro... componen la **Semana Cervantina**, cinco días de actividades que comienzan, cada año, en torno a la fecha de bautismo de Miguel de Cervantes, el 9 de octubre. Es una fiesta declarada de interés turístico regional, al igual que las representaciones de **D. Juan Tenorio** (del 31 de octubre al 3 de noviembre) y la **Semana Santa.**

Alrededores: Loeches, a 15 km, tiene tesoros arquitectónicos como el convento de las Madres Dominicas y la iglesia de la Asunción de Ntra. Sra., con su majestuosa torre de más de 30 m. A 21 km se encuentra **Nuevo Baztán,** conjunto histórico-artístico donde destaca el palacio iglesia de S. Francisco Javier.

Corral de comedias

Restaurantes

® **Hostería del Estudiante.** (Parador de Alcalá de Henares). Colegios, 3.
T. 918 880 330. *www.parador.es*
Cierra lunes, martes y del 15 de julio al 10 de septiembre. Fidelidad al recetario alcalaíno en un edificio del s. XVI. **Duelos y quebrantos, bacalao confitado con cremoso de patatas y pisto manchego, costrada de Alcalá.** Menú 35 €. Precio medio 40 €.

Santo Tomás. (Parador de Alcalá de Henares). Colegios, 8.
T. 918 880 330. *www.parador.es*
Cuidada cocina alcalaína en el antiguo convento de Sto. Tomás. **Migas alcalaínas, asados castellanos (cordero y cochinillo), torrija siglo XXI.** Menú 25 €. Precio medio 40 €.

Hoteles

***** **Encin Golf Hotel.** Autovía A-2, km 35,6. T. 918 307 069. *www.encingolf.com*
Hab. 37: 128 €. Suites: 2. Campo de golf propio, en un magnífico entorno.

**** **Parador de Alcalá de Henares.** Colegios, 8. T. 918 880 330. *www.parador.es*
Hab. 128: 227 €. En el antiguo convento de Sto. Tomás (s. XVII). Céntrico. Restaurantes Santo Tomás y Hostería del Estudiante.

Alcalá la Real Jaén

98 · E-4
A Jaén, 70 km
A Madrid, 400 km
Alt. 918 m · Pob. 22.870
T. 953 582 077
GPS 37° 27' 49'' N · 3° 55' 30'' O

Visitar: Su panorámica está dominada por el conjunto monumental de la **fortaleza de la Mota,** uno de los sistemas defensivos más complejos de Al Ándalus, que conserva la **iglesia mayor Abacial,** la alcazaba y el perímetro amurallado, uno de los más extensos de Andalucía. La fortaleza se alza sobre un cerro a cuyos pies se extiende la ciudad, que conserva el aliento barroco en edificios como el **palacio Abadial,** sede del Museo y Centro de Interpretación de Alcalá la Real.

Fiestas: Destaca la **Semana Santa,** de interés turístico nacional, cuyos pregones recogen la herencia de los autos sacramentales del Barroco. El verano comienza celebrando la **Feria Chica** para S. Antonio (13 de junio), pero su gran momento llega con la **Real Feria de S. Mateo** (del 20 al 25 de septiembre).

Alrededores: Alcalá la Real forma parte de la **Ruta de los Castillos y las Batallas,** un itinerario turístico-cultural que enlaza parques naturales, pueblos acogedores **(Las Navas de Tolosa, Baécula y Bailén)** y el impresionante paisaje del olivar.

Restaurantes

Torrepalma. (Hotel Torrepalma). Conde de Torrepalma, 2. T. 953 583 010.
www.hoteltorrepalma.com

Cierra domingo cena y primera quincena de noviembre. Con 38 habitaciones. Cocina tradicional local. Espinacas a la jienense, jarretes de cerdo ibérico a la alcalaína, crema de limón. Menú 10 €. Precio medio 25 €.

57 · C-3

Alcanar Tarragona Ver Sant Carles de la Ràpita

Alcántara Cáceres

60 · B-4
A Cáceres, 63 km
A Madrid, 335 km
Alt. 232 m · Pob. 1.604
T. 927 390 863
GPS 39° 43' 8'' N · 6° 53' 16'' O

Puente romano sobre el río Tajo

Visitar: Los vestigios de su pasado como importante enclave romano se dan cita a cada paso, especialmente en el conjunto compuesto por el **puente de piedra,** el **templo** y el **arco de la Concepción** (s. II). En su casco antiguo, declarado conjunto histórico-artístico, destaca la **iglesia de Sta. María de Almodóvar** y numerosas casas-palacio de factura renacentista.

Fiestas: La **Semana Santa** alcantarina goza de gran fama, así como la romería de la patrona, la **Virgen de los Hitos** (25 de marzo). También en marzo, el primer sábado, se celebra la matanza popular. En agosto, el **Festival de Teatro Clásico** es la cita cultural más importante.

Alrededores: Garrovillas de Alconétar, a 30 km, tiene el honor de contar con una impresionante Plaza Mayor, declarada monumento nacional. A 37 km, **Ceclavín** conserva la iglesia gótica de Ntra. Sra. del Olmo, declarada bien de interés cultural gracias a su espectacular retablo.

Restaurantes

Kantara Al-Saif. (Hotel Puente Romano). Avda. Mérida, 11. T. 927 390 246.
www.kantaraalsaif.es
Cierra domingo cena excepto puentes y verano; y del 1 al 15 de septiembre. Con habitaciones. La perdiz al modo de Alcántara y el revuelto de criadillas de la tierra son una muestra de tradición, producto y temporada.
Menú 10 €. Precio medio 25 €.

Hoteles

**** **Hospedería Conventual de Alcántara.** Ctra. del Poblado de Iberdrola, s/n.
T. 927 390 638. *www.hospederiasdeextremadura.es*
Hab. 30: 70 €. Suites: 2. Antiguo convento del s. XV (fábrica de harina en los años cincuenta) transformado en un moderno hotel con todas las comodidades del s. XXI. Conserva la antigua maquinaria. PC en la habitación, carta de almohadas.

Alcañiz Teruel

46 · C-3
A Teruel, 153 km
A Madrid, 400 km
Alt. 381 m · Pob. 16.421
T. 978 831 213
GPS 41° 2' 55'' N · 0° 7' 54'' O

Mural gótico en la torre del Homenaje del Parador

Visitar: Su pintoresco casco histórico, que se alza justo a orillas del río Guadalupe, guarda un importante legado que se extiende a los pies del castillo de la **Orden de Calatrava** (ss. XII-XIII), hoy Parador de Turismo. Además de la plaza de España, donde se levanta la **iglesia de Sta. María la Mayor,** merece la pena conocer la singular red de pasadizos y neveras subterráneos que comunican las principales construcciones del casco antiguo, como la **lonja gótica** o el **Ayuntamiento renacentista.** Muy cerca de la ciudad, el **embalse de La Estanca** forma una hoya natural ideal para los amantes de los deportes náuticos y la pesca.

Fiestas: Su **Semana Santa** forma parte de la tradicional Ruta del Tambor y del Bombo del Bajo Aragón. El día de S. Jorge, 23 de abril, se disfruta de un espectáculo al aire libre conocido como el Vencimiento del Dragón. Otra fiesta, con el motor como protagonista, es **Motorland,** que desde 2010 es sede del Gran Premio de Aragón del Mundial de Moto GP, donde compite el **Repsol Honda Team.**

Alrededores: Las pinturas rupestres del **Val del Charco del Agua Amarga** (a 17 km), declaradas patrimonio de la humanidad. En **Azaila** (a 50 km) está el yacimiento arqueológico de Cabezo Alcalá, con restos de una ciudad ibérica del s. IX a. C., mientras que en **Oliete** (a 61 km) se conservan restos de otro poblado de los ss. I al II a. C.

Restaurantes

Meseguer. Avda. del Maestrazgo, 9. T. 978 831 002.
www.meseguer.info
Cierra cenas, domingo y del 1 al 15 de julio. Totalmente renovado. Judías con perdiz, solomillo de ternera al *foie-gras,* frutas de temporada.
Menú 14 €. Precio medio 30 €.

Hoteles

**** **La Torre del Visco.** (En FUENTESPALDA, a 26 km). Ctra. Valderrobres-Fuentespalda, km 6,2. T. 978 769 015. *www.torredelvisco.com*
Hab. 13: 199 €. Suites: 4. Desayuno incluido. Noble masía del s. XV, rodeada de una hectárea de jardines y terrazas, en el valle del río Tastavins. Reserva imprescindible. Restaurante Del Visco.

*** **Parador de Alcañiz.** Castillo de los Calatravos, s/n. T. 978 830 400. *www.parador.es*
Hab. 37: 171 €. Cierra del 7 de enero al 15 de febrero. Ubicado en un antiguo castillo-convento de la Orden de Calatrava, de bella arquitectura, donde se alojó un día el emperador Carlos I. Ampliado y remodelado en 2002. Restaurante con especialidades de la zona. *Wifi* gratuito. Restaurante La Concordia.

Alcázar de San Juan Ciudad Real

Tradicionales molinos manchegos

74 · C-3
A Ciudad Real, 92 km
A Madrid, 149 km
Alt. 643 m · Pob. 31.120
T. 926 552 968
GPS 39° 23' 52'' N · 3° 13' 11'' O

Visitar: Su legado medieval alcanza su máxima expresión en el conjunto palacial formado por el **torreón del Gran Prior,** el **Cubillo** (parte de la muralla que rodeaba al antiguo palacio del Gran Prior) y la antigua **capilla de S. Juan Bautista.** Sobre el cerro de S. Antón se alza un característico molino manchego como los que sirvió de inspiración a Cervantes para la más famosa aventura quijotesca.

Fiestas: Coincidiendo con la Noche de S. Juan (el 24 de junio), Alcázar se llena de colorido con la **Fiesta de Moros y Cristianos.** Las fiestas de la vendimia, el primer fin de semana de octubre, se realizan en honor a su patrona, la Virgen del Rosario, aunque nada es tan singular como sus **carnavales** (del 24 al 28 de diciembre), fiesta de interés turístico regional.

Alrededores: El Complejo Lagunar de Alcázar de S. Juan, reserva natural de la biosfera por la Unesco, comprende tres lagunas que es posible conocer en rutas en bicicleta o a pie. **Argamasilla de Alba, El Toboso** y **Campo de Criptana** (a 5 km), en plena llanura manchega, se adentran en el alma del Quijote.

Restaurantes

Asador Javi. Poetisa Isabel Prieto, 6. T. 926 545 335. *www.restauranteasadorjavi.es*
Cierra cenas de domingo y martes; y lunes. La especialidad de Francisco Javier Marcos es el cordero asado y las carnes exóticas. Menú 20 €. Precio medio 25 €.

Cueva La Martina. (En CAMPO DE CRIPTANA, a 5 km). Rocinante, 13. T. 926 561 476. *www.cuevalamartina.com*
Cierra lunes y segunda quincena de octubre. Cueva-vivienda del s. XVI, en el cervantino pueblo de los molinos de viento. Duelos y quebrantos, filete de ciervo marinado con salsa de frutos rojos, brocheta de frutas. Menú 15 €. Precio medio 25 €.

® **Las Musas.** (En CAMPO DE CRIPTANA, a 5 km). Barbero, 3-7. T. 926 589 191. *www.lasmusasrestaurante.com*
Situado en la Sierra de los Molinos, con la atención profesional de su propietario, Carlos Ortega. **Queso frito de Valdivieso, paletilla de cordero lechal asada, flan de queso manchego.** Menú 15 €. Precio medio 25 €.

Hoteles

*** **Husa Convento Santa Clara.** Pza. Sta. Clara, s/n. T. 926 550 876.
www.hotelconventosantaclara.com
Hab. 31: 105 €. Suites: 1. Situado en un antiguo monasterio del s. XVI, en el centro de la localidad. Restaurante Del Convento.

Alcoi/Alcoy Alacant/Alicante

85 · A-3
A Alacant/Alicante, 50 km
A Madrid, 420 km
Alt. 545 m · Pob. 62.056
T. 965 537 155
GPS 38° 42' 6'' N · 0° 28' 42'' O

Visitar: Rodeada de montañas, combina un rico entorno natural (tiene un genuino bosque mediterráneo) con vestigios de la Revolución Industrial en España. A principios del s. XX, la burguesía adoptó el modernismo como tendencia estética, un rastro que hoy puede seguirse por toda la ciudad en edificios como la **Casa Laporta** o la d'Escaló; puentes como el de St. Jordi o el **viaducto de Canalejas;** las fábricas como Ferrándiz y Carbonell e incluso a los panteones del cementerio. El pasado más remoto de la villa es accesible en el **Museo Arqueológico Camil Visedo,** que conserva restos paleolíticos y colecciones de cerámica ibérica.

Fiestas: Las **Fiestas de Moros y Cristianos** en honor a St. Jordi (3, 4 y 5 de mayo) son de interés turístico internacional. La Navidad en Alcoi cuenta con la cabalgata de Reyes Magos más antigua de España, cuyo origen se remonta a 1885.

Alrededores: Los **Parques Naturales de la Sierra de Mariola** y **Carrascar de la Font Roja** son idóneos para conocer la riqueza paisajística de la zona. En **El Salt, La Serreta** y **El Puig** hay importantes yacimientos arqueológicos paleolíticos e íberos, mientras que en **La Sarga** destacan las pinturas rupestres neolíticas, patrimonio de la humanidad.

Festival de los Enfarinats de Ibi

Restaurantes

Lolo. Partida Rambla Alta, 98. T. 965 547 373. P
Cierra cenas, lunes y del 1 al 15 de septiembre. Preciosa masía en un paraje natural de montaña con grandes vistas. *Pericana* (plato típico alcoyano), arroces, *suquet* de rape, helado de leche merengada con arrope.
Precio medio 30 €.

Hoteles

**** **AC Ciutat d'Alcoi.** Colón, 1. T. 965 333 606. *www.ac-hotels.com* P
Hab. 84: 77 €. Suites: 2. Edificio industrial modernista de principios del s. XX, totalmente renovado. Restaurante La Llum.

Alcossèbre Castelló/Castellón

66 · C-1
A Castelló de la Plana, 50 km
A Madrid, 467 km
Alt. 159 m · Pob. 8.000
T. 964 412 205
GPS 40° 18' 15'' N · 0° 13' 30'' O

Visitar: Bañada por el sol de la Costa de Azahar, esta población esconde tesoros arquitectónicos como la **iglesia de S. Juan Bautista,** el **Museo Parroquial** y el **campanario,** emblema del municipio y uno de los más altos de la Comunidad Valenciana. Desde la ermita de Sta. Lucía, situada sobre el monte de St. Benet, se obtienen unas preciosas vistas. Un complemento perfecto a su amplia oferta de turismo activo y deportes náuticos.

Fiestas: Del 23 de agosto al 3 de septiembre tienen lugar las fiestas patronales en honor a **S. Juan Bautista** y el **Sagrado Corazón de Jesús,** donde además de los actos religiosos y culturales, el toro se convierte en el eje central de la fiesta.

Alrededores: La Sierra de Irta es un parque natural protegido enclavado en **Alcalá de Xivert** (a 8 km) y que conserva, además del encanto de las vistas, monumentos como el castillo de Xivert. Merece la pena trasladarse a las **Islas Columbretes** (a 53 km), un destino ideal para los aficionados al submarinismo.

Restaurantes

® **Can Roig.** Playa Mañetes, s/n. T. 964 412 515.
www.canroig.es P S
Cierra domingo cena y lunes excepto verano; y del 15 de octubre al 1 de marzo. Sabroso en todo, siempre agrada y logra ser una referencia en la zona. **Ceviche de corvina y gamba a la naranja, rape con almejas, *tatin* de manzana con leche de almendras.** Menú 25 €. Precio medio 35 €.

Hoteles

**** **Gran Hotel Las Fuentes.** Avda. Las Fuentes, 26. T. 964 414 400.
www.fantasia-hoteles.com
Hab. 201: 72 €. Suites: 5. En primera línea de playa, con jardines y piscinas exteriores. Música en vivo todas las noches.

Alfaro La Rioja

Visitar: Esta localidad de la ribera navarra acoge cada primavera la mayor colonia de cigüeñas del mundo. Lo curioso es que casi todas han elegido para ubicar sus nidos la **iglesia-colegiata de S. Miguel** (ss. XVI-XVII), construida con ladrillo macizo y declarada monumento nacional. El **palacio Abacial** es el edificio civil más importante del municipio, y actual sede de la Casa de Cultura.

Fiestas: Las fiestas mayores de **S. Roque** comienzan el 14 de agosto con el tradicional chupinazo. Las de **Ntra. Sra. del Burgo** (8 de septiembre), en honor a la patrona de la ciudad, incluyen encierros, una misa y una procesión.

Alrededores: Los orígenes de Alfaro se remontan a más de 2.000 años, lo que determina la riqueza arqueológica de la zona. En las **Eras de San Martín** se han encontrado restos de un complejo de baños, puentes, presas, losas y capiteles. Desde el mismo puente que cruza el río Alhama, puede verse el **ninfeo romano** (s. I), monumento nacional.

Restaurantes

San Roque. (Asador). San Roque, 3. T. 941 182 888.
www.asadorsanroque.com
Amable servicio y grato ambiente. Espárragos frescos templados, merluza fresca con salsa de ajos tostados, tarta de cuajada con *toffee* y nueces.
Menú 28 €. Precio medio 35 €.

23 · A-4
A Logroño, 72 km
A Madrid, 345 km
Alt. 303 m · Pob. 10.000
T. 941 180 133
GPS 42° 10' 28" N · 1° 45' 4" O

Las cigüeñas forman parte del paisaje típico de Alfaro

Algar, El Murcia Ver Cartagena

101 · C-2

Algeciras Cádiz

Visitar: Anclada a la bahía de su mismo nombre, frente al peñón de Gibraltar, evoca en su arquitectura religiosa y civil las huellas andalusíes y cristianas: desde las **murallas,** a los **baños de la dinastía merení** en el **parque de María Cristina,** pasando por iglesias como la de Ntra. Sra. de Europa. Como curiosidad, el **mercado de abastos,** de 1935, que hasta 1965 ostentó el récord de tener la cúpula más grande de la historia. Las puestas de sol resultan un espectáculo para quienes visitan sus playas, Getares y El Rinconcillo, en cualquier época del año.

Fiestas: La **Feria Real** (del 16 al 24 de junio) es de interés turístico de Andalucía. La primera quincena de agosto se celebran las fiestas patronales en honor de Ntra. Sra. de La Palma, que incluyen un ciclo de novilladas y una romería marítima.

Alrededores: A 8,5 km, **Palmones** cuenta con una playa ideal para la práctica del surf. A un paso se halla **Tarifa** (a 23 km), abatida por los vientos y orgullosa de su castillo legendario de Guzmán el Bueno, y los pueblos de **Castellar** (a 23 km) y **Jimena** (a 47 km), en los límites con el Parque Natural de los Alcornocales.

Restaurantes

® **Casa Mané.** (En PALMONES, a 8,5 km). Almadraba, s/n.
Playa de Palmones. T. 956 675 010. *www.casamane.com* P
Cierra cenas de domingos a jueves excepto verano, lunes, una semana en enero y en mayo, y la segunda quincena de septiembre. Atractiva ubicación al pie de la playa de Palmones. Asidua clientela mantenida por la calidad de los pescados y el punto de los mismos. **Coquinas, salmonetitos, ventresca de atún, pudin de leche condensada.** Precio medio sin marisco 30 €.

Mesón El Copo. (En PALMONES, a 8,5 km). Almadraba, 2.
Ctra. N-340, Cádiz-Málaga, km 111 y 112. Salida Palmones.
T. 956 677 710. *www.elcopo.es*
Cierra domingo cena. El mar en la mesa con pescados y mariscos del Estrecho. Buena elaboración y atención de Manuel Moreno y su familia. **Arroz ecológico bomba con pulpo, gamba roja y plancton marino, atún de almadraba en papillote,** postres caseros hechos por Vanesa Moreno.
Menú 36 €. Precio medio 38 €.

Hoteles

★★★★ **AC Algeciras.** Ctra. El Rinconcillo, s/n, esq. Hnos. Portilla.
T. 956 635 060. *www.ac-hotels.com* P
Hab. 108: 55 €. Suites: 3. Moderno y confortable. Dispone de unas espléndidas vistas del estrecho de Gibraltar.

114 · D-2
A Cádiz, 120 km
A Madrid, 667 km
Alt. Nivel del mar · Pob. 116.417
T. 956 581 413
GPS 36° 7' 49" N · 5° 26' 55" O

Surfista en Tarifa

Alhama de Granada Granada

106 · D-3
A Granada, 56 km
A Madrid, 565 km
Alt. 850 m · Pob. 6.097
T. 958 360 686
GPS 37° 0' 7'' N · 3° 59' 21'' O

Visitar: La monumentalidad de su barrio árabe y de las edificaciones nobiliarias y religiosas cristianas se unen al entorno serrano de esta ciudad balneario. Recorrerla es viajar en el tiempo hasta finales del s. XV, cuando Isabel la Católica fundó la **iglesia mayor de la Encarnación.** Las estrechas calles del **barrio árabe** son un laberinto que puede acabar entre mazmorras, en el hospital de la Reina o en el edificio de la antigua cárcel. La presencia morisca llega hasta los baños árabes (ss. XIII-XIV), que actualmente forman parte de una estación termal.

Fiestas: El **Día Histórico de Alhama** (28 de febrero) conmemora la toma de la ciudad por los caballeros castellanos en 1482. Tras un verano repleto de citas musicales (Festival Infantil de la Canción y Festival de Música Joven de Andalucía) llega la feria grande del municipio, en torno al 8 de septiembre.

Alrededores: Los tajos del río Alhama, a su paso por la localidad, han creado una hendidura en la roca que alcanza más de 50 m de profundidad. La riqueza natural de la zona incluye otros enclaves como el **Parque Natural de Sierra Tejada** o la **Ruta de los Sumideros de Zafarraya.**

Balneario de Alhama

Restaurantes

El Ventorro. Ctra. A-4150, Alhama de Granada-Jatar, km 2. T. 958 350 438.
www.elventorro.net P
Cierra cenas excepto sábado; lunes y del 7 al 31 de enero. Conjunto rural con 21 habitaciones junto a la presa. Revuelto de setas, churrasco ibérico a la brasa, dulce de membrillo. Menú 12 €. Precio medio 22 €.

Hoteles

*** **Hotel-Balneario.** Ctra. del Balneario, s/n. T. 958 350 011.
www.balnearioalhamadegranada.com P
Hab. 116: 122 €. En un marco de gran belleza. Tratamientos de fisioterapia, fangoterapia, algoterapia e hidrotermales.

Alhama de Murcia Murcia

100 · F-1
A Murcia, 36 km
A Madrid, 432 km
Alt. 176 m · Pob. 20.725
T. 968 633 512
GPS 37° 51' 2'' N · 1° 25' 33'' O

Visitar: Ubicada en el fértil valle del río Guadalentín, un paseo por su centro histórico parte del **Museo Arqueológico Los Baños,** que guarda los restos de los baños árabes y romanos con más de 2.000 años de historia. Desde allí se divisa el **castillo de Alhama** (bien de interés cultural) y una fortaleza medieval del s. XI que aún conserva gran parte de las murallas con el original trazado islámico.

Fiestas: La primavera arranca con dos fiestas de interés turístico regional: la **Semana Santa** y **Los Mayos,** donde los peleles de trapo se plantan en las calles y jardines. Las fiestas patronales de la Virgen del Rosario son en octubre.

Alrededores: Para los amantes del senderismo, los largos paseos en bicicleta o incluso la escalada, en Alhama está la principal entrada a **Sierra Espuña.**

Restaurantes

El Chaleco. Avda. Bastarreche, 9. T. 968 630 104.
www.restauranteelchaleco.es S
Cierra domingo cena en julio, martes cena, lunes, segunda y tercera semanas de agosto. Ambiente agradable. Croquetas al estilo de Fina, guisos de la zona, flan de naranja. Menú 16 €. Precio medio 45 €.

Hoteles

Hospedería Bajo el Cejo. (En EL BERRO, a 14 km). El Paso, s/n. T. 968 668 032.
www.bajoelcejo.com P
Hab. 10: 103 €. Suites: 1. Conjunto arquitectónico situado dentro del Parque Natural de Sierra Espuña, rodeado de impresionantes cejos.

Aljaraque Huelva Ver Huelva

104 · A-1

Allariz Ourense

18 · B-3
A Ourense, 23 km
A Madrid, 478 km
Alt. 458 m · Pob. 6.059
T. 988 442 008
GPS 42° 11' 24'' N · 7° 48' 6'' O

Visitar: Residencia de reyes como Alfonso X el Sabio y conjunto histórico artístico, en esta villa destaca su casco antiguo, cuya rehabilitación le valió el Premio Europeo de Urbanismo en 1994. La ciudad está coronada por el **Real Monasterio de Sta. Clara (s. XIII),** que posee el mayor claustro barroco de España, aunque solo se puedan visitar la iglesia y el museo sacro. No hay que perderse la **Plaza Mayor,** con el pazo de los Enríquez y la iglesia románica de Santiago.

Fiestas: Todos los años por el Corpus se celebra la popular **Festa do Boi,** en la que un buey corre por las calles de la villa. También destacan la Semana Santa ao Vivo y las Fiestas Etnográficas, entre septiembre y octubre.

Alrededores: El Ecoespacio do Rexo (a 3 km) es un museo al aire libre con árboles y bloques de granito pintados por el artista Agustín Ibarrola. **Santa Mariña de Augas Santas** (a 6 km) se levanta en torno al templo de Sta. Mariña.

Ecoespacio do Rexo

Restaurantes

Casa Tino Fandiño. Cárcel, 7. T. 988 442 216.
Cierra domingo cena y martes. Antiguo horno de pan con toques y decoración modernista. Empanadas, jarrete de ternera estofada, castañas en zumo de naranja. Menú 18 €. Precio medio 30 €.

Almagro Ciudad Real

82 · A-2
A Ciudad Real, 22 km
A Madrid, 190 km
Alt. 646 m · Pob. 9.850
T. 926 860 717
GPS 38° 53' 26'' N · 3° 42' 27'' O

Visitar: Como capital del teatro castellano, su epicentro late en el **Corral de Comedias** (s. XVI), monumento nacional situado en la **Plaza Mayor** (donde también se alza el Ayuntamiento, del s. XVI). No es el único tesoro en esta localidad declarada conjunto histórico-artístico: el **Teatro Municipal** (s. XIX), el **Teatro Hospital de S. Juan** (s. XVII), que conserva la nave de la iglesia y la enfermería, y el **Museo Nacional del Teatro** dan fe de su vocación artística. El recorrido se complementa con edificaciones religiosas, como la iglesia de Madre de Dios o la de S. Bartolomé, y museos como el del Encaje y la Blonda y el Espacio Arte Contemporáneo.

Fiestas: El teatro copa las principales citas festivas en el municipio: en julio, con la celebración del **Festival Internacional de Teatro Clásico** y, en octubre, con el **Festival Iberoamericano de Teatro Contemporáneo.** Todo ello sin olvidar la Semana Santa, con el desfile de *armaos,* y las fiestas en honor a S. Bartolomé (del 23 al 28 de agosto).

Alrededores: En **Aldea del Rey** (a 30 km) se encuentra el Sacro Convento de Calatrava la Nueva, bien de interés cultural del s. XIII. A 35 km, el **Parque Nacional de Las Tablas de Daimiel** es uno de los espacios naturales más originales del interior peninsular. En **Viso del Marqués** (a 50 km) destaca el palacio del Marqués de Sta. Cruz, monumento nacional y actual sede del Museo de la Marina Española.

Corral de comedias

Es el único teatro con estructura original del s. XVII que se conserva. El patio tiene 300 m² rodeados de 54 pies rectos de madera con base de piedra que evita la humedad.

Restaurantes

Mesón El Corregidor. Jerónimo Ceballos, 2. T. 926 860 648.
www.elcorregidor.com
Cierra lunes excepto julio; y última semana de julio. La mejor mesa de la ciudad en una casa solariega del s. XVIII. Juan José Garzón ofrece **canelones de berenjena gratinada,** ***carré*** **de cordero lechal confitado, pan de Calatrava.** Menú 25 €. Precio medio 38 €.

Hoteles

**** **La Casa del Rector.** Pedro Oviedo, 8.
T. 926 261 259. *www.lacasadelrector.com*
Hab. 29: 80 €. Suites: 3. Organizado en torno a tres espacios, dos patios y los corredores. Reúne a la vez tradición manchega y modernidad. Restaurante El Corregidor.

**** **Parador de Almagro.** Ronda de San Francisco, 31.
T. 926 860 100. *www.parador.es*
Hab. 54: 75 €. Suites: 3. Ubicado en el antiguo convento de S. Francisco (s. XVI). Céntrico. Restaurante Entre Patios.

Almansa Albacete

84 · B-2
A Albacete, 74 km
A Madrid, 322 km
Alt. 713 m · Pob. 25.591
T. 967 344 771
GPS 38° 52' 16'' N · 1° 5' 41'' O

Visitar: El perfil de Almansa está dominado por el **castillo-fortaleza árabe** (ss. XIII-XV), en lo alto del cerro del Águila. Todo un símbolo de la ciudad, declarada conjunto histórico-artístico gracias a monumentos como el palacio de los condes de Cirat (s. XVI), actual Ayuntamiento, y la **iglesia de la Asunción** (s. XVI).

Fiestas: A principios de mayo tienen lugar las **fiestas patronales,** de interés turístico nacional. Incluyen, entre otros, el tradicional desfile de Moros y Cristianos y la batalla de las flores.

Alrededores: Hay que acercarse hasta el **santuario de Belén,** al que los lugareños acuden en romería dos veces al año, y al vecino **monte Mugrón,** donde se encuentran huellas de la ciudad ibérica de Meca.

Restaurantes

Bodegón. Corredera, 118. T. 967 310 637.
Cierra domingo cena y martes. Vacaciones, consultar. Arroces, gazpachos manchegos, leche frita. Menú 17 €. Precio medio sin marisco 20 €.

® **Maralba.** Violeta Parra, 5. T. 967 312 326.
www.maralbarestaurante.es
Cierra cenas de domingo y lunes, martes y 10 días en noviembre. Francisco Martínez tiene un interesante menú gastronómico. En temporada, **ravioli de morteruelo de caza con virutas de pichón de caserío, paletilla de cabrito lechal con infusión de cebollas asadas e hinojo, sorbete de calabaza y sopa de semillas y eneldo.** Menú 44 €. Precio medio 48 €.

Mesón de Pincelín. Las Norias, 10. T. 967 340 007.
www.pincelin.com P S
Cierra domingo cena, lunes, una semana después de Navidad y del 1 al 15 de agosto. El mesón de la familia Blanco ha conseguido un reconocido prestigio. La calidad del producto y los guisos de la señora Josefa, **gazpachos manchegos y arroces levantinos** son su principal atractivo. Deliciosos postres y una gran bodega complementan el placer de la visita. Menú 43 €. Precio medio 32 €.

Hoteles

**** **Blu.** Avda. de Ayora, 35. T. 967 340 009. *www.hotelblu.es*
P
Hab. 69: 88 €. Suites: 1. Diseñado por Francesc Rifé, este moderno hotel fusiona la calidez de sus espacios con los servicios y tecnología de máximo nivel. Destaca el cuidado de la gastronomía, todo un referente local. Restaurante Decuchara.

Almazán Soria

44 · C-1
A Soria, 32 km
A Madrid, 192 km
Alt. 930 m · Pob. 5.835
T. 975 310 502
GPS 41° 29' 8'' N · 2° 32' 5'' O

Torre de la Puerta de la Villa

Visitar: Se fundó a mediados del s. X, en una pequeña atalaya militar que dio nombre a Almazán (el fortificado). Hoy, de aquella muralla se conservan un torreón conocido como Rollo de las Monjas, además de tres de las seis puertas que tuvo la villa y los postigos de S. Miguel y Sta. María. En el interior, el casco antiguo se articula alrededor de la Plaza Mayor, junto a la que se encuentra la **iglesia de S. Miguel,** joya del románico soriano y monumento nacional. Allí mismo se levanta el **palacio de los Hurtado de Mendoza,** donde se alojaban los Reyes Católicos y su corte itinerante, y que hoy acoge el Centro de Recepción de Visitantes. En el convento de la Merced, también monumento nacional, vivió como fraile, murió y, dicen, está enterrado Tirso de Molina.

Fiestas: Destaca el 17 y 18 de mayo la fiesta del patrón de los pastores, **S. Pascual Bailón,** de interés turístico regional, al igual que la bajada del patrono **Jesús Nazareno,** el 3 de septiembre.

Alrededores: Una ruta por la comarca incluye pueblos como **Viana de Duero** (a 9 km) y su iglesia románica de S. Bartolomé; **Matamala de Almazán** (a 10 km), donde hay una ruta ideal para los aficionados a la micología, o **Morón de Almazán** (a 13 km), que destaca por su conjunto monumental de la Plaza Mayor, el Museo del Traje y el campo de golf La Dehesa.

Restaurantes

® **Antonio.** (Hotel Antonio). Avda. de Soria, 13. T. 975 300 711.
www.hotelantonio.net P
Cierra domingo cena y del 24 de diciembre al 21 de enero. Con 20 habitaciones. Calidad y clasicismo. **Las croquetas, el somarro y los postres caseros** invitan a volver. Menú 13 €. Precio medio 33 €.

Rincón del Nazareno. (Hotel Rincón del Nazareno). Cuesta de Santiago, 3. T. 975 300 949. *www.rincondelnazareno.es*
Con 12 habitaciones. Un local muy agradable y muy bien remozado, inaugurado en otoño de 2012 por Virginia de Miguel. El único asador de la ciudad con buenos productos de temporada y delicioso cordero o cochinillo. Menú 12 €. Precio medio 32 €.

Almendralejo Badajoz

79 · D-3
A Badajoz, 60 km
A Madrid, 370 km
Alt. 337 m · Pob. 36.000
T. 924 666 967
GPS 38° 41' 16'' N · 6° 24' 27'' O

Visitar: Marcada por un paisaje de fértiles campos, la ciudad respira el aroma de sus afamados caldos con D. O. Ribera del Guadiana. En el **parque de la Piedad,** se encuentra la **plaza de toros** (s. XIX), la única que posee una bodega bajo sus gradas, y el **Museo de las Ciencias del Vino.** En pleno centro urbano se alza la iglesia parroquial Ntra. Sra. de la Purificación (s. XVI) y, en sus alrededores, casas solariegas y palacios como el de los Condes de Osilo y el de los Condes de la Oliva. Muy cerca se encuentra el **palacio de Monsalud** (s. XVIII), donde nació el poeta José de Espronceda y que hoy es la sede del Ayuntamiento. A un pasado más remoto remite el yacimiento arqueológico Huerta Montero, que atesora importantes vestigios de la Edad de Bronce.

Fiestas: La noche del 1 de febrero se celebran **Las Candelas,** fiesta de interés turístico regional. Las grandes citas del año son la **Feria de Ntra. Sra. de la Piedad** y la **Fiesta de la Vendimia,** en agosto. Haciendo honor a su fama como Ciudad del Romanticismo, en octubre se organiza la Ruta Literaria del Romanticismo. Interesante su Primavera Enogastronómica.

Alrededores: El **balneario de Alange** (a 18 km) es uno de los pocos del mundo donde bañarse en una auténtica terma romana restaurada. A unos 25 km, el **castillo de Feria** ofrece unas vistas impresionantes de los castillos de Villalba de los Barros, Zafra y Nogales.

Hoteles

**** **Acosta Centro.** Pza. de Extremadura, s/n. T. 924 666 111.
www.hotelacostacentro.com
Hab. 110: 60 €. Situado en el centro de Almendralejo. Restaurante Olivares, platos típicos y terraza *chill-out.*

Almería

113 · B-1
A Madrid, 563 km
Alt. 16 m · Pob. 190.000
T. 950 210 538 / 950 280 748
GPS 36° 50' 23'' N · 2° 28' 9'' O

Parque Natural Cabo de Gata

Visitar: Desde el s. VIII hasta las postrimerías de la Edad Media, Almería vivió bajo los designios del Islam. De su pasado andalusí destaca la monumental **fortaleza de la Alcazaba** (s. X), auténtico símbolo de la ciudad, y de la que hoy permanece en pie el palacio de Al-Mutasin, su mezquita (convertida en iglesia desde finales del s. XV) y sus baños. Un rasgo peculiar del patrimonio religioso de Almería son las iglesias-fortaleza, entre las que destaca la **catedral de la Encarnación** (s. XVI), cuyo exterior, recio y sólido, contrasta con las líneas góticas y renacentistas del interior. La ciudad es también rica en patrimonio civil, como la Casa de los Puche (s. XVIII), en la **plaza de Bendicho.** De época posterior es el Ayuntamiento (s. XIX), integrado en la plaza Vieja, presidida por el monumento a Los Coloraos (s. XIX). El bien de interés cultural de la **Puerta de Purchena** (entrada a la ciudad en época musulmana) incluye la Casa de las Mariposas, un símbolo del creciente poder económico y político de la burguesía almeriense de principios del s. XX.

Fiestas: El 12 de enero se celebra la romería a **Torre García** en honor a la Virgen del Mar. La **Semana Santa** es de interés turístico de Andalucía; a principios de mayo aguardan **Las Cruces,** y en agosto las fiestas de la Virgen del Mar.

Alrededores: La situación de Almería es idónea para conocer **Aguadulce** (a 11 km), que brinda un complejo turístico ideal para disfrutar de sol y playa, y para acercarse al **desierto de Tabernas** (a 12 km) y al **Parque Natural Cabo de Gata** (a 23 km).

Restaurantes

Bacus. (Gastrobar, en AGUADULCE, a 11 km). Camino de los Parrales, 330. T. 950 341 354. *www.bacus.eu*
Cierra domingo. Cocina mediterránea de corte moderno. Salmonete a baja temperatura sobre *risotto* de remolacha, huevo trufado con crema de espárragos trigueros, *panna cotta.* Menú 14 €. Precio medio 35 €.

® **Bello Rincón.** Ctra. N-340, Cádiz-Girona, km 436. Vía Litoral dirección Aguadulce, a 4 km. T. 950 238 427. *www.bellorincon.com*
Cierra cenas, lunes y agosto. Un enclave cerca del mar de donde Manuel Martínez saca la inspiración y los buenos platos de su carta marinera. Un referente para los amantes del **marisco** y del **pescado.** Precio medio 35 €.

® **Casa Sevilla.** (Galería Comercial). Rueda López, s/n. T. 950 272 912. *www.casa-sevilla.com*
Cierra domingo. Sus comedores son el punto de encuentro de los amantes de la buena mesa almeriense. Variada carta y gran calidad en sus géneros. **Berenjenas fritas con miel de caña, cochinillo asado a baja temperatura, piña al natural.** Precio medio 30 €.

La Catedral. (Hotel Catedral). Pza. de la Catedral, 8. T. 950 278 178. *www.hotelcatedral.net*
La experiencia hostelera de Lázaro López unida a la del cocinero José Torrente han dado un nuevo y enriquecedor aspecto a su propuesta culinaria. Punto de encuentro social y gastronómico, tanto en su barra, comedor y terraza. Rica carta de tapas almerienses modernas y tradicionales. Menú y precio medio 25 €.

La Encina "Plaza Vieja". Marín, 16. T. 950 273 429. *www.restaurantelaencina.es*
Cierra domingo en verano, domingo cena y lunes. Cocina mediterránea en una casa del s. XIX del casco histórico. Ensalada templada de bacalao con ajoblanco, muslos de pintada rellenos de *foie-gras, coulant* de chocolate. Menú 19 €. Precio medio 35 €.

La Gruta. (Asador). Ctra. N-340, Cádiz-Girona, km 436. Vía Litoral dirección Aguadulce, a 4 km. T. 950 239 335. *www.asadorlagruta.com*
Cierra domingo cena y lunes. Grutas naturales y terraza mirando al mar, a 4 km de la capital. Pulpo de la isla de Alborán, pierna de cabrito con asado de verduras de la Alpujarra almeriense, cremoso de chocolate blanco sobre chocolate negro y aceite de oliva. Menú y precio medio 30 €.

Hoteles

**** **Barceló Cabo de Gata.** Avda. Juegos de Casablanca, s/n. T. 950 184 250. *www.barcelocabodegata.com*
Hab. 222: 102 €. Suites: 8. Hotel de nueva construcción en primera línea de playa. Restaurante Mare Nostrum.

**** **Catedral Almería.** Pza. de la Catedral, 8. T. 950 278 178. *www.hotelcatedral.net*
Hab. 20: 90 €. Suites: 1. En el centro de la ciudad. En un edificio de 1850. Restaurante La Catedral.

**** **Husa Gran Fama.** Avda. del Mediterráneo, s/n. Junto al Centro Comercial Mediterráneo. T. 950 145 039. *www.hotelhusagranfama.com*
Hab. 88: 170 €. Suites: 2. Fácil acceso a la autovía. Internet gratuito en las habitaciones y *wifi* en recepción y cafetería. Terraza de verano.

Almerimar Almería Ver Ejido, El

113 · A-2

Almunia de Doña Godina, La Zaragoza

45 · C-1
A Zaragoza, 50 km
A Madrid, 265 km
Alt. 366 m · Pob. 7.000
T. 976 600 076
GPS 41° 28' 42'' N · 1° 22' 21'' O

Torre de la iglesia de La Asunción

Visitar: La donación de una huerta por parte de una rica dama medieval a la Orden de S. Juan de Jerusalén fue el germen del nacimiento del municipio, en el s. XII. Hoy, sus calles rebosan historia y arte, desde las casas hidalgas de los ss. XVI y XVII a instituciones educativas como el **colegio Nertóbriga,** pasando por el conjunto arquitectónico de la **orden de S. Juan de Jerusalén,** formado por una iglesia barroca, un hospital y un palacio.

Fiestas: S. Jorge (23 de abril) es vivido con gran pasión por los almunienses, que se concentran a preparar sus ranchos en el entorno de la plaza de la Paz. En las fiestas grandes de **Sta. Pantaria** (del 24 al 29 de septiembre), las peñas, los gigantes y cabezudos y las vaquillas llenan las calles.

Alrededores: Merece la pena conocer los bellos pueblos de la comarca de Valdejalón, como **Ricla** (a 5 km) con su altiva torre; **Calatorao** (a 7 km) y su mezquita de Qalat al-turäb y **Épila** (a 18 km) y su santuario de la Virgen de Rodanas, inmerso en un espacio de pinares y olivos centenarios.

Restaurantes

® **El Patio de Goya.** (Hotel El Patio). Avda. de Madrid, 6. T. 976 601 037. *www.hotelelpatio.es*
Cierra cenas de domingo a jueves. Con 41 habitaciones. José Carlos Martín continúa con su buen hacer en esta casa con estratégica ubicación en la autovía Madrid-Barcelona. **Arroz envuelto en ibérico con *boletus* y rúcula, bacalao a la brasa sobre garbanzos de cocido, carlota de membrillo con cremoso de radiquero.** Menú 30 €. Precio medio 37 €.

Almuñécar Granada

111 · F-2
A Granada, 75 km
A Madrid, 515 km
Alt. 20 m · Pob. 27.703
T. 958 631 125
GPS 36° 44' 3'' N · 3° 41' 31'' O

Visitar: Su emblemático **castillo de S. Miguel,** de origen fenicio, sirvió a romanos y árabes hasta que fue entregado a los Reyes Católicos en 1489. Aún conserva parte de su muralla árabe y en su interior alberga el Museo Histórico. La visita al corazón viejo de la ciudad parte del paseo marítimo y se adentra hasta la **plaza de la Constitución** donde se alzan el Ayuntamiento y la **iglesia de la Encarnación.** No hay que abandonar la zona sin visitar el **palacete de Najarra,** con unos jardines de gran belleza. El **Museo Arqueológico** se asienta en la Cueva de los Siete Palacios, una maravilla de la época romana, como también lo es el acueducto de 7 km y los columbarios de la **torre del Monje** y **la Albina.** En la playa de Almuñécar se encuentra el monumento natural de los Peñones de S. Cristóbal.

Fiestas: El 19 de marzo se celebran las fiestas patronales de la Herradura, en honor a S. José. Las **fiestas patronales** de la **Virgen de la Antigua** (del 9 al 15 de agosto) son de interés turístico de Andalucía.

Alrededores: En el propio término municipal está **La Herradura,** que ofrece un recorrido que va desde el castillo-fortaleza de la época de Carlos III a las atalayas del s. XVI que se encuentran tanto en el **Paraje Natural de Maro-Cerro Gordo,** como en la **Punta de la Mona** (actual faro).

Restaurantes

Mar de Plata. Mar de Plata, 3. T. 958 633 079.
www.restaurantemardeplata.es S
Cierra martes y mayo. Los pescados de la zona a la sal o a la plancha, los arroces y la fruta de temporada (mango, chirimoya...) son el sello de identidad de los hermanos Martín. Menú 22 €. Precio medio 25 €.

Hoteles

**** **Suites Albayzin del Mar.** Avda. Costa del Sol, 23. T. 958 632 161.
www.hotelalbayzindelmar.com P
Suites 71: 81 €. Inmerso en la Isla del Ocio, declarada de interés turístico. Rodeado de 10.000 m² de jardines tropicales. Restaurante de alta cocina.

Palacete de Najarra

Alovera Guadalajara Ver Guadalajara

53 · F-3

Alp-Molina, La Girona

26 · A-2
A Girona, 147 km
A Madrid, 659 km
Alt. 1.159 m · Pob. 1.741
T. 972 890 385
GPS 42° 22' 26'' N · 1° 53' 10'' O

Visitar: La **iglesia románica de St. Pere** (en Alp) y el **dolmen de la Paborde** (en La Molina) son los monumentos con más solera en estos pueblos de montaña situados en el valle del río Alp.

Fiestas: Son de interés la **fiesta mayor de Alp,** dedicada a St. Pere, y la de la **Virgen de las Nieves,** fiesta mayor de La Molina.

Alrededores: Las **estaciones de esquí de La Molina** y **Masella** integran Alp 2500, la estación de esquí alpino más grande de España.

Restaurantes

Ca l'Eudald. (Hotel Ca l'Eudald). Pº Ágnes Fabra, 4. T. 972 890 033.
www.caleudald.com S
Con 30 habitaciones. Cocina tradicional en una antigua bodega y comedor en el jardín en verano. Arroz con pato, ajos tiernos y *moixernons,* albóndigas de corzo con setas, sopa de fresas con fruta y cremoso de chocolate blanco. Menú 18 €. Precio medio 35 €.

Casa Patxi. Orient, 23. T. 972 890 182.
www.casapatxi.com S
Cierra de lunes a miércoles en temporada baja, martes cena, miércoles, mayo y noviembre. Acogedora casa pairal en el casco antiguo. Revuelto de setas de temporada, solomillo de buey de Cerdanya, fresas. Menú 22 €. Precio medio 25 €.

Hoteles

Niu dels Falcons. Font Moreu, s/n. T. 972 892 073.
www.niudelsfalcons-xalet.com
Hab. 6: 90 €. Suites: 1. En medio del bosque, cerca de las pistas de esquí. Cocina tradicional.

Trineo de perros en la estación Alp 2500

Alquézar Huesca

24 · D-4
A Huesca, 47 km
A Madrid, 432 km
Alt. 650 m · Pob. 320
T. 974 318 940
GPS 42° 10' 26'' N · 0° 1' 38'' E

Visitar: El topónimo árabe Alquézar *(al-Qasr)* significa fortaleza, y hace clara alusión al origen militar de este municipio declarado conjunto histórico-artístico. Es un pueblo surgido a la sombra de un **castillo** de época musulmana (s. IX), del que apenas queda un **torreón** y parte de **muralla.** Respecto a la **iglesia de Sta. María de Alquézar,** bien de interés cultural del s. XI, solo se conservan de época románica la parte meridional del claustro con capiteles labrados de escenas del Viejo y Nuevo Testamento. En el sinuoso trazado medieval de sus calles, salpicado de pasadizos en alto, destacan sus casas, claro ejemplo de la arquitectura aragonesa.

Fiestas: La cita más destacada es la fiesta en honor a **S. Hipólito,** del 11 al 14 de agosto, con concurso de tapas, misa baturra, festival de jotas...

Alrededores: Alquézar se enmarca dentro del Parque Cultural del río Vero, con un rico patrimonio que comprende, además de muestras de arte rupestre, joyas arquitectónicas como el santuario de Sta. María de Dulcis, en **Buera** (a 5 km); la ermita de Ntra. Sra. de Treviño, en **Adahuesca** (a 7 km), y la catedral de **Barbastro** (conjunto histórico-artístico, a 23 km).

Restaurantes

Boroa. Caserío Garai, 11. Salida 18 de la A-8, Bilbao-San Sebastián. T. 946 734 747. *www.boroa.com*
Cierra domingo cena y 15 días en enero. Antiguo caserío reformado en un entorno natural privilegiado. El ambiente armoniza con la gran cocina de Javier Gartzía basada en un buen producto. **Huevo de caserío a 65° sobre espárrago blanco trufado y capuchino de guisantes lágrima, supremas de pichón en asado breve y sus muslitos en *royal* con bizcocho de cebolla, cremoso de queso y pasión con glaseado de piña.** Precio medio 55 €.

Jauregibarría. Barrio Bideaur, 4. T. 946 301 632. *www.jauregibarriajatetxea.com*
Cierra domingo cena, lunes y 10 días en enero y en septiembre. Un antiguo caserío en plena naturaleza es el escenario donde Beñat Ormaetxea elabora su personal cocina con un buen producto. Degustación de bacalao, chuleta de ganado mayor con guarnición, frutos rojos en infusión con crema helada de arroz con leche. Menú 23 €. Precio medio 30 €.

Ampudia Palencia

31 · D-2
A Palencia, 26 km
A Madrid, 243 km
Alt. 790 m · Pob. 627
T. 979 768 025
GPS 41° 54' 49'' N · 4° 46' 53'' O

La Giralda de Campos

Visitar: En este municipio declarado conjunto histórico-artístico destacan dos monumentos nacionales: el **castillo** del s. XV, el más importante y mejor conservado de la provincia, y la **colegiata de S. Miguel** (ss. XIII-XVI), compuesta por un templo y una torre conocida como la Giralda de Campos por su espectacular belleza y que alberga un majestuoso órgano barroco. Destaca también el **Museo de Arte Sacro,** en el antiguo convento de S. Francisco.

Fiestas: Septiembre es el mes grande, con las fiestas patronales de **Ntra. Sra. de Alconada** (del 6 al 10), con la tradicional romería al santuario, la Fiesta Barroca (días 28 y 29) y **S. Miguel Arcángel,** que incluye un mercado castellano en las calles porticadas del municipio.

Alrededores: A 3 km se encuentra **Valoria del Alcor,** cuya iglesia románica de S. Fructuoso (s. XII) es bien de interés cultural.

Hoteles

**** **Posada Real La Casa del Abad.** Pza. Francisco Martín Gromaz, 12. T. 979 768 008. *www.casadelabad.com*
Hab. 24: 99 €. Suites: 6. Edificio emblemático del s. XVII. Espectacular bóveda, capilla, mobiliario, cuadros y enseres antiguos. Restaurante El Arambol, con un buen lechazo churro asado coronado con sopa de frutos rojos con cava y helado de queso.

Ampuero Cantabria Ver Limpias

5 · E-3

Amurrio Araba/Álava

13 · A-2
A Vitoria, 40 km
A Madrid, 400 km
Alt. 219 m · Pob. 10.050
T. 945 393 704
GPS 43° 3' 8'' N · 3° 0' 8'' O

Visitar: Situado en la orilla del río Nervión, destaca por edificaciones religiosas como la **iglesia de Sta. María,** que combina los estilos románico y renacentista, y la **ermita de S. Antón.** El municipio está, además, jalonado de casas-torre y palacios como el de Ugarte, actual Casa de la Cultura. Como sede del consejo regulador de la D. O. Arabako Txakolina, el pueblo cuenta con varias bodegas visitables dedicadas a la elaboración del *txakoli* alavés.

Fiestas: En enero se celebra S. Antón, y en mayo, el **Día del Txakoli,** con feria, degustación y concurso gastronómico. Del 11 al 17 de agosto tienen lugar las fiestas patronales de **S. Roke** y **Ntra. Sra. de la Asunción.**

Alrededores: La riqueza natural de la zona se manifiesta en rincones como el cañón de Delika o del Nervión, un salto de agua de 270 m de altura que en época de lluvias forma una impresionante cascada. **Goikomendi Kuxkumendi Natur Parkea,** un antiguo espacio forestal protegido, y el parque de Garrastatxu, en el **Parque Natural del Gorbea,** son punto de partida de diversas rutas de senderismo. A 2 km, **Lezama** permite disfrutar del valle del Txorierri en todo su esplendor.

Restaurantes

Bideko. (En LEZAMA, a 2 km). Barrio Lezama, s/n. Ctra. de Amurrio a Vitoria. T. 945 890 633. *www.restaurantebideko.com*
Cierra cenas de lunes a jueves, tercer domingo de mes, Semana Santa y tres primeras semanas de agosto. Un precioso caserío del s. XVII llevado por los hermanos Guinea. Se disfruta. **Puerro relleno de cuajada de *edulis* con mollejas de ternera sobre alioli de calabaza, láminas de bacalao y patata templada con su pilpil, ensalada de frutas del tiempo.** Menú 16 €. Precio medio 40 €.

® **El Refor.** (Edif. El Salvador). Maskuribai, 21. T. 945 393 314.
www.elrefor.com
Cierra cenas de domingo a jueves. El dúo Cristina y Jesús Miguel (sala y cocina, respectivamente) mantienen su buen hacer en este antiguo reformatorio. Destacan la **torrija de *foie-gras* con salteado de hongos, la chuleta a la brasa con patatas y pimientos rojos o el panaché de frutas.** Menú 11 €. Precio medio 40 €.

Hoteles

**** **Aisia Orduña Hotel Balneario.** (En ORDUÑA, a 7,2 km). Foru Plaza, 15. T. 945 384 550. *www.aisiahoteles.com*
Hab. 42: 134 €. Suites: 2. Edificio neoclásico del s. XVIII. Restaurante Aduana.

Anglès Girona

38 · A-1
A Girona, 17 km
A Madrid, 708 km
Alt. 153 m · Pob. 5.637
T. 972 180 255
GPS 41° 57' 17'' N · 2° 38' 13'' O

Visitar: La villa cuenta con uno de los **barrios góticos** más antiguos de Cataluña, con edificios como la **iglesia de St. Amanç.** Su patrimonio incluye también un gran número de **masías,** algunas fortificadas, como la **masía** y **molino de Cuc** o la de **Perarnau.**

Fiestas: El **Encuentro de la Sardana,** el tercer domingo de junio, es de las más concurridas. Las Gales d'Anglès, a finales de agosto, es la fiesta mayor.

Alrededores: Anglès se enmarca dentro de La Selva, conocida como la comarca del agua por sus importantes acuíferos. El relax está asegurado en los balnearios de **Sta. Coloma de Farners** (a 12 km) y de **Caldes de Malavella** (a 30 km). También es destacable la villa de **Sant Hilari de Sacalm** (a 25 km), con más de 100 fuentes de origen mineral y medicinal.

Encuentro de la Sardana

Restaurantes

L'Aliança d'Anglès. Jacint Verdaguer, 3. T. 972 420 156.
www.restaurantalianca.com
Cierra cenas de domingo y martes, lunes, 15 días en verano y una semana en Navidad. En este café-casino situado en el barrio antiguo, año tras año los hermanos Josep María y Lluís Feliu se reafirman con una oferta culinaria muy actual que avanza con impecable carácter y calidad. **Lubina, pino, piña y piñones; pichón, cerezas y endibia; fresas con nata, albahaca y balsámico.** Menú 29 €. Precio medio 45 €.

Hoteles

**** **Mas Vilalonga Petit.** (En CASSÀ DE LA SELVA, a 29,1 km). Veïnat Verneda, 21. T. 972 461 993. *www.masvilalongapetit.com*
Hab. 9: 257 €. Hotel con encanto a 15 min de Girona y de la Costa Brava. En una masía del s. XVIII. Exclusivo para adultos, no admite niños.

Antequera Málaga

106 · A-3
A Málaga, 45 km
A Madrid, 503 km
Alt. 577 m · Pob. 42.117
T. 952 702 505
GPS 37° 1' 8'' N · 4° 33' 51'' O

Visitar: La ciudad malagueña –declarada conjunto histórico-artístico– heredó de Roma y Al-Andalus su leyenda, y del Renacimiento y el Barroco, su monumentalidad. Desde la **Puerta de los Gigantes** se accede a su monumento más representativo, la **Alcazaba** (s. XIV), que forma parte del conjunto amurallado de la medina islámica y cuyo elemento más significativo es la poderosa torre del Homenaje. Iglesias, conventos, ermitas y palacios civiles construidos entre los ss. XVII y XVIII enaltecen su barrio viejo. Entre ellos sobresale la **Real Colegiata de Sta. María La Mayor,** a cuyos pies se conservan unas termas romanas del s. I. La riqueza arqueológica de la zona se completa con un interesante conjunto dolménico de tres construcciones fechadas en el calcolítico (2500-1800 a. C.). Almería constituye un placer difícil de encontrar en el Mediterráneo, con más de 100 km de costa de inigualable belleza.

Fiestas: Arte, tradición y fe se dan cita en su **Semana Santa,** de interés turístico regional. El último sábado de abril comienzan los cultos al patrón, el Stmo. Cristo de la Salud y de las Aguas. La **Real Feria** de agosto, de interés turístico nacional, se remonta al s. XVIII, siendo una de las más antiguas de España.

Alrededores: El **Paraje Natural de El Torcal de Antequera** (a 13 km) es uno de los ejemplos más impresionantes de paisaje cárstico de toda Europa. A 20 km, la **laguna de Fuente de Piedra** alberga la mayor colonia de flamencos rosados de la Península Ibérica. El pantano de El Chorro, próximo a **Ardales** (a 30 km), es famoso por sus bosques, playas, miradores y barrancos. Antequera es también una meca para los amantes del golf, con una oferta de campos amplia y de calidad.

Formación rocosa de El Torcal de Antequera

Restaurantes

® **Arte de Cozina.** Calzada, 29. T. 952 840 014.
www.artedecozina.com S
Casa solariega del s. XVII con patio interior. **Ajoblanco de almendras o de habas, perdiz en caldo-gazpacho, almojábanas.** Precio medio 30 €.

Caserío San Benito. Ctra. A-45, Málaga-Córdoba, km 87. Salida 86, dirección Alameda, por la Ctra. MA-6415. T. 952 111 103.
www.caseriodesanbenito.com P
Cierra cenas de domingo a jueves desde el 20 de septiembre al 1 de julio. Cortijo andaluz rodeado de olivares en la vega antequerana. Potajes, arroces, chivo lechal malagueño al horno, bienmesabe. Menú 12 €. Precio medio 25 €.

Hoteles

**** **Parador de Antequera.** Pº García del Olmo, 2. T. 952 840 261.
www.parador.es P
Hab. 58: 140 €. Edificio de nueva construcción situado en el corazón de Andalucía. El restaurante La Vega ofrece platos locales y regionales.

---

4 · C-4

Antrialgo Asturias Ver Arriondas

---

14 · C-4

Aoiz Navarra Ver Pamplona

Aracena Huelva

96 · C-1
A Huelva, 106 km
A Madrid, 504 km
Alt. 867 m · Pob. 8.500
T. 663 937 877
GPS 37° 53' 31'' N · 6° 33' 39'' O

Visitar: Su casco urbano, declarado conjunto histórico-artístico, se ubica al pie del antiguo castillo del s. XIII –que formaba parte de la línea defensiva del valle del Guadalquivir– y de la **iglesia prioral de Ntra. Sra. del Mayor Dolor,** que conserva el alminar de la mezquita que le precedió. La gran joya de su patrimonio es la **gruta de las Maravillas,** una de las formaciones cársticas más bellas y mejor conservadas del mundo. El municipio cuenta además con el **Museo del Jamón.**

Fiestas: Además de la **Semana Santa** y la **Feria Grande** (del 22 al 26 de agosto), Aracena brinda interesantes citas anuales como la Muestra de Música Antigua Castillo de Aracena (agosto) y la Feria Regional del Jamón y del Cerdo Ibérico, la tercera semana de octubre de cada año.

Alrededores: Las seis aldeas de Aracena **–Carboneras, Castañuelo, Corterrangel, Jabuguillo, La Umbría y Valdezufre–** son muy ricas en patrimonio etnográfico y arquitectura popular. Merece la pena realizar una ruta senderista o a caballo por el Parque Natural Sierra de Aracena y Picos de Aroche.

Espadaña junto a la iglesia de Ntra. Sra. del Mayor Dolor

Restaurantes

Casas. Pozo de la Nieve, 39. T. 959 128 044.
www.restaurantecasas.es P S
Cierra cenas. Protagonizan la carta los productos del cerdo ibérico, las setas serranas y las manzanas asadas. Menú 15 €. Precio medio 27 €.

José Vicente. Avda. de Andalucía, 53. T. 959 128 455. P S
Cierra cenas, martes y del 20 de junio al 10 de julio. Mesón-tienda con productos de cerdo ibérico y platos de temporada (setas, verduras, caza). Castañas en almíbar. Menú y precio medio 25 €.

Hoteles

*** **Finca Valbono.** Ctra. Carboneras, km 1. T. 959 127 711.
www.fincavalbono.com P
Hab. 6: 75 €. Complejo turístico rural. Senderismo, cicloturismo, excursiones y caballos en el Parque Natural Sierra de Aracena y Picos de Aroche. Restaurante Los Barrancos.

Aranda de Duero Burgos

32 · D-3
A Burgos, 80 km
A Madrid, 160 km
Alt. 798 m · Pob. 33.459
T. 947 510 476
GPS 41° 40' 17'' N · 3° 41' 16'' O

Visitar: El vino es una parte muy importante de la cultura de este municipio capital de la Ribera. Lo mejor, la posibilidad de visitar su Red de Bodegas Subterráneas (Bodega de las Ánimas), construidas la mayor parte entre los ss. XIV y XVI. En el abigarrado casco histórico que se extiende junto al río destaca la **iglesia de Sta. María la Real** (ss. XV-XVI), con una impresionante fachada del gótico isabelino. Entre sus museos, el **Museo Sacro,** en el interior de la iglesia de S. Juan Bautista (ss. XIV-XV), y el **Museo de Pintura-Casa de las Bolas.**

Fiestas: Caracterizada por el espíritu típico castellano, su **Semana Santa** es de interés turístico regional. El acto estrella es la Bajada del Ángel, el domingo de Pascua, en el que un niño de corta edad quita el manto negro de luto a la Virgen. En junio tienen lugar las Jornadas del Lechazo, mientras que las **fiestas patronales de Ntra. Sra. de las Viñas** son del 12 al 21 de septiembre.

Alrededores: En **Sinovas** (a 3 km) se encuentra la **iglesia de S. Nicolás de Bari,** monumento nacional con un importante artesonado mudéjar. En **Gumiel del Mercado** (a 14 km), son interesantes las casas solariegas y las antiguas puertas de su muralla.

Restaurantes

Asador Tudanca Aranda. (Hotel Tudanca Aranda). Ctra. A-I, Madrid-Irún, km 153. T. 947 506 011. *www.tudanca-aranda.com* P
Las mollejas encebolladas, el lechazo asado en horno de leña y la *mousse* de queso de Burgos son una buena opción en un ambiente agradable y castellano. Menú 14 €. Precio medio 30 €.

Casa Florencio. (Asador). Isilla, 14. T. 947 500 230. *www.casaflorencio.com* S
Cierra cenas excepto viernes y sábado. El lechazo asado o las mollejas de lechazo con *boletus* son buenas opciones junto a los canutillos rellenos de crema o nata. Precio medio 30 €.

El Lagar de Isilla. Isilla, 18. T. 947 510 683. *www.lagarisilla.es*
Cierra domingo cena. Los platos estrella son el lechazo asado y las variedades de setas acompañados con el vino de Ribera del Duero de producción propia. Además, buena bodega visitable del s. XV. Precio medio 35 €.

Mesón de La Villa. La Sal, 3. T. 947 501 025.
Cierra domingo cena, lunes y segunda quincena de octubre. El mejor de Aranda, liderado por Seri Bermejo. Su equipo mantiene los **escabechados y el cordero lechal asado.** De postre, **leche frita.** Mariví está pendiente de todo. Menú 25 €. Precio medio 30 €.

Hoteles

**** **Torremilanos.** Finca Torremilanos, s/n. T. 947 512 852. *www.torremilanos.com* P
Hab. 38: 157 €. Suites: 4. En un paraje espectacular, rodeado de viñedos y naturaleza, ideal para relajarse. Vinos de cosecha propia.

Aranjuez Madrid

Jardín del Príncipe

Visitar: El trazado actual de la ciudad, paisaje cultural de la humanidad, se remonta al reinado de Felipe II, que le concedió el título de Real Sitio. Una de sus joyas es el **Palacio Real** (ss. XVI-XVIII) con sus estancias principales –la sala de Porcelana, el gabinete de la Reina y la capilla real– y sus jardines: el del Parterre, el de la Isla y el del Príncipe, donde se encuentra el Museo de Falúas Reales. El cauce del río acompaña hasta la **Casa del Labrador,** palacete de estilo Versalles. El carácter cortesano de la ciudad se extiende hasta su casco antiguo, conjunto histórico-artístico, con edificios como la **plaza de toros** del s. XVIII, que hoy alberga un Museo Taurino; palacios, como los de Osuna, Medinaceli o Godoy, y bellos ejemplos de arquitectura religiosa como el **convento de S. Pascual.**

63 · A-3
A Madrid, 43 km
Alt. 489 m · Pob. 54.055
T. 918 910 427
GPS 40° 1' 54'' N · 3° 36' 16'' O

Fresas de Aranjuez

Auténtico emblema del municipio, las fresas de Aranjuez pertenecen a la variedad reconocida como Fragaria vesca, que proporciona un fruto pequeño y aromático que alcanza su esplendor en mayo y junio.

Fiestas: El **Festival de Música Antigua** (de principios de mayo a mediados de junio) ofrece grandes conciertos en entornos como el jardín del Príncipe y la capilla del Palacio Real. Las **Fiestas del Motín de Aranjuez** (septiembre) son de interés turístico nacional. Sin olvidar el pintoresco **Tren de la Fresa,** que conecta la ciudad con Madrid entre mayo y septiembre.

Alrededores: El **Real Cortijo de S. Isidro** (a 6 km) tiene como centro la capilla neoclásica de S. Isidro, además de la real bodega de Carlos III y su cueva. En el entorno natural destaca la **Reserva Natural de El Regajal-Mar de Ontígola,** un paraje idóneo para descubrir aves acuáticas y disfrutar de una ruta senderista.

Restaurantes

Ⓡ **Carême Jesús del Cerro.** Avda. Palacio, 3. T. 918 926 406.
www.caremejesusdelcerro.com
Cierra domingo cena. La ilusión y profesionalidad de Jesús del Cerro se hace evidente en el ***foie-gras* de oca en escabeche caliente de *boletus*, el *salmis* de pichón o la *mousse* de requesón con compota de naranja.** Precio medio 45 €. En la zona de bar, buenas tapas y raciones (20 €).

☼☼ **Casa José.** Carrera de Andalucía, 17. T. 918 911 488.
www.casajose.es
Cierra domingo cena, segunda semana de enero y tres primeras de agosto. El excelente producto de las huertas de Aranjuez está también avalado por su ubicación frente al mercado de abastos. La familia del Cerro mima la cocina (Fernando) y la sala (Armando). **Espárragos, alcachofas, habas...** seguidos de **rodaballo y fresón hecho en *wok* e infusión helada de vainilla.** Buenos vinos, aceites de oliva y quesos. Menú 64 €. Precio medio 60 €.

Ⓡ **Delacalle.** Carrera de Andalucía, 85. T. 918 910 807.
www.restaurantedelacalle.com
Cierra domingo cena, lunes, julio y agosto. Al cierre de esta edición, el restaurante Delacalle pasa a ser gestionado por el equipo del gran cocinero de la gastrobotánica, Rodrigo de la Calle, que se traslada a dirigir las cocinas del Hotel Villa Magna de Madrid. En el Real Sitio la propuesta sigue siendo un gran homenaje a los productos más representativos de la ribera del Tajo bajo su dirección. Precio medio 50 €.

Hoteles

**** **NH Príncipe de la Paz.** San Antonio, 22. T. 918 099 222.
www.nh-hotels.com
Hab. 84: 91 €. Suites: 2. Situado en un edificio de los ss. XVIII y XIX, en el casco histórico.

** **El Cocherón 1919.** Montesinos, 22. T. 918 754 350.
www.elcocheron1919.com
Hab. 18: 78 €. Hotel de diseño moderno, en un ambiente rústico. Especializado en organización de eventos. Consultar admisión de perros.

---

13 · D-3

Arantzazu Gipuzkoa Ver Oñati

---

53 · C-4

Aravaca Madrid Ver Madrid/Restaurantes/Alrededores

---

47 · C-2

Arbolí Tarragona Ver Reus

---

37 · D-2

Arbúcies Girona Ver Santa Coloma de Farners

Archena Murcia

93 · A-3
A Murcia, 23 km
A Madrid, 382 km
Alt. 101 m · Pob. 18.083
T. 968 674 738
GPS 38° 6' 50'' N · 1° 18' 54'' O

Visitar: Famoso por el balneario que tiene sus raíces en las antiguas termas árabes y romanas, aún en funcionamiento, cuenta con monumentos como la **iglesia parroquial de S. Juan Bautista;** la **Casa Grande,** sede del Ayuntamiento y antaño casa de la Tercia; el **palacete de Villarías,** que cuenta con un precioso jardín con un eucalipto de 6 m de circunferencia y un estanque con cascadas, y el singular castillo de D. Mario. Otros atractivos turísticos son sus numerosas norias de elevación de agua para riego.

Fiestas: Su **Semana Santa** está declarada de interés turístico regional. Las fiestas en honor a los patrones, el Corpus Christi y la Virgen de la Salud acontecen en fechas variables de mayo y junio.

Alrededores: Se trata de una zona ideal para la práctica del senderismo, con rutas que atraviesan pueblos cercanos al valle del Ricote, como **Ulea** (a 10 km), **Villanueva del Río Segura** (a 28 km) y **Ricote** (a 35 km).

Construcción típica en el valle del Ricote

Restaurantes

Atempo. (Weekend-Bistrot). Siria, 15. T. 968 672 295.
www.atempobistrot.com
Cierra de domingo cena a jueves, segunda semana de enero y segunda quincena de agosto. *Bistrot* acogedor solo abierto fines de semana. Ventresca de atún con fideuá negra, *risotto* de trigo blando y escalope de *foie-gras*, queso con miel y frutos secos. Precio medio 20 €.

Hoteles

**** **Termas.** Balneario de Archena, s/n. T. 902 333 222.
www.balneariodearchena.com
Hab. 68: 111 €. Artística construcción de estilo mozárabe.

Arcos de La Frontera Cádiz

105 · A-4
A Cádiz, 66 km
A Madrid, 584 km
Alt. 195 m · Pob. 31.417
T. 956 702 264
GPS 36° 45' 1'' N · 5° 48' 49'' O

Visitar: La antaño ciudad amurallada posee la declaración de conjunto histórico-artístico por méritos propios. Empezando por la **basílica menor de Sta. María de la Asunción** y su impresionante órgano, o el **palacio del Mayorazgo** con su jardín andalusí. Gran parte del encanto de Arcos reside en su entramado de callejuelas angostas y laberínticas, algunas con miradores hacia el vacío, que mantienen viva la huella de sus antiguos moradores.

Fiestas: La **Semana Santa** es de interés turístico internacional, con mención especial al Domingo de Resurrección y el Toro del Aleluya. También destaca la **Feria de S. Miguel,** a finales de septiembre.

Alrededores: Arcos es el punto de partida ideal para iniciar una ruta por los pueblos blancos: **El Bosque, Ubrique, Zahara, Setenil, Olvera, Villamartín y Grazalema.** En este último se alza la sierra del mismo nombre, declarada reserva de la biosfera por la Unesco.

Penitentes de Semana Santa

Hoteles

*** **Parador de Arcos de la Frontera.** Pza. del Cabildo, s/n. T. 956 700 500.
www.parador.es
Hab. 24: 171 €. Colgado sobre la vega del río Guadalete, en pleno casco antiguo. Restaurante Casa del Corregidor.

* **La Casa Grande.** Maldonado, 10. T. 956 703 930. *www.lacasagrande.net*
Hab. 7: 71 €. Suites: 2. En una mansión del s. XVIII, con vistas impresionantes sobre la vega del río Guadalete.

Arenas de San Pedro Ávila

61 · E-1
A Ávila, 84 km
A Madrid, 168 km
Alt. 510 m · Pob. 7.200
T. 920 370 245
GPS 40° 12' 30'' N · 5° 5' 33'' O

Visitar: A los pies de la Sierra de Gredos, esta localidad atesora un importante patrimonio artístico como el **castillo de la Triste Condesa** y su **torre del Homenaje** (ss. XIV-XV), monumento nacional; el **palacio del Infante don Luis de Borbón** y el castillo de D. Álvaro de Luna. Entre los edificios religiosos más notables están la **iglesia gótica de Ntra. Sra. de la Asunción** y la **iglesia del Cristo de Medinaceli.**

Fiestas: Agosto es un mes animado, con la **Feria de Comercio, Industria y Turismo** y las **Ferias de Arenas,** con encierros y festejos taurinos. El 19 de octubre es la fiesta patronal de S. Pedro de Alcántara.

Alrededores: A 3 km, el **monasterio de S. Pedro de Alcántara** alberga tres interesantes museos (sacristía, sala alcantarina y el Museo Franciscano de arte sacro). En su huerta crece un rosal sin espinas que, cuenta la leyenda, es obra del propio S. Pedro. A 6 km, las **cuevas del Águila** sorprenden con sus formaciones de estalactitas y estalagmitas.

Hoteles

*** **El Bodegón de Gredos.** Pza. Condestable Dávalos 2. T. 920 371 379.
www.elbodegondegredos.com
Hab. 20: 46 €. Rodeado por los bellos paisajes del valle del Tiétar y la Sierra de Gredos.

Arenys de Mar Barcelona

37 · E-3
A Barcelona, 44 km
A Madrid, 659 km
Alt. 10 m · Pob. 15.030
T. 937 957 039
GPS 41° 34' 45'' N · 2° 33' 1'' E

Visitar: Sobresalen la **iglesia parroquial de Sta. María** (s. XVII), bien de interés cultural con un notable retablo barroco, y el **Museo Marès de la Punta,** con la colección de encajes de los ss. XVI a XIX más importante de Europa. En la cima del monte de la Piedad se encuentra el cementerio de Sinera, ejemplo característico de cementerio marino mediterráneo con bellas esculturas modernistas. El edificio del **Mont Calvari** constituye un bonito mirador sobre el mar y el puerto.

Fiestas: La fiesta mayor se celebra por **St. Zenón** (9 de julio) e incluye el tradicional desfile de gigantes. **St. Roc** (16 de agosto) destaca por una curiosa tradición: los jóvenes solteros de la localidad salpican a todo el mundo con agua de colonia para recordar la promesa que los antepasados hicieron al santo para que los librase de la peste en 1607. Las **Ferias del Solsticio de Verano e Invierno** acercan los productos de artesanía local al visitante.

Alrededores: El macizo del Montseny y el **Parque Natural del Corredor-Montnegre** ofrecen paisajes de gran belleza. Muy cerca también se encuentran los baños de Can Titus, un balneario con más de doscientos años de historia. **Argentona** (a 16 km) ofrece una interesante ruta modernista.

Restaurantes

Hispania

Cierra domingo cena y martes. Paquita y Lolita Rexach, perfectamente secundadas por Raimon, mantienen la gran cocina tradicional de este venerable Hispania en la cúspide de la gastronomía, en base a un producto excepcional que da lugar a platos llenos de sensibilidad.

Precio medio 75 €.

Ctra. N-II, Madrid-Girona, km 655.
Ctra. Real, 54. T. 937 910 457.
www.restauranthispania.com

Hoteles

**** **Colón Thalasso Termal.** (En CALDES D'ESTRAC, a 4 km). Plaça de les Barques, s/n. T. 937 910 400. *www.hotel-colon.net*
Hab. 75: 154 €. Suites: 9. *Spa* con agua de mar y termal. En primera línea de playa. Restaurantes La Hacienda y El Mariagalante.

Arévalo Ávila

42 · D-3
A Ávila, 50 km
A Madrid, 123 km
Alt. 827,6 m · Pob. 8.074
T. 920 301 380
GPS 41° 3' 50'' N · 4° 43' 23'' O

Ermita de La Lugareja

Visitar: Una de las villas con más historia de la España medieval, foco del arte mudéjar y declarada conjunto histórico-artístico. Su **castillo** sirvió como punta de lanza defensiva de la ciudad y en él residió Isabel la Católica parte de su infancia. También vivieron en el pueblo linajes ilustres de Castilla, como los Trastámara o los Briceños, que dejaron a su paso numerosos palacios. Otros tesoros arquitectónicos son la **iglesia de Sta. María** y la **iglesia de S. Martín,** ambas monumento nacional, y la ermita de La Lugareja.

Fiestas: El 9 de febrero es la fiesta patronal de **Ntra. Sra. de las Angustias.** A finales de abril y principios de mayo tienen lugar las Ferias de Muestras y Maquinarias, de Antigüedades y de Arte Contemporáneo.

Alrededores: En la comarca de La Moraña se encuentran numerosos ejemplos de templos parroquiales de estilo románico-mudéjar, como las de **Donvidas** (a 10 km), **Madrigal de las Altas Torres** (a 26 km) y **Narros del Castillo** (a 40 km).

Restaurantes

® **Asador Las Cubas.** Figones, 9. T. 920 300 125.
www.asadorlascubas.com
Cierra cenas y del 23 de diciembre al 2 de enero. Verano, consultar. Un buen referente para tomar **tostón y lechazo asado** en una antigua bodega con horno de leña a la vista. Antes, **revuelto de morcilla con piñones** y después, **leche frita.** Precio medio 30 €.

® **Asador Siboney.** Figones, 4. T. 920 301 523.
www.restauranteasadorsiboney.es
Cierra cenas. Fidelidad al producto en un palacete del XIX ambientado con antigüedades. Javier Rodríguez de la Iglesia ofrece un magnífico **jamón ibérico** para abrir boca, seguido de un **cochinillo** o un **lechazo** en su punto. Postres caseros y buen servicio. Precio medio 30 €.

Argüelles Asturias Ver Pola de Siero

3 · F-4

Arnedo La Rioja

22 · E-4
A Logroño, 50 km
A Madrid, 312 km
Alt. 523 m · Pob. 14.457
T. 941 383 988
GPS 42° 13' 39'' N · 2° 6' 4'' O

Visitar: En su casco histórico destaca la **iglesia de Sto. Tomás** con su bella bóveda estrellada de ocho puntas. El **mirador del castillo** permite contemplar de cerca las ruinas del castillo de Arnedo y una impresionante panorámica de la ciudad y del valle medio del Cidacos. La siguiente parada es el **Museo de Ciencias Naturales** ubicado en la casa-palacio del Arzobispo Argáiz. El cerro de S. Miguel alberga restos de un poblado celtíbero.

Fiestas: Del 26 de septiembre al 2 de octubre, las fiestas de **S. Cosme** y **S. Damián** incluyen la singular tradición del robo de los santos y el rosario de la Aurora.

Alrededores: En **Enciso** (a 22 km) los yacimientos de huellas de dinosaurios y el parque de paleoaventura Barranco Perdido suponen todo un viaje en el tiempo. **Arnedillo** (a 12 km) cuenta con un balneario de aguas termales, y permite conocer de cerca el hábitat del buitre leonado desde el mirador del Buitre.

Parque de paleoaventura en Enciso

Restaurantes

® **Sopitas.** Carrera, 4. T. 941 380 266. *www.sopitas.es*
Cierra martes. Antiguas bodegas de vino excavadas en la montaña. **Gordillas de cordero en salsa verde, cabrito asado, torrija de pan *brioche* a la plancha con helado de galleta María.** Menú 20 €. Precio medio 30 €.

® **Virrey.** (Hotel Virrey). Pº de la Constitución, 27. T. 941 380 150. *www.hvirrey.com* P
Cierra domingo cena. Con 36 habitaciones. Una buena referencia local. **Ensalada templada de perdiz, cabrito de la sierra asado.** De postre, **leche asada.** Menú 16 €. Precio medio 30 €.

Hoteles

**** **Spa Balneario de Arnedillo.** (En ARNEDILLO, a 12 km). Joaquín Velasco, s/n. T. 941 394 000. *www.balnearioarnedillo.com* P
Hab. 114: 130 €. Suites: 7. Servicios de estética y balneoterapia. Piscina termal activa, termal exterior y de olas.

Arraitz-Orkin Navarra Ver Pamplona

14 · B-3

Arriondas Asturias

4 · C-4
A Oviedo, 65 km
A Madrid, 426 km
Alt. 42,6 m · Pob. 5.555
T. 985 841 712
GPS 43° 23' 17'' N · 5° 11' 17'' O

Visitar: Paseando por Arriondas se encuentran pequeños trozos de historia, desde el puente que cruza el río Sella, pasando por la **capilla de S. Antonio** y un gran número de casas construidas con capital indiano en la primera mitad del s. XX. Pero, sobre todo, este municipio es una de las **mecas del piragüismo** y el turismo activo de Asturias.

Fiestas: El primer o segundo sábado de agosto se celebra el **Descenso Internacional del Sella,** la prueba más importante de descenso de ríos a nivel mundial.

Alrededores: En **Parres** (a 3 km), se han descubierto tres fortalezas altomedievales que formaban el triángulo defensivo de Arriondas. Una visita a **Antrialgo** (a 14 km) permite observar el hábitat salvaje de la raza asturiana de caballos conocida como asturcón. Los **Picos de Europa** (a 20 km) es todo un paraíso para los amantes del turismo activo.

Descenso Internacional del Sella

Restaurantes

☼☼ **Casa Marcial.** (En LA SALGAR, a 4 km). T. 985 840 991. *www.casamarcial.com* P
Cierra cenas de domingo y martes, lunes excepto agosto, y del 9 de enero al 9 de abril. Casa Marcial se perfila como uno de los máximos exponentes de la culinaria asturiana actual. A pesar de sus destellos de originalidad y autoría, la cocina de Nacho Manzano presenta un trasfondo profundamente astur. Correcto servicio de sala a cargo de Sandra Manzano. **Nécora que se come entera, *pitu de caleya* al estilo de mi madre.** Bodega muy actual. Menú y precio medio 50 €.

☼☼ **El Corral del Indianu.** Avda. de Europa, 14. T. 985 841 072. *www.elcorraldelindianu.com* P

Cierra cenas de domingo a miércoles; jueves y enero. Con especial atención a los productos del territorio circundante, José Antonio Campo Viejo elabora una cocina de propuestas atrevidas en la que no se pierde de vista el gusto y el respeto por las raíces de la cocina autóctona. **Pote asturiano actualizado, *gochín* astur-celta asado y tostado, migas de piña.** A lo ameno de la comida contribuye su recoleto y frondoso jardín. Servicio profesional. Escogida bodega. Menú 50 €. Precio medio 36 €.

La Posada de Antrialgo. (En ANTRIALGO, a 14 km). Antrialgo, s/n. T. 985 707 314. *www.antrialgo.com* P
Cierra domingo cena, lunes, del 15 de octubre al 1 de abril excepto fines de semana y del 15 de diciembre al 15 de enero. En plena naturaleza, pequeño restaurante a orillas del río Piloña. Salmón ahumado en casa, arroz meloso con *pitu* y ahumado de *pría*, *frixuelos* con chocolate y salsa de naranja. Precio medio 30 €.

Hoteles

*** **Posada del Valle.** (En COLLIA-ARRIONDAS, a 10,8 km). T. 985 841 157. *www.posadadelvalle.com* P
Hab. 10: 78 €. Suites: 2. Consultar cierre. Casona asturiana construida al final del s. XIX. Rodeada de su propia finca ecológica.

Arties Lleida

16 · B-4
A Lleida, 169 km
A Madrid, 636 km
Alt. 1.143 m · Pob. 437
T. 973 644 030
GPS 42° 42' 1" N · 0° 52' 11" O

Turismo activo en Arties

Visitar: En su núcleo antiguo destaca la **iglesia parroquial de Sta. María de Arties,** construcción románica de los ss. XI al XII, declarada monumento nacional. También hay un espacio recreativo al aire libre con zona deportiva y un núcleo zoológico dentro de un espacio protegido con un oso pardo.

Fiestas: La fiesta mayor es el 24 de junio **(S. Juan).** El día 25 de junio es la romería de St. Pelegri y un mes más tarde, la romería de St. Jaime.

Alrededores: Baqueira-Beret (a 14 km) acoge una estación de deportes de invierno que convierte a este pequeño pueblo de apenas 100 habitantes en un importante núcleo turístico.

Restaurantes

Biniarán. Batlle Francisco Barra, s/n. T. 973 641 058. *www.biniaran.com* S
Cierra almuerzos excepto agosto; martes y de mayo a noviembre excepto puentes y agosto. Antiguo pajar del s. XVIII, frente a la iglesia románica. Verduras salteadas con huevo de corral, entrecot Café de París. Precio medio 35 €.

Casa Irene. (Hotel Casa Irene). Major, 22. T. 973 644 364. *www.hotelcasairene.com* P
Cierra lunes, de abril a julio y de septiembre a noviembre. Toda una institución hotelera y una cocina de referencia en el valle de Arán, que nace de la personalidad y experiencia culinaria de Andrés Vidal. **Canelones de oca del Gers con confitura de tomate, colmenillas y trufas, jamoncito de pularda relleno de *foie-gras* y trufas en su jugo.** Precio medio 52 €.

® **La Sal Gorda.** Ctra. de Baqueira, s/n. Frente al Parador de Turismo. T. 973 644 531. *www.lasalgorda.com*
Cierra domingo cena. Local moderno en un entorno de montaña. ***Risotto* de *confit*, solomillo al *foie-gras*, pañuelo de queso.** Menú 15 €. Precio medio 40 €.

Hoteles

**** **Parador de Arties.** Sant Joan, 1. T. 973 640 801. *www.parador.es*
P
Hab. 54: 163 €. Suites: 3. Cierra del 22 de abril al 31 de mayo. Construcción típica de montaña. Situado en la casa de D. Gaspar de Portolá (s. XVIII). Restaurante La Cuina de Portolá.

Astorga León

19 · D-2
A León, 46 km
A Madrid, 325 km
Alt. 870 m · Pob. 12.078
T. 987 618 222
GPS 42° 27' 30" N · 6° 3' 30" O

Visitar: Punto clave del Camino de Santiago y destino de la Vía de la Plata, mantiene de la época romana buena parte de sus murallas y tesoros ocultos bajo los edificios del centro: restos de termas, basílicas... Todo ello queda reflejado en el **Museo Romano,** que forma parte de la Ergástula, espectacular galería abovedada de unos 50 m. En la ciudad, conjunto histórico-artístico, destaca la **catedral de Sta. María** y el **Palacio Episcopal de Gaudí,** uno de los edificios más famosos del Camino de Santiago. La vinculación histórica de Astorga con el chocolate se mantiene viva en un interesante museo dedicado a este manjar.

Fiestas: Especialmente concurridos son el Sábado de Piñata, durante los carnavales, o la **Semana Santa.** El último fin de semana de julio se celebra la Fiesta de Astures y Romanos, dedicada a rememorar la vida en Astúrica Augusta.

Alrededores: En la comarca de la Maragatería, famosa por sus minas romanas de oro y su artesanía, se encuentra el conjunto histórico-artístico de **Castrillo de los Polvazares** (a 6 km). A esa distancia también se encuentra **Val de San Lorenzo,** capital textil de tradición artesanal por antonomasia.

Restaurantes

Casa Juan Andrés. (En CASTRILLO DE LOS POLVAZARES, a 6 km). Juan José Cano, 16. T. 987 691 971. *www.casajuanandres.es* S P
Cierra cenas, miércoles, enero y primera quincena de julio. La especialidad es el cocido maragato, congrio al ajoarriero como alternativa y peras al vino de postre. Menú y precio medio 20 €.

Casa Maragata. Húsar Tiburcio, 2. T. 987 618 880.
www.casamaragata.com
Cierra cenas, última semana de junio y primera semana de julio.

Casa Maragata II. Pza. Padres Redentoristas, 6. T. 987 618 118.
Cierra cenas, martes, excepto festivos y agosto; y de finales de enero a principios de febrero. Todo es maragato, desde la fachada de la casa al cocido que se sirve exclusivamente con natillas de postre. Vinos del Bierzo. Menú y precio medio 20 €.

® **La Lechería.** (Hotel Posada Real La Lechería, en VAL DE SAN LORENZO, a 6 km). La Lechería, 1. T. 987 635 073. *www.la-lecheria.com*
Cierra domingo cena, lunes y del 7 al 31 de enero. Con 9 habitaciones. Posada Real en un bonito caserón en pleno corazón de la maragatería. **Coca de cebolla caramelizada, *boletus* y *foie-gras*; hamburguesa de buey del valle de Esla con costra de maicitos.** Precio medio 30 €.

La Peseta. (Hotel La Peseta). Pza. San Bartolomé, 3. T. 987 617 275.
www.restaurantelapeseta.com P
Cierra cenas de domingo y martes, 15 días en enero y en octubre. Con 20 habitaciones. Un clásico con decoración moderna y cocina tradicional. Pico Pardal con cocochas de bacalao al pilpil, congrio fresco al ajoarriero, espuma de queso con frambuesas. Precio medio 26 €.

Serrano. Portería, 2. T. 987 617 866.
www.restauranteserrano.es
Cierra lunes excepto festivos y vísperas de festivo; segunda quincena de enero y de junio. Punto de referencia gastronómica en la ciudad, bajo la batuta de Jesús Prieto, padre e hijo. **Los garbanzos de Pico Pardal con *pulpo a feira,* el congrio al ajoarriero y la infusión de fresas naturales con helado de queso Veigadarte** son muestra de ello. Menú 13 €. Precio medio 30 €.

Hoteles

*** **Temple Pradorrey.** (En PRADORREY, a 3 km). Ctra. A-6, km 319.
T. 987 615 729. *www.templehoteles.com*
Hab. 64: 55 €. Ubicado en un entorno natural privilegiado. De estilo tradicional castellano, imita a un castillo medieval.

Posada Real Casa de Tepa. Santiago, 2. T. 987 603 299. *www.casadetepa.com*
P
Hab. 10: 100 €. Suites: 4. Casa solariega del s. XVIII, con jardín interior, de estilo decimonónico, y gran galería acristalada.

Palacio Episcopal
Actual sede del museo de los Caminos, se trata de una de las escasas obras que Gaudí proyectó fuera de Cataluña, debido a su amistad con el entonces obispo de Astorga.

Atxondo Bizkaia

6 · C-3
A Bilbao, 35,5 km
Alt. 145 m · Pob. 1.429
T. 946 821 009
GPS 43° 19' 54'' N · 2° 41' 5'' O

Visitar: Los restos más antiguos encontrados en el municipio datan de la época Alto-Medieval. Son cuatro sepulcros exentos, hallados en los alrededores de la actual **iglesia parroquial del barrio de Apatamonasterio,** la **ermita de Santiago** y la **iglesia parroquial de S. Juan Bautista de Axpe.** En Atxondo también se pueden ver los caseríos más antiguos de Bizkaia: Urrutia y Oyargane, del s. XVI.

Fiestas: En Axpe, las **fiestas de S. Juan,** el 24 de junio, y en Apatamonasterio, **S. Pedro,** el 29 de junio.

Alrededores: Desde Apatamonasterio se puede realizar una ruta de 5 km por el **camino de Arrazola.** Una vía verde excelente, bien señalizada, sin ruidos, cerrada incluso a las bicicletas, que permite caminar por el fondo de un valle idílico.

Restaurantes

Akebaso. Barrio San Juan de Axpe, 17. T. 946 582 060.
www.akebasorestaurante.com P
Cierra cenas, martes y febrero. En las faldas del monte Amboto, caserío del s. XVII con cocina vasca actualizada. *Begihaundi* en su tinta, mollejas de ternera asadas al carbón con natillas de hongos, hojaldre de pera con helado de canela. Menú 28 €. Precio medio 44 €.

Etxebarri (Asador)

Cierra cenas excepto sábado; lunes, agosto y del 24 de diciembre al 8 de enero. Antiguo caserío renovado en el valle de Atxondo. Víctor Arguinzoniz ha revolucionado el arte de ser parrillero y le ha dado fama en todo el mundo. Desde el **caviar y las angulas a pescados y carnes.** Una experiencia inolvidable.

Precio medio 70 €.

Pza. de San Juan, 1. Ctra. A-8, Bilbao-San Sebastián, salida 17. T. 946 583 042.
www.asadoretxebarri.com

Hoteles

Mendi Goikoa. Bº San Juan, 33. T. 946 820 833. *www.mendigoikoa.com*
Hab. 10: 86 €. Desayuno incluido. Situado en una finca de 76.000 m^2, combina gastronomía y descanso en plena naturaleza, con el lema "Donde el silencio se oye".

Ávila

52 · E-2
A Madrid, 111 km
Alt. 1.127 m · Pob. 60.000
T. 920 211 387
GPS 40º 39' 22" N · 4º 42' 6" O

Yemas de Sta. Teresa

Visitar: Al abrigo de la Sierra de Gredos se alza esta ciudad declarada patrimonio de la humanidad por su extraordinaria riqueza monumental. Tras sus murallas de 2,5 km de perímetro permanecen con salud envidiable sus escenarios medievales –templos y conventos criados en el románico– y sus emblemas renacentistas en forma de palacios y mansiones de la nobleza castellana. Cuenta con la **catedral** más antigua del gótico español (ss. XII-XIV), que formaba parte del conjunto defensivo de la ciudad y que esconde un fabuloso museo de arte sacro. Ávila respira un halo de misticismo en edificios como el **convento de Sta. Teresa** (s. XVII), edificado sobre la casa natal de la insigne religiosa, y el **monasterio de la Encarnación,** donde tomó los hábitos. Intramuros, se entremezclan rincones de aspecto medieval, como la **plaza de los Dávila,** con más de una docena de casas renacentistas de noble linaje como el **palacio de los Dávila.** Fuera de las murallas, se sitúa el **palacio de los Deanes,** casa del s. XVI con fachada renacentista sede del Museo Provincial, y la emblemática basílica de S. Vicente (s. XI).

Fiestas: En **Semana Santa,** la procesión del Vía Crucis, que recorre la muralla en la madrugada del Viernes Santo, es de interés turístico nacional. El primer fin de semana de junio tiene lugar la **Ronda de las Leyendas,** escenificación de historias de místicos, guerreros y enamorados en lugares emblemáticos de la ciudad. El 15 de octubre llegan las fiestas de la patrona Sta. Teresa con la clásica procesión, actuaciones musicales y visitas guiadas a los lugares teresianos.

Alrededores: Entre los hallazgos arqueológicos de la provincia merece la pena visitar el **Castro de Cogotas,** uno de los más importantes de España, y los **Toros de Guisando,** esculturas pétreas de origen celta. El **Parque Regional de la Sierra de Gredos** supone una buena alternativa para los amantes de la naturaleza.

Restaurantes

® **Barbacana.** Pza. de Santa Teresa, 8. T. 920 220 011.
www.restaurantebarbacana.com
Cierra domingo cena, lunes y del 7 de enero al 10 de febrero. La mejor mesa del centro de la ciudad. **Pulpo asado, solomillo de ternera avileña,** degustación de postres. Menú 11 €. Precio medio 36 €. En la planta a pie de calle, un tapas-bar a precios más ajustados.

El Almacén. Ctra. de Salamanca, 6. T. 920 254 455.
Cierra domingo cena, lunes y septiembre. Isidora Beotas (cocina) y Julio Delgado (sala y bodega) llevan ya veinte años en la cresta de la ola en su bonito local con terraza ajardinada frente a la muralla y el río Adaja. El gran producto y el punto de los **huevos fritos con carabineros, el chuletón de avileño y la galleta de manzana con crema** lo atestiguan. Precio medio 37 €.

Mesón el Rastro. Pza. del Rastro, 1. T. 920 211 218.
www.elrastroavila.com
Con 15 habitaciones. Oferta clásica: judías del Barco con chorizo y oreja, mollejas a la plancha y flan. Antiguo caserón junto al arco del Rastro de la muralla. Menú 13 €. Precio medio 36 €.

Hoteles

**** **Fontecruz Ávila Golf Hotel.** Ctra. Antigua de Cebreros, km 3. T. 920 359 200.
www.avilagolfhotel.com
Hab. 64: 195 €. Suites: 10. En un bello entorno natural. Acogedora decoración provenzal. Restaurante Zelai.

**** **Gran Hotel Palacio Valderrábanos.** Pza. de la Catedral, 9. T. 920 211 023. *www.palaciovalderrabanoshotel.com* Df

Hab. 72: 59 €. Suites: 1. Palacio señorial del s. XIV, con vistas a la catedral. Restaurante El Fogón de Santa Teresa.

**** **Palacio de los Velada.** Pza. de la Catedral, 10. T. 920 255 100. *www.veladahoteles.com*
Hab. 144: 332 €. Suites: 1. Palacio del s. XVI remodelado. Céntrico, frente a la catedral. Restaurante El Tostado.

**** **Parador de Ávila.** Marqués de Canales y Chozas, 2. T. 920 211 340. *www.parador.es* P
Hab. 59: 148 €. Suites: 2. Instalado en el antiguo palacio de Piedras Albas, del s. XVI. Espléndido jardín adosado a las murallas de Ávila, con restos arqueológicos. Restaurante Piedras Albas, cocina tradicional.

Avilés Asturias

3 · E-3
A Oviedo, 28 km
A Madrid, 481 km
Alt. 8 m · Pob. 84.202
T. 985 544 325
GPS 43° 33' 20'' N · 5° 55' 44'' O

Visitar: El centro neurálgico del casco viejo –declarado conjunto histórico-artístico– es la **plaza de España,** un recinto barroco de pórticos multiplicados al que se asoman el Ayuntamiento y el palacio de Ferrara. Entre calles llenas de historia como La Galiana o La Ferrería se alzan monumentos como la **iglesia románica de los Padres Franciscanos** o la **iglesia vieja de Sabugo,** antaño barrio marinero de Avilés situado sobre una pequeña colina fuera de la muralla medieval. En el camino, palacios por doquier, como el de **Camposagrado,** con una de las mejores portadas barrocas de Asturias. En los últimos años, Avilés se ubica en la onda de las ciudades de vanguardia gracias al **Centro Cultural Internacional** diseñado por **Oscar Niemeyer.**

Fiestas: Tanto el **carnaval,** la **Semana Santa** y el **Festival Intercéltico,** en julio, están declarados de interés turístico regional. **El Bollo,** el domingo y lunes de Pascua, es de interés turístico nacional.

Alrededores: Entre las playas cercanas, destacan la de **Arnao** (a 8 km) y la de **Salinas,** donde se ubica el Museo de Anclas al aire libre. A 12 km, se encuentra el espacio protegido del **Cabo Peñas,** con zonas de interés como la península de Nieva o las playas de Xagó y Verdicio.

Centro Cultural Internacional

Restaurantes

® **Casa Tataguyo.** Pza. del Carbayedo, 6. T. 985 564 815. *www.tataguyo.com*
Cierra del 15 de abril al 15 de mayo. Casa fundada en 1845. Junto a algunos platos de cuchara, resultan espléndidos los **pescados de la rula local preparados al horno,** siempre en su punto. **Longaniza de Avilés con patatas, virrey al horno.** Menú 16 €. Precio medio 40 €.

D'Miranda. (Centro Cultural Internacional Oscar Niemeyer). Avda. Conde de Guadalhorce, 5-9. T. 985 511 446. *www.koldomiranda360.com* P S
Cierra domingo cena. En la torre circular del Centro Niemeyer, dominando la ría, Koldo Miranda atesora una sólida formación culinaria que pone en escena una cocina de vanguardia, **oricio en estado puro, arroz marinero.** En la actualidad, propone un recorrido culinario que se inicia con ***amagüestu* astur,** seguido de otros once platos. Menú ejecutivo 25 €. Precio medio 35 €.

Jose's. Ramón y Cajal, 9. T. 985 545 122. *www.joses.es*
Cierra domingo cena y lunes. Cocina de recetario sencillo a base de buenas materias primas. Ensalada de pulpo con patatas panadera, bacalao al queso de La Peral. Menú 11 €. Precio medio 35 €.

Llamber. Galiana, 30. T. 984 832 348. *www.llamber.com*
En los soportales de Galiana. Ideal para quienes gusten del tapeo informal, aunque también se puede disfrutar de una cocina más elaborada. Pulpo gratinado con queso ahumado de Pría, *casadielles* con helado de romero. Menú degustación de tapas más postre fin de semana 20 €. Menú 12 €. Precio medio 27 €.

Yumay. (Sidrería). Rafael Suárez, 7. T. 985 570 826. *www.sidreriayumay.com* P S
Cierra martes y del 1 al 15 de julio. Cocina tradicional. Migas de doña Ymelda, pescados al horno o en parrilla, fruta natural y repostería casera. Menús 10, 15 y 20 €. Precio medio 30 €.

Hoteles

***** **NH Palacio de Ferrera.** Pza. España, 9. T. 985 129 080.
www.nh-hotels.com
Hab. 78: 65 €. Suites: 4. Enclavado en un antiguo palacio del s. XVII, muy bien conservado, ubicado en el corazón del casco antiguo. Entorno excepcional en el que destacan sus imponentes jardines. Restaurante La Capilla.
*** **El Magistral de Avilés.** Llano Ponte, 4. T. 985 561 100.
www.magistralhoteles.com
Hab. 26: 40 €. Moderno y acogedor, situado a escasos metros del Ayuntamiento, del Teatro Palacio Valdés y del Centro Cultural Internacional Oscar Niemeyer.

27 · B-3

Avinyonet de Puigventós Girona Ver Figueras

Ayamonte Huelva

103 · D-1
A Huelva, 56 km
A Madrid, 684 km
Alt. 49 m · Pob. 20.597
T. 959 320 737
GPS 37° 12' 51'' N · 7° 24' 40'' O

Iglesia de Ntra. Sra. de Las Angustias

Visitar: Las calles de la localidad onubense esconden bellos edificios históricos de carácter monumental. Entre las iglesias destaca la de **Ntra. Sra. de las Angustias,** hermosa muestra de arquitectura mudéjar, o la **capilla de S. Antonio.** En cuanto a las construcciones civiles, además de las casas de indianos, destaca el palacio del Marqués de Ayamonte y la **torre de Canela,** único testimonio vivo de las antiguas murallas defensivas de la ciudad.

Fiestas: La pasión de la **Semana Santa** y el día de la Virgen del Carmen (16 de julio) son dos de las fechas más destacadas junto a las fiestas patronales en honor a Ntra. Sra. de las Angustias (a principios de septiembre).

Alrededores: Las playas de Ayamonte tienen justa fama dentro y fuera de nuestras fronteras. Con más de 5 km de longitud, la de **Isla Canela** (a 6,5 km) cuenta con un magnífico campo de golf de 18 hoyos. A 9,5 km, la de Punta del Moral ofrece como aliciente la presencia de un mausoleo romano del s. IV.

Restaurantes

Casa Luciano. La Palma del Condado, 1. T. 959 471 071.
www.casaluciano.com
Cierra domingo y segunda quincena de enero. Mariscos de la costa, chacinas ibéricas, raya en pimentón, tocino de cielo. Precio medio 25 €.

Hoteles

**** **Parador de Ayamonte.** Avda. de la Constitución, s/n. T. 959 320 700.
www.parador.es
Hab. 52: 142 €. Suites: 2. Cierra del 1 de enero al 28 de febrero, del 3 de noviembre al 31 de diciembre. Situación privilegiada en la desembocadura del Guadiana. Restaurante Fluvius Anaes.

Azpeitia Gipuzkoa

6 · E-4
A Donostia/San Sebastián, 50 km
A Madrid, 422 km
Alt. 80 m · Pob. 14.506
T. 943 151 878
GPS 43° 10' 41'' N · 2° 15' 52'' O

Visitar: Destaca el santuario de Loyola, con su basílica barroca; la antigua casa-torre donde nació S. Ignacio en 1491 y el Museo Sacro. Como curiosidad, el municipio alberga el **Museo Vasco del Ferrocarril,** con una de las mejores colecciones de trenes de Europa.

Fiestas: Las principales son **S. Sebastián** (19 y 20 de enero), famosa por su Tamborrada, y la fiesta mayor de **S. Ignacio** (del 30 de julio al 2 de agosto). En julio se celebra un festival al aire libre de danzas folclóricas del mundo.

Alrededores: El valle en el que se ubica se extiende a los pies del macizo del Izarraitz. El **refugio de Xoxote,** las **rocas del Aitzbakar** y la **cantera roja de Izarraitz** son espacios especiales y atractivos para los aficionados a la escalada.

Restaurantes

® **Mikel Uria.** Avda. Loiolako Inazio, 5. T. 943 814 315.
www.mikeluriajatetxea.com
Cierra cenas de domingo a jueves, y del 15 al 31 de agosto. Mikel Uria consigue captar una fiel clientela que gusta de la tradición actualizada. **Parrillada de verduras, manitas de cerdo rellenas de setas.** Postres hechos con mimo, como la **panchineta casera.** Menú 16 €. Precio medio 40 €.

Badajoz

79 · B-2
A Madrid, 401 km
Alt. 188 m · Pob. 154.000
T. 924 224 981
GPS 38° 52' 21'' N · 6° 58' 27'' O

Visitar: El casco viejo de esta ciudad extremeña se refugia entre la muralla de piedra y el río Guadiana. Siguiendo el cauce del agua se llega a la **alcazaba árabe,** situada en el cerro de la Muela desde el s. IX. La **muralla** conserva diferentes puertas, como la de las Palmas, que fue la entrada principal de la villa, y los antiguos baluartes militares para su defensa que actualmente tienen usos más lúdicos: el de Santiago alberga el Museo del Carnaval y el de S. Roque, el Palacio de Congresos Manuel Rojas, obra de José Selgas y Lucía Cano. También destacan la **torre de Espantaperros,** octogonal y de estilo almohade, y el palacio de los Condes de la Roca, sede del Museo Arqueológico Provincial. Muy cerca, el **Museo Provincial de Bellas Artes** presenta un recorrido cronológico de la obra de artistas extremeños de los ss. XVI al XX. Las callejuelas del casco viejo confluyen en la plaza de España. Allí, entre naranjos, se levantan la **catedral de S. Juan Bautista** (monumento nacional de los ss. XIII-XV), con la sillería del coro plateresca obra de Jerónimo de Valencia, y el Ayuntamiento. En la zona antigua también se puede admirar la Giraldilla, una réplica de la Giralda sevillana. La antigua prisión acoge ahora el Museo Extremeño e Iberoamericano de Arte Contemporáneo. Los que viajan en familia disfrutarán del parque de atracciones Lusiberia.

Fiestas: El **carnaval** es la mayor fiesta de la ciudad. También destacan la romería de Botoa, en junio, y la **Al-Mossassa Batalyaws,** en septiembre, que conmemora la fundación árabe de Badajoz.

Alrededores: En **Olivenza** (a 26 km) destacan el castillo (s. XIV) y el Museo Etnográfico. En **Alburquerque** (a 44 km), el castillo de Luna (s. XIII) y el barrio medieval. El **Parque Natural de Cornalvo** (a 76 km) es un hermoso paisaje de encinas y alcornoques.

Torre de Espantaperros

Restaurantes

® **Galaxia-Cocina Pepehillo.** (Marisquería). Avda. Villanueva, 6.
T. 924 258 211.
Cierra domingo y del 1 al 15 de agosto. Buena materia prima y buen hacer de José María Martínez, hijo de Pepehillo. Además de los **mariscos y pescados, revuelto Pepehillo, cabrito al horno, bizcocho negro de chocolate caliente.** Menú 17 €. Precio medio 36 €.

® **La Toja.** Sánchez de la Rocha, 22. T. 924 273 477.
www.restaurantelatoja.com
Cierra domingo cena y segunda quincena de agosto. Recetas gallegas y extremeñas con base en productos de ambas regiones. Una agradable terraza en verano. **Gambas blancas de Huelva en salsa de perdiz, rodaballo salvaje a la parrilla.** Precio medio sin marisco 30 €.

® **Marchirivito.** Ctra. de Cáceres, 37. T. 924 276 628.
Cierra domingo cena, lunes y 15 días en agosto. Recomendable punto gastronómico de la ciudad con una cocina tradicional. ***Carpaccio* de retinto, rabo de toro envuelto en ibérico.** Menú 30 €. Precio medio 40 €.

El Sigar. Avda. Luis Movilla, 12. T. 924 256 468.
www.elsigar.com
Cierra domingo en julio y agosto; domingo cena, una semana en febrero y primera quincena de septiembre. Pulpo a la plancha con fritada de pimientos, *tataki* de venado, *toffee* de plátano con helado de vainilla. Precio medio 30 €.

Hoteles

***** **NH Gran Hotel Casino de Extremadura.** Avda. Adolfo Díaz Ambrona, 11. T. 924 284 402. *www.nh-hotels.es*
Hab. 53: 78 €. Suites: 5. Situado en el margen derecho del río Guadiana, próximo al centro histórico, dispone de habitaciones insonorizadas, muy amplias y luminosas. Restaurante Mirador del Guadiana, con vistas panorámicas a la ciudad.

**** **Badajoz Center.** Avda. Damián Téllez Lafuente, 15. T. 924 212 000.
www.hotelescenter.com
Hab. 88: 281 €. Suites: 2. Edificio de nueva construcción. Céntrico. Restaurante La Torre.

**** **Husa Zurbarán.** Pº Castelar, s/n. T. 924 001 400.
www.husa.es
Hab. 146: 55 €. Suites: 2. Situado en el centro social, cultural y comercial. Restaurante Los Monjes.

Baeza Jaén

91 · A-4
A Jaén, 48 km
A Madrid, 321 km
Alt. 790 m · Pob. 16.360
T. 953 779 982
GPS 37° 59' 35'' N · 3° 28' 15'' O

Museo de la Cultura del Olivo de la Hacienda La Laguna

Visitar: Atravesando el puente del Obispo sobre el Guadalquivir se sube a Baeza, nido real de gavilanes, como se la conoció en Al Ándalus. Declarada patrimonio de la humanidad, destaca por la huella monumental del Renacimiento en edificios como la **alhóndiga** o el **pósito.** Se entra en el **conjunto de Sta. María** a través de la gótica puerta de la Luna, del s. XIII. En la visita acompaña el recuerdo de Antonio Machado; el poeta vivió enfrente del Ayuntamiento plateresco. Un par de calles más arriba se halla el **convento de S. Francisco.** Muy cerca se pueden visitar la **catedral,** el palacio de Jabalquinto y la **iglesia de Sta. Cruz,** la única románica de Andalucía. Por el paseo de las Murallas se contempla un paisaje de olivos recortado por la Sierra de Cazorla, Mágina y los cerros de Úbeda.

Fiestas: La **Semana Santa** es de interés turístico nacional. También son importantes las fiestas patronales de la Virgen del Alcázar, en agosto, y la **romería al Cristo de la Yedra,** en septiembre.

Alrededores: A 11 km se encuentra **Laguna Grande,** paraje natural protegido y bien de interés cultural. De visita obligada es el casco antiguo de **Úbeda** (a 15 km).

Restaurantes

Juanito. (Hotel Juanito). Avda. Alcalde Puche Pardo, 57. T. 953 740 040.
www.juanitobaeza.com
Cierra cenas de domingo y lunes, y del 1 al 20 de julio. Con 35 habitaciones. El aceite de oliva virgen de la almazara familiar protagoniza el éxito de la oferta. **Paté de perdiz con aceite de oliva virgen extra Viana, cabrito asado con aceite de oliva, helado de vainilla y aceite de oliva con chocolate templado.** Precio medio 45 €.

Taberna El Pájaro. Portales Tundidores, 5. T. 953 744 348.
www.tabernaelpajaro.com
Cierra lunes. Negocio familiar de oferta tradicional. Alcachofas fritas, bacalao Pájaro, pudin de limón o melocotón. Precio medio 30 €.

Hoteles

**** **Palacio de los Salcedo.** San Pablo, 18. T. 953 747 200.
www.palaciodelossalcedo.com
Hab. 27: 65 €. Suites: 3. Palacio renacentista del s. XVI. Céntrico. Restaurante Vandelvira.

**** **Puerta de La Luna.** Canónigo Melgarés Raya, 7. T. 953 747 019.
www.hotelpuertadelaluna.com
Hab. 44: 127 €. Suites: 5. Palacete del s. XVI, magníficamente construido. En octubre y noviembre, jornadas gastronómicas. Restaurante La Pintada.

Bagergue Lleida Ver Salardú

16 · B-4

Baiona Pontevedra

17 · B-3
A Pontevedra, 50 km
A Madrid, 608 km
Alt. 632 m · Pob. 13.128
T. 986 687 067
GPS 42° 7' 4'' N · 8° 51' 3'' O

Visitar: Al sur de Vigo, por el litoral gallego, se encuentra este municipio, cuyo casco antiguo está declarado conjunto histórico-artístico. A su costa llegó en 1493 Martín Alonso Pinzón tras su viaje a América. Para conocer los detalles de esta historia se puede visitar la **Réplica-Museo de la Carabela Pinta.** También merecen la pena la excolegiata de Sta. María (s. XIII), el puente románico de A Ramallosa (s. XII) y la **fortaleza de Monterreal,** que hoy alberga un Parador de Turismo y tiene un recinto amurallado de 3 km.

Fiestas: La **Arribada de la carabela Pinta,** el 1 y 2 de marzo, es la fiesta más bella de la localidad. Otras celebraciones de interés son la Virgen del Carmen, en julio, y las **fiestas patronales de la Virgen de la Anunciada,** del 1 al 3 de agosto.

Alrededores: Se pueden recorrer las sendas fluviales de los ríos Fraga y Baíña y pasear desde la villa hasta playa América, en **Nigrán** (a 7 km). A 30 km, en **A Guarda,** se encuentran los castros del monte Tecla, con restos celtas. La cercanía de las **islas Cíes** las convierten en visita obligada.

Regatas en el litoral baionés

Restaurantes

Moscón. Alférez Barreiro, 2. T. 986 355 008.
www.restaurantemoscon.com
Cierra domingo cena y lunes. Los mariscos y pescados conviven con el arroz con bogavante y la tarta de almendras. Precio medio sin marisco 30 €.

Paco Durán. Iglesia, 60. T. 986 355 017. *www.pacoduran.com*
Cierra lunes en otoño y en invierno, y 15 días en noviembre. Está a 4 km del centro, en plena naturaleza, con vistas sobre la ría de Baiona. Pescados a la brasa o al horno precedidos de empanada y coronados por tartas. Precio medio 35 €.

Hoteles

**** **Parador de Baiona.** Avda. Arquitecto Jesús Valverde, 3. T. 986 355 000.
www.parador.es
Hab. 122: 250 €. Suites: 5. Antigua fortaleza que se alza como impresionante mirador sobre el océano, en un recinto amurallado y flanqueado por un hermoso bosque de pinos. Restaurantes Torre del Príncipe y Enxebre La Pinta.

**** **Talaso Atlántico.** As Mariñas, s/n. T. 986 385 090.
www.talasoatlantico.com
Hab. 70: 114 €. Suites: 1. Centro de talasoterapia. Restaurante Faro.

Balaguer Lleida

36 · B-2
A Lleida, 31 km
A Madrid, 565 km
Alt. 233 m · Pob. 16.952
T. 973 445 194
GPS 41° 47' 22'' N · 0° 48' 15'' E

Visitar: El centro histórico tiene sus orígenes en la primitiva ciudad islámica, asentada en la zona conocida como Pla d'Almatà. Conquistada la ciudad por los condes de Urgell (s. XII), el antiguo núcleo urbano se conservó intacto. En el s. XIV se inició la construcción de la **iglesia gótica de Sta. María,** el símbolo de la ciudad. También se pueden visitar las ruinas del castillo de Formós, el **convento gótico de St. Domènec,** los restos de las murallas y el santuario del Sto. Cristo de Balaguer. Al oeste de este santuario se encuentra el **Parque Arqueológico del Pla d'Almatà,** uno de los yacimientos más importantes de Cataluña.

Fiestas: En abril tiene lugar el Viu la Passió y en julio, el **Transsegre,** el descenso del río Segre.

Alrededores: El monasterio de las Avellanes, una abadía del s. XII rodeada de bosques y viñas, se encuentra en **Os de Balaguer** (a 18 km). **Foradada,** a 24 km, tiene la iglesia barroca de St. Josep.

Panorámica de Balaguer

Restaurantes

® **La Solana de Foradada.** (En FORADADA, a 24 km). Major, 4.
T. 973 400 709. *www.lasolanadeforadada.com*
Cierra domingo cena, lunes, y segunda quincena de febrero. En un agradable y placentero entorno, se descubre una cocina que amalgama sabor a tradición y prudente modernidad. **Arroz con setas y aceite de trufa, carrillera ibérica al Costers del Segre, terrina de manzana con miel de caña.**
Menú 23 €. Precio medio 32 €.

Hoteles

*** **Monestir de les Avellanes.** (En OS DE BALAGUER, a 18 km). Ctra. C-12, km 181. T. 973 438 006. *www.monestirdelesavellanes.com*
Hab. 37: 90 €. Monasterio del s. XII, declarado monumento histórico-artístico de interés nacional, rodeado de jardines y bosques. Restaurante Menjador del Claustre.

Baleares, Islas

Ver apartado correspondiente, a partir de la página 353.

Banyoles Girona

27 · A-3
A Girona, 21 km
A Madrid, 700 km
Alt. 172 m · Pob. 19.159
T. 972 583 470
GPS 42° 07' 4" N · 2° 45' 49" E

Poblado neolítico de Serinyà

Visitar: A la orilla del lago, declarado como zona húmeda de importancia internacional, está el casco medieval de la ciudad, construido a la sombra del **monasterio de St. Esteve** (s. IX). Tanto este monumento como el conjunto de la **Plaza Mayor** (s. XIII) son bienes de interés cultural. También hay que visitar la iglesia de Sta. Maria dels Turers, documentada ya en 1017, el palacio gótico de Pia Almoina y la muralla del s. XIII.

Fiestas: Durante la procesión de la **Mare de Déu dels Dolors,** en marzo, se celebra la popular Processó dels Dolor. La **feria de St. Martirià** (del 15 al 17 de noviembre) y la Feria Medieval Fantástica (12 y 13 de octubre) son otras citas importantes.

Alrededores: En el pueblo de **Serinyà** (a 6 km) se encuentran unas valiosas cuevas prehistóricas. En **Porqueres** (a 6 km) el bosque de Can Ginebreda es un museo al aire con obras de temática erótica del artista local Xicu Cabanyes.

Restaurantes

Ca l'Arpa. P° Industria, 5. T. 972 572 353.
www.calarpa.com
Cierra domingo cena y lunes. Ameno, moderno y confortable restaurante en pleno centro de la localidad cuyo interés se fundamenta en la excelente y pasional culinaria de Pere Arpa. **Ventresca de atún en escabeche, *royal* de pichón.** Menú 20 €. Precio medio 30 €.

Hoteles

**** **Ca l'Arpa.** P° Industria, 5. T. 972 572 353. *www.calarpa.com*
Hab. 8: 135 €. Una casa de 1910 rehabilitada, muy cerca de la Plaza Mayor.

Bañeza, La León

19 · E-3
A León, 49 km
A Madrid, 299 km
Alt. 771 m · Pob. 10.843
T. 987 656 737
GPS 42° 17' 58" N · 5° 53' 57" O

Museo de las Alhajas

Visitar: Ubicado en la romana Vía de la Plata, este municipio merece una parada para contemplar la **iglesia del Salvador** (s. X) y la de **Sta. María** (s. XVI), que alberga una Piedad de Gregorio Fernández. Se pueden visitar el **Museo Imaginero,** en la capilla de Jesús Nazareno, y los museos de la Alubia y el de las Alhajas, con una de las mejores colecciones de joyas e indumentaria de España.

Fiestas: Los **carnavales,** de interés turístico nacional, viven su momento culminante durante la Noche Bruja. Del 8 al 17 de agosto se celebra la festividad de Ntra. Sra. de la Asunción y S. Roque y en septiembre, la **Feria Agroalimentaria,** con alubiada popular.

Alrededores: Desde La Bañeza se puede realizar la Ruta de los Castillos, con parada en los municipios de **Palacios de la Valduerna** (a 7 km), que posee un palacio que fue residencia de Alfonso V; **Santa Elena de Jamuz,** que integra el municipio de **Villanueva de Jamuz** (a 3 km), con su castillo de Quiñones; **Quintana del Marco** (a 12 km), con la fortaleza del Señorío del Conde Luna, y **Alija del Infantado** (a 20 km), con el castillo de los Duques del Infantado.

Restaurantes

Bodega El Capricho. (En JIMÉNEZ DE JAMUZ, a 3 km). Paraje de la Vega, s/n. Autovía A-6, Madrid-A Coruña, salida 303. T. 987 664 224.
www.bodegaelcapricho.com P S
Cierra cenas de lunes y miércoles, y segunda quincena de enero. Bodega centenaria con sensacionales **carnes** de la ganadería de José Gordón. Son míticos los cortes de las distintas partes del buey. Como alternativa, **ancas de rana.** Precio medio 45 €.

La Hacienda. (Hotel La Hacienda). Ctra. A-6, Madrid-A Coruña, km 303. T. 987 656 250. *www.lahacienda303.com* P
A pie de carretera. Ancas de rana, carne roja de buey de Kobe a la piedra, *carpaccio* de piña. Menú 10 €. Precio medio 25 €.

Barbastro Huesca

Visitar: Capital del Somontano, es conjunto histórico-artístico. Se conserva intacto el barrio de origen árabe, conocido como **Entremuro,** situado en lo alto de una peña. A partir de ahí las calles descienden hacia la plaza del Mercado, donde se encuentra el **Ayuntamiento.** La expansión de la ciudad se produjo en el s. XVI, época de construcción de la **catedral de Ntra. Sra. de la Asunción** y del palacio de Argensola. Otros edificios de interés son el Palacio Episcopal, el palacio Baselga y el hospital de S. Julián y Sta. Lucía, que acoge el **Espacio del Vino de la D. O. Somontano.** A la entrada de la ciudad se encuentra el **monasterio de Pueyo** (s. XII), mirador sobre la comarca del Somontano.

Fiestas: En septiembre se celebra la Natividad de Ntra. Sra. y, en junio, las **fiestas patronales de S. Ramón.**

Alrededores: Barbastro se halla en el **Parque Cultural del Río Vero,** patrimonio de la humanidad, en el que conviven arte rupestre, monumentos, conjuntos medievales y patrimonio etnográfico. El bello pueblo de **Alquézar,** a 20 km, da acceso al Parque Natural de la Sierra y Cañones de Guara.

35 · D-1
A Huesca, 50 km
A Madrid, 446 km
Alt. 341 m · Pob. 16.924
T. 974 308 350
GPS 42° 2' 4'' N · 0° 7' 22'' E

Barbastro es tierra de vinos

Restaurantes

Bodega del Vero. (Tienda-restaurante). Romero, 13. T. 974 311 183. *www.casaruralconencanto.es*
Cierra domingo y algunos festivos. Una antigua bodega y fábrica de chocolate es ahora un pequeño restaurante con productos de temporada. De postre, fruta fresca y quesos (tienen hasta cincuenta variedades). Precio medio 40 €.

Flor. Goya, 3. T. 974 311 056. *www.restauranteflor.com*
Cierra domingo cena, lunes y del 7 al 29 de enero. José Antonio Pérez sigue al tanto de todo. Bacalao con esponjoso de aceitunas, cebolla de Fuentes y caldo de verduras, paletilla de cordero con sobrasada y miel, naranja a la naranja. Menú 21 €. Precio medio 35 €.

Hoteles

**** **Gran Hotel Ciudad de Barbastro.** Pza. del Mercado, 4. T. 974 308 900. *www.ghbarbastro.com*
Hab. 41: 86 €. Céntrico. Restaurante El Portillo.

Barbate Cádiz

Visitar: La villa se encuentra encajada entre el mar y el **Parque Natural de la Breña y Marismas de Barbate;** en este bosque de matorral mediterráneo se puede visitar el Palomar de la Breña, una hacienda del s. XVIII con uno de los palomares más grandes de Europa. Todo ello sin perder de vista sus 25 km de playa. Ya en el pueblo, el visitante puede disfrutar de los puertos deportivo y pesquero antes de perderse en las laberínticas calles. Destacan la **ermita visigótica de S. Ambrosio** y las torres almenaras (s. XVI) sobre los acantilados.

Fiestas: La **feria y fiestas del Carmen,** en julio, son las más importantes. También la verbena de la Virgen de Fátima y la **Semana Gastronómica del Atún** (ambas en mayo).

Alrededores: Merece la pena acercarse a **Zahara de los Atunes** (a 10 km).

114 · B-1
A Cádiz, 64 km
A Madrid, 677 km
Alt. 92 m · Pob. 22.977
T. 956 063 613
GPS 36° 11' 32'' N · 5° 55' 12'' O

Restaurantes

El Campero. Avda. de la Constitución, 5-C. T. 956 432 300. *www.restauranteelcampero.es*
Cierra lunes excepto agosto, 15 días en enero y en febrero. El mejor santuario del atún en España. Se disfruta en todas sus versiones **(salazón, ahumado, semiconserva, ventresca de atún a la plancha o atún encebollado).** Todo un menú monográfico sobre el atún rojo capturado en las almadrabas del sur. Menú 35 €. Precio medio 45 €. Ha inaugurado recientemente en Zahara de los Atunes la Taberna del Campero.

Barcelona

Visitar: Cosmopolita, comprometida con la cultura y el diseño, rica en sabores, sonidos y olores, Barcelona es inabarcable y, al mismo tiempo, acogedora. El viajero puede empezar la visita en la cima de la **montaña de Montjuïc;** sus escaleras mecánicas hacen la pendiente llevadera y el premio es una vista completa de la ciudad. Desde allí, es recomendable visitar el **Museo Nacional d'Art de Catalunya,** antes de dar un paseo por la zona olímpica hacia el estadio

48 · E-1
A Madrid, 621 km
Alt. 4 m · Pob. 1.615.908
T. 906 301 282
GPS 41° 23' 16'' N · 2° 10' 8'' E

Puerto de Barcelona

Lluís Companys y el **Palau St. Jordi.** Muy cerca se halla la Fundación Joan Miró, los jardines del Teatre Grec y se puede tomar el teleférico hasta el Castillo-Museo de Montjuïc.

Desde Montjuïc la visita continúa por **Las Ramblas,** el bulevar más conocido y transitado de la ciudad. Va desde la plaza de Catalunya hasta el **monumento a Colón,** y contiene toda la esencia barcelonesa, incluyendo la **Boquería,** el mercado más famoso de Barcelona. En las inmediaciones de la rambla dels Caputxins se encuentran la plaza Reial y el célebre **Gran Teatre del Liceu.** Las Ramblas son también el punto de partida ideal para visitar el laberíntico **barrio Gótico.** Su joya arquitectónica es la **catedral gótica,** cuya construcción se inició en el s. XIII. En el exterior destacan las dos torres octogonales del s. XIV. Su interior es muy bello, especialmente las **capillas de St. Oleguer y St. Climent,** el trascoro, con relieves de mármol y la sillería del coro, la cripta de Sta. Eulalia y el claustro. Saliendo de la catedral, la calle de Ferran desemboca en la **plaza de St. Jaume,** corazón administrativo de la ciudad, que acoge los edificios del **Ayuntamiento** y el **Palau de la Generalitat.** El primero conserva una interesante fachada gótica y el salón de Cent, también gótico. Del segundo, construido entre los ss. XV y XVII, merece la pena destacar la escalinata gótica del patio central, el patio de los Tarongers, la sala Daurada y la hermosa fachada renacentista. Por las callejuelas del **Call,** el antiguo barrio judío, se llega a la **plaza del Pi,** presidida por la iglesia de Sta. María del Pi, y a la plaza de St. Josep Oriol.

El viajero puede dirigir sus pasos hasta la magnífica **plaza del Rei,** limitada por el **Palau Reial Maior,** la capilla de Sta. Àgata, del s. XIV, y el palacio del Lloctinent, de estilo gótico con elementos renacentistas. El Palau Reial Maior está coronado por una gran torre conocida como mirador del Rei Martí. Destaca en su interior el salón del Tinell, de estilo gótico. En un extremo de la plaza se encuentra el Museo de Historia de la Ciudad, donde se conservan restos arqueológicos de la romana Barcino. En la vecina calle dels Comtes abre sus puertas el **Museo Marès,** con una colección de escultura antigua. En la calle del Bisbe hay un puente neogótico que une las casas de los Canonges con el Palau de la Generalitat. Se puede hacer un descanso en la apacible plaza de **St. Felipe Neri,** dominada por la iglesia barroca del mismo nombre.

La oscuridad gótica encuentra su perfecto contrapunto en **L'Eixample,** paraíso de la arquitectura modernista. Alrededor del paseo de Gràcia y el carrer de Valencia se sitúan joyas como las gaudianas **Casa Milà,** más conocida como La Pedrera, o la **Sagrada Familia,** ambas de Gaudí. Siguiendo por L'Eixample, la también emblemática **torre Agbar** emerge en un punto neurálgico de la ciudad, la Diagonal. La huella de Gaudí prosigue hacia el norte de L'Eixample, donde el visitante se encuentra con el fantástico **parque Güell.** Las mejores vistas de Barcelona se disfrutan en la cima del **monte Tibidabo,** el pico más alto de la cordillera Collserola, donde se ubica el antiguo parque de atracciones. Es una experiencia inolvidable tomar el *tramvia blau* (tranvía azul) y el funicular para descubrir este parque a la antigua usanza.

De vuelta al nivel del mar, merece la pena acercarse al **Museo de Art Contemporani de Barcelona,** el MACBA, en pleno corazón del Raval, antes de descansar en el **parque de la Ciutadella,** situado sobre la ciudadela militar construida a principios del s. XVIII. Hay que hacer una parada en el lago donde se halla la cascada y el zoo, con más de 450 especies de animales. **La Barceloneta,** el barrio marinero, construido en el s. XVIII sobre terreno ganado al mar, es perfecto para comer. Muy cerca se encuentra el barrio del Born, ideal para ir de compras, y el puerto de Barcelona. Hay 5 km de playas muy céntricas. Las tres más cercanas son la de St. Sebastià, la de la Barceloneta y la del paseo marítimo, las mejores para evadirse del ajetreo.

Fiestas: La fiesta de **St. Jordi** (23 de abril), de interés turístico, llena las calles de libros y rosas. En mayo se celebra en el circuito de Montmeló el **GP de Catalunya,** donde compite el **Repsol Honda Team.** El 11 de septiembre es la **Diada,** la fiesta nacional de Cataluña, y el 24 de ese mismo mes, la fiesta mayor de La Mercè. En octubre es el turno del **Festival Internacional de Jazz de Barcelona** y la temporada del Gran Teatre del Liceu. En diciembre, la feria navideña de Sta. Lucía.

Alrededores: Muy cerca, en **Badalona** (a 8 km) está el monasterio de St. Jeroni de la Murtra (s. XVI), y en **L'Hospitalet de Llobregat** (a 8 km), la capilla románica de Sta. Eulália de Provençana. En **Santa Coloma de Gramenet** (a 10 km) hay que recorrer el poblado íbero. En **Sant Cugat del Vallès** (a 17 km) destaca el monasterio del s. IX. El **Circuito de Catalunya** se encuentra a 32 km. Si se busca el contacto con la naturaleza, se pueden visitar los **Parques Naturales de Llorens de Munt i l'Obrac** (a 44 km) y **Montseny** (a 72 km). El **monasterio de Montserrat** (a 60 km) merece mención aparte. Se trata de un conjunto monumental y natural único. La montaña es parque natural y el santuario de la Virgen de Montserrat, en el que se halla el monasterio benedictino, fue fundado en el s. XI. La imagen de la Virgen, la Moreneta, se encuentra en la basílica. Allí canta la escolanía de Montserrat, uno de los coros de chicos cantores más antiguo de Europa. El museo del monasterio incluye una pinacoteca con obras de Caravaggio, El Greco, Picasso, Dalí, Miró, Chagall y Tàpies.

Restaurantes

☼☼☼
Abac
Cierra lunes y domingo. Irrefutable precisión y excelente producto propone Jordi Cruz, que vive en la cima de su exitoso trayecto culinario. **Ñoquis de parmesano con setas crudas y asadas, agua acidulada de hongos, nueces y trufa de verano; cochinillo ibérico con jugo de orejones, mango, aceituna negra y almendra al *curry*; sobre tierras ahumadas, plátano, café, cacao, vainilla y *bourbon*.**

Precio medio 100 €.

(Hotel Abac). Avda. Tibidabo, 1.
T. 933 196 600.
www.abacbarcelona.com

☼☼ **Alkimia.** Industria, 79. T. 932 076 115. *www.alkimia.cat*
Cierra sábado, domingo y del 17 al 31 de agosto. La deliciosa y atrayente propuesta culinaria de Jordi Vilá no para de sorprender a la clientela leal y entusiasta de esta casa, que es uno de los mejores escaparates de modernidad y creatividad culinaria. Menú 39 €. Precio medio 80 €.

® **Angle.** (Hotel Cram). Aribau, 214. T. 932 167 777. *www.anglebarcelona.com*
Cierra domingo y lunes. Jordi Cruz ha ampliado su proyecto gastronómico en Barcelona, trasladando su restaurante L'Angle en Sant Fruitós de Bages al Hotel Cram. En este Angle en versión barcelonesa, Cruz sigue seduciendo con una propuesta llena de vanguardia y modernidad. Precio medio 70 €.

☼☼ **Ca L'Isidre.** Les Flors, 12. T. 934 411 139. *www.calisidre.com*
Cierra domingo, festivos; y 15 días en agosto. La consideración, el respeto y la profesionalidad que la familia Gironés siente por la cocina es excepcional. Solo así, y con tantos años de dedicación, puede fundarse un restaurante que siempre se ha mantenido como la mejor cocina barcelonesa. **Espaldita de cabritillo al horno con cebollitas de Figueras, tartaleta de queso fresco y fresitas.** Menú 40 €. Precio medio 50 €.

☼☼ **Caelis.** (Hotel El Palace). Gran Vía de les Corts Catalanes, 668. T. 935 101 205. *www.hotelpalacebarcelona.com* S
Cierra almuerzos de domingo a martes. Sin duda, Romain Fornells es un cocinero genial. En el maravilloso marco de su Caelis, Romain piensa, ejecuta y emociona. El resultado es una emotiva proposición de platos sabrosos, inteligentemente actuales y perfectamente elaborados. **Verduras tibias en tarta fina de parmesano y crema de alcachofas, cochinillo ibérico crujiente, cítricos, rábano picante y melocotón helado.** Menú 40 €. Precio medio 60 €.

® **Cal Pep.** Pza. de les Olles, 8. T. 933 107 961. *www.calpep.com*
Cierra lunes almuerzo, sábado cena, domingo y agosto. Tapas de la mejor calidad en un entorno desenvuelto, querido y acreditado bajo la atenta supervisión de Josep Manubens. Precio medio 45 €.

B

☼ **Caldeni.** Valencia, 452. T. 932 325 811. *www.caldeni.com* ♿ ❄
Cierra domingo, lunes, una semana en enero, Semana Santa y tres semanas en agosto. El protagonismo gastronómico de esta pequeña casa se centra en las maravillosas piezas de **carne.** Pero, sin duda, Dani Lechuga emociona con personales creaciones que cambian en función del mercado y la temporada. **Arroz con *ceps*, sardinas marinadas...**
Menú 24 €. Precio medio 40 €.

® **Can Ravell.** (Mantequería). Aragó, 313. T. 934 575 114.
www.ravell.com ♿ ❄
Cierra cenas y lunes. Calidad y respeto en el producto, nada de rarezas y una carta basada en lo mejor de cada estación conforman el exitoso trayecto de esta tradicional mantequería barcelonesa. Precio medio 35 €.

☼ **Cinc Sentits.** Aribau, 58. T. 933 239 490. *www.cincsentits.com* ❄
Cierra domingo, lunes y dos semanas en agosto. Delicada y perspicaz cocina de autor elaborada con mucho criterio por Jordi Artal y ofertada en tres menús degustación diferentes. Menús 59, 79 y 109 €. Precio medio 59 €.

☼☼ **Comerç 24.** Comerç, 24. T. 933 192 102.
www.carlesabellan.com ♿ ❄
Cierra domingo, lunes y Navidad. Carles Abellán prosigue su particular y afanado trayecto, sustentado en un amplio conocimiento gastronómico que convierte en una particular cocina de vanguardia. ***Zaru soba* de navajas, gamba de Palamós a la brasa, higos con cabra, *tonka* y chocolate.**
Precio medio 75 €.

☼☼ **Coure.** Passatge Marimón, 20. T. 932 007 532.
www.restaurantcoure.es ❄
Cierra domingo, lunes y tres semanas en agosto. Albert Ventura posee criterio y referentes, lo que convierte sus creaciones en una seductora e interesante propuesta de notable personalidad y calidad culinaria.
***Carpaccio* de hinojo, *burrata*, tomate y oliva de Kalamata; pescado de playa con cebolla, piñones y cigalas, tocinillo de cielo con helado de almendra tierna y yogur.** Menú y precio medio 35 €.

☼☼ **Dos Cielos.** (Hotel Meliá Barcelona Sky, planta 24). Pere IV, 272-286. T. 933 672 070. *www.doscielos.com* ♿ ❄ P
Cierra domingo, lunes, 15 días en enero y en agosto. Los hermanos Torres se han convertido en los cocineros de moda por sus impecables creaciones cargadas de talento y sensorialidad. **Arroz de pichón en lata con aceitunas negras, pescado de escama cocido en hojas del bosque; macadamia, café y chocolate.** Menú 60 €. Precio medio 85 €.

® **Dos Palillos.** Elisabets, 9. T. 933 040 513.
www.dospalillos.com ♿ ❄
Cierra almuerzos de martes y miércoles; domingo, lunes y agosto. Albert Raurich prosigue su exitoso trayecto sin variar el particular carácter de su propuesta culinaria de tapas asiáticas iniciado hace cuatro años. ***Tempura* de tomatitos *cherry*, calamar tibio con *yuzu*.** Menú 65 €. Precio medio 30 €.

® **El Túnel d'en Marc Palou.** Bailén, 91. T. 932 658 658.
www.eltuneldenmarc.com ❄ S
Cierra lunes cena, domingo y agosto. La larga experiencia y buen hacer de Marc Palou atrae a una clientela leal, amante de una cocina sabrosa y descifrable con referentes de modernidad. **Canelones con bechamel de trufa, fresones flameados a la pimienta negra con helado de nata.**
Menú 18 €. Precio medio 30 €.

® **Els Pescadors.** Pza. Prim, 1. T. 932 252 018.
www.elspescadors.com ♿ ❄ P
Cierra del 22 de diciembre al 4 de enero. Casa ubicada en el barrio antiguo del Poblet Nou donde, durante más de 30 años, se ha elaborado una honesta cocina fundamentalmente marinera. **Arroz cremoso con gamba roja, pulpo con patatas y pimentón de Jaraíz de la Vera.** Precio medio 44 €.

® **Embat.** Mallorca, 304. T. 934 580 855.
www.restaurantembat.es ❄
Cierra cenas de martes y miércoles; lunes y domingo. Simple y gustosa cocina de mercado en pleno L'Eixample barcelonés. Menú 25 €.
Precio medio 40 €.

Ateneu Barcelonès

☼☼ **Enoteca.** (Hotel Arts Barcelona). Marina, 19-21. T. 934 838 108. *www.hotelartsbarcelona.com* ♿ ❄ P
Cierra almuerzos de miércoles a sábados, domingo, primera semana de enero y de septiembre. Culinaria de gran rigor técnico –precisa, sutil y deliciosa– elaborada con ingredientes de absoluto frescor y calidad, en un marco elegante, mediterráneo y confortable. **Guisantes a la catalana, arroz meloso ligeramente ahumado, azafrán y gambas, Selva Negra.** Precio medio 100 €.

® **Espaisucre.** Princesa, 53. T. 932 681 630. *www.espaisucre.com* ♿ ❄
Cierra almuerzos, domingo, lunes y 15 días en Navidad. Jordi Butrón sigue fiel a su proyecto de inspirar y fomentar los postres como protagonistas categóricos de la comida. Precio medio 40 €.

® **Florentina.** Saragossa, 122. T. 932 112 695. ❄
Cierra domingo cena, lunes, Semana Santa y agosto. Feliz propuesta de cocina tradicional tan popular como exquisita. **Tortilla catalana, arroz cremoso de *rossinyols* y butifarra negra, fresones con vinagre de Módena.** Precio medio 35 €.

☼ **Freixa Tradició.** Sant Elies, 22. T. 932 097 559. *www.freixatradicio.com* ♿ ❄ P
Cierra domingo, lunes y tres semanas en agosto. Esmero, tradición, profesionalidad, producto, experiencia, pasión, memoria y personalidad. Todo unido conforma el carácter de esta casa dirigida por Josep Maria Freixa en los fogones y Dorita Riera en el comedor. Menú 25 €. Precio medio 35 €.

☼ **Gaig.** Córcega, 200. T. 934 291 017. *www.restaurantgaig.com* ♿ ❄
Cierra domingo cena, lunes y Semana Santa. La larga experiencia barcelonesa de Carles Gaig se concentra hoy en este moderno, grato y digno restaurante donde Carles sigue ofreciendo sus grandes creaciones tradicionales. **Escabeche fino de marisco, lomo de cordero lechal al horno, frutos rojos, lácteos y almendra amarga.** Menú 50 €. Precio medio 70 €.

® **Gorría.** Avda. Diputació, 421. T. 932 451 164. *www.restaurantegorria.com* ♿ ❄ P
Cierra cenas de lunes y festivos; domingo, Semana Santa y agosto. Esta casa es desde hace 37 años el gran referente barcelonés de la mejor gastronomía vasco-navarra. **Pochas de Sangüesa, rabo de toro con hongos, leche frita con canela.** Precio medio 48 €.

☼ **Gresca.** Provença, 230. T. 934 516 193. *www.gresca.net* ❄
Cierra sábado almuerzo, domingo, Semana Santa, 15 días en agosto y 10 días en Navidad. Rafael Peña es un cocinero admirable capaz de crear platos de gran sensibilidad **–huevos *soufflé* con patata a la crema, pichón con jengibre–.** Eminentemente creativo, su cocina atrapa con sabores que pertenecen al mágico mundo de los recuerdos y la emoción. Menú 19 €. Precio medio 40 €.

☼ **Hisop.** Pasaje Marimón, 9. T. 932 413 233. *www.hisop.com* ❄
Cierra sábado almuerzo, domingo, primera semana de enero y tres primeras de agosto. Oriol Ivern, en un espacio íntimo y relajado, plantea y formula una cocina de carácter catalán absolutamente actual y contemporánea. **Gambas con cebolla tierna y citronela, pichón con chocolate, manzana asada con salvia.** Menú 28 €. Precio medio 55 €.

☼ **Hofmann.** La Granada del Penedés, 14-16. T. 932 187 165. *www.hofmann-bcn.com* ♿ ❄ S
Cierra sábado, domingo, Semana Santa, agosto y Navidad. La notabilidad y estilo culinario de Mey Hofmann se complementan con una profesionalidad y una maestría que hacen de esta acogedora y elegante casa una cita de obligada visita. **Fideuá de setas de temporada al vino rancio, pies de cerdo deshuesados rellenos de *foie-gras* y trufa, baba al ron quemado.** Menú 47 €. Precio medio 65 €.

® **Igueldo.** Roselló, 186. T. 934 522 555. *www.restauranteigueldo.com* ♿ ❄
Cierra domingo. Casa respetada por la absoluta honestidad de una cocina de raíces vascas elaborada con mimo, acierto y criterio. **Ravioli de jamón y *foie-gras*, *farcellet* de rabo de buey, *soufflé* líquido de queso.** Menú 23 €. Precio medio 36 €.

Pináculos de la Sagrada Familia

Gigants

Los gigantes son una tradición catalana que se remonta al s. XIV. Salen durante la Festa Major o en días especiales y bailan por las calles rodeados de pequeños cabezudos o *cap-grossos*.

Parque Güell, en Barcelona

® **Senyor Parellada.** Argentería, 37. T. 933 105 094.
www.senyorparellada.com
Céntrico, en pleno barrio Gótico, a dos pasos de Sta. María del Mar, es un ejemplo más de tradición hotelera y gastronómica. **Canelones rustidos con trufas de Centelles, cordero del Montseny a las doce cabezas de ajo, piña a la catalana.** Precio medio 25 €.

☼ **Shanghai.** Bisbe Sivilla, 48. T. 932 118 791.
www.shanghai-bcn.com
Cierra cenas de domingo y festivos; lunes, Semana Santa, tres semanas en agosto y cuatro días en Navidad. Lleva años encantando a una devota clientela que proclama con entusiasmo la notabilidad de la cocina china de esta casa. **Fideos con trufa, pescados al vapor, ternera picante.** Precio medio 35 €.

® **Shunka.** Sagristans, 5. T. 934 124 991.
Cierran lunes, Semana Santa, cuatro semanas entre agosto y septiembre, 10 días entre diciembre y enero. En un entorno cálido y familiar, Zhangchao Xu Lai y Hideki Matsuhisa dirigen Shunka con entusiasmo desde hace más de doce años. En ella nació la pasión de muchos barceloneses por la cocina japonesa. Menú 50 €. Precio medio 40 €.

® **7 Portes.** Pº de Isabel II, 14. T. 933 193 033. *www.7portes.com*
El restaurante más barcelonés, más popularmente afamado y más antiguo de la ciudad. Ubicado en el tradicional barrio de la Ribera, sus **arroces** y **paellas** atraen a propios y extraños. Precio medio 40 €.

Suculent. Rambla Raval, 43. T. 934 436 579. *www.suculent.com*
Cierra domingo cena, lunes y enero. Popular casa de comidas con recetas de siempre en plena rambla barcelonesa. *Cap i pota*, albóndigas de sepia, setas y puré de tupinambo. De postre, tocinillo. Precio medio 30 €.

® **Suquet de L'Almirall.** Pº Don Juan de Borbón, 65. T. 932 216 233.
www.suquetdelalmirall.com
Cierra almuerzos en agosto, domingo cena y lunes. Su privilegiada situación frente al puerto, no lejos de la lonja, es un reflejo del carácter y personalidad de la cocina autóctona y marinera del experto Quim Marqués. Menú 28 €. Precio medio 40 €.

® **The Mirror.** Córcega, 255. T. 932 028 685.
www.themirrorbarcelona.com
Cierra domingo cena y lunes. Culinaria de matices modernos y muy actual sustentada en unos ingredientes de indudable calidad. **Arroz de bogavante y sepia, mero con su jugo y piel, tiramisú.** Menú 45 €. Precio medio 50 €.

☼ **Tickets.** Avda. Paral.lel, 166. *www.ticketsbar.es*
Cierra almuerzos excepto sábados; domingo, lunes, primera semana de enero y tres semanas en agosto. La singular propuesta culinaria de Albert Adrià prosigue su triunfante trayecto, ahora en la popular avenida Paral.lel, con la participación de los hermanos Iglesias. Al lado, **41°** (avda. Paral.lel, 164) también con la firma de los Adrià y los Iglesias con diferentes menús degustación. Precio medio 70 €.

® **Tomax.** Loreto, 32. T. 933 457 148. *www.htomas.com*
Cierra domingo, Semana Santa y 15 días en agosto. Nueva ubicación para esta cocina que atrae a una clientela leal amante de los sabores que emanan de la tradición. Precio medio 30 €.

® **Tragaluz.** Pasaje de la Concepción, 5. T. 934 870 621.
www.grupotragaluz.com
Cierra domingo almuerzo y sábado en agosto. Renovado y encantador, constituye una opción interesante por su céntrica situación y su sabrosa propuesta culinaria. **Flor de calabacín rellena de butifarra negra y menta, pasta fresca con ragú de rabo de buey y especias, ensalada de frutas, gelatina de lima y sorbete de apio y manzana.** Menú 25 €. Precio medio 50 €.

☼ **Tram-Tram.** Carrer Major de Sarriá, 121. T. 932 048 518.
www.tram-tram.com
Cierra domingo cena, lunes, Semana Santa y segunda y tercera semanas de agosto. Isidre Soler, de reconocida autoridad culinaria que junto a Reyes Lizán, lleva años al frente de Tram-Tram, es una feliz y segura apuesta de buena cocina de autor. **Cremoso de colmenillas y espárragos, liebre a la *royal* con *foie-gras* y manzana caramelizada, *clafoutis* de pera de Puigcerdá.** Menús 21, 34 y 70 €. Precio medio 40 €.

☼☼☼

Vía Veneto

Cierra sábado almuerzo, domingo y del 1 al 20 de agosto. La excelencia de esta casa está fuera de toda duda con clasicismo actualizado y esplendidez en el producto. La esmerada cortesía de Josep y Pere Monje, ambos Premio Nacional de Gastronomía, lo mantiene en lo más alto. Sergio Humada, el nuevo y conocido jefe de cocina, mantiene la calidad habitual de la casa.

Precio medio 60 €.

Ganduxer, 10. T. 932 007 244.
www.viavenetorestaurant.com

☼ **Windsor.** Córsega, 286. T. 932 377 588.
www.restaurantwindsor.com
Cierra domingo, festivos, 15 días en enero y en agosto. La amplia experiencia de Carlos Alconchel, en la cocina, y de Joan Junyent, en la sala, garantizan una experiencia gastronómica más que notable en este confortable y elegante restaurante de L'Eixample. ***Burger*** **de vieiras a las dos mostazas, ciervo a las cinco pimientas, peras al vacío con cardamomo y *mascarpone*.** Menú 30 €. Precio medio 45 €.

Hoteles

***** **Arts.** Marina, 19-21. T. 932 211 000.
www.hotelartsbarcelona.com
Hab. 483: 250 €. Suites: 56. Admisión de perros, consultar. A orillas del mar Mediterráneo y en pleno Port Olímpic. A 10 minutos del aeropuerto de El Prat y a 15 de la estación de Sants. Restaurantes: Arola, Enoteca, Café Veranda, Bites y Marina.

***** **GL Casa Fuster.** Pº de Gràcia, 132. T. 932 553 000.
www.hotelescenter.com/casafuster
Hab. 105: 176 €. Situado en pleno centro de Barcelona, esta auténtica joya del arquitecto catalán Lluís Domenech i Montaner simboliza el espíritu del modernismo en su máximo esplendor. En este hotel, que tiene la categoría de 5 estrellas Gran Lujo Monumento, se ofrece un servicio superior con atención minuciosa hasta el último detalle. Restaurante Galaxó.

***** **Claris.** Pau Claris, 150. T. 934 876 262. *www.derbyhotels.es*
Hab. 120: 513 €. Suites: 41. Museo Egipcio. Restaurante La Terraza del Claris.

***** **El Palace.** Gran Via de les Corts Catalanes, 668. T. 935 101 130.
www.hotelpalacebarcelona.com
Hab. 119: 560 €. Suites: 6. Inaugurado en 1919. Situado en el corazón de Barcelona, próximo a Las Ramblas. Restaurante Caelis.

***** **Mandarín Oriental.** Pº de Gràcia, 38-40. T. 931 518 888.
www.mandarinoriental.com
Hab. 98: 385 €. Suites: 10. En pleno corazón del distrito comercial y de ocio de la ciudad. Espléndidas vistas sobre el pº de Gràcia y sobre el jardín Mimosa. Restaurantes Moments y Blanc.

***** **Omm.** Rosselló, 265. T. 934 454 000. *www.hotelomm.es*
Hab. 83: 290 €. Suites: 8. Céntrico. Lugar de encuentro para la gente de la ciudad, gran propuesta gastronómica y de ocio. Restaurante Roca Moo.

***** **Rey Juan Carlos I.** Avda. Diagonal, 661-671. T. 933 644 040.
www.hrjuancarlos.com
Hab. 395: 399 €. Suites: 37. Dispone de 25.000 m² de jardines históricos. Restaurantes Polo y The Garden.

***** **W Barcelona.** Pza. de la Rosa dels Vents, 1. T. 932 952 800.
www.w-barcelona.es
Hab. 473: 299 €. Suites: 67. Con vistas en 360° sobre Barcelona y el mar, y acceso directo a la playa. Restaurantes Wave, Salt y Bravo 24.

**** **Casa Camper.** Elisabets, 11. T. 933 426 280. *www.casacamper.com*
Hab. 25: 250 €. Suites: 5. Desayuno y zona de *snack* 24 horas incluidos. En un edificio del s. XIX restaurado, en el corazón de la ciudad. Contemporáneo y funcional.

**** **Condes de Barcelona.** Pº de Gràcia, 73-75. T. 934 450 000.
www.condesdebarcelona.com
Hab. 235: 135 €. Suites: 3. En el corazón de la Barcelona modernista. Frente a La Pedrera. Restaurantes Lasarte y Loidi, dirigidos por Martín Berasategui.

**** **Ciutadella Barcelona.** Avda. Marqués de L'Argentera, 4. T. 933 191 944.
www.gargallohotels.es
Hab. 59: 198 €. Ubicado junto al parque de la Ciutadella, a escasos metros del barrio Gótico, es el alojamiento perfecto para aquellos visitantes que quieran disfrutar de Barcelona desde el mismo corazón de la ciudad.

Las Ramblas

Barruera-Vall de Boí Lleida

25 · B-2
A Lleida, 148 km
Alt. 1.090 m · Pob. 1.010
GPS 42° 31' 19'' N · 0° 49' 59'' E

Iglesia de St. Climent de Taüll

Visitar: Barruera es puerta de acceso al legado románico Vall de Boí. Durante los ss. XI y XII, picapedreros, pintores y artesanos levantaron y decoraron un conjunto de nueve iglesias románicas excepcionales, declaradas patrimonio de la humanidad: **St. Climent de Taüll, Sta. María de Taüll, St. Joan de Boí, Sta. Eulalia de Erill la Vall, St. Feliu de Barruera, La Nativitat, St. Quirc de Durro, Sta. María de Cardet y la Assumpció de Coll.** Construidas bajo la influencia del románico lombardo, destacan sus hermosos campanarios. En Erill la Vall están el Centro de Interpretación del Románico y la estación de esquí de Boí Taüll.

Fiestas: El 24 de junio se celebra la Noche de S. Juan y del 17 al 19 de agosto, la fiesta mayor. También tienen importancia las **Bajadas de Fallas de Taüll, Erill la Vall y Boí.**

Alrededores: Taüll, en las puertas del **Parque Nacional de Aigüestortes i Estany de St. Maurici. Lleps** (a 10 km), es una típica villa leridana.

Restaurantes

El Caliu. (En TAÜLL, a 10 km). Feixanes, 11. T. 973 696 212.
www.elcaliutaull.com
Cierra martes excepto festivos; y noviembre. *Escudella barrejada* o *magret* de pato con salsa de arándanos en el entorno del Parque Nacional de Aigüestortes. Menú 15 €. Precio medio 30 €.

Hoteles

**** **Manantial.** (En CALDES DE BOÍ, a 8 km). Afueras, s/n. T. 973 696 210.
www.caldesdeboi.com
Hab. 119: 168 €. Suites: 7. Hotel Balneario, con 37 manantiales minero-medicinales. En el Pirineo, junto al Parque Nacional de Aigüestortes. Restaurante Jean Luc.

Beasain Gipuzkoa

13 · E-2
A Donostia/San Sebastián, 42 km
A Madrid, 420 km
Alt. 179 m · Pob. 13.916
T. 943 028 050
GPS 43° 2' 48'' N · 2° 12' 21'' O

Visitar: Es imprescindible visitar el **conjunto monumental de Igartza,** compuesto por el palacio, el molino, la ferrería, el puente y la ermita de Ntra. Sra. de Belén. Beasain cuenta, además, con un rico patrimonio industrial. Muy cerca se ubica el parque de Sagastigutia.

Fiestas: En febrero se celebra **S. Martín de Loinatz** y el 14 de septiembre, los bailes de la Ezpatadantza de Igartza.

Alrededores: Merece la pena acercarse a la villa medieval de **Ordizia** (a 4 km).

Restaurantes

® **Rubiorena.** Zaldizurreta, 7. T. 943 885 760.
Cierra cenas de lunes a jueves, sábado almuerzo, domingo, agosto y Navidad. Una espartana decoración, pero con muchos valores culinarios de un gran profesional como es Gorka Salaberria. **Ensalada escabechada de bacalao y vieiras, carrilleras de ternera, sopa de fresas con espuma de yogur.** Menú 14 €. Precio medio 30 €.

Urkiola. (Asador). Mayor, 7. T. 943 086 131.
Cierra domingo, segunda y tercera semanas de agosto. Una de las parrillas de carnes y pescados sobresalientes de la zona. Siempre con un gran producto inmejorable. Postres artesanos. Extensa bodega. Precio medio 40 €.

Hoteles

**** **Dolarea.** Nafarroa Etorbidea, 57. T. 943 889 888. *www.hoteldolarea.com*
Hab. 20: 74 €. Suites: 1. Antigua posada medieval del s. XVII en pleno centro. Monumento histórico, reconvertido en un lujoso hotel.

Begur Girona

38 · C-1
A Girona, 46 km
A Madrid, 739 km
Alt. 300 m · Pob. 4.258
T. 972 624 520
GPS 41° 57' 13'' N · 3° 12' 25'' E

Visitar: Situado en el Bajo Ampurdán, el perfil de este municipio está marcado por su **castillo medieval** (s. IX) y sus cinco torres de defensa (ss. XVI-XVII). Conserva varias construcciones indianas, como la Casa de los Americanos, y antiguas barracas de pescadores. También destaca el pequeño **núcleo románico de Esclanyà.** Su abrupto litoral es muy bello: se puede disfrutar de él recorriendo los llamados caminos de ronda, senderos utilizados por contrabandistas que bordeaban la costa.

Fiestas: En junio tiene lugar la **fiesta mayor de S. Pedro;** en agosto, la fiesta mayor d'Escalanyà y en septiembre, la **fiesta mayor de Sta. Reparada.**

Alrededores: A este municipio pertenecen **ocho calas y playas,** de características y belleza muy variadas.

Restaurantes

Aigua Blava. (Hotel Aigua-Blava). Platja de Fornells, s/n. T. 972 624 562. *www.aiguablava.com*
Cierra de mediados de octubre a mediados de marzo. Con 81 habitaciones. Cocina catalana tradicional con el toque personal de Lluis Ferrés. *Mi-cuit* de pato con membrillo, suprema de lubina salvaje con patatas a la catalana, tatin de manzana con helado de canela. Menú y precio medio 40 €.

Fonda Caner. Pi i Ralló, 10. T. 972 622 391. *www.fondacaner.com*
Cierra almuerzos de lunes a viernes (excepto festivos, Semana Santa y agosto); y de noviembre a marzo. Sencilla y honrada cocina de Narcís Caner. Arroz mar y montaña con bogavante, paletilla de cordero rellena a la catalana, carro de pastelería artesanal. Precio medio 30 €.

Hoteles

**** **Parador de Aiguablava.** Platja de Aiguablava, s/n. T. 972 622 162. *www.parador.es*
Hab. 78: 190 €. Cierra del 7 de enero al 15 de febrero. En un lugar tranquilo y paradisiaco. Blanca arquitectura mediterránea con magníficas vistas al mar.

La *Fira d'indians*

El primer fin de semana de septiembre, Begur celebra esta fiesta que conmemora sus lazos con Cuba y la experiencia de los begurenses que emigraron durante el s. XIX a la isla caribeña.

Béjar Salamanca

51 · E-4
A Salamanca, 70 km
A Madrid, 216 km
Alt. 960 m · Pob. 15.007
T. 923 403 005
GPS 40° 23' 1'' N · 5° 45' 58'' O

Visitar: Situada en la Vía de la Plata, esta villa vivió su época de esplendor en el s. XIII, tras la reconquista cristiana, cuando se convirtió en un importante centro de fabricación de paños. De su casco antiguo, declarado conjunto histórico-artístico, destacan el **convento de S. Francisco** (s. XIV), la Plaza Mayor, presidida por el antiguo **Palacio Ducal** (s. XVI), y la **iglesia de Sta. María** (s. XVI). El paseo por la arboleda de **El Bosque,** un exuberante jardín renacentista italiano del s. XVI, es muy bonito. En las afueras se encuentra el **santuario de la Virgen del Castañar.**

Fiestas: Las más importantes son el **Corpus Christi,** declarada fiesta de interés turístico nacional, y las fiestas en honor a la Virgen del Castañar, del 6 al 10 de septiembre.

Alrededores: Merece la pena visitar **Candelario** (a 12 km) para conocer sus casas singulares; **Montemayor del Río** (a 15 km), con su castillo, y **Miranda del Castañar** (a 36 km).

La Fuente del Lobo

Restaurantes

Artesa. (En CANDELARIO, a 12 km). Mayor, 57. T. 923 413 111. *www.artesa.es*
Cierra cenas de lunes a jueves de noviembre a mayo; miércoles y primera semana de julio. Antigua casa chacinera. Garbanzos pedrosillanos con callos, cabrito guisado, sopita de frutas con nieve de moscatel. Menú 15 €. Precio medio 30 €.

La Plata. Recreo, 93. Antigua Ctra. N-630. T. 923 400 282. *www.restaurantelaplata.com*
Ambiente y cocina castellana con toques de modernidad. Calderillo bejarano, carne de morucha y de postre, cremoso de queso con miel de Valero. Menú 10 €. Precio medio 30 €.

Hoteles

*** **Hospedería Real de Béjar.** Pza. de la Piedad, 34. T. 923 408 494. *www.hospederiarealdebejar.com*
Hab. 14: 75 €. Suites: 7. En pleno casco histórico. Restaurante Piel de Toro.

Belmonte Cuenca

74 · F-2
A Cuenca, 150 km
A Madrid, 165 km
Alt. 756 m · Pob. 2.251
T. 967 170 741
GPS 39° 33' 33'' N · 2° 42' 34'' O

Visitar: Ciudad natal de Fray Luis de León y conjunto histórico-artístico, su casco urbano es muy bello. Hay que visitar la **colegiata de S. Bartolomé,** monumento nacional, en la que destaca la sillería del coro labrada en 1454, y también el **castillo gótico-mudéjar** del s. XV, el recinto amurallado con tres puertas, el palacio del Infante D. Juan Manuel, los conventos franciscano y de los jesuitas, la plaza de Correos y el Museo Etnográfico.

Fiestas: Las más importantes son **las fiestas patronales de la Virgen de Gracia,** del 6 al 9 septiembre. Del 22 al 26 de agosto son las fiestas de S. Bartolomé.

Alrededores: A 35 km se encuentra el **Parque Arqueológico de Segóbriga,** con un teatro y un anfiteatro de la época flavia. Se puede hacer la **Ruta de Don Quijote,** de Toledo a San Clemente, pasando por El Toboso y Belmonte.

Hoteles

** **Palacio Buenavista Hospedería.** José Antonio González, 2. T. 967 187 580. *www.palaciobuenavista.es*
Hab. 32: 70 €. Suites: 4. Edificio del s. XVI, junto a la colegiata y con vistas al castillo. Restaurante con platos típicos.

17 · C-3

Bembrive Pontevedra Ver Vigo

Benalmádena Málaga

111 · A-3
A Málaga, 20 km
A Madrid, 563 km
Alt. 280 m · Pob. 61.000
T. 952 442 494
GPS 36° 35' 41'' N · 4° 34' 28'' O

Típico espeto de sardinas

Visitar: Conserva la típica estructura de pueblo andaluz de casas blancas y calles estrechas. De su pasado histórico destaca el **castillo Bil-Bil** (de estilo árabe), el **castillo de Colomares** y las torres de vigía (s. XVIII). También merecen la pena el Mariposario y el Museo de Arte Precolombino. En esta villa se encuentra el mayor templo budista de Europa, la **Stupa de la Iluminació.** Los niños se divertirán en el Parque Submarino Sea Life, en el Aquarium Sea Life y en el Parque de la Naturaleza Selwo Marina. También les gustará el viaje en el **teleférico** entre Benalmádena Costa y la cima del monte Calamorro.

Fiestas: Son muy vistosas las alfombras de flores que se crean para el **Corpus Christi,** en junio. En julio tiene lugar la veladilla de la Virgen del Carmen y en agosto, la feria y fiestas en honor a la Virgen de la Cruz.

Alrededores: Benalmádena es el punto de partida perfecto para conocer la **Costa del Sol** y la **Axarquía.**

Restaurantes

El Balcón. (Hotel La Fonda, Escuela de Hostelería). Santo Domingo de Guzmán, s/n. T. 952 568 625. *www.laconsula.com*
Cierra cenas, sábado, domingo, Semana Santa, julio, agosto y Navidad. Acreditado restaurante-escuela orquestado en cocina por Antonio Pedraza. Cazuela de fideos con jureles y berberechos al aroma de hierbabuena, pierna de chivo malagueño en pasta crujiente con su jugo de romero, espuma templada de chocolate negro. Menú 31 €. Precio medio 45 €.

Hoteles

***** **Vincci Selección Aleysa Boutique & Spa.** Avda. Antonio Machado, 57. T. 952 566 566. *www.vinccihoteles.com*
Hab. 35: 129 €. Suites: 12. Dada su privilegiada ubicación a orillas del mar Mediterráneo, este exclusivo hotel-boutique ofrece un marco incomparable para pasar las vacaciones. Construido sobre un acantilado en plena línea de mar, brinda espectaculares vistas.

Benasque Huesca

24 · F-1
A Huesca, 150 km
A Madrid, 545 km
Alt. 1.140 m · Pob. 2.219
T. 974 551 289
GPS 42° 36' 18'' N · 0° 31' 22'' E

Visitar: Situada en el valle del mismo nombre, esta villa está rodeada por la mayor concentración de picos superiores a los 3.000 m de todo el Pirineo. Su gran riqueza geológica, faunística y botánica dio lugar a la creación del **Parque Natural Posets-Maladeta,** ideal para practicar turismo de aventura, ciclismo y esquí. En su casco antiguo destaca el renacentista **palacio de los Condes de Ribagorza.**

Fiestas: Las **fiestas mayores** se celebran el 30 de junio en honor de S. Marcial, con la representación del Ball dels Omes, que solo bailan los hombres.

Alrededores: El valle de Benasque cuenta con 30 pueblos y villas, como **Anciles** (a 2 km), de arquitectura altoaragonesa, y **Ribagorza** (a 9 km), con un interesante románico. Hay varias rutas para conocer el entorno natural surcado de glaciares y lagos o ibones. El pico Aneto (3.404 m), la cumbre más alta de los Pirineos, es el principal atractivo montañero.

Restaurantes

El Fogaril. (Hotel Ciria). Avda. de los Tilos, s/n. T. 974 551 080. *www.hotelciria.com*
Cierra del 8 de abril al 7 de mayo y 15 días en otoño. Con 36 habitaciones. A la entrada tiene un fogaril (antigua cocina de leña) que caracteriza la gastronomía del valle. Coca crujiente de escalibados, lomo de corzo en salsa de trufa con colmenillas rellenas de *foie-gras*, helados de elaboración artesanal. Menú 25 €. Precio medio 38 €.

El Pesebre. Mayor, 47. T. 974 551 507.

Cierra almuerzos de martes a viernes de enero a abril, lunes, de mediados de mayo a mediados de junio y noviembre. Verduras ecológicas, carnes a la brasa a baja temperatura, ahumadas, degustación de quesos del valle de Benasque, en un local cálido y familiar. Menú 18 €. Precio medio 25 €.

Hoteles

*** **Gran Hotel Benasque.** Pº de Anciles, 5. T. 974 551 011. *www.hotelesvalero.com*

Hab. 67: 82 €. Suites: 2. Centro *spa* con talasoterapia. Restaurante Casa Valero.

Benavente Zamora

30 · F-1
A Zamora, 65 km
A Madrid, 259 km
Alt. 744 m · Pob. 19.231
T. 980 634 211
GPS 42º 0' 10'' N · 5º 40' 31'' O

Visitar: Municipio en el que se fraguó la unificación de España, su importancia histórica se refleja en las iglesias románicas de **Sta. María de Azogue** (s. XII) y la de **S. Juan del Mercado** (s. XII), declarados bienes de interés cultural. Del castillo de La Mota se conserva la torre del Caracol (s. XVI), que en la actualidad alberga un Parador de Turismo. También destacan el hospital de la Piedad, la **Casa de Soledad González,** un palacete situado junto al mirador, y los jardines de la Mota. Un plan alternativo es visitar alguna de las bodegas de la localidad.

Fiestas: Del 26 al 28 de abril son las fiestas de La Veguilla. La **fiesta del Toro Enmaromado,** de interés turístico regional, se celebra del 16 al 21 de junio, y la Feria del Pimiento, a finales de septiembre.

Alrededores: Puede hacerse una ruta arqueológica por los alrededores, pasando por el Aula Arqueológica de **Manganeses de la Polvorosa** (a 8 km), el dolmen de **Morales de Rey** (a 13 km), el castro de **Arrabalde** (a 30 km), el campamento romano de **Rosinos de Vidriales** (a 31 km) y la iglesia de Sta. María del Río en **Castroverde de Campos** (a 36 km).

Hospital de la Piedad

Restaurantes

® **Brigecio.** (En MORALES DE REY, a 13 km). Calvo Sotelo, 2. T. 980 651 265. *www.brigecio.net*

Cierra cenas de domingo a jueves excepto agosto, lunes y del 9 al 30 de septiembre. Cerca de Benavente se disfruta la cocina tradicional de Gary Calvo con algún toque actual en un acogedor comedor. ***Boletus*** **con almejas, carnes de ternera y de buey, caza, helado de aceite de oliva con almíbar de mango.** Amable atención al cliente de su esposa, Esther. Menú 10 €. Precio medio 30 €.

El Ermitaño. Ctra. N-630, Benavente-León, km 1,2. T. 980 636 795. *www.elermitano.com*

Cierra domingo cena, lunes excepto festivos, y primera quincena de enero. Los hermanos Pedro y Óscar Pérez –tanto monta, monta tanto– en la excelente cocina de la casa marcada por los productos de temporada, los **aceites de oliva** (8), los **quesos castellano-leoneses** (16), las **hortalizas...** todo de gran calidad y punto. La bodega, los vinos y el servicio en los elegantes comedores a tono. En alza. Menús 18, 33, 40 y 60 €. Precio medio 42 €.

El Labrador-Lera. (En CASTROVERDE DE CAMPOS, a 36 km). Doctor Corral, 27. Autovía A-6, Madrid-A Coruña, km. 234, salida Villalpando. T. 980 664 653. *www.restaurantelera.com* S

Cierra martes y septiembre. Un magnífico referente de los productos de Tierra de Campos con la impronta de Luis Alberto Lera y el buen servicio de Ramón. **Alubias con liebre, pichón de Tierra de Campos, arroz con leche de oveja churra.** Menú 15 €. Precio medio 36 €.

Hoteles

**** **Parador de Benavente.** Pº de La Mota, s/n. T. 980 630 300. *www.parador.es*

Hab. 38: 173 €. Suites: 2. Castillo-palacio renacentista, sede de las Cortes de Castilla en 1202. Se conserva la torre del Caracol con artesonado mudéjar.
Rutas: arqueológica, naturaleza, ríos. Cocina regional. Restaurante Pimentel.

Benicarló Castelló/Castellón

57 · C-4
A Castelló de la Plana, 75 km
A Madrid, 487 km
Alt. 21 m · Pob. 26.655
T. 964 473 180
GPS 40º 25' 6'' N · 0º 25' 19'' E

Visitar: Ciudad marinera, tiene un precioso puerto pesquero y deportivo. Su estación náutica es ideal para la práctica de submarinismo. Entre su patrimonio artístico destaca el **convento de S. Francisco,** hoy museo municipal, y la iglesia de S. Bartolomé (s. XVIII).

Fiestas: El calendario festivo arranca en enero con S. Antonio y la **Fiesta de la Alcachofa,** prosigue en marzo con las Fallas y culmina en agosto con S. Bartolomé y los **Toros al Mar.**

Alrededores: En el cercano cerro del Puig hay vestigios de un poblado ibérico. **Peñíscola** se halla a 7 km.

Restaurantes

® **Chuanet.** Avda. Papa Luna, s/n. T. 964 471 772.
www.rincondechuanet.com S
Cierra cenas domingo y lunes excepto festivos y puentes. Productos marinos de buen porte para una cocina sin complicaciones y con vistas al mar. ***Espardenyes,* arroz 5 estrellas, ensalada de frutas.** Menú 24 €. Precio medio 33 €.

Hoteles

**** **Parador de Benicarló.** Avda. Papa Luna, 5. T. 964 470 100.
www.parador.es
Hab. 104: 169 €. Junto al mar, en un oasis fresco y acogedor, una escala para quien viaja por las rutas del Mediterráneo. Bufé desayuno. Barbacoa en verano.

Benicàssim/Benicasim

Castelló/Castellón

66 · B-2
A Castelló de la Plana, 15 km
A Madrid, 432 km
Alt. 15 m · Pob. 18.753
T. 964 300 102
GPS 40° 3' 22" N · 0° 3' 52" E

Vía Verde del Mar

Visitar: Uno de los atractivos del municipio es la **Ruta de las Villas,** que recuerdan su pasado glorioso como centro de veraneo de la burguesía. Existe una ruta marcada para admirar sus fachadas. También se pueden visitar la **torre de S. Vicente** (s. XVI) y las ruinas del castillo de Montornés (s. XI). El hotel Voramar, inaugurado como club social, fue reconvertido en hospital durante la Guerra Civil y atendió a heridos ilustres como Hemingway, Alejo Carpentier y Miguel Hernández. Para los amantes de la bicicleta, la **Vía Verde del Mar** ofrece una ruta abierta al litoral que une en 5,5 km los municipios de Benicàssim y Oropesa.

Fiestas: En enero se celebran la **Cremá de les Fogueres** y la Coqueta. En verano, el Ciclo de Música Sacra, el **Festival Internacional de Benicàssim (FIB),** el de Habaneras y el Certamen Internacional de Guitarra Francisco Tàrrega.

Alrededores: A 6 km de Benicàssim se encuentra el **Parque Natural del Desierto de las Palmas,** un paraje repleto de vegetación que los padres carmelitas denominaron desierto por ser un lugar de retiro. En la zona hay varias ermitas, los restos del antiguo monasterio y el actual templo que alberga el Museo de Arte Sacro.

Restaurantes

Voramar. (Hotel Voramar). Avda. Pilar Coloma, 1. T. 964 300 150.
www.voramar.net
Con 56 habitaciones. Cocina marinera frente al mar. Pescaditos del puerto de Castellón, arroces marineros, sorbetes. Menú 25 €. Precio medio 30 €.

Hoteles

**** **Termas Marinas El Palasiet.** Pontazgo, 11. T. 964 300 250.
www.palasiet.com
Hab. 74: 178 €. Suites: 6. Enclavado en la montaña, frente al Mediterráneo. Centro de talasoterapia.

Benidorm Alacant/Alicante

85 · C-4
A Alacant/Alicante, 46 km
A Madrid, 461 km
Alt. 1 m · Pob. 76.683
T. 966 813 003
GPS 38° 32' 12" N · 0° 7' 49" O

Visitar: Rascacielos, playas bulliciosas y una gran oferta de ocio distinguen a esta ciudad en la que también hay calas aisladas y edificios históricos. De sus playas destacan dos: la de **Poniente,** familiar, y la de **Levante,** más populosa. En esta última se encuentra el mítico Cable-Ski, una atracción para practicar esquí acuático. En el casco histórico merece la pena subir por el callejón de los Gatos hasta la **iglesia de S. Jaime,** con su imagen de la Virgen del Sufragio, patrona de marinos y pescadores. El camino culmina en el mirador del castillo. Si se viaja con niños, hay que visitar algunos de los parques que rodean la ciudad: Terra Mítica (que recrea las civilizaciones antiguas del Mediterráneo), el zoo Terra Natura, Aqualandia y Mundomar.

Fiestas: En marzo, por S. José, se celebran las **Fallas;** en junio, en S. Juan, las Fogueres, y del 7 al 12 de noviembre, las **fiestas mayores.**

Alrededores: El viajero se puede adentrar en el interior y visitar **La Nucia** (a 10 km), **Castell de Guadalest** (a 25 km), **Tárbena** (a 35 km) y la **Sierra de Aitana** (a 40 km). También es posible continuar con el turismo de costa y visitar **Altea** (a 10 km), **Calpe** (a 23 km) o **Denia** (a 51 km).

Castell de Guadalest

Restaurantes

® **El Xato.** (En LA NUCIA, a 10 km). Avda. Iglesia, 3. T. 965 870 931.
www.elxato.com
Cierra cenas de martes a jueves excepto verano, domingo cena y lunes. Propuestas de enjundia en la evolución de su cocina comarcal. **Bacalao gratinado con escalibada de pimientos asados, lechazo confitado con salsa de miel de nísperos, sopa de chufa y coco.** Menú 16 €. Precio medio 30 €.

Ulía. Avda. Vicente Llorca Alós, 15. T. 965 856 828.
www.restauranteulia.es
Cierra domingo cena y lunes excepto festivos; y Navidad. Terraza en primera línea de playa. Cocina marinera. Arroz con bogavante, pescados a la sal, fruta de temporada. Precio medio sin marisco 45 €.

Hoteles

***** **Meliá Villaitana.** Avda. Alcalde Eduardo Zaplana, 7. T. 966 815 000.
www.melia-villaitana.com
Hab. 455: 138 €. Suites: 127. Consultar admisión de perros y tarifas de spa. Complejo concebido como un pueblo mediterráneo, situado en el interior de dos campos de golf. Restaurantes: Índigo, S'Aigua, Los Naranjos y Casa Verde.

Benifaió Valencia Ver Alzira

76 · E-3

Benisanó Valencia Ver Llíria

76 · D-1

Benissa Alacant/Alicante

85 · C-3
A Alacant/Alicante, 75 km
A Madrid, 453 km
Alt. 332 m · Pob. 14.000
T. 965 732 225
GPS 38° 42' 57'' N · 0° 3' 8'' E

Visitar: El centro medieval de callejuelas empedradas y casas señoriales tiene mucho que ver. Se puede empezar en la **placeta de l'Església Vella** y recorrer calles como Desamparats y Puríssima. Esta última desemboca en la plaza donde se encuentra la **iglesia de la Puríssima Xiqueta,** neogótica. También merecen la pena la **sala del Consell** (s. XVI), declarada bien de interés cultural, el convento de los franciscanos (s. XVII), la Casa-Museo Abargues (s. XVIII) y el **monumento al Riberero,** personaje de tradicional de Benissa.

Fiestas: La Mostra Gastronómica se celebra del 1 al 10 de marzo; del 25 de abril al 4 de mayo, las **fiestas patronales de la Puríssima Xiqueta;** del 27 al 30 de junio es el turno de los Moros y Cristianos, y en julio comienza la **Ruta Benissa amb Sabor: cultura y tapes.**

Alrededores: Son agradables las rutas de senderismo por las sierras que se encuentran alrededor del municipio: **Bèrnia, La Solana, Oltà y Mallà Verda.** Dentro del término municipal se pueden visitar las pinturas rupestres del Abric de Pinos.

Restaurantes

Casa Cantó. Avda. País Valenciá, 237. T. 965 730 629.
www.casacanto.com

Cierra domingo y segunda quincena de noviembre. La familia Ivars, de firmes convicciones gastronómicas, garantiza que su cocina guste desde el primer momento. ***Coques*, puchero de pulpo, *arandi* de boniato y calabaza.** Menú 27 €. Precio medio 40 €.

Hoteles

*** **Casa del Maco.** Pou Roig, 15. T. 965 732 842.
www.casadelmaco.com
Hab. 5: 117 €. Caserío rústico del s. XVIII. Habitaciones reformadas recientemente.

18 · A-3

Bentraces Ourense Ver Ourense

Berga Barcelona

26 · A-4
A Barcelona, 117 km
A Madrid, 627 km
Alt. 715 m · Pob. 17.161
T. 938 211 384
GPS 42° 6' 4'' N · 1° 50' 34'' E

Fiesta de La Patum

Visitar: La ciudad se extiende al pie de la Sierra de Queralt y de cara al valle del Llobregat. El núcleo histórico creció en el s. XII alrededor del **castillo.** Merece la pena pararse en la **iglesia gótica de St. Joan.**

Fiestas: No hay que perderse **La Patum,** representación sacro-histórica que se celebra durante la semana del Corpus, declarada patrimonio cultural inmaterial de la humanidad.

Alrededores: Se pueden visitar el santuario de **Queralt** (a 5 km); los torrentes de Peguera i de les Garrigues, en **Cercs** (a 5 km): las iglesias prerrománicas de St. Quirze de **Pedret** (a 3 km) y de **Sagàs** (a 18 km); la **estación de esquí de los Rasos de Peguera** (a 14 km), y el **Parque Natural Cadí-Moixeró** (a 30 km).

Restaurantes

Els Casals. (Hotel Els Casals, en SAGÀS, a 18 km). Els Casals, s/n. T. 938 251 200. *www.hotelelscasals.cat*
Cierra del 2 al 22 de enero y del 29 de septiembre al 8 de octubre. Autenticidad y respeto al producto como base de una cocina catalana que atrae y encanta por su carga de ilusión, coherencia y sinceridad. Una casa, una gente –la familia Rovira Prat– y una propuesta culinaria que ningún gastrónomo puede desconocer. **Guiso de verduras de primavera con almendra tierna y bacalao, pularda asada en dos cocciones con puerros jóvenes y butifarra del perol.** Menú 60 €. Precio medio 50 €.

Estany Clar-Casa la Mussolera. (En CERCS, a 5 km). Ctra. C-16, Berga-Cercs, km 100. Cruce Ctras. con BVBP 4546. T. 938 220 879. *www.estanyclar.com*
Cierra cenas excepto reserva, y lunes. En un agradable entorno, sigue en su feliz empeño de ofrecer una digna proposición culinaria en la línea que hasta hoy les ha situado como un notable referente gastronómico en la Cataluña interior. **Mi bullabesa, cabrito cocinado a baja temperatura con patata y perejil, sopa cítrica con mandarina de Sóller.** Precio medio 70 €.

® **Sala.** Pº de la Pau, 27. T. 938 211 185. *www.restaurantsala.com*
Cierra domingo cena, lunes y segunda quincena de agosto. Cocina estacional, con el mejor producto del entorno que abarca tradición y modernidad. Historicidad y mucha ilusión, son el fundamento de esta casa que mantiene su inequívoco carácter familiar. **Ravioli de manzana con gambas, *magret* de pato con manzana caramelizada, *coulant* de chocolate.** Menú 22 €. Precio medio 40 €.

Bergara Gipuzkoa

13 · D-2
A Donostia/San Sebastián, 60 km
A Madrid, 390 km
Alt. 110 m · Pob. 15.000
T. 943 779 128
GPS 43° 7' 5'' N · 2° 24' 53'' O

Visitar: La villa nació en el s. XIII en torno a la **parroquia de S. Pedro de Ariznoa,** que alberga al Sto. Cristo de la Agonía, obra del escultor Juan de Mesa. En su casco histórico, declarado conjunto monumental, destacan sus edificios civiles, como los palacios de Egino-Mallea y de Errotalde y la **Casa Jauregi,** que conserva un sorprendente bajorrelieve figurativo del año 1500. Esta casa se halla en la plaza de S. Martín de Agirre, punto de partida para visitar la Casa Consistorial y la iglesia de S. Miguel de Angiozar.

Fiestas: Destacan las **fiestas de Pentecostés,** de S. Pedro y S. Marcial (29 y 30 de junio) y las de S. Martín de Agirre (16 de septiembre).

Alrededores: En **Zumárraga** (a 11 km) está la ermita de la Virgen de la Antigua; en **Azpeitia** (a 22 km), el santuario de Loyola, y en **Oñati** (a 22 km), el santuario de Arantzazu.

Restaurantes

® **Lasa.** (Palacio Ozaeta). Zubiaurre, 35. T. 943 761 055.
www.restaurantelasa.es
Cierra cenas de martes a jueves excepto reserva, domingo cena y lunes; Semana Santa, del 6 al 23 de agosto y del 25 de diciembre al 3 de enero. En el remodelado, si bien cargado de historia Palacio Ozaeta la cocina de Koldo Lasa resiste al paso del tiempo por sus bases de alta calidad. **Colas de cigala rellenas, ravioli de hongos, *foie-gras* y trufa, ciervo braseado dos salsas.** Sus ahumados y turrones artesanos son únicos. Menús de 28 a 47 €. Precio medio 40 €.

Berlanga de Duero Soria

44 · B-1
A Soria, 51 km
A Madrid, 175 km
Alt. 922 m · Pob. 1.023
T. 975 343 433
GPS 41° 27' 54'' N · 2° 51' 45'' O

Visitar: La villa, junto a otras localidades sorianas del Camino del Cid, formaba parte en el s. XI de la línea defensiva del Duero y tuvo como alcalde al propio Cid Campeador. Declarada conjunto histórico-artístico, cuenta con un doble recinto medieval amurallado. El primero se sitúa en torno al **castillo** y es del s. XII, y el segundo es del s. XIV. De esta segunda muralla quedan dos puertas: la de **Aguilera** y la del **Mercado.** Lo mejor es adentrarse en la ciudad por la primera. Dentro del trazado medieval, llaman la atención las **dos calles de la judería** y el castillo, que domina la ciudad, con su **torre del Homenaje.** La **colegiata de Berlanga** se consagró en el s. XVI y contiene, además de lienzos, tallas y sepulcros, un caimán disecado que trajo fray Tomás de Berlanga, obispo de Panamá que exploró las islas Galápagos.

Fiestas: Del 24 al 28 de agosto se celebran las fiestas de **Ntra. Sra. del Mercado,** patrona de la ciudad, y el 24 de septiembre, la de Ntra. Sra. de las Torres.

Alrededores: Cerca de Berlanga se encuentran la ermita mozárabe de **S. Baudelio de Berlanga** (a 7 km) y el pueblo medieval amurallado de **Rello** (a 24 km).

Ermita de S. Baudelio de Berlanga

Restaurantes

Casa Vallecas. (Hotel Fray Tomás). Real 16. T. 975 343 033.
www.casavallecas.com
Cierra domingo cena y 20 días en Navidad. Con 14 habitaciones. Casa-palacio del s. XV, convertida en punto de referencia gastronómica a cargo de los hermanos De Pablo, Carlos (cocina) y Jesús (sala). **Torrezno de cigala, pluma de cerdo ibérico con setas de cardo, *bavarois* de piñones y queso.** Menú 11 €. Precio medio 40 €.

Bermeo Bizkaia

6 · B-3
A Bilbao, 33 km
A Madrid, 444 km
Alt. Nivel del mar · Pob. 16.937
T. 946 179 154
GPS 43° 25' 13'' N · 2° 43' 24'' O

Visitar: Esta villa costera fue, en el s. XV, la población más influyente de Bizkaia. De este esplendor conserva un interesante patrimonio monumental y uno de los puertos pesqueros más importantes del País Vasco. Su casco antiguo está declarado conjunto histórico-artístico: los **templos de Sta. Eufemia y de Sta. María, el arco de S. Juan** y el **claustro de S. Francisco,** en otro tiempo usado como mercado, marcan el itinerario a seguir. El **puerto viejo,** rehabilitado, cuenta con numerosas tabernas donde degustar sus famosas conservas de pescado. Merece la pena contemplar la escultura de la ola de acero de Néstor Basterretxea y las figuras de bronce de Enrique Zubia al pie de la **torre de Ercilla,** donde se encuentra el Museo del Pescador.

Fiestas: Muchas de las celebraciones están vinculadas al mar, como **las romerías a la ermita de S. Juan de Gaztelugatxe,** y la fiesta de **S. Pedro,** patrón de los *arrantzales* (pescadores), ambas en junio; la romería marítima de Sta. María Magdalena a la isla de Izaro, en julio, y el **Día del Arrantzale,** en septiembre.

Alrededores: Muy cerca se encuentra el **paraje de Urdaibai,** reserva de la biosfera. También se puede ascender al alto de **Sollube** (a 5 km) para visitar el faro del cabo Matxitxako y la ermita de **S. Juan de Gaztelugatxe** (a 8 km), de preciosas vistas.

Ermita de S. Juan de Gaztelugatxe

Restaurantes

Almiketxu. Barrio Almike, 8. T. 946 880 925. *www.almiketxu.com*
Cierra lunes, noviembre, cenas en invierno excepto viernes y sábados. Los pescados y carnes a la brasa, acompañados de *talo* (pan típico de caserío), son la atractiva oferta de este caserío de piedra del s. XIX restaurado. Precio medio 35 €.

Jokin. Eupeme Deuna, 13. T. 946 884 089.
www.restaurantejokin.com S
Cierra cenas de domingo a jueves en invierno. Los mariscos y pescados protagonizan la carta, coronados por helados y tartas caseras. Menú 20 €. Precio medio sin marisco 35 €.

Hoteles

*** **Atxurra.** Barrio Arronategi, s/n. T. 944 654 404.
www.hotelatxurra.com
Hab. 12: 86 €. Suites: 4. En la Reserva Natural de Urdaibai. Restaurante Sollube.

6 · F-4

Berrobi Gipuzkoa Ver Tolosa

Besalú Girona

27 · A-3
A Girona, 32 km
A Madrid, 743 km
Alt. 150 m · Pob. 2.360
T. 972 591 240
GPS 42° 12' 0'' N · 2° 41' 51'' E

Visitar: Situada en la comarca de la Garrotxa, la joya de la ciudad es su **barrio judío.** Al lado de la sinagoga (s. XIII) se halla el ***miqvé,*** los baños de purificación judíos, únicos en España. Construidos en piedra tallada, tienen una sala subterránea con bóveda de cañón y una piscina. El resto del casco histórico no se queda atrás en atractivos. Se conservan muchos edificios románicos levantados cuando el condado de Besalú era un centro de poder eclesiástico, en el s. X, como la **iglesia de St. Vicenç** o el **monasterio benedictino de St. Pere.** En una ciudad de peregrinación no podía faltar un hospital, el de St. Julià. En la misma plaza del hospital, la **Casa Cornellá** es un gran ejemplo de arquitectura civil románica.

Fiestas: La **fiesta patronal de la Virgen de los Dolores** se celebra en marzo; en septiembre, la feria medieval, y en diciembre, la Feria de la Ratafia, en torno al licor de aguardiente y nueces verdes típico de la Garrotxa.

Alrededores: Se pueden visitar las iglesias románicas de **Beuda** (a 5 km); el monasterio de Sta. María de Jonqueres, en **Maià** (a 9 km); el **santuario de St. Ferriol** (a 12 km), y el casco histórico y el lago de **Banyoles** (a 14 km).

Feria medieval

El primer fin de semana de septiembre, Besalú vuelve mil años atrás para transformar el centro histórico en un plató único que transporta al visitante a la Edad Media.

Restaurantes

Pont Vell. Pont Vell, 24. T. 972 591 027.
www.restaurantpontvell.com
Cierra domingo cena excepto julio y agosto, lunes cena, martes, últimos días de junio, primera semana de julio y del 20 de diciembre al 20 de enero. Casa del s. XVIII a la orilla del río Fluviá y vistas al puente románico de Besalú. Espinacas gratinadas con huevo escalfado, conejo agridulce con pasas y piñones, frutos rojos con crema inglesa. Menú 18 €. Precio medio 35 €.

Hoteles

**** **Comte Tallaferro.** Ganganell, 2. T. 972 591 609.
www.grupcalparent.com
Hab. 16: 128 €. Consultar admisión de perros. Céntrico, en un edificio catalogado, restaurado y rehabilitado.

Betanzos A Coruña

1 · F-4
A Coruña, 25 km
A Madrid, 550 km
Alt. 20 m · Pob. 13.565
GPS 43° 16' 52'' N · 8° 12' 42'' O

Visitar: Este conjunto histórico-artístico se levanta en un empinado *outeiro* (colina). Sus cuestas conducen a tres iglesias del s. XIV: **Santiago, Sta. María de Azogue** y **S. Francisco,** esta última uno de los mejores ejemplos de gótico rural gallego. El **lavadero público de las Cascas** conserva la estructura de hierro forjado de 1901. Destacan las casas góticas de la rúa da Cerca y los palacios de Bendaña y de la torre de Lanzós. Los hermanos García Naveira, dos paisanos ilustres, son los responsables de una de las construcciones emblemáticas de la ciudad, **O Pasatempo.** Es un laberinto verde de grutas coronado por enormes esculturas de lugares y animales del mundo entero. Los García Naveira también dan nombre a la plaza principal de Betanzos, junto a la iglesia de Sto. Domingo, del s. XVI. En esta plaza está el **Museo das Mariñas,** erigido sobre el claustro de un antiguo convento.

Fiestas: Del 14 al 25 de agosto tienen lugar las fiestas patronales en honor a **S. Roque,** de interés turístico nacional. Y el 12 y 13 de julio se celebra la popular **Feira Franca Medieval.**

Alrededores: Destaca **Bergondo,** a 6 km, con la iglesia románica de S. Salvador (s. XII) y los parajes naturales de Roibeira, Caraña, Chelo y Espenuca.

Iglesia de S. Francisco

Restaurantes

® **La Casilla.** Ctra. de Castilla, 90. T. 981 770 161.
Cierra domingo cena, lunes, primera semana de septiembre y 20 días en noviembre. El clásico de los clásicos, fiel a su línea, una referencia siempre que habla de **tortilla de patatas.** Se hace al modo gallego, apenas cuajada. No defrauda. Menú 15 €. Precio medio 30 €.

San Andrés. Os Anxos, 4. T. 981 772 044.
Cierra domingos cena, lunes y del 22 de diciembre al 4 de enero. Pescados al horno, callos con garbanzos, tarta de nueces y manzana o de filloas son ejemplos de la cocina local. Menú 15 €. Precio medio sin marisco 30 €.

Bielsa Huesca

Visitar: Enclavado en uno de los más bellos paisajes pirenaicos, este municipio rodeado de ríos cristalinos y hermosos valles cuenta con un **Ayuntamiento renacentista** y un interesante **Museo Etnológico.**

Fiestas: En febrero tiene lugar la celebración de uno de los **carnavales** más antiguos de España, que conserva toda su esencia en personajes como el *tranga*, mitad hombre, mitad macho cabrío.

Alrededores: El municipio se encuentra a las puertas del **Parque Nacional de Ordesa y Monte Perdido,** que guarda algunos de los más bellos paisajes pirenaicos.

24 · E-1
A Huesca, 150 km
A Madrid, 549 km
Alt. 1.026 m · Pob. 508
T. 974 501 127
GPS 42° 38' 1'' N · 0° 13' 2'' E

Hoteles

*** **Parador de Bielsa.** Valle de Pineta s/n. Ctra. A-2611, km 14. T. 974 501 011. *www.parador.es*
Hab. 39: 80 €. Suites: 1. Cierra del 1 de enero al 28 de febrero y del 1 al 31 de diciembre. Situado a la entrada del Parque Nacional de Ordesa y Monte Perdido. Restaurante Monte Perdido.

Bilbao Bizkaia

Bilbao reflejado en la fachada del Palacio Euskalduna

6 · B-4
A Madrid, 391 km
Alt. 17 m · Pob. 355.000
T. 944 795 760
GPS 43° 15' 24'' N · 2° 55' 29'' O

Visitar: La ría de Bilbao vertebra una ciudad que ha sabido renovarse sin olvidar su historia, marcada por astilleros y siderurgias. El casco viejo late con fuerza en las **Siete Calles,** que forman el corazón de la ciudad desde el s. XV. En las más antiguas, Somera, Artecalle y Tendería, se puede ir de *pintxos* antes de acercarse a visitar la exposición de utensilios tradicionales del Museo Histórico. Desde la explanada del **Teatro Arriaga** y en paralelo a la ría se alcanza el **mercado de la Ribera,** el puente y la iglesia de S. Antón. Cerca, la plaza Nueva permite acceder al **Arenal,** donde la ría depositaba sus arenas y los *arrantzales* (pescadores) dejaban sus barcas. Al otro lado del puente destaca la singular **estación de la Concordia,** que abre el recorrido por el Ensanche, con la **alhóndiga de Bilbao,** diseñada por Philippe Starck. La plaza Circular, dedicada al fundador de la villa Diego López de Haro, da acceso a la **Gran Vía,** calle principal de la ciudad que flanquean edificios espectaculares como el **Palacio de la Diputación Foral de Vizcaya.** La anexa Biblioteca Foral, totalmente acristalada, también merece la pena.

La ruta continúa hacia la plaza Elíptica o Moyúa y el Hotel Carlton, sede del primer Gobierno Vasco. Al otro lado de la plaza, el Palacio Txabarri alberga al Gobierno Civil. Paralelo a la Gran Vía, se despliega el parque de Doña Casila Iturrizar, donde está el Museo de Bellas Artes. A su lado se levanta el Palacio Euskalduna. Siguiendo la ría se llega al **Museo Guggenheim.** Su envoltorio de titanio, obra de Frank Gehry, ha cambiado la faz de esta ciudad, cuya renovación llega hasta debajo del asfalto: el metro de Bilbao, de Norman Foster, que acerca el litoral a la ciudad. Su línea 1 conecta directamente el casco viejo con la playa de Plentzia.

Cueva de Pozalagua

Fiestas: La cita más importante es la **Aste Nagusia o Semana Grande,** que se inicia en agosto con la festividad de Ntra. Sra. de Begoña, patrona de Bizkaia. Un poco antes, en julio, se celebran la **fiesta de Santiago,** patrón de Bilbao, y la de S. Ignacio, patrón de Bizkaia.

Alrededores: De los montes que rodean Bilbao, merece la pena subir a dos: el **Pagasarri** y el **Artxanda.** De camino a este último hay que parar en la basílica de Sta. María de Begoña. Es imprescindible acercarse a **Portugalete,** a 15 km, para contemplar su **Puente Colgante,** patrimonio de la humanidad. **Gordexola,** a 18 km, y **Gernika-Lumo,** a 33 km, también merecen una visita. No olvidar la **Cueva de Pozalagua,** a 52 km, en Karrantza, **Mejor Rincón 2013 de la Guía Repsol.**

Restaurantes

☼ **Aizian.** (Hotel Meliá Bilbao). Lehendakari Leizaola, 29.
T. 944 280 039. *www.restaurante-aizian.com* P
Cierra cenas de lunes a jueves y festivos; domingo, Semana Santa y primera quincena de agosto. José Miguel Olazabalaga continúa con una cocina de temporada y producto bien elaborada y bien servida por Begoña Tejerina. **Bonito marinado sobre tiras de tomate y crema de cebolla, rodaballo asado con *toffee* de cebolla morada,** golosos postres. Precio medio 55 €.

☼ **Arbolagaña.** (Museo de Bellas Artes). Pza. Eduardo Chillida, s/n.
T. 944 424 657. *www.arbolagana.es*
Cierra cenas de domingo y martes; lunes, Semana Santa, primera quincena de agosto y Navidad. El ambiente y la atmósfera del Museo de Bellas Artes de Bilbao encaja con la cultura gastronómica que ejercen Aitor Basabe y Ana Larrea. Está en un entorno minimalista y con una panorámica sobresaliente sobre el parque de Doña Casilda. Dejarse informar sobre los **pescados** y sobre los vinos vale la pena. Precio medio 45 €.

® **Bascook.** Barroeta Aldamar, 8. T. 944 009 977.
www.bascook.com S
Cierra cenas de lunes a miércoles, domingo y Semana Santa. Ambiente cosmopolita en un bien decorado antiguo almacén de sal. La cocina de Aitor Elizegi tiene la gran calidad que le caracteriza. ***Maki* de gilda, bacalao al pilpil, postres** elaborados y **fruta** fresca. Menú 23 €. Precio medio 43 €.

☼ **Doma.** (Gran Hotel Domine Bilbao). Alameda Mazarredo, 61.
T. 944 253 300. *www.granhoteldominebilbao.com* P S
Todo es armónico. Espectacular vista al Guggenheim desde la terraza que da al comedor. Gran oferta de Moisés Leranoz, con la asesoría de Martín Berasategui. **Almejas en salsa verde, pichón asado con trigo silvestre, queso de Idiazábal y cerezas, fruta de temporada con niebla de *lichi*, sopa y helado de lima y albahaca.** Medias raciones. Precio medio 55 €.

El Viejo Zortzi. Licenciado Poza, 54. T. 944 419 249.
www.viejozortzi.es
Cierra domingo. El Zortziko menor, de ambiente hogareño y desenfadado, con cocina tradicional y los detalles de Daniel García. Bacalao al pilpil, rabo de buey estofado al vino de Rioja, degustación de postres de María. Menú y precio medio 25 €. También **Atea** (P° de Uribitarte, 4. T. 944 005 869). *Pintxos*, raciones y platos de siempre en mesas corridas o en la terraza. Precio medio 20 €.

☼☼ **Etxanobe.** Avda. Abandoibarra, 4. (Aparcamiento en Palacio de Euskalduna). T. 944 421 071. *www.etxanobe.com*
Cierra domingo. Fernando Canales secundado en cocina por Mikel Población en el emblemático Palacio de Euskalduna con vistas a la ría. **La lasaña de anchoas, el rulo de cordero, mollejas y hongos y,** como postre especial elaborado ante el cliente, **la crema de naranja con nitrógeno líquido.** La buena comida se armoniza con los vinos y la atención al cliente. Precio medio 70 €.

☼ **Guría.** Gran Vía Don Diego López de Haro, 66. T. 944 415 780.
www.restauranteguria.com
Cierra domingo cena. El sincronizado equipo de cocina y comedor atrae a la clientela. **Delicias de verduras, bacalao en sus diferentes salsas, arroz con leche.** Menú 53 €. Precio medio 55 €. En el *bistró* de la entrada, buenos guisos a buen precio: 25 €.

☼ **Ibaia.** (Hotel Ibaia, en GORDEXOLA, a 18 km). Barrio Sandamendi, 41.
T. 946 798 082. *www.ibaiahotel.com* P
Cierra cenas de domingo a jueves. Con 38 habitaciones. Interesante hotel-restaurante en el convento de Sta. Isabel del s. XVI, con un nuevo jefe de cocina. **Sapito en salsa verde, cordero asado, bizcocho fluido de chocolate y avellana.** Menú 20 €. Precio medio 35 €.

Interior del Museo Guggenheim

Mina. Muelle Marzana, s/n. Zona peatonal. T. 944 795 938. *www.restaurantemina.es*
Cierra cenas de domingo y martes; lunes, una semana después de Reyes, semana de pascua y tres semanas después de la Semana Grande de Bilbao. Los jóvenes Álvaro Garrido –cocinero– y Lara –sala– afianzan una fiel clientela por su gran producto frente al mercado de La Ribera. Solo dos menús, uno de siete platos (55 €), que puede ampliarse a diez (69 €), ambos fantásticos que se complementan con deliciosos postres como la **crema de limón con bizcocho de yogur o la crema quemada de azafrán.** Gran bodega y surtido de aceites de oliva virgen.

Nerua

Cierra cenas de martes y domingo, lunes y del 7 al 20 de enero. Nerua es una sinfonía de los sentidos. Josean Alija define con precisión su cocina: "Aroma, belleza, textura y sabor". Espectacular comedor con diseño de Frank Gehry. ***Foie-gras* de pato, alcachofas y jugo de aceituna negra; pichón de Bresse, yema de arroz guisada y raíz de perifollo; chocolate puro, arena picante de mazapán.**

Menú 60 €. Precio medio 50 €.

(Museo Guggenheim). Avda. Abandoibarra, 2. Debajo del Puente de la Salve. T. 944 000 430. *www.nerua.com*

Taberna Rogelio. Ctra. de Basurto-Kastrexana, 7. T. 944 273 021.
Cierra domingo, Semana Santa y del 25 de julio al 31 de agosto. Todo un clásico estratégicamente cerca del campo de futbol de San Mamés y del Palacio de Congresos. Mollejas con hongos negros, angulas de Aguinaga y caza en temporada, merluza ondarresa, tarta de arroz. Precio medio 80 €.

® **Taskas.** (Asador, en DERIO, a 9 km). Parque Empresarial Aeropuerto de Bilbao (E. S. Avia), s/n. T. 946 741 210. *www.asadortaskas.com*
Cierra cenas de lunes a jueves; domingo, festivos, primera semana de enero y segunda quincena de agosto. Singular reducto junto a la gasolinera para comer **pescados y carnes** muy bien preparados. Buen pan, servido caliente, buen vino y una deliciosa tostada de **crema rellena de compota de manzana sobre arroz con leche.** Extraordinaria calidad de producto, aunque el comensal debe saber a la hora de pedir que no hay carta de comida y vinos. Precio medio 50 €.

Víctor. Pza. Nueva, 2. Zona peatonal. T. 944 151 678. *www.restaurantevictor.com*
Cierra domingo, Semana Santa y 15 días en septiembre. Ambiente clásico a tono con la cocina. Pisto a la bilbaína, lomos de merluza rellenos de chipirones en su tinta, *pantxineta* con chocolate. Menú 11 €. Precio medio 35 €.

Yandiola. (Centro de Ocio y Cultural de Alhóndiga Bilbao). Pza. Arrikibar, 4. T. 944 133 636. *www.yandiola.com*
Cierra domingo cena, y lunes. Bonito comedor con decoración de Philippe Stark en el Centro de Ocio y Cultural de Alhóndiga Bilbao. Varias versiones de **bacalao** como especialidad, ***fideuá* cremosa de coliflor y langostinos al ajillo, postre cítrico con limón de Bakio, crema y sorbete de *gin-tonic*.** Menú 40 €. Precio medio 55 €.

Zortziko. Alameda Mazarredo, 17. T. 944 239 743. *www.zortziko.es*
Cierra domingo y lunes. Daniel García con su impecable cocina de producto sigue una gran trayectoria en su elegante local. **Ostras crocantes, migas crujientes y puré de patata; merluza en salsa verde sobre pan de guisantes, sopa de pomelo rosa con helado de yogur.** Gran servicio y excelente bodega. Menú 39 €. Precio medio 70 €.

Hoteles

***** **Carlton.** Pza. Federico Moyúa, 2. T. 944 162 200. *www.aranzazu-hoteles.com*
Hab. 142: 155 €. Suites: 7. Edificio declarado monumento arquitectónico histórico y cultural.

***** **López de Haro.** Obispo Orueta, 2-4. T. 944 235 500. *www.ercillahoteles.com*
Hab. 52: 475 €. Suites: 1. Admisión de perros, consultar. Edificio histórico. Céntrico. Junto al Guggenheim. Restaurante Club Náutico.

***** **Meliá Bilbao.** Lehendakari Leizaola, 29. T. 944 280 000.
www.melia-bilbao.com
Hab. 211: 100 €. Suites: 15. Está estratégicamente ubicado en pleno corazón de la ciudad, cerca del centro de negocios, ocio y cultura. Iconos emblemáticos de Bilbao, como el Museo Guggenheim, el Palacio de Congresos, el Museo de Bellas Artes y el parque de Doña Casilda, se encuentran en las proximidades del hotel. Restaurantes Quatre y Aizian.

***** **Gran Hotel Domine Bilbao.** Alameda Mazarredo, 61. T. 944 253 300.
www.granhoteldominebilbao.com
Hab. 145: 160 €. Suites: 10. Diseñado por Javier Mariscal, se encuentra en el distrito más emblemático de la ciudad frente al Museo Guggenheim.

92 · F-3

Blanca Murcia Ver Cieza

114 · B2

Bolonia Cádiz Ver Tarifa

Bolvir Girona

26 · A-2
A Girona, 156 km
A Madrid, 657 km
Alt. 1145 m · Pob. 400
T. 972 895 001
GPS 42° 25' 1'' N · 1° 52' 45'' E

Visitar: Pequeña población de la Cerdanya ubicada en un hermoso entorno natural, es ideal para la práctica de senderismo. De su patrimonio cultural destacan la **iglesia románica de Sta. Cecilia,** el **santuario del Remei** y la iglesia de St. Climent de Talltorta. Los amantes de la arqueología disfrutarán visitando el yacimiento del asentamiento de Castellot.

Fiestas: El 15 de mayo se celebran las **fiestas patronales de S. Isidro.**

Alrededores: A 5 km se encuentra el **Parque Natural Cadí-Moixeró.** En **Martinet** (a 19 km) está el precioso lago de la Pera.

Restaurantes

Torre del Remei. (Hotel Torre del Remei). Camí del Remei, 3. T. 972 140 182. *www.torredelremei.com*
Un claro ejemplo de profesionalidad de Josep María Boix y Loles Vidal, que mantienen intacta la excelencia gastronómica de este extraordinario restaurante y hotel. Sugerentes jornadas gastronómicas de **trufa, caza y setas** a lo largo del año. Menú 68 €. Precio medio 60 €.

66 · A-3

Borriana/Burriana Castelló/Castellón Ver Vila-Real

16 · A-4

Bossòst Lleida Ver Vielha/Viella

Brihuega Guadalajara

54 · B-2
A Guadalajara, 33 km
A Madrid, 88 km
Alt. 875 m · Pob. 3.300
T. 949 280 442
GPS 40° 45' 33'' N · 2° 52' 18'' O

Real Fábrica de Paños

Visitar: Municipio conocido como el Jardín de la Alcarria, tiene un rico patrimonio en el que destaca el **castillo de la Piedra Bermeja** (s. XII). Dentro de su patio de armas se encuentra la **iglesia de Sta. María de la Peña,** soberbia obra gótica de transición. Siguiendo el rastro de las murallas se pueden visitar las antiguas puertas de entrada a la villa: el **Arco de Cozagón** y el Arco de la Cadena. Son recomendables la iglesia de S. Felipe, las cuevas árabes y los jardines de la **Real Fábrica de Paños.**

Fiestas: En agosto se celebran la **procesión de la Cera,** de interés turístico regional, las fiestas patronales de Ntra. Sra. de la Peña y el **encierro de reses,** de interés turístico regional.

Alrededores: Brihuega es un punto de partida excelente para visitar la **vega del río Tajuña,** que incluye municipios como Archilla, Balconete, Fuentes de la Alcarria, Torija, Villaviciosa de Tajuña y Yela.

Restaurantes

La Posada de Jorge. P° de la Fábrica, 14. T. 949 280 166.
www.laposadadejorge.com

Cierra cenas excepto viernes, sábado, festivos y vísperas; y lunes. Edificio del s. XVIII, rehabilitado con rústica elegancia. Patatas guisadas con setas, carrilleras al oloroso, naranja preparada con miel de romero. Menú 15 €. Precio medio 35 €.

Quiñoneros. Pº María Cristina, 10. A-II, Madrid-Barcelona, salida 73. T. 949 280 495. *www.quiñoneros.es*
Cierra de domingo cena a viernes al mediodía, excepto festivos y vísperas; y tres últimas semanas de septiembre. A la entrada de Brihuega rodeado de jardín. Huevos trufados con timbal de hongos, cordero lechal deshuesado en su jugo con setas, ajetes tiernos y patatas. Menú 25 €. Precio medio 34 €.

Hoteles

** **Hospedería Princesa Elima.** Pº de la Fábrica, 15. T. 949 340 005. *www.hospederiaprincesaelima.com*
Hab. 17: 58 €. Suites: 1. Hotel rural decorado con mimo al estilo castellano. Muy familiar.

Briones La Rioja

22 · B-2
A Logroño, 37 km
A Madrid, 333 km
Alt. 501 m · Pob. 867
GPS 42° 32' 38'' N · 2° 47' 11'' O

Visitar: De gran tradición vitivinícola, su casco antiguo es conjunto histórico-artístico. Conserva hermosas muestras de arquitectura renacentista, como la **iglesia de Ntra. Sra. de la Asunción** y la **casa-palacio de los Marqueses de S. Nicolás,** hoy Ayuntamiento. Merece la pena visitar el **Museo de la Cultura del Vino** y acercarse a la ermita del Cristo de los Remedios.

Fiestas: Las más vistosas son las **Jornadas Medievales,** el 16 y el 17 de junio, y la fiesta del Cristo de los Remedios, en septiembre.

Alrededores: Existen rutas muy bellas por las cercanas **Sierra de la Demanda,** con sus nevadas cumbres, y la Sierra de Cantabria. Todo ello bañado por el curso del río Ebro.

Hayedo en la Sierra de la Demanda

Restaurantes

Dinastía Vivanco. Ctra. N-232, Km 442. T. 941 322 340. *www.dinastiavivanco.com*
Cierra cenas, lunes y Navidad. Comedor ubicado en la bodega rodeada de viñedos. *Foie-gras* de pato marinado en taninos de cuatro varietales y caviar de vino, melocotones confitados. Para acompañar, los vinos de Dinastía Vivanco. Precio medio 40 €.

Los Calaos de Briones. San Juan, 13. T. 941 322 131. *www.loscalaosdebriones.com*
Cierra cenas martes a jueves en invierno, domingo cena, lunes y Navidad. Una antigua bodega es la sede de esta cocina tradicional. Revuelto de morcilla, manitas de cerdo, *goxua*. Precio medio 30 €.

Hoteles

*** **Hospedería Señorío de Briñas.** (En BRIÑAS, a 12 km). Travesía de la calle Real, 3. T. 941 304 224. *www.hotelesconencantodelarioja.com*
Hab. 20: 95 €. Suites: 3. Palacete del s. XVIII.

Briviesca Burgos

21 · E-2
A Burgos, 40 km
A Madrid, 285 km
Alt. 725 m · Pob. 7.500
T. 947 593 939
GPS 42° 33' 1'' N · 3° 19' 31'' O

Visitar: La joya artística de este municipio es el **conjunto monumental de Sta. Clara,** que se compone de iglesia, monasterio y hospital. También destaca la excolegiata de Sta. María.

Fiestas: Las fiestas patronales de **Ntra. Sra. de la Asunción** y de S. Roque se celebran en agosto.

Alrededores: Sin salir de la **comarca de la Bureba** se puede visitar el santuario de Sta. Casilda, Poza de la Sal, Oña, Frías y Pancorbo.

Restaurantes

El Vallés. (Hotel El Vallés). Ctra. N-1, Madrid-Irún, km. 280. T. 947 590 025. *www.hotelelvalles.com*
Se mantiene la oportuna parada en el viaje al norte o a Madrid desde allá, para disfrutar de una emblemática **merluza** rematada por la **tarta de queso de los Cameros.** Menú 20 €. Precio medio 40 €.

Brull, El Barcelona Ver Vic

37 · C-2

Burgo de Osma, El Soria

33 · A-4
A Soria, 57 km
A Madrid, 180 km
Alt. 980 m · Pob. 5.100
T. 975 360 116
GPS 41° 35' 14'' N · 3° 4' 6'' O

Interior de la catedral

Visitar: La villa, conjunto histórico-artístico, se formó alrededor de la **catedral gótica** auspiciada por el obispo S. Pedro de Osma en el s. XIII. Destacan también el hospital de **S. Agustín,** ubicado en la barroca **Plaza Mayor,** y la Universidad de Sta. Catalina. Un bonito paseo es el que va desde el parque de El Carmen hasta el paraje de Lagüera, por el margen izquierdo del río Ucero, donde se encuentran la hoz del río Abión y el **castillo de Osma.**

Fiestas: Su principal celebración es la **Virgen del Espino y S. Roque** (agosto).

Alrededores: Merece la pena realizar excursiones a la ciudad celtibérica y romana de Uxama, en **Osma** (a 2 km), al castillo de **San Esteban de Gormaz** (a 13 km), al castillo templario de **Ucero** (a 15 km), al **Parque Natural del Cañón del Río Lobos** (a 17 km) y a **Berlanga de Duero** (a 24 km).

Restaurantes

El Bomba. (Hotel Rivera del Duero, en SAN ESTEBAN DE GORMAZ, a 13 km). Avda. Valladolid, 131. T. 975 350 335. *www.hotelrivera.es*
Cierra domingo y Navidad. Con 25 habitaciones. Setas de cardo con mollejas de lechazo, lomo de corzo con trufa negra, pan perdido. Menú 11 €. Precio medio 30 €.

Virrey Palafox. Universidad, 7. T. 975 340 222. *www.virreypalafox.com*
Cierra domingo cena, lunes y del 22 de diciembre al 13 de enero. Los Martínez Soto crearon unas emblemáticas jornadas de la matanza. **Huevos rotos con patatas, *foie-gras* y trufa de Soria, cordero y cochinillo lechales asados, tarta a los tres chocolates.** Menú 15 €. Precio medio 35 €.

Hoteles

Posada del Canónigo. San Pedro de Osma, 19. T. 975 360 362. *www.realposadadelcanonigo.es*
Hab. 11: 80 €. Suites: 2. Posada Real. En la plaza de la catedral. Decorado con muebles de anticuario y obras de arte. Muy tranquilo.

Burgos

21 · D-3
A Madrid, 237 km
Alt. 860 m · Pob. 178.574
T. 947 288 874
GPS 42° 20' 24'' N · 3° 42' 18'' O

Visitar: En esta ciudad castellana, sobria y de inviernos helados, se mezclan la Edad Media y el Renacimiento, los rosetones góticos y las confiterías exquisitas, los mesones donde sirven sabrosos lechazos y los monasterios. Burgos vive marcada por una magnífica catedral y un héroe local, Rodrigo Díaz de Vivar, el Cid. Se entra en la ciudad por el **Arco de Sta. María,** una de las 12 puertas de la muralla medieval. Cuando se flanquea, aparece la **catedral gótica,** iniciada en el s. XIII y declarada patrimonio mundial. Sus tres naves contienen joyas como la **capilla de los Condestables** y la **escalera dorada.** Bajo el cimborrio, obra de Juan de Vallejo, reposan los restos del Cid y su esposa.

Frente a la plaza de Sta. María, donde se sitúa la portada principal, hay un callejón por el que se llega al arco de Fernán González. Subiendo está el **castillo,** símbolo del enfrentamiento entre Isabel la Católica y Juana la Beltraneja. Bajando, se encuentran el arco de S. Esteban, mudéjar, y la **iglesia de S. Esteban** (s. XIII) y dos monumentos que recuerdan al Cid: la **iglesia de Sta. Águeda,** donde Alfonso VI juró ante el Campeador no haber tomado parte en la muerte de Sancho II de Castilla, y la **Puerta de S. Martín,** por donde el Cid salió de la ciudad hacia el destierro. En la **Plaza Mayor** está el Ayuntamiento y pastelerías para comprar las famosas yemas de Burgos. Muy cerca está la **Casa del Cordón.** Allí, los Reyes Católicos se encontraron con Cristóbal Colón después de su segundo viaje al nuevo mundo. Frente el Teatro Principal, del s. XIX, hay una estatua del Cid. El **Museo de la Evolución Humana,** del arquitecto Juan Navarro Baldeweg, acerca aún más a la ciudad el yacimiento de Atapuerca y es una visita muy apetecible.

Monasterio de las Huelgas

En las afueras hay dos citas obligadas: la **cartuja de Miraflores** y **el monasterio de las Huelgas.** La primera es un monasterio de finales del s. XV, con iglesia gótica isabelina de Juan de Colonia. En su interior hay un retablo de Gil de Siloé, así como los sepulcros de los reyes Juan II de Castilla e Isabel de Portugal. El monasterio de las Huelgas, fundado en 1187 por Alfonso VIII y su esposa Leonor, es panteón real y alberga el Museo de Telas Medievales. También destacan las bóvedas de crucería de la sala capitular, el claustro tardorrománico de las Claustrillas y las capillas mudéjares.

Fiestas: El 30 de enero es la fiesta de S. Lesmes, en la que se reparten panecillos del patrón. Son muy populares la Semana Santa, el **Curpillos,** de interés turístico regional, que se celebra el viernes siguiente al Corpus con procesión en el monasterio de las Huelgas. El 29 de junio son las **fiestas mayores de S. Pedro y S. Pablo,** que incluyen el concurso del Buen Yantar y el **Día del Burgalés Ausente.**

Alrededores: Merece la pena acercarse a **Quintanadueñas** (a 7 km) y, a 13 km, a las **Quintanillas.** Los **yacimientos de la Sierra de Atapuerca** (a 14 km) son patrimonio de la humanidad.

Restaurantes

Casa Ojeda. Vitoria, 5. T. 947 209 052. *www.grupojeda.com* S
Cierra domingo cena. El mejor referente de la ciudad por su calidad de producto y buena elaboración. Lo demuestra en el **cocido de garbanzos del Pico Pardal con tocino ibérico confitado a baja temperatura, el cordero lechal asado** en horno de leña y el surtido de **quesos.** Precio medio 45 €.

® **El 24 de la Paloma.** Paloma, 24. T. 947 208 608.
www.restauranteel24delapaloma.com
Cierra lunes. Espectacular carta de vinos y de aceite de oliva virgen que acompañan una buena oferta culinaria. **Láminas de berenjenas, verduritas salteadas y perdiz de tiro; *steak tartar* de vaca o de potro hispano-bretón; tarta de manzana de Caderechas con hojaldre aireado y crema pastelera.** Precio medio 35 €.

® **La Galería.** (Hotel La Galería, en QUINTANADUEÑAS, a 7 km). Ctra. BU 622, Burgos-Aguilar, km 4. T. 947 292 606.
www.hqlagaleria.com
Cierra domingo cena. Producto local con toques modernos. **Tabla de verduras orgánicas, y lechazo asado** como plato estrella. Originales postres, como **"recuerdo de mi infancia".** Menú 11 €. Precio medio 35 €.

® **Landa.** (Hotel Landa). Ctra. A-1, Madrid-Irún, km 235. Tomar vía de servicio en el km 233. T. 947 257 777. *www.landa.as*
Una institución para parar en la Autovía 1, Madrid-Irún. Destacan los **huevos fritos con morcilla de Burgos, el corderito asado y el milhojas caramelizado.** Precio medio 45 €.

® **Mesón del Cid.** (Hotel Mesón del Cid). Pza. Santa María, 8.
T. 947 208 715. *www.mesondelcid.es* S
Cierra domingo cena. Con 28 habitaciones. Frente a la catedral en un edificio del s. XV que fue antigua imprenta. **Escabechados de caza, cordero lechal asado, peras al vino tinto con frambuesas.** Precio medio 35 €.

Polvorilla. Pza. de la Libertad, 9. T. 947 257 474. *www.polvorilla.es*
Cierra domingo cena. La olla podrida, la carrillada ibérica y las peras al vino son una muestra de la cocina burgalesa tradicional de Gabino Tobar y su familia, ofrecida en dos ambientes diferentes, comedor y barra de tapas y pinchos. Menú 15 €. Precio medio 30 €.

® **Puerta Real.** Pza. del Rey San Fernando, 9. T. 947 265 200.
www.puertareal.es
Cierra domingo cena. **Pochas con muslitos de codorniz, lomo de buey a la parrilla, helado de queso de Burgos,** en un local junto a la catedral. Precio medio 32 €.

Rincón de La Merced. (Hotel NH Palacio de La Merced). La Merced, 13.
T. 947 479 900. *www.nh-hotels.com* S
Cierra domingo y lunes. Agustí Gebellí aúna productos, tendencias **–*tataki* de atún marinado, láminas de vieiras y aceite de trufa–** y tradición **–cabrito de la sierra de la Demanda asado en las cenizas de romero–.** De postre, ***toffee,* avellana y yogur.** Todo ello en un elegante comedor. Precio medio 40 €.

Hoteles

***** **Landa Palace.** Ctra. A-1 Madrid-Irún, km 235. T. 947 257 777.
www.landa.es
Hab. 39: 110 €. Suites: 24. Torreón-fortaleza en el que el confort moderno se compagina con la arquitectura de estilo gótico. Habitaciones y suites en la torre, con sábanas de hilo y un desayuno realmente excepcional.

**** **NH Palacio de La Merced.** La Merced, 13. T. 947 479 900.
www.nh-hotels.com
Hab. 107: 129 €. Suites: 3. Edificio histórico de los ss. XVI y XVII con claustro gótico flamígero. Restaurante Rincón de La Merced.

**** **Silken Gran Teatro.** Avda. Arlanzón, 8. T. 947 253 900.
www.hoteles-silken.com
Hab. 117: 74 €. En pleno centro comercial, junto al Museo de la Evolución Humana y frente al auditorio.

**** **Palacio de los Blasones.** Fernán González, 8. T. 947 271 000.
www.hotelricepalaciodelosblasones.com
Hab. 64: 65 €. Suites: 1. Palacio renacentista del s. XVI. Céntrico.

Museo de la Evolución Humana
Un centro didáctico para entender la evolución del hombre a partir de los yacimientos de Atapuerca y de los estudios científicos.

Cabezón de la Sal Cantabria

5 · A-3
A Santander, 47 km
A Madrid, 391 km
Alt. 128 m · Pob. 8.300
T. 942 700 332
GPS 43° 18' 26'' N · 4° 14' 1'' O

Visitar: Durante siglos, la extracción de sal fue la principal actividad de este municipio y de ahí toma su nombre, pues cabezón era una medida romana que se utilizaba para la compraventa de sal. Entre sus atractivos están el **Museo del Calabozo** (s. XVIII) y el **Poblado Cántabro,** una recreación de un pueblo cántabro de hace más de 2.000 años (ambos se pueden visitar con cita previa). Su patrimonio viene definido por las casonas blasonadas, como el **palacio de la Bodega** (s. XVIII), del linaje de los Cevallos.

Fiestas: En agosto se celebran la Virgen del Campo, S. Roque y el **Día de Cantabria** (segundo domingo), fiesta de interés turístico nacional.

Alrededores: Al municipio de Cabezón de la Sal pertenecen localidades como **Carrejo** (a 2 km), con la casa-palacio de Carrejo, hoy convertida en Museo de la Naturaleza de Cantabria y **Casar de Periedo** (a 6 km), donde sobresale el palacio de Jesús de Monasterio. También merecen una visita el **Parque Natural Saja-Besaya,** el cercano valle de Cabuérniga y el pueblo de **Ruente** (a 7 km).

Acebo en el Parque Natural Saja-Besaya

Restaurantes

® **Casa Nacho González (La Bolera de Ruente).** (En RUENTE, a 7 km). Ruente, 1. T. 942 709 125. *www.restaurantecasanachogonzalezenruente.com*

Cierra segunda quincena de noviembre. Casa rústica que conecta con la Posada La Fuentona por medio de un original puente de piedra, que salva las aguas del manantial próximo. **Rabas de calamar fresco, cocido montañés, pescados del Cantábrico, arroz con leche.** Precio medio 28 €.

La Villa. Pza. Ángel de la Bodega, s/n. T. 942 701 704. *www.restaurantelavillacabezon.com*

Cierra domingo cena, lunes excepto agosto; primera quincena de septiembre y navidades. Zona peatonal. Cocido montañés, pescados de San Vicente de la Barquera, *mousse* de limón. Menú 16 €. Precio medio 24 €.

Hoteles

**** **Palacio de Caranceja.** (En CARANCEJA, a 7 km). B° de Caranceja, 33. T. 942 816 167. *www.palaciocaranceja.com*

Hab. 11: 85 €. Acogedor hotel con encanto en un palacio del s. XVII rehabilitado. Está en plena naturaleza y rodeado de bellos pueblos montañeses.

Cabo de Palos Murcia

101 · D-3
A Murcia, 75 km
A Madrid, 465 km
Alt. Nivel del mar · Pob. 1.038
T. 968 146 136
GPS 37° 38' 0'' N · 0° 42' 12'' O

Visitar: Este pueblo de pescadores destaca por sus fondos marinos, que forman parte de la **Reserva Marina de Cabo de Palos e Islas Hormigas** y son una zona perfecta para practicar submarinismo. También se puede visitar la iglesia de Sta. María del Mar, cuya estructura recuerda la proa de un barco, y el faro, que ofrece hermosas vistas del Mediterráneo.

Fiestas: El 16 de julio se celebra la **Virgen del Carmen** y el 15 de agosto, las fiestas patronales de la Virgen de la Asunción.

Alrededores: A 3 km está **La Manga del Mar Menor,** con sus excelentes playas; a 18 km se encuentra **La Unión,** donde se puede visitar el Parque Minero de La Unión, y a 17 km, **Portman.**

Faro de Cabo de Palos

Restaurantes

La Tana. P° de la Barra, 3. T. 968 563 003. *www.la-tana.com*

Cierra febrero. Cocina popular marinera y, como plato estrella, el típico arroz en caldero. De postre, tocino de cielo. Menú 16 €. Precio medio sin marisco 24 €.

Miramar. P° de la Barra, 14. T. 968 563 033. *www.miramarcabodepalos.com* S

Cierra del 7 de enero al 1 de febrero. Pescados y mariscos de la costa, arroces y tocino de cielo, con vistas al mar. Precio medio 28 €.

Cabrils Barcelona Ver Mataró

37 · D-4

Cacabelos León Ver Villafranca del Bierzo

19 · A-1

Cáceres

Visitar: Palacios, torres, casas nobles y edificios religiosos definen el perfil de Cáceres, que fue bautizada como Norba Caesarina por los romanos, que la fundaron en el s. I a. C. Nombrada en 1986 patrimonio de la humanidad por su interesante conjunto urbano de la Edad Media y del Renacimiento, es una de las ciudades que articulan la Vía de la Plata. La muralla que abraza la ciudad está jalonada por torres medievales como la de Bujaco (sede del **Centro de Interpretación de las Tres Culturas),** la de la Yerba, la de los Púlpitos y la del Horno. La principal puerta de entrada al recinto amurallado es el arco de la Estrella, la antigua Puerta Nueva que fue remodelada por Manuel de Lara Churriguera en el s. XVIII. Desde aquí, se llega fácilmente a la plaza de Sta. María, donde se encuentra el palacio de los Carvajal, interesante por su patio renacentista y su torre circular de origen árabe. A unos pasos están el **palacio de Mayoralgo,** cuya fachada conserva elementos góticos y uno de los blasones más antiguos de la ciudad, y el Palacio Episcopal, de estilo renacentista. El conjunto se completa con la **concatedral de Sta. María,** en la que destacan sus dos portadas góticas y el retablo mayor plateresco.

A poca distancia está la Casa de los Ovando, renacentista, y adosada al edificio se yergue la torre de las Cigüeñas, la única que mantuvo intactas sus almenas por la concesión de la reina Isabel La Católica. En la plaza de S. Jorge hay que admirar el **palacio de los Golfines de Abajo,** en el que destaca su torre con dos matacanes laterales, y la iglesia de S. Francisco Javier (s. XVIII). Desde aquí se puede caminar hacia la plaza de las Veletas, donde están la casa de los Cáceres-Ovando (s. XV) y el **palacio de las Veletas,** famoso por los pináculos –conocidos como veletas– que coronan la parte superior. Actualmente alberga el Museo de Cáceres. Contiguo a esta plaza se encuentra el barrio de S. Antonio, antigua judería cacereña. En torno a la **plaza de S. Mateo** se agrupan algunas casas de interés artístico, como la del Sol y la del Águila, así como la iglesia de S. Mateo, el convento de S. Pablo y la torre de los Sande. Bajando por la calle Ancha hacia la puerta de Mérida se puede ver la casa de los Paredes Saavedra y el palacio del Comendador de Alcuéscar, hoy Parador de Turismo.

A esta altura del paseo se puede hacer un paréntesis para visitar el **Centro de Artes Visuales Fundación Helga de Alvear,** que reúne una importante colección de arte contemporáneo. Si se continúa por la calle de los Olmos, se llega al palacio de los Golfines de Arriba, que conserva una torre del homenaje del s. XVI. De camino hacia el Ayuntamiento, quedan por contemplar la casa de Aldana, la casa del Mono, el palacio de los Ribera y el de la Generala. Extramuros, merecen una visita la iglesia de S. Juan, el convento de S. Francisco, la parroquia del Espíritu Santo y el palacio de Godoy, renacentista. Para pasear, dos de los parques más agradables son el del Príncipe y el del Rodeo.

Fiestas: La **Semana Santa** de Cáceres está declarada de interés turístico internacional. El 23 de abril tiene lugar la **fiesta de S. Jorge,** patrón de la ciudad, y el 24 se realiza la Bajada de la Virgen de la Montaña a la ciudad. El 4 de mayo se celebra la romería de la Virgen de la Montaña.

Alrededores: A 3 km se encuentra el santuario de la Virgen de la Montaña, patrona de Cáceres. En **Malpartida de Cáceres,** a 10 km, merecen la pena el singular Monumento Natural de Los Barruecos y el Museo Vostell. A 10 km está el **Casar de Cáceres,** donde se pueden visitar la iglesia parroquial de Ntra. Sra. de la Asunción, bien de interés cultural, y las fábricas en las que se elabora el famoso queso torta del Casar.

71 · E-2
A Madrid, 297 km
Alt. 439 m · Pob. 96.778
T. 927 010 834
GPS 39° 28' 30'' N · 6° 22' 21'' O

Escudo en la plaza de las Veletas

Restaurantes

Atrio

Todo un placer para los sentidos. El espléndido edificio antiguo con una preciosa restauración, la gran cocina prestigiada de Toño Pérez, la dirección de José Antonio Polo y la espléndida bodega forman una sinfonía perfecta.

Precio medio 100 €.

Pza. San Mateo, 1. T. 927 242 928.
www.restauranteatrio.com

El Figón de Eustaquio. Pza. San Juan, 12. T. 927 248 194.
www.elfigondeeustaquio.com
Cocina regional extremeña en un emblemático figón de la ciudad. Criadillas de tierra salteadas, cordero asado, técula. Menú 19 €. Precio medio 30 €.

Eustaquio Blanco. Avda. Ruta de la Plata, 2. T. 927 239 520.
www.restauranteeustaquio.es

Traje regional extremeño

Cierra domingo cena y una semana en enero. Dos ambientes diferenciados en un local moderno y agradable: La Tapería, informal, y el comedor con cocina tradicional –sopa de tomate a la extremeña, solomillo de venado, repápalos–. Menú 17 €. Precio medio 30 €.

Orellana. (Hotel Extremadura). Avda. Ruta de la Plata, 3. T. 927 629 246. *www.extremadurahotel.com*
Cierra domingo cena. Gazpacho de cerezas del Jerte con tallarín de calabacín, *tournedos* de solomillo ibérico con *risotto* de verduritas, lascas crujientes de jamón ibérico y salsa de torta del Casar, caramelo de cacao y almendra tostada. Precio medio 40 €.

® **Torre de Sande.** Los Condes, 3. T. 927 211 147. *www.torredesande.com*
Cierra cenas de domingo y martes, lunes y segunda quincena de enero. Palacio del s. XV con jardín-comedor y una encomiable regularidad culinaria. **Salmorejo de cerezas con queso de cabra, lomo de ciervo con enebro y peras al vino.** De postre, ***biscuit* de higos de Almoharín.** Precio medio 35 €.

Hoteles

***** **Atrio Relais & Châteaux.** Pza. de San Mateo, 1. T. 927 242 928. *www.restauranteatrio.com*
Hab. 9: 390 €. Suites: 5. En el centro histórico. Premio FAD de Arquitectura 2011.

***** **Fontecruz Palacio de Arenales.** Ctra. N-521, km 52,1. T. 927 620 490. *www.palaciodearenales.com*
Hab. 46: 159 €. Suites: 9. Palacio del s. XVI rehabilitado. Rodeado de jardines y cigüeñas. Restaurante Zerua, cocina de autor.

**** **Extremadura Hotel.** Avda. Virgen de Guadalupe, 28. T. 927 629 639. *www.extremadurahotel.com*
Hab. 151: 195 €. Suites: 3. Desayuno incluido. Céntrico. Dispone de una planta para fumadores. Restaurante Orellana.

**** **NH Palacio de Oquendo.** Pza. de San Juan, 11-13. T. 927 215 800. *www.nh-hoteles.com*
Hab. 84: 107 €. Suites: 2. Palacio del s. XVI en pleno centro histórico. Restaurante Las Indias, con productos de caza menor y cocina típica.

**** **Parador de Cáceres.** Ancha, 6. T. 927 211 759. *www.parador.es*
Hab. 39: 168 €. Suites: 1. Totalmente reformado. Conjunto integrado por los palacios de los Marqueses de Torreorgaz y de la llamada casa de Ovando Mogollón, Perero y Paredes, ambos del s. XIV.

Cadaqués Girona

27 · D-2
A Girona, 73 km
A Madrid, 776 km
Alt. 23 m · Pob. 2.939
T. 972 258 315
GPS 42° 17' 19'' N · 3° 16' 38'' E

Visitar: Esta villa de estrechas callejuelas y bellas calas inspiró a genios y artistas y tuvo a Salvador Dalí entre sus vecinos más ilustres. Al norte, en la cala de Portlligat, está la **Casa-Museo Salvador Dalí,** que permite conocer el estilo de vida que llevaba el artista. El Museo de Cadaqués también está dedicado al genio ampurdanés y a su obra. En el casco antiguo hay que visitar la **iglesia de Sta. María de Cadaqués,** desde donde se divisa una preciosa vista de la bahía.

Fiestas: El 1 de enero se recibe al Año Nuevo con la **Fiesta del Sol Naciente** (Sol Ixent) en el cabo de Creus. El 20 de enero se celebra S. Sebastián y cada 16 de julio, la procesión en barca de la Virgen del Carmen.

Alrededores: Merecen una visita el **Parque Natural del Cabo de Creus,** El Port de la Selva (a 11 km) y el cercano monasterio románico de St. Pere de Rodes.

Vista de Cadaqués

Restaurantes

Compartir. Riera Sant Vicenç, s/n. T. 972 258 482. *www.compartircadaques.com*
Cierra de noviembre a febrero excepto fines de semana, lunes y enero. En una agradable y bonita casa en pleno centro de la población, se descubre el concepto de "compartir" como una propuesta gastronómica que implica convivir, comunicar y emocionar. **Endibias con gorgonzola, nueces y fruta de la pasión, lubina con ensalada de anisados y piña, espuma de crema catalana con fresas.** Precio medio 40 €.

® **Es Baluard.** Riba Nemesi Llorens, 2. T. 972 258 183. *www.esbaluard-cadaques.net*
Cierra en marzo, abril, octubre y noviembre excepto fines de semana y semana de Pascua; miércoles en mayo, junio y septiembre, y del 9 de diciembre a primeros de marzo. La atracción de esta histórica casa lo constituye, sin duda, su excelente **pescado y marisco,** base de una cocina cuyos referentes principales son la tradición y el mar. **Anchoas de Cadaqués, *suquet* de rape y gambas, crema catalana.** Precio medio 30 €.

Cádiz

Calle de la Virgen de la Palma

109 · D-2
A Madrid, 651 km
Alt. 13 m · Pob. 140.000
T. 956 241 001
GPS 36° 31' 45'' N · 6° 17' 38'' O

Visitar: Fundada hace tres mil años por los fenicios, Cádiz vive de cara al mar su rico legado histórico. Para conocer su esencia, hay que pasear por sus barrios: **El Pópulo,** antigua villa medieval; La Viña, barrio pesquero y chirigotero, y Sta. María, cuna flamenca. La visita a la ciudad puede arrancar en la Puerta Tierra, vestigio de la antigua muralla. Por la calle de Sta. María se alcanza la plaza de S. Juan de Dios, donde se encuentran el Ayuntamiento y la capilla del hospital de la Misericordia. En dirección al campo del sur está la plaza de la Catedral, donde se halla la **catedral nueva,** en cuya cripta se guardan los restos del compositor Manuel de Falla. Una de sus dos torres, la de Poniente, se puede visitar y ofrece buenas vistas de la ciudad. En la cercana plaza de Fray Félix está el **Museo Catedralicio,** en el que se exponen objetos de culto.

Por la calle de la Compañía se llega a la plaza de las Flores y al Mercado Central, la zona comercial. Siguiendo la calle de Alcalá Galiano aparece la torre vigía Tavira, que alberga la **Cámara Oscura,** atracción que permite admirar el casco histórico. Muy próxima está la plaza de S. Felipe Neri, donde destaca el Museo de las Cortes, que guarda documentos sobre la Guerra de la Independencia, y el oratorio de S. Felipe Neri y su Inmaculada Concepción de Murillo.

Desde aquí, siguiendo la calle de S. José, se llega a la plaza de la Mina, donde está el Museo de Cádiz con su importante colección de arqueología y pintura. El paseo puede continuar por la **plaza de España,** donde se ubica el monumento a la Constitución, y terminar en el puerto, a tan solo unos pasos.

Fiestas: Sus **carnavales,** que en 2014 se celebran del 27 de febrero al 9 de marzo, son de interés turístico internacional. En Semana Santa destaca la procesión de Jesús Nazareno y en el Corpus Christi tiene lugar la procesión del Santísimo.

Alrededores: A 13 km, está **Puerto Real,** cuyo centro fue declarado conjunto histórico-artístico. Se pueden visitar las iglesias de S. Sebastián y S. José, el callejón del Arco y el **Parque Natural de las Canteras.**

Restaurantes

Atxuri. Plocia, 7. Frente al Palacio de Congresos. T. 956 253 613.
www.atxuri.es
Cierra cenas de domingo a miércoles en invierno excepto vísperas y festivos. Las *kokotxas* en salsa verde de raíz vasca comparten fogones con pescados de la bahía (pargos, corvinas...). De postre, tocino de cielo. Precio medio 30 €.

® **Barrasie7e.** (Gastrobar). Amilcar Barca 17. T. 956 263 263.
www.barrasie7e.com S
José Manuel Córdoba define su gastrobar como un lugar donde "comer y picar" en un ambiente moderno y acogedor a pie de playa. **Arroces, tomates rellenos de brandada de melva, carrillada de ibérico, tarta de limón con frutas.** Precio medio 30 €.

Casa Manolito. (En PUERTO REAL, a 13 km). Francia, s/n.
Polígono Industrial El Trocadero. Edif. Bahía. T. 956 472 789. P
Cierra cenas invierno y domingo en verano. No es fácil encontrarlo, pero su arroz caldoso marinero merece la pena. Pescados de estero y tartas.
Precio medio sin marisco 28 €.

Cárnaval de Cádiz

® **Doña Pepa.** General Muñoz Arenillas, 1. T. 956 251 184.
Cierra domingo cena en invierno. Espectaculares **pescados y mariscos.** También un delicioso **arroz con bogavante.** José Antonio Núñez, el Gitano Rubio, atiende con afabilidad a los clientes de este sencillo local de singular producto a precio tan alto como su calidad. Precio medio 70 €.

El Faro de Cádiz. San Félix, 15. T. 956 211 068.
www.elfarodecadiz.com P S
Todo un clásico cerca de la playa de la Caleta. La familia Córdoba son los artífices de una cocina andaluza de mercado. **Tortillitas de camarones, corvina a la plancha con carabineros, ensalada de frutas.** Menú 33 €. Precio medio 40 €.

® **La Curiosidad de Mauro Barreiro.** (En PUERTO REAL, a 13 km). Real, 208 B. T. 956 992 288. *www.maurobarreiro.com* S
Cierra domingo en julio y agosto, domingo cena y miércoles excepto julio y agosto. Como su nombre indica, la curiosidad por la cocina es la base del buen hacer de Mauro Barreiro. ***Tartar* de espeto de atún rojo, arroz meloso de anguila en *teriyaki*, chocolatina.** Menú 32 €. Precio medio 25 €.

San Antonio. Pza. San Antonio, 9. T. 956 212 239.
Cocina gaditana de temporada. Almejas al vino de Jerez, papas con chocos, *poleá* con coscorrones. Menú 20 €. Precio medio 25 €.

Ventorrillo del Chato. Vía Augusta Julia, s/n. Playa de la Cortadura. Ctra. Cádiz-San Fernando, km 2. T. 956 250 025.
www.ventorrilloelchato.com P S
Cierra domingo cena, excepto agosto. Calidad y tradición avalan el buen hacer de los Córdoba. **Tortillitas de camarones, pez San Pedro sobre berenjenas confitadas, ensalada de frutas frescas.** Precio medio 40 €.

Hoteles

**** **Barceló Cádiz.** Avda. de Andalucía, 89. T. 956 242 600.
www.barcelo.com P
Hab. 96. Consultar tarifas. De diseño moderno. A 100 m de la playa. Restaurante Costa de la Luz.

**** **Monte Puertatierra.** Avda. de Andalucía, 34. T. 956 272 111.
www.hotelesmonte.com P
Hab. 98: 80 €. Céntrico. A 100 m de la playa de Sta. María del Mar.

**** **Parador Hotel Atlántico.** Avda. Duque de Nájera, 9. T. 956 226 905.
www.parador.es P
Hab. 149: 158 €. Suites: 6. Situado en el casco histórico-monumental. Acceso a la playa. Cocina regional con vistas a la bahía. Reformado en 2012.

**** **Playa Victoria.** Glorieta Ingeniero La Cierva, 4. T. 956 205 100.
www.palafoxhoteles.com P
Hab. 188: 75 €. Suites: 4. En la playa de la Victoria. Moderna arquitectura y diseño innovador. Restaurante Isla de León.

Calaceite Teruel

46 · E-4
A Teruel, 205 km
A Madrid, 420 km
Alt. 511 m · Pob. 1.170
T. 978 851 201
GPS 41° 1' 1'' N · 0° 11' 14'' E

Visitar: Capital cultural de la comarca del Matarraña, su casco urbano está declarado conjunto histórico-artístico. Para apreciar su encanto, hay que pasear por la calle Mayor, la plaza de España y la calle de Maellá. Entre sus joyas arquitectónicas están el Ayuntamiento (s. XVII); las **capillas-portales del Pilar** y **de S. Antonio,** que daban acceso a la población amurallada; la iglesia parroquial de Ntra. Sra. de la Asunción, con su fachada barroca, y las ermitas de Sta. Ana y S. Cristóbal. También son interesantes los **poblados íberos de Tossal Redó** y **de San Antonio** y el Museo Juan Cabré, que cuenta con una importante colección de arqueología.

Fiestas: El 16 de enero se celebra **S. Antonio** y en agosto, las fiestas mayores.

Alrededores: En **Valderrobres** (a 22 km) se puede visitar el castillo y el casco antiguo, y en el Parrizal de Beceite realizar una ruta por el río Matarraña.

Restaurantes

Fonda Alcalá. Avda. Cataluña, 57. T. 978 851 028. P
Cierra cenas excepto viernes y sábado, y segunda quincena de junio. Los hermanos Alcalá regentan esta emblemática fonda. Judías blancas con sardina, paletilla de cabrito al horno, flan de manzana. Menú 12 €. Precio medio 30 €.

Calafell Tarragona

48 · B-2
A Tarragona, 32 km
A Madrid, 574 km
Alt. 190 m · Pob. 24.265
T. 977 699 141
GPS 41° 12' 1'' N · 1° 34' 2'' E

Visitar: Situado en el corazón del Baix Penedés, esta localidad cuenta con un rico patrimonio. El pueblo creció al cobijo del castillo de la Sta. Creu, que aún conserva la iglesia del s. XI y la cisterna del s. XV. Muy interesantes son la **Ciudadela Ibérica,** un singular conjunto monumental donde los arqueólogos han reproducido el aspecto que las casas, las murallas y las calles tendrían hacia el año 200 a. C.; la villa romana de Vilarenc y la **Casa-Museo Barral,** casa del editor Carlos Barral. También forman parte de esta localidad la playa de Calafell, un precioso núcleo de pescadores, y Segur de Calafell, conocido por su amplia playa, su puerto deportivo y la iglesia de St. Miquel.

Fiestas: En mayo tiene lugar el Mercado del Mar, el 29 de junio se celebra la **fiesta mayor de S. Pedro** y el 16 de julio, la fiesta de la Virgen del Carmen.

Alrededores: A 15 km se encuentra el castillo de Creixell.

Castillo de Calafell

Restaurantes

® **Giorgio.** Ángel Guimerá, 4. Playa de Calafell, a 2 km.
T. 977 691 159. *www.ristorantegiorgio.com*
Cierra de lunes a jueves excepto festivos, julio y agosto; y del 22 de diciembre al 25 de enero. La feliz propuesta de cocina italiana que, desde la particular visión de Giorgio y Sabine, ha ofertado siempre esta agradable casa, sigue en este buen y particular restaurante. **Salmón ahumado** por ellos mismos con **patatas *ratte* ecológicas** de finca propia y ***gin-tonic* en tres texturas.** Precio medio 35 €.

® **Masía de la Platja.** Vilamar, 67. T. 977 691 341.
www.masiadelaplatja.com
Cierra martes cena, miércoles, del 7 al 13 de enero y del 2 al 24 de noviembre. El ***all cremat*** de este restaurante es excepcional. Sabrosísimos los **guisos** que aquí se descubren como obvio testimonio de la mejor cocina marinera y popular. Menú 30 €. Precio medio 40 €.

Vell Papiol. Vilamar, 30. T. 977 691 349. *www.vellpapiol.com*
Cierra domingo cena de septiembre a junio, lunes de septiembre a julio excepto vísperas y festivos; martes cena de septiembre a mayo excepto vísperas y festivos; y del 24 de diciembre al 24 de enero. Local moderno y tranquilo de cocina marinera. Arroz de sepia y *espardenyes,* pescados al horno, crema catalana de almendra marcona con garrofa. Menú 25 €. Precio medio 48 €.

Calahorra La Rioja

22 · F-3
A Logroño, 48 km
A Madrid, 336 km
Alt. 358 m · Pob. 24.876
T. 941 105 061
GPS 42° 18' 12'' N · 1° 57' 59'' O

Visitar En el Camino Jacobeo del Ebro asoma Calahorra, que vivió su época de esplendor durante el Imperio Romano. Su pasado se puede recordar caminando por el **paseo del Mercadal,** donde quedan vestigios del circo, y visitando el **Museo de la Romanización,** que alberga diversos objetos encontrados en las excavaciones. Merecen una visita la catedral de Sta. María; el monasterio de S. José, de estilo barroco; las iglesias de Santiago, S. Francisco y S. Andrés y el santuario del Carmen.

Fiestas: La **Semana Santa** calagurritana está declarada de interés turístico regional. Las fiestas de sus santos patronos, S. Emeterio y S. Celedonio, se celebran en marzo y agosto, respectivamente.

Alrededores: Se puede recorrer la **Vía Verde del Cidacos,** que parte de Calahorra y tiene una extensión de 34 km. Otros paisajes de interés son la Sierra de los Agudos y la laguna y el humedal del Recuenco y la Degollada.

Restaurantes

Casa Mateo. Pza. Raso, 15. T. 941 130 009.
www.restaurantecasamateo.com
Cierra cenas, lunes, primera semana de enero y 15 días en septiembre. Acogedor local en el casco antiguo. Ensalada de alcachofas con cigalas o de faisán, carrillera rellena de paté, torrija caramelizada. Menú 15 €. Precio medio 35 €.

Chef Nino. (Hotel Chef Nino). Basconia 2. T. 941 133 104.
www.chefnino.com
Cierra domingo cena, lunes y del 20 de diciembre al 20 de enero. Verduras de temporada de la huerta riojana, cabrito asado, cuajada. Menú 15 €. Precio medio 35 €.

La Taberna de la Cuarta Esquina. Cuatro Esquinas, 16.
T. 941 134 355.
Cierra martes cena, miércoles y julio. Excelente **menestra** de temporada. El **cordero,** el **cabrito** y el **cochinillo asado** son buenos referentes. **Croquetas de chocolate** como dulce final. Precio medio 30 €.

Hoteles

**** **Parador Marco Fabio Quintiliano.** Pº Mercadal, s/n. T. 941 130 358. *www.parador.es*
Hab. 60: 145 €. Ubicado en el centro neurálgico, es a la vez un lugar tranquilo. Edificación en ladrillo rojo con todas las habitaciones exteriores. Información de actividades en Calahorra y en toda La Rioja.

Calatayud Zaragoza

45 · B-2
A Zaragoza, 86 km
A Madrid, 234 km
Alt. 534 m · Pob. 21.933
T. 976 881 513
GPS 41° 21' 14'' N · 1° 38' 54'' O

Real Colegiata de Sta. María la Mayor

Visitar: Sus edificios mudéjares, declarados patrimonio de la humanidad, son la carta de presentación de Calatayud, que esconde otras muchas joyas monumentales. El recorrido puede arrancar en el **Museo de Calatayud,** que recoge una interesante colección de materiales del yacimiento arqueológico de Bílbilis. Desde aquí se puede caminar hacia la plaza de Sta. María pasando por la puerta de Terrer (s. XVI), que alberga el ángel custodio de la ciudad. En la plaza está la **Real Colegiata de Sta. María la Mayor,** construida sobre la antigua mezquita y declarada monumento nacional, que destaca por su portada, buena muestra del protorrenacimiento aragonés. Cerca se encuentra la iglesia de S. Andrés, con su torre mudéjar de planta octogonal. Bajando por la calle de Gótor se alcanza la **plaza de España,** donde se situaba el zoco. Hoy es una bella plaza con casas de los ss. XVII y XVIII. Atravesando la plaza de Goya y cogiendo la Rúa de Dato se puede visitar la iglesia de S. Pedro de los Francos, que mantiene su estructura mudéjar y actualmente sirve de Aula Cultural. El paseo puede terminar en la colegiata del Sto. Sepulcro, situada en la plaza del mismo nombre. Construida en el s. XII y reconstruida en el s. XVII, su exterior de ladrillo y sus dos torres gemelas son símbolo de la austeridad herreriana.

Fiestas: Dentro de su **Semana Santa,** de interés turístico regional, destaca la procesión del Sto. Entierro del Viernes Santo. En verano se celebra la romería en honor de S. Roque y las fiestas de la Virgen de la Peña, patrona de la ciudad.

Alrededores: Aniñón está a 16 km y es interesante por su iglesia gótico-mudéjar del s. XIV. A 21 km está el **Parque Natural del Monasterio de Piedra.**

Restaurantes

Bílbilis. Madre Puy, 1-3. T. 976 883 955.
Cierra lunes. En pleno centro. Borrajas con almejas, cabrito al ajillo, manzana asada. Menú 10 €. Precio medio 40 €.

Caldes de Malavella Girona

38 · B-1
A Girona, 21 km
A Madrid, 696 km
Alt. 94 m · Pob. 7.102
T. 972 480 103
GPS 41° 50' 21'' N · 2° 48' 31'' E

Edificio modernista en Caldes de Malavella

Visitar: El agua es el elemento diferenciador de esta localidad de la comarca de La Selva que comenzó a desarrollar su cultura termal en los ss. XIX y XX. Esta oferta atrajo la burguesía, que construyó numerosas casas que seguían el estilo modernista imperante. El resultado son una veintena de edificios como el **Balneario Prats,** la Casa de les Punxes o la Casa Rosa. También se pueden visitar la iglesia de St. Esteve, el castillo y el **yacimiento de Camp dels Ninots.**

Fiestas: En agosto se celebra la fiesta mayor y en octubre, la **Feria del Agua.**

Alrededores: A 12 km se encuentra **Vidreres,** interesante por su castillo del s. XII y sus dos iglesias románicas.

Restaurantes

Delicius. (Hotel Balneario Vichy Catalán). Avda. Doctor Furest, 32. T. 972 470 000. *www.balneariovichycatalan.com*
Cocina mediterránea en el plácido entorno de un balneario. Precio medio 30 €.

Quimera. (Hotel Meliá Golf Vichy Catalán). Ctra. N-II, Madrid-Girona, km 701. T. 972 181 020. *www.meliagolfvichycatalan.com*
Propuesta de cocina moderna en el maravilloso contexto natural de un sensacional campo de golf. **Sopa fresca de tomate y sandía con helado de albahaca, pichón al vino tinto del Empordá, ensalada de frutas con cítricos, menta y eucalipto.** Menú 28 €. Precio medio 45 €.

Hoteles

**** **Meliá Golf Vichy Catalán.** Ctra. N-II, km 701. PGA Golf de Catalunya Resort. T. 972 181 020. *www.meliagolfvichycatalan.com*
Hab. 149: 95 €. Suites: 4. Singular edificio de nueva construcción, se ubica entre los campos de golf de PGA Golf de Catalunya, totalmente integrado en el paisaje. Restaurante Quimera.

*** **Balneario Vichy Catalán.** Avda. Doctor Furest, 32. T. 972 470 000. *www.balneariovichycatalan.com*
Hab. 86: 66 €. Dispone de zona termal con diversos tratamientos. Restaurante Delicius.

Caldes de Montbui Barcelona

37 · C-3
A Barcelona, 30 km
A Madrid, 641 km
Alt. 200 m · Pob. 17.500
T. 938 654 140
GPS 41° 37' 46'' N · 2° 9' 53'' E

Visitar: Enclavado en el Vallés Oriental, la vida de este municipio gira en torno al termalismo. El testimonio de su espléndido pasado pervive en las termas romanas del s. I a. C., declaradas bien de interés cultural. Cerca de ellas está **Thermalia,** un centro temático en torno a la cultura del agua termal que también acoge una exposición de Pablo Picasso y del escultor Manolo Hugué. Otro de los atractivos de esta villa es la Font del Lleó, una fuente del s. XVI en la que el agua brota a 74 °C. Desde aquí, el agua se canaliza hasta el **Safareig de la Porteria,** una lavandería de agua termal que aún funciona.

Fiestas: El segundo sábado de julio se celebra **Escaldàrium,** la fiesta del fuego y el agua; el segundo fin de semana de octubre tiene lugar la fiesta mayor y el tercer domingo de ese mes, el Aplec del Remei.

Alrededores: St. Miquel del Fai (a 15 km) es un bello espacio natural que cuenta con la iglesia románica de St. Miquel. También merece una visita la villa modernista de **La Garriga** (a 17 km).

Escaldàrium, fiesta del fuego y el agua

Restaurantes

Mirko Carturán Cuiner. Avda. Pi i Margall, 75. T. 938 654 160. *www.mirkocarturan.com*
Cierra sábado almuerzo, domingo, Semana Santa y 15 días en agosto. Sutil gastronomía de autor, elaborada con ingenio, criterio y con ingredientes de notable calidad, en una cocina abierta a la vista del cliente. ***Cap i pota*** **con chorizo y judía del Ganxet, albóndigas de pescado con setas, *coulant*, jengibre y frutos rojos.** Menú 30 €. Precio medio 40 €.

Hoteles

**** **Hotel Balneario Vila de Caldes.** Pza. del Ángel, 5. T. 938 654 100. *www.grupbroquetas.com*
Hab. 30: 150 €. En el centro histórico. Balneario. Restaurante Burg & Gintonic.

Calella Barcelona

38 · A-3
A Barcelona, 48 km
A Madrid, 669 km
Alt. 5 m · Pob. 18.627
T. 937 690 559
GPS 41° 36' 47'' N · 2° 39' 22'' E

Visitar: Las playas de arena dorada y la posibilidad de practicar deportes náuticos no son el único atractivo de la capital turística de la costa del Maresme. Visita obligada es el **Museu-Arxiu Municipal,** que alberga la farmacia Barri, de estilo modernista, y la pinacoteca Gallart. Por el casco histórico se puede realizar una ruta renacentista que pasa por el Mercadal, la Casa Galceran, el viejo Ayuntamiento y la capilla de St. Quirze, entre otros. El paseo marítimo que conduce al faro y el **parque Dalmau,** con su refugio antiaéreo, invitan al paseo.

Fiestas: En junio se celebran las **fiestas mayores de St. Quirze** y **Sta. Julia.**

Alrededores: El **Parque Natural del Montnegre** (a 6 km) destaca por sus encinares, robledales y pinares y permite realizar rutas a pie. A 15 km está el castillo de **Palafolls** y en **Canet de Mar** (a 8 km) y **Mataró** (21 km) se pueden realizar rutas modernistas.

Restaurantes

El Hogar Gallego. Ánimes, 75. T. 937 662 027. *www.elhogargallego.com*
Cierra domingo cena y lunes. El afecto y la pasión que Antonio Gordillo y su hijo Toni –que aporta toques de modernidad– sienten por el producto están fuera de toda duda. Lo hace evidente un exitoso trayecto en el que la excelencia del producto es una prioridad. Menú 10 €. Precio medio 50 €.

Calldetenes Barcelona

37 · C-1
A Barcelona, 72 km
A Madrid, 628 km
Alt. 489 m · Pob. 2.426
T. 938 863 105
GPS 41° 55' 30" N · 2° 16' 58" E

Visitar: Situado en la comarca de Osona, este municipio, al que también pertenece la localidad de Sant Martí de Riudeperes, ofrece al visitante un interesante patrimonio religioso. Destaca el **monasterio de St. Martí de Riudeperes,** que se convirtió en convento de franciscanos en el s. XVI, y la iglesia de St. Martí de Riudeperes, románica. Otra visita recomendable es la iglesia de la Mercè (s. XVIII).

Fiestas: Celebra sus fiestas mayores en septiembre.

Alrededores: A 3 km está **Vic.** Se puede realizar la **Ruta de los Molinos Harineros,** que bordea el torrente de St. Martí y enlaza Calldetenes y Sant Julià de Vilatorta.

Restaurantes

☼☼☼

Can Jubany

Cierra domingo cena, lunes, martes, dos primeras semanas de enero y 15 días en agosto. Nandu Jubany sigue el camino de excepcional calidad gastronómica iniciado hace ya años que le ha conducido a la máxima calificación en la Guía. La personalidad y talento culinario de Jubany se manifiestan en una culinaria catalana moderna que crece a partir de la tradición. **Guisantes a la brasa en su vaina con butifarra, panceta y *calçots*, arroz seco con cohombros de mar.**

Menú 56 €. Precio medio 80 €.

Ctra. de Sant Hilari, s/n. T. 938 891 023.
www.canjubany.com

Hoteles

*** **Monestir Husa Sant Marçal.** (En VILADRAU, a 26 km). Ctra. GIV-5201 Viladrau-Santa Fe del Montseny, km 6,5. T. 938 473 043.
www.hotelhusasantmarcal.com
Hab. 12: 130 €. Suites: 4. Monasterio del s. XI reconstruido. Ubicado en pleno Parque Natural del Montseny. Restaurante La Borda de l'Avi.

Calonge-Sant Antoni Girona

38 · C-1
A Girona, 43 km
A Madrid, 675 km
Alt. 36 m · Pob. 10.583
T. 972 661 714
GPS 41° 51' 42" N · 3° 4' 17" E

Visitar: Las calas y playas de Sant Antoni y la villa medieval de Calonge convierten a este municipio de tradición vitivinícola en un atractivo destino. Sus playas y **calas de gran valor paisajístico** se pueden recorrer siguiendo el camino de ronda, que se asoma a la bahía de St. Antoni y llega hasta el municipio de Platja d'Aro. La villa está dominada por el **castillo** de origen medieval, que está rodeado de interesantes **casas solariegas.**

Fiestas: Las más importantes son la **fiesta mayor de Calonge,** que se celebra el segundo fin de semana de julio, y la **fiesta mayor de St. Antoni,** que tiene lugar el último fin de semana de agosto.

Alrededores: Calonge-Sant Antoni se encuentra entre las localidades costeras de Palamós y Platja d'Aro. A 16 km están **Sant Feliú de Guixols** y **La Bisbal d'Empordà.**

Restaurantes

Refugi de Pescadors. Pº Josep Mundet, 55. T. 972 650 664.
www.refugidepescadors.com
Cierra domingo cena y lunes excepto verano; y del 23 de diciembre al 28 de enero. Decoración y cocina marinera frente al mar. Mariscos (viveros propios), pescados de la lonja de Palamós, crema catalana.
Menú 22 €. Precio medio sin marisco 30 €.

Calp Alacant/Alicante

85 · C-4
A Alacant/Alicante, 62 km
A Madrid, 463 km
Alt. 59 m · Pob. 30.619
T. 965 836 920
GPS 38° 38' 46" N · 0° 2' 39" E

Visitar: Cumbres y viñedos dibujan el paisaje de Calp, que disfruta de 13 km de litoral con **bellas calas y playas.** Entre sus calas destacan la de Les Bassetes, famosa por sus fondos marinos, y las de La Manzanera y Les Urques. El recorrido para conocerla puede comenzar visitando el **peñón de Ifach,** rodeado por el parque natural del mismo nombre, que ofrece un agradable paseo. A sus pies esperan el puerto pesquero y la lonja, donde se puede asistir a una subasta de pescado. En el casco antiguo está el **torreón de la Peça,** ejemplo de la arquitectura militar de la ciudadela. Cerca de la plaza de la Villa se erige la iglesia Antigua, de estilo gótico-mudéjar. Desde aquí se puede caminar hasta la ermita de S. Salvador (s. XVIII), que se encuentra cerca de **La Manzanera,** donde está el conjunto arquitectónico diseñado por Ricardo Bofill en los años 60 y 70. La ciudad cuenta con varios museos (el Arqueológico, el del Cómic y el Fester) y restos romanos como las termas y los baños de la Reina. Otros lugares de interés son el lavadero de la Font (s. XIX) y el molino del Morello (s. XIX).

Fiestas: Son famosas sus fallas, que se celebran el 19 de marzo, y las Hogueras de S. Juan, la noche del 23 de junio. El 16 de julio los marineros celebran una gran fiesta en honor a su patrona, la **Virgen del Carmen,** y el 5 de agosto son las **fiestas de la Virgen de las Nieves,** patrona de la ciudad.

Alrededores: Desde Calp se puede hacer una excursión a la **Sierra de Oltá,** que ofrece excelentes vistas. A 12 km está **Altea.**

Peñón de Ifach

Restaurantes

® **Abiss.** (Gran Hotel Sol y Mar). Benidorm, 1. T. 965 839 143.
www.restauranteabiss.com
Cierra almuerzos del 15 de junio al 15 de septiembre, domingo cena y lunes. El nivel culinario desarrollado le sitúa en posición destacada y bastante alejada del resto en la villa del Peñón de Ifach. **Anchoa con pimiento a la llama, ventresca con crema de espárrago, pastel fluido de pistacho y helado de cardamomo.** Menús de 28 a 69 €. Precio medio 35 €.

Hoteles

★★★★ **Villa Marisol.** Urb. Marisol Park, 1-A. T. 965 875 700. *www.marisolpark.com*
Hab. 17: 100 €. Suites: 1. Pequeño hotel con encanto. Habitaciones decoradas con diferentes estilos, haciendo única cada estancia.

Cambados Pontevedra

17 · C-1
A Pontevedra, 25 km
A Madrid, 640 km
Alt. 16 m · Pob. 14.000
T. 986 520 786
GPS 42° 30' 48'' N · 8° 48' 51'' O

Visitar: En plena ría de Arousa, la capital del albariño posee un bello casco histórico declarado conjunto histórico-artístico. Un paseo por esta noble villa ha de llevar a visitar las **ruinas de Sta. Mariña** (s. XVI); la **plaza de Fefiñáns,** donde están el pazo de los Figueroa y la iglesia de S. Bieito (s. XVI), y los pazos de Montesacro, Bazán –hoy Parador de Turismo– y Torrado, que acoge el **Museo de las Rutas del Vino.** Entre sus playas destaca la de Ganchino. Cambados es un buen punto de partida para realizar la Ruta del Vino Albariño.

Fiestas: Del 19 al 21 de julio se celebra la Fiesta de la Vieira, y en agosto, la **Fiesta del Albariño,** declarada de interés turístico nacional, y la Fiesta Europea del Vino. También son interesantes las de S. Benito (11 de julio) y **Sta. Mariña,** patrona de Cambados (18 de julio).

Alrededores: A 14 km está el monasterio de Sta. María de Armenteiros y a 23 km se sitúa **Combarro,** que destaca por sus hórreos y sus casas marineras.

Fiesta del Albariño

Restaurantes

Casa Rosita. (Marisquería). Aldea O Ribeiro, 8.
T. 986 542 878.
Cierra domingo cena excepto vísperas y festivos. Con 60 habitaciones. Vistas a la ría de Arousa. Croquetas de marisco, fideos con almejas de Carril, tarta de almendras. Menú 16 €. Precio medio sin marisco 30 €.

María José. San Gregorio, 2. T. 986 542 281.
Cierra cenas en invierno excepto fines de semana; y cenas de domingo a martes. Frente al Parador, en un luminoso local en el centro del pueblo. Ensalada de ostras empanadas con aceitunas negras, ravioli de rape. Menú 20 €. Precio medio 35 €.

Ribadomar. Valle Inclán, 17. T. 986 543 679.
www.ribadomar.es
Cierra cenas excepto viernes, sábado, julio y agosto. Casona bien decorada con antigüedades. Angulas (todo el año), lenguado con zamburiñas, filloas. Menú 20 €. Precio medio sin marisco 30 €.

☼ **Yayo Daporta.** Hospital, 7. T. 986 526 062.
www.yayodaporta.com
Cierra domingo cena, lunes, 5 días en mayo y 15 en noviembre. Buena combinación de creatividad y selección cuidada de la materia prima. Cocina con carácter. Original versión del **caldo gallego.** Siempre, **mariscos** impecables y **pescado** muy bien tratados, con alguna propuesta poco habitual como el **escacho (rubio) con gelatina de moluscos y raviolis de mejillón.** Bodega bien surtida, a la vista. Precio medio 45 €.

Hoteles

**** **Parador del Albariño.** Pº de la Calzada, s/n. T. 986 542 250.
www.parador.es
Hab. 58: 134 €. Suites: 1. Antiguo pazo de Bazán del s. XVII, a orillas de la ría de Arousa. Punto de partida de atractivas excursiones. Restaurante Barlovento.

* **Real Ribadomar.** Real, 8. T. 986 524 404. *www.hotelrealribadomar.com*
Hab. 7: 90 €. Hotel con encanto. Ocupa una casa del s. XVIII en el casco histórico, a 50 m de la plaza de Fefiñanes.

1 · D-4

Cambre A Coruña Ver Coruña, A

Cambrils Tarragona

47 · C-3
A Tarragona, 18 km
A Madrid, 557 km
Alt. 15 m · Pob. 31.720
T. 977 792 307
GPS 41º 4' 0'' N · 1º 3' 22'' E

Cabaña en el Parque Natural del Delta de l'Ebre

Visitar: Sus excelentes playas y su gastronomía convierten a esta villa marinera en un destino vacacional con encanto. El legado que dejaron los romanos se puede conocer visitando la villa de La Llosa y el **Museo Molí de les Tres Eres,** sede principal del Museo de Historia de Cambrils. Cerca del mar se conserva una torre de señales denominada el Telégrafo de l'Esquirol (s. XIX). Desde aquí se puede caminar por su paseo marítimo y conocer el puerto, con su faro rojo y la torre de vigilancia para defenderse de los ataques piratas. Otros puntos de interés son el **santuario de la Virgen María del Camí** y el castillo de Vilafortuny.

Fiestas: En junio tiene lugar la **fiesta mayor de St. Pere** y en septiembre, la de la Mare de Déu del Camí.

Alrededores: A 4 km está el Parque Samá, un jardín histórico catalogado bien de interés cultural; a 10 km se sitúa el parque de atracciones Port Aventura y a 12 km, **Mont-Roig del Camp.** Los amantes de la naturaleza pueden visitar el **Parque Natural del Delta de l'Ebre** y el Parque Natural del Montsant.

Restaurantes

® **Bresca.** Travesía Áncora, 21. T. 977 369 512.
www.brescarestaurant.com
Cierra domingo cena, lunes y del 23 de diciembre al 23 de enero. Cocina ejecutada con rigor en base a unos seleccionados productos del entorno cercano, básicamente determinados por el mar como referencia. **Vieiras con verduras al *wok*, langostinos con patatas y ensalada, fresas estofadas con helado de nata.** Menú 22 €. Precio medio 40 €.

☼☼ **Can Bosch.** Rambla Jaume I, 19. T. 977 360 019.
www.canbosch.com
Cierra domingo cena, lunes y del 22 de diciembre al 22 de enero. A dos pasos del puerto, en un espacio moderno y acogedor, Joan Bosch disfruta cocinando y su fiel clientela se deleita con una cocina mediterránea de autor basada en el mejor pescado de esta prodigiosa zona costera. **Bogavante con arroz negro, gallo de San Pedro con *dim sum* de pies de cerdo, ravioli de vainilla, chocolate en texturas y helado.** Menú 38 €. Precio medio 50 €.

☼ **Rincón de Diego.** Drassanes, 19. T. 977 361 307.
www.rincondediego.com
Cierra domingo cena, lunes y del 23 de diciembre a 1 de febrero. Mezcla de clasicismo y modernidad, la propuesta de esta casa se fundamenta en cinco menús diferenciados que reflejan la personalidad culinaria de Diego Campos. **Potaje de bogavante y garbanzos pedrosillanos, lubina en dos cocciones.** Precio medio 48 €.

74 · C-3

Campo de Criptana Ciudad Real

Ver Alcázar de San Juan

Camprodon Girona

26 · C-2
A Girona, 90 km
A Madrid, 683 km
Alt. 950 m · Pob. 2.542
T. 972 740 936
GPS 42º 18' 46'' N · 2º 21' 50'' E

Visitar: Una sobrecogedora naturaleza y su origen medieval son las dos señas de identidad de esta villa situada en la comarca del Ripollés. Un paseo por sus dos vías principales, **el paseo de la Font Nova** y **el paseo Maristany,** permite admirar sus casas de veraneo del s. XIX. Entre sus monumentos se encuentran el **monasterio de St. Pere;** la iglesia de Sta. María de Camprodón; el casal de Can Marquès (s. XVII), de estilo renacentista; el Ayuntamiento, con fachada renacentista del s. XVI, y el **Pont Nou** (s. XIII) sobre el río Ter. La villa cuenta con un museo dedicado a Isaac Albéniz, que nació en esta localidad.

Fiestas: El 21 de junio se celebra la fiesta en honor a su patrón, **St. Patllari,** y en julio y agosto tiene lugar el Festival de Música de Isaac Albéniz.

Alrededores: **Rocabruna,** con los restos de su castillo, se encuentra a 10 km. A 17 km está **Beget** con su iglesia de St. Cristófol, una joya románica del s. XII.

Restaurantes

® **Can Po.** (En ROCABRUNA, a 10 km). Ctra. Beget, s/n.
T. 972 741 045. © ♿ ❄ P
Cierra de lunes a jueves excepto festivos y agosto; unos días a finales de febrero y otros a finales de junio. Un entorno maravilloso y unos platos como el **filete con *ceps*** que reflejan la personalidad de Ramón Sala.
Precio medio 25 €.

El Pont 9. Camí de Cerdanya, 1. T. 972 740 521.
www.restaurantelpont9.com © ♿ ❄
Cierra cenas de domingo y miércoles, lunes, martes, y del 25 de junio al 9 de julio. Junto al puente románico y al río Ter. Gratinado de verduras con queso de cabra, arroz de Pals con setas y sepia, fruta fresca.
Menú 17 €. Precio medio 30 €.

Canarias, Islas

Ver apartado correspondiente, a partir de la página 371.

Candás Asturias Ver Prendes

3 · F-2

Candelario Salamanca Ver Béjar

51 · E-4

Candeleda Ávila

61 · E-2
A Ávila, 99 km
A Madrid, 160 km
Alt. 420 m · Pob. 5.221
T. 920 380 829
GPS 40° 9' 17'' N · 5° 14' 28'' O

Visitar: Manantiales, arroyos y arboledas hacen de esta localidad un oasis natural enclavado en el fértil valle del Tiétar. En su casco histórico se puede visitar la **iglesia de Ntra. Sra. de la Asunción,** declarada bien de interés cultural, y la Casa de las Flores, que alberga el **Museo del Juguete de Hojalata.** En las afueras está el santuario de la Virgen de Chilla, de influencias herrerianas.

Fiestas: En agosto se celebran las ferias y en septiembre, las **fiestas de la Virgen de la Chilla,** cuya romería está declarada de interés turístico nacional.

Alrededores: Buen punto de partida para conocer la **Sierra de Gredos** y el embalse del Rosarito (a 5 km). A 10 km está El Raso, un castro de origen celta.

Fachada de casa típica de Candeleda

Restaurantes

Mesón Pedros. Avda. Ramón y Cajal, 6. T. 920 380 839.
www.mesonpedros.es © ❄
Cierra lunes no festivos, cenas de agosto y septiembre; y de finales de septiembre a primeros de octubre. Con 13 habitaciones. Decoración rústica a la entrada del pueblo por la ctra. de Oropesa. Patatas revolconas, chuletón de Ávila, pudin de frutas. Menú 10 €. Precio medio 25 €.

Canedo León Ver Villafranca del Bierzo

19 · A-1

Cangas de Onís Asturias

4 · C-4
A Oviedo, 72 km
A Madrid, 516 km
Alt. 81 m · Pob. 6.761
T. 985 848 005
GPS 43° 20' 53'' N · 5° 7' 42'' O

Visitar: En el valle que forman los ríos Sella y Güeña se encuentra Cangas de Onís. Su **puente romano,** declarado monumento histórico-artístico, es uno de los símbolos de la ciudad. Otros lugares de interés son la **ermita de Sta. Cruz** (s. V), en cuyo interior se halla un dolmen prehistórico, y el **Aula del Reino de Asturias,** ubicada en la iglesia de Sta. María de Cangas (s. XVI). En la plaza del Mercado se puede tomar el pulso a la localidad.

Fiestas: El 25 de julio se celebra la **fiesta del Pastor,** declarada de interés turístico nacional, en la vega del Enol; el 8 de septiembre, la de Ntra. Sra. de Covadonga, y el 12 de octubre, el Certamen del Queso de los Picos de Europa.

Alrededores: Cangas de Onís es la puerta de acceso al **Parque Nacional de los Picos de Europa,** donde se pueden realizar numerosas rutas. A 3 km está el monasterio de S. Pedro de Villanueva y en **Cardes** (a 4 km), se localiza la cueva del Buxu, con interesantes pinturas rupestres. En **Covadonga** (a 11 km) se puede visitar la Sta. Cueva y la basílica de Sta. María la Real de Covadonga.

Puente romano de Cangas de Onís

Restaurantes

El Huerto del Ermitaño de Covadonga. (En COVADONGA, a 11 km). Real Sitio de Covadonga, 25. T. 985 846 112. *www.elhuertodelermitanodecovadonga.com*
Cierra cenas y jueves excepto festivos y verano; y Navidades. Se disfruta de una cocina casera, sabrosa y generosa, a los pies del Real Sitio. Callos a la asturiana, *pitu* de Caleya a la antigua, queso de Gamonedo. Menús de 12 a 18 €. Precio medio 25 €.

El Molín de la Pedrera. Río Güeña, 2. T. 985 849 109. *www.elmolin.com*
Cierra miércoles excepto Semana Santa y verano; y enero. Con 12 habitaciones. En el paseo paralelo al río Güeña, correcta cocina asturiana. Crujiente de calabaza con avellanas, rollo de bonito del Cantábrico, tarta de *frixuelos*. Menú 22 €. Precio medio 30 €.

® **Los Arcos.** (Hotel Lagos de Covadonga). Pza. del Ayuntamiento, 3. T. 985 849 277. *www.restaurantelosarcos.es*
Acaba de estrenar nuevas, confortables y luminosas instalaciones, disponiendo de una cómoda terraza. Ramón Celorio oficia en los fogones corrigiendo el rumbo a base de una cocina de producto y materias primas ecológicas. **Revuelto de oricios en hojaldre, asado de *gochín* astur-celta con lechugas ecológicas y arándanos, *borrachinos* de sidra.** Precio medio 28 €.

Hoteles

**** **Ciudad de Cangas de Onís.** Avda. Castilla, 36. T. 985 849 444. *www.hotelcangasdeonis.com*
Hab. 26: 86 €. Suites: 2. A orillas del río Sella.

**** **Granda.** Puente Romano, 12. T. 985 849 442. *www.hotelgranda.com*
Hab. 50: 35 €. Suites: 1. Ocupa una casona de indianos rehabilitada. Restaurante Rastrón.

**** **Parador de Cangas de Onís.** Villanueva de Cangas. T. 985 849 402. *www.parador.es*
Hab. 64: 156 €. En el margen derecho del río Sella. Edificado sobre el monasterio de S. Pedro de Villanueva, declarado monumento nacional en 1907.

Cangas del Narcea Asturias

10 · B-1
A Oviedo, 100 km
A Madrid, 500 km
Alt. 370 m · Pob. 14.300
T. 985 811 498
GPS 43° 10' 37'' N · 6° 33' 7'' O

Visitar: Sus casonas y palacios dan fe del pasado señorial de esta villa. En ella se pueden visitar la **basílica de la Magdalena,** monumento nacional; la capilla del Carmen, los palacios de Omaña (s. XVI) y de los condes de Toreno (s. XVII) y el **Museo del Vino.**

Fiestas: El 28 de junio se celebra El Arbolón; en julio, las **fiestas del Carmen y la Magdalena,** declaradas de interés turístico regional, y el 8 de septiembre, la romería de Ntra. Sra. del Acebo.

Alrededores: Se puede realizar la **Ruta del Vino de Cangas,** visitar el monasterio de S. Juan Bautista de Corias (a 3 km) y conocer el bosque de Muniellos (a 20 km), el mayor robledal de España, declarado reserva de la biosfera. También se pueden visitar núcleos rurales con encanto como Besullo, Xedré, Trescastru y Xinestosu. A 20 km está **Pola de Allande,** donde se puede admirar el palacio de Cienfuegos. A 34 km está la estación invernal de **Leitariegos.**

Restaurantes

® **Blanco.** Mayor, 11. T. 985 810 316.
Cierra domingo cena, lunes y segunda quincena de septiembre. Medio siglo da fe de la evolución de este restaurante de modestas instalaciones desde la contundente cocina local de ricos guisos hacia recetas más ligeras y trabajadas. Es el tránsito de la cocina de Engracia, la madre, a la de su hijo Pepe. **Garbanzos con chipirones y langostinos, medallones de *pixín* con verduritas y su *parmentier*, fresas maceradas con Módena y helado de leche merengada.** Menú 17 €. Precio medio 30 €.

La Nueva Allandesa. (Hotel Nueva Allandesa, en POLA DE ALLANDE, a 20 km). Donato Fernández, 3. T. 985 807 312. *www.lanuevaallandesa.com*
Cierra domingo cena. Con 39 habitaciones. Cocina casera a base de buena materia prima y raciones generosas. Potaje asturiano con embutido casero, repollo relleno de ternera, nueces con nata. Menú 10 €. Precio medio 25 €.

Hoteles

**** **Parador Monasterio de Corias.** (En CORIAS, a 2 km). Conjunto Monasterio de Corias, s/n. T. 985 070 000. *www.parador.es*
Hab. 43: 75 €. Suites: 3. Ubicado en un impresionante monasterio benedictino fundado en 1032, con inmejorables vistas al paisaje asturiano. Restaurante San Juan Bautista.

Canonja, La Tarragona Ver Tarragona

47 · D-3

Cantavieja Teruel

56 · B-3
A Teruel, 90 km
A Madrid, 400 km
Alt. 1.300 m · Pob. 758
T. 964 185 414
GPS 40° 31' 40'' N · 0° 24' 24'' O

Visitar: Aires medievales y de leyenda envuelven a esta localidad, capital del Maestrazgo. Su casco histórico está declarado bien de interés cultural y entre sus atractivos está la **plaza de Cristo Rey,** porticada en tres de sus lados, que acoge la iglesia de la Asunción, el Ayuntamiento y la casa de la familia Zurita. También merecen una visita la **iglesia gótica de S. Miguel,** el Museo de las Guerras Carlistas y las ruinas de su castillo.

Fiestas: En enero se celebra S. Antonio y en agosto, las **fiestas mayores de Sta. Vicenta Mártir** y **la Virgen de Loreto.**

Alrededores: Merece la pena visitar las villas medievales de **Mirambel** (a 15 km) y **La Iglesuela del Cid** (a 12 km).

Restaurantes

® **Buj.** Avda. Maestrazgo, 6. T. 964 185 033.
Cierra de lunes a viernes excepto puentes, y de julio a segunda quincena de septiembre; noches, y del 1 de febrero al 15 de marzo. Cocina clásica a cargo de las hermanas Buj en el corazón del Maestrazgo. **Tortilla de chicharrones de pato, conejo en adobo, helado de nuez, bizcocho de miel y nueces caramelizadas.** Precio medio 35 €.

Hoteles

**** **Hotel & Spa Balfagón Alto Maestrazgo.** Avda. Maestrazgo, 20. T. 964 185 076. *www.hotelbalfagon.com*
Hab. 46: 59 €. Suites: 2. Hotel Spa con encanto situado en el corazón del Alto Maestrazgo. Galardonado con el premio al mérito turístico, combina estilo tradicional de la zona con vanguardia.

Cañete Cuenca

64 · E-2
A Cuenca, 69 km
A Madrid, 235 km
Alt. 1.075 · Pob. 1.015
T. 969 346 917
GPS 40° 2' 28'' N · 1° 38' 51'' O

Visitar: La villa conserva un espectacular casco antiguo declarado conjunto histórico-artístico. Destaca su carácter medieval y joyas como **su castillo y sus murallas,** en las que se conservan algunas puertas, como la de las Eras, la de S. Bartolomé y la de la Virgen. También sorprenden al viajero su **Plaza Mayor** porticada y su arquitectura religiosa, con ejemplos como la iglesia de Santiago o la de S. Julián y la ermita de la Virgen de la Zarza. Junto a las murallas está el **Paraje Natural de El Postigo,** donde sobresale la cascada del Pozo de la Horca.

Fiestas: En agosto se celebran las **jornadas medievales de La Alvarada** y en septiembre, las fiestas patronales de la Virgen de la Zarza.

Alrededores: Se puede visitar **Villar del Humo** (a 19 km), conocido por sus pinturas rupestres neolíticas, declaradas patrimonio de la humanidad. A 20 km está **Pajaroncillo,** que conserva una necrópolis de túmulos de la Edad de Hierro y cuenta con el espectacular paraje de Las Corbeteras.

Paraje de las Corbeteras, en Pajaroncillo

Restaurantes

® **La Muralla.** Ctra. de Valdemeca, 20. T. 969 346 299. *www.hostallamuralla.com*
Cierra martes, del 23 de junio al 10 de julio y del 15 al 22 de septiembre. Con nueve habitaciones. Cocina manchega fiel a sus raíces. **Pastel de perdiz con salsa de setas, paletilla de lechal, frutas** variadas. Menú 15 €. Precio medio 30 €.

Capileira Granada

107 · B-3
A Granada, 70 km
A Madrid, 492 km
Alt. 1.436 m · Pob. 559
GPS 36° 57' 39'' N · 3° 21' 35'' O

Visitar: A las puertas de Sierra Nevada, a casi 1.500 m de altitud, este pueblo alpujarreño puede presumir de sus bien conservadas tradiciones y del ambiente tranquilo que ofrece al viajero. Aquí se pueden visitar el **Museo Etnológico Pedro Antonio de Alarcón** y la iglesia de Sta. María La Mayor. Desde sus **miradores** se divisan impresionantes vistas.

Fiestas: Las **fiestas patronales de la Virgen de la Cabeza** se celebran el último fin de semana de abril y la segunda semana de agosto.

Alrededores: **Bubión** (a 2 km) y **Pampaneira** (a 6 km) forman, junto a Capileira, el Barranco de Poqueira, un enclave natural perfecto para practicar senderismo.

Restaurantes

El Corral del Castaño. Pza. del Calvario, 5. T. 958 763 414.
Cierra miércoles, del 20 al 30 de enero y del 20 al 30 de junio. Casa del s. XVIII en las Alpujarras granadinas. Ensalada de quesos asados, paletilla de cordero segureño, fruta de temporada. Menú 10 €. Precio medio 25 €.

Caravaca de la Cruz Murcia

92 · D-3
A Murcia, 72 km
A Madrid, 425 km
Alt. 625 m · Pob. 26.419
T. 968 702 424
GPS 38° 6' 31'' N · 1° 52' 2'' O

Fiestas de la Stma. y Vera Cruz de Caravaca

Visitar: Esta bella localidad es, junto a Roma, Jerusalén, Santiago de Compostela y Santo Toribio de Liébana, una de las cinco ciudades santas del mundo. Su casco antiguo, declarado conjunto histórico-artístico, está dominado por el **Real Alcázar,** en cuyo interior se halla la **basílica de la Vera Cruz,** donde se honra la Cruz de Caravaca. También es interesante visitar la iglesia de S. Salvador, una de las más bellas muestras del Renacimiento murciano, catalogada como bien de interés cultural.

Fiestas: A principios de mayo se celebran las **fiestas en honor a la Stma. y Vera Cruz,** declaradas de interés turístico internacional. Forma parte de estas celebraciones la carrera de los Caballos del Vino.

Alrededores: A 2 km está el **Paraje Natural de Las Fuentes del Marqués,** donde se halla el torreón de los Templarios, que alberga el Centro de Interpretación de la Naturaleza. Otras localidades cercanas son **Cehegín** (a 9 km), **Moratalla** (a 12 km) y **Bullas** (a 23 km).

Hoteles

Hospedería Almunia. Ingeniero Oñate, 3-5 T. 968 705 737.
www.almunia-hr.es P
Hab. 10: 60 €. Consultar admisión de perros. En pleno barrio medieval. Habitaciones decoradas de diferente forma. Servicio personalizado.

Carbonero El Mayor Segovia Ver Segovia

43 · A-3

Cardenete Cuenca

64 · E-4
A Cuenca, 67 km
A Madrid 230 km
Alt. 963 m · Pob. 623
T. 969 348 001
GPS 39° 45' 59'' N · 1° 41' 39'' O

Visitar: En plena Sierra del Cabriel, destaca la belleza de este pueblo por sus construcciones serranas. Es de visita obligada su **castillo,** la **iglesia de la Asunción** y la ermita de S. Antonio de Padua.

Fiestas: El 13 de junio se celebran las fiestas patronales de S. Antonio de Padua, en agosto, los **Sanochaores en honor a la Virgen de la Asunción** y en octubre, las fiestas de la Virgen del Pilar.

Alrededores: A 4 km está **Yémeda,** donde destacan los baños junto al río Guadazaón.

Restaurantes

® **La Rebotica.** Iglesia, 27. T. 969 348 024.
www.casaruralelatroje.com
Cierra lunes excepto festivos y agosto, y primera quincena de septiembre. Los Cócera han convertido La Rebotica en una buena referencia. **Gazpacho de pastor, cabrito frito con ajetes tiernos, caza, tarta casera de queso con jarabe de frutas del bosque.** Menú 10 €. Precio medio 25 €.

Cardona Barcelona

36 · F-1
A Barcelona, 100 km
A Madrid, 600 km
Alt. 503 m · Pob. 5.064
T. 938 692 798
GPS 41° 54' 49'' N · 1° 40' 49'' E

Visitar: El pasado medieval se respira en cada una de sus calles, cuyo casco histórico es bien de interés cultural. La villa está dominada por el **castillo** (hoy Parador de Turismo), donde sobresalen la **colegiata románica de S. Vicente** y la torre de la Minyona. Otros lugares de interés son la iglesia de St. Miquel y la plaza del Mercat, y en las afueras, el **Parque Cultural de la Montaña de Sal.**

Fiestas: El primer fin de semana de junio se celebra la **feria medieval** y el segundo fin de semana de septiembre, la fiesta mayor.

Alrededores: Desde Cardona se puede realizar la ruta **El Camino de los Monjes,** que recorre los antiguos parajes del Baix Berguedà.

Hoteles

**** **Parador de Cardona.** Castell de Cardona, s/n. T. 938 691 275.
www.parador.es P
Hab. 54: 161 €. Suites: 5. Desayuno incluido. El histórico castillo es un alojamiento singular que incluye en su recinto la capilla románica de S. Vicente y un claustro de bellísima traza. Desde sus ventanas se dominan la vega del río Cardoner y la Montaña de Sal. Restaurante Abad, cocina catalana.

Carmona Sevilla

97 · B-4
A Sevilla, 30 km
A Madrid, 510 km
Alt. 250 m · Pob. 28.814
T. 954 190 955
GPS 37° 28' 13'' N · 5° 38' 38'' O

Visitar: Como si de un museo al aire libre se tratara, su bien conservado casco histórico permite apreciar la huella de fenicios, cartagineses, romanos, visigodos y árabes entre otros. La visita puede comenzar en el conjunto arqueológico de la necrópolis romana descubierta en el s. XIX y continuar por el alcázar Puerta de Sevilla, de origen cartaginés. Ya en el casco histórico se encuentran la **prioral de Sta. María,** excelente ejemplo del tardogótico andaluz, y el **Museo de la Ciudad,** que se ubica en la casa-palacio Marqués de las Torres. Paseando por sus calles se pueden admirar casas de estilo mudéjar y edificios renacentistas y barrocos.

Fiestas: Su **carnaval** está declarado de interés turístico de Andalucía y su **Semana Santa,** de interés turístico nacional. El 1 de mayo se celebran Las Mayas y del 31 de agosto al 8 de septiembre, las fiestas patronales de la Virgen de Gracia.

Alrededores: A 26 km está **Marchena,** con un rico patrimonio arqueológico.

Puerta de Córdoba, en Carmona

Restaurantes

La Almazara de Carmona. Santa Ana, 33. T. 954 190 076.
www.alfar2.com
Antiguo molino de aceite recientemente restaurado. Croquetas de espinacas y piñones, chuletillas de cabrito doradas en aceite, ajito y perejil, torrija de *brioche* caramelizada. Menú 25 €. Precio medio 28 €.

La Yedra. General Freire, 6. T. 954 144 525.
www.restaurantelayedra.es
Cierra lunes almuerzo y domingo en verano; domingo cena y lunes en invierno. El ravioli de huevo a baja temperatura con espuma de patata y la paletilla de cordero lechal (con D. O.) son buenas opciones para disfrutar del bonito patio cuajado de yedra con fuente centenaria de esta casa. Menú 18 €. Precio medio 25 €.

Hoteles

**** **Parador de Carmona.** Alcázar, s/n. T. 954 141 010.
www.parador.es P
Hab. 63: 176 €. Uno de los más bellos paradores, totalmente reformado. Merece la pena visitarlo para admirar su patio árabe y el panorama de la vega de Carmona, y degustar su cocina.

Carril, O Pontevedra Ver Vilagarcía de Arousa

8 · C-4

Carrión de Los Condes Palencia

20 · E-3
A Palencia, 40 km
A Madrid, 257 km
Alt. 830 m · Pob. 2.360
T. 979 880 932
GPS 42° 20' 19'' N · 4° 36' 11'' O

Visitar: Esta villa jacobea situada en la comarca de Tierra de Campos conserva un marcado carácter medieval. Entre sus principales atractivos están la **iglesia de Santiago,** en la que destacan el Pantocrátor que preside el friso y el Museo de Arte Sacro, y la iglesia románica de Sta. María del Camino. A las afueras se encuentra el **monasterio de S. Zoilo,** que guarda un claustro plateresco, y el monasterio de Sta. Clara. También se puede visitar su **Museo de Arte Contemporáneo** y el puente medieval sobre el río Carrión.

Fiestas: El **Corpus Christi** está declarado de interés turístico regional. El 20 y 21 de abril tiene lugar la Feria de Maquinaria Agrícola y Automoción del Camino de Santiago y en la segunda quincena de agosto se celebran las fiestas patronales de S. Zoilo.

Alrededores: A 5 km está **Villalcázar de Sirga** y a 15 km se sitúa **Villoldo.** En **Quintanilla de la Cueza** (a 18 km) es visita obligada la villa romana, que conserva magníficos mosaicos geométricos, vegetales y figurativos.

Friso de Santiago Pantocrátor

Restaurantes

Las Vigas. (Hotel Real Monasterio San Zoilo). Obispo Souto, s/n. T. 979 880 050. *www.sanzoilo.com* P
Cierra domingo en temporada baja. Antiguo monasterio benedictino del s. X con claustro plateresco del s. XVI. Los bocaditos crujientes de morcilla preceden al lechazo asado con ensalada. Para terminar, helado de higos. Precio medio 36 €.

Ⓡ **Mesón de Villasirga-Mesón Los Templarios.** (En VILLALCÁZAR DE SIRGA, a 5 km). Pza. Mayor, s/n. T. 979 888 089.
www.mesondevillasirga.com/www.mesonlostemplarios.com S

Cierra noches en invierno excepto viernes, sábado y domingo, y del 23 de diciembre al 2 de febrero. Un antiguo depósito municipal de cereales del s. XVII y un antiguo hospital de peregrinos son los escenarios de una tradicional cocina castellana. **Morcilla** de elaboración propia, **lechazo asado** en horno de leña, **leche frita.** Precio medio 35 €.

Hoteles

*** **Real Monasterio San Zoilo.** Obispo Souto, s/n. T. 979 880 050. *www.sanzoilo.com*
Hab. 49: 90 €. Suites: 5. Monasterio benedictino de los ss. XI al XVI. Monumento histórico-artístico en pleno Camino de Santiago. Restaurante Las Vigas.

Cartagena Murcia

101 · B-3
A Murcia, 48 km
A Madrid, 439 km
Alt. Nivel del mar · Pob. 217.545
T. 968 128 955
GPS 37° 36' 19'' N · 0° 59' 33'' O

Auditorio y Palacio de Congresos El Batel

Visitar: Cartagineses y romanos engrandecieron esta ciudad, a la que llegaron atraídos por su estratégico emplazamiento. Su legado, junto con el de otras culturas, se puede descubrir paseando a orillas del Mediterráneo, donde están el famoso submarino Peral, la muralla de Carlos III y el **Museo Nacional de Arqueología Subacuática,** que muestra cómo eran la construcción naval, el comercio y la navegación en la antigüedad. Cerca de aquí se sitúan el Ayuntamiento, ejemplo de arquitectura modernista, y el **Museo del Teatro Romano,** recuperado por el arquitecto Rafael Moneo. Formando un conjunto único con el teatro están los restos de la catedral antigua de Sta. María de Gracia. Otros restos romanos que se conservan son la muralla bizantina y el barrio del foro romano, un yacimiento recientemente recuperado. Desde aquí se puede ascender el cerro de la Concepción para visitar el **castillo.** Junto a este, se hallan otras importantes edificaciones militares de carácter defensivo, como el Fuerte de Navidad y el **Refugio-Museo de la Guerra Civil.** También son interesantes la Puerta del Arsenal y el Museo Naval, en el que destacan los espacios dedicados a Isaac Peral y los submarinos. El paseo por la ciudad puede finalizar recorriendo la calle Mayor y sus alrededores, donde se dan cita ejemplos de **arquitectura modernista,** como las casas Cervantes y Llagostera, el Gran Hotel y la Estación de Ferrocarril.

Fiestas: Sus **carnavales** son de interés turístico regional y su **Semana Santa,** de interés turístico internacional. En julio se celebra el Festival Internacional La Mar de Músicas y en septiembre, la **Fiesta de Cartagineses y Romanos,** de interés turístico nacional.

Alrededores: Cerca de Cartagena se dan cita buenas playas como Cala Cortina (a 4 km) y el Portús (a 11 km), que cuenta con un centro de buceo. A 11 km está **La Unión** y a 15 km está **El Algar,** donde se pueden admirar los típicos molinos de viento del Campo de Cartagena.

Restaurantes

El Barrio de San Roque. Jabonerías, 30. T. 968 500 600. *www.elbarriodesanroque.es*
Cierra domingo excepto Semana Santa y diciembre; del 7 al 14 de enero y semana de Pascua. Antiguo almacén de principios del s. XIX. Rulo de calamar de potera con *parmentier* de coliflor, dentón al ajo pescador, helados y sorbetes. Menú 20 €. Precio medio 30 €.

® **José María-Los Churrascos.** (En EL ALGAR, a 15 km). Avda. Filipinas, 13. T. 968 136 028. *www.loschurrascos.com* S
Cierra cenas de domingo a jueves excepto verano. Punto de referencia gastronómica a cargo de la familia Alcaraz, tanto en cocina, sala y bodega. Los **arroces, bacalaos y carnes** son los bastiones de la carta. Menú 34 €. Precio medio sin marisco 30 €.

La Catedral. Pza. Condesa de Peralta, 7. T. 868 066 558. S
Cierra lunes. Salteado de setas silvestres, bacalao con tomate y muselina de ajo gratinada, tocino de cielo. Precio medio 25 €.

Pincho de Castilla. Jiménez de La Espada, 53. T. 968 508 987. *www.asadorpinchodecastilla.es*
Cierra domingo y del 10 al 23 de agosto. Asados de carnes D. O. Aliste, lechazos y pescados. De postre, milhojas de crema. Menú 13 €. Precio medio 30 €.

Hoteles

**** **NH Cartagena.** Real, 2. T. 968 120 908. *www.nh-hoteles.es*
Hab. 100: 275 €. Suites: 4. En el centro histórico.

Casalarreina La Rioja

Visitar: En una extensa llanura, cerca de los ríos Oja y Tirón, se encuentra esta villa que cuenta con un rico patrimonio artístico. Sobresalen el **monasterio de Ntra. Sra. de la Piedad,** un convento de clarisas con una espectacular fachada plateresca; el palacio de los Condestables de Castilla, que albergó los históricos pasos de la reina Juana La Loca –precisamente, en este hecho se basa una de las teorías sobre el origen del nombre del municipio– y la **iglesia de S. Martín,** con sus bóvedas de crucería estrellada. También es recomendable visitar el puente de piedra sobre el río Oja.

Fiestas: El 24 de junio, día de S. Juan, se celebra la **Batalla del Vino** y el 26 de agosto, S. Vitores.

Alrededores: A 8 km está **Haro.** Casalarreina forma parte de la **Ruta del Vino de Rioja Alta,** que recorre las localidades de Ábalos, Briñas, Briones, Casalarreina, Cenicero, Cuzcurrita del Río Tirón, Sajazarra, San Asensio, San Vicente de la Sonsierra, Tirgo y Torremontalbo.

22 · B-2
A Logroño, 47 km
A Madrid, 324 km
Alt. 499 m · Pob. 1.388
T. 941 324 004
GPS 42° 32' 51'' N · 2° 54' 52'' O

Restaurantes

☼ **La Vieja Bodega.** Avda. de La Rioja, 17. T. 941 324 254.
www.viejabodega.com
Cierra cenas de martes a jueves y lunes de noviembre a mayo; y de 7 de enero al 7 de febrero. Antigua bodega del s. XVII. Cocina tradicional con toques modernos. **Pisto riojano, lomo bajo de buey con cremoso de *foie-gras*, tarta de manzana caliente.** Precio medio 40 €.

Hoteles

*** **Hospedería Señorío de Casalarreina.** Pza. Santo Domingo de Guzmán, 6.
T. 941 324 730. *www.alojamientosconencantodelarioja.com*
Hab. 15: 110 €. Antiguo monasterio del s. XVI restaurado. Servicio de vinoterapia.

Casares Málaga

Visitar: De estrechas callejuelas y casas encaladas, este pueblo es conocido por ser la cuna del padre de la patria andaluza, Blas Infante, cuya **casa natal** se puede visitar. En su casco antiguo, declarado conjunto histórico-artístico, destacan las ruinas de su castillo árabe y la **iglesia de Ntra. Sra. de la Encarnación.** A las afueras se sitúan los baños de la Hedionda, conocidos por sus aguas sulfurosas de carácter terapéutico.

Fiestas: En mayo tiene lugar la romería de la patrona, **Ntra. Sra. del Rosario del Campo,** y en septiembre, la feria del Cristo.

Alrededores: A 14 km está la playa de La Galera y a 17 km, Playa Ancha. Desde aquí se puede visitar la **serranía de Ronda.**

110 · D-3
A Málaga, 102 km
A Madrid, 640 km
Alt. 435 m · Pob. 5.201
T. 952 894 150
GPS 36° 26' 37'' N · 5° 16' 25'' O

Panorámica de Casares

Restaurantes

☼ **Don Giovanni Finca Cortesín.** (Hotel Finca Cortesín). Ctra. AP-7 Málaga-Cádiz, salida 153. Ctra. MA-8300 de Casares, km 2. T. 952 937 800.
www. dongiovanni.es/www.fincacortesin.com
Cierra almuerzos y de septiembre a junio excepto Semana Santa. La profesionalidad de Andrea Tumbarello se hace evidente en el elegante local de esta urbanización de lujo, con acogedor comedor-terraza. **Pastas, *pizzas* y huevos *milesime*** se rematan con ***panna cotta*** o un refrescante ***carpaccio* de fruta fresca.** Precio medio 45 €.

☼ **El Jardín de Lutz.** (Hotel Finca Cortesín). Ctra. AP-7 Málaga-Cádiz, salida 153. Ctra. MA-8300 de Casares, km 2. T. 952 937 800.
www.fincacortesin.com
Cierra almuerzos de abril a octubre y del 7 al 31 de enero. Cocina mediterránea a cargo de Lutz Bösing en unas lujosas instalaciones con una agradabilísima terraza en las noches estivales. **Ensalada de judías verdes con trufa de verano y pechuga de codorniz, salmonete al espeto sobre moraga de cebolla y tomate aliñado, cremoso de queso de cabra de Casares, membrillo y lavanda.** Precio medio 55 €. En verano, al mediodía, la cocina más informal de Lutz en el Beach Club de la piscina.

☼☼ **Kabuki Raw.** Ctra. de Casares, km 2. T. 952 937 800.
www.fincacortesin.com

Cierra almuerzos, domingo, lunes y del 7 de enero al 13 de febrero. Taurinamente diríamos que Kabuki sale por la puerta del príncipe. La cocina nipona de Rafael Carrasco, dirigido por el gurú de la misma en España, Ricardo Sanz, es fantástica. Además de los ***sushi, sashimi, niguiris* y *tempuras*** de primera incorpora como guiño andaluz la **tortita de camarones** o la de **minúsculos rodaballos,** excelentes. Por su reciente apertura, calificación provisional. El elegante comedor y el gran servicio a tono. Menús degustación 107 y 140 €. Precio medio 90 €.

Hoteles

***** **Finca Cortesín Golf & Spa.** Ctra. AP-7 Málaga-Cádiz, salida 153. Ctra. MA-8300 de Casares, km 2. T. 952 937 800.
www.fincacortesin.com
Suites 67: 450 €. Situado entre Marbella y Sotogrande, cuenta además con seis villas. Espectaculares instalaciones y vistas al Mediterráneo y numerosas actividades.

Casarrubios del Monte Toledo

62 · E-2
A Toledo, 50 km
A Madrid, 50 km
Alt. 616 m · Pob. 5.600
T. 918 172 131
GPS 40° 11' 7" N · 4° 2' 13" O

Visitar: Esta villa de trazado medieval fue, durante noviembre de 1619, capital de España, pues aquí cayó enfermo Felipe III a su vuelta de Portugal y trasladó su corte. Su **castillo** del s. XIV, la **iglesia parroquial** y el Rollo de Justicia son sus principales atractivos.

Fiestas: En mayo se celebran las **fiestas de la Virgen de la Salud** y de **S. Isidro,** y en septiembre, las de Ntra. Sra. de Gracia.

Alrededores: A 9 km está el **Parque Arqueológico de Carranque,** que alberga una espectacular colección de mosaicos en la casa de Materno.

Restaurantes

® **Las Esparteras.** Ctra. A-5, Madrid-Extremadura, km 47,7. T. 918 170 932. *www.lasesparteras.com*
Junto a la gasolinera de Repsol. Cocina tradicional con sabrosos **asados castellanos,** que se complementan con **mollejas de lechal con setas** y **postres caseros** o **fruta fresca.** Precio medio 30 €.

Casas, Las Ciudad Real Ver Ciudad Real

81 · E-1

Castellar de La Frontera Cádiz

114 · D-1
A Cádiz, 138 km
A Madrid, 657 km
Alt. 47 m · Pob. 3.141
T. 956 693 001
GPS 36° 17' 9" N · 5° 25' 16" O

Castellar de la Frontera

Visitar: Situado en la comarca del Campo de Gibraltar, conserva en buen estado la fortaleza de un castillo medieval que alberga el **viejo pueblo de Castellar,** declarado monumento histórico-artístico. Además, forman parte del municipio **Almoraima,** donde se encuentra el **convento de S. Miguel de la Almoraima** (s. XVII), y el nuevo pueblo de Castellar, donde está el santuario del Stmo. Cristo de la Almoraima. Los amantes de la naturaleza pueden disfrutar del **Parque Natural de los Alcornocales.**

Fiestas: En mayo se celebra la **romería y procesión del Cristo de La Almoraima.**

Alrededores: Se puede realizar la **Ruta del Toro,** que recorre las zonas ganaderas donde se crían toros bravos y discurre entre Jerez de la Frontera y Tarifa, y la **Ruta de los Pueblos Blancos,** entre Cádiz y Málaga.

Hoteles

**** **NH Castellar.** La Fuente, s/n. T. 956 693 018. *www.nh-hoteles.com*
Hab. 74: 66 €. Suite: 1. Situado en el Parque Natural de Los Alcornocales, se inspira en una finca rural. Restaurante La Finca.

Castelló de la Plana/Castellón de la Plana

66 · A-3
A Madrid, 420 km
Alt. 27 m · Pob. 180.690
T. 964 358 688
GPS 39° 59' 9" N · 0° 2' 14" O

Visitar: Su clima mediterráneo, sus plazas y jardines, sus monumentos y el mar hacen de esta capital levantina un destino perfecto en cualquier época del año. La ruta puede comenzar en la **Plaza Mayor,** donde se dan cita el Mercado Central; la concatedral de Sta. María (s. XV), de estilo gótico y renacentista, que tuvo que ser reconstruida tras su destrucción en 1936; el Ayuntamiento, con su bella fachada, y el **campanario El Fadrí,** uno de los monumentos más característicos de la ciudad. En los alrededores están las calles de Mealla y de Cervantes, llenas de encanto. Desde aquí se puede caminar por la calle de los Caballeros, para visitar el **Museo Etnológico,** y llegar después a la plaza de las Aulas, que acoge la iglesia de la Sangre.

Otra plaza destacada es la de La Farola, que está muy cerca del **parque Ribalta,** pulmón verde de la capital castellonense. Tras un paseo se puede descansar en dos de los centros vitales de la ciudad: la **Puerta del Sol,** que acoge el Casino Antiguo, un palacete del s. XVIII, y la **plaza de la Paz,** donde está el Teatro Principal. Alejada del núcleo urbano se encuentra la **basílica de Sta. María del Lledó,** donde se venera a la patrona de Castellón. Otras visitas de interés pueden ser el **Museo de Bellas Artes,** cuyo edificio está firmado por los arquitectos Mansilla y Tuñón, y los conventos de Sta. Clara y de las Capuchinas. La ruta puede terminar en **El Grao,** donde se encuentran las playas y el puerto. En esta zona también están el Museo de la Mar y el Planetari.

Plaza de Sta. Clara

Fiestas: Las **fiestas de la Magdalena,** declaradas de interés turístico internacional, se celebran del 22 al 30 de marzo. En mayo se festeja la Mare de Déu del Lledó y en julio, S. Cristóbal.

Alrededores: Se puede realizar la Ruta de las Ermitas del Caminàs, que va desde la Magdalena a San Jaime de Fadrell. **Burriana** (a 13 km) es interesante por sus edificios modernistas. En la **Vall d'Uixó** (a 35 km) se pueden visitar las cuevas de S. José y en **Alcora** (a 21 km), el Museo de la Cerámica.

Restaurantes

☼ **Aqua.** (Hotel Luz Castellón). Pintor Oliet, 3. T. 964 201 010.
www.hotelluz.com € ♿ ❄ P
Obligada visita para conocer el grado de innovación en esta capital. Pedro Sala, un cocinero de raza. ***Rossejat* de macarrones con alcachofas, *wakame* y alioli de naranja, gallina asada lentamente con verduras glaseadas y puré de bulbo de apio, manzana verde, lima y menta.** Menú 20 €. Precio medio 30 €.

☼ **Arbequina.** Bartolomé Reus, 35. T. 964 269 301.
www.restaurantearbequina.com ♿ ❄ S
Cierra lunes cena, domingo, julio, agosto y septiembre. Armonía de sabores mediterráneos en una carta tan bien concebida como ejecutada de la mano de Modesto Fabregat. **Salteado de alcachofas, ajos tiernos, tirabeques y *sepionet*, urta con tomates y espárragos, vasito de yogur, fruta y sorbete de mango.** Precio medio 40 €.

® **Pairal.** Doctor Fleming, 24. T. 964 233 404.
www.restaurantepairal.com € ❄
Cierra lunes cena, domingo, Semana Santa y segunda quincena de agosto. Producto y acertados puntos de cocción, además de un eficaz servicio. **Lasaña de anchoas frescas marinadas, lubina a la bilbaína con tallarines de calamar, milhojas de frambuesa.** Precio medio 30 €.

Tasca del Puerto. Avda. del Puerto, 13. T. 964 284 481.
www.tascadelpuerto.com ❄
Cierra domingo cena y lunes. Todo un clásico con gerencia familiar, junto al puerto. Erizos de mar gratinados, pescados frescos y arroces. Menú 38 €. Precio medio 32 €.

Hoteles

**** **Civis Castellón Center.** Ronda Mijares, 86. T. 964 342 777.
www.hotelcastelloncenter.com ♿ ❄ P SPA
Hab. 78: 250 €. Céntrico, próximo a la plaza de toros y al parque Ribalta. Restaurante La Albahaca.

**** **Intur Castellón.** Herrero, 20. T. 964 225 000.
www.hoteles-intur.com ♿ ❄ P
Hab. 120: 155 €. Suites: 2. En pleno centro de Castelló, con un patio interior acristalado. Restaurante El Fadrí.

**** **Luz Castellón.** Pintor Oliet, 3. T. 964 201 010.
www.hotelluz.com ♿ ❄ P
Hab. 111: 250 €. Suites: 1. De nueva construcción. Moderno y funcional, decorado con estilo minimalista. Restaurante Aqua.

El Planetari

Enclavado junto al Mediterráneo, el Planetari de Castelló de la Plana destaca por su cúpula blanca de 25 m de altura sobre el azul del mar, y resulta un marco ideal para el contacto con la ciencia.

Castrillo de Duero Valladolid Ver Peñafiel

32 · B-4

19 · D-2

Castrillo de los Polvazares León

Ver Astorga

Castro Urdiales Cantabria

5 · F-3
A Santander, 70 km
A Madrid, 400 km
Alt. 19 m · Pob. 33.700
T. 942 871 337
GPS 43° 22' 57'' N · 3° 13' 15'' O

Escultura de César Augusto frente a la iglesia de Sta. María

Visitar: Esta villa fundada por los romanos bajo el nombre de Flaviobriga destaca por su encanto marinero y sus 20 km de playas y acantilados. Su casco antiguo está declarado conjunto histórico-artístico y en él se pueden admirar la **iglesia de Sta. María,** muestra del gótico-cántabro, y el **castillo-faro.** También son interesantes el palacio y castillo de Ocharán, el puente medieval y la ermita de Sta. Ana. Los amantes del arte rupestre pueden acercarse al **yacimiento arqueológico de Flavióbriga.**

Fiestas: El 26 de julio se celebran las fiestas de S. Pelayo, patrón de Castro Urdiales, y el primer viernes de julio, el **Coso Blanco,** fiesta de interés turístico nacional.

Alrededores: A 24 km está **Laredo,** donde se puede disfrutar de la hermosa playa de La Salvé y visitar la Puebla Vieja.

Restaurantes

Mesón Marinero. Correría, 23. T. 942 860 005.
www.mesonmarinero.com
Céntrico local junto al puerto pesquero. Ensalada templada de marisco, pescados del Cantábrico, arroz con leche. Menú 31 €. Precio medio 40 €.

Hoteles

**** **Las Rocas Playa.** Flaviobriga, 1. T. 942 860 400.
www.lasrocashotel.com
Hab. 67: 66 €. Situación privilegiada junto a la playa de Brazomar.

Castropol Asturias

2 · F-3
A Oviedo, 135 km
A Madrid, 574 km
Alt. de 0 a 1.200 m · Pob. 3.807
T. 985 635 001
GPS 43° 31' 28'' N · 7° 0' 24'' O

Visitar: Capital del concejo del mismo nombre, esta villa tiene un encanto especial tanto por su situación geográfica –está ubicada en una península– como por su casco histórico, declarado bien de interés cultural. Un paseo por Castropol ha de llevar a la **plaza del Cruzadero,** donde está el monumento al Pueblo Ejemplar; la iglesia de Santiago, que fue construida sobre los restos de un antiguo hospital de peregrinos, y la **ermita de Sta. María del Campo,** situada en el antiguo Campo del Tablao. También son interesantes los palacetes y casonas de indianos y el **Centro de Interpretación de la Ría del Eo,** puerta de entrada asturiana a la reserva de la biosfera Río Eo, Oscos y Terras de Burón.

Fiestas: En junio se festeja el **Corpus Christi,** fiesta de interés turístico regional. El 25 de julio se celebra la festividad de Santiago y el 16 de agosto, la romería de S. Roque.

Alrededores: A 6 km está **Figueras,** donde se puede visitar el palacio de los Pardo Donlebún y disfrutar de sus playas. A 10 km se encuentra **Tapia de Casariego** y a 11 km se sitúa **Ribadeo.**

Restaurantes

Casa Vicente. Avda. Galicia, s/n. T. 985 635 051.
www.restaurantecasavicente.com
Cierra lunes cena y martes excepto agosto; y de mediados de diciembre al 1 de febrero. Ubicada a orillas de la Ría del Eo, la cocina de la casa, fundada en 1940, tiene su mayor atractivo en la calidad de los pescados y mariscos. Croquetas de marisco, San Martín a la plancha. Menú 16 €. Precio medio 40 €.

Peñalba. (Hotel Palacete Peñalba, en FIGUERAS, a 6 km). El Puerto, s/n. T. 985 636 166. *www.hotelpalacetepenalba.com*
Cierra lunes excepto julio y agosto; y enero. Con 23 habitaciones. Su situación en el muelle local y la decoración marinera de sus comedores preludian una cocina de escogidos pescados y mariscos, así como algunos guisos apetitosos. Fabas con calamares en su tinta, salpicón de buey de mar, tarta de queso con crema inglesa. Menú 20 €. Precio medio 40 €.

Castroverde de Campos Zamora

Ver Benavente

31 · B-1

Cazalla de la Sierra Sevilla

Visitar: En el interior del Parque Natural de la Sierra Norte de Sevilla se halla esta bella localidad que sobresale por su patrimonio religioso. Mención especial merece el **monasterio de la Cartuja de la Inmaculada Concepción** (s. XV), a unos 5 km del centro, construido sobre los restos de un pabellón de caza del rey Pedro I el Cruel. Otros monumentos de interés son la **iglesia de Ntra. Sra. de la Consolación,** la antigua iglesia de S. Benito, gótico mudéjar; el convento barroco de S. Francisco y el convento de la Madre de Dios, del s. XVI.

Fiestas: En agosto tiene lugar la **romería al santuario de Ntra. Sra. del Monte** y en septiembre es la función de Ntra. Sra. del Monte.

Alrededores: Cazalla de la Sierra es un buen punto de partida para recorrer la **Sierra Norte de Sevilla,** donde se encuentran monumentos naturales como el cerro del Hierro y el pantano del Pintado.

Restaurantes

Julia y Lucia. (Hotel Posada del Moro). Pº del Moro, 46. T. 954 884 858.
www.laposadadelmoro.com
Cierra lunes. Con 14 habitaciones. Enclavado en el parque del Moro, oferta clásica bien elaborada. Verduras de la huerta, setas y caza de temporada. Menú 15 €. Precio medio 25 €.

97 · A-1
A Sevilla, 78 km
A Madrid, 493 km
Alt. 590 m · Pob. 5.034
T. 954 883 562
GPS 37° 55' 45'' N · 5° 45' 42'' O

Ayuntamiento de Cazalla

Cazorla Jaén

Visitar: Entre campos de olivos se abre paso el casco histórico de Cazorla, declarado bien de interés cultural. En su perfil se distingue el **castillo de Yedra,** sede del Museo de Artes y Costumbres Populares del Alto Guadalquivir, y el **castillo de las Cinco Esquinas,** conocido por su estructura pentagonal. También son de interés las ruinas de la iglesia de Sta. María, que se encuentran en la plaza de Sta. María; la Casa de las Cadenas (s. XIX), de sobrias líneas, y el antiguo monasterio de los Padres Mercedarios, que alberga el Ayuntamiento, y cuya iglesia se ha convertido en teatro.

Fiestas: En mayo se celebra la **romería de S. Isicio,** patrón de la localidad, y en septiembre, las fiestas mayores del Stmo. Cristo del Consuelo.

Alrededores: Cazorla se sitúa en el **Parque Natural de las Sierras de Cazorla, Segura y las Villas,** un espacio declarado reserva de la biosfera por la Unesco, que es un buen punto de partida para realizar excursiones. A 2 km está **La Iruela,** donde se encuentra un castillo templario. **Peal de Becerro** se sitúa a 14 km y cuenta con las torres medievales del Reloj y la Mocha, y las cámaras sepulcrales ibéricas de Toya y Hornos de Peal.

Restaurantes

La Sarga. Pza. de Andalucía, 11. T. 953 721 507.
www.lasarga.com
Cierra 15 días en enero y en octubre. La oferta culinaria conjuga con el entorno de la Sierra de Cazorla. Alcachofitas al *dente* en salsa de romero, chuletillas de gamo en adobo del parque de Cazorla, helado de gachas de matalauva. Precio medio 25 €.

Hoteles

*** **Parador de Cazorla.** Sierra de Cazorla, s/n. T. 953 727 075.
www.parador.es
Hab. 34: 114 €. Cierra del 1 de enero al 28 de febrero y del 3 de noviembre al 31 de diciembre. En el corazón del Parque Natural, domina un interminable horizonte de pinos y montañas. Restaurante Poyos de la Mesa. Cocina tradicional con sabrosos platos serranos y de caza.

99 · D-1
A Jaén, 100 km
A Madrid, 387 km
Alt. 806 m · Pob. 8.133
T. 953 710 102
GPS 37° 54' 46'' N · 3° 0' 15'' O

En Cazorla es típico secar los pimientos al sol

Cenes de la Vega Granada Ver Granada

107 · A-2

Cercs Barcelona Ver Berga

26 · A-4

Cervera de Pisuerga Palencia

11 · F-3
A Palencia, 116 km
A Madrid, 375 km
Alt. 1000 m · Pob. 2.592
T. 979 870 695
GPS 42° 51' 56'' N · 4° 30' 1'' O

Pico Murcia del Parque Natural Fuentes Carrionas

Visitar: Situada en el corazón de la montaña palentina y rodeada de pantanos, la naturaleza virgen que la envuelve es uno de sus alicientes. En esta villa se respira historia, ya que funcionó como una de las vías romanas hacia Cantabria. En el centro urbano, destaca la **Plaza Mayor** y la plaza de la Cruz, donde además se ubica el **Museo Etnográfico.** También podemos encontrar un retablo de Juan de Flandes en la **iglesia de Sta. María del Castillo** (s. XVI), obra gótica declarada monumento nacional. Multitud de iglesias, casas-palacio y más de sesenta escudos avalan la leyenda de Cervera: ejemplo de ello siguen siendo la Casa de los Leones (s. XVII), la Casa-Museo Cantarranas, o la ermita rupestre de S. Vicente (s. VIII), que cuenta con una necrópolis. Cita ineludible para los amantes del senderismo es el **Parque Natural Fuentes Carrionas.**

Fiestas: En julio se celebran las fiestas en honor a S. Cristóbal y la festividad de Sta. Marta (fiesta de los camareros). En agosto son las **fiestas patronales de Ntra. Sra. del Castillo y S. Roque.**

Alrededores: En **Verdeña** (a 13 km) hay que visitar la Casa del Oso Cantábrico, el bosque Fósil y la reserva nacional de Caza. En **San Salvador de Cantamuda** (a 15 km) sobresale la iglesia de S. Salvador con sus colegiatas románicas.

Restaurantes

® **Peñalabra.** Labradores, 72. T. 979 870 037. *www.hostalpenalabra.com*
Cierra domingo cena excepto agosto; y 20 días entre septiembre y octubre. Un buen referente de la cocina palentina. **Garbanzos con calamares en su tinta, chuleta de ternera, natillas.** Menú 15 €. Precio medio 30 €.

Hoteles

*** **Parador de Cervera de Pisuerga.** Ctra. de Resoba, km 2,5. T. 979 870 075. *www.parador.es*
Hab. 80: 65 €. Ubicado en un marco privilegiado en pleno Parque Natural Fuentes Carrionas, la naturaleza se muestra en todo su esplendor. Las estribaciones de los Picos de Europa junto con las azules aguas del pantano de Ruesga y el arte románico, protagonista del paisaje, dotan al conjunto de una belleza única e incomparable.

Ceuta

114 · E-3
A Madrid, 525 km
Alt. 349 m · Pob. 82.000
T. 856 200 560
GPS 35° 53' 24'' N · 5° 18' 59'' O

Visitar: En esta ciudad abierta y multicultural se puede descubrir el conjunto monumental de las **murallas reales,** construidas durante la dominación árabe, época de la que también datan las murallas meriníes. Otro punto de gran riqueza histórica es la **Cabililla de Benzú,** yacimiento arqueológico que ha abierto nuevas teorías sobre la presencia de neandertales en el norte de África. También son interesantes la fortaleza del **Monte Hacho** (ss. XVIII-XIX), los baños árabes (s. XIII) y la **plaza del Teniente Ruiz,** construida en honor a este héroe de la Guerra de la Independencia. Ceuta cuenta con una amplia variedad de museos, como el de la Basílica Tardorromana (s. IV). Para días de baños y tranquilidad, sus playas y el Parque Marítimo del Mediterráneo no dejan de ser buenas alternativas.

Fiestas: Es famosa su cabalgata de Reyes. El 13 de junio es la romería a la ermita de S. Antonio y el día 16 tiene lugar la fiesta de la Virgen del Carmen. En agosto se celebran las fiestas patronales en honor a **Ntra. Sra. de África.**

Alrededores: Las mejores panorámicas se obtienen desde el mirador de S. Antonio. En **Benzú,** pequeña localidad que pertenece a Ceuta, hay que visitar formaciones rocosas como La Mujer Muerta y El Atlante Dormido, así como el observatorio de aves y de cetáceos.

Restaurantes

® **El Refectorio.** Poblado Marinero, 37. T. 956 513 884. *www.elrefectorio.es*
Cierra cenas de domingo y lunes, y segunda quincena de enero. La terraza con vistas al mar es uno de los mejores puntos para disfrutar sus **pescados** del día, **mariscos, carnes, ibéricos** y excelente bodega. Precio medio 35 €.

Hoteles

**** **Parador Hotel La Muralla.** Pza. de Nuestra Señora de África, 15. T. 956 514 940. *www.parador.es*
Hab. 105: 127 €. Suites: 1. Ocupa un moderno edificio adosado a las antiguas murallas reales sobre la plaza de Ntra. Sra. de África, centro neurálgico de Ceuta. Magníficas panorámicas del mar y del casco antiguo, e incluso de la costa peninsular.

★★★★ **Tryp Ceuta.** Pº Alcalde Sánchez Prado, 3. T. 956 511 200.
www.tryphotels.com
Hab. 120: 70 €. Suites: 3. Situado en el centro de ocio y negocios de la ciudad. Restaurante La Albufera.

Chiclana de la Frontera Cádiz

109 · E-3
A Cádiz, 23 km
A Madrid, 660 km
Alt. 17 m · Pob. 81.876
T. 956 535 969
GPS 36º 25' 7" N · 6º 9' 2" O

Visitar: Integrada en el Parque Natural de la Bahía de Cádiz, su casco antiguo está declarado bien de interés cultural y está dividido por el río Iro creando dos barrios bien diferenciados: La Banda y El Lugar. La **iglesia de S. Juan Bautista** (s. XIX), junto a la que se sitúa la torre del Reloj, y la ermita de Sta. Ana (s. XVII) son algunos de los monumentos más conocidos. También hay que visitar el Museo de Chiclana y las distintas **bodegas** que se encuentran en esta localidad, así como disfrutar de la extensa **playa de la Barrosa** y de los campos de golf.

Fiestas: Tienen especial relevancia la feria y fiestas de S. Antonio en junio, la romería de la Virgen del Carmen (16 de julio) y la festividad de la patrona, **Ntra. Sra. de los Remedios** (8 de septiembre).

Alrededores: Los acantilados vecinos protagonizan uno de los tramos de costa española más atractivos. En **Sancti Petri,** a 8 km, destaca el castillo. A 11 km está **San Fernando,** donde sobresale la fortaleza medieval de S. Romualdo, y a 19 km, **Conil de la Frontera,** con sus extensas playas.

Campo de golf en Chiclana

Restaurantes

El Santuario de las Carnes. San Antonio, 6. T. 956 404 264.
www.restauranteelsantuario.com S
Cierra lunes no festivo. Antigua bodega con patio en el centro de Chiclana. Las carnes a la brasa, los asados castellanos y los pescados al horno se preceden de embutidos ibéricos y se rematan con tocinillo de cielo. Precio medio 30 €.

Popeye. Ctra. de la Barrosa, km 4,5. T. 956 494 424.
www.restaurantepopeyechiclana.es
Decoración marinera a 1 km de la playa y el puerto de Sancti Petri. Aliño chiclanero, dorada, lubina, urta al horno, parrilla o roteña, tarta antigua de chocolate y galletas. Precio medio sin marisco 25 €.

Hoteles

★★★★★ **Barceló Sancti Petri.** Urb. Las Lomas de Sancti Petri, s/n. T. 956 242 790.
www.barcelosanctipetri.com
Hab. 195: 464 €. Suites: 4. Hotel vanguardista en primera línea de playa. Restaurantes Almadraba y Zahara.

Chinchón Madrid

63 · B-2
A Madrid, 45 km
Alt. 700 m · Pob. 5.404
T. 918 935 323
GPS 40º 8' 23" N · 3º 25' 1" O

Visitar: Sus casas blancas apiñadas son la seña de identidad de esta villa declarada conjunto histórico-artístico. En el centro, la **Plaza Mayor** se muestra majestuosa con sus balcones de madera y sus soportales. En ella se levantan la **iglesia de Ntra. Sra. de La Asunción,** cuyo altar está presidido por *La Asunción de la Virgen,* cuadro pintado por Goya. Otras construcciones interesantes son la torre del Reloj; el monasterio de las Clarisas (s. XVII); el antiguo convento de los Agustinos, que actualmente alberga el Parador de Turismo, y los restos del **castillo de los Condes.** Para completar la visita, hay que conocer el Teatro Lope de Vega y las ermitas de S. Antón (s. XI) y de Ntra. Sra. de la Misericordia (s. XVII).

Fiestas: Son muy conocidos los carnavales y **La Pasión** que se representa el Sábado Santo, de interés turístico nacional. En julio se celebra la festividad de Santiago, mientras que en agosto se rinde culto a los patronos, la **Virgen de Gracia** y **S. Roque.**

Alrededores: En el espacio natural de la Laguna de San Juan se halla el Refugio de Fauna de la Comunidad de Madrid. En **Colmenar de Oreja,** a 5 km, son reseñables la iglesia de Sta. María y la Plaza Mayor. Otros pueblos con encanto son **Titulcia,** a 15 km, y **Aranjuez,** a 21 km.

Restaurantes

Ⓡ **Café de la Iberia.** Pza. Mayor, 17. T. 918 940 847.
www.cafedelaiberia.com
Atractiva balconada sobre la plaza. **Ibéricos, cordero asado en horno de leña, frambuesas.** Menú 18 €. Precio medio 30 €.

Plaza Mayor de Chinchón

Su origen se remonta al s. XV y es un gran ejemplo de plaza porticada castellana. Los edificios son de tres plantas, con galerías adinteladas y 234 balcones de madera.

El Rincón de Luis. (En TITULCIA, a 15 km). Grande, 31. T. 918 010 175. *www.elrincondeluis.com*
Cierra cenas, lunes y segunda quincena de agosto. Con siete habitaciones. Pilar Peces sorprende con su **tortilla de patatas** y su **pepitoria de pollo de corral.** De postre, **melón** de la tierra o **flan.** Precio medio 30 €.

La Balconada. Pza. Mayor, s/n. T. 918 941 303. *www.restaurantelabalconada.com*
Cierra miércoles. La familia Nieto regenta esta antigua casa con balconada sobre la plaza, desde hace más de veinte años. Oferta clásica: callos, cochinillo... Menú 30 €. Precio medio 38 €.

La Casa del Pregonero. Pza. Mayor, 4. T. 918 940 696. *www.lacasadelpregonero.com*
Cierra martes. Antigua casa reformada con patio interior. Sopa de ajo de Chinchón, jabalí con ligera salsa de mostaza en grano y membrillo, cremoso de queso, crujiente de nuez, frutas y helado de limón. Menú 23 €. Precio medio 30 €.

Mesón Cuevas del Vino. Benito Hortelano, 13. T. 918 940 940. *www.cuevasdelvino.com*
Cierra domingo cena y martes. Casa de labranza del s. XVIII con molino de aceite y lagares. Los asados en horno de leña comparten mesa con las judías chinchoneras y la miel sobre hojuelas. Precio medio 30 €.

Hoteles

**** **Parador de Chinchón.** Huertos, 1. T. 918 940 836. *www.parador.es*
Hab. 38: 163 €. Suites: 2. Situado en el antiguo convento de los Agustinos (s. XVIII), con modernas y tranquilas instalaciones. El restaurante El Convento ofrece típicos asados de cordero y cochinillo de la tierra. Atractivo menú infantil.

Spa La Casa del Convento. Zurita, 7. T. 918 940 936. *www.spalacasadelconvento.com*
Hab. 2: 220 €. Suites: 3. Cierra la segunda quincena de agosto. Hotel rural de Tres Hojas. Habitaciones decoradas de diferente forma.

Chipiona Cádiz

104 · C-4
A Cádiz, 56 km
A Madrid, 636 km
Alt. 8 m · Pob. 18.968
T. 956 929 065
GPS 36° 44' 24'' N · 6° 26' 15'' O

Visitar: Bañada por el Atlántico y de larga tradición pesquera, Chipiona se encuentra cerca del Parque Nacional de Doñana. Destacan su **faro** y el **santuario de la Virgen de Regla** (s. XIV), antiguo castillo fortaleza. En el s. XVI fue erigida la parroquia de Ntra. Sra. de la O, de estilo gótico. También son interesantes la **ermita del Cristo de las Misericordias** (s. XVI) y el castillo (s. XIII), situado en una roca donde baten las olas del mar. Otros polos de atención son el puerto deportivo y el centro de interpretación El Camaleón, dedicado a la naturaleza y el litoral.

Fiestas: En febrero se celebran los **carnavales,** fiesta de interés turístico de Andalucía, y en mayo, la romería del Pinar. En julio son las festividades de Ntra. Sra. del Carmen y del Mar, y en septiembre, la de la **Virgen de Regla.**

Alrededores: Los lugares más interesantes de los alrededores son **Rota** (a 17 km), con sus playas; **Sanlúcar de Barrameda** (a 8 km); **Jerez de la Frontera** (a 30 km), con sus bodegas y sus caballos; el Parque Nacional de Doñana (a 8 km) y el centro turístico de Costa Ballena (a 4 km).

Redes de pesca en Chipiona

Restaurantes

La Pañoleta. (Hotel La Española). Isaac Peral, 6. Playa Cruz del Mar. T. 956 372 144. *www.hotellaespanola.com*
Cocina marinera junto a la playa. Arroz a la marinera, cola de toro, ensalada de frutas. Menú 15 €. Precio medio sin marisco 20 €.

Las Canteras. Pº Marítimo Las Canteras, s/n. Playa Las Canteras. T. 956 373 633. *www.barlascanteras.es*
Cierra martes en temporada baja; enero y febrero. Junto al faro, frente al mar. Aliños, guisos marineros, pescados de la bahía, tocino de cielo. Precio medio 25 €.

Paco. Puerto Deportivo de Chipiona, s/n. T. 956 374 664.
Cierra martes y noviembre. **Guisos, mariscos y pescados a la plancha,** en una taberna marinera con terraza frente a los barcos. De postre, **tocino de cielo.** Precio medio sin marisco 30 €.

Hoteles

**** **Kross Nuestra Señora del Rocío.** Avda. de la Cruz Roja, 38. T. 956 377 072. *www.krosshotels.com*
Hab. 103: 120 €. Situado en primera línea de playa.

Chinorlet Alacant/Alicante Ver Petrer

93 · B-1

Chiva Valencia

76 · D-2
A Valencia, 28 km
A Madrid, 324 km
Alt. 240 m · Pob. 15.317
T. 962 520 006
GPS 39° 28' 21'' N · 0° 43' 8'' O

Visitar: En la cima del monte que preside esta localidad se encuentran las ruinas del **castillo,** edificado sobre restos romanos. También puede verse la **Torreta,** declarada bien de interés cultural, que se sitúa en el antiguo barrio de Bechinos; la iglesia arciprestal de S. Juan Bautista, que refleja los estilos barroco y neoclásico, el **Museo del Torico de la Cuerda** y el renovado Teatro Astoria.

Fiestas: La segunda quincena de agosto son las fiestas del **Torico de la Cuerda** y en septiembre se celebran las fiestas patronales en honor a la Virgen del Castillo.

Alrededores: Merece la pena visitar el **Paraje Natural Sierra de Chiva,** donde destacan sus barrancos y fuentes. A 12 km está **Bunyol.**

Restaurantes

La Orza de Ángel. Doctor Corachán, s/n. T. 962 522 194.
www.laorza.com P S
Con 22 habitaciones. Alubias con perdiz, pescados a la brasa, ensalada de fruta fresca. Precio medio 35 €.

Pelegrí. Cristóbal Colón, 29. T. 962 520 340.
www.pelegrivalencia.com S
Cierra cenas de lunes a jueves de noviembre a abril, martes y del 15 al 31 de agosto. En la zona gastrobar se sirven un menú de tapas (13 €) y el menú origen arroz (15 €). En el comedor, con mantelería de hilo y copas Riedel, se ofrecen cuatro menús de 33 a 43 €, de los que el plato estrella es el huevo suflado con huevas de trufa. También, tallarines de mar y montaña, sandía a la hierbabuena. Menú 15 €. Precio medio 30 €.

Cieza Murcia

92 · F-3
A Murcia, 45 km
A Madrid, 350 km
Alt. 190 m · Pob. 36.000
T. 968 453 500
GPS 38° 14' 20,84'' N · 1° 25' 8,3'' O

Visitar: En el casco antiguo se encuentran el **Balcón del Muro,** con una vista panorámica del río Segura, la huerta de Cieza y la Atalaya, y la **basílica de la Asunción** (s. XVII), en la Plaza Mayor. No hay que perderse la **ermita de S. Bartolomé,** con su Conjuratorio, y el **museo Siyâsa,** que alberga en su interior la reproducción a tamaño real de dos casas del yacimiento islámico de Medina Siyâsa (ss. XI-XIII). También sobresalen el **Centro de Folklore** y el **Museo del Esparto.**

Época de la floración en Cieza

Fiestas: Destacan su **Semana Santa,** de interés turístico nacional, y la feria en honor a S. Bartolomé (patrón de la ciudad), del 24 al 31 de agosto. La **Fiesta del Escudo** se celebra el último fin de semana de abril y, el 3 de mayo, el **Día de la Cruz,** con la romería del Stmo. Cristo del Consuelo hasta su ermita.

Alrededores: En el espacio protegido del cañón de Almadenes se encuentra la cueva-sima de la Serreta, con pinturas rupestres declaradas patrimonio de la humanidad. También se puede visitar **Medina Siyâsa** (ss. XI-XIII), el yacimiento arqueológico islámico más importante de occidente.

Restaurantes

Club de Tenis. Ctra. Madrid-Cartagena, km 344. T. 686 621 004.
www.restauranteclubdetenis.es P
Cierra cenas excepto viernes y sábados, martes excepto agosto, y segunda quincena de enero. Amplio local rodeado de vegetación y jardines. Canelón de berenjena con pollo al *curry,* dorada ligeramente adobada, tarta de galletas. Menú 12 €. Precio medio 25 €.

® **Gurea.** (En BLANCA, a 15 km). Gran Vía, s/n. T. 968 775 030.
www.restaurantegurea.com P S
Cierra domingo cena y lunes. Instalado en un palacio condal decimonónico con amplios jardines y terraza. El **bacalao** en nueve versiones como especialidad. También, **rabo de buey estofado** y de postre, ***goxua*** (típico del País Vasco y Navarra). Menú 16 €. Precio medio 33 €.

® **Tarradellas.** Quevedo, 21. T. 868 962 233.
www.tarradellasrestaurante.es S
Cierra cenas de domingo a miércoles, lunes y julio. Junto a la plaza de toros. Interesante oferta que incluye ***moxil*** (cocina morisca medieval), ***pebre* de cordero con dos vuelcos, flan de turrón.** Menú 10 €. Precio medio 25 €.

Cintruénigo Navarra

34 · A-1
A Pamplona, 90 km
A Madrid, 300 km
Alt. 391 m · Pob. 7.636
T. 948 811 016
GPS 42° 4' 49'' N · 1° 48' 22'' O

Visitar: Conocida por sus vinos y aceites, en esta localidad sobresalen la iglesia de S. Juan Bautista, construida en el s. XVI, y la **iglesia de Ntra. Sra. de la Paz,** donde se venera a la patrona.

Fiestas: El 24 de junio son las fiestas de S. Juan Bautista, patrón de la ciudad, y en septiembre, las fiestas de la patrona, la **Virgen de la Paz.**

Alrededores: A 6 km se encuentran los **baños romanos de Fitero,** uno de los balnearios más antiguos de España. A 39 km está el **Paraje Natural de Las Bardenas Reales.**

Restaurantes

Maher. (Hotel Maher). Ribera, 19. T. 948 811 150.
www.hotelmaher.com
Cierra domingo cena, lunes y del 20 de diciembre al 20 de enero. Para una verdadera ruta de la gastronomía navarra y española, se debe hacer parada y fonda en Maher, sencillo y acogedor, donde Enrique Martínez y su equipo deleitan con unos menús autóctonos y equilibrados, basados en una magnífica y diferente, en algunos casos, materia prima. Un imprescindible de la **verdura** navarra. Precio medio 40 €.

Ciudad Real

81 · E-2
A Madrid, 205 km
Alt. 625 m · Pob. 75.614
T. 926 216 486
GPS 38° 59' 4'' N · 3° 55' 35'' O

Visitar: Situada en el Campo de Calatrava, su arquitectura mudéjar-manchega se refleja en la Puerta de Toledo, del s. XIV. La **catedral de Sta. María del Prado,** ejemplo de combinación de estilos, tiene elementos del s. XIII. Otro templo destacado es la iglesia de S. Pedro, del s. XIV y de estilo gótico. Cerca de la Plaza Mayor se puede conocer la **casa de Hernán López del Pulgar,** que presenta en su interior un patio columnado y una escalera renacentista. De los ss. XIX y XX la ciudad alberga varios edificios, como el antiguo palacio de Medrano, actual rectorado de la Universidad; el antiguo casino, ahora sede del conservatorio de música, y el **Palacio de la Diputación Provincial,** que posee una bella cúpula en su interior. En honor al personaje literario que ha llevado el nombre de esta tierra por el mundo se construyó el **Museo del Quijote,** que combina una exposición de obras de arte relacionadas con la novela cervantina con modernos montajes multimedia. Destaca también la ermita de Alarcos, declarada monumento nacional y que data del s. XII.

Fiestas: Su **Semana Santa** está declarada de interés turístico nacional. Otra de sus fiestas, también de interés turístico regional, es la Pandorga, que se celebra en julio. En agosto se festejan las fiestas patronales en honor a **Ntra. Sra. del Prado.**

Alrededores: A 9 km puede visitarse **Las Casas,** que cuenta con la iglesia parroquial de Sta. Cecilia, y en **Ballesteros de Calatrava,** situada a 17 km, se puede ver el palacio de la Serna. Otras visitas interesantes son **Almagro** (a 28 km) y el **Parque Nacional de Las Tablas de Daimiel** (a 41 km).

Cocina manchega

Cocina de pastores y labriegos, la gastronomía de Ciudad Real tiene entre sus platos típicos el pisto manchego, el asadillo (pimientos y bacalao), el *tiznao* y las migas de pastor.

Restaurantes

Asador San Huberto. Montiel, s/n. T. 926 923 535.
www.asadorsanhuberto.es
Cierra domingo cena. Asador de pescados y carnes a la brasa y al horno. Para comenzar, hojitas de bacalao con tomate fresco y ajillo, *tatin* de manzana asada. Menú 18 €. Precio medio 30 €.

® **Mesón Octavio.** Severo Ochoa, 6. T. 926 256 050.
www.mesonoctavio.com
Cierra domingo y segunda quincena de agosto. La familia García Castro atiende con profesionalidad y éxito. Cocina manchega y caza en temporada. **Asadillo, venado con chocolate, crema de azafrán y chocolate.** Menú 12 €. Precio medio 35 €.

® **Miami Park.** Ronda Ciruela, 34. T. 926 222 043.
Cierra domingo cena y primera quincena de agosto. La familia Macías es el referente de cocina tradicional manchega con su personal toque. Desde el **pulpo asado con patata confitada y alioli templado de pimentón y el cochinillo confitado en aceite de oliva con mango, a la tierra de chocolate y avellana con helado de leche.** Precio medio 30 €. De la misma propiedad, **Miami Gastro** (Avda. Rey el Santo, 3. T. 926 921 943), un gastrobar agradable y moderno con la cocina de José Carlos Macía.

® **Pago del Vicario.** (En LAS CASAS, a 9 km). Ctra. CM-412, Ciudad Real-Porzuna, km 16, salida Camino Pichón. T. 926 666 027. *www.pagodelvicario.com*
Cierra cenas excepto viernes y sábado y segunda quincena de agosto. Restaurante integrado en la bodega con unas magníficas vistas a la sala de barricas y al viñedo. **Pisto manchego con lomo al aceite templado, morros de ternera con garbanzos y tomates semiácidos, tarta de queso de Villadiego con natillas de vainilla.** Tienda de quesos y vinos de Pago del Vicario. Menú 30 €. Precio medio 35 €.

Hoteles

**** **Palacio de la Serna.** (En BALLESTEROS DE CALATRAVA, a 17 km). Cervantes, 18. T. 926 842 208. *www.hotelpalaciodelaserna.es*
Hab. 27: 90 €. Suites: 6. Hotel con encanto enclavado en las profundidades manchegas, es el lugar ideal para desconectar.

**** **Santa Cecilia.** Tinte, 3. T. 926 228 545. *www.santacecilia.com*
Hab. 70: 52 €. Céntrico. Reformado recientemente. Restaurante Guijas de la Mancha.

**** **Silken Alfonso X.** Carlos Vázquez, 8. T. 926 224 281. *www.hotelalfonsox.com*
Hab. 65: 66 €. Moderno y funcional. En el centro histórico, comercial y financiero.

Estatua ecuestre de Juan II

Ciudad Rodrigo Salamanca

51 · A-2
A Salamanca, 89 km
A Madrid, 300 km
Alt. 653 m · Pob. 13.641
T. 664 346 580
GPS 40° 35' 48'' N · 6° 31' 27'' O

Visitar: Declarada conjunto histórico-artístico, sus muros encierran un rico patrimonio. Merece la pena pasear entre sus casonas y palacios con solera y visitar la muralla, erigida en el s. XII, y el castillo de **Enrique II de Trastámara,** presidido por la torre del Homenaje, que actualmente alberga el Parador de Turismo. En la **Plaza Mayor** se dan cita la casa del Primer Marqués de Cerralbo (s. XVI) y el Ayuntamiento. La catedral es el edificio religioso más importante y en ella destacan el pórtico del Perdón y el claustro. También se pueden visitar el Museo Diocesano, el Museo del Orinal y el Centro de Interpretación de las Fortificaciones.

Fiestas: Días antes de que comiencen los carnavales, se celebra el **Carnaval del Toro.** El 20 de julio tiene lugar la fiesta de la Charrada.

Alrededores: A 4 km, en las afueras de la localidad, se ubica el monasterio de la Caridad, del s. XVI, con un magnífico claustro. A 15 km está la **Estación Arqueológica de Arte Rupestre de Siega Verde,** patrimonio de la humanidad.

Restaurantes

Estoril. General Pando, 11. Junto al Parador. T. 923 460 550. *www.restaurante-estoril.com*
Cierra miércoles excepto vísperas, festivos y agosto. Familia local de hosteleros en su segunda generación, a cargo de Leticia. Pulpo asado con patatas *meneás*, estofado de rabo de toro, torrija caramelizada. Menú 10 €. Precio medio 30 €.

Hoteles

**** **Parador de Ciudad Rodrigo.** Pza. del Castillo, s/n. T. 923 460 150. *www.parador.es*
Hab. 35: 162 €. Suites: 2. Es un castillo-fortaleza del s. XIV erigido sobre la vega del río Águeda. Destaca su impresionante torre del Homenaje. Preciosas vistas. Decoración cuidada y elegante. Restaurante Río Águeda, de cocina regional.

Cizur Menor Navarra Ver Pamplona/Iruña

14 · B-4

Cocentaina Alacant/Alicante

85 · A-3
A Alacant/Alicante, 60 km
A Madrid, 400 km
Alt. 432 m · Pob. 11.467
T. 965 590 159
GPS 38° 44' 31'' N · 0° 26' 22'' O

Visitar: Su **castillo y las torres de la muralla,** declarados bien de interés cultural, conforman la estampa más conocida de Cocentaina. Aquí se pueden admirar el **convento de la Virgen del Milagro,** que cuenta con importantes obras de Paolo di Mattei, el convento de los Franciscanos y el palacio de los Condes.

Fiestas: En agosto es la **fiesta de Moros y Cristianos,** declarada de interés turístico nacional, en honor al patrón, S. Hipólito. La patrona, Mare de Déu del Miracle, se celebra en abril.

Alrededores: A 9 km, en **Penella,** se ubica un castillo cristiano, declarado bien de interés cultural. A 19 km se encuentra el **Parque Natural de la Sierra Mariola.**

Restaurantes

☼☼☼

L'Escaleta

Cierra domingo almuerzo en julio y agosto, cenas de domingo y martes, y lunes. Kiko Moya está tan inspirado como siempre en su cocina de alto voltaje. El tándem con Alberto Redrado es simplemente imprescindible. **Yema de huevo en salazón y jugo de garu, bacalao con col dulce y caldo de borreta, *nouvolet* de azahar con natilla.**

Menú 40 €. Precio medio 45 €.

Subida Estación del Norte, 205.
T. 965 592 100. *www.lescaleta.com*

43 · C-4

Collado Hermoso Segovia Ver Sotosalbos

53 · A-4

Colmenar del Arroyo Madrid

Ver Madrid/Restaurantes/Alrededores

53 · C-2

Colmenar Viejo Madrid

Ver Madrid/Restaurantes/Alrededores

Comillas Cantabria

5 · A-3
A Santander, 48 km
A Madrid, 427 km
Alt. 23 m · Pob. 2.483
T. 942 722 591
GPS 43° 23' 7'' N · 4° 17' 34'' O

Visitar: Esta villa declarada conjunto histórico-artístico atrae a miles de visitantes gracias al popular **Capricho de Gaudí,** un edificio de estilo arabesco con bellas decoraciones cerámicas. También es interesante visitar la Plaza Mayor, la iglesia de S. Cristóbal y la ermita de Sta. Lucía, muy ligada a los marineros. Las plazas más importantes son la de **S. Pedro,** donde se encuentra la casona blasonada de Cueto, y la de Campíos, actual centro neurálgico de Comillas. Otras visitas obligadas son el **palacio de Sobrellano,** de estilo neogótico; la Capilla-Panteón y la **Universidad Pontificia,** de estilo modernista.

Fiestas: El 16 de julio se celebra el Cristo del Amparo y el 30 de noviembre, **S. Andrés,** festividad recuperada por la pedanía de Trasvía.

Alrededores: Su entorno está integrado por un paisaje costero con playas, acantilados y la ría de la Rabia. A 5 km está **Ruiloba** y, a 18 km, la **cueva de Altamira,** declarada patrimonio de la humanidad.

Capricho de Gaudí

Restaurantes

El Remedio. (En RUILOBA, a 5 km). Ermita de El Remedio, s/n.
T. 942 107 813. *www.restauranteelremedio.com*
Cierra cenas de martes y miércoles en invierno, domingo cena y lunes, consultar vacaciones. Junto a la ermita de Los Remedios, con vistas al mar. Rabas de calamar fresco con compota de limón de Ruiloba y jengibre, lomo de vaca, milhojas de patata y panceta con reineta especiada, tabla de quesos. Precio medio 30 €.

Hoteles

**** **Comillas.** P° de Solatorre, 1. T. 942 722 300.
www.hcomillas.com
Hab. 30: 67 €. Consultar admisión de perros. Bajo la Universidad Pontificia y al lado del palacio de Sobrellano. Restaurante Conde de Ruiseñada.

Posada Torre del Milano. B° Ruiseñada, s/n. T. 942 722 244.
www.torredelmilano.com
Hab. 12: 85 €. Suites: 2. Rodeada de campo en una colina de Ruiseñada. Ideal para descansar.

Conil de la Frontera Cádiz

114 · A-1
A Cádiz, 42 km
A Madrid, 694 km
Alt. 31 m · Pob. 21.331
T. 956 440 501
GPS 36° 16' 35'' N · 6° 5' 23'' O

Visitar: Su litoral virgen es el gran reclamo de esta villa pesquera de la Costa de la Luz, que ofrece al viajero **playas de arena fina,** como las de El Palmar y La Fontanilla, acantilados y preciosas calas, como la de Roche. Su casco antiguo, declarado conjunto histórico-artístico, destaca por sus casas encaladas. En él se pueden visitar la **torre de Guzmán,** una fortificación militar del s. XIV; la iglesia y hospicio de la Misericordia, de estilo barroco, y la iglesia de Sta. Catalina.

Fiestas: El 16 de julio se celebra la Virgen del Carmen y a comienzos de septiembre, la feria y las fiestas en honor a **Ntra. Sra. de las Virtudes,** patrona de la localidad.

Alrededores: En las afueras de la localidad se encuentra el prado de Castilnovo y la desembocadura del río Salado. A 17 km está **Vejer de la Frontera** y a 24 km, **Chiclana de la Frontera.**

Restaurantes

La Fontanilla. Playa de la Fontanilla, s/n. T. 956 441 130.
www.lafontanilla.com
Cierra miércoles excepto verano; noviembre y diciembre. Con vistas al mar. Arroz con bogavante, ventresca de atún rojo al horno, tocinillo de cielo. Menú y precio medio 30 €.

Hoteles

**** **Hipotels Gran Conil.** Pleamar, 2. T. 856 905 000. *www.hipotels.com*
Hab. 293: 66 €. Suites: 23. Inaugurado en 2011. Sobre un acantilado, con acceso directo a la espléndida playa de la Fontanilla. Restaurante Pleamar.

Corçà Girona Ver Girona

27 · C-4

Córdoba

Alcázar de Córdoba

97 · F-1
A Madrid, 400 km
Alt. 123 m · Pob. 328.547
T. 902 201 774
GPS 37° 52' 41'' N · 4° 46' 46'' O

Visitar: Regada por el Guadalquivir, Córdoba fue capital romana y corte de califas, y las huellas de las culturas cristiana, judía e islámica aún perviven en esta ciudad patrimonio de la humanidad. El casco antiguo está ordenado en un bello entramado de callejuelas, plazas y patios encalados en torno a la **mezquita-catedral.** Está formada por un *bosque* de columnas bicromáticas con arcos de herradura y la joya de este monumento es el *mihrab*, capilla para la oración de gran belleza. Destaca en ella también el **patio de los Naranjos,** donde se alza el campanario catedralicio, que alberga en su interior el alminar. En la mezquita está la tumba del poeta Luis de Góngora. A unos pasos de la catedral, cruza el Guadalquivir el puente romano, erigido en tiempos del emperador Augusto. Su entrada era defendida por la torre de la Calahorra, actual **Museo de las Tres Culturas.** Junto al río también está el **alcázar de los Reyes Cristianos,** mandado edificar por Alfonso XI en 1328, donde se hallan los Baños Reales y unos jardines de inspiración árabe.

La ciudad estuvo amurallada, y prueba de ello es la reformada **Puerta de Almodóvar,** enmarcada entre dos soberbios torreones y frente a la que se erige una escultura a Séneca. Este es un punto perfecto para recorrer la **judería,** donde se halla la sinagoga, de estilo mudéjar, que sirvió de templo hasta 1492. En esta zona también se encuentra el convento de S. Pedro de Alcántara, que perteneció a los franciscanos descalzos alcantarinos. La Córdoba barroca está representada con el antiguo **hospital del Cardenal Salazar** y la capilla de S. Bartolomé, que actualmente ocupa la facultad de Filosofía y Letras.

Cocina fusión

La influencia árabe, judía y cristiana se deja ver en la gastronomía cordobesa. Los árabes aportaron los frutos secos, el gusto por la verdura y las mezclas de sabores. Los judíos crearon dulces y postres y los cristianos el modo de preparación de la carne.

Las muestras de arquitectura religiosa que alberga esta ciudad son numerosas, sobresalen las iglesias de S. Nicolás de la Villa (gótico-mudejar, del s. XII); la de S. Miguel, que da nombre al barrio en el que se sitúa, y la de S. Pablo, en la que destacan las capillas de Ntra. Sra. del Rosario y de la Virgen del Pilar. El paseo puede terminar muy cerca de la plaza y de la posada del Potro, un lugar lleno de encanto que enamora a los turistas y donde se hallan dos de los museos más interesantes de la ciudad: el **Museo Julio Romero de Torres,** dedicado a su obra, y el Museo de Bellas Artes.

Fiestas: En Semana Santa la ciudad se llena de desfiles procesionales. Mayo es el mes grande y arranca con la Batalla de las Flores. Después se celebran el **Concurso Popular de los Patios Cordobeses, el Concurso Popular de Rejas y Balcones** y **Las Cruces de Mayo.** A finales del mismo mes se festeja la feria de Ntra. Sra. de la Salud, y en octubre, la fiesta de S. Rafael.

Alrededores: A 8 km se encuentra la ciudad de **Medina Azahara,** conjunto arqueológico mandado construir por Abderramán III. A unos 5 km se halla Las Ermitas, conjunto de 13 templos. También es interesante el castillo de **Almodóvar del Río** (a 30 km).

Restaurantes

Alterego. Avda. Brillante, 32. T. 957 282 580.
www.alteregorestaurante.es S
Cierra lunes almuerzo y domingo. En la planta baja, taberna y terraza con guisos tradicionales y, como especialidad, los tacos de atún rojo de almadraba. También, cochinillo de Los Pedroches en dos cocciones y combinados de frutas de temporada. Menú 17 €. Precio medio 30 €.

Bodegas Campos. Los Lineros, 32. T. 957 497 500.
www.bodegascampos.com P
Cierra domingo cena. El marco, una antigua bodega en el barrio de la Axerquia. Salmorejo con huevo y jamón ibérico, rabo de toro deshuesado con cremoso de patatas, *minestrone* de fruta con helado de mojito. Precio medio 30 €.

Casa Pepe de la Judería. Romero, 1. T. 957 200 744.
www.casapepejuderia.com
Platos andaluces ancestrales. Berenjenas crujientes con miel de caña, rabo de toro con cremoso de patata, bipolar de chocolate con helado de vainilla. Terraza con vistas a la mezquita. Menú 25 €. Precio medio 30 €.

Choco. Compositor Serrano Lucena, 14. T. 957 264 863.
www.restaurantechoco.es
Cierra domingo cena, lunes y agosto. La ilusión que pone Kisko García en su personal cocina basada en los productos andaluces se hace evidente en los buenos resultados. Un ligero ***royal* de setas, el albur (mujol) al horno con ñoquis de maíz,** armonizan con postres magníficos como el **pastel califal (bizcocho semilíquido con frutos secos y canela).** Notable bodega y servicio capitaneado por su hermano Juan Carlos. Precio medio 45 €.

El Caballo Rojo. Cardenal Herrero, 28. T. 957 475 375.
www.elcaballorojo.com P
Su propietario José García Marín fue el gran impulsor de la cocina cordobesa en una casa antigua con patio. Las alcachofas a la montillana y el rabo de toro rematados por los suspiros de Almanzor son sus platos de referencia. Menú 26 €. Precio medio 40 €. De la misma propiedad y similar oferta, **El Blasón** (José Zorrilla, 11. T. 957 480 625).

El Churrasco. Romero, 16. T. 957 290 819.
www.elchurrasco.com P
Cierra agosto. El agradable patio-comedor y la bodega museo en la casa anexa es el ambiente de la sugestiva oferta cordobesa. **Berenjenas crujientes con salmorejo, churrasco cordobés con salsas árabes, arlequín de fruta fresca con sorbete de limón.** Rafael Carrillo, pendiente de todo, mantiene calidades. Precio medio 35 €. En el nº 38 de la misma calle, La Hospedería de El Churrasco con nueve habitaciones.

El Envero. (Gastrobar). Teruel, 21. T. 957 203 174.
www.elenvero.com
Cierra domingo cenas y lunes. Tres ambientes para una cocina distendida. **Ravioli de rabo de toro, carrillada de cerdo ibérico estofada,** buenos **quesos y aceite de oliva.** Precio medio 25 €.

El Pisto-Taberna San Miguel. Pza. San Miguel, 1. T. 957 470 166.
www.casaelpisto.es

Calleja de las Flores

Cierra domingo y agosto. Centenaria taberna con patio. Buenas tapas (pisto, rabo de toro, salmorejo...). Precio medio 20 €.

Garum 2.1. (Bistronomic Tapas Bar). San Fernando, 120-122. T. 957 487 676.
Aires modernos en la judería. Oferta de corte tradicional e informal. Salmorejo al amontillado, mogote ibérico con soja y miel, cremoso de queso de cabra con salsa de tocino de cielo. Menú 10 €. Precio medio 20 €.

Mercado de La Victoria. P° de La Victoria, s/n.
www.mercadovictoria.com
Primer mercado gastronómico de Andalucía, donde se concita una oferta de producto local de alta calidad. Ubicado en la antigua caseta del Círculo de la Amistad, una estructura metálica de estilo modernista del s. XIX, está rodeado de amplios jardines y zonas abiertas. Oferta de 30 puestos diferentes (la Salmoreteca de Juanjo Ruiz, vinacoteca Juana la Loca, embutidos ibéricos de Los Pedroches, Kisko García, Tartar's market y muchos más), en los que se puede encontrar tanto productos, como cocina local a internacional. Oferta desde el desayuno a la cena. Intensa vida nocturna con zona de copas y música en vivo.

® **Puerta Sevilla.** Postrera, 51. T. 957 297 380.
www.puertasevilla.com P
Cocina tradicional cordobesa en un bonito patio. **Ensalada de verduritas de temporada, solomillo de ibérico con migas camperas, almendras y dulce de Pedro Ximénez, naranjas mozárabes.** Menú 20 €. Precio medio 30 €.

Mezquita de Córdoba

Hoteles

***** **Hospes Palacio del Bailío.** Ramírez de las Casas Deza, 10-12. T. 957 498 993.
www.hospes.com P
Hab. 53: 540 €. Suites: 8. Admisión de perros, consultar. Palacio, en pleno centro histórico, declarado bien de interés cultural. Restaurante Senzone.

**** **AC Córdoba.** Avda. de la Libertad, 24. T. 957 768 380.
www.ac-hotels.com P
Hab. 98: 79 €. Suites: 2. Céntrico. Próximo a la estación del AVE.

**** **Las Casas de la Judería.** Tomás Conde, 10. T. 957 202 095.
www.casasypalacios.com P
Hab. 62: 110 €. Suites: 2. Palacio del s. XVI, lugar de nacimiento de Luis de Góngora. Excelente localización. Restaurante Las Caballerizas de los Marqueses.

**** **NH Amistad Córdoba.** Pza. de Maimónides, 3. T. 957 420 335.
www.nh-hotels.com P
Hab. 83: 69 €. Suites: 1. En el barrio judío, junto a las antiguas murallas. Mansión del s. XVIII, reformada.

**** **Parador de Córdoba.** Avda. de la Arruzafa, 37. T. 957 275 900.
www.parador.es P
Hab. 94: 156 €. Emplazado en las faldas de la sierra, sobre los vestigios de lo que fueran el palacete de Abderramán I y sus jardines. Vista panorámica de la ciudad. Cocina regional.

Coria Cáceres

60 · D-2
A Cáceres, 71 km
A Madrid, 276 km
Alt. 263 m · Pob. 13.366
T. 927 508 000
GPS 39° 58' 55'' N · 6° 32' 14'' O

Visitar: La capital de la comarca de las Vegas del Alagón se remonta a los tiempos celtas, cuando llegó a ser capital de los vetones, pero su mayor auge lo consiguió con los romanos, etapa de la que conserva una imponente **muralla** salpicada de estelas funerarias, con cuatro puertas y más de veinte torres. Siguiendo la línea de este ejemplo de arquitectura militar se llega al **castillo de los duques de Alba** (s. XV). Al otro lado de la muralla se encuentra la **catedral de Sta. María de la Asunción,** del s. XIV, que alberga el museo catedralicio. Otros monumentos de este enclave –declarado conjunto histórico-artístico–, son la ermita de Ntra. Sra. de Argeme, la Cárcel Real –sede del Museo de la Ciudad– y el Palacio Episcopal, de factura barroca. Fuera del casco urbano, dos sorpresas: el puente de cinco arcos (s. XVI), bajo el que no pasa ningún río, y un jardín botánico con diferentes especies del bosque mediterráneo.

Fiestas: Coria también es famosa por sus **fiestas de S. Juan,** en el solsticio de verano, con bravos toros en sus empedradas calles de noche y de madrugada. La **romería de la Virgen de Argeme,** en mayo, es otra de sus fiestas grandes.

Alrededores: Merecen una visita los pueblos de **Calzadilla** (a 11 km), con su ermita del Sto. Cristo de la Agonía, y **Montehermoso** (a 23 km), con su iglesia de Ntra. Sra. de la Asunción.

Restaurantes

Percor. Ctra. Ex-109, Coria-Torrejoncillo, km 26. T. 927 503 264.
Ⓔ ♿ ❄ P
Cierra cenas de martes a viernes en invierno, lunes y segunda quincena de octubre. Buenas tapas y raciones a la orilla del río Alagón. Tempura de verduras, carrilleras de cerdo ibérico con vino tinto, tarta de manzana. Menú 10 €. Precio medio 25 €.

Coruña, A

1 · E-3
A Madrid, 609 km
Alt. 5 m · Pob. 246.056
T. 981 923 093
GPS 43° 22' 16' N · 8° 23' 50' O

Visitar: Bañada por el océano Atlántico, esta ciudad marinera ha sabido modernizarse conservando todo su encanto. Si hay algo que impresiona en la primera visita es su faro romano, conocido como la **torre de Hércules,** declarado bien de interés cultural y patrimonio de la humanidad. Situado a 60 m sobre el nivel del mar, se construyó durante el mandato de Trajano. El mar sirve de guía para pasear por la costa y encontrar dos de las atracciones de la ciudad: el **Aquarium Finisterrae,** que muestra especies marinas de todo tipo, y **Domus,** un museo interactivo dedicado al cuerpo humano.

Muy cerca está la famosa playa de Riazor, donde se dan cita los coruñeses, y el monumento Millenium, que cuenta con grabados de la historia de la ciudad. Desde aquí se pueden dirigir los pasos al casco antiguo, donde destacan las galerías de la Marina y la **plaza de María Pita.** En ella se sitúa el Ayuntamiento, con sus bellos soportales. En la ciudad vieja el visitante puede contemplar la iglesia de Santiago, de estilo románico, y la iglesia-colegiata de Sta. María del Campo, donde se puede admirar la portada norte con su martirio de Sta. Catalina de Alejandría. No hay que perderse en esta ciudad la **Casa Museo Emilia Pardo Bazán,** que lleva al visitante a las estancias del s. XIX donde vivió la autora y donde se guardan enseres tradicionales y recuerdos personales. La visita puede concluir en el **Museo de Bellas Artes,** que expone obras de artistas de la talla de Goya, Ribera, Murillo y Rubens.

Fiestas: Las **Hogueras de S. Juan** están declaradas de interés turístico nacional y se celebran el 24 de junio. En agosto tienen lugar las fiestas de María Pita y el día 7 de octubre es la fiesta grande, con la celebración de la patrona, **Ntra. Sra. del Rosario.**

Alrededores: A 12 km se encuentra **Oleiros;** su costa de Dexo-Serantes está declarada lugar de importancia comunitaria, con impresionantes acantilados. **Cambre** es una bella localidad situada a 15 km, donde puede visitarse la iglesia de Sta. María. A 55 km se sitúa **Malpica de Bergantiños,** donde destaca la iglesia románica de Mens.

Parque de los Menhires

Restaurantes

Ⓡ **A Estación.** (En CAMBRE, a 15 km). Ctra. de la Estación, 51. T. 981 676 911. ♿ ❄ P
Cierra domingo cena y lunes. Cocina de raíces gallegas, con la interpretación personal de los cocineros, en función de la temporada y del mercado. Hay clásicos, como las **carrilleras de ternera** o sus versiones del **bacalao,** siempre conseguidas. Precio medio 40 €.

A Mundiña. Estrella, 10. T. 881 899 327. *www.amundiña.es*
Cierran domingo y Semana Santa. Cocina tradicional, basada en la calidad de la materia prima, especialmente **pescados y mariscos.** Su plato estrella es la ***caldeirada.*** Hay que consultar los pescados con que se prepara cada día. Raciones muy generosas. Precio medio sin marisco 30 €.

A Pulpeira de Melide. Pza. de España, 16. T. 981 152 197. *www.pulpeirademelide.com*
Cierra lunes, 11 días en carnaval y 19 días en noviembre. Perfectamente asentada, aquí se va a tomar un magnífico **pulpo *á feira*** hecho por la cuarta generación de *pulpeiros*. Sorprende la cocina de mercado con selección del producto y creatividad bien medida, que se ofrece en sus mesas altas. Precio medio 30 €.

Alborada. Pº Marítimo Alcalde Francisco Vázquez, 25. T. 981 929 201. *www.restaurantesalborada.com*
Cierra domingo. La llegada a la cocina de Diego Bello ha supuesto un salto cualitativo, creaciones de gran elegancia desde las **minihamburguesas de cigalas** a la **merluza en su caldo con pilpil de lima limón.** Creatividad, buen gusto, todo en un marco espléndido sobre la ría y una gran dirección de sala. Precio medio 45 €.

Árbore da Veira. San Andrés, 109. T. 981 078 914. *www.arboredaveira.com*
Cierra cenas de lunes a jueves, domingo, 15 días en marzo y en agosto. Principal novedad en la ciudad. Tras su etapa en Alborada, Luis Veira practica su cocina creativa y personal en un coqueto restaurante de pocas mesas. No hay carta, ofrece dos menús –Raíces y Árbore, de 50 y 65 € respectivamente)– en el que incluye versiones propias de sabores conocidos. Buena bodega. Magnífico equipo de sala.

Artabria. Fernando Macías, 28. T. 981 269 646. *www.restauranteartabria.com*
Cierra 15 días en junio. Colas de langostinos crujientes con aguacate, rape albardado con bacón y arroz cremoso de setas, *gin-tonic* en texturas. Precio medio 30 €.

As Garzas. (En MALPICA DE BERGANTIÑOS, a 55 km). Porto Barizo, 40. T. 981 721 765. *www.asgarzas.com* P
Cierra cenas de domingo a jueves y lunes excepto festivos, vísperas de festivo y verano, y del 4 al 24 de noviembre. Un canto al mar gallego, con una situación privilegiada y un panorama espléndido. Cocina gallega de hoy, bien resuelta, desde su particular **escabeche de mejillones** a las ***caldeiradas*** de pescados del día o creaciones como la **lubina en ajada blanca.** Precio medio 42 €.

Comarea. (Gastrobar). Carlos Martínez Barbeito y Moras, 4. T. 981 132 658. *www.comarea.es*
Cierra domingo. Pionero en la línea actual de la restauración (mesas altas, corridas). Adecuado para una cena entre amigos, a base de diversas raciones. Precio medio 30 €.

Comei - Bebei. (En OLEIROS, a 12 km). Avda. Ramón Núñez Montero, 20. T. 981 611 741. *www.comeibebei.blogspot.com* P
Cierra domingo cena y lunes. Agradable terraza-jardín en verano y barra para tapear. Salpicón de rape y gambas, jarrete de vaca, tarta de almendras. Menú 13 €. Precio medio 25 €.

Coral. Callejón de la Estacada, 9. T. 981 200 569. *www.restaurantemarisqueriacoral.com*
Cierra domingo excepto agosto. Una referencia inexcusable, un sitio de toda la vida. Su cocina ha evolucionado para centrarse más en el estilo gallego, siempre con un género de primera calidad. Sus **mariscos** nunca fallan. Precio medio sin marisco 30 €.

Culuca Cociña-Bar. Avda. Arteixo, 10. T. 981 978 898. *www.culuca.com*
Todo en uno: bar, restaurante, coctelería... Cocina joven, desenfadada, lo más recomendable son sus propuestas de entradas. Tomate confitado con espuma de queso san Simón, *tataki* de atún, tabla de quesos gallegos. Menú 11 €. Precio medio 20 €.

Domus. (Museo Domus-Casa del Hombre). Ángel Rebollo, s/n. T. 981 201 136. *www.casapardo-domus.com*
Cierra cenas de domingo a miércoles; y lunes. Instalado en la Casa del Hombre, goza de un espléndido panorama sobre las playas del Orzán y Riazor. Su plato estrella, la **merluza de pincho.** Mantiene la tradición de las **croquetas** de la matriarca, Ana Gago. Buenos **pescados** y precios contenidos. Menú 18 €. Precio medio 30 €.

Estatua de Botero a la entrada del Museo Domus

Aquarium Finisterrae

Mar y tierra

Los pescados y mariscos de Galicia, recién sacados del mar, son de gran calidad, como también lo es la ternera gallega, los productos de la huerta y sus vinos con D. O. Monterrey, Rias Baixas, Ribeira Sacra y Ribeiro o Valdeorras

® **El Manjar.** Alfredo Vicenti, 29. T. 981 918 591. *www.elmanjar.com*
Cierra domingo cena. Buen representante de la cocina urbana burguesa, al estilo de la recogida por Picadillo o Emilia Pardo Bazán. La estrella, su **tortilla de patatas** al estilo de Betanzos, espectacular. Magnífica bodega y atención a los **quesos** del país. Precio medio 45 €.

El Refugio. (En OLEIROS, a 12 km). Pza. de Galicia, 8. T. 981 610 803. *www.restaurante-elrefugio.com* P
Cierra domingo cena y lunes excepto vísperas, festivo y agosto; y 20 días en septiembre. Imprescindible cuando de **mariscos** se trata: es una catedral del marisco gallego. Además, propuestas de interés, como un buen **salpicón de bogavante,** el ***carpaccio* de lamprea en escabeche,** los **pescados...** Es casi obligado terminar con el ***soufflé*** de la casa. Bodega realmente extraordinaria. Precio medio sin marisco 40 €.

® **La Penela.** Pza. María Pita, 12. T. 981 209 200. *www.lapenela.com*
Cierra domingo cena y 15 días en enero. Ya es un clásico, con tres platos como referencia: la **tortilla de patatas** al estilo de Betanzos, los **callos con garbanzos** y su magnífica **ternera asada con unas patatas** memorables. Precio medio 28 €. De la misma propiedad y con apenas dos años de vida, **Taberna La Penela,** en el número 12 de la misma plaza y con similar oferta (T. 981 201 969. Cierra lunes y segunda quincena de enero).

Pablo Gallego. Capitán Troncoso, 4. T. 981 208 888. *www.pablogallego.com*
Nueva ubicación, a un paso de la anterior. Tradición y creatividad de la mano. Su estrella indiscutible, los **huevos fritos con angulas,** pero también sus platos de pescado, en especial la **merluza,** el **sanmartiño** (pez de S. Pedro). Muy buena bodega. Precio medio 30 €.

® **Taberna O'Secreto.** Alameda, 18. T. 981 916 010. *www.tabernaosecreto.com*
Cierra domingo y festivos. Una buena taberna ilustrada, con una barra en la que disfrutar de su increíble bodega. Dentro, una cocina más clásica que otra cosa. Una buena sugerencia es el **rape,** como el **bacalao con fritada de verduras.** Menú y precio medio 27 €.

Hoteles

**** **AC A Coruña.** Enrique Mariñas, 34. T. 981 175 490. *www.hotelacacoruna.com* P
Hab. 114: 65 €. Suites: 2. Modernas instalaciones. Frente al recinto ferial de Expocoruña. Restaurante Casa Paula.

**** **Hesperia Finisterre.** Pº del Parrote, 2-4. T. 981 205 400. *www.hesperia-finisterre.com* P SPA
Hab. 92: 160 €. Suites: 39. Céntrico. Zona histórico-artística. Vistas al mar. Habitaciones familiares. Restaurante Novo.

**** **Meliá María Pita.** Avda. Pedro Barrié de la Maza, 1. T. 981 205 000. *www.melia.com* P
Hab. 176: 160 €. Suites: 7. En primera línea de playa, espectaculares vistas al mar. Céntrico. Próximo a la Torre de Hércules. Restaurante Trueiro.

**** **Pazo do Río.** (En OLEIROS, a 12 km). Pazo de Río, 16. T. 981 637 512. *www.pazodorio.com* P
Hab. 29: 50 €. Suites: 1. En un pazo del s. XVI al que se suman las villas vanguardistas. Restaurante Valle-Inclán.

11 · E-2

Cosgaya Cantabria Ver Potes

Covarrubias Burgos

32 · E-1
A Burgos, 41 km
A Madrid, 237 km
Alt. 894 m · Pob. 626
T. 947 406 461
GPS 42º 3' 31'' N · 3º 31' 19'' O

Visitar: Esta villa de la comarca del Arlanza, declarada conjunto histórico-artístico, cuenta en sus calles con bellas muestras de arquitectura castellana. Su casco urbano invita al paseo para poder contemplar monumentos como la **colegiata de S. Cosme y S. Damián,** cuyo origen se remonta a la época visigoda, y la iglesia de Sto. Tomás. Aquí también es interesante visitar la **casa de Doña Sancha,** el palacio de Fernán González y las murallas.

Fiestas: El Viernes Santo se representa **La Pasión Viviente.** En julio tiene lugar el Mercado de la Cereza, y en septiembre, las fiestas patronales.

Alrededores: A 7 km está **Hortigüela,** con el monasterio de S. Pedro de Arlanza. Otra visita recomendable es **Quintanilla de las Viñas,** a 20 km.

Restaurantes

De Galo. Monseñor Vargas, 10. T. 947 406 393.
www.degalo.com
Cierra cenas excepto puentes y fines de semana de agosto; miércoles, febrero y navidades. Antigua posada con paredes de adobe y cocina de la tierra. Olla podrida, carnes rojas a la brasa, flan dos chocolates. Menú 14 €. Precio medio 28 €.

Cudillero Asturias

3 · D-2
A Oviedo, 50 km
A Madrid, 503 km
Alt. 59 m · Pob. 5.797
T. 985 591 377
GPS 43° 33' 44'' N · 6° 8' 57'' O

Visitar: En esta pequeña localidad de orígenes marineros destacan sus viviendas colgantes con aleros y ventanas de colores vivos con una organización estratégica en forma de anfiteatro y con vistas al mar. La **capilla del Humilladero** es el edificio más antiguo de la villa, de estilo gótico. En su costa se esconden más de 30 calas agrestes y playas acogedoras.

Fiestas: Entre el 28 de junio y el 1 de julio se celebran las fiestas en honor a S. Pedro, S. Pablo y S. Pablín y también la **Fiesta de L'Amuravela,** declarada de interés turístico nacional.

Alrededores: En **Oviñana,** a 38 km, se encuentra el cabo Vidio, donde se ubica un bello faro rodeado de acantilados. A 3 km está la playa de **Concha de Artedo.**

Playa de Sta. Marina

Restaurantes

El Pescador. (Hotel Rural El Pescador). Tolombreo de Arriba, s/n.
T. 985 590 937. *www.hotelrestauranteelpescador.com* P
Cierra del 21 de diciembre al 5 de enero. Con habitaciones, en la zona alta del pueblo. Ofrece como especialidades la merluza de pincho y los calamares de potera en su tinta, en una cocina donde los pescados tienen protagonismo absoluto. Menú 18 €. Precio medio sin marisco 40 €.

Mariño. (En CONCHA DE ARTEDO, a 3 km). Concha de Artedo, s/n.
T. 985 591 188. *www.concha-artedo.com* P
Cierra cenas excepto fines de semana en otoño-invierno, domingo cena, lunes, y del 8 al 23 de enero y del 4 al 18 de noviembre. Con 12 habitaciones. Su ubicación sobre los acantilados, que abrazan la Concha de Artedo, dan una pista inequívoca sobre la vocación de su cocina hacia los pescados y mariscos. Arroz con almejas, *tatin* de manzana. Menús de 12 y 25 €. Precio medio 30 €.

Hoteles

**** **La Casona de Lupa.** Ctra. N-634, km 122. T. 985 590 973.
www.hoteleslupa.com P
Hab. 26: 65 €. Suites: 4. Situado en una impresionante casona de indianos restaurada.

Cuéllar Segovia

43 · A-1
A Segovia, 60 km
A Madrid, 151 km
Alt. 900 m · Pob. 9.800
T. 921 142 203
GPS 41° 24' 9'' N · 4° 19' 3'' O

Visitar: En la parte más alta de la villa despunta el **castillo de los duques de Alburquerque.** La iglesia de S. Martín en la actualidad alberga el Centro de Interpretación de Arte Mudéjar y, cerca de ella, formando un conjunto con las murallas, se encuentra el **arco de S. Basilio,** de estilo gótico y con elementos mudéjares. Todo el conjunto está declarado monumento artístico nacional.

Fiestas: A finales de agosto se festejan los encierros y en septiembre, la romería de El Henar. El 29 de septiembre se celebra **S. Miguel,** patrón de Cuéllar.

Alrededores: Merece la pena visitar el santuario de El Henar y el **humedal de El Espadañal,** en las afueras de la localidad.

Restaurantes

San Francisco. (Hotel San Francisco). Avda. Camilo José Cela, 2.
T. 921 140 009. *www.hmsanfrancisco.com* S
Cierra domingo cena. Con 28 habitaciones. Platos elaborados con productos de cultivos de la zona. Platos de cuchara, lechazo asado en horno de leña, natillas de chocolate con dúo de achicoria. Menú 17 €. Precio medio 32 €.

Cuenca

64 · B-2
A Madrid, 167 km
Alt. 998 m · Pob. 56.866
T. 969 241 051
GPS 40° 4' 17'' N · 2° 8' 6'' O

Visitar: Su estructura medieval, sus callejuelas llenas de encanto y sus edificios religiosos convierten a Cuenca, ciudad patrimonio de la humanidad, en un destino de primer nivel. Sus **Casas Colgadas,** prácticamente al vacío, sobre las hoces de los ríos Júcar y Huécar, son su estampa más característica. En una de ellas se ubica el **Museo de Arte Abstracto Español,** que expone una colección de pinturas y esculturas de artistas españoles de la generación abstracta de los años 50 y 60. En esta zona, el viajero también puede admirar el Teatro Auditorio de Cuenca y el **convento de S. Pablo,** actual Parador de Turismo. Desde aquí, se puede caminar hasta el casco histórico, cruzando el puente de S. Pablo y pasando bajo las Casas Colgadas. Por la calle del Obispo Valero se llega a la **Plaza Mayor,** donde está la catedral, de estilo gótico-normando. A unos pasos están el Ayuntamiento, el Palacio Episcopal y el **Museo de Cuenca.** En la ciudad se ubican numerosas iglesias, como la de S. Andrés (s. XVI), la de S. Miguel (s. XIII) y la de S. Pedro (s. XVIII), que permiten apreciar el patrimonio religioso de esta ciudad. Otro punto de interés para el turista es la plaza de Mangana, que ocupa el solar del antiguo alcázar y en ella se halla la torre de Mangana y un monumento a la Constitución de Gustavo Torner.

Fiestas: La **Semana Santa** está declarada de interés turístico internacional. Son muy populares las **fiestas de S. Mateo,** en septiembre, también declaradas de interés turístico regional.

Alrededores: A 35 km se encuentra la **Ciudad Encantada,** compuesta por las curiosas formas labradas en el paisaje. Al sur, está la **Reserva Natural de Las Hoces del Cabriel.**

Panorámica de Cuenca desde la hoz del Huécar

Restaurantes

Ars Natura-Manolo de la Osa. (Museo Ars Natura). Río Gritos, 5. T. 969 219 512. *www.restaurantearsnatura.com*
Cierra cenas de domingo y martes, lunes y 15 días en julio. Armonía y equilibrio de sabores y texturas con los mejores productos, son la carta de presentación de Manuel de la Osa en este sorprendente espacio, donde la cocina respeta el medio ambiente del entorno del museo donde está ubicado. Como platos estrella la **lechona confitada en su grasa** y los **dulces de membrillo y de manzana**. Menú 25 €. Precio medio 45 €.

® **Figón del Huécar.** Ronda Julián Romero, 6. T. 969 240 062. *www.figondelhuecar.es*
Cierra domingo cena y lunes excepto julio y agosto. Prestigiado figón con bonitas vistas sobre la hoz del Huécar. **Morteruelo en tulipa con piñones, carrillada de ibérico con salsa de vino añejo y castañas, crema de almendras con helado de turrón.** Menú 25 €. Precio medio 30 €.

® **Mesón Casas Colgadas.** Canónigos, s/n. T. 969 223 552. *www.mesoncasascolgadas.com*
Cierra lunes cena y martes. En las casas colgadas con espectaculares vistas a la hoz del Huécar. **Ajoarriero, caza y asados, crema de almendras.** Menú 27 €. Precio medio 40 €.

Raff. Federico García Lorca, 3. T. 969 690 855. *www.restauranteraff.es*

Cierra cenas de lunes y martes; domingo, última semana de mayo y de julio y primera semana de agosto. Los clientes disfrutan viendo a José Ignacio Herraiz cocinar a la vista. **Canelón de ajoarriero, rabo de toro, chocolatísimo.** Menú 18 €. Precio medio 30 €.

® **San Nicolás.** San Pedro, 15. T. 969 240 519.
www.restaurantesannicolas.net
La **caza** es la joya de esta antigua casa, del centro histórico, regentada por Adolfo Castillejo en cocina y su hija Laura en comedor. **Ensalada de queso de cabra en crujiente de manzana con nueces, lomo de corzo braseado con salsa de moras, corona de arroz con leche.** Menú 20 €. Precio medio 40 €.

Hoteles

**** **Convento del Giraldo.** San Pedro, 12. T. 969 232 700.
www.hotelconventodelgiraldo.com
Hab. 34: 154 €. En pleno casco antiguo, con vistas únicas sobre la hoz del Huécar. Restaurante El Aljibe.

**** **NH Ciudad de Cuenca.** Ronda de San José, 1. T. 969 230 502.
www.nh-hotels.com P
Hab. 74: 178 €. Suites: 1. Situado en una zona residencial, próximo al centro.

**** **Parador de Cuenca.** Subida a San Pablo, s/n. T. 969 232 320.
www.parador.es P
Hab. 62: 160 €. Suites: 1. Instalado en el antiguo convento de S. Pablo. Algunas habitaciones se asoman a la hoz del Huécar y a las Casas Colgadas.

**** **Torremangana.** Avda. San Ignacio de Loyola, 9. T. 969 240 833.
www.hoteltorremangana.com P
Hab. 120: 55 €. Suites: 3. Céntrico. Situado en el centro de Cuenca, a escasos metros del casco antiguo y frente al bello parque de los Moralejos, al borde del Júcar. Restaurante La Cocina.

*** **Leonor de Aquitania.** San Pedro, 60. T. 969 231 000.
www.hotelleonordeaquitania.com P
Hab. 46: 135 €. Suites: 1. Casa-palacio del s. XVIII. En el casco antiguo, con vistas a la hoz del Huécar. Restaurante Horno de las Campanas.

Formación rocosa de la Ciudad Encantada

Cullera Valencia

76 · F-4
A Valencia, 38 km
A Madrid, 380 km
Alt. 2 m · Pob. 23.813
T. 961 720 974
GPS 39° 9' 53'' N · 0° 15' 25'' O

Visitar: Dominando el pueblo está el castillo de Cullera, una fortaleza del s. XIII. Junto a ella se erige el **santuario de la Virgen del Castillo,** de estilo neorrománico. Al otro extremo de la montaña está el faro y la cueva de Dragut, donde puede admirarse una capilla gótica ampliada en el s. XVII. En Cullera también destaca el **Abric Lambert,** declarado patrimonio de la humanidad, donde se pueden contemplar unas pinturas rupestres que los historiadores fechan entre el Eneolítico y la Edad de Bronce. Ya en la ciudad se localiza el barrio del Pozo, en torno al mercado municipal (antigua judería de la ciudad), y la iglesia neoclásica Stos. Juanes, del s. XVII. La localidad cuenta con **numerosas playas** como la de S. Antonio, la de Escollera o la del Dosel.

Fiestas: En marzo se festejan las **Fallas.** Las fiestas patronales se celebran en honor a la **Virgen del Castillo,** en abril.

Alrededores: La laguna del Estany, al sur del término municipal, es un paraíso para los aficionados a la pesca. A 28 km están **Alzira** y **Gandía.**

Restaurantes

® **Casa Salvador.** Avda. Estany, s/n. T. 961 720 136.
www.casasalvador.com P S
Larguísima trayectoria, desde 1950, y referencia inexcusable en arroces para disfrutarlos en su terraza mirando al L'Estany. **Tomate con anchoas, paella de pato, melón y sandía.** Menú y precio medio 30 €.

Eliana Albiach. Peset Alexandre, 2. T. 961 732 229.
www.elianaalbiach.com
Cierra cenas de domingo a jueves excepto verano, lunes y del 7 de enero al 13 de febrero. Cerca de la playa con decoración minimalista. Arroz de vieiras, pulpo y setas; langostinos de Cullera con su costra de sal, ensalada de frutas. Precio medio 30 €.

Kitesurf en la playa de Cullera

Hoteles

**** **Santamarta.** Avda. Racó, 52. T. 961 738 029.
www.santamarta-hotel.com P
Hab. 200: 88 €. De diseño vanguardista, está perfectamente integrado en el entorno natural de la playa del Racó.

Daimiel Ciudad Real

Parque Nacional de Las Tablas de Daimiel

82 · A-1
A Ciudad Real, 30 km
A Madrid, 169 km
Alt. 627 m · Pob. 18.673
T. 926 260 639
GPS 39° 4' 17'' N · 3° 37' 4'' O

Visitar: Municipio marcado por su cercanía al Parque Nacional de Las Tablas de Daimiel, al que están dedicados el Museo Comarcal y el **Centro de Interpretación del Agua.** Además, son de interés las iglesias de **Sta. María la Mayor** (s. XIV), bien de interés cultural, y el **Mercado de Abastos,** de Miguel Fisac.

Fiestas: Destacan los carnavales y la **Semana Santa,** de interés turístico regional.

Alrededores: El **Parque Nacional de Las Tablas de Daimiel** (a 11 km) es el único ecosistema español de tablas fluviales, reserva de la biosfera y refugio de centenares de aves. A 10 km está el yacimiento arqueológico de **Motilla del Azuer.**

Restaurantes

☼☼ **El Bodegón.** Luchana, 20. T. 926 852 652.
www.mesonbodegon.com
Una bodega del s. XVIII bien rehabilitada es el escenario del buen hacer de la familia Sánchez-Camacho: Rubén, en la cocina, y Ramón, encargado del comedor y los vinos. **Pulpo frito con mahonesa de tempranillo manchego, gamo a las finas hierbas y su caldo, textura de chocolate.** Precio medio 50 €.

---

85 · B-1

Daimús Valencia Ver Gandía

---

22 · C-3

Daroca de Rioja La Rioja Ver Logroño

Deba Gipuzkoa

6 · D-3
A Donostia/San Sebastián, 40 km
A Madrid, 450 km
Alt. 4 m · Pob. 5.420
T. 943 192 552
GPS 43° 17' 43'' N · 2° 21' 19'' O

Visitar: Ubicada en la desembocadura del río que le da nombre, esta localidad vivió su máximo esplendor en el s. XVI, cuando era el punto de partida de las expediciones balleneras. Las **casas Agirre, Aldazabal** y **Bañez** son ejemplos de esta época, así como la iglesia gótica de Sta. María.

Fiestas: Las más importantes son las de **S. Roke,** del 14 al 18 de agosto, que incluyen una feria de artesanía y la procesión a la ermita del patrón.

Alrededores: Dentro del término municipal se hallan las cuevas de Ekain, Ermitia y Urtiaga, con pinturas rupestres. En **Itziar** (a 6 km) está el santuario de Ntra. Sra. de Itziar. A 10 km está **Mendarozábal,** localidad famosa por sus chocolates. Es imprescindible recorrer el ***flysch* entre Zumaia y Deba,** 8 km de acantilados que constituyen un tesoro geológico.

Restaurantes

® **Asador Landa.** (En MENDAROZÁBAL, a 10 km). Garagarza, 32.
T. 943 756 028. **P**

Cierra cenas de domingo y lunes, las tres primeras semanas de agosto y del 23 de diciembre al 8 de enero. Los hermanos Landa transmiten la emoción de un producto excelso, con elaboraciones tan sencillas como certeras y una parrilla sobresaliente. ***Kokotxas* de meluza confitadas a la brasa, caza en temporada, *pantxineta* casera.** Su carta de vinos es de altos vuelos, sobre todo sus blancos apasionantes. Precio medio 50 €.

® **Salegi.** (En ITZIAR, a 6 km). Galtzada, 13. T. 943 199 004. *www.salegi.net*
Cierra cenas de domingo a jueves, martes y segunda quincena de diciembre. Josu Salvatierra ha dado a esta histórica casa un cambio innovador importante, incluso en sus múltiples banquetes. **Ensalada templada de pulpo a la brasa con aliño de piquillos, homenaje al cerdo ibérico.** Postres ligeros y originales. Menú 19 €. Precio medio 45 €.

® **Urgain.** Hondartza, 5. T. 943 191 101. *www.urgain.net*
Cierra martes cena en invierno. Xabier Osa dirige desde 1980 este templo de los pescados y mariscos del Cantábrico. Producto diez para sus elaboraciones sin sofisticación alguna. **Terrina de *foie-gras* de la casa, cabrarroca en salsa verde con patatas.** Magníficos postres artesanos, **tarta *tatin*.** Menú 18 €. Precio medio 50 €.

Hoteles

*** **Aisia Deba.** Markiegi Kalea, 6. T. 943 608 052.
Hab. 39: 101 €. Suites: 3. En primera línea de playa. Centro de talasoterapia y piscina con agua de mar. Restaurante Elcano.

Detalle del *flysch* entre Zumaia y Deba

Dehesa de Campoamor Alacant/Alicante

101 · C-1
A Alacant/Alicante, 86 km
A Madrid, 448 km
Alt. 14 m · Pob. 46.555
T. 966 422 367
GPS 37° 54' 10,50'' N · 0° 45' 32,58'' O

Visitar: El mayor atractivo de esta localidad radica en su entorno natural, el **Parque Natural Sierra Escalona y Dehesa de Campoamor,** refugio de las aves. Cuenta con 16 km de hermosas y tranquilas playas. Se puede visitar el palacete del poeta Ramón de Campoamor.

Fiestas: Los **carnavales** de agosto son la cita principal.

Alrededores: Orihuela, la ciudad natal de Miguel Hernández, está a 37 km.

Restaurantes

☼ **Casa Alfonso.** (En ORIHUELA COSTA, a 37 km). Garcilaso de la Vega, 70. T. 965 322 717. *www.casaalfonso.es*
Cierra lunes y de octubre a marzo. Alfonso Egea persevera en un esmerado nivel de exigencia en toda su propuesta que incluye bodega y puesta en escena. ***Tartar* de atún rojo con gelatina de *dashi*, pichón a la naranja, fresas con helado de coco.** Menú 65 €. Precio medio 60 €.

Dénia Alacant/Alicante

85 · D-2
A Alacant/Alicante, 86 km
A Madrid, 448 km
Alt. 14 m · Pob. 46.555
T. 966 422 367
GPS 38° 50' 24'' N · 0° 6' 27'' O

Visitar: Pueblo turístico que estuvo amurallado para protegerse de los piratas, es la capital de la Marina Alta alicantina. Su casco antiguo no ha perdido su sabor de medina árabe que también se deja sentir en el **castillo,** que alberga el Museo Arqueológico. La oferta museística se completa con el **Museo Etnológico** y el **Museo del Juguete.** A los pies del castillo se encuentran el conjunto de convento e iglesia de S. Antonio (s. XVII) y el Ayuntamiento. Desde la renacentista torre del Gerro se obtiene una hermosa panorámica de la ciudad. El paseo culmina en el puerto pesquero, la lonja y el barrio de **Baix la Mar,** un laberinto de casas de colores de ambiente marinero. La localidad ofrece casi 20 km de playas de arena fina (Las Marinas) y calas rocosas de aguas cristalinas (Las Rotas).

Fiestas: De interés turístico nacional son las fiestas mayores de la **Stma. Sangre** (en julio), con los tradicionales **Bous a la Mar.**

Alrededores: La ermita de la Conquista, a los pies del **Parque Natural de Monte Montgó,** está a 3 km. En **Ondara** (a 9 km) destaca la musulmana torre del Reloj. En **Benidoleig** (a 15 km) se puede visitar la Cova de les Calaveres. El litoral ofrece 18 km de playas y calas rocosas.

Restaurantes

☼☼ **Casa Pepa.** (En ONDARA, a 9 km). Partida Pamis, 7-30. T. 965 766 606. *www.casapepa.es*
Cierra almuerzos en julio y agosto, domingo cena excepto julio y agosto; y lunes. Suculenta como siempre e impregnada de actualidad cada temporada, la cocina es una memorable experiencia. **Coca de berenjena ahumada, capellán y espuma de piquillo, meloso de calamar con *fesols* de peladilla y cigala, tocinillo de cielo-pasión.** Precio medio 50 €.

Castillo de Dénia

® **El Raset.** Bellavista, 7. T. 965 785 040. *www.grupoelraset.com*
Cocina mediterránea fiel a la memoria comarcal, con pinceladas de creatividad y con desbordantes ganas de hacerlo bien. **Cigalitas con su jugo de *all i pebre* y tomates crujientes, arroz en caldero de gamba de Dénia, merengue con flan de mango.** Menú 22 €. Precio medio 42 €. De la misma propiedad, **Arrocería La Barqueta** (Bellavista 10. T. 966 421 626). Con gran variedad de arroces. En ambos, terrazas con vistas al mar.

La Seu. Loreto, 59. T. 966 424 478. *www.laseu.es*
Cierra domingo cena y lunes excepto julio y agosto; y del 7 de enero al 7 de febrero. Decoración moderna y minimalista en un caserón del s. XVII del arrabal árabe. Coca de bacalao y *tartar* de tomate con *pesto, steak tartar* de ternera gallega, mojito de fruta de la pasión. Menú 18 €. Precio medio 30 €.

Peix i Brases. Pza. Benidorm, 16. T. 965 785 083. *www.peixibrases.com*
Cierra lunes. Colosal producto en todas sus propuestas. **Pulpo seco a la llama, caldereta de langosta, corona de fresas.** Menús 13 y 30 €. Precio medio 45 €. En la planta baja, **Mediterrasian,** con cocina mediterránea-asiática.

Quique Dacosta Restaurante
Cierra lunes y martes, excepto julio y agosto, y de diciembre a febrero. Por fin llegó el reconocimiento internacional al máximo nivel que marca un hito en la historia gastronómica de la Comunidad Valenciana. Quique está pletórico y su formidable equipo, también. Aunque el recital de vanguardia mediterránea suscita interés mundial, lo emocionante es que continúa. Dos únicos menús de 135 y 160 €. Bodega a tono.

Rascassa, 1. Urb. El Poblet. Ctra. Las Marinas, km 3. T. 965 784 179. *www.quiquedacosta.es*

Hoteles

***** **Dénia Marriott La Sella Golf & Spa.** Alquería de Ferrando, s/n. T. 966 454 054. *www.lasellagolfresort.com*
Hab. 178: 110 €. Suites: 8. Campo de golf con 27 hoyos. *Wifi* gratuito en el área *lobby*. Restaurante Montgó.

**** **La Posada del Mar.** Pza. Drassanes, s/n. T. 966 432 966. *www.laposadadelmar.com*
Hab. 24: 130 €. Suites: 1. Situado en un edificio del s. XIII, bajo el castillo de Dénia, mira al Mediterráneo. Todas las habitaciones con vistas al mar. Restaurante Es Tapa Ti.

6 · B-3

Derio Bilbao Ver Bilbao

Donostia/San Sebastián Gipuzkoa

6 · F-3
A Madrid, 469 km
Alt. 5 m · Pob. 186.409
T. 943 481 166
GPS 43° 19' 14'' N · 1° 59' 8'' O

Visitar: La ciudad, a los pies de los montes Igeldo, Urgull y Ulía, se asoma a la bellísima **bahía de La Concha.** Crece junto al río Urumea, extendiéndose desde sus cuidadas calles, avenidas y puentes de estilo parisino hasta sus playas de arena fina y el puerto de pescadores. En la parte vieja, zona de bares y *pintxos*, destacan la **iglesia de S. Vicente,** gótica (s. XVI); **la basílica de Sta. María,** barroca (s. XVIII), y el **Museo de S. Telmo,** un convento dominico del s. XVI hoy transformado en Museo de Sociedad Vasca y Ciudadanía. No hay que olvidar visitar la **catedral del Buen Pastor,** de estilo neogótico (finales del s. XIX); el palacio de Miramar, donde la reina María Cristina fijó la residencia estival de la corte; las casas señoriales de La Concha; el **Peine del Viento,** conjunto escultórico-arquitectónico de Eduardo Chillida y Luis Peña, y el **auditorio Kursaal,** de Rafael Moneo. En lo alto del monte Urgull, el castillo de la Mota alberga la Casa de la Historia, que repasa los más de 800 años de la ciudad. Desde el **monte Igeldo** –al que se puede llegar en el funicular– se admiran La Concha y la isla de Sta. Clara, y desde el monte Ulía arrancan preciosos senderos litorales.

Las playas de La Concha, Ondarreta y Zurriola completan los atractivos. Entre los museos, sobresalen el Aquarium de San Sebastián, el Naval, el Eureka! Zienztzia y el de Cementos Rezola.

Fiestas: El 20 de enero es **S. Sebastián,** patrono de la ciudad, y se conmemora con una gran tamborrada. En febrero se celebra el carnaval, mientras que la llegada del verano se festeja el 23 de junio, con la bendición del árbol de S. Juan. En julio llega el Festival de Jazz, Jazzaldia, seguido de la **Semana Grande** (a mediados de agosto), con su espectacular **Concurso Internacional de Fuegos Artificiales.** En septiembre tienen lugar la Euskal Jaiak (fiesta vasca), el prestigioso Festival de Cine y las regatas de traineras del Cantábrico. La Feria Agrícola de Sto. Tomás se celebra el 21 de diciembre.

Alrededores: Vale la pena recorrer los pueblos de la costa: **Orio** (a 16 km), la villa amurallada de **Hondarribia** (a 20 km), las playas de **Zarautz** (a 20 km) y **Getaria** (a 24 km). Para conocer un entorno más rural, en el Parque Natural de Pagoeta (en Aia, a 24 km), se pueden observar especies animales autóctonas como el toro Betzu o el poni Potoka.

El *Peine del Viento,* de Eduardo Chillida

Restaurantes

® **A Fuego Negro.** 31 de Agosto, 31. T. 650 135 373.
www.afuegonegro.com
Cierra lunes y dos semanas en febrero. Es la máxima representación de la culinaria divertida, el puro espectáculo visual, musical y gustativo. Epatantes hasta los nombres de los platos y los *pintxos*. **Salmorejo *cherry* sobre migas ibéricas, oreja escabechada con mole helado.** Postres igual de provocadores: **remolacha avinagrada con yogur salado.** Menú 35 €. Precio medio 45 €.

D

Ⓡ **Agorregi.** Portuetxe, 14. T. 943 224 328. *www.agorregi.com* ❄ P
Cierra cenas de martes y miércoles, domingo y del 20 de agosto al 2 de septiembre. Gorka Arzelus domina todas las facetas culinarias con irreprochable técnica y notable sutileza. **Verduras salteadas con huevo a 65° y crema trufada, atún rojo asado, mermelada de cebolletas y mahonesa de guindilla.** Postres de una gran finura, ***panna cotta* de yogur con sopa de chocolate blanco.** Su esposa Beatriz Bengoechea es su alter ego en la sala. Precio medio 32 €.

☼☼☼

Akelarre

Cierra martes de enero a junio, domingo cena, lunes, febrero y segunda quincena de octubre. En un más difícil todavía, esta casa realiza un titánico esfuerzo diario por la excelencia. La cocina de Pedro Subijana se muestra compleja, sorprendente y sofisticada, más suculenta y sutil que nunca. **Infusión de caldo verde, cigala y rape ahumado, trinchado de buey, pastel de rabo, patatas y pimientos.** Postres de pura fantasía: **lámina de tocino de cielo de naranja con hojas de frutas.** Las detallistas prestaciones son de máximo lujo. Servicio ejemplar de vinos. Impactantes vistas sobre el mar.

Precio medio 155 €.

Pº Padre Orkolaga, 56. T. 943 311 209.
www.akelarre.net
♿ ❄ P

☼ **Aquarium-Bokado.** Pza. Jacques Cousteau, 1. T. 943 431 842.
www.bokadogrupo.com ♿ ❄
Cierra domingo cena y lunes. En un moderno emplazamiento al pie del monte Urgull con fantásticas vistas al Cantábrico, Mikel Santamaría elabora una cocina de base tradicional actualizada: **sopa donostiarra de pescado con almejas, rape y bogavante, tacos de vacuno con cereales.** Menú 45 €. Precio medio 50 €. En el renovado Museo de San Telmo **Bokado-San Telmo** (Pza. de Zuloaga, 1. T. 943 573 626. Cierra cenas de domingo a martes y miércoles en invierno, domingo cena y lunes) se ofrece la cocina de los Santamaría ejecutada por Jesús a precios más económicos (20 €).

☼☼☼

Arzak

Cierra domingo, lunes, del 15 junio al 2 de julio y del 2 al 26 de noviembre. Rodeados de un fantástico equipo en cocina, en sala y en el fecundo laboratorio de investigación, Juan Mari Arzak y su hija Elena, al alimón, impulsan las incesantes creaciones, de pura vanguardia. Al mismo tiempo, controlan el perfeccionismo que cada vez es más relevante en todas las facetas de esta histórica casa, con respeto al pasado pero con vocación futurista. Platos rompedores, incluso en sus escuetos y esenciales enunciados: **Talo fluido de morcilla, merluza pitonisa verde, cerveza de Kobe.** Postres espectaculares, **manzana negra.** Fantástica bodega. Servicio y prestaciones de la más alta exigencia, para una experiencia inolvidable.

Menú degustación 180 €.
Precio medio 155 €.

Avda. Alcalde José Elosegui, 273.
Alto de Miracruz. T. 943 278 465.
www.arzak.es ♿ ❄ P S

Ⓡ **Astelena 1997.** Euskalerría, 3. T. 943 425 867.
www.restauranteastelena.com ♿ ❄
Cierra cenas de martes y miércoles en invierno, domingo cena y lunes. El joven Ander González, de la familia del mítico bar del mismo nombre, triunfa con una cocina tradicional, bien resuelta y con destellos de actualidad. **Corazones de viera a la plancha sobre crema de patata fina, lasaña de *txangurro* a la donostiarra y trigueros.** Postres deliciosos y todos caseros: **sopa de cuajada templada con canutillos de membrillo, queso y fruta de la pasión.** Menú 24 €. Precio medio 30 €.

Ⓡ **Bodegón Alejandro.** Fermín Calbetón, 4. T. 943 427 158.
www.bodegonalejandro.com ❄
Cierra martes cena excepto julio y agosto; domingo cena, lunes y del 22 de enero al 4 de febrero. En esta histórica casa donde se inició Martín Berasategui, hoy del grupo Ixo comandado por Andoni Luís Aduriz, Inaxio Valverde elabora una cocina netamente de mercado, con guiños a la modernidad. **Tomatito de mata relleno de chipirón, asado sobre arroz cremoso de sus tintas, taco de bacalao confitado con *txangurro* a la donostiarra y pilpil.** Postres adictivos. Menús 16, 23 y 39 €. Precio medio 36 €.

Branka. Pº Eduardo Chillida, 13. Junto al Peine del Viento.
T. 943 317 096. *www.branka-tenis.com*
Cierra domingo y Navidad. La marcha de su cocinero Pablo Loureiro para establecerse por su cuenta no ha afectado, gracias a la continuidad del equipo, al culto a la mejor materia prima. **Hongos a la parrilla con yema de huevo, chipirones de potera a lo Pelayo, rey a la brasa.** Postres atractivos. ***Tatin* de manzana con helado de galleta María.** Las vistas de la bahía desde su comedor son de postal. Precio medio 47 €.

® **Casa Urola.** Fermín Calbetón, 20. T. 943 441 371.
www.casaurolajatetxea.es S
Cierra domingo cena y martes en invierno. El reconocido cocinero donostiarra Pablo Loureiro, muchos años pieza clave del restaurante Branka, ha reabierto, junto a su esposa, esta mítica casa. Mantiene su pasión por el producto genuino. **Chipirones a la brasa con *tartar* de tomate a la albahaca, lenguado a la parrilla, fresas de Getaria (Aroa) con sopa de *txakoli* y helado de cuajada.** Precio medio 45 €.

® **Etxaide 4.** Etxaide, 4. T. 943 013 853. *www.etxaide4.com*
Conocida hasta hace poco como Hikamika, inicia una nueva etapa de la mano de Javier Alberdi y Romica Rusu, experimentados cocineros y maestros de la parrilla. Local muy actual donde ofrecen una cocina tradicional elaborada artesanalmente con un producto excelente y de temporada. De postre, **torrijas con helado de manzana.** Concurrida barra de *pintxos*. Menú 13 €. Precio medio 30 €.

® **Juanito Kojua.** Puerto, 14. T. 943 420 180. *www.juanitokojua.com*
Cierra domingo cena, lunes, 10 días en junio y Navidades. Una casa histórica como pocas que rinde culto a la culinaria tradicional, no solo vasca sino marinera. La **sopa de pescado, lenguado *meunier* o a la plancha.** Postres hogareños bien resueltos. Menú 31 €. Precio medio 35 €.

Kokotxa. Campanario, 11. T. 943 421 904.
www.restaurantekokotxa.com
Cierra martes cena de enero a mayo, domingo cena, lunes, del 9 al 25 de febrero, del 2 al 9 de junio y del 12 al 29 de octubre. Dani López, enamorado del mejor producto, sabe manipularlo con distinción y prudencia dentro de una auténtica cocina fusión, moderna y sin estridencias. **Lenguado con gazpachuelo, ñoquis de remolacha, pichón de Bresse, cogollos de Tudela a la vainilla, ajos tiernos y tierra comestible.** Postres de destacada finura: **terciopelo de zanahoria, naranja y *crumble* cítrico.** Menú 27 €. Precio medio 62 €.

Mirador de Ulía. Pº Ulía, 193. T. 943 272 707.
www.restaurantemiradordeulia.com P
Cierra domingo cena, lunes, martes y segunda quincena de diciembre. El cocinero Rubén Trincado, por su total perfeccionismo, respeto por el sabor genuino, osadía y emocionantes filigranas con sentido, ha situado su innovadora cocina a la altura de visión inigualable donde se encuentra el establecimiento. **Carabinero con torrija en salsa americana y huevas de tapioca, tuétano asado con cigala, setas, alcachofas y trufa.** Postres de campeonato, como el ***carpaccio* de queso trufado.** Servicio y prestaciones en alza. Precio medio 60 €.

Miramón Arbelaitz. Mikeletegi, 53. Parque Tecnológico Miramón.
T. 943 308 220. *www.arbelaitz.com* P
Cierra cenas de domingo a miércoles, del 1 al 7 de enero, del 26 de julio al 9 de agosto y del 23 al 31 de diciembre. Adoración por el mejor producto, respeto escrupuloso al mercado y bases culinarias de mucho peso son los elementos distintivos de la elegante culinaria de José Mari Arbelaitz, que satisface a todos los comensales, al menos a los que exigen siempre lo mejor. ***Royal* de langostinos, espárragos y esencia de agua de bogavante, pichón asado y reposado, crema de asados y brotes.** Postres deliciosos: **piña macerada y sorbete de hierba luisa.** Servicio profesional y amable. Magníficas instalaciones y prestaciones de mucho nivel. Precio medio 65 €.

® **Narru.** (Hotel Niza). Zubieta, 56. T. 943 423 349. *www.narru.es*
Cierra domingo cena y lunes. El joven cocinero Iñigo Peña se ha trasladado junto a la playa de la Concha, donde mantiene sus esenciales elaboraciones con bases técnicas rigurosas y exigente producto, sin efectos especiales. **Arroz meloso con costra, gambas de Palamós y chipirón, lomo de bacalao confitado con su pilpil y crema de patata en salsa verde.** Postres mimados. En su bar, con inmejorables vistas, se ofrece un picoteo de campanillas. Precio medio 30 €.

Eureka!

El Museo de Ciencia de Donostia es un centro de divulgación científica que, además de una exposición permanente, cuenta con observatorio astronómico y planetario de última generación. Está situado en el Parque Tecnológico Miramón de Donostia, en un bello entorno natural.

Casetas de baño en la playa de La Concha

® **Ni Neu.** (Edificio Kursaal). Avda. Zurriola, 1. T. 943 003 162.
www.restaurantenineu.com
Cierra cenas de martes y miércoles y lunes excepto julio y agosto. La personalidad de su cocinero Mikel Gallo (del grupo Itxo) hace que el resultado sea cada día más atractivo. En la línea de delicadeza y perfeccionismo de las referencias originales marcadas por el grupo, sin perder la característica esencial: comida gustosa, de texturas diversas y sabores nítidos. Menú 32 €. Precio medio 30 €.

® **Rekondo.** Pº de Igeldo, 57. T. 943 212 907.
www.rekondo.com P
Cierra martes cena, miércoles, 14 días en junio y 25 en noviembre. Acertada cocina tradicional y notable parrilla de carnes. Bodega impresionante, como las ofertas de vinos, algunos históricos, junto a interesantes novedades. **Alcachofas rellenas de *foie-gras*, bacalao a la parrilla, salsa pilpil y pimientos del cristal.** Postres hogareños deliciosos. Veraniega terraza a la sombra de los árboles. Precio medio 50 €.

Trapos. (Asador). 31 de Agosto, 28. T. 943 425 758.
www.asadortrapos.com
Cierra martes cena y miércoles excepto verano, 15 días en febrero y en noviembre. Ander Murua dirige y oficia en su rústico local del s. XIX en el casco antiguo. Revuelto de *txangurro*, arroz con almejas o bogavante, parrilla de pescados del día y chuletón. De postre, tarta de queso horneada. Menú 16 €. Precio medio 40 €.

® **Viento Sur.** Avda. Zurriola, 4. T. 943 291 333.
www.vientosur.es
Verdadera cocina fusión del sevillano Eugenio Rafel, que goza de una adicta clientela al mestizaje y a la calidad de las materias primas, traídas algunas expresamente de sus alejados orígenes. **Cebiche de atún con langostinos, boniato confitado y cebolla morada, urta a la roteña.** Postres con encanto. Local de precioso diseño. Menú 20 €. Precio medio 40 €.

☼☼ **Xarma.** Avda. Tolosa, 123 AC. T. 943 317 162.
www.xarmajatetxea.com
Cierra cenas de domingo y martes, y lunes. Una cocina refinada, visualmente deslumbrante y de destacada personalidad, ofrecida por Aizpea Oihaneder y Xabier Díaz Esteibar. **Pollo Lumagorri escabechado en ensalada con virutas de *foie-gras* y sal de vino, bacalao asado sobre su *mamia*, corazones de alcachofa y oreja ibérica.** Incitantes postres: **taco de piña caramelizada y bombón fluido de leche de coco.** Servicio profesional y distinguido. Menús 25 y 65 €. Precio medio 50 €.

Hoteles

***** **María Cristina.** Pº República Argentina, 4. T. 943 437 600.
www.mariacristina.es/esp/
Hab. 135: 638 €. Suites: 28. Consultar admisión de perros. Construido en 1912 en estilo *belle époque*. Habitaciones confortables y lujosas. Completamente renovado en su 100 aniversario. Restaurante Tse-Yang, cocina china.

**** **Hotel de Londres y de Inglaterra.** Zubieta, 2. T. 943 440 770.
www.hlondres.com P
Hab. 167: 109 €. Suites: 11. Excelente ubicación, frente a la bahía de La Concha. Reformado recientemente. Restaurante La Brasserie Mari Galant.

**** **Palacio de Aiete.** Goiko Galtzara Berri, 27. T. 943 210 071.
www.hotelpalaciodeaiete.com P
Hab. 75: 50 €. Suites: 3. De diseño vanguardista. En la exclusiva y tranquila zona de Aiete, próximo al centro y a las playas. Restaurante Bera-Bera, a cargo de Asier Abal.

**** **Barceló Costa Vasca.** Avda. Pío Baroja, 15. T. 943 317 950.
www.barcelocostavasca.com P
Hab. 203: 120 €. Suites: 7. En la zona residencial de Ondarreta, a 300 m de la playa del mismo nombre y de los jardines del palacio de Miramar. Amplias y luminosas habitaciones. Restaurante Ulía.

104 · F-1

Dos Hermanas Sevilla Ver Sevilla

Ejido, El Almería

Visitar: Su rico patrimonio arqueológico incluye el **monumento funerario Daimún** y el **yacimiento de Ciavieja,** que, aunque no puede visitarse, sí se encuentra reflejado en el **Museo de Historia Local.** Una parada pasa también por el **castillo de Guardias Viejas,** que alberga una exposición permanente de uniformes militares y armamento.

Fiestas: La festividad de **S. Marcos** (abril) y la del patrón **S. Isidro** (junio).

Alrededores: Cuenta con 27 km de playas, algunas enclavadas en el entorno del **Paraje Natural de Punta Entinas** y la **Sierra de Gador.** Muy cerca está **Almerimar** (a 6 km), un centro de ocio turístico que abarca el mayor puerto deportivo de Europa y un campo de golf de 27 hoyos.

113 · A-2
A Almería, 30 km
A Madrid, 570 km
Alt. 56 m · Pob. 85.389
T. 950 489 555
GPS 36° 46' 29'' N · 2° 48' 50'' O

Restaurantes

La Costa. Bulevar de El Ejido, 48. T. 950 481 777.
www.restaurantelacosta.com
Cierra domingo. La doble propuesta de José Álvarez en su restaurante lo hace un referente culinario de Almería. Su taberna con clásicos de la tierra –**milhojas de calabacín de El Ejido**– y su comedor de vanguardia –**mero ahumado en el momento con romero y aceite de *boletus***– son citas obligadas. Precio medio 40 €.

Nautilus. (Puerto deportivo, en ALMERIMAR, a 6 km). Canoa, 13. T. 950 497 858. *www.restaurantenautilus.com* S
Cierra lunes. Bonitas vistas desde el puerto deportivo. Ensaladas y mariscos, rape al azafrán, tres chocolates. Menú 15 €. Precio medio 30 €.

Hoteles

**** **Almerimar.** Avda. Arquitecto Julián Laguna, 1. Urb. Almerimar. T. 950 497 007. *www.almerimar-resort.com* P
Hab. 277: 250 €. Suites: 1. Consultar precios y admisión de perros. En primera línea de playa. Próximo al campo de golf. Restaurante Las Mañanitas.

Elciego Araba/Álava

Ciudad del Vino de Marqués de Riscal

Visitar: De corte medieval, un paseo por el centro permite contemplar la **iglesia de S. Andrés,** la **ermita de la Virgen de la Plaza** y varias casonas blasonadas. El municipio gira en torno al vino: desde la **Ciudad del Vino de Marqués de Riscal** y su espectacular complejo hotelero diseñado por Frank O. Gehry, hasta las 11 bodegas visitables (previa reserva) de la localidad.

Fiestas: Las fiestas patronales de la **Virgen de la Plaza** (del 7 al 11 de septiembre) incluyen danzas folclóricas al son de los gaiteros.

Alrededores: La **Ruta del Vino de Rioja Alavesa** aglutina parte de las posibilidades turísticas de la zona, con pueblos como **Laguardia** (a 6 km) y **Labastida** (a 20 km).

22 · C-2
A Vitoria, 60 km
A Madrid, 341 km
Alt. 451 m · Pob. 1.070
T. 945 606 632
GPS 42° 30' 53'' N · 2° 37' 10'' O

Restaurantes

Marqués de Riscal. (Bodegas Marqués de Riscal). Torrea, 1. T. 945 180 888.
www.luxurycollection.com/marquesderiscal P
Cierra domingo, lunes y del 7 al 31 de enero. Todo es armónico, el edificio de Frank O. Gehry, los vinos Marqués de Riscal y la oferta vasco-riojana dirigida por Francis Paniego, Premio Nacional de Gastronomía. A reseñar, **cigala sobre una base de almendras y un fondo de crema de puerros, cordero glaseado con hortalizas frescas, tosta templada con queso de Cameros, manzana y helado de miel.** Precio medio 60 €.

Hoteles

***** **Marqués de Riscal.** Torrea, 1. T. 945 180 880.
www.hotel-marquesderiscal.com
Hab. 33: 297 €. Suites: 10. Incluidos desayuno y visita guiada. Diseñado por Frank O. Gehry y ubicado en las centenarias bodegas Marqués de Riscal. Restaurantes Bistró 1860 y Marqués de Riscal.

Elizondo-Baztán-Bidasoa Navarra

7 · B-4
A Pamplona, 55 km
A Madrid, 456 km
Alt. 200 m · Pob. 3.563
T. 948 581 517
GPS 43° 8' 48'' N · 1° 31' 6'' O

Visitar: Entre sus muchas casas señoriales y palacios sobresale el **palacio barroco de Arizkunenea,** el **palacio de Datue** y la **iglesia barroca de Santiago.** Las excavaciones del **castillo de Amaiur** han dejado al descubierto su estructura original y objetos de la batalla de 1512.

Fiestas: El domingo anterior a Santiago (25 de julio) tiene lugar el **Baztandarren Biltzarra,** que reúne a los 15 pueblos del valle del Baztán.

Alrededores: A 7 km se encuentra el **Parque Natural del Señorío de Bertiz,** con un jardín botánico de más de 100 años. También hay que aprovechar para acercarse a los pintorescos pueblos de **Legasa** (a 14 km) y **Lesaka** (a 22 km).

Caserío en Elizondo

Restaurantes

® **Arotxa.** (En LEGASA, a 14 km). Santa Catalina, 34. T. 948 456 100.
www.arotxa.com
Cierra cenas de domingo a jueves, martes y del 7 al 25 de enero. Los hermanos Lacar, Luis Miguel y Pedro José, ofrecen unas **carnes rojas,** tratadas con técnica y sabiduría, acompañadas de buenos **pescados** y otros productos de temporada, en una carta cuidada. Local sencillo. Precio medio 34 €.

® **Casa Galarza.** Santiago, 1. T. 948 580 101.
Cierra cenas en invierno, martes, 15 días en febrero, última semana de septiembre y primera de octubre. En este restaurante de estilo rústico y servicio esmerado se disfruta, a un nivel notable, de la carta típica de las ventas con influencias y matices de los vecinos franceses. Excelentes **fritos (¡qué bechamel!)** y magníficas **carnes y pescados.** Una sorpresa y parada casi obligada que conquista el paladar. Menú 15 €. Precio medio 25 €.

® **Kasino de Lesaka.** (En LESAKA, a 22 km). Pza. Zaharra, 23. T. 948 637 152.
Cierra lunes cena excepto festivos y vísperas de festivo. Restaurante claramente familiar, donde además de disfrutar de una de las mejores **tortilla de patatas** de España (siempre por encargo) y unas singulares **croquetas,** hay que perderse en su huerta más fresca y en los productos de la zona. Menú 12 €. Precio medio 25 €.

® **Santxotena.** Pedro Axular, s/n. T. 948 580 297. *www.santxotena.es*
Cierra cenas de septiembre a junio excepto sábado, domingo cena, lunes, primera quincena de septiembre y navidades. Un clásico de la tierra del Baztán donde la familia Santxotena se gana a pulso, cada día, en este cuidado local situado en pleno centro de Elizondo, una merecida fama como referencia de la zona. A destacar la excelente **carne** de la tierra baztanesa así como sus sugerencias de temporada y la ***pantxineta.*** Menú 14 €. Precio medio 33 €.

Hoteles

*** **Señorío de Ursua.** Cruce Errazu-Azpilkueta con N-121-B. T. 948 453 500.
www.hotelursua.com
Hab. 18: 90 €. Suites: 1. Ubicado en un caserío del s. XVII totalmente restaurado a pie del Camino de Santiago baztanés.

Elx/Elche Alacant/Alicante

93 · D-2
A Alacant/Alicante, 22 km
A Madrid, 409 km
Alt. 86 m · Pob. 230.822
T. 966 658 196
GPS 38° 16' 0'' N · 0° 41' 47'' O

Visitar: Pasado y presente conviven en esta ciudad integrada en el **palmeral más extenso de Europa,** declarado patrimonio de la humanidad, y cuya importancia queda reflejada en el **Museo del Palmeral.** No es el único vestigio de los siglos de dominación árabe, que también está presente en los **baños** (s. XII) y en la **torre de la Calahorra.** El periodo íbero dejó también grandes edificios, templos y esculturas como la famosa **Dama de Elche.** La pieza se encontró en el **yacimiento de L'Alcúdia,** la antigua población situada a 2 km del núcleo urbano que hoy alberga un parque arqueológico y se puede contemplar en el **Museo Arqueológico y de Historia de Elche.** También destaca la basílica de Sta. María (s. XVII), que alberga el Museo de la Virgen.

Fiestas: El **Misteri d'Elx,** patrimonio cultural de la humanidad, es un drama sacro-lírico que se representa en agosto en la **basílica de Sta. María.** La festividad del Domingo de Ramos, con la **procesión de las Palmas,** es de interés turístico internacional.

Alrededores: Los amantes del sol y la playa disfrutarán de una franja litoral de 9 km en la que se preservan espacios de alto valor medioambiental como las **dunas del Carabasí** y **del Pinet.**

Restaurantes

La Finca. Partida Perleta, 1-7. T. 965 456 007.
www.lafinca.es
Cierra cenas de domingo y martes, lunes, 15 días en enero y 7 días en octubre. Susi Díaz se ratifica en su refinada y gustosa creatividad. Con la colaboración de su familia, Irene y José Mª, consigue que todo transcurra maravillosamente bien. **Corazón de alcachofa con gamba roja, lomo de ternera a la brasa con emulsión de trufa, torrija caramelizada con sopa de coco.** Precio medio 60 €.

® **Mesón El Granaíno.** José María Buck, 40. T. 966 664 080.
www.mesongranaino.com
Cierra domingo y segunda quincena de agosto. La barra es una institución y su cocina, indiscutible referencia, ya en la tercera generación. **Quisquilla de Santa Pola, arroz con costra, helado de galleta María.** Precio medio 35 €.

Palmeral de Elx

Hoteles

**** **Huerto del Cura.** Porta de la Morera, 14. T. 966 610 011.
www.huertodelcura.com
Hab. 81: 150 €. Suites: 10. En el centro de la ciudad y en pleno palmeral. Próximo al aeropuerto y las playas. Restaurante Els Capellans, gastronomía mediterránea.

Empuriabrava/Castellón de Ampurias Girona

27 · C-3
A Girona, 46 km
A Madrid, 753 km
Alt. 17 m · Pob. 10.000
T. 972 450 802
GPS 42° 15' 29'' N · 3° 4' 24'' E

Visitar: Sus callejuelas, sus iglesias y su muralla invitan a soñar con el medievo. En su casco antiguo destacan la **basílica gótica de Sta. María** y el convento de Sta. Clara, del s. XIII. También hay que admirar el **Portal de la Gallarda,** la única puerta de la muralla que se conserva; la **Casa Gran,** ejemplo del gótico civil catalán, la antigua Lonja de Mar y el Pont Vell sobre el río Muga. Además, la localidad cuenta con el Museo de Historia Medieval de la Curia-Prisión y el Ecomuseo-Harinera. Forman parte del término municipal las playas de Empuriabrava y el **Parque Natural de Els Aiguamolls de l'Empordà.**

Fiestas: El 10 de agosto se celebra la **fiesta mayor en honor de St. Llorenc.**

Alrededores: A 10 km se encuentra **Roses** y a 11 km, **Figueres.** Otras poblaciones cercanas son **Cadaqués** (a 25 km) y **El Port de la Selva** (a 27 km), donde se encuentra el monasterio de St. Pere de Rodes.

Restaurantes

® **Emporium.** (Hotel Emporium). Carrer de Santa Clara, 31. T. 972 250 593.
www.emporiumhotel.com
Cierra domingo cena y lunes excepto puentes y verano, del 1 al 9 de enero y del 20 al 30 de octubre. El brillante trayecto y dedicación de la familia Jordá al frente del Emporium merecen la más absoluta consideración. **Gambas rojas aliñadas con tomate, almendras tiernas y albahaca, espaldita de cordero lechal con ciruelas al vino, tomillo y queso, chocolate negro con plátano al ron.** Un proyecto profesional y familiar que justifica la visita.
Menú 18 €. Precio medio 50 €.

Entrena La Rioja Ver Logroño

22 · C-3

Errentería Gipuzkoa

6 · F-3
A Donostia/San Sebastian, 6,9 km
A Madrid, 476 km
Alt. 217 m · Pob. 38.767
T. 943 449 638
GPS 43° 18' 45'' N · 1° 54' 3'' O

Visitar: Su casco histórico medieval está integrado por la villa primitiva y el ensanche del s. XV. Se conservan las **casas-torre de Torrekua** y **Morrontxo,** que controlaban el acceso por la puerta de Navarra.

Fiestas: La cita más importante es **Las Magdalenas,** en la segunda quincena de julio, que arranca con el chupinazo, el salve en la ermita de Sta. María Magdalena y la tamborrada nocturna.

Alrededores: Además de Errentería, tres municipios están recorridos por el río Oiartzun: **Lezo** (a 1,6 km); **Oiartzun** (a 5 km), que se comunica con Errentería por un sendero que solo es transitable a pie o en bicicleta, y **Pasaia** (a 5 km), con sus casas de pescadores, astilleros y clubs de remo.

Restaurantes

Mugaritz

Cierra domingo cena, martes almuerzo, lunes, y de mediados de diciembre a mediados de abril. Tras el largo cierre anual para experimentar y reflexionar, el increíble equipo capitaneado por Andoni Luis Aduriz ofrece una cocina de esencialidad única, inimitable. Recomendar platos de su espectacular menú es tarea casi imposible porque están en incesante cambio. Como elocuentes ejemplos: **sopa de aleta de tiburón (sin tiburón) en un caldo de coliflor tostada, merluza con almidón de agua de chufas y concentrado de almejas.** Postres también impactantes. El servicio es otro espectáculo visual. Apasionante y apasionada la carta de vinos.

Precio medio 165 €.

Aldura Aldea, 20. Autovía A-8, Oiartzun-Errentería Este. T. 943 522 455. *www.mugaritz.com*

Escala, L' Girona

27 · C-3
A Girona, 35 km
A Madrid, 700 km
Alt. 14 m · Pob. 10.000
T. 972 770 603
GPS 42° 7' 29'' N · 3° 7' 53'' O

Visitar: Este encantador pueblo marinero guarda uno de los yacimientos arqueológicos más importantes de Cataluña: las **Ruinas d'Empúries,** conjunto histórico-artístico de gran valor que forma parte del **Museo de Arqueología de Catalunya.** Los restos conservados de las sucesivas ciudades griega (Emporion) y romana (Emporiae) demuestran que la zona fue la puerta de entrada de las culturas clásicas a la Península Ibérica. También destaca el **Museo de l'Anxova i de la Sal,** que da cuenta del proceso de producción de uno de los tesoros gastronómicos de la zona, y hay que recorrer el paseo de la costa que llega hasta **Sant Martí d'Empúries,** núcleo originario de L'Escala conservado hoy como pueblo medieval con la catalogación de conjunto histórico-artístico.

Fiestas: Además de los carnavales y la procesión marítima del **día del Carmen** (16 de julio), destacan las fiestas mayores del 31 de agosto al 2 de septiembre; la **Fiesta de l'Anxova,** el primer domingo de octubre, con degustación popular y cantada de habaneras, y la **Fiesta de la Sal,** el 21 de septiembre.

Alrededores: La Ruta Marinera permite hacer un paseo en barca para conocer la historia del municipio, la defensa contra la piratería desde la **torre de Montgó** y mil y una anécdotas de pescadores sobre el contrabando. Todo ello mientras se observan las maravillas geológicas de la **costa del Montgrí,** con lugares tan sugerentes como las cuevas de las Cambres, del Tabaco y del Sabó y el salto de la Diosa. La ruta culmina en la cala Ferriol y la Foradada.

Cascos romanos

Restaurantes

El Molí de Sant Vicenç. Camí de les Corts, s/n. Camps dels Pians. T. 972 774 727. *www.molidelescala.com*
Cierra domingo cena y lunes. La carta elaborada por Jordi Jacas es una interesante amalgama, una sabrosa proposición de cocina estacional, que armoniza sabores, técnica y buen producto de proximidad. ***Carpaccio* de *magret* de pato con *foie-gras* y aceite de trufa, arroz *socarrat* con gambas de Palamós.** Menú 20 €. Precio medio 45 €.

® **El Roser 2.** Pº Lluis Albert, 1. T. 972 771 102. *www.elroser2.com*
Cierra cenas de domingo y miércoles. Más de 30 años de absoluta entrega y profesionalidad complementados por personalizadas y sabrosas propuestas de cocina marinera y magníficas vistas al Mediterráneo. **Rodaballo con *espardenyes* y cítricos.** Menú 25 €. Precio medio 50 €.

Els Pescadors. Cala del Port d'en Perris, 5. T. 972 770 728. *www.pescadors.com*
Cierra domingo cena y jueves de septiembre a junio; y noviembre. En la bahía de Roses, frente al mar. Ensalada de gambitas de Roses, *suquet* de rape y rodaballo, macedonia natural con sorbete de mandarina. Menú 20 €. Precio medio 50 €.

Espluga de Francolí, L' Tarragona

47 · C-1
A Tarragona, 43 km
A Madrid, 522 km
Alt. 414 m · Pob. 3.930
T. 977 871 220
GPS 41° 23' 40'' N · 1° 5' 50'' O

Visitar: Situada en plena comarca de la Conca de Barberá, está rodeada por un hermoso paraje. Pueden visitarse las **cuevas de l'Espluga,** por donde discurre el río Francolí y donde hubo asentamientos humanos. Su antiguo hospital es hoy biblioteca y la Casa Curalla alberga el **Museo de la Vida Rural.** La iglesia de St. Miquel (ss. XII-XIV) está declarada monumento histórico-artístico.

Fiestas: Muy popular es su carnaval, conocido como **La Rúa de les 1.000 disfresses.** La fiesta mayor en honor a sus patrones, St. Abdón y St. Senén, se celebra el último fin de semana de julio.

Alrededores: En el término municipal de **Vimbodí i Poblet,** a 2 km, se encuentran el **Real Monasterio de Poblet,** patrimonio de la humanidad, y los de Santes Creus y de Vallbona de les Monges, incluidos en la Ruta del Císter.

Restaurantes

Masía del Cadet. (Hotel Masía del Cadet). Ctra. Les Masíes de Poblet, s/n. T. 977 870 869. *www.masiadelcadet.com*
Cierra domingo cena y lunes no festivos. Con 12 habitaciones. Masía del siglo XIV en un entorno natural. *Xató*, caracoles dulces y picantes, perdiz a la vinagreta, ensalada de fruta del tiempo. Precio medio 30 €.

Hoteles

*** **Monestir.** (En MONESTIR DE POBLET, a 1 km). Les Masies, s/n. T. 977 870 058. *www.hotelmonestir.com*
Hab. 28: 80 €. Situado en plena Ruta del Císter, en el Parque Natural de las Montañas de Prades y junto al Real Monasterio de Poblet. Rodeado de bosques. Totalmente reformado.

Esquedas Huesca Ver Huesca

24 · A-4

Estepona Málaga

110 · D-3
A Málaga, 85 km
A Madrid, 610 km
Alt. Nivel del mar · Pob. 67.000
T. 952 802 002
GPS 36° 25' 27'' N · 5° 8' 46'' O

Visitar: El espacioso paseo de casi 3 km que recorre la playa de la Rada hasta el puerto pesquero es la joya de este municipio. Además, repartidas a lo largo de sus 21 kilómetros de costa, hay siete torres almenaras de origen musulmán y castellano, testimonio de un sistema de defensa que perduró hasta el s. XIX y del que se han conservado los restos del **castillo de S. Luis.** Cuenta con la primera plaza de toros asimétrica del mundo, que acoge varios museos municipales.

Fiestas: Destaca su **Semana Santa.** El 23 de junio se celebra la Quema de los bigotes de S. Juan. A principios de julio, la feria y fiestas mayores y una semana después, la festividad de la patrona, la Virgen del Carmen.

Alrededores: A 16 km se sitúa el **Paraje Natural de Sierra Bermeja,** con una población vegetal de alcornoques, pinos y pinsapos. Desde el **pico de los Reales** se disfrutan de vistas del litoral y de Gibraltar.

Típico *pescaíto*

Restaurantes

La Alcaría de Ramos. Jazmín, 1. Urb. El Paraíso. Ctra. N-340, Málaga-Cádiz, km 166. T. 952 886 178. *www.laalcariaderamos.es*
Cierra almuerzos y domingo. Ensalada de calamarcitos con *emmental,* lubina al aceite suave de jengibre con salsa de piña y pimiento dulce del cristal, choco-pasión. Casa andaluza regentada por la familia Ramos. Precio medio 25 €.

® **La Menorah.** Ctra. N-340, Málaga-Cádiz, km 151,2. Urb. Arena Beach. 2ª fase. T. 952 807 031. *www.restaurantelamenorah.com*
Cierra lunes y del 8 de enero al 1 de marzo. Francisco López y José Luis Mariscal son referentes gastronómicos de la zona por el buen hacer en cocina y comedor. **Pulpo a la mostaza, salmonetes de roqueo.** De postre, **locura de Estepona.** Precio medio 40 €.

Hoteles

***** **Gran Hotel Elba Estepona & Thalasso Spa.** Ctra. Estepona-Cádiz, 151. T. 952 809 200. *www.hoteleselba.com*
Hab. 204: 192 €. Suites: 65. Centro Thalasso-Spa con más de 1.400 m². Restaurantes Arena-Beach, Al-Andalus, París-Roma y Asia-Fusión. Imprescindible reservar.

Estrada, A Pontevedra

8 · D-4
A Pontevedra, 37 km
A Madrid, 592 km
Alt. 293 m · Pob. 21.657
T. 986 570 030
GPS 42° 41' 21'' N · 8° 29' 34'' O

Rapa das Bestas en la parroquia de Sabucedo

Visitar: En esta bella localidad llama la atención el **pazo de Oca,** con su iglesia-capilla, el pazo y unos bellos jardines que lo convierten en uno de los máximos exponentes de la arquitectura civil gallega. Del románico hay que señalar iglesias como la de **Sta. María de Frades** y S. Miguel de Moreira. Una visita curiosa es el **Museo del Mueble y de la Madera.**

Fiestas: Destaca la espectacular lucha entre hombres y caballos en la **Rapa das Bestas** (parroquia de **Sabucedo),** el primer fin de semana de julio, declarada fiesta de interés turístico internacional.

Alrededores: A 10 km se hallan las **termas de Cuntis,** con balneario y circuito lúdico-termal. En la parroquia de **Frades** (a 12 km) hay un campo de golf rústico. **Campo Lameiro** (a 27 km) es la capital del arte rupestre gallego.

Restaurantes

® **Nixon.** Avda. Ponteareas, 14. T. 986 570 261.
www.restaurantenixon.com
Cierra domingo cena, lunes y segunda quincena de noviembre.
Es la referencia de la zona, con una larga tradición familiar. Su mejor reclamo sigue siendo el **salmón de río,** preparado de muy diversas formas. También el **solomillo de vaca gallega.** Menú 19 €. Precio medio 30 €.

Hoteles

**** **Pazo a Nugalla.** (En la parroquia de CURANTES-SAN MIGUEL).
Lugar de Pousada, 27. T. 654 834 280. *www.nugalla.com* P
Hab. 9: 120 €. Suites: 1. Edificio declarado patrimonio histórico-artístico, enclavado en la ladera de un valle y rodeado de magníficos paisajes.

Ezcaray La Rioja

22 · A-3
A Logroño, 61 km
A Madrid, 316 km
Alt. 810 m · Pob. 2.098
T. 941 354 679
GPS 42° 19' 35'' N · 3° 0' 53'' O

Visitar: A orillas del valle del Oja, en su casco urbano sorprende la **iglesia gótica de Sta. María la Mayor,** cuyos torreones le confieren un aspecto de fortaleza medieval y palacio.

Fiestas: El lunes de Pentecostés se celebra **Sta. Bárbara** y del 23 al 27 de septiembre, las fiestas en honor a su patrona, la Virgen de Allende y Gracias.

Alrededores: Merecen una visita las cercanas aldeas de **Posadas, Turza** y **Ayabarrena,** con sus callejuelas empedradas, soportales y pasadizos de madera. A 14 km se encuentra la **estación de esquí de Valdezcaray.** La **Sierra de la Demanda,** a 27 km, ofrece fantásticas vistas del valle del Oja.

Restaurantes

® **Casa Masip.** Avda. Academia Militar, 6. T. 941 354 327.
www.casamasip.com
Cierra cenas de domingo, miércoles y jueves, martes y segunda quincena de noviembre. Con 10 habitaciones. Típica cocina riojana como los **caparrones,** las **carrilleras de ternera** y la **menestra de verduras.**
Menú 18 €. Precio medio 28 €.

El Portal de Echaurren
Cierra martes de enero a junio, domingo cena, lunes, 10 días a finales de junio y de finales de diciembre al 1 de marzo.
Francis Paniego, Premio Nacional de Gastronomía, secundado en la sala por su hermano José Félix, experto sumiller. Los menús degustación (60, 70 y 80 €) aúnan las equilibradas y sabrosas creaciones de Francis, de raíz riojana, con el homenaje a las deliciosas **croquetas** de su madre Marisa, también Premio Nacional de Gastronomía, y golosos postres. Una armonía de los sentidos.
Precio medio 60 €.
(Hotel Echaurren). Padre José García, 19. T. 941 354 047. *www.echaurren.com*
P

Hoteles

*** **Echaurren Hotel Gastronómico.** Padre José García, 19. T. 941 354 047.
www.echaurren.com P
Hab. 20: 85 €. Suites: 1. Edificio histórico, ubicado en el centro de la villa y próximo a los distintos puntos de interés. Restaurantes El Portal, Echaurren y Gastrobar Etapas.

*** **Palacio Azcárate.** Padre José García, 17. T. 941 427 282.
www.palacioazcarate.com P
Hab. 20: 128 €. Suites: 1. Casona palaciega con encanto. Conserva sus históricos jardines y fachada.

Felguera, La Asturias Ver Langreo

3 · F-4

Ferrol A Coruña

1 · F-2
A Coruña, 52 km
A Madrid, 661 km
Alt. 400 m · Pob. 72.963
T. 981 311 179
GPS 43° 29' 17" N · 8° 13' 27" O

Visitar: Esta ciudad llena de contrastes rememora en sus calles su origen marinero y su pasado como enclave militar. La **Ruta de la Construcción Naval** (Semana Santa y verano), muestra la evolución de la construcción naval desde que la ría de Ferrol fue convertida en astillero y arsenal real (hace más de 250 años) hasta nuestros días. Pasa por el Museo Naval, Exponav y el **castillo de S. Felipe,** a la entrada de la ría. En el Ferrol viejo destaca el **barrio de la Magdalena,** conjunto histórico-artístico que conserva bellos edificios modernistas. Otras visitas interesantes son la concatedral de S. Julián y la iglesia de S. Francisco.

Fiestas: Su **Semana Santa** es de interés turístico nacional. En enero se celebra la fiesta de su patrón, S. Julián; el 18 de marzo, la Fiesta de las Pepitas y en agosto, las fiestas de verano, con feria medieval y conciertos.

Alrededores: Cerca de Ferrol hay magníficos arenales como el de Doniños, S. Jorge y Sta. Comba, donde en días de viento puede practicarse surf y *bodyboard.* También hay que visitar los faros de Prioriño, a la entrada de la ría, y de Prior, en la parroquia de Covas. A 9 km se ubica **Magalofes,** buen punto de partida para conocer el concejo de Fene, con su puente medieval sobre el río Belelle y la iglesia del Divino Salvador de Fene.

Playa de Ferrol

Restaurantes

® **A Gabeira.** Lugar Valón, 172. T. 981 319 057.
www.nove.biz
Cierra cenas de martes y domingo, lunes y del 14 de octubre al 9 de noviembre. Sigue insistiendo en una cocina creativa, dentro de una reconocible base gallega. Mantiene una sabia convivencia de platos tradicionales con creaciones personales de Miguel Ángel Campos, muchas veces inspiradas en la gastronomía de la comarca ferrolana. Precio medio 45 €.

Medulio. Lugar del Bosque, 73. T. 981 330 089.
www.restaurantemedulio.com
Cierra domingo cena, y lunes. Casa del s. XVIII con árboles centenarios y cocina gallega tradicional. Pulpo *a feira*, pescados del Cantábrico. Precio medio 35 €.

Muiño do Vento. (En MAGALOFES, a 9 km). Cadavas, 4-B. Ctra. N.651, dirección Ferrol a 1 km. T. 981 340 921.
Cierra domingo cena, lunes, del 5 al 24 de septiembre y del 24 de diciembre al 2 de enero. Ha consolidado su prestigio, basado en la calidad del género, especialmente hablando de mariscos. Su plato clásico: las almejas a la plancha. Precio medio sin marisco 35 €.

® **O'Parrulo.** Ctra. Catabois, 401. T. 981 318 653.
www.oparrulo.com
Cierra miércoles cena y domingo. Un canto a las esencias de la cocina gallega de siempre. Cuidada materia prima, base de esa cocina; muy buenos **pescados (rodaballo, mero, rape...)** y un espectacular **chuletón de ternera gallega.** Precio medio 30 €.

Hoteles

**** **Parador de Ferrol.** Pza. Contralmirante Azarola Gresillón, s/n. T. 981 356 720.
www.parador.es
Hab. 37: 70 €. Ubicado en el centro de esta marinera localidad, recrea la esencia de una mansión gallega. En concordancia con su entorno marítimo, se decora con motivos náuticos y maderas nobles. Restaurante La Fragata.

Figueras Asturias Ver Castropol

2 · F-2

Figueres Girona

27 · B-2
A Girona, 37 km
A Madrid, 747 km
Alt. 30 m · Pob. 44.930
T. 972 503 155
GPS 42° 16' 2" N · 2° 57' 35" E

Visitar: Cuna del pintor Salvador Dalí, esta ciudad es la capital de la comarca del Alt Empordà y un destino con una amplia oferta cultural, encabezada por el **Teatro-Museo Dalí.** También resulta interesante el **Museo del Juguete.** La Rambla es el principal paseo y eje vertebrador de la localidad y en ella se dan cita bellas casas modernistas, como Casa Cusí, Casa Puig-Soler y Casa Salleras. Otras visitas obligadas son el espectacular **castillo de St. Ferran** (s. XVIII) y las murallas medievales.

Monumento Mediterráneo, en el paseo marítimo

Fiestas: La patrona de la localidad es Ntra. Sra. del Rosario y en su honor se celebran las fiestas del 6 al 12 de octubre. En mayo acoge la Feria Internacional de los Pueblos y, en julio, el **Festival del Castillo,** de interés turístico nacional.

Alrededores: Esta ciudad ofrece amplias playas mediterráneas a solo 1 km del casco urbano: Los Boliches, Torreblanca, Carvajal... Hacia el interior se llega a **Mijas,** a 8 km, con sus caseríos andaluces y sus campos de golf, o **Alhaurín el Grande,** con la iglesia de la Encarnación y el palacio de Montellano.

Restaurantes

Girol. Avda. Salinas, 10. T. 952 660 268.
www.restaurantegirol.com
Cierra domingo. Acogedor y espacioso comedor de cocina mediterránea. Ajo blanco malagueño, arroz negro con choco, tomate y aire de limón, helado y sorbetes. Menú 32 €. Precio medio 35 €.

Los Marinos José. Pº Marítimo Rey de España, s/n.
T. 952 661 012.
Cierra lunes y octubre. Treinta años de dedicación, trabajo y constancia de la familia Sánchez con una cocina marinera frente al mar. **Coquinas a la plancha, boquerón frito abierto con jugo de tomate natural, pescados a la sal, tartita de manzana con techo de vainilla.** Precio medio 39 €.

Hoteles

**** **IPV Palace & Spa.** Playa del Ejido, 3. T. 952 922 000.
www.hotelesipv.com
Hab. 279: 80 €. Suites: 6. En un enclave único, junto al castillo Sohail, y con 300 m de playa en primerísima línea. Habitaciones con vistas al mar. Restaurantes La Alacena, La Taurina y Doña Lola.

---

22 · C-2

Fuenmayor La Rioja Ver Logroño

Fuente Dé-Espinama Cantabria

11 · D-2
A Santander, 140 km
A Madrid, 426 km
Alt. 1.070 m · Pob. 122
GPS 43° 8' 34'' N · 4° 48' 50'' O

Visitar: En el extremo sureste del **Parque Nacional de los Picos de Europa,** donde nace el río Deva, se ubica esta pequeña localidad del municipio de Camaleño. Es famosa por su **teleférico,** que brinda unas vertiginosas vistas desde una altura de 1.850 m. Merece la pena detenerse a contemplar sus casas antiguas, algunas de ellas blasonadas.

Fiestas: El 2 de julio, cientos de devotos se congregan en la ermita de la **Virgen de la Salud** (praderas de los puertos de Áliva) para celebrar una de las fiestas más veneradas de la zona. Está declarada de interés turístico regional.

Alrededores: Gracias a su teleférico, se puede acceder al **mirador del Cable,** que regala una fantástica panorámica. Fuente Dé pertenece al concejo de Espinama, formado por **Pido** (a 3 km), **Espinama** (a 3 km) y **Las Ilces** (a 6 km).

Hoteles

*** **Parador de Fuente Dé.** Ctra. de Fuente Dé, s/n. T. 942 736 651.
www.parador.es
Hab. 77: 128 €. Cierra del 1 de enero al 28 de febrero y del 1 de diciembre al 31 de diciembre. Al lado del teleférico, punto de partida para las excursiones por los Picos de Europa. Restaurante Alfonso XIII, cocina regional e internacional.

Galapagar Madrid Ver San Lorenzo de El Escorial

53 · B-3

Galdakao Bizkaia

13 · B-1
A Bilbao, 6 km
A Madrid, 375 km
Alt. 60 m · Pob. 29.183
T. 944 010 561
GPS 43° 13' 45'' N · 2° 50' 24'' O

Visitar: Ubicado en el regazo del monte Galdames, cuenta con un río, el Ibaizábal, que recorre el municipio. Su patrimonio histórico incluye la **iglesia de Andra Mari** (s. XIII), monumento nacional con un hermoso retablo plateresco, y la iglesia de Sta. María de Galdakao (s. XIX). Desde allí, se puede pasear hasta las torres de Isasi Goikoa y de **Lekue,** convertida en residencia palaciega. Uno de sus monumentos más característicos es **El Gallo,** símbolo caminero de Bizkaia.

Fiestas: Sus fiestas patronales se celebran en septiembre. También destacan los **carnavales** y S. Juan.

Alrededores: Galdakao forma parte de la ruta de las villas nobles de la **comarca del Duranguesado,** que incluye otros municipios como Amorebieta-Etxano, Durango, Elorrio, Berriz, Garai e Iurreta.

Restaurantes

Andra Mari. B° Elexalde, 22. T. 944 560 005.
www.andra-mari.com P S
Cierra cenas excepto fines de semana; martes, del 19 al 23 de abril y del 5 al 30 de agosto. Es la gran referencia de la zona. La cocina de mercado, la atención de sala y la bodega son emblemáticos. Degustación de **bacalao, almejas naturales sobre jugo de pochas y *pistou* de ajo, dados de manzana reineta con su jugo y sidra.** Precio medio 45 €.

Aretxondo. B° Elexalde, 20. T. 944 567 671.
www.restaurante-aretxondo.com P
Cierra cenas excepto sábado; lunes, primera quincena de enero y del 4 al 21 de agosto. Precioso caserío, rodeado de paisajes verdes, de Ricardo Asua. Degustación de **bacalao, rodaballo al horno con crema de calabaza dulce y crujiente de arroz, degustación de chocolates con frambuesa.** Menú 17 €. Precio medio 45 €.

® **Petit Komité.** (Hotel Iraragorri). Txomin Egileor, 28. T. 944 363 601.
www.petitkomite.com P
Cierra lunes almuerzo y domingo. Local muy agradable y decorado con gusto en este precioso caserío en el que se encuentra el hotel Iraragorri. Cocina de vanguardia con productos de temporada. Menú 28 €. Precio medio 50 €.

Gandía Valencia

85 · B-1
A Valencia, 65 km
A Madrid, 418 km
Alt. 24 m · Pob. 80.020
T. 962 877 788
GPS 38° 58' 7'' N · 0° 11' 11'' O

Playa de Gandía

Visitar: Sus más de 7 km de costa hacen de este municipio uno de los destinos más visitados de España. Destacan la playa Norte, la L'Ahuir (nudista) o las de Venecia y Rafalcaid. El centro histórico mantiene intacto su trazado medieval. Es interesante acercarse al **palacio de los Borja,** construido sobre las ruinas de una casona árabe; la **colegiata de Sta. María,** uno de los edificios emblemáticos de la ciudad; el convento de Sta. Clara y la fachada neoclásica del Ayuntamiento, en la Plaza Mayor. El torreón del Pino y la antigua universidad, la primera del mundo regida por la Compañía de Jesús, también merecen una visita. En el antiguo hospital de S. Marcos se ubica el moderno **Museo Arqueológico.**

Fiestas: Las más concurridas son las **Fallas,** que se celebran en marzo, S. Juan (junio) y las fiestas de la Virgen del Carmen (julio). En septiembre tiene lugar la semana grande en honor a su patrón, S. Francisco de Borja.

Alrededores: En **Daimús** (a 5 km) se puede disfrutar de una extraordinaria playa. En **Oliva** (a 10 km) están las iglesias de Sta. María y de S. Roc y un horno romano del s. I. En la pedanía de **Barx** está la cueva del Parpalló, el más importante vestigio del arte rupestre levantino. Y a 24 km, el monasterio de Ntra. Sra. de la Valldigna (s. XIII).

Restaurantes

® **Casa Manolo.** (En playa de DAIMÚS, a 5 km). P° Marítimo, 5.
T. 962 818 568. *www.restaurantemanolo.com* P
Fidelidad al producto para la culinaria creativa y personal de Manuel Fominaya. **Navajas a la brasa con aire de lima, arroz cremoso de coliflor y sepia, ensalada de frutas.** Menú 36 €. Precio medio 45 €.

Emilio. Avda. Vicente Calderón, 10. Playa de Gandía. T. 962 840 761.
www.restauranteemilio.es
Cierra cenas de domingo a miércoles excepto verano, y 15 días en enero. Un clásico local con cocina mediterránea. Ravioli relleno de calabaza y requesón, fideuá de Gandía, helado de coco con naranja amarga. Menú 15 €. Precio medio 25 €.

Kayuko. Formentera, 16. Playa de Gandía. T. 962 840 137.
www.restaurantekayuko.com S
Cierra lunes. Los arroces, mariscos y pescados presiden la oferta culinaria. Menú 20 €. Precio medio sin marisco 25 €.

Hoteles

**** **RH Bayren I.** Pº de Neptuno, 62. T. 962 840 300.
www.hotelesrh.com
Hab. 175: 184 €. Suites: 7. En primera línea de playa. Restaurante La Goleta.

Gernika-Lumo Bizkaia

6 · C-3
A Bilbao, 32 km
A Madrid, 423 km
Alt. 10 m · Pob. 16.295
T. 946 255 892
GPS 43º 19' 1'' N · 2º 40' 49'' O

Visitar: La Guerra Civil marcó la historia de la localidad, símbolo de la identidad vasca. La villa quedó destruida tras los bombardeos alemanes de 1937, que inspiraron a Picasso para pintar el *Guernica*. En la ciudad hay más espacios ligados a la contienda como el **Museo de la Paz** y el **parque de los Pueblos de Europa,** con esculturas de Eduardo Chillida y Henry Moore. En su **Casa de Juntas** está el centenario árbol bajo el que se escribieron las leyes vascas. También es interesante el Museo Euskal Herria, la iglesia de Sta. María y el mural de cerámica del *Guernica* de Picasso.

Fiestas: En abril se conmemora el aniversario del bombardeo, y las fiestas patronales son las de **Andra Mari** y **S. Roque,** en agosto.

Alrededores: Hay que visitar la Reserva de la Biosfera del Urdaibai (a 12 km) en cuyo núcleo, Busturia, está el Centro de Biodiversidad de Euskadi; la **cueva de Santimamiñe** (a 6 km), con pinturas rupestres; el Bosque de Oma, pintado por Agustín Ibarrola, y en **Forua** (a 3 km), los restos de un poblado romano de los ss. I al III.

Partido de *jai alai* (cesta punta)

Restaurantes

Baserri Maitea. (En FORUA, a 3 km). Bº Atxondoa, s/n. T. 946 253 408.
www.baserrimaitea.com
Cierra cenas de martes a jueves excepto verano, y cenas de domingo y lunes. En plena naturaleza, un caserío del s. XVIII especializado como asador en **pescados** y **carnes a la parrilla.** Para comenzar, ***kokotxas* a la brasa y su pilpil ligado.** Para terminar, cualquiera de los postres elaborados en la casa. Precio medio 40 €.

Zallo Barri. Juan Calzada, 79. T. 946 251 800. *www.zallobarri.com*
Cierra cenas de domingo a jueves. Iñigo Ordorika evidencia su profesionalidad en el restaurante familiar. Vieira braseada con cebiche de pimiento rojo, rodaballo en su jugo, texturas del café. Menú 10 €. Precio medio 40 €.

Hoteles

**** **Castillo de Arteaga.** (En GAUTEGIZ DE ARTEAGA, a 9 km). Gaztelubide, 7. T. 946 270 440. *www.castillodearteaga.com*
Hab. 10: 190 €. Suites: 3. Castillo neogótico.

Getaria Gipuzkoa

6 · E-3
A Donostia/San Sebastián, 25 km
A Madrid, 435 km
Alt. 17 m · Pob. 2.628
T. 943 140 957
GPS 43º 18' 11'' N · 2º 12' 20'' O

Visitar: Bella población pesquera, cuna de ilustres personajes como Juan Sebastián Elcano y Cristóbal Balenciaga, que tiene aquí su museo. Está enclavada en una pequeña península que termina en el monte de S. Antón (conocido como Ratón de Getaria). Merece la pena contemplar sus **casas medievales** y perderse por sus calles, como la de Elcano, con pintorescas casas de pescadores. Destaca la **iglesia de S. Salvador,** monumento nacional. En ella se celebró la Junta General de 1397 en la que se declaró Gipuzkoa como provincia. Getaria es popular por la D. O. Getariako Txakolina.

Fiestas: Las fiestas patronales de S. Salvador son la semana del 6 de agosto. El 17 de enero se celebra **S. Antón,** donde se prueba el primer *txakoli* de la cosecha.

Alrededores: Destacan sus cuatro **barrios rurales:** Askizu y S. Prudencio (unidos por una calzada romana) y Eitzaga y Meagas (a los pies del Monte Gárate). La **playa de Malkorbe** y la de **Gaztetape** son ideales para practicar deportes acuáticos.

Restaurantes

Elkano. Herrerieta, 2. T. 943 140 024.
www.restauranteelkano.com
Cierra cenas de domingo y martes y lunes excepto del 15 de julio al 31 de agosto, 18 días después de Semana Santa y del 4 al 22 de noviembre. Las elaboraciones a la brasa de esta casa son infalibles, pero además se investiga constantemente con resultados sorprendentes e innovadores, manteniendo un producto estelar. **Chipirones a la brasa con salsa negra, rodaballo a la parrilla emplatado con sus dos pieles.** Gran bodega con precios comedidos. Conviene seguir fielmente las certeras recomendaciones de Igor Arregi, hijo de los patrones. Precio medio 85 €.

® **Iribar.** Nagusia, 34. T. 943 140 406.
www.getariaexperience.com
Cierra miércoles cena, jueves, 10 días en abril, en junio, en octubre y en noviembre. Variadas ofertas de la culinaria típica de los asadores con elaboraciones en las que, en sus temporadas, sobresalen platos de **caza y verduras.** Siempre con la base de su buena parrilla, no solo de **pescados.** Postres muy cuidados y livianos: **tarta de yogur con mango.** Precio medio 35 €.

Kaia-Kaipe. General Arnao, 4. T. 943 140 500.
www.kaia-kaipe.com
Cierra miércoles cena y lunes excepto verano; primera quincena de marzo y segunda de octubre. En dos espacios diferentes, uno más sencillo y el otro de más calado, ambos destacables por su fantástica parrilla y los géneros de primera. Igor Arregi, tercera generación de este negocio familiar, dirige con solvencia ofreciendo las ofertas inolvidables de la casa. **Hongos a la plancha con puré de patatas y yema de huevo, *kokotxas* en salsa verde o a la brasa.** Postres de una gran delicadeza. Posee viveros propios con agua de mar. Bodega fantástica. Precio medio 50 €.

Hoteles

**** **Iturregi.** B° Askizu, s/n. T. 943 896 134.
www.hoteliturregi.com
Hab. 6: 150 €. Suites: 2. Rodeado de viñedos, con vistas a la costa vasca. Préstamo de bicicletas gratuito.

Getxo Bizkaia

6 · A-3
A Bilbao, 15 km
A Madrid, 400 km
Alt. 10 m · Pob. 80.478
T. 944 910 800
GPS 43° 21' 15'' N · 3° 0' 43'' O

Visitar: Bordeada por espectaculares acantilados, Getxo invita a disfrutar del mar y a contemplar sus magníficas casonas. Es famosa por el **puente colgante de Bizkaia,** patrimonio de la humanidad, una estructura de hierro del s. XIX que une esta localidad con Portugalete. El municipio engloba los barrios de **Las Arenas** (destaca el palacio Kai-Alde y la casa Cisco); **Algorta** (con su Palacio Consistorial, la iglesia de la Stma. Trinidad y el puerto viejo de casitas encaladas); Neguri (con impresionantes palacetes); **Sta. María de Getxo** (con la iglesia de Andra Mari, el molino de Aixerrota y las ruinas del Fuerte de la Galea) y Romo.

Fiestas: Las fiestas locales son S. Isidro, el 15 de mayo, y Las Mercedes (en Las Arenas), el 24 de septiembre. También se celebra el 31 de julio **S. Ignacio de Loyola,** fiesta patronal de Bizkaia (en Algorta).

Alrededores: Posee varios kilómetros de playas, entre las que destacan la de Las Arenas, **Ereaga** (de arena fina y blanca), Arrigunaga, Gorrondatxe-Aizkorri (de arena oscura de origen volcánico) y **Barinatxe-La Salvaje** (ideal para los amantes del surf).

Casa típica en Getxo

Restaurantes

® **Cubita.** Ctra. La Galea, 30. T. 944 911 700.
www.cubita.biz
Cierra domingo cena y miércoles. Espectacular vista sobre la entrada del Abra, adosado al bello molino de Aixerrota. **Chipirones de anzuelo, pescados** del Cantábrico, carro de postres. Menú 46 €. Precio medio 55 €.

Jolastoky. Avda. Chopos, 21. T. 944 912 031.
www.restaurantejolastoki.com
Cierra cenas de domingo y martes, lunes, y tres semanas en agosto. La familia Arana sigue en su elegante casa con terraza y jardín dirigida por Itxaso y con su hermano Sabin ofreciendo su buena cocina de temporada **(setas, caza, espárragos...).** También es emblemático el **bacalao** y deliciosa ***pantxineta*** de postre. Precio medio 50 €.

® **Tamarises.** (Hotel Los Tamarises). Muelle de Ereaga, 4. T. 944 910 005. *www.lostamarises.com* ♿ ❄ P S
Cierra domingo cena. Emblemático local de la playa de Ereaga, reformado en 2011 por un equipo joven del grupo Etxanobe bajo la atención culinaria de Fernando Canales. **Falso huevo de bacalao con crema de almendras, *marmitako* de bogavante, panaché de frutas frescas y *soufflé* de almendras.** Precio medio 45 €.

Hoteles

** **Artaza.** Avda. de los Chopos, 12. T. 944 912 852. *www.hotelartaza.com* ❄ P
Hab. 12: 88 €. Palacete de principios del s. XX declarado monumento histórico-artístico, dentro de un parque de más de 14.000 m2.

Gijón Asturias

Playa de S. Lorenzo

3 · F-3
A Oviedo, 28 km
A Madrid, 467 km
Alt. 5 m · Pob. 277.559
T. 985 341 771
GPS 43° 32' 42" N · 5° 39' 48" O

Visitar: A orillas del Cantábrico se levanta esta villa marinera cimentada sobre ruinas romanas. El casco viejo está formado por **Cimadevilla,** antiguo barrio de pescadores y conjunto histórico-artístico, y el **cerro de Sta. Catalina,** donde está el *Elogio del Horizonte,* una escultura de Eduardo Chillida. Allí se concentran los monumentos más importantes como el **palacio de Revillagigedo,** la **colegiata de S. Juan Bautista** y el Museo Barjola. En la Plaza Mayor está el Ayuntamiento y el Museo-Casa Natal de Jovellanos. En el entorno de **Campo Valdés** se sitúa el palacio de Valdés, la iglesia de S. Pedro y las termas romanas. Por los jardines de Begoña, repleto de cafés y sidrerías, se llega al **Teatro Jovellanos.** También merecen una visita el Museo del Pueblo de Asturias, el Museo Internacional de la Gaita y la Ciudad de la Cultura. Para conocer la historia industrial asturiana, nada mejor que el Museo del Ferrocarril. Si se viaja con niños, hay que acercarse al acuario, al Jardín Botánico y a las playas urbanas.

Fiestas: El **Antroxu** (carnaval) es de interés turístico regional y la Semana Grande se celebra a mediados de agosto. También son de interés turístico regional el **Día de Asturias** (primer domingo de agosto) y la **Fiesta de la Sidra Natural** (último fin de semana de agosto). Son famosos la Semana Negra literaria y el Festival Internacional de Cine, en noviembre.

Alrededores: El Parque Arqueológico-Natural de la Campa Torres está a 7 km. En **Cenero** (a 11 km) se puede visitar el embalse de S. Andrés de los Tacones y la iglesia de S. Juan. Otros templos románicos son la capilla de S. Miguel de Dueñas de Castiello de Bernueces (a 6 km), S. Vicente de Caldones (a 9 km) y S. Juan de Fano (a 12 km). A 28 km está el **Parque Natural del Monte Deva.**

Restaurantes

☼ **Auga.** (Antiguo restaurante El Puerto). Claudio Alvargonzález, s/n. T. 985 168 186. *www.restauranteauga.com*
Cierra domingo cena y lunes. El Puerto ha tenido que cambiar su nombre por razones legales, aunque nada ha variado en esta casa desde que hace dos años quedó en manos de Gonzalo Pañeda, en cocina, y su socio en sala, Toni Pérez. Marco moderno y de buen gusto al borde del Cantábrico, de donde llegan todos sus **pescados** impecables, y en pleno corazón de Gijón para una de las mejores cocinas de autor del Principado. Precio medio 42 €.

Avant Garde. (Gastrobar, en Hotel NH Gijón). Doctor Fleming, 71. T. 985 331 377. *www.avant-garde.es*
Cierra domingo cena y lunes. Javi Loya, uno de los claros valores de la joven cocina creativa en Asturias, se ocupa de la hostelería del hotel NH gijonés, inaugurado hace escasos años a la vera del extremo oriental de la playa de San Lorenzo. Funciona su espacio en realidad como un gastrobar que combina terraza, zona de copas y zona de tapeo con minicocina. Menú 22 €. Precio medio 30 €.

☼☼☼ **Casa Gerardo.** Ver Prendes.

® **El Sueve.** Domingo García de la Fuente, 12. T. 985 145 703.
Cierra domingo cena, miércoles y 23 días en noviembre. El dueño de esta casa, Jorge García Palacios, gran experto en carnes, ahora jubilado, ha pasado el relevo. Antonio Viera y su jefe de sala, Juan Granda, han decidido tomarlo ofreciendo las excelentes **carnes rojas** de siempre, no importadas, bajo impecables cortes y un dominio probado de la parrilla. Su bodega es notable en vinos de nuevo cuño. A destacar el **churrasco de punta de pierna, el *bife*, el falso solomillo y el *foie-gras* de pato artesano.** Precio medio 30 €.

☼ **La Salgar.** (Museo del Pueblo de Asturias del Recinto Ferial Luis Adaro). Pº Doctor Fleming, 859. T. 985 331 155. *www.lasalgar.es*
Cierra cenas de domingo y martes y lunes excepto agosto. Otro de los grandes restaurantes de Asturias, con buena talla en cocina, instalaciones y servicio. Es la pata gijonesa de Nacho Manzano, con su hermana Esther al frente de esta sucursal de lujo. Excepcionales vistas a la recreación de una aldea asturiana, con una reciente terraza veraniega para degustar una cocina creativa en la que manda el **pescado.** Menú 23 €. Precio medio 40 €.

Traje tradicional asturiano

Hoteles

**** **NH Gijón.** Doctor Fleming, 71. T. 985 195 755. *www.nh-hotels.com*
Hab. 64: 78 €. Situado en la playa de S. Lorenzo, en uno de los edificios de mayor interés arquitectónico de la región. Restaurante Avant Garde.

**** **Parador de Turismo Molino Viejo.** Parque Isabel la Católica, s/n. T. 985 370 511. *www.parador.es*
Hab. 40: 158 €. Rodeado por el parque de Isabel la Católica. La excelente cocina asturiana se encuentra aquí en sus platos típicos.

Girona

38 · B-1
A Madrid, 702 km
Alt. 70 m · Pob. 98.188
T. 972 010 001
GPS 41° 59' 14'' N · 2° 49' 27'' E

Visitar: Situada en el valle del Ter, en la confluencia de cuatro ríos, se encuentra esta bella ciudad cuyo casco histórico **(Barri Vell)** es bien de interés cultural. Fundada por los romanos en el s. I a. C. sorprende por su combinación de construcciones medievales, romanas, árabes y hebreas. Ejemplos son la **muralla carolingia,** con un bello mirador; el **barrio judío** (Call Jueu) y la **catedral de Sta. María,** que llama la atención por su impresionante nave central de estilo gótico, la más ancha de la arquitectura medieval europea. Las calles de la judería conforman uno de los núcleos medievales mejor conservados de Europa. Destaca el **Centro Bonastruc Ça Porta,** antigua sinagoga que hoy alberga el Museo d'Historia dels Jueus, mientras que el **Museo d'Historia de la Ciutat** se ubica en el convento de St. Antoni. En la montaña de Montjüic está el antiguo cementerio judío. Otras piezas claves de la arquitectura religiosa son el **monasterio benedictino de St. Pere de Galligant,** sede del Museo de Arqueologia de Catalunya-Girona, y la iglesia de St. Nicolau, ambos de estilo románico lombardo. También destaca el convento gótico de St. Doménech, actual universidad. El casco antiguo alberga otras construcciones civiles interesantes como la Fontana d'Oro, la casa de l'Ardiaca y el Palacio Episcopal, hoy **Museo d'Art.** En la Girona moderna se encuentran el **campanario de St. Feliu,** con una colección de sarcófagos paleocristianos, y el Pont de Pedra sobre el río Onyar. Otros edificios destacados son la Fábrica Teixidor, la casa de la Punxa y el hospital de Sta. Caterina. El parque Devesa contrasta con el estilo gótico medieval de la ciudad.

Iglesia de St. Feliu

Fiestas: En marzo se celebra la **Semana Gastronómica.** Es muy popular el **desfile de Manaies** (soldados romanos) en Semana Santa. El 23 de abril se festeja St. Jordi y en mayo, el Temps de Flors. El 29 de octubre llegan la feria y fiestas patronales de S. Narciso.

Alrededores: A 29 km de Girona se puede visitar la **Bisbal d'Empordà,** famosa por su cerámica, donde destaca el castillo-palacio dels Bisbal. A 20 km está **Corçà,** cuyo núcleo todavía conserva su estructura medieval. Merece la pena visitar el lago y el casco histórico de **Banyoles** (a 19 km) y a 20 km, **Madremanya,** ideal para conocer el Empordà y catar sus vinos con D. O. En **Púbol** (a 21 km) está el castillo Gala Dalí.

Restaurantes

® **Bo.Tic.** (En CORÇÀ, a 20 km.). Ctra. C-66, Girona-Palamós, km 11,5. T. 972 630 869. *www.bo-tic.com*
Cierra domingo cena, lunes, martes y del 20 de enero al 18 de marzo. Albert Sastregener y Cristina Torrent conforman un ilusionado y joven tándem que lleva más de cinco años al frente de este agradable restaurante donde sorprenden con gustosos platos de cocina muy actuales. **Sardinas, escabeche, almendra cruda y naranja; pichón, su arroz, alcachofas y *foie-gras;* crema catalana, frutos secos y fruta de la pasión.** Menú 48 €. Precio medio 68 €.

☼☼☼ **El Celler de Can Roca**

Cierra domingo, lunes, Semana Santa, última semana de agosto y Navidad. Joan, Josep y Jordi han conquistado la cumbre de la gastronomía mundial. Comer en el Celler es, hoy, el sueño de miles de gastrónomos que vienen a esta casa, adrede, desde cualquier lugar del mundo. Y ellos siguen, sin aspavientos, su honesta trayectoria como si nada sucediera. Admirable y decorosa excelencia.

Menú 135 €. Precio medio 100 €.

Can Sunyer, 48. T. 972 222 157. *www.cellercanroca.com*

® **La Plaça.** (En MADREMANYA, a 20 km). Sant Esteve, 17. Salida 6 de la A-7, dirección Ctra. C-66, Palamós a Bordils. T. 972 490 487. *www.laplacamadremanya.com*
Cierra lunes y miércoles en invierno, martes excepto agosto, y del 15 de enero al 15 de febrero. Agradabilísimo restaurante, con habitaciones, jardín y mucha paz, en el que hallarán una grácil e ingeniosa cocina estacional de mercado. **Vieiras con crema de hierbas y cítricos, mar y montaña de carne de perol con cohombros de mar y cigalas, buñuelos de chocolate.** Precio medio 45 €.

☼☼ **Massana.** Bonastruc de Porta, 10. T. 972 213 820. *www.restaurantmassana.com*
Cierra martes cena, domingo, 10 días en enero, en agosto y en noviembre. Es admirable esta casa desde hace muchos años. La cocina de Pere Massana es una apuesta segura, inteligente, sabrosa y más que recomendable. ***Carpaccio* de boletus, gambas maceradas, trufa y vinagreta de piñones; liebre a la *royal* con *parmentier* de nabo negro del Empordà; falsa manzana al horno, helado de canela y su sopa transparente.** Pura geografía gastronómica. Como debe ser. Precio medio 55 €.

® **Nu.** Abeuradors, 4. T. 972 225 230. *www.nurestaurant.cat*
Cierra domingo, 7 días en junio y 10 en noviembre. No existe buena cocina sin excelente producto. En este céntrico y agradable Nu se puede comprobar que la excelencia casi siempre se manifiesta a través de la sencillez. **Cebiche de dorada con lima y frambuesas, canelón de pescado y marisco con vinagreta de sésamo.** Precio 30 €.

Hoteles

**** **AC Palau de Bellavista.** Pujada Polvorins, 1. T. 872 080 670. *www.ac-hotels.com*
Hab. 70: 77 €. Suites: 4. Próximo a la plaza de Catalunya. Restaurante Numun, dirigido por los hermanos Roca.

**** **Llegendes de Girona Catedral.** Portal de la Barca, 4. T. 972 220 905. *www.llegendeshotel.com*
Hab. 15: 127 €. Suites: 5. En pleno casco antiguo, próximo a los principales puntos de interés turístico.

**** **Nord 1901.** Nord, 7-9. T. 972 411 522. *www.nord1901.com*
Hab. 14: 100 €. Suites: 4. Situado en el centro histórico y comercial, en un antiguo edificio completamente restaurado.

Museo de Historia de los Judíos

Una mirada a la vida de los judíos de la antigua Corona de Aragón, desde el s. IX hasta el XV. Reúne numeroso material arqueológico, del que sobresale la colección lapidaria hebrea más importante del país.

Gombrèn Girona Ver Ripoll

26 · B-3

Granada

Vista de La Alhambra

107 · A-2
A Madrid, 427 km
Alt. 684 m · Pob. 240.099
T. 958 248 280
GPS 37° 10' 34'' N · 3° 35' 57'' O

Visitar: Su pasado andalusí impregna la última ciudad reconquistada por los Reyes Católicos. Su legado llega a su máxima expresión en **La Alhambra,** patrimonio de la humanidad, al igual que el Albaicín. La Alhambra surgió sobre el cerro de La Sabika (Colina Roja), donde existía una antigua fortaleza sobre la cual el primer rey nazarí, Alhamar, inició su construcción en 1239. La fortaleza consta de una parte defensiva, la Alcazaba, los palacios nazaríes y los jardines del Generalife. La **Alcazaba** (ciudad militar) es, junto con las **torres Bermejas,** la parte más antigua del conjunto. En realidad, su estructura actual se debe a Mohamed I, quien amuralló el anterior castillo, levantó defensas y tres torres nuevas: la Quebrada, la del Homenaje y la de la Vela. Por su parte, los tres palacios nazaríes son toda una muestra de refinamiento y delicadeza: el **Mexuar,** el de **Comares** (la residencia oficial del rey) y el de los Leones (zona privada donde se encontraba el harén). El palacio de Comares está dominado por una torre de 45 m de altura y alberga el salón del Trono de los Reyes o sala de los Embajadores y se abre al patio de los Arrayanes o patio del Estanque de la Alberca. El **patio de los Leones** es el más conocido y da paso a la sala de los Abencerrajes, a la de los Reyes y a la de Dos Hermanas, residencia de la sultana y la familia real. A partir de la toma de Granada se han realizado numerosas restauraciones. Las mayores obras las llevó a cabo Carlos V, que añadió varias habitaciones a La Alhambra mientras se construía el palacio que lleva su nombre, obra de Pedro Machuca. Desde el mirador de S. Nicolás o S. Cristóbal se tiene una impresionante vista de La Alhambra y de la ciudad, y está a un paso del **Albaicín,** típico barrio de origen árabe, de calles estrechas y empinadas por las que perderse y descubrir auténticas joyas como los baños árabes, la decoración mudéjar del convento de Sta. Isabel la Real o la impresionante fachada de la Real Chancillería. En la parte más alta de la colina del Albaicín se encuentra el barrio del **Sacromonte,** el mejor lugar para conocer las casas-cueva granadinas y el flamenco.

En el casco histórico se debe visitar la **catedral,** considerada la primera iglesia española renacentista, en cuya capilla Real están enterrados los Reyes Católicos. También conviene pasar por el Corral del Carbón, antigua alhóndiga árabe y actual sede de la Fundación del Legado Andalusí; la Casa-Museo de los Tiros y la plaza de Bib-rambla, famosa por su mercado árabe. En esta zona está la Alcaicería, antiguo zoco, y el palacio de la Madraza, antigua universidad árabe que albergó el primer Ayuntamiento de la ciudad. Los **monasterios de S. Jerónimo** y **La Cartuja,** ejemplo del barroco español, completan el recorrido por la zona cristiana. Otros monumentos interesantes son el Museo Arqueológico, la Fundación Rodríguez Acosta, la Casa-Museo de Federico García Lorca y la Huerta de S. Vicente. Mención aparte merece el Parque de las Ciencias, un moderno museo interactivo.

Barrio árabe del Albaicín

Lutier granadino

Fiestas: El 2 de enero es el Día de la Toma de Granada, en conmemoración de la conquista de la ciudad por los Reyes Católicos en 1492; el 2 de febrero, S. Cecilio, patrón de la ciudad, y el 28 de febrero, el Día de Andalucía. La **Semana Santa** es de interés turístico internacional. El 3 de mayo se celebra el Día de la Cruz; la feria del Corpus, en junio, y el 28 de septiembre es la procesión de la Virgen de las Angustias, patrona de la ciudad.

Alrededores: A 5 km está **Cenes de la Vega,** donde visitar su parque acuático y degustar su gastronomía. **Santa Fe** (a 13 km) es conocida por ser la cuna de la hispanidad. En **Fuente Vaqueros** (a 25 km) nació Federico García Lorca. En **Pradollano** (a 35 km) está la estación de esquí de Sierra Nevada.

Restaurantes

☼ **Arriaga.** (Centro Cultural Memoria de Andalucía). Avda. de las Ciencias, 2. T. 958 132 619. *www.restaurantearriaga.com*
Cierra domingo cena y lunes. Su luminoso comedor, con vistas a Sierra Nevada y a la vega de Granada, ofrece al comensal la posibilidad de degustar los platos del origen vasco de Álvaro Arriaga o probar su cocina de vanguardia. **Alcachofas crujientes con fondo de ibérico y cangrejo frito con su piel, bacalao según los cánones vascos en sus tres versiones, chocolatina de chocolate y praliné.** Precio medio 40 €.

® **Chikito.** Pza. del Campillo, 9. T. 958 223 364. *www.restaurantechikito.com*
Buena materia prima, cocina tradicional y especial atención a los clientes son las claves de Oruezábal, en cuyas mesas recalan todos los famosos. **Remojón granadino, lomo de esturión de Riofrío, piononos.** Menú 25 €. Precio medio 35 €.

® **Cunini.** Pza. Pescadería, 14-B. T. 958 250 777. *www.marisqueriacunini.es*
Cierra domingo cena y lunes. Un clásico especializado en **mariscos** y **pescados** frescos de calidad. Abrió en 1953 siendo sus empleados los actuales propietarios. Comedor renovado. Menú 21 €. Precio medio sin marisco 30 €.

Damasqueros. Damasqueros, 3. T. 958 210 550. *www.damasqueros.com*
Cierra domingo cena, lunes y del 15 de julio al 15 de agosto. Recoleto restaurante donde la creatividad de Lola Marín cada vez tiene más adeptos. Un buen destino para probar texturas y sabores actualizados. Arroz muy cremoso de chipirones, papada y queso de cabra, presa ibérica en adobo, cuscús especiado, orejones y yogur, bizcocho templado de naranja, macadamia y bergamota. Precio medio 50 €.

® **El Claustro.** (Hotel AC Palacio de Santa Paula). Gran Vía de Colón, 31. T. 958 805 740. *www.juanandresmorilla.com* P
Juan Andrés Rodríguez Morillas apuesta por la creatividad de su carta, en un antiguo claustro conventual. **Esfera helada de salmorejo con caviar de pimientos y mojama de almadraba, lomo de lubina a 62°, quinoa y *tapenade*, otra versión de la piña colada.** Menú y precio medio 45 €.

® **FM.** (Bar). Avda. Juan Pablo II, 54. T. 958 157 004.
Cierra domingo cena, lunes, julio y agosto. Local sencillo, sin mesas, solo barra y taburetes, donde los **mariscos y pescados** mandan. Para acompañar, vinos blancos. Precio medio 40 €.

® **La Fábula.** (Hotel Villa Oniria). San Antón, 28. T. 958 250 150. *www.restaurantelafabula.com* P S
Cierra domingo, lunes y agosto. Ismael Delgado, propietario y jefe de cocina, reconocido. En el bonito comedor y jardín ofrece una cocina donde alterna productos andaluces y toques variados. Un destino para conocer y seguirle la pista. Menú 40 €. Precio medio 50 €.

® **Las Tinajas.** Martínez Campos, 17. T. 958 254 393. *www.restaurantelastinajas.com* S
Cierra del 16 de julio al 14 de agosto. Sus mesas son punto de encuentro de la sociedad granadina y de los ilustres viajeros que llegan a la ciudad. Cocina andaluza con aportaciones nacionales. **Croquetas de rabo de toro con chocolate, solomillo de ternera con setas y jabugo al jerez, sorbetes de frutas.** Famosas sus jornadas gastronómicas. Precio medio 40 €.

Detalle del patio de los Leones en La Alhambra

Mirador de Morayma. Pianista García Carrillo, 2. T. 958 228 290. *www.miradordemorayma.com* S

Cierra domingo cena y domingo en julio y agosto. Un carmen albaycinero frente a la Alhambra para probar platos de recetarios familiares en sus comedores-museo o en sus jardines. Esturión de Riofrío, paletilla de cordero, macedonia de frutas del tiempo. Precio medio 30 €.

Oleum. San Antón, 81. T. 958 295 357. *www.restauranteoleum.com*
El joven Gregorio García (hijo) combina platos tradicionales como el cordero segureño con alguna incursión en las creaciones culinarias con sabor a Sur. Menú 15 €. Precio medio 30 €.

Ruta del Veleta. (En CENES DE LA VEGA, a 5 km). Ctra. de Sierra Nevada, 136. T. 958 486 134. *www.rutadelveleta.com* P
Cierra domingo cena. Los hermanos Pedraza tienen la suerte que todos sus hijos trabajan en cocina o en sala. Eso se aprecia en la calidad de sus materias primas, la creatividad de sus platos y el cuidado servicio. Excelente bodega. Comedores privados y terraza. Menú y precio medio 50 €.

Jardines en La Alhambra

Hoteles

***** **AC Palacio de Santa Paula.** Gran Vía de Colón, 31. T. 958 805 740. *www.ac-hotels.com* P
Hab. 75: 151 €. Suites: 4. Casa morisca en el s. XIV, convento en el s. XVI y palacete en el s. XIX. Restaurante El Claustro.

***** **Hospes Palacio de los Patos.** Solarillo de Gracia, 1. T. 958 535 790. *www.hospes.com* P
Hab. 34: 175 €. Suites: 8. Formado por un palacio del s. XIX de arquitectura clásica e industrial declarado bien de interés cultural y un edificio de nueva planta. Restaurante Los Patos.

***** **Nazaríes Bussines & Spa.** Maestro Montero, 12. T. 958 187 600. *www.hoteles-ma.es* P
Hab. 253: 80 €. Suites: 4. Próximo al centro histórico y comercial, se emplaza en un edificio de piedra natural con decoración vanguardista. Restaurante Las Gacelas.

**** **Parador de Granada.** Real de la Alhambra, s/n. T. 958 221 440. *www.parador.es* P
Hab. 40: 336 €. Suites: 5. En el centro de La Alhambra. Emplazado en un antiguo convento franciscano que fue anteriormente palacio árabe, donde estuvieron sepultados los Reyes Católicos hasta su traslado a la catedral. Buena cocina.

**** **Villa Oniria.** San Antón, 28. T. 958 535 358. *www.villaoniria.com* P
Hab. 31: 151 €. Suites: 2. Antiguo edificio del s. XIX rehabilitado siguiendo un curioso proyecto arquitectónico. Restaurante La Fábula.

Granda Asturias Ver Pola de Siero

3 · F-4

Granja de San Ildefonso, La Segovia

53 · B-1
A Segovia, 11 km
A Madrid, 77 km
Alt. 1.192 m · Pob. 5.702
T. 921 473 953
GPS 40° 54' 12'' N · 4° 0' 30'' O

Visitar: A 11 km de Segovia está el Real Sitio de La Granja de San Ildefonso, un impresionante palacio iniciado en 1721 sobre una antigua hospedería. Felipe V quiso construir allí una residencia al estilo de Versalles. El **palacio y sus jardines** han sido declarados patrimonio nacional. El edificio es un bello ejemplo de arquitectura palatina europea del s. XVIII, pero su fama se centra en los jardines y sus 26 monumentales fuentes. Al lado se construyó la **Real Colegiata de la Stma. Trinidad,** que originalmente se edificó como capilla real. En la capilla de las Reliquias están enterrados Felipe V e Isabel de Farnesio. El conjunto se completa con una visita al **Museo de Tapices y a la Real Fábrica de Cristales de La Granja,** que incluye el Museo del Vidrio. También destacan la casa de los Infantes (actual Parador de Turismo), la casa de los Canónigos, las antiguas caballerizas y el cuartel de Guardias Corps.

Fiestas: Durante las **fiestas mayores de S. Luis,** el 25 de agosto, se ponen en marcha las fuentes y tiene lugar la tradicional judiada popular.

Alrededores: Para familiarizarse con el entorno natural, hay que visitar el Centro de Interpretación de Boca del Asno (a 7 km). **Valsaín** (a 3 km) se levanta sobre las ruinas de su palacio. Otras visitas interesantes son el palacio de Riofrío (a 16 km), patrimonio nacional, y la **estación de esquí de Navacerrada** (a 17 km).

Vidriera en la Real Fábrica de Cristales

Restaurantes

Casa Zaca. Embajadores, 6. T. 921 470 087. *www.casazaca.com*
Cierra cenas, lunes y última semana de junio. Oferta clásica a cargo de la familia Peinador. Judiones de La Granja, pollo picantón con piñones, frambuesas con chocolate blanco. Precio medio 25 €.

Hilaria. (En VALSAÍN, a 3 km). Ctra. CL-601, Valladolid-Madrid, km 124. T. 921 470 292. *www.eljardindelahilaria.com* P
Cierra domingo cena, lunes excepto festivos, 15 días en junio y en noviembre. Las hermanas Sanz son fieles a la cocina segoviana en el pinar de Valsaín. Judías de La Granja, cordero y cochinillo asado, tortitas rellenas de crema. Menú 19 €. Precio medio 25 €.

La Chata. Pza. de España, 9. T. 921 471 500.
Cierra cenas y lunes. Judiones de La Granja, asados castellanos, frambuesas con nata. Menú 12 €. Precio medio 24 €.

® **Martinho.** Valenciana, 5. T. 921 470 198. *www.restaurantemartinho.es* S
Cierra cenas entre semana en invierno y martes. Martinho es la referencia de moda debido a una oferta sencilla pero gustosa, basada en el producto. **Salteado de garbanzos con langostinos, bacalao dorado, fresas salteadas.** Menú 15 €. Precio medio 30 €.

Puerta de la Reina. (Parador de La Granja). Infantes, 3. T. 921 010 750. *www.parador.es* P
Ubicado en las caballerizas de la antigua casa de Infantes, con la clásica oferta segoviana. **Judiones estofados, cochinillo asado** y, como dulce final, **ponche segoviano.** Menú y precio medio 34 €.

Hoteles

**** **Parador de La Granja.** Infantes, 3. T. 921 010 750. *www.parador.es*
Hab. 127: 177 €. Suites: 14. Su construcción alberga dos edificios del s. XVIII. Restaurante Puerta de la Reina.

**** **Spa Isabel de Farnesio.** Travesía de La Reina, 4. T. 921 471 078. *www.hotelisabeldefarnesio.com*
Hab. 26: 110 €. Suites: 3. Construido sobre la base de un edificio del s. XVIII, en el corazón de La Granja. Ambiente ideal para relajarse y mimar cuerpo y mente.

Granollers Barcelona

37 · C-3
A Barcelona, 28 km
A Madrid, 637 km
Alt. 148 m · Pob. 59.698
T. 938 604 115
GPS 41° 36' 29'' N · 2° 17' 12'' E

Visitar: La ciudad conserva los restos de la antigua **iglesia parroquial gótica de St. Esteve,** levantada sobre un campanario románico. Su edificio más emblemático es **La Porxada** (s. XVI), con sus 15 columnas toscanas. En su casco viejo se pueden ver construcciones de la época medieval como la lonja o el antiguo hospital de St. Domènech. Merecen una visita sus antiguas murallas y el **Museo de Granollers,** con su ajuar del Neolítico y sus mosaicos romanos del s. II.

Fiestas: Las más importantes son la **Fiesta Mayor de Blancs i Blaus,** a finales de agosto, y la Feria de l'Ascensió, en mayo.

Alrededores: En **Cardedeu** (a 8 km) se puede visitar la capilla románica de St. Cornell, la torre Lligé y su dolmen megalítico de Pins Rosers. A 7 km está el **Circuit de Catalunya,** sede del gran premio del Mundial de MotoGP donde compite el **Repsol Honda Team.**

Calle de Granollers

Restaurantes

® **Fonda Europa.** Agustí Vinyamata, 2. T. 938 700 312. *www.fondaeuropa.eu*
Con 37 habitaciones. Ramón Parellada dirige con pasión y acierto este establecimiento con la tradición como mejor referencia, en una casa cuya larga historia no ha desatendido su atractivo. ***Escudella i carn d'olla,*** **butifarra con judías, sorbete de anís del mono.** Precio medio 25 €.

® **La Taverna d'en Grivé.** Josep María de Sagarra, 98. T. 938 495 783. *www.tabernagrive.cat* P
Cierra cenas de domingo, lunes y miércoles, y 15 días en agosto. Cocina basada en el mejor producto de temporada que hace las delicias de una clientela fiel y regular. Menú 35 €. Precio medio 55 €.

Grove, O Pontevedra

17 · C-1
A Pontevedra, 31 km
A Madrid, 638 km
Alt. 5 m · Pob. 11.216
T. 986 731 415
GPS 42° 29' 36'' N · 8° 52' 0'' O

Visitar: Bonita villa marinera situada en la ría de Arousa. Un buen plan es acudir a la **playa de la Lanzada,** ideal para practicar surf o buceo, y luego perderse por sus calles y plazas para contemplar las esculturas del Simposio Internacional de Escultura y el monumento a la Familia Marinera. Es curioso pasar por la lonja a primera hora de la tarde y acercarse a las Salgadeiras de Moreiras. Desde los miradores de la **Siradella** y del **Con Da Hedra** se pueden contemplar las islas Cíes, Ons y Sálvora, que forman el Parque Nacional de las Islas Atlánticas.

Fiestas: Destacan los carnavales, las fiestas del Carmen, en julio, y las patronales de S. Martín, en noviembre. También la **Fiesta del Marisco,** en octubre, de interés turístico nacional, y las Jornadas de Exaltación del Centollo, en diciembre.

Alrededores: A 2 km y unida por un puente de principios del s. XX está la **isla de La Toja,** famosa por su balneario, su capilla cubierta de conchas de viera y su artesanía, también a base de conchas. En **Combarro** (a 26 km) destaca su casco antiguo.

Hórreos en Combarro

Restaurantes

Culler de Pau. Reboredo, 73. T. 986 732 275.
www.cullerdepau.com P
Cierra cenas de lunes y jueves desde septiembre a junio; martes y del 20 de enero al 20 de febrero. Javier Ollero lidera la cocina joven gallega. Busca líneas por las que nadie se atreve a circular. Placer para la vista y el gusto, su cocina impacta: el **huevo a la carbonara de queso San Simón y migas, la ventresca de bonito en jugo de sus espinas.** Excelente panorama sobre la ría de Arousa. Menú 48 €. Precio medio 55 €.

D'Berto. Teniente Domínguez, 84. T. 986 733 074.
www.dberto.com P
Cierra martes excepto julio y agosto; 12 días entre enero y febrero y 12 últimos días de mayo. Una de las máximas referencias del **marisco** en toda Galicia. Naturalmente, el marisco es su especialidad, siempre de una calidad excelsa y de un tamaño espectacular. También trabaja grandes **pescados a la plancha, al horno o a la gallega.** Precio medio sin marisco 40 €.

Hoteles

***** **Gran Hotel La Toja.** Isla de la Toja, s/n. T. 986 730 025.
www.granhotellatoja.com P SPA
Hab. 199: 208 €. Suites: 25. Dispone de club termal. Balneario con aguas minero-medicinales y tratamientos de salud. A 300 m del Club de Golf. Restaurante Ensenada.

Guadalajara

53 · F-3
A Madrid, 55 km
Alt. 675 m · Pob. 83.789
T. 949 887 099
GPS 40° 37' 47'' N · 3° 10' 3'' O

Visitar: El río Henares baña la capital de La Alcarria, cuya historia está ligada a la dinastía de los Mendoza. Un recorrido por el casco antiguo permite apreciar su riqueza arquitectónica: por la calle Mayor se llega al Ayuntamiento, a los caserones de la plaza de los Dávalos y al antiguo palacio de los Mendoza. La construcción civil más importante es el **palacio del Infantado,** con fachada de piedras talladas en punta de diamante coronada por una galería de ventanas renacentistas. Hoy es la sede del **Museo Provincial,** el Archivo Provincial y la Biblioteca Municipal. Otras muestras de arquitectura religiosa son la **iglesia barroca de S. Nicolás el Real,** con retablo y sepulcro de alabastro del s. XV; la iglesia de Santiago, gótico mudéjar, y la **catedral de Sta. María la Mayor.** De la muralla de Guadalajara solo se conservan la puerta de Bejanque, **el torreón del Alamín** y el **torreón de Álvar Fáñez.**

Baile durante las fiestas de la Virgen de la Antigua

Fiestas: Los alcarreños festejan la cabalgata de los Reyes Magos, los carnavales, la **Semana Santa** y el **Corpus Christi,** estas últimas de interés turístico regional. En septiembre son las fiestas patronales de la Virgen de la Antigua y en octubre se celebra el **Tenorio Mendocino,** de interés turístico regional.

Alrededores: En **Marchamalo** (a 7 km) se encuentra el palacio de los Ramírez de Arellano. En **Alovera** (a 10 km), las ruinas de una necrópolis romana y su iglesia parroquial renacentista. **Lupiana** (a 13 km) alberga el monasterio jerónimo de S. Bartolomé, donde se fundó la orden. **Azuqueca de Henares** (a 13 km) y **Torija** (a 20 km) también merecen una visita. Al igual que **Hita** (a 30 km), famosa por su Festival de Teatro Medieval y cuna del ilustre arcipreste.

Palacio del Infantado en Guadalajara

Restaurantes

☼☼ **Amparito Roca.** Toledo, 19. A 100 m de la A-2, Madrid-Barcelona, salida 55. T. 949 214 639.
www.amparitoroca.com
Cierra domingo cena. La mejor referencia de la provincia. Jesús Velasco es su artífice por la calidad de sus productos, la irreprochable elaboración de los mismos y la armonía con los vinos en su elegante comedor. ***Risotto* de verduras, gambas y trufa, bacalao club Ranero, *carpaccio* de frutas.** Menú y precio medio 40 €.

® **El Fogón del Vallejo.** (Urb. Parque Vallejo, en ALOVERA, a 10 km). Vicente Aleixandre, 45. Ctra. A-2, salida 43 a Azuqueca. T. 949 274 184.
Cierra del 15 al 31 de agosto. Los Hernández Bustillo son una referencia indispensable en el corazón del corredor de Henares. **Patas de pulpo con pimientos de La Vega y aceite de picual, corazones de solomillo con salsa de *boletus* y trufa del alto Tajo.** Precio medio 30 €.

☼ **Las Llaves.** (En MARCHAMALO, a 7 km). Pza. Mayor, 16. Salida km 50 de la A-2, dirección Francisco Acosta. T. 949 250 485.
www.lasllaves.es
Cierra cenas de domingo a miércoles; lunes, Semana Santa y dos semanas en agosto. La familia Rodríguez González exhibe una cocina de producto en esta casa-palacio del s. XVI. **Colmenillas a la crema, carrillera estofada, fresas o naranja preparadas.** Menú 36 €. Precio medio 45 €.

® **Lino.** Vizcondesa de Jorbalán, 10. T. 949 253 845.
www.grupolino.com
Agradable ambiente y cocina tradicional con toques actuales. **Milhojas de verduras con jamón de pato y *foie-gras*, daditos de rape salteados con soja, jamón ibérico y puntas de trigueros, sopa de piña natural texturizada con bizcocho borracho y helado de coco.** Menú 20 €. Precio medio 30 €.

Miguel Ángel. Alfonso López de Haro, 4. T. 949 212 251.
Cierra domingo cena. Regencia familiar en el casco histórico. Platos y pescados de temporada, carnes a la brasa, fruta del tiempo. Menú 25 €. Precio medio 30 €.

Hoteles

**** **AC Guadalajara.** Avda. del Ejército, 6. T. 949 248 370.
www.ac-hotels.com
Hab. 103: 120 €. Suites: 2. En el centro histórico. Cercano al palacio del Infantado.

**** **Pax Chi.** Avda. Venezuela, 15. T. 949 248 060.
www.hotelpaxchi.com
Hab. 60: 42 €. Moderno hotel especializado en eventos.

**** **Tryp Guadalajara.** Avda. Eduardo Guitian, 7. T. 949 209 300.
www.tryphotels.com
Hab. 159: 173 €. Céntrico. Próximo a campos de golf. Restaurante El Infantado.

Bizcochos borrachos

Guadalupe Cáceres

Visitar: En la comarca de Villuercas se levanta esta villa serrana que creció al abrigo del **Real Monasterio de Sta. María de Guadalupe** (ss. XIV-XX), patrimonio de la humanidad y obra cumbre del gótico mudéjar español. En su sacristía se pueden contemplar 11 lienzos de Zurbarán y en el **camarín de la Virgen,** con cuadros de Lucas Jordán, se guarda la imagen de Ntra. Sra. de Guadalupe. Merecen una visita su hospedería; la fuente de los tres chorros; el palacio del Marqués de la Romana, actual Parador de Turismo; la **ermita del Humilladero** y el **palacio-granja de Mirabel,** que solo se abre al público el 3 de mayo.

Fiestas: Destacan la Semana Santa, el Corpus Christi y Ntra. Sra. de Guadalupe, el 8 de septiembre. Y el 12 de octubre, la **fiesta de la Hispanidad,** de interés turístico regional.

Alrededores: En el **geoparque de las Villuercas-Ibores-Jara** se pueden encontrar ruinas romanas y restos arqueológicos. También hay que visitar los primeros asentamientos de **Cañamero** (a 19 km) o los de **Logrosán** (a 31 km).

72 · D-2
A Cáceres, 125 km
A Madrid, 244 km
Alt. 640 m · Pob. 2.227
T. 927 154 128
GPS 39° 27' 11'' N · 5° 19' 50'' O

Sierra de las Villuercas

Restaurantes

Hospedería del Real Monasterio. Pza. de Juan Carlos I, s/n. T. 927 367 000.
www.hotelhospederiamonasterioguadalupe.com
Cierra un mes entre enero y febrero. Con 47 habitaciones. Regentado por la comunidad franciscana. Claustro de un monasterio del s. XVI. Criadillas de tierra, caldereta de cordero, pudin de castañas. Menú 17 €. Precio medio 30 €.

Hoteles

**** **Parador de Guadalupe.** Marqués de la Romana, 12. T. 927 367 075.
www.parador.es
Hab. 41: 151 €. Cierra del 8 de enero al 16 de febrero. En el centro, junto al Real Monasterio de Sta. María de Guadalupe. Situado en el hospital de S. Juan Bautista (s. XV) y el Colegio de Infantes (s. XVI). Restaurante Guadalupe, con especialidades extremeñas.

Guadix Granada

Visitar: El más emblemático de sus monumentos es la **catedral,** en la que conviven los estilos gótico, renacentista y barroco sobre los restos de una antigua mezquita. Junto a ella está la iglesia del Sagrario, de fachada plateresca. En la plaza de la Catedral se encuentra la Escuela de Artes y Oficios. Al lado están el **hospital Real de la Caridad** y la iglesia de S. José. La plaza de las Palomas, hoy de la Constitución, es el centro de la ciudad y data de los ss. XVI al XVII. En ella está el **Palacio Consistorial.** Merecen una visita las **iglesias mudéjares** de Santiago, S. Francisco y Sto. Domingo. También algunas casas nobiliarias como el palacio de los Marqueses de Villalegre y el de Peñaflor, así como el hogar natal de Pedro Antonio de Alarcón. Está considerada como la capital europea de las **casas-cueva** por sus más de 2.000 viviendas subterráneas; destaca la **Cueva-Museo de Artes y Costumbres Populares,** desde donde se pueden visitar los miradores de la Magdalena, Padre Poveda y Cerro de la Bala.

Fiestas: El 15 de mayo es **S. Torcuato,** patrón de la ciudad. El 9 de septiembre, el Cascamorras, fiesta de interés turístico nacional en la que todo el pueblo se vuelca para evitar que este personaje se apodere de la imagen de la Virgen de la Piedad de Baza.

Alrededores: **Purullena** (a 6 km) es conocido por su cerámica y sus casas-cueva, en las que se refugió el bandolero El Tempranillo. **Albuñán** (a 10 km) tiene un interesante Museo Etnográfico y la iglesia mudéjar de la Anunciación y **La Calahorra** (a 18 km) alberga un castillo-palacio que es la primera obra de estilo renacentista en la península. En **Baza** (a 47 km) destaca su casco histórico y el Parque Natural de la Sierra de Baza.

107 · C-1
A Granada, 58 km
A Madrid, 438 km
Alt. 949 m · Pob. 20.407
T. 958 699 574
GPS 37° 17' 60'' N · 3° 8' 9'' O

Hábitat troglodítico en Guadix

Restaurantes

La Hacienda del Marquesado. (En ALBUÑÁN, a 10 km).
Ctra. CR-SE-19, Jerez del Marquesado-Guadix, km 6,5. T. 958 675 686.
www.lahaciendadelmarquesado.es
Cierra cenas entre semana; lunes y enero. Gerencia familiar cuidada. Alcachofitas salteadas con jamón y gambas, bacalao gratinado con alioli de manzana, *mousse* de chocolate. Menú 10 €. Precio medio 25 €.

Hernani Gipuzkoa

6 · F-4
A Donostia/San Sebastián, 9,2 km
A Madrid, 458 km
Alt. 41 m · Pob. 19.335
T. 943 337 028
GPS 43° 16' 2'' N · 1° 58' 37'' O

Visitar: Bañado por el río Urumea y a los pies del monte Sta. Bárbara, se encuentra esta histórica localidad, cuna de Gabriel Celaya y Eduardo Chillida. De su pasado medieval conserva uno de los primitivos portales de sus murallas, el Arco de Zapa, y el trazado de su casco histórico, bien de interés cultural. Destacan sus casas-palacio de estilo barroco y el conjunto formado por la **iglesia de S. Juan Bautista,** la Casa Consistorial y la antigua Plaza Mayor. Merecen una visita el **convento de S. Agustín** y la torre de los Gentiles. A las afueras se encuentra el puente de Fagollaga, el Humilladero de la Sta. Cruz. Recorrer sus numerosas sidrerías es otro de los atractivos de esta localidad.

Fiestas: De enero a abril es la temporada del *txotx*, primer escanciado del año en las sidrerías. Las fiestas patronales de S. Juan se celebran entre el 23 y 27 de junio y en ellas tiene lugar la popular **Azeri Dantza** (típica danza vasca).

Alrededores: Hay que visitar el **Parque Natural Aiako Harria** (a 27 km) y las estaciones megalíticas de Igoin-Akola, formada por siete dólmenes, y Oindi-Mandoegi (con monumentos megalíticos y túmulos).

Restaurantes

Fagollaga. Ereñozu Auzoa, 68. Ctra. de Navarra a 4 km de Hernani. T. 943 550 031. *www.fagollaga.com* P
Cierra cenas de domingo a miércoles; lunes, dos semanas en Semana Santa y una semana en Navidad. Ixaak Salaberria siempre en la cresta de la ola. Desde este caserío más que centenario y familiar, ha apostado últimamente por la revisión de su propia obra con reinterpretaciones brillantes sin perder su reconocible gustosidad. **Chicharro a baja temperatura con caldo concentrado de mariscos, hierbas y flores.** Postres deliciosos como **fresas al *txakoli* con helado de queso fresco.** Interesante carta de vinos. Su hermano Xabier dirige el servicio con profesionalidad y compromiso. Menú 28 €. Precio medio 55 €.

Hervás Cáceres

61 · B-1
A Cáceres, 124 km
A Madrid, 241 km
Alt. 685 m · Pob. 4.109
T. 927 473 618
GPS 40° 16' 25'' N · 5° 52' 2'' O

Detalle de piedra en Hervás

Visitar: Su judería está declarada conjunto histórico-artístico. Sobresalen la **iglesia parroquial de Sta. María** y la **iglesia de S. Juan Bautista.** La ermita de S. Andrés cobija al Cristo de la Salud. De su patrimonio civil hay que señalar el **Palacio de los Dávila,** que alberga un museo y una biblioteca, y la enfermería del hospital de los franciscanos, hoy Ayuntamiento. El Museo de la Moto y el Coche Clásico es un paraíso para los amantes del automovilismo.

Fiestas: Las más importantes son S. Antón, el 17 de enero; la **Fiesta de los Conversos,** el primer fin de semana de julio; la feria de Hervás, en agosto, y las fiestas patronales del Cristo de la Salud, en septiembre.

Alrededores: A 2 km está el paraje recreativo de S. Andrés y el de Castañar Gallego y del Duque, a 17 km. En **Baños** (a 6 km) se pueden visitar sus termas romanas y descansar en su balneario.

Restaurantes

El Almirez. Collado, 19. T. 927 473 459.
www.restauranteelalmirez.com
Cierra domingo cena, lunes excepto puente y festivos; una semana a primeros de junio y otra a mediados de septiembre. Cocina extremeña en las cercanías del barrio judío. La especialidad son los platos con setas. Quesos extremeños, chuletón de retinto, croquetillas de chocolate. Menú 20 €. Precio medio 30 €.

® **Nardi.** Braulio Navas, 19. T. 927 481 323.
www.restaurantenardi.com S
Cierra martes y del 1 al 15 de junio. Situado en la calle peatonal. **Salteado de verduritas con huevo de corral escalfado, cochinillo crujiente a la naranja, sopa fría de frambuesas con trufa fresca.** Menú de cinco tapas y medias raciones. Menú 18 €. Precio medio 30 €.

Hoteles

**** **Hospedería Valle del Ambroz.** Pza. del Hospital, s/n. T. 927 474 828.
www.hospederiasdeextremadura.es P
Hab. 26: 67 €. En un antiguo convento trinitario del s. XVII.

Hondarribia Gipuzkoa

Vista de Hondarribia presidida por la torre de la iglesia de Sta. María

Visitar: Asentada sobre la desembocadura del río Bidasoa, cuenta con unas murallas que delimitan el casco urbano, conjunto histórico-artístico. En el **recinto amurallado** destacan la plaza de Armas y el castillo de Carlos V, hoy Parador de Turismo. En el casco histórico está la **iglesia de Sta. María de la Asunción y del Manzano,** de estilo gótico con añadidos renacentistas y barrocos. En la calle Mayor se encuentran el Ayuntamiento, el Palacio de Casadevante, el de Zuloaga y la Casa de los Guevara. El **barrio de La Marina,** conjunto histórico-artístico, es una belleza con sus pintorescas casas de pescadores.

Fiestas: El Viernes Santo tiene lugar una procesión con escenas de la Pasión. El 25 de julio es la popular **Entrega de la Kutxa.** Las fiestas de **Guadalupe,** patrona de la ciudad, son el 8 de septiembre.

Alrededores: A 800 m está el **faro de Higuer** (s. XIX), el primero que ven los marineros que llegan de la costa francesa. Desde aquí se puede iniciar una ruta costera que pasa por el **fuerte de Guadalupe** (a 7 km), a través del monte Jaizkibe, hasta llegar a la basílica de Ntra. Sra. de Guadalupe.

7 · A-3
A Donostia/San Sebastián, 23 km
A Madrid, 490 km
Alt. 24 m · Pob. 16.464
T. 943 645 458
GPS 43° 21' 44' N · 1° 47' 34'' O

Restaurantes

☼☼ **Alameda.** Minasoroeta, 1. T. 943 642 789.
www.restaurantealameda.net
Cierra cenas de domingo a martes; lunes, 10 días en abril y en julio, y 21 días en navidades. Esta histórica casa con Gorka Txapartegi al frente de la cocina, junto con sus hermanos, ha tomado un camino sin concesiones. El de una culinaria culta, refinada y sincera, basada en el mejor y más genuino producto. **Trucha ecológica Banka con brotes, especias y crema de Idiazábal.** Postres de gran delicadeza, **fresas maceradas con fideos de naranja y jengibre.** Servicio del más alto nivel. Encantadora terraza . Menú y precio medio 35 €.

® **Laia Erretegia.** (Asador). Barrio Arkoll, 33. T. 943 646 309.
www.laiaerretegia.com
Cierra cenas de jueves a sábado excepto verano; cenas lunes y domingo y 15 días en enero después de Reyes. Una **parrilla** de auténtico lujo tanto de **carnes** como de **pescados** y una distinguida cocina popular, en un marco rústico pero elegante. **Sardina ahumada, berenjena asada con sopa fría de pimientos, taco de *foie-gras* a la brasa, sopa de chocolate, helado de jengibre y crujiente de avellana.** Menú 19 €. Precio medio 40 €.

Sebastián. Mayor, 11. T. 943 640 167. *www.sebastianhondarribia.com*
Cierra martes almuerzo y lunes. Ambiente íntimo y romántico en lo que fue un antiguo colmado que todavía conserva sus elementos más representativos. Ensalada de bacalao con semilla de lino y mostaza helada, lomo de merluza con almejas en salsa verde, canutillos crujientes con crema templada. Menú 30 €. Precio medio 35 €.

Hoteles

**** **Parador de Hondarribia.** Pza. Armas, 14. T. 943 645 500.
www.parador.es
Hab. 35: 240 €. Suites: 1. Castillo del s. X. Vistas a la costa. Mantiene la estructura de una antigua fortaleza medieval. Entorno monumental y costero.

Txalupas

Los astilleros vascos siempre han gozado de gran fama. Hoy, el paisaje de Hondarribia sigue plagado de las características *txalupas*, un tipo de embarcación que se empleaba en los ss. X a XIII para la pesca de ballenas.

48 · E-1

Hospitalet de Llobregat, L' Barcelona

Ver Barcelona

53 · C-3

Hoyo de Manzanares Madrid

Ver Madrid/Restaurantes/Alrededores

52 · B-4

Hoyos del Espino Ávila Ver Navarredonda de Gredos

Huelva

Museo Muelle de las Carabelas

104 · A-1

A Madrid, 630 km
Alt. 54 m · Pob. 148.918
T. 959 650 200
GPS 37° 15' 24'' N · 6° 57' 3'' O

Visitar: Ciudad testigo del descubrimiento de América. De su rico patrimonio hay que señalar la **catedral de la Merced,** que alberga el panteón de los condes de Niebla. En el casco urbano está la iglesia parroquial de S. Pedro (s. XVI) y la **parroquia de Ntra. Sra. de la Purísima Concepción,** con cuadros de Zurbarán. Desde el mirador de El Conquero se tiene una panorámica de Huelva y además se puede visitar el santuario gótico-mudéjar de Ntra. Sra. de la Cinta (s. XV), patrona de la ciudad. Otros monumentos de interés son el **muelle-embarcadero** de Riotinto y la **Casa de Colón,** hoy sede del Festival de Cine Iberoamericano. Es aconsejable visitar la Casa del Millón; el barrio Reina Victoria con casas de estilo inglés; el Gran Teatro; el Palacio Mora Claros y el Palacio Municipal de Huelva (hoy Ayuntamiento). Los amantes de la arqueología no pueden perderse el yacimiento de S. Pedro y el Museo Provincial de Huelva.

Fiestas: Las más concurridas son las fiestas patronales de S. Sebastián, el 20 de enero; el carnaval colombino, que es el segundo más importante de Andalucía; la **Semana Santa,** de interés turístico, y Las Cruces, en mayo. Durante la última semana de julio y la primera de agosto se celebran las fiestas Colombinas y en septiembre, la Virgen de la Cinta.

Alrededores: A 9 km está el **monasterio de La Rábida,** monumento nacional y donde se alojó Colón antes de viajar al Nuevo Mundo. **Aljaraque** (a 7 km) es un buen punto de partida para visitar las marismas del Odiel, reserva de la biosfera. En **Moguer** (a 20 km) está la casa natal del poeta Juan Ramón Jiménez.

Restaurantes

Acánthum. San Salvador, 17. T. 959 245 135. *www.acanthum.com*
Cierra cenas de domingo a miércoles, y lunes. Xanty Elías atrae la atención de los *gourmet* con una gama de platos con los productos de la tierra y de la mar onubense. **Ravioli de choco con sus interiores dulces; carrillera ibérica, humo y jugo de dátiles; torrija de vino de naranja y griego helado.** Creatividad e imaginación a la mesa. Menús 30, 42 y 58 €. Precio medio 36 €.

Azabache. Vázquez López, 22. T. 959 257 528.
www.restauranteazabache.com
Cierra sábado cena, domingo, festivos y primera quincena de agosto. Barra de tapas. Albóndigas de merluza y gambas, gurumelos a la plancha. Precio medio 30 €.

® **La Plazuela.** (En ALJARAQUE, a 7 km). La Fuente, 40. T. 959 318 831.
www.restaurantelaplazuela.es
Cierra domingo cena. El buen producto de tierra y mar se evidencia con toques creativos. **Sopa de marisco, taco de corvina, salsa de naranja amarga, torrija de queso de cabra y vinagreta de hongos, helado de melón y frutas del bosque.** Menú 17 €. Precio medio sin marisco 42 €.

Portichuelo. Vázquez López, 15. Junto al Gran Teatro. T. 959 245 768.
www.restauranteportichuelo.com
Cierra domingo cena. Cocina andaluza y buenas tapas. Huevos de choco, carrilleras en salsa, fresas. Precio medio 30 €.

Hoteles

**** **Eurostars Tartessos.** Avda. Martín Alonso Pinzón, 13. T. 959 282 711.
www.eurostarstartessos.com
Hab. 100: 300 €. Suites: 5. Totalmente reformado. Restaurante La Mirta.

**** **Hacienda Montija.** Ctra. Huelva-San Juan del Puerto, km 2,5. T. 959 222 111.
www.haciendamontija.com
Hab. 25: 60 €. De estilo rústico andaluz. Cada habitación tiene su personalidad propia.

**** **NH Luz de Huelva.** Alameda Sundheim, 26. T. 959 250 011.
www.nh-hotels.com
Hab. 107: 75 €. Céntrico. Acceso al club de golf Bellavista.

Ciclista en Aljaraque

Huesca

24 · B-4
A Madrid, 397 km
Alt. 488 m · Pob. 53.215
T. 974 292 170
GPS 42° 8' 23'' N · 0° 24' 36'' O

Visitar: La capital del Alto Aragón conserva huellas de sus antiguos moradores. Su casco viejo, bien de interés cultural, está delimitado por la calle del Corso y por restos de las murallas y en él se concentran sus principales monumentos. Destaca la **catedral de Sta. María,** con su portada gótica y su retablo mayor de alabastro y estilo renacentista. En la misma plaza se alza la Casa Consistorial, otro ejemplo de la arquitectura renacentista aragonesa. En su sala de Justicia se expone el óleo de Casado del Alisal, *La Campana de Huesca.* Al lado está el Colegio Imperial de Santiago. También merece una visita la **iglesia románica de S. Pedro el Viejo,** cuyo claustro es obra del escultor Maestro de San Juan de la Peña. En su interior se pueden contemplar pinturas murales, la sillería del coro y el retablo mayor. También son interesantes la iglesia de las Miguelas, la basílica de S. Lorenzo y la ermita de Salas, del románico oscense. Otros lugares para visitar son el Teatro Olimpia, el casino y el parque Miguel Servet, con el ***Monumento a las Pajaritas,*** de Ramón Acín, símbolo de la ciudad. Entre sus museos destaca el Diocesano, con el retablo del alabastro de Gil Morlanes; el Provincial, en el Palacio Real de los Reyes de Aragón y donde se puede visitar la sala de la Campana, y el **Centro de Arte y Naturaleza,** de Moneo.

Fiestas: Su **Semana Santa** es de interés turístico regional; el 23 de abril se celebra S. Jorge, patrón de Aragón, y entre el 9 y el 15 de agosto, las **fiestas de S. Lorenzo,** patrón de la ciudad, de interés turístico nacional.

Alrededores: Merece una parada **Esquedas** (a 14 km), en cuya iglesia parroquial de S. Gregorio hay una pintura, *Padre Eterno,* que se atribuye a Goya. **Bolea** (a 21 km) alberga la colegiata de Sta. María la Mayor y el Museo Etnológico Familia Santas. El castillo de Loarre (a 32 km) es la fortaleza románica mejor conservada de Europa. A 44 km está **Agüero,** con la iglesia de Santiago, monumento nacional, y su Museo del Órgano.

Tabla de la colegiata de Sta. María la Mayor, en Bolea

Iglesia de Santiago, en Agüero

Restaurantes

☼ **Las Torres.** María Auxiliadora, 3. T. 974 228 213.
www.lastorres-restaurante.com
Cierra lunes cena, domingo, 15 días en Semana Santa y en agosto. La ya veterana creación gastronómica de la familia Abadía sigue la buena marcha en su habitual y bonito marco. Cocina de autor, de raíz aragonesa, con gran atención al mercado. **Cocido 'empanao', salmonetes con cereales y mole,** postres de la casa. Menú 30 €. Precio medio 45 €.

☼☼ **Taberna de Lillas Pastia.** Pza. de Navarra, 4. T. 974 211 691.
www.lillaspastia.es
Cierra domingo cena y lunes. Carmelo Bosque ha sabido encontrar la adecuada dirección ascendente. Atención al **arroz cremoso de *tuber melanosporum*,** el **cordero al *curry*** o las **fresas maceradas en espuma de coco.** Precioso comedor que antes fue biblioteca del Círculo Oscense. Menú 30 €. Precio medio 45 €.

Ⓡ **Venta del Sotón.** (En ESQUEDAS, a 14 km).
Ctra. A-132, Tarragona-San Sebastián, km 14. T. 974 270 241.
www.ventadelsoton.com P
Cierra cenas de domingo y martes; lunes y del 8 de enero al 7 de febrero. Restaurante de gran tradición bajo la dirección de Ana Acín a los pies del Prepirineo oscense. Acogedora decoración con una gran chimenea circular típica de la zona. **Verduras a la brasa con *romescu*, ternasco de Aragón con patatas, tarta fina de manzana con crema y helado de albahaca.** Precio medio 45 €.

Hoteles

**** **Abba Huesca.** Tarbes, 14. T. 974 292 900.
www.abbahuescahotel.com P
Hab. 84: 60 €. Suites: 10. Céntrico. Próximo a la estación del Ave y al Palacio de Congresos. Habitaciones exteriores.

**** **Sancho Abarca.** Coso Alto, 52. T. 974 220 650.
www.hotelsanchoabarca.com P
Hab. 48: 64 €. Suites: 8. Céntrico. Con *spa* y *fitness center*. Restaurantes Gastro Caserío, San Jorge y Palladio.

*** **Pedro I de Aragón.** Del Parque, 34. T. 974 220 300.
www.gargallohotels.es P
Hab. 129: 127 €. En el corazón de la ciudad. Situación ideal para realizar excursiones por los Pirineos. Restaurante Osca.

Barranquismo

El barranquismo en Huesca es el deporte de aventura más practicado debido a su gran número de cañones. Dentro de la provincia, los mejores enclaves están en la Sierra de Guara y en los Pirineos.

62 · F-1

Humanes de Madrid Madrid

Ver Madrid/Restaurantes/Alrededores

Illescas Toledo

Visitar: Esta villa puede presumir de albergar cinco pinturas de El Greco en el **santuario de la Virgen de la Caridad** (ss. XVI-XVII). También destacan la **iglesia de la Asunción de Sta. María,** bien de interés cultural, y el **Arco de Ugena,** construcción mudéjar que formaba parte de la muralla que rodeaba la villa en la Edad Media. Además resultan interesantes la casa-palacio de la calle Real y el convento barroco de las Recepcionistas Franciscanas.

Fiestas: El 11 de marzo se celebra la **Fiesta del Milagro** y el 31 de agosto, la Virgen de la Caridad, patrona de la localidad.

Alrededores: En **Esquivias** (a 9 km) se encuentra el Museo-Casa Cervantes. En **Carranque** (a 8 km) hay que visitar su interesante parque arqueológico.

62 · F-2
A Toledo, 35 km
A Madrid, 35 km
Alt. 500-600 m · Pob. 26.000
T. 925 511 051
GPS 40° 7' 26'' N · 3° 51' 2'' O

Restaurantes

☼☼ **El Bohío.** Avda. Castilla-La Mancha, 81. T. 925 511 126.
www.elbohio.net
Cierra cenas de domingo a martes; y agosto. Pasa por su mejor momento. Pepe Rodríguez Rey es un gran profesional y en su cocina combina la mejor materia prima local con recetas en las que armoniza el sabor, la técnica y la creatividad. **Ropavieja con caldo de cocido, bacalao frito con jugo de adobo.** Luminoso comedor en la planta alta y espectacular carta de vinos a cargo de su hermano Diego. Magnífica bodega. Menús 37, 49 y 95 €. Precio medio 60 €.

Irun Gipuzkoa

Visitar: Vecina de Hondarribia y de Hendaya, la ciudad ofrece un gran abanico de monumentos y restos arqueológicos. Destaca la **iglesia de Ntra. Sra. del Juncal** (s. XVI) y su talla mariana, la más antigua de Gipuzkoa. Es aconsejable ver su **Ayuntamiento,** situado en la plaza de S. Juan Harri. También son interesantes el palacio de Urdanibia, el de Arbelaiz, la **ermita de Sta. Elena,** el Museo Arqueológico de Oiasso, con restos de la época romana, y el de Mariposas del Mundo.

Fiestas: El 25 de abril se celebra la popular Fiesta de la Opilla y el 30 de junio, las fiestas de S. Marcial y el **Alarde de S. Marcial,** que conmemora desde 1552 la victoria sobre las tropas francesas. En agosto es la Euskal Jira.

Alrededores: A las afueras está el monte S. Marcial, con su peculiar iglesia, y el **Parque Natural de Plaiaundi,** el buen ejemplo de medio marismeño en Gipuzkoa. Otros centros de interés son la **isla de los Faisanes,** en el Bidasoa; la ferrería y el molino de **Jaizubia** (a 4 km); las minas romanas de **Arditurri** (a 18 km) y el Parque Natural de Aiako Harria (a 22 km).

7 · A-3
A Donostia/San Sebastián, 20 km
A Madrid, 429 km
Alt. 20 m · Pob. 61.359
T. 943 020 732
GPS 43° 20' 17'' N · 1° 47' 26'' O

Restaurantes

® **Danako**. Pza. Anzarán, 14. T. 943 118 924.
www.danakojatetxea.com
Cierra cenas excepto viernes y sábado; miércoles, segunda quincena de agosto, y de diciembre. Al frente del negocio una compenetrada pareja: el cocinero David Rodríguez y Naiara Abando. En poco tiempo la culinaria de esta casa ha vuelto a subir muchos enteros. **Coca de hojaldre con setas de temporada y helado de *foie-gras*, rodaballo con cama de *txangurro*.** Postres deliciosos, ***soufflé* de chocolate relleno de fresa.** Menú 13 €. Precio medio 35 €.

☼ **Gaztelumendi-Antxon.** Pza. San Juan, 3. T. 943 620 659.
www.gaztelumendi-antxon.com
Cierra cenas de domingo a miércoles y primera semana de julio. Félix Manso está que se sale. Una ascensión sin techo de una culinaria que rompe moldes. Resaltar el Menú de Cocina en Miniatura, en constante cambio. **Sopa agripicante de pescado en 'bolsa', taco de rodaballo con pilpil de alcachofas fritas.** Postres que encandilan. La propietaria Ángela Basabe defiende con vigor toda esta renovación. Deslumbrante carta de vinos. En el Bar, los pinchos son así mismo excepcionales. Menú y precio medio 40 €.

® **Ibaiondo.** J. J. Tadeo Murguia, 1. T. 943 632 888.
www.ibaiondojatetxea.com
Cierra domingo cena, lunes y segundas quincenas de febrero y agosto. Óscar Sierra se asienta en una culinaria basada en la tradición popular muy bien resuelta y a precios asequibles. **Ensalada templada de pato con vinagreta de mostaza y miel, merluza con salsa de cebolleta y manzana ácida, cochinillo confitado con salsa de ciruelas.** Postres agradables como la **delicia de galleta.** Servicio cordial y atento, bajo la dirección de Malén Merino. Menú 13 €. Precio medio 32 €.

☼☼ **Iñigo Lavado.** Avda. Iparralde, 43. Edif. Ficoba. T. 943 639 639.
www.inigolavado.com

Museo Arqueológico

Reúne los restos de época romana hallados en Irun, la antigua Oiasso que citan las fuentes romanas. El dinamismo de este asentamiento estuvo impulsado por un activo puerto y las explotaciones mineras de plata y cobre de Aiako Harria.

Cierra de lunes a jueves, 15 días en enero y en agosto. Un cocinero vanguardista, tan perfeccionista y riguroso como es Iñigo Lavado vuelca últimamente su interés en recetas con raíces tradicionales que, tras pasar por sus manos, se convierten en una armonía de sabores novedosos, sorprendentes, rozando la osadía. **Tosta crujiente de setas, hongos, cebolleta y *mozzarela, kokotxas* a la parrilla con arroz marino.** Postres de una gran exquisitez. Servicio y prestaciones distinguidas, del más alto nivel. Precio medio 37 €.

Hoteles

*** **Urdanibia Park.** Jaizubia Hiribidea, 61. T. 943 630 440.
www.hotelurdanibia.com ♿ ❄ P
Hab. 115: 65 €. Se pueden realizar excursiones y actividades deportivas. Admisión de perros, consultar.

---

14 · E-3

Isaba Navarra Ver Sangüesa

Isla Cantabria

5 · D-2
A Santander, 42 km
A Madrid, 426 km
Alt. 50 m · Pob. 666
GPS 43° 29' 34'' N · 3° 34' 15'' O

Vista de Isla

Visitar: Este pueblo costero, situado en un maravilloso enclave natural, es en realidad una península que emerge entre las rías de Quejo y Castellano y el mar Cantábrico. Su casco antiguo, conjunto histórico-artístico, esconde joyas como la **iglesia de S. Julián y Sta. Basilisa** y el **palacio de los Condes de Isla,** de estilo barroco montañés. De su arquitectura civil destacan sus **tres torres medievales.** Son espectaculares sus playas de arena fina, sus pequeñas calas y sus impresionantes acantilados.

Fiestas: En agosto se festeja **Sta. Filomena** y **S. Roque.**

Alrededores: El Ecoparque de Trasmiera de Arnuero reparte sus centros por sus cuatro pueblos: en **Isla** está el Observatorio de la Marea; en **Arnuero** (a 3 km), el de Arte; en **Castillo** (a 6 km), el Observatorio de la Memoria, y en **Soano** (a 3 km), el de la Marisma.

Restaurantes

Astuy. (Hotel Astuy). Avda. Juan Hormaechea, 1. T. 942 679 540.
www.hotelastuy.com ♿ ❄ P
Con 53 habitaciones. Frente al mar, sobre las rocas, con viveros naturales de langosta. Arroces variados, mariscos y pescados, tartas caseras. Menú 25 €. Precio medio sin marisco 35 €.

Hoteles

**** **Estrella del Norte.** Avda. Juan Hormaechea, 21-b. T. 942 659 970.
www.estrelladelnorte.es ♿ ❄ P
Hab. 47: 75 €. A 200 m de las playas.

Isla Cristina Huelva

103 · E-1
A Huelva, 46 km
A Madrid, 672 km
Alt. 7 m · Pob. 21.234
T. 959 332 694
GPS 37° 11' 54'' N · 7° 19' 35'' O

Puerto de Isla Cristina

Visitar: Sus playas de arena fina son uno de los principales atractivos de este pueblo marinero, aunque no el único. Merecen una visita la **iglesia de Ntra. Sra. de los Dolores** y la **Casa-Patio de S. Francisco,** que alberga el Museo del Carnaval. Resulta muy agradable andar por el paseo de las Flores y contemplar las singulares palmeras que dan nombre al paseo más peculiar de la villa. Acudir al puerto pesquero-lonja a primera hora de la mañana se ha convertido en otro reclamo turístico. También destaca la fachada de la casa de Blas Infante.

Fiestas: Son muy populares los carnavales y la Semana Santa. Del 12 al 16 de julio se celebran las fiestas del Carmen y el 7 de octubre, las fiestas patronales de Ntra. Sra. del Rosario. En octubre también tiene lugar el **Festival Coral del Atlántico.**

Alrededores: Entre Isla Cristina y Ayamonte está el **Paraje Natural Marismas de Isla Cristina,** de alto valor ecológico. A 38 km, están las marismas del Río Piedras y el Rompido, área protegida desde 1989.

Restaurantes

Casa Rufino. Avda. Playa Central, s/n. T. 959 330 810.
www.restauranterufino.com ❄ P
Cierra cenas de marzo a julio, lunes excepto verano; y del 22 de diciembre al 1 de marzo. Entre eucaliptos, frente al mar. Todos los cortes de atún rojo de las almadrabas del Estrecho, hamburguesa de choco en su tinta, fresas. Menú 15 €. Precio medio 30 €.

Hoteles

***** **Isla Cristina Palace Hotel & Spa.** Avda. Parque, 148. T. 959 344 499.
www.islacristinapalace.com ♿ ❄ P
Hab. 137: 176 €. Suites: 28. En primera línea de playa. Restaurante Zarandas.

Jaca Huesca

Visitar: En esta ciudad medieval, conjunto histórico-artístico, destacan su **catedral** (s. XII), dedicada a S. Pedro, que alberga el Museo Diocesano de Arte Románico, y la **ciudadela,** construida bajo el reinado de Felipe II. Entre sus edificios civiles sobresalen la torre del Reloj o del Merino, conocida como la torre de la Cárcel, y la Casa Consistorial. En el ámbito religioso, merece la pena visitar la **iglesia del Carmen** (s. XVII), con una portada manierista, la de **S. Salvador** y **S. Ginés,** con el sarcófago de la infanta Dña. Sancha, una joya de la escultura románica. También tienen interés el puente de S. Miguel y el **Museo de Miniaturas Militares Ciudadela de Jaca.** Para admirar una puesta de sol única, hay que subir al fuerte de Rapitán (a más de 1.000 m).

Fiestas: El **primer viernes de mayo** se conmemora la victoria frente a los musulmanes en el año 761. El 25 de junio es la **procesión,** con romerías a Jaca y a Yebra de Basa. En verano es el Festival Folclórico de los Pirineos.

Alrededores: A 22 km se encuentran los monasterios Viejo y Nuevo de S. Juan de la Peña. Esta zona está declarada paisaje protegido e incluye el llamado Balcón de los Pirineos, que ofrece una panorámica indescriptible de la cordillera. A 29 km está la **estación de esquí de Candanchú** y, a 32 km, la de **Astún.**

24 · A-1
A Huesca, 72 km
A Madrid, 469 km
Alt. 820 m · Pob. 13.276
T. 974 360 098
GPS 42° 34' 18'' N · 0° 33' 5'' O

Celebraciones del primer viernes de mayo

Restaurantes

Asador Biarritz. Avda. Primer Viernes de Mayo, 12. T. 974 361 632.
www.restaurantebiarritz.com S
Cierra miércoles y del 25 de septiembre al 10 de octubre. Ambiente rústico y acogedor, con decoración en piedra y madera, frente a la ciudadela. Huevos rotos con *foie-gras* fresco, chuletón de buey a la teja, crepes variados. Menú 13 €. Precio medio 30 €.

® **La Cocina Aragonesa.** (Hotel Conde Aznar). Cervantes, 6. T. 974 361 050.
www.condeaznar.com
Cierra domingo cena y lunes fuera de temporada, 10 días en junio y 20 días en noviembre. Cocina de producto y gran variedad de **arroces** (10 diferentes), en un comedor presidido por su gran chimenea de piedra. Además, **espárragos blancos naturales templados al aceite de oliva del Bajo Aragón, corderito lechal asado con ensalada, degustación de quesos de los Pirineos con dulce de membrillo casero.** Menú 16 €. Precio medio 40 €.

Hoteles

**** **Reina Felicia Spa.** Pº Camino de Santiago, 16-20. T. 974 365 333.
www.pronihoteles.com P
Hab. 76: 65 €. Suites: 4. Está a 15 minutos del centro de Jaca. Restaurante Atland.

Jaén

Visitar: Bella ciudad, rodeada de olivares, en la que han habitado diferentes culturas milenarias. Su **catedral** (s. XVI) fue pieza clave del Renacimiento español. Otros templos de interés son la iglesia de S. Ildefonso, que guarda en su interior grandes retablos como el del *Descenso de la Virgen,* y la **iglesia de la Magdalena,** construida sobre una antigua mezquita de la que se conserva el estanque para abluciones y el alminar. Hay que visitar el **castillo de Sta. Catalina,** un mirador ideal convertido hoy en Parador de Turismo, y pasear por la judería, de estrechas callejuelas y plazas. Los **baños árabes** (s. XI), bien de interés cultural, son los más grandes y mejor conservados de la Península Ibérica y se encuentran en los bajos del palacio de Villardompardo. Fuera del casco antiguo está el **Museo Provincial,** con una de las colecciones más importantes de arte íbero de España. El hospital de S. Juan de Dios, actualmente centro cultural, conserva la portada gótica primitiva.

Fiestas: S. Antón es el 16 de enero. La **Semana Santa,** de interés turístico nacional, destaca por la calidad escultórica de su imaginería. En junio se celebran las ferias en honor de la Virgen de la Capilla y en octubre, la feria de S. Lucas.

Alrededores: Merece la pena recorrer la **Vía Verde del Aceite,** que nace de la recuperación de la infraestructura del viejo ferrocarril abandonado Jaén-Campo Real como pasillo verde. **La Guardia de Jaén** (a 8 km) tiene sitios de interés arqueológico como la villa romana de la Yuca y diferentes necrópolis íbero-romanas. **Mengíbar** (a 30 km) conserva un gran patrimonio histórico-artístico, igual que **Baños de la Encina** (a 55 km).

98 · E-2
A Madrid, 335 km
Alt. 573 m · Pob. 116.000
T. 953 219 116
GPS 37° 45' 55'' N · 3° 47' 26'' O

Baños árabes

Olivares en Andújar

Restaurantes

Casa Antonio. Fermín Palma, 3. T. 953 270 262.
www.casantonio.net
Cierra domingo cena, lunes y agosto. Antonio del Moral es todo un referente en la ciudad, con su cocina andaluza actualizada. **Ajoblanco de almendras con dátiles y esturión ahumado, jarrete de cordero segureño a baja temperatura, torrija de chocolate blanco.** Precio medio 40 €.

Horno de Salvador. Subida al Parador de Turismo, s/n. T. 953 230 528.
www.hornodesalvador.com
Cierra domingo cena, lunes y 15 días en julio. Casa centenaria de cocina local, camino del castillo de Sta. Catalina. Ensalada de esturión ahumado, cochinillo al horno, leche frita. Menú 30 €. Precio medio 38 €.

La Vestida. Ronda Sur, s/n. Junto al Recinto Ferial. T. 953 190 806.
www.lavestida.com
Cierra cenas de lunes a jueves excepto verano. Situado entre un mar de olivos. Laminado de morcilla, paletilla de cabrito asada al horno, *soufflé* de chocolate. Precio medio 30 €.

Támesis London. Maestro Sapena, 9. T. 953 267 067.
www.restaurantetamesis.es
Cierra domingo cena y agosto. Francisco Navarro ha dado un giro al negocio familiar, convirtiéndolo en un punto de referencia de la gastronómica local. Cremoso de quesos suaves, *boletus* y sésamo, con miel de caldera, paté de perdiz, *foie-gras* y *boletus* rehogado con AVOE Jaén selección 2013; huevos rotos en textura, crema de apio y alcachofas, crujiente de patata y virutas de jamón ibérico. Magnífica carta de aceites comentada. Precio medio 35 €.

Hoteles

**** **Infanta Cristina.** Avda. de Madrid, s/n. T. 953 263 040.
www.hotelinfantacristina.com
Hab. 71: 60 €. Suites: 2. En una zona residencial, muy próximo a la Universidad de Jaén. Restaurante Az-Zait.

**** **Parador Castillo de Santa Catalina.** Ctra. hacia el Castillo, s/n. T. 953 230 000.
www.parador.es
Hab. 45: 90 €. El rey Alhamar, el mismo que mandó edificar La Alhambra, hizo construir este castillo, que tiene importantes restos de la antigua fortaleza y ofrece un soberbio panorama de la ciudad y la vecina Sierra Morena. Cocina andaluza.

*** **Condestable Iranzo.** Pº de la Estación, 32. T. 953 222 800.
www.hotelcondestableiranzo.com
Hab. 158: 108 €. Suites: 1. En pleno centro de Jaén, próximo al casco histórico. Restaurante La Terraza.

Jarandilla de la Vera Cáceres

61 · C-2
A Cáceres, 133 km
A Madrid, 212 km
Alt. 585 m · Pob. 3.116
T. 927 560 045
GPS 40° 7' 30'' N · 5° 39' 43'' O

Visitar: En plena comarca de la Vera y en un entorno natural privilegiado se ubica este municipio, conocido por el **castillo de los Condes de Oropesa** (s. XV), hoy Parador de Turismo. También son interesantes la iglesia fortaleza de Ntra. Sra. de la Torre, construida sobre un castro celta y que alberga una pila bautismal visigoda, y varios puentes medievales de traza romana.

Fiestas: El jueves anterior a la Ascensión son las **fiestas de la Virgen del Sopetrán;** el 14 de septiembre, el Stmo. Cristo de la Caridad, con festejos taurinos, y el 7 de diciembre, los **Escobazos,** fiesta de interés turístico regional en la que los mozos, montados en caballerías, recorren las calles con teas encendidas y escobones.

Alrededores: En **Cuacos de Yuste** (a 10 km), esperan la iglesia parroquial de Ntra. Sra. de la Asunción y la casa de Juan de Austria. Cerca están el **monasterio de Yuste** y el palacio de Carlos V, donde se retiró el emperador en 1556, y un curioso cementerio alemán de la I y II Guerra Mundial. **Valverde de la Vera** (a 20 km), conjunto histórico-artístico, es famoso por los *empalaos* de la Semana Santa.

Fiesta de los Escobazos

Restaurantes

El Labrador. Avda. Soledad Vega Ortiz, 133. T. 927 560 791.
Cierra martes, segunda quincena de junio y primera de noviembre. La especialidad de la casa es el arroz con bogavante y el cordero y cochinillo asados, rematados por *mousse* de avellanas. Todo ello con vistas a la Sierra de Gredos. Menú 10 €. Precio medio 26 €.

Hoteles

**** **Parador de Jarandilla de la Vera.** Avda. García Prieto, 1. T. 927 560 117.
www.parador.es
Hab. 52: 194 €. Castillo-palacio de finales del s. XIV y principios del s. XV, cuyo huésped más ilustre fue el emperador Carlos V. Cocina tradicional.

Jávea/Xàbia Alacant/Alicante

85 · D-3
A Alacant/Alicante, 98 km
A Madrid, 456 km
Alt. Nivel del mar · Pob. 33.251
T. 965 794 356
GPS 38° 47' 18'' N · 0° 9' 55'' E

Visitar: Retratada por Joaquín Sorolla, que quedó deslumbrado por esta preciosa villa de la Costa Blanca, su casco histórico conserva el trazado medieval de callejuelas empedradas, salpicadas de fachadas blancas y rejas de forja. Destaca la **iglesia-fortaleza de S. Bartolomé** (s. XIV), monumento nacional; junto al templo se encuentran el Ayuntamiento, neoclásico, y el **Mercado de Abastos.** Desde allí se puede pasear hasta la capilla gótica de **Sta. Anna,** que formaba parte del antiguo hospital, y hasta el **Museo Arqueológico y Etnográfico Soler Blasco,** que ha sido ampliado por el arquitecto Vicente Manuel Vidal y guarda piezas de arqueología submarina. El **puerto,** que data del s. XV, nació con el comercio de la pasa y hoy proporciona un agradable paseo entre casas de pescadores y terrazas para tapear; allí está la **Casa del Cable,** dedicada a exposiciones.

Fiestas: En enero se celebran las fiestas patronales de S. Sebastián. El 24 de junio se festeja **S. Juan,** con castillos de fuegos artificiales, carrozas, conciertos y hogueras en el centro histórico. En julio tiene lugar la fiesta de Moros y Cristianos y el **Ajedrez Viviente** en el puerto, de interés turístico nacional.

Alrededores: Jávea tiene 25 km de costa, entre el cabo de St. Antoni y el Cap de la Nau, y 9 playas y calas. Bonitas vistas ofrecen sus miradores, como el de **Cap de St. Antoni** y el de **Creu de Portitxol.** Una excursión imprescindible es la del **Parque Natural del Montgó,** un macizo que separa las poblaciones de Jávea y Dénia. A unos 6 km están los primeros molinos de viento de **La Plana.**

Iglesia de Sta. María de Loreto

Restaurantes

Bon Amb. Ctra. Benitachel, 50. T. 965 084 440.
www.bonamb.com
Cierra domingo cena y lunes excepto verano; y del 8 de enero al 1 de marzo. En corto espacio de tiempo ha logrado ocupar los primeros puestos en la culinaria de la Comunidad Valenciana por mostrar nivelazo en todo. **Hígado de rape envuelto en zanahoria escabechada, chuleta gallega Premium, sabores del Montgó.** Precio medio 60 €.

Casa Julia. (Hotel Casa Julia, en PARCENT, a 17 km). Avda. Constitución, 30. T. 966 405 050. *www.hotelcasajulia.com*
Cierra miércoles, y 15 días en octubre. Con 8 habitaciones. Hotel-restaurante de estilo colonial en un entorno rural. Arroz al horno, carrillera con salsa de *fondillon.* Menú 7 €. Precio medio 20 €.

Es Tapa Ti. (Gastrobar). Pº David Ferrer, 11. T. 966 473 127.
www.estapati.es
Cierra miércoles fuera de temporada. Bonitas vistas al mar para una cocina basada en pequeñas y sabrosas raciones. *Tempura* de bacalao con alioli suave de piquillo, lomo de pulpo con cremoso de patatas, pastela de manzana con helado de vainilla. Menú 12 €. Precio medio 25 €.

® **Los Remos-La Nao.** Avda. Libertad, 21. Playa del Arenal. T. 966 470 776.
www.losremoslanao.es
Cierra martes excepto verano. Junto a la playa, **arroces marineros y pescados** escogidos y bien tratados. Como novedad, platos de cocina japonesa. Para terminar, **torrija caramelizada.** Menú 18 €. Precio medio 30 €.

Hoteles

**** **Parador de Jávea.** Avda. Mediterráneo, 233. Playa del Arenal. T. 965 790 200.
www.parador.es
Hab. 70: 154 €. Suites: 1. Lugar ideal para una tranquila estancia junto al mar. Restaurante Costa Blanca.

Javier Navarra Ver Sangüesa

23 · D-1

Jerez de la Frontera Cádiz

109 · E-1
A Cádiz, 40 km
A Madrid, 619 km
Alt. 56 m · Pob. 211.900
T. 956 338 874
GPS 36° 41' 8'' N · 6° 8' 18'' O

Visitar: Conocida por sus vinos, sus caballos y su flamenco, el casco histórico de esta localidad está declarado conjunto histórico-artístico. Hay que visitar el **conjunto monumental del Alcázar,** donde admirar la **Cámara Oscura,** ubicada en el palacio de Villavicencio, que brinda una bella panorámica de Jerez; la **catedral,** levantada sobre la primitiva mezquita mayor, y la antigua iglesia del Salvador. A las afueras de la ciudad se encuentra la **cartuja de Sta. María de la Defensión.** Son interesantes sus bodegas; el Centro Andaluz del Flamenco, y el Centro Temático La Atalaya, un complejo en el que se ubican el **Museo Misterio de Jerez** –sobre el vino– y el **Palacio del Tiempo** –que alberga una curiosa colección de relojes–. Los amantes de los caballos disfrutarán visitando la Real Escuela Andaluza del Arte Ecuestre y la Yeguada de la Cartuja Hierro del Bocado.

Feria del caballo

Junto a la Semana Santa, se trata del gran evento festivo de Jerez. Surgió a partir del comercio equino en la Edad Media, como cita en la que los ganaderos se reunían para cerrar tratos.

Fiestas: Declarada de interés turístico nacional, su **Semana Santa** acoge a un total de 34 hermandades. El Festival de Jerez de Flamenco se celebra entre febrero y marzo y la Feria del Caballo, de interés turístico internacional, entre abril y mayo. También entre abril y mayo tiene lugar el **Gran Premio de España de Motociclismo** donde compite el Repsol Honda Team.

Alrededores: A 35 km se encuentra **Medina Sidona,** declarada conjunto histórico-artístico. También es recomendable **Arcos de la Frontera** (a 32 km), buen punto de partida para realizar la Ruta de los Pueblos Blancos.

Restaurantes

® **Ajonegro.** Avda. Alcalde Álvaro Domecq, 10. T. 956 332 371.
En los bajos del hotel NH Avenida. Gran barra y un comedor modernamente decorado con gran terraza. Inaugurado en 2013, y ya da que hablar. Delicioso **ajoblanco con ajo negro, minihamburguesa de retinto** servida sobre **mollete de Espera.** Se puede comer a base de tapas y medias raciones. Precio medio 25 €.

® **Bar Juanito.** Pescadería Vieja, 6-8. T. 956 341 218.
www.bar-juanito.com
Cierra domingo cena de septiembre a junio, y domingo en julio y agosto. Guisos tradicionales jerezanos como la **berza y las alcachofas** y una golosa **tarta de almendras.** Agradable terraza-comedor y ricas tapas. Menú 17 €. Precio medio 25 €.

El bichero. Pescadería Vieja, 4. T. 956 342 986.
www.restauranteelbichero.com
Fermín Anguita, el propietario, pesca y caza con lo cual su clientela disfruta de la temporada. Oferta principalmente marinera con gran calidad de producto. Arroz con cacerías, pargo al horno, helado de vainilla. Precio medio 30 €.

® **La Carboná.** San Francisco de Paula, 2. T. 956 347 475.
www.lacarbona.com
Cierra martes y julio. En una bodega del s. XIX, Javier Muñoz demuestra en su cocina el apoyo a los productos de tierra y mar con su profesionalidad. **Lomo de salmón con crema de setas, arroz meloso con codornices y trigueros, queso de oveja payoya.** Precio medio 30 €.

® **Val de Pepe.** (Gastrobar). Paraíso, 3. S
Cierra domingo cena, lunes y segunda quincena de julio. José Romero Valdespino triunfa con sus tapas de raíz jerezana y su toque personal. **Gazpacho de espárragos, *steak tartar*, rabo de toro, sorbete de naranja y miel.** Precio medio 22 €.

Venta Antonio. Ctra. A-480, Jerez-Sanlúcar, salida 23. T. 956 140 535.
www.restauranteventantonio.com
Cierra cenas en otoño e invierno; y lunes. A 5 km de Jerez, camino de Sanlúcar, una prestigiada venta rodeada de viñedos. Langostinos de Sanlúcar, corvina a la roteña, helado de pasas al Pedro Ximénez. Menú 15 €. Precio medio 30 €.

Hoteles

***** **Barceló Montecastillo Golf Resort.** Ctra. de Arcos, km 9. T. 956 151 200.
www.barcelo.com
Hab. 122: 126 €. Suites: 2. Junto al circuito de velocidad. Campos de golf (18 hoyos) y de fútbol. Consultar admisión de perros.

***** **Jerez & Spa.** Avda. Alcalde Álvaro Domecq, 35. T. 956 300 600.
www.jerezhotel.com
Hab. 126: 81 €. Emblemático hotel. Dispone de varios jardines y de un excelente servicio. Restaurante El Cartujano, cocina andaluza.

Jerez de los Caballeros Badajoz

88 · B-2
A Badajoz, 72 km
Alt. 506 m · Pob. 10.237
T. 924 730 372
GPS 38° 19' 4" N · 6° 46' 14" O

Visitar: Su rico patrimonio le ha valido la calificación de conjunto histórico-artístico. El **perímetro amurallado** fue construido sobre las murallas árabes y en la actualidad se conservan dos puertas. El cielo de Jerez de los Caballeros está vigilado por cuatro torres, la de la **iglesia de Sta. María de la Encarnación,** el templo más antiguo de la ciudad; la de **S. Miguel Arcángel;** la de S. Bartolomé y la de Sta. Catalina. Dada su riqueza monumental se pueden llevar a cabo distintas rutas: la de los palacios y casas señoriales, la de los conventos, la de las ermitas y la ruta templaria (s. XIII). En los alrededores también se conservan muchos monumentos megalíticos, como el dolmen de la Granja de Toriñuelo, y otros restos romanos y visigodos.

Fiestas: Su **Semana Santa** es de interés turístico regional. Durante julio se celebra el **Festival Templario,** que recupera el pasado medieval de la localidad.

Alredededores: En **Fregenal de la Sierra** (a 22 km) hay que visitar el castillo medieval de la orden del Temple (s. XIII), el retablo renacentista de la iglesia de Sta. Ana, la fuente de la Fontanilla y su conjunto de casas solariegas y palacetes.

Restaurantes

Santa María. Reloj, 34. T. 924 750 429.
www.restaurantsantamaria.zxq.net
Cierra miércoles. Oferta de temporada en una casa antigua. Setas, espárragos silvestres y perdiz estofada en temporada. Bacalao gratinado con muselina de mostaza. De postre, leche frita. Menús 10 y 30 €. Precio medio 24 €.

Hoteles

**** **Convento de San Diego.** Convento, s/n. T. 924 724 188.
www.rocamador.com
Hab. 12: 89 €. Desayuno incluido. En un convento franciscano de los ss. XVI al XVII, que se ha rehabilitado combinando elementos originales con otros de estilo más vanguardista. Restaurante Moba.

Iglesia de S. Bartolomé

Jerte Cáceres

61 · B-1
A Cáceres, 120 km
A Madrid, 220 km
Alt. 605 · Pob. 1.340
T. 927 470 453
GPS 40 13' 11" N · 5 45' 2" O

Visitar: Pueblo enclavado en el valle del mismo nombre, famoso por los cerezos con D. O. que protagonizan un espectáculo natural cada primavera coincidiendo con su floración. Entre sus atractivos monumentales destaca la **iglesia de Ntra. Sra. de la Asunción** y la cercana torre. El parque El Nogalón cuenta con zonas recreativas y una piscina natural.

Fiestas: El 2 de febrero se celebra la **Fiesta de las Candelas,** con el tradicional canto de las alborás en honor a la virgen. En marzo tiene lugar la **fiesta del Cerezo en Flor** y, del 31 de agosto al 2 de septiembre, la **feria de S. Gil.**

Alrededores: Punto de partida de numerosas rutas senderistas, ya sea por la cercana **Reserva Natural Garganta de los Infiernos** u otras temáticas como la de Carlos V, que parte de **Tornavacas** (a 7 km) y recrea el camino que siguió este monarca en su retiro al monasterio de Yuste.

Restaurantes

Valle del Jerte-La Sotorriza. Gargantilla, 16. T. 927 470 052.
www.donbellota.com
Cierra lunes excepto puentes y temporada alta. Inescusable visita a este bonito valle para contemplar los cerezos en flor y con la fruta. Morcilla gorda con torta del Casar y piñones, trucha a la jerteña, picotas frescas. Menú 12 €. Precio medio 30 €.

Reserva Natural Garganta de los Infiernos

Jiménez de Jamuz León Ver Bañeza, La

19 · E-3

Jumilla Murcia

92 · F-1
A Murcia, 57 km
A Madrid, 298 km
Alt. 496 · Pob. 25.348
T. 968 780 112
GPS 38° 28' 33" N · 1° 19' 19" E

Visitar: El enoturismo se refleja en la localidad en su **Ruta del Vino,** que permite sumergirse en la cultura, tradición y costumbres de este afamado territorio vitivinícola cuyos caldos cuentan con D. O. propia.

Fiestas: Su **Semana Santa** es de interés turístico nacional. El verano está marcado por la **Fiesta de la Vendimia.**

Alrededores: La **Sierra de Santa Ana** (a 6 km) da pie a una ruta con alicientes como el convento de Sta. Ana o numerosos yacimientos arqueológicos.

Restaurantes

® **Restaurante De Loreto.** Canalejas, 73. T. 968 780 360.
www.restaurantedeloreto.com
Cierra cenas de domingo a jueves; y lunes. Casa modernista con más de un siglo, en el casco antiguo, con buena oferta gastronómica. **Ensalada de temporada con gambas crujientes, guacamole y aceite de cítricos, bacalao cocinado al vacío salteado con puerros y setas, fruta con *fondue* de chocolate.** Menús 17 y 22 €. Precio medio 25 €.

61 · E-3

Lagartera Toledo Ver Oropesa

Laguardia Araba/Álava

22 · C-2
A Vitoria, 64 km
A Madrid, 368 km
Alt. 635 m · Pob. 1.512
T. 945 600 845
GPS 42° 33' 14" N · 2° 35' 8" O

El pimiento es un ingrediente típico de la cocina alavesa

Visitar: En una tierra cubierta de viñedos se levanta esta villa, que conserva parte de sus murallas, recubiertas con piedra de sillería. Al norte del pueblo está la **iglesia de Sta. María de los Reyes,** con una portada gótica con la policromía original. En las calles de Laguardia pueden verse casas palaciegas y su plaza fortificada, en el centro de la villa, acoge el antiguo **Ayuntamiento,** con el escudo imperial de Carlos V. Su subsuelo está plagado de bodegas, excavadas bajo las viviendas y las calles, y en los alrededores hay gran cantidad de restos arqueológicos, como el **Poblado de la Hoya.** Además, cuenta con dos humedales de agua dulce y una balsa artificial, declarados biotopos protegidos.

Fiestas: En mayo tiene lugar el Día del Gaitero y en junio, las fiestas de **S. Juan y S. Pedro.** En la cercana localidad de Páganos (a 2 km) se celebra, en febrero, **S. Blas,** con la danza típica del Chulalai, un evento de gran tradición en la zona.

Alrededores: Destacan los restos prehistóricos, como el dolmen de La Chabola de la Hechicera. En **Elvillar** (a 6 km) se encuentran la Plaza Mayor de Sta. María, con la iglesia de Ntra. Sra. de la Asunción, y la casa del Indiano. En Assa, un barrio de **Lanciego** (a 13 km), los restos del puente romano de Mantible.

Restaurantes

Amelibia. Ctra. La Barbacana, 14. T. 945 621 207.
www.restauranteamelibia.com
Cierra cenas de domingo a jueves, y martes. Verduras de temporada, manitas de cerdo con *foie-gras* fresco, canutillos rellenos de crema con chocolate, en un ambiente relajado con vistas a los viñedos. Menú 17 €. Precio medio 40 €.

El Mirador. (Hotel Castillo El Collado). Pº El Collado, 1. T. 945 621 200.
www.hotelcollado.com
Con 9 habitaciones. Javier Acillona es fiel a la cocina riojana de producto. Patatas a la riojana, rabo de buey estofado con salsa de vino tinto de Rioja, *biscuit* de higos con mermelada de albaricoque. Menú 25 €. Precio medio 36 €.

Marixa. (Hotel Marixa). Sancho Abarca, 8. T. 945 600 165.
www.hotelmarixa.com P
Con 10 habitaciones. Alcachofas a la plancha sobre pisto marinero y langostinos, manitas de cordero en salsa de pimientos choriceros, *tatin* de manzana al calvados con crujiente de sésamo. Menú 10 €. Precio medio 25 €.

Lalín Pontevedra

8 · F-4
A Pontevedra, 65 km
A Madrid, 550 km
Alt. 514 m · Pob. 20.409
T. 986 787 060
GPS 42° 39' 40" N · 8° 6' 44" O

Visitar: Conocido como el kilómetro cero de Galicia por estar situado en el centro geográfico de la comunidad, merece la pena conocer su **iglesia de O Corpiño** y el **Museo Municipal Ramón María Aller,** sede del primer Observatorio Astronómico de Galicia.

Fiestas: El domingo anterior al carnaval se celebra la **Feria del Cocido,** de interés turístico nacional, y en septiembre, las fiestas de la **Virgen de los Dolores.**

Alrededores: En **Catasós** (a 5 km) se encuentra la Fraga de Catasós o Carballeira de Quiroga, un bosque mixto de robles y castaños con los ejemplares más altos de Europa. **Santiago de Compostela** está a 52 km.

Restaurantes

Cabanas. Pintor Laxeiro, 3. T. 986 782 317.
www.restaurantecabanas.com
Cierra domingo cena. Mariscos y verduras como opción al famoso cocido de Lalín en otoño-invierno. Menú 20 €. Precio medio sin marisco 30 €.

Langreo Asturias

3 · F-4
A Oviedo, 22 km
A Madrid, 334 km
Alt. 200 m · Pob. 45.565
T. 985 678 158
GPS 43° 17' 46" N · 5° 41' 2" O

Visitar: Integrado en el Paisaje Protegido de las Cuencas Mineras, en este municipio destaca el distrito de La Felguera, que agrupa gran parte del patrimonio industrial y cultural. Merece la pena conocer la **iglesia de S. Esteban de Ciaño** y la **ermita de El Carbayu.** En cuanto al patrimonio civil, destacan la Casa de los Dorado y la **torre de la Quintana.** Y para sumergirse en el pasado del municipio hay que visitar el Museo de la Siderurgia.

Fiestas: En junio se celebra S. Pedro; en julio, Santiago y el 8 de septiembre, **Ntra. Sra. de El Carbayu,** con una romería campestre.

Alrededores: Merece la pena subir a la **ermita de El Carbayu,** en una zona rural en la parte alta del valle. En **El Entrego** (a 4 km) está el Museo de la Minería y de la Industria. En **Mieres** (a 20 km) se pueden visitar el Centro de Arte Moderno Casa Duró (s. XVII), y el palacio de los Marqueses de Camposagrado, bienes de interés cultural. **Oviedo** se encuentra a 25 km y **Gijón,** a 35 km.

Restaurantes

Al Punto. (Langrehotel & Spa, en LA FELGUERA, a 5 km).
Manuel Suárez García, 6. T. 985 675 675. *www.langrehotel.es*
Cierra domingo cena. Se disfruta de una cocina sin complicaciones, basada en la calidad de la materia prima de su despensa. Arroz con *pitu* de Caleya, merluza a la marinera. Menú 25 €. Precio medio 35 €.

Hoteles

**** **Langrehotel & Spa.** Manuel Suárez García, 6. T. 985 675 675.
www.langrehotel.es
Hab. 44: 70 €. Suites: 6. Moderno hotel en plena cuenca minera, rodeado de verdes valles y montañas.

Museo de la Minería en El Entrego

Lanjarón Granada

112 · A-1
A Granada, 45 km
A Madrid, 434 km
Alt. 659 m · Pob. 3.826
T. 958 770 462
GPS 36° 55' 3'' N · 3° 28' 54'' O

Visitar: Famoso por sus aguas minero-medicinales, gran parte del término municipal está situado en el Parque Natural de Sierra Nevada. Son interesantes los restos del **castillo-fortaleza árabe** (s. XIV) y la **iglesia de la Encarnación,** un ejemplo de templo mudéjar con incorporaciones barrocas, en el que destaca su retablo churrigueresco. También merece la pena visitar el **Museo del Agua,** punto de acceso al parque natural, y su **balneario,** uno de los más importantes del país.

Fiestas: El primer domingo de agosto se celebra la fiesta tradicional de **La Parva** y en junio, **S. Juan,** conocida como las fiestas del agua y del jamón.

Alrededores: Trevélez (a 43 km) es el pueblo más alto de España y, además de buenos ejemplos de arquitectura típica alpujarreña, cuenta con un asombroso paisaje de montaña. **Granada** se encuentra a 45 km.

Restaurantes

Alcadima. (Hotel Alcadima). Francisco Tárrega, 3. T. 958 770 809.
www.alcadima.com
Cierra enero. Con 57 habitaciones. Cocina arábigo-andalusí con vistas a un mirador natural. Ensalada de queso de cabra con costra de frutos secos y crujiente de jamón, paletilla de cochinillo confitada con ajillo de calabaza granadino, verbena de frutas. Menú 15 €. Precio medio 28 €.

Hoteles

**** **Balneario de Lanjarón.** Avda. de Madrid, 2. T. 958 770 137.
www.balneariodelanjaron.com
Hab. 122: 74 €. Enclavado en el Parque Natural de Sierra Nevada, a las puertas de la Alpujarra. Sus aguas minero-medicinales le han valido gran renombre.

Balneario de Lanjarón

Laredo Cantabria

5 · E-3
A Santander, 50 km
A Madrid, 396 km
Alt. 5 m · Pob. 11.950
T. 942 611 096
GPS 43° 24' 40'' N · 3° 24' 49'' O

Visitar: Rodeada de montes y al abrazo del mar Cantábrico, Laredo tiene una de las playas más hermosas de la región: **La Salvé,** con una extensión de 5 km. Hay que comenzar la visita por la zona conocida como la **Puebla Vieja** –formada por seis calles– y el **Arrabal,** declarada conjunto histórico-artístico. En este sector las casonas y palacios, torres, iglesias y conventos forman un valioso conjunto. De origen medieval, es la parte más antigua de la villa y se conservan restos de la muralla. En su entramado de callejuelas se levantan notables casonas de los ss. XVI al XVIII. También destaca la **iglesia de Ntra. Sra. de la Asunción,** una de las muestras de gótico más relevante de Cantabria. Además, bajo el monte de la Atalaya, un túnel acondicionado como paseo lleva a un precioso mirador.

Fiestas: En agosto, por S. Roque, se celebra en el puerto el Día de la Marmita. El último viernes de ese mes tiene lugar la **Gran Batalla de Flores,** de interés turístico nacional. En septiembre se recuerda el **último desembarco de Carlos V,** de interés turístico regional, y en noviembre es el día de S. Martín, patrón de los pescadores, y se hace una degustación de cocido montañés.

Alrededores: A 18 km está el santuario de Ntra. Sra. de la Bien Aparecida, patrona de Cantabria. **Asón** (a 38 km) posee una iglesia neoclásica escoltada por una gran torre cilíndrica.

Restaurantes

Plaza. Comandante Villar, 7. T. 942 611 942.
www.elrestauranteplaza.com
Cierra domingo cena excepto julio y agosto. A la oferta de Alfonso López, una cocina atenta al mercado con su propia personalidad –ensalada textura de tres quesos, copa de fresón con helado de queso–, se une ahora como ampliación de la misma una zona de gastrobar más informal con tapas y raciones, pero igual de sugerente. Menú 25 €. Precio medio 36 €.

Larrabetzu Bizkaia

6 · B-4
A Bilbao, 15 km
A Madrid, 403 km
Alt. 100 m · Pob. 1.917
T. 944 557 009
GPS 43° 15' 38'' N · 2° 47' 51'' O

Visitar: Forma parte del Camino de la Costa, una de las rutas de peregrinación a Compostela más antiguas. Su antigua estructura urbana se configuró en torno a una calle principal que, en realidad, era el Camino que la cruzaba. Ubicado en el valle de Txorierri, hay que visitar la **iglesia de Sta. María de la Asunción** y, en la plaza, el **Palacio de Ikaza** (s. XV) y el Ayuntamiento. En el barrio Goikolexea destaca la **iglesia de S. Emeterio y S. Celedonio,** con uno de los retablos más valiosos de Bizkaia.

Fiestas: En mayo se celebra **S. Isidro** y el 15 de agosto, las fiestas en honor a la patrona, **Ntra. Sra. de la Asunción.**

Alrededores: En **Mungia** (a 18 km) hay que acercarse al caserío Landetxo Goikoa (s. XVI), el más antiguo de Bizkaia, y a la ermita de S. Miguel de Zumetxaga, ambos bienes de interés cultural. **Bilbao** se encuentra a 15 km y **Durango,** a 23 km.

Restaurantes

Azurmendi

Cierra cenas de domingo a jueves, lunes y del 23 de diciembre al 23 de enero. Espectacular emplazamiento, en la ladera de una colina con viñedos autóctonos, con ventanales sobre ellos en el elegante comedor. Todo está cuidado. Eneko Atxa ofrece dos menús degustación (135 y 160 €) con sabio tratamiento de los productos de la huerta y los mejores pescados y carnes de la zona. Gran servicio y una gran bodega con el *txakoli* familiar en la acogida. En el local anterior, una oferta más sencilla y económica pero con idéntica calidad.

Menú y precio medio 135 €.

Barrio Legina, s/n. Ctra. N-637, salida 25.
T. 944 558 866. *www.azurmendi.biz*

Hoteles

**** **Palacio Urgoiti.** (En MUNGIA, a 18 km). Arritugane, s/n. T. 946 746 868.
www.palaciourgoiti.com
Hab. 36: 85 €. Suites: 7. En un palacio del s. XVII, trasladado piedra a piedra desde su anterior ubicación, está rodeado de jardines. Restaurante Harria.

Lasarte-Oria Gipuzkoa

6 · F-4
A Donostia/San Sebastián , 8,4 km
A Madrid, 449 km
Alt. 21 m · Pob. 17.889
T. 943 376 055
GPS 43° 16' 2'' N · 2° 1' 17'' O

Visitar: Unión de Lasarte y Oria, este municipio se asienta entre las vegas de los ríos Oria y Urumea. Famoso por el **Hipódromo de San Sebastián,** bien merece una visita. En la vega del Oria, la villa presenta un aspecto tranquilo y rural, con caseríos y zonas verdes para pasear. Destacan la **iglesia de S. Pedro,** con una imagen de la Piedad, y el **convento de las Brígidas,** de estilo barroco.

Fiestas: El 29 de junio se celebran las fiestas patronales de **S. Pedro** y el 16 de julio, **Ntra. Sra. del Carmen.** Además, de julio a septiembre es la temporada de verano en el hipódromo.

Alrededores: En **Usurbil** (a 5 km), famoso por sus sidrerías y su tradición angulera, destacan la villa medieval de Kalezar, la iglesia de S. Salvador, con sus bóvedas de crucería, y el Palacio de Atxega. **Hernani** queda a 6 km y **Donostia,** a 8,4 km.

Restaurantes

☼☼☼

Martín Berasategui

Cierra domingo cena, lunes, martes, del 21 al 29 de abril y del 15 de diciembre al 16 de enero.
Martín Berasategui, por encima de su espectacular proyección mediática, es un cocinero excepcional y un maestro que está formando a una pléyade de nuevos valores que acreditan en todo el mundo su peculiar culinaria de altos vuelos. Platos deslumbrantes y perfeccionistas. **Salmonete con cristales de escamas comestibles, pichón asado y cebolla con careta ibérica.** Postres que son la gloria. Bodega y prestaciones del máximo nivel. Servicio sin tacha alguna a cargo de su esposa Oneka.

Precio medio 170 €.

Loidi 4. T. 943 366 471.
www.martinberasategui.com

Lastres Asturias

4 · B-3
A Oviedo, 60 km
A Madrid, 500 km
Alt. 4 m · Pob. 1.149
T. 985 856 000
GPS 43° 30' 48'' N · 5° 16' 15'' O

Visitar: Declarado conjunto histórico-artístico, este bonito pueblo de pescadores, de galerías acristaladas y calles estrechas frente al Cantábrico destaca por sus palacios blasonados. Hay que conocer el barrio de los balleneros; la **iglesia de Sta. María de Sábada,** monumento histórico-artístico; la **torre del Reloj,** un símbolo de la ciudad, y el puerto pesquero. Desde el mirador de S. Roque hay unas vistas únicas del puerto de Lastres y de su bahía.

Fiestas: En julio se celebra **Ntra. Sra. del Carmen** y en agosto, S. Roque.

Alrededores: Merece la pena acercarse al Museo del Jurásico de Asturias en la **Rasa de San Telmo** (a 3 km) y al faro que se encuentra en la parroquia de **Luces** (a 2,3 km). En la playa de la Griega de **Colunga** (a 5 km), municipio al que pertenece Lastres, hay un yacimiento de huellas de dinosaurios, y en **Gobiendes** (9 km) se encuentra una curiosa iglesia prerrománica.

Fósil en el Museo Jurásico de Asturias

Restaurantes

® **Balcón del Sueve.** (Hotel Palacio de Luces, en LUCES, a 2,3 km).
Ctra. AS-257, s/n. T. 985 850 080.
www.palaciodeluces.com
Cierra de domingo cena a jueves en temporada baja. Cocina tradicional bien elaborada frente al Cantábrico y la Sierra del Sueve, dentro de las modernas y confortables instalaciones del Hotel Palacio de Luces. **Oricios gratinados, arroz con almejas, tarta templada de manzana.** Menú 30 €. Precio medio 40 €.

® **El Barrigón de Bertín.** Ctra. General, s/n. T. 985 850 445.
www.elbarrigondebertin.com
Cierra cenas en invierno, miércoles, segunda quincena de mayo y de septiembre. Modesto local para una cocina fresca y espontánea, siempre apetitosa, donde los **pescados** de la rula lastrina ocupan un lugar preponderante. **Crema de *andaricas*, besugo al horno.**
Menú 25 €. Precio medio 40 €.

® **Eutimio.** San Antonio, s/n. T. 985 850 012.
www.casaeutimio.com
Cierra cenas de domingo a jueves de enero a abril, lunes y una semana en febrero. Con 11 habitaciones. Todo un clásico de la costa asturiana.
Casi colgado del puerto de Lastres, la familia Busta ofrece una amplia carta en la que al predominio de los **pescados** de la rula local acompañan algunos platos de cuchara del recetario tradicional asturiano. Menú y precio medio 30 €.

Hoteles

***** **Palacio de Luces.** (En LUCES, a 2,3 km). Ctra. AS-257, s/n. A-8, salida 353.
T. 985 850 080. *www.palaciodeluces.com*
Hab. 40: 190 €. Suites: 4. Próximo a la Sierra del Sueve y al Parque Nacional de los Picos de Europa.

Legasa Navarra Ver Elizondo

7 · B-4

Lekunberri Navarra

14 · A-3
A Pamplona, 32 km
A Madrid, 437 km
Alt. 583 m · Pob. 1.432
T. 948 507 204
GPS 43° 0' 4" N · 1° 53' 35" O

Visitar: Enclavada en el centro del valle de Larraun, en la falda de la Sierra de Aralar, asoma esta bella localidad navarra. El municipio, con casas construidas con piedras de sillería, puertas de medio punto y ventanas dinteladas, se distribuye en torno a la parroquia gótica de **S. Juan Bautista** (s. XIII).

Fiestas: En agosto se celebra los **Mercados de Antaño,** fiesta ambientada en la Edad Media, y en octubre, las fiestas patronales del Pilar.

Alrededores: Desde Lekunberri parte la **Vía Verde del Plazaola,** que recorre el trayecto de aquel centenario tren. El santuario de S. Miguel de Aralar, ubicado en un paraje increíble, guarda en su interior un retablo románico del s. XII.

Restaurantes

® **Asador Epeleta.** Aralar, s/n. Autovía A-15 de Leizarán, salida 27.
T. 948 504 357. *www.asadorepeleta.com*
Cierra cenas excepto sábado; lunes, segunda quincena de junio y Navidad. La materia prima de este bonito asador, situado en un caserón de madera y piedra, es un verdadero lujo, y como tal es tratada por la familia Ansorena, un clásico de la parrilla. Situado camino de San Sebastián, es obligada la parada. Imprescindible terminar con la **leche frita** o con alguno de sus postres lácteos. Menú y precio medio 45 €.

León

Fachada del MUSAC

20 · A-1
A Madrid, 333 km
Alt. 838 m · Pob. 134.305
T. 987 238 492
GPS 42° 35' 60" N · 5° 34' 19" O

Visitar: Capital del reino en la Edad Media y parada esencial en el Camino de Santiago, León cuenta con un conjunto monumental majestuoso que recorre casi todos los estilos artísticos. La **catedral de Sta. María** (s. XIII), declarada bien de interés cultural y conocida como la *pulchra* leonina, es uno de los templos góticos más espectaculares de Europa y tiene 1.800 m² de vidrieras de origen medieval. Muy cerca se encuentran las murallas romanas y la **basílica de S. Isidoro** (ss. XI-XII), bien de interés cultural y uno de los conjuntos románicos más valiosos de nuestro país. El **Hostal de San Marcos,** antiguo hospital de peregrinos y ahora Parador de Turismo, es otro edificio imprescindible, con una de las fachadas más destacadas del Renacimiento español.

En el corazón del casco antiguo medieval está el barrio Húmedo, el mejor lugar para degustar los vinos de la tierra. Muy cerca se encuentran el Ayuntamiento viejo; la iglesia de S. Marcelo, patrón de la ciudad y centurión romano; la **Casa de Botines,** edificio neogótico de inspiración medieval de Antonio Gaudí, declarado bien de interés cultural, y el **palacio de los Guzmanes,** un gran ejemplo de arquitectura palaciega del Renacimiento español. También hay que visitar el Museo de León, el Museo de Arte Contemporáneo (MUSAC) y el **Museo de la Real Colegiata de S. Isidoro,** con el panteón de los Reyes, que alberga una importante colección de frescos románicos.

Fiestas: La **Semana Santa,** de interés turístico internacional, es una de las más famosas de España. El último domingo de abril se celebra las **Cabezadas** en la basílica de S. Isidoro, de interés turístico regional. El 28 de septiembre se celebra la **Fiesta de las Cantaderas,** y del 5 al 12 de octubre tienen lugar las fiestas de **S. Froilán,** en las que la ciudad se sumerge en un ambiente medieval. Ambas fiestas son de interés turístico regional. En junio se celebra la Semana Grande, con las fiestas de S. Juan y S. Pedro.

Alrededores: A 14 km se encuentra **Viloria de la Jurisdicción,** perteneciente al municipio de Onzonilla. En **San Miguel de Escalada** (a 30 km) se puede visitar su monasterio mozárabe, construido sobre una iglesia visigoda y en **Valencia de Don Juan** (a 39 km), el castillo de Coyanza, edificado en el s. XV y levantado sobre las ruinas de un castro de la Edad de Hierro. A 50 km están las **cuevas del Valporquero,** con un camino de casi 4 km habilitado para ver numerosas formaciones de estalactitas y estalagmitas.

Castillo de Valencia de Don Juan

Restaurantes

® **Adonías.** Santa Nonia, 16. T. 987 206 768.
Cierra domingo. La familia del Pozo, en su tercera generación, es todo un exponente local de la cocina tradicional leonesa. **Cecina de vaca** reserva, **jarrete especial Adonías, hojaldre de reineta del Bierzo sobre crema de natillas.** Menú 20 €. Precio medio 35 €.

Asador de Viloria. (En VILORIA DE LA JURISDICCIÓN, a 14 km). Industria, 15. T. 987 303 910. *www.asadordeviloria.com* P
Cierra cenas de martes a jueves en invierno, domingo cena, lunes, una semana después de Reyes y primera quincena de agosto. Ambiente familiar para disfrutar del lechazo y el cochinillo asados en horno de leña. También, alubias con rabo de buey. Precio medio 30 €.

☼ **Cocinandos.** Las Campanillas, 1. T. 987 071 378. *www.cocinandos.com*
Cierra domingo, lunes, 15 días en febrero y en agosto. Yolanda León y Juanjo Pérez –tanto monta, monta tanto– satisfacen a los clientes con un menú degustación (40 €) como única opción que varía semanalmente, con sabiduría y buen punto.

® **Delirios.** Ave María, 2. T. 987 237 699. *www.restaurantedelirios.com* P
Cierra domingo cena y lunes. Restaurante vanguardista, elegante y minimalista, en un edificio histórico de 1906 en los aledaños de la catedral. **Huevo de corral a baja temperatura con cremoso de patata, sirope de verduras y trufa rallada, rulo de cochinillo segoviano a baja temperatura, deshuesado, tostado con salsa de su jugo y piña, pastel fluido de chocolate con leche con corazón de fruta de la pasión.** Precio medio 32 €.

® **La Bodega Regia.** (Hotel La Posada Regia). Regidores, 9. T. 987 213 173. *www.regialeon.com*
Cierra domingo. Un edificio del s. XVI da cobijo a este regio comedor en el barrio Húmedo. **Ancas de rana, morcillo de añojo estofado, tarta de castañas, de turrón...** Menú 18 €. Precio medio 37 €.

La Venta de la Tuerta. Ctra. N-630, de Asturias, 131. T. 987 570 033. *www.laventadelatuerta.es* P
Cierra cenas, martes, 12 días en febrero y 18 días entre agosto y septiembre. Antigua venta en plena naturaleza. Patatas rellenas, lechazo churro al horno, flanes. Precio medio 30 €.

Pablo. Avda. Portugal, 6. T. 987 216 562. *www.restaurantepablo.es*
Cierra lunes cena, domingo y del 15 de julio al 15 de agosto. En las afueras de la ciudad un ambiente íntimo y minimalista con una cocina a tono a cargo de Juan José Losada que se ofrece en un menú (18 €) y en un menú degustación semanal (38 €). Muestra de ello, ajo blanco, boquerón y cereza, lomo bajo con ajo negro y *curry* de pimiento.

Racimo de Oro. Pza. San Martín, 8. T. 987 214 767. *www.racimodeoro.com*
Una casa del s. XVII con bodega-mazmorra, sirve de escaparate de los productos y recetas genuinamente leonesas. Cecina de vaca, pimientos del Bierzo, ternera de León a la plancha, flan de plátano y chocolate. También bar de tapas, raciones y copas. Precio medio 32 €.

® **Rey Don Sancho.** (Parador Hostal San Marcos). Pza. San Marcos, 7. T. 987 237 300. *www.parador.es*
***Carpaccio* de lengua de ternera, espetón de ibérico con salsa de queso de Valdeón, arroz con leche caramelizado** en el maravilloso entorno de este parador. Menú y precio medio 38 €.

☼ **Vivaldi.** (Museo de Arte Contemporáneo). Avda. Reyes Leoneses, 24. T. 987 260 760. *www.restaurantevivaldi.com*
Cierra de domingo cena a viernes almuerzo; y julio. En el Museo de Arte Contemporáneo, está dirigido por Jorge Domínguez Cidón y consta de un único menú que cambia mensualmente (40 €).

Auditorio Ciudad de León

Danza, exposiciones, teatro... conviven en este moderno edificio, obra de los arquitectos Emilio Tuñón y Luis Moreno Mansilla. Fue inaugurado en 2002 en la avda. de los Reyes Leoneses.

14 · B-3

Lizaso Navarra Ver Pamplona

Llafranc Girona

38 · C-1
A Girona, 43 km
Madrid, 726 km
Alt. 40 m · Pob. 316
T. 972 300 228
GPS 41° 53' 38'' N · 3° 11' 36'' E

Visitar: En pleno corazón de la Costa Brava se encuentra esta bella localidad. Merece la pena conocer el **faro y la torre de St. Sebastiá** (s. XV), declaradas conjunto histórico-artístico, y acercarse hasta los restos del poblado íbero y el camino de Ronda.

Fiestas: A finales de agosto se celebra **Sta. Rosa.**

Alrededores: Se puede visitar el pueblo medieval de **Palau Sator** (a 16 km) y el Parque Natural de las Illes Medes en **L'Estartit** (a 26 km).

Restaurantes

® **Casamar.** (Hotel Casamar). Nero, 3. T. 972 300 104. *www.hotelcasamar.net*
Cierra lunes en julio y agosto, domingo cena y del 1 de enero al 30 de marzo. En el marco del agradable hotel familiar, Quim Casellas evidencia una experiencia complementada y enriquecida en sus breves estancias en casas de reconocida solvencia gastronómica. **Canelón templado de puerro con cigalas, careta de ternera con cebollas a la ratafía.** Precio medio 55 €.

Simpson. Pº Cypsela, 10. T. 972 301 157.
Cierra domingo cena y entre semana de septiembre a mayo, miércoles, enero y febrero. Félix y Maribel –ella en la cocina y él en la sala– conforman un tándem que conduce esta casa a cotas altas de calidad y excelencia gastronómica. Su plato estrella, la **ensalada de alcachofas con huevo escalfado y jamón ibérico.** También, **pescados** del día y **postres caseros.** Precio medio 30 €.

Hoteles

*** **Terramar.** Pº Cypsela, 1. T. 972 300 200. *www.hterramar.com* P
Hab. 53: 130 €. Primera línea de playa. Restaurante Terrassa Terramar.

Llagostera Girona

38 · B-1
A Girona, 23 km
A Madrid, 699 km
Alt. 60 m · Pob. 7.764
T. 972 832 180
GPS 41° 49' 44'' N · 2° 53' 34'' E

Visitar: Situado en un entorno natural privilegiado, entre los espacios protegidos de los macizos de las Gavarres y el Puig de Cadiretes, es un lugar ideal para practicar senderismo. De su patrimonio, destacan el campanario de la **iglesia de St. Feliu,** los restos medievales de las tres torres del **castillo feudal** y su muralla.

Fiestas: A finales de mayo se celebran las fiestas patronales de **St. Feliu.**

Alrededores: En **Sant Feliu de Guíxols** (a 15 km) hay que visitar su monasterio benedictino con la Porta Ferrada (s. X), de estilo románico.

Concurso de tallada de troncos en Llagostera

Restaurantes

Els Tinars. Ctra. C-65 Sant Feliu-Girona, km 7,2. T. 972 830 626. *www.elstinars.com* P
Cierra domingo cena, lunes y del 13 de enero al 13 de febrero. La suma naturalidad de la cocina de Marc Gascons, fundamentada en la tradición ampurdanesa, es la irrebatible causa del éxito de una propuesta culinaria que cada día gusta más. **Ravioli de patata y gambas de Palamós a la brasa, rodaballo a la brasa, alcachofas, *calçots* asados y ajos tiernos, pastel de hojaldre y manzana caliente con crema y helado de limón.** Menú 37 €. Precio medio 55 €.

Llançà Girona

27 · C-2
A Girona, 60 km
A Madrid, 772 km
Alt. 6 m · Pob. 5.209
T. 972 380 855
GPS 42° 21' 54'' N · 3° 9' 37'' E

Visitar: La montaña y el mar conjugan a la perfección en esta tranquila villa que cuenta con 7 km de litoral. Merece la pena conocer su **torre románica,** la **iglesia parroquial de St. Vicenç** y el Museo de la Acuarela-Fundación Martínez Lozano, el primero de la acuarela de España. Port de Llançà se encuentra a 1 km.

Fiestas: El 22 de enero es la fiesta mayor de **St. Vicenç** y en julio, las de la **Virgen del Carmen.**

Alrededores: Se puede visitar el Centro de Reproducción de Tortugas de l'Albera, en **Garriguella** (a 11 km), y el castillo de Requesens, en **La Jonquera** (a 40 km).

Restaurantes

El Vaixell. Castellar, 62. T. 972 380 295. *www.elvaixell.com*

Cierra cenas de domingo a jueves en invierno; lunes excepto Semana Santa y agosto; y segunda quincena de diciembre. Pequeño local cerca del puerto de Llançà. Pica-pica para empezar, arroces, *suquet* de pescado, peras cocidas con garnacha del Empordá. Menús 16 y 25 €. Precio medio 35 €.

® **Els Pescadors.** (Hotel La Goleta, en PORT DE LLANÇÀ, a 1 km). Castellar, 41. T. 972 380 125. *www.restaurantelspescadors.com*
Agradable restaurante con vistas al puerto frente al mar, donde descubrir la culinaria más rica y popular de esta parte del litoral catalán. **Alcachofas rellenas de brandada de bacalao, *suquet* de langosta.** Menú 35 €. Precio medio 40 €.

☼☼ **Miramar.** Pº Marítimo, 7. T. 972 380 132.
www.restaurantmiramar.com
Cierra domingo cena, lunes, enero y febrero. Paco Pérez se ha convertido en un auténtico referente de la mejor cocina catalana de vanguardia. Su exitosa y fenomenal labor creativa merece absoluta estima y consideración. **Almejas con gelatina de su propia agua, lima y jengibre.** Precio medio 90 €.

Cala en Llançà

Llanes Asturias

4 · E-4
A Oviedo, 110 km
A Madrid, 455 km
Alt. 11 m · Pob. 13.950
T. 985 400 164
GPS 43° 25' 13'' N · 4° 45' 26'' O

Visitar: La historia de esta villa marinera se remonta al s. XIII. Su casco antiguo, declarado conjunto histórico-artístico, respira un aire medieval que puede palparse en muchos de sus rincones, como la plaza de Sta. Ana y la **muralla.** El mejor lugar para observarla es desde la playa del Sablón. También destaca su torreón y, en el centro de la misma, la basílica. Muy cerca se encuentran la antigua **Casa de Posada Herrera,** que hoy alberga la Casa Municipal de Cultura, y el **palacio de los Duques de Estrada.** El puerto, con los **Cubos de la Memoria de Agustín Ibarrola,** las casonas de indianos y el paseo de S. Pedro son otros de sus atractivos principales.

Fiestas: En julio se celebra **La Magdalena,** fiesta de interés turístico; en septiembre, **La Guía** y en agosto, **S. Roque,** ambas de interés turístico nacional.

Alrededores: A 1 km se encuentra **Pancar** y a 4 km el campo municipal de golf, de 18 hoyos. En **Porrúa** (a 5 km) está el Museo Etnográfico del Oriente de Asturias, con edificaciones rurales tradicionales de los ss. XVIII al XIX. En **Celorio** (a 5 km) está el monasterio benedictino de S. Salvador (s. XII). Las playas cercanas a **Barro** (a 7 km) y **Niembro** (a 11 km) son espectaculares. Además, se puede visitar **Colombres** (a 24 km), con la Fundación Archivo de Indianos, y la **cueva El Pindal** (a 25 km), una muestra de gran belleza de arte paleolítico.

Ventana de casa típica en Llanes

Restaurantes

El Cuera. (Sidrería). Pza. Parrés Sobrino, 9. T. 985 400 054.
www.restaurantesdellanes.com
Arroz con bogavante, merluza a la sidra, helado de arroz con leche en una popular sidrería de la plaza Mayor. Menú 18 €. Precio medio 35 €.

El Jornu. (En PANCAR, a 1 km). Cuetu Molín, 43. T. 985 401 615.
Cierra domingo cena y lunes excepto julio y agosto; y noviembre. Sencilla cocina casera en un marco agradable con vistas a la Sierra del Cuera. Anchoas con queso fresco, potes... Menú 26 €. Precio medio 30 €.

☼ **El Retiro.** (En PANCAR, a 1 km). Pancar, s/n. T. 985 400 240. **P**
Cierra lunes, segunda quincena de enero y de noviembre. Ricardo González pone en escena su sólida formación culinaria para ofrecer unos platos contemporáneos, plenos de imaginación y colorido, junto a otros que hunden sus raíces en la cocina tradicional de la zona. **Bacalao con guiso de sus callos, garbanzos y azafrán, pichón asado con tosta de sus higaditos.** Precio medio 35 €.

® **San Pelayo.** (En NIEMBRO, a 11 km). Niembro, s/n. T. 985 407 376.
www.restaurantesanpelayo.com **P**
Cierra cenas de domingo a jueves, y lunes excepto verano; y de mediados de enero a mediados de febrero. Con una agradable decoración de motivos marineros, ofrece rasgos de cocina tradicional con ofertas más atrevidas, sin caer en excesos creativos. **Tortos de maíz con cebolla confitada a la sidra, merluza con esencia de nécoras.** Menú 20 €. Precio medio 30 €.

Hoteles

**** **Finca La Mansión.** La Arquera, s/n. T. 985 402 325.
www.fincalamansion.net **P**
Hab. 22: 135 €. Suites: 2. Consultar cierre. Ubicado en una finca de 10.000 m², con preciosas vistas a la Sierra del Cuera.

Lleida/Lérida

Vista de Cervera

36 · A-3
A Madrid, 460 km
Alt. 155-300 m · Pob. 139.834
T. 902 250 050
GPS 41° 36' 50'' N · 0° 37' 29'' E

Visitar: Lleida fue fundada en el s. VI a. C. por los ilergetas (pueblo íbero) y ha acogido diversas culturas. En la actualidad, la **Seu Vella,** también conocida como el castillo de Lleida, es uno de los principales símbolos de la ciudad. Declarada monumento nacional, está construida sobre un cerro, domina la zona vieja y ofrece unas vistas espléndidas de toda la urbe. En el casco antiguo la obra más representativa de la arquitectura civil románica es el **Palacio de la Paeria.** También destaca la **catedral nueva,** de estilo barroco, pero con gran tendencia al clasicismo academicista francés. Está situada frente al antiguo **hospital de Sta. María,** una construcción gótico-plateresca de los ss. XV al XVI. Otro de los templos más relevantes de la ciudad es la **iglesia de St. Llorenç,** de estilo románico, pero con acabados góticos. Y un poco más alejado está el **castillo de Gardeny,** que forma parte de la ruta templaria Domus Templi. El Museo de Lleida, Diocesano y Comarcal es clave para conocer la historia de la ciudad.

Fiestas: En mayo se celebran la fiesta mayor en honor de **S. Anastasio,** con la batalla de las flores; la fiesta de Moros y Cristianos (17 y 18), una tradición que data del s. XII, y el **Aplec del Caracol de Lleida** (del 23 al 25), de interés turístico nacional y fiesta nacional de interés tradicional. En julio es la romería de **St. Jaume** y en septiembre, las fiestas de otoño en honor de **S. Miguel.**

Alrededores: En **Bellpuig** (a 39 km) se puede visitar la iglesia de S. Nicolás, que alberga el mausoleo de Ramón Folch de Cardona-Anglesola, un monumento clave del Renacimiento español, bien de interés cultural, y el castillo (s. XI), también con este reconocimiento. Asimismo, **Cervera** (a 60 km) destaca por la riqueza de su patrimonio, con 11 monumentos declarados bienes de interés cultural, como el castillo y el recinto amurallado.

Restaurantes

Carballeira. Ctra. antigua N-II Madrid-Girona, km 457,5. En las afueras de Lleida, a 3 km. T. 973 272 728. *www.carballeira.net* P
Cierra domingo cena, lunes, del 7 al 14 de enero y del 12 al 20 de agosto. Es de alabar la fantástica labor que lleva acabo José Ángel Rodríguez. Admirable cocina marinera en base al mejor producto de las costas atlántica y mediterránea. ***Carpaccio* de gambas con vinagreta de trufa, ravioli de *txangurro* con centollo y salsa romesco.** Un restaurante de interior para gozar del mejor producto de mar. Precio medio 50 €.

® **Ferreruela (Cuina de la Terra).** Bobala, 8. T. 973 221 159. *www.ferreruela.com* S
Cierra domingo cena, lunes, martes y agosto. Su obsesión por la cocina llevó a Gonzalo Ferreruela a abrir esta casa en la que el comensal se siente atrapado por unos platos muy personales, de referentes inequívocamente locales, y unos excelentes postres. Precio medio 30 €.

Cocina catalana

La gastronomía de tierras leridanas se nutre de sus verduras y hortalizas, sabiamente cocinadas con carnes de granja o corral, sobre todo, cerdo.

La Huerta. Avda. Tortosa, 7. T. 973 242 413.
www.lahuerta-restaurant.com © ♿ ❄
Cocina de temporada. Caracoles, pescados y carnes a la parrilla. De postre, *mel i mató*. Precio medio 30 €.

La Pérgola. Gran Pº de Ronda, 123. T. 973 238 237. ❄ S
Cierra cenas excepto viernes y sábado. Chalé con jardín. Pescados y mariscos de la costa. También, canelones de berenjenas rellenos de brandada de bacalao, ensalada de frutas. Menú 18 €. Precio medio 40 €.

Hoteles

**** **AC Lleida.** Unió, 8. T. 973 283 910. *www.ac-hotels.com* ♿ ❄ P SPA
Hab. 75: 79 €. Suites: 4. Está en una zona tranquila del centro cultural de la ciudad, a 20 minutos del aeropuerto.

**** **Condes de Urgel.** Avda. Barcelona, 87. T. 973 202 300.
www.hcondes.com ♿ ❄ P
Hab. 89: 50 €. Suites: 2. Está a 10 minutos del centro histórico y comercial y al lado del recinto ferial. Restaurante El Sauce.

**** **NH Pirineos.** Pº de Ronda, 63. T. 973 273 199.
www.nh-hotels.com ♿ ❄ P
Hab. 91: 45 €. Suites: 1. Situado en una zona comercial.

Llíria Valencia

76 · D-1
A Valencia, 25 km
A Madrid, 350 km
Alt. 192 m · Pob. 23.000
T. 962 791 522
GPS 39° 37' 27'' N · 0° 35' 35'' O

Visitar: En pleno corazón del Camp de Túria y con una fuerte tradición histórica, se encuentra esta ciudad. Hay que visitar la **iglesia de la Sangre** (s. XIII), bien de interés cultural. También destacan la **iglesia de la Asunción** (s. XVII), los **baños árabes** (s. XII) y la **muralla medieval.** Su pasado histórico puede apreciarse en el **templo oracular de Mura,** un complejo arquitectónico romano del s. I, y en el cerro de St. Miquel, donde está el monasterio y el **yacimiento ibérico de la antigua Edeta,** del s. VI a. C., bien de interés cultural.

Fiestas: Del 28 de abril al 4 de mayo se celebra la fiesta de **S. Vicente Ferrer;** en agosto, de la **Purísima** y en septiembre, el **Remei** y St. Miquel.

Alrededores: En **Benisanó** (a 2 km) destaca su castillo; en **Vilamarxant** (a 8 km) se conserva la torre del antiguo castillo árabe; en **Bétera** (a 15 km), las termas romanas, y en **Serra** (a 27 km), la cartuja de Porta Coeli, en pleno Parque Natural de la Sierra Calderona.

Monasterio de St. Miquel

Restaurantes

La Taula de Llíria. San Vicente de Paul, 24. T. 962 780 091.
www.latauladelliria.es © ♿ ❄
Cierra lunes. Todo un espacio para tapas y pequeñas raciones. Gambas ralladas con ajitos tiernos, canelones de faisán estofado con setas y verduritas, pastel de almendras. Precio medio 28 €.

Levante. (En BENISANÓ, a 2 km). Virgen del Fundamento, 27.
T. 962 780 721. *www.restaurantelevante.com* © ♿ ❄
Cierra cenas, martes no festivos y del 15 al 31 de julio. Las especialidades son la paella, los arroces secos y caldosos y el helado de horchata de Garrofo. Menú 20 €. Precio medio 24 €.

Hoteles

**** **Mas de Canicatti.** (En VILAMARXANT, a 8 km). Ctra. de Vilamarxant a Pedralba, km 2,9. T. 961 650 534. *www.masdecanicatti.com*
♿ ❄ P SPA
Hab. 27: 182 €. Suites: 11. A los pies del Parque Natural del Turia, esta antigua masía valenciana se encuentra rodeada de jardines, naranjos y olivos milenarios. Entre sus instalaciones se encuentra el Orange Spa. Restaurante El Cadec.

Lloret de Mar Girona

38 · B-2
A Girona, 38 km
A Madrid, 665 km
Alt. 5 m · Pob. 40.000
T. 972 365 788
GPS 41° 41' 55'' N · 2° 50' 47'' E

Visitar: Villa marinera con un gran patrimonio histórico, como atesoran las ruinas de sus tres poblados íberos: Montbarbat, Puig de Castellet y Turó Rodó. También merece la pena conocer la **iglesia de St. Romá** y la **ermita de Sta. Cristina** (s. XVIII), con una exposición de barcos en miniatura, y dejarse cautivar por los **jardines de Sta. Clotilde,** que, situados sobre un acantilado e inspirados en el Renacimiento italiano, están declarados bien de interés cultural. La ciudad también tiene un significativo legado modernista, como se puede apreciar en su cementerio, diseñado por el arquitecto Puig y Cadafalch. Y para terminar de sumergirse en su esencia, se puede pasear por los **caminos de Ronda,** que rodean el litoral y se adentran en el bosque.

Fiestas: El 16 de junio se celebra **St. Quirze.** El 24 de julio es la fiesta mayor en honor a su patrona, **Sta. Cristina,** y en septiembre, la fiesta de **Las Alegries.** También acoge la celebración del **Rally Costa Brava,** el más antiguo de España.

Alrededores: Además de sus fantásticas playas, como la de Sta. Cristina, la de Treumal y la de la Boadella, hay que acercarse a **Blanes** (a 7 km) y contemplar los restos del castillo de St. Joan y la iglesia de Sta. María, antiguo palacio de los Vizcondes de Cabrera (s. XIV).

Restaurantes

☼ **Freu.** (Hotel Guitart Monterrey). Ctra. Tossa, 27. T. 972 369 326. *www.freurestaurant.com*
Cierra domingo cena, lunes y febrero. En un espacio maravillosamente cálido, confortable y elegante, Pep Arbós propone una culinaria colmada de sutil mediterraneidad. A su lado, Carles Orive dirige con gran profesionalidad un servicio solícito y amable. Absolutamente recomendable. Menú 25 €. Precio medio 40 €.

☼☼ **Sant Pere del Bosc.** Paraje de Sant Pere del Bosc, s/n. T. 972 361 248. *www.santperedelbosc.com*
Cierra almuerzos excepto sábado y domingo en invierno; enero y febrero. Se decía en la anterior edición que Nico Cabañas y Harry Wieding tienen un gran futuro. En un marco único en plena naturaleza, esta casa se ha convertido en un lugar de inexcusable visita gastronómica. Tres únicos menús degustación entre 35, 52 y 68 €. Muestra de ellos: **Mejillones Sant Pere del Bosc, canelones rellenos de almendras, trufa *burger*.**

Hoteles

***** **Rigat Park & Spa Beach Hotel.** Avda. América, 1. En playa de Fenals. T. 972 365 200. *www.rigat.com*
Hab. 79: 375 €. Suites: 21. Admisión de perros, consultar. Desayuno y *spa* incluidos en el precio. Restaurantes Barca d'Or y Miradores.

Logroño La Rioja

22 · D-2
A Madrid, 369 km
Alt. 384 m · Pob. 152.650
T. 941 273 353
GPS 42° 27' 56'' N · 2° 27' 4'' O

Bodegas Olarra

Visitar: Bañada por el río Ebro, la ciudad cobra importancia a partir del s. XI con el Camino de Santiago. En el centro del casco histórico, junto a la plaza del Mercado, está la **concatedral de Sta. María de la Redonda.** En el interior destacan las obras de rejería de las capillas, el coro y un pequeño cuadro atribuido a Miguel Ángel. Muy cerca se encuentra el **Palacio de los Chapiteles,** el mercado de S. Blas y la característica calle de los Portales, que atraviesa el centro y marca el pulso de la ciudad. El paseo puede continuar por la **iglesia de S. Bartolomé,** monumento nacional; la **iglesia de Sta. María de Palacio,** cuyo elemento más significativo es la aguja, una linterna gótica octogonal sobre la que se levanta una pirámide que reproduce una corona imperial; la **iglesia de Santiago El Real** y el **convento de la Merced,** que actualmente sirve como sede de la biblioteca, del Parlamento de La Rioja y la sala de exposiciones Amós Salvador. De la antigua muralla que rodeaba la ciudad solo queda en pie el cubo del Revellín y la Puerta de Carlos I. En cuanto a la arquitectura civil, también destaca el **Ayuntamiento,** construido por Rafael Moneo en el lugar donde se encontraba el cuartel de Alfonso XII.

Fiestas: La **Semana Santa** es de interés turístico regional. **S. Mateo,** el 21 de septiembre, marca el inicio de la fiesta de la vendimia riojana, de interés turístico.

Alrededores: Merece la pena conocer las bodegas próximas a la capital. En **Daroca de Rioja** (a 10 km) destaca la iglesia de Ntra. Sra. del Patrocinio y en **Fuenmayor** (a 12 km) es agradable pasear por las plazas de Tresses y Azpilicueta. En **Entrena** (a 12 km) se puede visitar la Iglesia de S. Martín (s. XVI) y en **Sorzano** (a 20 km) su iglesia parroquial, de estilo renacentista y construída en piedra berroqueña. En **Agoncillo** (a 22 km) destacan el castillo de Aguas Mansas y el Museo Würth de Arte Contemporáneo. En **San Millán de la Cogolla** (a 42 km) llama la atención la belleza de los monasterios de Suso y Yuso, patrimonio de la humanidad. El **Parque Natural de la Sierra de Cebollera** está a 50 km.

Restaurantes

☼ **Alameda.** (Asador, en FUENMAYOR a, 12 km). Pza. Félix Azpilicueta, 1. T. 941 450 044. *www.restaurantealameda.com*
Cierra domingo cena, lunes, agosto y 10 días en Navidad. El producto manda en su espectacular parrilla de **pescados y carnes,** todo un referente en la zona. Además, la **patata confitada con huevo de corral y trufa** o el ***carpaccio* de piña y mango** no se quedan a la zaga. Precio medio 50 €.

Buenos Aires. República Argentina, 52. T. 941 256 362. S
Cierra lunes excepto verano, domingo en verano, 15 días en junio y en agosto. Es la cuarta generación en la familia de este clásico de cocina riojana con productos frescos. Verduras y fruta de temporada, carrilleras al vino tinto, natillas. Menú 25 €. Precio medio 28 €.

® **El Arriero.** (En SORZANO, a 20 km). Mayor, 16.
T. 941 447 349. S
Cierra de lunes a viernes excepto verano. Solo seis mesas de oferta según mercado y el **rabo de toro al crianza de Rioja** como plato estrella. Zona de gastrobar con cocina en miniatura, pinchos y tapas. Es todo un referente por su calidad. Precio medio 28 €.

El Rincón del Vino. Marqués de San Nicolás, 136. T. 941 205 392.
www.rinconesdelvino.com
Cierra domingo cena, lunes y tres semanas en agosto. Antigua bodega del s. XVII, en el casco viejo. Verduras de temporada, pescados y carnes a la brasa, hojaldres al horno. Precio medio 30 €.

® **La Cocina de Ramón.** Portales, 30. T. 941 289 808.
www.lacocinaderamon.es
Cierra domingo cena y lunes excepto festivo. Ramón Piñeiro, después de años en los fogones de Echaurren y Marqués de Riscal, abre su propio local donde demuestra su profesionalidad y amor al producto con las **verduras** de temporada y las **patitas de cabrito guisadas a la riojana.** Magníficos postres, como **torrija de pan de *brioche* con crema de natilla y helado de vainilla.** Menú 29 €. Precio medio 30 €.

® **Mesón Egüés.** Campa, 3. T. 941 228 603.
www.mesonegues.com P S
Cierra domingo, Semana Santa y Navidad. Asador donde se presentan los productos tal cual para evidenciar su calidad. **Verduras** de temporada, **pescado** o **chuletón de buey a la brasa, fresas con nata.** Precio medio 35 €.

Tierra. (Hotel Finca de los Arandinos, en ENTRENA, a 12 km).
Ctra. LR-137, Fuenmayor-Nalda, km 4,6. T. 941 446 126.
www.fincadelosarandinos.com P
Cierra lunes. Espectacular ubicación frente al viñedo de la Finca de los Arandinos, que integra bodega, hotel, *spa* y restaurante. Los menús (32 y 53 €) dan cumplida idea de los productos de la huerta: Pluma de cerdo del valle de Ocón con pastel de patata y tocineta y el sorbete de racimo de Graciano con vino. Todo ello acompañado por los vinos propios. Precio medio 35 €.

® **Tondeluna.** Muro de Francisco de la Mata, 9. T. 941 236 425.
www.tondeluna.com
Cierra cenas de domingo y lunes. Francis Paniego comparte la cocina tradicional con la de su toque personal, en una oferta de temporada, sencilla, pero gustosa, servida también en medias raciones. **Cebiche de salmón curado en sal, mahonesa de aguacate y alga *wakame*, carrilleras de ternera glaseadas con puré de manzana, peras caramelizadas con quesada y *mousse* de vainilla.** Menú 20 €. Precio medio 25 €.

☼☼ **Venta Moncalvillo.** (En DAROCA DE RIOJA, a 10 km). Ctra. Medrano, 6.
T. 941 444 832. *www.ventamoncalvillo.com* P
Cierra cenas de lunes a jueves, domingo y del 22 de diciembre al 13 de enero. Una gran referencia para disfrutar la cocina de Ignacio Echapresto, armonizada con los vinos que ofrece su hermano Carlos. **Verduras de la huerta propia, pichón en tres cocciones con pera, manzana en texturas.** Acaban de añadir una impresionante nave para eventos. Menú 55 €. Precio medio 50 €.

Hoteles

**** **Carlton Rioja.** Gran Vía Juan Carlos I, 5. T. 941 242 100.
www.hotelcarltonrioja.es P
Hab. 115: 65 €. Suites: 1. Ubicación privilegiada en la calle principal de Logroño. Dando un breve paseo se llega al parque del Espolón, a la concatedral de Sta. María de la Redonda y a la calle del Laurel, conocida por sus pinchos.

**** **Husa Gran Vía.** Gran Vía Juan Carlos I, 71. T. 941 287 850.
www.hotelhusagranvia.com P
Hab. 92: 181 €. En el casco antiguo, al lado de la concatedral de Sta. María de la Redonda. Restaurante San Millán.

**** **NH Herencia Rioja.** Marqués de Murrieta, 14. T. 941 210 222.
www.nh-hotels.com P
Hab. 81: 196 €. Suites: 2. En pleno centro, junto al casco antiguo y a la famosa calle del Laurel. Restaurante Zarcillo.

Concatedral de Sta. María la Redonda

Paisaje de San Millán de la Cogolla

Loja Granada

106 · D-2
A Granada, 54 km
A Madrid, 459 km
Alt. 487 m · Pob. 21.715
T. 958 323 949
GPS 37° 10' 6'' N · 4° 9' 9'' O

Visitar: Última frontera del Al-Ándalus y puerta de entrada a Andalucía oriental, su gran patrimonio monumental la ha llevado a ser declarada conjunto histórico-artístico. El **barrio árabe de la Alcazaba,** bien de interés cultural, es uno de los lugares más emblemáticos de la ciudad. Tampoco hay que olvidarse de la **iglesia mayor de la Encarnación** (de la que se dice que es el faro de Loja), del convento y la **capilla de Sta. Clara** y del **pósito,** todos bienes de interés cultural. El agua también es protagonista, con más de 42 fuentes en el casco urbano, siendo la de los 25 caños la más conocida. Y para disfrutar de unas vistas únicas de la urbe hay que visitar el mirador de Isabel I de Castilla.

Fiestas: Su **Semana Santa** es de interés turístico nacional y destaca por la figura de los Incensarios y por la Corrilla. El 25 de abril se celebra **S. Marcos;** en junio, la feria chica, y en agosto, la grande.

Alrededores: El **coto intensivo de Riofrío** es ideal para pescar. También se puede visitar su Centro de Interpretación Ambiental. Y la **Sierra Martilla,** a 23 km, alberga restos de un poblado y una necrópolis que datan de la Edad del Cobre.

Restaurantes

Flati. Avda. Andalucía, 40. T. 958 323 490.
www.restauranteflati.com
Cierra lunes no festivos. Espárragos trigueros, pescados del día, rosquitos de Loja. Menú 10 €. Precio medio 25 €.

Lorca Murcia

100 · D-2
A Murcia, 64 km
A Madrid, 449 km
Alt. 360 m · Pob. 91.906
T. 968 441 914
GPS 37° 40' 25'' N · 1° 41' 52'' O

Cerámica típica de Lorca

Visitar: Declarada conjunto histórico-artístico por la riqueza monumental de su centro histórico, actualmente está en proceso de reconstrucción por el terremoto sufrido en 2011. Uno de los símbolos de la ciudad es su castillo, conocido como la **Fortaleza del Sol,** que en la actualidad es sede del Parador de Turismo. Se puede admirar la torre del Espolón, la torre Alfonsina y los aljibes. En el parque arqueológico del castillo también se puede visitar el barrio judío, en el que destacan la sinagoga y una casa del s. VII. Desde Lorca Taller del Tiempo se organizan visitas guiadas para conocer la riqueza monumental de este municipio, que pasa por la **iglesia de S. Francisco;** el Palacio de Guevara, uno de los edificios más significativos del barroco civil de Lorca, y el **conjunto de ermitas del Calvario.**

Fiestas: Su **Semana Santa** está declarada de interés turístico internacional. A comienzos de septiembre se celebran las fiestas patronales de la **Virgen de las Huertas** o feria chica y durante la segunda quincena, la feria grande. El 23 de noviembre se conmemora **S. Clemente,** patrón de la ciudad. Esta fiesta, también denominada de Moros y Cristianos, es de interés turístico regional.

Alrededores: En **Águilas** (a 37 km) se puede visitar el castillo-fortaleza de S. Juan de Águilas y sus termas romanas.

Restaurantes

La Peña. Ctra. de Águilas, s/n. T. 608 880 682.
www.restaurantelapeña.eu
Cierra lunes. Mandan los pescados y el chato murciano, sin olvidar los arroces. Menú 10 €. Precio medio 20 €.

Hoteles

*** **Parador de Lorca.** Castillo de Lorca, s/n. T. 968 406 047.
www.parador.es
Hab. 76: 169 €. Suites: 9. Edificio de nueva planta en el recinto del castillo de Lorca. Restaurante Helios.

Luanco Asturias

3 · F-2
A Oviedo, 42 km
A Madrid, 491 km
Alt. Luanco 8,5 m · Gozón 133 m
Pob. 10.788
T. 985 882 644
GPS 43° 36' 52'' N · 5° 47' 41'' O

Visitar: El origen de esta villa marinera, declarada conjunto histórico-artístico, está ligado a la caza de la ballena en la Alta Edad Media. Hay que conocer su puerto pesquero y pasear por la calle de la Riba para admirar sus casas del s. XVIII y la **iglesia de Sta. María,** bien de interés cultural. También destacan la **torre del Reloj** y el **palacio de los Menéndez Pola.**

Fiestas: El 6 febrero se celebran las fiestas del **Cristo del Socorro** y durante el mes julio, el **Festival Gastronómico del Bonito,** la Virgen del Carmen y Sta. Ana.

Alrededores: Merece la pena conocer el **Paisaje Protegido del Cabo de Peñas,** con sus imponentes acantilados sobre el Cantábrico. En **Laviana** (a 14 km) están la playa de Xagó, la más extensa del concejo, el faro de S. Juan de Nieva y la charca de Zeluán. Y en **Manzaneda** (a 53 km) se puede visitar su iglesia románica (s. XII) y el Palacio de La Riva (ss. XVII-XVIII).

Centro de Interpretación del Medio Marino de Peñas, en Luanco

Restaurantes

® **Casa Néstor.** Conde del Real Agrado, 6. T. 985 880 315. *www.casanestor.com*
Cierra lunes y primera semana de octubre. Referencia imprescindible para disfrutar de una cocina que tiene en los **pescados** y algunos **guisos marineros** su máximo exponente, como por ejemplo el **Rey a la reina,** que se mantiene en carta desde los tiempos del abuelo de los actuales propietarios. Menú 12 €. Precio medio 30 €.

Luarca Asturias

3 · B-3
A Oviedo, 85 km
A Madrid, 500 km
Alt. 1 m · Pob. 5.200
T. 985 640 083
GPS 43° 32' 34'' N · 6° 32' 8'' O

Visitar: La costa verde asturiana acoge este pueblo marinero famoso por sus casas blancas. Entre sus edificios más emblemáticos se encuentran el **palacio del Marqués de Ferrera,** monumento nacional; la **iglesia de Sta. Eulalia,** de origen medieval y con retablos de gran valor en su interior, y el Ayuntamiento. Tampoco hay que olvidar las casas de indianos (situadas en el barrio de Villar), los miradores de La Funiar y del Chano y el Centro del Calamar Gigante.

Fiestas: Los festejos de S. Timoteo, patrón de Luarca, se desarrollan durante agosto y el día 15 de ese mes tiene lugar la festividad de **Ntra. Sra. del Rosario,** con procesión marinera. El último domingo de julio, la cercana parroquia de Aristébano acoge el **Festival de La Vaqueirada,** de interés turístico internacional, con la famosa boda *vaqueira*. A finales de agosto, la parroquia de **Cadavedo** se viste de fiesta para celebrar la **Regalina,** también de interés turístico.

Alrededores: Destacan las playas de **Otur** (a 6 km) y de **Cadavedo** (a 17 km), ambas dentro del paisaje protegido de la Costa Occidental. En Cadavedo también llaman la atención sus casas de indianos y sus tradicionales hórreos. **Brieves** (a 21 km) es famoso por los arcos que unen los hórreos con las casas.

Embarcaciones en el puerto de Luarca

Restaurantes

Casa Consuelo. (En OTUR, a 6 km). Otur, s/n. N-634. Ctra. San Sebastián-Santiago, km 511. T. 985 641 696. *www.casaconsuelo.com*
Cierra lunes y noviembre. Referencia gastronómica para viajeros por el Occidente astur, especialmente nostálgicos de la buena cocina de antaño. Verduras con marisco, jabalí al horno. Bodega clásica. Precio medio 35 €.

® **Sport.** Rivero, 9. T. 985 641 078.
Cierra cenas de domingo y miércoles en invierno; y del 9 de enero al 9 de febrero. A la vera del puerto y de la lonja local, la casa tiene una profunda vocación por los productos del mar en un recetario tradicional como el **rollo de bonito** y el **pulpo del *pedreru*,** servidos en un comedor clásico. Menú 12 €. Precio medio sin marisco 25 €.

Lugo

9 · C-2
A Madrid, 511 km
Alt. 465 m · Pob. 97.635
T. 982 251 658
GPS 43° 0' 42'' N · 7° 33' 26'' O

Visitar: Fundada por los romanos y situada a orillas del Alto Miño, ha sido declarado municipio turístico gallego y forma parte de la reserva de la biosfera Terras do Miño. El símbolo de la ciudad es su **muralla,** patrimonio de la humanidad. Con más de 2 km de circunferencia es la única en el mundo de origen romano que se conserva íntegra. Para conocer su historia hay que visitar el Centro de Interpretación de la Muralla. Las huellas de su pasado romano también se pueden apreciar en la **Casa de los Mosaicos,** en el Centro Arqueológico de S. Roque y en el Museo Provincial. En la plaza de Sta. María se puede admirar la **catedral,** que se comenzó a construir en s. XII y es de estilo románico-gótico. Destacan su fachada neoclásica y el retablo dedicado a la patrona de la ciudad, una de las obras más valiosas del Barroco gallego. Frente a ella se encuentran el **Palacio Episcopal** y muy cerca la plaza del Campo, que durante la Baja Edad Media fue el centro comercial de la ciudad, y la **iglesia de S. Francisco,** monumento nacional y una gran muestra del gótico mendicante. Y en la Plaza Mayor está el **Ayuntamiento,** una de las obras más valiosas del Barroco civil gallego. Además, la ciudad cuenta con un gran número de palacios urbanos, la mayoría construidos en el s. XVIII, como la Casa de los Montenegro y el pazo de Doña Urraca.

Claustro de la iglesia de S. Francisco, en Lugo

Fiestas: En junio se celebra el **Corpus Christi,** con la tradicional ofrenda del Reino de Galicia, una fiesta declarada de interés turístico gallego. Y en octubre, las fiestas patronales, **S. Froilán,** de interés turístico nacional.

Alrededores: En **Muxa** (a 5 km) se puede visitar la iglesia de Sta. María. A 14 km, en la aldea de Santa Eulalia de Bóveda, se encuentra el santuario homónimo, perfecto ejemplo de la época tardorromana. También a 14 km, siguiendo el Camino de Santiago, se llega hasta la iglesia de S. Miguel de Bacurín (s. XII), un templo románico rural muy bien conservado. En **Portomarín** (a 27 km) merece la pena conocer la iglesia de S. Nicolás, de estilo románico, y los restos del puente romano (s. II). Y en **Castro de Rei** (a 30 km) está el castro de Viladonga, una pequeña villa fortificada que estuvo habitada hasta el s. VI. Ambos municipios están considerados conjuntos histórico artísticos.

Restaurantes

Campos. Nova, 4. T. 982 229 743. *www.restaurantecampos.com*
Cierra domingo cena, lunes, y segunda quincena de octubre. La cazuela de pescado y el *mi-cuit* de pato con queso de Cebreiro incitan a volver. Para rematar, el sorbete de limón ecológico. Menú 26 €. Precio medio 50 €.

España. Teatro, 10. T. 982 242 717. *www.restespana.com* P
Cierra domingo cena y lunes. Cocina con toques de autor, aunque sólidamente asentada en la tradición gallega. Saben obtener lo mejor de los **pescados,** y prestan especial atención a la cocina de temporada: en épocas de **setas** y de **caza,** la visita es obligada. Precio medio 35 €.

La Palloza. (En MUXA, a 5 km). Santa María de Muxa, 3. Ctra. N-640, Vegadeo-Pontevedra, km 85,5. T. 982 303 032. P S
Cierra domingo cena, lunes y martes. Tradición y toques de modernidad. Pulpo con langostinos, merluza a la gallega sobre lecho de grelos, *carpaccio* de piña. Menú 15 €. Precio medio 30 €.

® **Mesón de Alberto.** Cruz, 4. T. 982 228 310. *www.mesondealberto.com*
Cierra martes cena y domingo. Cocina gallega, basada en la selección exigente de las materias primas. Excelente **marisco** y muy buenas **carnes.** Su atención a los **quesos gallegos** es uno de sus timbres de gloria. Menú 28 €. Precio medio 40 €.

Verruga. Cruz, 12. (Aparcamiento concertado a 120 m). T. 982 229 572. *www.verruga.es* S
Cierra domingo cena y lunes excepto festivos y vísperas de festivo, y segunda quincena de noviembre. Un clásico de la ciudad. *Zamburiñas* a la plancha y al horno, merluza estilo Verruga, filloas rellenas. Precio medio 30 €.

Hoteles

**** **Gran Hotel Lugo.** Avda. de Ramón Ferreiro, 21. T. 982 224 152. *www.gh-hoteles.com* P
Hab. 167: 56 €. Suites: 1. En el corazón de la ciudad, a 5 minutos del casco histórico. Restaurante Os Marisqueiros.

**** **Monumento Pazo de Orbán.** Travesía do Miño, 6. T. 982 240 217. *www.pazodeorban.es* P
Hab. 12: 66 €. Suites: 2. Casa solariega del s. XVIII, situada en el casco antiguo junto a la muralla romana, la cual puede apreciarse desde algunas de sus habitaciones. Muy próximo a la rúa Nova y a la rúa de la Cruz, principales calles para tapear en Lugo. Restaurante Casa d'Auga, cocina tradicional gallega.

*** **Balneario de Lugo.** B° del Puente, s/n. T. 982 221 228. *www.balneariodelugo.com*
Hab. 62: 70 €. A orillas del río Miño, se encuentra rodeado de naturaleza y a solo 900 m de la ciudad. En su interior, destaca un conjunto termal romano del s. I a. C., uno de los pocos que se conservan en España.

3 · F-4

Lugones Asturias Ver Oviedo

Madremanya Girona Ver Girona

27 · B-4

Madrid

53 · D-4
Alt. 646 m · Pob. 3.215.633
T. 914 544 410
GPS 40° 24' 59'' N · 3° 42' 16'' O

Visitar: Abierta y dinámica, la capital de España despliega una oferta lúdica y cultural capaz de satisfacer a cualquier viajero. La visita bien puede comenzar en el paseo del Prado, donde se sitúa el *triángulo del arte:* el **Museo Nacional del Prado** es una de las pinacotecas más prestigiosas del mundo. Inaugurado en 1819 y sometido a una ambiciosa ampliación en 2007 de la mano de Rafael Moneo, exhibe hoy algo más de 1.300 obras, algunas míticas como *Las Meninas* (Velázquez), *Las tres Gracias* (Rubens) y *La familia de Carlos IV* (Goya); cruzando el paseo del Prado se encuentra el **Museo Thyssen-Bornemisza,** con cerca de 1.000 obras que abarcan 700 años de historia de la pintura universal coleccionadas por el barón Thyssen; muy cerca, en la calle de Sta. Isabel, espera el **Museo Centro de Arte Reina Sofía,** que es la meca del arte contemporáneo español, con obras como el *Guernica,* de Picasso. Tras este baño de cultura, se puede caminar por las emblemáticas calles de Atocha y Mayor hasta llegar a la plaza de Oriente, presidida por el **Palacio Real,** un grandioso edificio de estilo barroco-italiano que es la puerta de entrada al Madrid de los Austrias. Felipe V lo mandó erigir en el s. XVIII sobre los restos del antiguo alcázar, destruido por un incendio. Se emplearon en su decoración ricos materiales e importantes obras de arte de los grandes artistas del momento como Giaquinto y Tiepolo. Imposible no aprovechar la visita para pasear por los jardines del Campo del Moro y acercarse al Teatro Real y a la **catedral de la Almudena,** única de España consagrada por un papa. Esta agradable ruta por el Madrid de los Austrias lleva hasta los pórticos de la **Plaza Mayor** (s. XVII), que alberga en el centro una estatua de Felipe III. A unos pasos están la plaza de la Villa y el **monasterio de las Descalzas Reales** (s. XVI), fundado por la princesa Juana de Austria, hija de Carlos V, y abierto hoy al público como museo. Muy cerca se encuentra la emblemática **Puerta del Sol,** con sus estatuas de *El Oso y el Madroño* y de Carlos III y la famosa placa que indica el Kilómetro 0. Sin duda, el corazón de la ciudad, que da pie a un entramado de calles con multitud de tiendas y cafés. Desde aquí se puede realizar un paseo para conocer las mejores muestras de arquitectura religiosa de la capital, como la iglesia de S. Nicolás de Bari, con su torre mudéjar; el monasterio de **S. Jerónimo el Real,** conocido como Los Jerónimos, escenario de funerales y bodas reales; la iglesia de S. Sebastián, que alberga los restos mortales del dramaturgo Lope de Vega; la iglesia de Sta. Bárbara, ubicada junto al Tribunal Supremo, y la ermita de **S. Antonio de la Florida,** con frescos de Goya. Madrid también tiene otros interesantes museos: la Real Academia de **Bellas Artes de S. Fernando** conserva una importante colección de pintura, dibujos, escultura y artes decorativas de los ss. XVI al XX; el **Museo Sorolla** se ubica en la que fuera casa y taller del pintor valenciano (además tiene un hermoso jardín) y el **Museo Nacional de Ciencias Naturales,** creado por el rey Carlos III en 1771. Los amantes del arte contemporáneo pueden disfrutar de espacios como **Matadero Madrid,** que alberga numerosos espectáculos y exposiciones temporales; la Casa Encendida, que apoya a jóvenes creadores, y el **Círculo de Bellas Artes,** que programa exposiciones de artes plásticas, conferencias de ciencia y ciclos de cine. En Madrid el viajero también puede tomarse un respiro en el **Parque del Buen Retiro** (s. XVII), el pulmón verde de la ciudad, tras cuyas rejas se hallan los Jardines de Cecilio Rodríguez, el monumento a Alfonso XII, el estanque y los palacios de Velázquez y de Cristal. El Jardín Botánico también merece una visita, igual que las fuentes de Cibeles y de Neptuno y las puertas de Alcalá (s. XVIII) y de Toledo (s. XIX). Son apreciables también el **palacio de Cibeles,** actual sede del Ayuntamiento, donde se encuentra el espacio cultural CentroCentro; el invernadero de la estación de Atocha; **el Rastro,** gran mercadillo que se celebra los domingos en la Ribera de Curtidores y aledaños; el Planetario y la Casa de Campo, donde se encuentran el Zoo Aquarium y el Parque de Atracciones. Pero Madrid no acaba aquí. Es interesante conocer la última gran obra de rehabilitación de la ciudad, **Madrid Río,** un parque de más de 10 km que ocupa la ribera del río Manzanares y que incluye el espectacular puente de Dominique Perrault. Y, como no, recorrer sosegadamente sus barrios: el de Salamanca, conocido por sus tiendas de lujo; el de Chueca, un espacio abierto que alberga un buen número de restaurantes de diseño; TriBall (entre las calles de Fuencarral, Gran Vía y la Corredera Baja de S. Pablo), que acoge las últimas tendencias en moda, belleza y gastronomía, y Lavapiés, que muestra la cara multicultural de esta gran ciudad.

Fiestas: El 2 de mayo es la fiesta de la Comunidad de Madrid y el 15 de ese mes, **S. Isidro Labrador,** patrón de Madrid, con actividades culturales y festivas en la pradera de San Isidro. El 13 de junio se celebra S. Antonio de la Florida. El 15 de agosto se festeja S. Cayetano, S. Lorenzo y la Virgen de La Paloma y el 9 de noviembre, la Virgen de la Almudena, patrona de Madrid.

Chocolate con churros

Parque del Buen Retiro

Palacio de Oriente

Alrededores: A 9 km está **Aravaca,** con un interesante casco antiguo. En **Pozuelo,** a 14 km, se sitúa el parque forestal de Somosaguas, ejemplo único de reforestación. En **Las Rozas,** a 20 km, se puede pasear por el parque París, un entorno encantador. También a 20 km se halla **Majadahonda,** con su Auditorio Municipal Alfredo Kraus, que programa la mejor música clásica. A 21 km está **Rivas Vaciamadrid,** con su pintoresca ermita del Cristo de Rivas. **San Sebastián de los Reyes,** a 23 km, invita a pasear por su plaza de la Constitución. A 24 km, **Torrejón de Ardoz** sobresale por su Casa Grande y por su Plaza Mayor. En **Valdemoro,** a 28 km, está el precioso convento de Sta. Clara. En **Torrelodones,** a 29 km, hay que visitar su iglesia de Ntra. Sra. de la Asunción. A 33 km se encuentra **Alcalá de Henares,** patrimonio de la humanidad, donde hay que recorrer su casco histórico y visitar su universidad. En **Colmenar Viejo,** a 31 km, destaca su casco urbano. También a 31 km se sitúa **Alalpardo,** que posee una bonita iglesia dedicada a S. Cristóbal. **Humanes** está a 32 km y ofrece una interesante programación cultural gracias al moderno Teatro Ana Diosdado. **San Agustín de Guadalix** se encuentra a 34 km y su iglesia parroquial es visita obligada. El mejor agua de toda la sierra madrileña mana de la fuente del Caño de **Hoyo de Manzanares,** a 36 km. En **Villanueva de la Cañada,** a 37 km, está el castillo de Aulencia. Una de las plazas mayores más bonita de España espera en **Chinchón,** a 45 km. En **Moralzarzal,** a 46 km, hay que visitar la iglesia de S. Miguel Arcángel. En **Miraflores de la Sierra,** a 49 km, sobresalen la gruta de la Virgen de Begoña y la fuente del Cura. En **San Lorenzo de El Escorial,** a 50 km, destaca su majestuoso monasterio, y en **Guadarrama,** también a 50 km, su precioso casco urbano. A 60 km, en **Colmenar del Arroyo,** aún se pueden ver búnkeres de la Guerra Civil.

Campeonato de ciclismo en Madrid Río

Restaurantes

☼ **Álbora.** Jorge Juan, 33. (Aparcamiento concertado en la calle de Velázquez). T. 917 816 197. *www.restaurantealbora.com*
Cierra domingo cena y dos semanas en agosto. Exitosa remodelación del antiguo Sula, con los magníficos **jamones y chacinas** de Joselito (copropietario), la cocina de David García (escuela de Martín Berasategui) y los directores de sala y sumiller Jorge Dávila y José María Marrón. A destacar el **huevo sobre patatas chafadas con caldo de garbanzos,** la casquería y la **torrija caramelizada con helado.** Menú 18 €. Precio medio 46 €.

☼☼ **Aldaba.** Avda. Alberto Alcocer, 5. T. 913 597 386. *www.restaurantealdaba.net*
Cierra sábado almuerzo, domingo, festivos, Semana Santa y del 2 de agosto al 2 de septiembre. Una cocina seria y elegante donde la tradición se actualiza con la mejor oferta del mercado. **Verduras** de temporada, **pescados salvajes,** todo de la mano, desde hace veinte años, de Yolanda Olaizola y la notable atención de sala de José Luis Pereira. Precio medio 70 €.

Arce. Augusto Figueroa, 32. T. 915 220 440. *www.restaurantearce.com*
Cierra domingo, lunes, Semana Santa y dos semanas centrales de agosto. Ambiente cálido y familiar, donde el equipo de Iñaki Camba mantiene una fórmula que funciona bien. Calidad en la materia prima donde mandan los productos de temporada. Excelentes **ahumados y quesos.** Buena repostería y bodega. Menú 30 €. Precio medio 50 €.

Arizmendi. (Asador). Tirso de Molina, 7. T. 914 295 030. *www.asadorarizmendi.com* P
Cierra domingo cena. Asador vasco-navarro de calidad en el corazón de la Villa y Corte. **Judías de Tolosa, chuletón de buey, *pantxineta*.** Menú 25 €. Precio medio 35 €.

Asiana. Travesía de San Mateo, 4. T. 913 104 020. *www.restauranteasiana.com*
Cierra almuerzos, domingo, lunes y agosto. Un clima mágico con antigüedades, luces íntimas... y la gran cocina de Jaime Renedo, que está pendiente de todo y elabora exclusivamente un menú degustación de fusión asiático-peruano (85 €). **Asiana Nextdoor** (Travesía de San Mateo, 4. T. 913 104 020. Cierra domingo cena, lunes y primera quincena de agosto) continúa la oferta del sudoeste asiático con la peruana en un ambiente más sencillo y a mitad de precio (45 €).

Aynaelda. Los Yébenes, 38. Ctra. Extremadura, salida Zoo. T. 917 101 051. *www.aynaelda.com* P
Cierra domingo cena. Un canto a Valencia en un espacioso local. El plato estrella es el **arroz** que se prepara a la manera tradicional y otras más inspiradas. También, entrantes, pescados y carnes en raciones generosas. Precio medio 35 €.

Bar Tomate. Fernando el Santo, 26. T. 917 023 870. *www.grupotragaluz.com*
Goza de una fiel clientela atraída por su buena oferta informal de tapeo. **Alcachofas fritas, *rigattoni* trufados, *mascarpone* con fresas.** Precio medio 45 €.

Botín. Cuchilleros, 17. T. 913 664 217. *www.botin.es*
El mejor **cochinillo asado** de Madrid en un bonito edificio del s. XVIII sobre una bodega del s. XVI. Considerado el restaurante más antiguo del mundo según el *Libro Guinness de los Récord*. Para empezar, **sopa de ajo** y para terminar, **bartolillos.** Precio medio 40 €.

Café de Oriente. Pza. de Oriente, 2. T. 915 413 974. *www.grupolezama.es*
Cuevas abovedadas del s. XVII. **Changurro y erizos de mar gratinados, paletilla de cabrito lechal al horno.** Menú 25 €. Precio medio 50 €. También, **Botillería del Café de Oriente** (Pza. de Oriente, 3. T. 915 484 620), más informal, ofrece además raciones. Menú y precio medio 25 €.

Café de Oriente-Museo del Traje. Avda. Juan Herrera, 2. T. 915 502 055. *www.grupolezama.es* P
Cierra domingo y lunes. Precioso comedor-terraza en verano. **Tomates asados con jengibre y sardina parrocha, atún rojo en soja, ensalada de frutas naturales con sorbete de frutas.** Menú 17 €. Precio medio 45 €.

Cañadío Madrid. Conde de Peñalver, 86. T. 912 819 192. *www.restaurantecanadio.com*
Cierra domingo cena y tres semanas en agosto. Jesús Alonso traslada el gran producto del Cantábrico a Madrid con el punto óptimo, desde las **rabas (calamares)** a la estupenda **tarta de queso,** pasando por la **merluza a la media sal.** Merece la pena. Menú 15 €. Precio medio 45 €. En la zona Basic, precios más asequibles.

Caoba. Pº Pintor Rosales, 76. T. 915 503 106. *www.caobarestaurant.com*
Cierra domingo, lunes y agosto. En un elegante ambiente, refinada oferta de Vicenzo Marconi de cocina mediterránea, como los **lingotes de atún rojo al jarabe de arce y soja, el mero y el *carpaccio* de piña con jengibre, menta y helado de *gin-tonic*.** Menú 35 €. Precio medio 48 €.

Casa Alberto. Huertas, 18. T. 914 299 356. *www.casaalberto.es*
Cierra domingo cena, lunes; primera semana de enero y dos últimas de agosto. Taberna centenaria que mantiene la decoración inicial y las recetas locales, como los **callos, caracoles** y **cocido a la madrileña** (los jueves). Precio medio 30 €.

Cuevas de Luis Candelas en el Arco de Cuchilleros

De shopping

La capital de España tiene en el barrio de Salamanca su Milla de Oro del *shopping*. Delimitada por las calles Juan Bravo, Jorge Juan, Príncipe de Vergara y Serrano, es la localización preferida por las firmas de lujo y, también, para encontrarse con personajes famosos.

Cuatro Torres Business Area (CTBA), junto al paseo de la Castellana

® **Casa Ciriaco.** Mayor, 84. T. 915 480 620.
Cierra miércoles y agosto. La familia Chicharro continúa al frente de esta histórica taberna del viejo Madrid. El **revuelto de patatas Julio Camba, la pepitoria de gallina o los callos a la madrileña** son platos de referencia. Precio medio 30 €.

☼ **Casa d'a Troya.** Emiliano Barral, 14. T. 914 164 455.
www.casadatroya.es P
Cierra cenas de lunes a jueves, domingo, Semana Santa, última semana de julio, agosto y Navidad. Buenos productos gallegos de mar y tierra. **Empanadas, merluza a la gallega, lacón con grelos, tarta de Santiago.** Menú 30 €. Precio medio 40 €.

☼ **Casa Lucio.** Cava Baja, 35. T. 913 653 252. *www.casalucio.es*
Cierra sábado almuerzo y agosto. Lucio Bláquez es el embajador de la cocina española tradicional en el mundo, con los emblemáticos **huevos estrellados. Pescados y carnes** de calidad y un estupendo **arroz con leche.** Menú y precio medio 40 €. Enfrente, **Los Huevos de Lucio** (cierra martes al mediodía y del 4 al 14 de agosto), a cargo de Javier, hijo de Lucio, con una oferta más informal y barra de tapeo. Precio medio 24 €.

® **Casa Pedro.** Nuestra Señora de Valverde, 119. En el barrio de Fuencarral. T. 917 340 201. *www.casapedro.com* P
Cierra domingo cena. Antigua casa de postas recomendable por los **asados** castellanos, **caza, guisos** de la familia Guiñales. De postre, **leche frita.** Precio medio 35 €.

® **Cien Llaves.** (Palacio de Linares-Casa de América). Pº de Recoletos, 2. T. 915 775 955. *www.cienllaves.com*
Cocina de mercado asesorada por Juanjo López (La Tasquita de Enfrente) en una espectacular terraza-jardín-comedor para el buen tiempo o en sus modernos comedores dentro del Palacio de Linares. **Arroz cremoso con carabineros, *steak tartar* Cien Llaves, tarta de limón con espuma de galleta.** Menú 28 €. Precio medio 40 €.

® **Combarro.** Reina Mercedes, 12. T. 915 547 784.
www.combarro.com
Cierra domingo cena, Semana Santa y unos días en agosto. Un clásico de los productos y la cocina gallega en la capital. **Pescados** del Cantábrico **a la gallega, tarta de Santiago.** Precio medio 50 €.

® **Currito.** (Recinto Ferial de la Casa de Campo, Pabellón Vizcaya). Avda. de las Provincias, s/n. T. 914 645 704.
www.restaurantecurrito.es P
Cierra domingo cena. Una buena referencia de cocina vasca en la Casa de Campo. **Bacalaos, pescados** del Cantábrico y **carnes rojas a la parrilla, *biscuit*** con chocolate caliente. Precio medio 45 €.

☼ **Dantxari.** Ventura Rodríguez, 8. T. 915 423 524.
www.dantxari.es S
Cierra domingo cena y del 10 al 20 de agosto. Cocina vasco-navarra bien ejecutada y bien servida. Platos de cuchara, ***txangurro* a la donostiarra, tartita fina de manzana** hecha en casa. Sirven medias raciones. Precio medio 40 €.

® **Dassa Bassa.** Villalar, 7. T. 915 767 397. *www.dassabassa.com* S
Cierra domingo, lunes, Semana Santa y del 4 al 27 de agosto. Unas antiguas carboneras del siglo XIX con comedores abovedados escenifican la personal cocina de Darío Barrio. **Huevos a baja temperatura con setas, espuma caliente de patata y trufa; rabo de toro deshuesado en *crepinet* al vino tinto y cacao, ensalada de frutas de temporada con sorbete de fruta.** Menú 25 €. Precio medio 55 €. **Dassa Barr** es el espacio de tapeo con vinos por copas.

☼☼☼

Diverxo

Cierra domingo, lunes, Semana Santa y tres semanas en agosto. David Muñoz nos recibe en su "estudio de pintor" donde se rematan los "cuadros" o platos, que se prueban en los dos menús (95 y 140 €), que son un viaje plagado de intensas sensaciones. Vanguardia y creación en una cocina llena de sabor, insólita y sorprendente, del cocinero más inquieto de la capital. Meca de gastrónomos del mundo entero. Imprescindible reservar.

Pensamiento, 28. Aparcamiento público en la calle de Orense, 50. T. 915 700 766. *www.diverxo.com*

® **El Almirez.** Maldonado, 5. T. 914 115 469.
www.restauranteelalmirez.es
Cierra domingo cena, Semana Santa, segunda y tercera semanas de agosto. Cocina navarra de producto. Magníficas **verduras, bacalaos** y de postre ***pantxineta* de crema.** Precio medio 40 €. Anexo, **La Taberna del Almirez,** bar de tapas.

El Barril de las Letras. Cervantes, 28. T. 911 863 632.
www.barrildelasletras.com/www.grupo-oter.com
Diferentes ambientes, barra y comedor, para una correcta oferta mediterránea. Mariscos, arroces, pescados y alguna carne para los carnívoros. De postre, *soufflé* de chocolate. Precio medio sin marisco 50 €.

☼☼ **El Bodegón.** Pinar, 15. T. 915 623 137.
www.el-bodegon.es
Cierra sábado almuerzo, domingo, festivos y agosto. Cocina clásica de raíz vasca, que sobresale por la calidad del producto y la buena ejecución de José Machado, muchos años al frente de la cocina. Sigue triunfando la **merluza al estilo de Ondarroa** o el **solomillo a la Broche.** Todo en un entorno tranquilo y acogedor. Precio medio 70 €.

® **El Chiscón de Castelló.** Castelló, 3. T. 915 755 662.
www.elchiscon.com
Cierra lunes cena, domingo excepto primer domingo de mes, Semana Santa y agosto. Al timón de esta "taberna ilustrada", María Pérez desde hace más de treinta años mantiene buen nivel con recetas castizas y elaboraciones refinadas. Encantador comedor en el piso superior con balcones y celosías abiertas a modo de terraza. Recientemente incorporado a la cocina Miguel López Castanier. Menú 25 €. Precio medio 36 €.

☼☼ **El Club Allard.** Ferraz, 2. Planta entresuelo. T. 915 590 939.
www.elcluballard.com
Cierra lunes cena, sábado almuerzo, domingo, festivos y agosto. Elegante y señorial ambiente. Excelente materia prima, para una atrevida cocina bien resuelta, pese al reciente cambio culinario. **Huevo con pan y panceta sobre crema ligera de patata, salmonete en aceite de achiote, pomelo y cardo de Ágreda.** Tres menús degustación (86, 98 y 115 €) y bodega bien seleccionada.

® **El Corte Inglés-Gourmet Experience.** Goya, 87; Pza. Callao, 2; Raimundo Fernández Villaverde, 79.
Horario ininterrumpido de diez de la mañana a diez de la noche. Estos espacios gastronómicos combinan la degustación con la venta de productos *gourmet.* Reúne firmas y cocineros de prestigio en diferentes espacios: Raza Nostra, La Máquina, Cinco Jotas, Chocolate Godiva, Ahumados Domínguez, una ostrería-champanería y frutería de lujo By Fresh.

® **Europa Decó.** (Hotel Urban). Carrera de San Jerónimo, 34. T. 917 877 770.
www.hotelurban.com
Vanguardista comedor bajo la dirección de Paco Patón, un gran profesional. Cocina de base mediterránea con toques de actualidad –**sardinas marinadas, armonía de atún, buñuelos de chocolate con helado de *sechuan*–.** Menú 25 €. Precio medio 40 €.

® **El Gran Barril.** Goya, 107. T. 914 312 210. *www.grupo-oter.com*
Manda el gran producto del mar. **Mariscos, pescados, arroces** y de postre, **filloas.** Precio medio 55 €.

☼ **El Jardín de Orfila.** (Hotel Orfila). Orfila, 6. T. 917 027 770.
www.hotelorfila.com
El elegante comedor con vistas a la terraza para cenar en verano hacen de la comida una fiesta. Cocina clásica de mercado bien servida. **Anchoa marinada con salmorejo de tomate asado y quinoa real, pichón de Bresse asado y paté de sus hígados al cacao, tiempo de albaricoques.** Es el único Relais & Châteaux de Madrid. Precio medio 55 €.

® **El Landó.** Pza. Gabriel Miró, 8. T. 913 667 681.
Cierra domingo, Semana Santa y agosto. Ángel González dirige con profesionalidad este local de su cuñado Lucio. **Patatas con huevo, carnes rojas (solomillo, entrecot, churrasco...), torrijas.** Precio medio 60 €.

® **El Mesón de Fuencarral.** Ctra. M-607, Madrid-Colmenar Viejo, km 14,5. Vía de servicio sentido Madrid, salida 15. T. 917 341 019.
www.mesondefuencarral.com
Cierra 15 días en agosto. Ya son varias generaciones que prestigian la cocina tradicional. Su **tortilla de patatas, el cordero churro asado y las frambuesas** son una buena opción. Precio medio 35 €.

☼☼ **El Oso.** Avda. de Burgos, 214. Ctra. A-2, salida 12A. Vía de servicio La Moraleja. T. 917 666 060. *www.restauranteeloso.com* S

Ensanche de Vallecas, uno de los últimos desarrollos urbanísticos de la ciudad

Rosquillas de Alcalá de Henares

Edificio Metrópolis, en la esquina de la Gran Vía y la calle de Alcalá

Cierra domingo cena. Varios comedores rodeados de jardines y terrazas. Materia prima de máxima calidad con el **rape *(pixín)*** como emblema de la casa; además de otros grandes platos asturianos, todos a tono. Buenos vinos y la dirección de María Lorenzo para que todo salga a la perfección. Precio medio 45 €.

El Paraguas. Jorge Juan, 16. T. 914 315 840.
www.elparaguas.com
Cierra domingo cena. Adicta clientela atraída por los genuinos productos asturianos base de las recetas de Sandro Silva. **Oricios gratinados, verdinas con bugre, ensalada de frutas con sorbete de mago.** Precio medio 60 €.

El Pescador. José Ortega y Gasset, 75. T. 914 021 290.
www.marisqueriaelpescador.net
Cierra domingo, Semana Santa y agosto. El éxito de este restaurante se basa en una estupenda materia prima tratada con acierto. Aquí se sigue la misma fórmula que en los otros locales de Evaristo García: **jamón con pan de cristal** de entrada y los **mariscos y pescados** más frescos de la capital, con su emblemático **lenguado.** Precio medio 50 €.

Esbardos. Maldonado, 4. T. 914 350 868.
www.restauranteesbardos.com
Cierra domingo cena y del 1 al 25 de agosto. Esbardo, osezno en bable, es hijo de El Oso y por lo tanto de oferta asturiana. Las **verdinas con cocochas, el *pixín* de barriga negra y el arroz con leche** son todo un referente. Precio medio 40 €.

® **Estado Puro-Las Tapas de Paco Roncero.** (Gastrobar, Hotel NH Paseo del Prado). Pza. Cánovas del Castillo, 4. T. 913 302 400.
www.tapasenestadopuro.com
Pza. del Ángel, 9. (Hotel NH Palacio de Tepa). T. 914 299 817.
Recetas de siempre y creativas con materia prima de gran calidad motivan su éxito. **Tortilla española s. XXI, arroz negro con chipirones y alioli, tarta San Marcos.** Precio medio 28 €.

® **Esteban.** Cava Baja, 36. T. 913 659 091. *www.rte-esteban.com*
Cierra cenas de domingo a martes, última semana de julio y primera de agosto. Todo un clásico con unos emblemáticos **callos a la madrileña, paletilla de lechal asada, buñuelos de crema,** con Esteban y su hijo al frente de todo. Menú 25 €. Precio medio 30 €.

Filandón. Ctra. Fuencarral al Pardo, km 1,9. T. 917 343 826.
www.filandon.es
Cierra domingo cena, lunes, Semana Santa, una semana en enero y en agosto. Emplazado en las afueras en un entorno campero y con decoración rústica-elegante. Sensacionales **pescados** de las Pescaderías Coruñesas, los propietarios. También **carnes a la parrilla, arroz negro y filloas** en armonía con la buena bodega y el servicio de sala. Pese a su gran aforo, exige reserva previa por sus frecuentes llenos. Precio medio 45 €.

® **Goizeko Kabi.** Comandante Zorita, 37. T. 915 330 185.
www.goizeko-gaztelupe.com
Cierra cenas de domingos y festivos. Luis Martín renueva ilusión en estos fogones de los que es ahora propietario. Buenos productos y cocina vasca que se puede disfrutar en medias raciones. **Chipirones Goizeko, changurro al horno, *soufflé* de chocolate.** Menú y precio medio 38 €.

Goizeko Wellington. Villanueva, 34. T. 915 770 138.
www.goizekogaztelupe.com
Cierra domingo. Culinaria de raíces vascas en este elegante comedor que mantiene la calidad de producto y la dirección de Jesús Santos. **Verduras o *perretxikos*** de temporada, **merluza al vapor de algas, canutillos rellenos de crema.** Precio medio 50 €.

® **Goya.** (Hotel Ritz). Pza. de la Lealtad, 5. T. 917 016 767.
www.ritzmadrid.com
Platos clásicos y propuestas más creativas según mercado de la mano de Jorge González, en un elegante comedor y una preciosa terraza en verano. El ***carpaccio* de carabineros con aceite de su coral** es una especialidad. De la notable bodega se encarga Gemma Vela, gran profesional. Menú 63 €. Precio medio 72 €.

® **Higinio's.** Juan Bravo, 12. T. 915 757 223.
www.higinios.com
Uno de los nuevos atractivos en Madrid, tanto por el ambiente y decoración como por la cocina, de corte tradicional y bien elaborada. Buenaventura García se encarga de la bodega. ***Tagliolini* con salsa de hongos trufa y huevo escalfado, entrecot de buey a la parrilla con patatas, *brownie* de chocolate con helado de plátano.** Precio medio 42 €.

El Rastro

En el Rastro madrileño se pueden adquirir antigüedades, ropa *vintage*, artesanía, libros, instrumentos musicales, cuadros y todo tipo de objetos. Abierto los domingos, lo típico es terminar tomando cañas, un picoteo castizo y, de postre, mojitos, cócteles y música de los ochenta.

☼☼ **Horcher.** Alfonso XII, 6. T. 915 220 731.
www.restaurantehorcher.com
Cierra sábado almuerzo, domingo y agosto. Cuatro generaciones ofreciendo una cocina y un legado gastronómico casi inmutable. Triunfan los platos de **caza** y las recetas de alta cocina centroeuropea, imprescindible probar los **postres.** Todo en un entorno tranquilo y elegante con un servicio impecable. Merece la visita este gran restaurante con tradición, que celebra su setenta aniversario. Precio medio 90 €.

® **Io (Iñaki Oyarbide).** Manuel de Falla, 5. T. 913 440 616.
www.restauranteio.com
Cierra domingo cena, lunes y semanas centrales de agosto. Espacios diferentes, barra de tapas, comedor con medias raciones y agradable terraza acristalada para una cocina moderna bien preparada, con algún guiño a los platos de los fundadores como la **menestra de verduras de Tudela** o la **rosca de patata con pimientos de cristal.** Precio medio 40 €.

® **Iroco.** Velázquez, 18. T. 914 317 381. *www.restauranteiroco.es* S
Uno de los mejores y más agradables comedores-jardín de la Villa y Corte. **Nachos de *tartar* de atún rojo y guacamole, hamburguesa de ternera de Guadarrama con queso de oveja de Miraflores, fresas en texturas con nieve de queso fresco.** Menú 25 €. Precio medio 40 €.

® **José Luis.** Rafael Salgado, 11. T. 914 575 036.
www.joseluis.es
Cierra agosto y domingo cena excepto días de partido en el Bernabéu. Un clásico de cocina vasco-madrileña bien servida. Además de los emblemáticos **bacalao al pilpil y arroz con carabineros,** son famosos sus pinchos. Menú 15 €. Precio medio 35 €.

® **La Ancha.** Príncipe de Vergara, 204. T. 915 638 977.
www.laancha.com P
Cierra domingo, primera semana de enero, Semana Santa y dos semanas en agosto. Zorrilla, 7. T. 914 298 186. Cierra sábado, domingo y 15 días en agosto. En ambos locales, cocina tradicional **–tortilla guisada con callos, escalopa Armando, torrijas–** y la correcta atención de los Redruello. Precio medio 35 €.

® **La Barraca.** Reina, 29. T. 915 327 154. *www.labarraca.es*
Destaca, entre los **arroces** protagonistas en este entorno valenciano, la **paella reina de mariscos** precedida por la **sepia a la plancha** y rematada por los **buñuelos de San Isidro.** Precio medio 35 €.

☼ **La Biblioteca de Santo Mauro.** (Hotel AC Marriott Santo Mauro). Zurbano, 36. T. 913 196 900. *www.marriott.es*
P S
Cierra domingo, lunes y agosto. Carlos Posadas tiene el don de la regularidad culinaria en el tratamiento del buen producto, en un palacete del siglo XVIII con elegantes instalaciones y agradable jardín. **Espiral de *foie-gras Lafitte* y membrillo con pan de regaliz, rape braseado a la mantequilla negra con alcaparras, fruta** fresca. Precio medio 60 €.

La Bola. (Taberna). Bola, 5. T. 915 476 930. *www.labola.es*
Cierra sábado cena y domingo en julio y agosto; y domingo cena. Taberna con más de cien años sirviendo cocido madrileño en puchero de barro como especialidad. También, callos, buñuelos de manzana. Menú 28 €. Precio medio 30 €.

® **La Bomba Bistrot.** Pedro Muguruza, 5. T. 913 503 047.
www.labombabistrot.com
Cierra cenas de domingo a martes y del 5 al 11 de agosto. **La Bomba-Rice Bar** (Augusto Figueroa, 35. T. 915 221 181. Cierra cenas de domingo y martes, lunes y agosto). En ambos, el **arroz** es protagonista, pero en el *Bistrot,* inaugurado en verano de 2013, la oferta es más variada, como las **alcachofas fritas con huevo a baja temperatura.** De postre, **torrija de *brioche* al Baileys.** Precio medio 37 €.

☼ **La Buena Vida.** Conde de Xiquena, 8. T. 915 313 149.
www.restaurantelabuenavida.com
Cierra domingo, lunes, Semana Santa y tres semanas en agosto. Manda el producto y la temporada, **verduras, setas, caza (becada y cerceta)...** Un fijo en la carta es la **raya a la mantequilla negra y tarta *tatin*** de postre. Carlos Torres –cocina– y su esposa Elisa –sala– fidelizan a los visitantes por su buen hacer. Precio medio 55 €.

® **La Cesta.** (Gastrobar). Recoletos, 10. T. 911 400 696.
www.lacesta.eu
Cierra domingo cena. Decorado por Pascua Ortega. Informal y elegante como la oferta. **Croquetas de jamón, arroz de perdiz, albóndigas de pato, *brownie*** de chocolate. Menú 18 €. Precio medio 35 €.

Niños en el Museo Sorolla

Gigantes y cabezudos en la fiesta de S. Isidro Labrador

Puerta de Alcalá

La Coloquial. Padre Damián, 21. T. 913 441 934. *www.lacoloquial.com*
Cierra lunes cena, domingo excepto día de partido en el Bernabéu, y tres semanas en agosto. Aperitivos, almuerzo, meriendas dulces y saladas, cenas y copas en un local moderno con distintos ambientes. Deliciosas **croquetas** (semifluidos de leche de oveja y carne de buey), ***risotto*** **de trompeta de la muerte y parmesano.** Gustosos postres, ***choc-choc,*** de chocolate. Menú 15 €. Precio medio 30 €.

La Dorada. Orense, 64-66. T. 915 702 004. *www.ladorada.es*
Cierra domingo cena en invierno y domingo en julio y agosto. Emblemática referencia de la cocina marinera andaluza: frituras, guisos y, como especialidad, la **dorada a la sal.** De postre, **tocino de cielo con salsa de frambuesa.** Atractiva barra para tapear y terraza. Precio medio 40 €.

La Esquina. (Asador-Sidrería, Estadio Santiago Bernabéu, puerta 46). Avda. Concha Espina, 1. T. 914 430 675. *www.grupolamaquina.es*
Cierra domingo cena y los días de partido. Asador **(de pescados y carnes)** y cocina asturiana con vistas al estadio Santiago Bernabéu. **Tortilla de bacalao** para empezar, **arroz con leche** para terminar. Precio medio 40 €. En la barra de la entrada, pinchos y platillos a buen precio.

La Hoja. Doctor Castelo, 48. T. 915 042 185. *www.lahoja.es* S
Cierra domingo cena. Emblemático restaurante asturiano con Paco Rodríguez pendiente del mejor producto bien ejecutado por él. Platos de cuchara y de **caza, arroz con leche.** Buena barra. Precio medio 40 €.

La Huerta de Tudela-Green & More. Prado, 15. T. 914 204 418. S
Cierra domingo cena. Hace honor a su nombre con los magníficos productos y la calidad propia del "33" de Tudela. **Degustación de verduras de temporada tudelanas, carrilleras de corderito asadas con alioli de leche, torrija de vainilla.** Menú 18 €. Precio medio 40 €.

La Manduca de Azagra. Sagasta, 14. T. 915 910 112. *www.lamanducadeazagra.com*
Cierra domingo, festivos y agosto. Juan Miguel Sola tiene la mejor referencia de las **verduras** naturales navarras (de Azagra) en la capital. Son un regalo al paladar. También, **pescados y carnes a la parrilla.** Sala galardonada con premios de arquitectura. Precio medio 42 €.

La Paloma. Jorge Juan, 39. T. 915 768 692. *www.lapalomarestaurante.es*
Cierra domingo, Semana Santa y agosto. El tándem Segundo Alonso y Mariano Ávila lleva más de veinte años haciendo las cosas más que bien. Su especialidad son los platos de **caza,** sin olvidar **verduras y pescados** de calidad. Todo en un ambiente confortable. Precio medio 50 €.

La Posada del Chaflán. Avda. Pío XII, 34. T. 913 450 450. *www.laposadadeelchaflan.com* S
Una reforma total del local y de la oferta más asequible con medias raciones y gustosos menús, y las calidades propias de Juan Pablo Felipe. ***Risotto*** **de hongos, atún a los tomates, tocinillo de cielo.** Precio medio 35 €.

La Tasquita de Enfrente. Ballesta, 6. T. 915 325 449. *www.latasquitadeenfrente.com*
Cierra domingo y 15 días en agosto. Juanjo es el rey del producto, preparado con sabia perfección. Siempre en carta, **ensaladilla rusa con erizo, la raya a la mantequilla negra** y deliciosos postres de Abraham como la ***panna cotta.*** Todo muy cuidado. Atractiva barra. Precio medio 50 €.

La Terraza del Casino

Cierra sábado almuerzo, domingo, festivos y agosto. Restaurante de alto nivel en un entorno especial en los salones y la terraza, para descubrir la cocina de Paco Roncero siempre atrevida y novedosa, en un espacio casi de ciencia ficción, El Taller de Paco Roncero, donde se ofrecen experiencias insospechadas. Estupenda bodega que cuida María José Huertas.

Precio medio 110 €.

Alcalá, 15. T. 915 321 275.
www.casinodemadrid.es

La Torcaz. Lagasca, 81. T. 915 754 130. *www.latorcaz.com* S
Cierra domingo cena y del 12 al 18 de agosto. Buena referencia para disfrutar la cocina de Segundo Alonso –tienen medias raciones–. Tradición con toques modernos. **Erizo de mar gratinados con huevo de codorniz, liebre rellena a la royal, milhojas de pera.** Precio medio 45 €.

☼ **La Trainera.** Lagasca, 60. T. 915 768 035. *www.latrainera.es*
Cierra domingo y agosto. Una buena referencia de cocina y ambiente marinero. **El salpicón de marisco, el lenguado y el rodaballo** se coronan con la **tarta de hojaldre de trucha** y se acompañan con albariño. Precio medio sin marisco 50 €.

® **Lago de Sanabria.** Ayala, 23. T. 915 767 421.
www.restaurantelagodesanabria.com
Cierra cenas excepto viernes; domingo, y del 18 de julio al 20 de agosto. Buena cocina clásica de Juan Loriente, omnipresente en cocina y sala. **Verdinas con *boletus*, perdiz Alcántara.** Precio medio 30 €.

® **Lágrimas Negras.** (Hotel Puerta de América). Avda. de América, 41. T. 917 445 405. *www.restaurantelagrimasnegras.com*
Cierra domingo. Producto bien elaborado y magnífica bodega con carro de aceites de oliva. **Huevo de caserío con migas de centeno, chistorra y crema de patata y queso, solomillo de vacuno a la parrilla con polenta guisada de setas, *mousse* de chocolate.** Precio medio 40 €. *Brunch* los domingos.

☼ **Lakasa-César Martín.** Raimundo Fernández Villaverde, 26. T. 915 338 715. *www.lakasa.es*
Cierra domingo cena, lunes, Semana Santa y dos semanas en agosto. César Martín es una referencia en la cocina de las setas y la caza por su impecable producto y elaboración. **Buñuelitos de queso de Idiazábal, pichón asado con pasta y guiso, *mousse* de crema catalana.** Precio medio 38 €.

® **Las Tortillas de Gabino.** Rafael Calvo, 20. T. 913 197 505.
www.lastortillasdegabino.com
Cierra domingo, festivos, y 15 días en agosto. Como su nombre indica la especialidad son las tortillas, tan sugerentes como la **tortilla trufada, con callos...** Se termina con **postre goloso de chocolate y avellana.** Precio medio 30 €.

® **Lateral.** (Gastrobar). Pº de la Castellana, 89. T. 915 613 337.
www.lateral.com
Pº de la Castellana, 42. T. 915 152 553; Pza. de Santa Ana, 12. T. 914 201 582; Velázquez, 57. T. 914 350 604; Fuencarral, 43. T. 915 316 877; Arturo Soria, 126. T. 913 003 601. La fórmula de Javier Antequera funciona, y muy bien. Ambiente informal pero cómodo, agradables terrazas y cocina que satisface a una asidua clientela. Buen producto. **Tortilla de patata, *tataki* de atún, minihamburguesa con reducción de Pedro Ximénez.** Precio medio 20 €.

☼ **Lavinia.** José Ortega y Gasset, 16. T. 914 260 599.
www.lavinia.es
Cierra cenas de lunes a jueves, domingo y agosto. Ángel García hace una cocina de base mediterránea –**lasaña de morcilla, bacalao con sanfaina**– que satisface en el *bistró* de esta espectacular tienda-bodega del barrio de Salamanca. Se tiene la posibilidad de escoger el vino a precio de tienda para beberlo en la mesa. Precio medio 40 €. **Lavinia Majadahonda** (Los Químicos, 2. C. C. Gran Plaza, 2. Urb. Carril del Tejar. T. 911 722 276). Cierra cenas. El mismo concepto de tienda-bodega y *bistró* dirigido por Ángel García pero a precio menor.

® **Lhardy.** Carrera de San Jerónimo, 8. T. 915 222 207. *www.lhardy.com*
Cierra cenas de domingo y festivos, y agosto. Casa fundada en 1839 que forma parte de la historia de Madrid. Conserva el ambiente y la decoración desde su inauguración, así como sus platos más emblemáticos, el **cocido** o los **callos a la madrileña** y las **peras bella Elena.** Precio medio 65 €.

® **Lieu.** Amnistía, 10. (Aparcamiento público en pza. de Oriente). T. 915 417 481. *www.lieu.es*
Cierra domingo cena, lunes, última semana de agosto y dos primeras de septiembre, última de diciembre y primera de enero. La cocina de Daniele Scelza armoniza con el cuidado servicio de la mesa (hilo, copas Riedel, cubertería de plata). ***Risotto* de setas, jarrete de cerdo y su jugo con polenta cremosa, bizcocho de chocolate relleno de crema de coco y *pencan* con sorbete de coco.** Menú 35 €. Precio medio 40 €.

® **Los Galayos.** Botoneras, 5. T. 913 663 028. *www.losgalayos.net*
Centenario mesón con calidad de producto bien elaborado. **Chopitos con huevos de corral y fritura de pimientos rojos y verdes, cochinillo asado, brocheta de frutas.** Menú 12 €. Precio medio 32 €.

☼☼ **Lúa.** Eduardo Dato, 5. T. 913 952 853.
www.restaurantelua.com
Cierra domingo. En este local ("luna" en gallego) se propone una cocina con productos de temporada tratados con técnicas modernas siempre muy bien resueltas, que se pueden probar solamente en menús cerrados que cambian con frecuencia. Precio medio 50 €.

Escalera de CaixaForum, de Herzog & De Meuron

Cocido madrileño

Círculo de Bellas Artes

® **Luzi Bombón.** Pº de la Castellana, 35. Entrada por Rafael Calvo. T. 917 022 736. *www.grupotragaluz.com* S
De moda, para ver y ser visto. Las **ostras y el arroz a la brasa** son los platos más demandados. De postre, **tiramisú.** Precio medio 45 €.

® **Malacatín.** Ruda, 5. T. 913 655 241. *www.malacatin.com*
Cierra cenas excepto jueves y viernes; domingo, y del 13 de julio al 21 de agosto. Taurino y típico mesón en el Rastro. Tapas en la barra y un abundante y delicioso **cocido madrileño** coronado por unas castizas **natillas.** Precio medio 25 €.

® **Maldonado 14.** Maldonado, 14. T. 914 355 045. *www.maldonado14.com*
Cierra domingo y del 8 al 25 de agosto. El tándem de los profesionales Francisco Vicente (cocina) y Julián Barbolla (comedor) ha conseguido ser una buena referencia de cocina tradicional con inspiración. **Callos a la madrileña, *steak tartar*, tarta fina de manzana.** Se sirven medias raciones. Precio medio 38 €.

☼ **Mentidero de la Villa.** Almagro, 20. T. 913 081 285. *www.mentiderodelavilla.es*
Cierra sábado almuerzo, domingo y agosto. El elegante comedor armoniza con la carta de vinos y la atención del comedor. Cocina mediterránea con buen producto. Precio medio 45 €.

® **Mercado de San Miguel.** Pza. San Miguel, s/n. T. 915 424 936.
Horario ininterrumpido de diez de la mañana a doce de la noche de domingo a miércoles, y hasta las dos de la madrugada de jueves a sábado. Conserva el encanto de la arquitectura de hierro de los antiguos mercados, pero es algo más, aquí se puede comprar o tapear en los puestos y barras, todos con producto de gran calidad.

® **Mesón del Cid.** Fernández de la Hoz, 57. (Aparcamiento concertado enfrente, en Fernández de la Hoz, 78). T. 914 420 755. *www.mesondelcid.es*
Cierra festivos cenas, domingo, y agosto. La cocina tradicional burgalesa –**morcilla de Burgos, cordero asado, queso de Burgos en texturas**– encuentra en esta casa su punto de referencia. También, elaboraciones más actualizadas de Jesús López –**chipirones a la plancha con aceite de calamar y pasta de espinacas**–. Precio medio 34 €.

® **Muñagorri.** (Gastrobar). Padilla, 56. T. 914 014 741. *www.muñagorrirestaurante.es*
Cierra domingo cena, lunes, y 20 días en agosto. Espacio de barra, gastrobar y comedor. Todo ello con el buen hacer de Pedro Muñagorri. Platos de cuchara y **verduras** de temporada, **pichón asado, sorbetes** variados. Precio medio 35 €.

® **No.** Callejón de Puigcerdá, 8. T. 914 316 456. *www.norestaurant.es*
Ambiente joven y moderno con la buena cocina de Javier Márquez desde la **ensaladilla rusa** al ***tartar* de atún** y el **bizcocho fluido de chocolate.** Jóvenes y diligentes, atienden a la clientela. Precio medio 40 €.

☼☼ **O'Pazo.** Reina Mercedes, 20. T. 915 532 333. *www.opazo.es* S
Cierra domingo, Semana Santa y agosto. Más de treinta años ofreciendo el mejor **pescado** y **marisco** de la capital. El **rodaballo** y el **lenguado al horno** difícilmente insuperables en frescura y tratamiento. Bodega muy completa. Al frente, Marta, hija del fundador Evaristo García. Precio medio 70 €.

☼ **Ox's.** Juan Ramón Jiménez, 11. T. 914 581 903. *www.restauranteox.com* S
Cierra agosto. Cocina de acento vasco con calidad de producto, es la tónica de José Ignacio Urdiaín, con el aliciente de una agradable terraza con acceso por Dr. Fleming, 32. **Menestra de verduras, carnes a la parrilla,** y ***pantxineta*** de postre. Un buen **tejón** con el café invita a volver. Agradable terraza comedor ajardinada. Precio medio 40 €.

☼ **Palacio de Cibeles.** Pza. de Cibeles, 1. 6º planta del Palacio de Cibeles. T. 915 231 454. *www.grupoadolfo.com* S
Cierra domingo cena. Adolfo Muñoz comparte dirección culinaria con la casa madre en Toledo, secundado por su hijo Javier. Cocina saludable a base de vapor y horno en un notable menú degustación (50 €). Deliciosa **torrija al horno con helado de vainilla.** Espectacular terraza-comedor y otra para tomar copas, con vistas dignas de los pinceles de Antonio López. Menú 50 €. Precio medio 60 €.

® **Pandelujo.** Jorge Juan, 20. T. 914 361 100. *www.pandelujo.es* S

Vista del Real Monasterio de El Escorial desde el Club de Golf La Herrería

Este atractivo local en un antiguo horno de pan se complementa con una gustosa cocina mediterránea. Pasa por un buen momento de regularidad. Son emblemáticos, la **ensaladilla rusa 2013, con granada, langostino y atún; el *tataki* de atún rojo con ajoblanco.** Fuente de al menos veinte clases de **frutas** como broche final. Precio medio 40 €.

☼☼ **El 38 de Larumbe.** Pº de la Castellana, 38. (Una hora de aparcamiento gratuito en el C. C. ABC Serrano). T. 915 751 112.
www.larumbe.com
Al cierre de la Guía, Pedro Larumbe cambia de nombre y se desdobla en dos zonas, la del restaurante principal con su buena oferta de cocina y servicio de sala con su mítico **bacalao ajoarrriero** o ***steak tartar.*** Precio medio 45 €.
El 38 Gastrobar, adjunto con oferta más informal **–*focaccia,* hamburguesa...–** y precios más ajustados (30 €), abierto de 9 de la mañana a 2 de la madrugada.

® **Piñera.** Rosario Pino, 12. T. 914 251 425.
www.restaurantepinera.com P S
Cierra del 11 al 26 de agosto. Cambió el equipo de sala y cocina salvo Benjamín Urdiaín, pero se mantiene la ilusión por el producto y la atención de sala en su quinto aniversario. **Menestra de verduras, *steak tartar,* fresas en varias texturas.** Precio medio 50 €.

® **Poncelet Cheese Bar.** José Abascal, 61. T. 913 992 550.
www.ponceletcheesebar.es
150 quesos artesanos de nueve países se disfrutan en este santuario del queso. Se toman tal cual o preparados. **Croquetas de queso, *ñoquis* de queso zamorano, sopa fría de queso de Liébana.** Precio medio 35 €.

® **Ponzano.** Ponzano, 12. T. 914 486 880.
www.restauranteponzano.com
Dos ambientes diferenciados, una barra de tapeo y la sala con guisos, platos y frutas de temporada **(verduras, setas, atún de almadraba...), villagodio a la brasa.** Menú 17 €. Precio medio 35 €.

® **Puerta 57.** (Estadio Santiago Bernabéu, puerta 57). Padre Damián, s/n. T. 914 573 361. *www.grupolamaquina.es*
Espectacular vista al estadio Santiago Bernabéu. **Huevos revueltos con *pataticas* y jamón, entrecot fileteado** de vacuno mayor, ***frisuelos* rellenos de crema.** Frecuentada barra-comedor para picar o comer a precios más asequibles. Precio medio 50 €.

☼ **Quenco de Pepa.** Henri Dunant, 21. T. 913 451 084.
www.quenco.com P S
Cierra domingo y del 10 al 19 de agosto. **Pepa** (General Gallegos, 1. T. 913 454 498. Cierra domingo noche). Ambos locales con idéntico amor al producto, principalmente los de la propia huerta de Rafa Muñoz, sobre todo los **tomates. Pepa,** abierto en mayo de 2013, tiene asidua clientela, atraída por las medias raciones, los pescados y los golosos postres. Menú y precio medio 42 €.

☼ **Rafa.** Narváez, 68. T. 915 731 087. *www.restauranterafa.es* P
Cierra Semana Santa. Los magníficos **pescados y mariscos** protagonizan la oferta de la familia Andrés. *Steak tartar* para los carnívoros, **ensalada de frutas al cava.** Precio medio sin marisco 35 €.

® **Ramiro's.** (Gastrobar). Atocha, 51. T. 918 437 347.
www.ramiros.es
Cierra domingo cena. Nada más y nada menos que Jesús Ramiro inaugura en Madrid su prestigiosa cocina tradicional con chispa en una oferta de relación calidad-precio irresistible, como el gustoso **cohete de gambón** y el **rabo de estofado al vino Ramiro's,** en su agradable gastrobar en el centro turístico de la capital. Menú 13 €. Precio medio 25 €.

De tapas

Dicen que las tapas son un invento de Alfonso X el Sabio, que ordenó que siempre se sirviera comida con el vino para evitar que se subiera a la cabeza. El aperitivo se servía tapando la copa para evitar que cayeran moscas en el vino. Hoy son uno de los grandes atractivos de Madrid.

☼☼☼

Ramón Freixa

Cierra domingo, lunes, Semana Santa y agosto. En cada uno de los menús degustación de Ramón Freixa se cumple el ideal de su cocina, innovadora, ingenua y lúdica. Un perfecto equilibrio de sabores, olores y colores, en un tranquilo y elegante ambiente. Excelente **pan** y una gran bodega. Una de sus creaciones más exitosas: **el estudio del tomate 2014.**

Precio medio 90 €.

(Hotel Único Madrid). Claudio Coello, 67. T. 917 818 262.
www.ramonfreixamadrid.com
P

Edificio de Carabanchel, inspirado en Paul Klee

Ramses. Pza. de la Independencia, 4. (Aparcamiento concertado parking Serrano). T. 914 351 666. *www.ramses.com*
Privilegiado emplazamiento con diseño de Philippe Starck. Seis espacios diferentes y un estilo neobarroco. La cocina de autor, inspirada en productos mediterráneos, conjuga tradición y vanguardia de la mano del asesor gastronómico Ricard Camarena. El plato estrella es el producto de temporada. Menú 22 €. Precio medio 55 €.

Realcafé Bernabéu. (Estadio Santiago Bernabéu, puerta 30). Concha Espina, 1. T. 914 583 667. *www.realcafebernabeu.es*
Permanece cerrado dos horas antes de cada partido y abre una hora después del mismo. Cocina casera bien elaborada con buen producto y el aliciente de las vistas espléndidas del césped del Estadio Santiago Bernabéu. **Ensalada crujiente de queso de cabra, hamburguesa especial, *brownie* con trilogía de helados.** Menú 20 €. Precio medio 30 €.

Rubaiyat. (Baby Beef). Juan Ramón Jiménez, 37. T. 913 591 000. *www.rubaiyat.es*
Cierra domingo cena en invierno. Belarmino Fernández desde hace más de cinco años ofrece las mejores **carnes** españolas, traídas de la hacienda propia allende los mares. Espectacular carta de vinos y tahona de panes. Terraza veraniega y ***feijôada*** los sábados en invierno. Menú 40 €. Precio medio 50 €.

Sacha. (Botillería y fogón). Juan Hurtado de Mendoza, 11 posterior. Entrada por el jardín. T. 913 455 952.
Cierra sábado almuerzo en julio, domingo, festivos, Semana Santa y 25 días en agosto. Más de cuarenta años de prestigio en Madrid, en un local lleno de encanto, donde la cocina de Sacha Hormaechea, tanto la tradicional como la más creativa, nunca defraudan. **Falsa lasaña de erizos, raya templada, brevas a la crema.** Agradable terraza estival. Precio medio 50 €.

® **Salvador.** Barbieri, 12. T. 915 214 524.
Cierra lunes cena, domingo y agosto. Emblemática tasca familiar con setenta años. Su **merluza rebozada** es su plato estrella. También **buñuelos de bacalao, callos y leche frita.** Menú 22 €. Precio medio 35 €.

® **Sandó-Arzak.** Isabel la Católica, 2-4. T. 915 479 911. *www.restaurantesando.es*
Cierra domingo cena y lunes. Cocina asesorada por Arzak y ejecutada con buen punto. **Sorta de langostinos y maíz, merluza con aceite de chipirones y cebollino, chocolate fluido con maíz.** Precio medio 40 €. En la planta de entrada, atractivo gastrobar con oferta más asequible (20 €).

Santceloni

Cierra sábado almuerzo, domingo, festivos, Semana Santa y agosto. Excepcional trío formado por Óscar Velasco, Abel Valverde y David Robledo, que siguen derrochando talento con una cocina equilibrada donde todo es de primera y con la mejor calidad. Espléndida bodega y el mejor carro de **quesos** de la capital. El **ravioli de ricota ahumada con caviar,** un lujo.

Menú 150 €. Precio medio 120 €.

(Hotel Hesperia Madrid).
Pº de la Castellana, 57.
T. 912 108 840.
www.restaurantesantceloni.com
P

Sanxenxo. José Ortega y Gasset, 40. T. 915 778 272. *www.sanxenxo.com*
Cierra domingo cena, Semana Santa y unos días en agosto. Notable marisquería gallega con materia prima excepcional y una cocina de recetas sencillas y tradicionales. Buenos vinos y estupenda terraza veraniega. La familia Domínguez al frente de todo. Precio medio 50 €.

Sergi Arola-Gastro

Cierra domingo, lunes, Semana Santa y 15 días en agosto. Al cierre de la Guía se mantiene la calificación que tenía hasta conocer su indecisa trayectoria. Para más información ver *www.guiarepsol.com*

Precio medio 105 €.

Zurbano, 31. T. 913 102 169.
www.sergiarola.es

Slow. Avda. Monasterio de Silos, 83. T. 911 721 821.
www.slowmadrid.es
Local moderno con buenas tapas de corte mediterráneo, para comer de una manera informal en el creciente barrio de Montecarmelo. Como complemento, el *lounge* para tomar una copa después del tapeo. Menú 10 €. Precio medio 20 €.

® **Surtopía.** Núñez de Balboa, 106. T. 915 630 364.
www.surtopia.es S
Cierra domingo cena, lunes, Semana Santa y dos semanas en agosto. Las deliciosas **tortillitas de camarones** denotan las raíces sanluqueñas de José Calleja, la **carne *mechá* y el queso payoyo** de la Sierra de Cádiz se acompañan de manzanilla. Se sirven medias raciones. Precio medio 36 €.

☼ **Taberna Arzábal.** Doctor Castelo, 2. (Aparcamiento público a 20 m). T. 915 572 691. *www.arzabal.com*
Cierra domingo y lunes. Avda. Menéndez Pelayo, 13. T. 914 095 691. La tradición con guiños de modernidad basada en el producto motiva llenos diarios en ambos locales frente al Retiro. **Croquetas de ibéricos con leche de oveja latxa, arroz con pinchos, *tatin* de manzana asada.** Se pueden tomar medias raciones y llevarse platos preparados a casa. Precio medio 45 €.

® **Taberna del Alabardero.** Felipe V, 4. T. 915 472 577.
www.grupolezama.es
Preciosa taberna vasco-madrileña de Luis Lezama. **Huevos de corral con jamón, lomo de merluza en salsa verde con almejas de Carril, torrija.** Precio medio 45 €. En la misma plaza, con una agradable terraza, **La Mar del Alabardero** (T. 915 413 333). Oferta marinera de la misma empresa **(arroces y pescados).** Precio medio 45 €.

® **Taberna Gaztelupe.** Comandante Zorita, 32. T. 915 349 116.
www.goizeko-gaztelupe.com P S
Cierra cenas de domingo y festivos. Luis Martín mantiene con profesionalidad su prestigiada taberna. Desde los **chipirones encebollados y el bacalao al pilpil a las frambuesas y fresitas dos natas.** Menú y precio medio 40 €.

☼ **Taberna Laredo.** Doctor Castelo, 30. T. 915 733 061.
www.tabernalaredo.com P
Cierra domingo y una semana en agosto. Los hermanos Laredo miman el producto. David –cocina– y Miguel –sala y vinos– son toda una referencia en la oferta de la Villa y Corte. Impecable carta de vinos. Guisos y **carnes** en invierno, **salmorejo y morrillo de atún** en verano. Precio medio 50 €.

® **Taberna San Mamés.** Bravo Murillo, 88. Esq. Maudes, 1. T. 915 345 065.
www.restaurantesanmames.com
Cierra lunes cena, domingo, festivos y agosto. Es una de las tabernas más antiguas de Madrid. Hay quien viaja para tomar los **callos a la madrileña,** ya míticos. También, **bacalao ajoarriero y tiramisú.** Se puede aportar el vino (descorche 9 €). Precio medio 35 €.

☼ **Támara-Lorenzo.** Pº de la Habana, 107. T. 914 155 176.
www.restaurantetamaralorenzo.com
Cierra domingo cena, lunes y agosto. No solo es memorable su **tortilla de patatas.** La **menestra** y el **lechazo** están a la altura. Las **natillas** y la atención de Lorenzo y María Ángeles armonizan el placer de la visita. Precio medio 42 €.

® **Teatriz.** Hermosilla, 15. T. 915 775 379. *www.teatriz.com*
El escenario cierra domingo, lunes y agosto. El resto de espacios, agosto. Emblemático local del Grupo Vips en un entorno espectacular. Tres espacios gastronómicos: El escenario, Pink-Lounge y restaurante con cocina mediterránea: **salteado de chipirones con cebolla caramelizada, *steak tartar*** tradicional, **chocolatísimo.** Menú 25 €. Precio medio 40 €.

☼ **Teatro Real.** (Dentro del Teatro Real). Felipe V, s/n. T. 915 160 610.
www.grupoarturo.com
Cierra agosto. Espectacular decorado de Pascua Ortega en el antiguo salón de baile de Isabel II. Destaca el menú degustación con vino incluido (55 €). **Corazones de alcachofas rellenos de bogavante gratinado, lomo de venado al aroma de cebolla tostada, milhojas de crema de mango y helado de frambuesa.** Precio medio 45 €.

® **Ten con Ten.** Ayala, 6. T. 915 759 254.
www.restaurantetenconten.com
Todos van a Ten con Ten, madrileños y visitantes. Una cocina que gusta y mucho ambiente. ***Risotto* con trufa, hamburguesa de *pixín*, tarta fina de piña.** Precio medio 45 €.

Jardín detrás de la basílica de S. Francisco el Grande

Kayaks en el lago de la Casa de Campo

® **Un Lugar.** (Asador Marinero). Mauricio Legendre, 33 Bis. T. 913 147 727. *www.unlugarmadrid.com*
Cierra domingo. Las **alcachofas** de Calahorra, con todo su fresco sabor riojano, se complementan con **pescados y carnes a la parrilla.** De postre, **fresas a la pimienta.** Menú 15 €. Precio medio 38 €.

® **Vi-Cool-Sergi Arola.** Huertas, 12. T. 914 294 913. *www.vi-cool.com*
Sello Arola en este local desenfadado, para probar las tapas y raciones que hizo populares Sergi en la capital. Interesante bodega. Menú 15 €. Precio medio 25 €.

☼ **Viavélez Puerto.** Avda. General Perón, 10. T. 915 799 539. *www.restauranteviavelez.com*
Cierra domingo cena, lunes y dos semanas en agosto. El producto armoniza con la cocina personalizada de Paco Ron, acompañada de una gran bodega. Sus raíces asturianas se reflejan en la sustanciosa **fabada.** Las **patatas a la importancia con almejas** son deliciosas y los postres notables. Menú 18 €. Precio medio 40 €.

☼☼ **Villa Magna-Rodrigo de la Calle.** (Hotel Villa Magna). Pº de la Castellana, 22. T. 915 871 234. *www.villamagna.es*
La profesionalidad y altura culinaria de Rodrigo de la Calle, demostrada en su gran conocimiento de gastrobotánica en Aranjuez, se hace palpable en Madrid desde su inauguración en octubre. Precio medio 70 €.

® **Villoldo.** Lagasca, 134. T. 910 224 552.
Cierra domingo. Pilar Pedrosa y su hijo Alfonso Fierro se turnan en la cocina de Estrella del Bajo Carrión (Villoldo-Palencia) y su nuevo local en Madrid, abierto en julio de 2013 y llevado por su hermano Anselmo Fierro. Magnífico producto y elaboración de la culinaria tradicional palentina. Las **verduras,** las **alubias blancas,** los **pichones** y los golosos postres son un éxito seguro. Buen principio. Precio medio 35 €.

® **Vinoteca García de la Navarra.** Montalbán, 3. T. 915 233 647. *www.garciadelanavarra.com*
Cierra domingo cena, lunes y agosto. La gustosa cocina de Pedro García de la Navarra, armonizada con los vinos recomendados por su hermano Luis, invitan a volver. **Verduras** según la temporada, **tarántelo de atún, frutas** del día. Menú 20 €. Precio medio 30 €.

☼☼ **Viridiana.** Juan de Mena, 14. T. 915 234 478. *www.restauranteviridiana.com*
Dos décadas en este cinematográfico local donde Abraham García prepara una cocina inteligente y de autor en la que fusiona ingredientes de todo el mundo siempre de primera calidad. **Huevos con *mousse* de hongos y trufas frescas, atún rojo salteado sobre fondo de cebolletas, tomate, alcachofas y *frégola* sarda, mango maduro en el árbol y fruta de la pasión.** Aceite de oliva propio y extraordinaria carta de vinos. Abraham está en todo. Precio medio 60 €.

☼☼☼
Zalacaín
Cierra sábado almuerzo, domingo, festivos, Semana Santa y agosto. Cuarenta años como restaurante emblemático de la capital. Hoy mantiene su prestigio con una gran cocina clásica actualizada y un equipo profesional que se ocupa de que todo funcione a la perfección. Uno de los platos estrella es el **ravioli relleno de seta e hígado de oca con trufa negra.** Gran servicio y gran bodega.

Precio medio 80 €.

Álvarez de Baena, 4. T. 915 614 840. *www.restaurantezalacain.com*

Cocina de especialidades internacionales

ALEMANA

Edelweiss. Jovellanos, 7. T. 915 323 383. *www.grupoarturo.com*
Cierra domingo cena. Las especialidades alemanas son fieles a la receta y al producto, como la ensalada de arenques, el codillo con puré de patatas y *choucroute*, tarta de manzana. Menú 20 €. Precio medio 22 €.

ÁRABE

® **Al-Mounia.** Recoletos, 5. T. 914 350 828. *www.almounia.es*

Cierra domingo en julio y agosto, lunes en agosto y domingo cena. La ***pastela,*** la **brocheta de *kabak,*** el ***cous-cous*** y la pastelería oriental evidencian la buena cocina árabe de esta casa ambientada a tono. Menú 32 €. Precio medio 30 €.

ASIÁTICA

Ⓡ **Chifa.** Modesto Lafuente, 64. T. 915 347 566.
Cierra domingo. Un buen chifa (chino-latinoamericano) a precios amables del grupo Sudestada. Destaca el **cebiche algueado,** la **empanadita de pollo y *cuitlacoche*** y, de postre, el **pastel de tres leches.** Precio medio 25 €.

☼ **Sudestada.** Ponzano, 85. (Aparcamiento en Ponzano, 89). T. 915 334 154. *www.sudestada.es*
Cierra domingo y lunes. Diversa y notable cocina vietnamita oficiada por Estanislao Carenzo. Destaca el ***curry* rojo de carrillera de cerdo ibérico,** precedido de los **rollitos vietnamitas.** Precio medio 40 €.

BELGA

Ⓡ **Atelier Belge.** Martín de los Heros, 36. T. 915 597 503. *www.atelierbelge.es*
Cierra lunes cena, domingo y dos semanas en agosto. Cálido *bistrot* donde Etienne Bastaits, gran profesional, ofrece cocina belga tradicional. **Mejillones** preparados de distintos modos, **raya a la mantequilla negra.** Magnífica carta de cervezas. Menú 12 €. Precio medio 35 €.

CHINA

Ⓡ **Asia Gallery.** (Hotel Westin Palace Madrid). Pza. de las Cortes, 7. T. 913 600 049. *www.asiagallerymadrid.com* P
Cocina pekinesa e indochina en un elegante comedor. La **lubina al vapor** y el **pato lacado** son protagonistas. Recomendable menú de ambas cocinas (45 €). Precio medio 50 €.

Ⓡ **El Bund.** Arturo Baldesano, 22-24. T. 911 151 813. *www.elbund.com* P
Cierra lunes almuerzo excepto festivos. Recreación de una casa china del Shanghai de los años veinte con un agradable patio ajardinado. Cocina sichuanesa con **pato laqueado** como plato estrella. También, ***dim Sum*** casero, **helado de sésamo negro** o de **té verde. Lubina en salsa a la sichuanesa, pato crujiente, helados de soja o sésamo.** Menús entre 12 y 20 €. Precio medio 20 €.

FRANCESA

☼ **Lafayette.** Ages, s/n. T. 912 606 912. *www.restaurantelafayette.com*
Cierra lunes cena, sábado almuerzo, domingo y agosto. La mejor cocina francesa de Madrid con una carta y servicio de vinos seleccionados por su propietario Sebatien Laperoux que merece la pena. El ***foie-gras mi-cuit*** casero, el ***tartar*** de pato y el surtido de **quesos curados con leche cruda** armonizan con los vinos franceses a buen precio. Precio medio 40 €.

ITALIANA

Ⓡ **Bice.** Génova, 19. T. 912 759 961. *www.restaurantebice.es*
Cierra domingo cena, lunes y agosto. Buena cocina italo-mediterránea en unas acogedoras instalaciones. ***Spaghetti alle vongole, steak tartar*** **mediterráneo, tiramisú.** Menú 24 €. Precio medio 35 €.

☼☼ **Don Giovanni.** Pº Reina Cristina, 23. (Posterior). T. 914 348 338. *www.dongiovanni.es*
Cierra almuerzos en agosto y lunes. Andrea Tumbarello en su *trattoria* triunfa con la cocina italiana y su emblemática personalidad con las ***pizzas,*** los ***spaghetti alla carbonara,*** los ***carpaccio,* tiramisú y *panna cotta.*** Todo en su punto y armonizado con vinos italianos. Precio medio 30 €.

Ⓡ **Don Lisander Trattoria.** Infanta Mercedes, 17. T. 915 709 290. *www.donlisander.es*
Cierra domingo cena y lunes. **Trattoria Manzoni** (Bretón de los Herreros, 13. T. 914 415 852. Cierra domingo cena, lunes y dos semanas en agosto). Auténticas *trattorias* italianas con las mejores ***pizzas*** de pasta fina de la capital. La **pasta** casera hecha a mano es también magnífica. ***Carpaccio*** menos delgado que lo habitual al estilo de la casa. De postre, ***panna cotta.*** Precio medio 25 €.

Ⓡ **Sinfonía Rossini.** Duque de Medinaceli, 12. T. 913 693 178. *www.sinfoniarossini.es*
Cierra domingo cena, lunes y agosto. Se distingue por la autenticidad de su cocina italiana. ***Carpaccio* de buey, pastas con salsa fresca de temporada, *panna cotta.*** Precio medio 35 €.

☼ **Ars Vivendi.** Ver Majadahonda.

Terminal 4 del aeropuerto Madrid-Barajas

Palacio de Cibeles

JAPONESA

99 Sushi Bar. Ponzano, 99. T. 915 360 567.
www.99sushibar.com
Cierra cenas de domingo y festivos; y del 1 al 23 de agosto. Hermosilla, 4. T. 914 312 715. Cierra sábado almuerzo, domingo, festivos y del 1 al 23 de agosto. Pza. Estafeta, 2 (La Moraleja). T. 916 503 159. Cierra cenas de domingos y festivos. **19 Sushi Bar.** Salud, 19. T. 915 240 571. Cierra agosto. Todos ellos son referentes de la gastronomía japonesa elaborada con rigor y buen producto. ***Tataki, tempura, sashimi*** enriquecidos con **aceite de oliva virgen** y buen servicio a tono con la calidad. Menú *sushi* 26 €. Menú *sashimi* 28 €. Precio medio 45 €.

Inari. General Pardiñas, 43. T. 915 763 312.
Cierra domingo y del 12 al 19 de agosto. Entorno minimalista para una cocina japonesa con buena relación calidad-precio. ***Tartar* de atún, *tempuras, makis...*** Menú 22 €. Precio medio 30 €. De reciente inauguración, **Inari Moraleja** (Azalea, 1. Soto de la Moraleja. T. 910 070 356. Cierra cenas de domingo y lunes, y del 4 al 21 de enero), de similares características.

Kabuki. Avda. Presidente Carmona, 2. T. 914 176 415.
www.restaurantekabuki.com P
Cierra sábado almuerzo, domingo, festivos y tres semanas en agosto. Mario Payán mantiene el prestigio del estilo "Kabuki" con las mejores técnicas culinarias japonesas, que conviven aquí con otras de tradición mediterránea. Barra de *sushi* y terraza en verano. Precio medio 60 €.

Kabuki Wellington

Cierra sábado almuerzo, domingo, festivos y tres primeras semanas de agosto. Ambiente sobrio y elegante, donde sobresale la calidad de la materia prima con la que Ricardo Sanz elabora una cocina nipona a la que añade guiños castizos, convirtiéndolo en el mejor japonés de España. Barra de *sushi*. Gran selección de vinos, cervezas y tés.

Precio medio 70 €.

Velázquez, 6.
T. 915 777 877.
www.restaurantekabuki.com
P

Shikku Izakaya. Doctor Fleming, 32. T. 913 441 664. *www.shikku.es*
Cierra domingo y 15 días en agosto. Cocina japonesa en un local vanguardista con zona de copas. ***Tartar* de toro, bacalao negro macerado en miso.** Menú 50 €. Precio medio 45 €.

MEXICANA

Punto MX. General Pardiñas, 40-B. T. 914 022 226.
www.puntomx.es
Cierra sábado almuerzo, domingo, Semana Santa y agosto. Triunfa desde su inauguración en 2012. Se debe a la autenticidad de sus productos y a su cocina mexicana acentuada con un **guacamole** de antología, **tuétano a la brasa, *panuchos* de *cochinita pibil*** y un delicioso **postre de tres leches con frutos rojos.** Exigua bodega pero buenas cervezas. Precio medio 30 €.

PERUANA

A&G. Ayala, 27. T. 917 026 262. *www.aygmadrid.com* S
Cierra domingo. Cambia de ubicación –a mejor– pero no la calidad. Se disfruta la mejor cocina peruana autóctona con un gran producto. Los **cebiches** y **tiraditos,** el ***tartar*** de atún, la **hamburguesa de quinua,** todo es satisfactorio. Miguel Novoa, gerente y copropietario, está pendiente de todo. *Pisco Sour* fantástico. El grupo Acurio tiene restaurantes en trece países. Precio medio 50 €.

La Gorda. Costanilla de San Andrés, 20. T. 913 662 472.
www.restaurantelagorda.com
Cierra domingo cena y lunes. Carmen Delgado continúa su buen hacer en el nuevo local frente a la iglesia de S. Andrés. Auténtica cocina peruana con platos tan genuinos como el **ceviche, tiraditos, *chupe* de langostinos, suspiro de limeña,** y cocina *chifa* (chino-peruana) los miércoles. Lo mejor es comprobarlo. Menú 12 €. Precio medio 30 €.

Nikkei 225. Pº de la Castellana, 15. Entrada por Fernando el Santo. T. 913 190 390. *www.nikkei225.es* P
Cierra lunes, domingo y agosto. *Pisco Sour* al llegar. Cocina japo-peruana. Buen ***tartar* de atún, los tiraditos, *sashimis, niguiris...*** El dulce **suspiro limeño** de despedida. Menú 45 €. Precio medio 60 €.

Torre de la iglesia de Ntra. Sra. de la Concepción

PORTUGUESA

® **Tras-Os-Montes.** Senda del Infante, 28. Entrada por Collado de Marichiva, 115. T. 913 765 727.
Cierra domingo cena, lunes y 15 días en agosto. Los propietarios, José Luis Alves (comedor) y su esposa María Gracia (cocina) demuestran la gran cocina del bacalao portugués. Especialmente el **bacalao *dourado*** con los típicos **pasteles de nata** como dulce final. Precio medio 30 €.

Alrededores de Madrid

ALALPARDO

® **El Faisán de Oro.** Extramuros, 4. Ctra. A-1, Madrid-Irun, salida 26 dirección Algete. Junto a la puerta de la iglesia. T. 916 202 645. *www.elfaisandeoro.com*
Cierra domingo cena y 15 días en agosto. Esther Vicente, propietaria-cocinera, se encarga de cocina y comedor con jardín, para el buen tiempo. **Huevos pasados por agua con puré de trufas, solomillo de jabalí con puré de manzana, tarta de queso y moras.** Menú 25 €. Precio medio 35 €.

ARAVACA

☼ **Los Remos.** Sopelana 13. A-6, Madrid-A Coruña, km 12,7, salida 12. La Florida. T. 913 077 230. *www.losremos.es* P S
Cierra domingo cena. Recientemente remodelado. La baza principal es la cocina marinera con buenas materias primas **–lenguado con patatitas y puerro, chopitos fritos con pimientos de Padrón–** y otras opciones como **secreto ibérico con tomatitos al romero.** De postre, **filloas rellenas de crema casera.** Pasa por su mejor momento. Precio medio 35 €.

COLMENAR DEL ARROYO

☼ **El Mesón de Doña Filo.** San Juan, 3. Ctra. A-5, salida M-501, km 37, cruce Chapinería a 3 km. T. 918 651 471.
Cierra cenas de domingo a jueves, lunes, martes, primera semana de junio y primera quincena de agosto. Dos menús degustación (55 y 60 €) permiten disfrutar la oferta de Julio Reoyo con la buena atención de sala y vinos de su esposa Inmaculada. Buen producto de temporada. Precio medio 40 €.

COLMENAR VIEJO

® **Madrigal.** Salvadios, 34. T. 918 464 569. *www.restaurante-sierra-madrigal.com* P
Cierra cenas de domingo y lunes. La mejor referencia del pueblo es de los hermanos Madrigal: Antonio, en cocina, y Francisco, en comedor. **Corazones de alcachofas con pulpo, guisos, carrillada de vacuno al Martini, sorbete de mango.** Menú 18 €. Precio medio 40 €.

HOYO DE MANZANARES

El Vagón de Beni. San Macario, 6. T. 918 566 812. *www.elvagondebeni.es* P
Cierra domingo cena, lunes y 15 días en octubre. Situado en un vagón de tren de 1931. Bacalao con sopa de ajo, *tournedos* con *foie-gras* al *madeira*. Agradable terraza en verano. Menú 35 €. Precio medio 45 €.

HUMANES DE MADRID

☼☼☼
Coque
Cierra cenas de domingo a jueves; lunes, julio, agosto y del 23 de diciembre al 2 de enero. Viaje culinario para los sentidos, es lo que pretenden los hermanos Sandoval en la investigación "gastrogenómica" de los productos (muchos de ellos de Madrid). No tiene carta. Se opta por el menú Provocación (110 €) o el Natura (80 €), para descubrir la "cocción perfecta" de cada producto, fruto del trabajo y la experiencia. Extraordinaria bodega y atención al cliente.

Precio medio 80 €.

Francisco Encinas, 8. T. 916 040 202.
www.restaurantecoque.com
P

LA MORALEJA

☼ **Aspen.** Pza. de La Moraleja, s/n. T. 916 252 500. *www.restauranteaspen.com*

Bus turístico

Los que visitan Madrid pueden disfrutar de una ruta panorámica por la ciudad, un precioso recorrido por los barrios históricos de la capital: sus orígenes medievales árabes, el Madrid de los Austrias, el paseo del arte, la Puerta del Sol, la Gran Vía, la Castellana y la Plaza Mayor.

☆☆☆☆☆ **Único Madrid.** Claudio Coello, 67. T. 917 810 173.
www.unicohotelmadrid.com
Hab. 44: 210 €. Suites: 5. Lujoso hotel *boutique*. Restaurante Ramón Freixa Madrid.

☆☆☆☆☆ **GL Urban.** Carrera de San Jerónimo, 34. T. 917 877 770.
www.hotelurban.com
Hab. 102: 321 €. Suites: 26. Vanguardista hotel en pleno centro. Espectaculares patio y piscina en la azotea. Museo Egipcio y colecciones de arte antiguo. Restaurante Europa Decó.

☆☆☆☆☆ **Villa Magna.** Pº de la Castellana, 22. T. 915 871 234.
www.villamagna.es
Hab. 100: 653 €. Suites: 50. Completamente renovado, combinando un estilo discreto y elegante con un diseño atemporal. Ofrece la más avanzada tecnología. Servicio de mayordomo, limusina y *babysitter*. Restaurantes Tse Yang, con elegante ambiente y buena cocina china, y Villamagna-Rodrigo de la Calle.

☆☆☆☆☆ **Wellington.** Velázquez, 8. T. 915 754 400.
www.hotel-wellington.com
Hab. 251: 412 €. Suites: 26. Está en pleno centro del barrio de Salamanca, junto al Retiro y al *triángulo del arte*. Restaurante Goizeko, Kabuki y La Llave de Oro.

La Posada de El Chaflán. Avda. Pío XII, 34. T. 913 450 450.
www.laposadadeelchaflan.com
Hab. 47: 55 €. Suites: 2. Establecimiento de estilo urbano contemporáneo, reformado recientemente.

53 · C-3

Majadahonda Madrid Ver Madrid/Restaurantes/Alrededores

Málaga

111 · B-2
A Madrid, 544 km
Alt. 8 m · Pob. 576.938
T. 951 926 020
GPS 36° 43' 9'' N · 4° 25' 16'' O

Visitar: Ciudad emblemática de la Costa del Sol que conserva el sabor de siglos de historia, desde su fundación por los fenicios bajo el nombre de Malaka a la posterior ocupación romana y árabe. Antes de adentrarse en sus calles, merece la pena asomarse al **castillo de Gibralfaro,** sobre el monte del mismo nombre, desde donde se obtiene una magnífica vista de la localidad. A los pies del castillo se erige la **Alcazaba,** uno de los monumentos más importantes de la Málaga musulmana y, junto a ella, los restos de un teatro romano del s. I, del que se conserva su espléndido escenario, parte de la orquestra, la cávea y el vomitorio. La herencia árabe también se exhibe majestuosa en la **Puerta de las Atarazanas,** entrada al mercado central donde contemplar los curiosos puestos de pescado. En el lugar donde en su día se levantó la mezquita mayor se encuentra la **catedral de la Encarnación,** popularmente conocida como La Manquita, al estar inacabada la torre sur. En su interior, cabe destacar su magnífico coro, dos raros ejemplares de órganos y un interesante museo. Los enamorados del arte sacro también disfrutarán en la iglesia gótico-isabelina del Sagrario y en la de Santiago, con una torre mudéjar que habla de la convivencia de los cultos. La basílica de Sta. María de la Victoria es un escaparate perfecto de la Málaga popular, cuando aún no era una gran urbe, igual que su plaza de toros, en el pintoresco barrio de La Malagueta. En cuanto a museos, hay de Semana Santa, de temas taurinos, de música... Imposible no seguir el rastro de su hijo ilustre, Picasso, en la Fundación Picasso (su casa natal) y en el museo que lleva su nombre. La pintura también tiene otro espacio notable en el **Museo Carmen Thyssen,** con casi 300 obras de reconocidos autores. En arquitectura civil, destacan el modernista Palacio de Miramar, en el paseo de Reding, y el Palacio de la Aduana, con sus altísimas palmeras. Otras visitas de interés son la Casa del Consulado y el Antiguo Conservatorio María Cristina. También merece la pena pasear por los jardines de Puerta Oscura y por el parque Central de Málaga. No irse sin recorrer la calle del **Marqués de Larios,** emblema de Málaga, y saborear unas almendras fritas en cucurucho de papel.

Fiestas: Es de especial relevancia su **Semana Santa,** con desfiles procesionales como el de Jesús Cautivo (Lunes Santo), el de Ntro. Padre Jesús el Rico (Miércoles Santo) y el del Cristo de la Buena Muerte y la Virgen de la Esperanza (Jueves Santo). En abril se celebra el **Festival de Málaga de Cine Español** y en mayo la Noche en Blanco, la gran fiesta nocturna del arte y la cultura. En agosto es la **Feria de Málaga,** con romería al santuario de la patrona, Sta. María de la Victoria.

Alrededores: Merece la pena visitar el Jardín Botánico-Histórico de la Concepción, a las afueras de Málaga, y el Parque Natural Montes de Málaga, donde hay pueblos tan vistosos como **Comares** (a 34 km). A 22 km está **Cártama,** desde cuya fortaleza árabe, totalmente derruida, hay unas vistas espectaculares

Restaurantes

Amador. (Hotel Villa Guadalupe, barrio EL ATABAL, a 7 km). Bandaneira, 6. T. 952 432 862. *www.villaguadalupe.com*

Alcazaba de Málaga

Decorado por la artista Irene Van Vüjhem, con vistas panorámicas de la ciudad. Albóndigas de sepia y langostinos, presa ibérica al carbón con salsa de tomillo, tarta invertida de manzana y helados artesanales. Menú 20 €. Precio medio 30 €.

® **Candado Beach.** (Club Náutico El Candado). Ctra. de Almería, s/n. T. 952 206 346. *www.candadobeach.es*
Cierra cenas y lunes del 1 de octubre al 1 junio. Cocina malagueña frente al Mediterráneo y al club náutico. **Huevo 65 °C con carabineros y berenjenas fritas, lubina a la sal, lingote de chocolate con crema de cardamomo.** Menú 20 €. Precio medio 30 €.

Del Candado Golf -Javier Hernández. (Urb. El Candado). Golf del Candado, 2. T. 952 299 341. *www.elrestaurantedelcandadogolf.es* P
Cierra cenas de martes a jueves de octubre a junio, domingo cena y lunes. Situado en el Club de Golf de El Candado, con terraza muy agradable en verano. Arroces en paella o caldosos, calamar de roca en fritura, flan de huevo de corral. Menú 18 €. Precio medio 30 €.

® **El Refectorium del Campanario.** Pº de la Sierra, 36. T. 952 203 935. *www.elrefectorium.net*
Cierra lunes, martes y febrero. Acogedor comedor con vistas a la bahía de Málaga. **Setas con huevo de corral y trufa, paletilla de chivo lechal malagueño, pasión por el chocolate.** Precio medio 37 €.

® **Godoy.** (Marisquería, Centro Comercial Muelle Uno). Puerto de Málaga, 34-35. T. 952 290 312. *www.marisqueriagodoy.com* P
Terraza con jardín en el puerto de Málaga y cocina netamente marinera. **Pimientos asados, pescados a la plancha, *mousse* de vino dulce de Málaga.** Precio medio sin marisco 30 €.

☼☼ **José Carlos García.** Pza. de la Capilla. Muelle Uno, Puerto de Málaga. T. 952 003 588. *www.restaurantejcg.com*
Cierra almuerzos en julio y agosto, domingo, lunes; y semana de Pascua. En una espectacular ubicación en el puerto, José Carlos García continúa su personal y satisfactoria oferta apoyado en los productos de la tierra y el mar de Málaga. **Caballa-fresas-cerveza negra; pichón-hígado-croqueta de sus patitas; cítricos-plátano.** Menú 54 €. Precio medio 70 €.

La Reserva, 12. Bolsa, 12. T. 952 608 218. *www.grupolareserva.com*
Local moderno en el centro de la ciudad con dos ambientes: comedor y barra para una comida más informal. Arroz caldoso marinero, pescados a la sal, flan casero. Menú 22 €. Precio medio 35 €.

☼ **Lamoraga Antonio Martín.** (Gastrobar). Pza. Malagueta, 4. (Aparcamiento público concertado). T. 952 224 153. *www.lamoraga.com* S
Cierra domingo cena de octubre a marzo. Luminoso y amplio local con vistas al mar. Tapas y buena cocina mediterránea de **arroces y pescados. Ajoblanco con piña colada, fruta tropical con crema maracuyá.** Menú 12 €. Precio medio 25 €.

® **Óleo.** (Centro de Arte Contemporáneo). Alemania, s/n. T. 952 219 062. *www.oleorestaurante.es*
Cierra domingo cena, lunes y segunda quincena de julio. Ubicado en el Centro de Arte Contemporáneo, cocina contemporánea de fusión –mediterránea y japonesa– en un ambiente distendido. **Croquetas, *nigiris*, tiramisú japonés.** Precio medio 20 €.

Museo Carmen Thyssen

Jardín histórico

El Jardín Botánico-Histórico La Concepción, creado hacia 1855 por los marqueses de Casa Loring, es una bella colección de flora tropical y subtropical al aire libre. Las especies vegetales proceden de Europa, América, Asia, África y Oceanía.

Pastrani. Strachan, 7. T. 952 223 264. *www.grupogorri.es*
Cierra domingo en verano. Cocina italiana en el centro, con la pasta como protagonista. Láminas de alcachofas fritas con *foie-gras* y huevo escalfado, *panzerotti* de aguacate con emulsión de tres quesos y botarga de atún. Menú 15 €. Precio medio 30 €.

Hoteles

**** **AC Málaga Palacio.** Cortina del Muelle, 1. T. 952 215 185. *www.hotelacmalagapalacio.com*
Hab. 214: 113 €. Suites: 19. Especializado en reuniones de empresas. Moderno, vanguardista y funcional. En el centro artístico y cultural.

**** **Barceló Málaga.** Héroe de Sostoa, 2. T. 952 047 494. *www.barcelomalaga.com*
Hab. 206: 220 €. Suites: 15. Céntrico. Acceso directo a los andenes del AVE. Restaurante El Andén.

**** **Cortijo La Reina.** Ctra. Colmenar-Málaga A-7000, km 17,8. T. 951 900 939. *www.hotelcortijolareina.com*
Hab. 36: 70 €. Suites: 5. En el Parque Natural de los Montes de Málaga. Escuela de Hostelería. Restaurante Dama de Noche.

**** **Parador de Málaga Golf.** Autovía MA-20 Málaga-Algeciras, km 231, salida 1 (Coín-Aeropuerto). T. 952 381 255. *www.parador.es*
Hab. 88: 80 €. Suites: 6. Situado entre Torremolinos y Málaga, en un lugar tranquilo, rodeado de un agradable jardín al borde del mar. Ideal para descansar y gozar de la tranquilidad del entorno. Buena cocina con recetas locales.

**** **Parador de Turismo Gibralfaro.** Castillo Gibralfaro, s/n. T. 952 221 902. *www.parador.es*
Hab. 38: 171 €. Espléndida panorámica de la ciudad, la costa y la sierra desde este parador rodeado de pinos y eucaliptos, junto a las ruinas de la antigua fortaleza alzada por los fenicios. Restaurante de gran calidad donde se encuentran tres Picassos.

**** **Room Mate Larios.** Marqués de Larios, 2. T. 952 222 200. *www.room-matehotels.com*
Hab. 41: 79 €. Suites: 7. En Semana Santa los precios varían. En verano se pueden contemplar unas estupendas vistas de la ciudad desde su bar-terraza. Restaurante L2 Bistro & Lounge.

*** **Vincci Posada del Patio.** Pasillo Santa Isabel, 7. T. 951 001 020. *www.vinccihoteles.com*
Hab. 106: 100 €. Suites: 4. De estilo vanguardista. En pleno centro histórico de la ciudad, con excelentes vistas. Restaurante Diner.

---

3 · D-3

Malleza Asturias Ver Salas

---

1 · C-3

Malpica de Bergantiños A Coruña Ver A Coruña

Manga del Mar Menor, La Murcia

101 · D-2
A Murcia, 75 km
A Madrid, 503 km
Alt. 1 m · Pob. 1.654
T. 968 146 136
GPS 37° 46' 31'' N · 0° 45' 0'' O

Visitar: En esta barra costera es imprescindible zambullirse en sus **playas.** Las de la ribera del Mar Menor apenas tienen oleaje y disfrutan de una temperatura muy agradable, mientras que las del Mediterráneo destacan por sus aguas cristalinas y su arena dorada. En ambas se pueden practicar deportes náuticos. Buen destino para los aficionados al golf, entre sus visitas más recomendables está el **puerto deportivo de Tomás Maestre,** que alberga varios clubes de regatas y buceo.

Fiestas: El 23 de junio se celebra la **Noche de S. Juan** y el 16 de julio, la fiesta en honor a la Virgen del Carmen. El 27 de septiembre tiene lugar el **Día Internacional del Turista.**

Alrededores: Merece la pena escaparse al **cabo de Palos** (a 8 km) o acercarse hasta **Cartagena** (a 32 km). También es interesante el **Parque Regional de Calblanque, Monte de las Cenizas y Peña del Águila.**

Restaurantes

Borsalino. (Urb. Babilonia). Avda. Gran Vía, salida 18. T. 968 563 130. *www.restauranteborsalinolamanga.com*
Cierra martes excepto julio y agosto, y del 7 de enero al 5 de febrero. Recetas francesas tradicionales a la orilla de la playa. *Vichyssoise*, entrecot Café de París, tarta *tatin*. Menú 14 €. Precio medio 30 €.

Malvasía. Avda. Julieta Orbaiceta, 6. En playa Honda. T. 968 145 073.
www.restaurantemalvasia.com
Cierra domingo cena, lunes y 10 días a finales de enero. Agradable ambiente en un local moderno, decorado con madera de iroco. Mujol de la encañizada con tomate frito casero, alcachofas a la parrilla con crema de *foie-gras*, ravioli de chocolate caliente. Precio medio 30 €.

San Remo. Subida al Hotel Galua, s/n. Zona pza. Bohemia.
T. 968 140 813. S
Cierra martes en invierno, y del 10 de diciembre al 10 de enero.
A escasos metros de la playa. Rape con gambas, cochinillo, tocino de cielo. Menú 18 €. Precio medio 28 €.

Innovador muelle en La Manga

Hoteles

***** **La Manga Club Príncipe Felipe.** (En LOS BELONES, a 2 km).
La Manga Club. T. 968 331 234. *www.lamangaclub.com*
P
Hab. 185: 325 €. Suites: 7. En el corazón del complejo turístico La Manga Club y junto al Parque Natural de Calblanque. Con vistas a dos campos de golf. Gran centro *spa*. Restaurante Amapola.

Manresa Barcelona

37 · A-2
A Barcelona, 68 km
A Madrid, 575 km
Alt. 238 m · Pob. 76.558
T. 938 784 090
GPS 41° 43' 30'' N · 1° 49' 20'' E

Visitar: Su colegiata basílica de **La Seu** es uno de los máximos exponentes del gótico catalán. Merece la pena conocer su Plaza Mayor y su casco histórico, por donde se puede realizar una **ruta modernista** (Casa Lluvià, Casino, Cal Jorba...) y también medieval (la muralla, Port Vell, torre Sobrerroca...). Cuenta con el Museo Comarcal de Manresa, donde se exhibe una gran colección de cerámica y retablos barrocos, y con el Museo de la Tècnica. Puede visitarse, además, **la cueva barroca de S. Ignacio de Loyola,** donde vivió y murió este religioso español, y el parque de L'Agulla, un pulmón verde perfecto para el ocio.

Fiestas: En febrero se celebran la Feria Medieval de L'Aixada y las **fiestas de la Misteriosa Llum** (día 21). Del 24 de agosto al 2 de septiembre tiene lugar la **fiesta mayor,** y del 7 al 10 de noviembre, la tradicional Feria Mediterránea.

Alrededores: En la comarca de Bages, merece la pena visitar **Sant Fruitós de Bages** (a 6 km) y acercarse al complejo turístico y monasterio benedictino Món St. Benet. A 20 km está el **Parque Natural de Montserrat** y el monasterio.

Restaurantes

Aligué. Ctra. de Vic, 8. T. 938 732 562.
www.restaurantaligue.es P
Cierra cenas de domingo a jueves. Los hermanos Bienvenido y Agustín Aligué son dignos merecedores del prestigio y del nivel que ha alcanzado con los años esta histórica casa del interior catalán. **Ensalada de manitas de cerdo crujientes con vinagreta de mostaza, rape con chalotas, ajos y tomate, frutas silvestres con helado de yogur.** Menú 14 €. Precio medio 40 €.

Manzanares Ciudad Real

82 · B-2
A Ciudad Real, 55 km
A Madrid, 175 km
Alt. 654 m · Pob. 19.237
T. 926 647 962
GPS 38° 59' 46'' N · 3° 22' 28'' O

Visitar: Esta localidad, nacida al abrigo del **castillo de Pilas Bonas** (s. XIII), cuenta con monumentos como la iglesia de Ntra. Sra. de la Asunción (s. XVI), las ermitas de La Veracruz (s. XVI) y S. Antón, los palacios del Marqués de Salinas y los Ochoa y el convento de Franciscanas. También hay que visitar, en el parque del Polígono, el Paseo del Sistema Solar, un modelo a escala del Sol y los planetas. Además, la localidad es un buen punto de partida para realizar rutas de senderismo y cicloturismo.

Fiestas: A finales de abril tienen lugar las fiestas del barrio **Divina Pastora** y, en mayo, la romería de S. Isidro. A finales de agosto se organiza el **Festival Internacional de Teatro Contemporáneo** y el 14 de septiembre, las fiestas patronales de Ntro. Padre Jesús del Perdón.

Alrededores: A 28 km está el **Parque Nacional de Las Tablas de Daimiel.**

Restaurantes

Castillo de Pilas Bonas. (Hospedería Castillo de Pilas Bonas).
Pza. San Blas, s/n. T. 926 647 196. *www.pilasbonas.es*
Con habitaciones, en un castillo del s. XIII restaurado. Ensalada de perdiz al aceite de romero, asados medievales, helado de pan. Precio medio 38 €.

Parque Nacional de Las Tablas de Daimiel

Hoteles

*** **Parador de Manzanares.** Autovía de Andalucía, km 175. T. 926 610 400. *www.parador.es*
Hab. 50: 70 €. Ubicado entre los hermosos paisajes del Parque Natural de Las Tablas de Daimiel y las Lagunas de Ruidera, se encuentra este edificio moderno y confortable. Restaurante Azafrán.

Manzanares el Real Madrid

53 · C-2
A Madrid, 48 km
Alt. 908 m · Pob. 7.600
T. 639 179 602
GPS 40° 43' 36'' N · 3° 51' 58'' O

Visitar: Además de ser un destino ideal para la práctica de todo tipo de actividades deportivas –esquí, escalada, hípica, pesca, ciclismo...–, esta localidad de la sierra de Madrid cuenta con interesantes alicientes como el **castillo de los Mendoza** (s. XV), una de las fortalezas medievales mejor conservadas de España, y las pinturas rupestres de la Edad de Bronce de su Museo Etnológico y Arqueológico.

Fiestas: El sábado, el domingo y el lunes de Pentecostés tiene lugar la fiesta patronal de Ntra. Sra. de la Peña Sacra. A primeros de agosto se celebra la **Virgen de las Nieves** y el 14 de septiembre, el Cristo de la Nave, patrón de la villa.

Alrededores: Son interesantes el paraje de **La Pedriza,** dentro del Parque Regional de la Cuenca Alta del Manzanares (reserva de la biosfera) y el pueblo de **Soto del Real** (a 8 km), que cuenta con un puente romano que da acceso a la parroquia de la Inmaculada Concepción.

Restaurantes

La Cabaña. (En SOTO DEL REAL, a 8 km). Pza. Chozas de la Sierra, s/n. T. 918 477 882. *www.lacabanadesoto.com*
Cierra cenas de domingo a miércoles excepto verano, lunes cena y martes. La especialidad son las carnes a la brasa. *Risotto* de hongos y trufa negra, filloa de chocolate. Menú 16 €. Precio medio 30 €.

Marbella Málaga

110 · F-2
A Málaga, 56 km
A Madrid, 600 km
Alt. 18 m · Pob. 146.799
T. 952 771 442
GPS 36° 30' 35'' N · 4° 53' 11'' O

Fiestas: Su casco antiguo, frente a la bahía, alberga restos romanos, árabes y cristianos. Uno de los lugares más visitados es la **plaza de los Naranjos,** que acoge el Ayuntamiento y la antigua Casa del Corregidor. Símbolos de esta localidad son **Puerto Banús,** con sus tiendas de lujo y sus restaurantes, y sus campos de golf. También es interesante el Museo del Grabado Español Contemporáneo, con obras de Picasso, Miró, Tàpies y Chillida.

Fiestas: El 11 de junio se celebra S. Bernabé y el 19 de octubre, **S. Pedro de Alcántara.** También destacan la romería a la Cruz de Juanar (mayo) y la procesión por mar y tierra a la **Virgen del Carmen,** patrona de la ciudad (16 de julio).

Alrededores: Es interesante visitar el **monumento natural de las Dunas de Artola,** situado junto al puerto deportivo de Cabopino, donde se encuentra la torre árabe de los Ladrones, bien de interés cultural.

Restaurantes

☼☼☼

Calima

Cierra almuerzos, lunes excepto julio y agosto, domingo y de octubre a marzo. Un espectacular comedor abierto al mar es el escenario de la también espectacular oferta de Dani García, acompañada de un servicio y una bodega a tono. Este año se puede optar por el menú degustación de 20 creaciones (139 €), el menú de 9 tapas (66 €) y una carta con medias raciones, desde un mítico **gazpacho de cerezas a la raya soasada al *soufflé* de avellanas.** Todo emociona.

Precio medio 90 €.

(Hotel Gran Meliá Don Pepe).
Avda. José Meliá, s/n. T. 952 764 252.
www.restaurantecalima.es

El Gran Gatsby. (Edif. Club de Mar, en PUERTO BANÚS). Muelle de Honor, s/n. T. 951 778 797. *www.elgrangatsby.com*
Cierra almuerzos en julio y agosto. Cocina mediterránea en una espectacular terraza frente al mar. Alcachofas fritas crujientes, *tartar* de atún con guacamole, pargo salvaje de Barbate con refrito de ajos. Precio medio 50 €.

☼☼ **El Lago.** (Urb. Elviria Hills). Avda. Las Cumbres, s/n. Ctra. N-340, Cádiz-Málaga, km 192, salida Elviria. T. 952 832 371. *www.restauranteellago.com*

Cierra lunes excepto julio, agosto y septiembre. Bucólico entorno con vistas al campo de golf junto al lago. Diego del Río sorprende con una cocina mediterránea con su impronta. **Tomate del terreno semiseco con queso de cabra de Archidona, rúcula, membrillo y piñones; pargo con espinacas salteadas, albahaca y picada de tomate, queso y manzana verde; *mousse* de caramelo con sorbete de leche merengada y regaliz.** Menú 28 €. Precio medio 50 €.

® **La Meridiana del Alabardero.** Camino de la Cruz, s/n. Las Lomas, a 1 km de la mezquita. T. 952 776 190. *www.lameridiana.es* P
Cierra almuerzos y lunes. Espectacular emplazamiento con un jardín muy agradable. Cocina mediterráneo-andaluza con el buen hacer de Benjamín Alloza. ***Carpaccio* de langostinos de Sanlúcar al pilpil con *cous-cous* sefardí, lubina al vapor de pimienta negra con lingote de algas y arroz aliñado, dulce de queso helado con cava y miel moscabada.** Precio medio 45 €.

® **La Tirana.** (Urb. La Merced Chica-Huerta Márquez). Santa Ana, s/n. T. 952 863 424. *www.restaurantelatirana.com* P
Cierra domingo. Encantadora terraza-jardín para disfrutar **San Pedro a la parrilla, *steak tartar* con patatas *soufflé*, tarta Paulova.** Menú y precio medio 30 €.

Campo de golf de Marbella

Lamoraga-Banús. (Gastrobar, en PUERTO BANÚS). Ramón Areces, s/n. T. 952 817 448. *www.lamoraga.com*
Cocina en miniatura moderna e informal a tono con el local. Va del ajoblanco con piña colada a platos japo-andaluces y hamburguesa de rabo de toro. Todo ello apetitoso. Precio medio 25 €.

☼ **Marbella Club Grill.** (Hotel Marbella Club). Bulevar Príncipe Alfonso von Hohenlohe, s/n. T. 952 822 211. *www.marbellaclub.com*
Cierra almuerzos. El espectacular comedor en la terraza-jardín y la cocina mediterránea de Juan Gálvez merecen la pena. ***Tartar* de atún rojo con *mousse* de aguacate y caviar iraní, lomo de lubina salvaje al aceite de oliva virgen, bloque de coco y frambuesa con espuma de menta.** Precio medio 80 €.

☼ **Messina.** Avda. Severo Ochoa, 12. T. 952 864 895. *www.restaurantemessina.com*
Cierra almuerzos, domingo, y de finales de octubre a mediados de noviembre. La mejor referencia de cocina italo-mediterránea, en un ambiente minimalista y acogedor. **Cigala cruda a la plancha y coco, cebiche templado de breca, crema de oloroso con sorbete de naranja.** Menú 62 €. Precio medio 40 €.

® **Santiago.** Avda. Duque de Ahumada, 5. T. 952 770 078. *www.restaurantesantiago.com* S
La regularidad en la calidad del producto y su satisfactoria elaboración es la tónica de la casa. **Judiones con alcachofas y carabineros, corvina Santiago, variado de frutas naturales,** peladas y partidas. Menú y precio medio 40 €.

☼ **Skina.** Aduar, 12. T. 952 765 277. *www.restauranteskina.com*
Cierra sábado almuerzo, domingo, lunes, del 9 de enero al 2 de febrero y del 7 al 15 de junio. En el centro del pueblo, mantiene su oferta de un solo menú cambiante en el que el producto y su delicada preparación sorprenden. Marcos Granda cuida todo, incluido el servicio del vino. Su reducido aforo impone la reserva. Precio medio 80 €.

Mezquita del rey Abdulaziz

Hoteles

***** **Marbella Club Hotel Golf Resort & Spa.** Bulevar Príncipe Alfonso von Hohenlohe, s/n. T. 952 822 211. *www.marbellaclub.com*
Hab. 84: 415 €. Suites: 37. En el paraíso natural a orillas del Mediterráneo. Ambiente relajado e íntimo, entre jardines exuberantes, 14 villas privadas. Thalaso Spa frente al mar. Campo de golf privado de 18 hoyos y centro hípico. Restaurante Marbella Club Grill.

***** **GL Puente Romano.** Bulevar Príncipe Alfonso von Hohenlohe, s/n. T. 952 820 900. *www.puenteromano.com*
Hab. 204: 238 €. Suites: 81. Admisión de perros, consultar. Un oasis de 55.000 m² de jardines, diseñado al estilo de un pueblo andaluz con pequeñas casitas de tres plantas. Pistas de tenis y pádel. Marbella Club Golf Resort y El Higueral Club de Golf. Restaurante Sea Grill.

53 · F-2

Marchamalo Guadalajara Ver Guadalajara

37 · B-3

Matadepera Barcelona Ver Terrassa

42 · D-1

Matapozuelos Valladolid Ver Medina del Campo

Mataró Barcelona

37 · D-3
A Barcelona, 28 km
A Madrid, 659 km
Alt. 28 m · Pob. 124.144
T. 937 582 698
GPS 41° 32' 14'' N · 2° 26' 39'' E

Detalle de una ventana con cristal de colores

Visitar: La capital de la comarca del Maresme exhibe orgullosa los vestigios de su origen romano en la **villa de Torre Llauder** (s. I a. C.). Paseando por sus calles se puede hacer un recorrido ágil por su historia que, desde la antigua Iluro, permite disfrutar de influencias arquitectónicas barrocas, coloniales y modernistas. Algunos edificios notables son la basílica de Sta. María, la Casa Coll i Regàs y la Nave Gaudí.

Fiestas: En febrero es la **Feria del Árbol, la Planta, la Flor, los Animales y el Jardín.** Su Semana Santa es conocida por sus Armats (asociaciones de soldados romanos). En julio tiene lugar la fiesta mayor de **Les Santes** y en octubre, la Feria Ferroviaria.

Alrededores: A 3 km, **Sant Andreu de Llavaneres** cuenta en su patrimonio con más de 30 masías diseminadas por la montaña que fueron el núcleo original del municipio. En **Cabrils** (a 10 km), destaca la pequeñísima iglesia mozárabe de St. Cristòfol y en **El Masnou** (a 18 km), su puerto deportivo y sus muestras de arquitectura modernista.

Restaurantes

® **Can Jaume.** (En SANT ANDREU DE LLAVANERES, a 3 km). Port Balis, s/n. T. 937 926 960. *www.canjaume.cat* S
Cierra cenas excepto de mayo a septiembre; y miércoles. Sabrosos **pescados al horno y arroces** elaborados con indiscutible gusto, en una situación de privilegio en primera línea de mar. De postre, **pastel de plátano.** Menú 27 €. Precio medio 30 €.

® **El Racó del Navegant.** (En SANT ANDREU DE LLAVANERES, a 3 km). Port Balís, 24-25-26. T. 937 928 613. *www.elracodelnavegant.com*
Cierra domingo cena, lunes no festivo y del 15 al 31 de enero. Rosa Nonell, en la cocina, y su hija Mónica, en la sala, han convertido este restaurante del Port Balís en el lugar preferido por una clientela fiel a la cocina mediterránea y tradicional. Menú 20 €. Precio medio 40 €.

® **Hostal de la Plaça.** (En CABRILS, a 10 km). Pza. de l'Esglesia, 32. T. 937 531 902. *www.hostaldecabrils.cat*
Cierra domingo cena y lunes excepto festivo. Histórico, tradicional y familiar hostal en una céntrica, antigua y preciosa masía restaurada. **Guisantes y habitas del Maresme, pelota del hostal con butifarra negra, col, garbanzos y patata.** Menú 24 €. Precio medio 35 €.

® **Sangiovese.** Sant Josep, 31. T. 937 410 267. *www.sangioveserestaurant.com*
Cierra lunes cena, domingo y dos semanas en agosto. En un marco de modernidad, la cocina de Pepi Sánchez destaca por su atención y respeto a un producto estacional que elabora con personal singularidad. **Timbal de guisantes de la Floreta con tomates secos y berberechos, oca a la royal con ciruelas y albaricoques, canelón de piña con *mousse* de coco.** Menú 22 €. Precio medio 40 €.

® **Tresmacarrons.** (En EL MASNOU, a 18 km). Avda. Maresme, 21. T. 935 409 266. *www.tresmacarrons.com* S

Cierra domingo cena, lunes; 15 días en febrero y 15 en agosto. Miquel Aldana profesa un culto especial a los fogones que se refleja en una cocina de autor elaborada con notable técnica y respeto al producto de proximidad. **Arroz seco con cigalas, cordero con alcachofas, flan de romero con espuma caliente de chocolate.** Menú 24 €. Precio medio 40 €.

Mazagón Huelva Ver Palos de la Frontera

104 · A-2

Medina de Pomar Burgos

12 · E-3
A Burgos, 80 km
A Madrid, 320 km
Alt. 600 m · Pob. 6.311
T. 947 147 042
GPS 42° 55' 50'' N · 3° 29' 18'' O

Visitar: Las centenarias puertas de su muralla dan acceso al trazado medieval de sus calles, jalonadas de sólidas edificaciones, arcos, puertas, blasones, casas armeras y magníficas iglesias de gran interés artístico y religioso. Destacan el alcázar de los Condestables, bien de interés cultural, hoy convertido en **Museo Histórico de Las Merindades;** el monasterio de Sta. Clara; la iglesia Jurandera de Ntra. Sra. del Rosario y el convento de S. Pedro de la Misericordia. La historia ha situado a esta localidad, además, como lugar de paso y de descanso para reyes como Alfonso VIII, Isabel La Católica y Carlos I de España.

Fiestas: El 15 de mayo se celebra su patrón, S. Isidro. Del 5 al 8 de octubre y del 11 al 13 se festeja **Ntra. Sra. del Rosario,** y en septiembre se recuerda la **Ruta de Carlos V,** el último viaje hecho por el emperador.

Alrededores: Villarcayo (a 8 km) cuenta con El Soto, un gran espacio natural a orillas del río Nela con jardines, paseos, zonas verdes, áreas de recreo infantil, piscinas naturales...

Casco histórico de Medina de Pomar

Restaurantes

Martínez. San Francisco, 3. T. 947 191 689.
www.restaurantemartinez.es S
Cierra cenas de lunes a jueves de enero a junio; y del 4 al 25 de noviembre. Tradición familiar con más de medio siglo elaborando cocina casera. Croquetas de sabores, carnes de Las Merindades acompañadas con la lechuga de Medina, macedonias de frutas. Menú 11 €. Precio medio 25 €.

Plati. (Hotel Plati, en VILLARCAYO, a 8 km). Nuño Rasura, 20. T. 947 131 015.
www.hotelplati.com
Cierra domingo cena, miércoles, y del 20 de diciembre al 10 de febrero. Con 20 habitaciones. Edificio solariego de piedra con decoración rústica. Fritos caseros, chuletón a la piedra, leche frita. Precio medio 30 €.

Medina de Rioseco Valladolid

31 · C-2
A Valladolid, 40 km
A Madrid, 225 km
Alt. 735 m · Pob. 4.977
T. 983 720 319
GPS 41° 52' 58'' N · 5° 2' 39'' O

Visitar: Esta ciudad, declarada conjunto histórico-artístico, cuenta con un importante patrimonio religioso y civil encabezado por la **iglesia de Sta. María de Mediavilla,** en la que destaca la capilla de los Benavente, conocida como la Sixtina de Castilla. Su calle Mayor o **calle de la Rúa** es uno de los conjuntos más completos y mejor conservados de la arquitectura popular de Tierra de Campos. Sus soportales bullen hoy con la actividad comercial y recuerdan que es el eje principal del trazado de la ciudad. La riqueza cultural de Medina es accesible en el Museo de Arte de San Francisco, el Museo de la Semana Santa y el Museo-Fábrica de Harinas San Antonio. No hay que abandonar la localidad sin ver el **Canal de Castilla,** obra de ingeniería hidráulica del s. XIX, o montar en el barco turístico *Antonio de Ulloa*.

Fiestas: La **Semana Santa** es de interés turístico internacional. Destacan también el Corpus Christi, la feria y fiestas de **S. Juan,** en junio, y la romería de la Virgen de Castilviejo, el 8 de septiembre.

Alrededores: En **Belmonte de Campos** (a 8 km), se puede visitar la torre del Homenaje de un castillo en ruinas del s. XVI. **Mayorga** (a 18 km) cuenta con un buen número de iglesias mudéjares y en **Torrelobatón** (a 27 km), está el castillo que fuera la última fortaleza de los comuneros.

Molino de viento tradicional

Restaurantes

Pasos. Lázaro Alonso, 44. T. 983 701 002.
Cierra domingo cena, lunes, y del 14 al 29 de octubre. Cocina tradicional. Cardo con almejas, rabo estofado, natillas. Menú 12 €. Precio medio 28 €.

Hoteles

***** **Los Almirantes.** Escoba, 1. T. 983 720 521.
www.losalmirantes.com
Hab. 11: 120 €. Suites: 6. Vistas sublimes a la catedral y a la dársena del Canal de Castilla. Máximo confort. Restaurantes Le Bataille y Tierra, exquisita gastronomía local.

Medina del Campo Valladolid

42 · D-2
A Valladolid, 50 km
A Madrid, 159 km
Alt. 720 m · Pob. 21.477
T. 983 811 357
GPS 41° 18' 28'' N · 4° 55' 23'' O

Castillo de La Mota

Visitar: Bajo la mirada del **castillo de la Mota,** bien de interés cultural, se desarrolla la vida de esta ciudad, de tradición medieval y cuyo casco antiguo es conjunto histórico-artístico. Para muestra solo hay que ir a la Plaza Mayor de la Hispanidad, famosa por sus bellos soportales. Allí se concentran los tres grandes edificios de la villa: la **Casa Consistorial, el Palacio Real Testamentario** (de estilo mudéjar, donde vivió y murió la reina Isabel La Católica) y la **colegiata de S. Antolín.** Estos y otros notables ejemplos de arquitectura civil y religiosa son accesibles al visitante a través de un servicio gratuito de préstamo de bicicletas. Además, Medina del Campo es un destino preferente para los amantes del enoturismo, al ser una de las zonas de influencia de la D. O. Rueda, y para los que buscan el bienestar, ya que aquí está ubicado uno de los balnearios más antiguos de España.

Fiestas: La **Semana Santa** está declarada de interés turístico internacional. Del 1 al 8 de septiembre se celebra **S. Antolín,** de interés turístico nacional.

Alrededores: Una ruta por las Tierras de Medina se desliza desde los viñedos que han hecho de **Rueda** (a 15 km) una localidad vinícola de referencia hasta las riberas de **Castronuño** (a 36 km), bañadas por el Duero. Todo ello sin olvidar municipios como **Matapozuelos** (a 18 km), que ha cobrado justa fama gastronómica como capital del conejo, **Tordesillas** (a 26 km) y **Simancas** (a 42 km).

Restaurantes

La Botica. (En MATAPOZUELOS, a 18 km). Pza. Mayor, 2.
T. 983 832 942. *www.laboticadematapozuelos.com*
Cierra cenas de lunes a jueves en invierno. Antigua casa de labranza con horno de leña y cocina de temporada a cargo de Miguel Ángel de la Cruz. Su gran aportación culinaria son los platos elaborados con piñones y piñas frescas, que le han dado fama y prestigio como la **espuma de piñón y helado de piñas verdes de pino.** También, **garbanzos con setas, bacalao con oreja de cerdo o lechazo al horno** de leña. Menú 38 €. Precio medio 35 €.

Madrid. Claudio Moyano, 2. T. 983 813 993. *www.hotellamota.es*
Cierra domingo cena, y lunes. La familia fundadora del restaurante en 1944 vuelve a dirigirlo. Las verduras de temporada, las patatas a la importancia con jarrete de ternera o el semifrío de caramelo son muestras de su cocina tradicional, atenta al mercado. Menú 15 €. Precio medio 30 €.

Hoteles

*** **Balneario Hotel Palacio de las Salinas.** Ctra. Las Salinas, km 4.
T. 983 804 450.
Hab. 64: 100 €. Balneario desde 1893, de los más antiguos de España.
Aguas minero-medicinales.

Medinaceli Soria

44 · D-3
A Soria, 76 km
A Madrid, 154 km
Alt. 1.253 m · Pob. 813
T. 975 32 63 47
GPS 41° 10' 20'' N · 2° 26' 3'' O

Detalle del Cristo de Medinaceli

Visitar: Punto clave en el Camino del Cid, Medinaceli fue escenario de legendarias batallas y lugar de descanso del caudillo musulmán Almanzor. Ubicada en un alto imponente desde donde se divisan varios valles, conserva un castillo de la época musulmana y un **arco romano** de triple arquería, único en España. Su época de esplendor se remonta al s. XVI, con la construcción de grandes obras religiosas y civiles como la **colegiata de Ntra. Sra. de Medinaceli,** el Palacio Ducal, el convento franciscano de Sta. Clara, así como numerosas casonas señoriales.

Fiestas: S. Isidro se celebra el 15 de mayo y las fiestas del beato Julián de S. Agustín y las **Noches Musicales de Medinaceli,** el último fin de semana de agosto. El 13 de noviembre es el Toro Jubilo, que se corre por la noche en la Plaza Mayor y forma parte de las **fiestas patronales de los Cuerpos Santos.**

Alrededores: Merece la pena visitar **Arbujuelo** (a 9 km) y **Ambrona** (a 10 km), con un interesante Museo Paleontológico. El páramo de Layna es un enclave muy recomendable para hacer senderismo.

Restaurantes

Asador de la Villa El Granero. Yedra, 10. T. 975 326 189.
Cierra martes, y primera quincena de enero y segunda de junio. Cocina castellana en un edificio del s. XVIII. Setas y caza en temporada, paletilla de cordero asado, postres caseros. Precio medio 25 €.

Hoteles

*** **Medina Salim.** Yedra, 15. T. 975 326 974.
www.hotelmedinasalim.com
Hab. 10: 70 €. Elegante y funcional. Levantado sobre una muralla romana-medieval, se sitúa en el conjunto histórico-artístico, a 50 m del arco romano.
Restaurante Asador El Granero.

Melilla

Visitar: Ciudad enclavada en la parte oriental del cabo de Tres Forcas, Melilla es modelo de convivencia entre cristianos, musulmanes, hebreos e hindúes. Su patrimonio arquitectónico, bien de interés cultural, es uno de los grandes exponentes del modernismo español de principios del s. XX. Destacan en este sentido la **mezquita central** y la sinagoga, de Enrique Nieto, discípulo de Gaudí, que conviven en armonía con interesantes muestras de arquitectura *art déco,* clasicistas e historicistas. Además, la ciudad es todo un ejemplo de acrópolis fortificada que mezcla la estética medieval y renacentista: hay que señalar los recintos fortificados de los ss. XVI a XIX, sobre todo la **ciudadela** y sus tres torreones (las Cabras, Bernal Francés y las Pelotas). Y, como no, en Melilla, el mar es protagonista durante todo el año, lo que determina una completa oferta de deportes náuticos, pesca submarina y otras actividades al aire libre.

112 · E-4
Alt. 2 m · Pob. 73.460
T. 952 976 151
GPS 35° 17' 29'' N · 2° 56' 23'' O

Fiestas: Destacan las celebraciones de las diferentes comunidades religiosas, como la Semana Santa, el Ramadán, el Pesah y el Diwali. En julio tiene lugar el **Mercado Medieval;** a principios de agosto, la **Semana Náutica de Melilla,** y del 28 de agosto al 5 de septiembre, las fiestas patronales.

Alrededores: La ciudad es un punto de partida ideal para diferentes rutas de aventura. Una excursión puede comenzar en el **cabo de Tres Forcas** y **Kelaya,** con pequeñas y luminosas calas como Tramontana, Puntanegri o Charranen. El **monte Gurugú** ha sido convertido en un atractivo parque natural en el que se encuentra la colonia de monos de Berbería y las **ruinas romanas de Tazuda.**

Restaurantes

Casa Juanito. Marqués de Montemar, 30. T. 952 673 026.
www.restaurante-casajuanito.es
Una buena referencia por sus arroces, paellas y pescado frito. Precio medio 25 €.

Hoteles

**** **Tryp Melilla Puerto.** Explanada de San Lorenzo, s/n. T. 952 695 525.
www.solmelia.com
Hab. 139: 90 €. Suites: 5. Céntrico. Frente al puerto deportivo y a escasos metros de las principales playas. Restaurante Almoraima.

*** **Parador de Melilla.** Avda. Cándido de Lobera, 16. T. 952 684 940.
www.parador.es
Hab. 40: 125 €. Ubicado en el lugar donde estuvo el antiguo fuerte, próximo al parque de Lobera y con vistas sobre el puerto y las antiguas fortificaciones. Restaurante Don Pedro de Estopián.

Mendarozábal Gipuzkoa Ver Deba

6 · D-4

Mérida Badajoz

Visitar: La remota Emérita Augusta, la ciudad que Augusto hizo levantar como lugar de retiro para sus legionarios, fue capital de Lusitania y es hoy capital de Extremadura. De esa antigua colonia queda uno de los conjuntos monumentales y arqueológicos mejor conservados de España, que ha valido a la ciudad el título de patrimonio de la humanidad. Así, la huella romana sigue presente casi en cada rincón, siendo su **teatro romano** (s. I a. C.) una de sus construcciones más emblemáticas. Junto a él se levanta el **anfiteatro,** escenario de luchas de gladiadores y fieras. En el centro urbano se alzan el **Templo de Diana** y el **Arco de Trajano,** de 15 m y una de las puertas de acceso a la ciudad. Ya en las afueras pueden contemplarse ambiciosos proyectos civiles de la época romana, como el puente de más de 800 m que cruza sobre el río Guadiana. También cabe mencionar el **acueducto de los Milagros,** que servía para abastecer de agua a la ciudad desde el vecino embalse de Proserpina, cuya presa romana aún se conserva. El **Museo Nacional de Arte Romano,** obra de Rafael Moneo, sirve para completar este apasionante recorrido, ya que muestra al visitante la vida cotidiana de una colonia romana. Por otra parte, de la dominación musulmana, también han quedado algunos vestigios, siendo la **Alcazaba** el más sobresaliente. Anexo a esta plaza defensiva se encuentra el Conventual Santiaguista, construido durante el periodo en que la ciudad permaneció bajo la jurisdicción de los caballeros de la Orden de Santiago. Actualmente, el edificio es sede de la presidencia del Gobierno extremeño.

79 · E-2
A Badajoz, 60 km
A Madrid, 341 km
Alt. 221 m · Pob. 57.127
T. 924 330 722
GPS 38° 54' 59'' N · 6° 20' 42'' O

Caballo de bronce del Museo Nacional de Arte Romano

Fiestas: La **Semana Santa** es de interés turístico nacional. El 15 de mayo se celebran una romería junto al embalse de Proserpina y el concurso de caldereta extremeña. En julio y agosto tiene lugar el **Festival de Teatro Clásico** y, del 1 al 5 de septiembre, las ferias y fiestas. El 10 de diciembre son las fiestas patronales de Sta. Eulalia Mártir.

Plaza Mayor de Mérida

Alrededores: En la carretera que une Aljucén con La Nava de Santiago está el **dolmen de Lácara,** monumento nacional. También son de interés el **Parque Natural de Cornalvo,** la fortaleza de Castrum Colubri, las termas romanas (en **Alange,** a 18 km) y la iglesia de Santiago con su retablo del s. XVI (en **Torremayor,** también a 18 km).

Restaurantes

Tábula Calda. Romero Leal, 11. T. 924 304 950.
www.tabulacalda.com S
Cierra domingo cena, y primera semana de septiembre. Antigua casa cerca del templo de Diana con cocina tradicional. Surtido de la huerta, cordero al horno, fruta de temporada. Precio medio 30 €.

Hoteles

**** **Parador de Mérida.** Almendralejo, 56. T. 924 313 800.
www.parador.es P
Hab. 129: 161 €. Situado en el centro histórico, constituye uno de los edificios más emblemáticos de la ciudad por su ubicación y antigüedad, ya que se sitúa en un convento del s. XVIII. Restaurante La Concordia, cuidada cocina regional.

Mieres Asturias

10 · F-1
A Oviedo, 20 km
A Madrid, 424 km
Alt. de 160 a 1.160 m
Pob. 44.459
T. 985 450 533
GPS 43° 15' 15'' N · 5° 46' 13'' O

Visitar: En este municipio del interior asturiano destacan la **iglesia de S. Juan,** en la plaza de Requejo, la **Casa Duró** (un edificio del s. XVII que alberga el Centro de Arte Moderno), el monumento internacional al Minero y su **paseo fluvial.**

Fiestas: Es de interés el **Antroxu** (carnaval). En abril se celebra la Folixa Na Primavera; en junio, S. Juan, y el 27 de septiembre, la **romería de los Santos Mártires de Valdecuna,** de interés turístico nacional.

Alrededores: A unos 6 km, hay que conocer el poblado minero de **Bustiello,** bien de interés cultural; el **valle de Cuna** (a 5 km) y la senda verde de **Turón,** una parroquia situada a 9,4 km.

Restaurantes

® **El Cenador del Azul.** Aller, 51-53. T. 985 461 814.
Cierra cenas de martes y miércoles; domingo, última semana de julio y primera de agosto. La familia Mondelo sorprende con una sugestiva cocina abierta a nuevas propuestas, aunque mantiene en carta algunos platos santo y seña de la casa. **Sardinillas en *tempura* con crujiente de pan y tomate seco aliñado, entrecot de ternera asturiana con salsa de aceitunas negras, pastel de bizcocho con crema de melocotón.** Menú 17 €. Precio medio 30 €.

Mijas Málaga

111 · A-3
A Málaga, 30 km
A Madrid, 567 km
Alt. 428 m · Pob. 87.000
T. 952 58 90 34
GPS 36° 35' 43'' N · 4° 38' 20'' O

Visitar: Típico pueblo blanco andaluz que se asoma al Mediterráneo bajo la atenta mirada de los burros ibéricos, una especie en peligro de extinción que en esta localidad vive otra nueva etapa de oro gracias al turismo (burro-taxi). Es interesante visitar el **zoco andaluz,** su peculiar plaza de toros ovalada, el Carromato de Mijas (museo de miniatura) y la ermita de la Virgen de la Peña. El municipio cuenta uno de los complejos de golf más populares de la Costa del Sol.

Fiestas: El 17 de enero se celebra S. Antón. Del 5 al 7 de junio tiene lugar el **Festival Internacional de Mijas** y en julio, el Festival de Blues. Otras fiestas de interés son la de la **Virgen de La Peña** (en septiembre), con una gran procesión, y la romería y verbena de Sta. Teresa (del 13 al 15 de octubre).

Alrededores: La explanada de la **ermita de la Virgen de la Peña** es un mirador maravilloso que muestra la vista más bonita de Fuengirola y la Costa del Sol. La **cala de Mijas** es ideal para disfrutar del relax en la playa.

Restaurantes

El Mirlo Blanco. Cuesta de la Villa, 2. T. 952 485 700.
www.mirlo-blanco.es
Cierra martes en otoño-invierno, y del 10 de enero al 10 de febrero. Antigua casona andaluza en el centro del pueblo con cocina vasco-andaluza. Porra antequerana, chipirones en su tinta, tocino de cielo. Precio medio 38 €.

Hoteles

**** **La Cala Resort.** Urb. La Cala Golf, s/n. T. 952 669 016.
www.lacala.com
Hab. 102: 119 €. Suites: 5. Lujoso cortijo andaluz, enclavado entre sus propios campos de golf y rodeado de preciosas colinas. Caracala Spa y academia de golf David Leadbetter. Restaurante La Terraza.

Casa típica de Mijas

Miraflores de la Sierra Madrid

Ver Madrid/Restaurantes/Alrededores

53 · C-1

Miranda de Ebro Burgos

22 · A-1
A Burgos, 80 km
A Madrid, 318 km
Alt. 471 m · Pob. 39.264
T. 947 320 303
GPS 42° 41' 12" N · 2° 56' 49" O

Visitar: A caballo entre La Rioja, el País Vasco y Castilla, la ciudad que mira y se admira en el Ebro no deja indiferente a nadie. En un paseo por Miranda de Ebro sobresale la **iglesia del Espíritu Sto.,** monumento nacional que conserva su naturaleza románica pese a albergar elementos de otros estilos posteriores; el **puente de Carlos III** con sus leones, símbolos del municipio; edificaciones civiles como el **Teatro Salón Apolo,** con una rica ornamentación historicista inspirada en el Renacimiento, y numerosas casas solariegas y palacetes. El visitante quedará, además, sorprendido con su precioso jardín botánico, creado en la zona de esparcimiento del antiguo convento de las Siervas de Jesús.

Fiestas: La Feria del Ángel del 1 de marzo recoge la herencia de los mercados medievales. **S. Juan del Monte,** de interés turístico regional, se celebra el fin de semana y el lunes siguiente al domingo de Pentecostés. Destaca también la festividad de Ntra. Sra. de Altamira, la patrona, el 12 de septiembre.

Alrededores: A 3 km, la ermita de La Nave es el punto de inicio de una ruta cicloturista que, a lo largo de casi 50 km, abarca lomas, valles, cultivos y pueblos como **Suzana, Ayuelas** y **Bujedo.**

Restaurantes

Horno de San Juan. (Hotel Tudanca Miranda). Burgos, s/n. Ctra. Nacional 1, km 318. T. 947 311 843. *www.restaurantehornodesanjuan.com*
Cierra domingo cena. Cocina castellana bien elaborada. Parrillada de verduras, rabo deshuesado relleno de manitas de cerdo con salsa al Pedro Ximénez, tarta de naranja con helado de plátano. Menú 15 €. Precio medio 30 €.

La Vasca. Olmo, 3. T. 947 311 301. *www.restaurantelavasca.com*
Cierra domingo cena, lunes excepto festivo o vísperas de festivo, 20 días en julio y Navidad. Este clásico, con más de ochenta años de vida, dirigido por la familia Ruiz ofrece productos de temporada –setas, verduras y caza– junto a platos tradicionales –ensalada de escabechados, cordero asado, leche frita–. Menú 24 €. Precio medio 33 €.

Campos de cereal

Hoteles

** **Hospedería El Convento.** San Francisco, 15. T. 947 332 712.
www.hotelconventomiranda.com
Hab. 35: 88 €. Suites: 1. Ubicado en un convento del s. XIV, en pleno casco antiguo. Restaurante La Española, cocina vasca y castellana.

Mojácar Almería

108 · D-2
A Almería, 90 km
A Madrid, 543 km
Alt. 175 m · Pob. 7.745
T. 950 615 025
GPS 37° 8' 26" N · 1° 51' 9" O

Visitar: Un pintoresco conjunto de casas blancas y arremolinadas es la primera imagen que recibe todo el que visita este municipio colgado de la última estribación de la Sierra de Cabrera. Con 17 km de costa, es un enclave ideal para disfrutar de bellas playas y calas protegidas. Una riqueza natural accesible desde los **miradores de la Plaza Nueva,** punto neurálgico del pueblo, y del castillo, a 175 m sobre el nivel del mar. Ya dentro del laberinto de sus calles estrechas, sobresalen la **iglesia de Sta. María,** la plaza del Parterre y la fuente Mora.

Fiestas: Es famoso su carnaval, la Fiesta de **Moros y Cristianos** (junio) y S. Agustín (agosto).

Detalle de ventana

Alrededores: A 5 km está **Garrucha,** con su precioso paseo del Malecón. **Carboneras** (a 20 km) es la puerta de entrada al **Parque Natural de Cabo de Gata.** También son de interés las cuevas de Sorbas, en la Sierra de Cabrera.

Restaurantes

Casablanca. Avda. Mediterráneo, 383. Mojácar-Playa.
T. 950 472 474.
Cierra almuerzos, y miércoles excepto verano. Cocina andaluza y mediterránea frente al mar. *Risotto* de trigo con verduritas y setas, estofado de pavo con langostinos, mosaico de frutas con salsa de caramelo. Precio medio 35 €.

Hoteles

***** **Parador de Mojácar.** Pº del Mediterráneo, 339. T. 950 478 250.
www.parador.es
Hab. 98: 142 €. Es uno de los más bellos lugares de la costa, entre Almería y Cartagena. Su arquitectura permite vivir casi aislado en pequeños apartamentos. Restaurante Mar de Alborán. Pescados de la zona y platos típicos.

Molina de Aragón Guadalajara

55 · A-1
A Guadalajara, 140 km
A Madrid, 200 km
Alt. 1.050 m · Pob. 4.000
T. 949 832 098
GPS 40° 50' 37'' N · 1° 53' 2'' O

Visitar: Escenario de disputas legendarias entre los reinos de Castilla y Aragón, el casco histórico de esta villa, declarada bien de interés cultural, se asienta sobre el valle que forma el río Gallo. Atravesado por un **puente románico,** en él destaca su **castillo-alcázar,** que conserva cuatro torres. Desde una de ellas, la de Aragón, se obtiene una hermosa panorámica de los alrededores. El recinto amurallado del castillo se conoce como El Cinto, y todo el conjunto es monumento nacional. Junto al castillo se encuentra la **judería.** También hay que visitar la **iglesia de Sta. Clara,** el **Museo de Molina,** con colecciones de arqueología celtibérica y romana, y numerosos palacios de los ss. XVI al XIX.

Fiestas: El 15 y 16 de julio se celebran las fiestas del **Carmen,** de interés turístico regional, con el desfile de los Caballeros del Carmen. El 7 de diciembre tiene lugar la Navidad molinesa con las hogueras de la Inmaculada.

Alrededores: El **Parque Natural del Alto Tajo,** a 20 km, cuenta con el sistema de hoces fluviales más extenso de la región y uno de los más importantes de España.

Restaurantes

El Castillo. San Felipe, 3. T. 949 830 519. *www.elcastillomolina.com*
Cierra cenas excepto sábado; lunes y del 24 de diciembre al 25 de enero. Sopa fría de almendras con naranja y buey de mar, cabrito asado a la trufa, pastel con naranja y limón. Menú 20 €. Precio medio 45 €.

Hoteles

El Molino del Batán. Ctra. de Castilnuevo, km 1. T. 949 831 111.
Hab. 23: 54 €. Ubicado en un molino del s. XIX.

Mondariz Pontevedra

17 · D-3
A Pontevedra, 85 km
A Madrid, 577 km
Alt. 174 m · Pob. 5.510
T. 986 656 058
GPS 42° 13' 55'' N · 8° 27' 33'' O

Visitar: Atravesado por el río Tea, este municipio ofrece al viajero un interesante patrimonio arquitectónico y natural. Destaca el **castillo de Sabroso,** una fortaleza conocida porque, en el s. XII, fue escenario de las disputas entre los partidarios de doña Urraca y los de su hijo, Alfonso VII. También merece la pena visitar el puente de la Cernadela y acercarse a la **playa fluvial de O Val,** desde donde parte una ruta de senderismo que lleva al cercano municipio de Mondariz Balneario (a 2 km). Allí se encuentra la fuente de Gándara y Troncoso, que alberga en su interior el manantial descubierto en el s. XIX que dio a esta localidad la fama de villa termal que hoy mantiene viva en su balneario.

Fiestas: Del 14 al 16 de agosto se celebran las fiestas en honor a la **Virgen de la Peña de Francia** y a **S. Roque.**

Alrededores: A 10 km se sitúa **Ponteareas,** donde se encuentra el castro de Troña y cuya celebración del Corpus Christi está declarada de interés turístico internacional. A 21 km está el **castillo de Sotomayor,** una joya arquitectónica que destaca por su doble muralla y su torre del Homenaje.

Hoteles

**** **Balneario de Mondariz.** Avda. Enrique Peinador, s/n. T. 986 656 156.
www.balneariodemondariz.com
Hab. 194: 116 €. Suites: 7. Inaugurado en 1873, es pionero del termalismo gallego y un referente entre las principales villas termales de Europa. Restaurantes Gándora, Casa Club y pizzería Os Pazos.

Monforte de Lemos Lugo

Cañón del río Sil

18 · C-1
A Lugo, 63 km
A Madrid, 505 km
Alt. 298 m · Pob. 19.622
T. 982 404 715
GPS 42° 31' 5'' N · 7° 30' 43'' O

Visitar: La capital de la Ribeira Sacra gallega, en la que destacan el río Cabe y el monte de S. Vicente, es una ciudad monumental marcada en la Edad Media por los poderosos condes de Lemos. Los restos del pazo donde vivían forman parte del conjunto monumental de **S. Vicente do Pino,** que incluye también el monasterio, hoy Parador de Turismo. Hay que visitar también el **colegio de Ntra. Sra. de la Antigua,** la torre del Homenaje, el convento de Sta. Clara y el **puente medieval.**

Fiestas: El 3 de febrero se celebra **S. Blas,** con la bendición de las roscas. También son de gran tradición S. Antonio (13 de junio), las fiestas patronales en honor a Ntra. Sra. de Montserrat (15 de agosto) y **S. Mateo** (21 de septiembre), con la romería desde el río Cabe.

Alrededores: A 12 km se accede al cañón que forma el río Sil. Además de la belleza del paisaje, los pueblos del valle de Lemos pueden presumir de su pasado románico. Buenos ejemplos son la iglesia de S. Miguel de Eire y el monasterio de Bernardas, en **Ferreira de Pantón** (a 11 km), y la iglesia de S. Esteban de Rivas de Miño, en **Escairón** (a 15 km).

Restaurantes

O Grelo. Campo de la Virgen, s/n. Subida a San Vicente. T. 982 404 701.
www.resgrelo.com
Antigua fortaleza con bodega excavada en la roca. Pimientos de Padrón, entrecot de ternera gallega al queso de tetilla, *mousse* de queso de Cebreiro con salsa de mango. Menú 20 €. Precio medio 28 €.

Hoteles

**** **Parador de Monforte de Lemos.** Pza. Luis de Góngora y Argote, s/n.
T. 982 418 484. *www.parador.es*
Hab. 44: 134 €. Suites: 6. Cierra del 1 de enero al 14 de febrero. En un monasterio benedictino del s. XVII. Con habitaciones distribuidas alrededor del claustro. Restaurante Don Pedro.

Monòver/Monóvar Alacant/Alicante Ver Petrer

93 · C-1

Montilla Córdoba

98 · A-3
A Córdoba, 43 km
A Madrid, 418 km
Alt. 379 m · Pob. 24.000
T. 957 652 462
GPS 37° 35' 21'' N · 4° 38' 22'' O

Visitar: Como importante cuna del vino andaluz –de aquí proceden los famosos vinos Alvear y Pedro Ximénez–, Montilla ofrece rutas enológicas, visitas a bodegas, degustaciones... Pero es también un municipio lleno de arte, con un casco histórico donde admirar la **iglesia de S. Agustín,** bien de interés cultural; el **convento de Sta. Clara,** uno de los mejores ejemplos de cenobios de la Andalucía blanca, con su bello retablo barroco con artesonado mudéjar (las monjas que allí viven tienen, además, la colección de Niños Jesús más importante que existe); las iglesias de Sta. Ana, Santiago, S. Francisco Solano, S. Sebastián... En cuanto a su patrimonio civil, destacan la **Casa-Museo del Inca Garcilaso,** el primer mestizo ilustre de la literatura española; la Casa-Oratorio de S. Juan de Ávila; el castillo; el palacio de los Duques de Medinaceli y la Casa de las Aguas, sede del Museo Garrido y de la Biblioteca.

Cata de vino de Montilla

Fiestas: En mayo es la **fiesta de la Cruz** y en junio, la romería de la Virgen de las Viñas. En julio se celebran las fiestas patronales en honor a S. Francisco Solano, y en septiembre, la **fiesta de la Vendimia Montilla-Moriles,** de interés turístico nacional.

Alrededores: Pasando por **Aguilar de la Frontera** (a 8 km), es imprescindible acercarse a **Moriles** (a 20 km), para disfrutar de su Centro de Interpretación del Paisaje. En **Montemayor** (a 11 km) se puede visitar el castillo de los Duques de Frías y en **Fernán Núñez** (a 14 km), el Palacio Ducal.

Restaurantes

Las Camachas. Avda. Europa, 3. T. 957 650 004.
www.restaurantelascamachas.com
Mesón andaluz con cocina local. Alcachofas al montilla, rabo de toro, crema tostada. Menú 10 €. Precio medio 25 €.

Hoteles

** **Hacienda La Vereda.** Vereda del Cerro Macho, s/n. T. 637 430 427.
www.haciendalavereda.es
Hab. 7: 69 €. El servicio de alojamiento y restauración se combina con actividades vitivinícolas, ecuestres y deportivas. Habitaciones con vistas a los jardines.

65 · C-1

Mora de Rubielos Teruel Ver Rubielos de Mora

85 · D-3

Moraira Alacant/Alicante Ver Teulada

53 · D-3

Moraleja, La Madrid Ver Madrid/Restaurantes/Alrededores

30 · E-1

Morales de Rey Zamora Ver Benavente

53 · B-2

Moralzarzal Madrid Ver Madrid/Restaurantes/Alrededores

Moratalla Murcia

92 · C-3
A Murcia, 84 km
A Madrid, 408 km
Alt. 681 m · Pob. 8.500
T. 968 730 208
GPS 38° 11' 10'' N · 1° 53' 30'' O

Visitar: Su casco antiguo vive, como ninguno, el silencio medieval, dominado por su castillo-fortaleza de la Orden de Santiago. Merece la pena la iglesia de **Ntra. Sra. de la Asunción,** el santuario de la Casa de Cristo y el **Centro de Interpretación de Arte Rupestre** con sus pinturas.

Fiestas: La **Semana Santa,** amenizada por las tamborradas, es especial. El 15 de junio es el **Stmo. Cristo del Rayo** y el 29 de septiembre, S. Miguel.

Alrededores: Además de visitar el **castillo de Benízar** (a 30 km), un vigía que domina el valle, y la ermita de la Rogativa (a 45 km), hay que pasear por el **Paraje Natural de La Puerta.**

Restaurantes

El Olivar. Caravaca, 50. T. 968 724 054. *www.el-olivar.es*
Cierra cenas excepto sábado y vísperas de festivos; y lunes. Sede de la Cofradía Amigos del Aceite de Oliva Virgen, escenifica la cocina mediterránea apoyada en el aceite de oliva. Se venden aceites y libros de cocina. Firo Vázquez de Parga, gran profesional, oferta: **perlas de guisantes dulces de Cehegín con huevo de corral y panceta ibérica ahumada, *mújol* al vacío con *lamuyos* asados y papas con mojo verde, helado de aceite Flor de Cuquillo con teja y dulce de tomate.** Menú 15 €. Precio medio 40 €.

48 · A-2

Morell, El Tarragona Ver Tarragona

Morella Castelló/Castellón

56 · D-2
A Castelló de la Plana, 105 km
A Madrid, 408 km
Alt. 985 m · Pob. 2.800
T. 964 173 032
GPS 40° 37' 7'' N · 0° 5' 56'' O

Visitar: Escondido en el Maestrazgo de Castellón se halla este conjunto histórico-artístico medieval de gran belleza, protegido por 2 km de muralla. Merece la pena atravesar la puerta de S. Miquel y subir hasta el imponente **castillo,** que corona la villa y fue levantado por los árabes sobre restos romanos. A su entrada, hay que detenerse en el convento de S. Francisco. Desde allí se puede dar un paseo hasta la basílica arciprestal **Sta. María La Mayor,** que cuenta con una bella escalera de caracol hasta el coro. También hay que recorrer el barrio judío y visitar el Ayuntamiento y el **Museo Tiempo de Dinosaurios.** A las afueras de la ciudad, se conservan en buen estado dos tramos de un acueducto gótico construido entre los ss. XIII y XIV.

Fiestas: Del 17 al 19 de enero se celebra **St. Antoni,** con hogueras y pastas típicas, los *dimonis*. También son interesantes el **Corpus Christi,** el Festival Internacional de Música, en agosto, y, cada seis años, las **fiestas sexenales de la Virgen de Vallivana,** de interés turístico nacional.

Alrededores: En **Morella La Vella** (a 6 km) destacan su cueva de arte prehistórico y la ermita de Ntra. Sra. de Vallivana. En **Forcall** (a 12 km), su plaza con soportales, y en **Zorita** (a 30 km), el santuario de La Balma, colgado en la montaña.

Los *dimons* durante las fiestas de St. Antoni

Restaurantes

Daluan. Callejón Cárcel, 4. T. 964 160 071. *www.daluan.es*
Cierra cenas excepto viernes, sábado y verano; jueves y segunda quincena de enero. Toque de meditada innovación a la cocina morellana de Avelino Ramón. ***Carpaccio* de trufa, lechazo al horno, helado de *fláo*.** Menú 14 €. Precio medio 28 €.

® **Mesón del Pastor.** Cuesta Jovaní, 7. T. 964 160 249.
www.mesondelpastor.com
Cierra cenas excepto viernes, sábado y agosto; miércoles no festivos, 10 días entre finales de junio y principios de julio. Suculenta culinaria del entorno. **Croquetas morellanas y de perdiz, presa de ibérico al aceite de romero, caramelos de chocolate.** Menú 14 €. Precio medio 22 €.

Mos Pontevedra Ver Vigo

17 · C-3

Motilla del Palancar Cuenca

75 · D-2
A Cuenca, 70 km
A Madrid, 198 km
Alt. 830 m · Pob. 6.300
T. 969 331 057
GPS 39° 33' 54'' N · 1° 54' 50'' O

Visitar: Situada en la comarca de la Manchuela de Cuenca, en este municipio destacan la **parroquia de S. Gil** y la **ermita de Ntra. Sra. de la Concepción,** con sendos retablos, uno barroco y el otro esculpido en madera de José Navarro Gabaldón, respectivamente; y la **Casa de los Lujanes,** con su rejería.

Fiestas: De gran tradición son la **Semana Santa** y la romería de S. Isidro. A principios de septiembre llega la **feria de S. Gil Abad,** con fiestas populares y festejos taurinos, y el 8 de diciembre, las fiestas patronales de la Inmaculada.

Alrededores: En **Alarcón** (a 18 km) puede visitarse su castillo de origen musulmán, hoy Parador de Turismo, y en **Minglanilla** (a 33 km), las hoces del Cabriel.

Restaurantes

® **Seto.** Ctra. de Madrid, 54. T. 969 332 118.
www.hotelrestauranteseto.com
Con 21 habitaciones. Buena cocina manchega con interesante carta de vinos. **Arroz meloso de *boletus*, pechuguita de faisán rellena de verduras.** Menú 15 €. Precio medio 30 €.

Motril Granada

112 · A-2
A Granada, 70 km
A Madrid, 502 km
Alt. 39 m · Pob. 60.279
T. 958 825 481
GPS 36° 44' 39'' N · 3° 31' 4'' O

Visitar: Ubicada en el corazón de la Costa Tropical de Granada y bañada por el Mediterráneo, la ciudad de Motril está rodeada de montañas. Coronándola se encuentra el **santuario de Ntra. Sra. de la Cabeza,** construido sobre el palacio de la sultana Aixa, madre de Boabdil, último rey árabe de Granada. A sus pies se extiende el parque de los Pueblos de América, un pulmón verde próximo a la **iglesia Mayor de La Encarnación,** el monumento más importante de la villa.

Fiestas: Sus numerosas cofradías hacen de la Semana Santa una celebración especial. En mayo son **Las Cruces,** y el 15 de agosto, las **fiestas patronales en honor a Ntra. Sra. de la Cabeza.**

Alrededores: Las localidades pertenecientes al término municipal de Motril –**Torrenueva** (a 4 km), **Carchuna** (a 7 km) y **Calahonda** (a 10 km)– reúnen toda la esencia de la Costa Tropical y ofrecen recónditas y tranquilas calas.

Calle con geranios en la villa de Cómpeta, en Granada

Restaurantes

Tropical. Avda. Rodríguez Acosta, 23. T. 958 600 450.
www.tropicalmotril.com
Cierra cenas de lunes a miércoles; y domingo. Con 21 habitaciones. Guisos mediterráneos con la zarzuela de marisco y pescado como protagonista. También, pargo o dorada a la sal o a la espalda, ensalada de frutas naturales. Menú 14 €. Precio medio 40 €.

Hoteles

Casa de los Bates. Ctra. N-340, km 329,5. T. 958 349 495.
www.casadelosbates.com
Hab. 4: 80 €. Suites: 1. Casa del s. XIX en lo alto de una colina. Incomparables vistas al mar, Sierra Nevada, Vega de Motril y Salobreña.

Mundaka Bizkaia

Surf en Mundaka

6 · C-3
A Bilbao, 40 km
A Madrid, 433 km
Alt. 5 m · Pob. 1.945
T. 946 177 201
GPS 43° 24' 25'' N · 2° 41' 58'' O

Visitar: Esta bella localidad pesquera situada en la desembocadura de la ría vizcaína de Urdaibai es uno de los paraísos mundiales del surf gracias a sus olas, conocidas como la mejor izquierda, un tubo largo y perfecto por el que deslizarse con la tabla. Ya en el pueblo sobresalen los perfiles de la iglesia renacentista de **Sta. María,** la ermita de Sta. Catalina, la cruz penitencial del Calvario y su puerto. Desde los **miradores de Portuondo y de la Atalaya** se obtienen las mejores vistas de la ría y su desembocadura.

Fiestas: De especial interés son el **Aratuste** (carnaval), las fiestas de S. Juan (23 de junio) y las de S. Pedro (29 de junio).

Alrededores: Mundaka se encuentra en el bello espacio natural de la **reserva de la biosfera de Urdaibai,** uno de los humedales más importantes de Europa.

Restaurantes

® **Asador Portuondo.** Barrio Portuondo, s/n. Ctra. de Gernika-Bermeo, km 47. T. 946 876 050. *www.restauranteportuondo.com* P S
Cierra cenas de domingo a jueves excepto verano, lunes y del 16 de diciembre al 30 de enero. Espectaculares vistas sobre la ría desde este caserío reformado. Los **pescados** frescos **a la brasa** mandan en la carta. Junto a ellos, **ensalada templada de mariscos, canutillos rellenos de crema al chocolate caliente.** Menú 18 €. Precio medio 45 €.

Hoteles

Gametxo. (En IBARRANGELU, a 26,4 km). B° Gametxo, s/n. T. 946 277 710. *www.hotelgametxo.com* P SPA
Hab. 18. 93 €. En plena naturaleza, dentro de la reserva de la biosfera de Urdaibai.

Murcia

93 · A-4
A Madrid, 388 km
Alt. 43 m · Pob. 441.345
T. 968 358 749
GPS 37° 58' 59'' N · 1° 7' 56'' O

Visitar: Fruto de su intensa tradición histórica, de su condición de tierra fronteriza y de paso entre la meseta y las tierras andaluzas, Murcia alberga en su patrimonio un sinfín de testimonios del pasado. Entre ellos, su **catedral,** de estilo gótico, que conserva un interesante retablo mayor, la torre y la capilla de los Vélez y un órgano de 1856 (de los mejores de Europa). Como curiosidad, en un bello sepulcro se guarda el corazón de Alfonso X el Sabio. Se dice que amó tanto a Murcia que pidió que su corazón reposara en esta ciudad. La fachada principal se abre a la plaza del Cardenal Belluga, donde también se hallan el **Palacio Episcopal** y el Ayuntamiento, diseñado por Rafael Moneo. Los que quieran profundizar en el patrimonio religioso de Murcia no pueden perderse el conjunto monumental de **S. Juan de Dios;** el Museo de Sta. Clara, que guarda la mejor colección de arte islámico de la región, y el Museo de la Archicofradía de la Sangre en la iglesia del Carmen. No es posible irse de Murcia sin tropezar con el rastro de Francisco **Salzillo,** escultor barroco que sintetiza la mejor imaginería del s. XVIII. A su obra se consagra el museo que lleva su nombre, donde destaca el belén formado por 556 piezas, creado a lo largo de 24 años por él y sus discípulos. La iglesia barroca de **S. Andrés** también esconde una escultura del maestro. Hay que pasear por sus calles, la de **Trapería** es una de las más pintorescas del casco antiguo, y contemplar el **casino** y la casa barroca del Marqués de Beniel. El **paseo del Malecón,** pulmón verde de Murcia, cuenta con un jardín botánico y bordea el **río Segura** hasta salir de la ciudad y adentrarse en la gran seña de identidad del municipio: la huerta murciana.

Fiestas: La **Semana Santa** es de interés turístico internacional; destaca la procesión del Viernes Santo, con pasos de Salzillo. La semana siguiente, durante las **fiestas de Primavera,** se celebran el Bando de la Huerta y el **Entierro de la Sardina,** ambas de interés turístico internacional. Del 1 al 15 de septiembre tienen lugar la Fiesta de Moros y Cristianos, la Feria de Murcia y la romería de la patrona, la Virgen de la Fuensanta.

Alrededores: A 3 km está **El Palmar,** con el castillo de La Asomada, y a 4 km **Monteagudo,** con otra famosa fortificación. A 6 km se encuentra la **Rueda de La Ñora,** una de las antiguas norias que regaban la huerta murciana. **Santa Cruz** (a 8 km) cuenta con un palacete que antaño fue una fábrica de hilado de seda y hoy acoge un restaurante. Merece la pena acercarse a **Ceutí** (a 24 km) para visitar La Conservera, centro de arte contemporáneo inaugurado en 2009 en una antigua fábrica de conservas.

Restaurantes

Acuario. Pza. Puxmarina, 1. T. 968 219 955.
www.restauranteacuario.com
Cierra domingo en verano, cenas de domingo y lunes, y segunda quincena de agosto. Buena materia prima local y mesurada creatividad de Daniel Marcos, son las claves del éxito de este negocio familiar, que mantiene una fiel clientela. Menú 15 €. Precio medio 30 €.

® **Alborada.** Andrés Baquero, 15. T. 968 232 323.
www.alboradarestaurante.com S
Cierra fines de semana en julio y agosto, y domingo cena. En el centro de la ciudad junto a la Universidad de la Merced, una buena referencia local no exenta de modernidad culinaria. **Fusión de setas de temporada con *foie-gras* y yema de huevo a baja temperatura, ijada de atún en taco con dulce de tomate, caviar de soja y polvo de avellanas frescas.** Menú 12 €. Precio medio 30 €.

® **El Churra.** Obispo Sancho Dávila, 8. T. 968 271 522.
www.elchurra.net P S
Cierra domingo cena. Más de medio siglo ofreciendo una cocina local y atenta al mercado, junto a una amplia barra para tapear. **Alcachofas en salsa de piñones y vino blanco, paletilla de cabrito a la murciana, cuajada de leche merengada.** Menú 14 €. Precio medio 30 €.

® **El Estudio de Ana.** Carril de los Canos, 104. T. 968 100 031.
www.elestudiodeana.com S
Cierra domingo cena, lunes y del 12 al 19 de agosto. Buena referencia de cocina de mercado en un palacete hispano-árabe rodeado de jardines. **Arroz con setas y pluma ibérica, pez mantequilla con *chutney* de mango, sopa de naranja y fruta fresca.** Precio medio 40 €.

☼☼ **La Cabaña de la Finca Buenavista.** (Urb. Buenavista, en EL PALMAR, a 3 km). Finca Buenavista, s/n. Por la Ctra. A-30. T. 968 889 006.
www.restaurantelacabaña.es P
Cierra jueves cena, sábado, domingo, festivos y agosto. La mejor referencia culinaria de la región murciana en una cabaña de madera a las afueras de la ciudad. Pablo González elabora una cocina creativa con base en los productos locales. **Sardina ahumada con espardeñas, aguacate y gazpacho de remolacha, solomillo de vaca gallega a la parrilla con mojo verde, tocino de cielo y helado de leche merengada.** Menú 53 €. Precio medio 45 €.

® **La Pequeña.** Pza. San Juan, 7. T. 968 219 840.
www.lapequenataberna.com
Cierra domingo cena. Cocina murciana con un toque actual en un agradable y típico local. **Sinfonía de verduras, arroces, melosa de chocolate.** Menú 15 €. Precio medio 30 €.

Paraíso natural

El Parque Regional de Cabo Cope y Puntas de Calnegre es un espacio protegido único. De clima semidesértico, está formado por un rosario de calas salvajes que constituyen el hábitat de la tortuga mora y de aves como el halcón peregrino y el camachuelo trompetero.

Playa de Bolnuevo

Semana Santa en Murcia

La Seda. (Hostería Palacete Rural La Seda, en SANTA CRUZ, a 8 km). Vereda del Catalán, s/n. Por la Ctra. CV-916. T. 968 870 848. *www.palacetelaseda.com*
Cierra cenas, domingo, primera quincena de enero y segunda y tercera semanas de agosto. Precioso palacete con muebles y decoración elegante para una cocina mediterránea con productos de la huerta. **Alcachofas fritas con brandada de bacalao, pilpil y huevas de mújol, arroces (D. O. Calasparra), cordero segureño, garbanzos, zanahoria y puerro con emulsión de pimentón; pera limonera con *toffee*, cardamomo y cacao.** Menús de 30 a 69 €. Precio medio 45 €.

Monteagudo. (En MONTEAGUDO, a 4 km). Avda. Constitución, 93. T. 968 850 064. *www.restaurantemonteagudo.com*
Cierra sábado y domingo en julio y agosto; y cenas de domingo a miércoles. Croquetas de queso de cabra con miel de romero, paletilla de cabrito al estilo de Murcia, *soufflé* de chocolate caliente con helado de vainilla. Menú 25 €. Precio medio 30 €.

® **Morales.** Avda. Constitución, 12. T. 968 231 026. *www.restaurantemorales.es*
Cierra sábado cena, domingo y segunda quincena de agosto. Las **verduras de la huerta** murciana y la **paletilla de cabrito lechal al horno** con **tarta de turrón** de postre son una buena opción en este clásico capitaneado por Pedro Morales. Precio medio 40 €.

Rincón de Pepe. Apóstoles, 34. T. 968 212 239. *www.restauranterincondepepe.com*
Cierra cenas de domingo y lunes. Este emblemático Rincón fue paladín de la cocina murciana. Alcachofas confitadas con virutas de jamón ibérico, jarrete de ternera con cremoso de patata, tarta fina de manzana y helado de vainilla al *bourbon*. Menú 36 €. Precio medio 38 €.

Hoteles

**** **NH Rincón de Pepe.** Apóstoles, 34. T. 968 212 239. *www.nh-hotels.com*
Hab. 148: 60 €. Suites: 6. Adosado a parte de la muralla árabe del s. X que rodea la ciudad. El gran Casino Murcia está instalado en los salones del hotel.

**** **Silken 7 Coronas.** Pº Garay, 5. T. 968 217 771. *www.hotelessilken.com*
Hab. 156: 60 €. Suites: 3. Céntrico. Restaurante Las Coronas, especializado en arroces y cocina regional.

*** **T3 Arco de San Juan.** Pza. Ceballos, 10. T. 968 210 455. *www.arcosanjuan.com*
Hab. 97: 39 €. Suites: 3. Antiguo palacio neoclásico del s. XVIII, reformado recientemente. En pleno centro, junto a la catedral. Restaurante Los Churrascos.

Nájera La Rioja

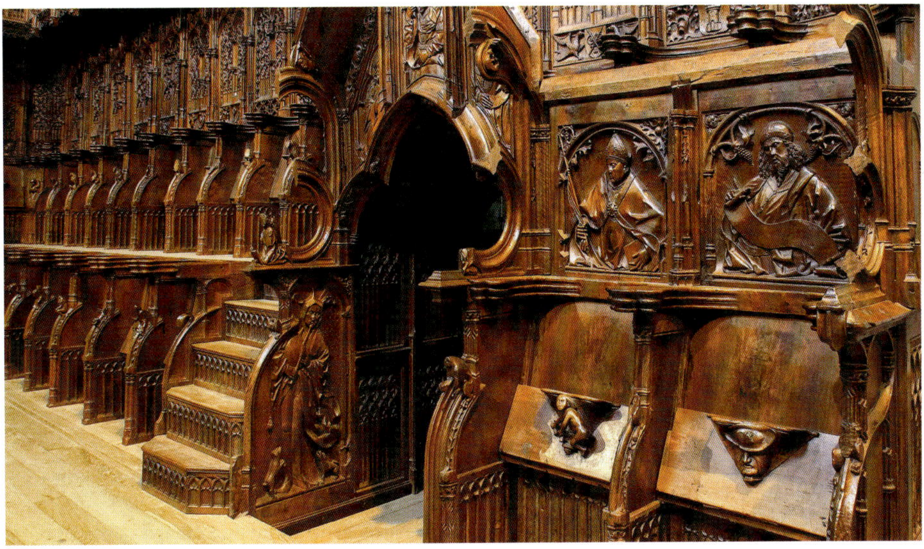

Coro del monasterio de Sta. María La Real

22 · B-2
A Logroño, 26 km
A Madrid, 332 km
Alt. 485 m · Pob. 8.474
T. 941 360 041
GPS 42° 24' 57'' N · 2° 44' 8'' O

Visitar: Las calles de este municipio guardan una magistral lección de historia. Su monumento más destacado es el **monasterio de Sta. María La Real** (s. XI), que alberga el panteón real, donde yacen más de treinta monarcas, y el claustro de los Caballeros (s. XVI), con sus 24 arcos platerescos. También merecen una visita la **iglesia de la Sta. Cruz,** con un Cristo gótico del s. XIII; el **monasterio de Sta. Elena** y el **Museo Arqueológico Najerillense,** ubicado en el palacio del Abad y unido al monasterio por un pasadizo sobre la calle. A los pies del antiguo castillo árabe están las **cuevas del monte Castillo,** donde han habitado desde monjes eremitas a soldados carlistas.

Fiestas: En abril es S. Prudencio, patrón de la villa, y el 1 de mayo se realiza la escenificación de la **proclamación de Fernando III el Santo** como rey de Castilla. En junio se festeja **S. Juan y S. Pedro,** con las tradicionales **vueltas,** que rememoran las victorias de los isabelinos sobre los carlistas.

Alrededores: A 2 km está **Tricio,** con la basílica de Ntra. Sra. de Arcos. A 19 km, **San Millán de la Cogolla** y el monasterio de Yuso, cuya biblioteca guarda el códice de las *Glosas Emilianenses.* Muy cerca se alza el monasterio de Suso, mozárabe y parcialmente excavado en la roca, y a 35 km, el monasterio de Valvanera. Por la fiesta de la Magdalena, en junio, resulta interesante acercarse hasta **Anguiano,** a 20 km, donde se bailan las famosas danzas de los zancos.

Restaurantes

Los Parrales. Mayor, 52. T. 941 363 735.
www.losparrales.com S
Cierra lunes y primera quincena de noviembre. Los hermanos Villoslada dirigen este pequeño local en el centro del pueblo, con terraza en la ribera del Najerilla. Caparrón rojo de Anguiano, bacalao a la riojana, macedonia de frutas. Menú 11 €. Precio medio 30 €.

Hoteles

**** **Hostería del Monasterio de San Millán.** (En SAN MILLÁN DE LA COGOLLA, a 19 km). Monasterio de Yuso, s/n. T. 941 373 277.
www.sanmillan.com P
Hab. 25: 135 €. Suites: 3. En el monasterio de Yuso, cuna del castellano y de la humanidad. En el valle del monte de S. Lorenzo, desvío original del Camino de Santiago. Excelente huerta y gastronomía. Restaurante San Agustín.

Navacerrada Madrid

53 · B-2
A Madrid, 50 km
Alt. 1.200 m · Pob. 2.900
T. 918 560 006
GPS 40° 43' 43'' N · 4° 0' 59'' O

Visitar: Este pueblo serrano de inviernos nevados se encuentra enclavado en el Parque Nacional de la Sierra de Guadarrama. En su casco urbano destacan la **iglesia de la Natividad** (s. XVI) y sus calles y plazas empedradas. Se puede bajar hasta el embalse de Navacerrada y pasear por el **valle de la Barranca** y la **dehesa de la Golondrina,** donde existen manantiales de agua y senderos que llevan hasta el **mirador de S. Antonio.**

Fiestas: **S. Antonio de Padua,** patrón de la localidad, se celebra el 13 de junio.

Alrededores: Es imprescindible subir hasta la **estación de esquí,** a 1.860 m, y visitar el **Parque Regional de la Cuenca Alta del Manzanares.**

Restaurantes

Hacienda Los Robles. Avda. Madrid, 27. T. 918 560 200. *www.haciendalosrobles.com*
Con 34 habitaciones. Revuelto de morcilla y piñones, *confit* de pato al horno sobre lecho de manzana, brocheta de frutas naturales. Precio medio 30 €.

Las Postas. (Hotel Las Postas). Ctra. M-601, Madrid-La Granja, km 10,2. T. 918 560 250. *www.hotelaspostas.com*
Cierra cenas de domingo a jueves, lunes y del 15 al 30 de septiembre. Con 18 habitaciones. Migas de pastor con huevo, chuletillas de cordero, fresones con dulce de leche. Menú 15 €. Precio medio 30 €.

Navarredonda de Gredos Ávila

52 · B-4
A Ávila, 65 km
A Madrid, 180 km
Alt. 1.565 m · Pob. 485
T. 920 348 001
GPS 40° 21' 43'' N · 5° 8' 5'' O

Visitar: Situado en pleno **Parque Regional de Sierra de Gredos,** esta villa ve nacer el río Tormes. Se puede practicar senderismo por rutas como la de la Laguna Grande y el Circo de Gredos, y ascender al Almanzor o los Galayos. En el casco urbano se encuentra la **fortaleza de la torre parroquial** y junto a ella, la **iglesia de Ntra. Sra. de la Asunción** (s. XVI). También merecen la pena la iglesia de S. Benito y las ermitas de la Virgen de las Nieves y de S. Antonio.

Fiestas: El 26 de julio se celebra la **Feria Mayor de Santiago** y en agosto, las fiestas patronales de la Virgen de la Asunción y S. Roque.

Alrededores: A 5 km se encuentra **Hoyos del Espino,** con el santuario románico de Ntra. Sra. del Espino. En **Puerto del Pico** (a 18 km) está una de las calzadas romanas mejor conservadas de España. También es interesante **Bonilla de la Sierra** (a 35 km), con su castillo.

Montañeros en la Sierra de Gredos

Restaurantes

® **El Milano Real.** (En HOYOS DEL ESPINO, a 5 km). Toleo, 2. T. 920 349 108. *www.elmilanoreal.com*
Cierra de lunes a jueves del 15 de octubre al 15 de abril. Con 22 habitaciones. Todo un referente en la sierra con magníficas vistas. **Pulpo con crujiente de panceta y crema de patata, paletilla de cabrito a 70° guarnecida con milhojas de patata y bacón.** Menú 24 €. Precio medio 30 €.

La Mira de Gredos. (En HOYOS DEL ESPINO, a 5 km). Ctra. AV-941, Venta Rasquilla-Barco de Ávila, km 16,5. T. 920 349 023. *www.lamiradegredos.com*
Cierra cenas excepto viernes y sábado; lunes, 15 días en enero y en octubre. Con 15 habitaciones. Vistas a la sierra y chimenea en el comedor. Alubias del Barco con sus sacramentos, ternera de Ávila, hojaldre de manzana. Menú del día para clientes del hotel 15 €. Precio medio 30 €.

Hoteles

*** **Parador de Gredos.** Ctra. AV-941, km 10. T. 920 348 048. *www.parador.es*
Hab. 74: 65 €. Suites: 2. Primer Parador de turismo, inaugurado en 1928. Recientemente remodelado. Restaurante Huerta del Rey.

Neguri Bizkaia Ver Getxo

6 · A-3

Nerja Málaga

111 · E-2
A Málaga, 52 km
A Madrid, 551 km
Alt. 21 m · Pob. 25.000
T. 952 521 531
GPS 36° 45' 30'' N · 3° 53' 17'' O

Visitar: Calas vírgenes y robustas montañas rodean Nerja, que conserva su pasado morisco. Sobresalen la iglesia de **El Salvador** (s. XVII) y la **ermita de la Virgen de las Angustias,** con frescos del s. XVII. Imposible eludir el mirador del **Balcón de Europa,** con magníficas vistas al mar y a los acantilados. El **parque Verano Azul** evoca a la célebre serie de televisión que se rodó en estos parajes, con una réplica del barco *La Dorada*. Las **cuevas de Nerja** son espectaculares. Entre sus muchas salas no hay que perderse la de Belén, con enterramientos del año 6300 a. C., y la de la Torca, con pinturas rupestres. En julio, estas cuevas son el escenario del Festival Internacional de Música y Danza. A las afueras se despliega el **acueducto del Águila.**

Fiestas: En septiembre, además del **Día del Turista,** se celebra la **Virgen de las Maravillas,** patrona de la villa. En octubre tienen lugar las fiestas mayores de **Ntra. Sra. de las Angustias** y **S. Miguel Arcángel.**

Alrededores: Muy cerca del puerto deportivo de Nerja se encuentran las tumbas púnicas y fenicias del **Morro de Trajamar.** A 6 km está el bello pueblo de **Frigiliana,** un conjunto morisco-mudéjar. En **Tórrox** (a 12 km) son famosos su faro y las ruinas romanas. A 20 km hay que visitar **Vélez-Málaga,** con su iglesia de Sta. María la Mayor y los restos de la fortaleza.

Restaurantes

® **Jacky.** (Edif. Corona). Chaparil, 6. T. 952 521 138.
Cierra almuerzos de martes a viernes excepto festivos; domingo cena y lunes excepto verano. La familia Vanhoren, bajo la batuta de Jacky, ofrece platos de la alta cocina europea ejecutados con precisión y gran calidad. ***Foie-gras* caliente sobre fondo de manzana reineta, lubina con salsa de almendras, hojaldre con fresas y nata.** Menú 19 €. Precio medio 25 €.

Hoteles

**** **Parador de Nerja.** Almuñécar, 8. T. 952 520 050. *www.parador.es*
Hab. 98: 176 €. Suites: 2. Habitaciones con terraza sobre el Mediterráneo. Ascensor (semipanorámico) a pie de playa. Restaurante Europa. La cocina regional brilla en la preparación de los pescados.

Niembro Asturias Ver Llanes

4 · D-3

Nigrán Pontevedra

17 · C-3
A Pontevedra, 54 km
A Madrid, 594 km
Alt. Nivel del mar · Pob. 17.635
T. 986 368 734
GPS 42° 8' 33'' N · 8° 47' 38'' O

Visitar: Este pequeño enclave marinero está plagado de pazos y casas solariegas, como los pazos da Touza y das Pías. Entre sus monumentos destacan el **arco visigótico de Panxón** (s. VII), junto al **puente románico de S. Pedro de la Ramallosa,** y el **Templo Votivo del Mar,** obra del arquitecto Antonio Palacios. El municipio goza de excelentes arenales, como **playa América.**

Fiestas: Del 16 al 19 de agosto se celebra la **Virgen de las Angustias,** que incorpora a su programa la Fiesta del Caballo. Y en julio, por la Virgen del Carmen, hay fuegos artificiales en playa América.

Alrededores: De obligatoria visita son la villa de **Baiona** (a 5 km) y **Vigo** (a 15 km).

Arco de Panxón

Restaurantes

Arealoura. Avda. Playa América, 60. T. 986 350 908. S
Cierra lunes y noviembre. Frente al mar. Arroces marineros, parrillada de carnes, tartas (manzana, almendra, queso). Menú 10 €. Precio medio 30 €.

® **Los Abetos.** (Asador). Avda. Val Miñor, 89. T. 986 383 028. *www.losabetos.com* S
Es un referente gastronómico cerca de las playas de Nigrán, con cuidadas instalaciones y buenas materias primas de mar y tierra, junto a una excelente bodega. Precio medio 35 €.

Hoteles

Pazo da Touza. Dos Pazos, 119. T. 986 383 047. *www.pazodatouza.info*
Hab. 7: 50 €. Suites: 1. En un edificio del s. XVI, con añadidos barrocos del s. XVIII.

Noja Cantabria

5 · E-2
A Santander, 45 km
A Madrid, 420 km
Alt. 10 m · Pob. 2.698
T. 942 630 306
GPS 43° 28' 52'' N · 3° 31' 21'' O

Visitar: Un bonito **puente** bajo medieval, de cinco ojos, recibe al visitante a la altura de Helgueras. La localidad posee tres ermitas dignas de visitar: **S. Juan, S. Nicolás** y **S. Pedruco,** ubicada en una pequeña isla del mismo nombre, frente a la costa de Noja. Otros edificios destacables son los palacios del **Marqués de Albaicín** (s. XVI) y del **Marqués de Velasco** y la **casona de Garnica.**

Fiestas: Las más importantes son las de **S. Emeterio** y **S. Celedonio,** en agosto.

Alrededores: Resulta agradable recorrer las **marismas de Joyel y Victoria** (a 7 km) y acceder, a través de una pasarela de madera, al molino de mareas que flota en medio del agua. De los pueblos colindantes, hay que visitar **Arnuero, Ajo, Santoña** y **Meruelo,** todos a menos de 8 km.

Restaurantes

® **Sambal.** (Campo de Golf Berceda). El Arenal, s/n. T. 942 631 531.
www.restaurantesambal.es
Cierra cenas de domingo a jueves excepto verano; y del 1 de noviembre al 1 de marzo. Productos del vecino mar para recetas tradicionales con el toque personal de Enrique Pérez. **Nécora asada** en su propio hábitat, **arroz marino, olor y sabor a mar, quesos cántabros en texturas, pan dulce y aceite de oliva.** Precio medio 35 €.

85 · C-4

Nucia, La Alacant/Alicante Ver Benidorm

Nuévalos-Monasterio de Piedra
Zaragoza

Río Piedra

45 · A-3
A Zaragoza, 120 km
A Madrid, 231 km
Alt. 714 m · Pob. 361
T. 976 870 727
GPS 41° 12' 42'' N · 1° 47' 28'' O

Visitar: Esta localidad aragonesa se sitúa entre dos ríos, el **Piedra** y el **Ortiz,** y a un paso del **Parque Natural del Monasterio de Piedra.** En su casco antiguo alberga la **ermita de S. Sebastián** y el **torreón** del castillo, que perteneció a la orden del Sto. Sepulcro. A las afueras se extienden densos bosques de ribera, cobijo de varias especies de animales y plantas. Cuenta con un Centro de Interpretación de Fauna Piscícola. El **monasterio de Piedra** es un conjunto cisterciense del s. XII que el rey Alfonso II el Casto donó a 13 monjes. En una de sus dependencias se ha instalado el **Museo del Vino de la D. O. de Calatayud.**

Fiestas: El año comienza con **S. Sebastián,** en enero. Y en agosto se celebra la patrona, **Ntra. Sra. de los Alvares.**

Alrededores: Destacan la **ermita de la Virgen de los Alvares** (a 1 km); las **salinas de Nuévalos,** en el barranco de Valdehierro, y los balnearios de **Jaraba** (a 17 km) y **Alhama de Aragón** (a 25 km).

Restaurantes

Río Piedra. (Hotel Río Piedra). Ctra. Monasterio de Piedra, 1. T. 976 849 007.
www.hotelriopiedra.com
Cierra enero. Con 23 habitaciones. Cocina regional actualizada en las faldas del monasterio de Piedra y al pie del lago de la Tranquera. Raviolis rellenos de brandada de bacalao, cochinillo confitado con compota de manzana, bizcocho de chocolate caliente. Se sirven medias raciones.
Menú de seis tapas 15 €. Precio medio 30 €.

Hoteles

*** **Monasterio de Piedra.** Afueras, s/n. T. 976 849 011.
www.monasteriopiedra.com
Hab. 62: 100 €. Situado al lado del Parque Natural, está enclavado en el antiguo monasterio cisterciense del s. XII. Las habitaciones, con todas las comodidades, son las antiguas celdas de los monjes, y cuentan con magníficas vistas. Restaurante Reyes de Aragón.

Oiartzun Gipuzkoa

7 · A-3
A Donostia/San Sebastián, 12 km
A Madrid, 481 km
Alt. 330 m a 837 m · Pob. 9.947
T. 943 494 521
GPS 43° 17' 56'' N · 1° 51' 33'' O

Visitar: Enclavado en un excepcional entorno verde, Oiartzun es la puerta de entrada al **Parque Natural de Aiako Harria,** un espacio de gran riqueza paisajística y ecológica. Su casco histórico alberga numerosos edificios de interés, entre los que destacan la **basílica de S. Juan Bautista** (s. XVI) y la **parroquia de S. Esteban de Lartaun,** que conserva un retablo del s. XVII.

Fiestas: En **carnaval** llegan los *intxixus*, que representan un personaje de la mitología vasca. Las fiestas mayores se celebran del 2 al 5 de agosto en honor a S. Esteban. El 21 de diciembre se rinde culto a Sto. Tomás.

Alrededores: Oiartzun forma parte de la comarca de Oarsoaldea junto con **Errentería** (a 4 km), donde se puede visitar el fuerte de S. Marcos; **Pasaia** (a 11 km), que alberga la Casa-Museo de Víctor Hugo, y **Lezo** (a 5 km), con su famoso Cristo, sin pelo ni barba, al que se le atribuyen multitud de milagros.

Restaurantes

® **Matteo.** Ihurrita Bidea, 2. T. 943 491 194.
www.restaurantematteo.net ❄ P
Cierra cenas de domingo a miércoles. Tras diez años de ausencia, María Luisa Eceiza ha vuelto a coger las riendas de su negocio familiar, con un oportuno cambio de rumbo de esta mítica casa y un experto equipo. Estupenda culinaria popular y estacional, con chispazos de sosegada creatividad. Postres deliciosos. Menú 18 €. Precio medio 40 €.

☼☼☼
Zuberoa
Cierra cenas de domingo y martes, miércoles, del 1 al 15 de enero, del 21 de abril al 7 de mayo y del 13 al 29 de octubre. Es una meca del buen comer y muchos de sus platos, firmados por Hilario Arbelaitz, forman parte de la memoria gustativa de varias generaciones de comensales adictos al gusto más ligero, al producto estrella, sin dejar de estar en la onda de lo que se cuece en el mundo. **Ostras Gillardeau a la plancha con escabeche de vino tinto y emulsión de su jugo, salmonete y su jugo emulsionado.** Postres livianos y actuales, ***fondant* de chocolate con sorbete de cava rosado.** Magnífica carta de vinos. El servicio exquisito a cargo de su hermano Eusebio (también es el sumiller) y de su esposa, Arantxa. Inolvidable terraza.

Precio medio 85 €.

Pza. Bekosoro, 1. Ctra. A-8, salida 3.
T. 943 491 228. *www.zuberoa.com*
❄ P

Hoteles

★★★★ **Usategieta.** Maldaburu Bidea, 15. T. 943 260 530.
www.hotelusategieta.com ❄ P
Hab. 12: 139 €. Suites: 1. Situado en plena naturaleza, dentro del Parque Natural de La Peña de Aia.

Oleiros A Coruña Ver A Coruña

1 · E-3

Olesa de Montserrat Barcelona Ver Terrassa

37 · A-4

Olías del Rey Toledo Ver Toledo

62 · E-3

Olite Navarra

23 · B-2
A Pamplona, 41 km
A Madrid, 336 km
Alt. 380 m · Pob. 3.754
T. 948 741 703
GPS 42° 28' 52'' N · 1° 39' 10'' O

Visitar: Elegantes torres de palacios y casonas de piedra con escudos de armas anuncian la llegada a esta localidad declarada conjunto histórico-artístico. Está dominada por el **Palacio Real,** que fue corte real de Carlos III el Noble y es el ejemplo más importante del gótico civil de Navarra. Cabe destacar también el **Parador de Turismo** (palacio del s. XV) y la **iglesia medieval de Sta. María,** de estilo gótico. Bautizada como capital del vino de Navarra, Olite acoge el Museo de la Viña y del Vino de Navarra y numerosas bodegas.

Fiestas: En verano se celebra el **Festival de Teatro Clásico,** siempre coincidiendo con el final de Sanfermines (14 de julio). Sus fiestas patronales tienen lugar del 13 al 17 de septiembre.

Alrededores: A 18 km se sitúa el **cerco de Artajona,** un conjunto medieval con mucho encanto. También son interesantes los pueblos de **San Martín de Unx** (a 10 km) y **Ujué** (a 18 km) y el monasterio de La Oliva, situado en la localidad de **Carcastillo** (a 26 km). La villa de **Marcilla** (a 30 km) conserva un gran castillo medieval.

Restaurantes

Casa Zanito. Mayor, 10. T. 948 740 002. *www.casazanito.com*
Cierra domingo cena, lunes y del 15 de diciembre al 15 de enero. Un clásico en la capital de los reyes de Navarra, junto al Palacio Real. Variada y suculenta carta, donde la caza, al estilo tradicional, tiene lugar destacable. Buenos quesos. Menú 22 €. Precio medio 40 €.

Hoteles

*** **Parador de Olite.** Pza. Teobaldos, 2. T. 948 740 000.
www.parador.es
Hab. 43: 150 €. Desayuno incluido. Ocupa parte del palacio-castillo de Carlos III el Noble. Restaurado a principios del s. XX. Restaurante con comida típica navarra.

Olivenza Badajoz

Iglesia de La Magdalena

79 · A-3
A Badajoz, 24 km
A Madrid, 427 km
Alt. 268 m · Pob. 12.008
T. 924 490 151
GPS 38° 41' 2'' N · 7° 6' 9'' O

Visitar: Fundada por los templarios en el s. XIII, en ella destaca su casco antiguo y sus dos murallas: la medieval, con su castillo, y la abalaurtada. Imponentes son la **iglesia de Sta. María del Castillo,** que cobija un retablo, y la **iglesia de La Magdalena,** de estilo gótico manuelino, Mejor Rincón 2012 de Guía Repsol. También es recomendable visitar el **Museo Etnográfico Extremeño** y las casas de labranza desperdigadas por los alrededores.

Fiestas: Entre el 21 y el 23 de junio se festejan las **Hogueras de S. Juan,** que incluye la quema de las Muñecas de S. Juan, y del 15 al 18 de agosto tienen lugar las fiestas patronales.

Alrededores: La cercana **presa de Alqueva** es el lago artificial más grande de Europa.

Restaurantes

® **Arteaga.** (Hotel Palacio Arteaga). Moreno Nieto, 5. T. 924 491 129.
www.palacioarteaga.es
Bonito comedor en el patio central, cubierto por una claraboya, de un palacete de finales del s. XIX. Selección de **quesos extremeños, carrillada ibérica estofada al vino tinto, técula mécula.** Precio medio 30 €.

Hoteles

**** **Palacio Arteaga.** Moreno Nieto, 5. T. 924 491 129.
www.palacioarteaga.com
Hab. 25: 60 €. Suites: 1. Casa-palacio del s. XIX. Habitaciones con encanto, decoradas todas de diferente manera.

Olmedo Valladolid

42 · E-2
A Valladolid, 44 km
A Madrid, 151 km
Alt. 771 m · Pob. 3.845
T. 983 623 222
GPS 41° 17' 19'' N · 4° 41' 5'' O

Visitar: Lope de Vega, con su obra *El Caballero de Olmedo,* universalizó esta bella localidad vallisoletana que guarda buenos ejemplos de arte mudéjar, como las **iglesias de S. Andrés** y de **S. Miguel,** la **cripta de la Soterraña** y las reproducciones a escala de diferentes muestras arquitectónicas castellano-leonesas recogidas en su Parque Temático del Mudéjar de Olmedo. También se puede visitar el convento de Ntra. Sra. de la Merced Descalza (actual Centro de Artes Escénicas S. Pedro) y el **Museo-Palacio Caballero de Olmedo.** Antaño, una muralla protegía Olmedo de posibles ataques; de los siete arcos que daban acceso a su casco histórico, se conservan dos: el de S. Miguel y el de la Villa.

Fiestas: Destacan sus fiestas patronales en honor a **S. Miguel** y **S. Jerónimo** el 29 y 30 de septiembre, donde los encierros de toros por el campo se convierten en el mayor atractivo. El 10 de octubre se conmemora la coronación canónica de la Virgen de la Soterraña.

Alrededores: Medina del Campo, con el castillo de la Mota (a 22 km), y el **Museo de las Villas Romanas** (a 15 km), un yacimiento arqueológico del s. IV entre las localidades de Almenara y Puras, son los lugares más destacados.

Restaurantes

La Cueva de Fabia. Arco de la Villa, s/n. T. 983 600 940.
www.restaurantelacuevadefabia.com
Cierra cenas de domingo a miércoles, y lunes. Debajo de la muralla, en una bodega subterránea antigua. Tiene fama por los pinchos ganadores, las carnes rojas y los golosos postres. Menús degustación de pinchos 25, 28 y 35 €. Carta de vinos muy didáctica. Menú y precio medio 25 €.

Hoteles

**** **Balneario Villa de Olmedo.** Pago de Sancti Spiritus, s/n. T. 983 600 237.
www.castillatermal.com
Hab. 82: 70 €. Suites: 4. Claustro termal y patio mudéjar. Aguas minero-medicinales. Restaurante El Hontanar.

Convento de Ntra. Sra. de la Merced Descalza

Olost Barcelona

37 · B-1
A Barcelona, 85 km
A Madrid, 618 km
Alt. 580 · Pob. 1.202
T. 938 880 211
GPS 41° 59' 8'' N · 2° 5' 40'' E

Visitar: Enclavado en un entorno donde pastan caballos y ovejas, en este pequeño pueblo barcelonés hay que visitar su castillo del s. XI, la **iglesia de Sta. Maria d'Olost,** neoclásica, y la **ermita de St. Adjutori,** que corona el pueblo y fue construida en honor a su patrón.

Fiestas: El 15 de agosto sirve de pistoletazo de salida a las fiestas patronales. El primer domingo de mayo tiene lugar la **Feria de Sta. Creu de Jutglar,** dedicada a la trashumancia, y el primer domingo de noviembre se celebra la **Feria d'En Rocaguinarda.**

Alrededores: Merece la pena acercarse a **Santa Creu de Jutglar** (a 6 km), que tiene una interesante iglesia parroquial. Es muy recomendable hacer alguna de las rutas que hay alrededor de Olost y que descubren las masías típicas de la zona.

Restaurantes

☼ **Fonda Sala.** Pza Major, 17. T. 938 880 106.
www.fondasala.com
Cierra cenas de domingo y lunes; martes, del 1 al 20 de septiembre y semana de Navidad. Trato muy acogedor en dos ambientes diferenciados: una opción de cocina familiar que se refleja en el menú del día y un espacio en el que Toni Sala elabora una propuesta que revela sus grandes conocimientos culinarios. Menú 18 €. Precio medio 55 €.

Olot Girona

26 · D-3
A Girona, 54 km
A Madrid, 661 km
Alt. 440 m · Pob. 33.589
T. 972 260 141
GPS 42° 10' 55'' N · 2° 29' 13'' E

Visitar: Paseando por Olot se descubren joyas como el claustro renacentista del antiguo convento del Carmen, el hospicio y la **iglesia de St. Esteve,** monumento nacional. Pero, sobre todo, cabe destacar las huellas del modernismo en numerosos edificios y esculturas del municipio, como la **Casa Solà-Morales,** bien de interés cultural. El Museu Comarcal de la Garrotxa cuenta con una interesante colección de paisajes de la escuela de Olot.

Fiestas: El segundo domingo de julio tiene lugar el **Aplec de la Sardana,** de interés turístico, y el día 16, las fiestas del Carmen, con sardanas, conciertos y el baile del Drac. El 8 de septiembre se celebran las **Fiestas del Tura.**

Alrededores: La ciudad está dentro del **Parque Natural de la Zona Volcánica de La Garrotxa.** El bonito pueblo medieval de **Besalú** se encuentra a 22 km.

Restaurantes

☼☼ **Les Cols.** Ctra. de la Canya, s/n. T. 972 269 209.
www.lescols.com
Cierra cenas de domingo y martes, lunes, tres semanas entre enero y febrero. La formidable labor de Fina Puigdevall y Manel Puigvert es admirable. Les Cols constituye un espacio en el que ética y estética se amalgaman en una notabilísima propuesta de gusto y modernidad. Menú y precio medio 50 €.

Hoteles

**** **Vall de Bas.** (En JOANETES, a 8,4 km). Mas Can Trona, s/n.
T. 972 690 101.
Hab. 34: 158 €. Suites: 2. Desayuno incluido. Ubicado a los pies del Puigsacalm, junto al Parque Natural de La Garrotxa. Restaurante Puigsacalm.

85 · C-2

Ondara Alacant/Alicante Ver Dénia

Ontinyent Valencia

81 · D-3
A Valencia, 86 km
A Madrid, 390 km
Alt. 359 m · Pob. 37.341
T. 962 916 090
GPS 38° 49' 14'' N · 0° 36' 42'' O

Visitar. Capital de la comarca del valle de Albaida, Ontinyent goza de un precioso conjunto medieval declarado conjunto histórico-artístico: el **barrio de La Vila.** Un paseo por sus empinadas calles es la mejor opción para conocer esta localidad, que cuenta con monumentos como el **Palau de la Vila,** construido sobre el antiguo alcázar islámico (acoge parte del Museo Textil Valenciano y la Oficina de Turismo) y la **iglesia de Sta. María,** iniciada en el s. XIV sobre la antigua mezquita.

Fiestas: Del 21 al 26 de agosto tiene lugar la fiesta de **Moros y Cristianos,** declarada de interés turístico nacional, en honor al Stmo. Cristo de la Agonía. Entre noviembre y diciembre se celebran las fiestas de la Purísima, con bailes tradicionales y el **Bou en Corda.**

Alrededores: El nacimiento de agua del Pou Clar está a solo 2 km del centro urbano, y la ermita de St. Esteve, a 8 km. **Bocairent,** a 9 km, conserva unas cuevas de arte rupestre y una plaza de toros tallada en la roca. También hay que hacer una parada en **Fontanars dels Alforins** (a 18 km), un pequeño pueblo famoso por sus bodegas y su buen vino.

Fiesta de Moros y Cristianos

Restaurantes

® **El Tinell de Calabuig.** José Melchor Gomis, 23.
T. 962 915 048.
Cierra cenas de lunes y martes, domingo, Semana Santa, última semana de agosto y segunda de octubre. Producto, técnica y saber hacer, de Rafa Calabuig. **Calamar con *blanquet*, arroz de perdiz, sopa de yogur con brocheta de frutas.** Menú 15 €. Precio medio 30 €.

® **Julio.** (En FONTANARS DELS ALFORINS, a 18 km). Conde de Salvatierra, 9.
T. 962 222 238. *www.juliorestaurant.es*
Cierra cenas en invierno excepto viernes y sábado; lunes y martes excepto festivos, Semana de Pascua y del 12 de diciembre al 3 de enero. Recorrer el bello paisaje de viñedos y rematar con platos de modernas señas de identidad comarcal. ***Bollit* de verduras al aceite de oliva y *citronella*, ventresca de atún rojo, sobao con helado de arroz con leche.**
Menú barra 10 €. Precio medio 40 €.

Oñati Gipuzkoa

13 · D-2
A Donostia/San Sebastián, 74 km
A Madrid, 401 km
Alt. 231 m · Pob. 10.957
T. 943 783 453
GPS 43° 1' 57'' N · 2° 24' 45'' O

Visitar: El significado de su nombre, 'lugar abundante en colinas', da pistas sobre el paraje verde donde está anclada esta población del norte de España. Conocida también como la Toledo Vasca por su monumentalidad, su seña de identidad es la **Universidad del Sancti Spiritus,** uno de los edificios más importantes del Renacimiento de esta provincia. Entre su patrimonio artístico también destaca la **iglesia de S. Miguel** (guarda en su interior un interesante retablo renacentista), el **monasterio de Bidaurreta** (sorprenden sus dos retablos, uno gótico y otro plateresco) y las plazas de Sta. Marina y de los Fueros.

Fiestas: El **Corpus Christi** se celebra con una procesión en la que se interpretan bailes típicos *(korpus-dantzak)*. El día 9 de septiembre se rinde culto a Ntra. Sra. de Arantzazu en su santuario y el 29 de septiembre tienen lugar las fiestas patronales en honor a S. Miguel.

Alrededores: Arantzazu, a 9 km, es la puerta de entrada al **Parque Natural de Aizkorri-Aratz** y acoge la basílica de Ntra. Sra. de Arantzazu, en cuyo proyecto participaron Lucio Muñoz, Jorge Oteiza y Eduardo Chillida. A 5 km se localizan las **cuevas de Arrikrutz,** donde se halló el esqueleto de un león de las cavernas.

Antigua rueda de carro

Restaurantes

® **Zelai-Zabal.** (En ARANTZAZU, a 9 km). Ctra. de Arantzazu, s/n.
T. 943 781 306. *www.zelaizabal.com*
Cierra domingo cena, lunes y del 23 de diciembre al 15 de febrero.
Casa señera abierta en 1809 por los antecesores del cocinero Alberto Elorza, de atmósfera acogedora y mobiliario antiguo. Su cocina es un referente en la zona, tradicional con toques de modernidad y muy rigurosa técnicamente. Excelente repostería, **pastel vasco a nuestro estilo con helado de queso Idiazábal.** Precio medio 45 €.

Ordizia Gipuzkoa

Visitar: Conocida por su mercado semanal de productos típicos, Ordizia se encuentra a orillas del río Oria y cuenta con un importante patrimonio. Destacan la **iglesia parroquial de Ntra. Sra. de la Asunción,** que data de finales del s. XIII y alberga un retablo barroco de Bartolomé Cordero; el **palacio Barrena,** que llama la atención por su hermosa escalera principal labrada en piedra y es uno de sus edificios más ilustres, y el monumento a Fray Andrés de Urdaneta, cosmógrafo y marino, hijo de esta villa.

Fiestas: Del 24 al 27 de julio tienen lugar las fiestas patronales de **Sta. Ana** y del 5 al 12 de septiembre, el popular **concurso de queso Idiazábal** y la correspondiente subasta del ejemplar ganador.

Alrededores: Ordizia es un buen punto de partida para hacer excursiones por la comarca del Goierri, donde se sitúan el Parque Natural de Aralar y de Aizkorri-Aratz y pueblos con encanto, como **Idiazábal** (a 12 km), **Mutiloa** (a 13 km), **Segura** (a 11 km), **Zerain** (a 15 km) y **Zaldibia** (a 4 km).

13 · E-2
A Donostia/San Sebastián, 42 km
A Madrid, 426 km
Alt. 154 m · Pob. 9.780
T. 943 882 290
GPS 43° 3' 14" N · 2° 10' 46" O

Restaurantes

Martínez. Santa María, 10. T. 943 880 641.
Cierra lunes. Con más de cien años, pero recientemente reformado. La especialidad es la temporada –verduras, setas frescas, pochas–. También, merluza de anzuelo confitada al ajillo con salsa de piquillos, crema de yogur con dados de fruta fresca. Menú 12 €. Precio medio 40 €.

Orihuela Alacant/Alicante

Visitar: Su trazado histórico gira en torno a su pasado como sede de la Gobernación (s. XIV), que contaba con un obispado independiente y una universidad propia, del s. XVI. En torno a estos tres elementos giran la mayoría de monumentos de la ciudad. Antes, durante los ss. XIII y XIV, se habían construido las cuatro parroquias de la localidad: **S. Salvador, Stas. Justa y Rufina, Santiago y S. Julián** (ahora desaparecida). Junto a éstas se situaban los hospitales dependientes de ellas, Corpus Christi, S. Salvador, S. Bartolomé y S. Julián. Una gran riqueza patrimonial que se da cita en el casco antiguo de la ciudad, ubicado junto a la sierra presidida por el seminario y las ruinas del castillo. Además, Orihuela conserva viva la herencia de **Miguel Hernández.** Su casa natal se conserva intacta: en el corral sigue el cobertizo de las cabras que el poeta pastoreaba, y la higuera añosa bajo la cual escribía. El municipio cuenta además con interesantes museos como el de la Muralla, el Arqueológico, el de la Reconquista y el de la Semana Santa.

Fiestas: La **Semana Santa** es de interés turístico internacional y las fiestas de la Reconquista y Moros y Cristianos (en julio), de interés turístico de la Comunidad. El 8 de septiembre se celebran las fiestas de la Virgen de Monserrate.

Alrededores: **Benijofar** está a 22 km y **Murcia,** a 23.

93 · B-3
A Alacant/ Alicante, 60 km
A Madrid, 352 km
Alt. 25 m · Pob. 92.317
T. 965 304 645
GPS 43° 3' 14" N · 2° 10' 46" O

Detalle de la procesión del Miércoles Santo

Hoteles

***** **Meliá Palacio de Tudemir.** Alfonso XIII, 1. T. 966 738 010.
www.melia.com
Hab. 50: 60 €. Suites: 1. Palacio del s. XVII exquisitamente restaurado y declarado hotel monumento en el corazón del casco antiguo. Restaurante Los Hostales.

Oropesa Toledo

Visitar: Desafiando desde lo más alto. Así saluda al turista el **castillo de Oropesa,** que empezó a construirse en el s. XII y en la actualidad es Parador de Turismo. Desde él se divisa el Campo Arañuelo y la Sierra de Gredos. La **iglesia de S. Bernardo,** la de la Asunción (con un interesante retablo barroco en su interior), el convento de la Misericordia y el Palacio Condal dan fe de la gran riqueza monumental de esta localidad.

Fiestas: Del 4 al 6 de abril se celebran las **Jornadas Medievales.** Entre el 8 y el 10 de septiembre son las fiestas patronales de Ntra. Sra. de Peñitas y el 18 y 19 de septiembre, las de S. Alonso de Orozco, patrón.

Alrededores: **Lagartera,** famosa por su artesanía del bordado, se encuentra a 2 km. A 12 km está **La Calzada de Oropesa,** cuya iglesia parroquial alberga frescos de Claudio Coello. Otra opción es acercarse a **Torrico** (a 8 km) donde se puede admirar su torre del Reloj. También merecen una visita las gargantas naturales de Candeleda (a 30 km).

61 · E-3
A Toledo, 120 km
A Madrid, 148 km
Alt. 425 m · Pob. 2.954
T. 925 430 002
GPS 39° 55' 8" N · 5° 10' 29" O

Feria Medieval

Oropesa recrea en sus calles la época en la que Alfonso XI le otorgó el privilegio de celebrar un mercado durante el mes de abril. Durante las jornadas medievales se pueden disfrutar de pasacalles y teatros.

Restaurantes

® **Llares.** (En LAGARTERA, a 2 km). Doctor Fleming, 7. T. 925 431 157.
www.llares.com S
Cierra cenas de domingo a jueves, lunes y primera quincena de agosto. Casa-museo tradicional lagarterana del s. XVIII con una buena cocina. **Setas con alioli de miel, lomos de bacalao con puré de puerros, frutas frescas** de temporada. Menú 36 €. Precio medio 32 €.

Tierra. (Hotel Valdepalacios, en TORRICO, a 8 km).
Ctra. CM-4100, Oropesa-Puente del Arzobispo, km 9. T. 925 457 534.
www.valdepalacios.es P
Cierra domingo cena, martes almuerzo y lunes. Armonía en el precioso entorno y ambientación, con la oferta culinaria y la bodega. **Verduras del huerto** y **caza mayor y menor** de la finca, pero también destaca la **gamba roja de Palamós en dos servicios con un arroz caldoso hecho con el jugo de sus cabezas,** sensacional. Espectacular carro de golosinas con el café. Línea ascendente. Precio medio 60 €.

Hoteles

***** **Valdepalacios Hotel Gourmand.** (En TORRICO, a 8 km).
Ctra. CM-4100, Oropesa-Puente del Arzobispo, km 9. T. 925 457 534.
www.valdepalacios.es P
Hab. 25: 385 €. Suites: 2. Edificio del s. XIX enclavado en una dehesa de 600 hectáreas. Restaurante Tierra.

**** **Parador de Oropesa.** Pza. Palacio, 1. T. 925 430 000.
www.parador.es P
Hab. 48: 150 €. Suites: 4. Instalado en el antiguo palacio-castillo de Oropesa, es uno de los más veteranos de la red. Se han reformado en profundidad todos los servicios y habitaciones. Restaurante El Señorío.

Orpesa/Oropesa del Mar

Castelló/Castellón

66 · B-2
A Castelló de la Plana, 22 km
A Madrid, 454 km
Alt. 35 m · Pob. 10.200
T. 964 312 320
GPS 40° 5' 31'' N · 0° 7' 58'' E

Visitar: Este municipio ha crecido al abrigo de una pequeña bahía y se caracteriza por sus excelentes playas (como las de la Concha y Morro de Gos), sus calas, su puerto deportivo y su **casco antiguo,** de trazado medieval. La modernidad de sus instalaciones turísticas convive con la buena conservación de notables edificios y monumentos, como la **iglesia de la Virgen de la Paciencia,** que guarda en su interior bellos ejemplos de azulejería, el castillo y las torres defensivas, entre las que destaca el torreón del Rey.

Fiestas: Las más concurridas rinden culto a su patrón, **S. Jaime,** que comienzan el 25 de julio, y a su patrona, la Virgen de la Paciencia, el 5 de octubre, con festejos taurinos.

Alrededores: Entre los principales atractivos de la zona están las grutas de S. José, a 4 km, y el **Parque Natural del Desierto de Las Palmas,** a 16 km. A 25 km está **Vall d'Alba,** que ofrece al viajero bellos parajes naturales.

Restaurantes

Arrocería de Vicent. P° Marítimo del Mediterráneo, 49. T. 964 311 256.
www.restaurantedevicent.es
Cierra cenas excepto Semana Santa y verano, martes excepto verano; enero y febrero. Arroces en primera línea de playa. También pescados del Mediterráneo. Menús 14 a 25 €. Precio medio 20 €.

Cal Paradís. (En VALL D'ALBA, a 25 km). Avda. Villafranca, 30.
T. 964 320 131. *www.calparadis.es* P
Cierra cenas de domingo a jueves, y del 24 de diciembre al 5 de enero. Las inesperadas propuestas de Miguel Barrera logran ser referente. Con productos de su huerta, lo mejor del mercado y lonja de Castellón. **Arroz meloso de verduritas y setas silvestres, calamar relleno de carne de pelota a la antigua; moras, frambuesas, higos, nata y garrapiñadas.** Ángela, su mujer, cuida el resto. Precio medio 35 €.

Hoteles

**** **Marina d'Or.** Playa Morro de Gos, s/n. T. 964 312 800.
www.marinador.com P
Hab. 245: 122 €. Hotel de diseño, moderno y funcional, situado en primera línea de playa con exclusivas vistas al mar.

Orreaga/Roncesvalles Navarra

Visitar: Punto de inicio para muchos peregrinos del Camino de Santiago, esta localidad acoge la impresionante **colegiata de Roncesvalles,** mandada construir por el rey Sancho VII como hospital de peregrinos. En ella sobresale la iglesia de Sta. María, que alberga una bella talla, y la capilla de S. Agustín. También se puede visitar el **Museo Biblioteca,** con objetos de arte de la colegiata.

Fiestas: El 8 de septiembre se celebra la **Virgen de Roncesvalles.**

Alrededores: Buen punto de partida para visitar el **valle de Aezkoa** (a 13 km), donde se halla la selva de Irati, un hayedo-abetal de gran valor ecológico.

14 · C-2
A Pamplona, 47 km
A Madrid, 447 km
Alt. 962 m · Pob. 30
T. 948 760 301
GPS 43° 0' 33'' N · 1° 19' 16'' O

Restaurantes

La Posada de Roncesvalles. Única, s/n. T. 948 760 266.
www.laposadaderoncesvalles.com
Cierra diciembre y enero. Con 19 habitaciones. Casa antigua del s. XVII en el centro de Roncesvalles. Los potajes y verduras conviven con las carnes y la caza. Menú 18 €. Precio medio 20 €.

Osuna Sevilla

Visitar: Esta bella localidad de casas encaladas y antiguos palacios ha sido morada de numerosas civilizaciones. Su espléndido pasado se puede conocer en el Museo Arqueológico Torre del Agua, que recoge interesantes muestras de arte íbero. Otros atractivos son el conocidísimo Cristo de la Misericordia de Juan de Mesa, que se encuentra en la **iglesia Colegial** –alberga un Museo de Arte Sacro–, el **monasterio de la Encarnación,** la **universidad,** el Panteón Ducal y el palacio del Marqués de la Gomera.

Fiestas: La **Semana Santa** de Osuna está declarada fiesta de interés turístico nacional. A mediados de mayo se celebra la Feria, declarada de interés turístico. El 8 de septiembre es el **día de Ntra. Sra. de la Consolación,** la patrona.

Alrededores: En **Estepa** (a 22 km), se conservan bonitas iglesias como la del Carmen y la de la Virgen de los Remedios. También son interesantes, por su monumentalidad y su entorno, **Écija** (a 33 km) y **Marchena** (a 37 km).

105 · E-1
A Sevilla, 86 km
A Madrid, 481 km
Alt. 328 m · Pob. 17.973
T. 954 815 732
GPS 37° 14' 11'' N · 5° 6' 14'' O

Palacio del Marqués de la Gomera

Restaurantes

Doña Guadalupe. Pza. de Guadalupe, 6-8. T. 954 810 558.
Cierra domingo cena, lunes y primera quincena de agosto. Cocina popular andaluza en un local con amplia barra. Perdiz de monte con arroz caldoso, rabo de toro, tocino de cielo. Precio medio 30 €.

Hoteles

**** **Palacio Marqués de la Gomera.** San Pedro, 20. T. 954 812 223.
www.hotelpalaciodelmarques.es
Hab. 20: 75 €. Suites: 2. Palacio barroco (s. XVIII) que está enclavado en una calle catalogada por la Unesco como una de las más bellas de Europa. Restaurantes La Casa del Marqués y Marqués de la Gomera. Buena oferta culinaria.

Ourense

Visitar: El Miño baña la ciudad, cuyo emblema es el puente romano que une las dos orillas de este río. No menos conocidas son las tres **Burgas** o fuentes de aguas termales situadas cerca del Mercado de Abastos y las pozas de Outariz, también de aguas termales, que se ubican junto al Miño e invitan al baño y al relax. En la ciudad vieja destaca la **catedral románica de S. Martiño** (ss. XII-XIII), con su pórtico do Paraíso, influido por el pórtico de la Gloria de la catedral de Santiago de Compostela, que conserva su policromía original. También son notables la **capilla del Sto. Cristo,** de estilo barroco gallego, y la capilla Mayor, con el cimborrio del maestro Rodrigo de Badajoz. La **Plaza Mayor** es el centro neurálgico de la ciudad antigua y a ella se asoman dos edificios importantes: el Ayuntamiento y el Museo Arqueológico Provincial de Ourense. En un lateral de la Plaza Mayor se encuentra la **iglesia de Sta. María Nai,** románica en su inicio y reconstruida en estilo barroco. A la espalda de este templo se ubica la plaza de la Magdalena, cuyas lápidas recuerdan su antigua función de cementerio. Desde la Plaza Mayor se puede caminar hasta la **rúa Colon,** bautizada como la calle de los artesanos, para adentrarse en la ciudad moderna y en el núcleo neurálgico del comercio. Las rúas de Sto. Domingo y do Paseo, y el parque de

18 · A-2
A Madrid, 521 km
Alt. 135 m · Pob. 108.673
T. 988 366 064
GPS 42° 20' 23'' N · 7° 51' 57'' O

Hórreos en los alrededores de Ourense

S. Lázaro –con su fuente barroca– son algunos de los espacios más concurridos. En esta zona también se encuentra la **abadía de la Trinidad,** el edificio más antiguo tras la catedral. Antes de dejar la ciudad, merece la pena acercarse hasta el puente del Milenio, que llama la atención por su diseño vanguardista.

Fiestas: La fiesta más celebrada es el **carnaval o Entroido.** El 3 de mayo se celebran Os Maios, un concurso de figuras de 3 ó 4 metros de altura cubiertas de musgo, flores y *carrabouxos* (frutos producidos por el roble). La segunda quincena de junio son las fiestas mayores y el 11 de noviembre, día del patrón, S. Martiño, es la **fiesta de los Magostos.**

Alrededores: Se puede dar un agradable paseo por las cercanas parroquias de **Bentraces** (a 10 km), **Santa Baia** (a 10 km) y **A Derrasa** (a 14 km). En **Nogueira de Ramuín** (a 20 km) está el monasterio de Sto. Estevo de Ribas de Sil, desde donde se divisan unas impresionantes vistas del cañón del río Sil. Otros municipios interesantes son **Allariz** (a 23 km), cuyo casco antiguo es conjunto histórico-artístico, y **Ribadavia** (a 30 km), cuna del vino de ribeiro. A 70 km, en **A Pobra de Trives,** está la estación de montaña de Manzaneda.

Restaurantes

A Taberna. Julio Prieto Nespereira, 32. T. 988 243 332.
www.ataberna.com
Cierra domingo en verano, domingo cena, lunes, Semana Santa y del 12 al 30 de agosto. El éxito de este rústico pero acogedor local en el casco antiguo se debe a la excelente materia prima bien elaborada y la amable atención de su propietaria, Ana Isabel Ledo. **Arroz con bogavante o de verduras, pescados salvajes, manzana asada con *mousse* de turrón y gelatina de orujo.** Precio medio 32 €.

Adega do Emilio. Avda. das Caldas, 11. T. 988 219 111.
www.adegadoemilio.com
Cierra lunes excepto verano. Cocina tradicional gallega en una casona antigua con terraza-jardín. **Revuelto de erizos y algas, solomillo de buey con *foie-gras*, filloas.** Precio medio 30 €.

Galileo. (En SANTA BAIA-PEREIRO DE AGUIAR, a 10 km). Ctra. OU-536, Vieja de Ponferrada, km. 10,8. T. 988 380 425.
www.restaurantegalileo.com
Cierra cenas del 15 de septiembre al 15 de junio excepto festivos y fines de semana. Flavio Morganti fue pionero de la fusión italo-galaica: así destacan platos como los **tallarines con bogavante,** su versión del pulpo dedicada a Ourense, sus magníficos cortes de **vaca gallega...** Muy buena repostería. Situación privilegiada. Precio medio 40 €.

Habana 83. Avda. de La Habana, 61. T. 988 228 319.

Pórtico do Paraíso de la catedral de S. Martiño

Cierra domingo y 15 días en agosto. Situado en el centro de la ciudad, es uno de los más solicitados por su correcta cocina, materia prima, buenas elaboraciones de José Antonio Simoes y contenidos precios. **Almejas a la marinera en arroz meloso, taco de lubina salvaje asada sobre ensalada de escalibada, fresones con gelatina de oporto, *mousse* de yogur y polvo de pistacho.** Menú 10 €. Precio medio 30 €.

Hoteles

*** **Carris Cardenal Quevedo.** Cardenal Quevedo, 28-30. T. 988 375 523.
Hab. 41: 59 €. Suites: 1. Junto al casco antiguo y a la zona de las termas. Gastronomía basada en los productos típicos.

*** **NH Ourense.** Celso Emilio Ferreiro, 24. T. 988 601 111. *www.nh-hotels.com*
Hab. 41: 69 €. Suites: 9. Moderno y elegante hotel de nueva construcción, situado en el corazón de la ciudad.

**** **Parador de Santo Estevo.** (En NOGUEIRA DE RAMUÍN, a 25 km). Monasterio de Sto. Estevo, s/n. T. 988 010 110. *www.parador.es*
Hab. 76: 171 €. Suites: 1. Cierra del 1 de enero al 28 de febrero y del 1 de diciembre al 31 de diciembre. Enclavado en un antiguo monasterio benedictino, está rodeado de un característico bosque caducifolio. Restaurante Dos Abades.

Oviedo Asturias

3 · E-4
A Madrid, 447 km
Alt. 232 m · Pob. 1.077.360
T. 984 493 785
GPS 43° 21' 36'' N · 5° 50' 46'' O

Visitar: Como un cuento de hadas. Así definió el cineasta Woody Allen a esta ciudad, cuyo encanto se plasma en su casco histórico de aire medieval, en sus muestras de arte prerrománico y en sus coquetas plazas. Uno de sus lugares más conocidos es el **Teatro Campoamor,** donde cada año se celebra la entrega de los premios Príncipe de Asturias. En el casco antiguo se sitúa la impresionante **catedral gótica de S. Salvador,** erigida sobre una basílica fundada en el s. VIII. Muestra elementos de diferentes épocas y estilos, y en su cámara santa se pueden contemplar la Cruz de la Victoria (símbolo de Asturias), la Cruz de los Ángeles (símbolo de Oviedo) y la magnífica Caja de las Ágatas. En la plaza de la catedral se pueden ver otras construcciones de interés como la **iglesia prerrománica de S. Tirso el Real,** la capilla de la Balesquida (s. XIII) o el palacio de Valdecarzana-Heredia (s. XVII). También en la parte vieja se encuentran el Ayuntamiento y la plaza de la Constitución, donde se ubica la iglesia de S. Isidoro el Real, que tardó en construirse más de 100 años, y el **Fontán,** el gran mercado de los domingos, cita obligada, que se celebra en la plaza del mismo nombre. Entre la riqueza monumental de la ciudad, hay que resaltar los restos de la antigua muralla: parte de ella sirvió de base para el **monasterio de S. Pelayo.** En la calle de Sta. Ana se ubica el **Museo de Bellas Artes de Asturias,** que alberga una de las mejores colecciones públicas de arte de España, con obras de pintores de la talla de Goya, Sorolla y Picasso. Por último, y en pleno centro urbano, hay que recorrer la calle de Uría, uno de los epicentros de la vida social ovetense, y la calle de Gascona, donde reinan el bullicio y las sidrerías.

Museo de Bellas Artes de Asturias

Fiestas: En febrero se festejan los **carnavales** y la **feria de la Ascensión,** de interés turístico del Principado de Asturias. El 19 de septiembre, se celebra el **Día de América en Asturias,** de interés turístico nacional, y el 21 de septiembre, las fiestas de S. Mateo que ponen fin a la estación estival.

Alrededores: A 4 km, en el monte Naranco, se encuentran ejemplos muy representativos del prerrománico ovetense, como **Sta. María del Naranco** y **S. Miguel de Lillo.** A 5 km se sitúa la parroquia de **Manjoya,** donde se puede visitar su Aula de la Naturaleza. En **Lugones** (a 8 km) destaca su parque de la Paz o de la Manzana Central y en **Las Caldas** (a 9 km), sus aguas termales. También es interesante acercarse al concejo de Llanera, que cuenta con pequeñas parroquias como **Pruvia** (a 17 km), donde se puede ver el palacio de Valdés y su torre medieval. En la capital del concejo, **Posada de Llanera** (a 8 km), sobresale la iglesia de S. Salvador.

Restaurantes

180 °C-Edgar de Miguel. Jovellanos, 25. T. 985 222 424. *www.restaurante180.com*
Cierra lunes. El joven Edgar de Miguel hace una cocina de mercado con platillos creativos y tapeo, desde verduras en tempura con salsa *romescu* a arroz cremoso de *pitu* con *boletus* y sepia. Menú 16 €. Precio medio 30 €.

Escultura de *La Regenta* en la pza. Alfonso II el Casto

☼ **Ca'Suso.** Marqués de Gastañaga, 13. T. 985 228 232.
www.ca-suso.com
Cierra cenas de domingo y martes; domingo en julio y agosto, lunes, una semana en febrero y tres semanas de agosto. Restaurante joven y recoleto, como sus dueños. Iván Fernández Feito se ha sabido ganar un puesto de honor y una clientela fiel en la ciudad. Su secreto: una materia prima muy cuidada y un trato excelente, creatividad mesurada y a la vez suculenta. Su hermano, Vicente, al frente de la sala y de una bodega corta y esmerada. Menú 15 €. Precio medio 35 €.

☼ **Casa Conrado.** Argüelles, 1. T. 985 223 919.
www.casaconrado.com
Cierra domingo. Clásico entre los clásicos, el emblema de la familia Antón está ya en la tercera generación con Javier y Pelayo Lastra en la sala. Salvo ellos, nada parece haber cambiado recientemente, con una cocina fiel a sus platos de siempre, de corte tradicional de amplio espectro y géneros garantizados. Menú 30 €. Precio medio 35 €.

☼☼ **Casa Fermín.** San Francisco, 8. T. 985 216 452.
www.casafermin.com
Cierra domingo. El restaurante más redondo de Oviedo y uno de los punteros en Asturias, digna herencia de su impulsor, Luis Gil. Su hija María Jesús, y su marido, Luis Alberto Martínez, al frente de sala y cocina respectivamente, han sabido mantenerlo en cabeza en un marco elegante. Precio medio 40 €.

Castillo del Bosque La Zoreda. (En MANJOYA, a 5 km). Castillo del Bosque La Zoreda, s/n. A-66, dirección León, salida 35. T. 985 963 333.
www.castillodelbosquelazoreda.com
No es fácil llegar a este lugar, ni siquiera para los ovetenses, pero vale la pena intentarlo. En un hotel de cinco estrellas espléndidamente decorado en el marco de un palacete restaurado. El elegante y delicioso comedor con vistas al bosque ofrece tres opciones de menú diario a 35 € y cocina actualizada, bajo la dirección de la hija de uno de los dueños, los hermanos Iglesias. Menú 35 €. Precio medio 40 €.

® **Del Arco.** Pza. de América, s/n. T. 985 255 522. *www.delarco.com*
Cierra domingo. Otro de los grandes clásicos ovetenses que parecen estar fuera del tiempo. Su cocina es tan resistente y fina como sus maderas, aunque raramente impresione y trate de actualizarse. Precio medio 40 €. El propietario, Juan Ramón Sánchez, vela por un servicio profesional y ofrece en el edificio contiguo otro local, **Del Arco Taberna,** para comer en plan más desenfadado sin perder la línea trazada.

Deloya. (Hotel Santo Domingo). Bulevar de la Ronda Sur, s/n. T. 985 221 095. *www.deloyarestaurante.com*
Cierra domingo, lunes y agosto. Javi Loya, tercera generación de la familia Loya (premiada con el Nacional de Gastronomía), es responsable de la hostelería de tres conocidos hoteles ovetenses. El primero de ellos, el **Santo Domingo Plaza,** dispone de un comedor interior con diseño extraordinario y vanguardista a la altura de su cocina, con platos redondos y servicio impecable. Menú 25 €. Precio medio 45 €. Otra opción más informal (en el hotel AYRE, dentro del famoso edificio Calatrava) es **El Bistró de Javi Loya,** de impecable diseño y picoteo.

Ⓡ **La Corriquera.** (En POSADA DE LLANERA, a 8 km). Avda. Oviedo, 19. T. 985 773 230. *www.lacorriquera.com*
Cierra domingo cena y lunes. Nuria González Prado, la cocinera-propietaria, satisface a sus clientes con platos basados en una cocina tradicional con leves toques de actualización. **Ensalada de pulpo, manitas de cerdo.** Menú 18 €. Precio medio 30 €.

Ⓡ **La Goleta.** Covadonga, 32. T. 985 213 847. *www.lagoleta.com*
Cierra lunes cena y domingo. Local angosto y marinero de la familia Antón, hoy al cuidado de Laura Antón Riestra. Con una animada barra en la planta baja, ofrece en el altillo un comedor inspirado en el interior de una goleta y una cocina donde mandan los géneros marinos, **mariscos** incluidos. Precio medio 35 €.

Ⓡ **La Máquina.** (En LUGONES, a 8 km). Avda. Conde de Santa Bárbara, 59. Ctra. SI-1, antigua ctra. de Avilés. T. 985 263 636. *www.lamaquinadelugones.es* P
Cierra cenas, domingo y primera quincena de julio. Otra casa que está al frente de la tercera generación hostelera, en este caso Aida, Helio y José Ramón, los nietos de María García, la creadora de la que se tiene por mejor **fabada** en la historia de este plato. Sigue siendo el principal reclamo (junto a su espléndido **arroz con leche).** No hay rótulo alguno, tan solo una máquina de vapor con su ténder en hierro sobre la acera como identificador. Precio medio 40 €.

Ⓡ **La Taberna del Zurdo.** Cervantes, 27. T. 985 963 096. *www.latabernadelzurdo.com*
Cierra domingo. Agradable local de picoteo frente a la llamada llosa, una zona de reciente creación sobre las vías del tren. Rodrigo Roza, el joven cocinero-propietario, elabora cocina creativa de tendencia conservadora, a tenor de lo que prefiere su clientela, con ofertas de vinos fáciles y novedosos que no castiguen el bolsillo. Servicio joven y desenfadado como pide el ambiente y resultados que no defraudan viniendo de un triunfador en numerosos certámenes de tapas y pinchos. Menú 20 €. Precio medio 30 €. Justo enfrente, otro local no menos agradable y oferta más popular, **El Bar del Zurdo.**

Ⓡ **Naguar.** Avda. Galicia, 14. T. 984 285 080. *www.naguar.es*
Cierra domingos en julio y agosto. Pedro Martino, con una cocina informal, rica en tapas y asequible, ha sintonizado perfectamente con la clientela del Ensanche ovetense. **Cebollas asadas con mojo *colorao*, callos Martino, tarta de naranja caramelizada.** Menú 10 €. Precio medio 30 €.

Hoteles

★★★★ **AC Oviedo Forum.** Pza. de los Ferroviarios, 1. T. 985 965 488. *www.ac-hotels.com* P
Hab. 155: 150 €. Suites: 7. Céntrico. Restaurante La Sosiega.

★★★★★ **Barceló Oviedo Cervantes.** Cervantes, 13. T. 985 255 000. *www.barcelo.com* P
Hab. 70: 70 €. Suites: 2. Céntrico, próximo al casco histórico. Dispone de habitaciones para fumadores. Restaurante Galatea.

★★★★★ **Gran Hotel Las Caldas.** (En LAS CALDAS, a 9 km). Laguna Las Caldas, s/n. T. 985 798 787. *www.lascaldas.com* P
Hab. 78: 160 €. Suites: 11. Balneario con manantial termal y espacio ecotermal. Restaurante Viator.

★★★★★ **Meliá Hotel de la Reconquista.** Gil de Jaz, 16. T. 985 241 100. *www.melia.com* P
Hab. 142: 125 €. Suites: 4. Edificio del s. XVIII, antiguo hospicio y hospital del Principado de Asturias. Monumento nacional. Ubicado en la zona céntrica y comercial. Restaurante Florencia.

Escanciado de sidra

Palacio de Exposiciones

Diseñado por Santiago Calatrava, el Palacio de Exposiciones y Congresos Ciudad de Oviedo alberga, además del auditorio y las salas de exposiciones, un centro comercial, un hotel, dos consejerías y un aparcamiento subterráneo.

Padrón A Coruña

8 · D-3
A Coruña, 85 km
A Madrid, 613 km
Alt. 70 m · Pob. 8.968
T. 627 210 777
GPS 42° 44' 19'' N · 8° 39' 42'' O

Visitar: Un bonito paisaje, una rica gastronomía y un abundante patrimonio monumental son los atractivos de esta localidad coruñesa que es famosa, además de por sus pimientos, por ser la cuna de dos grandes de la literatura: la poetisa **Rosalía de Castro** y el premio Nobel de Literatura **Camilo José Cela,** ambos enterrados en el **cementerio de Adina.** Otros alicientes en la villa de Padrón son la **iglesia de Santiago** (donde se encuentra la piedra en la que se amarró la barca con los restos del apóstol que llegaban desde Jerusalén) y el **convento** y la **fuente del Carmen** (desde ahí se tiene una bonita panorámica). En la parte antigua de la villa, casi intacta, destacan el palacio del Obispo de Quito, el pazo de Retén y el jardín botánico-artístico, bien de interés cultural.

Fiestas: Las celebraciones de Semana Santa y Pascua de Resurrección incluyen ferias de ganado y actuaciones folclóricas. Del 24 al 25 de julio tiene lugar la multitudinaria romería de **Santiaguiño do Monte** con *gaiteiros, pandereteiras,* concurso de *muñeiras* y reparto de sardinas con cachelos y pimientos de Padrón. Este emblemático producto es protagonista, el primer sábado de agosto, de la **Festa do Pimiento** en la parroquia de Herbón.

Alrededores: Dice la tradición que en **Santiaguiño do Monte,** santuario jacobeo ubicado en el municipio, predicó el apóstol Santiago, y con su bastón hizo aparecer la maravillosa fuente que allí hay. En **Herbón** (a 2 km), hay una iglesia románica y un monasterio franciscano dignos de visitarse. A unos 3 km, en **Rois,** está el yacimiento arqueológico Castro Lupario, el más importante del área de Santiago.

Restaurantes

® **Casa Ramallo.** (En ROIS, a 3 km). Castro, 5. T. 981 804 180.
www.restaurantecasaramallo.com
Cierra cenas, lunes y del 24 de diciembre al 6 de enero. Tradicional e inmutable, una dirección segura para la cocina de la Galicia de siempre: buen **salpicón de marisco, guisos caseros, lamprea del Ulla y caza** en temporada... Un fijo. Precio medio 25 €.

® **Chef Rivera.** Enlace Parque, 7. T. 981 810 413.
www.chefrivera.com
Cierra cenas de domingo, lunes y festivos excepto agosto. Auténtico precursor de la cocina moderna en Galicia, ya es una institución. Buena materia prima, cocina inteligente... y una cumbre: sus creaciones con **lamprea –ahumada, timbal, helado...–,** en temporada. El **pastelón** es una referencia obligada. Buenos **quesos.** Gran surtido de Oportos. Menú 30 €. Precio medio 35 €.

Palafrugell Girona

Jardín Botánico

38 · C-1
A Girona, 45 km
A Madrid, 712 km
Alt. 87 m · Pob. 23.100
T. 972 300 228
GPS 41° 55' 1'' N · 3° 9' 46'' E

Visitar: Caracterizada por su coqueta costa y por sus maravillosas calas, este pueblo cuenta además con un rico patrimonio, que incluye vestigios de su pasado romano en una prensa de vino y una bodega cercanas a la **iglesia de Sta. Rosa.** Para los amantes de la naturaleza, una buena alternativa es visitar el **jardín botánico de Cap Roig.** No hay que irse de Palafrugell sin acercarse al faro de St. Sebastià o realizar alguna de las tres rutas que discurren por el pueblo: la de Josep Pla, ilustre escritor natal del municipio; la del corcho, industria que ha marcado el desarrollo del municipio, y la de las torres de vigía dispersadas a lo largo de la villa.

Fiestas: En la **Pascua de Pentecostés** se celebran las Fiestas de la Primavera, que culminan con el carrusel de la Costa Brava el Domingo de Resurrección. El primer sábado de julio tiene lugar la cantada de habaneras, toda una tradición cultural que homenajea las canciones de ultramar de los marineros. Del 20 al 22 de julio es la fiesta mayor de la villa, en honor a **Sta. Margarida.**

Alrededores: El archipiélago de **islas Formigues,** dentro del municipio, es un atractivo adicional. Los pueblos de la zona albergan además una gran variedad de monumentos, como **Pals** (a 8 km), con su recinto medieval; **La Bisbal** (a 13 km), con el castillo del Bisbe, y **Torrent** (a 6 km), con su castillo.

Restaurantes

® **La Xicra.** San Antoni, 17. T. 972 305 630.
www.restaurantlaxicra.com
Cierra cenas de martes y domingo, y miércoles excepto agosto; y dos semanas en noviembre. La Xicra sigue siempre fiel a su solvente tradición culinaria **–*catxoflino* de gambas con albóndigas y lentejas–** en un marco muy acogedor y con indiscutible atractivo. Menú 25 €. Precio medio 40 €.

Mas de Torrent. (Hotel Mas de Torrent, en TORRENT, a 6 km).
Afueras de Torrent, s/n. T. 972 303 292.
www.mastorrent.com
Cierra domingo cena y lunes. Jordi Garrido apuesta por una sutil cocina natural y respetuosa con el entorno, elaborada con un selecto producto y con prudentes destellos de modernidad. **Longaniza seca, alioli de ajo asado, lima y pimienta; arroz de Pals, pescado de roca, erizos, pepino de mar hinojo y azafrán; *recuit* de oveja, miel, eucalipto, café y cacao.** Precio medio 55 €.

Tragamar. (En CALELLA DE PALAFRUGELL, a 3 km). Playa del Canadell, s/n. T. 972 614 336. *www.tragamar.com* S
Cierra martes y miércoles excepto agosto; y de noviembre a marzo. Frente al mar, a pie de playa. Arroz caldoso de pescado y de bogavante, *tataki* de atún, fruta de temporada. Precio medio 30 €.

Hoteles

***** **Mas de Torrent Hotel & Spa.** (En TORRENT, a 6 km). Afores, s/n.
T. 902 550 321. *www.mastorrent.com* P
Suites 38: 350 €. Admisión de perros, consultar. Instalado en una bonita masía del s. XVIII, rodeada de un magnífico jardín, muy cerca de la playa. Miembro de Relais & Châteaux. En pleno corazón del Empordà, es un hotel de ensueño en el que confluyen la elegancia, el carácter, la exquisita decoración y el esmerado servicio. Un lugar de encuentro inolvidable.

Correfoc durante las Fiestas de Primavera

Palamós Girona

38 · C-1
A Girona, 40 km
A Madrid, 726 km
Alt. 12 m · Pob. 18.161
T. 972 600 550
GPS 41° 50' 47'' N · 3° 7' 39'' E

Visitar: En medio de los acantilados se posa una bahía de arena fina donde se afinca este pueblo de tradición marinera. Sus magníficas playas, calas y el puerto pesquero son sus atractivos principales. Su casco viejo proviene del medievo y sus dos iglesias principales son la de **Sta. María del Mar,** de estilo gótico, y la de **Sta. Eugènia de Vila-romà.** El Museo Parroquial, el de la Pesca y las ruinas del **castillo de Vila-romà** son otros puntos de interés.

Fiestas: Entre febrero y marzo los carnavales toman la calle. En julio se celebra la procesión marinera y el 14 de agosto, la **Muestra de l'Havanera Catalana.** Del 27 al 30 de diciembre se disputa la regata de veleros Christmas Race.

Alrededores: Desde el pueblo marinero de **L'Estartit** (a 31 km) se puede realizar una excursión a las **islas Medes,** reserva natural submarina. Las ruinas del castillo de Begur, el **Parador de Turismo de Aiguablava** al borde de un acantilado y la localidad de **Palafrugell** (a 10 km) son otras buenas opciones de visita.

Restaurantes

Celler de La Planassa. Vapor, 4. T. 972 316 496.
www.cellerdelaplanassa.com S
Cierra domingo cena y lunes excepto julio y agosto, lunes almuerzo en julio y agosto, una semana en febrero y en mayo, y 15 días en octubre. Antigua casa de pescadores. Cocina marinera. Gambas de Palamós y pescados a la plancha, arroz a la cazuela con sepionas y buey de mar. Melocotones horneados a la naranja de postre. Menú 21 €. Precio medio 30 €.

® **La Gamba.** Pza. Sant Pere, 1. T. 972 314 633.
www.lagambapalamos.com P
Cierra cenas de domingo a jueves de noviembre a marzo, miércoles, dos semanas en febrero y dos en noviembre. El producto estelar de la casa es, cómo no, la **gamba de Palamós.** Situado frente al mismo puerto, esta histórica casa es idónea para degustar el mejor **pescado de la lonja.** Se lo cocinarán a su gusto. Menú y precio medio sin marisco 35 €.

Pescador cosiendo las redes en la playa de Palamós

Hoteles

***** **La Malcontenta Hotel.** Paraje Torre Mirona-Platja Castell, 12. T. 972 312 330. *www.lamalcontentahotel.com*
Suites 14: 211 €. Catalogado como hotel-monumento, ocupa una antigua masía fortificada en el entorno privilegiado del paraje natural Castell-Cap Roig.

Palencia

31 · F-1
A Madrid, 257 km
Alt. 740 m · Pob. 80.650
T. 979 706 523
GPS 42° 0' 42'' N · 4° 32' 3'' O

Parque Natural de Fuentes Carrionas y Fuente Cobre

Visitar: Al sur de la provincia se sitúa la capital, junto al río Carrión. La mayoría de edificaciones civiles y el núcleo del comercio se encuentra en la calle Mayor, donde también se levanta un palacio barroco y la Casa Junco, perfecta muestra de arquitectura nobiliar del s. XVIII. Contiguas están la **Plaza Mayor,** con el monumento a Alonso Berruguete, y la iglesia de S. Francisco (s. XIII). Muy cerca, en la zona llamada la Huerta de Guadián, se alza una joya románica: la **iglesia de S. Juan Bautista,** con su maravillosa portada de arco. La orilla del río depara un agradable paseo hasta llegar a la catedral, también llamada la **Bella Desconocida.** El templo actual comenzó a edificarse en 1321, aunque la cripta de S. Antolín conserva restos visigodos y románicos. Sus puertas góticas se abren para dar paso a una decoración rica y llena de obras relevantes de El Greco, Felipe de Borgoña, Juan de Villoldo, etc. El **convento de las Claras** guarda una imagen del Cristo yacente que, cuenta la leyenda, fue encontrada a la deriva en aguas del Atlántico en el s. XIV. También destacan el Palacio de la Diputación y la Casa del Cordón (s. XVI), que acoge el Museo Arqueológico.

Fiestas: El **bautizo del Niño Jesús** el día 1 de enero (tradición viva desde el s. XV) y la **romería de S. Toribio,** en abril, son de interés turístico regional. La Semana Santa está declarada de interés turístico internacional, y el 2 de septiembre tienen lugar las fiestas patronales de S. Antolín.

Alrededores: Antes de llegar a la ciudad, es muy recomendable acercarse hasta un viejo cerro micénico que alberga la ermita que sirve de pedestal a un colosal Cristo de rostro bizantino, el llamado **Cristo del Otero.** Para los amantes de la naturaleza, en las montañas del norte se sitúa el **Parque Natural de Fuentes Carrionas y Fuente Cobre.** Además, en los encinares y robledales del monte El Viejo (a 6 km), abundan los ciervos. Entre los municipios cercanos que merecen una visita por su legado histórico destacan **Baños de Cerrato** (a 8 km), con su basílica de S. Juan Bautista; **Husillos** (a 11 km), con una una abadía del s. X y **Dueñas,** a 10 km, con la iglesia de Sta. María.

Restaurantes

® **Casa Lucio.** Don Sancho, 2. T. 979 748 190.
www.restaurantecasalucio.com
Cierra domingo cena y del 1 al 15 de julio. Edificio del s. XVI en el centro histórico. Ahora con dos ambientes, restaurante y gastrobar, pero con una única cocina tradicional atenta al mercado. **Menestra, lechazo, peras al vino.** Menú 25 €. Precio medio 35 €.

Casa Pepe's. Avda. Manuel Rivera, 16. T. 979 100 650.
Cierra lunes y agosto. Ambiente castellano y cocina tradicional atenta a la temporada. Guisos, lechazo y *panna cotta*. Menú 20 €. Precio medio 40 €.

® **La Encina.** (Asador). Casañé, 2. (Aparcamiento gratuito a 150 m). T. 979 710 936. *www.asadorlaencina.com*
Cierra domingo cena, y del 1 al 15 de agosto. Asados de **pescados y carnes al horno y a la brasa,** junto a la **tortilla de patatas.** De postre, **melocotón asado relleno de helado.** Barra con gran variedad de pinchos. Menú 22 €. Precio medio 38 €.

® **La Traserilla.** San Marcos, 12. T. 979 745 421.
www.latraserilla.es
Casa antigua del s. XIX, con concurrida barra en la planta baja y varios comedores en los pisos superiores. **Alcachofas naturales con setas y jamón, albóndigas de rabo de toro, semifrío de queso con crema de manzana.** Menú 18 €. Precio medio 30 €.

Hoteles

**** **AC Palencia.** Avda. Cuba, 25. T. 979 165 701. *www.ac-hotels.com*
Hab. 63: 60 €. Suites: 2. Próximo al centro y con fácil acceso a las carreteras principales.

**** **Eurostars Diana Palace.** Avda. Santander, 12. T. 979 018 050. *www.eurostarsdianapalace.com*
Hab. 65: 49 €. Suites: 2. Habitaciones acogedoras y funcionales, algunas con terraza.

*** **Castilla Vieja.** Avda. Casado de Alisal, 26. T. 979 749 044.
www.hotelessuco.com
Hab. 69: 110 €. Suites: 6. Ubicado en pleno casco antiguo, junto a la Plaza Mayor. Restaurante Los Blasones.

Palmar, El Murcia Ver Murcia

101 · A-1

Palmones-Los Barrios Cádiz Ver Algeciras

114 · D-1

Palos de la Frontera Huelva

104 · A-1
A Huelva, 11 km
A Madrid, 616 km
Alt. 26 m · Pob. 9.043
T. 959 530 100
GPS 37° 13' 50'' N · 6° 53' 37'' O

Visitar: Ir a Palos sin recordar el descubrimiento de América es absolutamente imposible; al fin y al cabo, de esta localidad partieron las naves que llegaron primero al Nuevo Mundo. La aventura la cuentan todos los documentos y fondos que se encuentran en la **Casa-Museo de Martín Alonso Pinzón,** dedicada a los hermanos codescubridores de América. De hecho, en la **fuente de la Fontanilla,** monumento nacional a las afueras de Palos, se abastecieron de agua las carabelas *Sta. María, Pinta* y *Niña*. Mayores y pequeños podrán admirar una réplica a tamaño real de estos buques en el Muelle de las Carabelas, un interesante museo al aire libre. Además, también es notable la iglesia de S. Jorge, de estilo gótico-mudéjar, como la mayoría de los monumentos de este entorno.

Fiestas: En marzo hay una curiosa **Feria Medieval del Descubrimiento de América** –el 15 se conmemora el regreso de las carabelas–. El 3 de agosto se rememora la salida de las carabelas, mientras que el 15 de ese mes se festeja el día de la patrona, **Ntra. Sra. de los Milagros.** El último fin de semana de agosto es costumbre acudir en romería a La Rábida, en honor a la Virgen de los Milagros.

Alrededores: El **monasterio de La Rábida** (a 5 km) tiene una iglesia gótico-mudejar importante, con su talla del Crucificado y la famosa capilla de Los Milagros, en la que rezaron numerosos descubridores. También son interesantes **Moguer** (a 7 km), cuna del premio Nobel Juan Ramón Jiménez, y **Mazagón** (a 12 km), un pueblo costero con magníficas playas.

Monasterio de La Rábida

Restaurantes

El Bodegón. Rábida, 46. T. 959 531 105.
Cierra martes. La parrilla de leña de encina para carnes y pescados es el principal atractivo de esta antigua bodega que se completa con una buena selección de quesos artesanos para terminar. Precio medio 30 €.

Hoteles

**** **Parador de Mazagón.** (En MAZAGÓN, a 12 km).
Ctra. San Juan del Puerto-Matalascañas, km 31. T. 959 536 300.
www.parador.es
Hab. 62: 160 €. Suites: 1. En el Parque Nacional de Doñana. Próximo al monasterio de La Rábida. Restaurante El Enebro.

Pals Girona

27 · C-4
A Girona, 41 km
A Madrid, 774 km
Alt. 55 m · Pob. 2.824
T. 972 637 380
GPS 41° 58' 15'' N · 3° 8' 51'' E

Visitar: Su **casco antiguo medieval** amurallado, con preciosas calles empedradas, está declarado conjunto histórico-artístico. Allí se alzan la torre de les Hores y la iglesia de St. Pere, de estilo gótico con fachada románica. Las playas y calas que se encuentran alrededor son el colofón perfecto a la visita.

Fiestas: Entre el 3 y el 5 de agosto se celebran las fiestas patronales, en las que se conmemora a **St. Domènec.** En agosto es la fiesta mayor de la playa de Pals. En septiembre le llega el turno a la **fiesta mayor de Masos de Pals,** coincidiendo con la onomástica de St. Fructuós.

Alrededores: A 2 km se encuentra **Platja de Pals,** con playas de renombre en la Costa Brava. A 22 km se asientan las ruinas de Empúries y a 12 km, el yacimiento ibérico de Ullastret. También es recomendable acercarse a **Begur** (a 7 km), que posee unas calas de ensueño, y a **Torroella de Montgrí** (a 10 km), municipio con gran tradición musical.

Restaurantes

Picasso. (Hotel Picasso, en TORROELLA DE MONTGRÍ, a 10 km). La Gola del Ter, s/n. T. 972 757 572. *www.hotelpicasso.net*

Cierra lunes, febrero y marzo. Ambiente familiar, en el corazón del Ampurdán dentro del Parque Natural Medes-Montgrí. *Suquet* de anguilas y angulas, arroz a la cazuela con centolla y gamba de Palamós, piña natural con crema catalana. Menú 14 €. Precio medio 25 €.

Sa Punta. (Hotel Sa Punta, en Urb. Sa Punta). Des Forns, 21. T. 972 667 376. *www.hotelsapunta.com* P
La profesionalidad de Jaume y Josep Font está fuera de toda duda. Ellos dirigen este magnífico hotel en el que su deliciosa cocina de mercado es un referente de visita absolutamente aconsejable. Menú 30 €. Precio medio 45 €.

Pamplona-Iruña Navarra

Chupinazo de las fiestas de S. Fermín

14 · B-4
A Madrid, 424 km
Alt. 449 m · Pob. 197.604
T. 848 420 420
GPS 42° 49' 4'' N · 1° 38' 44'' O

Visitar: Fiel a sus costumbres y, al mismo tiempo, muy actual. Así es Pamplona, tradición y modernidad. Para los que les gusta perderse, el plan idóneo consiste en entrar por la **plaza del Castillo** y callejear por el casco viejo. Allí se encuentra la **catedral de Sta. María la Real,** con fachada neoclásica obra de Ventura Rodríguez. La nave central cobija el mausoleo del rey Carlos III el Noble y su esposa, una obra escultórica de gran valor. El Museo Diocesano muestra una colección de obras de arte sacro donde resalta un grupo de esculturas medievales de la Virgen. La fisonomía de la ciudad está influenciada por el itinerario navarro que forma parte del Camino de Santiago. En sus inicios, esta capital de provincia se conocía como la Pamplona de los Burgos, un conjunto de barrios medievales que formaban el núcleo de la urbe. El edificio actual del Ayuntamiento, con una magnífica fachada barroca, une los burgos de **S. Cernín, S. Nicolás** y **Navarrería.** Muy cerca se puede admirar la iglesia gótica de S. Saturnino, con dos torreones que antiguamente tuvieron un papel muy importante en la defensa de la ciudad. Sin salir del casco antiguo, se encuentran el **Museo de Navarra,** con una relevante colección de piezas arqueológicas y obras de arte, y el Palacio de la Diputación Foral, en la **plaza del Castillo,** uno de los puntos de encuentro social más importantes de la capital. Por último, hay que acudir a El Baluarte, moderno palacio de congresos y auditorio, que brinda una rica oferta cultural. Rincones como los que ofrecen los **jardines de la Taconera,** el parque Yamaguchi y el Planetario son idóneos para respirar aire puro.

Fiestas: Destacan los **desfiles del Olentzero,** personaje tradicional de Navidad, y la Semana Santa. Con el chupinazo del 6 de julio estalla una de nuestras fiestas más internacionales, los **Sanfermines.** Declarados de interés turístico internacional, forasteros y locales pueden disfrutar durante una semana de multitud de actividades organizadas dentro y fuera de las calles, siendo los encierros su mayor atractivo.

Alrededores: Muy cerca, merece la pena visitar la iglesia de S. Miguel Arcángel en **Cizur Menor** (a 2 km) y el pintoresco barrio de S. Esteban, en **Huarte** (a 3 km). En el apacible Valle de la Ultzama y rodeado de prados, se encuentra **Lizaso** (a 25 km). En **Urdaitz** (a 19 km), sobresale la iglesia de S. Miguel, mientras que **Arraitz** (a 25 km) y **Aoiz** (a 28 km) son dos enclaves de gran riqueza natural perfectos para la práctica del senderismo.

Restaurantes

® **Ábaco.** (En HUARTE, a 3 km). Zubiarte, s/n. T. 948 855 825. *www.abacorestaurante.com*
Cierra cenas de domingo a miércoles, lunes, una semana en febrero y tres en agosto. En el Centro de Arte Contemporáneo situado en Huarte, junto a Pamplona. Este restaurante emerge con fuerza en la gastronomía navarra. Arte en una cocina de producto y sabor, galardonada reiteradamente por sus pinchos, elaborada con buena técnica, materia prima y gusto. La familia Iñigo y equipo triunfa merecidamente y van a más. Menú 22 €. Precio medio 36 €.

☼ **Alhambra.** Francisco Bergamín, 7. T. 948 245 007. *www.restaurantealhambra.es*
Cierra miércoles cena, domingo y Semana Santa. La familia Idoate, sin duda, es referente de la cocina navarra en Pamplona. En un local, decorado con gusto, el cliente es atendido en la sala con gran profesionalidad. Se disfruta de una comida gustosa y moderna, basada en la despensa navarra, con especial incidencia en la **caza y verduras** de primera calidad y una carta cantada que varía según mercado. Precio medio 45 €.

☼ **Baluarte.** (Palacio de Congresos de Navarra). Pza. Baluarte, s/n. T. 948 066 050. *www.restaurantebaluarte.es*
Cierra cenas de domingo a miércoles; lunes, Semana Santa y del 15 de julio al 1 de septiembre. En el Palacio de Congresos, con magníficas vistas a la Ciudadela, Enrique Martínez (sobrino) lucha por hacerse un hueco entre los grandes de la cocina navarra. Su cocina fusiona perfectamente y con naturalidad tradición y vanguardia gastronómica navarra. Local de complicado acceso. Menú 25 €. Precio medio 30 €.

Beti-Jai. (En AOIZ, a 28 km). Santa Águeda, 2-4. T. 948 336 052. *www.beti-jai.com*
Cierra domingo cena. Con 17 habitaciones. Antiguo caserón atento a la cocina de temporada. Arroz cremoso de cigalitas con *chips* de verduritas, solomillo gratinado con hongos Beltza y queso sobre salsa de pimienta, *carpaccio* de piña y fresas con salsa de yogur. Menú 12 €. Precio medio 38 €.

☼ **Bidea 2.** (Asador, en CIZUR MENOR a, 2 km). Camino Viejo, 2. T. 948 280 187. *www.bidea2.es*
Cierra cenas de domingo a martes y primera quincena de agosto. Gregorio Tolosa, antes al frente de la parrilla en Epeleta, lidera este restaurante-asador donde la materia prima alcanza claramente los niveles más altos de Pamplona. **Carnes,** normalmente gallegas, y **pescado** del Cantábrico. Extraordinaria **torrija.** Precio medio 45 €.

El Colmado. Iturralde y Suit, 24. T. 948 242 199. *www.elcolmado.es*
Cierra domingo cena, lunes y dos semanas en agosto. Cerca de la plaza de toros. Menestra de temporada con huevo a baja temperatura, chuletón a la parrilla, cremoso de queso. Menú 20 €. Precio medio 30 €.

☼☼ **El Molino de Urdaniz.** (En URDAITZ, a 19 km). San Miguel, s/n. Ctra. N-135 de Francia, km 16 por Zubiri. T. 948 304 109. *www.elmolinourdaniz.com*
Cierra cenas de domingo a miércoles, lunes y 15 días en enero. David Yarnoz continúa su irresistible ascensión en la cocina, de vanguardia e innovadora, de la Comunidad Foral y nacional. La fusión de una buena materia prima (en ocasiones recuperada de antiguos recetarios) con una técnica depurada dan como resultado exquisitos y distintos platos. Vale la pena el desplazamiento a este caserón decorado con gusto. Precio medio 47 €.

☼☼ **Enekorri.** Tudela, 14. T. 948 230 798. *www.enekorri.com*
Cierra domingo, Semana Santa y segunda quincena de agosto. En un ambiente cuidado y con una decoración cálida y discreta, se disfruta de una de las cocinas más asentadas y acertadas académicamente de Pamplona. Una carta, clásicamente creativa, impregnada de sabiduría y cambiante por estaciones. Magnífica bodega y equipo de sala. Precio medio 50 €.

☼☼ **Europa.** (Hotel Europa). Espoz y Mina, 11. T. 948 221 800. *www.hreuropa.com*
Cierra domingo. Sigue siendo un enorme placer comer en casa de la familia Idoate. Es difícil conseguir un equilibrio mayor entre las raíces gastronómicas navarras, una magnífica materia prima y una técnica depurada. Pilar y su equipo triunfan con todo merecimiento. Cuidada carta de **vinos, licores y aguardientes.** Menú 45 €. Precio medio 50 €.

Deporte rural

Las modalidades más practicadas en Navarra son el corte de troncos con hacha y el levantamiento de piedra, practicado por los *harrijasotzaile.* La época estival es la temporada de exhibiciones y festivales con ocasión de la celebración de las fiestas patronales.

Calle de Arraitz

Ventana tradicional a la entrada de Lizaso

Juan Simón. (En ARRAITZ, a 25 km). La Asunción, 11. T. 948 305 052. *www.restaurantejuansimon.com*
Cierra miércoles en verano. Casona rústica en el valle de Ultzama. Verduras frescas, chuleta de ternera de Navarra, macedonia de frutas del tiempo. Precio medio 30 €.

La Nuez. Taconera, 4. T. 948 228 130. *www.restaurantelanuez.com*
Cierra cenas de domingo y martes y lunes en mayo, domingo, lunes y una semana en agosto. Las verduras en *cocotte*, el bacalao al *gratín* o la tarta *tatin* de manzana se disfrutan en un elegante edificio del s. XIX, frente a los jardines de la Taconera. Menú 28 €. Precio medio 40 €.

Martintxo. (Asador-Sidrería, en CIZUR MENOR, a 2 km). Irunbidea, 1. T. 948 180 020. *www.martintxo.com*
Cierra domingo cena. Pescados y carnes al horno y a la brasa. Verduras de la huerta y postres caseros como dulce final. Precio medio 30 €.

Melbourne. Olite, 36. T. 948 231 006. *www.restaurantemelbourne.com*
Cocina de producto local para una cocina a tono. Verduras, carrilleras de ternera, peras al vino. Menú 20 €. Precio medio 30 €.

® **Orgi.** (En LIZASO, a 25 km). San Simón, 1. T. 948 305 126. *www.orgirestaurante.com*
Cierra domingo cena, lunes, segunda quincena de junio y de diciembre. Pequeña fonda cuidada con gusto por Mikel Odriozola y Oihana Larria, con cocina de producto cercano y de calidad, tratada con una técnica que sorprende por su perfección y que aporta lo mejor a cada plato. Atención a las **setas** y a su magnífico **jarrete** (por encargo). Sin olvidar sus **postres.** Menú 12 €. Precio medio 35 €.

Rodero

Cierra cenas de lunes y martes; y domingo. Una cocina imaginativa que plasma los productos navarros con una visión distinta, propia y artística. Koldo Rodero, acompañado magníficamente por su familia en una sala cuidada y minimalista, ha alcanzado una madurez, conceptual y técnica, sobresaliente, que se traduce en unos magníficos platos de autor con claras raíces forales. Es un referente de obligada visita para los que quieran disfrutar de la cocina de vanguardia navarra y española.

Precio medio 45 €.

Emilio Arrieta, 3. T. 948 228 035. *www.restauranterodero.com*

® **Venta de Ulzama.** (En ARRAITZ, a 25 km). Ctra. N-121-A, Pamplona-Francia, km 27, por Irun. Puerto de Belate. T. 948 305 138. *www.ventadeulzama.com*
Cierra lunes y del 20 de diciembre al 20 de enero. Situada en el precioso entorno del Puerto de Belate, esta tradicional Venta destaca por sus afamados **fritos,** una **caza** tratada desde la naturalidad y el clasicismo y una **cuajada** excepcional. Vale la pena la excursión desde Pamplona. Precio medio 35 €.

Hoteles

***** **Gran Hotel La Perla.** Pza. del Castillo, 1. T. 948 223 000. *www.granhotellaperla.com*
Hab. 40: 135 €. Suites: 5. Hotel histórico en el centro de la ciudad. Personalidades como Ernest Hemingway, Orson Welles, Charlot y Woody Allen dan fe de su calidad y de la calidez de su servicio. Reapertura de Alex Múgica como Gastrobar.

**** **Alma Pamplona-Muga de Beloso.** Beloso Bajo, 11. T. 948 293 380. *www.almahotels.com*
Hab. 59: 119 €. Suites: 1. Lugar ideal para encontrar la tranquilidad y el bienestar. Próximo al centro.

**** **Palacio Guendulain.** Zapatería, 53. T. 948 225 522. *www.palacioguendulain.com*
Hab. 23: 139 €. Suites: 2. En un palacio del s. XVIII rehabilitado.

4 · E-4 **Pancar** Asturias Ver Llanes

Panticosa Huesca

Visitar: Casas de piedra, calles estrechas y empinadas y una cultura que conserva los modos de vida tradicionales, con la agricultura y ganadería como forma de sustento, caracterizan a esta villa en pleno corazón del Pirineo. Con una **estación de esquí alpino y de fondo,** es un destino de primera debido a su idoneidad para practicar todo tipo de deportes de montaña e invernales. Como complemento perfecto, el **balneario de Panticosa** ofrece unos baños termales a los pies de altas cumbres, famosos desde la época romana.

Fiestas: Los carnavales se han convertido en una cita popular. Los días 15 y 16 de agosto tienen lugar sus fiestas patronales en honor a la **Virgen de la Asunción** y a **S. Roque.**

Alrededores: En verano, se puede ir en telesilla hasta los ibones (lagos de montaña) de Sabocos y Asnos. Desde los miradores de **Sandiniés** y **Tramacastilla de Tena** (ambos a 8 km) se puede disfrutar de unas vistas inigualables.

15 · B-4
A Huesca, 82 km
A Madrid, 479 km
Alt. 1.184 m · Pob. 832
T. 974 487 318
GPS 42° 43' 24'' N · 0° 16' 60''

Balneario de Panticosa

Restaurantes

Casa Pelentos. (En SANDINIÉS, a 8 km). Del Medio, 6. T. 974 487 500. *www.casapelentos.com* P
Cierra mayo y noviembre. Con siete habitaciones. Cocina aragonesa en el valle de Tena. Olla tensina, pierna de ternasco rellena a la manera tensina, quesada de S. Ginés. Menú 19 €. Precio medio 30 €.

El Privilegio de Tena. (Hotel El Privilegio, en TRAMACASTILLA DE TENA, a 8 km). Zacalera, 1. T. 974 487 206. *www.elprivilegio.com* P
Cierra almuerzos. Con 25 habitaciones. Migas doña Cecilia con huevo y uvas, lechal tensino, sopas de Sta. Teresa. Menú 25 €. Precio medio 35 €.

Hoteles

***** **Continental.** Ctra. del Balneario, km 10. T. 974 487 161. *www.panticosa.com*
P
Hab. 250: 161 €. Suites: 10. Desayuno incluido. Una obra de Rafael Moneo dentro del balneario de Panticosa Resort.

Pasai Donibane/Pasai San Pedro Gipuzkoa

Visitar: Su casco antiguo está compuesto por callejuelas muy estrechas y de adoquines, que se distribuyen en torno a una calle principal. En este pueblo de fuerte tradición pesquera, muchas de sus casas asoman a la bahía y al puerto, que también cuenta con un rico patrimonio. Destacan la **basílica del Cristo de Bonanza,** las iglesias de S. Juan Bautista y de S. Pedro, y la **Casa-Museo de Víctor Hugo,** donde se alojó una temporada el poeta francés.

Fiestas: Las **Hogueras de S. Juan,** el 23 de junio, son las más aplaudidas. Del 25 al 31 de julio se celebran las fiestas patronales en honor a Santiago, Sta. Ana y S. Ignacio, con traineras, tamborrada y fuegos artificiales en la bahía.

Alrededores: A 4 km se encuentra la conocida como la bonita del norte, **San Sebastián,** y en sus alrededores se elevan multitud de montes costeros como el Jaizkibel y el Ulía. Tierra adentro, a 24 km, se puede visitar el **Parque Natural de Aiako Harria,** con los vestigios geológicos más antiguos del País Vasco.

6 · F-3
A Donostia/San Sebastián, 4 km
A Madrid, 425 km
Alt. 4 m · Pob. 15.056
T. 943 341 556
GPS 43° 19' 38'' N · 1° 55' 16'' O

Barcas en el puerto

Restaurantes

® **Izkiña.** Euskadi Etorbidea, 19. En Pasai San Pedro. T. 943 390 219. *www.restauranteizkina.com*
Cierra cenas de domingo y miércoles; lunes, semana de Pascua y última semana de agosto. Estupenda cocina de estilo marinero con materia prima de excepción, sobre todo en lo que se refiere a su punto fuerte, **mariscos y pescados. Postres hogareños.** Vivero a la vista de los clientes. Su bodega, a cargo de Aitor Olano, sumiller e hijo de los patrones. Posee al lado del restaurante una interesante vinoteca privada. Muy concurrida la barra de su bar. Precio medio 45 €.

Txulotxo. Donibane, 71. T. 943 523 952. *www.restaurantetxulotxo.com* S
Cierra cenas de domingo y martes, y del 21 de enero al 1 de marzo. Espectaculares vistas de la bahía desde la terraza. Sopa de pescado, changurro al horno, tarta de manzana. Menú 20 €. Precio medio 30 €.

Ziaboga. Donibane, 91. T. 943 510 395. *www.ziabogapasaia.com*
Cierra lunes. Productos del mar en estado puro y una interesante cocina marinera con vistas a la bahía. Ensalada de bogavante locamente enamorado, arroz caldoso con chipirones de anzuelo. Selecta carta de vinos de distintas zonas vitícolas.Terraza veraniega para picotear informalmente. Menú 20 €. Precio medio 35 €.

Pastrana Guadalajara

54 · B-4
A Guadalajara, 47 km
A Madrid, 101 km
Alt. 759 m · Pob. 1.157
T. 949 370 672
GPS 40° 25' 3'' N · 2° 55' 26'' O

Pieza del Museo de los Tapices

Visitar: Se presenta como uno de los municipios más importantes de Guadalajara. Entre los ríos Tajo y Tajuña, su casco histórico está declarado bien de interés cultural y en él se asentaron residencias de nobles y conventos fundados por Sta. Teresa de Jesús. Sobresale el **Palacio Ducal,** en el que, dice la leyenda, residió la princesa de Éboli. En el centro de la villa se puede ver la iglesia-colegiata de Ntra. Sra. de la Asunción, que alberga en su interior el **Museo de los Tapices.**

Fiestas: La **Feria Apícola de Castilla-La Mancha,** la más popular del sector en España, tiene lugar en la segunda semana de marzo. Las fiestas patronales son en agosto, en honor a la Virgen de la Asunción, con los encierros como protagonistas.

Alrededores: En **Zorita de los Canes** (a 9 km), se asienta un castillo árabe declarado bien de interés cultural. También es interesante la ciudad visigoda de Recópolis, situada en la misma localidad. En **Almonacid de Zorita** (a 15 km), están el antiguo colegio de los jesuitas y el palacio de los Condes de S. Rafael.

Restaurantes

® **Cenador de las Monjas.** (Convento de San José).
Monjas de abajo, s/n. En el extrarradio medieval. T. 949 370 101.
www.cenadordelasmonjas.com
Cierra cenas de domingo a jueves; y lunes. **Ensalada de perdiz escabechada, secreto ibérico con gachas de pastor y *boletus*, crema de naranja,** en el antiguo refectorio del convento de S. José (s. XVI) con chimenea. Precio medio 35 €.

Patones/Patones de Arriba Madrid

53 · E-1
A Madrid, 62 km
Alt. 832 m · Pob. 494
T. 918 432 906
GPS 40° 51' 19'' N · 3° 29' 11'' O

Visitar: Declarado bien de interés cultural, este pueblo es una muestra muy representativa de arquitectura negra. Destacan la **iglesia de S. José,** el **lavadero** y la **Fuente Nueva** y las **eras de pizarra** (s. XVIII).

Fiestas: El 2 de febrero se celebra la **Candelaria,** en honor a la patrona. Y en junio, **S. Juan.**

Alrededores: Madrid se encuentra a 62 km y **Guadalajara** a 44 km. Merece la pena conocer el **embalse del Atazar** (a 11 km) y el yacimiento de la **Dehesa de la Oliva** (a 5 km).

Restaurantes

El Poleo. (Hotel El Tiempo Perdido). Travesía del Arroyo, 3. T. 918 432 101.
www.elpoleo.com
Cierra de lunes a jueves, y 15 días en navidades. Ambiente acogedor e íntimo, con agradable terraza en verano y chimenea en invierno. Rehogado de alcachofas frescas con *foie-gras* y huevos de corral, cordero a la miel de Patones con cuscús, pastela. Menú 25 €. Precio medio 35 €.

Hoteles

El Tiempo Perdido. Pza. Travesía del Ayuntamiento, 7. T. 918 432 101.
www.eltiempoperdido.com
Hab. 7: 110 €. Suites: 1. Abre festivos y fines de semana. Hotel con encanto. Restaurantes El Poleo y El Jardín del Poleo.

Pedraza Segovia

43 · C-3
A Segovia, 37 km
A Madrid, 126 km
Alt. 1.073 m · Pob. 473
T. 921 508 666
GPS 41° 7' 49'' N · 3° 48' 39'' O

Visitar: Se trata de una de las villas medievales mejor conservadas de España, declarada conjunto histórico-artístico y reconocida con el premio Europa Nostra por la exquisita rehabilitación de su patrimonio. Su plaza es una de las más bonitas de la provincia y su casco histórico está lleno de palacios y casas señoriales blasonadas. Desde la Plaza Mayor, donde se encuentra la **iglesia de S. Juan** con restos románicos, hasta el **Museo Taurino Ignacio Zuloaga,** en el castillo de los Condestables, cada paso es un regalo a la vista. De obligada visita son también la cárcel de la villa (construida en la Edad Media y donde ahora se pueden ver las mazmorras y los cepos para manos y pies) y el pozo de las Hontanillas, con 15 m de altura y que sirvió de aljibe.

Fiestas: Los dos primeros sábados de julio tienen lugar los **Conciertos de las Velas** donde todo el pueblo queda iluminado de una manera casi mágica. Del 6 al 11 de septiembre, se celebran las fiestas patronales en honor a Ntra. Sra. del Carrascal, con misa, procesión y encierros.

Alrededores: En las proximidades hay muchas villas pequeñas con encanto. En **Prádena** (a 15 km) hay que entrar a la cueva de los Enebralejos. Algo más alejado, a unos 50 km, se encuentra el **Parque Natural de las Hoces del Duratón,** ideal para la práctica del senderismo.

Castillo de Pedraza

Restaurantes

La Olma. Pza. del Álamo, 1. T. 921 509 981.
ww.laolma.com
Cierra cenas de domingo a jueves excepto vísperas de festivos. Sergio L. Blázquez se ocupa de todo en su caserón del s. XVI. Cocina de temporada, patatas confitadas con huevos escalfados a baja temperatura sobre pato confitado, asados de cordero y cochinillo. Precio medio 35 €.

Pedroñeras, Las Cuenca

74 · F-2
A Cuenca, 109 km
A Madrid, 157 km
Alt. 708 m · Pob. 7.220
GPS 39° 26' 56'' N · 2° 40' 55'' O

Visitar: Conocida mundialmente como la capital del ajo, esta villa manchega debe su nombre a su asentamiento, que tuvo lugar sobre un montículo pedregoso. La **iglesia de Ntra. Sra. de la Asunción** y el **Museo del Labrador,** con una colección de objetos agrícolas importante, son los edificios más singulares.

Fiestas: El 8 de mayo tiene lugar la **romería de la Virgen de la Cuesta,** y el 15 la festividad de S. Isidro Labrador, patrón de los agricultores. La última semana de julio se celebra la **Feria Internacional del Ajo.** La primera semana de septiembre son las fiestas patronales en honor a Jesús Nazareno y al Cristo de la Humildad.

Alrededores: En el término municipal se encuentran las lagunas de El Taray, el Huevero y Laguna Grande. Desde lo alto del cerro La Mira, se disfruta de una preciosa vista panorámica de muchos pueblos de la comarca. En el municipio de **San Clemente** (a 29 km), se puede visitar el castillo de Santiaguillo de la Torre. A 22 km está **Mota del Cuervo** con sus molinos de viento.

Restaurantes

Las Rejas
Cierra cenas de domingo a miércoles; lunes, y segunda quincena de junio. Creativos platos, herederos de las recetas tradicionales manchegas, realizados con técnica y acierto por Manuel de la Osa. La estrella es la **sopa de ajo morado de Las Pedroñeras** fría o caliente. Buena carta de vinos y servicio.

Menú 65 €. Precio medio 75 €.

General Borrero, 49. Autopista AP-36, salida 94. T. 967 161 089.
www.lasrejas.es S

Peníscola/Peñíscola Castelló/Castellón

57 · C-4
A Castelló de la Plana, 70 km
A Madrid, 500 km
Alt. Nivel del mar · Pob. 8.182
T. 964 480 208
GPS 40° 21' 36'' N · 0° 24' 6'' E

Visitar: Calles blancas y empedradas y balcones adornados con flores reciben cada año a miles de turistas atraídos por sus playas de arena fina y aguas cálidas. Pero la denominada Ciudad en el Mar también tiene mucha historia a sus espaldas. Está coronada por el conjunto del **castillo del Papa Luna,** monumento nacional. Se trata de una fortaleza templaria construida sobre una alcazaba árabe, rodeada por murallas y con tres entradas (el portal Fosc y las puertas de S. Pere y Sta. María). Junto al castillo se encuentra la **ermita de la Virgen de Ermitana,** de origen medieval. Destaca también la iglesia de Sta. María, de tradición románica y reconstruida tras un incendio en el s. XV.

Fiestas: Las fiestas patronales en honor a la **Virgen de la Ermitana** empiezan el 7 de septiembre.

Alrededores: Es interesante una visita a los humedales de esta villa, donde vive una especie en peligro de extinción, el samaruc. De obligada visita es el **Parque Natural Sierra de Irta,** en el que conviven grandes acantilados y pequeñas y bellas calas.

Vista de Peníscola

Restaurantes

® **Casa Jaime.** Avda. Papa Luna, 5. T. 964 480 030.
www.casajaime.net
Cierra domingo cena y miércoles en invierno; y del 20 de diciembre al 20 de enero. Regocijo de las excelencias del Mare Nostrum, arroces marineros de impresión. **Croquetas de galera, *arrosejat* de barca, tarta de naranja.** Menú 25 €. Precio medio 30 €.

Hoteles

**** **Hostería del Mar.** Avda. Papa Luna, 18. T. 964 480 600.
www.hosteriadelmar.net
Hab. 86: 73 €. Suites: 8. En primera línea de playa. Próximo al castillo del Papa Luna. Restaurante Los Ficus.

Peñafiel Valladolid

32 · B-4
A Valladolid, 58 km
A Madrid, 180 km
Alt. 756 m · Pob. 5.592
T. 983 881 526
GPS 41° 35' 39'' N · 4° 7' 10'' O

Visitar: Visto desde lejos, su enorme y bien conservado **castillo** (bien de interés cultural) parece un gran barco anclado en la meseta vallisoletana en el que sobresale un mirador espectacular, la torre del Homenaje y, en su interior, el **Museo Provincial del Vino.** Aparte del castillo y de los restos de muralla, esta localidad fascina por la calidad de sus vinos, de sus bodegas y de su arquitectura. No se puede dejar de visitar la **ampliación de las bodegas Protos,** realizada por el prestigioso arquitecto Richard Rogers. También son interesantes el templo de S. Miguel de Reoyo, renacentista, la **iglesia de S. Pablo,** de reconocible estilo gótico-mudéjar y declarada bien de interés cultural, y el convento de Sta. Clara, reconvertido hoy en hotel-*spa*. Sorprende por su estupenda conservación la **plaza medieval del Coso,** capaz de catapultar al visitante a épocas pretéritas; más aún si se levanta la mirada hasta encontrar la torre del Reloj, el monumento más antiguo de Peñafiel, del s. XIII, también bien de interés cultural.

Castillo de Peñafiel

Fiestas: La **bajada del Ángel** en el Domingo de Resurrección, en Semana Santa, es de interés turístico nacional. Entre el 14 y el 18 de agosto son las fiestas patronales de **Ntra. Sra. y de S. Roque,** declaradas de interés turístico regional; y el primer fin de semana de octubre, la **Fiesta de la Vendimia,** durante la cual tiene lugar la Feria Vitivinícola de Riberjoven.

Alrededores: En **Pesquera de Duero,** a 6 km, está la iglesia de S. Juan Bautista, con una curiosa puerta adintelada. También merece la pena ir hasta **Curiel del Duero** (a 4 km) para ver los restos de su castillo, el más antiguo de Valladolid. En **Castrillo de Duero** (a 10 km) está la iglesia barroca de Ntra. Sra. de la Asunción, en la que hay que admirar su bello altar mayor.

Restaurantes

® **Cepa 21.** (En CASTRILLO DE DUERO, a 10 km).
Ctra. N-122, Ágreda-Valladolid, km 297. T. 983 484 084.
www.cepa21restaurante.com
Cierra cenas, lunes y del 24 de diciembre al 8 de enero. Alberto Soto es el autor de una cocina tradicional renovada en un entorno de cepas centenarias. **Huevos fritos en *tempura* con crujiente de ibéricos, ravioli de rabo de toro con falsa *parmentier* de verduras y cuscús de coliflor, manzana en texturas.** Precio medio 55 €.

® **Luna Llena.** (Hotel Pesquera AF). De la Estación, 1. T. 983 881 212.
www.hotelpesquera.com P
Cierra cenas excepto fines de semana. Hotel rehabilitado en una antigua fábrica de harinas, cocina casera. Menú 20 €. Precio medio 30 €.

Molino de Palacios. Avda. Constitución, 16. T. 983 880 505.
www.molinodepalacios.com S
Cierra cenas de martes y jueves en invierno excepto reserva; domingo cena y lunes excepto puentes y festivos. Molino de agua harinero del s. XVI sobre el río Duratón. Morcilla de arroz frita, lechazo asado, macedonia de frutas. Precio medio 33 €.

Hoteles

**** **Convento Las Claras.** Pza. Adolfo Muñoz Alonso, s/n. T. 983 878 168.
www.hotelconventolasclaras.com P
Hab. 64: 105 €. Suites: 2. Situado en el centro histórico, en el antiguo convento de Sta. Clara, s. XVII. Restaurante Conde Lucanor.

Peñaranda de Bracamonte Salamanca

52 · B-1
A Salamanca, 40 km
A Madrid, 166 km
Alt. 902 m · Pob. 6.827
T. 923 540 001
GPS 40° 54' 9'' N · 5° 12' 10'' O

Visitar: Situado al nordeste de la provincia salmantina, en esta localidad se halla el **convento de las Carmelitas Descalzas,** bien de interés cultural, de estilo barroco. Alberga una importante colección de pintura italiana y bronces napolitanos y está constituido por el atrio, la iglesia, el claustro y la ermita. Otros templos importantes son la **ermita de El Humilladero** y la ermita de S. Luis, ambas de estilo barroco. Sus tres plazas –la de Martínez Soler, la de la Constitución y la de España– enlazadas entre sí y porticadas, están declaradas conjunto histórico-artístico.

Convento de las Carmelitas

Fiestas: El 29 de septiembre se celebra el patrón, **S. Miguel Arcángel,** pero la fiesta que atrae a más gente es la feria popular que se festeja la última semana de agosto.

Alrededores: A 11 km se encuentra **Macotera,** donde puede visitarse la iglesia de Ntra. Sra. del Castillo, de estilo hispano flamenco, y a 14 km, **Santiago de la Puebla,** donde destaca la iglesia de Santiago. Como parajes naturales están el monte Arauzo (a 12 km) y el río Almar (a 17 km).

Restaurantes

® **Las Cabañas "El Tostón de Oro".** (Hotel Las Cabañas).
Carmen, 14-16. T. 923 540 203. *www.lascabanas.es* P
Cierra lunes. Con 20 habitaciones. Los **puerros rellenos de piñones** y el **tostón** o el **cordero asado** en horno de leña, junto a los **postres artesanos,** son la referencia culinaria de esta zona del campo charro. Menú 17 €. Precio medio 35 €.

Peramola Lleida

25 · D-4
A Lleida, 98 km
A Madrid, 559 km
Alt. 566 m · Pob. 379
GPS 42° 3' 30'' N · 1° 15' 58'' O

Visitar: En este municipio se ubica el Roque de Rumbau o **Roca de los Moros,** cavidad en la que se encuentran manifestaciones rupestres abstractas realizadas por grupos del Neolítico, que forma parte del patrimonio mundial. También llama la atención la pequeña **iglesia de St. Miquel,** situada en el foso de la villa, con una nave cubierta con bóveda de cañón y arcos lombardos en el exterior del ábside.

Fiestas: La **romería de St. Marc** se celebra en la ermita de Castell-Llebre el domingo más cercano al 25 de abril y la fiesta mayor se festeja durante el penúltimo fin de semana de agosto. Su patrón, **St. Miquel,** se conmemora el 29 de septiembre.

Alrededores: A 3 km se ubica **Trago,** un municipio lleno de encanto. La localidad de **Oliana** (a 5 km) invita a visitar la ermita románica de St. Andreu del Castell y su magnífico pantano.

Restaurantes

® **Can Boix de Peramola.** Can Boix, s/n. T. 973 470 266.
www.canboix.cat P
Con habitaciones. En un entorno natural de excepcional belleza, Joan Pallarés mantiene una trayectoria ejemplar al frente de un elegante establecimiento, en ambiente de montaña y una interesante proposición de cocina catalana de autor. Menú 39 €. Precio medio 55 €.

Peratallada/Forallac Girona

27 · C-4
A Girona, 30 km
A Madrid, 700 km
Alt. 51 m · Pob. 437
T. 972 645 522
GPS 41° 58' 43'' N · 3° 5' 22'' O

Visitar: Localidad emplazada en el corazón del Baix Empordá, en el interior de la Costa Brava. Con su torre, su palacio y sus murallas, el **castillo-fortaleza** del s. XI constituye uno de los mejores conjuntos de la arquitectura medieval ampurdanesa y está declarado bien de interés cultural. La **iglesia románica de St. Esteve** conserva el sepulcro del barón Gilabert de Cruïlles.

Fiestas: A últimos de abril, el municipio festeja la popular **Feria de las Hierbas.** La fiesta mayor se celebra durante el 6 y 7 de agosto.

Alrededores: A casi 2 km se ubica **Canapost,** donde puede visitarse el campanario de la iglesia dedicado a St. Esteve. A 2 km se encuentra **Palau-Sator,** cuyo castillo está declarado bien de interés cultural.

Restaurantes

Bonay. Pza. Les Voltes, 13. T. 972 634 034.
www.bonay.com P
Cierra cenas de martes a jueves en invierno; domingo cena y lunes. Casa señorial con museo del vino y bodega en la planta baja. Cocina de mercado. Revuelto de ajos tiernos con butifarra, oca con nabos, peras al vino. Precio medio 30 €.

Hoteles

Aatu. Afueras, s/n. T. 617 464 914. *www.hotelaatu.net* P
Hab. 13: 170 €. Desayuno incluido. Rodeado de campos de cultivo y bosque en plena Costa Brava.

Petrer Alacant/Alicante

93 · C-1
A Alacant/Alicante, 36 km
A Madrid, 380 km
Alt. 461 m · Pob. 34.860
T. 966 989 401
GPS 38° 28' 38'' N · 0° 46' 30'' O

Bodegas en Petrer

Visitar: Este pueblo tiene en su haber varios templos de interés, como la **iglesia de S. Bartolomé** y la ermita de S. Bonifacio, aunque su joya es el **castillo** de la época musulmana, formado por la explanada y la alcazaba y construido entre los ss. XII al XV.

Fiestas: Es importante la celebración, a finales de mayo, de **Moros y Cristianos** en honor al patrón, S. Bonifacio. La patrona, la **Virgen del Remedio,** tiene sus días grandes del 5 al 7 de octubre.

Alrededores: A solo 2 km se encuentra **Elda,** donde puede visitarse su castillo y la iglesia de Sta. Ana. A 9 km se encuentra el paraje natural del Cabezo (en **Chinorlet)** y **Monóvar,** con su ermita de Sta. Bárbara. En **El Pinós** (a 28 km), su casco histórico exhibe la torre del Reloj, símbolo de la villa.

Restaurantes

® **Elías.** (En CHINORLET, a 9 km). Rosales, 7.
T. 966 979 517. P S
Cierra domingo en verano, cenas, segunda semana de enero y tres semanas en verano. Maestría en el dominio del fuego –sarmientos de la vid– para unos platos que rezuman memoria. **Gachamiga, gazpachos de conejo, pichón, setas y caracoles, crepes de manzana caramelizada.** Precio medio 30 €.

La Sirena. Avda. de Madrid, 14. T. 965 371 718.
www.lasirena.net
Cierra domingo cena, lunes, y tres últimas semanas de agosto. La sutileza de una mano femenina, Mª Carmen Veléz, para productos del mar de excelente porte en una culinaria versión siglo XXI –**ensaladilla de merluza, rubio al horno–.** Norberto, en sala, y Lola, en postres **–trufa de Tanzania–,** imprescindible complemento. Menú 28 €. Precio medio 35 €.

Paco Gandía. (En EL PINÓS, a 28 km). San Francisco, 10.
T. 965 478 023.
Cierra cenas. Asentado, centrado y conocido por su **paella de conejo y caracoles.** También, **revuelto de morcilla, sandía.** Menú y precio medio 50 €.

® **Xiri.** (En MONÓVAR, a 9 km). Parque Alameda, s/n. T. 965 472 910.
www.restaurantexiri.com S
Cierra domingo cena, lunes, segunda semana de enero y primera quincena de julio. Creativas propuestas de cocina mediterránea que Josep Palomares alterna cada temporada. **Vieira, alcachofa y huevo, paletilla de cordero, ensalada de fruta fresca.** Menú 23 €. Precio medio 30 €.

Pinar de Antequera Valladolid Ver Valladolid

31 · D-4

Pinós, El/Pinoso Alacant/Alicante Ver Petrer

93 · B-1

Plasencia Cáceres

Parque Nacional de Monfragüe

61 · A-2
A Cáceres, 83 km
A Madrid, 237 km
Alt. 355 m · Pob. 43.761
T. 927 458 507
GPS 40° 1' 48'' N · 6° 5' 22'' O

Visitar: Ir a Plasencia es encontrarse con un pasado lleno de justas medievales, murallas, piedras e Inquisición. En su casco histórico destaca la **catedral de Sta. María,** constituida por la catedral vieja y la catedral nueva. En el templo destacan el **coro,** con sillería de Rodrigo Alemán, la torre y la **cúpula de S. Pablo,** conocida como el melón. Desde dicha torre se ve el convento de Sto. Domingo y la iglesia de **S. Martín,** bien de interés cultural gracias a su retablo plateresco. El **acueducto,** llamado Arcos de S. Antón, y la **Plaza Mayor,** con soportales, bien merecen una visita. En un paseo por las calles se descubren casas nobles –herencia de un pasado de conquistadores de América que regresaron a su tierra con las alforjas llenas de oro–, como el **palacio del Marqués de Mirabel,** el de Almaraz o el de los Carvajal. Hay que saborear y admirar toda la villa mirando al cielo, no solo para ver sus espectaculares torres medievales estupendamente conservadas, sino también las numerosas aves (cigüeñas, buitres, águilas...) que lo surcan.

Fiestas: El domingo siguiente al de Pascua se celebra la **romería al santuario de la patrona, Ntra. Sra. del Puerto.** Junio es época de ferias y en agosto se desarrolla el **Martes Mayor,** de interés turístico regional.

Alrededores: Los encantos naturales están servidos en el **valle del Jerte** (a 15 km), el **Parque Nacional de Monfragüe** (a 20 km) y **Las Hurdes** (a 35 km). A 35 km se encuentra el **monasterio de Yuste,** donde se alojó y murió Carlos I y que ha sido declarado patrimonio europeo.

Restaurantes

Casa Juan. Arenillas, 2. T. 927 424 042.
www.restaurantecasajuan.com
Cierra jueves en invierno, y del 15 al 30 de enero. Pequeño y acogedor comedor, en la judería, cerca del Parador. Ensalada templada de bacalao, carnes rojas y todo lo del cerdo ibérico, técula mécula. Menú 20 €. Precio medio 30 €.

® **Palacio Carvajal Girón.** (Hotel Palacio Carvajal Girón). Pza. Ansano, 1. T. 927 426 326. *www.palaciocarvajalgiron.com* P S
Impresionante entorno del palacio de los Carvajal donde está todo cuidado, pese al reciente cambio culinario. **Hoguera de *foie-gras* y huevo en bombón ibérico, bacalao en costra negra con *parmentier* de patatas revolconas.** Comer en ese entorno es una fiesta. Precio medio 35 €.

Convento de Sto. Domingo

Succo. Vidrieras, 7. T. 927 412 932. *www.restaurantesucco.es*
Cierra domingo cena excepto víspera de festivos. Ambiente minimalista en unión con una cocina local tradicional actualizada. *Carpaccio* de Kobe relleno de *boletus*, entrecot de retinto, huevecillos. Menú 15 €. Precio medio 30 €.

Hoteles

**** **Parador de Plasencia.** Pza. San Vicente de Ferrer, s/n. T. 927 425 870. *www.parador.es*
Hab. 66: 100 €. Suites: 2. Ubicado en el antiguo convento de Sto. Domingo (s. XV), en pleno casco antiguo. Restaurante en el refectorio.

*** **Palacio Carvajal Girón.** Pza. de Ansano, 1. T. 927 426 326. *www.palaciocarvajalgiron.com*
Hab. 28: 85 €. Suites: 5. Edificio histórico cuidadosamente restaurado, en pleno casco antiguo.

3 · B-4

Pola de Allande Asturias Ver Cangas del Narcea

Pola de Siero Asturias

3 · F-4
A Oviedo, 16 km
A Madrid, 470 km
Alt. 220 m · Pob. 12.500
T. 985 724 210
GPS 43° 23' 34'' N · 5° 39' 48'' O

Visitar: Por esta localidad, capital del concejo de Siero, discurre el Camino Primitivo de Santiago. Es característico el **palacio del Marqués de Sta. Cruz de Marcenado,** de arquitectura barroca, levantado en el s. XVII. Su ayuntamiento es obra de Javier Aguirre, caracterizado por su eclecticismo racional con elementos clásicos. La **plaza de Les Campes** es un lugar típico donde se celebró durante muchos años el mercado.

Fiestas: El martes de Pascua festejan la **Fiesta de los Huevos Pintos,** de interés turístico nacional. Las fiestas del Carmín se celebran en julio en honor a la patrona, Ntra. Sra. del Carmen.

Alrededores: En la localidad de **Argüelles** (a 5 km), está la iglesia de S. Martín, declarada bien de interés cultural. En **Granda** (a 5 km) se ubica la iglesia parroquial de Sto. Tomás.

Restaurantes

El Asador de Abel. (En ARGÜELLES, a 5 km). La Revuelta del Coche, s/n. T. 985 740 913. *www.elasadordeabel.com*
Cierra cenas de domingo a miércoles y 20 días en agosto. Abel Terente ofrece una **parrilla** en la que **pescados y carnes** seleccionados alcanzan su justo punto. Además, la carta se completa con sabrosos platos de cuchara. **Bacalao al estilo Asador, *pitu de caleya*, arroz con leche.** Menú 20 €. Precio medio 34 €.

® **Panduku.** (En GRANDA, a 5 km). Ctra. N-634, Oviedo-Santander, km 70. T. 985 792 210.
Cierra cenas de martes, miércoles y domingo; y primera quincena de agosto. Cocina sencilla, sin artificios ni complicaciones, a base de escogidas materias primas tratadas con buena mano. Muy solicitados son sus **callos a la asturiana** (temporada otoño-invierno), ***pixín* a la marinera con mejillones y langostinos.** Menú 17 €. Precio medio 35 €.

Ponferrada León

19 · B-1
A León, 105 km
A Madrid, 384 km
Alt. 543 m · Pob. 68.575
T. 987 424 236
GPS 42° 32' 46'' N · 6° 35' 32'' O

Visitar: El **castillo de los Templarios,** construido y reformado entre los ss. XI y XV es la mayor joya de esta localidad. Otra obra notable es la **iglesia de Ntra. Sra. de la Encina,** que alberga en su interior un retablo escultórico policromado del s. XVII. Entre sus museos sobresalen el de la Radio, el del Ferrocarril y el de las Cofradías.

Fiestas: Su Semana Santa goza de gran popularidad por la procesión del Encuentro del Viernes Santo, con Jesús Nazareno. La **Noche Templaria** se celebra el día de la primera luna llena del solsticio de verano. Destacan también las fiestas del 8 de septiembre en honor a la patrona, la Virgen de la Encina.

Alrededores: A 9 km se encuentra **San Miguel de Las Dueñas,** donde se levanta el monasterio homónimo del s. X. En **Santo Tomás de las Ollas** (a 2 km) se puede visitar su iglesia (s. X).

Restaurantes

® **Azul Montearenas.** (En SAN MIGUEL DE LAS DUEÑAS, a 9 km). Ctra. N-VI, Madrid-A Coruña, km 380. T. 987 417 012. *www.azulmontearenas.com*

Una buena referencia culinaria de la comarca, en plena naturaleza. **Pulpo *a feira* con garbanzos, solomillo de buey con pimientos del Bierzo, helado de yogur con frambuesas.** Menú 12 €. Precio medio 30 €.

Casa Noval. Aceiteiras, 9. T. 987 406 000.
www.casanoval.info
Cierra domingo cena y lunes. En el casco antiguo una casona del s. XIX rehabilitada. Cocina tradicional actualizada. Ancas de rana, solomillo con piñones, crema de queso gratinada. Menú 14 €. Precio medio 35 €.

Menta y Canela. Alonso Cano, 10. T. 987 403 289.
www.mentaycanela.com
Cierra lunes. Fernando Fernández, cocinero y propietario, elabora una cocina de temporada de base local. Callos de bacalao con huevo escalfado, timbal de rabo de toro con mollejas y *boletus*, leche frita. Precio medio 25 €. También de modo más informal, el gastrobar, con selección de croquetas, tortillitas, pinchos y minitapas.

Hoteles

**** **AC Ponferrada.** Avda. Astorga, 2. T. 987 409 973.
www.ac-hoteles.com
Hab. 60: 65 €. Suites: 5. En el Camino de Santiago. Próximo al casco antiguo.

**** **Aroi Ponferrada.** Marcelo Macías, 4. T. 987 409 427.
www.aroihoteles.com
Hab. 33: 62 €. Suites: 1. En el centro comercial y de negocios. Muy próximo al casco antiguo.

Pontedeume A Coruña

1 · F-3
A Coruña, 35 km
A Madrid, 601 km
Alt. 20 m · Pob. 8.457
T. 981 430 270
GPS 43° 24' 8" N · 8° 9' 7" O

Visitar: Perfecta conjunción entre río, mar y montaña. Está situado en la desembocadura del Eume. Uno de sus atractivos es su puente de piedra de origen medieval. También de época medieval es el **torreón de los Andrade** (s. XIV). La patrona está en la **iglesia de las Virtudes,** también conocida como Ntra. Sra. del Soto, construida en el s. XIV.

Fiestas: En su Semana Santa sobresalen los actos del Paso y del Encuentro. Del 7 al 11 de septiembre se festeja **As Peras,** o celebración de los patronos, la Virgen de las Virtudes y S. Nicolás de Tolentino.

Alrededores: A solo 4 km está **Cabanas,** donde puede verse un yacimiento celta cerca del monte Castro y la parroquia de S. Martín de Porto. En **A Capela** (a 13 km) hay que visitar el monasterio de S. Juan de Caaveiro.

Monasterio de S. Juan de Caaveiro

Restaurantes

Cantina Río Covés. Esteiro, 9. T. 981 434 057.
www.riocoves.com
Cierra cenas en invierno. Al final del paseo marítimo un antiguo almacén de sal en el estuario del río. Revuelto de algas y erizos, costrada, tartas variadas. Menú 11 €. Precio medio 30 €.

O Muiño de Trigo. (En CABANAS, a 4 km). Modias, 2. T. 981 432 185.
www.restaurantemuinodetrigo.com
Cierra cenas de domingo y lunes; martes, última semana de mayo y segunda quincena de noviembre. Apenas siete mesas en un antiguo molino en un entorno natural junto al río. Huevos ocultos en patatas con vinagreta de pimentón, vaca vieja gallega, flan de café. Precio medio 35 €.

Pontevedra

17 · D-1
A Madrid, 612 km
Alt. 19 m · Pob. 82.684
T. 986 090 890
GPS 42° 25' 60" N · 8° 38' 58" O

Visitar: De tradición marítima y mercantil, la ciudad bien merece un paseo que puede comenzar visitando a la patrona de la ciudad en el **santuario de la Peregrina** (s. XVIII). Frente a este templo se halla la **plaza de la Ferrería,** rodeada de edificios como la iglesia-convento de S. Francisco (ss. XIV-XV). Como nota curiosa, los navegantes construyeron su propia iglesia, la **basílica de Sta. María** (s. XVI), de estilo renacentista. Paseando por las calles de la ciudad, algunas con nombres de gremios como la del Teucro y la de A Verdura, se encuentran interesantes muestras de arquitectura civil como el Ayuntamiento (s. XIX) y el **Ponte do Burgo,** una de las edificaciones más emblemáticas, que sigue gran parte del trazado de una vía romana.

Fiestas: El viernes anterior a la Cuaresma se festeja el carnaval o fiesta del **Entroido.** Del 10 al 18 de agosto se celebran las fiestas de la patrona, la Virgen Peregrina.

Playa de Rodas en las islas Cíes

Alrededores: En sus cercanías se halla el Parque Natural del Monte Aloia y el **Parque Nacional de las Islas Atlánticas.** A 17 km está Sanxenxo, donde se puede disfrutar de su famosa playa, A Lanzada. A 20 km se ubica **Bueu** con su iglesia de S. Martiño. A 20 km está **Campo Lameiro,** un parque arqueológico de arte rupestre que reúne uno de los conjuntos más interesantes de petroglifos de Galicia.

Restaurantes

® **Alameda 10.** Alameda, 10. T. 986 857 412.
www.restaurantealameda10.com
Cierra martes cena excepto agosto y diciembre; y domingo. Camilo Pardo brilla en una plaza de gran competencia. Su fórmula, platos conocidos, buen producto... **Marisco** aparte, buenos **arroces,** excelentes **empanadas** y magnífico **bacalao.** Un clásico: su **tartita de pera.** Menú y precio medio 30 €.

Casa Román. Avda. Augusto García Sánchez, 12. Zona Pza. de Galicia. T. 986 843 560. *www.casaroman.com*
Cierra domingo cena, y lunes excepto agosto. Cocina tradicional con base en los productos del mar. Cestillo de mejillones en *tempura,* rodaballo de la ría guisado, filloas rellenas de crema. Precio medio 45 €.

® **Eirado da Leña.** Pza. da Leña, 3. T. 986 860 225.
www.nove.biz/es/eirado-da-lena
Cierra cenas de lunes a jueves excepto reserva. La mejor opción en la preciosa parte vieja de la ciudad. Cocina de producto de buena calidad e imaginación controlada. Notable su ***foie-gras*** de elaboración propia. Otro plato estrella es el **rabo de vaca.** Agradable ambiente. Menú 24 €. Precio medio 37 €.

® **La Casa de las Cinco Puertas.** Avda. Santa María, 8. T. 986 851 948.
www.5puertas.com
Cierra domingo cena. Casa rehabilitada del s. XIX en el centro monumental. La **tortilla de patatas** es magistral. También, **pescados** de la ría, **ternera gallega con D. O. y flan de café.** Precio medio 30 €.

Hoteles

**** **Galicia Palace.** Avda. de Vigo, 3. T. 986 864 411.
www.galiciapalace.com
Hab. 85: 118 €. Situado en el centro comercial, a un paso de la zona monumental y de las estaciones de tren y autobús.

**** **Parador de Pontevedra.** Barón, 19. T. 986 855 800.
www.parador.es
Hab. 47: 145 €. En el Pazo de Maceda, conocido como el palacio del Barón de Casa Goda, conserva la antigua composición señorial y su preciosa escalera. Pescados y mariscos como notas predominantes en su cocina.

Parque Campo Lameiro

Situado en el corazón del valle medio del río Lérez, forma parte de la Red Gallega del Patrimonio Arqueológico y alberga uno de los conjuntos de arte rupestre más importantes. Alrededor de un centenar de rocas con temáticas características de los petroglifos de Galicia.

Potes Cantabria

11 · E-1
A Santander, 117 km
A Madrid, 422 km
Alt. 291 m · Pob. 1.533
T. 942 730 787
GPS 43° 9' 11'' N · 4° 37' 26'' O

Visitar: Ubicado en una zona montañosa donde confluyen ríos y arroyos, su casco histórico está declarado bien de interés cultural. En él puede visitarse la **torre del Infantado,** casonas y palacios solariegos, como la **casa-torre de Orejón de la Lama,** y la iglesia de S. Vicente.

Fiestas: La más importante es la celebración de la **Sta. Cruz,** el 14 de septiembre. En noviembre tiene lugar en el municipio una de las ferias ganaderas más importantes de Cantabria.

Alrededores: Cosgaya (a 17 km) ofrece unas estupendas vistas al valle de Camaleño. A apenas 2 km de Potes, en el corazón de la comarca de liébana, se encuentra el **monasterio de Sto. Toribio de Liébana.**

Alquitara para el destilado de orujo

Restaurantes

® **Del Oso.** (Hotel del Oso, en COSGAYA, a 17 km). Areños, s/n. Ctra. C-621, Potes-Fuente Dé, km 14. T. 942 733 018. *www.hoteldeloso.com*
Cierra del 1 de enero al 15 de febrero. Hotel y restaurante de arquitectura tradicional al pie de los Picos de Europa. Trato familiar. Es una referencia gastronómica en la comarca de Liébana. **Cocido lebaniego, carnes de Liébana, tartas caseras.** Menú y precio medio 25 €.

El Bodegón. San Roque, 4. T. 942 730 247.
Cierra miércoles excepto verano, y del 22 de diciembre al 12 de enero. Ambiente rústico y cálido. Tabla de quesos, cocido lebaniego, *mousse* de limón. Menú 11 €. Precio medio 25 €.

El Urogallo. (Hotel La Casona de Cosgaya, en COSGAYA, a 17 km). Barrio Areños, s/n. T. 942 733 077. *www.casonadecosgaya.com*
Cierra del 10 al 25 de diciembre. Caza en la decoración y en el plato, con pierna de corzo rellena de ibéricos y *carpaccio* de reno y *boletus* como plato estrella. Otras opciones, el bacalao con pisto y de postre, flan de queso. Menú 26 €. Precio medio 30 €.

Pozuelo de Alarcón Madrid

53 · C-4

Ver Madrid/Restaurantes/Alrededores

Pravia Asturias

3 · D-3
A Oviedo, 50 km
A Madrid, 550 km
Alt. 17 m · Pob. 9.100
T. 985 821 204
GPS 43° 29' 20'' N · 6° 6' 47'' O

Visitar: Al oeste de la provincia asturiana se ubica esta localidad, donde puede visitarse la **iglesia prerrománica de S. Juan Evangelista de Santianes,** con el museo homónimo colindante. Llama la atención el conjunto histórico-artístico representado por la colegiata, el edificio del Ayuntamiento y varias casas y palacios de arquitectura señorial de los ss. XVII y XVIII.

Fiestas: Son típicas las Jornadas del Salmón durante el mes de abril. El **Xiringüelu** es la romería popular, originaria del s. XVII y celebrada el primer domingo de agosto.

Alrededores: Candamo se encuentra a 10 km. Allí se hallan los palacios de Valdés Bazán y Cañedo. A 12 km se ubica **San Juan de la Arena,** en la desembocadura del río Nalón, donde puede visitarse la playa de los Quebrantos.

Pinturas en el Parque de la Prehistoria de Teverga

Restaurantes

☼ **El Patio de Balbona.** (Hotel Casona del Busto). Pza. del Rey Don Silo, 1. T. 985 822 363. *www.elpatiodebalbona.es*
Cierra domingo cena, miércoles y del 7 al 31 de enero. En el señorial marco de la Casona del Busto, David Menéndez elabora una sólida cocina tradicional asturiana, en la que, sin embargo, están muy presentes conceptos actualizados, que la hacen, si cabe, aún más atractiva. **Sardina marinada y su ensalada de fresa de Candamo, ventresca de bonito del norte con salteado de rebozuelos.** Menús de 15 a 50 €. Precio medio 40 €.

Hoteles

*** **Casona del Busto.** Pza. del Rey Don Silo, 1. T. 985 822 771. *www.casonadelbusto.es*
Hab. 30: 80 €. Edificio histórico del s. XVI magníficamente restaurado. Restaurante El Patio de Balbona.

Prendes Asturias

3 · F-3
A Oviedo, 32 km
A Madrid, 484 km
Alt. 39 m · Pob. 7.209
T. 985 884 888
GPS 43° 35' 23'' N · 5° 46' 7'' O

Visitar: Esta pequeña parroquia del concejo de Carreño destaca por su excelente gastronomía y por su entorno natural. Merece la pena acercarse a la cercana **villa de Candás** para disfrutar de sus miradores naturales, sus playas y su puerto pesquero.

Fiestas: El 1 de agosto se celebra en Candás el **Festival de la Sardina.**

Alrededores: Desde **Candás** (a 3 km) se puede realizar, a pie o en bicicleta, el camino de Les Muyeres de la Paxa, que recorre el concejo de Carreño y los pueblos limítrofes y que realizaban las mujeres llevando sobre sus cabezas las *paxas* (cestas) llenas de pescado. A 10 km está el pueblo marinero de **Luanco.**

Restaurantes

® **El Llagarón.** (Sidrería, en CANDÁS, a 3 km). Nicanor Piñole, 4.
T. 985 885 227. *www.llagaroncandas.com*
Cierra lunes en invierno. Bulliciosa sidrería donde **pescados y mariscos,** junto al **lechazo** de Peñafiel, tienen un predominio absoluto en una cocina sin muchas complicaciones. Menú 10 €. Precio medio sin marisco 30 €.

Casa Gerardo

Cierra cenas de domingo a jueves; y lunes. Los Morán, padre e hijo, mantienen el emblema de ser el mejor del Principado, gracias a un trabajo de cocina continuado que les ha llevado a abrir sucursal en Londres (el Hispania, en Lombard st.). Servicio impecable con Dani González, al frente de una bodega de altura. Convive la cocina de autor de los más jóvenes, no perderse su **bogavante en vinagreta de tomate** o su **cigala, pasta y berza. Pescados** excepcionales, impecable **fabada con judías frescas,** sabrosas **croquetas de compango** o su goloso **arroz con leche,** probablemente el mejor de España.

Precio medio 55 €.

Ctra. AS-19, Gijón-Avilés, km 8,5.
T. 985 887 797.
www.restaurantecasagerardo.com

Puçol Valencia Ver Sagunto

76 · F-1

Puebla de Sanabria Zamora

30 · A-1
A Zamora, 112 km
A Madrid, 343 km
Alt. 960 m · Pob. 1.659
T. 980 620 734
GPS 42° 3' 16'' N · 6° 38' 7'' O

Visitar: Emplazada en un alto recodo y arropada por la confluencia de los ríos Tera y Castro, la villa está reconocida como conjunto histórico-artístico. Su **castillo** (s. XV) cuenta con la torre del Homenaje en su interior. Del s. XII es la **iglesia parroquial de Ntra. Sra. del Azogue,** mientras que su Casa Consistorial (s. XV) está ubicada en la Plaza Mayor.

Fiestas: El 15 de agosto se celebra la patrona, la Virgen del Azogue. Las grandes fiestas son en honor a la **Virgen de las Victorias,** el 8 de septiembre.

Alrededores: A unos 10 km está el Parque Natural del Lago de Sanabria y a 17 km **San Martín de Castañeda,** donde se encuentra un interesante monasterio cisterciense. **Hermisende** (a 36 km) deleita con sus casas de piedra y tejados de pizarra.

Monasterio en San Martín de Castañeda

Restaurantes

® **Posada de las Misas.** Pza. Mayor, 13. T. 980 620 358.
www.posadadelasmisas.com
Con 15 habitaciones. Antiguo por fuera y moderno por dentro. En una antigua casa solariega, comedor minimalista con amplio ventanal y vistas al valle del río Tera. Los **habones, la trucha y las carnes sanabresas** comparten mesa con **setas y caza** en temporada y **quesos zamoranos.** Precio medio 30 €.

Hoteles

**** **Parador de Puebla de Sanabria.** Avda. del Lago de Sanabria, 18.
T. 980 620 001. *www.parador.es*
Hab. 42: 114 €. Suites: 1. Acogedor y moderno a la vez, se ubica en la parte baja del pueblo. Ideal para realizar excursiones y rutas de turismo verde. Restaurante de cocina tradicional.

Puente Arce Cantabria Ver Santander

5 · C-3

Puente la Reina Navarra

Visitar: Unión de caminos hacia Santiago (el de Roncesvalles y Jaca), es imprescindible admirar el **puente románico** sobre el río Arga que le da nombre, cuyo primer arco empieza en tierra. Su casco histórico, conjunto histórico-artístico, está plagado de vestigios jacobeos. Merece la pena el convento de las Comendadoras del Sancti Spiritus, al otro lado del río, y **la iglesia del Crucifijo,** también románica y templaria, que acoge uno de los albergues de peregrinos más famosos del Camino de Santiago.

Fiestas: En julio se celebran las **fiestas patronales de Santiago** y el último fin de semana de septiembre, las Ferias de Puente la Reina.

Alrededores: A 22 km, en **Abárzuza,** se puede visitar el monasterio de Sta. María de Iranzu.

23 · A-1
A Pamplona, 23 km
A Madrid, 442 km
Alt. 344 m · Pob. 2.867
T. 948 341 301
GPS 42° 40' 17'' N · 1° 49' 1'' O

Hoteles

El Peregrino. Irunbidea, s/n. T. 948 340 075. *www.hotelelperegrino.com*
Hab. 12: 150 €. Suites: 5. Singular hotel con encanto. Miembro de Relais & Châteaux.

Puente Viesgo Cantabria

El río Pas a su paso por Puente Viesgo

Visitar: Aparte de su famoso balneario de aguas termales y mineromedicinales, este municipio cuenta con unas magníficas **cuevas,** declaradas patrimonio de la humanidad, que son de origen prehistórico y constituyen uno de los conjuntos arqueológicos más completos del Paleolítico europeo. Destacan las del Castillo y las Monedas. Además, llaman la atención la **iglesia neorrománica de S. Miguel** y la casona de Fuentes-Pila, monumento nacional que hoy es sede del Ayuntamiento.

Fiestas: La **Fiesta de la Perola** en Vargas está declarada de interés regional y se celebra el 20 de enero. El 29 de septiembre se festeja S. Miguel Arcángel.

Alrededores: A 9 km está **Pomaluengo,** donde hay una colegiata románica. En la localidad de **San Felices de Buelna** (a 10 km) se encuentra la zona arqueológica de la cueva de Sovilla.

5 · B-3
A Santander, 28 km
A Madrid, 366 km
Alt. 71 m · Pob. 2.747
T. 942 598 105
GPS 43° 17' 54'' N · 3° 57' 48'' O

Restaurantes

La Venta de Castañeda. (En POMALUENGO, a 9 km).
Pomaluengo, 140. Ctra. N-634, Torrelavega-Solares. T. 942 592 140.
www.ventacastaneda.com P
Cierra cenas de lunes y martes. Cercano al Parque de Cabárceno.
Rabas al estilo Santander, solomillo de buey, crema montañesa.
Menú 12 €. Precio medio 25 €.

Hoteles

**** **Gran Hotel Balneario de Puente Viesgo.** Manuel Pérez Mazo, s/n.
T. 942 598 061. *www.balneariodepuenteviesgo.com*
P
Hab. 135: 80 €. Suites: 6. El Templo del Agua, circuito termolúdico.
Restaurante El Jardín.

Puerto de Santa María, El Cádiz

Calles adornadas en la festividad de la patrona

109 · D-1
A Cádiz, 25 km
A Madrid, 645 km
Alt. Nivel del mar · Pob. 90.000
T. 956 483 714
GPS 36° 35' 47'' N · 6° 13' 43'' O

Visitar: Entre pinares, playas y marismas se extiende esta ciudad, cuna de Rafael Alberti, declarada conjunto histórico-artístico. Sobre una antigua mezquita se levantó el **castillo de S. Marcos,** con elementos góticos y almohades, que aún conserva una capilla cristiana en su torre del Homenaje. Del s. XV es la **iglesia Mayor Prioral,** donde está la patrona, la Virgen de los Milagros. Destacan la portada del Perdón y la Puerta del Sol, del s. XVII. También se puede admirar en el casco histórico la **Casa de los Leones,** de inspiración barroca. Los monasterios más importantes son el de la Victoria, con elementos que van del gótico tardío al renacimiento; el de las Capuchinas y el del Espíritu Sto. Otros monumentos importantes son su **plaza de toros,** una de las más antiguas de España, y la **antigua lonja.** No hay que irse sin coger el *Vapor del Puerto*, barco que une esta ciudad con Cádiz.

Fiestas: Es típico su **carnaval** con chirigotas, cantes, disfraces y desfiles. De carácter religioso destaca la celebración de la **Semana Santa.** La patrona, la Virgen de los Milagros, se celebra el 8 de septiembre.

Alrededores: Sus playas recorren hasta 15 km del océano Atlántico. El **Parque Natural de la Bahía de Cádiz** (a 28 km) ofrece un bello paraje al margen de la zona costera. A 26 km se halla **Sanlúcar de Barrameda.**

Restaurantes

☼☼☼

Aponiente

Cierra domingo, lunes, y de finales de noviembre a primeros de marzo. Es un *crack*. Ángel León, Premio Nacional de Gastronomía, sigue creando, armonizando y triunfando. En sus dos menús degustación (80 y 115 €), los **pescados** y el **plancton** protagonizan las sabias creaciones de Ángel, que armonizan con vinos interesantes y un servicio a tono con la calidad de todo.

Precio medio 80 €.

Puerto Escondido, 6. T. 956 851 870.
www.aponiente.com

Bar Jamón. Rotonda Molino Platero, s/n. Variante Ctra. El Puerto-Rota. T. 956 850 513. *www.barjamon.com*
Cierra domingo cena. Cortijo andaluz con terraza-jardín. Hace honor a su nombre con un buen jamón ibérico. Arroz caldoso con langostinos, tocinillo de cielo. Precio medio 30 €.

☼☼ **El Faro del Puerto.** Avda. de Fuentebravía, km 0,5. T. 956 870 952. *www.elfarodelpuerto.com*
Cierra domingo cena excepto agosto. Fernando Córdoba y su familia siguen con el mejor producto elaborado en muy diversos y gustosos aprestos. Armonizan con el buen servicio de Jaime Rostoll y la ajardinada terraza. Como novedades, las **castañitas sobre patata y tomates secos, la lubina sobre *parmentier* de calabacines.** Deliciosos postres y quince quesos artesanos locales y nacionales. Merece la pena. Zona de barra más informal con mesas altas. Precio medio 45 €.

® **Plato al Centro.** (C. C. Vistahermosa, local 5). Avda. Juan Melgarejo, s/n. T. 956 543 176. *www.platoalcentro.com*
Su éxito gastronómico se debe a la buena cocina tradicional de Pilar Vara del Rey. ***Tartar* y tarantelo de atún de almadraba, calamares Pelayo** y los golosos **postres caseros.** Sigue de moda con llenos diario en temporada. Precio medio 30 €.

Venta Millán. Toneleros, 12. T. 956 543 122.
Atún de almadraba y tomate natural, urta a la roteña, tocino de cielo. Precio medio 40 €.

Hoteles

**** **Monasterio de San Miguel.** Virgen de los Milagros, 27. T. 956 540 440. *www.hotelmonasteriodesanmiguel.es*
Hab. 165: 60 €. Suites: 8. Antiguo monasterio de Capuchinas (s. XVIII). Decorado con objetos de anticuario y obras de arte. Conserva las rejas del coro, locutorio, patios, claustros y la iglesia como salón de actos culturales. Restaurante Las Bóvedas.

Puerto Real Cádiz Ver Cádiz

109 · E-2

Punta Umbría Huelva

104 · A-1
A Huelva, 16 km
A Madrid, 655 km
Alt. 3 m · Pob. 15.131
T. 959 495 160
GPS 37° 10' 50'' N · 6° 58' 8'' O

Visitar: Sus 13 kilómetros de playas de arenas finas y limpias bañadas por el océano Atlántico hablan por sí solas. Pero esta localidad no es únicamente sol y playa, pues acoge la desembocadura de los ríos Tinto y Odiel y, entre ellos, la lengua de tierra Isla Saltés, un entorno natural accesible al público. Una visita curiosa es la **Casa-Museo de los Ingleses,** que explica la presencia británica en Punta Umbría cuando ésta fue tomada como enclave de salud para los trabajadores ingleses de Ríotinto. También merece la pena acercarse a **torre Umbría,** erigida en el s. XVI para hacer frente a los piratas berberiscos. Un buen broche final puede ser un viaje en barco en las tradicionales canoas que enlazan Huelva y Punta Umbría en un viaje fluvial de gran belleza.

Fiestas: En febrero toma las calles el carnaval Verdigoná y en mayo tiene lugar la romería de la Sta. Cruz. El 16 de julio es la **procesión de la Virgen del Carmen.**

Alrededores: La **Reserva Natural de las Marismas del Odiel** está a 3 km. Otras visitas de interés son la **playa de los Enebrales** (a 4 km), con una riqueza faunística y vegetal única, y la **laguna de El Portil** (a 8 km).

Restaurantes

® **El Paraíso.** Ctra. Huelva-El Portil, km 11. T. 959 312 756. *www.restauranteelparaiso.com*
Un destino decorado al estilo marinero, donde la cocina del pescado de sus costas es baluarte y se elabora de distintas formas. **Gamba blanca, *foie-gras* de pato al Luis Felipe, arroces marineros, pescados** de la costa. De postre, **meloso de chocolate.** Precio medio 30 €.

Hoteles

**** **Barceló Punta Umbría Mar.** Avda. del Océano, s/n. T. 959 495 400. *www.barcelopuntaumbriamar.com*
Hab. 298: 126 €. Suites: 5. Junto al Parque Natural de los Enebrales, en primera línea de playa. Reformado recientemente. Restaurante Los Enebrales.

Caballos en el Parque Nacional de Doñana

21 · D-3

Quintanadueñas Burgos Ver Burgos

Quintanar de la Orden Toledo

74 · D-2
A Toledo, 114 km
A Madrid, 124 km
Alt. 691 m · Pob. 13.047
T. 925 180 750
GPS 39° 35' 24'' N · 3° 2' 30'' O

Halcón

Visitar: En plena Ruta del Quijote, la historia de esta localidad está ligada a la Orden de Santiago. Un paseo por sus calles conduce a la **iglesia de Santiago de la Espada,** al **santuario de Ntra. Sra. de la Piedad,** construido sobre una antigua sinagoga, y a la Casa de los Rada.

Fiestas: Su **Semana Santa** es de interés turístico. En febrero se celebran los carnavales; el 15 de mayo, S. Isidro, y en junio, la fiesta de Moros y Cristianos.

Alrededores: Dos pueblos interesantes son **El Toboso** (a 8 km) y **La Puebla de Almoradiel** (a 10 km).

Restaurantes

El Almirez. San Juan, 9. T. 925 565 041.
Cierra domingo cena, lunes y última semana de septiembre. El dúo Marcelino y Mónica Aznar, en cocina y sala respectivamente, dirige con acierto su local de decoración minimalista. Ensalada de perdiz escabechada con vinagreta de mostaza, chuletón de ternera rosada con patatas, tarta de requesón con miel. Menú 10 €. Precio medio 30 €.

® **Granero.** Avda. San Fernando, 90. T. 925 180 238.
www.restaurantegranero.com
Cierra miércoles y última semana de septiembre. Los hermanos Pintado, José Antonio (cocina) y Alfonso (comedor), junto a Adán Israel (bodega) han conseguido convertirse en la mejor referencia de la zona. **Croquetas de jamón ibérico con *boletus edulis*, solomillo de ternera con cebolla caramelizada, cremoso de queso.** Menú y precio medio 35 €.

Quintanilla de Onésimo Valladolid

31 · F-4
A Valladolid, 35 km
A Madrid, 215 km
Alt. 728 m · Pob. 1.163
T. 983 681 158
GPS 41° 37' 25'' N · 4° 21' 54'' O

Visitar: Situada en la milla de oro de Ribera del Duero, de su patrimonio sobresalen la **iglesia de S. Millán,** con un retablo del s. XVI, y el **canal del Duero** (s. XIX), que traza un bello paseo hasta el cercano pueblo de Sardón (a 6 km).

Fiestas: En agosto se celebra **Ntra. Sra. de la Asunción y S. Roque** y en noviembre, S. Millán.

Alrededores: Es indispensable visitar sus **bodegas** y acercarse a la localidad de **Sardón de Duero** (a 6 km) para conocer el monasterio de Retuerta.

Restaurantes

Fuente de la Aceña. Molino, s/n. T. 983 680 910.
www.fuenteacena.com
Cierra domingo cenas. Con 22 habitaciones. Pedro de Rodrigo sigue demostrando su buen punto culinario en la **lasaña de morcilla de Burgos, la hamburguesa de lechazo y el sorbete de tempranillo.** Menú 20 €. Precio medio 35 €.

Refectorio. (Hotel Abadía Retuerta Le Domaine, en SARDÓN DE DUERO, a 6 km). Ctra. N-122, Valladolid-Soria, km 332,5. T. 983 680 368.
www.ledomaine.es
Cierra almuerzos y de enero a marzo. Lo que fue el refectorio de la abadía de Sta. María de Retuerta es hoy el espectacular escenario de dos menús degustación (65 y 90 €) de Pablo Montero bajo el asesoramiento culinario de Andoni Luis Aduriz (Mugaritz). Muestra de ello, **corazón de pepino impregnado en agua de tomate y girasol, lomo de trucha marinado con coriandro y lima, crema ácida ahumada y pepino.**
Menú y precio medio 65 €.

Hoteles

***** **Abadía Retuerta Le Domaine.** (En SARDÓN DE DUERO, a 6 km).
Ctra. N-122, Valladolid-Soria, km 332,5. T. 983 680 368. *www.ledomaine.es*
Hab. 22: 290 €. Desayuno incluido. Abadía del s. XII, declarada bien de interés cultural. Ambiente íntimo. Restaurante Refectorio y La Vinoteca (Gastrobar).

Rascafría-El Paular Madrid

Visitar: Enclavado en el valle del Lozoya, este bonito pueblo serrano alberga el **monasterio de Sta. María de El Paular** (s. XIV), la primera cartuja de Castilla, que en su época de esplendor dio cobijo a 200 monjes. El monasterio tiene un magnífico **retablo gótico de alabastro,** un sagrario barroco y el patio del Ave María, con una portada de piedra de Gil de Hontañón. En su claustro se han recuperado **los cuadros del pintor toscano Vicenzo Carduccio** que estaban en el Museo del Prado. Frente al monasterio está el **puente del Perdón,** llamado así porque los reos conducidos a la horca podían apelar su sentencia por última vez sobre él. Ya en el casco urbano, hay que visitar la iglesia de S. Andrés Apóstol (s. XV), la Casona (s. XIV) y la Casa de Postas (s. XVIII).

Fiestas: En agosto se celebra la Virgen de Gracia y S. Roque y en noviembre, **S. Andrés,** patrón de la localidad.

Alrededores: Los amantes de la naturaleza pueden visitar las piscinas naturales de las Presillas y el **Parque Natural de Peñalara** (a 16 km). También merecen la pena otros pueblos del valle alto del Lozoya, entre los que destaca **Oteruelo del Valle** (a 3 km). Cerca están las estaciones de **Valdesquí** (a 14 km) y **Navacerrada** (a 24 km) y el puerto de Cotos, con su estación de esquí de fondo.

Parque Natural de Peñalara

53 · C-1
A Madrid, 94 km
Alt. 1.163 m · Pob. 2.083
T. 918 691 804
GPS 40° 54' 12'' N · 3° 52' 50'' O

Restaurantes

Los Claveles. Ctra. de Cotos, km 31,5. T. 918 691 601.
www.sierranorte.com/losclaveles
Cierra cenas excepto reserva. Ubicado en el Parque Natural de Peñalara. Potaje de judías sanabresas, cochinillo de granja asado, repostería casera. Menú y precio medio 25 €.

Pinosaguas. Ctra. M-604, Valcotos-Lozoya, km 32. Paraje La Isla-Parque Natural de Peñalara. T. 918 691 025. *www.rascafriaturismo.org* P
Cierra cenas, martes, y primera quincena de septiembre. Croquetas de varios gustos (su especialidad), ternera de la Sierra de Guadarrama, caza, leche frita con canela. Menú 12 €. Precio medio 27 €.

Hoteles

**** **Sheraton Santa María de El Paular.** Ctra. de Cotos M-604, km 26,5. Junto al monasterio de Sta. María de El Paular. T. 918 691 011.
www.sheraton.com/paular P
Hab. 57: 75 €. Suites: 5. Conjunto histórico-artístico. Atractivo emplazamiento junto al monasterio de Sta. María de El Paular, en el valle del Lozoya, corazón de la Sierra de Guadarrama. Restaurantes Don Lope y Mesón Trastámara.

Raxó-Poio Pontevedra Ver Sanxenxo

17 · C-2

Reinosa Cantabria

12 · B-3
A Santander, 70 km
A Madrid, 357 km
Alt. 849 m · Pob. 10.300
T. 942 755 215
GPS 43° 0' 1'' N · 4° 8' 26'' O

Visitar: Bañada por el río Ebro, esta ciudad conserva en su casco antiguo importantes muestras de su pasado medieval, como los **torreones de Navamuel y Manrique** y **de Navamuel y Calderón.** En la misma plaza está el Ayuntamiento, un palacio del s. XIX. Mención aparte merecen la **iglesia de S. Sebastián,** en la que destaca su portada barroca, y el convento de S. Francisco. Pasear por los soportales de la calle Mayor permite descubrir joyas como la **Casona** y la Casa de Pano.

Fiestas: En enero se celebran las fiestas de S. Sebastián y el concurso gastronómico de la **Olla Ferroviaria.** En septiembre son las fiestas patronales de S. Mateo y el **Día de Campoo,** de interés turístico nacional.

Alrededores: En **Fontibre** (a 5 km) se puede visitar el nacimiento del río Ebro. También es interesante acercarse a **Retortillo** (a 5 km) para conocer el yacimiento arqueológico de Julióbriga y a **Valdeprado** (a 22 km) para admirar el hayedo y el robledal de Montesclaros. La estación de esquí de **Alto Campoo** se sitúa a 25 km.

Restaurantes

® **Fuentebro.** (En FONTIBRE, a 5 km). Nacimiento del río Ebro, s/n.
T. 942 779 772. *www.restaurantefuentebro.com*
Cierra cenas de lunes a jueves en invierno, y del 2 al 22 de noviembre.
Ubicado junto al nacimiento del Ebro, en una casona rústica. **Emparedado de bonito y *foie-gras* con cebolla roja y manzana caramelizada, carnes de Campoo, torrija de sobao pasiego con helado de queso fresco.**
Menú 20 €. Precio medio 35 €.

Requena Valencia

76 · B-2
A Valencia, 64 km
A Madrid, 275 km
Alt. 692 m · Pob. 21.448
T. 962 303 851
GPS 39° 29' 15'' N · 1° 6' 5'' O

Venta del Moro

Visitar: Desde el s. XIII, esta población fortificada marcó la frontera entre los reinos de Valencia y Toledo. La **Villa** fue el núcleo poblacional y su estructura es hispano-musulmana. En este barrio están las **iglesias góticas de Sta. María** y de **S. Salvador** y la **iglesia de S. Nicolás,** la más antigua de la localidad. Son interesantes las cuevas árabes, que recorren el subsuelo de la plaza de la Villa y la torre del Homenaje, principal resto de la fortaleza árabe. Mientras se camina por sus calles se pueden admirar el Arco del Ovejero, el Palacio del Cid, los arcos del callejón de Paniagua y la **Casa del Arte Mayor de la Seda,** que rememora la época en la que Requena era el cuarto centro de producción sedera de España. La visita puede concluir en los barrios de las Peñas, donde está la iglesia mudéjar de S. Sebastián, y del Arrabal, donde se pueden visitar la iglesia del Carmen y el claustro del antiguo convento carmelitano, hoy **Museo Municipal.**

Fiestas: Destaca su Semana Santa. A finales de agosto se celebran la **Feria de la Vendimia,** de interés turístico nacional, y la Feria Requenense del Vino.

Alrededores: Merece una visita el **Museo del Vino y la Vida Rural de Sisternas** (a 16 km) y la Reserva Natural Las Hoces del Cabriel (a 25 km). El Parque Fauna Ibérica (a 6 km) es ideal para ir con niños.

Restaurantes

® **La Posada de Águeda.** Ctra. Antigua N-III, Madrid-Valencia, km 283.
T. 962 301 418. P S
Cierra cenas de domingo a jueves en invierno; y lunes. Atractiva ambientación y gustosa culinaria de ración. **Embutidos de la orza, pescados frescos, sorbetes.** Menú 18 €. Precio medio 30 €.

Mesón del Vino. Avda. Arrabal, 11. T. 962 300 001.
www.mesondelvino.es P
Cierra lunes cena, martes y septiembre. Gazpachos manchegos, paletilla de cordero, flan de café y de huevo en un mesón típico castellano.
Menú 17 €. Precio medio 37 €.

Hoteles

** **Doña Anita.** Pza. Albornoz, 15. T. 962 305 347.
www.hoteldonaanita.es P
Hab. 13: 53 €. Pequeño hotel familiar en pleno casco antiguo.

Reus Tarragona

47 · D-2
A Tarragona, 14 km
A Madrid, 540 km
Alt. 120 m · Pob. 107.770
T. 902 360 200
GPS 41° 9' 16'' N · 1° 6' 27'' E

Visitar: Esta ciudad tarraconense fue cuna del modernismo y escenario del auge de la burguesía catalana. Aquí nació Antonio Gaudí en 1852 y aquí se levantaron, desde finales del s. XIX, más de cien edificios modernistas que se pueden visitar siguiendo una interesante ruta. Lluís Domènech i Montaner, maestro de Gaudí, firmó la Casa Navàs, joya modernista que conserva todos los muebles, artesonados y lámparas de la época, y el instituto Pere Matas. También es el arquitecto responsable de las casas Rull y Gasull. Su hijo, Pere Domènech i Roura, ideó la Casa Marcó. Otros edificios importantes son la **iglesia gótica de S. Pedro** y el Palacio Bofarull, construido en 1770. El **barrio de Gaudí,** diseñado por Ricardo Bofill, el Museo de Arqueología Salvador Vilaseca y el Teatro Fortuny completan la visita.

Fiestas: En junio se celebra la **fiesta mayor de St. Pere,** de interés nacional; en julio es la feria de St. Jaume, y en septiembre, la fiesta de la Misericordia.

Alrededores: A 7 km se sitúa **Riudoms,** donde merece la pena visitar la casa solariega de los Gaudí y la iglesia de S. Jaime. A 8 km se encuentra **La Selva del Camp,** donde se pueden admirar el convento de S. Agustín y el de S. Rafael. El parque temático de **Port Aventura,** a 10 km, es una buena opción para ir con niños. A 24 km está **Arbolí,** donde destacan la parroquia de S. Andrés y la ermita de S. Juan.

Escalada en el valle de Siurana, cerca de Reus

Restaurantes

® **El Celler de l'Arbocet.** (En RIUDOMS, a 7 km). Masferrer, 9.
T. 977 850 082. *www.cellerarbocet.com* **P**
Cierra domingo cena, lunes, primera quincena de febrero y segunda de octubre. En el marco de rústica elegancia que aporta una centenaria casa colonial del s. XVIII, tres adjetivos definen la personalidad de esta casa: afán, tradición y entusiasmo, todo sumado al mejor producto de temporada **–angulas, setas...–.** Precio medio 45 €.

® **El Pigot d'Arbolí.** (En ARBOLÍ, a 24 km). Trinquet, 7. T. 977 816 063.
www.elpigotdarboli.es
Cierra cenas excepto julio y agosto; martes y mayo. Mesón familiar aplicado especialmente a la cocina de caza **–*civet* de jabalí–** y reconocido por el trato y la calidad de sus platos de carne. De postre, **castañas al vodka.**
Menú 13 €. Precio medio 27 €.

La Glorieta del Castell. Pza. del Castell, 2. T. 977 340 826.
www.restaurantlaglorietadelcastell.com
Cierra domingo cena, martes, última semana de agosto y primera de septiembre. Interesante oferta a cargo de la familia Escaño, pendiente de todo. *Sashimi* de atún rojo del Mediterráneo, *steak tartar,* melocotón amarillo con infusión de María Luisa y menta. Precio medio 30 €.

Riaza Segovia

43 · E-2
A Segovia, 74 km
A Madrid, 110 km
Alt. 1.190 m · Pob. 2.500
T. 921 550 430
GPS 41° 16' 47'' N · 3° 28' 44'' O

Visitar: Declarada conjunto histórico-artístico, Riaza posee un encanto especial. Su bella **Plaza Mayor,** donde está el Ayuntamiento, tiene forma de elipse con gradas de piedra unidas mediante barandillas de hierro forjado, soportales y balcones corridos. Es interesante visitar la **iglesia de Ntra. Sra. del Manto,** que alberga a la patrona de la villa, y acercarse a las ermitas de S. Juan y de S. Roque (s. XVI), en el Rasero, un parque dedicado a distintas actividades.

Fiestas: En febrero se celebra Sta. Águeda y en septiembre son las **fiestas mayores de Ntra. Sra. del Manto y de la Virgen de Hontanares.**

Alrededores: A 4,5 km está la **ermita de Ntra. Sra. de Hontanares,** rodeada por un bello paraje natural. También merece la pena acercarse al **hayedo de Pedrosa,** situado a 9 km, y a la **estación de esquí de La Pinilla,** a 10 km.

Restaurantes

Casaquemada. (Hotel Casaquemada). Isidro Rodríguez, 18.
T. 921 550 051. *www.casaquemada.com*
Cocina casera tradicional. Fabada, cordero asado lechal, ponche segoviano.
Precio medio 38 €.

La Casona. (Asador). La Iglesia, 5. T. 921 551 082.
www.segovia-sp.com/lacasona
Cierra miércoles y del 10 al 27 de junio. Casa del s. XVI. Sopa castellana, cochinillo, cordero y cabrito asados, leche frita. Precio medio 35 €.

Ribadavia Ourense

17 · F-3
A Ourense, 25 km
A Madrid, 531 km
Alt. 90 m · Pob. 6.000
T. 988 471 275
GPS 42° 17' 16'' N · 8° 8' 39'' O

Iglesia de S. Juan

Visitar: En el corazón de la comarca del Ribeiro se encuentra esta **villa medieval** que destaca por su entramado de calles y plazas porticadas, sus pazos (sobresalen el de los condes de Ribadavia y el del marqués de Bahamonde) y su judería. Conviene visitar la **iglesia románica de Santiago,** en la que llaman la atención su rosetón y su torre barroca; el convento e iglesia de Sto. Domingo y la capilla de la Virgen del Portal, patrona de Ribadavia y Ribeiro. También es interesante el **castillo de los Condes de Sarmiento,** en el que se puede contemplar una necrópolis de piedra de los ss. IX al XII.

Fiestas: El primer fin de semana de mayo es la **Feria del Vino Ribeiro,** de interés turístico nacional. A principios de septiembre son las fiestas patronales de la Virgen del Portal.

Alrededores: En **Francelos** (a 2 km) está la iglesia de S. Ginés, una joya de estilo prerrománico. También merecen una visita los monasterios cistercienses de S. Clodio, en **Leiro** (a 10 km), y de Sta. María de Melón, en **Melón** (a 9 km). Cerca de esta zona hay numerosos balnearios, como los de Prexigueiro (a 5 km), Cortegada (a 15 km) y Laias (a 18 km).

Hoteles

**** **Monasterio de San Clodio.** (En LEIRO, a 10 km). San Clodio, s/n.
T. 988 485 601. *www.monasteriodesanclodio.com*
Hab. 21: 69 €. Suites: 4. Monasterio cisterciense (s. XII).

Ribadeo Lugo

2 · F-2
A Lugo, 89 km
A Madrid, 592 km
Alt. 46 m · Pob. 9.988
T. 982 128 689
GPS 43° 32' 12'' N · 7° 2' 33'' O

Faro de isla Pancha

Visitar: Situado en la ría de Ribadeo, su casco urbano –conjunto histórico– es impresionante. En la plaza de España o de O Campo está su monumento más emblemático: la torre del **palacete de los Hermanos Moreno** (s. XX), modernista. Al lado está el pazo de los Ibañez (s. XVIII), construido por el marqués de Sargadelos, fundador de la famosa fábrica de cerámica, hoy sede del Ayuntamiento. Sin salir de la plaza se puede visitar el **convento de Sta. Clara** (s. XIV) y la iglesia de Sta. María del Campo. De camino a la **isla Pancha,** donde se puede admirar su faro del s. XIX, se contempla el fuerte de S. Damián. En el mirador de la Atalaya está la capilla de la Stma. Trinidad, que acoge un bello retablo barroco.

Fiestas: Son muy populares sus carnavales. El 16 de julio se celebra la Virgen del Carmen y el 16 de agosto, S. Roque. El 8 de septiembre es la fiesta de **Sta. María del Campo.**

Alrededores: Las **playas de Ribadeo** son ideales para practicar buceo o surf. Destacan la de Xunco, la de Los Castros y As Catedrais. En la cercana parroquia de **Vilaframil** (a 5 km) se puede visitar la capilla de S. Julián y la iglesia parroquial de S. Lorenzo.

Restaurantes

La Villa. (En VILAFRAMIL, a 5 km). Ctra. N-634, km 559. T. 982 123 001.
www.hotelrestaurantelavilla.com
Cierra domingo cena y Navidad. Con 10 habitaciones. Antiguo caserío de ambiente familiar. Ensalada de fabas y salpicón de pulpo, entrecot de buey con pimientos, crema caliente de chocolate. Menú 12 €. Precio medio 25 €.

Hoteles

**** **Parador de Ribadeo.** Amador Fernández, 7. T. 982 128 825.
www.parador.es
Hab. 47: 80 €. Suites: 1. Tiene un excepcional emplazamiento sobre la ría de Ribadeo, y próximo a las playas.

Ribadesella Asturias

4 · C-3
A Oviedo, 84 km
A Madrid, 515 km
Alt. 2 m · Pob. 6.295
T. 985 860 038
GPS 43° 27' 40'' N · 5° 3' 38'' O

Visitar: Asentada sobre la desembocadura del río Sella, esta villa marinera posee un casco histórico declarado bien de interés cultural. Un recorrido a pie permite admirar joyas arquitectónicas como la **Casa de los Ardines,** el palacio renacentista Prieto Cutre (actual Ayuntamiento) y la Casona del Escudo. Desde aquí se puede caminar hasta la playa de Sta. Marina para contemplar los impresionantes palacetes y casas señoriales que bordean el paseo. Para conocer la historia local, merece la pena caminar hasta el paseo de la Grúa, donde están los **Paneles de Mingote,** una viñeta monumental firmada por el célebre humorista. No hay que marcharse de Ribadesella sin visitar las pinturas rupestres de las **cuevas de Tito Bustillo,** declaradas patrimonio de la humanidad, y de la cuevona de Ardines.

Fiestas: A principios de julio son las fiestas de Ntra. Sra. de Guía. El primer sábado de agosto tiene lugar el **Descenso Internacional del Sella,** de interés turístico internacional.

Alrededores: Es interesante la **Ruta de los Dinosaurios,** que parte de Tazones, en el concejo de Villaviciosa, pasa por Lastres y la playa de la Griega, en Colunga, y llega a territorio de Ribadesella. En distintos yacimientos se pueden observar las huellas y restos óseos de estos reptiles prehistóricos. En **Colunga** (25 km) se puede visitar el Museo Jurásico.

Descenso del río Sella

Restaurantes

☼ **La Huertona.** (En LA HUERTONA, a 3 km). La Huertona, 2. Salida ctra. a Cuevas. T. 985 860 553. *www.restaurantelahuertona.com*
Cierra lunes cena, martes, 15 días junio y 15 días de octubre. En su diáfano comedor que mira a la vega del Sella, los hermanos Ruisánchez y José M. Viejo siguen fieles a su ideario culinario, con géneros de impecable calidad y recetas actuales con criterios prudentes. Periódicamente se renueva la carta. **Chipirones de potera sobre cebolla, tacos de solomillo de culón asturiano con guisantes frescos.** Precio medio 35 €.

La Parrilla. Avda. Palacio Valdés, 33. T. 985 860 288.
www.restaurantelaparrilla.es
Cierra lunes y noviembre. Magníficos pescados del día elaborados fundamentalmente a la plancha, junto a algunos mariscos seleccionados, *frixuelos* rellenos. Precio medio sin marisco 32 €.

Puente del Pilar. Puente del Pilar, s/n. T. 985 860 446.
www.hostalpuentedelpilar.com
Cierra del 15 de octubre a Semana Santa. Cocina casera a precios más que moderados es lo que atesora este local de aspecto rústico. Patatas rellenas. Rollo de bonito. Menú 14 €. Precio medio 25 €.

Hoteles

**** **Gran Hotel del Sella.** Ricardo Cangas, 17. T. 985 860 150.
www.granhoteldelsella.com
Hab. 81: 122 €. Suites: 6. Ubicado en el antiguo palacio de los Marqueses de Argüelles, de finales del s. XIX. Está en primera línea de playa. Restaurante Delfa.

Ricote Murcia

Paisaje agrícola del valle de Ricote

92 · F-3
A Murcia, 35 km
A Madrid, 394 km
Alt. 290 m · Pob. 1.441
GPS 38° 9' 7'' N · 1° 22' 6'' O

Visitar: Capital del valle de Ricote, esta localidad fue el último reducto morisco del Levante. Durante siglos, el **castillo de Alarbona** fue su emblema y hoy solo quedan sus ruinas. Un paseo por sus calles lleva a visitar la **iglesia barroca de S. Sebastián,** que alberga la imagen de S. José, obra del escultor Francisco Salzillo, y el palacete barroco de Llamas, sede de la Casa Consistorial.

Fiestas: Las más importantes son las patronales de S. Sebastián, el 20 de enero, y la **Semana Santa,** donde destaca el Día de la Mona.

Alrededores: En el **valle de Ricote,** atravesado por las aguas del río Segura, destacan pueblos como **Ojós** (a 4 km) y **Blanca** (a 8 km).

Restaurantes

☼ **El Sordo.** Alharbona, s/n. T. 968 697 150.
www.elsordo.es
Cierra cenas de martes a jueves; lunes y julio. Un local moderno acoge la cocina murciana de interior emplatada con actualidad, descubriendo sabores atávicos. **Setas silvestres salteadas bajo huevo cocifrito y carbón de ñoras, arroz con zorzales, brevas con chocolate.** Los platos y géneros de Jesús Ortega compensan el desplazamiento. Buena barra de tapas. Menú y precio medio 30 €.

Rionegro del Puente Zamora

30 · C-1
A Zamora, 90 km
A Madrid, 298 km
Alt. 810 m · Pob. 345
T. 980 652 003
GPS 42° 0' 22'' N · 6° 13' 43'' O

Visitar: En la comarca de La Carballeda se sitúa este pueblo que guarda un tesoro: el **santuario de Ntra. Sra. de Carballeda,** que destaca por su impresionante Túmulo (pieza de madera compuesta por cubos con escenas del infierno, el purgatorio y el cielo). Su paisano más ilustre es Diego de Losada, fundador de Caracas, cuya **Casa-Palacio** alberga la Biblioteca Bolivariana y el Museo Hispanoamericano de Pintura. El antiguo hospital se ha convertido en un albergue de peregrinos y es parada de la Ruta Sanabresa del Camino de Santiago.

Fiestas: La **Virgen de la Carballeda** se celebra el tercer domingo de septiembre.

Alrededores: A 37 km se sitúa **Puebla de Sanabria,** desde donde se puede hacer una excursión al Parque Natural del Lago de Sanabria, con su espectacular lago glacial.

Restaurantes

El 22. Ctra. N-631, Zamora-Vigo, cruce con ctra. de Villardeciervos.
T. 980 652 063.
Cierra cenas excepto reserva, domingo y segunda semana de noviembre. Casa rústica al pie de la Sierra de la Culebra con interesante oferta micológica. Crema de castañas con *boletus*, rabo de toro con senderuelas, pastel cremoso de manzana. Menú 12 €. Precio medio 30 €.

☼ **El Empalme.** El Empalme, s/n. Autovía Rías Baixas, salida 49 de Madrid-Vigo. T. 980 652 016. **P**
Cierra domingo cena, lunes, segunda quincena de agosto y del 22 de diciembre al 10 de enero. Merece su fama y el desplazamiento por la gran calidad micológica y de caza guisados por Gloria Lucía en su rústica casa de 1811. **Legumbres con manto de siete setas, corzo con salsa de peras y ciruelas, torrija con naranja y manzana.** Gran variedad de aceites de oliva virgen. Menú 13 €. Precio medio 35 €.

Ripoll Girona

26 · C-3
A Girona, 90 km
A Madrid, 652 km
Alt. 691 m · Pob. 11.800
T. 972 702 351
GPS 42° 12' 2" N · 2° 11' 22" E

Visitar: El **monasterio benedictino de Sta. María de Ripoll** preside el conjunto monumental que se asienta sobre la plaza del Abad Oliva, la imagen más reconocible de esta localidad ubicada en la confluencia de los ríos Ter y Freser. En él destacan su impresionante claustro y su iglesia, en la que sobresale el pórtico del s. XII. En la misma plaza está el Centro de Interpretación del Monasterio, de reciente creación; el Ayuntamiento y el **Museo Etnográfico,** que invita a conocer cómo era la vida de los habitantes de esta zona de Cataluña, sus tradiciones y sus costumbres. También es interesante visitar la muestra del Scriptorium, que permite entender la importancia que tuvo el monasterio de Sta. María en la producción y copia de manuscritos, y el **Museu de Farga Palau,** que da las claves sobre la repercusión de la industria de la fragua. El puente del Raval y el puente peatonal de Santiago Calatrava son otros monumentos de interés.

Fiestas: En mayo son las fiestas en honor al patrón, St. Eudald, y la **fiesta de la Llana i Casament a Pagès,** de interés turístico.

Alrededores: A 12 km se encuentra **Gombrèn,** donde se puede visitar el castillo de Mataplana. En **Sant Joan de les Abadesses** (a 10 km) está el monasterio del s. XII que preside la localidad. En **Queralbs** (a 21 km) se sitúa el santuario de Núria y a 10 km del pueblo está la estación de esquí del Valle de Núria.

Feria medieval de Ripoll

Restaurantes

☼ **Fonda Xesc.** (En GOMBRÈN, a 12 km). Pza. Roser, 1. T. 972 730 404. *www.fondaxesc.com*
Cierra cenas de domingo a jueves, lunes, del 6 al 18 de enero y 10 días en julio. Fonda refinadamente rural –este año remodelada y ampliada con un bonito nuevo espacio con vistas al valle– de carácter placentero y familiar, donde Francesc Rovira trabaja un producto de gran calidad. Menú 41 €. Precio medio 50 €.

Riudoms Tarragona Ver Reus

47 · C-3

Roa de Duero Burgos

32 · C-3
A Burgos, 80 km
A Madrid, 170 km
Alt. 825 m · Pob. 2.500
T. 947 541 819
GPS 41° 41' 48" N · 3° 55' 45" O

Visitar: Tierra de buenos vinos, esta localidad que se asoma al Duero brilla por su rico patrimonio monumental, en el que destacan la **excolegiata de Ntra. Sra. de la Asunción,** que conserva una bella portada románica, y los paños de la muralla medieval. Merece la pena recorrer su casco histórico para admirar el Palacio de los Vaca y Borja, la Alhóndiga y el **monumento del Empecinado,** dedicado a un héroe de la Guerra de Independencia. El **mirador de El Espolón** es un lugar perfecto para pasear y ofrece buenas vistas del río Duero. La visita puede concluir en el Parque Arqueológico, un centro de interpretación que recoge la historia de esta villa, o recorriendo alguna de sus **famosas bodegas.**

Fiestas: Destaca su Semana Santa. El segundo domingo de mayo y el 8 de septiembre se celebra la romería de la patrona, **la Virgen de la Vega.**

Alrededores: En las afueras de la localidad se puede visitar la ermita de Ntra. Sra. de la Virgen de la Vega. A 23 km está **Peñafiel,** con su conocida plaza del Coso, y a 28 km, **Sacramenia,** donde se ubica el monasterio cisterciense de Sta. María.

Uva típica de la zona de Ribera del Duero

Restaurantes

Asados Nazareno. Puerta Palacio, 1. T. 947 540 214.
Cierra cenas y segunda quincena de septiembre. La especialidad es el lechazo asado, precedido de morcilla, ibéricos y queso. De postre, hojaldre. Imprescindible reservar. Precio medio 33 €.

53 · A-3

Robledo de Chavela Madrid

Ver San Lorenzo de El Escorial

Rocío, El Huelva

104 · C-2
A Huelva, 67 km
A Madrid, 607 km
Pob. 1.622
T. 959 442 160
GPS 37° 7' 40'' N · 6° 29' 10'' O

Visitar: Casas encaladas y calles de arena conforman esta pequeña aldea cuya vida gira en torno a la **ermita de la Blanca Paloma,** templo de aire colonial dedicado a la Virgen del Rocío, y a su **romería,** de gran fervor religioso.

Fiestas: El fin de semana del domingo de Pentecostés se celebra la **romería de la Virgen del Rocío,** de interés turístico internacional.

Alrededores: El pueblo de **Almonte** (a 16 km), el **Parque Nacional de Doñana** (a 11 km) y la **playa de Matalascañas** (a 18 km) merecen una excursión.

Restaurantes

Toruño. (Hotel Toruño). Pza. Acebuchal, 21. T. 959 442 422.
www.toruno.es
Cierra la semana de la romería de El Rocío. Con 30 habitaciones.
Ambiente rociero con vistas a la marisma y acebuches centenarios.
Chocos y coquinas de Matalascañas, pescados de Doñana, natillas.
Menú 16 €. Precio medio 30 €.

Hoteles

**** **Carabela Club.** (En ALMONTE, a 16 km). Avda. Compositor Sorozábal, parcela 59-62. T. 959 448 001. *www.hotelcarabela.com* P
Hab. 286: 50 €. Suites: 3. Situado en el entorno del Parque Nacional de Doñana.

Roda, La Albacete

75 · B-4
A Albacete, 35 km
A Madrid, 210 km
Alt. 733 m · Pob. 16.513
T. 967 442 063
GPS 39° 12' 26'' N · 2° 9' 39'' O

Visitar: Los famosos *miguelitos*, unos dulces típicos de hojaldre, han hecho famosa a La Roda. Desde aquí parte una de las rutas de El Quijote y circula un tramo del Camino de Santiago. Un paseo por su casco antiguo, bien de interés cultural, permite descubrir el bello entramado de sus calles y sus **casas solariegas.** La iglesia de El Salvador es fácilmente localizable por su torre, llamada **Faro de La Mancha.** También es destacable la ermita de S. Sebastián, que actualmente alberga una sala de exposiciones, y el **Museo Etnográfico Municipal de La Roda,** dedicado a la historia y etnografía de esta localidad, que cuenta también con una muestra de la obra del pintor Benjamín Palencia. No se puede abandonar el municipio sin ver sus palacios y **casonas de hermosas fachadas** como la Casa de los Atienza o del Inquisidor y el palacio de los Condes de Villaleal, y realizar la **ruta de los escudos,** que permite observar la historia de quienes han habitado La Roda durante los últimos siglos.

Iglesia de El Salvador

Fiestas: El 17 de enero se celebra S. Antón. En mayo se festeja la **romería de la Virgen de los Remedios,** y a primeros de agosto, las fiestas patronales de El Salvador.

Alrededores: A 53 km está **Villarrobledo,** donde sobresale la plaza de Ramón y Cajal y la iglesia de S. Blas. A la misma distancia está **Chinchilla de Montearagón,** famosa por su casco urbano de trazado medieval.

Restaurantes

® **Azafrán.** (En VILLARROBLEDO, a 53 km). Avda. Reyes Católicos, 71.
Fácil acceso desde la AP-36 y A-43, salida 132. T. 967 145 298.
www.azafranvillarrobledo.com
Cierra cenas de domingo a jueves excepto vísperas de festivos; lunes excepto festivos, y última semana de agosto. Las **alcachofas rellenas de manitas de cerdo y verduras,** los **gazpachos manchegos de liebre** o las **migas dulces con melón, queso manchego, membrillo y romero,** son buena muestra en esta zona manchega de la provincia de Albacete. Menús 13 €.
Barra de tapas. Precio medio 30 €.

Juanito. (Hotel Juanito). Mártires, 15. T. 967 548 041.
www.hoteljuanito.com P
Con 31 habitaciones. Es una buena parada entre la Comunidad Valenciana y Madrid. Judías con perdiz, rollito de rabo de toro con albaricoque, tarta de manzana. Menú 12 €. Precio medio 30 €.

Roda de Isábena Huesca

Visitar: Ubicada entre valles y montañas, es un lugar único para disfrutar de la naturaleza y de su pasado histórico. Su **catedral románica** ha convertido a la villa en la población más pequeña de España con un templo catedralicio. Es impresionante su claustro, el sarcófago de S. Ramón y el retablo mayor del s. XVI. También llaman la atención un puente románico y el **Palacio del Prior** (s. XVI).

Fiestas: El 6 de agosto se celebra la romería a la ermita de S. Salvador.

Alrededores: En **La Puebla de Roda** (a 3 km) destaca su casco urbano, la ermita de la Virgen de Pedruy y su puente romano, llamado de la Luz. Cerca está el monasterio románico de Sta. María de Obarra.

24 · F-3
A Huesca, 108 km
Alt. 907 m · Pob. 308
T. 974 544 403
GPS 42° 17' 30'' N · 0° 31' 46'' E

Restaurantes

La Catedral. (Hotel Hospedería de Roda de Isábena). Pza. Pons Sorolla, s/n. T. 974 544 545. *www.hospederia-rdi.com* P
Cierra domingo cena excepto verano, del 5 al 10 de enero y del 20 al 26 de diciembre. Con 10 habitaciones. Se accede por el claustro al antiguo refectorio cisterciense. Revuelto de setas de temporada, carnes de caza, natillas. Menú 16 €. Precio medio 25 €.

Rois A Coruña Ver Padrón

1 · F-4

Ronda Málaga

Puente Nuevo de Ronda

Visitar: Un desfiladero de 150 m divide en dos esta bella localidad de la serranía de Ronda, declarada conjunto histórico. Ambas partes están unidas por tres puentes: el Árabe, el Viejo y el Nuevo. Su casco antiguo, declarado bien de interés cultural, conserva huellas de su pasado árabe y su trazado medieval. Un paseo por la antigua alcazaba permite llegar a la **iglesia del Espíritu Sto.** y a la de Sta. María la Mayor, levantada sobre las ruinas de la mezquita mayor. De herencia musulmana son los baños árabes, las murallas y las puertas islámicas que dan acceso a la ciudad. De su arquitectura civil destacan sus **casas solariegas,** como la del Moro o la modernista de Don Bosco, y los **palacetes de aristócratas,** como el de Mondragón o el de los marqueses de Salvatierra. Para disfrutar de unas extraordinarias vistas, lo mejor es pasear por la **Alameda del Tajo** o visitar la antigua Casa Consistorial, hoy Parador de Turismo. Son espectaculares las panorámicas desde el **mirador de los Reyes Católicos,** cerca de la plaza de toros (la más antigua de España). De los muchos museos de la ciudad es curioso el del Bandolero, que expone documentos y fotografías y narra los sucesos que protagonizaron los bandoleros que merodeaban por la serranía de Ronda.

110 · D-1
A Málaga, 102 km
A Madrid, 586 km
Alt. 739 m · Pob. 37.087
T. 952 187 119
GPS 36° 44' 29'' N · 5° 10' 3'' O

Fiestas: Destacan la Semana Santa; la fiesta patronal de la Virgen de la Paz y la Real Feria, que se celebran en mayo, y la **Feria de Pedro Romero,** de interés turístico, que tiene lugar en septiembre.

Alrededores: A 20 km de Ronda se encuentra el **yacimiento arqueológico de Acinipo,** donde se conservan aún el teatro, el foro y las termas romanas. A 25 km se sitúa **Jimera de Líbar,** que destaca por su entorno natural (forma parte del Parque Natural de la Sierra de Grazalema) y a 36 km está **Gaucín,** un bello pueblo en el que sobresale su castillo.

Restaurantes

Casa Santa Pola. Cuesta de Santo Domingo, 3. T. 952 879 208. *www.ronda.net/usuar/santapola*
Casa-Palacio del s. VIII colgada en el Tajo. Ajo blanco malagueño, rabo de toro a la rondeña, sopa fría de melón con frutas naturales. Precio medio 40 €.

Hoteles

**** **Montelirio.** Tenorio, 8. T. 952 873 855. *www.hotelmontelirio.com*
Hab. 15: 182 €. Suites: 3. Palacio del s. XVII ubicado en las afueras del famoso desfiladero de Ronda. Ofrece unas vistas fantásticas al río Guadalevín.

**** **Parador de Ronda.** Pza. de España, s/n. T. 952 877 500. *www.parador.es*
Hab. 78: 194 €. Suites: 8. Ubicado en un lugar privilegiado, entre la plaza de toros y el puente Nuevo, rodeado del famoso Tajo de Ronda.

Roquetas de Mar Almería

Faro en Roquetas de Mar

113 · B-2
A Almería, 19 km
A Madrid, 553 km
Alt. 7 m · Pob. 87.500
T. 950 333 203
GPS 36° 45' 58'' N · 2° 36' 57'' O

Visitar: Sus 15 km de playas convierten a esta localidad del poniente almeriense en un magnífico lugar para descansar y disfrutar del sol. Entre ellas destacan las de **Los Bajos** y **La Ventilla,** cuyos fondos marinos invitan a practicar *snorkel*, y **Los Cerrillos,** dentro del Parque Natural Protegido de Punta Entinas-Sabinar. Desde su puerto se puede iniciar un tranquilo paseo para conocer el **castillo de Sta. Ana,** el faro, la plaza de toros y el Museo Taurino. Un buen plan, si se viaja con niños, es visitar el **parque acuático Mario Park** y el acuario.

Fiestas: El 7 de octubre se celebra la Virgen del Rosario y en diciembre tienen lugar **Las Moragas.**

Alrededores: Merecen una excursión **Almería** (a 19 km) y **Cabo de Gata,** enclavado en el Parque Natural de Cabo de Gata-Níjar (a 55 km).

Restaurantes

® **Alejandro.** (Puerto). Avda. Antonio Machado, 32. T. 950 322 408.
www.restaurantealejandro.es
Cierra cenas de domingo y martes; lunes y segunda quincena de enero.
Los diseños y pautas culinarias que han hecho triunfar la cocina de Alejandro se mantienen bajo su dirección, pese a estar en Hong Kong, con la ejecución de su familia. Cocina mediterránea a la vista y al plato. Menú 27 €. Precio medio 41 €.

Hoteles

***** **Protur Roquetas Hotel & Spa.** Avda. Playa Serena, 93. T. 950 005 350.
www.proturroquetashotelspa.com P SPA
Hab. 311: 89 €. En primera línea de mar, con acceso directo a la playa.
Restaurantes La sal de la vida y La Brasserie.

Roses/Rosas Girona

27 · C-2
A Girona, 60 km
A Madrid, 763 km
Alt. Nivel del mar · Pob. 20.197
T. 972 257 331
GPS 42° 15' 46'' N · 3° 10' 25'' E

Visitar: En pleno corazón de la Costa Brava se asienta esta ciudad fundada por los griegos como Rhode, en la que otras civilizaciones también dejaron su huella. Fruto de ese pasado es su rico patrimonio monumental, donde destaca la **ciudadela.** Se trata de una fortaleza defensiva que alberga en su interior un recinto arqueológico con restos de la antigua colonia griega, la **villa romana** y el **monasterio medieval de Sta. María de Roses.** En su casco urbano está la iglesia de Sta. Maria y la Casa Mallol, de estilo modernista. Otros focos de interés son el **castillo de la Trinitat,** el puerto pesquero y el castro visigodo de Puig-Rom. Se deben probar sus ricos vinos con D. O. Ampurdám-Costa Brava.

Fiestas: Destacan el carnaval y la noche de St. Joan, el 23 de junio. La **fiesta mayor** tiene lugar a mediados de agosto.

Alrededores: A 2 km se puede hacer la **Ruta Megalítica,** en la que destaca el dolmen de la Creu d'en Cobertella. También son interesantes las visitas al **monasterio de St. Pere de Rodes** (a 18 km); a la localidad medieval de **Peralada** (a 20 km) y a **Figueres** (20 km), cuna de Salvador Dalí.

Playa de Roses

Restaurantes

Almadraba. (Hotel Almadraba Park). Avda. Díaz Pacheco, 70. T. 972 256 550.
www.almadrabapark.com P
Cierra del 16 de octubre al 16 de abril. Luminoso y amplio comedor con vistas al mar, donde los Subirós ofrecen productos de la tierra con sabor y en su punto. Arroz con alcachofas y chipirones, *escorpora* de Roses en falso *suquet,* fresas al romero. Menú 44 €. Precio medio 52 €.

® **Els Brancs.** (Hotel Vistabella). Avda. Díaz Pacheco, 26.
T. 972 256 008. *www.elsbrancs.com*
Cierra cenas, lunes y de noviembre a marzo. Propuesta de cocina creativa de Javier Cabrera en un espacio elegante, ubicado en una agradabilísima terraza con vistas al Mediterráneo. **Arroz de Pals cocido en licuado de galeras, pulpitos escaldados al laurel, patatas al horno y merengue de pulpo; ventresca de atún rojo a la brasa, guisantes del Maresme, anís estrellado y bergamota.** Y de postre, **tarta de mangostán, cardamomo y lima con chocolate al caramelo.** Precio medio 66 €.

Flor de Lis. Cosconillas, 47. T. 972 254 316. *www.flor-de-lis.com* S
Cierra almuerzos, martes excepto verano, y del 10 de octubre a Semana Santa. Casa antigua de los von Obstfelder, Nikolaus (cocina) y Sigrid (sala) ofrecen *foie-gras* de pato con salsa de trufa negra al oporto con tallarines frescos, filete de ternera con gambas, carro de postres caseros y frutas naturales. Precio medio 46 €.

La Llar. Ctra. C-260, Roses-Figueres, km 4. T. 972 255 368.
www.restaurantlallar.com P S
Cierra miércoles cena, jueves, primera quincena de febrero y segunda de noviembre. Impecable y bien elaborada cocina de autor que explica la exitosa trayectoria de esta casa dirigida por el excelente Joan Viñas. **Ensalada templada de vieiras, lubina en costra de hojaldre,** carro de pastelería y frutas frescas. Menú 50 €. Precio medio 55 €.

® **Rafa's.** Sant Sebastiá, 56. T. 972 254 003. S
Cierra lunes almuerzo en julio y agosto; domingo, lunes y diciembre. Cuando el producto es excepcional solo requiere ser elaborado con sencillez, cosa que se descubre en esta casa. **Pescados y mariscos** de la Costa Brava **a la plancha.** Precio medio 50 €.

Castillo de Peralada

Hoteles

**** **Almadraba Park Hotel.** Platja de l'Almadraba, s/n. T. 972 256 550. *www.almadrabapark.com*
Hab. 60: 225 €. Suites: 6. Buen servicio. Situado sobre la bahía, en un paraje tranquilo. Instalaciones deportivas, incluido *squash*.

Rota Cádiz

109 · D-1
A Cádiz, 41 km
A Madrid, 625 km
Alt. 9 m · Pob. 29.125
T. 956 846 345
GPS 36° 37' 5'' N · 6° 21' 32'' O

Entrada al casco antiguo de Rota

Visitar: Enclavada al norte de la bahía de Cádiz, la ciudad ofrece una amplia oferta cultural. En su casco antiguo se puede contemplar el famoso **castillo de Luna,** actual sede del Ayuntamiento, y las ruinas de sus **antiguas murallas.** También conviene visitar la **iglesia gótica de Ntra. Sra. de la O** y las capillas barrocas de la Caridad y de S. Juan Bautista. Destacan también la torre de la Merced y el Arco de Regla.

Fiestas: Son populares los carnavales, **la fiesta de la Urta** en agosto y las fiestas patronales de Ntra. Sra. del Rosario, del 4 al 7 de octubre.

Alrededores: Cuenta con **buenas playas** urbanas como la de la Costilla o los Galeones y con otras consideradas salvajes como Punta Candor, el Puntalillo, Corrales o Pégina. Conviene visitar el **Parque Natural de La Almadraba** (a 3 km) y el monumento natural de los **Corrales de Rota.**

Restaurantes

El Embarcadero. (Hotel Duque de Nájera). Gravina, 2. Glorieta José María Pemán. T. 956 846 020. *www.hotelduquedenajera.com* S
Situado a pie de playa frente al puerto pesquero y deportivo. *Foie-gras* casero de pato con gelatina de pasas y compota de manzana, urta al estilo roteño, helado frito de pistacho sobre salsa de mango. Menú 28 €. Precio medio 35 €.

Hoteles

**** **Duque de Nájera.** Gravina, 2. T. 956 846 020. *www.hotelduquedenajera.com*
Hab. 92: 65 €. En el centro histórico, a pie de playa y junto al puerto pesquero y deportivo. Restaurante El Embarcadero.

Rubielos de Mora Teruel

65 · D-1
A Teruel, 55 km
A Madrid, 405 km
Alt. 929 m · Pob. 780
T. 978 804 001
GPS 40° 11' 23'' N · 0° 39' 9'' O

Visitar: Condecorada con el premio Europa Nostra en 1983, el portal de S. Antonio sirve de entrada a su casco antiguo, donde se encuentra el Ayuntamiento renacentista y distintos **palacios y casas señoriales.** Los más emblemáticos son el palacio de los Marqueses de Tosos y Condes de Samitier, el de los **Condes de Creixell** y la Casa de los Marqueses de Villasegura. En cuanto a su patrimonio religioso destaca la **excolegiata de Sta. María la Mayor,** en la que sobresale su coro de sillería barroca, y el convento de las Carmelitas y de las Agustinas. También es interesante el **Museo Salvador Victoria.**

Fiestas: En enero se celebra la **fiesta de S. Antonio Abad.** Las fiestas patronales son en septiembre y las del Pilar, el 12 de octubre.

Alrededores: A 12 km está **Mora de Rubielos,** donde se puede visitar su castillo y la excolegiata de Sta. María.

Restaurantes

Portal del Carmen. Glorieta, 2. T. 978 804 153. *www.portaldelcarmen.com* S
Cierra martes y del 17 al 30 de septiembre. Cocina tradicional en un convento de Carmelitas del s. XVII, con comedor en el claustro en verano. Migas, rabo de toro, *panaché* de frutas. Menú 21 €. Precio medio 35 €.

5 · A-4

Ruente Cantabria Ver Cabezón de la Sal

5 · A-3

Ruiloba Cantabria Ver Comillas

Sabadell Barcelona

Visitar: En esta localidad, cuna de la industria textil catalana, destaca el **Archivo Histórico,** en la Casa Ponsà; el **Museo de Arte,** en la Casa Turiull, y el de Historia, en la Casa Antonio Casanoves. Vale la pena admirar la **Casa Duran,** el Instituto de Paleontología Miquel Crusafont y el parque recreativo de St. Oleguer, el mayor parque urbano de Cataluña. Al norte, la masía de Can Deu alberga el **Museo de la Vida en el Campo.**

Fiestas: En mayo se celebra el **Aplec de la Salut** y el primer fin de semana de septiembre, la fiesta mayor.

Alrededores: Por el **parque fluvial del río Ripoll** se pueden realizar rutas de senderismo. Terrasa se encuentra a 12 km.

37 · B-4
A Barcelona, 20 km
A Madrid, 631 km
Alt. 188,95 m · Pob. 207.338
T. 937 270 090
GPS 41° 32' 47'' N · 2° 6' 28''

Restaurantes

Can Feu. Pintor Borrassá, 45. T. 937 267 791.
www.restaurantcanfeu.com
Cierra sábado cena, domingo, festivos y tres semanas en agosto. A la entrada de la ciudad, con cocina catalana. Tortilla de alubias (huevos de payés, alubias del Ganxet y ajos tiernos), chuletón de buey a la brasa, crema catalana quemada. Menús entre 15 y 45 €. Precio medio 30 €.

Sabiñánigo Huesca

Visitar: La etnología y la arquitectura popular de la comarca quedan expresadas en el **Museo Ángel Orensanz y Artes de Serrablo,** que contiene una interesante muestra de esculturas. En los Pirineos, el molino Periel y el parque Pirenarium –una curiosa maqueta a escala de la cordillera– completan la visita.

Fiestas: Del 24 al 28 de julio tienen lugar las fiestas mayores del patrón **Santiago Apóstol.** En octubre, el barrio de Puente de Sardas homenajea a la Virgen del Pilar.

Alrededores: A 5 km está **Senegüé,** un bello pueblo del valle del Tena. Es recomendable hacer la ruta de las **iglesias de Serrablo,** junto al río Gállego, un conjunto de templos mozárabes y románicos de los ss. X y XI.

24 · B-2
A Huesca, 55 km
A Madrid, 453 km
Alt. 788 m · Pob. 10.240
T. 690 927 336
GPS 42° 31' 10'' N · 0° 21' 59'' O

Restaurantes

Casbas. (En SENEGÜÉ, a 5 km). Ctra. de Biescas, s/n. T. 974 480 149.
www.casbas.com
Con 12 habitaciones. Cocina tradicional en el valle de Tena. Ajoarriero de bacalao, solomillo torrefacto, ensalada de frutas con cuajada. Precio medio 30 €.

S'Agaró Girona

Visitar: Situada en la Costa Brava, esta villa pertenece al término municipal de Castell-Platja d'Aro-S'Agaró. Los tres núcleos del municipio ofrecen una propuesta de turismo completa, en la que destacan sus **playas** y sus **construcciones novecentistas.** En S'Agaró, un camino de ronda bordea el hermoso conjunto arquitectónico. En Castell d'Aro vale la pena visitar el **Museo de la Muñeca** y el castillo medieval de Benedormiens. La villa romana Pla de Palol, la **interminable playa** y algunas calas pequeñas e idílicas culminan la visita a Platja d'Aro.

Fiestas: Del 22 de febrero al 5 de marzo tiene lugar el **Carnaval de Platja d'Aro.** En verano, destacan la Cantada de Habaneras y Canciones de Taberna, el **Festival Internacional de Música de S'Agaró** y el mercado medieval Castell d'Aro.

Alrededores: Sant Feliu de Guíxols (a 3 km), **Santa Cristina d'Aro** (a 6 km) y **Palamós** (a 6 km) merecen una visita.

38 · C-2
A Girona, 35 km
A Madrid, 700 km
Alt. Nivel del mar · Pob. 10.500
T. 972 817 179
GPS 41° 47' 36'' N · 3° 3' 4'' E

Escaleras hacia la playa en S'Agaró

Restaurantes

® **Candlelight-Hostal de La Gavina.** (Hostal de La Gavina). Pza. Roserar, s/n. T. 972 321 100. *www.lagavina.com*
Cierra de octubre a abril. Cocina mediterránea con aportaciones de cocina internacional elaboradas por Laurentino Costa en un incomparable marco. **Espárragos trigueros a la parrilla con queso de cabra, mermelada de tomate y crema de balsámico, suprema de lubina salvaje al horno con patatas, tomate y cebolla tierna.** Precio medio 70 €. Además, en la piscina, **Garbi,** de ambiente más informal, arroces, pescados y carnes a la parrilla (50 €).

® **La Taverna del Mar.** Platja de S'Agaró, s/n. T. 972 323 800.
www.latavernadelmar.com
Cierra del 15 de diciembre al 1 de marzo. Cocina marinera en una atractiva taberna minimalista a pie de playa. **Fideuá con cabra de mar, pescados a la sal, crema de limón sobre crujiente de almendra y frutas naturales.** Menú 35 €. Precio medio 75 €.

Hoteles

***** **GL Hostal de la Gavina.** Pza. Roserar, s/n. T. 972 321 100.
www.lagavina.com
Hab. 57: 285 €. Suites: 17. Mantiene sus elegantes instalaciones. Restaurante Candlelight, cocina internacional.

Sagàs Barcelona Ver Berga

26 · B-4

Sagunt/Sagunto Valencia

76 · F-1
A Valencia, 25 km
A Madrid, 375 km
Alt. 5 m · Pob. 70.895
T. 962 655 859
GPS 39° 40' 47" N · 0° 16' 46" O

Castillo de Sagunt

Visitar: El pasado romano está presente en todos los rincones de esta ciudad. El **castillo** es una fortaleza que se remonta al s. V a. C. En él se puede admirar el **Antiquarium Epigráfico** –una de las colecciones de inscripciones más importantes de la península– y las murallas, en su mayoría de origen musulmán. De la historia de la ciudad son testigos el **teatro** (s. I), una de las edificaciones más notables de la Hispania romana, con capacidad para 4.000 espectadores, y los restos del muro del templo de Diana (ss. V-IV a. C). Sobresalen la **iglesia de Sta. María** (s. XIV), y la de S. Salvador, gótica (s. XII). Además, merecen una visita la judería, la iglesia de Ntra. Sra. de Begoña (en Puerto de Sagunto), el Museo Histórico y la Casa dels Berenger, con restos de los baños públicos judíos. El **Puerto de Sagunto** destaca por su patrimonio industrial, del que merece la pena visitar el Alto Horno n° 2.

Fiestas: La **Semana Santa** es de interés turístico nacional, mientras que las Fallas (en marzo) son de interés turístico regional. En verano, la población festeja a la Virgen del Carmen, a sus patronos, **Abdón y Senén** (ambos en julio), y a Ntra. Sra. de Begoña (agosto). En julio y agosto se organiza **Sagunt a Escena.**

Alrededores: La zona del manantial de **Font de Quart** está a 7 km; la playa de **Puçol,** a 10 km; a 14 km el **monasterio de Sta. María del Puig,** fundado por Jaime I, *el Conquistador*, en el s. XIII, y **Vall d'Uixó,** con las grutas de S. José, a 17 km.

Restaurantes

Le Fou. Subida al Castillo, 49. T. 962 651 357. *www.lefou.es* S
Cierra lunes y del 7 de enero al 15 de marzo. Junto al teatro romano. Rodaballo con salsa de puerros y mejillones, crujiente de pato, sopa de naranja. Menú 12 €. Precio medio 25 €.

® **Rincón del Faro.** (En PUÇOL, a 10 km). Ctra. Barcelona, 49. T. 961 420 120.
Cierra cenas y domingo. Evolucionada cocina autóctona en su punto. **Aperitivos, arroz al horno, buñuelos.** Menú 25 €. Precio medio 30 €.

Hoteles

**** **SH Els Arenals.** Felisa Longas, 1. En playa de Almarda. Urb. Gato Montés. T. 962 608 067. *www.sh-hotels.com*
Hab. 55: 80 €. Suites: 1. Tranquilo hotel en primera línea de playa. Impresionantes vistas. Restaurante Palapa.

Sahagún León

20 · C-3
A León, 56 km
A Madrid, 283 km
Alt. 828 m · Pob. 2.950
T. 987 781 015
GPS 42° 22' 19" N · 5° 1' 55" O

Visitar: La villa se desarrolló en los ss. XI al XII en torno al monasterio de S. Benito el Real, de la orden cluniacense. De aquella institución quedan huellas como el **arco de S. Benito,** portada del templo (s. XVII); la **capilla de S. Benito** (s. XII) y la torre del Reloj. Del resto de la ciudad, cuyo centro se ubica en su **Plaza Mayor** de bonitos soportales, conviene visitar las iglesias mudéjares de S. Lorenzo (s. XIII) y S. Tirso (s. XII), además de la iglesia de la Sta. Cruz, que acoge el Museo de las Madres Benedictinas, con piezas de orfebrería y escultura. No hay que marcharse sin admirar el **puente Canto** (s. XVIII), construido sobre los sillares de una capilla inconclusa.

Fiestas: Los días 25 y 26 de abril, por S. Marcos, se celebra la **romería del Pan y el Queso** en torno a la ermita de la Virgen del Puente. La fiesta patronal de S. Juan de Sahagún es del 10 al 13 de junio.

Alrededores: En la carretera hacia Mayorga, a 5 km, se encuentra el **monasterio de S. Pedro de las Dueñas** (ss. X-XI), de estilo románico mudéjar. En **Villasabariego** (a 45 km), el yacimiento de Lancia revela una ciudad romana del s. I con restos como el mercado y las termas.

Restaurantes

El Ruedo II. Pza. Mayor, 1. T. 987 781 834.
www.restauranteelruedo.com

Cierra jueves y del 2 al 21 de noviembre. Negocio familiar con productos y platos de la zona. Cecina de vaca, lechazo asado, crema de limón. Menú 10 €. Precio medio 30 €.

San Facundo. Avda. Constitución, 97-99. T. 987 780 276.
www.hostallacodorniz.com
Oferta clásica de la zona. Puerros de Sahagún y lechazo asado. Precio medio 20 €.

Hoteles

**** **Puerta de Sahagún.** Ctra. Burgos, s/n. T. 987 781 880.
www.hotelpuertadesahagun.com
Hab. 91: 70 €. Suites: 3. Admisión de perros, consultar. En el Camino de Santiago. Bodega propia. Restaurante Silo.

Salamanca

Catedral vista desde el Huerto de Calisto y Melibea

41 · F-4
A Madrid, 212 km
Alt. 800 m · Pob. 152.048
T. 923 268 571
GPS 40° 57' 53'' N · 5° 39' 52'' O

Visitar: Patrimonio de la humanidad por su magnífico centro histórico, en esta animada ciudad universitaria están representados casi todos los estilos artísticos. Su corazón es la **Plaza Mayor** (s. XVIII), uno de los más bellos ejemplos del barroco español. No lejos de allí, en las calles de la Compañía y de Ramón y Cajal, se encuentran dos muestras de la arquitectura civil renacentista: el **palacio de Monterrey** y el de Fonseca, ambos del s. XVI. Regresando a la calle de la Compañía, la conocida **Casa de las Conchas** (s. XVI), decorada con más de 300 veneras, hace esquina con la Rúa Mayor, que conduce al visitante hasta la **catedral nueva** (s. XVI) –en la que resaltan la puerta del Perdón, la capilla y la sacristía– y la **Universidad,** con su impresionante fachada en la que los estudiantes buscan la rana oculta para que les traiga suerte, escalera, aula Fray Luis de León y biblioteca. Adyacente a la nueva, se encuentra la **catedral vieja,** en la que no hay que perderse la **torre del Gallo,** el retablo mayor y el claustro (s. XII). Detrás, una zona verde refresca y sorprende: es el **Huerto de Calisto y Melibea,** un jardín de influencia musulmana donde la leyenda dice que se sitúa la acción de *La Celestina*. Cerca de la Universidad se encuentran las **Escuelas Menores** (s. XV). La lista de museos es atractiva: el de Salamanca, instalado en la casa de Abarca Maldonado (s.XV); el de Art Decó y Art Nouveau (en la casa Lis), el del Comercio o el Nacional de Automoción –junto al río Tormes– son algunas opciones. La **cueva de Salamanca,** en cuyo interior se dice que el diablo enseñaba magia negra a los estudiantes, es un buen punto final a la visita de una ciudad con mucho encanto.

Fiestas: La **Semana Santa** es de interés turístico internacional, y el primer lunes tras el de Pascua tiene lugar el **Lunes de Aguas,** en el que la gente se reúne en el campo para degustar el hornazo, una gran empanada rellena de embutido y huevo cocido. En junio se celebra al patrón, S. Juan de Sahagún.

Alrededores: El bonito pueblo de **Vega de Tirados** está a 12 km. En el convento de carmelitas de **Alba de Tormes** (a 25 km) se conservan los restos de Sta. Teresa de Ávila. A unos 70 km está la estación de esquí, **Sierra de Béjar-La Covatilla.**

Restaurantes

® **Café Corrillo.** Meléndez, 18. T. 923 271 917.
www.cafecorrillo.com
Como su nombre indica, cerca de la pza. del Corrillo. ***Risotto* de *boletus*, cochinillo confitado y asado a baja temperatura con calabaza y naranja, *brownie* de chocolate caliente y helado de nueces garrapiñadas.**
Menú 12 €. Precio medio 30 €.

Casa Paca. Pza. del Peso, 10. T. 923 218 993.
www.casapaca.com
Platos de cuchara, carnes, caza, tabla de quesos de Castilla y León y barra de tapeo junto a la pza. Mayor. Menú 27 €. Precio medio 42 €.

® **Casa Vallejo.** (Hostería Casa Vallejo). San Juan de la Cruz, 3.
T. 923 280 421. *www.hosteriacasavallejo.com*
Cierra domingo cena, lunes, segunda y tercera semanas de julio. Con 13 habitaciones. La familia Vallejo pendiente de todo mantiene calidad. **Arroz negro con carabineros, chuletón de morucha, milhojas de nata.** Precio medio 30 €.

® **El Alquimista.** Pza. San Cristóbal, 6. T. 923 215 493.
www.elalquimistarestaurante.com
Cierra martes cena y miércoles. Local moderno con trato afable. **Ensalada crujiente de queso de cabra con miel y mostaza, manitas crujientes y melosas con langostino tigre y vinagreta de lentejas, texturas de chocolate con aceite de oliva y sal.** Menú 17 €. Precio medio 30 €.

® **La Cocina de Toño.** Gran Vía, 20. T. 923 263 977.
www.lacocinadetoño.es
Cierra lunes almuerzo y domingo en julio y agosto, domingo cena y lunes. Prestigiada cocina en la capital y barra para tapear. **Salteado de verduras, paletilla de lechazo confitado, tarta de manzana con helado de queso de Idiazábal.** Menú 17 €. Precio medio 30 €.

Las Tapas de Gonzalo. Pza. Mayor, 23. T. 923 271 353.
www.lastapasdegonzalo.es
Agradable lugar de sabrosas tapas de Gonzalo Sendín, como emblemático local. *Tartar* de atún o de solomillo, chocolate en tres texturas. Menú 18 €. Precio medio 30 €.

® **Pucela.** Saavedra y Fajardo, 2. T. 923 192 095.
www.restaurantepucela.com
Ambiente agradable y cocina atenta al mercado. **Croquetas de perdiz, milhojas de solomillo de morucha con *foie-gras* y *boletus*, leche frita.** Precio medio 35 €.

® **Rivas.** (En VEGA DE TIRADOS, a 12 km). Gómez Mateos, 19.
T. 923 320 471. *www.restauranterivas.com*
Cierra cenas de domingo a jueves, lunes y primera quincena de julio. **Verduras y legumbres** de la zona, junto a **carnes rojas y *soufflé* de almendras,** en un agradable local con decoración rústica-moderna. Precio medio 35 €.

☼☼ **Víctor Gutiérrez.** San Pablo, 66. T. 923 262 973.
www.restaurantevictorgutierrez.com
Cierra domingo cena, lunes, 16 días entre enero y febrero, 9 días en verano y 17 días en noviembre. El bonito comedor minimalista, donde se cuidan los detalles por Elena, es el escenario de las creaciones basadas en los productos locales de temporada y en los orígenes andinos de Víctor Gutiérrez. Menús de 36 a 80 €. Precio medio 36 €.

® **Vida y Comida.** (Gastrobar). Pza. Santa Eulalia, 11. T. 923 281 236.
www.vidaycomida.com
Cierra domingo cena y lunes. Tapas de autor, cocina en miniatura y medias raciones bien elaboradas con buena materia prima en un palacete. ***Carpaccio* de pulpo *a feira*,** carta de **hamburguesas *gourmet*.**
Menús 16 y 20 €. Precio medio 20 €.

Hoteles

***** **AC Palacio de San Esteban.** Arroyo de Sto. Domingo, 3. T. 923 262 296.
www.ac-hotels.com
Hab. 48: 100 €. Suites: 3. Céntrico. Edificio histórico, parte de un convento del s. XVI. Restaurante El Monje.

La fachada de la Universidad

Se trata de una obra maestra del estilo plateresco español debido a su minuciosa y abundante decoración. Su construcción se inició en el año 1529, empleando para ello la famosa y moldeable piedra de Villamayor.

***** **Grand Hotel Don Gregorio.** San Pablo, 80. T. 923 217 015.
www.hoteldongregorio.com
Hab. 17: 181 €. Suites: 3. Palacio del s. XV excelentemente ubicado frente al convento de S. Esteban. En pleno casco histórico.

***** **Hacienda Zorita.** (En VALVERDÓN, a 10 km). Ctra. Ledesma, km 12.
T. 923 129 400. *www.haciendas-espana.com*
Hab. 22: 149 €. Suites: 4. Con bodega de crianza.

**** **Eurostars Las Claras.** Marquesa de Almarza, s/n. T. 923 128 500.
www.eurostarshotels.com
Hab. 72: 90 €. Suites: 7. En el centro histórico y monumental. Cocina cuidada.

**** **Parador de Salamanca.** Teso de la Feria, 2. T. 923 192 082.
www.parador.es
Hab. 110: 169 €. Suites: 2. Se alza sobre un montículo en la margen izquierda del río Tormes, frente al casco histórico, del cual ofrece espléndidas vistas. Restaurantes Bracamonte y Lazarillo. Cocina regional.

Salardú Lleida

16 · B-4
A Lleida, 180 km
A Madrid, 639 km
Alt. 1.268 m · Pob. 437
T. 973 644 030
GPS 42° 42' 24'' N · 0° 54' 4'' E

Visitar: Esta villa está situada en el Val d'Aran, un paisaje de ensueño que cuenta con 33 pueblos de pizarra y madera, cada uno con su iglesia románica. La de Salardú es la **iglesia de St. Andreu** (ss. XII-XIII), con su campanario octogonal, sus ventanales góticos y, en su interior, la talla románica del Cristo de Salardú (s. XII). En la Plaza Mayor hay una fuente del s. XIX.

Fiestas: En mayo se celebra la **Sta. Creu;** en octubre, la feria ganadera, y en noviembre, **St. Andreu.**

Alrededores: A 3 km se encuentra la **estación de esquí de Baqueira-Beret.** A esa misma distancia también vale la pena visitar las iglesias románicas de **Bagergue, Gessa y Tredós,** así como el curioso Museo de la Nieve de Unha. Desde Salardú se pueden hacer excursiones por el Val d'Aran.

Estación de esquí

Restaurantes

® **Casa Peru.** (En BAGERGUE, a 3 km). Avda. San Antonio, 4.
T. 973 645 437. *www.casaperu.es*
Cierra almuerzos en invierno excepto fines de semana, miércoles y junio. Cuatro generaciones ofreciendo la mejor gastronomía del Val d'Aran en un entorno de cuidado ambiente aranés. ***Trinxat, civet* de jabalí.** Precio medio 30 €.

Gel al Foc. (Hotel La Pleta, en BAQUEIRA-BERET, a 3 km). Ctra. Baqueira-Beret, cota 1.700, s/n. T. 973 645 550. *www.lapleta.com*
Cierra almuerzos y del 1 de abril al 1 de diciembre. El restaurante gastronómico del hotel La Pleta. Embutidos artesanales de la región, *magret* de pato, tarta *tatin.* Menú y precio medio 35 €.

® **Ticolet.** (En BAQUEIRA-BERET, a 3 km). Edif. Bessiberri, s/n.
T. 973 645 477. *www.ticolet.com* S
Cierra de mayo a julio y de septiembre a noviembre. Singular y personalizada propuesta de cocina aranesa elaborada en base a unos principios de elegante modernidad. **Verduras salteadas con setas y crema de bacalao, pichón con salsa de rancio y menudillos.** Precio medio 45 €.

Hoteles

***** **AC Baqueira.** Avda. Perimetral, s/n. Urb. Val de Ruda, a 4 km de Baqueira.
T. 973 645 961. *www.hotelacbaqueira.com*
Hab. 96: 525 €. Suites: 14. A pie de pistas.

***** **Santos Val de Neu.** Perimetrau, s/n. T. 973 635 000.
www.hotelbaqueiravaldeneu.com
Hab. 120: 199 €. Suites: 21. Situado a pie de pistas, junto a la nueva zona de ocio de la estación y a tan solo 50 m de la nueva telecabina. *Spa* con *jacuzzi* exterior con vistas al valle. Restaurantes El Bosque, La Fondue y El Bistró.

Salas Asturias

3 · C-3
A Oviedo, 45 km
A Madrid, 485 km
Alt. 239 m · Pob. 6.007
T. 985 830 988
GPS 43° 24' 32'' N · 6° 15' 42'' O

Visitar: En esta villa sobresalen el **palacio de Valdés-Salas** (s. XVI); la colegiata de Sta. María la Mayor (s. XVI) y la torre medieval (s. XIV), que alberga en su interior el **Museo Prerrománico de S. Martín,** con lápidas y otras piezas del s. X. Los amantes de la naturaleza disfrutarán con la visita al tejo de Salas, un impresionante árbol de 15 m.

Fiestas: La **romería del Viso** (15 de agosto) reúne a todo el pueblo en una comida campestre salpicada de charangas, comparsas, bailes... La **Fiesta del Bollo,** una semana después, es la más conocida.

Alrededores: En **Cornellana** (a 10 km), se hallan el Monasterio de S. Salvador (s. XII) y la Casa del Río, aula didáctica que invita a recorrer la Senda del Salmón. A 14 km se encuentran **Doriga** –con su palacio de Corugedo (ss. XIV-XVI)– y **Malleza** (a 14 km), donde admirar las casonas indianas y el palacio del Conde de Toreno.

Restaurantes

Al Son del Indiano. (En MALLEZA, a 14 km). Pza. Conde de Casares, 1. T. 985 835 844. *www.alsondelindiano.com*
Cierra cenas excepto viernes y sábado; martes y agosto. Ambiente de fonda decimonónica profusamente decorada con detalles que recuerdan la emigración a América. Cocina tradicional con algunos detalles creativos. Carrilleras de ibérico al oporto con puré de patata. Menú 15 €. Precio medio 35 €.

Hoteles

*** **Quintana del Caleyo.** Ctra. SL-3, km 1,1. T. 985 830 347. *www.quintanadelcaleyo.com* P
Hab. 11: 60 €. En una quintana asturiana (casa de campo de tipo antiguo con todos sus anexos), constituye un conjunto etnográfico del s. XVII, rodeado de valles, praderías y bosques. Restaurante La Llariega.

4 · C-3

Salgar, La Asturias Ver Arriondas

Salinas Asturias

3 · E-2
A Oviedo, 38 km
A Madrid, 485 km
Alt. 8 m · Pob. 1.549
T. 985 501 865
GPS 43° 34' 29'' N · 5° 57' 51'' O

Surfistas en la playa de Salinas

Visitar: Entre sus atractivos está el **Museo de Anclas de Philippe Cousteau** –situado en La Peñona de Salinas–, que acoge un conjunto de anclas procedentes de barcos significativos.

Fiestas: Se rinde homenaje a la **Virgen del Carmen** (julio) con varios días de fiesta. La festividad patronal es en agosto.

Alrededores: Se pueden realizar diversas rutas de senderismo, como la **Ruta Senda Norte,** que recorre la costa y pasa por Sta. María del Mar, Bahínas y Munielles. A 6 km está Avilés.

Restaurantes

Real Balneario. Juan Sitges, 3. T. 985 518 613. *www.realbalneario.com*
Cierra domingo cena, lunes y del 7 de enero al 7 de febrero. Sobre la dorada y fina arena de la playa, la luminosidad del comedor se traslada a los conceptos que preside la cocina de la familia Loya, que sabe mezclar lo tradicional con recetas más actuales, pero sin estridencias. **Ventresca de bonito glaseada al ajoarriero y tomate, callos asturianos con patatas fritas, arroz con leche.** Magnífica bodega. Servicio impecable. Menú 36 €. Precio medio 60 €.

Sallent de Gállego Huesca

15 · B-4
A Huesca, 100 km
A Madrid, 485 km
Alt. 1.305 m · Pob. 1.480
T. 974 488 012
GPS 42° 47' 32'' N · 0° 19' 43'' O

Visitar: Este pueblo situado en el valle de Tena, en pleno Pirineo aragonés, ha mantenido sus costumbres y su arquitectura tradicional, incluidas las casas solariegas. Entre sus monumentos principales figuran la **iglesia de la Asunción,** con su retablo mayor (s. XVI), el puente (s. XVI) y el mentidero, en la calle principal, curioso lugar de reunión de los salentinos.

Fiestas: En agosto tienen lugar las fiestas de **Ntra. Sra. de las Nieves.** En septiembre, la Feria de Ganado y la Exaltación de la Sta. Cruz.

Alrededores: Destacan la **estación de invierno de Formigal** (a 4 km) y el **balneario de Panticosa** (a 20 km). No hay que dejar de visitar el **Parque Nacional del Valle d'Ossau** (en Francia) y los cercanos embalses de Búbal y Lanuza, donde practicar deportes náuticos.

Restaurantes

Koldo. (Hotel Eguzki-Lore). Avda. Huesca, s/n. Urb. Formigal. T. 974 490 123. *www.hoteleguzkilore.com* P
Cierra almuerzos, primavera, verano y otoño. Acogedor ambiente en un hotel de montaña, donde los pescados traídos de San Sebastián y las carnes rojas son los protagonistas en la mesa. De postre, ciruelas al *armagnac*.
Menú 15 €. Precio medio 38 €.

Salou Tarragona

47 · D-3
A Tarragona, 11 km
A Madrid, 552 km
Alt. 2 m · Pob. 26.988
T. 977 350 102
GPS 41° 4' 35'' N · 1° 8' 34'' E

Visitar: La capital de la Costa Daurada ofrece pequeñas calas y playas de fina arena bordeadas de pinares. En el paseo de Jaume I, junto a la playa de Levante, hay varios edificios modernistas de principios del s. XX como la **Casa Bonet.** Son imprescindibles, además, la **Font Lluminosa,** de Carles Buigas; el vanguardista monumento a Jaume I, y la **torre Vella,** una construcción defensiva del s. XV contra los ataques piratas.

Fiestas: Los días 1 y 2 de febrero se celebra el **Coso Blanco.** En verano se suceden los festivales como las Noches Doradas, que comienzan el 8 y concluyen el 15 de agosto con el Día de la Virgen.

Alrededores: Las familias disfrutarán en el parque de ocio **Port Aventura.**

Restaurantes

® **Albatros.** Bruselas, 60. Esquina Roquer.
T. 977 385 070.
Cierra domingo cena, lunes y enero. Agradable, confortable y digno restaurante situado en Cala Llenguadets con un servicio amable y una cocina muy notable. **Fideos de chipirones y sepia, lechazo al horno.** Menú 25 €. Precio medio 30 €.

Hoteles

**** **H10 Saluris Palace.** Avda. Països Catalans, s/n.
T. 977 388 908. *www.h10hotels.com*
Hab. 351: 160 €. Consultar cierre. A 800 m de Port Aventura.

San Agustín del Guadalix Madrid

Ver Madrid/Restaurantes/Alrededores

53 · D-2

San José Almería

113 · D-2
A Almería, 35 km
A Madrid, 582 km
Alt. 356 m · Pob. 26.126
GPS 36° 45' 27'' N · 2° 6' 39'' O

Visitar: Este pueblecito es un punto de partida perfecto para visitar el **Parque Natural de Cabo de Gata-Níjar.** En él destacan la bahía de los Genoveses y la playa de Mónsul.

Fiestas: Destaca el carnaval y en marzo, **S. José Obrero.**

Alrededores: **Las Salinas,** un entorno natural para el avistamiento de aves, y el pueblo de **Cabo de Gata** (a 21 km) son las excursiones imprescindibles. A 15 km están las minas de oro abandonadas de Rodalquilar.

Restaurantes

Casa Miguel. Avda. San José, 43. T. 950 380 329.
www.casamiguelentierradecine.es S
Cierra lunes y enero. Un pequeño museo con 150 objetos utilizados en rodajes de cine, acompaña una cocina mediterránea. Gazpacho andaluz, arroz marinero, fruta del tiempo y tarta de la abuela. Menú 12 €. Precio medio 25 €.

San Lorenzo de El Escorial Madrid

53 · A-3
A Madrid, 45 km
Alt. 1.028,3 m · Pob. 18.545
T. 918 905 313
GPS 40° 35' 29'' N · 4° 9' 1'' O

Torre del monasterio

Visitar: Es uno de los pueblos más importantes de la sierra de Madrid. Patrimonio de la humanidad, Felipe II mandó construir el **conjunto monumental del monasterio y sitio de El Escorial** para conmemorar la victoria en la batalla de S. Quintín (1557). Comenzado en 1563 por Juan Bautista de Toledo y concluido en 1584 por Juan de Herrera, el trazado de su planta evoca una parrilla, en recuerdo al suplicio infligido a S. Lorenzo con este utensilio. Tras atravesar el inmenso patio de los Reyes, se accede a la **basílica,** con planta de cruz griega, donde resaltan las bóvedas pintadas por Lucas Jordán o Luca Cambiasso y los cenotafios de Carlos V y Felipe II, realizados por Pompeyo y León Leoni. Bajo el altar mayor se encuentra el **panteón de los Reyes,** una sala octogonal donde están enterrados la mayoría de los soberanos españoles y madres de monarcas. El resto de miembros de la familia real descansan en el **panteón de Infantes.** La **biblioteca** es una de las más importantes del mundo, con más de 50.000 volúmenes: la sala abierta al público está decorada con pinturas de Zúcaro y Tibaldi. Entre las estancias palaciegas de Felipe II, destacan la de las Batallas –con frescos de artistas genoveses que representan episodios bélicos–, la de los Retratos, la de Cartografía y la del Trono. Finalmente, el palacio de los

Borbones cuenta con una colección de tapices basados en cartones de Goya, Bayeu o Teniers, entre otros. En la localidad existen otros puntos de interés, como la **Casita del Infante o de Arriba** y **la del Príncipe o de Abajo,** ambas de Juan de Villanueva. El **real coliseo de Carlos III** (s. XVIII), obra de Jaime Marquet, fue uno de los primeros teatros cubiertos de España.

Fiestas: Además de la Semana Santa, en agosto se celebran las fiestas patronales de **S. Lorenzo.** A mediados de septiembre tiene lugar la **romería de la Virgen de Gracia,** con un desfile de carretas que traslada la imagen hasta la ermita de la Herrería. Del 20 de diciembre al 8 de enero, las figuras a tamaño real del Belén monumental llenan las calles.

Alrededores: En el **bosque de La Herrería** (a 2,5 km) se encuentra la silla de Felipe II, un mirador excavado en la piedra donde, según la leyenda, se sentaba el emperador a ver las obras del monasterio. Desde el arboreto Luis Ceballos (a 6,5 km) se asciende hasta el monte Abantos. El **pantano de Valmayor** (a 13 km), el segundo mayor embalse de Madrid, es un paraíso para los pescadores. Merece la pena acercarse a **Galapagar** (a 9 km) y a **Robledo de Chavela** (a 15 km).

Restaurantes

® **Charolés.** Floridablanca, 24. (Aparcamiento concertado).
T. 918 905 975.
Famoso por el **cocido madrileño** y el **solomillo de buey,** precedido de **croquetas** y rematado por unas ricas **torrijas.** Precio medio 43 €.

El Paseo. Pº del Álamo, 26. T. 918 900 484.
Cierra cenas de domingos a jueves en invierno, martes y septiembre. Merece la pena conocer El Paseo de los hermanos Esteban, que se ocupan de cocina y comedor con profesionalidad. Huevos rotos con jamón, cochinillo confitado con su piel crujiente, sorbete de fresones naturales. Menú 27 €. Precio medio 35 €.

Garnacha. (En GALAPAGAR, a 9 km). Ctra. M-505, Las Rozas-El Escorial, km 12.
T. 918 583 324. *www.restaurantegarnacha.com* S
Cierra domingo cena, lunes y noviembre. Casa rústica rodeada de pinos centenarios. *Risotto* de trufa negra, rape al horno, ensalada de fruta.
Precio medio 42 €.

Horizontal. Camino Horizontal, s/n. T. 918 903 811.
www.restaurantehorizontal.com P
Cierra cenas de lunes a miércoles en invierno. Comedor con chimenea para el invierno y agradable terraza rodeada de árboles centenarios. *Foie-gras* de pato, carnes a la parrilla, infusión de frambuesas con helado de yogur.
Menú 15 €. Precio medio 30 €.

Lavanda. (Hotel Los Cinco Enebros, en ROBLEDO DE CHAVELA, a 15 km).
Almenara, 33, R-4. Urb. La Suiza Española. T. 918 981 562.
www.loscincoenebros.com P S
Cierra lunes en invierno. Pese al cambio culinario se mantiene la cocina mediterránea de temporada, con buen producto. Las **verduras,** las **carnes** de la Sierra de Guadarrama y los **pescados** (blancos y azules) de temporada son la especialidad. También, **arroces y caza. Tarta fina de manzana,** de postre. Todo ello, en un grato ambiente con bonitas vistas de la sierra madrileña. Precio medio 45 €.

® **Montia.** Calvario, 4. T. 911 336 988.
Cierra cenas de domingo a jueves, lunes 15 días en enero y en agosto.
Es una de las novedades gastronómicas de la sierra madrileña. El dúo Daniel y Luis deleitan con dos únicos menús degustación (30 y 40 €) basados en los productos locales con atractivos resultados. No tienen carta de comida ni de vinos, como objeción. Precio medio 30 €.

Hoteles

**** **Los Cinco Enebros.** (En ROBLEDO DE CHAVELA, a 15 km). Almenara, 33.
T. 918 981 562. *www.loscincoenebros.com* P
Hab. 15: 145 €. Suites: 2. En un valle entre las sierras de Guadarrama y Gredos. Magníficas vistas. Lujo en plena naturaleza. Restaurante Lavanda.

Biblioteca de El Escorial

Situada en el segundo piso de la fachada oeste, atesora cerca de 45.000 impresos de los ss. XV y XVI. Los impresionantes techos del conocido como Salón Principal o de los Frescos están adornados con la obra del artista italiano Pellegrino Tibaldi.

19 · B-1

San Miguel de las Dueñas León

Ver Ponferrada

San Pedro de Alcántara Málaga

110 · E-2
A Málaga, 66 km
A Madrid, 609 km
Alt. 16 m · Pob. 36.245
T. 952 785 252
GPS 36° 29' 11" N · 4° 59' 30" O

Visitar: En esta localidad al pie de la Sierra de las Nieves, no hay que perderse la pza. de la iglesia con la **Tenencia de Alcaldía** (antigua villa de S. Luis) y la iglesia parroquial.

Fiestas: **S. Pedro de Alcántara** se celebra el 19 de octubre.

Alrededores: A 3 km se halla **Puerto Banús,** el más importante puerto deportivo de la Costa del Sol. **Benahavís** (a 10 km) vale la pena por el castillo de Montemayor (s. X). Y a 34 km se encuentra el **Parque Natural Sierra de las Nieves,** reserva de la biosfera.

Ventana en un pueblo de la Sierra de las Nieves

Restaurantes

Albert y Simón. Edificio Mirador, 4-B. Urb. Nueva Alcántara. T. 952 783 714. *www.albertysimon.com*
Cierra almuerzos de mayo a septiembre, domingo, segunda quincena de febrero y primera de julio. Cerca del paseo marítimo, los hermanos Benisty son una referencia local. Ensalada de bogavante con vinagreta de mango, lomo de lubina con tallarines frescos y salsa de trufa negra, plato de frutas rojas con helado de vainilla casero. Precio medio 40 €.

Asador Guadalmina. C. C. Guadalmina. T. 952 883 003. *www.asadorguadalmina.com*
Agradable local, con amplia barra de pinchos y parrilla para pescados y carnes. También, tortilla de patata, merluza en salsa verde. Precio medio 40 €.

L'Impronta. Avda. Salamanca, s/n. Edif. San Pedro del Mar, local 14. T. 952 785 943. *www.trattoria-limpronta.com*
Cierra almuerzos en agosto, martes y enero. Típica trattoria italiana con la pasta hecha en casa. Ravioli de setas y trufa, escalope de ternera milanesa, tiramisú. Menú 25 €. Precio medio 35 €.

® **Merchán.** San Gabriel, 8. T. 952 780 134.
Cierra lunes y diciembre. La **fritura de pescado** y los **pescados** del estrecho son la buena oferta de los Merchán, que se ocupan de sala y cocina. Para terminar, **tocino de cielo.** Precio medio sin marisco 30 €.

Víctor. C. C. Guadalmina. Ctra. N-340, Cádiz-Málaga, km 169. T. 952 882 280. *www.restaurante-victor.com*
Cierra domingo cena y lunes, y del 15 al 30 de junio. Agradable comedor y atractiva barra para el aperitivo. Arroz con bogavante, urta al horno, tocino de cielo. Precio medio 50 €.

Hoteles

***** **Villa Padierna.** (En BENAHAVÍS, a 10 km). Urb. Flamingos Golf. Ctra. Cádiz, km 166. T. 952 889 150. *www.hotelvillapadierna.com*
Hab. 129: 450 €. Suites: 23. Servicio de canguro bajo petición. Admisión de perros, consultar. Con piscina privada y servicio de mayordomo. Servicio personalizado. Flamingo Golf Club con dos campos de 18 hoyos. Restaurantes La Veranda, La Loggia y La Pérgola.

San Pedro del Pinatar Murcia

101 · C-1
A Murcia, 45 km
A Madrid, 455 km
Alt. 19 m · Pob. 24.285
T. 968 182 301
GPS 37° 50' 5" N · 0° 47' 34" O

Visitar: Localidad veraniega, en ella conviene recorrer la **iglesia de S. Pedro Apóstol** (s. XVIII); la lonja, para asistir a una subasta de pescado, el **Museo del Mar** y la curiosa casa del Reloj (s. XIX). Entre los entornos naturales, destacan playas mediterráneas como la del **Mojón** o La Llana, y las que se abren al mar Menor, como **La Mota** o Villananitos. El Parque Regional Salinas y Arenales de S. Pedro es un buen lugar para avistar flamencos, gaviotas o garzas reales.

Fiestas: La **Semana Santa,** declarada de interés turístico regional, y la festividad de la **Virgen del Carmen** (16 de julio) son de interés turístico regional.

Alrededores: **Lo Pagán** (a 2,5 km) es la zona turística y costera del municipio. El **Museo de S. Javier** (a 5 km) alberga una colección de belenes y un museo etnográfico bajo los temas Tierra, Mar y Aire.

Salinas de S. Pedro del Pinatar

Restaurantes

® **Venezuela.** (En LO PAGÁN, a 2,5 km). Campoamor, 1. P° Marítimo. T. 968 181 515. *www.restaurantevenezuela.com*
Cierra domingo cena, lunes y del 15 de octubre al 15 de noviembre. **Arroces y guisos marineros, pescados frescos, pan de Calatrava.** Menú 20 €. Precio medio 30 €.

San Salvador de Poio Pontevedra

17 · C-2
A Pontevedra, 2 km
A Madrid, 612 km
Alt. 76 m · Pob. 16.309
T. 986 833 204
GPS 42° 26' 48'' N · 8° 41' 2'' O

Visitar: Es una de las cinco parroquias que conforman el municipio de Poio. En San Salvador destaca la **Casa de Colón,** en la que se supone que podría haber nacido el navegante; el Casal de Ferreirós y, sobre todo, el **área arqueológica de A Caeira.** En ella, un paseo de madera lleva al visitante por más de 20 petroglifos entre los que sobresale el Laxe das Lebres, un panel con representación de varios animales.

Fiestas: El concello entero celebra la **fiesta de S. Juan,** con su festival del fuego. S. Salvador rinde homenaje a su patrón en agosto.

Alrededores: Merece la pena acercarse al **monasterio de S. Juan de Poio** (a 3 km). A 6 km, se encuentra el conjunto histórico de **Combarro.**

Restaurantes

☼☼ **Solla.** Avda. Sineiro, 7. T. 986 872 884.
www.restaurantesolla.com ♿ ❄ P S
Cierra cenas de jueves y domingo; lunes, 8 días después de Semana Santa y 15 días en Navidad. Pepe Solla heredó un acreditadísimo restaurante tradicional y desde él, lideró un valor seguro de cocina muy creativa: **gambas en *caldeirada* de curry,** variaciones sobre el **bacalao,** magnífico catálogo de **pescados azules** en muy tentadoras propuestas. Todo está a la altura: sala, ambiente, bodega... Menú 59 €. Precio medio 70 €.

53 · D-3

San Sebastián de los Reyes Madrid

Ver Madrid

San Vicente de la Barquera Cantabria

Procesión en las fiestas de La Folía

4 · F-4
A Santander, 62 km
A Madrid, 440 km
Alt. 5 m · Pob. 4.546
GPS 43° 23' 0'' N · 4° 24' 19'' O

Visitar: Enclavada en el Parque Natural de Oyambre, esta ciudad forma parte del Camino de Santiago y alberga numerosos monumentos que la han convertido en conjunto histórico-artístico. Entre ellos, destacan la **iglesia de Sta. María de los Ángeles** (ss. XIII-XVI), con el exquisito sepulcro del inquisidor Antonio del Corro; las ruinas góticas del **convento de S. Luis;** el castillo del Rey (s. XIII), y el palacio del Inquisidor (s. XVI).

Fiestas: En enero, la villa festeja a su patrón, S. Vicente Mártir, y después de Semana Santa se celebra **La Folía,** fiesta de interés turístico nacional en la que desfilan las embarcaciones del puerto. En verano se conmemora a la **Virgen del Carmen** (16 de julio) con bailes y sardinadas, y en septiembre tienen lugar las fiestas de **La Barquera** y **El Mozuco,** en las que se reparte el plato típico de la villa, el sorropotún (un guiso de bonito).

Alrededores: Las playas cercanas son, simplemente, espléndidas: **Merón, Gerra y Oyambre.** A 11 km se encuentra **Unquera,** villa de acceso al desfiladero de la Hermida y a la comarca de Liébana. La cueva del Soplao (a 25 km) es uno de los entornos cretácicos más importantes de Europa.

Restaurantes

☼ **Annua.** Pº de La Barquera, s/n. T. 942 715 050.
www.annuagastro.com
Cierra cenas de domingo a miércoles, lunes, y del 15 de diciembre al 15 de marzo. Establecimiento apoyado sobre una ostrería en plena bahía barquereña, con unas vistas excepcionales al mar y la montaña. Allí, Óscar Callejo demuestra su buen hacer con platos tan singulares como **desierto de *foie-gras* con rocas de avellana y *armagnac.*** Es una referencia del buen gusto gastronómico en la zona oriental de Cantabria. Menús 62 y 72 €.

Boga-Boga. Pza. José Antonio, 9. T. 942 710 150.
Cierra lunes cena y martes de octubre a junio. Con 18 habitaciones. Marmita de patatas con bogavante, callos de rape, *budín* de flan. Menú 22 €. Precio medio 40 €.

Las Redes. Avda. Generalísimo, 24. (Aparcamiento público a 100 m). T. 942 712 542. *www.restaurantelasredes.com*
Cierra martes cena y miércoles excepto agosto y festivos; y enero. El negocio familiar tiene vocación marinera en sus arroces y pescados del puerto (rabas, mero, rape...). Quesada de postre. Menú 20 €. Precio medio 35 €.

San Vicente de la Sonsierra La Rioja

22 · B-2
A Logroño, 36 km
A Madrid, 330 km
Alt. 528 m · Pob. 1.150
T. 941 334 006
GPS 42° 33' 44'' N · 2° 45' 38'' O

Visitar: Con una importante cultura del vino, esta villa, antiguo enclave fronterizo de Navarra frente a Castilla, se estructura en torno a su **fortaleza.** En ella podemos ver la ermita de S. Juan de la Cerca (s. XIV), la **parroquia de Sta. María la Mayor** (s. XVI) y, más arriba, las torres del Reloj y del Homenaje.

Fiestas: La más importante es los **Picaos de Semana Santa,** en las procesiones de Jueves y Viernes Santo, declaradas de interés turístico nacional. Además, el 22 de enero se celebra al patrón, S. Vicente Mártir y del 7 al 12 de septiembre, a la patrona, la **Virgen de los Remedios.**

Alrededores: En el paisaje de viñedos que envuelve la villa, destaca una construcción característica: los chozos o guardaviñas. Entre San Vicente y Peciña se halla el conjunto arqueológico de **Sta. María de la Piscina** (a 4,5 km), con una ermita, una necrópolis y restos de un poblado con viviendas.

Guardaviña en una zona de viñedos

Restaurantes

☼ **Casa Toni.** Zumalacárregui, 27. T. 941 334 001.
www.casatoni.es
Cierra cenas excepto viernes, sábado, puentes, Semana Santa y agosto; domingo cena, lunes y del 22 de diciembre al 4 de enero. Los hermanos Sáez, Jesús (cocina) y Mariola (comedor), satisfacen a la clientela con profesionalidad. Cocina riojana actual: **crema de patatas a la riojana con espuma de piquillos, mano de cerdo rellena de hígado de pato, helado de vino tinto con reducción de zurracapote.** Menú 15 €. Precio medio 30 €.

Sandiniés Huesca Ver Panticosa

15 · B-4

Sangüesa Navarra

23 · C-1
A Pamplona, 45 km
A Madrid, 422 km
Alt. 404 m · Pob. 5.248
T. 948 871 411
GPS 42° 34' 30'' N · 1° 17' 3'' O

Visitar: Punto clave del Camino de Santiago, Sangüesa bien vale una visita por la portada románica de la **iglesia de Sta. María la Real** (s. XII). El **convento** e **iglesia de S. Francisco de Asís,** fundado por el rey Teobaldo en el s. XII; la iglesia de Santiago (ss. XII-XIII) y el palacio de Vallesantoro son otros de los rincones interesantes. El consistorio del s. XVI, ubicado en Las Arcadas, es uno de los más antiguos de España.

Fiestas: El **Misterio de Reyes** es una escenificación del ofertorio de los Reyes Magos al Niño Jesús en la que participan los sangüesinos. En septiembre se celebra al patrón, S. Sebastián.

Alrededores: En el castillo de **Javier** (a 8 km), nació S. Francisco Javier, patrón de Navarra. En su interior, destaca la capilla del Sto. Cristo, con la imagen del s. XVI tallada en nogal y decorada con la única representación gótica de la danza de la muerte de España. La **foz de Lumbier** (a 9 km), labrada por el río Irati, es un paraje bellísimo. A 14 km está el monasterio de S. Salvador de Leire. En **Isaba** (a 48 km) está la iglesia-fortaleza de S. Cipriano (s. XVI).

Portada de Sta. María la Real

Restaurantes

Venta de Juan Pito. (En ISABA, a 48 km). Puerto de Belagua, s/n.
T. 948 893 222. © ♿ P
Cierra de mediados de septiembre a junio excepto festivos, puentes, fines de semana, carnavales, Semana Santa y Navidad. Rústica venta de montaña con cocina a tono en el alto del Puerto de Belagua. Migas de pastor, costillas y chuletas de cordero, queso del Roncal. Precio medio 25 €.

Xabier. (Hotel Xabier, en JAVIER, a 8 km). Pza. del Santo, s/n.
T. 948 884 006. *www.hotelxabier.com* ♿ ❄ P
Cierra del 20 de diciembre al 20 de febrero. Con 46 habitaciones. Productos de temporada frente al castillo de Javier. Ensalada de bogavante, delicias de solomillo con su corazón de *foie-gras*, alpargata Xabier (dulce típico). Menú 20 €. Precio medio 40 €.

Sanlúcar de Barrameda Cádiz

104 · D-4
A Cádiz, 54 km
A Madrid, 640 km
Alt. 8 m · Pob. 68.805
T. 956 366 110
GPS 36° 46' 42'' N · 6° 21' 19'' O

Visitar: En la desembocadura del río Guadalquivir y frente al Parque Nacional de Doñana, esta localidad de origen musulmán enamora con su zigzagueante centro urbano. El recorrido puede empezar en el **castillo de Santiago** (s. XV), con su torre del Homenaje hexagonal, desde donde, dicen, la reina Isabel La Católica vio el mar por primera vez. El **palacio de Orleans y Borbón** (s. XIX), con unos bellos jardines de estilo francés, es la sede del Ayuntamiento. A su lado sobresale **Las Covachas,** edificio del s. XV con sus arcos ojivales y estribos que sostienen serpientes aladas. Otra casa nobiliaria de interés es el **palacio ducal de Medina Sidonia,** renacentista, que hoy alberga el archivo municipal. Entre los edificios religiosos, destacan la **iglesia mayor parroquial de Ntra. Sra. de la O** (s. XIV), con su portada mudéjar y su exquisito artesonado interior, y la de Sto. Domingo (s. XVI). La **puerta de Rota** (s. XIII) es uno de los restos más importantes de la muralla. No se puede abandonar la villa sin pasear por alguno de los jardines históricos, como el de las Piletas, ni disfrutar de playas como la de Bajo de Guía, la Calzada o la Jara.

Azulejos en el Centro de Fábrica de Hielo

Fiestas: En mayo se celebra la **Fiesta de la Manzanilla,** un homenaje al popular vino sanluqueño, que concluye en el **Lunes de Resaca.** Las **carreras de caballos en la playa,** en agosto, son de interés turístico nacional. Ese mismo mes tiene lugar la fiesta de la patrona, Ntra. Sra. de la Caridad, mientras que al patrón, S. Lucas, se le conmemora en octubre.

Alrededores: Las visitas al **Parque Nacional de Doñana** pueden comenzar en uno de sus centros de interpretación, el Centro de Fábrica de Hielo. También se puede acceder al parque por el río Guadalquivir, con el buque *Real Fernando.* **Chipiona** (a 10 km), **Trebujena** (a 22 km) y **Lebrija** (a 35 km) también merecen una visita.

Restaurantes

Bajo de Guía.
Comer o cenar en Bajo de Guía es la meta de todos los aficionados a la cocina marinera auténtica basada en los magníficos productos del mar vecino. Varios restaurantes están alineados mirando al Guadalquivir en su desembocadura. Comedores con ventanales sobre éste y terrazas con mesas sobre el paseo que da a la playa son sus características. Como recomendable denominador común, **arroz marinero, coquinas al ajillo, langostinos, gambas, fritura de pescado y tocinillo de cielo** de postre. Los mejores son **Casa Bigote, Casa Juan, Mirador Doñana y Avante Claro.** De similares características, pero con su propia impronta. Se disfruta en ellos la deliciosa manzanilla de Sanlúcar y también vinos blancos de la zona.

Avante Claro. Pórtico de Bajo de Guía, 4. T. 956 380 915.
www.restauranteavanteclaro.es ♿ ❄ S
Cierra cenas excepto viernes y sábado de octubre a marzo. Genuina cocina marinera donde el Guadalquivir desemboca en el Atlántico. Los **pescados a la sal y a la plancha;** el **arroz marinero** y el **tocino de cielo** completan el placer de la visita. Menú y precio medio 35 €.

Casa Bigote. Pórtico de Bajo de Guía, 10. T. 956 362 696.
www.restaurantecasabigote.com ♿ ❄ S
Cierra domingo y noviembre. La más famosa referencia de Bajo de Guía. **Langostinos** de Sanlúcar, **gambas blancas** de Huelva, **urta a la roteña, guisos marineros, tocino de cielo,** como dulce final. Concurrida y apetitosa barra de tapas. Menú 31 €. Precio medio sin marisco 32 €.

Casa Juan. Bajo de Guía, 26. T. 956 362 695.
S
Cierra cenas de noviembre a marzo excepto fines de semana. Una de las mejores referencias de Bajo de Guía para tomar **coquinas, acedías, langostinos y arroz marinero.** Menú 15 €. Precio medio sin marisco 30 €.

Mirador Doñana. Pórtico de Bajo de Guía, s/n. T. 956 364 205.
www.miradordonana.com S
Cierra lunes de mediados de octubre a Semana Santa excepto en navidades; y segunda y tercera semana de enero. Las magníficas vistas al coto de Doñana se complementan con la gran calidad de **mariscos y pescados** de la bahía para **plancha, horno, espalda o a la sal, y guisos marineros** con buen punto. Precio medio 35 €.

Casa Balbino. Pza. del Cabildo, 14. Autoservicio en la terraza. T. 956 360 513.
www.casabalbino.com
Cierra segunda quincena de noviembre. Concurrido bar de tapas y raciones de guisos marineros, pescados y mariscos en régimen de autoservicio. Mesas en la plaza. Las tortillitas de camarones son sensacionales. No admiten reservas. Precio medio 25 €.

Casa Litri. (En TREBUJENA, a 22 km). Larga, 27.
T. 956 395 134.
Los hermanos Romero –Francisca (cocina), José María y Antonio (comedor)– siguen con esta modesta pero agradable tabernita cuya especialidad son las angulas de la desembocadura del Guadalquivir, que se toman solas o con huevo de corral, pescados y quesos de la zona. Precio medio 30 €.

Hoteles

*** **Posada de Palacio.** Caballeros, 9. T. 956 364 840.
www.posadadepalacio.com
Hab. 34: 65 €. Suites: 10. Casa-palacio del s. XVIII ubicada en el casco antiguo. Ampliado y redecorado. Restaurante El Espejo. Cocina cuidada.

Hospedería Duques de Medina Sidonia. Pza. Condes de Niebla, 1. T. 956 360 161.
www.hotelpalaciosanlucar.com P
Hab. 6: 75 €. Suites: 3. Situada en el barrio Alto, próxima al centro. Cuidada atención en un histórico y señorial entorno. Las habitaciones, cada una con su propio carácter, llevan los nombres de las casas que fueron incorporando a la de Medina Sidonia con el paso de los siglos. Restaurante Guzmán el Bueno. Buenas tapas y dulces artesanos.

Sanlúcar La Mayor Sevilla

96 · E-4
A Sevilla, 18 km
A Madrid, 550 km
Alt. 148 m · Pob. 13.403
T. 955 100 600
GPS 37° 23' 11'' N · 6° 12' 0'' O

Visitar: Situada en el Aljarafe y rodeada de colinas, tiene construcciones religiosas de interés. Tres ejemplos son la **iglesia de Sta. María** (s. XIII), de estilo mudéjar; la de **S. Pedro,** la más antigua (s. XIII) y edificada sobre una mezquita árabe; o la de S. Eustaquio, también mudéjar pero, según la tradición, construida en la ubicación de un templo romano. En cuanto a la arquitectura civil, sobresale la **Casa de la Cilla del Cabildo** (s. XVIII). También es destacable el conjunto histórico de las murallas almohades, que datan del s. XIII.

Fiestas: La **Semana Santa** y la **Feria de Mayo** son de interés turístico. En septiembre se celebra S. Eustaquio, patrón de la localidad.

Alrededores: El **paisaje protegido Corredor Verde del Guadiamar** es un paraje natural en torno a este afluente del Guadalquivir lleno de olivos, eneas y juncos, perfecto para el avistamiento de aves.

Restaurantes

Alhucemas. Avda. Polideportivo, 4. T. 955 700 929.
www.restaurantealhucemas.com
Cierra cenas de octubre a mayo excepto viernes; lunes y septiembre. Agradable local para una cocinera marinera de producto. **Pescados y mariscos** de Huelva **a la plancha.** También, ***cuscús* de cordero y verduras.** La familia Palomo-Ortiz al tanto de todo. Precio medio sin marisco 35 €.

Sant Andreu de Llavaneres Barcelona

37 · D-3

Ver Mataró

Sant Carles de la Ràpita Tarragona

57 · D-2
A Tarragona, 95 km
A Madrid, 540 km
Alt. Nivel del mar · Pob. 15.511
T. 977 744 624
GPS 40° 37' 12'' N · 0° 35' 30'' E

Iglesia en Sant Carles

Visitar: Para esta localidad enclavada en el delta del Ebro, Carlos III planificó una ambiciosa reforma que la convertiría en una ciudad renacentista. Aunque el proyecto quedó inacabado, aún hoy se pueden visitar ejemplos como la **iglesia Nova;** la **plaza de Carlos III,** con sus construcciones neoclásicas de monumentales columnas, y la **Glorieta,** un edificio exento que se concibió como mirador. Aunque el verdadero mirador hoy es el de la Guardiola, una torre de 116 m.

Fiestas: Se festeja a Santiago en julio, con una ofrenda de flores y frutos, y a su patrona, **Ntra. Sra. de La Ràpita,** del 6 al 11 de septiembre. A lo largo del año hay numerosos eventos culinarios, como la Jornada del Langostino, en diciembre.

Alrededores: En **Alcanar** (a 10 km) está la iglesia renacentista de S. Miguel Arcángel. El **Parque Natural del Delta del Ebro** (a menos de 10 km) es el humedal más grande de Cataluña. A unos 9 km, la **Sierra del Montsià** es un buen paraje para la práctica del senderismo, ascendiendo a la Roca Foradada. En **Tortosa** (a 28 km), el Parque Natural de los Puertos tiene en el monte Caro (1.447 m) la mayor altura de Tarragona.

Restaurantes

Miami "Can Pons". (Hotel Miami Mar). Pº Marítimo, 18-20. T. 977 740 551. *www.miamicanpons.com* P S
Cierra segunda quincena de enero. Con 30 habitaciones. Decoración náutica en primera línea de playa. Arroz *tot pelat, suquet* de pescadores, sopa de café con helado de turrón. Menú 21 €. Precio medio 35 €.

® **Taller de Cuina Carmen Guillemot.** (En ALCANAR, a 10 km). Colón, 26. T. 977 730 323. *www.carmenguillemot.net* S
Cierra domingo cena, lunes, martes y Navidad. Carmen Gil dirige los fogones de esta bonita casa señorial reformada con modernidad y en un contexto meramente artístico. Gustosa propuesta de cocina actual. Diferentes menús 23, 35, 38, 48 €. Precio medio 35 €.

Sant Cugat del Vallès Barcelona Ver Barcelona

37 · B-4

Sant Feliu de Guíxols Girona

38 · C-2
A Girona, 33 km
A Madrid, 702 km
Alt. Nivel del mar · Pob. 22.038
T. 972 820 051
GPS 41° 46' 50'' N · 3° 1' 46'' E

Farmacia Rústica

Visitar: El pasado marinero y corchero ha dejado huella en una ciudad cuyo **monasterio benedictino** es su gran emblema patrimonial. Aunque está documentado desde el s. X, el conjunto recorre desde el románico al barroco. En él destaca la **Porta Ferrada** (ss. IX-X), en cuyo interior se encuentra el Museo de Historia de la Ciudad. Recorrer el paseo del Mar llevará a descubrir diversas casas modernistas de interés, como la **Casa Patxot,** actualmente Cámara de Comercio, Industria y Navegación. Otros museos de la ciudad son el de Salvamento Marítimo; el de Placas de Cava i Champagne y el de **Historia del Juguete.**

Fiestas: Los carnavales se celebran en febrero, y la fiesta mayor, en agosto. El **Festival Internacional de Porta Ferrada,** el evento cultural más antiguo de Cataluña, se celebra cada verano.

Alrededores: En el término municipal de **Santa Cristina d'Aro** (a 5 km) se pueden admirar magníficos menhires y dólmenes prehistóricos. **Platja d'Aro** se encuentra a 6 km.

Restaurantes

Cau del Pescador. Sant Doménec, 11. T. 972 324 052. *www.caudelpescador.com* S
Cierra lunes cena y martes en otoño-invierno; y del 7 al 22 de enero. En una antigua casa de pescadores con cocina a tono. Arroces marineros, pescados al horno y la sal, fruta de temporada, flanes. Menús 19 y 39 €. Precio medio 50 €.

Sant Fruitós de Bages Barcelona Ver Manresa

37 · A-2

Sant Pere de Ribes Barcelona Ver Sitges

48 · C-2

Sant Pol de Mar Barcelona

Visitar: El principal monumento de este enclave tan mediterráneo es la **ermita de St. Pau** (s. XI), que alberga una cripta visigoda del s. VI. La antigua torre defensiva es hoy el campanario de la iglesia gótica tardía de **St. Jaume** (s. XVI). Al recorrer la ciudad se podrán admirar fachadas modernistas tan bellas como la del edificio de **Las Escuelas,** mientras que el paseo de la Punta ofrece un agradable recorrido entre los acantilados y el mar.

Fiestas: En enero se celebra la fiesta mayor de invierno, **St. Pau.** La de verano es **St. Jaume** (en julio).

Alrededores: Es recomendable el **Camino de Ronda,** un bonito sendero del s. XIX Se puede hacer a pie y la mayor parte de su recorrido discurre próximo al mar.

38 · A-3
A Barcelona, 49,7 km
A Madrid, 664 km
Alt. 15 m · Pob. 5.100
T. 937 604 547
GPS 41° 35' 59" N · 2° 37' 12" E

Restaurantes

Carme Ruscalleda-Sant Pau
Cierra jueves almuerzo, lunes, domingo, tres semanas en mayo y en noviembre. Armonía intachable como argumento culinario. Absoluta coherencia entre idea y percepción. La ejecución es precisa y de un rigor culinario rotundo y conciso.

Tres espárragos de primavera, rape enmascarado. Una propuesta culinaria inteligible que merece la máxima calificación.

Precio medio 120 €.

Nou, 10. T. 937 600 662.
www.ruscalleda.cat
P S

Hoteles

*** **Aqua Hotel Onabrava & Spa.** (En SANTA SUSANNA, a 12 km). Avda. del Mar, 6. T. 937 678 370. *www.aquahotel.com*
Hab. 350: 118 €. Situado en el paseo marítimo de Sta. Susanna, a 100 m de la playa.

Sant Sadurní d'Anoia Barcelona

Visitar: Tierra de viñedos, esta villa es conocida como la capital del cava. Las primeras botellas de este espumoso se elaboraron en 1872, aunque ya antes la localidad vivía alrededor del vino: en la plaza de Santiago Rusiñol todavía hay una **prensa de uva construida con madera y piedra del s. XVI,** y también se pueden visitar las antiguas cavas. Entre su patrimonio arquitectónico destacan la **iglesia románica de St. Benet,** la iglesia parroquial, con su torre gótica del s. XVI, y especialmente, los edificios modernistas que jalonan las calles Diputació, Doctor Escayola y Montserrat y que conforman una ruta cuya joya son las Cavas Codorniú, monumento nacional.

Fiestas: En septiembre se celebra la **Fiesta de la Filoxera,** justo antes de la vendimia, y la segunda semana de octubre se celebra la **Semana del Cava.**

Alrededores: En las afueras se encuentran **Can Ferrer del Mas,** construcción de estilo árabe, y el mirador de Miranda d'Espiells, con magníficas vistas de los viñedos. A 12 km, destaca la parroquia de **S. Pedro de Masquefa.**

48 · C-1
A Barcelona, 35 km
A Madrid, 578 km
Alt. 162 m · Pob. 12.000
T. 938 913 188
GPS 41° 25' 30" N · 1° 47' 4" E

Botellas de cava

Restaurantes

La Cava d'en Sergi. Valencia, 17. T. 938 911 616.
www.lacavadensergi.com
Cierra último domingo de mes, lunes, Semana Santa, y tres primeras semanas de agosto. Ambientado como una cava. Canelón de *watan* con *mousse* de piquillos, cochinillo confitado y crujiente con puré de manzana, salsa de oporto y brócoli, ravioli líquido de emulsión de yogur con vinagre de Módena. Menú 17 €. Precio medio 32 €.

Hoteles

Can Bonastre Wine Resort. (Finca Can Bonastre de Santa Magdalena, en MASQUEFA, a 12 km). Ctra. B-224, km 13,2. T. 937 728 767.
Hab. 12: 464 €. En una finca del s. XVI. Dentro de un entorno natural incomparable, a los pies del macizo de Montserrat, rodeado de viñedos. Cocina regional y de temporada.

Santa Baia Ourense Ver Ourense

18 · A-2

Santa Coloma de Farners Girona

38 · A-1
A Girona, a 20 km
A Madrid, 694 km
Alt. 142 m · Pob. 11.948
T. 972 840 977
GPS 41° 51' 37'' N · 2° 40' 1'' E

Visitar: La actual capital de la comarca de La Selva fue fundada en el s. IX. Un paseo por la ciudad recorre el **parque de St. Salvador** (s. XIX), en el que sobresalen las fuentes de St. Salvador y la Picant. También destacan la iglesia parroquial, de estilo gótico rural, y la **plaza Farners,** el alma de la villa, que cada lunes se anima con un mercado de productos textiles, alimentarios y artesanos.

Fiestas: Cada 20 de enero tiene lugar la **fiesta del Pelegrí,** en la que se repite la tradición por la cual un peregrino va desde Tossa de Mar a la iglesia de St. Sebastià. En septiembre son las fiestas mayores en honor a **St. Dalmau Moner.**

Alrededores: A 4,5 km se encuentra **Farners,** con su castillo románico. Otra excursión imprescindible es el **monasterio de St. Pere Cercada,** de factura románica, cuya iglesia data de finales del s. XI. En **Arbúcies** (a 12 km) está el castillo de Montsoriu.

Restaurantes

® **Les Magnolies.** (En ARBÚCIES, a 12 km). Pza. Antón Serres, 7.
T. 972 860 879. *www.lesmagnolies.com*
Cierra cenas de domingo a jueves, lunes, martes, y enero. Una culinaria con trazos de modernidad muestra la pasión creativa de Víctor Trochi al frente de los fogones. Isidre Fradera en la sala y Nil Curiel como sumiller incorporan distinción a una propuesta que va a más. Menú 42 €. Precio medio 45 €.

Santa Coloma de Gramenet Barcelona

37 · C-4

Ver Barcelona

Santa Comba A Coruña

8 · B-1

Ver Santiago de Compostela

Santa Cristina d'Aro Girona

38 · C-2
A Girona, 29 km
A Madrid, 700 km
Alt. 30 m · Pob. 5.106
T. 972 835 293
GPS 41° 48' 56'' N · 3° 0' 7'' E

Diables i correfoc

Visitar: Esta encantadora localidad del Ampurdán ofrece al visitante interesantes muestras de arquitectura religiosa, como la **iglesia de St. Martí de Romanya** (s. X), en cuyo cementerio está enterrada la escritora catalana Mercè Rodoreda. El edificio primitivo de la iglesia de Bell-Lloc data del s. VI, mientras que la **parroquia de Sta. Cristina** es de los ss. X al XI. Cerca se encuentran las ruinas de una antigua iglesia paleocristiana, en cuyo interior hay restos de un yacimiento y una necrópolis romana.

Fiestas: La fiesta mayor se celebra en julio, por **St. Jaume.**

Alrededores: En las afueras del municipio se pueden admirar varios dólmenes y menhires prehistóricos. Los amantes del senderismo disponen de varias rutas hasta playas como las de **Canyet, Senyor Ramón** y **Vallpresona.**

Restaurantes

Les Panolles. Ctra. Girona-Sant Feliu de Guíxols, km 27. T. 972 837 011.
S
Cierra martes excepto verano. Los productos del Empordá son la base de la cocina de esta típica masía. Erizos, setas y caza en temporada, pescados, crema catalana. Menú 20 €. Precio medio 30 €.

Mas Torrellas. (Hotel Mas Torrellas). Ctra. Santa Cristina d'Aro-Castell d'Aro, km 1,713. T. 972 837 526. *www.mastorrellas.com*
Cierra de octubre a abril. Con 17 habitaciones. Masía del s. XVIII entre el mar y la montaña. Gambas al ajillo, carnes a la brasa, crema catalana. Menú 25 €. Precio medio 32 €.

Hoteles

***** **Sallés Hotel & Spa Cala del Pi.** Avda. Cavall Bernat, 160. En Platja d'Aro.
T. 972 828 429. *www.hotelcaladelpi.com*
Hab. 44: 340 €. Suites: 8. En primera línea de playa. Restaurante Rosa dels Vents.

Santa Cruz Murcia

93 · B-4

Ver Murcia

Santa Pola Alacant/Alicante

Visitar: El antiguo Portus Illicitanus es hoy una villa de gran tradición marinera. Los restos de ese pasado romano se aprecian en las ruinas de una fábrica de salazones y en la casa de El Palmeral, ambas del s. IV. En el casco urbano sobresale el **castillo** (s. XVI), que acoge el **Museo del Mar** y el de la Pesca. Varias torres vigía del s. XVI siguen en pie, como la de Tamarit y Escaletes. No se debe abandonar la localidad sin admirar la bahía de Santa Pola desde la **plaza del Calvario** y sin recorrer el puerto.

Fiestas: Siempre ligadas al mar, destacan la **Virgen del Carmen** (15 y 16 de julio) y las patronales, de Moros y Cristianos, y en honor a la Virgen de Loreto (del 31 de agosto al 8 de septiembre).

Alrededores: A 3 millas, accesible en barco, se encuentra la **isla de Tabarca,** declarada reserva marina. El **Parque Natural de las Salinas** está situado entre Elx y Santa Pola.

93 · D-3
A Alacant/Alicante, 17 km
A Madrid, 436 km
Alt. 180 m · Pob. 34.000
T. 966 696 052
GPS 38° 11' 31" N · 0° 33' 23" O

Hoteles

*** **Polamar.** Astilleros, 12. T. 965 413 200. *www.polamar.com*
Hab. 66: 53 €. Suites: 3. Incluye desayuno.

Santander Cantabria

Palacio de los Deportes

Visitar: Entre lo que sobrevivió al gran incendio de 1941, destaca la **catedral** (ss. XIV-XV) y, bajo ella, la **iglesia del Cristo** (s. XII), los monumentos más antiguos de esta ciudad marinera. Del s. XVIII es el antiguo hospital de S. Rafael, hoy Parlamento de Cantabria. No hay que olvidar la Casa-Museo de Menéndez Pelayo y edificios como el Gran Casino y el Hotel Real. La visita a la ciudad no estará completa sin recorrer el **paseo de Pereda,** la Grúa de Piedra del puerto, el mercado modernista de la Esperanza, las **playas de El Sardinero** y el **palacio de La Magdalena.** En cuanto a los museos, sobresalen el Marítimo del Cantábrico, el de Arte Moderno y Contemporáneo (MAS) y el Regional de Prehistoria y Arqueología.

Fiestas: El lunes siguiente a Pentecostés se celebra la **Virgen del Mar.** El mes de julio se abre con los Baños de Ola, y finaliza con la Semana Grande.

Alrededores: En el **valle de Camargo** (a 8 km), se admira la cueva del Pendo en Escobedo y las termas romanas de S. Juan de Maliaño. En **Puente Arce** (a 14 km) hay que visitar el puente sobre el río Pas. **Astillero** (a 5 km) es un buen punto de partida para adentrarse en el Parque de la Naturaleza de Cabárceno.

5 · C-2
A Madrid, 398 km
Alt. nivel del mar · Pob. 182.700
T. 942 310 708
GPS 43° 27' 38" N · 3° 48' 33" O

Restaurantes

Ⓡ **Asubio.** (Gastrobar). Daoiz y Velarde, 23. (Aparcamiento en Pza. Pombo). T. 942 035 238. *www.asubiogastrobar.com*
Nacho Basurto pone su toque tanto en las elaboraciones para el comedor en la planta superior, como en el gastrobar a la entrada con raciones, medias o pinchos y vinos por copas. **Alcachofas confitadas, costilla de vaca asada y deshuesada con *chutney* de piña, flan de queso.** Surtido de **quesos pasiegos.** Menú 15 €. Precio medio 25 €.

Ⓡ **Bodega Cigaleña.** Daoiz y Velarde, 19. T. 942 213 062.
Cierra domingo. La bodega es un museo del vino con más de 1.200 referencias. Cocina de producto. **Cocido montañés, pescados** del Cantábrico, tabla de **quesos.** Menú 23 €. Precio medio 40 €.

Detalle de un barco en La Magdalena

Calle de Castelar

Desde mediados del s. XVIII, Santander experimenta una evolución urbanística que tiene un bello exponente en el conjunto de edificios que se alinean en la calle de Castelar. Esta arteria, dedicada al presidente de la I República, representa hoy una seña de identidad de la ciudad.

® **Bodega del Riojano.** Río de la Pila, 5. T. 942 216 750.
www.bodegadelriojano.com
Cierra domingo cena. Local muy frecuentado, que se conoce como el Museo Redondo por tener un centenar de barricas decoradas con obras de diversos pintores, catalogadas en un libro editado por la Universidad de Cantabria. Cocina tradicional y ambiente cosmopolita. **Rabas, albóndigas de verdel, torrija de sobao pasiego.** Menú 21 €. Precio medio 30 €.

Cañadío. Gómez Oreña, 15. Pza. de Cañadío. T. 942 314 149.
www.restaurantecanadio.com
Cierra domingo. Animado establecimiento en el centro de Santander, que cuenta con una interesante barra de pinchos. Paco Quirós en cocina y su esposa, Teresa Monteoliva, en sala, forman la pareja perfecta para ofrecer una atractiva carta con especialidades como **hamburguesa de atún rojo, tajada de merluza a la media sal con vinagreta de tomate y lingote de tres chocolates.** Precio medio 45 €.

Casona del Judío. (Bistró y Gastronómico). Repuente, 20. T. 942 342 726.
www.casonadeljudio.com S
Cierra cenas excepto viernes y sábados de septiembre a mayo, domingo cena, lunes, primera quincena de febrero y de noviembre. Sergio Bastard, joven cocinero muy galardonado, oficia en una casona de indianos con un vanguardista comedor. **Salmorejo con yema de codorniz y tomatito asado; amanita *cesarea* con emulsión de ajo y oro líquido; paletilla de cordero lechal a baja temperatura, avellana y *óxalis*, y cremoso de cava con bizcocho de pistachos.** Menús en el Bistró 23 y 28 €. Precio medio 30 €.

® **Chiqui.** Avda. Manuel García Lago, 9. T. 942 282 700.
www.hotelchiqui.com S
Cierra del 8 de enero al 8 de febrero. Siempre es una opción acertada acudir a este restaurante situado al final de la segunda playa del Sardinero, desde el que se divisa el Abra santanderino. Kike Pérez sorprende con **emparedado de bonito y *foie-gras*, solomillo a la sal con dos salsas y ensalada de frutas naturales al Cointreau.** Menú 27 €. Precio medio 40 €.

Del Puerto. Hernán Cortés, 63. T. 942 213 001. *www.bardelpuerto.com*
Cierra domingo cenas y lunes excepto julio, agosto y septiembre. Amplia oferta de pescados y mariscos que destaca por la calidad del producto. Es una referencia de los productos del mar en la capital cántabra. **Gambas a la gabardina, maganos encebollados, salpicón de bogavante, pescados al horno.** Precio medio 60 €.

El Nuevo Molino. (En PUENTE ARCE, a 14 km). Bº Monseñor, 18. Ctra. N-611, Santander-Torrelavega, km 13. T. 942 575 055.
www.elnuevomolino.es
Cierra domingo cena, martes excepto agosto, y domingo en agosto. Molino a orillas del río Pas levantado sobre un convento del s. XVII, forma un bello conjunto con capilla, hórreo y jardines. Al frente de la cocina, José Antonio González ofrece **rabas de calamar y espuma de alioli de tinta; alas de pollo de corral, salsa Thai y polvo de maíz, y un bombón de castañas, espuma de amarena y cardamomo.** Menú 42 €. Precio medio 38 €.

El Serbal. Andrés del Río, 7. T. 942 222 515.
www.elserbal.com
Cierra lunes excepto agosto y domingo cena. Fernando Sainz de la Maza sorprende con creaciones singulares como ***tartar* de salmón con helado de tomate y mostaza, tallarín de calamar y rocas cítricas; cochinillo confitado y tostado a la naranja con crema de maracuyá y membrillo,** y su singular postre **El Viñedo, con flan de queso y helado de Pedro Ximénez.** Menú 42 €. Precio medio 38 €.

El Teatro. (En ASTILLERO, a 5 km). San José, 37. T. 942 559 565.
www.restauranteelteatro.es S
Cierra lunes y primera quincena de julio. Ambientado local de cocina tradicional. Pescados frescos, carnes cántabras, tarta de queso de la abuela y pasiega. Menús 9 y 18 €. Precio medio 30 €.

® **La Bombi.** Casimiro Sainz, 15. T. 942 213 028.
www.restaurantelabombi.com
Muy concurrido por locales y foráneos, tanto por la calidad de sus **pescados** frescos en sencillo apresto, como por su buen hacer. Para empezar, **rabas de calamar** y para terminar, **quesada.** Menú 45 €. Precio medio 40 €.

Laury. Avda. Pedro San Martín, 4. T. 942 330 109.
www.restaurantelaury.com
Cierra lunes cena y domingo. Pescados y mariscos frescos, carnes a la parrilla, flan de naranja. Menú 30 €. Precio medio sin marisco 40 €.

Posada del Mar. Castelar, 19. T. 942 213 023.
www.laposadadelmar.es
Cierra domingo cena. Satisfactoria oferta marinera con vistas a la bahía. Almejas a la sartén, lomos de merluza con calamares en su tinta, quesos de la *tierruca*. Precio medio 45 €.

Puerta 23. Tetuán, 23. (Aparcamiento subterráneo en la puerta del restaurante). T. 942 310 573. *www.puerta23.com*
Cierra cenas de domingo y miércoles excepto julio y agosto; y del 7 al 17 de enero. Cocina tradicional con tintes de modernidad. *Carpaccio* de atún rojo, cochinillo confitado y tostado, pastel caliente de avellana con helado de mandarina. Menú 25 €. Precio medio sin marisco 30 €.

Zacarías. Hernán Cortes, 38. (Aparcamiento público a 30 m). T. 942 212 333. *www.restaurantezacarias.com*
Cocina cántabra de mar y montaña, bajo la dirección de Zacarías Puente. Sopa de pescadores, carnes cántabras con D. O., espléndida rueda de queso (30 variedades). Barra de tapas, pinchos y cazuelitas. Menú 22 €. Precio medio 38 €.

Hoteles

***** **GL Real.** Pº Pérez Galdós, 28. T. 942 272 550.
www.hotelreal.es
Hab. 123: 100 €. Suites: 9. Lujoso hotel situado entre la playa y el casco histórico. Magníficas vistas a la bahía. Restaurante El Puntal.

**** **Gran Hotel Sardinero.** Pza. de Italia, 1. T. 942 271 100.
www.hotelsardinero.es
Hab. 102: 215 €. En pleno núcleo turístico santanderino, junto al Gran Casino y a la playa de El Sardinero.

**** **Gran Hotel Victoria.** María Luisa Pelayo, 38. T. 942 291 100.
www.granhotelvictoria.com
Hab. 70: 92 €. Suites: 7. Frente a la playa de El Sardinero. Habitaciones con terraza. Vivero de marisco propio.

**** **Hoyuela.** Avda. de los Hoteles, 7. T. 942 282 628.
www.hotelhoyuela.es
Hab. 55: 175 €. Dentro del conjunto histórico de El Sardinero, a escasos metros de la playa y del Gran Casino y a 400 m del palacio de La Magdalena.

Santiago de Compostela A Coruña

8 · D-2
A Coruña, 67 km
A Madrid, 588 km
Alt. 260 m · Pob. 95.092
T. 981 555 129
GPS 42º 52' 48'' N · 8º 32' 49'' O

Visitar: Hay muchos motivos para conocer la capital de Galicia: por ser el final del Camino de Santiago, porque su casco histórico es patrimonio de la humanidad, por su ambiente, su cultura, sus jardines, su gastronomía... El centro monumental es la **plaza del Obradoiro,** presidida por la imponente **catedral.** La fachada del Obradoiro, construida entre los ss. XVII y XVIII, esconde el magnífico **pórtico de la Gloria,** joya del arte románico. No hay que dejar de admirar el claustro gótico-renacentista ni tampoco la panorámica que se ve desde los tejados de la catedral, cuya **Puerta Santa** es la meta de los peregrinos. En la plaza del Obradoiro sorprenden otros edificios: el palacio arzobispal de Xelmírez, románico del s. XII; el **Hostal de los Reyes Católicos,** hoy Parador de Turismo, mandado construir a finales del s. XV para atender a locales y peregrinos, y el palacio de Raxoi (s. XVIII), edificio neoclásico que es la sede del Ayuntamiento y de la Xunta. Desde el Obradoiro, conviene pasear por las calles del centro para descubrir los pórticos y las galerías de las viviendas mientras se disfruta de otros puntos de interés como el **monasterio de S. Martiño Pinario,** la plaza de Quintana y la de Platerías o las casonas de las rúas Nova y Tras Salomé. Se debe pasar también por el **Museo do Pobo Galego** –en el convento de Sto. Domingo de Bonaval (ss. XIII-XIV)–, el mercado de Abastos y el parque de la Alameda, ambos del s. XIX. Los mejores ejemplos de arquitectura de vanguardia son el Centro Galego de Arte Contemporáneo, en un edificio de Álvaro Siza; y la **Cidade da Cultura de Galicia,** del neoyorquino Peter Eisenman.

Fiestas: El 25 de julio se celebra el **Día Nacional de Galicia,** fiesta declarada de interés turístico internacional.

Alrededores: El entorno natural de **Vedra** (a 18 km) y los cascos antiguos de **Santa Comba** (a 32 km) y **Noia** (a 36 km) merecen una visita. El castro de Baroña (a 57 km), patrimonio nacional, es un bello paraje encajado junto al mar.

Escultura de Ramón María del Valle-Inclán

Botafumeiro en la catedral

Restaurantes

Acio. Galeras, 28. T. 981 577 003. *www.acio.es*
Cierra domingo, lunes y primera quincena de enero. Cocina enraizada en el terreno, pero con carácter personalizado. Hay que probar su **arroz de capón de Vilalba,** pero también el **cebiche de mejillones y lubina con granada e hinojo,** y la **empanada abierta de pulpo...** Original, pero reconocible. Menú 12 €. Precio medio 30 €.

Ana. Olvido, 22. T. 981 570 792.
Cierra domingo cena. Cerca de la colegiata del Sar, se sale de lo trillado sin correr riesgos. Trabaja magníficamente las **verduras,** las **pastas** y, sobre todo, ofrece una versión propia muy convincente del clásico **bacalao a la gallega** (con coliflor y ajada). Precio medio 25 €.

Casa Marcelo. Hortas, 1. T. 981 558 580. *www.casamarcelo.net*
Cierra domingo cena y lunes. Giro copernicano en la cocina de quien encabezó la más rabiosa modernidad en la gastronomía gallega. Cambio de ambiente y de filosofía. Autodefinido como tasca japo-gallega. La **gilda de merluza del pincho,** el ***xurel* asado y ahumado** o el ***curry* de manitas de cerdo y garbanzos** justifican la visita. Precio medio 30 €.

Dos Reis. (Parador de Turismo). Pza. do Obradoiro, 1. T. 981 582 200. *www.parador.es*
Cocina gallega de corte clásico, bien vestida y bien servida. **Caldo gallego, *caldeirada* de pescados y mariscos, filloas rellenas de mango.** Menú 38 €. Precio medio 40 €.

Fogón Retiro da Costiña. (En SANTA COMBA, a 32 km). Avda. Santiago, 12. T. 981 880 244.
Cierra domingo cena, miércoles y primera quincena de octubre. Una casa con personalidad propia, fuera de los circuitos, con una cocina de acento personal: **vieira marinada con verduras y reducción de calabaza, navajas sobre crujiente de maíz, almejas a la sartén...** Diversos ambientes para aperitivos, café y copa. Precio medio 45 €.

® **La Tacita de Juan.** Hórreo, 31. T. 981 563 255. *www.latacita.com*
Cierra domingo y del 18 de agosto al 2 de septiembre. La catedral de la cocina tradicional en Compostela: buenas **empanadas,** excelentes **pescados, carnes** de calidad... y un **cocido gallego** pantagruélico. Precio medio 40 €.

® **Roberto.** (En VEDRA, a 6 km). Avda. San Xulián de Sales, 17. T. 981 511 769. *www.restauranteroberto.es*
Cierra domingo cena y lunes. Emplazamiento ideal, bucólico y hermoso. Roberto fue uno de los precursores de lo que es hoy la cocina gallega. Mantiene sus clásicos, caso de la copiadísima **vieira sobre crema de patatas.** Muy bueno el **rodaballo con verduritas asadas.** Gran bodega. Menú 25 €. Precio medio 30 €.

Hoteles

***** **AC Palacio del Carmen.** Oblatas, s/n. T. 981 552 444. *www.ac-hotels.com*
Hab. 74: 120 €. Suites: 4. Antiguo convento restaurado. Restaurante El Camelio.

***** **Araguaney.** Alfredo Brañas, 5. T. 981 559 600. *www.araguaney.com*
Hab. 81: 99 €. Suites: 5. Consultar Ofertas. En pleno centro comercial, próximo a la zona monumental. Restaurante Caney.

***** **NH Obradoiro.** Avda. Burgo das Nacions, s/n. T. 981 558 070. *www.nh-hotels.com*
Hab. 159: 103 €. Suites: 8. Servicio de canguro bajo petición. Frente al auditorio. Rodeado de extensos jardines. Restaurante Azabache.

***** **Parador Hostal de los Reyes Católicos.** Pza. do Obradoiro, 1. T. 981 582 200. *www.parador.es*
Hab. 137: 246 €. Suites: 6. Nació como Hospital Real en 1499, bajo el mandato de los Reyes Católicos, para dar albergue a los numerosos grupos de peregrinos que se acercaban a Santiago. Combina lo antiguo y lo nuevo en sus instalaciones, sin perder esa aureola de misticismo que le caracteriza. Restaurantes Enxebre y Dos Reis.

Santillana del Mar Cantabria

5 · B-3
A Santander, 30 km
A Madrid, 439 km
Alt. 91 m · Pob. 4.215
T. 942 818 812
GPS 43° 23' 22'' N · 4° 6' 36'' O

Visitar: Situada en la ruta norte del Camino de Santiago y declarada conjunto histórico artístico, es una de las grandes joyas de Cantabria. Comenzó a crecer en torno a la **colegiata de Sta. Juliana** (s. XII), gran ejemplo del románico cántabro. Otras muestras de arte medieval de la villa son las torres del Merino (s. XIV) y la de Don Borja (s. XV). El Renacimiento está bien representado en el **palacio de Velarde** (s. XVI), mientras que el Barroco tiene muestras en casas como las de los Valdivieso, los Villa o la de los

Barreda-Bracho, hoy Parador Gil Blas. Santillana invita a ser paseada para observar sus calles empedradas y rincones curiosos, como el abrevadero del s. XVI.

Fiestas: Del 27 al 30 de junio se celebra **Sta. Juliana** y el 16 de agosto, S. Roque. Además, su Cabalgata de Reyes está declarada fiesta de interés turístico nacional.

Alrededores: Las **cuevas de Altamira,** patrimonio de la humanidad, se hallan a 2 km, aunque solo es visitable una reproducción. A 3 km, en **Mijares** destaca su palacio del s. XVI.

Reproducción de la cueva paleolítica de Altamira

Restaurantes

Palacio Mijares. (En MIJARES, a 3 km). Bº de La Iglesia, s/n. T. 942 820 845. *www.palaciomijares.es*
Cierra cenas de domingo a jueves excepto julio y agosto, lunes y del 7 al 31 de enero. En las antiguas caballerizas de un palacio del s. XVI. Pastel de queso suave, manzana y chicharro en escabeche, costilla de vaca de Cantabria y *chutney* de naranja, menestra de frutas frescas. Menú 25 €. Precio medio 35 €.

Hoteles

**** **Parador de Santillana Gil Blas.** Pza. Ramón Pelayo, 11. T. 942 028 028. *www.parador.es*
Hab. 28: 188 €. Consultar ofertas. Instalado en la bella casona de los Barreda-Bracho, junto a otros edificios artísticos, en la plaza de Santillana del Mar. Decoración y cocina tradicionales. Restaurante Jardín de Gil Blas.

*** **Parador de Santillana del Mar.** Pza. Ramón Pelayo, s/n. T. 942 818 000. *www.parador.es*
Hab. 28: 164 €. Consultar cierre. Sobre los restos de un edificio antiguo se erigió, de nueva planta, una casona basada en la construcción rural cántabra. Integrada perfectamente en el entorno histórico-artístico de la villa.

Santo Domingo de la Calzada La Rioja

22 · A-2
A Logroño, 45 km
A Madrid, 307 km
Alt. 638 m · Pob. 6.770
T. 941 341 238
GPS 42° 26' 30'' N · 2° 57' 15'' O

Visitar: Esta ciudad es uno de los grandes hitos del Camino de Santiago. Su historia gira en torno a Sto. Domingo, que la fundó en 1044 para atender a los peregrinos, y donde construyó un puente, un albergue, un hospital y una ermita. Esta última se convirtió en la actual **catedral** (s. XII), con su torre exenta. La estructura original del **hospital de peregrinos,** hoy Parador de Turismo, data del s. XII. La visita se completa con las murallas, la calle Mayor y el Ayuntamiento (s. XVII).

Fiestas: Las más importantes son las **Fiestas del Santo,** en mayo. El segundo martes de Pentecostés se celebra la **romería de las Abejas,** con reparto de habas con pan.

Alrededores: Conviene acercarse a **Bañares** (a 5 km) para admirar la iglesia de la Sta. Cruz y a **Leiva** (a 12 km), por su castillo del s. XV. A 15 km se encuentra **Ezcaray** y, a 18 km, **San Millán de la Cogolla.**

Restaurantes

El Rincón de Emilio. Pza. Bonifacio Gil, 7. T. 941 340 990. *www.rincondeemilio.com*
Cierra lunes cena y martes de octubre a junio, martes cena en verano; y febrero. En una recóndita placita junto al convento de S. Francisco. Menestra de verduras, callos a la riojana, leche frita. Menú 15 €. Precio medio 30 €.

Los Caballeros. Mayor, 56-58. T. 941 342 789. *www.restauranteloscaballeros.com*
Cierra domingo cena y segunda quincena de enero. Junto al ábside románico de la catedral. Verduras de temporada, bacalao elaborado en diferentes formas, tarta del abuelito. Precio medio 35 €.

Hoteles

**** **Parador de Sto. Domingo de la Calzada.** Pza. del Santo, 3. T. 941 340 300. *www.parador.es*
Hab. 61: 163 €. El Parador se levantó sobre los restos de un palacio de los reyes de Navarra-Nájera, cedido en el s. XII a Sto. Domingo para convertirlo en hospital de peregrinos. Céntrico. Restaurante Las Doce Vueltas, cocina riojana.

*** **Parador de Sto. Domingo Bernardo de Fresneda.** Pza. San Francisco, 1. T. 941 341 150. *www.parador.es*
Hab. 47: 145 €. Cierra del 1 de enero al 31 de marzo y del 1 de diciembre al 31 de diciembre. Convento franciscano del s. XVI. Restaurante Río Cabado.

Santo Domingo de Silos Burgos

32 · E-2
A Burgos, 58 km
A Madrid, 203 km
Alt. 1.006 m · Pob. 316
T. 947 390 070
GPS 41° 57' 45" N · 3° 25' 13" O

Visitar: Esta pequeña villa burgalesa es conocida por su **monasterio benedictino,** cuyo edificio original fue visigodo. La gran joya del conjunto es el **claustro románico:** la galería inferior cuenta con motivos escultóricos. Los capiteles sobre dobles columnas presentan temas variados, mientras que en los pilares angulares hay ocho magníficos relieves sobre la vida de Cristo y la Virgen. El techo sobresale por su artesonado mudéjar (s. XIV), mientras que el museo del monasterio alberga piezas relevantes como una arqueta relicario de los ss. XII al XIII. La **botica** reúne 400 tarros en cerámica de Talavera, un laboratorio con el material de la época y una rica biblioteca con volúmenes de los ss. XVI al XVIII.

Abadía de Santo Domingo de Silos

Fiestas: De interés turístico regional es la **Fiesta de los Jefes** (último fin de semana de enero), en la que se recuerda cómo los habitantes evitaron la invasión musulmana. El 20 de diciembre se celebra Sto. Domingo.

Alrededores: Conviene acercarse al impresionante **desfiladero de la Yecla** (a 3 km); a la ermita mozárabe de Sta. Cecilia, en Barriosuso (a 6 km) y a las ruinas de **S. Pedro de Arlanza,** el primer monasterio de Castilla (a 30 km).

Restaurantes

Casa Emeterio. (Asador, en el Hotel Tres Coronas de Silos). Pza. Mayor, 6. T. 947 390 047. *www.hoteltrescoronasdesilos.com*
Con 16 habitaciones. Cocina regional en un edificio del s. XVIII.
Verduras naturales, entrecot de la Sierra de la Demanda, natillas.
Menú 12 €. Precio medio 30 €.

Hoteles

*** **Santo Domingo de Silos.** Santo Domingo, 10-22. T. 947 390 053.
www.hotelsantodomingodesilos.com P
Hab. 59: 72 €. Suites: 2. Consultar ofertas. Bañera de hidromasaje en algunas habitaciones.

Santoña Cantabria

5 · E-3
A Santander, 47 km
A Madrid, 463 km
Alt. 5 m · Pob. 11.600
T. 942 660 066
GPS 43° 27' 8" N · 3° 26' 58" O

Visitar: Esta villa marinera es el primer puerto conservero del Cantábrico. Ha sido enclave militar estratégico, como demuestran las numerosas fortificaciones militares del monte Buciero: destaca el **fuerte de S. Carlos** (s. XVII). En la localidad sobresale la **iglesia románica de Sta. María del Puerto** (s. XII) y el monumento al navegante santoñés Juan de la Cosa. Los amantes de la naturaleza deben conocer las **playas de Berria** y **Arenal de San Martín** y el Parque Natural de las Marismas de Santoña, con más de 20.000 especies diferentes de aves.

Fiestas: Destacan los **carnavales** y las fiestas patronales se celebran en septiembre en honor a la Virgen del Puerto.

Alrededores: **Laredo** (a 18 km) merece una visita.

Restaurantes

El Restaurante de Pilar. Puerto pesquero, s/n. Edif. Mirador de las Marismas, 1ª planta. T. 942 626 448. *ww.elrestaurantedepilar.com*
Cierra cenas de domingo a jueves excepto vísperas de festivo y verano; martes, y del 24 de diciembre al 4 de enero. Moderno edificio en el puerto pesquero con espectaculares vistas desde el comedor acristalado.
Cazuela de bonito, lubina de anzuelo a la plancha, *bavarois* de pistacho.
Menú 18 €. Precio medio 36 €.

Hoteles

**** **Juan de la Cosa.** Avda. de Playa de Berria, 14. T. 942 661 238.
www.hoteljuandelacosa.com P
Hab. 49: 96 €. Suites: 4. En primera línea de playa. Restaurante Astuy-Berria.

Santurtzi Bizkaia

6 · A-3
A Bilbao, 14 km
A Madrid, 410 km
Alt. 6 m · Pob. 47.019
T. 944 839 494
GPS 43° 19' 42" N · 3° 1' 59" O

Visitar: La pesca y la siderurgia han sido los protagonistas de la historia de esta villa, tal y como se aprecia en los **puertos pesquero y comercial.** Quedan algunas villas de veraneo de familias adineradas, como el **palacio Oriol** y el de Marqués de Casa Torres (s. XVIII). Otro edificio civil interesante es el Ayuntamiento, y en arquitectura religiosa sobresale la **iglesia de S. Jorge.** El **Centro de Interpretación de la Pesca Agurtza** y el Centro de Interpretación Santurtzi Itsasoa ofrecen una panorámica del sector pesquero local.

Fiestas: Las más relevantes son la **Virgen del Carmen** (16 de julio) con sus procesiones marítimas, y, el viernes anterior, el **Día de la Sardina,** en el que se asan y reparten kilos de este pescado.

Alrededores: Conviene subir al monte Serantes para admirar la **bahía del Abra.** A 2 km, **Portugalete** luce con su magnífico puente de Bizkaia, patrimonio de la humanidad. En **Muskiz** (a 15 km) destaca el castillo de Muñatones (s. XIV).

Restaurantes

Currito. Avda. Cristóbal de Murrieta, 21. T. 944 937 308. *ww.currito.net*
Cierra domingo cena. Con vistas sobre el puerto. La especialidad es la degustación de bacalaos sin olvidar las rabas de *txipirón.* Precio medio 40 €.

Hoteles

**** **NH Palacio de Oriol.** Avda. Cristóbal Murrieta, 27. T. 944 934 100.
www.nh-hotels.com P
Hab. 88: 55 €. Palacio de 1902, declarado monumento histórico, con vistas a la bahía de El Abra.

Puerto de Santurtzi

Sanxenxo Pontevedra

17 · C-2
A Pontevedra, 18 km
A Madrid, 630 km
Alt. 16 m · Pob. 17.500
T. 986 720 285
GPS 42° 23' 57'' N · 8° 48' 30'' O

Visitar: La capital de las Rías Baixas es una burbujeante localidad veraniega. Pazos y casas solariegas, como la de Miraflores o la de la Barrosa, evocan un pasado señorial, mientras que iglesias como la de **Ntra. Sra. de A Lanzada** (s. XII) dan fe de su devoción religiosa. Hay restos arqueológicos notables, como el castro (s. VIII a. C.) y la **necrópolis de A Lanzada** (ss. III-IV a. C.).

Fiestas: En agosto, **S. Ginés,** y en septiembre, las patronas Rosalía y Carmen.

Alrededores: Desde Sanxenxo merece la pena acercarse a la playa de **Raxó** (a 4 km), conocida por su arena fina y dorada y sus aguas tranquilas.

Playa de A Lanzada

Restaurantes

☼ **La Taberna de Rotilio.** (Hotel Rotilio). Avda. del Puerto, 7-9. T. 986 720 200.
www.hotelrotilio.com
Cierra cenas de martes a jueves desde el 15 de octubre al 1 de abril, domingo cena y lunes excepto julio y agosto; y del 15 de diciembre al 15 de enero. Los tiempos han obligado a cambiar un tanto el escenario y la liturgia, pero la grandísima cocina de Manicha Bermúdez no cambia. Otro concepto, con cocina estilo gastrobar en la terraza, muy bien resuelta. Sus **empanadas** siguen siendo de las mejores de Galicia... y en cocina no paran de imaginar nuevas propuestas. Precio medio 22 €.

® **Mesón Don Camilo.** Poetas Galegos, 9-B. T. 986 691 124.
www.doncamilorestaurante.com
Cierra miércoles y noviembre. Una dirección que los habituales conocen y aprecian. Impecable el género: el **marisco,** de exposición. Muy buenas **empanadas** (la de ***xoubas,*** un monumento) y guisos como los **choquitos en su tinta.** Para darse un homenaje. Menú 12 €. Precio medio sin marisco 38 €.

☼☼ **Pepe Vieira-Camiño da Serpe.** (En RAXÓ-POIO, a 4 km). Camiño da Serpe, s/n. T. 986 741 378. *www.pepevieira.com* P
Cierra cenas excepto verano, domingo cena, lunes y del 22 de diciembre al 2 de enero. No puede dudarse de que Xosé Torres Cannas es uno de los grandes en la cocina gallega de hoy. Sabe buscar combinaciones de sabores y texturas. Además, es elegante al presentar sus creaciones. A subrayar el **arroz meloso con trufa de verano,** magnífico, o su **lubina en el jugo de sus espinas.** Gran bodega, a cargo, como la sala, de Xoan Torres Cannas. Un templo de la modernidad. Menú 29 €. Precio medio 35 €.

Quinta de San Amaro. (Hotel Quinta de San Amaro). San Amaro, 6.
T. 986 748 938. *www.quintadesanamaro.com* P
Cierra lunes cena y martes en invierno. Un entorno bucólico, un ambiente agradable y distendido. Y una cocina que quiere ir algo más allá de lo trillado. Valen los guisos marineros, los solomillitos de ibérico con puré de castañas... Un bonito envoltorio que hay que llenar de contenido. Precio medio 30 €.

Hoteles

**** **Gran Talaso Hotel Sanxenxo.** Pº Praia de Silgar, 3-9. T. 986 691 111.
www.hotelsanxenxo.com P
Hab. 92: 125 €. Suites: 5. En primera línea de playa. Restaurante A Madama.

Sardón de Duero Valladolid Ver Quintanilla de Onésimo

31 · F-4

Segorbe Castelló/Castellón

65 · E-4
A Castelló de la Plana, 57 km
A Madrid, 400 km
Alt. 394 m · Pob. 9.500
T. 964 713 254
GPS 39° 51' 5'' N · 0° 29' 23'' O

Fuente de los 50 Caños

Visitar: Flanqueado por los parques naturales de la Sierra de Espadán y la Sierra Calderona, Segorbe es la capital de la comarca del Alto Palancia. Por ella pasaron íberos, romanos, visigodos... que dejaron huellas visibles. Dos son las visitas imprescindibles: la **catedral de Sta. María** (s. XIII) con su colección de arte sacro, una de las más importantes de la Comunidad Valenciana, y el **Museo de Arqueología y Etnología,** que recoge restos de la historia de la comarca. Se deben visitar las torres cilíndricas del Botxí y la Cárcel, así como el **Ayuntamiento** (s. XVI), antiguo palacio de los Duques de Segorbe.

Fiestas: Declaradas de interés turístico, las fiestas patronales de la ciudad tienen lugar del 31 de agosto al 8 de septiembre bajo la advocación de Ntra. Sra. de la **Esperanza, de Loreto y de la Cueva Santa.**

Alrededores: Desde Segorbe parten varios senderos para recorrer la **Sierra Calderona.** En **Altura** (a 4 km), se hallan los restos de la cartuja de Vall de Crist (s. XIV); en **Jérica** (a 7 km), la torre de las Campanas, y en **Viver** (a 12 km), la iglesia de la Virgen de Gracia y el Arcángel S. Miguel, con su torre-campanario.

Restaurantes

® **María de Luna.** (Hotel Spa Martín el Humano). Fray Bonifacio Ferrer, 7. T. 964 713 601. *www.hotelmartinelhumano.es*
Cierra lunes y del 1 al 15 de enero. Ubicado en el hospital-casa de la Misericordia (s. XVIII), con magnífico claustro. Cocina de tradición, evolución, gusto y mejor precio. **Olla segorbina, bacalao con pisto, natillas.** Menú 15 €. Precio medio 32 €.

® **Thalassa.** (En VIVER, a 12 km). Cazadores, 3. T. 964 141 258. S
Cierra cenas de domingo a jueves, lunes y del 15 de enero al 1 de marzo. Reivindicando sabores de proximidad con actualidad y sabrosos resultados. ***Tartar* de sardina de bota, cordero al horno caramelizado, sorbete de aceite de oliva con torrija.** Menú 16 €. Precio medio 30 €.

Segovia

43 · B-4
A Madrid, 90 km
Alt. 1.005 m · Pob. 56.660
T. 921 466 720
GPS 40° 56' 53'' N · 4° 7' 8'' O

Visitar: Romana, medieval, renacentista... Segovia ofrece miles de caras al visitante. Su casco viejo es patrimonio de la humanidad, como su famoso acueducto, en la plaza del Azoguejo. El **acueducto** (s. I), de 167 arcos, 29 m de alto y casi 16 km de longitud, fue construido para transportar el agua del río Acebeda y es una de las grandes obras de la arquitectura civil romana en España. A pocos metros de allí, al final de la calle de Cervantes, se encuentra la **Casa de los Picos** (s. XV), con su fachada tallada en granito con puntas de diamante.

Subiendo por la calle de Juan Bravo, hasta la plaza del Corpus, se llega a la **sinagoga mayor** –hoy convento del Corpus Christi–, eje de la antigua **judería.** Desde ella se divisa la **catedral** (s. XVI), de estilo gótico tardío, donde resalta el claustro, la sillería del coro y la fachada principal. En uno de los extremos de las murallas se alza el **Alcázar.** Se puede subir a la torre de Juan II, de 80 m de alto. Intramuros, se recomienda visitar tres museos: Casa del Sol-Museo de Segovia, Esteban Vicente y Zuloaga. El primero recorre la historia de la ciudad a través de sus vestigios patrimoniales; el segundo contiene una importante colección de arte contemporáneo, y el tercero exhibe obras de Ignacio y Daniel Zuloaga. El paseo extramuros lleva a conocer iglesias románicas de interés, como la de S. Millán (s. XII), con su torre mozárabe, su atrio y sus ábsides. No hay que olvidar el **monasterio de S. Antonio el Real** (s. XV), monumento nacional con bellísimos artesonados mudéjares; la **iglesia de la Vera Cruz** (s. XIII), también monumento nacional, y el monasterio de Sta. María del Parral (s. XV).

Fiestas: La **Semana Santa** es de interés turístico regional. También destacan las fiestas patronales de S. Juan (23 y 24 de junio) y S. Pedro (29 de junio) y la Virgen de la Fuencisla (septiembre).

Alrededores: La panorámica de Segovia desde **el mirador de El Terminillo** (en La Lastrilla, a 2 km) es impresionante. A 12 km, se encuentra **La Granja de San Ildefonso.** El palacio de **Riofrío** (a 20 km) es un edificio de estilo italiano en el que pasaron largas temporadas Francisco de Asís, esposo de Isabel II, y el rey Alfonso XII. Los pueblos de **Los Ángeles de San Rafael** (a 25 km) y **Carbonero el Mayor** (a 22 km) merecen una parada.

Restaurantes

® **Asr.** (En LOS ÁNGELES DE SAN RAFAEL, a 25 km). Club de Campo de Golf. Avda. Los Ángeles, s/n. Ctra. N- 603, km 71,8. T. 921 174 322. *www.restaurantegolfsegovia.com* P

Cierra cenas. Julio Reoyo y los hermanos de la Esperanza, reconocidos profesionales, ofrecen sugestivos platos siempre atentos al mercado (no hay carta) y una base tradicional con el sello de Julio. Interesante menú 20 €. Bonitas vistas al campo de golf. Precio medio 30 €.

Casa Silvano-Maracaibo. Avda. Ezequiel González, 25. T. 921 461 545. *www.restaurantemaracaibo.com*
Cierra lunes y 20 días en julio. El pan, los aceites, las hortalizas y legumbres de la huerta y la bodega con vinos de cosecha propia son el feliz acompañamiento de una oferta atractiva perfectamente elaborada. **Sinfonía de setas, *foie-gras* y yema de huevo con trufa, merluza con trigo y crema de sopa castellana.** Sensacionales postres rematan la gran calidad del restaurante de Óscar Hernando. Menú 25 €. Precio medio 40 €.

Duque. Cervantes, 12. T. 921 462 482. *www.restauranteduque.es*
Todo sigue igual, igual de bien, ahora con la dirección de Marisa Duque como única propietaria. Los **asados,** el ***soufflé*** **de cangrejos** y las **torrijas** son los protagonistas. Menús de 32 a 39 €. Precio medio 35 €.

El Ingenio Chico. De la Moneda, 3. T. 921 475 142. *www.elingeniochico.com*
Cierra cenas de domingo a jueves de octubre a junio; y lunes. Ambiente moderno en la antigua casa de la moneda, con dos grandes terrazas una junto al río Eresma. En la planta superior con entrada directa desde la calle, el restaurante con la impronta de Julio Reoyo. **Escabeche de gallo con endibias de Cuéllar, taco de bacalao con ropa vieja y garbanzos fritos, *savarín* de frutos rojos y helado de yogur.** Menú 15 €. Precio medio 20 €.

José María. Cronista Lecea, 11. Junto a la Pza. Mayor. T. 921 461 111. *www.restaurantejosemaria.com* S
José María es el paladín del **cochinillo asado** de Segovia y tiene un sustancioso menú de la cocina local, sin que por ello deje platos con un tinte moderno y respeto al producto de temporada. Todo ello con los vinos propios Pago de Carraovejas. Precio medio 35 €.

Julián Duque. Pza. Mayor, 8. T. 921 461 577. *www.restaurantejulianduque.es* S
La antigua Taurina, muy bien remodelada, pertenece ahora a Julián Duque, donde ofrece su prestigiada cocina segoviana **(judiones, sopa castellana, cochinillo...), jamón ibérico, cecina y quesos** de Castilla y León. La calidad está servida. Menú infantil 12 €. Menú típico 30 €. Precio medio 35 €.

La Concepción. Pza. Mayor, 15. T. 921 460 930. *www.restaurantelaconcepcion.com*
La planta baja aloja un comedor minimalista con techo abovedado y una buena, buena cocina. **Carrillada de ternera estofada con patatas panadera, *soufflé* de avellana con salsa de frambuesa y helado de jengibre.** Además, otros atractivos: la terraza en la plaza y la barra de la entrada, ideales para tapear y comer de manera informal e incluso tomar una copa. Menú 17 €. Precio medio 40 €.

Mesón de Cándido. Pza. del Azoguejo, 5. T. 921 425 911. *www.mesondecandido.es*
Histórico establecimiento de la familia Cándido López reconocido por los **asados,** especialmente el **cochinillo,** así como otras recetas locales: **judiones de La Granja y tarta ponche segoviana.** Buenos vinos y servicio. Precio medio 35 €.

Mesón Riscal. (En CARBONERO EL MAYOR, a 22 km). Ctra. de Segovia, 31. Ctra. A-601, Segovia-Arévalo, salida 89. T. 921 560 289. *www.elriscal.com*
Cierra primera quincena de julio. Extraordinaria calidad de la **carne de buey cabu,** que crían los propietarios en una finca propia y servida en ***carpaccio,*** **a la teja...** con unas buenísimas **patatas fritas** caseras. La calidad se extiende a la atención al cliente y los vinos. Para empezar, **croquetas** y para terminar, **natillas trapenses.** Menú 10 €. Precio medio 30 €.

Hoteles

**** **Hotel Cándido.** Gerardo Diego, s/n. T. 921 413 972. *www.candidohotel.es*
Hab. 108: 80 €. Suites: 9. Catalogado como uno de los mejores hoteles de Segovia. Es un moderno establecimiento que combina las nuevas tecnologías, la excelencia en el servicio y la tradición gastronómica segoviana. Restaurante Don Alberto.

**** **Palacio San Facundo.** Pza. San Facundo, 4. T. 921 463 061. *www.hotelpalaciosanfacundo.com*
Hab. 29: 100 €. Suites: 3. Céntrico. Entre la catedral y el acueducto.

Acueducto de Segovia

Jardines del Alcázar

Se proyectaron con motivo del matrimonio en el Alcázar de Felipe II con Ana de Austria en 1570, aunque no se completaron hasta el s. XIX. Fueron arrasados por un incendio en 1862, y recuperados dos décadas más tarde.

**** **Parador de Segovia.** Ctra. de Valladolid, s/n. T. 921 443 737. *www.parador.es*
Hab. 113: 169 €. Suites: 7. A 2 km del acueducto. Situado en una loma de la antigua finca El Terminillo, moderno y acogedor. Magnífica panorámica sobre la ciudad y la Sierra de Guadarrama. Lugar ideal para el reposo y punto de partida para las diversas alternativas de visitas a la ciudad y provincia.

**** **San Antonio El Real.** San Antonio El Real, s/n. T. 921 413 455. *www.sanantonioelreal.es*
Hab. 51: 120 €. Céntrico. Forma parte del monasterio, patrimonio nacional. Restaurante Claustro de S. Antonio El Real.

*** **La Casa Mudéjar.** Isabel la Católica, 8. Semiesquina Pza. Mayor. T. 921 466 250. *www.lacasamudejar.com*
Hab. 42: 54 €. Suites: 6. Situado en un palacete mudéjar (s. XV) de alto valor histórico-artístico y en pleno centro. Restaurante El Fogón Sefardí.

Sepúlveda Segovia

43 · C-2
A Segovia, 63 km
A Madrid, 124 km
Alt. 1.114 m · Pob. 1.300
T. 921 540 425
GPS 41° 17' 50'' N · 3° 45' 1'' O

Cerámica típica

Visitar: Esta villa, conjunto histórico-artístico, se asoma desde una colina al río Duratón. En su patrimonio sobresalen **la iglesia de S. Salvador** (s. XI), la más antigua de Segovia, y el **santuario de la Virgen de la Peña** (s. XII), con un tímpano único. La iglesia de Santiago alberga el Centro de Interpretación del Parque Natural de las Hoces del Río Duratón, mientras que el Museo de los Fueros se ubica en la de los Stos. Justo y Pastor (ss. XII-XIII), románica de tres naves. Se conservan tramos de su muralla del s. X y puertas relevantes como la del Azogue o la de la Fuerza, y destaca también la **Casa del Moro,** así llamada por la cabeza esculpida en la fachada que evoca la victoria de Fernán González sobre los sarracenos.

Fiestas: El 15 de agosto se conmemoran la Virgen de las Pucherillas y el día 23, **S. Bartolomé,** con El Diablillo, un curioso festejo a oscuras.

Alrededores: En Duratón (a 5 km), conviene admirar la iglesia románica de Ntra. Sra. de la Asunción (s. XIII). A 13 km, se halla el **Parque Natural de las Hoces del Río Duratón.** La cueva de los Enebralejos, en **Prádena** (a 22 km), es de gran valor geológico e histórico por sus pinturas (2.500 a. C.).

Restaurantes

Cristóbal. (Asador). Conde de Sepúlveda, 9. T. 921 540 100. *www.restaurantecristobal.com* S
Cierra lunes cena, martes, del 1 al 15 de septiembre y del 15 al 30 de diciembre. Cocina clásica castellana. Ensalada de *boletus* y *foie-gras*, lechazo asado, macedonia de fruta natural. Menú 27 €. Precio medio 30 €.

Figón Zute el Mayor "Tinín". Lope Tablada, 6. T. 921 540 165. *www.figondetinin.com*
Cierra cenas y martes. Típica oferta de Martín Antoranz en los soportales de la Plaza Mayor. Ensalada, cordero asado y tarta de la casa. Menú 28 €. Precio medio 30 €.

Figón Zute el Menor. Subida a la Picota, 26. T. 921 540 265.
Cierra cenas; lunes a viernes excepto festivos; y del 10 de junio al 10 de julio. Cuidado rincón castellano con cocina a tono. Cordero lechal al horno de leña con ensalada y natillas de postre. Menú y precio medio 30 €.

Seu d'Urgell, La Lleida

25 · E-2
A Lleida, 133 km
A Madrid, 597 km
Alt. 690 m · Pob. 13.060
T. 973 351 511
GPS 42° 21' 23'' N · 1° 27' 31'' E

Visitar: Situada entre los ríos Valira y Segre y próxima a la Sierra del Cadí, esta localidad consiguió una gran relevancia en la Edad Media por el poder político de su obispado. Así, el principal monumento es la **catedral de Sta. María** (s. XII), románica. Adosada a su claustro, se halla la iglesia de St. Miquel (s. XI), también románica. Un paseo por el casco viejo descubrirá calles porticadas como la dels Canonges o la Major, y el recorrido no estará completo sin el **Parc del Valira,** con el claustro moderno diseñado por el escritor Luis Racionero en cuyos capiteles están esculpidos personajes de la historia del s. XX.

Fiestas: En agosto, por la fiesta mayor, se baila el ***ball cerdà,*** la danza típica de La Seu, que evoca una petición de mano de las jóvenes solteras y se remonta al s. XVII.

Alrededores: En los parques naturales de la **Sierra del Cadí** y del **Alt Pirineu** se pueden practicar diversas rutas de senderismo.

Restaurantes

Tàpies. (Hotel El Castell de Ciutat). Ctra. N-260, Sort-Puigcerdá, km 229. T. 973 350 000. *www.hotel-castell-ciutat.com*

Cierra martes y miércoles del 1 de enero al 30 de abril y del 1 al 21 de diciembre; y del 3 de noviembre al 1 de diciembre. En el contexto de un entorno paisajístico muy bello, la familia Tàpies prosigue un trayecto en el que la gastronomía y la tradición hotelera conforman una propuesta de gran calidad. **Tomate con gamba roja, algas y agua de apio e hinojo, pichón de granja asado y servido con cogollos, setas y crema de maíz, café, cacao y pistachos.** Menú 35 €. Precio medio 60 €.

Hoteles

**** **El Castell de Ciutat.** Ctra. N-260, Sort-Puigcerdá, km 229. T. 973 350 000.
www.hotel-castell-ciutat.com
Hab. 32: 285 €. Suites: 6. Admisión de perros, consultar cierre. Ubicación privilegiada en lo alto de una loma, a los pies del castillo que da nombre al complejo, desde donde se domina el valle. Se disfruta de un elegante confort en un emplazamiento tranquilo. Perteneciente a Relais & Châteaux. Restaurante Tàpies.

*** **Parador de La Seu d'Urgell.** Sant Domènec, 6. T. 973 352 000.
www.parador.es
Hab. 78: 171 €. Cierra del 7 de enero al 15 de febrero. El edificio, de construcción moderna, gira alrededor de un espectacular claustro renacentista, vestigio del antiguo convento de dominicos. Restaurante Alt Urgell, cocina tradicional.

Catedral de Sta. María

Sevilla

Paseo del Alcalde Marqués del Contadero

96 · F-4
A Madrid, 538 km
Alt. 12 m · Pob. 704.198
T. 954 221 714
GPS 37° 23' 17'' N · 5° 59' 49'' O

Visitar: El primitivo asentamiento tartésico fue refundado por los romanos como Híspalis. La dominación musulmana dejó honda huella en Sevilla que, no obstante, vivió su época de máximo esplendor en los ss. XVI al XVII, cuando fue el primer puerto de España con América. Moderna y jovial, ha sabido reinventarse sin perder su sabor. Son patrimonio de la humanidad tres de sus monumentos más emblemáticos: la **catedral,** los **Reales Alcázares** y el **Archivo de Indias.** La catedral, el mayor templo gótico del mundo, se erigió entre los ss. XV y XVI sobre la mezquita mayor, de la que solo quedan el patio de los Naranjos y la hermosa **Giralda,** de 97 m, uno de los símbolos de la ciudad. Junto a ella se encuentran los Reales Alcázares, edificados sobre una alcazaba árabe del s. X, en los que destacan el **Palacio de Pedro I El Cruel,** con decoraciones mudéjares, y los extensos jardines. El Archivo de Indias, por su parte, fue proyectado como lonja de mercaderes por Juan de Herrera a finales del s. XVI y en 1781 adquirió su actual función de centro documental sobre el Nuevo Mundo. Al oeste del Archivo, junto al río Guadalquivir, se encuentra la **Torre del Oro** (s. XIII), de origen musulmán, que formaba parte de la antigua muralla y que hoy alberga el Museo Naval. Caminando por la orilla del Guadalquivir, se accede a la zona donde se celebró la Exposición Iberoamericana de 1929, de la cual se conservan diversas construcciones en torno al parque de María Luisa. Es el caso de la **plaza de España,** la plaza de América con los pabellones Mudéjar y Renacentista –hoy sede de los museos de Artes y Costumbres Populares y Arqueológico, respectivamente–, o el Teatro Lope de Vega y el Casino, que en su día formaron el complejo del pabellón de Sevilla. Junto a estos últimos se puede admirar la **Real Fábrica de Tabacos** (s. XVIII), que hoy acoge el rectorado de la universidad, y el **palacio de S. Telmo** (s. XVIII), hoy sede de la Presidencia de la Junta de Andalucía.

Guitarras artesanas

Sevilla es una ciudad con una importante cultura guitarrera, cuna de grandes lutieres. Desde la elección de la madera a filetería y los elementos estéticos, numerosos talleres mantienen vivo el proceso de fabricación artesano de este instrumento.

De vuelta al centro de la ciudad, hay que recorrer la **calle de Sierpes,** la más conocida y animada, con sus cafeterías, tabernas y comercios. Después se puede ir hacia el este o el oeste: en el primer caso, el paseo lleva hasta la **Casa de Pilatos** (s. XV) –el prototipo de palacio andaluz con elementos góticos, mudéjares y renacentistas– pasando por la plaza de la Encarnación, donde se alza el controvertido **Metropol Parasol** (2011) –la mayor estructura funcional de madera del mundo–. En el segundo, descendiendo por la calle de Alfonso XII, se llega al **Museo de Bellas Artes,** con obras de El Greco, Velázquez, Zurbarán, Valdés Leal y Murillo. Hacia el norte, se atraviesan dos de los barrios más pintorescos de Sevilla: el de **S. Lorenzo,** con la iglesia del mismo nombre en la que se venera al Jesús del Gran Poder, y el de la Macarena. Vale la pena pasear por la alameda Hércules, flanqueada por columnas romanas; acercarse al **hospital de las Cinco Llagas** (s. XVI), sede del Parlamento de Andalucía, y admirar la imagen de la Macarena en su basílica. La visita no estaría completa sin cruzar el Guadalquivir para recorrer dos zonas, Triana y la Cartuja. El popular **barrio de Triana,** al que se accede por el puente del mismo nombre –una bella muestra de la arquitectura del hierro– está plagado de casas de colores y recuerdos de su tradición marinera. En la **isla de la Cartuja** aún perviven algunos edificios de la Expo 92, aunque la construcción más notable es el monasterio de Sta. María de las Cuevas (s. XV), que hoy alberga el Centro Andaluz de Arte Contemporáneo.

Fiestas: El 28 de febrero se celebra el Día de Andalucía y, poco después, la **Semana Santa,** de interés turístico internacional. También de esta categoría es la **Feria de Abril,** con fechas variables en función de la Pascua. En mayo se festeja a S. Fernando, patrón de la ciudad, y en junio, el Corpus Christi, en el que se danza el tradicional **baile de los Seises.**

Alrededores: Los restos romanos de Itálica, en **Santiponce** (a 9 km) son imprescindibles. Fundada por Escipión el Africano en 206 a. C, conoció su máximo esplendor en los ss. I y II, en la época de dos emperadores allí nacidos, Trajano y Adriano. Sobresalen algunas casas particulares, mosaicos como el de Neptuno y el anfiteatro. En **Valencina de la Concepción** (a 10 km) se encuentra el dolmen de la Pastora, un enterramiento prehistórico circular de 2,60 m de diámetro precedido de 44 m de pasillo. A 18 km, la localidad de **Dos Hermanas** es lugar de acceso para el Paraje Natural Brazo del Este. El palacio del Conde Duque en **Olivares** (a 21 km), bien de interés cultural, es una elegante muestra de la arquitectura residencial renacentista. También en Olivares está la colegiata de Sta. María de las Nieves (s. XVII). **Alcalá de Guadaira** (a 22 km) tiene su castillo, de origen musulmán y 11 bellas torres; también la iglesia gótica de Santiago y los molinos del Guadaira, de origen islámico y bajomedieval, de los que se conservan 15.

Restaurantes

® **Abades Triana.** Betis, 69. T. 954 286 459.
www.abadestriana.com
Espectaculares vistas sobre el Guadalquivir. Elías del Toro y Óscar Fernández ofrecen con ilusión y profesionalidad unas atrevidas recetas de raíz andaluza y su propia inspiración. **Pastela de *pringá, hummus* de garbanzos y caldo de puchero, bacalao confitado con gelatina de espinacas, crema de Idiazábal ahumado y aceite de piñones, fluido de queso con crema de higos y plátano.** Menú 35 €. Precio medio 40 €.

Abantal. Alcalde José de la Bandera, 7. T. 954 540 000.
www.abantalrestaurante.es
Cierra domingo, lunes y agosto. Estilo moderno en el ambiente y en la cocina de Julio Fernández que cuida el producto, la elaboración y todos los detalles. **Huevo escalfado con calamares, guisantes frescos, caballa marinada y su caldo; pargo de Conil acompañado de guiso de alcachofas, espárragos y morcilla de cerdo ibérico; *poleá* ligera con pestiño y helado de canela.** Precio medio 60 €.

Alcuza. Campamento, 29. T. 954 542 477. *www.alcuza.es*
Cierra domingo cena y agosto. Cocina basada en productos andaluces y barra de tapeo. *Tartar* de atún rojo con aguacate de Almuñecar, cerdo ibérico, sorbete de melón y romero. Precio medio 40 €.

® **Becerrita.** Recaredo, 9. T. 954 412 057.
www.becerrita.com

Cierra domingo cena. Cocina y productos andaluces. **Croquetas de cola de toro, presa ibérica con mostaza crujiente, helados artesanos.** Menú 25 €. Precio medio 38 €.

Cabo Roche. Ramón y Cajal, 8. Edificio Delarte. T. 954 662 927.
Cierra domingo, segunda y tercera semanas de agosto. Junto a la amplia barra para tapeo se disfruta en el comedor de buenos arroces –como el de gamba roja–, rabo de toro y tocino de cielo como fin de fiesta. Precio medio 30 €.

Eslava. Eslava, 3-5. T. 954 906 568. *www.espacioeslava.com*
Cierra domingo cena, lunes, 10 días en enero y 20 en agosto. Pequeño local con apenas ocho mesas para una cocina de mercado. Huevos sobre bizcocho de *boletus*, solomillo de buey al ajo tostado, tarta de chocolate con esencias de naranja. Precio medio 35 €. En el bar, oferta más económica (11 €).

® **Jaylu.** López de Gomara, 19. T. 954 339 476. S
Cierra domingo cena. El ambiente y la decoración son clásicos como la clientela, principalmente empresarial y amante del buen producto del mar. **Mariscos** de la costa, **arroz con gambas, *carpaccio* de fruta natural, sorbete de mandarina.** Precio medio 50 €.

La Azotea. Jesús del Gran Poder, 31. T. 955 116 748.
www.laazoteasevilla.es S
Cierra domingo y primera quincena de agosto. Moderno y reducido local con atractiva oferta. Ensaladilla de ahumados, ventresca de atún a la soja, crema de naranja y azahar. Precio medio 20 €.

La Mojigata. (Gastrobar). Moratín, 15. T. 655 250 553.
www.lamojigata.com
Sede de la Asociación de Sumilleres de Sevilla y Andalucía. Encuentro de artistas, actores, cocineros y personas de buen comer. Ambiente distendido. Lomo de sardina a la llama con berenjena, cremoso de patata con huevo a baja temperatura y setas *shitake*, tarta de chocolate con naranja sevillana y canela. Precio medio 25 €.

Los Baltazares. (En DOS HERMANAS, a 18 km). Avda. Cristóbal Colón, 31. T. 655 678 491.
Cierra cenas de lunes a miércoles, domingo y feria de Dos Hermanas. Atractiva oferta y atractivo local de los hermanos Fernández Vera. Alcachofas Los Baltazares, solomillo de ternera del valle del Esla, tarta de galleta de chocolate. Precio medio 30 €.

☼ **Oriza.** San Fernando, 41. (Aparcamiento concertado en Pza. de Roma). T. 954 227 254. *www.restauranteoriza.com* S
Cierra domingo y agosto. Elegante referencia gastronómica en un edificio adosado a la muralla con dos ambientes. El **Pequeño Oriza** con terraza (no cierra) tiene oferta más sencilla y precios a tono. Los nuevos propietarios mantienen empaque y una buena cocina tradicional de acento vasco. Buen servicio y gran bodega. Menú 28 €. Precio medio 55 €.

® **Salvador Rojo.** Avda. Manuel Siurot, 33. T. 954 229 725.
www.salvadorrojo.com
Cierra domingo cena en invierno, y domingo en verano. Buena calidad culinaria de Salvador Rojo atenta siempre al mercado. **Ajoblanco con sardina marinada, ravioli de rabo de toro, cremoso de chocolate negro con pan de especias.** Precio medio 45 €. También tienen un espacio para tapas, **Tapas 33,** donde se puede comer a mitad de precio.

® **Taberna del Alabardero.** (Hotel Alabardero). Zaragoza, 20.
T. 954 502 721. *www.tabernadelalabardero.es* S
Cierra agosto. Con siete habitaciones. Casa-palacio del s. XIX, sede de la Escuela Superior de Hostelería. **Sopa de melón con milhojas ibérico y Tío Pepe, merluza asada con fideuá y alioli de azafrán, sorbetes.** Menú 13 €. Precio medio 50 €.

® **Taberna Poncio.** Avda. Ximénez de Enciso, 33. T. 954 460 717.
www.ponciorestaurantes.com
Cierra domingo cena. Merece la pena la original cocina de Willy Moya y su ubicación en una antigua casa del sugerente barrio de Santa Cruz. **Salmorejo de remolacha con polvo de queso y mojama de atún, presa de paletilla con trigueros, finísima tarta de manzana caliente con helado.** Menú y precio medio 36 €.

Feria de Abril

Metropol Parasol

Penitentes de Semana Santa

® **Tradevo.** (Gastrotaberna). Pza. Pintor Amalio García del Moral, s/n. T. 626 255 573. *www.tradevo.es*
Cierra domingo cenas, lunes y segunda quincena de agosto. Gastrotaberna que conjuga las tapas tradicionales sevillanas con otras más elaboradas pero siempre basadas en el mercado y la temporada. **Sardinas marinadas sobre tostas de pimientos, morrillo de atún, tiramisú** casero. Precio medio 20 €.

☼ **Tribeca.** Chaves Nogales, 3. T. 954 426 000. *www.restaurantetribeca.com*
Cierra domingo y agosto. En la zona de la Buhaira. Cocina de mercado, con **pescados** de la costa de Cádiz comprados directamente en lonja. También, **terrina de esturión ahumado y verduras de temporada** y, de postre, **torrija de naranja y *panna cotta*.** Precio medio 40 €.

Hoteles

★★★★★ **GL Alfonso XIII.** San Fernando, 2. T. 954 917 000. *www.luxurycollection.com/alfonsoxiii*
Hab. 151: 235 €. Suites: 20. Hotel aristocrático y de gran tradición. Su arquitectura mudéjar es un símbolo de la ciudad, con instalaciones actualizadas que conservan todo el encanto y el lujo de los grandes hoteles de principio de siglo. Es el foro de los acontecimientos de la vida social sevillana. Restaurantes San Fernando, Taifas y Bodega Alfonso.

★★★★★ **Barceló Renacimiento.** (En Isla de la Cartuja). Avda. Álvaro Alonso Barba, s/n. T. 954 462 222. *www.barcelorenacimiento.com*
Hab. 295: 90 €. Suites: 7. Próximo al centro histórico y a Isla Mágica. Reformado recientemente. Restaurante Jardín.

★★★★★ **Gran Meliá Colón.** Canalejas, 1. T. 954 505 599. *www.granmeliacolon.com*
Hab. 189: 200 €. Suites: 30. Reconocido hotel taurino y del mundo de las artes y el espectáculo sevillano. En pleno centro. Gastrobar El Burladero.

★★★★★ **Palacio de Villapanés-Almasevilla.** Santiago, 31. T. 954 502 063. *www.almahotels.com*
Hab. 44: 173 €. Suites: 6. Consultar admisión de perros. Céntrico. Ubicado en una casa-palacio del s. XVIII totalmente remodelada. Próximo a la Giralda y a la catedral.

★★★★ **Ribera de Triana.** Pza. Chapina, s/n. T. 954 268 000. *www.hotelriberadetriana.com*
Hab. 137: 54 €. Situado en el popular barrio de Triana, con fabulosas vistas al río Guadalquivir y junto a la Isla de la Cartuja.

★★★★ **Casa 1800.** Rodrigo Caro, 6. T. 954 561 800. *www.hotelcasa1800.com*
Hab. 24: 155 €. Suites: 1. Casa-palacio de 1864, en el barrio de Sta. Cruz, próximo a la catedral, la Giralda y el Alcázar.

★★★★ **Doña María.** Don Remondo, 19. T. 954 224 990. *www.hdmaria.com*
Hab. 64: 130 €. Suites: 1. Frente a la catedral. Antigua casa-palacio del s. XIV. Amueblado con esmero y buen gusto, cuidado hasta el último detalle. Ambiente confortable.

★★★★ **Las Casas de la Judería.** Santa María La Blanca, 5. T. 954 415 150. *www.casasypalacios.com*
Hab. 112: 225 €. Suites: 12. En el barrio de Sta. Cruz, este hotel ha recuperado las antiguas casas de la judería que formaban un conjunto de aposentos al servicio del duque de Béjar. Restaurante Emporión.

★★★★ **Petit Palace Marqués Santa Ana.** Jimios, 9-11. T. 954 226 400. *www.hthoteles.com*
Hab. 57: 75 €. Todas las habitaciones tienen ordenador portátil e internet gratuitos. Junto a la catedral.

★★★★ **Vincci La Rábida.** Castelar, 24. T. 954 501 280. *www.vinccihoteles.com*
Hab. 79: 109 €. Suites: 2. Admisión de perros, consultar. Casa-palacio del s. XVIII, en el casco histórico. Ofrece vistas a la catedral. Restaurantes El Mirador de Sevilla y Los Patios.

Sierra Nevada-Monachil Granada

107 · B-2
A Granada, 6 km
A Madrid, 461 km
Alt. 740-3.394 m · Pob. 7.294
T. 958 480 464
GPS 37° 7' 54'' N · 3° 32' 26'' O

Visitar: Pradollano-Sierra Nevada es una de las estaciones de esquí más importantes de Europa por la calidad de su nieve y la longitud de sus pistas: más de 64 km. Pertenece a Monachil, municipio con algunos puntos de interés como el **yacimiento arqueológico de Cerro de la Encina,** con restos del año 1300 a. C., o la iglesia de la Encarnación (s. XVI). La **Casa del Molino,** erigida en el s. XV, es la única mansión señorial que perdura. Los jardines botánicos de Cortijuela y Hoya de Pedraza son dos pintorescos paseos.

Fiestas: El patrón, **S. Antón,** se celebra el 17 de enero.

Alrededores: A 6 km se encuentra **Granada.**

Restaurantes

Ruta del Veleta. (Estación de esquí Pradollano). Edificio Bulgaria, s/n.
T. 958 481 201. *www.rutadelveleta.com*
Cierra domingo cena y de mayo a noviembre. Cocina tradicional de los hermanos Pedraza en Sierra Nevada. Cazuela de espárragos trigueros con huevo escalfado, solomillo de ternera sobre jugo trufado de *boletus edulis,* piononos de Santa Fe con helado de vainilla y nueces de macadamia. Precio medio 50 €.

Hoteles

***** **Vincci Selección Rumaykiyya.** Urb. Sol y Nieve, s/n. T. 958 482 508.
www.vinccihoteles.com
Hab. 50: 219 €. Suites: 7. A pie de pistas. Restaurante La Alquería.

**** **HG Maribel.** Urb. Pradollano, s/n. T. 958 481 019.
www.hghoteles.com
Hab. 20: 204 €. Suites: 9. A pie de pistas en la zona media de la estación de Sierra Nevada. Impresionantes vistas sobre Sierra Nevada y la ciudad de Granada.

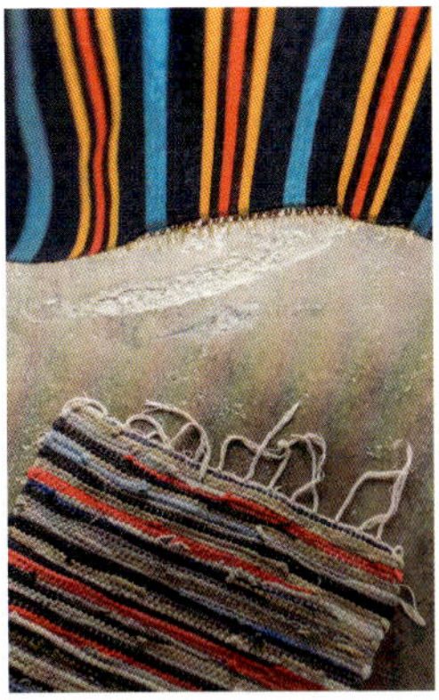

Típica jarapa

Sigüenza Guadalajara

44 · C-4
A Guadalajara, 70 km
A Madrid, 130 km
Alt. 968 m · Pob. 5.043
T. 949 347 007
GPS 41° 4' 7'' N · 2° 38' 37'' O

Visitar: Esta villa medieval es conjunto histórico-artístico. La visita comienza por la **catedral gótica** del s. XII. En su interior, junto con sus naves de 27 m de altura, destacan el **sepulcro del Doncel de Sigüenza** –el joven guerrero Martín Vázquez de Arce– y la sacristía de las Cabezas, así llamada por su bóveda de cañón con más de 300 cabezas de personajes de la época, esculpidas por Alonso de Covarrubias. Junto a ella, la renacentista Plaza Mayor, rodeada por bellos edificios como el **palacio de los Deanes,** actual Ayuntamiento. De aquí parte la calle Mayor que, tras pasar por la iglesia de Santiago (s. XII), conduce hasta el **castillo,** actual Parador de Turismo. La fortaleza fue erigida por los árabes en el s. VIII, aunque se reconvirtió en castillo-palacio episcopal en el s. XII. Junto al castillo se observan lienzos de la **muralla,** en la que destacan puertas como la del Sol o la del Hierro. En la calle de la Travesaña Alta se encuentran otros puntos de interés: la **Casa del Doncel,** edificio gótico civil (ss. XIII-XVI); la iglesia de S. Vicente (s. XII), con un notable tímpano románico; y la plazuela de la Cárcel, en la que se alzan la vieja prisión, el antiguo consistorio y la posada del Sol.

Fiestas: El 22 de enero se celebra al patrón, **S. Vicente Mártir,** de interés turístico. Su Semana Santa es de interés turístico provincial.

Alrededores: Pelegrina (a 8 km) es el acceso al Parque Nacional del Barranco del Río Dulce. También a 8 km, está **Palazuelos. Carabias** (a 10 km) destaca por su iglesia románica de S. Salvador (s. XIII), y **Riba de Santiuste** (a 17 km), por su castillo musulmán.

Restaurantes

Calle Mayor. Mayor, 21. T. 949 391 748.
www.restaurantecallemayor.com
Cierra domingo cena, lunes y del 23 de diciembre al 2 de enero. Edificio del s. XVIII, bien ambientado por los hermanos Canfrán: Santiago (cocina) y Manuel (sala). Pimientos del piquillo con brandada de bacalao, manitas de cerdo rellenas de caracoles, helado de queso con gelatina de miel de la Alcarria. Menú 15 €. Precio medio 30 €.

El Doncel. (Hotel El Doncel). Pº de la Alameda, 3. T. 949 390 001.
www.eldoncel.com
Cierra domingo cena, lunes, del 23 de diciembre al 3 de enero y segunda quincena de febrero. Con 18 habitaciones. Los hermanos Pérez mantienen en primera línea su agradable casona, centro gastronómico local con oferta sugestiva. **Patata trufada y huevo de corral sin estrellar, manitas de cerdo deshuesadas con hongos y trufa, textura de manzana y helado de Granny Smith.** Precio medio 45 €.

Hoteles

**** **Parador de Sigüenza.** Pza. del Castillo, s/n. T. 949 390 100.
www.parador.es
Hab. 81: 85 €. Suites: 2. Castillo medieval del s. XII, instalado en una alcazaba árabe, edificada sobre un asentamiento romano; fue residencia de obispos, cardenales y reyes. El tradicional mobiliario castellano se expone con gusto en amplias y acogedoras habitaciones. Cocina tradicional.

Sepulcro del Doncel de Sigüenza

Sitges Barcelona

48 · C-2
A Barcelona, 35 km
A Madrid, 597 km
Alt. 10 m · Pob. 29.000
T. 938 944 251
GPS 41° 14' 4'' N · 1° 48' 36'' E

Calle de Sitges

Visitar: A pesar de ser conocida por sus playas, sus instalaciones náuticas y sus campos de golf, tiene un núcleo urbano digno de recorrer. Desde la plaza de Cap de la Vila, cercana a la modernista **Casa del Reloj,** se puede caminar por la calle Mayor hasta llegar al Ayuntamiento y el **Mercat Vell** (s. XIX). Vale también la pena visitar la **iglesia de St. Bartomeu** (s. XVII).

Fiestas: El **Corpus Christi** es fiesta de interés turístico nacional. El 23 y 24 de agosto se celebra St. Bartomeu, su patrón.

Alrededores: El Parque Natural del Garraf se encuentra a 5 km y a 5,6 km, en **Sant Pere de Ribes,** está el Autódromo de Terramar (1923), el primer circuito automovilístico que se construyó en España.

Restaurantes

® **El Velero de Sitges.** Pº de la Ribera, 38. T. 938 942 051.
www.restaurantevelero.com
Cierra domingo cena, y lunes excepto verano. Cocina eminentemente mediterránea –como inequívoca pretensión gastronómica de esta casa ubicada en primera línea de mar– que Florencio y David Martínez llevan a cabo con plena credibilidad. Menú 23 €. Precio medio 45 €.

® **Fragata.** Pº de la Ribera, 1. T. 938 941 086.
www.restaurantefragata.com
Elegancia, placidez y confortabilidad se complementan en una oferta culinaria fundamentalmente mediterránea, ejecutada con sumo rigor y precisión. **Huevo escalfado a 62 °C con sepia, panceta y judías de Santa Pau, bacalao con crema de espárragos y espuma de patata caliente con migas de pan crujiente y avellanas, gelatina de naranja y vainilla con helado de horchata.** Precio medio 35 €.

® **Maricel.** Pº de la Ribera, 6. T. 938 942 054.
www.maricel.es
Louis-Philippe Capo lleva ya cuatro años al frente de los fogones de Maricel, donde el comensal descubre una cocina que evidencia su sólida experiencia y sabiduría. **Pulpo con *parmentier* de pistachos, pichón asado con *trinxat* de trompeta de la muerte y su jugo, cubo de chocolate-naranja.**
Menú 25 €. Precio medio 50 €.

Hoteles

***** **Dolce Sitges.** Avda. Camí de Miralpeix, 12. T. 938 109 000.
www.dolcesitges.com
Hab. 260: 144 €. Suites: 3. Consultar cierre y ofertas. Vistas al mar y al campo de golf. Restaurantes Esmarris, Verema y La Punta.

Solares Cantabria

5 · D-3
A Santander, 17 km
A Madrid, 399 km
Alt. 50 m · Pob. 7.703
T. 942 522 833
GPS 43° 23' 4'' N · 3° 44' 21'' O

Visitar: Esta villa pertenece al municipio de Medio Cudeyo y es conocida por su tradición termal, que se remonta al s. XVIII cuando ya se usaba el **manantial de Fuencaliente.** Sobresale la **finca del Marqués de Valdecilla,** un terreno con seis edificios (ss. XIX-XX) pertenecientes a un indiano que hizo fortuna en Cuba. Otras visitas relevantes son el sobrio **palacio de Rubalcaba** (s. XVII) o el de la Valbuena (ss. XVII-XVIII), la plaza de la Marquesa de Nájera y la torre de Alvarado (s. XVI). El yacimiento arqueológico de la **fortaleza medieval del Pico Castillo** es bien de interés cultural.

Fiestas: Destacan las de **S. Pedruco** (enero), **Sta. María de Cudeyo** (agosto) y S. Roque (agosto).

Alrededores: En **Peña Cabarga** (4 km) se puede conocer la Cámara Oscura, un curioso juego de lentes y espejos desde el que se ve Santander. En **Bareyo** (a 10 km), destaca la iglesia románica de Sta. María (s. XII).

Restaurantes

Casa Enrique. (Hotel Casa Enrique). Pº de la Estación, 16. T. 942 520 073.
www.restaurantecasaenrique.es
Cierra domingo cena y segunda quincena de octubre. Con 16 habitaciones. Una buena referencia con oferta clásica. Croquetas de centollo, zancarrón de ternera, crema de arroz con leche. Precio medio 35 €.

Hoteles

**** **Balneario de Solares.** Avda. Calvo Sotelo, 13. T. 942 521 313.
www.castillatermal.com
Hab. 113: 70 €. Suites: 5. Dispone de 5.000 m² de espacio termal, con una piscina de más de 850.000 litros de agua termal que brotan directamente del manantial. Restaurante El Manantial.

Soria

33 · D-3
A Madrid, 226 km
Alt. 1.055 m · Pob. 40.300
T. 975 222 764
GPS 41° 45' 56'' N · 2° 28' 18'' O

Visitar: La ciudad del Duero, que inspiró a poetas como Gustavo Adolfo Bécquer, Antonio Machado o Gerardo Diego, es una de las joyas turísticas de Castilla y León. Su legado románico es magnífico, como se puede apreciar en la **iglesia de S. Juan de Rabanera,** del s. XII. Por la calle de los Caballeros se llega a la **Alameda de Cervantes,** el gran parque soriano, y frente a él se halla el Museo Numantino, un centro de interpretación arqueológico que conserva los restos encontrados en las excavaciones de Tiermes, Uxama y Numancia. A 500 m, la **iglesia de Sto. Domingo** se presenta como una de las joyas del románico castellano, con una extraordinaria portada en la que sobresale el pantocrátor, rodeado por cuatro arquivoltas. La vía de la Aduana Vieja nos conduce hasta el Collado, arteria principal de Soria, y hasta el **palacio renacentista de los Condes de Gómara** (s. XVI) y, al sur, a la Plaza Mayor, de estilo castellano, rodeada por edificios como la Casa de los Doce Linajes (s. XVII), hoy Ayuntamiento, o la torre de Doña Urraca. Por las calles medievales de Zapatería y Real llegamos a la **plaza de S. Pedro,** a la que se asoma la **concatedral** de la misma advocación: un sobrio edificio cuyo claustro de sillería es monumento nacional. No lejos de allí queda el Duero y, en la otra orilla, se encuentran los restos del **monasterio de S. Juan de Duero** (s. XII): impresionan la iglesia y sobre todo el claustro, con huellas románicas, góticas y musulmanas. Continuando por esa misma ribera, a 1,5 km, el paseo concluye en la ermita de S. Saturio (s. XVII), patrono de la ciudad, construida sobre una gruta visigoda.

Fiestas: Las dos celebraciones más importantes son la **Pascua** y **S. Juan,** ambas de interés turístico regional. La del Sto. Entierro y la de la Flagelación y Oración del Huerto son las procesiones más relevantes de la **Semana Santa,** mientras que por **S. Juan** (del 27 junio al 2 julio), la ciudad se divide en doce barrios, reminiscencias de los Doce Jurados del s. XVII.

Alrededores: A 8 km, en Garray, se halla el **Museo-Yacimiento de Numancia,** con los restos de la ciudad asediada por los romanos en el s. I. A unos 50 km, entre Vinuesa y Montengro de Cameros, está el **Punto de Nieve Sta. Inés.**

Iglesia de Sto. Domingo

Restaurantes

Baluarte. Caballeros, 14. T. 975 213 658.
www.baluarte.info S
Cierra domingo cena, lunes, 15 días después de Semana Santa y primera quincena de septiembre. Un antiguo palacete escenifica la cocina de producto de Óscar García con especialidad de **setas, trufas y verduras** de temporada. **Sopa Paul Bocuse evolucionada, queso** de la zona **en texturas.** Precio medio 40 €.

® **Fogón de Salvador.** Pza. del Salvador, 1. T. 975 230 194.
www.fogonsalvador.com
Horno de leña para los **asados** y parrilla de carbón para **verduras, setas, pescados y carnes a la brasa.** De postre, **tarta de yogur con miga de almendra.** Menú 22 €. Precio medio 30 €.

Iruña Plaza. Pza. Ramón Benito Aceña, 2. T. 975 226 831.
www.irunaplaza.com
Concurrida barra y terraza con gran surtido de raciones y tapas. En el comedor, hongos fritos con *foie-gras* y puré de cebolla, manita de cerdo rellena, marquesa de chocolate. Menú 12 €. Precio medio 30 €.

Mesón Castellano. Pza. Mayor, 2. T. 975 213 045. S
Oferta castellana en un local castellano. Ensalada de escabechados, asados, natillas. Menú 18 €. Precio medio 32 €.

Rincón de San Juan. Diputación, 1. T. 975 215 036.
www.rincondesanjuan.com
Cierra cenas excepto viernes y sábado; domingo del 17 de febrero al 2 de marzo y del 1 al 7 de julio. Acogedor local con terraza frente a S. Juan Rabanera y la Diputación. Caramelos de morcilla, sopa de setas y trufa negra de Soria, manita de cerdo deshuesada y rellena. Menú 18 €. Precio medio 38 €.

Hoteles

**** **Alfonso VIII.** Alfonso VIII, 10. T. 975 226 211.
www.hotelalfonsosoria.com P
Hab. 88: 68 €. Céntrico. Durante febrero y marzo se celebran las Jornadas de la Trufa. Restaurante La Galiana.

**** **Parador de Soria.** Parque del Castillo, s/n. T. 975 240 800.
www.parador.es P
Hab. 67: 150 €. Consultar ofertas. Situado en el parque del castillo, con hermosas vistas a la ciudad, el Duero y la sierra. Todas las habitaciones son exteriores. Cocina castellana innovadora.

Sort Lleida

25 · C-2
A Lleida, 125 km
A Madrid, 587 km
Alt. 692 m · Pob. 2.382
T. 973 621 002
GPS 42° 24' 36'' N · 1° 7' 39'' E

Visitar: La capital de la comarca del Pallars Sobirà es una recoleta villa enclavada entre valles. Su monumento principal es el **castillo** del s. XV. Sort, cuyo centro lo forma hoy la Plaza Mayor con la **iglesia de St. Feliu,** se estructura al pie de esta fortaleza. Destaca también el observatorio meteorológico, uno de los más importantes de España.

Fiestas: La fiesta mayor se celebra entre el 31 de julio y el 2 de agosto. En noviembre tiene lugar al aire libre la **Feria de Otoño,** en la que se venden productos de toda la comarca.

Alrededores: Rialp (a 4 km), con su bonito castillo, merece una escapada. A 10 km, en **Pujalt,** el peculiar Museo de les Papallones de Catalunya alberga una gran colección de mariposas de la región.

Restaurantes

Fogony. Avda. Generalitat, 45. T. 973 621 225. *www.fogony.com*
Cierra domingo cena, lunes, martes y del 7 al 21 de enero. Zaraida y José dirigen este cálido Fogony, cuya culinaria se basa en la sostenibilidad como convicción y en un selecto producto de proximidad procedente de pequeños artesanos del entorno. **Colmenillas con *foie-gras* de pato, *armagnac* y oporto; *gall* del Penedés a la *cocotte* con trufas y setas.** Menú 35 €. Precio medio 60 €.

---

22 · C-3

Sorzano La Rioja Ver Logroño

Sos del Rey Católico Zaragoza

23 · D-2
A Zaragoza, 124 km
A Madrid, 421 km
Alt. 652 m · Pob. 690
T. 948 888 524
GPS 42° 29' 49'' N · 1° 12' 59'' O

Detalle de la iglesia de S. Salvador de Ejea de los Caballeros

Visitar: Lugar de nacimiento del rey Fernando II de Aragón, esta villa medieval está declarada conjunto histórico-artístico. Su situación en la Sierra de la Peña la convirtió en enclave estratégico, como muestra su **muralla gótica,** de la que quedan puertas-torre como las de Jaca, Zaragoza o Uncastillo. Reflejo de ese pasado es asimismo el **castillo** (s. XII), con su torre del Homenaje. Junto a él se encuentra la iglesia románica de S. Esteban, cuya cripta está decorada con pinturas murales góticas del XIV. Al recorrer las empedradas calles, se descubren los restos de su judería, ubicada detrás del renacentista **palacio de Sada,** en el que nació el monarca Fernando II (que hoy acoge un centro de interpretación sobre su figura) y de su capilla privada, la **iglesia de S. Martín de Tours** (s. XIII). En torno a la Plaza Mayor se sitúan el Ayuntamiento (s. XVI) y el colegio Isidoro Gil de Jaz, barroco. No lejos de allí se encuentra la lonja medieval. A las afueras, la iglesia del monasterio de Valentuñana (s. XVII) vale la pena una visita.

Fiestas: La más importante se celebra el **Lunes de Pentecostés,** con la romería a Valentuñana. Tras bendecirse los campos, se degusta el bocadillo de *longuete* (un panecillo con chorizo).

Alrededores: Uncastillo (a 22 km) sorprende por sus iglesias románicas y sus pintorescas calles. En **Sádaba** (a 30 km) no hay que perderse su castillo (s. XIII) ni el monumento de los Atilos (s. II). A 50 km, **Ejea de los Caballeros** cuenta con dos visitas fundamentales: la iglesia-fortaleza de Sta. María (s. XII) y la de S. Salvador (s. XII).

Restaurantes

La Cocina del Principal. Fernando el Católico, 13. T. 948 888 348. *www.lacocinadelprincipal.com*
Cierra domingo cena, lunes, y dos últimas semanas de enero. En las cuadras y bodega de un caserón del s. XVI. Las hortalizas de la zona, asados y guisos son los baluartes de la casa. De postre, hojaldre con chocolate. Precio medio 32 €.

Hoteles

**** **Parador de Sos del Rey Católico.** Arquitecto Sainz de Vicuña, 1. T. 948 888 011. *www.parador.es*
Hab. 66: 145 €. Suites: 1. Sitio ideal para la realización de excursiones. Ubicado en el extremo de la muralla medieval. Especialidades gastronómicas regionales. Restaurante Cinco Villas.

*** **El Peirón.** Fernando el Católico, 24. T. 948 888 283. *www.elpeiron.com*
Hab. 12: 80 €. Suites: 2. Desayuno incluido. Antigua casa del s. XVII adosada a la muralla y a una de sus puertas. Decoración acogedora, conserva elementos originales de la casa.

Soto del Real Madrid Ver Manzanares el Real

53 · C-2

Sotogrande-Guadiaro Cádiz

114 · E-1
A Cádiz, 145 km
A Madrid, 672 km
Alt. 109 m · Pob. 30.516
T. 956 694 005
GPS 36° 18' 2'' N · 5° 18' 10'' O

Visitar: Es uno de los complejos turísticos más importantes de Europa. Pertenece al municipio de San Roque y cuenta con importantes instalaciones de **polo, tenis, vela y golf,** además de puerto deportivo. En la urbanización se halla el **estuario del río Guadiaro,** el único humedal de la zona.

Fiestas: El **Torneo Internacional de Polo,** que se celebra en verano, es de interés turístico autonómico. La Feria Real tiene lugar del 7 al 11 de agosto.

Alrededores: A 5 km, la **laguna de Torreguadiaro** es un enclave excepcional para la observación de aves. A 24 km se encuentra **Gibraltar** y a 28 km, el Centro de Visitantes Huerta Grande, puerta de entrada al Parque Natural de los Alcornocales.

Partido de polo en Sotogrande

Restaurantes

® **Boka.** (Puerto Deportivo de Sotogrande). Pza. de las Palmeras, s/n. T. 956 790 206.
Cierra domingo y lunes excepto verano; almuerzo, y del 12 de enero al 6 de febrero. Atractivo comedor minimalista para el invierno y agradable terraza en verano. La cocina de Jerome y la atención de Haby son acertadas. **Lomo de atún de almadraba con especias, lubina con pan crujiente, espinacas y alcaparras, ensalada de fresas y merengue.** Menú 26 €. Precio medio 45 €.

Ke. Puerto Deportivo Sotogrande, s/n. T. 956 790 333. *www.grupoke.com*
Punto de cita, copas, tapas y algo más, para ver y ser visto. Para comer más contundente, atún de Barbate o entrecot de Wagyu. De postre, *brownie* con helado. Precio medio 30 €.

Hoteles

**** **Club Marítimo de Sotogrande.** (En SAN ROQUE, a 13 km). Puerto Deportivo Sotogrande, s/n. T. 956 790 200. *www.clubmaritimodesotogrande.com*
Hab. 41: 95 €. Suites: 8. Admisión de perros, consultar. Se ofrece servicio de canguro. En primera línea de playa. Restaurante El Marítimo.

Sotosalbos Segovia

43 · B-4
A Segovia, 18 km
A Madrid, 108 km
Alt. 1.161 m · Pob. 131
T. 921 403 119
GPS 41° 2' 5'' N · 3° 56' 37'' O

Visitar: En el pie de la cara norte de la Sierra del Guadarrama, Sotosalbos merece una visita por su **iglesia románica de S. Miguel** (s. XII), en la que destaca la galería con sus columnas dobles decoradas.

Fiestas: La patrona es la **Virgen de la Sierra,** que se celebra 50 días después del Domingo de Resurrección. En agosto tiene lugar la Magdalena.

Alrededores: A 2 km están los pueblos de **Collado Hermoso** y **Pelayos del Arroyo,** con la iglesia de S. Vicente Mártir (ss. XII-XIII).

Iglesia de S. Miguel

Restaurantes

☼ **La Finca de Duque.** Ctra. N-110, Soria-Plasencia, km 172. T. 921 403 013. *www.lafincadeduque.es*
Cierra cenas desde el 15 de septiembre al 1 de julio; y lunes. Con 12 habitaciones. Elegante casa rural a los pies de la Sierra de Guadarrama con la clásica cocina castellana de Julián Duque (Segovia). **Crema de cangrejo, cochinillo y cordero asados, natillas.** Precio medio 30 €.

® **La Matita.** (En COLLADO HERMOSO, a 2 km). Ctra. N-110, Soria-Plasencia, km 172. T. 921 403 077. *www.restaurantelamatita.com*
Cierra cenas de enero a abril. Honrada cocina segoviana basada en la buena calidad de los productos, la **caza** –especialmente la **perdiz** y el **pato**– se coronan con el **ponche segoviano.** Los hermanos Martín al frente de todo. Menú 8 €. Precio medio 30 €.

Hoteles

La Finca de Duque. Ctra. de Soria N-110, Soria-Plasencia, km 172. T. 921 403 013. *www.lafincadeduque.es*
Hab. 10: 75 €. Suites: 2. Consultar cierre. Desayuno incluido.

Tafalla Navarra

23 · B-2
A Pamplona, 35 km
A Madrid, 365 km
Alt. 421 m · Pob. 11.413
T. 948 702 011
GPS 42° 31' 48'' N · 1° 40' 32'' O

Visitar: Ubicada en el centro de Navarra, esta localidad mantiene su espíritu medieval en el casco antiguo y presenta un carácter más moderno en la zona céntrica, donde predominan los bares y el comercio. En la parte vieja, destacan la plaza de los Fueros, conocida como la **placeta de las Pulgas,** principal punto de reunión de los tafalleses, y los más de treinta **escudos señoriales** que adornan las casas de piedra que se levantan en sus estrechas calles. Otros atractivos turísticos son la **iglesia de Sta. María,** donde descansa el retablo de Juan de Anchieta, una de las obras cumbres del romanismo navarro; el palacio centenario del Marqués de Feria y el de los Mencos, así como los restos de la antigua muralla.

Fiestas: El 20 de enero se celebra el día del patrón, **S. Sebastián.** Del 14 al 20 de agosto son las **fiestas de Ntra. Sra. de la Asunción** y **S. Sebastián,** famosas por sus encierros y corridas.

Alrededores: La capital navarra, **Pamplona,** se encuentra a 35 km. En **Ujué,** a 18 km, hay una imponente iglesia-fortaleza del s. XI, y en **Olite,** a 5 km, está el castillo de los Reyes de Navarra.

Restaurantes

☼☼ **Túbal.** Pza. de Navarra, 6. T. 948 700 852.
www.restaurantetubal.com S
Cierra cenas de domingo a miércoles; lunes, del 21 al 28 de enero y del 21 de agosto al 4 de septiembre. Nicolás, con una gran formación y profesional ímpetu, se ha impregnado de toda la sabiduría de Atxen y, de esta forma, hijo y madre forman una pareja excepcional y única en la alta cocina navarra. Producto, trabajo, técnica y pasión dan como resultado unos magníficos y suculentos platos, con grandes registros navarros, que hacen las delicias de los comensales. Un imprescindible de la cocina navarra y nacional donde se cuidan todos los detalles. Menú 39 €. Precio medio 50 €.

Talavera de la Reina Toledo

62 · A-3
A Toledo, 80 km
A Madrid, 110 km
Alt. 371 m · Pob. 88.986
T. 925 824 920
GPS 39° 57' 34'' N · 4° 50' 8'' O

Artesanía típica de Talavera

Visitar: Famosa desde hace siglos por su cerámica, en esta localidad duermen multitud de monumentos y edificios singulares, como el **Palacio Arzobispal** (s. XVII), que queda ubicado en la plaza del Pan, punto neurálgico de los talaveranos, y la **colegiata de Sta. María la Mayor,** de estilo gótico-mudéjar, en la que sobresale su portada, su torre, el claustro mayor y un bello retablo. Completan el patrimonio de esta ciudad la iglesia mudéjar de Santiago el Nuevo, con influencias góticas; la **basílica de Ntra. Sra. del Prado,** conocida como la reina de las ermitas; la Puerta de Sevilla y las murallas árabes. También merecen una visita los jardines del Prado, con cerámica de Ruiz de Luna y multitud de piezas mudéjares.

Fiestas: El sábado siguiente al Domingo de Resurrección se celebran las **Mondas,** fiesta declarada de interés turístico nacional. Del 20 al 23 de septiembre tiene lugar la feria en honor a S. Mateo.

Alrededores: Se puede practicar senderismo en la cercana Sierra de S. Vicente. Dos localidades interesantes por su patrimonio histórico son **Castillo de Bayuela** (a 25 km) y **Oropesa** (a 33 km).

Restaurantes

Ruiz de Luna. Avda. Constitución, 7. T. 925 818 995.
www.restauranteruizdeluna.es
Cierra domingo cena y martes. Cocina basada en los productos locales y de temporada, con buenos resultados. Rabo de toro deshuesado con *parmentier* de patata, tarta tibia de manzana con helado de vainilla. Menú 13 €. Precio medio 25 €.

Taberna Mingote. Pza. Federico García Lorca, 15.
T. 925 825 633.
Cierra martes cena, miércoles y segunda quincena de julio. Mesón decorado con chistes de Antonio Mingote. Huevos estrellados, rabo de toro, sapitos de leche. **El Esturión** (Miguel Hernández, 7. T. 925 824 570. Cierra domingo cena, lunes y primera quincena de julio). Decoración y oferta marinera, como especialidad arroz marinero y pescados. Precio medio 30 €.

Taramundi Asturias

Visitar: Situado en el valle del Turía, uno de los principales focos de turismo rural en España, cuenta con un rico patrimonio tanto artístico como etnográfico. Destaca el **poblado protohistórico de Os Castros,** situado en las proximidades de los ríos Turía y Cabreira. Dentro de las edificaciones religiosas, resalta la iglesia parroquial de **S. Martín de Taramundi** (s. XVIII), donde llama la atención su retablo mayor de estilo barroco. Es interesante visitar la antigua **Casa Rectoral** (s. XVIII), típica edificación palaciega asturiana.

Fiestas: Las más importantes son las de **S. José,** el 19 de marzo, y las de **S. Martín,** el 11 de noviembre. Coincidiendo con el Sábado Santo, se celebra la Feria de Quesos Astur-Galaicos y Productos Locales de Taramundi.

Alrededores: En **Teixois** (a 4 km) se conserva un conjunto etnográfico compuesto por un batán, un mazo romano, un molino, una piedra de afilar y un generador.

2 · E-4
A Oviedo, 160 km
A Madrid, 539 km
Alt. 277 m · Pob. 700
T. 985 646 877
GPS 43° 21' 41'' N · 7° 6' 45'' O

Hoteles

**** **Arcea Hotel La Rectoral.** Cuesta de La Rectoral, s/n. T. 985 646 760.
www.arceahoteles.com
Hab. 18: 115 €. Se trata del primer núcleo de turismo rural en España, desde donde realizar varias rutas de senderismo.

Tarancón Cuenca

Visitar: En esta localidad de origen celtíbero es recomendable visitar la **iglesia parroquial de Ntra. Sra. de la Asunción** (s. XVI), un edificio de tres naves y planta de cruz latina, cuyo retablo fue realizado por Pedro de Villadiego. También destaca el **convento de los Franciscanos,** que data del s. XVIII, y la barriada del Caño, cuyo nombre proviene de las antiguas y populares fuentes del Caño Chico y Caño Gordo que allí se ubican. Entre los edificios civiles destaca la **Casa Parada,** donde pernoctaron notables huéspedes como Carlos I. El Museo de Arte Contemporáneo acoge interesantes obras de pintura y fotografía.

Fiestas: La **Semana Santa,** donde tiene lugar la procesión de la Pasión Viviente, es de interés turístico regional. Del 7 al 13 de septiembre son las **fiestas patronales de la Virgen de Riánsares.**

Alrededores: A 5 km se sitúa el santuario de Ntra. Sra. de Riánsares, patrona de la ciudad. A 20 km se encuentra el monasterio de **Uclés,** en el que deslumbran la fachada y la portada norte. En **Saelices,** a 15 km, hay importantes restos romanos y visigodos.

63 · D-3
A Cuenca, 81 km
A Madrid, 81 km
Alt. 808 m · Pob. 15.732
T. 969 321 016
GPS 40° 0' 37'' N · 3° 0' 28'' O

Monasterio de Uclés

Restaurantes

Hospedería Finca La Estacada. (Hotel Hospedería Finca La Estacada).
Ctra. N-400, Toledo-Cuenca, km 103. T. 969 325 948.
www.fincalaestacada.com
Los Cantarero armonizan sus vinos Finca La Estacada con una gustosa cocina de base manchega. Bacalao confitado con crema de ajo de Las Pedroñeras, manitas de cerdo guisadas con queso de cabra a la plancha, sopa fría de cardamomo. Menú 16 €. Precio medio 40 €.

Tarazona Zaragoza

Visitar: A los pies del Moncayo se levanta una de las ciudades con más vida de Aragón. Su estructura urbana queda marcada por el importante papel estratégico que tuvo en la defensa ante Castilla y Navarra: barrios altos, callejuelas y pasadizos. Su casco antiguo está presidido por la **catedral de Ntra. Sra. de la Huerta,** mezcla de estilo gótico y mudéjar. En el barrio del Cinto está la **iglesia de Sta. María Magdalena** (s. XII), el templo más antiguo de la ciudad. Tarazona cuenta con una **plaza de toros** muy curiosa, declarada bien de interés cultural, y formada por 32 casas, algunas de las cuales todavía están en uso. El **Palacio Episcopal** (antigua residencia de los reyes aragoneses), las casas colgadas en una de las calles principales y los restos de las murallas del Cinto son otros focos de interés.

Fiestas: La Semana Santa es uno de sus mayores atractivos turísticos. Del 27 de agosto al 1 de septiembre tienen lugar las **fiestas de S. Atilano,** donde todo el pueblo arroja tomates a un personaje conocido como Cipotegato.

Alrededores: A 14 km está el **Parque Natural del Moncayo,** escenario ideal para disfrutar de unas magníficas vistas y practicar senderismo.

34 · A-2
A Zaragoza, 89 km
A Madrid, 289 km
Alt. 483 m · Pob. 11.131
T. 976 640 074
GPS 41° 54' 9'' N · 1° 43' 36'' O

Restaurantes

® **Saboya 21.** Marrodán, 34. T. 976 643 515.
www.restaurantesaboya21.com
Cierra cenas de domingo a jueves excepto agosto; y siete días en septiembre. Alta cocina de José Tazueco, fiel intérprete de un modernizado recetario aragonés. **Colmenillas rellenas de *mousse* de lechecillas, ternasco a la brasa, manjar helado de requesón.** Menús 15 y 22 €. Precio medio 30 €.

Tarifa Cádiz

114 · C-2
A Cádiz, 101 km
A Madrid, 719 km
Alt. 22 m · Pob. 17.793
T. 956 680 993
GPS 36° 00' 41'' N · 5° 36' 16'' O

Tarifa es una meca del *windsurf*

Visitar: Con el mar Mediterráneo y el océano Atlántico a sus pies, sus interminables playas de arena fina, entre las que destaca la de **los Lances,** son la gran joya de los tarifeños. Cuenta con un **castillo califal** de la época de Abderramán III (s. X), un periodo que también marcó la estructura de la ciudad, que aún conserva las murallas árabes y las calles estrechas sin un orden preestablecido. La **capilla de Santiago** (de estilo gótico-mudéjar), las iglesias de Sta. María y S. Mateo y el **convento de S. Francisco** son parte de su legado patrimonial. Su oferta nocturna convierte a Tarifa en uno de los destinos más frecuentado por los jóvenes.

Fiestas: Son famosos sus carnavales. En septiembre tiene lugar la **romería de la Virgen de la Luz,** que termina con la Feria Real, de interés turístico regional.

Alrededores: A 19 km están las ruinas de Baelo Claudia, antigua ciudad romana hoy conocida como **Bolonia.** Los amantes de la naturaleza pueden disfrutar del **Parque Natural de los Alcornocales.**

Restaurantes

La Codorniz. Ctra. N-340, Cádiz-Málaga, km 79. T. 956 684 744.
www.lacodorniz.com P
Con 35 habitaciones. Oferta culinaria clásica. Arroz con carabineros, pescados frescos a la sal, al horno, en su jugo... y de dulce final, tocino de cielo. Menú 15 €. Precio medio 30 €.

Las Rejas. (En BOLONIA, a 19 km). El Lentiscal, 8. T. 956 688 546.
www.lasrejasrestaurante.com S
Cierra de octubre a abril excepto festivos y fines de semana. Ventanales y terraza a la playa. Arroz de pescado y marisco, pescados fritos o a la plancha, flan de queso. Precio medio 30 €.

Tarragona

Teatro romano

48 · A-3
A Madrid, 547 km
Alt. 70 m · Pob. 136.689
T. 977 250 795
GPS 41° 7' 7'' N · 1° 14' 39'' E

Visitar: Declarada patrimonio de la humanidad, fue capital de la Hispania Citerior en el Imperio Romano y de aquella época pervive un riquísimo legado monumental. En la antigua Tarraco, rodeada por las murallas (s. III), se halla el anfiteatro romano, escenario de gladiadores. El **circo** (se pueden ver los restos alrededor de la plaza de la Font) y el **teatro** (en el actual paseo Arqueológico) eran también parte importante de la antigua ciudad. Entre los edificios modernistas, destacan **la torre y tribuna de la Casa Ripoll;** la construcción de hierro del mercado central y la capilla del **colegio Jesús-María,** proyecto en el que intervino el maestro Gaudí. El casco histórico de Tarragona se extiende entre el mar Mediterráneo y las murallas. La **catedral de Sta. María** está edificada sobre un antiguo templo de culto romano de la época imperial e impresiona por sus capiteles escultóricos de mármol. El **Museo Nacional Arqueológico** y el **Museo de Arte Moderno** acogen una buena muestra de piezas de la ciudad romana de Tarraco y de obras contemporáneas respectivamente.

Fiestas: En Semana Santa destaca la **procesión del Sto. Entierro, el Viernes Santo,** de interés turístico nacional. Del 15 al 19 de agosto son las fiestas de St. Magí y del 14 al 24 de septiembre tiene lugar la **fiesta mayor en honor a Sta. Tecla,** de interés turístico nacional.

Alrededores: En los alrededores de Tarragona se pueden visitar el acueducto romano y la cantera romana de El Medol. A 7 km se sitúa la localidad de **La Canonja,** donde se halla la iglesia de S. Sebastián, y a 11 km está **El Morell,** interesante por su castillo, reconstruido en el s. XVIII. En **Reus** (a 14 km) merece la pena realizar una ruta para conocer sus edificios modernistas. Otro lugar para disfrutar en familia es el parque temático de **Port Aventura.** Quien quiera disfrutar de la playa tiene cerca las de **La Pineda** (a 9 km) y **Salou** (a 11 km).

Restaurantes

Aq. Les Coques, 7. T. 977 215 954. *www.aq-restaurant.com*
Cierra domingo, lunes y Navidad. Anna Ruiz elabora una cocina de marcada y original personalidad culinaria que se refleja en unos platos de notable creatividad. ***Coulant*** **de pulpo con patata, huevo y butifarra; asado de tira de Wagyu con mermelada de cebolla, manzana y pepino.** Menú 18 €. Precio medio 40 €.

® **Barquet.** Gasómetre, 16. T. 977 240 023. *www.restaurantbarquet.com*
Cierra lunes cena, domingo, festivos, primera semana de enero, Semana Santa y del 15 de agosto al 15 de septiembre. Moderno, agradable, céntrico y familiar, donde los **arroces** sobresalen como plato estrella de la casa. De postre, **pastel de queso, chocolate de cardamomo y helado de pera.** Precio medio 30 €.

® **Espai Fortuny (La Boella).** (Hotel Mas La Boella, en LA CANONJA, a 7 km). Ctra. Autovía T-11, Reus-Tarragona, km 12. T. 977 771 515. *www.laboella.com*
Cierra enero. Producto de indudable calidad como referencia de una interesante propuesta de cocina mediterránea en un espacio muy acogedor. **Canelones de carne asada y trufa gratinados con bechamel, caldereta de bogavante, ensalada de frutas de temporada.** Menú 28 €. Precio medio 50 €.

® **La Grava.** (Hotel La Grava, en EL MORELL, a 11 km). Pareteta, 4. T. 977 842 555. *www.lagrava.com* S
Cierra domingo cena, lunes y Navidad. Culinaria de autor, moderna y actual, con un entusiasta Gerson Ribal como jefe de cocina y Mario Ribal ejerciendo de director de sala y sumiller. ***Escaixada*** **con patata confitada y romesco, cigala con verduritas y soja, fresas con malvasía de Sitges.** Menú 16 €. Precio medio 30 €.

Les Fonts de Can Sala. Lorenzo López, 62. T. 977 228 575. *www.lesfontsdecansala.com*
Cierra cenas de lunes a jueves desde 15 de octubre al 15 de abril. Masía centenaria rodeada de jardines y huertos propios donde se cultivan la mayor parte de las verduras que se sirven. *Calçots* en invierno y flores de calabacín en verano de nuestro huerto, lomo de conejo a la crema de mostaza, espuma de crema catalana. Menú 19 €. Precio medio 28 €.

Hoteles

**** **AC Tarragona by Marriott.** Avda. Roma, 8. T. 977 247 105. *www.ac-hotels.com*
Hab. 115: 74 €. Céntrico. Restaurante El Parc.

**** **Ciutat de Tarragona.** Pza. Imperial Tarraco, 5. T. 977 250 999. *www.hotelciutatdetarragona.com*
Hab. 168: 65 €. Suites: 12. Céntrico, moderno y confortable. Totalmente reformado. Restaurante Mare Nostrum, especializado en cocina mediterránea.

**** **Husa Imperial Tarraco.** Pº Palmeres, s/n. T. 977 233 040. *www.hotelhusaimperialtarraco.com*
Hab. 140: 80 €. Suites: 28. Situado en una zona privilegiada, junto al circo romano. Vistas a la bahía de Tarragona y al anfiteatro.

**** **Tarraco Park.** Ctra. de Valencia, 206. T. 977 556 773. *www.hoteltarracopark.com*
Hab. 118: 60 €. Suites: 2. Hotel de diseño urbano. Restaurante Auguri.

*** **Urbis Centre.** Reding, 20 bis. T. 977 240 116. *www.hotelurbiscentre.com*
Hab. 44: 58 €. Céntrico. Junto a los monumentos patrimonio de la Humanidad y próximo a las estaciones de tren y de autobús. Restaurante Cócvla, cocina tradicional.

Port Aventura

Además de excelentes playas, la Costa Daurada ofrece las instalaciones de Port Aventura. Un parque temático repleto de aventuras y diversión a través de sus diferentes áreas –México, Far West, Mediterrània, Polynesia, China y Sésamo Aventura–.

Castellers de St. Pere i St. Pau

Taüll Lleida Ver Barruera

25 · B-1

4 · B-3

Tazones Asturias Ver Villaviciosa

Terrassa Barcelona

37 · B-3
A Barcelona, 28 km
A Madrid, 615 km
Alt. 273 m · Pob. 215.678
T. 937 397 019
GPS 41° 33' 40'' N · 2° 0' 32'' E

Casa Alegre de Sagrera

Visitar: Situada al pie del **Parque Natural de St. Llorenç del Munt i l'Obac,** esta ciudad universitaria e industrial posee un interesante patrimonio artístico. De la época medieval data el bello conjunto monumental de las iglesias de **St. Pere, Sta. Maria** y **St. Miquel.** También hay que admirar la torre del Palau, transformado en cartuja en los ss. XIV y XV y convertida hoy en el **Museo de Terrassa.** Esta localidad tuvo un papel fundamental en la época de la industrialización, lo que queda patente en la existencia de un patrimonio único en la provincia: la **masía Freixa,** edificio modernista famoso por sus arcos inspirados en la obra de Gaudí, la Casa Alegre de Sagrera, el Ayuntamiento y la **Casa Baumann.**

Fiestas: El segundo fin de semana de mayo tiene lugar la **Fira Modernista,** y en junio se celebra la fiesta mayor.

Alrededores: A 12 km está el **Parque Natural de St. Llorenç del Munt i l'Obac,** que cuenta con un monasterio benedictino situado en la cumbre. A 14,9 km está **Olesa de Montserrat,** donde llama la atención la torre del Reloj. En **Matadepera,** a 6 km, se puede visitar la iglesia de St. Joan y en **Vacarisses,** a 12,8 km, su castillo.

Restaurantes

® **Cal Tallón.** (En OLESA DE MONTSERRAT, a 14,9 km). Jaume de Viver, 15. T. 937 780 847.
Cierra cenas de domingo a jueves y 15 días en agosto. Los productos de la huerta se convierten en los grandes protagonistas de la culinaria oficiada por su patrón, José Manuel Tallón. ***Foie-gras* de pato, arroces** de temporada, **saquito de praliné.** Menú 11 €. Precio medio 35 €.

® **Can Bondia.** Ctra. Castellar, s/n. T. 937 870 326. *www.canbondia.es* P
Cierra cenas de octubre a marzo; lunes y agosto. Claro concepto de cocina tradicional enriquecida por una atrayente y sugestiva proposición de **tapas frías y calientes** todos los jueves, viernes y sábados por la noche. Menú 39 €. Precio medio 40 €.

☼ **Capritx.** Padre Millán, 140. T. 937 358 039. *www.capritx.com*
Cierra domingo, lunes, Semana Santa y dos semanas en agosto. Menú único (58 €) elaborado por Artur Martínez en base a tres caracteres que manifiestan un claro ideario culinario: transparencia en la elaboración, sensata imaginación y máximo respeto a la naturaleza y estacionalidad del producto.

☼ **El Celler.** (En MATADEPERA, a 6 km). Gaudí, 2. T. 937 870 857. *www.elcellerdematadepera.com*
Cierra almuerzos en agosto; cenas de domingo a martes; y miércoles. Largo y honesto trayecto de la familia Bernils al frente de este buen Celler gracias a una acertada culinaria de autor de arraigo tradicional. ***Carpaccio* de pies de cerdo y langostinos, rabo de buey con puré cremoso de patatas, almíbar de piña con helado de coco.** Precio medio 40 €.

☼ **El Cingle.** (En VACARISSES, a 12,8 km). Plaza Mayor, s/n. T. 938 280 233. *www.elcingle.com* P
Cierra lunes, primera semana de enero, Semana Santa y segunda quincena de septiembre. Montse Estruch –siempre vivaz y apasionada– sigue fiel a su personalidad consagrada a una cocina cuya pretensión consiste en que cada comida sea un singular viaje de sutiles sensaciones. Menú 24 €. Precio medio 50 €.

Teruel

55 · E-4
A Madrid, 302 km
Alt. 915 m · Pob. 38.882
T. 978 624 105
GPS 40° 20' 42'' N · 1° 6' 26'' O

Visitar: Esta ciudad cargada de leyenda gracias a la mítica historia de los **amantes de Teruel** invita a pasear por sus calles para conocer su rico legado medieval. El viajero quedará fascinado por su extraordinario conjunto monumental mudéjar, declarado patrimonio de la humanidad. Además de las **torres de las iglesias de S. Martín, S. Pedro** y **El Salvador,** destaca el conjunto de la catedral de Sta. María de Mediavilla. Merece la pena detenerse a observar su cimborrio, su torre y, sobre todo, su artesonado o techumbre, conocido como la capilla sixtina del mudéjar español y obra cumbre del arte mudéjar en España, tanto por su novedosa estructura como por su decoración pintada. La **plaza del Torico** es el punto donde desembocan todas las calles céntricas de la ciudad (el toro es el símbolo de Teruel), y en torno a ella se pueden admirar edificios modernistas como la Casa Ferrán o La Madrileña. Gratas sorpresas para el visitante son también el acueducto de los Arcos (que atraviesa parte de la ciudad), la escalinata neomudéjar del **paseo del Óvalo** y una de las capillas de la iglesia de S. Pedro, que acoge los cuerpos momificados de los populares amantes. El Teruel más moderno se encuentra en el parque de los Fueros de Aragón y en **Dinópolis,** un parque temático sobre dinosaurios.

Fiestas: La Semana Santa es de interés turístico nacional. El fin de semana más próximo a S. Cristóbal (10 de julio) se celebran las **fiestas del Ángel.**

Alrededores: A 38 km está la preciosa villa fortificada de **Albarracín** y a 42 km, **Mora de Rubielos,** que conserva un patrimonio medieval declarado conjunto histórico-artístico.

Restaurantes

El Milagro. Ctra. Sagunto-Burgos, N-234, km 123. T. 978 603 095. *www.restauranteelmilagro.com*
Cierra cenas de domingo a jueves. Huevos a baja temperatura con puré trufado, paletilla de ternasco de Aragón con patata trufada, crema fría de melocotón. Menú 12 €. Precio medio 35 €.

La Menta. Bartolomé Esteban, 10. T. 978 605 804. *www.restaurantelamenta.com*
Cierra lunes cena, domingo excepto puentes y vísperas de festivos, una semana en enero y en julio. En el centro de la ciudad. Ensalada tibia de cardos con gambas, costillar de ternasco de Aragón en costra con melocotón de Calanda y *boletus*. Precio medio 35 €.

Mesón Óvalo. Pº del Óvalo, 2. T. 978 618 235. *www.mesonovalo.es*
Cierra cenas de domingo y lunes, y del 6 de enero al 6 de febrero. La selección de setas silvestres con arroz *basmati* y verduritas, el jarrete de ternasco y la torrija de *brioche* con helado de leche merengada son una muestra de la cocina de corte tradicional y raíces aragonesas. Menú 13 €. Precio medio 30 €.

® **Yain.** Pza. Judería, 9. T. 978 624 076. *www.yain.es*
Cierra cenas de domingo y martes; y lunes. Raúl Igual, galardonado sumiller, ha convertido su casa en primera mesa de la antigua judería de Teruel. Cocina de temporada en un grato ambiente moderno. ***Ratatouille* de verduras, turbante de bacalao con berenjenas, corona de ternasco.** Menú 17 €. Precio medio 35 €.

Hoteles

*** **Parador de Teruel.** Ctra. Sagunto-Burgos, N-234, km 122,5. T. 978 601 800. *www.parador.es*
Hab. 60: 140 €. Suites: 2. Palacete de inspiración mudéjar. A 5 km de Dinópolis. Cocina tradicional.

*** **Spa Hotel Ciudad de Teruel.** Avda. de los Hostales, s/n. Ctra. Sagunto-Burgos, km 123. T. 978 618 618. *www.spahotel.es*
Hab. 101: 110 €. Suites: 7. Transporte gratuito al centro. Restaurante Migas.

Torre de El Salvador

Es casi idéntica a la de S. Martín en su traza y decoración. De inicios del s. XIV (aunque reconstruida tras un derrumbe en 1677), la torre consta de varias fajas limitadas por labores de azulejos formando rombos, cenefas y arcos de medio punto.

Teulada Alacant/Alicante

85 · D-3
A Alacant/Alicante, 87 km
A Madrid, 483 km
Alt. 181 m · Pob. 11.457
T. 965 745 168
GPS 38° 43' 42" N · 0° 6' 9" E

Visitar: En esta localidad de la comarca de la Marina Alta conviven un interesante patrimonio artístico con bellas playas. En Teulada, conocida popularmente como la Vila y situada en el interior, se puede visitar la **iglesia fortificada de Sta. Catalina,** de estilo gótico, que preside el casco urbano acompañada por la ermita de la Divina Pastora, con portada renacentista. El Ayuntamiento es un edificio de construcción moderna y junto a él, en la calle Dalt, se alza el **portal del Mar,** antigua puerta de la muralla medieval que rodeaba la ciudad. A Teulada pertenece **Moraira** que se sitúa junto al mar, donde estaban construidas las casas de los pescadores. Hoy es el centro turístico y su mayor atractivo son sus espectaculares playas y calas. Aquí se encuentran la **iglesia de la Virgen de los Desamparados,** el castillo de Moraira y la torre vigía del Cap d'Or, de piedra maciza y con 11 m de altura.

Fiestas: Del 4 al 14 de abril se celebra **S. Vicente Ferrer,** las fiestas patronales de Teulada. En junio, una representación de la invasión de moros y cristianos ameniza las calles de la localidad. Del 11 al 21 de julio se festejan las fiestas patronales de Moraira, en honor a **Ntra. Sra. de los Desamparados.**

Alrededores: En **Calpe,** a 15 km, se encuentra el vistoso peñón de Ifach. Los amantes de la naturaleza pueden pasear por la **Sierra de Bernia** (a 27 km) y quienes busquen el ocio junto al mar disfrutarán con las recónditas calas de **Xàbia** (a 12 km).

Torre vigía del Cap d'Or

Restaurantes

☼ **La Sort.** (En MORAIRA, a 6 km). Avda. Madrid, 1. T. 966 491 161. *www.lasort.com*
Cierra del 23 de diciembre al 1 de febrero. Los hermanos Moll, José en cocina y Juan en el comedor, profesionales de larga trayectoria y sabiduría innata para hacer bien las cosas. **Gambas roja y blanca con vinagreta de manzana y mahonesa de coral, raviolón de estofado de rabo clásico, tarta caliente de naranjas confitadas.** Precio medio 45 €.

® **Le Dauphin.** (En MORAIRA, a 6 km). Puerto Lápice, 38-B. T. 966 490 432. *www.ledauphin.com*
Cierra almuerzos de junio a octubre, lunes y de noviembre a febrero. Internacional referente contagiado de mediterraneidad. **Marinado de caballa con cítricos, berros y mango, lomo de cordero con crujiente de hierbas, *brownie* de chocolate con frambuesas.** Menú y precio medio 55 €.

® **Zensatez.** Ctra. Moraira-Calpe, 64. T. 965 744 255. *www.zensatez.com* P
Cierra martes excepto julio y agosto; y del 22 de diciembre al 22 de enero. Iván Grau seduce con sus imaginativas y suculentas tapas frente al mar. ***Tartar* de pescados con jengibre, huevo cocido a baja temperatura con *ceps*, cremoso de flor de azahar con naranja y galletas.** Menú 22 €. Precio medio 30 €.

63 · A-2

Titulcia Madrid Ver Chinchón

Toledo

Vista de Toledo

62 · E-4
A Madrid, 71 km
Alt. 548 m · Pob. 82.489
T. 925 220 843
GPS 39° 51' 23'' N · 4° 1' 32'' O

Visitar: A lo largo de los siglos, la capital castellano-manchega ha sabido conservar su inigualable patrimonio arquitectónico, artístico y cultural. Las iglesias, sinagogas, mezquitas, palacios, conventos, murallas y puentes que guardan sus calles hacen de Toledo una verdadera joya patrimonial. Debido a la larga convivencia de cristianos, árabes y judíos, la **Ciudad de las Tres Culturas** refleja una diversidad de estilos artísticos que enriquece su gran legado. Declarada en su conjunto patrimonio de la humanidad, está hecha para perderse dentro de sus murallas y explorar despacio. Innumerables puertas permiten el acceso a la ciudad. La principal, la de **Bisagra,** es uno de los más fieles reflejos de arte musulmán. La Puerta del Sol, obra maestra del mudéjar, es otros de los accesos más importantes, que lleva a descubrir lugares como la **plaza de Zocodover,** importante mercado de la época árabe y centro neurálgico de Toledo hoy en día, y el **Ayuntamiento,** finalizado en el s. XVII por el hijo de El Greco. La grandiosa **catedral** está considerada una obra cumbre del gótico. Su construcción comenzó en 1226 y terminó en 1492, razón por la que en ella se reflejan diferentes estilos superpuestos y el trabajo de muchos artistas de renombre (Pedro Berruguete, Enrique Egás o Juan Guas). En el exterior destaca la portada, compuesta por tres puertas: la del Infierno, la del Perdón y la del Juicio. Dos torres catedralicias terminan de adornar la estampa que se ve desde el exterior. En el interior, se encuentran numerosas capillas menores como la de **S. Ildefonso,** donde reposa el sepulcro del fundador, y la de la Virgen del Sagrario, que alberga la custodia protagonista de la procesión del Corpus Christi. En la capilla mayor sobresale el bello retablo gótico y, en la nave central, llama la atención la sillería tallada del coro. Toda la catedral constituye un gran museo digno de admirar: la sacristía es una exposición de innumerables obras de grandes autores como El Greco, Rubens, Van Dyck, Zurbarán y Goya. Otras joyas de la ciudad son la **mezquita del Cristo de la Luz,** un monumento que se realizó a semejanza de la mezquita de Córdoba; el **puente gótico de S. Martín**

y el **monasterio de S. Juan de los Reyes,** un encargo de los Reyes Católicos. Por su parte, las **iglesias de S. Sebastián y Sta. Eulalia** constituyen buenos ejemplos del testamento mozárabe, mientras que los mudéjares dejaron su impronta en edificaciones como la iglesia de Santiago del Arrabal, más conocida como la **catedral del mudéjar,** y en la **iglesia de Sto. Tomé,** muy visitada por acoger el famoso cuadro ***El entierro del Conde de Orgaz,*** de El Greco. Para conocer más sobre el artista, se puede acudir a su casa-museo, donde se exponen algunas de sus mejores obras. La comunidad hebrea, por su parte, muestra su mejor exponente en la sinagoga de **Sta. María la Blanca,** la más antigua de la ciudad, y en la **sinagoga del Tránsito,** levantada en 1357 y donde se puede admirar uno de los mejores artesonados mudéjares de todos los que se conservan en la capital manchega. En el punto más alto de la ciudad se alza el **alcázar,** que se construyó en la época medieval y fue residencia imperial. Tras sus recios muros se aposenta el **Museo del Ejército,** una de las bibliotecas públicas más grandes del país, la escalera imperial y un precioso patio central desde el que se disfruta de una de las mejores panorámicas de la majestuosa ciudad de Toledo.

Fiestas: La procesión del **Corpus Christi** es de interés turístico internacional. El 15 de agosto comienzan las **fiestas patronales de la Virgen del Sagrario.**

Alrededores: A 7 km se halla **Olías del Rey,** interesante por su ermita de Sta. Bárbara. En **Torrijos** (a 27 km), destacan edificios civiles como el palacio de Pedro I El Cruel y religiosos como la capilla del Cristo de la Sangre. A 40 km está **Yepes,** antigua villa medieval en la que brillan sus preciosas iglesias de S. Benito y de la Concepción. En **Las Ventas con Peña Aguilera** (a 38,8 km) se puede visitar la torre de los Moros y las ermitas de Ntra. Sra. del Águila y de Sta. Lucía.

Restaurantes

☼☼ **Adolfo.** Hombre de Palo, 7. (Aparcamiento concertado).
T. 925 227 321. *www.grupoadolfo.com*
Cierra domingo cena. Con nueve apartamentos. Comer en esta antigua casa noble judía del s. XII, cerca de la catedral, es un placer de los sentidos. La **perdiz a la toledana, la torrija de crema de avellana y helado de queso de cabra** y la buena bodega de la casa merecen la pena. Adolfo pendiente de cocina y sala. Todo un placer. Precio medio 60 €.

® **As de Espadas.** Pº de la Rosa, 64. T. 925 212 707.
Cierra domingo y segunda quincena de agosto. Los hermanos Torres se ocupan de todo, cocina, comedor y bodega de este moderno local de cocina mediterránea cerca de la estación del AVE. **Garbanzos con chipirones, perdiz a la toledana, bizcocho fluido de mazapán.** Menú 25 €. Precio medio 40 €.

☼ **Casa Parrilla.** (En LAS VENTAS CON PEÑA AGUILERA, a 38,8 km).
Avda. de Toledo, 3. T. 925 418 207. *www.casaparrilla.es* P
Cierra cenas de domingo a martes; miércoles excepto festivos, segunda semana de enero, primera quincena de julio y primera semana de septiembre. Ejemplar restaurante familiar, con sobresaliente carta de vinos, aceites y quesos. Especialidad en platos de **caza** y los **canelones de perdiz roja y trufa.** De postre, **sopa y bizcocho de almendras** y quince **quesos.** Menú 25 €. Precio medio 40 €.

Colección Catedral. (Gastrobar). Nuncio Viejo, 1. T. 925 224 244.
www.grupoadolfo.com
Ambiente informal frente a la catedral con cocina tradicional y tapas. *Risotto* manchego y cecina de ciervo, presa ibérica y yuca, cremoso de queso y gelatina de miel. Menú 15 €. Precio medio 20 €.

Hierbabuena. Ctra. Circunvalación, 1. T. 925 223 924.
www.restaurantehierbabuena.com P
Cierra domingo cena. Antigua casa toledana con vistas al valle fuera del casco histórico. Salmorejo de cereza con helado de queso en aceite, taco de atún rojo ahumado al instante sobre tomate de pistachos y tallarines de sepia, *brownie* de mazapán con helado de *litchis*. Menú 22 €. Precio medio 38 €.

® **La Casa del Carmen.** (En OLÍAS DEL REY, a 7 km).
Ctra. A-42, Madrid-Toledo, km 61,2. T. 925 490 759.
www.restaurantelacasadelcarmen.es P
Cierra cenas de domingo a jueves; lunes, y del 20 de agosto al 10 de septiembre. En poco tiempo el joven Iván Cerdeño ya da que hablar por su buen punto culinario. ***Royal* de lentejas, setas y *foie-gras;* pichón con morteruelo, guindas y flores.** Menú 23 €. Precio medio 40 €.

☼ **Locum.** Locum, 6. T. 925 223 235. *www.locum.es*
Cierra lunes cena, martes y segunda quincena de agosto. Una armonía de los sentidos. Atractiva cocina de Víctor Sánchez-Beato. **Fideuá de perdiz estofada con hongos y trufa, bacalao con sopa de almendras, pastel caliente de mazapán con maracuyá y queso,** en un patio toledano del s. XVII. Precio medio 35 €.

Mazapán

Su producción artesanal es todo un arte en Toledo. Su origen en la ciudad se atribuye a las monjas del convento de S. Clemente: tras un periodo de hambruna elaboraron una masa con los únicos productos que tenían en las despensas, almendras y azúcar.

Calle de Toledo

Los Cuatro Tiempos. Sixto Ramón Parro, 5. T. 925 223 782.
www.restauranteloscuatrotiempos.com
Cierra domingo cena. Edificio del s. XVI en el casco histórico. Bocaditos de codorniz fritos con jengibre, lechazo asado, dulce de queso con reducción de frambuesas. Menú 19 €. Precio medio 30 €.

Parador de Toledo. (Parador de Toledo). Cerro del Emperador, s/n.
T. 925 221 850. *www.parador.es*
Se disfruta cocina tradicional de producto con magnífica panorámica sobre la ciudad. **Migas pastoriles con huevo frito, perdiz roja de tiro a la toledana, ponche toledano con helado de aceite.** Menú 34 €. Precio medio 40 €.

Hoteles

***** **Cigarral El Bosque.** Ctra. Navalpino, 49. T. 925 285 640.
www.hotelcigarralelbosque.com
Hab. 58: 250 €. Suites: 4. De arquitectura típica castellana, dispone de zonas ajardinadas, salpicadas por bellas fuentes y esculturas. Muy próximo a Toledo y con maravillosas vistas de la ciudad. Restaurante El Olivo.

***** **Fontecruz Toledo.** Pza. del Juego de Pelota, 7. T. 925 274 690.
www.fontecruzhoteles.com
Hab. 37: 99 €. Suites: 3. Antiguo palacio de la emperatriz Eugenia de Montijo, esposa de Napoleón III. En pleno casco histórico. Restaurante Belvís, de cocina tradicional puesta al día bajo la dirección de Adolfo Muñoz.

***** **Hilton Buenavista Toledo.** Concilios de Toledo, 1. T. 925 289 800.
www.hoteltoledobuenavista.es
Hab. 117: 130 €. Suites: 7. Construido en torno al restaurado palacio de Buenavista (s. XVI). Próximo al casco antiguo. Restaurante Quixote.

**** **Parador de Toledo.** Cerro del Emperador, s/n. T. 925 221 850.
www.parador.es
Hab. 79: 180 €. Suites: 3. En el cerro del Emperador, junto a un meandro del río Tajo, ofrece una panorámica inigualable del perfil monumental de Toledo.

**** **San Juan de los Reyes.** Reyes Católicos, 5. T. 925 283 535.
www.hotelsanjuandelosreyes.com
Hab. 36: 69 €. Suites: 2. Ubicado en la Judería Mayor, en un edificio neomudéjar del s. XIX. Bien de interés cultural. Restaurante La Fábrica de Harinas.

Tolosa Gipuzkoa

6 · F-4
A Donostia/San Sebastián, 25 km
A Madrid, 438 km
Alt. 75 m · Pob. 18.095
T. 943 697 413
GPS 43° 8' 12'' N · 2° 4' 31'' O

Visitar: Hablar de Tolosa es hablar de gastronomía. Conocida como la capital de la alubia, la oferta culinaria de este municipio es muy popular. A ello se une un patrimonio histórico cuyos monumentos más notables son las **iglesias de Sta. María** y de **S. Francisco** y la **Puerta de Castilla,** último resto de las antiguas murallas de la villa. Merece una visita la exposición permanente al aire libre de arte contemporáneo vasco y el **Museo de Confitería Gorrotxategi.**

Fiestas: La fiesta patronal tiene lugar el 24 de junio en honor a **S. Juan.**

Alrededores: En lo alto de una montaña, en las pedanías de la ciudad, se alza el **santuario de Ntra. Sra. de Izaskun.** También quedan cerca **Berrobi** (5 km), una bella localidad de carácter rural, y **Larraul** (15 km), con su Museo Etnográfico. El **Parque Natural de Aralar** (40 km) es interesante si se desea disfrutar de los paisajes montañosos.

Carnaval de Tolosa

Restaurantes

Casa Julián. (Asador). Santa Clara, 6. T. 943 671 417.
www.casajuliandetolosa.com
Cierra domingo cena. Si hay un lugar emblemático que represente como nadie el nacimiento y evolución del arte parrillero es este, que mantiene sus vetustas y típicas instalaciones. Su propietario Matías Gorrotxategi ha alcanzado una merecida fama en el perfeccionismo del asado de carnes rojas y los pimientos del piquillo eternamente confitados. Precio medio 40 €.

Frontón. Pº San Francisco, 4. Piso 1º. T. 943 652 941.
www.restaurantefronton.com
Cierra cenas de domingo y martes; y lunes. Roberto Ruiz es un cocinero hecho a sí mismo y un consumado maestro en esto de la sencillez y la naturalidad. No se manipulan apenas las materias primas genuinas, cultivadas algunas en huerto propio, como son sus míticas **alubias de Tolosa,** siendo su **cocido** el plato estrella. **Guisantes del país con patatitas, ajo fresco y huevo, taco de rape asado con berberechos. Postres** artesanos mimados, **arroz con leche de caserío y vainilla con helado.** Atractiva carta de vinos. Menú 21 €. Precio medio 50 €.

® **Iriarte.** (En BERROBI, a 5 km). José María Goikoetxea, 34.
T. 943 683 078. *www.iriartejatetxea.com*
Cierra cenas de martes a jueves, y lunes. El soberbio caserón fue antaño el hogar de la familia de su cocinero Félix Belaunzaran. El plato estrella es el **cochinillo asado** elaborado con lechones del Caserío Usarre, de su familia. Pero además, su cocina es refinada y de extraordinario producto. **Huevo de caserío a 60° con morcilla Olano de Beasain. Postres** de mucha actualidad. Servicio profesional y acogedor, a cargo de su esposa, Mertxe Inza. Menú 16 €. Precio medio 35 €.

Hoteles

**** **Iriarte Jauregia.** (En BIDANIA-GOIATZ, a 9 km). Eliz Bailara, 8.
T. 943 681 234. *www.iriartejauregia.com*
Hab. 19: 136 €. Suites: 1. Admisión de perros, consultar. Palacio del s. XVII reconvertido en un lujoso hotel de decoración elegante y atención personalizada. Restaurante Bailara, cocina de autor, sencilla y creativa.

Tordesillas Valladolid

42 · C-1
A Valladolid, 28 km
A Madrid, 182 km
Alt. 704 m · Pob. 9.186
T. 983 771 067
GPS 41° 30' 5" N · 5° 0' 1" O

Visitar: En esta localidad vivió recluida durante más de cuatro décadas la reina Juana La Loca y aquí se firmó en 1494 el importante Tratado de Tordesillas entre España y Portugal. Tordesillas no solo tiene una rica historia, sino también un importante patrimonio. Destacan el **monasterio de Sta. Clara,** antiguo palacio transformado en convento; la **iglesia-museo de S. Antolín,** con su característica capilla de los Alderete, y las **Casas del Tratado,** donde se firmó el famoso documento. Otros puntos de interés son la iglesia de Sta. María, de estilo gótico, y un precioso puente medieval de diez ojos.

Fiestas: En septiembre tienen lugar los festejos patronales, las **ferias y las fiestas de la Virgen de la Peña.**

Alrededores: A 28 km se halla **Valladolid** y a 12 km está **Rueda,** buen punto de partida para conocer los excelentes vinos blancos de la zona. A 36 km se sitúa **Urueña,** la Villa del Libro, con el centro E-Lea y la Fundación Joaquín Díaz. También se pueden realizar rutas de senderismo en el espacio natural de las **Riberas de Castronuño-Vega Duero** (a 35 km).

Plaza Mayor de Tordesillas

Restaurantes

La Lonja. Avda. Valladolid, 36. T. 983 771 111.
www.lalonjadetordesillas.es S
Cierra lunes. Cocina tradicional actualizada en un agradable local. Los pescados y carnes a la parrilla protagonizan la mesa. De postre, tarta de queso. Menú 18 €. Precio medio 30 €.

Hoteles

**** **Parador de Tordesillas.** Ctra. de Salamanca, 5. T. 983 770 051.
www.parador.es
Hab. 68: 80 €. Área de juegos para niños. En un bosque de pinares. Amplio y cuidado jardín. Tranquilidad y placidez propias de los espacios verdes. Cocina castellana.

Torla Huesca

24 · C-1
A Huesca, 92 km
A Madrid, 487 km
Alt. 1.033 m · Pob. 328
T. 974 486 378
GPS 42° 37' 40" N · 0° 6' 43" O

Visitar: Este pequeño pueblo con encanto es la puerta de entrada al **Parque Nacional de Ordesa.** Muy peculiar por los caseríos típicos del Alto Aragón que aquí se pueden ver. En la Plaza Mayor sobresale el **casón de los Viu,** un bello palacio del s. XIV.

Fiestas: El 12 de octubre empiezan las fiestas mayores en honor de la **Virgen del Pilar.**

Alrededores: Sarvisé (a 6 km) guarda una preciosa iglesia del s. XII. Otro bonito pueblo que se puede visitar es **Linás de Broto** (a 8 km), enclavado a los pies de la ladera de A Serreta.

Restaurantes

® **Casa Frauca.** (En SARVISÉ, a 6 km). Ctra. Ordesa, 2. T. 974 486 353.
www.casafrauca.com
Cierra domingo cena, lunes excepto puentes y verano; y del 6 de enero al primer sábado de marzo. Con 12 habitaciones. Los productos aragoneses de temporada y los vinos de la tierra se ensalzan con el paisaje natural del valle del Ara, a los pies del Parque Nacional de Ordesa. **Croqueta de cecina, adobo de cerdo en salmorejo, cerezas salteadas con helado de queso.** Menú 22 €. Precio medio 35 €.

Toro Zamora

31 · A-4
A Zamora, 33 km
A Madrid, 212 km
Alt. 745 m · Pob. 9.748
T. 980 694 747
GPS 41° 31' 34'' N · 5° 23' 45'' O

Fiestas de la vendimia

Visitar: En esta ciudad, antigua capital de provincia, se respira historia, pues su ubicación estratégica hizo que fuera lugar de conflicto entre moros y cristianos. Cuna de grandes vinos y regada por las aguas del río Duero, cuenta con monumentos históricos de gran valor. En su centro se encuentra la **colegiata de Sta. María la Mayor,** con el famoso cuadro de *La Virgen de la Mosca*. Se conservan los restos de una antigua muralla, con las puertas de Corredera y de Sta. Catalina. Otros edificios religiosos son las **iglesias de S. Lorenzo el Real,** de estilo románico, y la de **S. Salvador de los Caballeros,** que alberga un museo de arte sacro. Digno de visita es también el Palacio de las Leyes, que conserva solo su fachada, y su peculiar plaza de toros de madera.

Fiestas: Los **carnavales,** la **Semana Santa** y las **fiestas de la vendimia,** en octubre, son de interés turístico regional. La última semana de agosto se celebran las fiestas patronales de S. Agustín.

Alrededores: A 2 km, en **Sta. María de la Vega,** está la ermita del Cristo de las Batallas, de estilo románico mudéjar. En **San Román de Hornija,** a 11 km, se puede visitar la iglesia de S. Román, que cobija las sepulturas de dos reyes visigodos. **Villalonso,** a 13 km, cuenta con un impresionante castillo del s. XV. También merece la pena realizar una ruta para conocer las **bodegas de la D. O. Toro.**

Restaurantes

La Viuda Rica. Rejadorada, 7. T. 980 691 581. *www.laviudarica.com*
Cierra domingo cena; y lunes. En el centro de la ciudad, un local moderno con cocina vista. Espárragos verdes fritos en tempura, lechazo asado en horno de leña, minueto de chocolate. Menú 17 €. Precio medio 35 €.

Hoteles

***** **Valbusenda Resort & Spa.** Ctra. de Toro-Peleagozalo, s/n. T. 980 699 573. *www.valbusenda.com*
Hab. 35: 115 €. Elegante y confortable. Espectaculares vistas sobre sus propios viñedos. Restaurante Nube.

Torrecaballeros Segovia

43 · B-4
A Segovia, 10 km
A Madrid, 101 km
Alt. 1.152 m · Pob. 1.206
T. 921 401 005
GPS 40° 59' 29'' N · 4° 1' 34'' O

Porcelana típica

Visitar: Gracias a sus conocidos asadores, cada vez más turistas se acercan a esta villa para degustar su exquisito cordero. Merece la pena admirar la **iglesia románica de S. Nicolás de Bari.** En el barrio de la Aldehuela destacan sus muestras de arquitectura popular como el potro de herrar, y en el barrio de Cabanillas del Monte se conserva en buen estado el **rancho de Esquileo,** del s. XVIII.

Fiestas: La primera semana de septiembre tienen lugar las fiestas patronales en honor a la **Natividad de la Virgen.**

Alrededores: En **La Granja de San Ildefonso,** a 10 km, se puede visitar el Palacio Real, sus jardines con sus fuentes y la Real Fábrica de Cristales. **Pedraza,** a 25 km, es un bonito pueblo medieval de visita obligada.

Restaurantes

® **El Rancho de la Aldegüela.** (El Hotel del Rancho). Pza. Marqués de Lozoya, 3. T. 921 401 060. *www.fincaelrancho.com*
Cierra cenas de domingo a jueves. Los Giráldez saben lo que hacen. Calidad de producto para una cocina de siempre, en su punto y buena atención al cliente. **Cebolla frita en aros, asados castellanos con ensalada, ponche segoviano.** Menú 15 €. Precio medio 40 €.

® **La Portada de Mediodía.** (Horno de asar). San Nicolás de Bari, 31. T. 921 401 011. *www.laportadademediodia.com*
Cierra domingo cena y lunes excepto vísperas y festivos. Antigua casa de postas de piedra, junto a la iglesia de S. Nicolás, con impecables **asados de cordero, cochinillo y cabrito.** Para comenzar, **huevos rotos con trufa natural** y para remate de fiesta, **torrija caramelizada con manzana reineta.** Precio medio 36 €.

Torrelavega Cantabria

5 · B-3
A Santander, 25 km
A Madrid, 398 km
Alt. 25 m · Pob. 55.888
T. 942 812 100
GPS 43° 21' 4'' N · 4° 2' 54'' O

Visitar: Cuenta la leyenda que esta localidad debe su nombre a Garcilaso de la Vega, quien construyó aquí una torre. Entre el mar y la montaña, destaca el conjunto monumental de **Viérnoles,** compuesto por una serie de casonas solariegas y palacios de los ss. XVII y XVIII. Dentro de su patrimonio, también hay que señalar la **iglesia neogótica de la Asunción** y construcciones más modernas como la iglesia de la Virgen Grande y la de Campuzano, de arquitectura orgánica.

Fiestas: A mediados de agosto la ciudad se rinde durante diez días ante la **Virgen Grande.** El 16 de septiembre se festeja la subida de S. Cipriano.

Alrededores: En **Tanos** (a 3 km) se puede admirar la ermita de Sta. Ana. **Riocorvo** (a 5 km) posee un casco histórico declarado bien de interés cultural. A 9 km está **Suances,** una localidad que posee buenas playas, como la de Los Locos. En **Santillana de Mar** (a 9 km) es interesante el Museo de Altamira, situado junto a la cueva original. **Puente Viesgo** (a 14 km) alberga cuevas prehistóricas.

Restaurantes

Al Natural. Pza. Piqué y Varela, 4. T. 942 180 385.
www.restaurantealnatural.com
Cierra miércoles cena excepto festivos y domingo. En una pequeña plazoleta entre el Ayuntamiento y la Plaza Mayor. *Foie-gras* caramelizado con piña y palomitas al Pedro Ximénez, lomo de vaca de Cantabria a la plancha, helado de crema de orujo. Menú 18 €. Precio medio 30 €.

Villa de Santillana. Julián Ceballos, 11. T. 942 883 073.
www.villasantillana.com
Cierra domingo cena, 10 días en febrero y primera quincena de julio. Un clásico con nueva propiedad y equipo culinario. Cocina tradicional y familiar con guisos en invierno. Puerros al horno rellenos de jamón ibérico, lubina al horno con panadera, postres caseros. Menú 22 €. Precio medio 25 €.

Torrelodones Madrid

Ver Madrid/Restaurantes/Alrededores

53 · B-3

Torremolinos Málaga

111 · B-2
A Málaga, 14 km
A Madrid, 558 km
Alt. 47 m · Pob. 65.000
T. 952 379 512
GPS 36° 37' 17'' N · 4° 30' 4'' O

Visitar: Se trata de uno de los focos de mayor atracción turística de la Costa del Sol, gracias a sus extensas playas y agradables temperaturas durante buena parte del año. Es interesante acercarse a sus **barrios marineros,** como El Calvario, El Bajondillo y La Carihuela; y conocer sus monumentos emblemáticos como la **torre de Pimentel o de los Molinos** y la iglesia de Ntra. Sra. del Carmen. También se puede dar un paseo por la calle comercial de S. Miguel y visitar el Jardín Botánico Molino de Inca.

Fiestas: El 6 de junio es el Día del Pescaíto Frito. A finales de septiembre tiene lugar la feria y fiestas en honor a **S. Miguel.**

Alrededores: La **capital malagueña** se encuentra a 15 km. **Benalmádena** y **Fuengirola,** dos municipios de gran interés turístico, están a 16 y 21 km respectivamente. **Mijas,** un pueblo muy pintoresco, se sitúa a 19 km.

Stupa de la Iluminación de Benalmádena

Restaurantes

Figón de Montemar. Avda. Carlota Alexandri, 89. T. 952 372 688.
Cierra cenas de domingo a martes en invierno, y del 10 de enero al 10 de febrero. Fideos con almejas y gambas, rabo de toro, fresas. Cerca de la playa de La Carihuela. Precio medio 25 €.

Frutos. Avda. de la Riviera, 80. T. 952 381 450.
www.restaurantefrutos.es P
Cierra domingo cena. La familia Frutos mantiene su clasicismo. Ensaladilla rusa, chivo lechal malagueño en distintas preparaciones, milhojas de crema. Precio medio 35 €.

Juan. Mar, 9. Acceso por el paseo marítimo, nº 28. T. 952 385 656.
www.restaurantejuan.es P
Cierra enero. Terraza y comedor con vistas al mar, para disfrutar de una auténtica fritura malagueña con ensalada de pimientos asados, precedidos de coquinas o conchas finas. De postre, macedonia natural. Menús 16 y 20 €. Precio medio 30 €.

Hoteles

**** **Meliá Costa del Sol.** Pº Marítimo, 11. T. 952 386 677.
www.solmelia.com P
Hab. 540: 84 €. Suites: 18. En primera línea de playa. Restaurante Torremolinos.

Torrent Girona Ver Palafrugell

38 · C-1

Torrico Toledo Ver Oropesa

61 · E-4

Torrijos Toledo

62 · D-3
A Toledo, 28 km
A Madrid, 80 km
Alt. 529 m · Pob. 13.000
T. 925 771 094
GPS 39° 58' 51'' N · 4° 17' 8'' O

Visitar: El nombre de este municipio ha pasado a la historia gracias a su aparición en la célebre obra literaria *El Lazarillo de Tormes*. La **colegiata del Stmo. Sacramento,** con su hermosa portada y su precioso coro, es uno de los monumentos que más sobresale en la villa. En el hospital de la Trinidad, de estilo renacentista, llama la atención su **capilla del Cristo de la Sangre.** También es interesante acercarse al palacio de Pedro I, antiguo convento concepcionista.

Fiestas: El 1 de septiembre tiene lugar la fiesta en honor al patrón, S. Gil Abad. La última semana de septiembre son las **fiestas de La Sementera.**

Alrededores: En **Barcience** (a 5 km) hay un castillo del s. XV. En **Maqueda** (a 15 km) se conservan el castillo y la iglesia de Sta. María y en **Novés** (a 8 km), el castillo de S. Silvestre.

Torre del Homenaje en el castillo de Barcience

Restaurantes

® **El Borbollón.** (Hotel La Salve). Pablo Neruda, 10. T. 925 775 263.
www.hotellasalve.com
Cierra domingo cena. Con habitaciones. Víctor Nombela, con la asesoría del reputado Diego Ferrer, ofrecen una cocina a caballo entre la tradición y la modernidad. **Rabo de toro deshuesado con puré de calabaza y queso manchego, sopa fría de piña con helado de coco y frutos rojos.** Menús 30, 37 y 42 €. Precio medio 35 €.

La Calesa. (Hotel El Mesón). Puente, 19. T. 925 760 400.
www.hotelelmeson.es
Con 44 habitaciones. Local céntrico recién reformado. Crujiente de verduras y gambas, carrilleras de cerdo ibérico al cabernet, timbal de frutas. Menú 12 €. Precio medio 35 €.

Torroella de Montgrí Girona Ver Pals

27 · C-4

Tortosa Tarragona

57 · C-1
A Tarragona, 88 km
A Madrid, 486 km
Alt. 12 m · Pob. 34.734
T. 977 442 005
GPS 40° 48' 39'' N · 0° 31' 11'' E

Visitar: Desde lo alto de una colina, el **castillo árabe de la Zuda** preside el municipio, declarado conjunto histórico-artístico por su riqueza y combinación de monumentos de la Edad Media, del Renacimiento, del Barroco y del Modernismo. El río Ebro pasa por la villa, muy cerca del casco antiguo, donde se encuentra la **catedral gótica de Sta. María,** con portada barroca. Recorriendo la villa salen al paso el Palacio Episcopal, el convento de Sta. Clara (s. XIV) y los **Reales Colegios de Tortosa,** de estilo renacentista y fundados para la educación de los moriscos. Otras visitas de interés son la estructura modernista y metálica del mercado, la lonja del s. XIV (donde antiguamente se establecía el precio del trigo) y el barrio de Remolins.

Fiestas: Del 24 al 27 de julio tiene lugar la **Festa del Renaixement.** Del 4 al 8 de septiembre son las fiestas patronales en honor a Ntra. Sra. de la Cinta.

Alrededores: Gracias a la cercanía del río Ebro existe la posibilidad de practicar deportes de remo. También se puede hacer senderismo por la Vía Verde del **Val de Zafán.** A 10 km se sitúa el **Parque Natural dels Ports de Tortosa-Beseit,** y a 12 km está el municipio de **Xerta,** interesante por el Assut de Xerta, obra de ingeniería hidráulica.

Museo de Tortosa

Restaurantes

☼ **Torreó de l'Indiá.** (Hotel Villa Retiro, en XERTA a 12 km). Dels Molins, 2. T. 977 473 810. *www.hotelvillaretiro.com*
Cierra domingo cena, lunes y del 7 al 31 de enero. En un entorno apacible, de elegante rusticidad, Fran López hace evidente su rica experiencia culinaria en unos platos de autor basados en un producto de impecable cualidad. **Arroz cremoso de pollo de corral, pato de granja y setas de temporada con crujiente romero; merluza de pincho con berenjena, pimiento verde y falso pilpil, fluido de chocolate caliente y de pistacho frío con helado de pistacho, crema de chocolate blanco y espuma de mistela.** Menús 39 y 62 €. Precio medio 54 €.

Hoteles

**** **Parador de Tortosa.** Castillo de la Zuda, s/n. T. 977 444 450.
www.parador.es
Hab. 72: 145 €. Castillo árabe del s. XII, situado en una fortaleza desde donde se divisan el valle del Ebro y las montañas de Beseit. Esmerada cocina mediterránea.

Tossa de Mar Girona

Vista de la Vila Vella

38 · B-2
A Girona, 40 km
A Madrid, 700 km
Alt. 5 m · Pob. 6.230
T. 972 340 108
GPS 41° 43' 12'' N · 2° 55' 52'' E

Visitar: A orillas del mar Mediterráneo, este precioso y tranquilo pueblo presume de su **recinto amurallado de la Vila Vella,** que se alza sobre el mar con sus siete torreones. Es muy recomendable visitar la **iglesia de S. Vicente,** la capilla de la Virgen del Socorro, y el **Museo Municipal de Arte Moderno.** Acantilados, calas y playas completan la magia de su patrimonio.

Fiestas: El 29 de junio tiene lugar la **fiesta mayor de verano de St. Pere.** El 2 de julio es muy curiosa la fiesta de Toquen a córrer, ses nou sardanes.

Alrededores: A 12 km está **Lloret de Mar,** con sus bonitas calas y su paseo del Mar, donde se ubican interesantes casas modernistas. **Sant Feliu de Guíxols** (a 22 km) está enmarcado en un entorno lleno de contrastes y de viva naturaleza.

Restaurantes

® **Bahía.** P° del Mar, 19. T. 972 340 322.
www.restaurantbahiatossa.com
Cierra cenas del 15 de octubre al 1 de abril. Histórico, familiar, tradicional y situado en el paseo del Mar, destaca por sus impecables **guisos de pescado** elaborados con el mejor producto local. Menú 16 €. Precio medio 30 €. De la misma propiedad es **La Masía** (ctra. de Lloret, km 3. T. 972 343 157. Cierra cenas de octubre a marzo). Ubicada en la montaña. Con **guisos** de temporada y **carnes a la brasa.**

☼ **La Cuina de Can Simón.** Portal, 24. T. 972 341 269.
www.lacuinadecansimon.es
Cierra domingo cena; lunes y martes excepto festivos y verano; del 8 al 30 de enero y del 17 de noviembre al 4 de diciembre. Maravillosamente ubicado, este restaurante gestionado por los hermanos Lores es un inequívoco garante de calidad gastronómica. Los platos de tradición local se amalgaman con ricas propuestas de una culinaria moderna de autor. **Vieiras con erizos de mar, guisantes, papada y butifarra negra en un rollito; dentón a la sal de hinojo marino, con espinacas y cebollitas escaldadas.** Menú 68 €. Precio medio 50 €.

Flores en la procesión del Corpus Christi

Hoteles

** **Diana.** Pza. de España, 6. T. 972 341 886. *www.diana-hotel.com* P
Hab. 21: 130 €. Suites: 1. Edificio modernista con más de 100 años de historia, en el centro histórico. Habitaciones con vistas al mar o a la plaza central.

Tramacastilla Teruel Ver Albarracín

55 · B-4

Tramacastilla de Tena Huesca Ver Panticosa

15 · B-4

Trebujena Cádiz Ver Sanlúcar de Barrameda

104 · E-3

Trevélez Granada

107 · B-3
A Granada, 94 km
A Madrid, 515 km
Alt. 1.476 m · Pob. 842
T. 958 858 501
GPS 37° 0' 7'' N · 3° 16' 5'' O

Visitar: Su fuerte es la riqueza paisajística que lo rodea y sus reconocidos jamones, que convierten a esta localidad en un atractivo destino gastronómico. Un paseo por sus calles empinadas con casas blancas lleva a visitar la **ermita de S. Antonio** y a disfrutar de excepcionales vistas.

Fiestas: Destacan las **fiestas de la Virgen de las Nieves,** el 5 de agosto, donde se celebra la romería al Mulhacén, para ver el amanecer desde el pico más alto de la sierra.

Alrededores: Es un buen punto de partida para conocer el **Parque Nacional de Sierra Nevada** y visitar parajes como las Siete Lagunas, el pico Mulhacén y Piedra Ventana.

Restaurantes

Mesón Joaquín. Ctra. Laujar-Órgiva, km 22. T. 958 858 514.
Cierra cenas excepto verano. Migas alpujarreñas, carnes a la brasa y crema de almendras son muestras de la cocina serrana de la zona. Menú 11 €. Precio medio 20 €.

Trujillo Cáceres

72 · A-2
A Cáceres, 46 km
A Madrid, 250 km
Alt. 517 m · Pob. 10.320
T. 927 322 677
GPS 39° 27' 29'' N · 5° 52' 58'' O

Monumento a Francisco Pizarro en la Plaza Mayor

Visitar: Enmarcada dentro de la ruta de los Conquistadores por ser cuna de ilustres personajes del descubrimiento de América, alberga un importante legado. El corazón de la ciudad es la **Plaza Mayor,** lugar de encuentro por excelencia para los trujillanos. Aquí se levantan palacios y casas solariegas de los ss. XVI al XVIII, caracterizadas por sus balcones de ángulo, típico en la arquitectura civil del lugar: el palacio de los Duques de S. Carlos es un buen ejemplo de ello. Impresionantes son el palacio de Piedras Albas, renacentista, que ocupa los soportales de la plaza, y el palacio del Marqués de la Conquista, mandado construir por la familia Pizarro. Alrededor de la plaza, un conjunto de calles empedradas conducen al visitante a otros monumentos cercanos, como la **Casa del Peso Real o de los Chaves Cárdenas,** gótica con añadidos renacentistas, y el **palacio de Juan Pizarro de Orellana,** que funcionó como Casa-Fuerte de Diego de Vargas y fue luego transformado en palacio renacentista. La ciudad cacereña, rodeada por un recinto amurallado, cuenta también con un rico legado religioso en el que destaca la **iglesia de Sta. María la Mayor,** considerada como uno de los mejores ejemplos del románico en la ciudad, y la iglesia de **Santiago,** que conserva un ábside semicilíndrico y la torre. Todo ello, junto al **castillo árabe califal** que domina la ciudad, son un ejemplo de la belleza de Trujillo. El **alcázar de los Altamiranos** levantado por Fernán Ruiz en el s. XIII; el **Museo de la Coria,** dedicado a la historia de Iberoamérica; la Casa-Museo de Pizarro y el Museo del Queso y del Vino completan un atractivo recorrido turístico por esta ciudad.

Fiestas: Uno de los eventos más destacados es **El Chirivi,** fiesta de interés turístico regional, que tiene lugar el Domingo de Resurrección. Las **fiestas patronales de la Stma. Virgen de la Victoria** se festejan en agosto.

Alrededores: A 45 km está el **Parque Nacional de Monfragüe,** un enclave natural perfecto para practicar senderismo y avistar aves como la cigüeña negra, el águila imperial y el buitre negro.

Restaurantes

® **Corral del Rey.** Plazuela Corral del Rey, 2. Junto a la Plaza Mayor. T. 927 321 780. *www.corraldelreytrujillo.com*
Cierra cenas de domingo y miércoles en invierno, domingo en verano; primera semana de febrero y de julio. El palacio de Piedras Albas (s. XVI) acoge en sus dependencias la mejor referencia culinaria de la ciudad. **Zorongollo extremeño con gambón a la plancha, rabo de toro retinto estofado al vino tinto con *boletus*, *técula-mécula*.** Menú 20 €. Precio medio 30 €.

® **La Majada.** A-5, Madrid-Extremadura, km 259. T. 927 320 349. *www.lamajadarestaurante.es*
Recomendable alto en el camino con calidad de producto. **Delicias extremeñas** (surtido de ibéricos con queso de la zona), **solomillo ibérico con salsa de *boletus*, *mousse* de queso con dulce de membrillo.** Menú 15 €. Precio medio 30 €.

Hoteles

**** **NH Palacio de Santa Marta.** Ballesteros, 6. T. 927 659 190.
www.nh-hotels.com
Hab. 50: 80 €. Admisión de perros, consultar. Junto a la Plaza Mayor. Palacio del s. XVI rehabilitado.

**** **Parador de Trujillo.** Santa Beatriz de Silva, 1. T. 927 321 350.
www.parador.es
Hab. 50: 168 €. Suites: 3. Emplazado en el antiguo convento de Sta. Clara (s. XVI), sobresale su claustro renacentista. Las estancias y detalles de carácter monacal hacen del Parador un lugar acogedor, además de confortable.

Tudela Navarra

34 · B-1
A Pamplona, 90 km
A Madrid, 348 km
Alt. 264 m · Pob. 35.358
T. 948 848 058
GPS 42° 3' 49'' N · 1° 36' 25'' O

Visitar: Considerada popularmente como la capital de la ribera navarra, su casco antiguo está presidido por la **catedral,** construida sobre los restos de una antigua mezquita. Destaca una de sus tres puertas, la del Juicio Final, y su interior, de estilo cisterciense. Junto a ella está el Museo de Tudela, que da acceso al claustro y a la capilla mudéjar del s. XV. Otra construcción religiosa de gran valor es la **iglesia románica de La Magdalena,** elevada sobre un templo mozárabe. La **iglesia de S. Jorge;** el edificio Castel Ruiz, construido como convento y colegio de la Compañía de Jesús; la **iglesia de la Enseñanza,** muestra del barroco de Navarra, y el **palacio Marqués de S. Adrián,** uno de los ejemplos más representativos de la arquitectura renacentista de la provincia, son otras joyas del municipio. En el centro neurálgico de esa parte vieja se eleva el **Ayuntamiento,** del s. XVI. Detrás de él se asoman casonas platerescas; la **plaza de Mercadal,** antiguo punto de encuentro de cristianos, judíos y árabes, y la **plaza de los Fueros,** decorada con cerámicas de escudos y motivos taurinos. El **monumento del Sagrado Corazón** observa desde lo alto de un montículo a la conocida como ciudad de los cogollos.

Puerta del Juicio Final de la catedral

Fiestas: La Semana Santa tudelana es muy conocida. Del 21 al 23 de junio cada barrio celebra con su hoguera la fiesta de S. Juan, y del 24 al 30 de julio son las **fiestas patronales de Sta. Ana.**

Alrededores: Hay que acercarse al Paraje Natural El Bocal, en **Fontellas** (a 9 km) para contemplar la obra hidráulica del Canal Imperial de Aragón y a **Ablitas** (a 12 km) para visitar su castillo, declarado bien de interes cultural. En las inmediaciones, también encontramos un paraje único en Europa: las Bárdenas Reales.

Restaurantes

® **Beethoven.** (En FONTELLAS, a 9 km). Avda. Tudela, 30. T. 948 825 260.
www.rtebeethoven.com
Cierra cenas de lunes y martes; domingo, segunda quincena de agosto y del 24 de diciembre al 2 de enero. Acertada parada en este local con una cocina cuidada, mimada y basada en los productos de temporada de la Ribera, especialmente, como no, la **verdura.** En un ambiente agradable, que transmite la labor de equipo de la familia Martínez. Menú 18 €. Precio medio 37 €.

® **Pago de Cirsus.** (Hotel Pago de Cirsus, en ABLITAS, a 12 km).
Ctra. NA-3020, Ablitas-Ribaforada, km 5. T. 948 386 212.
www.pagodecirsus.com
Cierra doming cena y lunes. Con 10 habitaciones. En la Bodega Pago de Cirsus se puede disfrutar, además de sus pagos y buenos vinos, de una restauración clásica y asentada, basada en el producto de la zona y en un ambiente acogedor en el que se cuidan los detalles. Vale la pena la parada. Precio medio 75 €.

Treintaitrés. Pablo Sarasate, 7. (Aparcamiento público enfrente).
T. 948 827 606. *www.restaurante33.com*
Cierra cenas de domingo a miércoles, consultar vacaciones. Un verdadero deleite del paladar a través de una cocina tradicional y de autor que se expande por la capital de España y fuera de nuestras fronteras.
En este acogedor local, catedral de la **verdura** navarra en Tudela, Ricardo Gil y Marisol Pastor deleitan con una cocina moderna, mimada tanto por la magnífica calidad del producto como en la técnica de elaboración.
No olvidar su menú exclusivo de verduras. Menú 20 €. Precio medio 40 €.

Hoteles

**** **AC Hotel Ciudad de Tudela.** Misericordia, s/n. T. 948 402 440.
www.hotelacciudaddetudela.com
Hab. 40: 120 €. Suites: 1. Antigua casona del s. XVIII rehabilitada en el centro histórico-artístico. Restaurante Alcazaba, cocina tradicional.

31 · E-4

Tudela de Duero Valladolid Ver Valladolid

Tui Pontevedra

17 · C-4
A Pontevedra, 55 km
A Madrid, 591 km
Alt. 44 m · Pob. 17.236
T. 986 607 026
GPS 42° 2' 45'' N · 8° 38' 42'' O

Cruz en el museo de la catedral de Tui

Visitar: En Tui no hace falta mucha imaginación para trasladarse siglos atrás. Hoy se conservan muchos monumentos que fueron testigo de un pasado medieval lleno de esplendor: **la catedral-fortaleza de Sta. María,** de estilo románico y gótico, es el máximo exponente de la riqueza artística de la ciudad. Dentro de la muralla del s. XII que rodea esta villa fronteriza con Portugal se halla la **iglesia de S. Telmo,** muestra del barroco portugués, y la capilla de la Misericordia, que antaño servía de refugio para los indigentes. Dejando atrás esta zona, con la siempre abarrotada plaza de S. Fernando, hay que pasear por el centro urbano de la ciudad, por las calles de Entre Fornos, Canicouva o Alfolís. Son también de visita obligada el **Parador de Tui,** el Palacio Episcopal y el convento de Sta. Clara, donde las monjas elaboran los típicos pececitos de almendra.

Fiestas: El fin de semana siguiente al Domingo de Pascua se celebran las **fiestas patronales de S. Telmo,** declaradas de interés turístico nacional. En agosto es el Descenso Internacional del Río Miño.

Alrededores: Tomiño, a 14 km, es un paraíso para los amantes de la pesca. A 16 km se halla **Salvatierra do Miño,** con su mirador del Monte Castelo. A 25 km está **Ponteareas,** donde puede admirarse el castro de Troña, y a 30 km, **Baiona,** con el monte de la Virgen de la Roca y sus espectaculares vistas.

Restaurantes

O Novo Cabalo Furado. Pza. do Concello, 3. T. 986 602 263.
www.onovocabalofurado.com
Cierra domingo cena y lunes de octubre a junio; y domingo en verano. Sencillo local de cocina tradicional, a cargo de la tercera generación, en pleno casco histórico. Mariscos y pescado de la ría y carnes gallegas, tarta de queso al horno. Menú 14 €. Precio medio 30 €.

Silabario. (Hotel Colón Tuy). Colón, 11. T. 986 607 000.
www.restaurantesilabario.com
Cierra domingo, lunes, dos semanas después de Semana Santa y del 21 de diciembre al 4 de enero. Ya es un valor seguro, fundado en su interpretación de la cocina de raíz gallega puesta al día. Propuestas atrevidas, desde la **ventresca de salmón** del Miño **marinado en *sake* y mostaza,** hasta variaciones sobre la **merluza** o la **lamprea.** En alza. Menú 45 €. Precio medio 50 €.

Hoteles

**** **Parador de Tui.** Avda. de Portugal, s/n. T. 986 600 300.
www.parador.es
Hab. 32: 134 €. Suites: 3. Cierra enero, febrero y diciembre. En la margen derecha del Miño, fronterizo con Portugal. Realizado en piedra de granito y madera de castaño, reproduce fielmente un pazo gallego. Cocina regional.

Turégano Segovia

43 · B-3
A Segovia, 34 km
A Madrid, 129 km
Alt. 935 m · Pob. 1.080
T. 921 500 000
GPS 41° 9' 17'' N · 4° 0' 31'' O

Castillo de Turégano

Visitar: Numerosas construcciones hacen de esta villa un deleite para los sentidos. El **castillo** medieval que acoge en su interior la **iglesia de S. Miguel** fue declarado monumento nacional. La **iglesia de Santiago** con su retablo románico, la Casa Miñano, el Palacio Episcopal y la antigua sinagoga constituyen otros puntos de interés. También merece la pena pasearse por la **Plaza Mayor,** centro de actividad de Turégano.

Fiestas: En Viernes Santo se celebra la **procesión del Silencio.** El 25 de julio se festeja Santiago Apóstol y del 29 al 31 de noviembre es la **feria de S. Andrés.**

Alrededores: La villa medieval de **Pedraza** está a 24 km y **Segovia,** a 34 km.

Restaurantes

El Zaguán. (Hotel El Zaguán). Pza. España, 16. T. 921 501 165.
www.el-zaguan.com
Con 15 habitaciones. En un ambiente rústico elegante, una cocina castellana actualizada. Huevos estrellados con *boletus* a la crema, cordero y cochinillo asados, tartaleta de chocolate caliente. Menú 15 €. Precio medio 30 €.

Úbeda Jaén

Campos de olivos

91 · B-4
A Jaén, 56 km
A Madrid, 303 km
Alt. 756 m · Pob. 35.746
T. 953 779 204
GPS 38° 0' 28" N · 3° 22' 11" O

Visitar: Anclada en un mar de olivos y custodiada por el perfil de las sierras de Cazorla y Mágina, esta localidad jienense respira arte e historia. Las calles, callejuelas y plazas de su casco histórico, patrimonio de la humanidad, atesoran palacios, templos, conventos y casas señoriales que transportan al viajero varios siglos atrás en el tiempo, cuando la ciudad se convirtió por méritos propios en la joya del Renacimiento andaluz. La singular **plaza Vázquez de Molina,** donde se dan cita algunos de sus edificios más espectaculares, es un buen punto de partida. Allí, se alzan majestuosos los leones de piedra que custodian el **Palacio de Vázquez de Molina o de las Cadenas,** actual Ayuntamiento. A su vera están la real colegiata-iglesia de Sta. María de los Reales Alcázares y la **sacra capilla del Salvador,** uno de los templos privados más antiguos. Merece la pena acercarse al convento de Sta. Clara, donde es posible adquirir dulces artesanos, y admirar edificios nobles como el **Palacio de los Marqueses de Bussianos,** quizás el más espléndido de la ciudad; el del Marqués de la Rambla; el de Vela de los Cobos; las **casas consistoriales** (antigua sede del ayuntamiento), la casa Mudéjar... Desde la plaza del Reloj se puede iniciar un recorrido por el casco histórico. Sus soportales albergan comercios y cafeterías desde cuyas terrazas se puede contemplar la **torre del Reloj,** en la plaza de Andalucía. No es posible abandonar Úbeda sin recorrer su espectacular **muralla árabe.** De las puertas que se conservan, destacan las del Losal y Sta. Lucía. Precisamente, desde la plaza de Sta. Lucía se accede a la **redonda de Miradores,** una oportunidad para contemplar el famoso mar de olivos y huertos sobre el que navega la ciudad. Extramuros, destacan las tallas de piedra, la cestería y la forja que se pueden admirar en el barrio Alfarero y los espléndidos frescos del hospital de Santiago.

Fiestas: Dentro de su Semana Santa sorprende la sobrecogedora procesión nocturna del Viernes Santo. El 1 de mayo se celebra la **romería de la patrona Stma. Virgen de Guadalupe y del Gavellar.** El Festival de Música Antigua de Úbeda y Baeza es el encargado de cerrar el calendario cultural a finales de año.

Alrededores: A 9 km, merecen una visita los palacios, la catedral y la impresionante fachada del Ayuntamiento de **Baeza.** También a esa distancia, **Sabiote** atesora pedazos de historia en sus murallas árabes, su castillo medieval y sus edificios renacentistas y **Torreperogil** hace lo propio con sus medievales torres Oscuras. En **Canena** (a 12 km), esperan al visitante un fabuloso castillo de la Edad Media transformado en palacio y un balneario. Para viajar a la época romana, hay que trasladarse al yacimiento de **Úbeda La Vieja** (a 15 km) y a **Ibros** (a 16 km).

Vacarisses Barcelona Ver Terrassa

37 · A-3

Val de San Lorenzo León Ver Astorga

19 · D-2

Valdemoro Madrid Ver Madrid/Restaurantes/Alrededores

63 · A-1

Valdepeñas Ciudad Real

82 · B-3
A Ciudad Real, 61 km
A Madrid, 200 km
Alt. 720 m · Pob. 32.000
T. 926 312 552
GPS 38° 45' 36'' N · 3° 23' 7'' O

Visitar: En el camino que une Madrid con Andalucía se sitúa esta ciudad conocida por sus vinos. Destaca en ella la plaza de España y la **iglesia de Ntra. Sra. de la Asunción,** situada en la Plaza Mayor, que llama la atención por su fachada gótico-isabelina. También es importante la **iglesia de los Padres Trinitarios,** de influencias barrocas, y el Museo del Vino.

Fiestas: De interés turístico nacional son sus **Fiestas del Vino,** que se celebran a principios de septiembre, y en la primera semana de agosto tiene lugar la feria.

Alrededores: Es interesante acercarse a conocer las bodegas de la zona. A 33 km se encuentra la villa monumental de **Villanueva de los Infantes.** A 16 km se ubica **Santa Cruz de Mudela,** donde puede visitarse su plaza de toros cuadrada y el santuario de Ntra. Sra. de las Virtudes.

Cestas de la vendimia

Restaurantes

® **La Aguzadera.** Autovía A-4, Madrid-Cádiz, km 197,4. T. 926 323 208. *www.laaguzadera.com*
Cierra cenas de domingo a martes excepto julio y agosto, y lunes. Un buen alto en el camino, en una casa manchega a las afueras de la ciudad con cocina tradicional. **Pisto manchego con huevo frito y jamón, solomillo de ternera con *foie-gras* y reducción de Pedro Ximénez.** Con buen tiempo, comedor al aire libre por las noches. Menú 25 €. Precio medio 35 €.

Sucot. Avda. Primero de Julio, 91. T. 926 312 932.
Cierra lunes. Queso frito con azafrán, chuletón de buey a la piedra, leche frita. Menú 16 €. Precio medio 25 €.

Hoteles

**** **Vera Cruz Plaza.** Pza. Veracruz, s/n. T. 926 313 000. *www.hotelveracruzplaza.com*
Hab. 57: 80 €. Suites: 2. Situado en el centro histórico. Moderno y funcional, dispone de 750 m^2 de *spa*.

Valencia

76 · E-2
A Madrid, 352 km
Alt. 15 m · Pob. 809.267
T. 963 153 931
GPS 39° 28' 12'' N · 0° 22' 41'' O

Visitar: Pasado y vanguardia se dan cita en esta ciudad que ha sabido reinventarse para convertirse en una moderna urbe sin perder su personalidad. Una visita a la capital del Turia puede comenzar recorriendo sus edificios emblemáticos, como la **catedral,** cuyo origen se remonta al s. XII. En ella destacan la puerta principal, barroca, y el campanario, conocido como Miguelete. En los alrededores está la basílica barroca de la Virgen de los Desamparados, dedicada a la patrona de la localidad. Dando un paseo se puede alcanzar el **barrio del Carmen,** con sus calles adoquinadas y sus edificios medievales. Aquí es interesante detenerse en el Palacio de Baylía y en las **torres de Quart y de Serranos.** En esta zona también se ubica el **IVAM** (Instituto Valenciano de Arte Moderno), que acoge interesantes exposiciones temporales. También merecen una visita otros museos como el de Bellas Artes, que acoge obras de Sorolla, Pinazo, El Greco y Goya, y el Museo Nacional de Cerámica González Martí. Otro foco de interés se sitúa en torno a la **plaza del Mercado,** donde se halla el mercado central, de estilo modernista, que acoge a cientos de pequeños comerciantes y es uno de los reclamos turísticos de la ciudad. Junto a él se encuentra la **lonja de la Seda,** interesante ejemplo del gótico civil, y la iglesia de los Stos. Juanes, edificada sobre la antigua mezquita. A cinco minutos de aquí se sitúa la **plaza del Ayuntamiento,** que alberga una fuente central y el edificio del Consistorio, abundantemente decorado.

Cúpula del mercado central

Pero Valencia no solo atrae por su monumentalidad, sino también por sus espacios verdes y de ocio. En el cauce del río se ubican los **jardines del Turia:** un oasis de 9 km para pasear o recorrer en bicicleta. En uno de sus extremos se ubica la **Ciudad de las Artes y las Ciencias,** un complejo lúdico de difusión

Cetáceo en el Oceanogràfic

científica y cultural. Los amantes de la naturaleza también disfrutarán en el parque zoológico **Bioparc** y en el **Oceanogràfic,** el mayor acuario de Europa. La visita a la ciudad no puede darse por terminada sin disfrutar de sus playas, como la de **La Malvarrosa,** la de **Las Arenas** y la de **El Saler** (junto al Parque Natural de la Albufera), y tomar una típica paella.

Fiestas: El 22 de enero es la fiesta patronal de **S. Vicente Mártir.** Del 15 al 19 de marzo se celebran las Fallas, de interés turístico internacional. El 12 de mayo es la fiesta patronal de la Virgen de los Desamparados y la feria de julio culmina con la **Batalla de Flores.**

Alrededores: En los alrededores se puede disfrutar del **Parque Natural de la Albufera.** En **Alaquás,** a 7 km, se alza el palacio-castillo de Alaquás. Otra visita interesante es el monasterio de Sta. María del Puig, situado en **El Puig** (a 18 km). A 28 km está **Sagunto,** con su castillo romano.

Restaurantes

☼ **534.** Felip María Garín, 4. T. 961 138 483.
www.534-valencia.com
Cierra domingo. Actualidad, suculencia y siempre exigencia en el producto. Razonables precios. **Caballa marinada, fideos marineros melosos, turrón helado.** Menús 22 y 30 €. Precio medio 35 €.

☼ **Apicius.** Eolo, 7. T. 963 936 301.
www.restaurante-apicius.com P
Cierra sábado almuerzo, domingo y agosto. Mediterránea impronta de una cocina de autor, Enrique Medina, de producto y técnica incuestionable. **Bonito con ensaladilla de nabos y escabeche de perdiz, cochinillo crujiente con membrillo de pera, sobao de pistacho verde.** Menú 25 €. Precio medio 35 €.

☼☼ **Askua.** Felip María Garín, 4. T. 963 375 536.
www.askuarestaurante.com
Cierra domingo y semana del 15 de agosto. Selecta selección de productos artesanales, manjares para una culinaria de nítidos sabores. **Angulas con huevo de corral, lomo alto de vacuno mayor *Premium*, quesos.** Bodega escogida. Precio medio 45 €.

☼ **Canalla Bistró.** Maestro José Serrano, 5. T. 963 740 509.
www.canallabistro.com
Personal interpretación de Ricard Camarena de las cocinas del mundo en un entorno contemporáneo. ***Tempura* melosa, albóndigas de corvina con coco y limón, melocotón helado.** Menú 16 €. Precio medio 25 €. Para tapas, bocatas y otros platos de nacional raigambre el **Central Bar,** en el Mercado Central, con terraza. T. 963 829 223.

® **Casa Montaña.** José Benlliure, 69. T. 963 672 314.
www.emilianobodega.com S
Cierra domingo cena. Taberna centenaria en el emblemático barrio del Cabanyal, sabrosas tapas y amplia carta de vinos servidos por copas. **Anchoas, solomillo trinchado, fruta.** Precio medio 25 €.

Embarcación en el Parque Natural de la Albufera

El Poblet. Correos, 8. T. 961 111 106.
www.elpobletrestaurante.com S
Cierra martes cena y domingo. Donde rememorar y disfrutar de la trayectoria culinaria de Quique Dacosta. **Ostra Guggenheim, arroz cenizas, campo de cítricos.** Menú 30 €. Precio medio 40 €.

Kailuze. Erudito Gregorio Mayans, 5. T. 963 743 999.
www.kailuze.com
Cierra sábado almuerzo, domingo, festivos y agosto. Cocina del terruño contagiada del Mare Nostrum y con el aval de la familia Oyarbide. **Pasta fresca salteada con colmenillas y carabineros, *kokotxas* de bacalao, canutillos.** Precio medio 45 €.

Kaymus. Avda. Maestro Rodrigo, 44. T. 963 486 666.
www.kaymus.es S
Cierra lunes cena y segunda quincena de agosto. Nacho Romero sobresale por la honestidad de sus propuestas, impregnadas de modernidad y suculencia. **Bonito escabechado al momento, con escalibada y gazpacho de aguacate, mollejas de cabrito glaseadas, tarta de queso y leche cuajada.** Formidable equipo. Menú 24 €. Precio medio 30 €. Una sucursal en el centro, **Kaymus centro** (Salamanca, 26. T. 963 959 995).

La *Geperudeta*

Nombre popular de la Virgen de los Desamparados, patrona de Valencia. Aparece con una azucena en una mano y con el Niño Jesús portando la cruz en sus brazos. La imagen se caracteriza por una ligera inclinación hacia adelante, de ahí el sobrenombre de *Geperudeta* (Jorobadita).

Komori. (Hotel The Westin Valencia). Amadeo de Saboya, 16.
T. 960 045 635. *www.restaurantekomori.com* P
Cierra sábado almuerzo, domingo, festivos y tres primeras semanas de agosto. La mejor cocina japonesa de la ciudad con el sello de Ricardo Sanz (Kabuki). ***Niguiris* variados, atún *teriyaqui,* cremoso de chocolate blanco con gelatina de *yuzu.*** Precio medio 50 €.

La Sequieta. (En ALAQUÁS, a 7 km). Avda. Camí Vell de Torrent, 28.
T. 961 500 027. *www.lasequieta.com* S
Cierra cenas de lunes y martes, domingo, Semana Santa y tres semanas en agosto. El buen oficio de un artesano del sabor, Sebastián Romero, con una zona para las gastrotapas. **Calamar de playa y salsa romesco, meloso con langosta e hinojo, yogur, fruta y sorbete de mango.** Menú 23 €. Precio medio 30 €.

La Sucursal. (Museo IVAM). Guillem de Castro, 118. T. 963 746 665.
www.restaurantelasucursal.com
Cierra sábado almuerzo, domingo y segunda quincena de agosto. Propuestas de sugerente vanguardia. Javier de Andrés y su hermana Cristina, en el comedor, son un gran referente pese al reciente cambio culinario. Precio medio 48 €. Además, realizan una labor docente en **Summa** (La Rambleta, Bulevar Sur esq. Pío IX, sede de la Escuela de Hostelería. T. 963 780 565. Menú 17 €).

Morgado. Reina Doña Germana, 4. T. 963 733 508.
www.restaurantemorgado.com
Cierra sábado almuerzo, domingo, Semana Santa y del 20 de agosto al 20 de septiembre. La moderna casa de comidas de un maestro. ***Sepionet* encebollados, rabo de toro estofado, sorbete mandarina.** Precio medio 35 €.

Q de Barella. Finlandia, 7. T. 963 936 300. *www.qdebarella.com* S
Cierra sábado almuerzo, domingo, Semana Santa y tres semanas en agosto. Nueva singladura de Quique Barella (antes El Alto de Colón) en su línea de creatividad mediterránea plena de sabor, sensibilidad y valencianía que bien merece una visita. *Tartar* de gamba con velo de tocino ibérico, *codium* y su cabeza frita, arroz de navajas y ajos tiernos, rape con *cous-cous* de coliflor, torrija de horchata con helado de canela. Menú 22 €. Precio medio 30 €.

Q'Tomas? Convento de Santa Clara, 13. T. 963 444 479.
www.quetomas.com
Cierra domingo cena y del 5 de agosto al 2 de septiembre. Tomás Arribas –Peix i Brases, Dénia– implanta su imponente cocina de producto a buenos precios en un amplio local moderno. **Alubión de La Granja con almejas al azafrán, T-Bone a las brasas, dos chocolates y bizcocho de pistacho aireado.** Precio medio 32 €.

Rías Gallegas. Cirilo Amorós, 4. T. 963 512 125.
www.riasgallegas.es
Cierra lunes cena y domingo. Nivel en todo. Sigue los parámetros de la actual cocina gallega, **mariscos y pescados** de impresión y **carnes** de calidad. **Centolla de la ría, merluza a la gallega, queso con membrillo.** Precio medio 35 €. Versión tapas en un local continuo, **La Barra de las Rías** (Menú tapas 20 €).

☼☼☼
Ricard Camarena
Cierra domingo y lunes. Creatividad y felicidad de Ricard, fiel a su ideario personal, en absoluta sincronía con su equipo para disfrutar de una memorable experiencia. Cocina a la vista y una larga mesa a compartir. **Guisantes del Maresme con encurtidos, cabrito lechal infusionado al carbón; café, leche quemada, mantequilla y macadamia.**

Menú 65 €. Precio medio 60 €.

Doctor Sumsi, 4. T. 963 355 418.
www.ricardcamarena.com

☼☼ **Riff.** Conde de Altea, 18. T. 963 335 353. *www.restaurante-riff.com*
Cierra domingo, lunes y agosto. Bernd H. Knoller, pletórico por el triunfo de su libro *Ánima Mediterránea* a nivel mundial (París 2013, Cookbook Fair), ratifica su chispa mediterránea de precisa y sabrosa ejecución. ***Tartar* de setas del bosque con anguila a la brasa, rape con canela, cilantro, y chirivía, escaramujos con especias y sorbete de yogur.** Menú 30 €. Precio medio 60 €.

® **Trattoria Napoletana da Carlo.** Doctor Manuel Candela, 79. T. 963 935 562. *www.trattoriadacarlo.com*
Cierra martes. Con plenas garantías y el buen hacer de la familia d'Anna. **Pasta con gambas y alcachofas, puchero napolitano, flan de mascarpone.** Menú 20 €. Precio medio 30 €.

® **Trencadish.** (Gastrobar). Padre Tosca, 3. T. 963 911 861. *www.trencadish-valencia.com*
Cierra domingo. El talento de Raúl para *snacks*, cocina en miniatura y algunos platos que destilan modernidad, rigor y buenos precios. **Buñuelos de bacalao, arroz marinero de perol, torrija de chufa.** Menú 15 €. Precio medio 30 €.

☼☼ **Vertical.** Luis García Berlanga, 19. T. 963 303 800. *www.restaurantevertical.com* P
Restaurante panorámico con vistas a la Ciudad de las Artes y las Ciencias y al puerto, donde la familia Andrés Salvador ofrece una cocina a base de menús de altura (50 y 63 €), con atractiva desenvoltura contemporánea.

☼ **Vuelve Carolina.** Correos, 8. T. 963 218 686. *www.vuelvecarolina.com* S
Cierra domingo. La creatividad del equipo Quique Dacosta con una sumiller de excepción, Manuela Romeralo. **Ensalada de *burrata* fresca con tomate, caldero de arroz de pato con setas, milhojas.** Menú 14 €. Precio medio 25 €. Para tapas, acudir a **Mercatbar** (Joaquín Costa, 27. T. 963 748 558). Precio medio 17 €.

Hoteles

***** **Caro Hotel.** Almirante, 14. T. 963 059 000. *www.carohotel.com* P
Hab. 26: 143 €. Suites: 1. Primer hotel-monumento. A 200 m de la catedral y la basílica. Restaurante Alma Temple.

***** **Hospes Palau de la Mar.** Avda. Navarro Reverter, 14. T. 963 162 884. *www.hospes.es/hotel-valencia-palau-mar* P
Hab. 66: 415 €. Edificio del s. XIX rehabilitado. Restaurante Senzone.

***** **GL Las Arenas Balneario Resort.** Eugenia Viñes, 22-24. T. 963 120 600. *www.hotel-lasarenas.com* P
Hab. 243: 153 €. Suites: 10. En la playa de Las Arenas, frente al mar. Próximo al centro. Restaurante Sorolla.

***** **GL SH Valencia Palace.** Pº Alameda, 32. T. 963 375 037. *www.sh-hoteles.com* P
Hab. 224: 95 €. Suites: 15. En pleno centro cultural, entre el Palau de la Música y la Ciudad de las Artes y las Ciencias. Restaurante Albufera by Alejandro del Toro.

***** **The Westin Valencia.** Amadeo de Saboya, 16. T. 963 625 900. *www.westinvalencia.com* P
Hab. 135: 560 €. Suites: 11. Emblemático edificio modernista que forma parte de Valencia desde 1917. Su reforma en 2006 dio lugar a un glamuroso hotel en el corazón de la ciudad. Restaurante Rosmarino, cocina mediterránea.

**** **Meliá Valencia.** Avda. Cortes Valencianas, 52. T. 963 030 000. *www.meliahotels.com* P
Hab. 303: 300 €. Situado junto al Palacio de Congresos, es el edificio más alto de Valencia. Impresionantes vistas desde sus habitaciones. Restaurante Acqua.

Ninots en las Fallas

**** **Parador de El Saler.** Avda. de los Pinares, 151. Playa de El Saler. T. 961 611 186.
www.parador.es
Hab. 64: 259 €. Suites: 2. Un blanco y luminoso edificio entre pinares y a orillas del mar, aislado, tranquilo y confortable. Totalmente reformado. Restaurante L'Embarcador. Los distintos arroces son el mayor aliciente de su cocina.

**** **Tryp Oceanic.** Pintor Maella, 35. T. 963 350 300.
www.trypoceanic.solmelia.com
Hab. 195: 76 €. Suites: 2. Frente al Oceanogràfic y la Ciudad de las Artes y las Ciencias. Próximo al puerto y a la playa de La Malvarrosa. Restaurante Aqua.

*** **SH Inglés Boutique.** Marqués de Dos Aguas. 6. T. 963 516 426.
www.sh-hoteles.com
Hab. 63: 175 €. Instalado en el palacio de los Duques de Cardona, edificio histórico artístico del s. XVIII. Céntrico. Restaurante Dos Aguas.

66 · A-1

Vall d'Alba Castellón Ver Orpesa/Oropesa del Mar

Vall de Bianya, La Girona

26 · D-3
A Girona, 60 km
A Madrid, 706 km
Alt. 400 m · Pob. 1.330
GPS 42° 13' 43'' N · 2° 26' 7'' E

Plaza del Carmen en Olot

Visitar: Los valles de Bianya, del Bac, de Carrera y de Sant Ponç forman este municipio ubicado dentro del Parque Natural de la Zona Volcánica de la Garrotxa. Por él pasa la **vía romana del Capsacosta,** que enlazaba con la vía Augusta que llevaba a Roma. En todo el municipio pueden verse una quincena de **iglesias románicas,** entre las que destacan la iglesia de St. Salvador o la de St. Martí de Capsec, ambas del s. XII. También es interesante acercarse al Centro de Interpretación de St. Salvador de Bianya, desde donde se realizan visitas guiadas a las iglesias románicas, a las casas solariegas y a la vía romana.

Fiestas: La **Feria del Farro** se celebra el primer fin de semana de febrero y el 15 de mayo tiene lugar la **fiesta mayor de St. Isidre.**

Alrededores: Es un buen punto de partida para visitar el **Parque Natural de la Zona Volcánica de la Garrotxa. Olot** está a 8 km. La localidad de **Sant Joan de les Abadesses** (a 17 km) es interesante por su monasterio fundado en el s. IX.

Restaurantes

Ca l'Enric. Ctra. Camprodón, s/n. T. 972 290 015.
www.calenric.net
Cierra cenas de domingo a miércoles, lunes, primera quincena de enero y primera semana de julio. El trabajo y la pasión de los hermanos Juncà –Joan, en la sala, e Isabel y Jordi, en la cocina– son encomiables. Su ilusión y dedicación han convertido este restaurante en uno de los templos de la mejor gastronomía. Muestra de ello, el **huerto ecológico hidropónico, vaca vieja con buñuelos de patata, pimientos del piquillo y esencia de brasa, peras al vino en copa.** Menú y precio medio 60 €.

Valladolid

31 · E-3
A Madrid, 211 km
Alt. 695 m · Pob. 315.522
T. 983 219 310
GPS 41° 39' 9'' N · 4° 43' 47'' O

Visitar: La ciudad del Pisuerga guarda en su casco urbano un interesante conjunto renacentista compuesto por casas nobles y edificaciones religiosas. Sobresale la **catedral,** en cuyo proyecto intervinieron Juan de Herrera y Alberto Churriguera. En su interior se halla el retablo mayor de Juan de Juni y el Museo Diocesano y Catedralicio. Otros templos destacados son la **iglesia de S. Pablo** (donde fue bautizado Felipe II), la iglesia gótica de Santiago Apóstol (donde hay que admirar el retablo de la Epifanía de Alonso Berruguete) y la de Sta. María la Antigua. Su patrimonio civil está a la altura del religioso. En la misma plaza donde se asienta la iglesia de S. Pablo se puede admirar el **Palacio Real,** que fue residencia de reyes cuando la corte se trasladó a Valladolid a principios del s. XVII. Destacan también el Palacio de los Condes de Benavente, que fue residencia real; el **Palacio de Pimentel,** donde nació Felipe II, y el colegio de S. Gregorio, sede del **Museo Nacional de Escultura,** que expone obras de maestros como Juan de Juni, Alonso Berruguete, Diego de Siloé y Gregorio Fernández.

Otras dos instituciones culturales de interés son el **Museo Patio Herreriano de Arte Contemporáneo Español,** ubicado en uno de los claustros del antiguo monasterio de S. Benito El Real, y el Museo del Real Monasterio de S. Joaquín y Sta. Ana. También llaman la atención el edificio de la Universidad, con una maravillosa fachada barroca, y el **colegio de Sta. Cruz,** una de las primeras edificaciones del renacimiento español. La visita bien puede terminar en la **Plaza Mayor,** donde se dan cita la Casa Consistorial y el monumento al conde Pedro Ansúrez, repoblador de la ciudad. En sus alrededores se sitúa la popular zona de tapeo de la capital vallisoletana.

Colegio de S. Gregorio, sede del Museo Nacional de Escultura

Fiestas: Su **Semana Santa** está declarada de interés turístico internacional. En mayo se celebran las **fiestas patronales de S. Pedro Regalado** y en septiembre son las fiestas de Ntra. Sra. de S. Lorenzo.

Alrededores: En **Pinar de Antequera** (a 3 km) hay un parque de aventuras y multideporte. A 10 km está **Arroyo de la Encomienda,** donde se puede visitar la iglesia de S. Juan, y a 15 km se halla **Tudela de Duero,** interesante por la ermita del Humilladero de la Quinta Angustia.

Restaurantes

Ángela. Doctor Cazalla, 1. T. 983 350 623.
www.angelarestaurante.com
Cierra lunes y semana del 15 de agosto. Decoración tirolesa en Castilla. Cocina castellana y platos alemanes. Fritos, lechazo asado o codillo estilo alemán, macedonia de frutas o tarta Selva Negra. Menú 17 €. Precio medio 30 €.

® **Gabino.** Angustias, 3, piso 1°. T. 983 140 190.
www.restaurantegabino.com
Cierra agosto. Destaca su relación calidad-precio. ***Carpaccio*** **de cigalas con** ***boletus*** **confitados, canutillos de las monjas rellenos de crema pastelera.** Menú 20 €. Precio medio 30 €. **Gabino San Cristóbal,** con parrilla de carnes (Oro, 32. T. 983 293 205. Cierra agosto).

La Abadía. Guadamacileros, 5. T. 983 330 299.
www.laabadiarestaurante.com
Cierra miércoles. Mesón castellano con bodega abovedada y oferta que no falla. Guisos, paletilla de lechazo, natillas artesanales. Menú 20 €. Precio medio 35 €.

® **La Criolla.** Calixto Fernández de la Torre, 2. T. 983 373 822.
www.restaurantelacriolla.es
Cierra lunes. Interesante referencia por la cocina tradicional puesta al día. **Milhojas de escabechado, lechazo asado, ensalada de frutas.** Precio medio 30 €. **La Mina** (Correos, 7. T. 983 333 008). Cierra martes. También de Francisco Martínez, con importante barra de tapeo.

® **La Perla de Castilla.** Avda. Ramón Pradera, 15.
T. 983 371 828.
Cierra domingo y Semana Santa. Manuel Astorga y su madre, Matilde Muñoz, mantienen una cocina en equilibrio entre lo tradicional y la actualidad. **Setas naturales con morcilla de León y huevo frito, cochinillo en** ***confit, mousse*** **de melocotón.** Menú 15 €. Precio medio 30 €.

☼ **Llantén.** (En PINAR DE ANTEQUERA, a 3 km). Encina, 11.
T. 983 244 227. *www.restaurantellanten.com*
Cierra domingo cena y lunes. Contraste en la ambientación –un cortijo menorquín– y en la cocina –de claros toques modernos– con la oferta y decoración tradicional de la zona. **Ravioli de pollo de corral con setas, jarrete de cordero asado, quesos artesanos** nacionales e internacionales. Menú 48 €. Precio medio 40 €.

Sillería del coro de S. Benito el Real

Restaurantes

Gallego. (Hotel Gallego, en ALBARELLOS DE MONTERREI, a 5 km). Ctra. N-525, Orense-Benavente, km 171,7. T. 988 418 202.
www.hotelgallego.com
Cierra del 24 de diciembre al 2 de enero. Con 40 habitaciones. Casona rodeada de viñedos. Pulpo a la gallega, jabalí estofado con castañas. Menú 10 €. Precio medio 25 €.

Hoteles

*** **Parador de Verín.** Subida a Monterrei, s/n. T. 988 410 075.
www.parador.es
Hab. [illegible]: 65 €. Frente al castillo y la iglesia de los antiguos Condes de Monterrei, en un hermoso y verde paisaje. Rutas naturales y monumentales. Restaurante Enxebre Monterrei.

Viana Navarra

22 · D-2
A Pamplona, 81 km
A Madrid, 342 km
Alt. 469 m · Pob. 4.019
T. 948 446 302
GPS 42° 30' 53'' N · 2° 22' 22'' O

Escultura de Carlos Ciriza

Visitar: La última población de Navarra dentro del Camino de Santiago alberga una bella **iglesia gótica** de finales del s. XII en honor a **Sta. María de la Asunción.** Es interesante acercarse a su **Casa Consistorial,** un palacio barroco donde se guarda el busto de la patrona, Sta. María Magdalena. También hay que visitar el **Balcón de Toros,** palacio barroco con fachada de sillería, y el **hipogeo o cámara sepulcral megalítica de Longar,** datado entre los años 1850 y 2500 a. C.

Fiestas: Del 21 al 25 de julio se celebran las fiestas grandes en honor a los patrones, **Sta. María Magdalena y Santiago.** En septiembre tiene lugar la romería de la Virgen de las Cuevas.

Alrededores: A 4 km está **Moreda de Álava** con su iglesia del s. XVI. En **Aras,** a 7 km, se halla la iglesia medieval dedicada a Sta. María. Y a 21 km está **Torralba del Río,** donde se puede visitar el santuario de Ntra. Sra. de Codés.

Restaurantes

Borgia. Serapio Urra, 1. T. 948 645 781.
www.restauranteborgia.com
Cierra cenas de lunes a jueves en invierno. Caserón del s. XIV de la familia Sabando. *Tempura* de borraja y salsa de cacahuete, mollejas de ternera al horno y salsa de escorzonera, sopa de cerezas y ravioli de chocolate. Menú 25 €. Precio medio 35 €.

Hoteles

*** **Palacio de Pujadas.** Navarro Villoslada, 24. T. 948 646 464.
www.palaciodepujadas.com
Hab. 24: 70 €. Suites: 4. En pleno casco antiguo, combina el encanto de un edificio histórico del s. XVI con las comodidades de un hotel moderno.

Vic Barcelona

37 · C-1
A Barcelona, 71 km
A Madrid, 617 km
Alt. 485 m · Pob. 41.191
T. 938 862 091
GPS 41° 55' 48'' N · 2° 15' 12'' E

Visitar: A orillas del río Meder, en las inmediaciones del pantano de Sau, se sitúa Vic, en cuyo casco urbano destaca **El Mercadal,** una plaza con bellas arcadas donde se hallan las casas modernistas Comella y Cortina, la Casa Tolosa y la Casa Moixó. Muy cerca se sitúa el Ayuntamiento. Desde él se puede caminar hasta la iglesia gótica de St. Just y el **hospital de la Sta. Creu,** fundado en el s. XIV, donde destacan su claustro y su farmacia. Cerca están el conjunto barroco de la iglesia y el convento de St. Doménec, así como el convento de la Mercé, de época novecentista. Desde aquí el paseo lleva hasta la **catedral,** que mezcla estilos del románico al neoclásico, y el **Museo Episcopal,** con una importante colección de pintura y escultura medieval. La visita puede finalizar en el **templo romano** y el **castillo de los Montcada.**

Fiestas: Del 11 al 13 de abril se celebra el **Mercat del Ram.** El 5 de junio es la **fiesta Mayor de St. Miquel dels Sants.** Del 18 al 21 de septiembre es el Mercat de Música Viva, y del 6 al 8 de diciembre, el mercado medieval.

Alrededores: En **Calldetenes** (a 3 km) merece una visita la iglesia de la Mercé. Hacia el norte, a 10 km, está **Manlleu,** donde resulta destacable la iglesia de Sta. María. En **El Brull** (a 15 km) se pueden conocer sus dos castillos y la iglesia de St. Martí. A 22 km se ubica **Sant Pere de Torelló,** donde puede visitarse el santuario de Ntra. Sra. de Bellmunt.

Restaurantes

Boccatti. Mossén Josep Gudiol, 21. T. 938 895 644.
www.boccatti.es
Cierra cenas de miércoles y domingo; jueves, segunda quincena de abril y de agosto. Los **pescados y mariscos** de esta casa agradable y familiar son de una excelencia inigualable. El mejor producto es el obsesionado empeño de Josep Girabent. Y con este producto Maribel García, su esposa, elabora una tan simple como deliciosa cocina estacional. Precio medio 55 €.

® **L'Estanyol.** (En EL BRULL, a 15 km). Club de Golf Montanya, s/n. T. 938 840 354. *www.restaurantestanyol.com* P
En el entorno del Club de Golf del Montanyà, Joan (en los fogones) y su hermano Robert Font (en la sala) han consolidado esta casa como un feliz referente de buena cocina actual. Precio medio 45 €.

Hoteles

**** **Parador de Vic Sau.** Paratge el Bac de Sau, s/n. T. 938 122 323.
www.parador.es P
Hab. 6: 151 €. Cierra del 13 de octubre al 21 de noviembre. Entre bosques de pinos sobre el agua azul del embalse de Sau, en una situación excepcional. Tranquila residencia. Excelente cocina con tradicionales y sabrosos platos catalanes.

Vielha Lleida

16 · B-4
A Lleida, 165 km
A Madrid, 650 km
Alt. 974 m · Pob. 5.500
T. 973 640 110
GPS 42° 42' 5'' N · 0° 47' 40'' E

Visitar: El núcleo histórico de la capital de la comarca del Val d'Aran está compuesto por casas medievales y entre ellas aparece la **torre fortificada de Santesmasses,** que actualmente acoge el Museo Etnológico del Val d'Aran. Destaca también la **iglesia en honor a St. Miquèu,** de transición del románico al gótico, con un bello campanario y un retablo de estilo gótico, ambos del s. XV.

Fiestas: Del 7 al 11 de septiembre es la fiesta mayor Era Hèsta y el 29 de septiembre tiene lugar la fiesta patronal de **St. Miquel.**

Alrededores: En esta zona se pueden visitar excepcionales ejemplos de iglesias románicas en **Betrén** (a 1 km), **Gausac** (a 1 km), **Escunhau** (a 2 km), **Casarilh** (a 3 km), **Casau** (a 3 km), **Vilac** (a 4 km), **Montcorbau** (a 5 km), **Mont** (a 6 km), **Aubèrt** (a 6 km), **Vila** (a 7 km), **Arròs** (a 7 km) y **Bossòst** (a 16 km). También es interesante acercarse al bosque de Baricauba y a la cascada del Sauth deth Pish. La **estación de esquí de Baqueira-Beret** está a 14 km.

Fresco en la iglesia de St. Miquèu

Restaurantes

El Niu. (En ESCUNHAU, a 2 km). Deth Pónt, 1. Ctra. C-28 dirección Baqueira-Beret. T. 973 641 406.
Cierra domingo cena en temporada baja; y del 29 de junio al 25 de julio. Ambiente rústico de montaña con cocina a tono. Espárragos romesco, manitas de cerdo con caracoles, tarta de queso. Precio medio 30 €.

® **El Portalet.** (En BOSSÒST, a 16 km). Sant Jaume, 32. T. 973 648 200.
Cierra domingo cena, y lunes. Ambiente agradable en esta antigua casa del Val d'Aran. En este bucólico entorno se goza de una singular cocina moderna en base a un producto local de buena calidad. Menú 27 €. Precio medio 30 €.

Era Lucana. Avda. Calbetó Barra, 10. Edif. Portals d'Aran. T. 973 641 798.
www.eralucana.com S
Cierra lunes no festivos y del 1 al 15 de junio. Huevos de corral a baja temperatura con crema de *foie-gras,* espárragos trigueros y aceite de trufa, solomillo de buey a la crema de *ceps,* diez texturas de chocolate. Menús 21 €. Precio medio 30 €.

Era Mola Gustavo-María José. Marrec, 14. T. 973 642 419.
Cierra almuerzos entre semana excepto festivos de diciembre a mayo; miércoles no festivos; noviembre entre semana; mayo, junio y octubre excepto puentes. Borda del s. XIX en el casco antiguo con cocina tradicional con el sello de Mireia Díez. *Cocotte* de huevo de corral, *foie-gras* y trufa, manitas de cerdo rellenas de setas con ajos tiernos y salsa de oporto, pastel de chocolate en tres texturas. Menú 27 €. Precio medio 32 €.

Hoteles

**** **Parador de Vielha.** Ctra. del Túnel, s/n. T. 973 640 100.
www.parador.es P
Hab. 116: 150 €. Suites: 2. Cierra del 13 de octubre al 21 de noviembre. Un mirador sobre los pueblos del Val d'Aran. Espectaculares vistas. Restaurante Val d'Aran, cocina regional e internacional.

Vigo Pontevedra

Bateas mejilloneras en la ría de Vigo

17 · C-3
A Pontevedra, 30 km
A Madrid, 589 km
Alt. 28 m · Pob. 297.355
T. 986 224 757
GPS 42° 14' 8'' N · 8° 43' 44'' O

Visitar: Su origen pesquero ha dejado como herencia un casco antiguo con fuerte sabor marinero. Un buen punto para comenzar la visita es el casco viejo o Cidade Vella, que se articula en torno al antiguo barrio de **O Berbés,** donde se hallan la **plaza de la Constitución,** con sus bellos soportales, y la antigua colegiata de Sta. María, ahora **concatedral,** una construcción neoclásica del s. XIX. En su interior se encuentra el Cristo de la Victoria, patrón de la ciudad. Desde aquí se puede caminar a la **plaza da Pedra,** donde los vigueses dirimían sus disputas en los ss. XVI al XVIII. Cruzando una pasarela cercana se puede contemplar la ría de Vigo.

La ciudad cuenta con numerosos museos. La calle del Príncipe, peatonal y bulliciosa, lleva al **Marco de Vigo,** un centro de arte contemporáneo con un interesante programa de exposiciones temporales. También se puede visitar la Pinacoteca, en pleno casco viejo, y el **Museo Etnográfico Liste,** que cuenta con más de 2.500 piezas que reflejan distintos aspectos de la cultura gallega. Vigo también es una ciudad que invita al paseo. Cabe destacar los **jardines del monte do Castro,** donde se asentaron los primeros pobladores de la ciudad. Aquí se conserva parte de la fortaleza do Castro y hay monumentos como el dedicado al trovador Martín Códax. Desde su cima se divisa la bahía y el puerto. También se puede visitar el **parque del monte de A Guía,** desde donde contemplar la ría de Vigo, y el parque de Castrelos. Este último alberga en su interior un pazo en el que se ubica el **Museo de Quiñones de León,** que guarda interesantes restos arqueológicos de la ciudad y una colección de pintura gallega.

Fiestas: El 28 de marzo se celebra la **Reconquista.** Y del 4 al 14 de agosto se festeja el Stmo. Cristo de la Victoria.

Alrededores: A 5 km está **Bembrive**, interesante por el crucero de O Cacheno (s. XVIII). En **Vilaboa** (a 10 km) se conserva un conjunto notable de hórreos. En **Mos** (a 10,7 km) se pueden visitar los complejos megalíticos de S. Pedro de Cela y S. Martín de Tameiga. A 18 km están las **islas Cíes,** que forman parte del Parque Nacional de las Islas Atlánticas de Galicia.

Restaurantes

Bitadorna Vigo. Ecuador, 56. T. 986 136 951.
www.bitadorna.com
Cierra domingo cena y carnavales. Decoración moderna en el centro. *Tartar* de atún rojo, rape asado con polvo de setas y cremoso de patata y puerros, *carpaccio* de mango con su propio helado. Precio medio 35 €.

El Mosquito. Pza. da Pedra, 4. T. 986 433 570. *www.elmosquitovigo.com*
Cierra domingo y de la segunda semana de agosto a la primera de septiembre. Una institución en la ciudad junto al puerto deportivo. Pescados y mariscos de la zona con especialidad en el lenguado acompañado de vinos gallegos. De postre, tarta de almendras. Precio medio sin marisco 50 €.

® **El Timón Playa.** Canido, 8. Ctra. de la Costa. T. 986 490 815. *www.restaurantetimonplaya.com* P
Cierra domingo y tres semanas en Navidad. No cambia de estilo: conoce los gustos de su clientela, bastante fiel, y a ellos se atiene. Es un buen lugar para disfrutar del **marisco,** o de una buena **empanada.** Buen **arroz con bogavante** y cocina de mercado. Menú y precio medio 35 €.

☼ **Maruja Limón.** Avda. Galicia, 103. T. 986 473 406. *www.marujalimon.es* P
Cierra cenas de domingo a miércoles. Cambio de emplazamiento, a Teis; pero no ha cambiado la cocina de Rafa Centeno: sigue siendo brillante, en una encomiable línea de seguridad. Tentador ***tartar* de ternera,** sorprendentes **huevas de merluza en salsa de escabeche,** ejemplar **ventresca de bonito con verduras...** La cocina no falla y va hacia arriba; ha de pulir la sala. Precio medio 45 €.

® **Soriano.** (Asador, en BEMBRIVE, a 5 km). Subida a Chans, 25. T. 986 481 373. *www.asadorsoriano.com* P S
Cierra domingo cena. Un clásico, cuya principal especialidad son las **carnes rojas,** que trabaja muy bien. También se maneja el horno de leña para preparar **cordero lechal o cochinillo.** Buena bodega. Menú 18 €. Precio medio 40 €.

☼ **Toñi Vicente.** Avda. Atlántida, 98. T. 986 240 992. *www.tonivicente.es* P
Cierra domingo cenas y lunes. Toñi Vicente ha vuelto a sus orígenes, a Vigo. Mantiene su línea de cocina y unos platos que han creado época: su imitadísima **ensalada de lubina marinada,** el **pulpo prensado con *wakame* y sésamo, la merluza en emulsión de limón e infusión de pimiento verde...** Buena **empanada.** Se conserva en forma. Menú 18 €. Precio medio 35 €.

Hoteles

***** **Gran Hotel Nagari Boutique & Spa.** Pza. de Compostela, 21. T. 986 211 111. *www.granhotelnagari.com* P SPA
Hab. 62: 132 €. Suites: 3. Hotel de vanguardia situado en el centro, a escasos metros del puerto. Restaurante Alameda XXI.

***** **Pazo Los Escudos.** Avda. Atlántida, 106. T. 986 820 820. *www.pazolosescudos.com* P SPA
Hab. 54: 327 €. Suites: 6. En un antiguo pazo restaurado. Acceso directo a la playa de Carril. Restaurante Alcabre.

**** **Bahía de Vigo.** Cánovas del Castillo, 24. T. 986 226 700. *www.hotelbahiadevigo.es* P
Hab. 80: 60 €. Suites: 11. Céntrico. Situado en el puerto de transatlánticos, frente al club náutico y al muelle de barcos que van a las Islas Cíes. Restaurante Marisquería Bahía.

La calle de las Ostras

Ubicada junto al mercado da Pedra, allí, como su propio nombre indica, los *ostreiros* venden el preciado molusco por docenas, abiertas al momento, en pequeños puestos. Toda una delicia con fama mundial.

Vila Joiosa, La/Villajoyosa

Alacant/Alicante

93 · F-1
A Alacant/Alicante, 35 km
A Madrid, 450 km
Alt. 10 m · Pob. 34.344
T. 966 851 371
GPS 38° 30' 27'' N · 0° 14' 1'' O

Visitar: Conocida también como la Vila, está marcada por su espíritu mediterráneo y marinero. Dentro de su patrimonio destacan la **iglesia parroquial en honor a Ntra. Sra. de la Asunción** y la ermita de S. Antonio, en la que sobresale su campanario. También merece la pena dar un paseo por las **calles Colón y Canalejas,** conocer el puerto deportivo y acercarse a ver las casas colgantes polícromas sobre el río Amadorio. Situada al borde del mar Mediterráneo, Vila Joiosa permite disfrutar del mar en la playa Centro, situada en el casco urbano, y la playa Paradís, ubicada en un bello entorno natural. Esta ciudad de **tradición chocolatera** ofrece la posibilidad de visitar varias fábricas dedicadas a su elaboración.

Fiestas: En mayo se celebra la fiesta de Las Lágrimas de Sta. Marta. A finales de julio se revive la fiesta de **Moros y Cristianos,** declarada de interés turístico internacional.

Alrededores: A 10 km se ubica **Orxeta,** donde puede visitarse el gran embalse del río Amadorio. A 14 km está **Finestrat,** que destaca por sus casas colgantes y su iglesia de S. Bartolomé del s. XVII.

Casas de colores en Vila Joiosa

Restaurantes

® **Emperador.** (Hotel Servigroup Montíboli). Partida Montíboli, s/n. T. 965 890 250. *www.montiboli.es*
Cierra temporada baja. Fiel a su línea. Refinada cocina y un esmerado servicio. **Ensalada de salazones, medallón de rape con pimientos de piquillo, *mousse* de arándanos.** Menú y precio medio 37 €.

Hoteles

★★★★★ **Hotel Servigroup Montíboli.** Partida Montiboli, s/n. T. 965 890 250. *www.montiboli.es*
Hab. 85: 150 €. Suites: 2. Situado sobre un acantilado, dominando el mar Mediterráneo, ofrece un entorno único entre mar, playas y colinas. Restaurante Emperador.

Vila-real Castelló/Castellón

66 · A-3
A Castelló de la Plana, 7 km
A Madrid, 416 km
Alt. 42 m · Pob. 51.367
T. 964 547 248
GPS 39° 56' 14'' N · 0° 6' 10'' O

Visitar: Situada en la comarca de la Plana Baja, esta bella ciudad guarda numerosos atractivos. La visita puede comenzar en la **plaza porticada de la Vila,** de aire medieval. Después es ineludible acercarse a la **basílica de S. Pascual,** dedicada al patrón de la ciudad y flanqueada por dos campanarios de 50 m de altura. No menos impresionante es la iglesia arciprestal mayor S. Jaime, de tradición barroca y decoración neoclásica. Hay que acercarse también a la **ermita de Ntra. Sra. de Gracia,** que combina los estilos medieval, renacentista y barroco y se encuentra situada en el ermitorio de la Virgen de Gracia, un bello paraje natural a orillas del río Mijares.

Fiestas: En mayo se celebran las fiestas patronales en honor a **S. Pascual Baylón.**

Alrededores: A 4 km se halla **Borriana,** donde se puede visitar la iglesia gótica de El Salvador y el curioso Museo de las Naranjas.

Restaurantes

Espliego. Escultor Fuster, 18. T. 964 530 305. *www.espliegorestaurante.com*
Cierra lunes en invierno, domingo en verano, y segunda quincena de agosto. Cocina mediterránea con toques de modernidad en un local a tono. Alcachofas con changurro, cochinillo al horno, *brownie* de chocolate. Menú 24 €. Precio medio 36 €.

Vilafranca del Penedès Barcelona

48 · C-1
A Barcelona, 47 km
Alt. 223 m · Pob. 39.000
T. 938 920 358
GPS 41° 20' 41'' N · 1° 41' 55'' E

Visitar: Conocida por ser la capital del cava, en esta localidad del Alto Penedés se respira la cultura del vino. Es interesante visitar sus distintas bodegas y VINSEUM, el **Museo de las Culturas del Vino de Catalunya,** que cuenta cómo el vino ha influenciado la historia, la cultura y las tradiciones de la comarca. Otras visitas interesantes son el conjunto monumental de la **basílica de Sta. María** y su cripta y el palacio Baltá, un antiguo caserío gótico. También es interesante realizar la **ruta modernista** que lleva a visitar el Ayuntamiento, la Casa Nogués, la Casa Ramona Quer y la Casa Just, entre otras.

Fiestas: A finales del mes de agosto se celebra la **Fiesta Mayor,** declarada de interés nacional.

Alrededores: En **Olérdola,** a 4 km, se puede visitar un interesante yacimiento arqueológico y el castillo, en cuyo interior se encuentra la iglesia románica de S. Miguel de Olérdola. A 18 km se halla **Sant Sadurní d'Anoia,** interesante por su tradición vitivinícola y por la iglesia románica de St. Benet.

Restaurantes

® **Cal Ton.** Casal, 8. T. 938 903 741. *www.restaurantcalton.com*
Cierra cenas de domingo y festivos; lunes, Semana Santa y tres semanas primeras de agosto. En un patio acristalado que ejerce de comedor central, atiende con eficiencia y profesionalidad Alvar Salas. En los fogones, Ton Mata hace evidentes sus dotes y conocimiento culinario con una oferta de cocina personalizada, sabrosa y local. **Crujiente de manitas de cerdo con pera y rúcula, pichón con compota de zanahoria.** Precio medio 40 €.

Casa Joan. Pza. de la Estación, 8. T. 938 903 171. P S
Cierra cenas, domingo, Semana Santa, segunda quincena de agosto y semana de Navidad. Cocina atenta al mercado –*farcellet* de marisco gratinado, rodaballo salvaje al horno, fresitas silvestres– en un local acogedor con decoración modernista. Precio medio 35 €.

Vilagarcía de Arousa Pontevedra

8 · C-4
A Pontevedra, 25 km
A Madrid, 650 km
Alt. 3 m · Pob. 37.329
T. 986 501 227
GPS 42° 35' 37'' N · 8° 46' 3'' O

Visitar: Bellos palacios, casas señoriales, un puerto deportivo y playas como la de Compostela y la de la Concha se dan cita en la capital de la ría de Arousa. Tras un paseo por el **puerto,** es interesante admirar su patrimonio religioso, donde sobresalen la **iglesias de Sta. Eulalia de Arealonga** y de **S. Martín,** bello ejemplo del románico. Una de las joyas de la localidad es el **pazo de Vista Alegre,** compuesto por un palacio y un convento de monjas agustinas. En su interior guarda una interesante colección de pinturas y tapices. Otros pazos destacables son los de O Rial, Sobrán y Rubiáns. La visita puede concluir en el mirador de **monte Lobeira,** donde se conservan los restos de un castillo, y en el **monte Xiabre,** que ofrece bellas vistas y un paraje espectacular para realizar senderismo.

Fiestas: El 1 de mayo tiene lugar el concurso de Maios y en agosto son las **fiestas de S. Roque,** de interés turístico nacional.

Alrededores: Otras localidades cercanas que gustarán al visitantante son **O Carril** (a 2 km), con su puerto pesquero; **Illa de Arousa** (a 7 km), donde merece la pena conocer el puerto de Xufre y acercarse al Parque Natural de Carreirón; **Catoira** (a 8 km); **Cambados** (a 10 km), con el interesante pazo de Fefiñans y otras casas señoriales, y **Pontevedra** (a 25 km).

Vilagarcía de Arousa

Restaurantes

Casa Bóveda. (En O CARRIL, a 2 km). La Marina, 2. T. 986 511 204.
www.restaurantecasaboveda.com
Cierra cenas de domingo y lunes excepto agosto; y del 22 de diciembre al 22 de enero. Una referencia eterna, cuya calificación está, como en otros casos de restaurantes gallegos de producto, en la alta calidad de la materia prima. Los **mariscos** son de primera categoría y se elaboran buenos **guisos de pescado** al estilo tradicional. Menú 25 €. Precio medio 50 €.

Plácido. (Hotel Carril, en O CARRIL, a 2 km). Lucena, 18. T. 986 511 507.
www.hotelcarril.com P S
Con 28 habitaciones. Con vistas a la ría. Huevos rotos Plácido, merluza confitada sobre crema de calabacín y puerro, piña a la vainilla con helado de coco. Menú 15 €. Precio medio 28 €.

Hoteles

**** **Pazo O Rial.** O Rial, 1. T. 986 507 011.
www.pazorial.com P
Hab. 55: 138 €. Suites: 4. Pazo del s. XVII. Desayuno incluido.

Vilalba Lugo

2 · C-4
A Lugo, 36 km
A Madrid, 525 km
Alt. 484 m · Pob. 15.109
T. 982 511 383
GPS 43° 17' 42'' N · 7° 41' 9'' O

Visitar: El bello paisaje de la capital de la Terra Chá está dominado por los restos del **castillo de los condes de Andrade:** un torreón octogonal hoy convertido en Parador de Turismo. En esta localidad conocida por sus famosos capones también merece la pena visitar la **iglesia parroquial de Sta. María,** la iglesia de S. Roque y el **Museo de Prehistoria y Arqueología,** que alberga materiales procedentes de distintos yacimientos. Los asentamientos castrenses –aldeas de la Edad de Hierro– también tienen presencia en el municipio.

Fiestas: Entre la última semana de agosto y la primera de septiembre se celebran las **fiestas de S. Ramón y Sta. María.** El 21 de diciembre es la **Feira do Capón.**

Alrededores: En **Goiriz** (a 8 km) es curioso visitar su cementerio neogótico donde destacan sus cruces clásicas y celtas. Otra excursión aconsejable es la charca del Alligal, una fuente de aguas medicinales situada en **Codesido** (a 11 km).

Restaurantes

Montero. (En GOIRIZ, a 8 km). La Casilla, 12. Ctra. N-634, Santiago-Irun.
T. 982 511 252. *www.restaurantemontero.com* P
Cierra martes y navidades. En las afueras de Vilalba, en un entorno natural. Potajes, mariscos, pescados y carnes de Galicia. La típica tarta de Mondoñedo como dulce final. Menús 15 y 25 €. Precio medio 40 €.

Hoteles

*** **Parador de Vilalba.** Valeriano Valdesuso, s/n. T. 982 510 011.
www.parador.es SPA

Hab. 48: 138 €. Enclavado, en parte, en un impresionante torreón medieval que domina el paisaje urbano y rural de la villa. A su sombra se erige un nuevo edificio de piedra estilo pazo regional, donde se ubican el resto de habitaciones y el restaurante Enxebre Castelo dos Andrade.

Vilanova i la Geltrú Barcelona

48 · C-2
A Barcelona, 40 km
A Madrid, 589 km
Alt. 22 m · Pob. 66.591
T. 938 154 517
GPS 41° 13' 10'' N · 1° 43' 13'' E

Museo del Ferrocarril

Visitar: La capital del Garraf, situada a medio camino entre Barcelona y Tarragona, es un destino ideal para los amantes de la cultura y el arte y también para quienes disfrutan de la playa y la naturaleza. Vilanova se puede empezar a conocer en la bella **plaza de la Vila,** de estilo neocolonial, para visitar a continuación el **Museo Can Papiol,** una casa noble del s. XVIII que conserva su ajuar. La parte más antigua de la localidad se halla en **La Geltrú,** donde se puede admirar su **castillo** reconstruido, la plaza de Font i Gumà y la iglesia de Sta. María de La Geltrú. También son interesantes las ermitas de St. Cristòfol y St. Gervasi, desde donde se llega caminando al faro de St. Cristòfol, sede actual del **Museo del Mar.** El camino puede terminar en el paseo marítimo o en alguna de sus **playas.**

Fiestas: La celebración del carnaval está declarada de interés nacional. Del 27 de julio al 6 de agosto, se celebra la fiesta mayor en honor a la **Virgen de las Nieves.**

Alrededores: A 7 km se halla **Sant Père de Ribes** con su conjunto medieval de Sota-Ribes, formado por el castillo, la iglesia vieja y el puente de la Palanca. A 9 km se sitúa **Sitges,** donde se puede disfrutar de sus playas.

Restaurantes

La Cucanya. Racó de Santa Llucía, s/n. T. 938 151 934.
www.restaurantlacucanya.com
Cierra cenas de domingo a miércoles en temporada baja. Cocina mediterránea marinera en un promontorio rocoso sobre el mar. *Suquet* de gambas, *fricandó* de rape con *llanegas* y gambas, tarta de queso mascarpone con crema de limón. Precio medio 35 €.

® **Peixerot.** Pº Marítimo, 56. T. 938 150 625.
www.peixerot.com
Cierra domingo cena excepto verano. Sabrosos **arroces caldosos y guisos de pescado** y un histórico trayecto de más de 100 años refuerzan la rica y tradicional propuesta gastronómica de esta legendaria casa. Menú 19 €. Precio medio 45 €.

Villacarriedo Cantabria

5 · C-4
A Santander, 33 km
A Madrid, 379 km
Pob. 1.765
T. 942 591 999
GPS 43° 13' 47'' N · 3° 48' 25'' O

Visitar: En esta bella localidad situada en el corazón del valle de Carriedo llama la atención el **Palacio de Soñanes,** de arquitectura barroca, levantado en el s. XVIII. También destaca el **colegio de los Padres Escolapios,** que cuenta con una iglesia que alberga en su interior un conjunto de retablos churriguerescos. No hay que marcharse sin ver la **Cajigona de Villacarriedo,** un roble centenario que da sombra en una de las plazas del municipio.

Fiestas: El 28 de junio es la fiesta de S. Pedro y el 31 de agosto y el 1 de septiembre tienen lugar las **fiestas del Sto. Padre.**

Alrededores: A 2 km se halla **Selaya,** con la Casona de Miera y el Palacio de La Colina o de Donadío. A 13 km, en **Esles,** puede visitarse la capilla de S. Antonio Abad.

Restaurantes

® **Las Piscinas.** Parque de la Pesquera, 26.
T. 942 590 214.
Cierra tres semanas en noviembre. Ildefonso Fernández, un enamorado de la gastronomía, derrocha ilusión junto a su esposa, María Jesús López, la cocinera. Referencia gastronómica de la comarca. **Cocido montañés, bacalao al ajoarriero, albóndigas de buey, natillas de turrón.**
Menú 13 €. Precio medio 30 €.

Hoteles

**** **Abba Palacio de Soñanes.** Barrio Camino, 1. T. 942 590 600.
www.abbapalaciodesonaneshotel.com
Hab. 28: 85 €. Suites: 2. Palacio barroco del s. XVIII, declarado bien de interés cultural y rehabilitado, en pleno valle de Carriedo. Restaurante Iniro, fusiona cocina moderna y tradicional.

Villafranca del Bierzo León

Visitar: La última localidad de importancia que atraviesa el Camino de Santiago guarda un casco antiguo cargado de monumentos. Destacan la **iglesia de Santiago,** un templo que permite a los peregrinos que se encuentran enfermos y no pueden llegar a Santiago de Compostela ganar el Jubileo; la **iglesia de S. Nicolás,** que custodia la imagen del patrón de Villafranca, el Stmo. Cristo de la Esperanza, y el **castillo-palacio** situado en la parte alta de la villa. No hay que irse sin dar un agradable paseo por la **calle del Agua,** el jardín de La Alameda y el barrio de Los Tejedores.

Fiestas: De gran tradición son sus carnavales y Semana Santa. El 28 de enero se festeja la celebración de **Sto. Tirso.**

Alrededores: Se puede visitar el santuario de las Angustias en **Cacabelos** (a 8 km) y dar un paseo por la localidad de **Canedo** (a 9 km). A 25 km están **Las Médulas,** minas de oro romanas declaradas patrimonio de la humanidad.

Restaurantes

Moncloa de San Lázaro. (En CACABELOS, a 8 km). Cimadevilla, 97. T. 987 546 101. *www.moncloadesanlazaro.com*
Cierra martes de noviembre a marzo. Con 8 habitaciones. Antiguo hospital reformado del siglo XIII en el Camino de Santiago. Cocina y vinos de la zona. Es emblemático el botillo de la Moncloa. También, bacalao de cuaresma y crema de limón con castañas en almíbar. Precio medio 25 €.

Palacio de Canedo. (Hotel Palacio de Canedo, en CANEDO, a 9 km). La Iglesia, s/n. T. 987 563 366. *www.pradaatope.es*
Cierra domingo cena y lunes. Palacio del s. XVIII rodeado de viñedos de la bodega Prada a Tope. Sus vinos armonizan con el emblemático botillo, las costillas de matanza y la tarta de castañas. Precio medio 30 €.

Hoteles

**** **Parador de Villafranca del Bierzo.** Avda. Calvo Sotelo, 28. T. 987 540 175. *www.parador.es*
Hab. 51: 105 €. Suites: 2. Cierra del 1 de enero al 28 de febrero y del 3 de noviembre al 31 de diciembre. Tradicional construcción de piedra y pizarra a la entrada de la villa. Desde sus confortables habitaciones, inmejorables vistas del noroeste de la comarca del Bierzo, del sur de los Ancares y del valle de Vilela. Restaurante Mencía, cocina típica.

19 · A-1
A León, 130 km
A Madrid, 410 km
Alt. 500 m · Pob. 4.000
T. 987 540 028
GPS 42° 36' 26'' N · 6° 48' 33'' O

Peregrinos en la calle del Agua

Villalcázar de Sirga Palencia

Ver Carrión de los Condes

20 · F-3

Villallano Palencia Ver Aguilar de Campoo

12 · A-4

Villamartín Cádiz

Visitar: En este pueblo blanco de la Sierra de Cádiz sobresalen la **iglesia parroquial de Sta. María de las Virtudes,** de estilo mudéjar, y la iglesia de las Angustias, que formó parte del convento de las Concepcionistas. En los alrededores del municipio se puede ver el **castillo de Matrera** y la ermita de Ntra. Sra. de las Montañas.

Fiestas: El 8 de septiembre se celebra la romería en honor a **Ntra. Sra. de las Montañas.** El patrón es S. Mateo y se festeja el 21 de septiembre.

Alrededores: A 4 km de la localidad se halla el dolmen de **Alberite,** una galería cubierta de 10 metros de longitud. **Bornos,** a 12 km, cuenta con un rico patrimonio cultural, donde destacan el monasterio de los Jerónimos y la ermita de la Resurrección.

Restaurantes

El Jardín-Hacienda El Rosalejo. Ctra. A-373, Villamartín-Ubrique, km 6,6. T. 956 231 000. *www.elrosalejo.com*
Cierra domingo cenas, lunes y del 9 de enero al 11 de febrero. Con habitaciones. La cocina de temporada es la base de Pablo Vicuña que le da su toque personal, en una espectacular hacienda del s. XVIII en plena naturaleza. **Crema de guisantes con huevo y gelatina de jamón, pichón de caserío en dos cocciones.** Precio medio 40 €.

105 · B-4
A Cádiz, 86 km
A Madrid, 560 km
Alt. 20 m · Pob. 12.570
T. 956 733 555
GPS 36° 51' 39'' N · 5° 38' 35'' O

53 · B-4

Villanueva de la Cañada Madrid

Ver Madrid/Restaurantes/Alrededores

12 · D-3

Villarcayo Burgos Ver Medina de Pomar

74 · F-4

Villarrobledo Albacete Ver Roda, La

Villaverde de Pontones Cantabria

5 · D-3
A Santander, 14 km
A Madrid, 387 km
Pob. 334
GPS 43° 24' 43'' N · 3° 42' 12'' O

Espartillas

Visitar: Esta localidad se ubica en la comarca cántabra de Trasmiera. De su patrimonio histórico destacan la **Casa-Palacio de los Mazarrasa** (s. XVIII). Enfrente se yergue la **torre de Corina,** también del s. XVIII, y muy cerca el Palacio de Arcó.

Fiestas: El 15 de mayo se festeja **S. Isidro;** en junio, S. Antonio y en julio, Sto. Tomás.

Alrededores: A 4 km se ubican **Ribamontán al Monte,** donde sobresalen las iglesias góticas de Sta. María de Toraya y S. Félix de Anero, y **Omoño,** cuyo yacimiento de La Garma es uno de los más importantes de España.

Restaurantes

☼☼ **Cenador de Amós.** Pza. del Sol, s/n. T. 942 508 243.
www.cenadordeamos.com
Cierra cenas de martes y miércoles excepto verano, domingo cena, lunes y 20 días entre diciembre y enero. Ubicado en unas cuidadas instalaciones en torno a una casona del siglo XVIII, en la que oficia con maestría el matrimonio formado por Jesús Sánchez, en cocina, y Marian Martínez, en sala. Es la referencia gastronómica más destacada de Cantabria, con 20 años de experiencia, en la que el cliente tiene asegurado el disfrute de una cocina innovadora de raíces cántabras, con propuestas tan atractivas como **canelón de manzana y pularda con alcachofa y bombón de *foie;* dorada asada con albahaca de tomate y tomillo; y emparedado de chocolate con helado.** Tres únicos menús degustación de 38, 49 y 78 €.

Villaviciosa Asturias

4 · A-3
A Oviedo, 44 km
A Madrid, 477 km
Alt. Nivel del mar · Pob. 15.000
T. 985 891 759
GPS 43° 28' 48'' N · 5° 26' 9'' O

Visitar: Ubicado en la **Reserva Natural de la Ría de Villaviciosa,** un valle fluvial inundado por aguas marinas, este municipio está marcado por la producción de sidra y por su importante patrimonio románico: 29 templos que se pueden conocer en el Centro de Información del Románico de Villaviciosa. Destacan especialmente la **iglesia de Sta. María de la Oliva** (s. XIII) y el **Conventín,** dedicado a S. Salvador de Valdediós. Al lado del Conventín está el **monasterio de Sta. María de Valdediós,** patrimonio de la humanidad y una de la joyas del prerrománico asturiano. También hay que visitar los **hórreos** de los ss. XV al XVII y el Ecomuseo del Asturcón, donde se pueden conocer los orígenes de este caballo asturiano. La visita puede culminar en las playas de la localidad: la de **Rodiles** es una de las más bellas.

Fiestas: La patrona, **Ntra. Sra. del Portal,** se festeja en septiembre. Entre septiembre y octubre tienen lugar la **Fiesta de la Sidra,** con el concurso de escanciadores, y el **Festival de la Manzana.**

Alrededores: Existen varias rutas para conocer la ría de Villaviciosa y los molinos de las riberas del río Profundu. A 10 km se encuentra el puerto de **Tazones.** También se pueden recorrer los pueblos de la Comarca de la Sidra, que incluye los municipios de **Cabranes, Colunga, Nava** y **Sariego.**

Restaurantes

La Nansa. (En TAZONES, a 10 km). B° de San Roque, 22. T. 985 897 038.
Cierra jueves y de diciembre a marzo. Pescados y mariscos del recoleto puerto local surten su cocina. De postre, tarta de almendras.
Menú 25 €. Precio medio 35 €.

La Playa. (En TAZONES, a 10 km). B° de San Miguel, 7. T. 985 899 002.
Cierra lunes, 15 días en diciembre y en enero. Ubicado junto a la playa.
Los arroces, pescados y mariscos conforman la oferta culinaria. De postre, tarta María Luisa. Menú 30 €. Precio medio 32 €.

Rompeolas. (En TAZONES, a 10 km). San Roque, 21. T. 985 897 013.
Cierra martes, segunda quincena de junio y del 24 de diciembre al 10 de enero. Los buenos pescados y mariscos definen la profunda vocación marinera de la casa. Muy solicitados los fritos de *pixín* (rape), perfectos de punto. Precio medio 50 €.

Hoteles

*** **Palacio de Cutre.** (En VILLAMAYOR-PILOÑA, a 27,2 km). Lugar Palacio de Cutre. T. 985 708 072. *www.palaciodecutre.com* P
Hab. 18: 99/195 €. Suites: 2. Admisión de perros consultar. Palacio del s. XVI situado a medio camino entre el mar y la montaña.

Villoldo Palencia

20 · E-4
A Palencia, 30 km
A Madrid, 288 km
Alt. 791 m · Pob. 387
T. 979 827 001
GPS 42° 14' 41" N · 4° 35' 50" O

Visitar: En la comarca de Tierra de Campos se halla esta localidad donde es imprescindible visitar la **iglesia parroquial de S. Esteban,** de una sola nave con bóveda de cañón y con una torre moderna, y la **ermita de S. Antonio de Padua.** No hay que marcharse sin probar sus conocidos *amarguillos*, pastas elaboradas a base de almendras.

Fiestas: El 3 de agosto tienen lugar las **fiestas patronales en honor a S. Esteban.**

Alrededores: Otra visita ineludible es **Frómista** (a 23 km), donde se halla la iglesia de S. Martín, bien de interés cultural y uno de los templos románicos más bellos de España. En **Támara de Campos** (a 24 km) merece la pena pasear por su casco antiguo de trazado medieval y ver la iglesia del monasterio benedictino de S. Miguel y la iglesia de S. Hipólito el Real.

Restaurantes

Estrella del Bajo Carrión (H & R). Mayor, 32.
Antigua Ctra. C-615, Palencia-Riaño, km 29. T. 979 827 005.
www.estrellabajocarrion.com P
Cierra domingo cena y lunes excepto agosto. Con 10 habitaciones.
Las hermanas Pedraza, secundadas en cocina por el joven Alfonso, que hace la mejor gastronomía de la provincia, dirigen su encantador hotel rural y el restaurante. **Verduras a la brasa con huevo a baja temperatura y queso de cabra, pichones de Tierra de Campos en estofado clásico, natillas de huevo espumosas con helado de galleta María y caramelo de canela.** Desde el verano de 2013 comparten atención con el restaurante Villoldo en Madrid. Precio medio 45 €.

Viloria de la Jurisdicción León Ver León

20 · A-2

Vinaròs Castelló/Castellón

57 · C-3
A Castelló de la Plana, 80 km
A Madrid, 498 km
Alt. 8 m · Pob. 29.000
T. 964 453 334
GPS 40° 28' 14" N · 0° 28' 25" E

Visitar: Ciudad codiciada por piratas berberiscos durante el s. XVI, la mayor parte de sus edificios históricos presentan una arquitectura defensiva, como se puede comprobar en la fortificada **iglesia arciprestal de Ntra. Sra. de la Asunción.** Otros edificios religiosos destacados son el **santuario de Ntra. Sra. de la Misericordia** y la ermita de S. Gregorio. Entre sus construcciones civiles sobresalen la **Casa del Consell** (ss. XIV-XV) y la modernista **Casa de Ángel Giner.** También merecen una visita el Auditorio Municipal Wenceslao Ayguals de Izco y el pósito de pescadores El Previsor. Los 12 km de costa de Vinaròs, desde el río Sénia hasta el barranco de Aiguadoliva, acogen más de 20 calas. En el casco urbano hay playas como la de **Sòl de Riu** y Les Deveses.

Fiestas: Destacan el carnaval, declarada fiesta de interés turístico autonómico, y el 20 de enero, **San Sebastián,** patrón de la ciudad.

Alrededores: En las zonas próximas a Vinaròs se encuentran restos de los poblados ibéricos. A 12 km se halla **Alcanar,** con la iglesia de S. Miguel Arcángel. A 17 km está **Peníscola** y a 18 km, **Ulldecona,** con su magnífico castillo.

Restaurantes

® **El Faro de Vinarós.** Zona portuaria, s/n. T. 964 456 362.
S
Cierra domingo cena. Situado en la antigua casa del farero. Destacable cocina marinera, con la opción de tapas. **Ravioli de langostinos de Vinaròs relleno de *tartar*, arroz negro con *sepionet*, salsa romescu y *calçots*, naranja preparada**. Menú 18 €. Precio medio 30 €.

Torre vigía en la playa

El Langostino de Oro. (C. C. de Vinaròs). San Francisco, 31.
T. 964 451 204.
Cierra lunes. Los langostinos protagonizan la carta, preparados en distintos modos. Además, *suquet*, tarrina de crema quemada.
Menú 15 €. Precio medio 30 €.

Viso del Marqués, El Ciudad Real

91 · A-1
A Ciudad Real, 70 km
A Madrid, 240 km
Alt. 776 m · Pob. 2.721
T. 926 336 815
GPS 38° 31' 22'' N · 3° 33' 50'' O

Visitar: En pleno corazón de la provincia de Ciudad Real se halla esta localidad, donde destaca el **palacio del Marqués de Sta. Cruz,** renacentista, que alberga el archivo de la Marina Española. También se pueden visitar los museos de Ciencias Naturales y el Etnográfico y Etnológico.

Fiestas: El segundo fin de semana de mayo y el 30 de noviembre se celebran sendas **romerías del patrón, S. Andrés.**

Alrededores: Se puede hacer una ruta por los llamados pueblos de la colonización, cuyas tierras fueron entregadas a colonos después de la Guerra Civil española: **Bazán, Villalba de Calatrava** y **Umbría de Fresnedas,** todos a menos de 18 km.

Restaurantes

La Almazara del Marqués. (Hotel Hospedería La Almazara del Marqués). Almagro, s/n. T. 926 337 154. *www.hospederialaalmazara.com*
Cierra lunes. Almazara de finales del s. XVIII. Ravioli de perdiz con su propio jugo y aceite de trufa, carrillada de ternera estofada con pimentón y vino tinto, pastel de queso fresco manchego con helado de higos y salsa de frambuesa.
Menú 15 €. Precio medio 32 €.

Vitoria-Gasteiz Araba/Álava

Edificio del Artium

13 · C-4
A Madrid, 332 km
Alt. 528 m · Pob. 240.580
T. 945 161 598
GPS 42° 50' 47'' N · 2° 40' 22'' O

Visitar: Las nueve calles que se asientan sobre la colina de Gasteiz son el núcleo original de la capital alavesa, fundada en 1181. La parte vieja, conjunto monumental, está perfectamente conservada y llama la atención el gran número de parques y calles arboladas. La visita puede comenzar en la **plaza de la Virgen Blanca,** frente a las calles de la Herrería y la Zapatería, que cerraban el recinto amurallado del casco viejo. Se puede seguir por la neoclásica plaza de España, y desde allí subir por el conjunto de **Los Arquillos** hasta la **iglesia de S. Miguel,** con la hornacina que alberga la imagen de la Virgen Blanca. El viajero llega así hasta la **catedral de Sta. María,** gótica, sometida a un interesante proceso de restauración y excavación arqueológica. Desde la catedral se pueden seguir las huellas del emperador Carlos V, que residió en la ciudad, y que se dejan sentir especialmente en la hermosa **plaza del Machete.** Ahí destaca la **iglesia gótica de S. Vicente** y el palacio renacentista de Villasuso (s. XVI). También merecen una visita el barroco convento de S. Antonio y las iglesias góticas de S. Miguel y S. Pedro.

La oferta de museos está muy cuidada. Destaca el **Artium,** museo de arte moderno obra de José Luis Catón; el Museo de Arqueología; el de **Bellas Artes,** situado en un espléndido caserón enfrente del Palacio de Ajuria Enea, residencia del *lehendakari,* y el **Museo del Naipe,** con una colección única de 6.000 barajas, en el Palacio de Bendaña (s. XVI). La peatonalización del centro ha expandido las arterias comerciales hacia la **plaza de los Fueros,** el conjunto monumental diseñado por Eduardo Chillida, y la calle de Dato. La visita puede acabar en el **parque de la Florida,** con su coqueto templete de la música.

Fiestas: En julio se celebra su conocido **Festival de Jazz.** Y en agosto, las **fiestas de la Virgen Blanca.**

Alrededores: La Ruta del Románico conduce al **santuario de Estíbaliz** (s. XI) y a la basílica de Armentia. Muy cerca se encuentran los Parques Naturales de Salburua, Zabalgana y Olarizu. A 15 km está el yacimiento arqueológico Iruña-Veleia. Al norte, a 18,4 km, está la iglesia gótica de **Urrunaga.**

Restaurantes

® **Andere.** Gorbea, 8. T. 945 214 930.
www.restauranteandere.com P
Cierra domingo cena, lunes y 15 días en agosto. La interrelación de Álvaro Tobalina y David Yarno (Molino de Urdaniz) se plasma en el producto en su punto, como las **alcachofas fritas, papada y cigala,** el **bogavante con brotes de primavera.** Postre ligero como la **cuajada de espliego o maracuyá.** Precio medio 45 €.

® **Arkupe.** Mateo de Moraza, 13. T. 945 230 080.
www.restaurantearkupe.com
Los hermanos Ortiz de Zárate –Alberto (cocina) y Marta (sala y vinos)– se encargan de que todo funcione bien. **Lasaña fría de anchoas y verduritas, pulpo a la parrilla, espuma de café helado con bastoncitos de hojaldre y chocolate.** Precio medio 35 €.

Dolomiti. Ramón y Cajal, 1. T. 945 233 426.
www.dolomiti.es
Cierra cenas de domingo y lunes, 15 días en febrero y en agosto. Cocina italiana junto a cocina vasca –*pizza stelvio*, merluza a la *koskera*–. También asados en horno de leña. Menú 14 €. Precio medio 25 €.

Dos Hermanas. Madre Vedruna, 10. T. 945 132 934.
www.restaurantedoshermanas.com
Cierra domingo cena. Cocina tradicional alavesa en la ciudad. Brocheta de rape a la plancha con langostinos, morros de ternera, torrija caramelizada de arroz con leche. Menú 28 €. Precio medio 37 €.

® **El Portalón.** Correría, 151. T. 945 142 755.
www.restauranteelportalon.com S
Cierra domingo cena. Antigua posada medieval en el casco antiguo. Cocina tradicional con calidad de producto. **Salteado de hongos con huevo pochado, cocochas de merluza al pilpil, ensalada de frutas.** Precio medio 40 €.

☼ **Ikea.** Portal de Castilla, 27. T. 945 144 747.
www.restauranteikea.com P
Cierra domingo cena, lunes y del 10 de agosto al 3 de septiembre. La cocina de Iñaki Moya aúna clasicismo con toques modernos en armonía con el caserón del siglo XIX restaurado por Javier Mariscal. **Ravioli de carabineros con crema de zanahoria ahumada, colas de cigalas con patata cremosa y salsa de mascarpone y trufa.** Menú 49 €. Precio medio 55 €.

Izaga. Beato Tomás de Zumárraga, 2. T. 945 138 200.
www.restauranteizaga.com
Cierra domingo cena, lunes, Semana Santa y del 9 de agosto al 1 de septiembre. Producto bien elaborado por Fernando Suárez. Panaché de verduras, merluza rellena de berberechos y langostinos en salsa de verduritas, sorbete de melón con sandía y espuma de albahaca. Menú 20 €. Precio medio 35 €.

Olárizu. Beato Tomás de Zumárraga, 54. T. 945 217 500.
www.olarizu.com
Cierra cenas de domingo a jueves, y lunes. Cocina tradicional con toques actuales. Huevo a baja temperatura con puré cremoso de hongos, cabrito asado de Olaeta, *goxua* en rejilla de chocolate con helado de caramelo. Menú 18 €. Precio medio 30 €.

Urtegi-Alde. (Asador, en URRUNAGA-LEGUTIANO, a 16 km). Kruziaga, 5. Por la Autovía de Villarreal. T. 945 465 701.
www.urtegialde.com P S
Cierra cenas y segunda quincena de agosto. Casa de labranza. Aros de jibiones con cebolla caramelizada, pescados y carnes a la parrilla, *goxua* casero. Menú 22 €. Precio medio 32 €.

Monumento a la Independencia en la plaza de la Virgen Blanca

Virgen Blanca

Es la cita estival por excelencia en Vitoria. En el comienzo de las fiestas –de una semana de duración–, multitud de gente abarrota la plaza de la Virgen Blanca, donde canta, baila y bebe mientras espera al Celedón (muñeco que desciende del cielo con un paraguas abierto).

Zaldiarán. Avda. Gasteiz, 21. T. 945 134 822.
www.restaurantezaldiaran.com
Cierra cenas de domingo y miércoles, martes y Semana Santa. El tándem de Gonzalo y Patxi Eceiza (cocinero) es la mejor referencia gastronómica de la ciudad. La tradición con toques de creatividad se complementan con un entorno agradable. **Láminas de trufa con yema de huevo a baja temperatura, taco de buey con escamas de sal y crema de Idiazábal, *soufflé* de avellana con helado de romero.** Precio medio 50 €.

Hoteles

***** **Gran Hotel Lakua.** Tarragona, 8. T. 945 181 000.
www.granhotelakua.com
Hab. 142: 155 €. Suites: 5. Centro spa. Restaurante Margoa, cocina vasca con toques de autor.

**** **NH Canciller Ayala.** Ramón y Cajal, 5. T. 945 130 000.
www.nh-hoteles.com
Hab. 173: 166 €. Suites: 8. Céntrico. Frente al parque de la Florida y la catedral. Restaurante Quejana.

**** **Parador de Argomaniz.** (En ARGOMANIZ, a 12 km).
Ctra. N-1, km 363. T. 945 293 200. *www.parador.es*
Hab. 53: 75 €. Suites: 1. El que fue palacio de la familia Larrea domina, desde una pequeña elevación, parte de la gran llanura alavesa. Lugar ideal para el descanso. Platos típicos de la cocina vasca.

**** **Silken Ciudad de Vitoria.** Portal de Castilla, 8. T. 945 141 100.
www.hotelciudaddevitoria.com
Hab. 148: 250 €. Suites: 1. Céntrico. Alberga los murales de la derribada fábrica de naipes de Heraclio Fournier. Restaurante Vitoria.

Viveiro Lugo

2 · C-3
A Lugo, 96 km
A Madrid, 606 km
Alt. 18 m · Pob. 16.211
T. 982 560 879
GPS 43° 39' 40'' N · 7° 35' 45'' O

Balcón típico

Visitar: Villa declarada conjunto histórico-artístico, su origen medieval se hace presente en los restos de la **muralla,** que conserva tres de sus seis primitivas puertas: la más emblemática es la del castillo del puente o de Carlos V. El románico también dejó huella en la localidad: destacan las iglesias de S. Pedro y de **Sta. María.** El paseo por los jardines de Noriega Varela es muy agradable. Estos jardines dan a la ría, en la que hay 7 km de playas.

Fiestas: Su **carnaval** es uno de los más antiguos en Galicia y la **Semana Santa** es de interés turístico nacional. En agosto se celebran las fiestas patronales de S. Roque.

Alrededores: Cercano a esta localidad se encuentra el paraje de **Souto de Retorta,** monumento natural. A 2 km está **O Celeiro** y a 23 km, la famosa fábrica de cerámica (s. XVIII) de **Sagardelos.**

Restaurantes

Boa Vista. (En O CELEIRO, a 2 km). Ctra. Rúa Casanova, 32.
Ctra. Viveiro-Ribadeo. T. 982 562 290. *www.boavistahotel.com*
S
Cierra domingo cena en invierno. Vistas a la ría y a la playa de Covas con un pequeño hotel de complemento. Productos frescos del mar bien aderezados y ensalada de frutas o queso como remate.
Menú 10 €. Precio medio sin marisco 30 €.

Nito. (Hotel Ego). Playa de Área, 1. T. 982 560 987.
www.hotelego.es
Fiel a sí mismo. La clientela sabe lo que viene a buscar: buen **marisco** y platos de la cocina urbana, burguesa, de la Galicia de siempre; junto a la **merluza a la gallega,** impecable, está su famoso **rollo de bonito;** las lonjas de Celeiro y Burela permiten un abastecimiento perfecto. Menú 35 €. Precio medio 45 €.

Hoteles

***** **Pazo da Trave.** Galdo, s/n. T. 982 598 163.
www.pazodatrave.com
Hab. 18: 95 €. Suites: 3. Pazo del s. XIV, ubicado en un hermoso jardín, a 3,5 km de Viveiro. Buena referencia culinaria en las Rías Altas con productos autóctonos de tierra y mar.

Viver Castellón Ver Segorbe

65 · D-3

Xàtiva/Játiva Valencia

Castillo en el monte Vernissa

85 · A-1
A Valencia, 57 km
A Madrid, 380 km
Alt. 110 m · Pob. 29.386
T. 962 273 346
GPS 38° 59' 19'' N · 0° 31' 0'' O

Visitar: Antes que visigoda y musulmana, esta ciudad fue romana, con el nombre de Saetabis (de ahí el gentilicio setabenses). Después vio nacer a dos papas Borgia, aquí conocidos como los Borja: Alonso de Borja, elegido papa con el nombre de Calixto III, y su sobrino Rodrigo, Alejandro VI. La visita puede empezar en la **iglesia de St. Feliú,** visigoda, la más antigua de la ciudad, situada en el mismo monte en el que se halla el **castillo** medieval. Desde allí hay que ir hasta la **colegiata de Sta. María,** en cuyo interior llaman la atención un bellísimo tabernáculo, obra de Ventura Rodríguez, y una talla de Benlliure. También hay que visitar el **Museo del Almudí** (antigua lonja), donde se expone el retrato de Felipe V boca abajo; el convento de St. Domènec y el Hospital Real del s. XVIII. La modernidad también encuentra su sitio en la villa con el Gran Teatro, de Gerardo Ayala, y la cubierta de la plaza de toros, del equipo CMD y el japonés Mamoru Kawaguchi. El recorrido puede concluir con un agradable paseo por la **calle de Moncada,** con sus fuentes, palacios y casas blasonadas.

Fiestas: La **Feria de Xàtiva,** del 15 al 20 de agosto, es de interés turístico nacional y se remonta al s. XIII. En ella las mujeres se pasean con un abanico y los hombres, con el típico sombrero de paja y un garrote, elaborado con madera de *llidoner*, un árbol autóctono. En **Corpus Christi** salen a la calle los gigantes y cabezudos. Y por **S. Juan,** el 21 de junio, los vecinos celebran su particular *nit del ros* (noche del rocío), en el campo o en la playa.

Alrededores: A 14 km comienza el camino que sube hacia la **Serra Grossa,** un entramado de cumbres y barrancos marcados por el río Albaida. A 20 km se encuentra **Ontinyent.**

Restaurantes

Casa la Abuela. Reina, 17. T. 962 270 525. *www.casalaabuela.es* S
Cierra domingo en verano; y cenas de martes y miércoles. Arroces y platos de cuchara se complementan con croquetas de gallina y fruta de temporada. Menú 15 €. Precio medio 30 €.

Hoteles

**** **Mont-Sant.** Ctra. del Castillo, s/n. T. 962 275 081.
www.mont-sant.com P
Hab. 16: 135 €. Suites: 1. Admisión de perros, consultar. Atractivo emplazamiento en el antiguo monasterio de Bernardos y rodeado de las murallas del castillo. Cuidada cocina.

Xerta Tarragona Ver Tortosa

47 · A-4

Yecla Murcia

84 · B-4
A Murcia, 96 km
A Madrid, 350 km
Alt. 600 m · Pob. 35.000
T. 968 754 104
GPS 38° 36' 54" N · 1° 7' 9" O

Pinturas rupestres en el monte Arabí

Visitar: Su Plaza Mayor porticada y con arcadas renacentistas forma un conjunto monumental muy singular que alberga, entre otros edificios, el Ayuntamiento del s. XVI y la **Casa de los Alarcos,** también renacentista. No faltan edificios religiosos de bellísima factura, como la basílica de la Purísima (ss. XVIII-XIX); la **parroquia de la Asunción** (s. XVI) y la iglesia de S. Francisco (s. XVI). Los amantes del arte pueden visitar el **Museo Arqueológico** y el **Museo de Réplicas de El Greco,** situados ambos en la Casa de la Cultura.

Fiestas: En las fiestas patronales de la **Purísima Concepción** (del 5 al 18 de diciembre), alabarderos y tamborileros recorren la villa invitando a los vecinos a participar. Del 10 al 18 de mayo, **S. Isidro** es también una fecha señalada en Yecla, con feria y una espectacular cabalgata de carrozas.

Alrededores: En el término municipal de Yecla se han contabilizado un total de cinco villas rústicas romanas entre las que destaca los Torrejones (ss. I a. C.-IV). A unos 15 km se llega al **monte Arabí,** un espacio natural protegido que da cobijo a las pinturas rupestres de los Cantos de la Visera y de la cueva del Mediodía, declaradas patrimonio de la humanidad. La vecina Sierra de las Salinas, espacio natural protegido, es otra buena opción para disfrutar de la naturaleza y de una cueva muy singular, la del Lagrimal.

Restaurantes

La Paz-Ródenas. (Hotel La Paz). Avda. La Paz, 180. T. 968 751 350.
www.lapaz-hotel.com P S
Cierra sábado cena, domingo y tres semanas en agosto. Con 31 habitaciones. Local moderno a la entrada de la ciudad. Arroz a banda, paletilla de cabrito deshuesada a los aromáticos, tartas artesanales. Menú 10 €. Precio medio 40 €.

Señorío de Barahonda. (Finca La Castañona). Ctra. C-3223, Yecla-El Pinoso, km 3. T. 968 753 604. *www.barahonda.com* P
Cierra cenas excepto viernes y sábado; lunes y agosto. En la bodega de Barahonda, con posibilidad de visitarla y rodeado de viñedos. Vieiras con salsa de cerezas, solomillo ibérico, falso albaricoque. Menú 27 €. Precio medio 30 €.

Yesa Navarra

23 · D-1
A Pamplona, 47 km
A Madrid, 419 km
Alt. 492 m · Pob. 260
T. 948 884 015
GPS 42° 37' 9" N · 1° 12' 18" O

Visitar: El **monasterio de Leyre** es un atractivo conjunto monumental donde descansan los restos de los primeros monarcas del Reino de Navarra. Especial encanto tienen su sobrecogedora cripta (s. XI), la bóveda gótica y la magnífica puerta Speciosa (s. XII). Merece la pena aprovechar la ocasión para escuchar los cantos gregorianos de los monjes en el oficio de laúdes. Las aguas del río Aragón llenan además el enorme **embalse de Yesa,** conocido por muchos como el mar del Pirineo, ideal para la práctica de deportes náuticos.

Fiestas: A finales de agosto se celebran las fiestas de **Sta. María,** y el 26 de diciembre, **S. Esteban.**

Alrededores: En **Javier** (a 5 km) se encuentra el castillo del mismo nombre (s. X). **Sangüesa** (a 11 km) conserva gran parte de su patrimonio histórico, como la iglesia románica de **Sta. María de la Real** (s. XII).

Hoteles

** **Hospedería de Leyre.** Avda. Monasterio de Leyre, s/n. T. 948 884 100.
www.hotelhospederiadeleyre.com P
Hab. 32: 65 €. Acogedor hotel situado en la parte antigua del monasterio de Leyre, rodeado de bosques. Habitaciones totalmente rehabilitadas.

Zafra Badajoz

Visitar: La visita puede empezar en la **Puerta de Jerez,** del s. XV, y continuar por la calle del mismo nombre, que desemboca en la **plaza Chica,** la más bonita de esta villa. Allí está la Escuela Municipal de Música (s. XIV). Muy cerca, la **plaza Grande** ofrece un descanso entre pórticos y fuentes, y es un punto de partida para llegar a la **colegiata de la Candelaria** (s. XVI), que guarda un retablo de Zurbarán, y al **Museo de Sta. Clara,** donde se pueden visitar las celdas de las monjas de clausura. También hay que acercarse al hospital de Santiago (s. XV), la mudéjar casa del Ajimez, el Ayuntamiento, el **palacio de los Duques de Feria** (s. XV), hoy Parador de Turismo, el teatro diseñado por Enrique Krahe y las bodegas Medina.

Fiestas: Son imprescindibles el **Festival de la Tapa,** del 1 al 9 de febrero, y la fiesta de la **Luna al Fuego,** del 20 al 29 de junio. La **Fiesta Internacional Ganadera,** del 2 al 8 de octubre, pone punto final al verano.

Alrededores: Llerena está a 4 km y los conjuntos históricos artísticos de **Feria, Burguillos del Cerro** y **Fuente del Maestre** quedan a menos de 20 km. También pueden visitarse **Fuente de Cantos** (a 29 km), **Jerez de los Caballeros** (a 38 km) y **Tentudía** (a 48 km), con su monasterio del s. XIII.

88 · D-1
A Badajoz, 73 km
A Madrid, 403 km
Alt. 508 m · Pob. 16.761
T. 924 551 036
GPS 38° 25' 31" N · 6° 25' 4" O

Plaza Grande de Zafra

Restaurantes

® **Barbacana.** (Hotel Huerta Honda). Avda. López Asme, 30. T. 924 554 100.
www.hotelhuertahonda.com
Cierra domingo cena. Buen referente gastronómico en la antigua barbacana de la muralla del alcázar de los Duques de Feria. **Surtido de ibéricos, carrilleras ibéricas estofadas y su pisto, sorbete de fresas al cava.**
Menú 12 €. Precio medio 35 €.

La Rebotica. Boticas, 12. T. 924 554 289.
www.lareboticadezafra.com S
Cierra domingo cena, lunes, y 15 días en invierno y 15 en verano.
Antigua casa con arquitectura mudéjar y detalles rústico-modernos en el interior. *Foie-gras* de pato en *mi-cuit* relleno de queso y manzana, carrilladas ibéricas estofadas, sorbete de frutas de temporada. Precio medio 30 €.

Hoteles

**** **Casa Palacio Conde de la Corte.** Pza. del Pilar Redondo, 2. T. 924 563 311.
www.condedelacorte.com
Hab. 15: 119 €. Suites: 1. Casa-palacio con encanto y elegante ambientación.

**** **Parador de Zafra.** Pza. Corazón de María, 7. T. 924 554 540.
www.parador.es
Hab. 49: 131 €. Suites: 2. Cierra del 3 de noviembre al 12 de diciembre. Fue alcázar-palacio de los Duques de Feria. Ocho torres almenadas y la torre del Homenaje guardan un soberbio patio de mármol. Cocina con especialidades extremeñas.

*** **Huerta Honda.** Avda. López Asme, 30. T. 924 554 100.
www.hotelhuertahonda.com
Hab. 48: 79 €. Suites: 3. Edificio de estilo isabelino. Céntrico. Junto al palacio de los Duques de Feria. Arco del s. XV. Restaurante Barbacana.

Zahara de los Atunes Cádiz

Visitar: La visita adquirirá tintes literarios si comienza en el lugar en el que Miguel de Cervantes escribió *La ilustre fregona,* el **Palacio Jadraza** (s. XVI), residencia de los duques de Medina Sidonia. Desde allí se puede pasear hasta la **iglesia de Ntra. Sra. del Carmen** (s. XV) y la torre de Poniente. No hay que abandonar la localidad sin acercarse a las playas y visitar las tradicionales almadrabas para la pesca del atún.

Fiestas: Destacan los carnavales, la **Ruta Gastronómica del Atún** (en mayo) y la **Velada del Carmen,** en julio. Los amantes del flamenco no deben perderse el Festival Flamenco de agosto.

Alrededores: Imprescindibles el **faro de punta Camarinal** y las calas de arena dorada de **Atlanterra,** a 3 km.

114 · B-1
A Cádiz, 72 km
A Madrid, 680 km
Alt. Nivel del mar · Pob. 1.690
T. 956 063 604
GPS 36° 8' 11" N · 5° 50' 52" O

Restaurantes

Antonio. (Hotel Antonio, en Bahía de la Plata). Ctra. Atlanterra, km 1.
T. 956 439 141. *www.antoniohoteles.com* S

Molinos de viento en Zahara de los Atunes

Cierra diciembre y enero. Con 38 habitaciones. Decoración marinera en primera línea de playa con vistas al mar. Buen producto y tratamiento del mismo. ***Tartar* de atún de almadraba, arroz con carabineros y calamar de potera, tarta de fresa.** Menú 22 €. Precio medio 40 €.

Casa Juanito. Alcalde Ruiz Cana, 7. T. 956 439 211.
www.casajuanito.com
Cierra miércoles, noviembre, diciembre y enero. Los pescados del Estrecho y el atún de almadraba son los protagonistas. Salmorejo zahoreño, tarta de zanahoria. Menú 25 €. Precio medio 30 €.

® **La Taberna de El Campero.** María Luisa, 6. T. 956 439 036.
www.restauranteelcampero.es/taberna
Cierra martes y del 1 de octubre al 1 de abril. De la misma propiedad del Campero (Barbate), en el centro del pueblo, con gustosas tapas en un ambiente marinero donde el **atún** de almadraba es también protagonista **–en aceite, picante, ventresca a la plancha–.** Además, **pargo a la roteña, fruta** de temporada. Precio medio 30 €.

® **Trasteo.** (Taberna). María Luisa, 24. T. 956 439 478.
Cierra de octubre a Semana Santa. Los jóvenes Lara y José cambian de ubicación y nombre pero siguen su buena trayectoria. **Fritura andaluza, tiraditos, arroz con leche cruda.** Precio medio 30 €.

Hoteles

**** **Doña Lola Zahara.** Pza. Thomson, 1. T. 956 439 009.
www.donalolazahara.com
Hab. 26: 58 €. Suites: 1. Edificio histórico de principios del s. XX. Restaurante La Casona.

Zamora

Vista de Zamora desde el río Duero

41 · E-1
A Madrid, 252 km
Alt. 652 m · Pob. 67.000
T. 980 533 694
GPS 41° 30' 11'' N · 5° 44' 52'' O

Visitar: Esta bella ciudad que vive a orillas del Duero sorprende por su patrimonio arquitectónico: cuenta con 23 iglesias románicas y 19 edificios modernistas. Ambos núcleos, el medieval y el modernista, definen el casco histórico y se extienden a ambos extremos de la **Plaza Mayor.** La visita puede comenzar en el centro medieval, donde sobresalen el castillo (s. XI) y la **catedral,** con una impresionante colección de tapices flamencos. Desde allí se puede hacer una ruta por las iglesias románicas, entre las que destacan las de la **Magdalena, Sta. María la Nueva, S. Cipriano, Santiago de los Caballeros** y **S. Pedro.** Muy cerca de la Magdalena está la **plaza de Viriato,** pastor lusitano que hizo historia al luchar contra la invasión romana. Esta plaza está flanqueada por el **hospital de la Encarnación** y el **palacio de los Condes de Alba y Aliste,** convertido en Parador de Turismo. En una esquina está el impresionante edificio de piedra, aluminio y cristal que alberga el **Museo Etnográfico de Castilla y León.** Si lo que se desea es ver arte sacro, lo mejor es asomarse al **Museo de la Semana Santa.** Siguiendo con los museos, el **de Zamora** es otro hito arquitectónico. Obra de los arquitectos Tuñón y Mansilla, ensambla la **iglesia de Sta. Lucía,** el **palacio renacentista del Cordón** y un edificio en forma de cubo de piedra. La **Fundación Rei Afonso Henriques,** de Manuel de las Casas, y el **Archivo Histórico,** de Sergio de Miguel, son otras referencias de arquitectura contemporánea.

Fiestas: La **Semana Santa,** con sus hermosas y austeras procesiones originarias del s. XIII, es de interés turístico internacional. También merecen la pena las distintas romerías, como la del Stmo. Cristo de Valderrey (el domingo siguiente al lunes de Pascua), la del Cristo de Morales (mayo) y la de Hiniesta (lunes de Pentecostés). En junio se celebran las **Ferias de la Cerámica y del Ajo.**

Alrededores: Muy cerca se encuentran **Arcenillas** (a 7 km), con una iglesia con tablas flamencas, y **La Hiniesta** (a 10 km), con la iglesia de Ntra. Sra. de la Asunción. También merece la pena visitar la iglesia visigoda de S. Pedro de la Nave, en **Campillo** (a 20 km); la ciudad de **Toro** (a 32 km), famosa por sus vinos, y el castillo de **Villalonso** (a 45 km).

Restaurantes

Benito & Co. (Gastrobar). Príncipe de Asturias, 1.
T. 678 186 053.
Gastrobar bien ambientado con buenas referencias de vinos. Platos de cuchara, pollo crujiente, cremoso de chocolate blanco. Menú 18 €. Precio medio 20 €.

® **Casa Mariano.** (Asador). Avda. Portugal, 28. T. 980 534 487.
www.restaurantesancho2.com
Cierra domingo cena y 15 días en julio. Comedor adosado a la antigua muralla del s. XIII. **Arroz zamorana, callos con morros y patas, cañas zamoranas con helado y fondo de natillas.** Menú 12 €. Precio medio 30 €.

® **Círculo de Zamora-La Oronja.** Santa Clara, 2. T. 980 532 338.
laoronjacirculodezamora.com
Cierra cenas de domingo a miércoles excepto festivos. El matrimonio Campos lleva ahora el restaurante de lo que fue el antiguo casino. El **bacalao a la tranca** en la versión Ricardo es emblemático, precedido por **cecina de León con lascas de queso de oveja zamorana,** y coronado con un **sorbete de mojito y piña colada con arándanos fluidos.** Menú 15 €. Precio medio 25 €.

® **El Rincón de Antonio.** Los Francos, 6. T. 980 535 370.
www.elrincondeantonio.com
Cierra domingo cena. Gran carta de quesos, de aceites de oliva virgen y de vinos. Antonio González es un gran jefe de cocina y repostero. **Garbanzos de Fuentesaúco al ajoarriero con *boletus* de Sanabria, chocolate con frutas.** Solo falla a veces la atención al cliente. Menú 33 €. Precio medio 42 €.

® **La Vinícola.** (Hotel NH Palacio del Duero). Pza. de la Horta, 1.
T. 980 508 262. *www.nh-hotels.com*
Cierra domingo y lunes. Cocina moderna con buen producto en una antigua vinícola. **Pulpo salteado con mahonesa de pimentón, solomillo de ternera de Aliste con patatas y pimientos de la tierra, fruta** de temporada. Menú 20 €. Precio medio 30 €.

Libertén. Puerta Nueva, 2. T. 980 536 664.
www.restauranteliberten.com
Cierra domingo cena. Los mariscos, pescados de temporada y las carnes a la parrilla son la base de este local, recientemente reformado, ubicado entre los dos puentes, el de piedra y el de hierro. Menú 10 €. Precio medio 40 €.

Los Caprichos de Meneses. Plazuela San Miguel, 3. T. 980 530 143.
www.loscaprichosdemeneses.com
Cierra miércoles y segunda quincena de enero. Edificio del s. XIX donde la familia Meneses se ocupa de cocina, barra con treinta caprichos (tapas y cocina en miniatura), sala y bodega con sala de catas. Especialistas en ***foie-gras* y bacalao. Torrijas ibéricas, leche frita de oveja al romero.** Menú 25 €. Precio medio 35 €.

Hoteles

**** **Horus Zamora.** Pza. del Mercado, 20. T. 980 508 283.
www.hotelhorus.com/zamora
Hab. 45: 60 €. Suites: 7. Antiguo palacete enclavado en pleno centro. Restaurante La Bóveda, cocina zamorana.

**** **NH Palacio del Duero.** Pza. de la Horta, 1. T. 980 508 262.
www.nh-hotels.com
Hab. 49: 60 €. Situado en el antiguo convento de S. Juan de Jerusalén (ss. XIV-XV). Céntrico. Restaurante La Vinícola, buena cocina.

**** **Parador de Zamora.** Pza. Viriato, 5. T. 980 514 497.
www.parador.es
Hab. 52: 95 €. Suites: 6. Palacio del s. XV, situado en el centro histórico. Restaurante de Los Condes.

Monasterio de Moreruela

Ubicado en la localidad zamorana de Granja de Moreruela, se dice que es el primer enclave cisterciense en la península. En estado ruinoso, su origen data del s. XII, época en la que llegó a ejercer una gran influencia sobre la población.

Zamudio Bizkaia

13 · B-1
A Bilbao, 12 km
A Madrid, 406 km
Alt. 50 m · Pob. 3.232
T. 944 060 990
GPS 43° 17' 0'' N · 2° 51' 42'' O

Visitar: Esta villa de caseríos y pequeñas industrias se asienta en el valle de Txorierri. De su espléndido pasado medieval conserva la **iglesia de S. Martín** (s. X) y la **torre Malpica o Zamudio,** una casa-torre medieval del s. XV.

Fiestas: Las fiestas patronales de **S. Martín** se celebran en noviembre.

Alrededores: Se puede realizar el Camino de la Costa, una de las más primitivas rutas de peregrinación a Compostela, que recorre el litoral guipuzcoano desde Hondarribia hasta Bizkaia. **Bilbao** está a 12 km y **Gernika,** a 29 km.

Restaurantes

Gaminiz. (Parque Tecnológico de Bizkaia). Ibaizábal, 212.
T. 944 317 025. *www.gaminiz.com*
Cierra cenas, domingo, Semana Santa, agosto y navidades. Un luminoso caserío moderno es el escenario de la gran cocina de Aitor Elizegi, cuyos **bacalaos** son emblemáticos. También **pescados y carnes a la parrilla** y deliciosos postres. Su hermano Asier se ocupa de la atención a los clientes en sala y vinos. Todo ello merece la visita. Menús 19 a 52 €. Precio medio 48 €.

Hoteles

*** **Aisia Derio.** Parque Tecnológico de Bizkaia, parcela 806. T. 944 317 680.
www.aisiahoteles.com
Hab. 38: 77 €. En el Cinturón Verde de Bilbao, junto al aeropuerto y en el corazón del Parque Tecnológico de Bizkaia.

Zaragoza

Palacio de la Aljafería

34 · F-3
A Madrid, 312 km
Alt. 200 m · Pob. 698.186
T. 902 142 008
GPS 41° 39' 22'' N · 0° 52' 40'' O

Visitar: Se puede empezar a conocer la ciudad por su origen: la Cesaraugusta romana, de la que se conservan vestigios de las murallas y tesoros que se guardan en los distintos **museos romanos:** el del Teatro, el del Foro, el del Puerto Fluvial y el de las Termas Públicas. Muy cerca de las murallas está la **basílica de Ntra. Sra. del Pilar,** templo barroco a la vera del Ebro que alberga pinturas al fresco de Goya y Bayeu. Con sus cuatro torres, es un referente del culto mariano, ya que cobija a la Virgen del Pilar. Al lado se sitúa la renacentista lonja de Zaragoza; contigua a la lonja, está la otra catedral de Zaragoza, la de S. Salvador, conocida como **La Seo.** Allí, bajo el ábside mudéjar, destacan el espléndido retablo, los sepulcros, el Museo de Tapices y la capilla de Don Lope de Luna. Si se quiere seguir visitando templos, nada mejor que entrar en las iglesias de **S. Pablo, Sta. Engracia, la Magdalena** y **S. Gil,** de estilo gótico-mudéjar. La ruta histórica continúa por los palacios de los condes de Argillo y de los Luna, la Real Maestranza de Caballería y el torreón de la Zuda, y culmina en la **Aljafería,** palacio musulmán que es patrimonio de la humanidad y en el que destacan los artesonados, el *mihrab* y el salón del trono. También merece la pena recorrer alguno de los museos de la ciudad, como el de Pablo Gargallo, el **Museo Pablo Serrano** o el Camón Aznar. Para terminar, hay que disfrutar de la espléndida arquitectura surgida tras la **Expo del Agua:** la torre del Agua, el pabellón del Puente, el puente del Tercer Milenio, el Parque Metropolitano del Agua y el Acuario Fluvial, el más grande de Europa.

Fiestas: La **Semana Santa** y la **fiesta del Pilar,** el 12 de octubre, son de interés turístico nacional. Además, los zaragozanos celebran las fiestas de S. Valero en enero; la Cincomarzada, el 5 de marzo, y el Día de Aragón, el 23 de abril.

Alrededores: Si se viaja en familia, merece la pena acercarse al parque de atracciones de **Pinares de Venecia** (a 6 km) y a los museos del Aceite y del Viento de La Muela (a 26 km). Muy recomendable es visitar la cuna de Francisco de Goya, **Fuendetodos** (a 44 km), donde está el Museo del Grabado. También hay pinturas de Goya en la iglesia de **Remolinos** (a 9 km), en la **Cartuja de Aula Dei** (a 14 km) y en la ermita de Ntra. Sra. de la Fuente, en **Muel** (a 27 km).

Restaurantes

☼ **Bal d'Onsera.** Blasón Aragones, 6. T. 976 203 936.
www.baldonsera.com S
Cierra domingo, lunes, 15 días en agosto y navidades. Josechu Corella, gran renovador de la gastronomía zaragozana realiza sus creaciones con sabia profundidad. **Vieiras asadas con madejas y cuscús, cocochas de bacalao con espárragos verdes, brocheta de frutas con *fondue* de chocolate.** Pequeño y agradable comedor. Menú 30 €. Precio medio 55 €.

Campo del Toro. (Asador). Pza. del Portillo, 5. T. 976 438 721.
www.campodeltoro.com
Cierra cenas de domingo a miércoles. Un asador taurino en la zona de la plaza de toros. Arroz cremoso con pollo de corral, rabo de toro a la cordobesa con ñoquis de patata, selección de quesos de Aragón. Menú 9 €. Precio medio 33 €.

® **Casa Lac.** Mártires, 12. T. 976 396 196.
www.restaurantecasalac.es S
Cierra domingo cena. Cuando los zaragozanos ya creían perdida aquella antigua Casa Lac de los tiempos decimonónicos, la actual gerencia ha sabido rehabilitarla. Excelentes propuestas de **verduras, pescados y carnes,** servidos en el tradicional marco del comedor. Menú 19 €. Precio medio 40 €.

☼ **El Cachirulo.** Ctra. Autovía de Zaragoza-Logroño, km 1,5. T. 976 460 146.
www.elcachirulo.es P
Cierra domingo cena, lunes, segunda semana de enero, Semana Santa y primera quincena de agosto. El Cachirulo –pañuelo con el que los antiguos baturros se ceñían la cabeza– es todo un monumento a Aragón. No solo en lo arquitectónico sino también en lo gastronómico. Repertorio completo de cocina aragonesa: **ravioli de borraja, ternasco al horno, frutas naturales en hojaldre.** Menú 33 €. Precio medio 36 €.

El Chalet. Santa Teresa de Jesús, 25. T. 976 569 104.
www.elchaletrestaurante.com
Cierra lunes almuerzo y domingo en julio y agosto; domingo cena, lunes, Semana Santa, segunda y tercera semanas de agosto. Chalé con jardín interior. *Risotto* de ternasco con chilindrón de verduras, rabo de buey sin hueso, *brioche,* queso y hongos; lágrima de *mousse* de avellanas. Atractivo menú con ocho opciones (28 €) y posibilidad de medias raciones en la carta de temporada. Precio medio 40 €.

® **Gayarre.** Ctra. del Aeropuerto, 370. T. 976 344 386.
www.restaurantegayarre.com P
Cierra cenas de domingo a jueves, lunes, Semana Santa y segunda quincena de agosto. El nombre del gran tenor navarro abandera este chalé rodeado de jardines en la carretera del aeropuerto. Excelente cocina de Miguel A. Revuelto, fiel a Navarra y Aragón. **Arroz con borrajas, alubias con liebre, bomba de tiramisú.** Menú 18 €. Precio medio 40 €.

® **La Bastilla.** Coso, 177. T. 976 291 081. *www.labastilla.com* S
Cierra cenas de domingo y martes; lunes y agosto. Cocina creativa, con raíces aragonesas, cerca del Ebro y la basílica del Pilar. **Arroz cremoso al aroma del bosque, presa ibérica con salsa de cerveza negra y macarrones de café.** De postre, **cítricos.** Precio medio 36 €.

☼ **La Granada.** San Ignacio de Loyola, 14. T. 976 223 903. P
Cierra domingo. Supervisado por el cocinero Carmelo Bosque y el director de sala Fernando Barbanoj, el laureado tándem del oscense Lilas Pastia, la casa sigue una marcha ascendente. Detalles decorativos a cargo del artista local Jorge Gay. Menú 25 €. Precio medio 36 €.

La Matilde. Predicadores, 7. T. 976 433 443. *www.lamatilde.com*

Estatua de César Augusto

Escultura *Alma del Ebro* de Jaume Plensa

Cierra domingo, festivos, Semana Santa y puente de la Inmaculada. Daniel Yranzo asesora culinariamente la cocina de Iván Puyuelo. Camembert rebozado y su confitura de tomate, bacalao confitado con salmorejo aragonés, mosaico de repostería artesana. Precio medio 40 €.

La Prensa. José Nebra, 3. T. 976 381 637.
www.restaurantelaprensa.com
Cierra domingo cena, lunes, Semana Santa y 15 días en agosto. Joven y ya laureado restaurante con grandes premios. **Carrilleras de *agnei* ibérico, rodaballo tostado, queso y frambuesas.** Decoración moderna y grato ambiente. Sigue su marcha ascendente. Menú 55 €. Precio medio 50 €.

La Rinconada de Lorenzo. La Salle, 3. T. 976 555 108.
www.larinconadadelorenzo.com
Cierra domingo cena. Más de cuarenta años de trayectoria con base en la cocina local aragonesa. Borrajas con almejas, ternasco y lechal asado, natillas. Menú 15 €. Precio medio 28 €.

Moss. Pº de la Constitución, 23. T. 976 225 191.
www.newmoss.es
Cierra domingo. En un par de años se ha incorporado a las novedades más destacables de la ciudad. *Risotto* cremoso de trufa negra, canelón de changurro, ensalada de fruta natural. Menú 23 €. Precio medio 28 €.

Novodabo. Juan II de Aragón, 5. T. 976 567 846.
www.novodabo.com
Cierra lunes y martes cena; domingo, Semana Santa y dos semanas en agosto. Cerca del estadio de La Romareda, un joven ejemplo de inteligente cocina moderna atenta al mercado y la estación **–migas de Aragón puestas al día, pichón en su jugo con verduras ecológicas de nuestra huerta–** bajo la dirección del cocinero David Boldova. Menú 30 €. Precio medio 48 €.

Txalupa. Pº Fernando el Católico, 62. T. 976 566 170.
www.txalupazaragoza.com
Cierra cenas de domingo a martes, Semana Santa y el puente de la Virgen de agosto. Chus Escamilla en cocina y Javier Vila en sala siguen al tanto de todo. *Mezclum* de lechugas a la vinagreta de tomate, bacalao al pilpil, tarta de manzana templada caramelizada con helado de canela. Menú 22 €. Precio medio 35 €.

Hoteles

***** **Boston.** Avda. de las Torres, 28. T. 976 599 192.
www.hotelboston.es
Hab. 312: 60 €. Suites: 13. Moderno, con una ubicación privilegiada en el centro de la ciudad.

***** **Palafox.** Marqués de Casa Jiménez, s/n. T. 976 237 700.
www.palafoxhoteles.com/hotel-palafox
Hab. 179: 86 €. Suites: 5. Situado en el centro comercial e histórico de la ciudad y decorado por el prestigioso interiorista Pascua Ortega. Restaurante Aragonia Palafox.

***** **Reina Petronila.** Avda. Alcalde Sáinz de Varanda, 2. T. 876 541 136.
www.palafoxhoteles.com/hotel-reina-petronila
Hab. 185: 91 €. Suites: 23. Diseñado por Rafael Moneo, se sitúa en el nuevo centro cultural y administrativo, junto al auditorio.

**** **NH Gran Hotel.** Joaquín Costa, 5. T. 976 221 901.
www.nh-hotels.com
Hab. 133: 74 €. Suites: 19. Edificio histórico inaugurado en 1929 por Alfonso XIII. Céntrico, en la zona comercial y cultural. Admisión de perros, consultar. Restaurante La Ontina.

Zarautz Gipuzkoa

6 · E-4
A Donostia/San Sebastián, 26 km
A Madrid, 482 km
Alt. 6 m · Pob. 22.323
T. 943 830 990
GPS 43º 16' 48'' N · 2º 10' 22'' O

Visitar: El paseo, en Zarautz, arranca en el extremo occidental de la playa, junto al **palacio renacentista de Narros,** residencia estival de Isabel II y del padre Coloma, el creador del Ratoncito Pérez. Desde allí merece la pena visitar la torre Luzea (s. XV), el **convento-iglesia de S. Juan Bautista,** con un tríptico religioso de Flandes (s. XVI), la iglesia de Sta. María la Real (s. XVI), la Casa Portu (s. XVI), sede del Ayuntamiento, y el Museo de la Fotografía.

Fiestas: Las fiestas de **S. Pelaio,** del 25 al 28 de junio; el día de la Virgen, el 15 de agosto y la **Semana Vasca,** del 1 al 9 de septiembre, son buenas fechas para visitar esta localidad.

Alrededores: El paseo por el litoral de Zarautz a **Getaria** (a 5 km) dura tres cuartos de hora, y es cómodo y relajante. Al final del camino espera el Ratón de Getaria, en el monte S. Antón. Destaca también el **Parque Natural de Pagoeta.**

Playa de Zarautz

Restaurantes

® **Gure Txokoa.** (Asador). Gipuzkoa, 22. T. 943 835 959.
www.restauranteguretxokoa.es
Cierra domingo cena, lunes, 15 días en febrero y en noviembre. Bastión inexcusable de la culinaria tradicional, donde se domina con perfección la parrilla con productos rigurosamente estacionales. Los pilares de esta casa son sus patrones: el cocinero Joxe Mari Mitxelena y Elena Aizpurua. Delicados postres, **cuajada de leche de oveja con natilla.** Servicio sin tacha. Precio medio 50 €.

☼ **Karlos Arguiñano.** (Hotel Karlos Arguiñano). Mendilauta, 13.
T. 943 130 000. *www.hotelka.com*
Cierra cenas de lunes a jueves en invierno; domingo cena, miércoles, enero y Navidad. Los hijos de Karlos Arguiñano, al frente del negocio familiar, emulan a su progenitor. Zigor ofrece una cuidada cocina de mercado y un mayor desenfado en sus propuestas, sin perder las raíces. **Postres** muy cuidados. Gran profesionalidad del servicio a cargo de Eneko Arguiñano. Menú y precio medio 35 €.

Kirkilla Enea. Santa Marina, 12. T. 943 131 982.
www.kirkilla.com
Cierra domingo cena y lunes. Es una antigua vivienda de solera donde vivió de niña su propietaria, Romero Amezto, que supo conservar el cálido sabor hogareño. La cocina a la vista del público. De mucha personalidad, asimismo sus platos: populares y refinados a la vez. Postres delicados. Menús de 15 a 31 €. Precio medio 35 €.

Hoteles

*** **Zarauz.** Nafarroa, 26. T. 943 830 200. *www.hotelzarauz.com* P
Hab. 75: 50 €. A 100 m de la playa. Restaurante Santa Bárbara.

Zumaia Gipuzkoa

6 · E-3
A Donostia/San Sebastián, 32 km
A Madrid, 459 km
Alt. Nivel del mar · Pob. 9.483
T. 943 143 396
GPS 43° 17' 49'' N · 2° 15' 29'' O

Visitar: La visita a esta localidad está marcada por el pintor **Ignacio Zuloaga,** en torno al cual gira el Espacio Cultural que incluye un **Museo de Colección Histórica.** También es recomendable acercarse a la **parroquia de S. Pedro,** con un retablo del s. XVI de Juan de Antxieta. Si se va a visitar el *flysch,* merece la pena parar en el Centro de Interpretación Algorri.

Fiestas: S. Telmo, patrón de los marineros, se conmemora en abril. La Fiesta Vasca y el Festival Internacional de Música tienen lugar en agosto. El **Día del Pulpo,** el 15 de septiembre, clausura el estío.

Alrededores: Es imprescindible recorrer el *flysch* entre Zumaia y **Deba,** 8 km de acantilados que constituyen un tesoro geológico. También son preciosas las ermitas de Ntra. Sra. de Arritokieta y de S. Telmo.

Restaurantes

® **Asador Bedua.** Barrio Bedua, 1. Ctra. Zumaia-Meagas. T. 943 860 551.
www.bedua.es
La familia Iriondo sigue al frente desde hace más de medio siglo con su estupenda cocina popular, con géneros de la propia huerta y **pescados o carnes** de primera y una **parrilla** envidiable. Además, su **tortilla de patatas,** el **panaché de verduras** y un inigualable **arroz con leche.** Precio medio 35 €.

® **Marina-Berri.** (Puerto Deportivo de Zumaia). Barrio Santiago, s/n.
T. 943 865 617. *www.marinaberri.com*
Cierra cenas de domingo a jueves en invierno y Navidad. Mikel Bermejo está dotado de un gran punto. Propone platos innovadores con bases tradicionales. **Mollejitas de cordero de leche con pimientos fritos, pecado original (en torno al chocolate).** Menú 11 €. Precio medio 36 €.

Zumarraga Gipuzkoa

13 · D-2
A Donostia/San Sebastián, 53 km
A Madrid, 410 km
Alt. 357 m · Pob. 10.024
T. 943 730 428
GPS 43° 5' 25" N · 2° 18' 52" O

Danza tradicional conocida como *ezpatadantza*

Visitar: S. Ignacio de Loyola está presente en esta localidad a través de la **ermita de Sta. María la Antigua,** que forma parte de la Ruta de los Tres Templos de Tierra Ignaciana, junto a los santuarios de Loyola y Arantzazu. Merece la pena detenerse en **Sta. María de la Asunción,** de estilo gótico vasco con bella portada barroca, la plaza de Euskadi, la estatua de Don Miguel López de Legazpi y la necrópolis, con cripta subterránea. Otra opción es recorrer la ruta de casas señoriales: la **Casa-Torre Legazpi,** la Itarte y la Uzcanga.

Fiestas: El lugar conserva las tradiciones: la romería a **Sta. María de la Antigua** el lunes de Pascua, el baile *ezpatadantza* ante la imagen de Sta. María de Zumarraga el día de la Visitación y los concursos de ganado de la **Feria del Ganado Caballar y Agrícola.** El Ciclo de Música Antigua ofrece conciertos todos los sábados de septiembre.

Alrededores: Una gran experiencia para el viajero es contemplar los hayedos y las campas de Urbía del cercano **Parque Natural de Aizkorri-Aratz.**

Restaurantes

Etxeberri. (Hotel Etxeberri). Barrio Etxeberri, s/n. T. 943 721 211.
www.etxeberri.com
Cierra domingo cena. Con 35 habitaciones. Es una de las casas de más reputación culinaria de la zona. Platos clásicos ejecutados con rigor y pinceladas de actualidad. **Ensalada templada de pato con manzana asada. Repostería de categoría, crujiente de chocolate sobre bizcocho de almendras.** Espectacular bodega con múltiples referencias a buen precio. Menú 20 €. Precio medio 50 €.

Kabia. Legazpi, 5. T. 943 726 274.
www.restaurantekabia.com
Cierra cenas de domingo a jueves; lunes y una semana en agosto. Juanma Hurtado ofrece una cocina de raíces profundas y ramas creativas. Experto micólogo y artista en el manejo del bacalao. Así como un guisandero de lujo. **Arroz cremoso de pichón y hongos.** Postres de igual nivel: como el **tiramisú (cacao, café y queso).** Su esposa Jaione Garmendia comanda el servicio. Menú 17 €. Precio medio 30 €.

1

Islas Baleares
Islas Canarias

MALLORCA

Alcúdia-Port d'Alcúdia Mallorca

Grupo de ciclistas en Alcúdia

67 · D-1
A Palma, 52 km
Alt. 15 m · Pob. 21.618
T. 971 549 022
GPS 39° 51' 7'' N · 3° 7' 15'' E

Visitar: Al norte de Mallorca se encuentra Alcúdia, cuyo conjunto patrimonial es de los mejor conservados de la isla. Su núcleo histórico está protegido por una **muralla medieval,** en la que hay que contemplar sus puertas de acceso. Es muy recomendable visitar la **iglesia de St. Jaume** y su museo parroquial y el **oratorio de Sta. Anna.** A las afueras de la localidad están la **cueva de St. Martí** y la **ermita de la Victòria.** Al sur del centro histórico, se levanta la **ciudad romana de Pol·lèntia** (123 a. C.). Otro núcleo tradicional es **Port d'Alcúdia,** la zona costera con puerto deportivo, campos de golf, tiendas, restaurantes, hoteles...

Fiestas: Las más importantes son **St. Pere** (del 18 al 29 de junio); la Mare de Déu de la Victòria (1 y 2 de julio); St. Jaume, patrón de Alcúdia (del 18 al 25 de julio) y la Festa de les Llanternes (24 de agosto). Además, el 6 y el 7 de octubre se celebra la **Feria de Alcúdia.**

Alrededores: Calas vírgenes de aguas transparentes rodean el municipio, como Alcanada, Morer Vermell, St. Joan... Los amantes de la ornitología han de visitar el **Parque Natural de l'Albufera.**

Restaurantes

Jardín. (En PORT D'ALCÚDIA, a 1 km). Tritons, s/n. T. 971 892 391. *www.restaurantejardin.com*
Cierra miércoles y jueves excepto verano, lunes, martes y del 1 de enero al 15 de marzo. Cocina mediterránea de calidad y punto impecable de Macarena de Castro, que sirve en un menú degustación (85 €) de **nueve platos, queso y postre.** Su hermano Daniel se ocupa de una esmerada atención al cliente. Precio medio 70 €.

Miramar. (En PORT D'ALCÚDIA, a 1 km). Pº Marítimo, 2. T. 971 545 293. *www.restaurantmiramar.es*
Cierra domingo cena. Restaurante centenario con vistas al mar y viveros de marisco. Variedad de arroces, pescados a la plancha, fritos, a la sal, en caldereta... frambuesas. Precio medio sin marisco 30 €.

Hoteles

***** **Grand Palace de Muro.** (En PLATJA DE MURO, a 5 km). Ctra. Alcúdia-Artà, km 1. T. 971 894 224. *www.belivehotels.com*
Hab. 109: 430 €. Suites: 81. En primera línea de playa. Próximo al Parque Natural de l'Albufera. Restaurantes Hoshi, Agora, Vesta y Olimpus.

***** **Grupotel Parc Natural.** (En PLATJA DE MURO, a 5 km). Ctra. Alcúdia-Artà, s/n. T. 971 892 017. *www.grupotelparcnatural.com*
Hab. 108: 326 €. Suites: 36. En primera línea de playa. Restaurantes Paraíso y Bistró Mar Blau.

Muralla medieval

67 · E-2

Artà Mallorca Ver Cala Ratjada-Capdepera

67 · C-2

Caimari Mallorca Ver Inca

Cala Ratjada-Capdepera Mallorca

67 · F-2
A Palma, 80 km
Alt. 90 · Pob. 12.857
T. 971 563 033
GPS 39° 42' 40'' N · 3° 27' 43'' E

Escultura de anclas

Visitar: Muchos navegantes se han guiado por la abrupta costa del nordeste mallorquín gracias al faro de Cala Ratjada, el principal puerto pesquero y turístico del municipio de Capdepera. En este paraíso marítimo se aprecia su pasado medieval. Ejemplo de ello es su **castillo** (bien de interés cultural), su capilla de estilo gótico, la **torre de Sa Vetlla** o la **Casa del Gobernador.**

Fiestas: Los fuegos artificiales se encienden en Cala Ratjada en enero en honor a St. Sebastià; el tercer fin de semana de mayo se celebra la **Feria Medieval;** en mayo, las fiestas de Ntra. Sra. del Carmen; en agosto, St. Roc y St. Bartomeu; y en octubre, la **Mostra de la Llampuga.**

Alrededores: Además de fantásticas playas (Mesquida, Agulla, Son Moll, Sa Font de Sa Cala...), a 9 km está **Canyamel,** donde visitar su torre gótica y las cuevas naturales de **Artà.** Entre Capdepera y Canyamel sorprende el poblado talayótico Claper des Gegant.

Restaurantes

® **Andreu Genestra.** Ctra. Cala Mesquida, 1. Desvío Camino son Moltó. T. 971 565 910. *www.andreugenestra.com* P S
Cierra enero, noviembre y diciembre. El joven Andreu Genestra en solo un año prestigia el bonito emplazamiento del hotel rural Predi Son Jaumell por la autenticidad de su cocina de raíz mallorquina, basada en el producto de su propio huerto, **aceite de oliva** y **vino** de producción familiar. Todo ello con una sabia creatividad. Menú 35 €. Precio medio 38 €.

Finca es Serral. (En ARTÁ, a 9 km). Camino playa de Cala Torta, km 1. Finca Es Serral (polígono 18, parcela 43). T. 971 835 336. P
Cierra almuerzos en julio y agosto, lunes y del 1 de noviembre al 14 de marzo. Platos tradicionales con productos de la huerta. *Crepes* a la mallorquina, barón de conejo a la plancha con alioli, *graixonera* dulce. Menú 14 €. Precio medio 25 €.

Hoteles

***** **Can Simoneta.** Ctra. Artà-Canyamel, km 8. Finca Torre Canyamel. T. 971 816 110. *www.cansimoneta.com* P
Hab. 11: 290 €. Suites: 5. Sobre un acantilado con espléndidas vistas al mar. Dispone de una piscina marina excavada en el acantilado y de acceso directo a la playa.

Lago Garden Apart Suites & Spa Hotel. Avda. Buen Paseo, s/n. T. 971 563 616. *www.lagogarden.com*
Hab. 105: 172 €. En el centro de Cala Ratjada.

Campos del Port Mallorca

67 · D-4
A Palma, 40 km
Pob. 9.784
GPS 39° 25' 37'' N · 3° 1' 15'' E

Visitar: La riqueza paisajística de Campos del Port es su mejor tarjeta de presentación. Hay que recorrer su Plaza Mayor y su sistema de defensa urbano, formado por **siete torres,** y no perderse la **iglesia de St. Julià** (neoclásica), el **convento de les Germanes dels Sagrats Cors de Jesús i Maria,** el auditorio municipal y el oratorio de St. Blai, una de las primeras iglesias de Mallorca.

Fiestas: Sus celebraciones más importantes son **St. Julià,** su patrón, el 9 de enero; la Mare de Déu, el 15 de agosto, y **Sta. Catalina,** el 26 de noviembre.

Alrededores: El Parque Nacional Marítimo-Terrestre de Cabrera cuenta con un centro de interpretación en la Colònia Sant Jordi, municipio de **Ses Salines** (a 12 km).

Restaurantes

Bodega Barahona-Casa Manolo. (En SES SALINES, a 12 km). Pza. San Bartolomé, 2. T. 971 649 130. *www.bodegabarahona.com* S
Cierra lunes y del 1 de noviembre al 31 de enero excepto Navidad. El mar en la mesa. Desde el **calamar de potera** y el **arroz de notario,** a la **parrillada de pescados** coronada por el **bizcocho de naranja y nueces o de castaña.** Precio medio 35 €.

Ca'n Calent. Ronda Estació, 44. T. 971 651 445. *www.cancalent.com* S
Cierra lunes y febrero. Los hermanos Vicens mantienen con profesionalidad la calidad de su restaurante. **Patatas con huevo y trufa negra, carnes mallorquinas de grano, macedonia de frutas con sorbete de yogur.** Precio medio 30 €.

Deià Mallorca

67 · B-2
A Palma, 27 km
Alt. 545 m · Pob. 773
GPS 39° 44' 53'' N · 2° 38' 53'' E

Visitar: Sobre una colina y en medio de la Sierra de Tramuntana, se levanta Deià, una joya del Mediterráneo que en el s. XIX fue lugar de residencia de escritores, músicos... Además de un entorno natural maravilloso, esta localidad despliega una interesante oferta cultural con la **Casa de Robert Graves** (autor de *Yo Claudio*), el **Museo Parroquial** y el Museo Arqueológico.

Fiestas: La más importante es su fiesta patronal, **St. Joan,** el 24 de junio.

Alrededores: Además de visitar la **Casa-Museo de Son Marroig,** hay que acercarse a la cala de Deià y al **islote Sa Foradada.**

Calle de Deià

Restaurantes

El Olivo. (Hotel La Residencia). Son Canals, s/n. T. 971 639 392.
www.laresidencia.com
Cierra almuerzos, lunes y martes excepto julio y agosto; y del 10 de noviembre al 1 de marzo. Una antigua almazara del siglo XVI con elegantes instalaciones y la buena cocina mediterránea de Guillermo Méndez. **Gambas de Sóller cocinadas a la sal con judías de mar y aceite de la finca, *carré* de cordero de Mallorca con aceitunas y salsa de romero, bizcocho de almendras y naranja de Sóller.** Precio medio 70 €.

Es Racó d'es Teix-Josef Sauerschell. Vinya Veia, 6. T. 971 639 501.
www.esracodesteix.es
Cierra lunes, martes y del 15 de noviembre a principios de febrero. Josef Sauerschell, secundado en sala por su esposa, Leonor, sigue siendo una gran referencia de la zona. **Ravioli de bogavante con melocotón blanco, lechona mallorquina con croquetas de manitas de cerdo y salsa de sobrasada.** Menú 35 €. Precio medio 90 €.

Hoteles

***** **La Residencia.** Son Canals, s/n. T. 971 639 011.
www.hotel-laresidencia.com
Hab. 64: 499 €. Suites: 8. Siguiendo el estilo arquitectónico de las islas, este hotel está situado en un maravilloso emplazamiento de la montaña. Suites Tramuntana con terraza y minipiscina. Restaurante El Olivo.

**** **Es Molí.** Ctra. Valldemossa-Deià, s/n. T. 971 639 000.
www.esmoli.com
Hab. 86: 381 €. Suites: 1. Servicio de masajes y tratamientos de belleza. Restaurante Buganvilia.

Es Capdellà Mallorca

67 · A-3
A Palma, 50 km
Alt. 115 m · Pob. 1.057
T. 971 628 019
GPS 39° 34' 27'' N · 3° 12' 1'' E

Visitar: Situado en la vertiente meridional del Puig de sa Grua, a una altura de 115 metros. La carretera que llega hasta este pequeño municipio ofrece unas vistas excepcionales de Calvià y Andratx, y en el centro del pueblo destaca la **iglesia del Carmen.** Además, es un punto de partida ideal para realizar excursiones a pie o en bicicleta.

Fiestas: En julio se celebran las fiestas patronales, por la **Virgen del Carmen.**

Alrededores: A menos de 4 km se encuentra **Calviá,** con las casas señoriales de la Can Verger o la Can Ros, e importantes yacimientos prehistóricos y a 11 km, **Andratx.** Merece la pena visitar el castillo de Son Mas y la iglesia de Sta. María de Andratx.

Paisaje de Es Capdellà

Restaurantes

Zaranda at Son Claret. (Hotel Castell Son Claret).
Ctra. Es Capdellà-Galilea, km 1,7. T. 971 138 628. *www.zaranda.es*
Cierra almuerzos, lunes en julio y agosto, domingo y de noviembre a marzo. Castillo medieval restaurado como hotel de lujo rodeado de un maravilloso campo, sede del restaurante gastronómico en el que demuestra su talento culinario Fernando Pérez-Arellano en dos menús degustación (100 y 125 €). Todo cuidado al máximo, tanto la cocina como el servicio de mesa, que se prolonga en el patio-jardín en primavera-verano. La bodega corresponde al gran profesional Sebastián Longo, magníficos **panes** y **postres.** Toda una sinfonía de aromas y sabores. Precio medio 100 €.

Hoteles

***** **GL Castell Son Claret.** Ctra. Es Capdellà-Galilea, km 1,7. T. 971 138 620.
www.castellsonclaret.com
Hab. 22: 445 €. Suites: 16. Restaurante Zaranda at Son Claret.

Inca Mallorca

67 · C-2
A Palma, 28 km
Alt. 120 m · Pob. 29.321
T. 971 880 150
GPS 39° 43' 6'' N · 2° 54' 52'' E

Visitar: En el corazón de la isla, Inca deslumbra con su patrimonio cultural: iglesias (Sta. María la Major, el antiguo **convento de St. Domingo** y el de **St. Francesc** y el monasterio de St. Bartomeu), edificios modernistas (Club Velocipedista, la Casa de Can Janer y la fábrica de Can Fluxà), bodegas...

Fiestas: El 30 de julio celebran St. Abdò y St. Senén y en noviembre, la **feria de Dijous Bo.**

Alrededores: Entre olivos, a 7 km, está **Caimari,** con la iglesia de la Inmaculada Concepción, el convento de las monjas franciscanas o la antigua almazara. También merece la pena acercarse a **Lloseta,** a 10 km, y contemplar el oratorio del Cocó y la ermita de Sta. Llucía.

Molino de viento

Restaurantes

® **Ca na Toneta.** (En CAIMARI, a 7 km). Horitzó, 21. T. 971 515 226.
www.canatoneta.com S
Cierra de lunes a jueves en invierno; y 15 días en febrero. Casa de comidas con autenticidad de productos del propio huerto, **pescados azules, *tumbet*,** en un menú degustación único (28 €).

Santi Taura. (En LLOSETA, a 10 km). Juan Carlos I, 48. T. 971 514 622.
www.restaurantsantitaura.com
Cierra domingo en julio, martes y agosto. Santi Taura goza de llenos diarios por el atractivo menú degustación compuesto de tres aperitivos, un pescado, una carne y un postre, que cambia semanalmente (30 €). Recientemente en el **Celler** (Guillem Santandreu, 38), auténtica oferta mallorquina de producto y sus elaboraciones. Menú y precio medio 30 €.

Hoteles

**** **Hotel Rural Casa del Virrey.** Ctra. Inca-Sencelles, km 2,4. T. 971 881 018.
www.casadelvirrey.net P
Hab. 10: 95 €. Suites: 6. Casa señorial del s. XVII. Restaurante Doña Irene.

Lloseta Mallorca Ver Inca

67 · C-2

Manacor Mallorca

67 · E-3
A Palma, 50 km
Alt. 125 m · Pob. 42.126
T. 662 350 891
GPS 39° 34' 27'' N · 3° 12' 1'' E

Visitar: En la zona oriental de Mallorca se encuentra Manacor, ciudad famosa por la fabricación de perlas artificiales que, también, guarda otras joyas como la **parroquia de Ntra. Sra. dels Dolors** (neogótico s. XIX), la **iglesia de S. Vicente Ferrer** (s. XVI) y la de Sto. Domingo. Hay que recorrer la plaza sa Bassa y visitar la torre de **Ses Puntes** (ss. XIII-XVI) y la torre dels Enagistes, donde se ubica el Museo de Historia de Manacor, a las afueras. En la localidad, destacan además las instalaciones para la práctica del golf.

Fiestas: Muy concurridas son sus fiestas de **St. Antoni** (del 7 al 17 de enero), las **ferias y fiestas de primavera** (finales de mayo, con feria ganadera y comercial) y las celebraciones de St. Jaume (25 de julio).

Alrededores: A 8 km se encuentra la basílica paleocristiana de Son Peretó y, a 9 km, el poblado talayótico de s'Hospitalet Vell. Se puede aprovechar para visitar **Petra** (a 11 km) y contemplar sus molinos, sus tres cruces y la iglesia de St. Pere (ss. XVI-XVII). A 13 km están las **cuevas Blanques;** a 15 km, las **del Drach,** y a 11 km, las dels **Hams.**

Perlas de Manacor

Restaurantes

® **Can March.** Valencia, 7. T. 971 550 002.
www.canmarch.com S
Cierra cenas excepto viernes y sábado; lunes y tres últimas semanas de agosto. Buena trayectoria de los hermanos Gelabert que atienden cocina (Miquel) y comedor (Bartolomé). Apetitosos **arroces, atún con tomate fresco, *tartar* de piña con sopa de flor de naranjo.** Menú 12 €. Precio medio 25 €.

Hoteles

La Reserva Rotana. Camí de Bendris, km 3. T. 971 845 581.
www.reservarotana.com P
Hab. 23: 220 €. Campo de golf privado para los clientes. Pistas de tenis y de petanca. Restaurantes Sa Rotana y Rotana Grill (solo en verano).

Palma Mallorca

Catedral de Palma

67 · B-3
Alt. 24 m · Pob. 407.648
T. 902 102 365
GPS 39° 34' 9'' N · 2° 38' 56'' E

Visitar: Palma invita a recorrer su casco histórico y a impregnarse de su cultura. Las murallas dieciochescas protegen el casco antiguo y la **catedral** o Seu (ss. XIII-XV), monumento histórico-artístico. En su fachada destacan la puerta mayor y la puerta sur o mirador. Gaudí decoró el coro y Miquel Barceló, la capilla del Stmo. Enfrente se alza el **palacio de la Almudaina** y cerca del paseo Sagrera, **Sa Lotja,** uno de los mejores ejemplos de arquitectura gótica civil de España. Desde ahí hay que callejear hasta el **Museo de Arte Moderno Es Baluard.** El paseo del Born separa el casco antiguo de los barrios marineros de St. Joan y del Puig de St. Pere. Y la **Plaza Mayor,** de inspiración modernista, se abre a las grandes avenidas y ramblas que forman el ensanche de Palma. Antes de volver a la costa, hay que visitar la plaza de Cort, el Ayuntamiento, el Palau Vivot, la **iglesia de Sta. Eulària** y las mansiones **Can Corbella** (estilo neomudéjar), Can Forteza Rey y el edificio modernista **de El Águila.** Es imprescindible recorrer el antiguo barrio judío y el barrio de Sa Calatrava, con paradas en el templo gótico de St. Francesc y la iglesia barroca de Montisió, asentada sobre una sinagoga. Cerca del paseo marítimo se encuentran los baños árabes. En esa zona también se puede visitar el Museo de Mallorca. Y a 2 km del centro, el **castillo de Bellver** (s. XIV), que alberga el Museo de Historia de la Ciudad. Además, el clima agradable de Palma durante todo el año invita a practicar diversas actividades deportivas al aire libre entre las que destacan el golf y la náutica.

Fiestas: Las más destacadas son **St. Sebastià** (20 de enero), el patrón de la isla, y la noche de **St. Joan** (23 de junio).

Alrededores: Además de zambullirse en sus playas (la de Palma, cala Major, Can Pere Antoni, Ciutat Jardí, Can Pastilla...), es recomendable acercarse al barrio de **Son Españolet,** pasear por el museo al aire libre Pueblo Español y visitar el mirador Na Burguesa y las galerías subterráneas de las cuevas de Génova. Hay que parar en **Puerto Portals** (a 9 km), el complejo náutico y de ocio más prestigioso de la isla; en **Costa d'en Blanes** (a 11,5 km) y en **Santa Maria del Camí** (a 16 km).

Restaurantes

Bens d'Avall Club de Mar. (Bistró). Muelle de Pelaires, s/n. T. 971 405 768.
www.bensdavall.com
Cierra almuerzos de sábado y lunes en julio y agosto; domingo y lunes. *Bistró* de cocina mediterránea frente al puerto deportivo. Gazpacho cremoso de cerezas con bogavante y helado de queso mahonés, pescado a la mallorquina, profiteroles de hojaldre con chocolate caliente. Menú 30 €. Precio medio 40 €.

Bungalow. Esculls, 2. T. 971 262 738.
Un local sencillo de gustosa oferta frente al mar, para comer arroces marineros, bogavante y pescados frescos. Precio medio sin marisco 30 €.

® **Casa Maruka.** Reina María Cristina, 7. T. 971 200 272.
www.casamaruka.com
Cierra lunes cena, domingo y agosto. Sencilla casa de comidas con autenticidad culinaria. **Croquetas de raya, guisos** y **arroces.** **Tarta de manzana.** Precio medio 35 €.

Centro de arte La Lonja

La vela es un deporte clásico en Palma

® **Cuchara.** Pº Mallorca, 18. T. 971 722 223. *www.lacucharapalma.com*
Buenos **arroces secos y caldosos.** Para empezar, **buñuelos de sobrasada o de bacalao.** Precio medio 25 €.

® **Es 4 Vents.** Ctra. Vieja de Manacor, km 21,7. T. 971 665 173. *www.es4vents.es* P
Cierra martes. Antiguo bar de la estación de tren. **Frito mallorquín, lechoncita asada, crema catalana.** Precio medio 25 €.

® **Es Fum.** (Hotel St. Regis Mardavall Hotel & Spa, en COSTA D'EN BLANES, a 11,5 km). Ctra. MA-20, Andratx, salida 10. Ctra. Palma-Andratx, 19. T. 971 629 629. *www.stregismardavall.com* P
Cierra almuerzos, martes, miércoles y de octubre a abril. Un entorno paradisíaco, un gran servicio y una atrativa cocina que satisface, pero eso sí... se paga. Menú 130 €. Precio medio 90 €.

Flanigan-Único. (En PUERTO PORTALS, a 9 km). Puerto Portals, 16. T. 971 679 191. *www.flanigan.es*
Clásico y desenfadado local donde Miguel Arias y su equipo llevan triunfando años con una cocina marinera de recetas sencillas y sabrosas, y buena materia prima. En la planta de arriba **Único** (cierra lunes), más íntimo y reservado, con especialidad en **pescados y mariscos.** Buena bodega. Precio medio 35 €.

Mares Marisquería. Illa de Xipre, 12. T. 971 491 978. *www.maresmarisqueria.com*
Verduras, pescados y mariscos del día a la plancha, en ciudad jardín. Tarta de tres chocolates. Menú 40 €. Precio medio 50 €.

® **Mercado Santa Catalina.** Pza. de la Navegación, s/n. T. 971 730 710. Cierra cenas, domingo y festivos. Horario ininterrumpido de 9 de la mañana a 5 de la tarde de lunes a sábado. Céntrico y bien abastecido mercado donde destacan **Crespi –pimientos propios, especias, hierbas aromáticas–, Arume** para disfrutar de ***niguiris, sashimis, makis...*** con posibilidad de llevar a casa, en **Ca S'ostra mariscos y moluscos frescos** y en **Sa Roteta** todo artesanal. Más de **80 quesos** en la **Fromagerie, cocas especiales** en **La Coquería** y raciones de especialidades mallorquinas en **Joan Frau.**

Molí des Torrent. (En SANTA MARIA DEL CAMÍ, a 16 km). Ctra. MA-2020 de Bunyola, 75. T. 971 140 503. *www.molidestorrent.de* P
Cierra miércoles en invierno, jueves, diciembre y enero. Antiguo molino con terraza y cocina de raíces francesas. Codornices con ensalada de lentejas, silla de cordero, variado de chocolate. Menú 24 €. Precio medio 45 €.

Nautic. (Real Club Náutico de Palma, piso 1º). Muelle de San Pedro, 1. T. 971 726 383. *www.nautic-restaurant.com* S
Cierra cenas de octubre a abril, lunes cena, domingo y enero. Cocina del mar en el puerto deportivo. Pescado de la lonja con verduritas a la plancha, arroz seco de gamba y sepia. Menú 25 €. Precio medio 35 €.

Pesquero. Moll de la Lonja, s/n. T. 971 715 220. *www.restaurantpesquero.com* S
Recientemente remodelado, con panorámica sobre el puerto pesquero y amplia oferta de pescados, carnes y verduras a la plancha, arroces y mariscos de temporada. El buen emplazamiento, la seriedad de los productos y su elaboración lo convierten en una referencia para clientes locales y foráneos. Menú 15 €. Precio medio 30 €.

® **Sa Roqueta.** Sirena, 11. T. 971 249 410. *www.restaurantesaroqueta.com*
Cierra domingo y del 24 de diciembre al 30 de enero. Destacan los **guisos y arroces marineros. Gambas con pochas, postres** caseros y artesanos. Precio medio 45 €.

® **Sadrassana.** (Restaurante y Coctelería). Drassanes, 15. T. 971 728 515. *www.restaurantsadrassana.com*
Es el restaurante de la nueva Galería Horrach Moya, en un antiguo casal mallorquín. Carta de platos tradicionales y nuevas creaciones de la cocina de las islas, especialmente de Mallorca, elaborada por Tito Verger y Nacho Felice. Precio medio 35 €.

Simply Fosh. (Hotel Convent de la Missió). Carrer de la Missió, 7-A. T. 971 720 114. *www.simplyfosh.com*
Cierra domingo. Cocina mediterránea inspirada por Marc Fosh en un elegante edificio del s. XVII. Terrina de *foie-gras* con habas de cacao, ruibarbo y gelatina de verjus, paletilla de cordero mallorquín con puré de guisantes. Precio medio 50 €.

Monumento de Sa Lotja

® **Tristán Bistró.** (En PUERTO PORTALS, a 9 km). Edif. de Capitanía, local 1. T. 971 675 547. *www.grupotristan.com*
Cierra martes y del 1 de enero al 15 de febrero. Dos ambientes. En el **Bistró,** espectacular terraza acristalada sobre el puerto. En el **Bistró del Mar,** mesas en la agradable plaza adjunta. En ambos, calidad de producto con oferta propia para todos los gustos. Buenas **ensaladas, lubina en costra de sal** y golosos **postres.** Menú 30 €. Precio medio 40 €.

Ummo. Sant Magí, 66. T. 871 953 873.
Cierra almuerzos en verano, lunes y del 1 al 10 de agosto. Cocina vasca con galardonadas tapas de Igor Rodríguez en un ambiente minimalista. *Foie-gras* a la plancha con *tatin* de manzana, bacalao confitado con *piperrada,* piña asada con yogur griego. Servicio de descorche gratuito. Menú 13 €. Precio medio 30 €.

Hoteles

***** **Can Cera.** San Francisco, 8. T. 971 715 012.
www.cancerahotel.com
Hab. 6: 278 €. Suites: 6. Palacio del s. XVII completamente reformado, con típico patio mallorquín presidiendo la entrada.

***** **GL Castillo Hotel Son Vida.** Raixa, 2. Urb. Son Vida. T. 971 493 493.
www.luxurycollection.com/castillo
Hab. 164: 345 €. Suites: 12. Este tranquilo hotel, rodeado del campo de golf Son Vida, combina arquitectura histórica con confort moderno y ofrece magníficas vistas sobre la bahía de Palma. Restaurante Es Ví.

***** **GL Gran Meliá Victoria.** Avda. Joan Miró, 21. T. 971 732 542.
www.melia.com
Hab. 171: 220 €. Suites: 6. Restaurantes Terraza del Victoria y Marivent.

***** **Hospes Maricel.** (En CAS CATALÀ-CALVIÀ, a 7,1 km). Ctra. de Andratx, 11. T. 971 707 744. *www.hospes.com*
Hab. 52: 250 €. Suites: 5. Pantalán privado, con acceso en barco. Restaurante Senzone Maricel.

***** **Palacio Ca Sa Galesa.** Miramar, 8. T. 971 715 400.
www.palaciocasagalesa.com
Hab. 12: 220 €. Suites: 7. Consultar admisión perros. Palacio del s. XVII en el casco antiguo. Servicio personalizado. Vistas al mar.

***** **St. Regis Mardavall Mallorca Resort.** (En COSTA D'EN BLANES, a 11,5 km). Ctra. Palma-Andratx, 19. T. 971 629 629.
www.stregismardavall.com
Hab. 130: 430 €. Suites: 88. En primera línea de playa, dispone de amplios jardines, gran área de *spa* y servicio de mayordomo. Restaurantes Es Fum y Aqua.

**** **Convent de la Missió.** Carrer de la Missió, 7-A. T. 971 227 347.
www.conventdelamissio.com
Hab. 14: 265 €. Suites: 3. En un antiguo convento del s. XVII. Restaurantes Simply Fosh, Misa (brasserie), Tasca (gastrobar).

**** **L'Hermitage.** (En ORIENT, a 30 km). Ctra. de Alaró a Bunyola, s/n. T. 971 180 303. *www.hermitage-hotel.com*
Hab. 20: 180 €. En el interior de la isla, este antiguo convento, convertido en hotel, se encuentra rodeado de naturaleza y apartado del bullicio de la costa. Restaurante Sa Tafona.

**** **Read's Hotel & Spa.** (En SANTA MARIA DEL CAMÍ, a 16 km). Ctra. Vieja de Alaró-Santa Maria, km 2,5. T. 971 140 261.
www.readshotel.com
Hab. 8: 225 €. Suites: 15. A tan solo 15 minutos de Palma y al pie de las montañas de la Sierra de Tramuntana. Rodeado de 20.000 m² de maravillosos jardines y con un viñedo propio, la tranquilidad convierte a esta posesión en un hotel único. Los espectaculares frescos de sus interiores son de ensueño. Restaurantes Bacchus y Bistro 33, con cocina internacional.

**** **Tres.** Apuntadores, 3. T. 971 717 333.
www.hoteltres.com
Hab. 41: 160 €. Suites: 3. En pleno casco antiguo, une una nueva estructura con los restos de un palacio del s. XVI, combinando estilo rústico mallorquín y diseño contemporáneo.

Paseo Sagrera

Esta gran avenida –mide unos 500 m– fue construida en 1910 con motivo de la Exposición Regional de Baleares. Se extiende desde el inicio de la avenida de Antonio Maura hasta el torrente de la Riera. En este paseo se encuentra Sa Lotja, obra gótica del arquitecto que da nombre a la calle, Guillem Sagrera.

Peguera-Cala Fornells Mallorca

Visitar: Playa y montaña se combinan en Peguera, localidad situada al suroeste de la isla que queda a salvo de los vientos del norte y disfruta de un microclima. Sus **playas** –Torà, La Romana, Palmira...– son sus principales atractivos. A las afueras sorprenden las aguas cristalinas de **Cala Fornells.**

Fiestas: El 25 de julio es **St. Jaume,** la fiesta más importante del municipio. A mediados de septiembre tiene lugar el **Día del Turista.**

Alrededores: Un buen plan son sus calas salvajes y vírgenes, como s'Olla y Ses Llises. También hay rutas de senderismo y cicloturismo por la **Sierra de Tramuntana.**

67 · A-3
A Palma, 25 km
Alt. 3 a 50 m · Pob. 3.500
T. 971 687 083
GPS 39° 32' 17'' N · 2° 26' 24'' E

Barca en Cala Fornells

Restaurantes

® **La Gran Tortuga.** (Aldea de Cala Fornells I). Ctra. Cala Fornells, 37. T. 971 686 023. *www.lagrantortuga.net*

Cierra lunes excepto verano; y de noviembre a enero. Sugerente y gustosa oferta **–canelón relleno de cigalas con salsa de azafrán y setas, solomillo estilo asiático, cremoso de chocolate, aceite y sal–** sobre el mar con vistas a la bahía. Menú 25 €. Precio medio 35 €.

Hoteles

***** **Petit Cala Fornells.** Ctra. Cala Fornells, 78. T. 971 685 405. *www.petitcalafornells.com*

Hab. 24: 180 €. En un entorno tranquilo. Habitaciones con vistas al mar. Acceso directo a la playa. Restaurante La Estación.

Pollença-Port de Pollença Mallorca

67 · D-1
A Palma, 52 km
Alt. 42 m · Pob. 17.000
T. 971 535 077
GPS 39° 52' 39'' N · 3° 0' 58'' E

Visitar: Villa con tradición medieval, ha sido lugar de inspiración de poetas, pintores y músicos. Lógico, ante su interesante patrimonio cultural: la Casa Consistorial, ubicada en el **templo de Monti-sión** (s. XVIII); el Museo Dionis Bennàssar; el **convento de Sto. Domingo** (s. XVI); los jardines de Joan March; la **parroquia de Ntra. Sra. de los Ángeles,** donde reposa la patrona de la localidad; la iglesia de Ntra. Sra. del Roser, y el Museo de Pollença, en el convento de St. Domingo. Merece la pena llegar hasta el puente romano, al norte de la población, y subir los más de 360 escalones que conducen al oratorio del Calvari (s. XVIII). A 5 km se encuentra **Port de Pollença,** punto de encuentro de turistas. Allí hay que visitar la **atalaya d'Albercuix** (s. XVII) y bañarse en la playa del puerto o en la cala Albercuix.

Fiestas: Son famosas las celebraciones de St. Antoni y St. Sebastià (17 y 20 de enero, respectivamente), su **fiesta de Moros y Cristianos** (2 de agosto) y su **Festival de Música Clásica** (julio, agosto y septiembre).

Alrededores: A 5 km de Port de Pollença, se encuentra el **mirador de la Creueta,** con espectaculares vistas desde un acantilado de 230 m de altura.

Fiesta de Moros y Cristianos

Restaurantes

® **Stay.** (En PORT DE POLLENÇA, a 5 km). Muelle Nuevo, s/n. T. 971 864 013. *www.stayrestaurant.com* S

Ambiente moderno y minimalista con espléndidas vistas de la bahía. **Sopa de pescado marinera, suprema de merluza de palangre al azafrán, *biscuit* de almendras con salsa de chocolate caliente.** Precio medio 35 €.

Hoteles

***** **La Moraleja.** (En CALA SANT VICENÇ). Urb. Los Encinares, s/n. T. 971 534 010. *www.lamoraleja.net* P

Hab. 17: 150 €. Tranquilo. Muebles de época. Gran pinacoteca y colección y exposición de coches cabrio clásicos. Restaurantes Cristal, Snack en la terraza de la piscina.

***** **Son Brull Hotel & Spa.** Ctra. PM-220, Palma-Pollença, km 50. T. 971 535 353. *www.sonbrull.com* P

Hab. 17: 428 €. Suites: 6. Cierra diciembre y enero. Hotel de diseño en un convento del s. XVIII, a los pies de la Sierra de Tramuntana. Explotación agrícola ecológica. Restaurante 3\65, fiel a la cocina balear y sus productos.

Port d'Andratx/Puerto Andraitx Mallorca

67 · A-3
A Palma, 27 km
Alt. 99 m · Pob. 11.919
T. 971 628 019
GPS 39° 32' 41'' N · 2° 23' 21'' E

Visitar: Bellas calas de agua transparente rodean Port d'Andratx, uno de los mejores puertos naturales de Baleares, ubicado al suroeste de la isla. Esta moderna localidad ha pasado de ser refugio de pescadores a uno de los centros turísticos más importantes de Mallorca. Hay que recorrer su paseo marítimo y su muelle y comprar en su lonja un rico pescado. El puerto conserva elementos de interés, como sus **torres de defensa,** y en el casco histórico hay que visitar la **iglesia de la Virgen del Carmen.** Al igual que otros rincones de las islas, se trata de un enclave propicio para la práctica del golf

Fiestas: De entre sus muchas celebraciones, destaca la fiesta patronal de la **Virgen del Carmen** (del 16 al 22 de julio).

Alrededores: Desde el puerto se accede el faro de Sa Mola. Además, Port d'Andratx está rodeado de calas, como la de Llamp, Moragues y Egos. El antiguo **monasterio de La Trapa** merece una visita, igual que el **castillo de St. Elm** (s. XIII).

Restaurantes

Can Pep. Avda. Mateo Bosch, 30. T. 971 671 648.
www.canpepandratx.com S
Cierra del 15 de noviembre al 15 de diciembre. Amplios ventanales con espectaculares vistas al mar. Parrillada de verduras de temporada, arroz meloso de gambas frescas, fresas con helado. Precio medio 30 €.

Layn. Almirall Riera Alemany, 20. T. 971 671 855.
www.layn.net
Cierra lunes, enero y diciembre. Casa mallorquina frente al mar. Langosta con huevos fritos, parrillada de pescado, mango con helado de mango. Menú 15 €. Precio medio 30 €.

Hoteles

***** **Dorint Royal Golf Resort & Spa.** (En CAMP DE MAR, a 3,42 km). Taula, 2. T. 971 136 565. *www.hotel-mallorca.dorint.com*
P
Hab. 162: 280 €. Suites: 2. Junto a la playa y campo de golf. *Spa* de 1.400 m². Restaurante El Mallorquín.

Playa en Port d'Andratx

Port des Canonge-Banyalbufar

Mallorca

67 · B-2
A Palma, 23 km
Alt. 109 m · Pob. 593
T. 971 148 580
GPS 39° 41' 55'' N · 2° 33' 14'' E

Visitar: Puerta al mar del municipio de Banyalbufar, Port des Canonge es un pequeño pueblecito de pescadores que ofrece una playa familiar, ideal para practicar pesca submarina. Su visita pasa por recorrer **Banyalbufar** y contemplar el antiguo **palacio de sa Baronia.**

Fiestas: Destacan, el 25 de julio, las fiestas de **St. Jaume.**

Alrededores: Entre Banyalbufar y Port des Canonge se encuentra **Son Bunyola,** una antigua posesión con torre de defensa, capilla y almazara. Y en un barranco, a las afueras de Banyalbufar, está la **torre des Verger,** que brinda una impresionante vista de la costa.

Restaurantes

Can Toni Moreno. Avda. Port des Canonge, 2.
T. 971 610 426.
Cierra cenas excepto julio y agosto; lunes, y del 20 de diciembre al 31 de enero. **Arroz meloso de langosta, gamba de Sóller** y **pescados** frescos de la familia Ferragut. Terraza frente al mar. Menú 20 €. Precio medio 30 €.

Puerto Portals-Portals Nous Mallorca

Ver Palma

67 · B-3

Sa Coma Mallorca

67 · F-3
A Palma, 65 km
Alt. Nivel del mar · Pob. 3.362
T. 971 812 083
GPS 39° 34' 38'' N · 3° 22' 19'' E

Visitar: Entre Cala Millor y S'Illot espera Sa Coma, una localidad que atrae por su extensa **playa de fina arena** y aguas cristalinas, escoltada por un bello paseo marítimo. Hay que visitar el **talaiot de na Pol,** asentado encima de una cueva y con restos arqueológicos del 1300 a. C.

Fiestas: El 12 de septiembre se celebran sus fiestas patronales en honor a **Sta. Maria de Sa Coma.**

Alrededores: A unos 8 km se encuentran las cuevas del Drach **(Porto Cristo).**

Restaurantes

Es Molí d'en Bou. (Hotel Protur Sa Coma Playa Hotel & Spa). Liles, s/n.
T. 971 569 663. *www.esmolidenbou.es*
Cierra almuerzos de martes a viernes, domingo cena, lunes y de diciembre al 1 de marzo. Tomeu Caldentey exhibe un gran producto con una sabia dosis de creatividad en un único menú de 8 *snacks*, 8 platos, quesos y tres postres, pan y agua incluidos. ***Carpaccio* de calabacín con mahonés, cigala al licor de hierbas, trilogía de fresas.** Precio medio 95 €. En el **Taittclub,** barra champanera en la terraza.

Senderismo en la Sierra de Tramuntana

Santa Maria del Camí Mallorca Ver Palma

67 · C-3

Santa Ponça Mallorca

67 · A-3
A Palma, 20 km
Alt. 59,4 m · Pob. 10.736
T. 971 691 712
GPS 39° 30' 27'' N · 2° 28' 36'' E

Visitar: Desde la playa de Sta. Ponça, el rey Jaime I inició la reconquista de la isla. La gran cruz que se levanta en su bahía recuerda este hecho histórico. Hay que visitar la **capilla de la Piedra Sagrada.** Esta localidad, perteneciente al municipio de Calvià, se ha convertido en un importante centro turístico.

Fiestas: Entre el 6 y el 12 de septiembre se celebra el **desembarco del rey Jaime I.**

Alrededores: Hay que aprovechar la visita para acercarse al **Parque Natural Sa Dragonera.**

Restaurantes

® **Bruno.** Nueva Marina de Port Adriano, s/n. Urb. El Toro. T. 971 232 498. *www.restaurantebruno.com* P S
Cierra lunes y martes de noviembre a marzo; del 2 al 23 de diciembre y de 27 de enero al 25 de febrero. Agradable terraza-comedor frente al puerto deportivo de la nueva marina de Port Adriano con la profesionalidad de Bruno Elain. ***Bullit de peix*, pescados y carnes** de temporada, **fruta de temporada con helado de vainilla.** Menú en invierno 25 €. Precio medio 30 €.

Santanyí-Cala d'Or Mallorca

67 · E-4
A Palma, 50 km
Alt. 70 m · Pob. 12.823
T. 971 657 463
GPS 39° 22' 41'' N · 3° 14' 2'' E

Visitar: Tras la imagen de típico pueblo mallorquín, Santanyí (al sur de la isla) cuenta con un valioso patrimonio histórico, como la **iglesia de S. Andrés,** la Porta Murada (restos del recinto amurallado), el rectorado, el Ayuntamiento... y varias salas de exposiciones como **Kunstmann Galería de Arte** o la **Galería Barceló.** A 13 km está situada **Cala d'Or,** un **puerto marítimo** cosmopolita y con una estética ibicenca.

Fiestas: El 25 de julio celebra **St. Jaume** y el 30 de noviembre, las fiestas patronales de St. Andreu.

Alrededores: A 5 km está el oratorio de Ntra. Sra. de la Consolación (s. XVI) y a 11 km, **Portocolom.** Merece la pena pasear por el **Parque Natural de Mondragó** y sus interesantes yacimientos arqueológicos como Son Danús (monumento histórico-artístico). Además, dispone de estupendas calas, playas y puertos naturales como Llombards, S'Almonia, Santanyí...

Formación rocosa de Es Pontàs

Restaurantes

HPC Portocolom. (En PORTOCOLOM, a 11 km). Cristófol Colom, 5. T. 971 825 323. *www.restaurantehpc.com* P
Espectacular terraza frente al mar con cocina italo-mediterránea. Arroces, pastas italianas, profiteroles rellenos de helado de vainilla con chocolate negro. Precio medio 34 €.

Hoteles

★★★★★ **Puravida Blau Porto Petro Resort.** (En PORTO PETRO, a 12,4 km). Des Far, 16. T. 971 648 282. *www.blauportopetro.com* P
Hab. 319: 225 €. Suites: 51. Dispone de 10 villas con piscina o *jacuzzi* privado y servicio de mayordomo. Dos calas privadas. Restaurantes Ran de Mar, Galani, Midori y La Finca.

Ses Salines Mallorca Ver Campos del Port

66 · E-1

Sóller-Port de Sóller Mallorca

67 · B-2
A Palma, 26 km
Alt. 41 m · Pob. 14.756
T. 971 638 008
GPS 39° 45' 56'' N · 2° 42' 47'' E

Visitar: Entre naranjos y olivos, en el valle de Sóller, emerge esta localidad de la costa noroeste de Mallorca. La huella del modernismo es visible en muchos de sus edificios, incluida la **iglesia parroquial de St. Bartomeu,** del s. XIII pero con fachada modernista. No hay que irse sin visitar el **Museo Balear de Ciencias Naturales,** el **Museo del Casal de la Cultura** y el jardín botánico. A 3 km está el puerto, centro turístico por excelencia, con un faro en cada extremo de la bahía. Merece la pena acercarse a la **torre de l'Alcaid,** edificio defensivo del s. XVI. En la barriada de Sta. Catalina se encuentra el oratorio de St. Ramón de Penyafort (s. XIII) y la miranda de Sta. Catalina.

Fiestas: El segundo domingo de mayo se celebran la feria y las fiestas de mayo con la **batalla de Moros y Cristianos,** y el 24 de agosto, las fiestas patronales de St. Bartomeu.

Alrededores: Se pueden hacer excursiones marítimas a la cala Tuent y a la Calobra y visitar **Fornaluxt** (a 4 km) y **Alaro** (a 26 km). En la zona también están la torre Picada (s. XVII) y el mirador de Ses Barques.

Restaurantes

☼ **Bens d'Avall.** (Urb. Costa Deià). Ctra. Sóller-Deià, s/n.
T. 971 632 381. *www.bensdavall.com*
Cierra cenas de domingo y martes excepto verano, almuerzos de martes a viernes en julio y agosto, lunes, y de noviembre a marzo. Sereno local con agradable terraza para disfrutar la cocina mallorquina de Benet Vicens a lo largo de dos menús cambiantes (59 y 69 €). ***Carpaccio* de gambas de Sóller, lechona de cerdo negro mallorquín y aceite de oliva, cerezas, vainilla de Tahití y aceite de oliva.** Su esposa, Catalina, se ocupa de la sala y los vinos. Precio medio 60 €.

Ca's Xorc. (Hotel Agroturismo Ca's Xorc). Ctra. MA-10, de Deià, km 56,1.
T. 971 638 280. *www.casxorc.com* P
Cierra del 27 de octubre al 2 de abril. Con 12 habitaciones. Antiguo molino de aceite en un bucólico paraje de la Sierra de Tramuntana. Pescados de la bahía de Sóller con *risotto* de arroz venere, lechona mallorquina con puré de apio, espuma de crema catalana. Menú 30 €. Precio medio 50 €.

Es Canyis. (En PORT DE SÓLLER, a 3 km). Pº Playa d'en Repic, 21.
T. 971 631 406. *www.escanyis.es* P S
Cierra lunes, enero y diciembre. La familia Perrotte regenta con buena mano su negocio familiar en primera línea de mar con bonitas vistas. *Carpaccio* de gambas de Sóller, paella de pescado y marisco, sorbete de frutas frescas. Menú 18 €. Precio medio 30 €.

Las Olas. (En PORT DE SÓLLER, a 3 km). Pº Es Través. Edif. Torremar, s/n. (Aparcamiento gratuito a 50 m). T. 971 632 515.
www.lasolasrestaurante.com S
Cierra cenas de mediados de diciembre a marzo, martes, y febrero. Frente a la bahía y el puerto. *Tumbet* payés con huevos rotos, paella mixta, sopa de naranja de Sóller con cremoso de chocolate. Menú 16 €. Precio medio 30 €.

Randemar. (En PORT DE SÓLLER, a 3 km). Pº Es Través, 16. T. 971 634 578.
www.randemar.com
Cierra de noviembre a marzo. Casa antigua mallorquina frente al mar con agradable terraza-jardín. *Timbal* de verduras de temporada a la parrilla de carbón, solomillo con *parmentier* de parmesano y rúcula, sopa de chocolate con sorbete de menta. Precio medio 30 €.

Hoteles

***** **Gran Hotel Sóller.** Romaguera, 18. T. 971 638 686.
www.granhotelsoller.com P
Hab. 33: 225 €. Suites: 5. En un palacete del s. XIX, céntrico. Restaurante Can Blau, cocina mediterránea y de autor.

Típico *llaut* en Port de Sóller

Son Servera Mallorca

67 · E-3
A Palma, 64 km
Alt. 91 m · Pob. 12.286
T. 971 567 002
GPS 39° 37' 26'' N · 3° 21' 20'' E

Visitar: Antaño pequeño núcleo agrícola, se ha convertido en un municipio turístico del noreste de la isla. Hay que visitar su **iglesia de St. Joan Baptista** y las ruinas de la **iglesia Nova.** A las afueras está el **Pont d'en Calet** (antiguo acueducto). Hay que zambullirse en sus playas (Bona, Millor, Es Ribell y Sa Marjal), todas con bandera azul.

Fiestas: En su calendario festivo destacan el 17 de enero, con la celebración de St. Antoni Abad, y el 24 de junio, **St. Joan Baptista.**

Alrededores: La prehistoria está muy presente en Son Servera, que tiene más de 40 **yacimientos arqueológicos:** Coves de Sa Font Gata, es Rafal Baix, Ca s'Hereu, los talayots des Puig...

Hoteles

***** **Hipocampo Palace.** (En CALA MILLOR). S'Estanyol, 13. T. 971 587 002.
www.hipotels.com P
Hab. 98: 150 €. Suites: 103. Rodeado por grandes jardines.

Valldemossa Mallorca

67 · B-2
A Palma, 17 km
Alt. 430 m · Pob. 2.027
T. 971 612 019
GPS 39° 42' 41'' N · 2° 37' 17'' E

Visitar: A 17 km de Palma se encuentra Valldemossa, encantador pueblo de calles estrechas y empinadas que conducen al **monasterio de la Real Cartuja** y el **palacio del Rey Sancho.** También son interesantes el Centro Cultural Costa Nord y la casa natal de Sta. Catalina Thomas.

Fiestas: Entre las más populares se encuentran la fiesta de la **beata Catalina Thomas** (28 de julio) y St. Bartomeu, patrón de Valldemossa (el 24 de agosto).

Alrededores: A 2 km está la ermita de Valldemossa y, a 5 km, el monasterio de Miramar. El **puerto de Valldemossa,** a 6 km, ofrece un entorno natural privilegiado, igual que el mirador de Puig de Sa Moneda.

Restaurantes

Ca'n Costa. Ctra. Ma-10, Valldemossa-Deià, km 2,5. T. 971 612 263. *www.cancostavalldemossa.com*
Cierra martes. Oferta mallorquina –croquetas de gambas, lechona al horno con guarnición y puré de manzana, *gató* de almendras– en una antigua almazara del s. XVI en la Sierra de Tramuntana. Menú 14 €. Precio medio 30 €.

® **Valldemossa.** (Hotel Valldemossa). Ctra. Vieja de Valldemossa, s/n. T. 971 612 626. *www.valldemossahotel.com*
Cocina mediterránea en elegante ambiente a los pies de la Sierra de Tramuntana. **Vieiras a la plancha en su coral con aire de *lemon grass*, lechona a baja temperatura con cremoso de *boletus* y *quinua*, ravioli de frutas de estación con velo de azahar.** Precio medio 60 €.

Hoteles

**** **Valldemossa.** Ctra. Vieja de Valldemossa, s/n. T. 971 612 626. *www.valldemossahotel.com*
Hab. 3: 300 €. Suites: 9. En la Sierra de Tramuntana.

MENORCA

Ciutadella Menorca

Panorámica de Ciutadella

66 · D-1
A Maó, 44 km
Pob. 29.249
T. 971 484 155
GPS 40° 0' 7'' N · 3° 50' 17'' E

Visitar: El pasado noble y eclesiástico inunda las calles del casco antiguo de Ciutadella, en la costa oeste de Menorca. La **plaza des Born** es su centro neurálgico; en ella, además de un obelisco que recuerda el ataque de la armada turco-francesa en 1558, están el **Ayuntamiento** (construido sobre el antiguo alcázar árabe); las **casas señoriales de Torre-Saura, Salort y Vivó;** la **iglesia de St. Francesc** y el Teatro d'Es Born. Su importancia como centro religioso justifica su gran cantidad de iglesias: la catedral (de estilo gótico catalán, construida sobre una mezquita), el **real monasterio de Sta. Clara** (con un bajo relieve de los ss. XV-XVI), la iglesia del St. Crist y el claustro de la iglesia de Socors, entre otras. Además, conserva parte de su muralla (s. XVII), el bastión de sa Font, la torre d'en Quart, el castillo de St. Nicolau... Hay que visitar también el Museo Municipal de la Ciutadella, con objetos prehistóricos.

Fiestas: De su calendario festivo destaca la fiesta de **St. Joan,** el 23 y 24 de junio, con el caballo de raza menorquina como principal protagonista.

Alrededores: A 8 km, en la cala Morell, se encuentra la **necrópolis de cala Morell.** También a 8 km está el **poblado prehistórico Son Catlar,** el único de Baleares que conserva la muralla que lo rodeaba. A esa misma distancia se sitúa **Torrellafuda,** poblado prehistórico de gran belleza paisajística. Otro gran atractivo lo componen sus **playas vírgenes,** como la vall d'Algaiarens (al norte, en la cala de Algaiarens), el arenal de Son Saura (a 11 km, en **Son Saura).**

Restaurantes

☼ **Café Balear.** Plá de Sant Joan, 15. T. 971 380 005. *www.cafe-balear.com*
Cierra domingos en verano y del 1 al 15 noviembre. El mejor referente gastronómico de la zona junto al mar, con embarcación propia que suministra **pescado** fresco diariamente para hacerlo **a la plancha o a la menorquina.** Tampoco falta la **caldereta de langosta** y de postre, **hojaldre de melón.** Precio medio 35 €.

Hoteles

***** **La Quinta Resort & Spa.** (En Urb. Son Xoriguer). Avda. Son Xoriguer, s/n. T. 971 055 000. *www.laquintamenorca.com*
Hab. 76: 191 €. Suites: 6. De arquitectura colonial y una cuidada decoración, basada en materiales tradicionales. Restaurante Son Xoriguer.

Mercadillo semanal en la plaza Es Born

Fornells Menorca

66 · E-1
A Maó, 25 km
Pob. 674
T. 971 375 002
GPS 40° 3' 21'' N · 4° 7' 50'' O

Visitar: Joya de la costa norte, es un bellísimo puerto natural, morada de pescadores y lugar de inspiración de artistas. Merece la pena visitar el **faro de Cavallería,** la **torre de Fornells** (ss. XVII-XIX), las ruinas del **castillo de St. Antoni** (s. XVII), la Casa del Contramestre... Hay que pasear por La Mola y la albufera de Fornells, un acantilado con sorpresas como las cuevas de Na Polida y la dels Anglesos.

Fiestas: El 21 y 22 de julio son las fiestas patronales en honor a **St. Antoni.**

Alrededores: Muy cerca están las calas Tirant, Cavalleria y Pregonda. A 12 km, en **Santa Teresa,** se encuentra el **Ecomuseo Cap de Cavallería.**

Restaurantes

Es Cranc. Escoles, 31. T. 971 376 442.
Cierra miércoles excepto agosto; y de diciembre al 1 de marzo. Decoración rústica y trato familiar en el centro del pueblo. Arroz caldoso, caldera de langosta, pudin. Menú 18 €. Precio medio 45 €.

® **Es Plá.** Pasaje Es Plá, s/n. T. 971 376 655.
Cierra cenas de febrero a abril; enero y diciembre. Es una institución en la isla, a orillas del mar con excelentes vistas a la bahía y la **caldereta de langosta** como especialidad. De entrante, **berenjenas a la menorquina** y de postre, **espuma de fresas.** Menús entre 12 y 36 €. Precio medio 50 €.

Maó Menorca

66 · F-2
Alt. 63 m · Pob. 28.954
T. 971 157 000
GPS 39° 53' 22'' N · 4° 15' 47'' E

Visitar: Capital de Menorca, se extiende a orillas de uno de los mejores puertos naturales del Mediterráneo. De su **muralla medieval** solo se conserva el **portal de St. Roc,** que da acceso al casco antiguo y al torreón. En la céntrica plaza de España están la **iglesia de Sta. María** y el **Ayuntamiento,** conocido como Sa Sala. La **iglesia del Carmen,** levantada en el s. XVIII, conserva un bello claustro barroco, mientras que la de **St. Francesc** (ss. XVII-XVIII) es la sede del Museo de Menorca.

Fiestas: Hay que destacar, el 24 de junio, **St. Joan** y, del 6 al 9 de septiembre, las fiestas patronales de la Virgen de Gràcia.

Alrededores: En **Trepucó** (a 1 km) puede contemplarse uno de los monumentos en forma de "T" (taulas) mejor conservados de Baleares. A 3 km está **Es Castell,** que destaca por el conjunto de dos cuarteles, el Museo Militar y el Ayuntamiento. A 6 km están **Sant Lluís** y **Sant Climent** (con su curioso Museo de Herramientas del Campesino) y a 7 km, la Mola de Menorca, una fortaleza de Isabel II construida en el s. XIX. Una buena opción es acercarse a **Alaior** (a 12 km), localidad conocida por sus monumentos prehistóricos, y recorrer el **Parque Natural de S'Albufera des Grau.**

Torre d'en Penjat

Restaurantes

Es Molí de Foc. (En SANT CLIMENT, a 6 km). Sant Llorenç, 65. T. 971 153 222. *www.esmolidefoc.es*
Cierra lunes y enero. Decoración modernista y pinacoteca en un molino de grano del s. XIX en el centro del pueblo. Rape con queso, codornices con uvas. Precio medio 30 €.

Jágaro. Moll de Llevant, 334. En Puerto de Maó. T. 971 362 390.
Cierra cenas de lunes a jueves en invierno; y febrero. Antigua casa menorquina en el puerto. Langosta al huevo, raya a la menorquina, paella ciega. Menú 13 €. Precio medio 50 €.

Fiestas de St. Climent

® **Sa Parereta d'en Doro.** (En SANT LLUÍS, a 6 km). Camí de Binisafuet, s/n. T. 971 150 353. *www.saparereta dendoro.com* P
Cierra cenas de domingo a jueves en temporada baja, lunes y martes excepto julio y agosto; y enero. Decoración rústica en una típica casa menorquina de campo. **Sobrasada de *pagés* y huevo escalfado, cochinillo deshuesado y confitado a baja temperatura con romero y naranja.** Menú 20 €. Precio medio 35 €.

® **Sa Pedrera d'es Pujol.** Caserío de Torret, 14. T. 971 150 717. *www.sapedreradespujol.com* P
Cierra entre semana en otoño e invierno. Atractiva casa de campo con terraza ajardinada que celebra su décimo aniversario con Daniel González Mora en cocina y Nuria Pendás en comedor. El menú Origen exhibe un repertorio menorquín que convive con recetas cosmopolitas como la **raya a la manteca negra y la tarta de manzana rellena de mazapán.** Gran bodega con carta descriptiva. Menú 30 €. Precio medio 40 €.

Sant Joan de Binissaida. (Hotel Agroturismo Sant Joan de Binissaida, en ES CASTELL, a 3 km). Camí de Binissaida, 108. T. 971 355 598. *www.binissaida.com*
Cierra lunes excepto julio y agosto; y de octubre a abril. Con 12 habitaciones. Finca de 12 hectáreas con huerto propio y cocina mediterránea con buen producto. *Dumplings* de gamba roja de Menorca y espinacas, cordero lechal de la propia finca, bizcocho líquido de almendra tostada. Precio medio 35 €.

Hoteles

**** **Port Mahón.** Avda. Port de Maó, s/n. T. 971 362 600. *www.sethotels.com*
Hab. 82: 114 €. En zona residencial, próxima al centro. Excelentes vistas sobre el puerto.

EIVISSA

Eivissa

68 · D-2
Alt. 99 m · Pob. 49.388
T. 971 301 900
GPS 38° 54' 31'' N · 1° 25' 53'' E

Visitar: Al cobijo de un impresionante **recinto amurallado** renacentista (patrimonio de la humanidad), espera Eivissa, la capital de la isla. El **Portal de Ses Taules** es la principal entrada a **Dalt Vila,** su casco histórico, donde puede visitarse la **catedral** (s. XIII), la **iglesia de Sto. Domingo** (s. XVI), la sede del **Ayuntamiento** (antiguo convento dominico, ss. XVI al XVII), el Museo Arqueológico, el Museo de Arte Contemporáneo y la Almudaina (castillo de Eivissa, ss. XVI-XVIII). La tecnología militar de los siglos XVI-XVIII está representada en el Baluard de St. Jaume y en el de St. Pere. Hay que recorrer la **necrópolis del Puig des Molins.**

Fiestas: En mayo se celebra la **Feria Medieval;** el 5 de agosto, las fiestas patronales de la **Virgen de las Nieves,** y el 8, el copatrón, **S. Ciriaco.**

Alrededores: Las playas más cercanas son las de Ses Figueretes, d'Embossa y Talamanca. En el poblado fenicio de Sa Caleta (en St. Josep de sa Talaia), hay que coger un barco para llegar hasta el **Parque Natural de Ses Salines.** A 11 km está **Santa Gertrudis de Fruitera,** típico pueblo de Eivissa. Merece la pena darse un baño en la **cala Vadella** (a 23 km).

Figura hallada en la necrópolis del Puig des Molins

Restaurantes

Ama Lur. (En SANTA GERTRUDIS DE FRUITERA, a 11 km). Ctra. San Miguel, km 2,3. T. 971 314 554. *www.restauranteamalur.com*
P S
Cierra miércoles de abril a junio, almuerzos, y de noviembre a marzo. Casa payesa con agradable patio. Pese al cambio culinario mantiene calidad y atractivo. **Pencas rellenas de jabugo, lomo de merluza con almejas, *soufflé* de naranja.** Precio medio 65 €.

Ca n'Alfredo. Pº Vara del Rey, 16. T. 971 311 274.
Cierra domingo cena, lunes no festivos, segunda quincena de mayo y de noviembre. *Bistró* modernista en un edificio colonial. **Canapés de *peix sec* con mermelada de pimientos asados, gallo San Pedro al horno, pudin de higos.** Menú degustación y precio medio 30 €.

® **Can Pau.** (En SANTA GERTRUDIS DE FRUITERA, a 11 km). Ctra. Eivissa-Santa Gertrudis, km 2,7. T. 971 197 007. P S
Cierra almuerzos, lunes, enero y febrero. Casa tradicional ibicenca con espectaculares vistas, rodeada de campo y jardín, y chimenea en los comedores en invierno. **Huevos estrellados, *steak tartar,* fruta de temporada.** Precio medio 50 €.

Catedral de Eivissa y convento de Sto. Domingo

® **Downtown-Cipriani.** Pº Juan Carlos I, 17. T. 971 599 050. *www.cipriani.com*
Cierra almuerzos y del 15 de octubre a mayo. La gran novedad de Eivissa en el verano de 2012. Un lugar elegante, para ver y ser visto con el sello del Grupo Cipriani extendido por todo el mundo. Cocina italiana. ***Carpaccio* a la Cipriani, tallarines gratinados, lubina a la Carlina,** postres caseros. Precio medio 80 €. Una oferta más informal con *pizzas* y parrillas en el **Grill.**

® **Lío.** (Club Restaurant Cabaret). Pº Juan Carlos I, s/n. Puerto Deportivo Marina Ibiza. T. 971 310 022. *www.lioibiza.com* P
Cierra almuerzos y de octubre a mayo. Varios ambientes, todos ellos modernos y muy de moda. **Arroz cremoso de setas silvestres y trufa, cochinillo crujiente con naranja y patatas *ratte*, *soft biscuit*.** Precio medio 90 €.

Macao Café de Santa Gertrudis. (En SANTA GERTRUDIS DE FRUITERA, a 11 km). Venda des Pobles, 8. T. 971 197 835.
Cierra lunes excepto verano, almuerzos, y del 1 de noviembre a Semana Santa. Agradable local en el centro del pueblo con cocina italiana. Precio medio 40 €.

Nanking. Del Mar, 8. Piso 1°. T. 971 190 951.
Cierra jueves almuerzo, miércoles, febrero y del 9 al 27 de junio. Cocina chino-cantonesa en la Marina del puerto. Rollos de primavera, pato de la casa, papaya con zumo de naranja. Precio medio 20 €.

® **Pacha.** Avda. 8 de Agosto, s/n. Pº Marítimo. T. 971 310 959. *www.restaurantepachaibiza.com*
Cierra almuerzos y de diciembre a abril. Ambiente cosmopolita y cocina mediterráneo-japonesa en la discoteca Pacha. **Tiraditos de *magret* de pato con vinagreta de mango, bacalao gratinado con alioli de *wasabi*,** variedad de **frutas exóticas.** Precio medio 50 €.

Hoteles

***** **Ibiza Gran Hotel.** Pº Juan Carlos I, 17. T. 971 806 806. *www.ibizagranhotel.com* P
Hab. 157: 315 €. Restaurante The Jackpot.

***** **Mirador de Dalt Vila.** Pza. de España, 4. T. 971 303 045. *www.hotelmiradoribiza.com*
Hab. 12: 300 €. Suites: 2. Ubicado exactamente en el lugar que le da nombre, dentro del recinto amurallado de Dalt Vila. Restaurante Es Mirador.

Porroig Eivissa

68 · C-3
A Eivissa, 20 km
Alt. 36 m · Pob. 750
T. 971 801 627
GPS 38° 51' 53'' N · 1° 18' 11'' E

Visitar: Los **muelles** y las **casas bajas** usadas para guardar los aperos de pesca decoran la cala Porroig, una playa de 80 m de Sant Josep de Sa Talaia.

Restaurantes

☼☼ **Es Xarcu.** Ctra. PM-803, Eivissa-Sant Josep de Sa Talaia, km 8. En Playa Es Xarcu, entre Porroig y Cala Joncal. T. 971 187 867. *www.esxarcu.com* P

Cierra de finales de octubre a Semana Santa. Terrazas frente al mar con desembarcadero. **Pescados al horno, mariscos** de la zona, **arroces, *graixonera*** con gran calidad de producto y cuidadosa elaboración. Precio medio 60 €.

Sant Antoni de Portmany Eivissa

68 · C-2
A Eivissa, 15 km
Alt. 9 m · Pob. 22.136
T. 971 343 363
GPS 38° 58' 47'' N · 1° 18' 18'' E

Punta de sa Galera

Visitar: Conocido por sus espectaculares puestas de sol, Sant Antoni de Portmany sorprende con un interesante casco histórico, con las **iglesias de St. Antoni** y el **Molí d'en Simo.** Desde el Passeig de ses Fonts se accede al Ayuntamiento, a la oficina de turismo y a múltiples terrazas y tiendas.

Fiestas: El 17 de enero es St. Antoni y el 21, Sta. Agnès. El 24 de agosto se celebra **St. Bartomeu.**

Alrededores: A las afueras se encuentra la **cueva de Ses Fontanelles** (Cova des Vi), con pinturas rupestres. A 1,5 km está la **capilla subterránea de St. Agnès** y, a 2 km, la cueva del aquarium Cap Blanc. La localidad también tiene bonitas playas: **Cala Tarida** (a 2 km), Cala Gració y Cala Gracioneta (a 2,5 km). A 5 km está **Sant Rafel de Sa Creu,** donde se situaron los primeros asentamientos de la isla.

Restaurantes

Cas Mila. (En CALA TARIDA, a 2 km). Ctra. Eivissa-Sant Antoni, s/n.
T. 971 806 193. *www.restaurantecasmila.com*
Cierra cenas y de lunes a viernes excepto festivos de noviembre a abril.
La especialidad de Toni y Montse Segarra son los guisos de pescados: arroz a la marinera, *bullit* de *peix* con arroz a banda y cazuela de langosta. Buenas carnes. Repostería original ibicenca. Precio medio 40 €.

☼ **Las Dos Lunas.** (En SANT RAFEL DE SA CREU, a 5 km). Ctra. Eivissa-Sant Antoni, km 5,4. T. 971 198 102. *www.lasdoslunas.com*
Cierra almuerzos y, de octubre a mayo. Maximo Luccarini es el mejor exponente de la cocina italiana de la isla. Destacan la **pasta fresca,** las **carnes** del valle del Esla y los **helados** caseros. Precio medio 60 €.

Sant Carles de Peralta Eivissa

68 · D-1
A Eivissa, 25 km
Pob. 4.113
T. 971 330 728
GPS 39° 56' 29'' N · 4° 12' 57'' E

Visitar: Almendros, higueras y algarrobos saludan al visitante de este municipio situado al norte de la isla. Merece la pena visitar la **iglesia de St. Carles** (s. XVIII), la fuente de Peralta, la torre d'en Valls y el **Museo del Trull de ca n'Andreu.** Imprescindible es comprar en sus mercadillos *hippies*: Punta Arabí (de abril a octubre) y Las Dalias (sábados del 1 de mayo al 31 de octubre).

Fiestas: Su patrón, **St. Carles,** se celebra el 4 de noviembre y St. Joan y St. Pere, en junio.

Alrededores: Hay algunas playas preciosas, como **cala Llenya, cala Mastella** y **cala Nova.**

Restaurantes

® **Can Curreu.** (Hotel Rural Can Curreu). Ctra. San Carlos, km 12.
T. 971 335 280. *www.cancurreu.com*
Con habitaciones. Preciosa arquitectura ibicenca en pleno campo rodeado de naturaleza. **Gamba roja ibicenca a la plancha, solomillo de ternera con patatas en sartén, fluido de chocolate.** Menú y precio medio 35 €.

Sant Josep de Sa Talaia Eivissa

68 · C-2
A Eivissa, 16 km
Alt. 209 m · Pob. 22.871
T. 971 800 745
GPS 38° 55' 18'' N · 1° 17' 33'' E

Torre del Verger

Visitar: A 16 km de Eivissa espera el municipio con más playas y calas de la isla. Las más conocidas son cala Comte, cala Bassa y cala Vadella. De su pueblo hay que visitar la **iglesia de St. Josep.**

Fiestas: El 19 de marzo son las fiestas patronales de **St. Josep.**

Alrededores: Además del **poblado fenicio Sa Caleta** y del **Parque Natural de Ses Salines,** con sus praderas de Posidonia declaradas patrimonio de la humanidad, hay que visitar la **Reserva Natural de Es Vendrà i Es Vedranell.** Merece la pena darse un baño en **Cala Vadella** (a 17 km).

Restaurantes

® **Cana Sofía.** (En CALA VADELLA, a 17 km). Castelldefels, 10.
T. 971 808 273. *www.canasofia.com*
El galardonado Moises Machado ofrece un sugestivo surtido de **arroces, pescados** de la isla y su versión de la **tarta de queso ibicenca.** Recomendable menú degustación a la hora de cenar. Menú 15 €. Precio medio 50 €.

☼ **Trattoria del Mar.** Puerto Deportivo Marina de Botafoch, local 219.
T. 971 193 934. *www.trattoriadelmaribiza.com*

Cierra domingo almuerzo en verano, y domingo en invierno. Los hermanos d'Ambrosio se ocupan de bodega, sala y cocina italiana en un minimalista local en el puerto deportivo con vistas al castillo antiguo y al mar. ***Pappardelle* casero al bogavante, chipirones y calabacines fritos, tiramisú.** Menú 18 €. Precio medio 37 €.

Trattoria del Sole. Ctra. Eivissa-San José, km 7,5. T. 971 800 006. *www.trattoriadelsole.com* P
Cierra almuerzos, y de octubre a abril. Buena referencia de cocina italiana siempre de moda. ***Pizzas, carpaccios,* pasta casera, tiramisú.** Precio medio 40 €.

Sant Rafel de Sa Creu Eivissa

Ver Sant Antoni de Portmany

68 · C-2

Sant Miquel de Balansat Eivissa

68 · D-1
A Eivissa, 22 km
Alt. 290 m · Pob. 5.500
T. 971 333 003
GPS 39° 3' 18" N · 1° 26' 11" E

Visitar: Típico pueblo ibicenco, es un tesoro del interior de Eivissa. Su **iglesia** (s. XVI) se eleva sobre una colina y conserva unas bonitas pinturas al fresco.

Fiestas: Las fiestas patronales se celebran el 29 de septiembre, en honor a **St. Miquel.**

Alrededores: Por la calidad de sus aguas, la bandera azul ondea en sus playas: St. Vicent, Portinatx y Port de St. Miquel. También hay calas vírgenes (Benirrás, Xarraca, Xucla o Den Serra). Merece la pena acercarse a **Sant Llorenç de Balàfia** (a 2 km). A unos 3 km, destaca la torre des Molar (sobre el acantilado) y las **cuevas de Can Marça.**

Restaurantes

Balafia. (En SANT LLORENÇ DE BALÀFIA, a 2 km).
Ctra. Eivissa-Sant Joan, km 15,4. T. 971 325 019.
Cierra almuerzos en verano; cenas y lunes en invierno; domingo y de mediados de diciembre a febrero. Casa típica ibicenca. Carnes a la brasa con patatas fritas y alioli caseros. De postre, *greixonera*. Precio medio 30 €.

La Paloma. (En SANT LLORENÇ DE BALÀFIA, a 2 km).
Can Pou, 4. T. 971 325 543. *www.palomaibiza.com* P
Cierra almuerzos, lunes excepto verano, y de noviembre a marzo. Cocina mediterránea con toques italianos y algo orientales en una casa payesa con gran encanto. Las verduras y ensaladas son de su huerto. Precio medio 40 €.

Hoteles

***** **Hacienda Na Xamena.** Na Xamena, s/n. T. 971 334 500.
www.hotelhacienda-ibiza.com P
Hab. 59: 350 €. Suites: 6. Primer cinco estrellas inaugurado en la isla. Acceso directo a una cala. Todas las habitaciones con vistas al mar. Dentro de un parque natural preservado, sobre un acantilado. Restaurantes Eden, Sueño de Estrellas, Chill-Out y Las Cascadas.

Danzante de la Colla de Balansat

Santa Eulària des Riu Eivissa

68 · D-2
A Eivissa, 15 km
Pob. 39.946
T. 971 330 841
GPS 38° 58' 56" N · 1° 31' 45" E

Visitar: A sus bellas playas y campos verdes con almendros, Santa Eulària des Riu suma un interesante patrimonio artístico como el **Puig de Missa,** que alberga una iglesia fortificada (s. XVI). Junto a ella, está el **Museo Barrau.** También en el Puig se encuentra Can Ros, una casa payesa que hoy es el **Museo de Etnografía de Ibiza.** Además, hay que visitar la **iglesia de la Mare de Déu de Jesús** (s. XV) y la de Sta. Gertrudis. Para darse un baño destacan Aguas Blancas, Ca na Martina, Es Riu de Sta. Eulària...

Fiestas: Sus fiestas patronales, en honor a **Sta. Eulària,** se celebran el 12 de febrero.

Alrededores: Entre cala Pada y Punta Arabí, se encuentra el **yacimiento arqueológico de s'Argamassa.** En el monte de sa Creu, está la capilla d'en Ribes.

Restaurantes

® **Atzaró-La Veranda.** (Hotel Atzaró Agroturismo). Ctra. C-733, Eivissa-Sant Joan, km 15. T. 971 338 838. *www.atzaro.com* P
Cierra del 10 de noviembre a 15 de marzo. Con 23 habitaciones. Casa payesa rodeada de naranjos con una decoración asiática e ibicenca. Cocina cosmopolita con base mediterránea, tanto en **La Veranda** (almuerzos) como en las cenas de **Atzaró.** ***Burrata* de bufala con sopita de pesto, solomillo con verduritas y salsa de *boletus* con oporto, salpicón de frutas con helado de té verde.** Menú 30 €. Precio medio 60 €.

Hoteles

***** **Aguas de Ibiza Lifestyle & Spa.** Salvador Camacho, 9. T. 971 319 991.
www.aguasdeibiza.com
Hab. 112: 581 €. Cuidado diseño bajo los principios de Feng Shui. Restaurantes Óligo Madeinterranean, Alabastro, Air Ibiza y La Sal.

68 · D-2

Santa Gertrudis de Fruitera Eivissa

Ver Eivissa

FORMENTERA

Sant Francesc de Formentera

Formentera

68 · D-4
Pob. 10.100
T. 971 322 057
GPS 38° 42' 26'' N · 1° 25' 50'' E

Feria de artesanía

Visitar: Acogedora y tranquila, esta localidad de carácter marinero es la capital de la isla y se encuentra a 3 km del puerto de Formentera. En ella hay que visitar la **capilla románica de sa Tanca Vella,** la **iglesia de St. Francesc** (fortaleza defensiva del s. XVIII) y su Museo Etnológico.

Fiestas: El 25 de julio se celebran las fiestas patronales de **St. Jaume.**

Alrededores: Destaca el patrimonio arqueológico de la isla (sepulcro megalítico de Ca Na Costa, el castillo romano de Can Blai y el yacimiento prehistórico de Cap de Barbària). **Pilar de la Mola** (a 14 km) sorprende por sus *casaments*, típicas casas payesas, y por su iglesia de Ntra. Sra. del Pilar. Y, como no, hay que disfrutar de las aguas cristalinas y azules de playas como **Ses Illetes** y **Ses Platgetes.**

Restaurantes

Can Dani. Ctra. de La Mola, km 8,5. T. 971 328 505.
www.candaniformentera.com P S
Cierra almuerzos en verano. En plena naturaleza. *Ñoquis* de sepia con salsa romesco, *royal* de conejo, postres caseros, de chocolate, queso, frutas... Precio medio 50 €.

Es Molí de Sal. Afores, s/n. Playa de Ses Illetes.
T. 971 187 491. *www.esmolidesal.es*
Cierra de noviembre a mayo. Buena cocina mediterránea con buenos **arroces y pescados** en un antiguo molino de sal en la playa de Ses Illetes. De postre, **tortino de chocolate.** Precio medio 60 €.

® **Juan y Andrea.** (En Parque Natural de Las Salinas).
Venda de ses Salines, s/n. T. 971 187 130. *www.juanyandrea.com*
P
Cierra cenas y del 1 de octubre al 1 de mayo. Juan y Andrea llevan cuatro décadas al frente de esta casa en el Parque Natural de Las Salinas, a pie de playa. **Caldereta de langosta, pescados a la sal y al horno, tartas caseras de chocolate, queso...** Precio medio 50 €.

Pequeña Isla. (En PILAR DE LA MOLA, a 14 km). Avda. La Mola, 105.
T. 971 327 068. *www.pequenaisla.com*
Cierra lunes excepto verano; y del 1 de noviembre al 30 de abril. Tranquilo emplazamiento rural. Ensalada templada de queso de Formentera, frito de palomos de corral, *mousse* de Toblerone blanco. Precio medio 35 €.

Tanga. Playa de Levante, s/n. T. 971 187 905.
www.restaurantetanga.com P
Cierra cenas y de noviembre a abril. Paellas, pescados frescos y langostas de vivero propio en un buen ambiente. De postre, sorbete de limón. Precio medio 40 €.

Hoteles

**** **Insotel Hotel Formentera Playa.** Playa de Migjorn, s/n. T. 971 328 000.
www.insotelhotelgroup.com P
Hab. 333: 118 €. En plena playa de Migjorn. Luminosas habitaciones totalmente redecoradas y con vistas al Mediterráneo. Restaurante South Beach Club.

GRAN CANARIA

Agüimes Gran Canaria

Visitar: Para conocer esta localidad del sureste de Gran Canaria hay que pasear por sus calles admirando sus bellas fachadas y acercarse al **Centro de Interpretación del Casco Histórico,** donde se explican los valores patrimoniales y la historia de Agüimes. También destaca la **iglesia de S. Sebastián,** de estilo neoclásico. Para un buen baño lo mejor es acercarse a la **playa de Arinaga.**

Fiestas: De especial importancia es su **Semana Santa,** con la peculiar Subasta de los Remates. En octubre tienen lugar las **fiestas de Ntra. Sra. del Rosario** con su romería-ofrenda, de interés turístico nacional.

Alrededores: Se pueden realizar diferentes rutas de senderismo en la **Reserva Natural Especial de Los Marteles** (a 19 km), que cuenta con una caldera de origen volcánico.

117 · D-3
A Las Palmas, 29 km
Alt. 300 m · Pob. 29.431
T. 928 124 183
GPS 27° 54' 8'' N · 15° 26' 43'' O

Pasaje de la Vegueta

Restaurantes

Moorea (Cocina Taller). (Gastrobar, en PLAYA DE ARINAGA, a 5 km). Avda. de Los Pescadores, 63. T. 928 188 851. *www.mooreacocinataller.com*
Cierra domingo cena, lunes, martes y del 20 de octubre al 10 de noviembre. El gastrobar de moda en la isla, para disfrutar de una cocina con carácter y personalidad fruto de su formación y variadas influencias. **Vieira con salsa pico de gallo y aguacate, ternera marinada con salsa de ostras y arroz *basmati*, cremoso de queso de cabra con migas de café/cacao y helado de *toffee* y *amaretto*.** Precio medio 32 €.

® **Nelson.** (En PLAYA DE ARINAGA, a 5 km). Avda. Polizón, 47. T. 928 181 050. *www.restaurantenelson.com*
Cierra domingo cena, lunes y primera quincena de septiembre. A partir de la despensa del mar, elaboraciones con **pescados, mariscos y arroces,** en un agradable entorno con espléndidas vistas a la bahía de Arinaga. **Tallarines de calamar al pesto, medregal en costra negra, tarta de gofio.** Precio medio 35 €.

Arucas Gran Canaria

Visitar: Construida con piedra azul propia del municipio, impresiona la **iglesia de S. Juan Bautista.** Dentro del casco antiguo, se encuentra la **Casa de la Cultura,** ejemplo de la arquitectura tradicional canaria. Los mejores paisajes de la zona norte de la isla se pueden ver desde la montaña de Arucas.

Fiestas: Durante el mes de junio se celebran la **fiestas de S. Juan Bautista,** patrón del municipio. Destacan durante esos días la animada romería y la tradicional feria de ganado.

Alrededores: A 4 km está el barrio de **Visvique. La Reserva Natural Especial de Los Tilos de Moya** (a 13 km) representa la oportunidad perfecta para contemplar un bosque de laurisilva. En **Gáldar** (a 19 km) se encuentra el yacimiento de Cueva Pintada, bien de interés cultural.

117 · D-1
A Las Palmas, 12 km
Alt. 200 m · Pob. 37.723
T. 928 623 136
GPS 28° 7' 3'' N · 15° 31' 33'' O

Vidriera en la iglesia de S. Juan Bautista

Restaurantes

® **Casa Brito.** (En VISVIQUE, a 4 km). Pº Ter, 17. Ctra. Arucas-Teror, km 1,3. T. 928 622 323. *www.casabrito.com* P
Cierra domingo cena, lunes, martes; Semana Santa y primera quincena de septiembre. Servicio y productos de calidad son sus señas de identidad. Parrilla de leña y magníficas **carnes,** entre otras sugerencias. **Pulpo rehogado con garbanzos y papa frita, huevos mole.** Realizan Jornadas Gastronómicas. Precio medio 30 €.

Hoteles

Hotel Rural La Hacienda del Buen Suceso. Ctra. Arucas a Bañaderos, km 1. T. 928 622 945. *www.haciendabuensuceso.com* P
Hab. 18: 119 €. Suites: 5. En el corazón de una finca platanera del s. XVI, la más antigua de Canarias. Entrada gratuita a los Jardines de la Marquesa. Restaurante El Alpende.

Maspalomas Gran Canaria

117 · C-4
A Las Palmas, 54 km
Alt. 850 · Pob. 59.583
T. 928 768 409
GPS 27° 45' 44'' N · 15° 34' 42'' O

Visitar: La **Reserva Natural Especial de las Dunas** es la protagonista de Maspalomas, un extraordinario lugar donde perderse o darse un buen baño en **playas** como la **del Inglés** y la de S. Agustín. Destaca por su especial belleza el centenario **faro de Maspalomas.**

Fiestas: Durante el mes de mayo son las **fiestas de S. Fernando de Maspalomas,** con su festival folclórico insular. Especialmente divertidos son también sus carnavales.

Alrededores: En el interior del valle de las Mil Palmeras se encuentra el pintoresco pueblo de **Fataga** (a 16 km). Para practicar *windsurf* nada mejor que acercarse al enclave de **Pozo Izquierdo** (a 20 km).

Restaurantes

El Senador. P° del Faro, s/n. T. 928 142 068.
www.restauranteelsenador.com
Carta para todos los públicos al borde de la misma playa de Maspalomas. Arroces y pescados frescos de la isla, crema de piña con fresas.
Precio medio 35 €.

Maspalomas Golf. Avda. Touroperador Nekermann, s/n. T. 928 768 026.
www.maspalomasgolf.net S
Restaurante de referencia creativa e internacional para amantes del golf en el sur de la isla. **Gazpacho de mango con huevas de trucha y manzana, cherne confitado con leche de coco, crema de yogur con espuma de frambuesas.**
Menú 15 €. Precio medio 35 €.

Hoteles

***** **Lopesan Villa del Conde.** Mar Mediterráneo, s/n. T. 928 563 200.
www.lopesan.com
Hab. 561: 555 €. Constituido por edificios de formas y colores distintos (al modo de las típicas viviendas canarias), se sitúa junto al mar, en la zona de Meloneras. Restaurante La Plaza.

***** **Sheraton Salobre Golf Resort & Spa.** Urb. Salobre Golf. T. 928 943 000.
www.sheratonsalobre.com
Hab. 286: 145 €. Suites: 18. Rodeado por el paraje incomparable de Salobre.

Mogán-Puerto de Mogán Gran Canaria

117 · C-3
A Las Palmas, 80 km
Alt. 1.450 m · Pob. 22.856
T. 928 158 804
GPS 27° 52' 57'' N · 15° 43' 26'' O

Calle típica de Mogán

Visitar: Entre los seis grandes núcleos turísticos de su costa, destacan los de **Puerto Rico, Arguineguín,** el pueblo pesquero de Puerto de Mogán y Mogán; además de sus **playas, sobre todo la de Amadores y La Verga.** En el casco de Mogán, se encuentra el molino de viento y la iglesia de S. Antonio.

Fiestas: Del 6 al 15 de junio son las **fiestas de S. Antonio el Chico,** de arraigadas tradiciones folclóricas. El primer domingo de agosto se festeja **S. Antonio el Grande.**

Alrededores: Una escenificación real recrea parte de la historia de Canarias en el **Museo Vivo de La Aldea de San Nicolás** (a 20 km). El legado aborigen permanece inalterable en el Complejo Arqueológico de Los Caserones. A 21 km se encuentra **Patalavaca,** cuyo paseo marítimo conecta con Arguineguín.

Restaurantes

La Aquarela. (Apartamentos Aquamarina, en PATALAVACA, a 21 km). Barranco de La Verga, s/n. T. 928 735 891.
www.restaurantelaaquarela.com
Cierra almuerzos en verano, lunes; y junio. Atractivas vistas nocturnas para disfrutar de cenas donde la línea clásica e imaginativa se unen en la cocina. Ravioli de gamba, carrillera de cerdo ibérico al vino tinto, pasión por el mango (*mousse* y espuma de mango). Precio medio 45 €.

Los Guayres. (Hotel Cordial Mogán Playa, en PUERTO DE MOGÁN, a 10 km). Avda. de los Marrero, 2. T. 928 724 100.
www.cordialcanarias.com
Cierra almuerzos, domingo y lunes. Alexis Álvarez, formado en los mejores restaurantes, presenta una combinación del recetario isleño con propuestas de vanguardia. **Ensalada tibia de conejo con suave puré de ajo confitado y aceite de perejil, cordero lechal con su jugo de salmorejo, hojaldre caramelizado de batata dulce con crema de canela y helado de plátano.**
Precio medio 37 €.

Montsemar. (Complejo de MonteMarina, en la PLAYA DE ARGUINEGUÍN, a 21 km). Aquamarina, 3. Ctra. GC-500, Mogán-Arguineguín.
T. 928 151 057.
Cierra almuerzos, y del 1 de mayo al 30 de septiembre. Cuenta con vistas al océano y la magnífica atención de la familia Sabini. ***Carpaccio* de pulpo de Arguineguín a la Cipriani, filete de cherne con lámina de trufa negra y *tagliolini*, *savaione* caliente con helado de vainilla Tahití.**
Menú 35 €. Precio medio 30 €.

Hoteles

***** **Radisson Blu Resort Gran Canaria.** La Verga, s/n. T. 928 150 400.
www.radissonblu.com/resort-grancanaria
Hab. 189: 219 €. En Arguineguín, a 34 km, rodeado de las playas de Patalavaca, Anfi y Aquamarina. Restaurante La Canaria.

Palmas de Gran Canaria, Las

Gran Canaria

Panorámica de Las Palmas

117 · E-1
Alt. 15 m · Pob. 383.308
T. 928 219 600
GPS 28° 6' 36'' N · 15° 25' 11'' O

Visitar: El pasado de la ciudad sigue vivo en el conjunto histórico-artístico de Vegueta. Destaca en él la magnífica **catedral de Sta. Ana,** construida con basalto gris, que cuenta con dos torres gemelas y más de cuatro siglos de construcción. Otros dos focos de interés son el **Museo Casa de Colón,** lugar donde el navegante solicitó ayuda para reparar *La Pinta* en su viaje hacia el descubrimiento de América, y el **Centro Atlántico de Arte Moderno (CAAM).** Agradables son también los paseos por el **barrio de Triana,** donde se puede seguir la pista de uno de los hijos ilustres de Las Palmas, el escritor Benito Pérez Galdós, en el teatro y la casa-museo que llevan su nombre. Para disfrutar de las aguas del Atlántico nada mejor que la **playa de Las Canteras,** que guarda en uno de sus extremos el distinguido **Auditorio Alfredo Kraus.** La ciudad también acoge el **puerto de la Luz,** uno de los más importantes del mundo.

Fiestas: La fiesta más destacada son sus carnavales, que se celebran a lo largo del mes de febrero. Además de las murgas, la elección de la reina y los desfiles, es muy afamada la **Gala Drag Queen,** que atrae cada año a miles de personas. En el ámbito religioso tienen especial importancia la Semana Santa y las alfombras de flores del Corpus Christi.

Alrededores: En **Teror** (a 20 km) se encuentra la **basílica de Ntra. Sra. del Pino** (s. XVII), que guarda a la patrona de la isla.

Restaurantes

Amaiur. Avda. Pérez Galdós, 2. T. 928 370 717.
www.restauranteamaiur.es
Cierra domingo y agosto. Amplio y elegante comedor, en un edificio de estilo colonial con cocina tradicional vasca a cargo de los hermanos Bastida. Cocochas de merluza, bacalao al pilpil, milhojas de crema pastelera. Jornadas gastronómicas. Precio medio 35 €.

Casa de Galicia. Salvador Cuyas, 8. T. 928 279 855.
www.restaurantecasagalicia.com
Desde 1987 acompañan la oferta de la ciudad en la rica gastronomía gallega. ***Caldeirada*, pulpo *a feira*, tocinito de cielo.** Menú 15 €. Precio medio 35 €.

☼☼ **Deliciosa Marta.** Avda. Pérez Galdós, 23. Calle peatonal. T. 928 370 882. S
Cierra martes cena, domingo, 15 días en mayo y en agosto. Atentos y curiosos al mercado para seleccionar su despensa y mostrar con su experiencia el sabor y respeto a las raíces mediterráneas y canarias de sus propietarios. **Espárragos blancos con mahonesa de trufa y parmesano, *steak tartar* trufado con huevo frito, manzana asada con crema de vainilla.** Se debe reservar mesa. Precio medio 35 €.

El Churrasco. Olof Palme, 33. T. 928 272 077. *www.elchurrascorestaurante.com* S
Asador de Influencia argentina desde donde importan su propia carne. Empanada criolla, chorizo parrillero, panqueque. Todo en un ambiente tanto de negocios como familiar. Precio medio 32 €.

Enoteca el Zarcillo. Ctra. del Centro, 83. T. 928 354 534. *www.enotecaelzarcillo.com*
Cierra domingo, lunes, y del 15 al 31 de agosto. Cambio de carta semanal de temporada con oferta curiosa y variada de escogidos vinos, con especial interés en los de las islas. Papas antiguas con mojo palmero, arroz negro con alioli, *mousse* de gofio. Precio medio 25 €.

☼☼☼
La Terraza
Cocina de mercado y creativa de José Rojano, con una trayectoria reconocida en la isla desde hace varios años que alcanza grandes cotas. **Ensalada de buñuelos de queso majorero con mojo, cherne con tallarines de calabacín y hongos, flan de plátano con chocolate.**
Menú 38 €. Precio medio 45 €.
(Hotel Santa Catalina)
León y Castillo, 227.
T. 928 243 040.
www.hotelsantacatalina.com

® **Rías Bajas.** Simón Bolívar, 3. T. 928 271 316.
Un clásico de la capital. Local elegante con buen género y servicio. Menú 20 €. Precio medio 45 €.

® **Ribera del Río Miño.** Olof Palme, 21. T. 928 264 431. *www.riberadelriomino.com*
La experiencia y reconocida trayectoria en hostelería del veterano Rafael Pulido son siempre una garantía. La cocina gallega, con la ***caldeirada* de merluza y rape** de protagonista, es su buque insignia. Precio medio 40 €.

☼ **Thomas Algo?** (Taberna). Profesor Agustín Millares Carló, 9. T. 928 382 818. *www.thomas-algo.com*
Cierra cenas de lunes a miércoles; domingo, y festivos excepto fin de semana o viernes. Tradicional con pinceladas modernas, así define Thomas Leeb, cocinero y propietario, sus elaboraciones en un local de ambiente familiar. **Tortillita de bacalao diferente, huevos rotos con espuma de papas y gelatina de trufa, hamburguesa de atún con mayonesa de *wasabi*.** Organizan Jornadas Gastronómicas. Menús 9 y 38 €. Precio medio 30 €.

Escultura de César Manrique

Hoteles

***** **Cristina Las Palmas.** Gomera, 6. T. 928 267 600. *www.hotelcristinalaspalmas.com* P
Hab. 312: 120 €. En primera línea de playa, en pleno centro comercial. Próximo al casco antiguo y a pocos metros del puerto.

***** **Santa Catalina.** León y Castillo, 227. T. 928 243 040. *www.hotelsantacatalina.com* P
Hab. 202: 125 €. Suites: 16. Estilo colonial inglés, construido en 1890. Monumento histórico-artístico. Restaurante La Terraza.

**** **Best Western Plus Hotel Cantur.** Sagasta, 28. T. 928 273 000. *www.bestwesternhotelcantur.com*
Hab. 114: 85 €. Suites: 2. Consultar admisión de perros. Céntrico. Muy cerca de la playa. Restaurante Gauguin.

117 · C-4 Patalavaca Gran Canaria Ver Mogán

117 · C-4 Playa de Arguineguín, La Gran Canaria Ver Mogán

Playa del Águila Gran Canaria

Visitar: Más allá de la exuberancia de las dunas de Maspalomas y la playa del Inglés, se encuentra este **rincón ideal para el descanso.** Una lugar donde disfrutar del baño, entre arena fina y piedras, junto a las tradicionales barcas de los pescadores de la zona. Además, las condiciones para la práctica de **actividades acuáticas** es muy buena.

117 · D-4
A Las Palmas, 47 km
Perteneciente al municipio de San Bartolomé de Tirajana
GPS 27° 46' 2'' N · 15° 33' 18'' O

Restaurantes

☼☼ **Bamira.** Los Pinos, 11. T. 928 767 666. *www.bamira.com*
Cierra almuerzos, miércoles, y de junio a mitad de septiembre. Sus originales recomendaciones son siempre una sorpresa agradable, fruto de sus experiencias viajeras y curiosidad gustativa. **Vieiras gratinadas sobre polenta de trufa, *sambal* de cherne estilo indonesia con *bacchoi*, plátano flameado con caramelo.** Precio medio 45 €.

Santa Brígida Gran Canaria

Visitar: Este municipio permite revivir sus orígenes como antiguo asentamiento aborigen en lugares como **las cuevas de los Frailes y los Canarios,** el valle de La Angostura y Las Meleguinas. En sus montes también está el **monumento natural de Bandama,** compuesto por el pico y la caldera de Bandama. Y en el casco urbano se puede visitar la **iglesia de Sta. Brígida.**

Fiestas: El primer sábado de agosto tiene lugar la **romería-ofrenda en honor a Sta. Brígida.** El 13 de junio son las fiestas de S. Antonio.

Alrededores: Se puede practicar senderismo en **Monte Lentiscal** (a 12 km). Para conocer de cerca la cultura prehispánica se pueden visitar en **Telde** (a 15 km) yacimientos como los de la Montaña de las Cuatro Puertas, Baladero, Tufia, Tara y Cendro.

117 · D-2
A Las Palmas, 14 km
Alt. 505 m · Pob. 20.000
T. 928 648 181
GPS 28° 1' 48'' N · 15° 29' 33'' O

Caldera de Bandama

Restaurantes

Bodegón Vandama. Ctra. Bandama, 116. T. 928 352 754. *www.bodegonvandama.com*
Cierra domingo cena, lunes y martes. Cerca del Pico y la Caldera de Bandama, en un antiguo lagar. Payés de quesos gratinados, carnes a la parrilla, ensaladas, pecado Vandama (tarta de chocolate blanco, *mousse* de chocolate y base de galleta). Precio medio 30 €.

Satautey. (Hotel Escuela Santa Brígida, en MONTE LENTISCAL, a 12 km). Real de Coello, 2. T. 928 478 421. *www.hecansa.com*
Cierra cenas de domingo a jueves. El bello hotel-escuela, de finales del s. XIX, sorprende por una cuidada cocina canaria acertadamente puesta al día, amén de elaboraciones vanguardistas a cargo del inquieto cocinero-profesor Samuel López. Menú 18 €. Precio medio 30 €.

Valleseco Gran Canaria

Visitar: En este municipio agrícola se puede contemplar la laurisilva dentro del **Parque Rural de Doramas.** Para hacer senderismo nada mejor que la caldera volcánica de Calderetas o el barranco de la Virgen. Merece la pena visitar, además, la **iglesia de S. Vicente Ferrer** (s. XVIII) y un molino de gofio donde asistir a una molienda del cereal a la manera tradicional.

Fiestas: Entre mayo y junio es la **fiesta patronal de S. Vicente Ferrer.** El primer domingo de octubre son las **fiestas de la Manzana,** de interés turístico regional.

Alrededores: Limitando con el municipio se encuentra el volcán de más reciente erupción de la isla, **Montañón Negro.**

117 · D-2
A Las Palmas, 27 km
Alt. 1.000 m · Pob. 3.500
T. 928 618 740
GPS 28° 2' 50'' N · 15° 34' 30'' O

Restaurantes

Arcos de La Laguna. Ctra. GC-21, cruce de la Laguna-Valleseco, 4. T. 928 618 279. *www.grupohnosrogelio.com* P
Cierra cenas lunes y jueves, martes y miércoles excepto vísperas y festivos; y del 25 de junio al 10 de julio. Especialidades segovianas e isleñas. Judiones de La Granja, conejo deshuesado al salmorejo con papas arrugadas, *frisuelos* de manzana con chocolate caliente. Menú y precio medio 27 €.

Vega de San Mateo Gran Canaria

117 · D-2
A Las Palmas, 22 km
Alt. 850 m · Pob. 7.800
T. 928 661 350
GPS 28° 0' 33'' N · 15° 31' 56'' O

Visitar: En su centro urbano es recomendable visitar la **iglesia de S. Mateo** (s. XIX) y la **alameda de Sta. Ana.** Para los senderistas, nada mejor que adentrarse en lugares como el **Roque Bicacaral,** que ofrece hermosas vistas de la zona, el barranco de La Mina, la Hoya del Gamonal y la Cruz del Saucillo.

Fiestas: El 21 de septiembre se festeja **S. Mateo,** el patrón, con la feria de ganado y, el día anterior, la tradicional romería-ofrenda. El primer domingo de julio tiene lugar la Fiesta del Agricultor.

Alrededores: En el municipio más alto de la isla, **Artenara** (a 27 km), se encuentra el Parque Natural de Tamadaba, donde sobresalen las montañas de Tirma, Altavista y Tamadaba. En el municipio de **Tejeda** (a 22 km) se sitúa el **Roque Nublo,** uno de los símbolos más reconocibles de Gran Canaria.

Restaurantes

La Raíz del Verol. El Retiro, 5. T. 928 661 757.
Cierra miércoles y segunda quincena de agosto. A la salida del pueblo con buenas vistas a las medianías. Asados, carnes y recomendaciones regionales. Menú 11 €. Precio medio 30 €.

Hoteles

**** **Parador de Cruz de Tejeda.** (En TEJEDA, a 22 km). Cruz de Tejeda, s/n. T. 928 012 500. *www.parador.es*
Hab. 43: 152 €. Construcción típica canaria con impresionantes vistas. Restaurante Roque Nublo.

---

117 · D-2

Visvique Gran Canaria Ver Arucas

LANZAROTE

Arrecife Lanzarote

119 · C-4
Pob. 58.189
T. 928 813 174
GPS 28° 57' 29'' N · 13° 32' 53'' O

Visitar: La capital de la isla es famosa por sus fortalezas, como el **puente de las Bolas** y **el castillo de S. Gabriel,** ambos bienes de interés cultural. También de especial relevancia es el castillo de S. José, que alberga actualmente el Museo Internacional de Arte Contemporáneo. En el **charco de S. Ginés** resulta agradable observar el baile de las barcas de los pescadores frente a las subidas y bajadas de la marea.

Fiestas: Destacan los carnavales y las **fiestas de S. Ginés,** que se festejan del 13 al 25 de agosto.

Alrededores: Desde **Orzola** (a 35 km) se puede viajar en barco hasta el islote de **La Graciosa.** Para darse un buen chapuzón lo mejor es acercarse hasta **Playa Honda** (a 3 km).

Submarinismo en Arrecife

Restaurantes

Aguaviva. (En PLAYA HONDA, a 3 km). Mástil, 31. T. 928 821 505. *www.restauranteaguaviva.com*
Cierra domingo cena, lunes y 15 días en septiembre. Sus propietarios, los asturianos Javier Bartolomé y Luis Tamargo, son un valor bien asentado y valorado que mejora la imagen y oferta en la isla por su culinaria actual y personal. **Vieiras con yogur de azafrán y aceitunas negras, cherne con salsa de erizos y arroz basmati, espuma de cabrales y gelatina de manzana.** Precio medio 38 €.

La Puntilla. Avda. César Manrique, 52. T. 928 816 042. *www.lapuntillacomidas.es*
Cierra domingo. La terraza hacia el Charco de S. Ginés es un aliciente a su oferta. Panceta de cochino negro, solomillo de atún, sorbete de coco. Precio medio 35 €.

Lilium. (Gastrobar). José Antonio, 103. T. 928 524 978. *www.restaurantelilium.com*
Cierra domingo y semana de Navidad. Gastrobar, con especial atención al producto local y a los vinos, en una revisión de recetas isleñas y propuestas de su evolución. Pulpo frito con *hummus* de garbanzos y pimiento asado, cochino negro canario a baja temperatura, flan de chocolate y gofio. Un local diferente. Precio medio 30 €.

Playa Blanca Lanzarote

Visitar: Al sur de la isla se sitúa este importante núcleo turístico donde se puede visitar el **castillo de las Coloradas** o del Águila, construido durante el s. XVIII y utilizado como defensa ante los incesantes ataques piratas. Para relajarse, nada mejor que caminar por los más de 7 km de paseo marítimo o darse un baño en su playa.

Fiestas: Cada 16 de julio se celebra la festividad de **Ntra. Sra. del Carmen.**

Alrededores: Desde Playa Blanca sale el *ferry* que conecta la isla con **Corralejo,** en Fuerteventura. Muy cerca se encuentran las impresionantes playas de Papagayo (a 8 km).

119 · B-4
A Arrecife, 38 km
Pob. 11.759
T. 928 519 238
GPS 28° 51' 41'' N · 13° 49' 47'' O

Lanzarote, bañada por el Atlántico, alberga innumerables playas

Restaurantes

® **Aromas Yaiza.** Corriquía, 5. T. 928 349 691.
www.restaurantearomasyaiza.com
Cierra domingo. Buena opción y con encanto en la trasera de la turística Avenida de Playa Blanca. **Queso frito de Lanzarote en pasta crujiente, lomo de cherne, piña de El Hierro en lasaña caramelizada.** Menú 24 €. Precio medio 30 €.

® **Isla de Lobos.** (Hotel Princesa Yaiza). Avda. Papagayo, 22. T. 928 519 222.
www.princesayaiza.com P
Cierra almuerzos, lunes, domingo y segunda semana de diciembre. Compromiso con productos de la isla y ecológicos de granjeros lanzaroteños, siguiendo la filosofía *slow food*, para una restauración imaginativa y contemporánea. **Espuma de papas y marisco sobre migas de bogavante y cangrejo real canario, pescado de roca de la isla sobre cuscús de brócoli, cremoso de queso fresco Finca de Uga sobre mantecado de gofio.** Precio medio 55 €.

Hoteles

***** **Princesa Yaiza Suite Hotel Resort.** Avda. Papagayo, 22. T. 928 519 222.
www.princesayaiza.com P SPA
Hab. 44: 307 €. Suites: 230. En primera línea de playa. Restaurante Isla de Lobos.

Puerto del Carmen-Costa de Tías
Lanzarote

Visitar: **Playa Grande, Los Pocillos** y **Matagorda** conforman, junto a otras, más de 6 km de playas ideales para pasar largas jornadas de sol. Es recomendable visitar también la zona de Varadero, así como pasear por la avenida de las Playas.

Fiestas: Destaca el carnaval. Durante el mes de agosto tienen lugar las **fiestas del Carmen.**

Alrededores: En **Tías** (a 7,5 km) se puede visitar la casa de José Saramago. **Mácher** (a 5 km) es un enclave ideal para la práctica del parapente y ala delta. En el norte del mismo municipio está el famoso **Parque Natural de la Geria** (a 10 km), con sus típicos cultivos de viña. Y a 19 km está el **Parque Nacional de Timanfaya.**

119 · B-4
A Arrecife, 16 km
Pob. 19.487
T. 928 513 351
GPS 28° 55' 11'' N · 13° 40' 10'' O

Playa Grande

Restaurantes

La Tegala de Germán Blanco. (En MÁCHER, a 5 km).
Ctra. LZ-2, Tías-Yaiza, 60. T. 928 524 524. *www.lategala.com* S
Reciente reapertura con cambio de gestión a cargo del valorado jefe de cocina Germán Blanco. ***Papita* rellena de *tartar* de atún y aguacate sobre tierra de zanahoria; pescado del día, chipirón en su tinta, jugo de papa, puerro y coco; fresas y frutos rojos con caviar de *lichis* bañado con vino tinto afrutado.** Va a más. Precio medio 40 €.

Rías Gallegas. Reina Sofía, 22. T. 928 515 745.
Cierra lunes y del 15 de mayo al 15 de junio. Cocina y productos gallegos, desde los pescados, mariscos y ternera a las típicas filloas. Vistas al puerto marinero. Menú 35 €. Precio medio sin marisco 45 €.

Hoteles

***** **Alondra Villas & Suites.** Cucharona, s/n. T. 928 514 342.
www.alondravillas.com P
Complejo residencial de 42 villas privadas de lujo (400 €). Suites: 18.
Dispone también de casitas de campo. Restaurante Arena.

Teguise-Costa Teguise Lanzarote

119 · C-3
A Arrecife, 11 km
Pob. 20.000
T. 928 845 001/72/74
GPS 29° 3' 25'' N · 13° 33' 5'' O

Visitar: La antigua capital de Lanzarote, conocida como La Villa, posee un bello casco histórico donde se dan cita las casas más antiguas de la isla y unas maravillosas playas en **Costa Teguise.** Es imprescindible visitar lugares como la plaza de S. Miguel; la **iglesia de Ntra. Sra. de Guadalupe** (s. XV), de estilo mudéjar; el Palacio Spinola (s. XVIII), actual residencia del Museo del Timple, y la **Fundación César Manrique,** en Taro de Taiche, encargada de difundir la obra del artista. La Villa de Teguise acoge uno de los mercadillos más grandes de las Islas Canarias.

Carnaval de Costa Teguise

Fiestas: En carnaval destaca la tradición de la **danza de los *diabletes*,** personajes que representan la virilidad y la fecundidad. El 16 de julio son las fiestas grandes de la localidad, en honor a **Ntra. Sra. del Carmen.**

Alrededores: El **archipiélago Chinijo,** que es parte del municipio, está formado por la isla de La Graciosa y los islotes de Alegranza, Montaña Clara, Roque del Este y Roque del Oeste. A 6 km está **Caleta de Famara,** una zona privilegiada para la práctica de deportes como el surf o el alta delta. Y a 11 km está el **Jardín de Cactus de Guatiza,** obra emblemática de César Manrique.

Restaurantes

® **El Risco.** (En CALETA DE FAMARA, a 6 km). Montaña Clara, 3.
T. 928 528 550. *www.restauranteelrisco.com*
Cierra domingo cena. Productos frescos del mar, principalmente, y elaboraciones típicas isleñas, en un local decorado por César Manrique con vistas al mar. **Crujiente de morena, taco de atún macerado en malvasía y soja con piñones y pasas, *carpaccio* de piña de Haría con crema de papaya.** Precio medio 32 €.

Mesón La Jordana. Avda. Los Geranios, s/n. T. 928 590 328.
Cierra domingo y septiembre. Tacos de atún en escabeche, conejo en salsa picante, fresas al vino tinto. Precio medio 25 €.

Hoteles

★★★★ **Barceló Lanzarote Resort.** Avda. del Mar, 5. T. 928 591 329.
www.barcelo.com
Hab. 198: 68 €. Suites: 244. Frente a la playa del Ancla. Amplia oferta de animación para adultos y niños. Suites especialmente diseñadas para familias. Restaurante Las Palmeras.

Yaiza Lanzarote

119 · B-3
A Arrecife, 22 km
Alt. 192 m · Pob. 15.379
T. 928 518 150
GPS 28° 57' 3'' N · 13° 45' 48'' O

Visitar: La inmensidad y belleza de los paisajes volcánicos se esconden en el interior del **Parque Nacional de Timanfaya** y el **Parque Natural de los Volcanes,** el gran tesoro del municipio. También son de obligada visita la caleta de Janubio y sus salinas –lugar de interés científico–, el famoso charco verde de Los Clicos y las **playas de Papagayo.** En el casco antiguo está la iglesia de Ntra. Sra. de los Remedios (s. XVII), bien de interés cultural.

Fiestas: Durante el mes de septiembre se festeja la patrona del municipio, **Ntra. Sra. de los Remedios.**

Alrededores: En el pequeño pueblo de **Femés** (a 8 km) se puede contemplar el monumento natural de los Ajaches. Los grandes núcleos costeros son **Playa Blanca** (a 14 km) y **Puerto Calero** (a 10 km).

Restaurantes

Amura. (Urb. Puerto Calero). Avda. Marítima, s/n. T. 928 513 181.
www.restauranteamura.com
Todo funciona igual, pese al cambio en la dirección de los fogones. Inmejorables instalaciones en la marina de Puerto Calero con vistas al mar. **Pulpo estilo gallego con papas arrugadas y mojo de almendras, lomo de cherne salteado con papas y cebolletas, *mousse* de galleta, *toffee* y helado de plátano.** Precio medio 30 €.

La Casona de Yaiza. Rincón, 11. T. 928 836 262.
www.casonadeyaiza.com
Cierra miércoles y junio. Con ocho habitaciones. Antigua bodega bien ambientada. Pescados de la isla, rabo de toro a la castellana, quesos canarios. Precio medio 30 €.

FUERTEVENTURA

Ampuyenta, La Fuerteventura Ver Antigua, La

118 · D-2

Antigua Fuerteventura

118 · D-2
A Puerto del Rosario, 22 km
Alt. 200 · Pob. 10.458
T. 928 163 286
GPS 28° 25' 12'' N · 14° 0' 43'' O

Visitar: Situada en el centro de la isla, se puede visitar la **iglesia de Ntra. Sra. de Antigua** (s. XVI) y el Centro Turístico Cultural Molino de Agua, que guarda elementos de trabajo de los campesinos de esta zona.

Fiestas: El 8 de septiembre se festeja **Ntra. Sra. de Antigua,** patrona de la localidad.

Alrededores: En **La Ampuyenta** (a 5 km) está la ermita de S. Pedro de Alcántara. La arena dorada y las aguas transparentes de **Caleta de Fuste** (a 18 km) han convertido la zona en un referente turístico. En la capital, **Puerto del Rosario** (a 20 km), está la Casa-Museo Unamuno, lugar donde se alojó el escritor durante su destierro en la isla. Para conocer mejor el paisaje isleño se puede visitar el **Parque Natural de Betancuria** (a 10 km).

Restaurantes

Fabiola. (En LA AMPUYENTA, a 5 km). Aldea de Ampuyenta, 43. Ctra. FV 20, Antigua-Puerto del Rosario. T. 928 174 605. P
Cierra de lunes a miércoles, 10 días en mayo y en noviembre. Distinguida decoración en una casona señorial. Cocina mediterránea de línea afrancesada. Precio medio 42 €.

Hoteles

***** **Sheraton Fuerteventura Beach, Golf & Spa Resort.** (Urb. Fuerteventura Golf Resort). Ctra. FV-2, km 11. T. 928 495 100. *www.sheratonfuerteventura.com*
P
Hab. 266:151 €. En primera línea de playa. Restaurantes Los Arcos, bufé; La Veranda, italiano; El Faro, brasería mediterránea, y Wok-N-Zen, panasiático.

Corralejo Fuerteventura

118 · E-1
A Puerto del Rosario, 35 km
Pob. 21.354
T. 928 866 235
GPS 28° 44' 20'' N · 13° 52' 5'' O

Visitar: Al norte de la isla se sitúa el **Parque Natural de las Dunas de Corralejo,** que puede presumir de espectaculares playas de arena dorada ideales para el baño. Este espacio natural tiene además un alto interés científico, puesto que alberga numerosas especies endémicas.

Fiestas: En febrero se celebra el conocido como **Carnaval de Carnavales.** Cada 16 de julio, los pescadores salen al mar para festejar a su patrona, **Ntra. Sra. del Carmen.**

Alrededores: Al islote de **Lobos** (a 3 km) se puede acceder a través de un corto trayecto en barco. También se puede viajar en *ferry* hasta **Playa Blanca,** para visitar la isla de Lanzarote.

Dunas en Corralejo

Restaurantes

® **La Cúpula de Carles Gaig.** (Gran Hotel Atlantis Bahía Real). Avda. Grandes Playas, s/n. T. 928 536 444. *www.atlantishotels.com* P
Cierra almuerzos y dos días en semana. Elegantes vistas al jardín tropical. El reconocido Carles Gaig es el asesor y creador de su oferta *gourmet*. **Sopa fría de tomate canario con cangrejo real, ventresca de atún rojo, crema de ron.** Precio medio 50 €.

Hoteles

***** **Gran Hotel Atlantis Bahía Real.** Avda. Grandes Playas, s/n. T. 928 536 444. *www.atlantishotels.com* P
Hab. 165: 250 €. Suites: 72. Desayuno incluido. En primera línea de playa, junto a las suaves dunas e infinitas playas de fina arena blanca. Restaurantes Alacena Real, Beach Club Las Palmeras, La Cúpula, Yamatori y Las Columnas.

Lajares Fuerteventura Ver Oliva, La

118 · E-1

Morro Jable Fuerteventura

118 · B-4
A Puerto del Rosario, 85 km
Pob. 2.422
GPS 28° 2' 56'' N · 14° 21' 10'' O

Visitar: Esta pequeña aldea de pescadores perteneciente al municipio de Pájara se ha transformado en un animado centro turístico que atrae a un buen número de visitantes. Ofrece espectaculares lugares para el baño, como los más de 30 km ininterrumpidos de las **playas de Jandía.** Interesante es acercarse también hasta su faro y a su bonito puerto.

Fiestas: De tradición marinera, el 16 de julio es el día grande de las **fiestas en honor a Ntra. Sra. del Carmen.**

Alrededores: Por carreteras de tierra y con un vehículo adecuado se puede llegar hasta el pequeño pueblo de **Cofete** (a 20 km), situado dentro del **Parque Natural de Jandía.**

Restaurantes

Marabú. Ctra. FV-2, dirección Morro Jable, salida 79. Fuente de Hija, 2. Urb. Esquinzo-Butihondo, a 8 km. T. 928 544 098. *www.marabu-online.com*
Cierra domingo, segunda y tercera semanas de enero, y del 15 de junio al 31 de julio. Recetas cosmopolitas. *Carpaccio* de atún con *wasabi*, filete de *sama* sobre tallarines negros, higos al jerez. Precio medio 40 €.

Oliva, La Fuerteventura

118 · E-1
A Puerto del Rosario, 30 km
Alt. 219 m · Pob. 23.660
T. 928 866 235
GPS 28° 36' 35'' N · 13° 55' 42'' O

Casa de los Coroneles

Visitar: La gran atracción del municipio de La Oliva es la **montaña de Tindaya,** donde los aborígenes de la isla dejaron sus **grabados podomorfos.** Dentro del casco urbano, es imprescindible visitar la **Casa de los Coroneles** (s. XVII), la Cilla, actual museo del grano, y la iglesia de Ntra. Sra. de la Candelaria (s. XVIII), de estilo mudéjar.

Fiestas: Las fiestas patronales son el 2 de febrero, en honor a **Ntra. Sra. de la Candelaria.** En agosto se celebran las Fiestas de la Caridad en Tindaya.

Alrededores: A 3 km se puede visitar el coqueto pueblo de **Villaverde.** Son curiosos los molinos de viento de la localidad de **Lajares** (a 15 km).

Restaurantes

El Horno. (En VILLAVERDE, a 3 km). Ctra. Centro Villaverde, 44. T. 928 868 671.
Casa antigua con decoración rústica. Parrilla de carnes y cocina típica isleña –berenjenas con queso y miel de palma, gofio frito–. Precio medio 22 €.

® **El Patio de Lajares.** (En LAJARES, a 15 km). La Cerca, 9. Ctra. antigua al Cotillo. T. 650 134 030. *www.patio-lajares.com*
Cierra lunes, martes, mayo o junio. Con seis habitaciones. Su propietario y jefe de cocina Rainer Feuchter define su oferta como de autor con productos frescos. ***Tartar* de salmón fresco con eneldo y ginebra, lomo de cordero fresco con salsa reducida de vino tinto con romero, *parfait* de amapola.** Menú 39 €. Precio medio 48 €.

TENERIFE

116 · B-3

Acantilados de los Gigantes Tenerife

Ver Santiago del Teide-Puerto de Santiago

Adeje-Arona-Playa de las Américas Tenerife

116 · B-3
A Santa Cruz de Tenerife, 80 km
Alt. 340 m · Pob. 48.000
GPS 28° 7' 16'' N · 16° 43' 33'' O

Visitar: En Adeje destacan la **iglesia de Sta. Úrsula,** la Casa Fuerte y el caserío de Taucho, así como la zona turística de **Costa Adeje.** En Arona se pueden visitar la **iglesia de S. Antonio Abad** (s. XVIII) y la **playa de Los Cristianos. Playa de las Américas,** que se extiende a lo largo de los dos municipios, es un paraíso de sol y playa.

Fiestas: En Adeje se festejan especialmente **S. Sebastián** (enero) y la Semana Santa. En Arona destacan las fiestas del Corpus Christi y **S. Antonio Abad,** en enero.

Alrededores: Merece la pena disfrutar de las playas de **Las Galletas,** en Arona, y **La Caleta** y **Fañabé,** en Adeje. Para la práctica del senderismo se puede acceder hasta el Roque del Conde o el barranco del Infierno.

Restaurantes

☼ **Las Aguas.** (Gran Hotel Bahía del Duque Resort). Avda. Bruselas, s/n. T. 922 746 900. *www.bahia-duque.com*
Cierra almuerzos, domingo, lunes, 15 días en junio y en septiembre. Braulio Simanca utiliza los productos autóctonos, dejando que triunfen sin sofisticaciones. **Cremoso de papas bonitas, huevo campero a baja temperatura y chorizo de perro fundido de Güimar, conejo en salmorejo con almendras y pan frito, papas arrugadas; sorbete de papaya.** Amplia representación de vinos de las Islas. Precio medio 60 €.

Hoteles

***** **GL Gran Hotel Bahía del Duque Resort.** Avda. Bruselas, s/n. Zona Costa Adeje. T. 922 746 900. *www.bahia-duque.com*

Hab. 354: 408 €. Suites: 48. Ubicado en la playa del Duque, a 15 min. del aeropuerto de Tenerife Sur. Cerca del Parque Nacional del Teide y con cinco campos de golf en los alrededores. Restaurante Las Aguas.

**** **Jardín Tropical.** Gran Bretaña, s/n. T. 922 746 000. *www.jardin-tropical.com*

Hab. 390: 202 €. Suites: 66. Sus 1.200 m² de jardines, su privilegiada posición frente al mar y la deliciosa gastronomía de sus cinco restaurantes constituyen un entorno único donde relajarse.

Candelaria Tenerife

116 · D-2
A Santa Cruz de Tenerife, 18 km
Alt. de 0 a 2.000 m · Pob. 27.334
T. 922 032 230
GPS 28° 21' 7'' N · 16° 22' 17'' O

Visitar: Esta ciudad es centro de peregrinación en el archipiélago por albergar la imagen de su patrona, la Virgen de la Candelaria, en la **basílica de Ntra. Sra. de Candelaria.** Este templo se halla en la plaza de la Patrona de Canarias, un espacio que se abre al océano Atlántico. Junto a la basílica se encuentra el **conjunto escultórico de los Menceyes,** los nueve reyes guanches que gobernaban la isla antes de la conquista.

Fiestas: Los días 14 y 15 de agosto se celebra la **Virgen de Candelaria.** En carnaval destaca el **Encuentro Regional de Murgas** y en Semana Santa, la representación de la Pasión de Cristo en la plaza de la Patrona de Canarias.

Alrededores: A 10 km se encuentran las pirámides de **Güímar** y el conjunto etnográfico de Los Lavaderos, en la localidad de **Arafo.**

Hoteles

Hotel Rural Finca Salamanca. (En GÜÍMAR, a 10 km). Ctra. El Güímar-Puertito, 2. T. 922 514 530. *www.hotel-fincasalamanca.com*

Hab. 20: 78 €. Suites: 4. Enclavado en una finca de aguacates de 50.000 m² de extensión, incluye un jardín botánico. Restaurante Finca Salamanca.

Granadilla de Abona Tenerife

116 · C-4
A Santa Cruz de Tenerife, 68 km
Alt. 670 m · Pob. 40.862
GPS 28° 7' 11'' N · 16° 34' 40'' O

Visitar: En este municipio destacan sus playas, algunas de ellas enclavadas en la **Reserva Natural Especial de Montaña Roja.** Es el caso de **El Médano** y de **La Tejita,** ideales para practicar *windsurf* y *kitesurf*. En el casco histórico sobresalen el **convento franciscano de S. Luis Obispo** y la parroquia de S. Antonio de Padua, ambos del s. XVII.

Fiestas: En junio son las fiestas del patrón, **S. Antonio de Padua.** En septiembre se celebra en El Médano la festividad de Ntra. Sra. de las Mercedes de Rojas.

Alrededores: Limitando con el Paisaje Lunar de Granadilla se encuentra el Alto de Guajara, el pico más alto de las **Cañadas del Teide.** En **Vilaflor de Chasna** (a 14 km) crecen dos ejemplares únicos de pino canario de 60 y 70 m, respectivamente.

Iglesia de S. Antonio Abad

Restaurantes

El Templete. (En EL MÉDANO, a 6 km). Mencey de Abona, 2. T. 922 176 079. *www.eltemplete.es*

Cierra domingo cena y lunes. El dúo Darias y Barrera se ocupan de la buena marcha de la cocina y la sala de este local con decoración marinera y con el mar como base de su cocina, que cuenta con pescadores locales que le suministran pescado fresco. **Crujiente de morena frita, suprema de cherne con vinagreta de tomate y lentejas.** También, **papas negras con sus mojos y quesillo** de postre. Menú y precio medio 30 €.

Guía de Isora Tenerife

116 · B-3
A Santa Cruz de Tenerife, 96 km
Alt. 580 m · Pob. 21.000
T. 922 851 122
GPS 28° 12' 33'' N · 16° 46' 42'' O

Visitar: Se encuentra enclavado en un paraje natural espectacular, entre el Parque Nacional de Las Cañadas del Teide y el Parque Natural de la Corona Forestal. Su casco histórico es bien de interés cultural, gracias a edificios como la **parroquia de Ntra. Sra. de la Luz** (s. XVIII).

Fiestas: Las fiestas patronales se desarrollan a lo largo del mes de septiembre, en honor a **Ntra. Sra. de la Luz.** En noviembre se celebran las **Fiestas del Volcán,** en conmemoración de la erupción del Chinyero en 1909.

Puerta en Guía de Isora

Alrededores: Dentro del término municipal se encuentra el monumento natural de la Montaña de Tejina. Es recomendable acercarse a los pueblos de **Alcalá** (a 8 km) y **Playa de San Juan** (a 11 km) y a las zonas turísticas de **Costa Adeje** (a 14 km), **Playa de las Américas** (a 20 km) y **Los Cristianos** (a 24 km).

Restaurantes

☼☼ **Abama Kabuki.** (Hotel Abama). Ctra. General TF-47, km 9. T. 922 126 794. *www.abamahotelresort.com*
Cierra almuerzo, martes y septiembre. Cocina japo-mediterránea con el sello de Ricardo Sanz muy bien ejecutada por Daniel Franco, en el marco minimalista y el entorno de lujo del hotel Abama. Gran producto para los ***sashimi, sushi, teriyaki...*** Precio medio 80 €.

☼☼ **M.B.** (Hotel Abama). Ctra. General TF-47, km 9. T. 922 126 000. *www.abamahotelresort.com*
Cierra almuerzos, domingo, lunes y del 16 de junio al 17 de julio. Erlantz Gorostiza (cocina), bajo la dirección culinaria de Martín Berasategui. Roberto Castro (sala) gobierna con buen tino uno de los mejores restaurantes de la isla en un marco singular, elegante y abierto al paisaje. **Ensalada tibia de tuétanos de verdura con mariscos, solomillo sobre terrina, puré cremoso de patata y salsa *perigueux, soufflé* de chocolate con crema helada de caramelo, canela y jugo de cacao.** Carro con 40 quesos. Precio medio 95 €.

Hoteles

***** **Abama Golf & Spa Resort.** Ctra. General TF-47, km 9. T. 922 126 000. *www.abamahotelresort.com*
Hab. 321: 225 €. Cuenta con 148 villas. Rodeado de 12.000 m² de jardines. Restaurantes Kabuki y M.B.

***** **Gran Meliá Palacio de Isora.** Avda. de los Océanos, s/n. T. 922 869 000. *www.granmeliapalaciodeisora.com*
Hab. 579: 185 €. En primera línea de mar con vistas espectaculares a la isla de La Gomera y al Teide. Cuenta con seis villas. Restaurantes Nami, Market Grill, Club Ocean, Oasis, Pangea, Dúo y La Terrace.

116 · C-4

Médano, El Tenerife Ver Granadilla de Abona

Orotava, La Tenerife

116 · C-2
A Santa Cruz de Tenerife, 38 km
Alt. 500 m · Pob. 41.171
GPS 28° 23' 25" N · 16° 31' 29" O

Visitar: La villa era parte del antiguo Menceyato de Taoro, uno de los nueve reinos aborígenes en que se encontraba dividida la isla hasta el s. XV. A partir de entonces, la ciudad se dividió en la villa de Abajo, donde residían los nobles, y la villa de Arriba, donde vivían agricultores y artesanos. Entre sus monumentos destacan la parroquia barroca de **Ntra. Sra de la Concepción** (s. XVI) y la Casa de los Balcones (s. XVII).

Fiestas: El **Corpus Christi,** de interés turístico nacional, alfombra de pétalos de flores las calles de la villa.

Alrededores: La mayor parte del **Parque Nacional de Las Cañadas del Teide** pertenece a este municipio. Es imprescindible visitar Las Cañadas y los 3.718 m de este volcán dormido. En **Los Realejos** (a 9 km) es posible zambullirse en la playa de El Socorro y en las piscinas naturales de Guindaste. En **Icod de los Vinos** (a 20 km) se puede visitar el Drago Milenario, de 18 m.

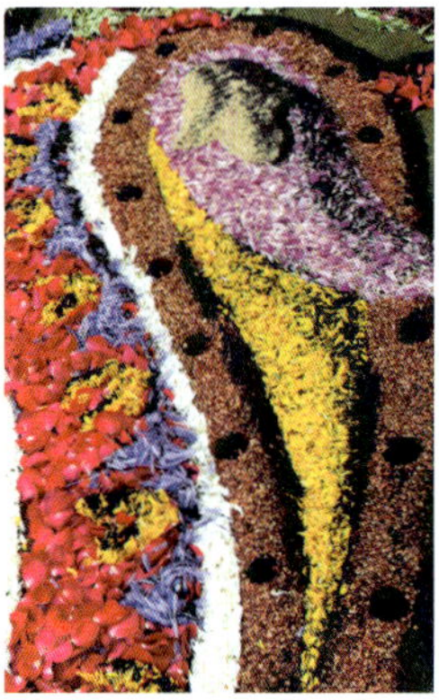

Alfombra de pétalos del Corpus Christi

Restaurantes

☼ **Lucas Maes.** Barranco de la Arena, 59. Autopista La Orotava-Puerto de la Cruz, salida 32. Dehesa Baja. T. 922 321 159. *www.lucasmaes-restaurante.com*
Cierra domingo, lunes, última de semana de agosto y primera de septiembre. La buena cocina de Lucas Maes y la amable atención al cliente de Susana Gallardo, junto con las bonitas vistas, generan un gran ambiente. ***Tartar* de atún rojo con vinagreta de jengibre y soja, cochinillo confitado a baja temperatura, trufa en pasta de cacao.** La terraza es ideal para un aperitivo o para la copa después de cenar. Menú 29 €. Precio medio 30 €.

Hoteles

** **Parador de Las Cañadas del Teide.** Parque Nacional de Las Cañadas del Teide. Ctra. TF-21, km 46,5. T. 922 374 015. *www.parador.es*
Hab. 37: 156 €. Situado en el cráter de Las Cañadas, en el Parque Nacional de Las Cañadas del Teide, a más de 2.000 m sobre el nivel del mar, regala impresionantes panorámicas del volcán. Declarado patrimonio de la humanidad. Restaurante Teide.

Puerto de la Cruz Tenerife

116 · C-2
A Santa Cruz de Tenerife, 39 km
Alt. 134 m · Pob. 32.571
T. 922 386 000
GPS 28° 24' 46'' N · 16° 32' 47'' O

Visitar: Enclavado en la zona costera del valle de La Orotava, en este municipio destacan sus maravillosos jardines: el Botánico y el Jardín Martiánez, con su lago. Merecen una visita la iglesia de Ntra. Sra. de la Peña de Francia, el **castillo de S. Felipe,** utilizado como defensa de la ciudad, y la **Casa de Aduanas.** Para un tranquilo baño nada mejor que las playas de S. Telmo o **playa Jardín.**

Fiestas: Destacan los carnavales, las Fiestas Fundacionales, en mayo, y la **Embarcación de la Virgen del Carmen,** en julio.

Alrededores: La Orotava está a 6 km y el pueblo costero de **Garachico,** a 20 km.

Restaurantes

Régulo. Pérez Zamora, 16. T. 922 384 506.
www.restauranteregulo.com
Cierra lunes almuerzo, domingo y julio. Casa canaria (s. XVIII) con patio central. *Carpaccio* de pulpo, lomo de cherne al mojo palomero, quesillo canario. Precio medio 25 €.

Hoteles

***** **GL Botánico.** Richard J. Yeoward, 1. T. 922 381 400.
www.hotelbotanico.com
Hab. 200: 216 €. Suites: 52. Admisión de perros, consultar. The Oriental Spa Garden es uno de los mejores de Europa. Próximo al club de golf El Peñón Tacoronte. Miembro de la cadena The Leading Hotels of the World. Impresionantes jardines. Programas de adelgazamiento con cocina saludable. Restaurantes Il Pappagallo, El Oriental, La Parrilla y La Palmera Real.

San Cristóbal de La Laguna Tenerife

116 · E-1
A Santa Cruz de Tenerife, 10 km
Alt. de 0 a 550 m · Pob. 152.222
T. 922 631 194
GPS 28° 29' 14'' N · 16° 18' 57'' O

Visitar: Patrimonio de la humanidad y primera población de Tenerife, San Cristóbal de La Laguna es una maravilla en la que se mezclan palmeras, piedras y plazas. El trazado de las calles del casco antiguo se inspiró en la rosa de los vientos y alberga un rico patrimonio, enriquecido por la presencia, a partir del s. XVIII, de la universidad, la primera del archipiélago. La visita puede comenzar en la **plaza del Adelantado,** donde está el convento dominicano de Sta. Catalina de Siena, del s. XVII. Desde allí se puede seguir por la calle de S. Agustín y visitar el Museo de Historia, instalado en el maravilloso **Palacio de Lercaro** (s. XV). El paseo lleva hasta los dos monumentos más identificables de la villa, la **catedral de S. Cristóbal** (s. XVI) y la **iglesia de la Concepción** (s. XVI), con su torre. Luego, es bonito caminar por el *camino largo,* enmarcado por grandiosas casas del s. XIX, hasta el parque de la Constitución. Otras visitas de interés son el Ayuntamiento, la **Casa de los Capitanes Generales,** la Casa del Corregidor, y la plaza y real santuario del Cristo (s. XVI). Como broche a la visita, se puede acudir al Museo de la Ciencia y el Cosmos.

Detalle de la fachada del Teatro Leal

Fiestas: Son importantes la **Semana Santa** y el **Corpus Christi.** Aunque para disfrutar de las tradiciones canarias nada mejor que la **romería de S. Benito,** de interés turístico nacional, que se celebra en julio.

Alrededores: Merece una excursión el área recreativa de Las Raíces (a 10 km), situada en el municipio de **El Rosario.** Para un buen baño, nada mejor que las piscinas naturales de **Bajamar** (a 14 km).

Restaurantes

® **El Archete.** Rodríguez Moure, 8. T. 922 500 354.
Cierra domingo cena y primera quincena de agosto. Nueva ubicación en la llamada Casa del Pino. A la oferta habitual basada en los productos autóctonos –**caldo de lapas y pulpo, conejo en salmorejo–,** se une una interesante oferta de tapas. Precio medio 28 €.

® **Silbo Gomero.** Volcán Helena, 9. T. 922 310 355.
Cierra cenas lunes a miércoles, y domingo. El desplazamiento merece la pena. Una cocina canaria de calidad atenta al mercado ejecutada por Braulio Simancas. **Lomo de cherne con caldo de cazuela marinera, cremoso de leche asada.** Precio medio 30 €.

Hoteles

**** **Laguna Nivaria.** Pza. del Adelantado, 11. T. 922 264 298.
www.hotelnivaria.com
Hab. 79: 90 €. Suites: 1. Hotel con encanto en un edificio del s. XVI, de atmósfera tranquila y refinada. Restaurante Plaza.

Santa Cruz de Tenerife Tenerife

Auditorio de Tenerife Adán Martín

116 · E-1
Pob. 229.274
T. 922 299 749
GPS 28° 28' 10'' N · 16° 15' 10'' O

Visitar: La arquitectura histórica y moderna se unen en una ciudad que mira al mar. Desde el **Auditorio de Tenerife** hasta la renovada plaza de España, pasando por **Tenerife Espacio de las Artes** (TEA), la capital se abre a la vanguardia y el diseño. La esencia de la antigua Santa Cruz permanece en edificios como la **iglesia de Ntra. Sra. de la Concepción** (s. XVII), de estilo mudéjar. Numerosos parques invitan al visitante a pasear, sobre todo el renovado García Sanabria. La cultura también tiene su hueco, reflejada fielmente en el **Teatro Guimerá.**

Fiestas: El símbolo de la ciudad son sus **carnavales.** Las murgas y comparsas, la elección de la Reina, el coso y la cabalgata le han valido la declaración de interés turístico internacional. En las **Fiestas de Mayo,** con su baile de magos, se conmemora la fundación de la ciudad.

Alrededores: Se puede visitar la playa de **Las Teresitas** (a 8 km), el **Parque Rural de Anaga** (a 8 km) y el espectacular enclave de arena negra de **Taganana** (a 20 km).

Restaurantes

® **Bistró de Víctor Cruz.** Doctor Guigou, s/n. T. 922 281 509.
www.victorcruzrestaurantes.com
Cierra domingo. Los productos de la zona son la base de la particular cocina de Víctor Cruz, en un ambiente cálido y acogedor. **Láminas de lacón con queso de cabra caliente, codillo asado a baja temperatura, puré de papas y manzana asada, chocolate más chocolate.** Menú 17 €. Precio medio 30 €.

® **El Coto de Antonio.** General Goded, 13. T. 922 272 105.
Cierra domingo cena y 20 días en septiembre. Buena cocina burguesa canaria apoyada en el mercado. **Potaje de berros, cabrito en adobo, papaya manga** de postre. Precio medio 30 €.

Kazan. (Edif. Hamilton, local 4). Pº Milicias de Garachico, 1.
T. 922 245 598. *www.restaurantekazan.com* S
Cierra lunes cena excepto vísperas de festivo; y domingo. Buen referente de cocina nipona en un ambiente *zen* en el norte de la isla. ***Uramaki* de salmón marinado, *tobannaki* de buey, *sashimi* de frutas sobre hielo.** Menú y precio medio 35 €.

Los Troncos. El Perdón, 17. T. 922 284 152.
Cierra miércoles y del 15 de agosto al 15 de septiembre. Cocina casera isleña y castellana en el centro comercial. Potaje de berros, perdiz en escabeche, huevos mole. Menú 13 €. Precio medio 25 €.

Mesón Clavijo 38. Viera y Clavijo, 38. Calle peatonal.
T. 922 271 065.
Cierra cenas de domingo y lunes. Situado en una calle peatonal con decoración rústica. Ensalada de boquerones con puré de pimientos, solomillo Clavijo con riñoncitos de cordero, *biscuit* de avellanas. Menú 25 €. Precio medio 30 €.

Hoteles

★★★★★ **Iberostar Grand Hotel Mencey.** Doctor José Naveiras, 38. T. 922 609 900.
www.grandhotelmencey.com
Hab. 261: 146 €. Hotel urbano con una marcada identidad canaria. Restaurante Los Menceyes.

Playa de Las Teresitas

**** **Hotel Escuela Santa Cruz.** Avda. San Sebastián, 152. T. 922 847 500.
www.hecansa.com
Hab. 65: 68 €. Suites: 8. Situado en el corazón de la ciudad, frente al estadio de fútbol. Restaurante Tajinaste.

**** **Silken Atlántida.** Avda. Tres de Mayo, s/n. T. 922 294 500.
www.hotelatlantida.com
Hab. 144: 250 €. Suites: 25. En el nuevo centro comercial y financiero de la ciudad. Moderna decoración. Restaurante Jardín de Tacoronte.

Santiago del Teide-Puerto de Santiago Tenerife

116 · B-2
A Santa Cruz de Tenerife, 102 km
Alt. 1.600 m · Pob. 12.000
T. 922 860 348
GPS 28° 17' 43'' N · 16° 48' 57'' O

Visitar: Santiago del Teide es la capital del municipio del mismo nombre, enclavado en un paraje natural de gran belleza, entre el mar y el Teide. En su casco histórico destaca la Casa Consistorial. **Puerto de Santiago** es un bonito pueblo pesquero, en el que sobresale el Museo del Pescador y la iglesia de la Virgen del Carmen. Desde la costa de Puerto de Santiago se puede contemplar la inmensidad de los **acantilados de Los Gigantes,** de 500 m de altura.

Fiestas: En mayo se celebra la **romería del Volcán,** en la que son trasladadas las imágenes del Cristo y la Virgen de los Dolores hasta Los Baldos, lugar donde se detuvo la erupción de lava.

Alrededores: Dentro del término municipal se halla **Arguayo** (a 12 km), con el Centro Alfarero y el Museo Etnográfico. No hay que perderse el paisaje volcánico de la Reserva Natural de Chinyero.

Paisaje de Santiago del Teide

Restaurantes

El Rincón de Juan Carlos. (En ACANTILADOS DE LOS GIGANTES, a 1 km). Pasaje Jacarandá, 2. T. 922 868 040.
www.elrincondejuancarlos.es
Cierra almuerzos, domingo, segunda y tercera semanas de julio.
Los hermanos Padrón junto a sus esposas hacen que todo funcione bien en este pequeño y acogedor local, en una recóndita placita, próximo al impresionante paisaje del acantilado de Los Gigantes. Juan Carlos ofrece una cocina atractiva con productos de la isla que se complementa con sus excelentes **panes** y **dulces.** Un lugar al que merece la pena el desplazarse. Precio medio 45 €.

Pancho. Avda. Marítima, 26. Playa de la Arena. En Puerto de Santiago. T. 922 861 323. *www.panchorestaurante.com*
Cierra lunes y segunda quincena de junio. La familia Rodríguez Placeres mantienen la buena referencia del sur de la isla. ***Brick* de gambas y puerros sobre salsa de frutas, cherne** o **atún** en sus diferentes preparaciones, ***mousse* de gofio.** Precio medio 35 €.

Sauzal, El Tenerife Ver Tacoronte

116 · D-1

Tacoronte Tenerife

116 · D-1
A Santa Cruz de Tenerife, 20 km
Alt. 510 m · Pob. 23.800
T. 922 570 015
GPS 28° 28' 51'' N · 16° 24' 48'' O

Visitar: Diferentes edificaciones religiosas conforman el patrimonio del municipio, como la **parroquia de Sta. Catalina Mártir de Alejandría** (s. XVI), el Calvario (s.XVII) y el santuario del Stmo. Cristo de los Dolores (s. XVII). En la costa es posible disfrutar de las playas de El Pris y La Arena, en **Mesa del Mar.**

Fiestas: Las tradiciones típicas canarias confluyen en la romería de S. Isidro, que se celebra a finales de junio. Las fiestas del patrón, el **Cristo de los Dolores,** tienen lugar en septiembre.

Alrededores: En **El Sauzal** (a 3 km) destaca el parque de Los Lavaderos. También merece una visita **La Victoria de Acentejo,** a 10 km.

Restaurantes

Terrazas del Sauzal. (En EL SAUZAL, a 3 km). Pasaje Sierva de Dios, 9. T. 922 571 491. *www.terrazasdelsauzal.com*
Cierra lunes y martes. Espectaculares vistas al mar y al Teide desde la terraza donde se disfruta una correcta cocina atenta al mercado –huevos a la estampida, cherne a la sartén, texturas de chocolate–. Después, se sigue disfrutando con las copas, los atardeceres y puestas de sol. Precio medio 30 €.

La Sabina. (Tasca Restaurante, en LA VICTORIA DE ACENTEJO, a 10 km). Santo Domingo, s/n. TF-5, salida 27. Vía secundaria paralela al mar. T. 922 581 847. *www.restaurantetascalasabina.com* P

Cierra domingo cena. Tasca popular en una casa centenaria con vistas al mar y al Teide. Siempre tres sugerencias semanales. Escaldón de pescado a los dos mojos, solomillo de cerdo con salsa de almogrote y pintada de miel de palma, *fondue* de frutas en chocolate. Precio medio 25 €.

Los Limoneros. (En LOS NARANJEROS, a 2 km). Ctra. General del Norte TF-152, km 5,5. T. 922 636 637. P S

Cierra domingo cena. Estilo clásico en decoración y cocina, con un excelente servicio. La mariscada es el plato estrella. También, pescados y solomillo a la sal. Fruta de temporada flameada de postre. Se pueden servir medias raciones. Menú 33 €. Precio medio 50 €.

116 · D-2

Victoria de Acentejo, La

Tenerife Ver Tacoronte

EL HIERRO

Valverde El Hierro

115 · F-3
Alt. 600 m · Pob. 5.090
T. 922 550 302
GPS 27° 48' 33'' N · 17° 54' 54'' O

Visitar: El encanto de esta pequeña capital se concentra en lugares como el **árbol Garoé** y el **mirador de la Peña,** situado en Guarazoca y obra del pintor y arquitecto César Manrique. En el centro urbano se encuentra la iglesia de Ntra. Sra. de la Concepción, del s. XVIII y de estilo barroco.

Fiestas: La **Bajada de la Virgen de los Reyes,** en julio, es acompañada por grupos de bailarines y el sonido de las chácaras, las flautas y los tambores.

Alrededores: Dos municipios más conforman la isla de El Hierro, **La Frontera** (a 18 km) con sus características sabinas inclinadas por el viento y las piscinas naturales de **La Maceta,** y **El Pinar** (a 19 km), un auténtico paraíso para los amantes del buceo.

Campanario de la iglesia de La Candelaria, en La Frontera

Restaurantes

Mirador de la Peña. Ctra. General del Norte, 40. T. 922 550 300. P

Casa rural, obra de César Manrique con espectaculares vistas sobre el mar. Mojo de queso herreño, conejo en salmorejo con papas arrugadas, crema de plátano ecológico. Menú 14 €. Precio medio 25 €.

Hoteles

*** **Parador de El Hierro.** Ctra. General Las Playas, s/n. T. 922 558 036. *www.parador.es* P

Hab. 47: 167 €. Al borde del mar y rodeado de vegetación. Es un lugar ideal para el descanso gracias al maravilloso clima de la isla.

LA GOMERA

San Sebastián de La Gomera

La Gomera

115 · F-2
Alt. 5 m · Pob. 8.965
T. 922 141 040
GPS 28° 5' 32'' N · 17° 6' 43'' O

Visitar: La historia sigue viva en lugares como la **Casa-Museo de Colón,** donde vivió el navegante durante un mes antes de su partida hacia América. También destacan la **torre del Conde,** de estilo gótico tardío, y la pequeña ermita de Puntallana, donde descansa la Virgen de Guadalupe, patrona de la isla.

Fiestas: En octubre se festeja la **Bajada de la Virgen,** que se realiza por mar. En septiembre son las **Fiestas Colombinas,** en conmemoración del descubrimiento de América.

Alrededores: En el centro de la isla se encuentra el **Parque Nacional de Garajonay** (a 25 km), especial por su espesa laurisilva y porque alberga el monumento natural de Los Roques.

Hoteles

**** **Parador de La Gomera.** Cerro de la Horca, s/n. T. 922 871 100.
www.parador.es
Hab. 60: 137 €. Suites: 2. De estilo típico canario. Situado sobre un acantilado a 60 m sobre el nivel del mar. Vistas al Teide. Restaurante Conde de Niebla, cocina regional y nacional.

LA PALMA

Breña Baja-Breña Alta La Palma

115 · C-3
A Santa Cruz de La Palma, 5 km
Alt. 400 m · Pob. 5.577
T. 922 181 354
GPS 28° 38' 36'' N · 17° 46' 32'' O

Visitar: En **Breña Baja** se encuentra la impresionante arena negra de la **playa de Los Cancajos.** En el casco urbano destaca la antigua iglesia de S. José, bien de interés cultural. En **Breña Alta** se puede visitar la **finca tabaquera El Sitio,** donde se fabrican artesanalmente los puros palmeros, y el zoológico Maroparque.

Fiestas: En mayo se celebra la **Fiesta de la Sta. Cruz.** En Breña Baja destaca la romería de Sta. Ana y Santiago Apóstol y en Breña Alta, las fiestas del patrón, S. Pedro Apóstol, ambas en julio.

Alrededores: Desde el Mirador de la Cumbrecita en **El Paso** (a 17 km) hay magníficas vistas al **Parque Nacional de la Caldera de Taburiente.** En **Mazo** (a 8 km) se encuentra el yacimiento aborigen más importante de La Palma, las cuevas de Belmaco.

Restaurantes

Las Tres Chimeneas. (En BREÑA ALTA). Ctra. General La Cumbre, 29.
T. 922 429 470.
Cierra lunes cena y martes. Antigua casa de piedra con chimenea y terraza. Flan de queso Tres Chimeneas, *châteaubriand,* queso de la isla. Menú 13 €. Precio medio 20 €.

Hoteles

**** **Parador de La Palma.** Ctra. El Zumacal, s/n. T. 922 435 828.
www.parador.es
Hab. 78: 80 €. Arquitectura tradicional con vistas al Atlántico. Lugar tranquilo. Restaurante El Zumacal. Buena gastronomía local.

Fabricación artesanal de cigarros

Fuencaliente de la Palma La Palma

115 · B-4
A Santa Cruz de La Palma, 30 km
Alt. 725 m · Pob. 1.792
T. 922 444 003
GPS 28° 29' 27.09'' N · 17° 50' 44.65'' O

Visitar: Uno de los principales atractivos del municipio es el **Monumento Natural de los Volcanes de Teneguía,** de gran interés científico por su espectacularidad y singularidad. Para conocerlo, lo mejor es acudir al Centro de Visitantes del Volcán de San Antonio. También destacan el **faro** y las **Salinas Marinas,** refugio de un gran número de aves.

Restaurantes

La Casa del Volcán. Los Volcanes, 23. T. 922 444 427.
www.lacasadelvolcan.es
Cierra lunes, tres semanas en junio y una en octubre. Casa familiar de piedra con bodega y viñas propias. Pescados frescos al horno o fritos, conejo en salsa de mojo hervido, plátano canario. Menú 16 €. Precio medio 20 €.

Llanos de Aridane, Los La Palma

115 · B-3
A Santa Cruz de La Palma, 32 km
Alt. 350 m · Pob. 21.500
T. 922 402 583
GPS 28° 39' 20'' N · 17° 54' 45'' O

Visitar: En el centro de la ciudad destaca su hermoso casco histórico, donde sobresalen la **iglesia de Ntra. Sra. de los Remedios** (s. XVI) de estilo mudéjar, y el **CEMFAC,** un vanguardista museo al aire libre. No hay que abandonar el municipio sin bañarse en las playas de **Puerto Naos, Charco Verde** y **El Remo.**

Fiestas: En Navidad destaca el **belén artesanal** que se expone en la Casa de la Cultura, que representa diferentes paisajes de la isla. En julio se celebran las fiestas patronales de **Ntra. Sra. de los Remedios.**

Alrededores: En el término de **El Paso** (a 4 km) se encuentra el **Parque Nacional de La Caldera de Taburiente** e inmediatamente después, el mirador de la Cumbrecita, desde donde se contempla una vista impresionante de la Caldera. En el extremo sur de la isla (a 18 km), se pueden visitar las salinas y el faro de **Fuencaliente.**

Restaurantes

Carmen. (En EL PASO, a 4 km). Urb. Celtas, s/n. T. 922 402 618. *www.restcarmen.com* S
Cierra lunes almuerzo y domingo. Chalé con jardín propio. *Tagliatelle* de calamar, paletilla de cordero rellena de espinacas y plátano en su jugo, cóctel de ron con sandía. Precio medio 26 €.

Santa Cruz de La Palma La Palma

115 · C-3
Alt. 15 m · Pob. 17.828
T. 922 420 007
GPS 28° 40' 57" N · 17° 45' 55" O

Visitar: La capital de la isla es uno de los núcleos urbanos más bellos de Canarias. Declarada conjunto histórico-artístico, entre su patrimonio destaca la **iglesia del Salvador** (s. XVI) y el edificio del Ayuntamiento, ejemplo de la arquitectura renacentista canaria. También merecen la pena las casas señoriales de Salazar y Pinto de Guisla entre otras y el **santuario de Ntra. Sra. de las Nieves,** patrona de La Palma. Frente al mar llaman la atención los coloridos balcones de la avenida Marítima.

Fiestas: Los lunes de Carnaval, los palmeros se visten de blanco para celebrar la fiesta de **Los Indianos,** donde se arrojan miles de kilos de polvo de talco. Cada lustro se celebra la **Bajada de la Virgen** (la próxima en 2015), que cuenta con magníficas representaciones tradicionales, como la **Danza de los Enanos,** el Minué o el Diálogo entre la Nave y el Castillo.

Alrededores: Las estrellas se ven mejor desde los 2.426 m del **Roque de los Muchachos,** el observatorio astrofísico con el mayor telescopio óptico del mundo. En el noreste (a 20 km), en el término de **San Andrés y Sauces,** está la reserva de la biosfera de **Los Tilos** con sus helechos gigantes, húmedas paredes verticales y bosque de laurisilva.

Observatorio del Roque de los Muchachos

Tazacorte La Palma

115 · B-3
A Santa Cruz de La Palma, 40 km
Alt. 107 m · Pob. 4.952
T. 922 480 803
GPS 28° 38' 31.73" N · 17° 55' 59.28" O

Visitar: El casco histórico se encuentra en el barrio de El Charco, con casonas solariegas de los ss. XVI y XVII, como la **Casa Monteverde** o la Casa Díez Pimienta. También merecen una visita **los Lavaderos,** un punto de encuentro con el pasado del municipio.

Fiestas: El 16 de julio se celebra la Fiesta de **Ntra. Sra. del Carmen,** en el Puerto de Tazacorte. Y a mediados de septiembre la **Fiesta Mayor de S. Miguel Arcángel,** patrón de la villa y de la isla de La Palma.

Alrededores: A 4 km se encuentra **Los Llanos de Ariadne,** con un bonito casco histórico y el CEMFAC, un museo al aire libre.

Restaurantes

El Sitio. (Hotel Hacienda de Abajo). Miguel de Unamuno, 11. T. 922 406 000. *www.hotelhaciendadeabajo.com* S
Cocina con raíces en la culinaria local e influencias internacionales, dentro de un suntuoso hotel con antigüedades, relojes, tapiz... Crema ligera de plátano, salmonetes fritos con boniato laminado, sopita de cilantro y jugo de pimiento, fruta de la hacienda con espuma de miel palmera. Menú 35 €. Precio medio 37 €.

Villa de Mazo La Palma

115 · B-3
A Santa Cruz de La Palma, 12 km
Alt. 472 m · Pob. 4.898
T. 922 440 003
GPS 28° 36' 17.95" N · 17° 46' 37.62" O

Visitar: En su patrimonio natural, destacan el **Parque Arqueológico de Belmaco,** donde se hallaron los primeros petroglifos descubiertos en las Islas Canarias, y la montaña de Azufre, un punto de especial interés paisajístico por su variedad geomorfológica. Además, las zonas altas del municipio están enclavadas en el **Parque Natural de Cumbre Vieja.**

Fiestas: Son de especial interés las fiestas del Corpus Christi y las de San Blas, que se celebra el 3 de febrero.

Alrededores: A 19 km se encuentra **Fuencaliente de la Palma,** con el Monumento Natural de los Volcanes de Teneguía, y a 25 km **El Paso,** desde donde se puede acceder al Parque Nacional de La Caldera de Taburiente.

Restaurantes

Casa Goyo. Loredo, 120. T. 922 440 603. P
Cierra lunes. Pescados a la plancha cerca de la costa. Precio medio 30 €.

2

Andorra
Sur de Francia
Portugal

Andorra La Vella

Visitar: La **estación de Grandvalira** acoge la zona esquiable más amplia de todos los Pirineos. En el centro del barrio antiguo, con sus características casas de piedra grisácea, se encuentra la **iglesia parroquial de St. Esteve,** de estilo románico y que data del s. XII. Imponente se presenta, además, la **Casa de la Vall** (s. XVI), construida con piedra y que en la actualidad se utiliza como sede institucional. También destaca la Creu Grossa (s. XVI), de estilo gótico y, para los amantes de la naturaleza, el conjunto monumental de Enclar y el museo de geología Roques al Carrer.

Fiestas: El primer fin de semana de agosto tiene lugar la **fiesta Mayor** de la capital de Andorra, que cuenta con ferias, folclore y todo tipo de actividades.

Alrededores: En **Santa Coloma** (a 4 km) resiste al paso de los años su iglesia prerrománica, que cuenta con un campanario lombardo del s. XII.

25 · E-1
A Madrid, 618 km
Alt. 1.050 m · Pob. 22.398
T. 376 873 103
Prefijo internacional: 00-376
GPS 42° 30' 27''N · 1° 31' 19'' O

Estación de Grandvalira

Restaurantes

Borda Estevet. Ctra. de la Comella, 2. T. 376 864 026.
www.bordaestevet.com
Antigua borda con chimenea y decoración típica de la zona. Canelones de setas, carnes a la brasa, brazo de gitano con crema catalana. Menú 27 €. Precio medio 30 €.

Can Benet. Antic Carrer Major, 9. T. 376 828 922.
www.restaurant-canbenet.com
Cierra lunes y segunda quincena de junio. Cocina de mercado en una borda restaurada del casco antiguo. Salteado de *ceps* con *foie-gras*, tortilla de trufa negra, tarta *tatin*. Precio medio 30 €.

Celler d'En Toni. (Hotel Celler d'En Toni). Verge del Pilar, 4. T. 376 821 252.
www.cellerdentoni.com
Cierra domingo cena y dos semanas en julio. Con 16 habitaciones. Ambiente familiar con cocina a tono. Coca de tres quesos, *civet* de venado, chocolate en mayúsculas. Menú 29 €. Precio medio 50 €.

Hoteles

***** **Andorra Park Hotel.** Les Canals, 24. T. 376 877 777.
www.parkhotelandorra.com
Hab. 77: 94 €. Suites: 13. En el centro comercial. Rodeado de 15.000 m² de jardines. Restaurantes És Andorra y Racó del Park.

***** **Carlton Plaza.** Avda. Meritxell, 23-25. T. 376 872 999.
www.plazandorra.com
Hab. 66: 120 €. Hotel boutique situado en el centro neurálgico de la ciudad, en plena avenida comercial. Restaurante Mezza Luna, cocina de mercado.

Escaldes-Engordany

Visitar: Entre los hermosos parajes naturales de Andorra sobresale el **valle del Madriu,** declarado patrimonio de la humanidad por la Unesco. Se trata de un lugar idóneo para la práctica del senderismo y, sobre todo, para el disfrute de sus reconocidas aguas termales en centros balnearios como el de **Caldea.** Por lo demás, en el Centro de Arte de Escaldes-Engordany se pueden apreciar obras escultóricas de Josep Viladomat y algunas maquetas del arte románico autóctono. Entre sus templos sobresalen la iglesia prerrománica de St. Romà dels Vilars (s. X) y la iglesia de St. Miquel (s. XII), de estilo lombardo.

Fiestas: El domingo más próximo al 14 de junio, miles de personas se reúnen en el parque de la Mola para celebrar las **fiestas de Escaldes-Engordany.**

Alrededores: Encamp (a 5 km) encierra entre los verdes bosques de sus montañas el maravilloso lago de Engolasters, originado tras una depresión glacial y ubicado a una altitud de 1.616 m.

25 · E-1
A Andorra la Vella, 1 km
Alt. 1.105 m · Pob. 16.000
T. 376 890 881
Prefijo internacional: 00-376
GPS 42° 30' 32''N · 1° 32' 32'' O

Restaurantes

® **Casa Canut.** (Hotel Casa Canut). Avda. Carlemany, 107. T. 376 739 900.
www.acasacanuthotel.com
Ramón Canut mantiene su restaurante en primera fila. **Colmenillas rellenas de *foie-gras* de pato, arroces, pescados frescos, tarta fina de manzana a la reducción de calvados.** Menú 28 €. Precio medio 70 €.

Hoteles

***** **Casa Canut.** Avda. Carlemany, 107. T. 376 739 900.
www.acasacanut.com
Hab. 33: 125 €. Suites: 9. Céntrico. Conjuga el estilo con el lujo. Restaurantes Grandalla y La Barra El Canut.

Massana, La

25 · E-1
A Andorra la Vella, 5 km
Alt. 1.241 m · Pob. 9.357
T. 376 835 693
Prefijo internacional: 00-376
GPS 42° 32' 42''N · 1° 30' 55'' O

Visitar: En el norte del Principado de Andorra se encuentra el **Parque Natural Comunal de los Valles de Compedrosa.** Un paisaje repleto de senderos, coronado por el pico de Compedrosa, de casi 3.000 m. En las montañas de La Massana también se sitúa la estación de esquí de Vallnord. Uniendo dos grandes paredes de piedra presenta una estampa inigualable el **puente románico de St. Antoni,** sobre el río Madriu. En el casco urbano se encuentra además la iglesia de St. Iscle i Sta. Victòria, reformada y ampliada durante el s. XVII.

Fiestas: El 16 de agosto se celebra la **fiesta Mayor,** y un día antes, la Asunción. Mientras que el segundo domingo de julio es la fiesta del Roser.

Alrededores: En **Pal** (a 7 km) impresiona la buena conservación de su conjunto rural, en el que destaca la iglesia románica de St. Climent (s. XII).

Restaurantes

® **Borda Raubert.** Ctra. d'Arinsal, km 1,5. T. 376 835 420.
www.bordaraubert.com S
Cierra lunes cena, martes y del 3 al 25 de junio. Una borda típica en plena naturaleza, cerca del río. **Albóndigas con setas, caza, trucha a la andorrana, crema andorrana.** Precio medio 30 €.

Hoteles

**** **Palomé.** Ctra. d'Arinsal, s/n. T. 376 738 500.
www.palomehotel.com
Hab. 29: 80 €. Suites: 5. Próximo a las estaciones de esquí. Restaurante Émo.

Soldeu-El Tarter

25 · F-1
A Andorra la Vella, 12,8 km
Alt. 1.850 m
T. 376 852 492
Prefijo internacional: 00-376
GPS 42° 34' 37''N · 1° 40' 4'' E

Teleférico en El Tarter

Visitar: Situado en la carretera principal que une Andorra con Francia, desde el centro del pueblo sale un teleférico que asciende hasta los 2.250 m, lugar de acceso a las pistas de esquí y *snow.* Además se esconde aquí la **iglesia románica de St. Bartomeu,** junto a la muestra de la arquitectura tradicional de los Pirineos, con estrechas calles y grandes muros de piedra.

Restaurantes

Arrels / Sol i Neu. (Sport Hotel Hermitage & Spa). Ctra. General, s/n. T. 376 870 670. *www.hotelhermitage.sporthotels.ad* S
Cierran de mediados de abril a mediados de junio. Nandu Jubany dirige una cocina tradicional catalana con su sello propio en dos ambientes. Arrels abre solo cenas, y Sol i Neu almuerzos en verano excepto lunes. **Canelones tradicionales del Nandu en su jugo, arroz de montaña con pichón, butifarra, alcachofas y *boletus*; ensalada de frutas con zumo de naranja y helado de mango.** Precio medio 50 €.

Hoteles

***** **Sport Hotel Hermitage & Spa.** Ctra. General, s/n. T. 376 870 550.
www.hotelhermitage.sporthotels.ad
Hab. 120: 216 €. El lujo y la calidad se aprecian en sus habitaciones, amplios salones de lectura y de reposo con excelentes vistas. Sport Wellness Mountain Spa, el exclusivo centro de bienestar del complejo, de cinco plantas y 5.000 m², en el que disfrutar de los mejores tratamientos de salud y belleza.

Ainhoa

7 · B-3
A Bayonne, 26 km
Alt. 120 m · Pob. 650
T. 559 299 399
Prefijo internacional: 00-33
GPS 43° 18' 24'' N · 1° 29' 56'' O

Visitar: Por este hermoso pueblo transcurre la ruta francesa del Camino de Santiago. Entre un paisaje natural con una rica fauna de jabalíes, ciervos y liebres, se encuentra la **iglesia de Ntra. Sra. de la Asunción** (s. XIII). También destacan la pequeña capilla de Ntra. Sra. de Arantzazu, el frontón y los lavaderos.

Fiestas: El lunes de Pentecostés se celebra la **procesión de Ntra. Sra. de Arantzazu,** y el 14 de agosto, las fiestas Sardineras y el día 15, las patronales.

Alrededores: En **Urdax** (a 6 km) impresionan las tétricas cuevas de Ikaburu. En la villa termal de **Cambos-les-Bains** (a 11 km) es posible visitar el Museo Edmond Rostand, autor de Cyrano de Bergerac.

Restaurantes

Ithurria. Pza. du Frontón, s/n. T. 559 299 211.
www.ithurria.com P
Cierra jueves almuerzo y miércoles, excepto del 14 de julio a finales de agosto; y del 3 de noviembre a abril. Una casa del s. XVII de este precioso pueblo con productos vasco-franceses de calidad. ***Foie-gras* de las Landas, ragú de colas de cigala, *soufflé* de chocolate.** Menú 39 €. Precio medio 58 €.

Bayonne/Bayona

7 · B-2
A Donostia/San Sebastián, 54 km
Pob. 45.000
T. 559 460 141
Prefijo internacional: 00-33
GPS 43° 29' 36'' N · 1° 28' 28'' O

Visitar: Esta ciudad clave en el discurrir del Camino de Santiago Francés cuenta con un rico patrimonio que incluye la **catedral de Sta. María,** patrimonio de la humanidad por la Unesco, construida en el s. XIII y donde descansan los restos del patrón de la ciudad, S. León. Son agradables los paseos junto al río Adour, la visita a sus murallas, el **taller de fabricación de chocolate Andrieu** y el **Museo Bonnat,** con obras del propio Bonnat, Botticelli, Rafael, Rembrandt...

Fiestas: Muy afamado es el Festival del Jamón que se celebra en abril, al igual que los Días del Chocolate en mayo. En julio, las tradiciones española y vasca se funden en una **fiestas** con corridas de toros, folclore, torneos de pelota, etc.

Alrededores: En la cercana localidad de **Mouguerre** (a 7 km) destacan la cruz y el obelisco homónimos. Para un buen baño, nada mejor que la dorada arena de las playas de **Biarritz** (a 8 km).

El Tour de Francia en los Pirineos, escultura de Jean-Bernard Métais

Restaurantes

Auberge du Cheval Blanc. Bourgneuf, 68. T. 559 590 133.
www.cheval-blanc-bayonne.com P
Cierra domingo cena, sábado almuerzo y lunes. La mejor referencia de la ciudad a cargo de la familia Tellechea desde hace más de 50 años, en el Petit Bayonne. Magníficos productos de las Landas. **Terrina de *foie-gras* de pato y pan de maíz tostado, vieiras en nido de pisto y crema de almendras al caviar de arenque, *soufflé* caliente al Grand Marnier.** Menús 22, 40 y 80 €. Precio medio 50 €.

François Miura. Marengo, 24. T. 559 594 989.
Cierra domingo cena, miércoles, tres semanas en marzo, una semana en julio y una semana en Navidad. En el corazón del casco antiguo, François Miura satisface con huevos en *cocotte,* mollejas y *foie-gras,* riñón de ternera con chalota confitada y *soufflé* de aguardiente de pera. Menú 22 €. Precio medio 45 €.

Hoteles

**** **La Villa Hotel.** Chemin de Jacquette, 12. T. 559 030 120. P
Hab. 10: 80 €. Casa burguesa de finales del s. XIX. Desayunos y vinos de la región en la terraza de su parque. Restaurante La Villa Bar, donde se funden música y gastronomía.

Biarritz

7 · B-2
A Donostia/San Sebastián, 50 km
Pob. 30.055
T. 559 223 700
Prefijo internacional: 00-33
GPS 43° 28' 56'' N · 1° 33' 39'' O

Visitar: Ciudad entregada al mar, gracias sobre todo a la Gran Playa y al impresionante entorno de la **Roca de la Virgen.** También es espectacular su **iglesia ortodoxa rusa** de estilo bizantino, con su cúpula de color azul. La oferta cultural es amplia, con museos como el Asiático, el Histórico, el del Mar y el del Chocolate, mientras que el ocio está asegurado en sus balnearios y campos de golf.

Fiestas: A finales de julio se festeja el **Día en el Puerto,** con bailes, música y productos regionales. El 11 de noviembre se celebran los actos del patrón St. Martin.

Alrededores: En **Arcangues** (a 10 km) merece la pena su castillo, mientras que para disfrutar de las playas es posible acercarse a **Anglet** (a 11 km).

Puesta de sol en Biarritz

Restaurantes

® **Campagne et Gourmandise.** Avda. Alan Seeger, 52.
T. 559 411 011.
Cierra domingo cena excepto julio y agosto, lunes almuerzo y miércoles. Cocina de las Landas en una granja del s. XVIII en plena naturaleza. **Pescados frescos, pichón, espuma de chocolate.** Menú y precio medio 48 €.

® **Sissinou.** Avda. Foch, 5. T. 559 225 150.
Cierra domingo, lunes, y noviembre. Luminoso y reducido local en pleno centro. Cocina gustosa, moderna y tradicional a la vez. Menú-carta a elegir entre cinco entradas, cinco platos y cinco postres. Buen punto de los platos. Merece la pena. Precio medio 50 €.

® **Villa Eugénie-La Rotonde.** (Hotel du Palais). Avda. de L'Impératrice, 1.
T. 559 416 400. *www.hotel-du-palais.com*
Cierra almuerzo en julio y agosto, lunes, martes y febrero. Jean Marie Gautier es fiel a la temporada y a los productos del mar y de las Landas en este marco elegante y espectacular con vistas al Cantábrico desde **La Rotonde** (no cierra). **Vieira con costra de avellana, *soufflé* caliente de chocolate amargo.** Precio medio 140 €.

Hoteles

***** **Château de Brindos.** (En ANGLET, a 11 km). Allée du Château, 1.
T. 559 238 980.
Hab. 22: 215 €. Suites: 5. Romántico emplazamiento en un castillo de los años 20, con preciosas vistas al lago Brindos. Golf en las proximidades. Relais & Châteaux. Antoine Antunes, jefe de cocina del equipo de Serge Blanco, se apoya en productos de temporada.

***** **Hotel du Palais.** Avda. de L'Impératrice, 1. T. 559 416 400.
www.hotel-du-palais.com
Hab. 152: 460 €. Suites: 30. Lujoso y antiguo palacio de verano de Napoleón III y la emperatriz Eugenia de Montijo. Excelente ubicación en el centro de Biarritz, frente al mar y con piscina de agua de mar. Excelente servicio. Restaurante Villa Eugénie.

7 · B-2

Bidart-Ghéthary

Ver Saint-Jean-de-Luz

7 · B-3

Ciboure

Ver Saint-Jean-de-Luz

Eugénie-les-Bains

A Donostia/San Sebastián, 175 km
Alt. 120 m · Pob. 516
T. 558 511 537
Prefijo internacional: 00-33
GPS 43° 41' 43'' N · 0° 22' 44'' O

Visitar: Localidad conocida en todo el mundo por los beneficios de sus aguas termales y por agradables visitas como la de los **jardines d'Eugénie.**

Fiestas: El 14 de julio se celebra la fiesta del Deporte, y durante el mes de agosto tienen lugar las **fiestas patronales.**

Alrededores: En **Aire-sur-l'Adour** (a 13 km) destaca, entre su rico patrimonio, la catedral de S. Juan Bautista.

Restaurantes

® **Auberge de la Ferme aux Grives.** Pza. de L'Impératrice. T. 558 050 607.
www.michelguerard.com
Cierra martes cena y miércoles excepto festivos, vísperas y del 12 de julio al 30 de agosto; y del 3 de enero al 9 de febrero. Al frente de su rústica taberna en las afueras de la ciudad, los Guérard persisten en una sabrosa y sencilla cocina de mercado. Carta-menú 48 €.

☼☼ **Michel Guérard-Le Prés d'Eugénie.** Pza. de L'Impératrice. T. 558 050 607.
www.michelguerard.com
Cierra almuerzos y lunes cena excepto fines de semana, festivos, vísperas y del 10 de julio al 28 de agosto; y del 3 de enero al 8 de marzo. Casa histórica fundada por la emperatriz Eugenia de Montijo, actualmente gran mesa gastronómica en el balneario de Michel Guérard, creador de la alta y refinada cocina *minceur* que convive con la *gourmande*. Enaltece los mejores productos de la zona con un magnífico servicio de sala, mesa y vinos. Alta satisfacción con precios a tono. Precio medio 140 €.

Hoteles

**** **Michel Guérard-Les Prés d' Eugénie et Le Couvent des Herbes.**
Pza. de L'Impératrice. T. 558 050 607.
www.michelguerard.com
Hab. 29: 270 €. Michel y Christine Guérard han hecho de este antiguo hotel termal una de las residencias más exquisitas del mundo. Cada una de las habitaciones de los diferentes pabellones tiene una decoración diferente, con muebles antiguos y muy cuidados. Se complementa con un edificio en el mismo parque, preciosamente decorado, Le Couvent des Herbes. Antigua casa del s. XVIII, con ocho habitaciones. *Forfait* de cura termal, esbeltez, gimnasio, sauna, salón de belleza. Relais & Châteaux.

Lourdes

15 · C-2
A Donostia/San Sebastián, 220 km
Alt. 420 m · Pob. 16.000
T. 562 427 740
Prefijo internacional: 00-33
GPS 43° 5' 53" N · 0° 2' 44" O

Visitar: La **gruta de las Apariciones;** las **basílicas de la Inmaculada Concepción, Ntra. Sra. del Rosario** y **S. Pío X,** y el Museo de Arte Sacro, entre otros atractivos, esperan a los seis millones de viajeros que acuden cada año a esta localidad situada dentro de la cordillera de los Pirineos. La naturaleza también brinda interesantes visitas, desde el pico de Midi de Bigorre con sus terrazas panorámicas y su espacio museográfico, al Puente de España, en el corazón del **Parque Nacional de los Pirineos,** donde contemplar una fauna y flora excepcionales.

Fiestas: El 11 de febrero se conmemora el aniversario de la primera aparición mariana que dio fama mundial al lugar, mientras que el día 18 se festeja **Sta. Bernardette.** También es muy importante la Semana Santa, así como la festividad de la **Inmaculada Concepción,** el 8 de diciembre.

Alrededores: Impresionan las grutas de **Bétharram** (a 13 km), en las que parte del recorrido se hace en barco. Lourdes es además un buen punto de partida para recorrer los Pirineos y acercarse a alguna de sus estaciones de esquí.

Basílica de la Inmaculada Concepción de Lourdes

Restaurantes

Le Magret. Les 4 Frères Saulas, 10. T. 562 942 055.
www.lemagret.com
Cierra domingo cena, miércoles, última semana de junio y primera de julio. A 800 m de la gruta. Como especialidad, los productos del pato, pero también cordero de los Pirineos y crema quemada de postre. Menús 15 y 29 €. Precio medio 28 €.

Magescq

7 · C-1
A Bayonne, 42 km
Pob. 1.378
Prefijo internacional: 00-33
GPS 43° 46' 52" N · 1° 13' 1" O

Visitar: En esta encantadora localidad de gran tradición taurina sobresale la **iglesia de Notre-Dame,** una de las más singulares de la región.

Restaurantes

☼ **Relais de la Poste.** Avda. de Maremne, 24. T. 558 477 025.
www.relaisposte.com
Cierra lunes, martes y del 11 de noviembre al 15 de diciembre. Con 12 habitaciones. Una buena referencia de la cocina landesa a cargo de la familia Coussau. Destaca el **salmón del río Adour,** las **setas** de temporada, **el *foie-gras*** y las variantes alrededor de la **fresa.** Asidua clientela española. Menú 55 €. Precio medio 104 €.

Molitg-les-Bains

26 · C-1
A Barcelona, 234 km
Alt. 610 m · Pob. 216
T. 468 050 328
Prefijo internacional: 00-33
GPS 42° 39' 9"N · 2° 23' 19"E

Visitar: Este pueblo, situado dentro del valle de la Castellane, resulta ideal para realizar **rutas de senderismo** y disfrutar de sus **aguas termales.**

Fiestas: A finales de junio se celebra la festividad de las **Luces de St. Jean.**

Alrededores: Siempre es interesante contemplar el paso del río Têt por la localidad de **Vinça** (a 16 km).

Restaurantes

® **Château de Riell.** Ctra. Molitg-les-Bains, s/n. T. 468 050 440.
www.chateauderiell.com
Cierra almuerzos entre semana y lunes excepto festivos y verano; de mediados de noviembre a finales de marzo. Con 19 habitaciones. Cocina mediterránea con el sello de Michel Guérard en un lujoso entorno. **Langostinos salteados en flor de limonero, costillar de cordero del país, *mousse* de queso fresco.** Menú 65 €. Precio medio 80 €.

Perpignan/Perpiñán

27 · B-1
A Barcelona, 187 km
Alt. 30 m · Pob. 117.000
T. 468 663 030
Prefijo internacional: 00-33
GPS 42° 42' 6"N · 2° 53' 39"E

Visitar: Maravilloso lugar para pasear y descubrir su rico patrimonio histórico, donde destaca la **catedral gótica de St. Jean-Baptiste.** Especial encanto tienen también el **palacio de los Reyes de Mallorca** (s. XIII), la antigua puerta de la ciudad conocida como el Castellet (s. XIV) y la Lonja. La cultura se concentra en los museos de Historia Natural y Numismático.

Fiestas: Su origen catalán se refleja el 23 de abril, con la **celebración de St. Jordi,** mientras que la última semana de junio tienen lugar las fiestas de S. Juan, con los famosos fuegos del día 23.

Alrededores: Para disfrutar de la naturaleza nada mejor que el **lago de los Pirineos Orientales** (a 25 km). En la localidad de **Collioure** (a 30 km) se encuentra la tumba de Antonio Machado.

Hoteles

*** **Park Hotel.** Bd. Jean Bourrat, 18. T. 468 351 414.
www.parkhotel-fr.com
Hab. 67: 53 €. Suites: 2. En el centro, próximo al Palacio de Congresos. Restaurante Le Chap.

Saint-Jean-de-Luz/San Juan de Luz

7 · B-3
A Bayonne, 21 km
Pob. 14.322
T. 559 260 316
Prefijo internacional: 00-33
GPS 43° 23' 17" N · 1° 39' 37" O

Visitar: Aquí tuvo lugar el histórico enlace entre Luis XIV, el *Rey Sol*, y María Teresa de Austria. Resulta interesante pasear y descubrir sus típicos caseríos. A través de la playa se llega hasta la **Punta de Sta. Bárbara,** que cuenta con unas vistas inigualables. Entre su patrimonio destacan la **iglesia de St. Jean-Baptiste,** la casa de Luis XIV y la de la Infanta.

Fiestas: Entre el 21 y el 25 de junio tienen lugar las **fiestas patronales de St. Jean.**

Alrededores: En **Ciboure** (a 3 km) son encantadores sus muelles. En **Bidart-Guétary** (a 6 km) se puede recorrer la reserva natural de la colina de Cenitz. **Saint Pee-Sur-Nivelle** (a 14 km) está a escasos minutos de las playas del Atlántico.

Restaurantes

Chez Maya. (Petit Grill Basque). Saint Jacques, 2. T. 559 268 076.
Cierra almuerzos de lunes y jueves; miércoles y del 20 de diciembre al 20 de enero. La familia De Gregorio está al frente de este negocio familiar, de trato amable y casero, desde hace tres generaciones. Cocina tradicional. Chipirones en su tinta, *foie-gras* de la casa, *soufflé* al Grand Marnier. Precio medio 30 €.

® **L'Auberge Basque.** (En SAINT PEE-SUR-NIVELLE, a 14 km). Ctra. D 307, vielle route de St. Jean de Luz. T. 559 517 000.
www.aubergebasque.com
Cierra almuerzos de martes y sábado; lunes, del 4 de enero al 7 de febrero y del 23 al 25 de diciembre. Con habitaciones. Antiguo caserío rodeado de un precioso paisaje montañés. La dirección culinaria bajo la batuta de Cédric Béchade (discípulo de Alain Ducasse) se centra en los productos de la zona con una oferta cambiante y gustosa. Menús 41 a 109 €. Precio medio 50 €.

Ventanas de caserío típico en Saint-Jean-de-Luz

Le Kaïku. De la Republique, 17. T. 559 261 320.
Cierra martes, miércoles y del 15 al 30 de noviembre. Edificio del s. XVII en una calle peatonal cerca de la playa. Chipirones salteados, cerdo con champiñones, milhojas al Grand Marnier. Menú 30 €. Precio medio 40 €.

® **Les Frères Ibarboure.** (En BIDART-GUÉTHARY, a 6 km). Chemin de Ttalienea. T. 559 548 164. *www.freresibarboure.com*
Cierra lunes almuerzo y miércoles excepto verano, primera quincena de enero y segunda de noviembre. Con ocho habitaciones. Casa vasca del s. XVIII con un magnífico parque en el que los hermanos Ibarboure ofrecen cocina de temporada y de la región en varios y atractivos menús. Destacan los **quesos,** el ***foie-gras*** y los **postres de chocolate.** Menús 39 a 108 €. Precio medio 75 €.

Mattin. (En CIBOURE, a 3 km). Evariste Baignole, 64. T. 559 471 952.
Cierra lunes, domingo y febrero. Casa rústica vasca en el casco histórico. *Ttoro* (plato típico), pescados, *babá* al ron. Precio medio 38 €.

® **Zoko Moko.** Mazarín, 6. T. 559 080 123. *www.zokomoko.com*
Cierra lunes, primera semana de marzo y diciembre. Cocina vasco-francesa de raíz local en la que se une la tradición con toques modernos. Recomendables menús que lo demuestran (25, 45, 50 y 70 €). Precio medio 40 €. Vinos por copas.

Hoteles

***** **Grand Hotel.** Bd. Thiers, 43. T. 559 263 536.
Hab. 48: 115 €. Suites: 2. Legendario edificio levantado en 1909. En primera línea de playa. Restaurante Rosewood.

Las ostras

La ostra, ese suculento (y afrodisiaco) molusco bivalvo asociado al lujo, es un manjar consumido en toda Francia, maridado con un buen champán. Los expertos explican que una ostra es buena cuando al abrirla hay agua y su carne es brillante.

Saint-Jean-Pied-de-Port

14 · D-4
A Donostia/San Sebastián, 100 km
Pob. 1.710
T. 559 370 357
Prefijo internacional: 00-33
GPS 43° 9' 49" N · 1° 14' 13" O

Visitar: Esta localidad, que presume de ser la última en tierras francesas del Camino de Santiago, sorprende por su patrimonio medieval. Entre sus calles y murallas sobresale la **Puerta de Santiago,** que formaba parte de la antigua ciudad fortificada y ha sido declarada patrimonio de la humanidad por la Unesco. También destacan la prisión de los Obispos, **la iglesia de Nôtre Dame** y la **Ciudadela** (s. XVII).

Fiestas: Durante los meses de julio y agosto se festejan las **fiestas tradicionales,** con eventos folclóricos, pelota vasca, cantos, ferias de alimentación y artesanía.

Alrededores: En el cercano municipio de **Saint Etienne de Baigorry** (a 11 km) destaca su hermoso castillo d'Etchauz.

Restaurantes

☼☼ **Les Pyrénées.** (Hotel Les Pyrénées). Pza. Charles de Gaulle, 19. T. 559 370 101. *www.hotel-les-pyrenees.com*
Cierra lunes cena de noviembre a marzo, martes del 20 de septiembre al 30 de junio; del 6 de enero al 7 de febrero y del 11 al 30 de noviembre. El joven Philippe Arrambide continúa con éxito la tradición familiar con las buenas elaboraciones de los productos de las Landas. **Lasaña de *foie-gras* y trufa, pichón asado con prensado de col, *soufflé* caliente de fruta de la pasión.** Menús 72 a 110 €. Precio medio 80 €.

Hoteles

**** **Les Pyrénées.** Pza. Charles de Gaulle, 19. T. 559 370 101. *www.hotel-les-pyrenees.com*
Hab. 14: 165 €. Bonitas y confortables habitaciones. Muy buen servicio en este atractivo Relais & Châteaux.

Casa tradicional en Saint-Jean-Pied-de-Port

Saint Pee-Sur-Nivelle Ver Saint-Jean-de-Luz

7 · B-3

49 · D-2 **Aguada de Cima** Ver Aveiro

Albufeira Faro

Acantilado de Albufeira

102 · F-2
A Lisboa, 256 km
Alt. 20 m · Pob. 40.660
T. 289 599 587
Prefijo internacional: 00-351
GPS 37° 5' 14" N · 8° 15' 21" O

Visitar: Con una industria ligada a la pesca, resultan especialmente atractivas sus calles empedradas del centro y sus **múltiples playas.** De su patrimonio destacan las ruinas del castillo do Mar (de origen árabe), la iglesia Matriz, la torre del Reloj y la ermita de S. Sebastián, que acoge el Museo de Arte Sacro. También es recomendable su afamado **Museo de Arqueología** y el parque Alfarrobeira.

Fiestas: El 14 de agosto se festeja **Ntra. Sra. da Orada** y el 20 de agosto, el **Día del Municipio.**

Alrededores: A 6 km de Albufeira se encuentran **Olhos d'Água,** una localidad turística con fuentes submarinas de agua dulce; **Praia da Galé,** el lugar idóneo para disfrutar de un buen baño (a 6 km), y **Guia** con su Zoomarine. En **Paderne** (a 12 km), destaca el castillo y el puente romano y en **Lagos** (a 58 km), sus impresionantes playas.

Restaurantes

O Marinheiro. Estrada da Praia da Coelha, s/n. T. 289 592 350.
www.o-marinheiro.com
Cierra domingos de octubre a abril, almuerzos, enero y febrero. Es una casa alegremente decorada, con un jardín y terraza, un jardín de invierno climatizado y un parque en el camino de la playa de la Coelha, mientras pasea por las Sesmarias. Vale la pena entrar, por todo eso y también por la buena cocina internacional elaborada con productos portugueses. **Pulpo a la marinera, medallones de rape con salsa de azafrán** y las **brochetas mixtas** son algunas de las sugerencias destacadas. Precio medio 30 €.

® **São Roque.** (En LAGOS, a 58 km). Praia da São Roque, s/n.
T. 282 792 101.
Cierra lunes de octubre a Pascua. Además de contar con el simple apoyo de la playa, merece figurar entre los mejores restaurantes de la región de Lagos. Se basa en el pescado, que incluye las especies más nobles del mar y que se elaboran con maestría. **Sopa de pescado, calderetas y cazuelas** que elige el propio cliente. Nota alta, también, para los entrantes. Precio medio 30 €.

Vila Joya

Cierra miércoles y de diciembre a marzo. La primera impresión es que allí hay una magia especial, en la arboleda que protege la casa que se abre hacia el mar. Crece la admiración, después, al observar la armonía del espacio, la creatividad de la cocina y la delicadeza del servicio. Cada plato es una experiencia gastronómica inolvidable. Y todos los días el jefe de cocina presenta propuestas nuevas.

Precio medio 120 €.

(En PRAIA DA GALÉ, a 6 km). Estrada da Praia da Galé, s/n. T. 289 591 795. *www.vilajoya.com*

Hoteles

☆☆☆☆☆ **Cascade Wellness.** (En LAGOS, a 58 km). Praia do Canavial.
T. 289 771 500. *www.cascade-resort.com*
Hab. 282: 165 €. Suites: 21. Reciente y lujosa iniciativa junto a la playa de Porto Mós, en Lagos. Dispone de múltiples servicios de gran calidad. La enorme piscina exterior y el jardín merecen una especial mención.

☆☆☆☆☆ **Sheraton Algarve, a Luxury Collection Hotel.** Praia do Falésia. Apdo. 644.
T. 289 500 100. *www.sheratonalgarve.com* P
Hab. 215: 130 €. Suites: 33. Acceso privado a la playa. Restaurantes Além Mar Pescador, Aldar, Beach Club, Porto Alegre y Piri Piri.

Almansil/Almancil Faro

103 · A-2
A Lisboa, 305 km
Pob. 10.000
T. 289 800 400
Prefijo internacional: 00-351
GPS 37° 5' 13" N · 8° 1' 55" O

Visitar: Cubierta con azulejos de estilo barroco espera la **iglesia de S. Lourenço,** una de las más bellas del Algarve. Otras visitas de interés son el Centro Cultural de S. Lourenço –ubicado en una casa tradicional– y el **Centro Zefa de Arte Contemporáneo.**

Fiestas: En agosto son las fiestas patronales en honor a **S. Lourenço.**

Alrededores: Cerca se sitúan buenas playas como las de **Vale do Lobo** (a 5 km) o **Quinta do Lago** (a 8 km). A 15 km está el **Parque Natural de Ría Formosa.**

Iglesia de S. Lourenço

Restaurantes

☼ **Aux Bons Enfants.** Estrada da Almancil-Quinta do Lago, s/n.
T. 289 396 840. P
Cierra almuerzo, domingo y del 15 de noviembre al 5 de febrero.
Espacio lleno de encanto en una casa centenaria que fue recuperada con un buen gusto manifiesto. Los platos poseen sabores franceses, como se evidencia en su ***foie-gras poêlé,*** en la **sopa de pescado a la marsellesa,** en el ***confit*** (casero) y en el ***magret* de pato.** Precio medio 35 €.

☼ **Casa Velha.** Formosa, rotunda 6. T. 289 394 983.
www.restaurante-casavelha.com P S
Cierra almuerzos, domingo y del 15 de noviembre al 5 de febrero. Uno de los restaurantes más sofisticados del país, situado en la Quinta do Lago, a continuación de la glorieta número 6. A la elegancia de la sala se suma la cocina francesa, con una técnica y estética perfectas. Menú en constante renovación, pero con platos que los más asiduos reconocen, como la **terrina de *foie-gras*,** el ***chambão* de cordero pascual** o la **tarta fina de manzana.** Menú 42 €. Precio medio 70 €.

☼ **Gigi.** Praia da Quinta do Lago, s/n. T. 964 045 178.
Cierra cenas y de finales de noviembre a principios de marzo. Inevitable, no por estar en medio del camino para la playa de la Quinta do Lago (ahora playa del Gigi), sino por su ambiente relajado, donde siempre hay música y simpatía, además de los mejores **pescados** y **mariscos** frescos, elaborados al momento. Sus **pescados a la parrilla** y sus **pastas** y **arroces elaborados con cabeza de pescado** cuentan ya con clientes fieles. Precio medio 45 €.

☼☼ **Henrique Leis.** Vale Formoso, s/n. T. 289 393 438.
www.henriqueleis.com P
Cierra lunes excepto julio y agosto; almuerzos y domingo. Espacio elegante sin ser solemne, decoración sugestiva, ambiente intimista y una sorprendente cocina inventiva, moderna, sólida, técnica y estéticamente muy evolucionada. Menú de temporada muy bueno con una selección diaria de **pescado** en función de la disponibilidad en la lonja. El menú de degustación siempre es apetecible, pero toda la carta es tentadora. Precio medio 70 €.

☼ **Pequeno Mundo.** Caminho de Pereiras, s/n. T. 289 399 866.
www.restaurantepequenomundo.com P
Cierra almuerzo, domingo, enero y diciembre. Pequeño paraíso en la periferia de la Quinta do Lago y del Vale do Lobo, que en invierno se cobija en el hogar y en verano se abre hacia su terraza. Excelente cocina de raíces francesas con influencias mediterráneas y portuguesas. **Crujiente de gamba con salsa de hierbabuena, rape con salsa virgen, *chateaubriand*.**
Todo ejemplar. Precio medio 65 €.

☼☼ **São Gabriel.** Estrada Quinta do Lago-Vale do Lobo, km 4.
T. 289 394 521. *www.sao-gabriel.com*
Cierra almuerzos, lunes, enero y diciembre. Situado en un lugar privilegiado, en unas instalaciones de calidad y con una cocina creativa, técnicamente perfecta y con fuerte influencia mediterránea. El menú se renueva con las estaciones del año. Siempre vigentes: la ***quiche* de queso suizo con *bouquet* de lechugas y *emincé* de ternera *zurichoise*.** Precio medio 70 €.

Vincent. Estrada da Fonte Santa, s/n. T. 289 399 093. P
Cierra lunes en invierno, y domingo. El ciudadano holandés que ha prestado su nombre al restaurante y da vida a la cocina reside en el Algarve desde hace varios años y continúa brillante desde hace tiempo. Lo demuestra la **terrina de hígado de oca con salsa de moras,** el **filete de rodaballo con espárragos y vinagreta de tomate,** y el ***carré* de cordero pascual con salsa de chalotas.** Precio medio 75 €.

Hoteles

***** **Conrad Algarve.** Quinta do Lago, s/n. T. 289 350 700. *www.conradalgarve.com* P
Hab. 154: 209 €. Suites: 4. Uno de los 5 estrellas más modernos del Algarve. Un fantástico *spa*, cinco restaurantes, varias piscinas son algunas de las ventajas que se suman a su excelente localización. Servicio de gran calidad. Restaurantes Gusto by Heinz Beck, Louro y Dado.

***** **Dona Filipa & San Lorenzo Golf Resort.** (En LOULÉ, a 6 km). Vale do Lobo. T. 289 357 200. *www.donafilipahotel.com*
Hab. 154: 290 €. Suites: 22. Frente a la playa, con área reservada a clientes. S. Lorenzo Golf Course. Restaurantes Primavera y Dom Duarte.

103 · D-1

Altura Ver Tavira

Amarante Porto

39 · F-1
A Lisboa, 372 km
Alt. 600 m · Pob. 56.460
T. 255 420 246
Prefijo internacional: 00-351
GPS 41° 16' 10'' N · 8° 4' 47'' O

Visitar: El casco antiguo de la ciudad se organiza en torno al **puente, el convento y la iglesia de S. Gonçalo.** De influencia barroca, sobresalen las **iglesias de S. Pedro** y **S. Domingo,** construidas ambas en el s. XVIII. En el museo Amadeo Souza Cardoso se puede disfrutar de las mejores obras de este autor local.

Fiestas: El primer fin de semana de junio se toman los **bollos del santo,** en honor a S. Gonçalo, patrón de las *casamenteiras*.

Alrededores: Entre Amarante y **Vila Real** (a 30 km) se encuentra el magnífico enclave natural de Serra do Marão.

Iglesia de S. Gonçalo

Restaurantes

Largo do Paço. (Hotel Casa da Calçada). Largo do Paço, 6. T. 255 410 830. *www.casadacalcada.com* P
Se distingue por la elegancia de las instalaciones, de la cocina y del servicio. Una cocina actual y superior con los mejores productos de temporada. **Bacalao con *broa*** (pan de maíz), **cerdo *bísaro* confitado con salsa de *sarrabulho* y *gnocchis* de castañas** y **ternera macerada con flor de sal y balsámico de miel.** Precio medio 70 €.

Hoteles

***** **Casa da Calçada Relais & Châteaux.** Largo do Paço, 6. T. 255 410 830. *www.casadacalcada.com* P
Hab. 26: 105 €. Suites: 4. En un edificio del s. XVI. Magníficas vistas al río Duero. Restaurante Largo do Paço.

40 · B-3

Armamar Ver Viseu

Aveiro

49 · C-2
A Lisboa, 252 km
Alt. 8 m · Pob. 78.463
T. 234 420 760
Prefijo internacional: 00-351
GPS 40° 38' 28'' N · 8° 39' 13'' O

Visitar: Situada en la Ría de Aveiro, una de las más importantes de Portugal, es conocida como la **Venecia portuguesa** por sus múltiples canales. Además, en pleno centro de la ciudad, se pueden admirar varios edificios modernistas de principios del s. XX.

Fiestas: En julio o en agosto, dependiendo de la marea, se celebran los **festejos de la Ría** con la famosa carrera de barcos. A mediados de mayo, las fiestas en honor a la **Princesa Sta. Juana,** sta. patrona de Aveiro, y en enero, la **Fiesta de S. Gonçalinho.**

Alrededores: La localidad de **Luso** (a 50 km) es famosa por su estación termal. Hay que visitar también **Aguada de Cima** (a 28 km).

Restaurantes

® **Bussaco.** (En LUSO, a 50 km). Mata do Bussaco, s/n. T. 231 937 970. *www.themahotels.pt* P

Es único por la elegancia de las instalaciones y por la belleza del paisaje envolvente en medio de la esplendorosa Mata Nacional del Bussaco. Gastronomía también atractiva, sobre todo por las especialidades regionales, reinventadas por Dionísio Ferreira. El plato estrella es el **lechón a la *Bairrada*,** al que se añade el **cabrito asado al horno** y la **lubina a la parrilla.** Excelente bodega con los legendarios y exclusivos vinos de Bussaco. Precio medio 50 €.

® **Casa Vidal.** (En AGUADA DE CIMA, a 28 km). Das Almas de Areosa, s/n. T. 234 666 353. P
Cierra lunes y agosto. Uno de los restaurantes más famosos donde el **lechón** es el principal atractivo, servido **con patatas cocidas con piel,** según la tradición, o con **patatas fritas,** como se hace ahora. También la ***chanfana* de carnero y el bacalao a la María.** Buenos postres caseros. Precio medio 20 €.

Hoteles

***** **Palace Hotel do Bussaco.** (En LUSO-BEIRAS, a 34,8 km). Mata do Bussaco. T. 231 937 970. *www.bussacopalace.com* P
Hab. 60: 179 €. Suites: 4. Lujosas instalaciones en un imponente palacio de estilo manuelino, en el corazón de un magnífico bosque. Bello comedor y cocina tradicional. Restaurante João Vaz.

**** **Grande Hotel de Luso.** (En LUSO, a 50 km). Doutor Cid Olivera, 86. T. 231 937 937. *www.hoteluso.com*
Hab. 132: 85 €. Suites: 15. Situado en la ladera de la Serra do Bussaco. El edificio, proyectado por el arquitecto Cassiano Blanco, domina el paisaje de la villa de Luso.

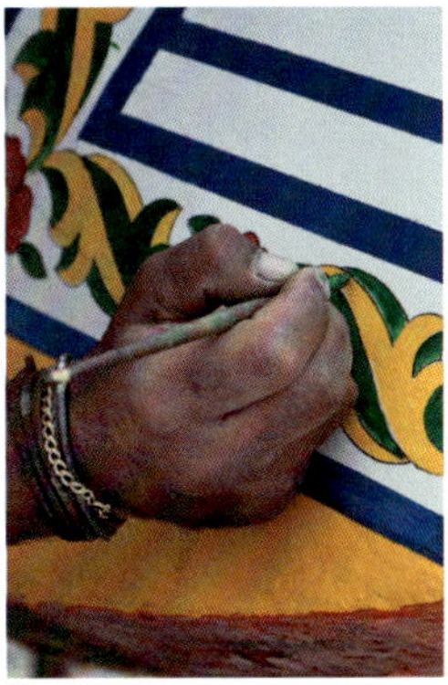

Barco moliceiro típico de la zona de Aveiro

Barcelos Braga

28 · C-3
A Lisboa, 366 km
Alt. 488 m · Pob. 25.000
T. 253 811 882
Prefijo internacional: 00-351
GPS 41° 32' 3" N · 8° 36' 58" O

Visitar: Bañada por el río Cavado, la ciudad alberga notables palacios e iglesias tan importantes como la del **Terço,** cubierta de los típicos azulejos, o la del **Buen Jesús de la Cruz.** De esta localidad, epicentro del Camino de Santiago Portugués, proviene la leyenda del peregrino y el gallo que dio lugar al famoso símbolo de Portugal.

Fiestas: El 3 de mayo se celebra la **fiesta de las Cruces** (día del municipio).

Alrededores: En **Balugães** (a 14 km) se encuentra el santuario nacional de Ntra. Sra. Aparecida. En **Areias de Vilar** (a 6 km) destaca la iglesia de Vilar de Frades.

Restaurantes

® **Bagoeira.** Avda. Dr. Sidónio Pais, 495. T. 253 811 236. *www.bagoeira.com* P
A pesar de sus grandes dimensiones, hay confort, buena comida y simpatía. Un clásico con cocina regional genuina, sana y sabrosa, el **bacalao** y el **pulpo a la brasa,** las **papas de *sarrabulho*** y los ***rojões*** al estilo del Miño. Precio medio 25 €.

Belmonte Ver Castelo Branco

50 · C-4

Braga

28 · D-3
A Lisboa, 360 km
Alt. 0-572 m · Pob. 181.191
T. 253 262 550
Prefijo internacional: 00-351
GPS 41° 32' 51" N · 8° 25' 49" O

Visitar: La tercera ciudad más poblada del país esconde grandes monumentos como su **catedral,** que combina estilos del románico al barroco. Su agradable **casco histórico** invita al paseo para seguir descubriendo otros lugares de interés como el **convento do Pópulo,** el palacio do Raio y las iglesias de Sta. Cruz y del Hospital.

Fiestas: El último fin de semana de mayo se celebra **Braga Romana,** una recreación de la Bracara Avgvsta. En junio (días 23 y 24) se festeja **S. João** con sus tradicionales hogueras y el Festival Internacional de Cabezudos.

Alrededores: En los alrededores de Braga está el santuario del **Bom Jesus do Monte,** famoso por su interminable escalera y rodeado de un parque natural. En la feligresía de Palmeira se puede ver el castillo de D. Chica. Otras localidades de interés son **Moreira de Cónegos** (a 33 km) y **Vila Nova de Famalicão** (a 20 km), donde se encuentra la Casa-Museo de Camilo, que atesora el legado de uno de los escritores más destacados de Portugal, Camilo Castelo Branco.

Restaurantes

☼ **Centurium.** (Hotel Bracara). Avda. Central, 134. T. 253 206 265. *www.bracaraaugusta.com*
Cierra domingo y festivos. Sus productos de gran calidad son la base de una gastronomía actual inspirada en platos regionales. La ***alheira* de caza con grelos,** las **milhojas de bacalao,** la **merluza a la *poveira*** y el **taco a la *barrosã*** son los platos destacados. Precio medio 30 €.

Parque Natural Bom Jesus

Ferrugem. (En VILA NOVA DE FAMALICÃO, a 20 km).
Das Pedrinhas, 32. T. 252 911 700. *www.ferrugem.pt* P
Cierra domingo cenas y lunes. Espacio gastronómico en un lugar inesperado. Una cocina sorprendentemente moderna y actual, con una base de productos tradicionales. Prueba de ello son el **crujiente de *alheira* de caza,** la **carrillera de ternera con arroz de *feijocas*,** la **tarta de queso fresco bajo pera y confitura de oporto *vintage*.** Precio medio 35 €.

® **Inácio.** Campo das Hortas, 4. T. 253 613 235.
Cierra martes y segunda quincena de septiembre. La hospitalidad y la gastronomía hacen de este restaurante una verdadera referencia de la ciudad. Se destaca el **cabrito** y la **ternera asados en horno de leña, bacalao a nuestro estilo** (Braga) y, en temporada, **lamprea y sarrabulho.** Precio medio 20 €.

Hoteles

***** **Meliá Braga Hotel & Spa.** Avda. General Carrilho da Silva Pinto, 8.
T. 253 144 000. *www.meliabraga.com*
Hab. 182: 100 €. Suites: 20. Se trata de un hotel muy reciente, ubicado cerca del centro de la ciudad. La decoración es moderna y las habitaciones muy confortables. Proporciona un servicio de calidad. Cuenta con *spa*. Restaurante El Olivo.

Bragança

30 · A-2
A Lisboa, 521 km
Alt. 660 m · Pob. 35.000
T. 273 381 273
Prefijo internacional: 00-351
GPS 41° 48' 18''N · 6° 45' 51''O

Visitar: La ciudad antigua, amurallada y dominada por la torre del castillo medieval, alberga el **Domus Municipalis,** un edificio pentagonal que debe su nombre a su antiguo uso como Cámara Municipal o Ayuntamiento. También merecen una visita la **iglesia de Sta. María** y la torre de Menagem. Dos centros de interés son el **Museo Ibérico da Máscara e do Traje** y el Centro de Arte Contemporânea Graça Morais.

Fiestas: El 22 de agosto se celebra **Nossa Senhora das Graças.** Del 30 de agosto al 8 de septiembre llegan las fiestas de Nossa Senhora da Serra.

Alrededores: Un destino atractivo es el **Parque Natural de Montesinho** (a 17 km). Hay que acercarse a **Mirandela** (a 61 km), una bella ciudad jardín a orillas del río Tua, y a **Romeu** (a 50 km), donde se encuentra el Museo de las Curiosidades.

Iglesia en el municipio de Freixo de Espada à Cinta, en el distrito de Bragança

Restaurantes

Flor de Sal. (En MIRANDELA, a 61 km). Parque Dr. José Gama, s/n.
T. 278 203 063. *www.flordesalrestaurante.com*
Está en un sitio privilegiado, a la orilla del río. Instalaciones ejemplares. La cocina saca el mejor partido de los productos regionales. Platos sofisticados con términos populares. Por ejemplo, ***cibos* de bacalao con migas de *cardonos* de pan de trigo y pasta de aceitunas, *basculhos* de ternera mamona y su salsa elaborada sobre grumos de setas y vino espumoso seco.** Pero todo tiene sentido. Precio medio 35 €.

® **Maria Rita.** (En ROMEU, a 50 km). Da Capela, s/n. T. 278 939 134.
www.quintadoromeu.com S
Cierra domingo cena y lunes. El lugar es legendario, la casa tiene historia y la cocina alma. Entre los platos emblemáticos se cuentan los **bacalaos a la Romeu** y a **nuestro estilo,** la ***açorda* de espárragos** y la ***feijoca transmontana*.** Precio medio 25 €.

Solar Bragançano. Praça da Sé, 34, piso 1°. (Aparcamiento concertado).
T. 273 323 875.
Cierra lunes en invierno. Antiguo palacete del s. XVIII con encantador jardín, donde António Martins y su esposa Ana María ofrecen una sabia cocina transmontana. **Salada de perdiz, caza** (en época). Y de postre, **sopa de cereja.** Precio medio 25 €.

Caldas da Rainha Ver Leiria

69 · C-2

Caminha Viana do Castelo

28 · B-1
A Lisboa, 411 km
Alt. 7 m · Pob. 17.069
Prefijo internacional: 00-351
GPS 41° 52' 33'' N · 8° 50' 25'' O

Visitar: En pleno centro de la ciudad, en la plaza Conselheiro Silva Torres, se encuentra la **fuente renacentista de Chafariz,** monumento nacional. También resultan interesantes la **casa dos Pitas** (s. XVII) y la torre del Reloj.

Fiestas: El segundo fin de semana de agosto se celebra **Sta. Rita de Cássia** y el 27 de diciembre, la fiesta en honor a los marineros.

Alrededores: En **Viana do Castelo** (a 22 km) se puede admirar el templo del Sagrado Corazón de Jesús.

Restaurantes

® **Solar do Pescado.** Visconde Sousa Rêgo, 85. T. 258 922 794. *www.solardopescado.com*
Cierra domingo cena y lunes excepto verano; segunda quincena de mayo y de noviembre. Casa sencilla y con decoración sobria, destaca el granito y sus azulejos. Cocina típica del Miño con una oferta gastronómica basada en el pescado. Platos emblemáticos: **arroz con bogavante** y **lubina a la cazuela con almejas.** Menú 15 €. Precio medio sin marisco 25 €.

Azulejo típico en la estación de tren de Caminha

Hoteles

**** **CH Desing & Wine Hotel.** Plaça Conselheiro Silva Torres, 8. T. 258 719 040. *www.designwinehotel.com*
Hab. 23: 90 €. Suites: 3. Desayuno incluido. Moderno hotel instalado en una casa señorial del s. XVIII, en el centro de la ciudad. Bodega propia con gran variedad de vinos.

Cascais Lisboa

77 · A-2
A Lisboa, 30 km
Pob. 33.000
T. 214 822 327
Prefijo internacional: 00-351
GPS 38° 41' 49'' N · 9° 25' 23'' O

Visitar: Este antiguo pueblo de pescadores se ha convertido en uno de los lugares más exclusivos de Portugal. Entre sus elegantes tiendas, campos de golf y bares se encuentran la iglesia de la Asunción y el **Museo del Mar.** Todo ello enmarcado por playas de arena dorada y una **espectacular bahía.**

Fiestas: En agosto se celebran las **fiestas del Mar,** con la emocionante procesión marítima de Ntra. Sra. de los Navegantes.

Alrededores: A 9 km está la famosa **Praia do Guincho,** conocida por sus grandes olas y sus fuertes vientos.

Restaurantes

☼☼☼

Fortaleza do Guincho

Bellísima sala abierta hacia el mar en una fortaleza del s. XVII transformada en hotel de lujo. Alta cocina, cada vez más portuguesa, donde los platos son obras de arte. Ejemplos: ***foie-gras* de las Landas, *chutney* de ruibarbo con jengibre y jalea fina de Moscatel de Setúbal; cerdo negro de raza alentejana asado; fresas del Algarve maceradas con albahaca y vinagre balsámico.**

Menú 60 €. Precio medio 75 €.

(Hotel Fortaleza do Guincho, en PRAIA DO GUINCHO, a 9 km). Estrada do Guincho, s/n. T. 214 870 491. *www.guinchotel.pt*

® **Furnas do Guincho.** Estrada do Guincho. Avda. Nossa Senhora do Cabo, 1265. T. 214 869 243. *www.furnasdoguincho.pt*
Aquí, el mar domina el panorama y la mesa. La carta es diversificada, incluye buenas **carnes,** pero lo que atrae la máxima expectación es el **pescado** y el **marisco** de la costa. **Caldereta de marisco, pescado a la sal, paella.** Precio medio sin marisco 35 €.

☼ **Miragem Gourmet.** (Hotel Cascais Miragem). Avda. Marginal, 8554. T. 210 060 600. *www.cascaismiragem.com*
Cierra almuerzo. Restaurante gastronómico del Hotel Cascais Miragem. Vista bellísima y cocina portuguesa muy elaborada. **Vieiras salteadas con crema de guisantes, lubina salteada con dúo de calabacín y *tartar* de sula, pato en dos texturas.** Precio medio 60 €.

☼ **Monte Mar.** Estrada do Guincho-Oitavos. Avda. Nossa Senhora do Cabo, s/n. T. 214 869 270. *www.montemar.pt*
Cierra lunes y enero. Salas y terrazas casi sobre el mar, con sus viveros de marisco en las rocas donde se asienta. Bellísimas vistas, instalaciones, ambiente y cocina de excelencia. **Filetes de merluza con arroz de berberechos** y el **pescado a la sal, al horno** o **a la portuguesa.** Precio medio 60 €.

☼ **Porto Santa María.** (En PRAIA DO GUINCHO, a 9 km). Estrada do Guincho-Praia da Cresmina, s/n. T. 214 879 450. *www.portosantamaria.com*
Probablemente el más famoso de los restaurantes instalados en los acantilados del Guincho, quizá por estar situado en uno de los sitios más pintorescos y disponer del mejor pescado y de una gran selección de vinos. Cocina sencilla que respeta los productos: **dorada a la sal, mixto de marisco.** Menú 49 €. Precio medio 50 €.

Museo Casa das Histórias Paula Rego

Visconde da Luz. Jardím Visconde da Luz, s/n. T. 214 847 410.
www.viscondedaluz.pt S
Cierra martes. Espléndido jardín que le da nombre a la casa en el corazón de la ciudad. Los mejores pescados y mariscos en elaboraciones tradicionales son los protagonistas. Precio medio 30 €.

Hoteles

***** **Cascais Miragem.** Avda. Marginal, 8554. T. 210 060 600.
www.cascaismirage.com
Hab. 192: 280 €. Suites: 12. Entre Estoril y Cascais, ofrece bellísimas vistas del mar, espacios de grandes dimensiones y un óptimo servicio. Dispone de una piscina con alero hacia el mar, espacio de tiendas, Business Center y un Spa & Health Club con más de 3.000 m². Restaurantes Oasis, Gourmet y Cristóbal Colón.

***** **Pousada de Cascais.** Avda. Dom Carlos I, s/n. T. 214 814 300.
www.pousadas.pt
Hab. 126: 216 €. Suites: 18. Entre los muros de la histórica fortaleza da Cidadela (s. XVI), la posada nace de una profunda remodelación muy bien solucionada. Las vistas de la bahía de Cascais, la atmósfera y la calidad del servicio merecen la visita. Restaurantes Maris Stella y Taberna da Praça.

Castelo Branco

59 · E-3
A Lisboa, 223 km
Alt. 403 m · Pob. 56.033
T. 272 330 339
Prefijo internacional: 00-351
GPS 39° 48' 35'' N · 7° 30' 36'' O

Visitar: Sus puntos más destacables son las ruinas del **castillo,** construido por los Templarios, y la **catedral** (s. XVI), edificada sobre la antigua iglesia de S. Miguel. También es interesante acercarse hasta el **Palacio Episcopal** y pasear por su jardín (s. XVI), uno de los más significativos del barroco portugués.

Fiestas: El 6 de enero y el 30 de agosto se celebra la **Feria Franca.**

Alrededores: En **Belmonte** (a 80 km), destaca el castillo y el ambiente medieval que todavía se respira en sus calles.

Restaurantes

Convento de Belmonte Gourmet. (En BELMONTE, a 80 km).
Serra da Esperança, s/n. T. 275 910 300.
www.conventodebelmonte.pt S
Sala con *lareira,* vistas a la Serra da Estrela y una cocina contemporánea inspirada en las tradiciones de la montaña y en los productos que hay en ella. ***Capuchino* de setas con espuma de hierbas aromáticas, bacalao con aceite del lagar de Cabrais, jabalí recubierto con migas de pan de brona de maíz y romero, tomillo y perejil.** Precio medio 30 €.

Chaves Vila Real

29 · C-2
A Lisboa, 473
Alt. 350 m · Pob. 19.300
T. 276 340 661
Prefijo internacional: 00-351
GPS 41° 44' 28'' N · 7° 28' 24'' O

Visitar: La antigua Aquae Flaviae conserva sobre el río Támega el fabuloso **puente de Trajano,** construido en el s. II, y donde permanece la columna del mismo nombre. De su pasado medieval resisten los castillos de Monforte, de S. Esteban y la **torre del Homenaje del castillo de Chaves.** La iglesia de la Misericordia, de estilo barroco, sorprende además por sus balcones y columnas torsas. Entre las calles del casco histórico se encuentra la encantadora plaza do Camões. El municipio cuenta con un moderno complejo termal.

Fiestas: Entre el 29 de octubre y el 1 de noviembre se festeja la **Feria dos Santos.**

Alrededores: A 25 km está la localidad gallega de **Verín.**

Restaurantes

® **A Talha.** Comendador Pereira da Silva, 6-8. T. 276 342 191.
Cierra sábado. Cocina típicamente regional con platos originarios de un pequeño pueblo de Valpaços, donde nació el dueño del restaurante. **Filetes de pulpo con arroz y garbanzos, bacalao a la brasa con patatas sin violencia, maíz a la transmontana.** Precio medio 25 €.

® **Carvalho.** Largo das Caldas, s/n. Bloque 4. T. 276 321 727.
www.restaurantecarvalho.pt S
Cierra domingo cena, y lunes. Dos salas acogedoras con mesas puestas con mimo –una mantelería inmaculada y una vajilla elegante, incluye unas copas adecuadas al buen servicio de vinos–, además de una cocina seria y rigurosa, nada habitual. ***Alheira* con grelos, pescado fresco a la brasa, filetes de pulpo, taco de ternera con arroz *fumeiro* y cabrito al horno,** los fines de semana. Menú 19 €. Precio medio 20 €.

Hoteles

☆☆☆☆☆ **Vidago Palace Hotel.** Parque de Vidago, 16. T. 276 990 920.
www.vidagopalace.com
Hab. 70: 130 €. Suites: 4. Bonito hotel, decorado al estilo *belle époque*, instalado en un palacio rodeado por hermosos jardines. Restaurantes, bares, *spa*, piscina y un excelente campo de golf son algunas de sus muchas ventajas.

Coimbra

59 · A-1
A Lisboa, 200 km
Alt. 75 m · Pob. 150.000
T. 239 834 038
Prefijo internacional: 00-351
GPS 40° 12' 27" N · 8° 25' 47" O

Visitar: Ciudad famosa por su **Universidad** (s. XIII), la más antigua de Portugal y una de las más antiguas de Europa. Declarada patrimonio mundial de la Unesco –una clasificación que abarca también la Rua da Sofia y la parte alta de la ciudad–, merece la pena subir a la torre, donde se encuentran las campanas que marcaban el ritmo de las clases, para disfrutar de una magnífica vista sobre Coimbra. En su planta baja hay mucho que visitar: el **Patio de las Escuelas,** la **Sala dos Capelos,** la **capilla de S. Miguel,** con un imponente órgano barroco, y la Biblioteca Joanina, que cuenta con más de 300.000 obras que datan entre los ss. XVI y XVIII. El conjunto de edificios ocupa el lugar del palacio en el que vivieron los primeros reyes de Portugal, que llegaron a establecer aquí la capital del reino. Entre las calles del centro relucen la **Sé Velha** (catedral *vijha),* de estilo románico, y el **monasterio de Santa Cruz,** que alberga la tumba del primer rey de Portugal, Alfonso Henríquez. El **Arco de Almedina** era la principal puerta de la muralla medieval, donde también se conserva la torre de vigilancia. Numerosos jardines llenan de verde los rincones de la ciudad, como el de **Quinta das Lágrimas.** El parque de los Pequenitos es el lugar idóneo para disfrutar de algunos de los monumentos más importantes del país, pero en miniatura.

Casco antiguo de Coimbra

Fiestas: En mayo los estudiantes de último curso celebran la **Queima das Fitas** (quema de las cintas), que incluye una serenata en las escaleras de la catedral vieja. En octubre se realiza la **fiesta de la Latada,** como acto de recepción de los nuevos universitarios.

Alrededores: En el yacimiento de **Conímbriga** (a 18 km) se pueden visitar algunas de las ruinas romanas más importantes de todo el país. La **Serra da Lousã** (a 33 km) es un enclave ideal para la práctica de deportes de riesgo.

Restaurantes

® **A Taberna.** Dos Combatentes Grande Guerra, 86. T. 239 716 265.
www.restauranteataberna.com
Cierra domingo cena y lunes. La sala cuenta con horno de leña, y allí se elaboran, al momento, unos asados espectaculares. A pesar de las limitaciones del espacio, es una referencia de la ciudad con platos emblemáticos como el **bacalao asado con patatas a *murro*,** el **pulpo a la brasa** y el **cabrito al horno.** Buena **pastelería** casera. Menú 14 €. Precio medio 40 €.

☼☼ **Arcadas.** (Hotel Quinta das Lágrimas). António Augusto Gonçalves, s/n. T. 239 802 380. *www.quintadaslagrimas.pt*
Cierra almuerzos. Tiene un concepto de cocina de mercado, con una base de productos frescos y de gran calidad. Albano Lourenço utiliza también **hierbas, plantas y frutos de producción ecológica o salvajes,** que crecen en la quinta, para reinventar la cocina tradicional de la región, proporcionando así unas experiencias gastronómicas memorables. Precio medio 60 €.

Hoteles

**** **Quinta das Lágrimas.** António Augusto Gonçalves, s/n. T. 239 802 380. *www.quintadaslagrimas.pt*
Hab. 44: 120 €. Suites: 8. Desayuno incluido. Palacio del s. XVIII al que se une un moderno edificio, obra de uno de los más célebres arquitectos portugueses. Restaurante Arcadas.

Estoril Lisboa

77 · A-2
A Lisboa, 28 km
Pob. 30.000
T. 214 663 813
Prefijo internacional: 00-351
GPS 38° 42' 21" N · 9° 23' 57" O

Playa de Tamariz

Visitar: Cerca de Lisboa, esta localidad es famosa por su **casino.** Destacan además, sus pintorescas calles, numerosos museos como el de Arte Moderno, el del Juguete o el del Mar. Frente al océano, las **playas,** los campos de golf y decenas de palacetes privados permiten disfrutar de un ambiente inigualable.

Fiestas: Entre julio y agosto tiene lugar la **Feria Internacional de Artesanía.**

Alrededores: A apenas 6 km está el Circuito de Estoril, donde en mayo se celebra el Gran Premio de Portugal en el que compite el **Repsol Honda Team.**

Restaurantes

☼ **Cimas.** (English-Bar). Avda. de Saboia, 9.
T. 214 680 413. *www.cimas.com.pt*
Cierra domingo, segunda y tercera semanas de agosto. La familia Cimas lo gestiona con gran competencia. Localización privilegiada sobre la ribera con una sala elegante. Es una referencia para los gastrónomos. Destacan los platos de **caza,** en especial la ***chocha* perdiz** y la **perdiz al Madeira,** y platos como **cherne al horno a la English Bar,** y tantos otros. Precio medio 55 €.

☼☼ **Estoril Mandarim.** Praça José Teodoro dos Santos, s/n.
T. 214 667 270. *www.casino-estoril.pt*
Cierra lunes y martes. Está considerado como el restaurante chino más genuino y sofisticado de Portugal, con el mar al fondo. ***Dim sum*** (solo al mediodía), **gambas salteadas en el nido de pájaro, gallina estofada en vino chino de la tinaja caliente, pato a la pequinesa.** Precio medio 40 €.

® **Four Seasons.** (Grill, en Hotel Palácio Estoril). Particular, s/n.
T. 214 648 000. *www.palacioestorilhotel.com*
Cierra almuerzos. Espacio elegante de ambiente sofisticado y una cocina con una mezcla interesante de platos tradicionales portugueses y otros de influencia francesa. **Sopa de pescado con salsa *rouille*, entrecot de cordero.** De postre, ***crepes du maître* y *suzette*.** Precio medio 60 €.

Hoteles

***** **Palácio Estoril Hotel Golf & Spa.** Particular, s/n. T. 214 648 000.
www.palacioestorilhotel.com
Hab. 128: 165 €. Suites: 32. Privilegios en la utilización de campos de golf para huéspedes. Restaurantes Four Seasons y Bougainvillea Terrace.

Estremoz Ver Évora

78 · D-2

Évora

78 · C-4
A Lisboa, 140 km
Alt. 310 m · Pob. 50.000
T. 266 777 071
Prefijo internacional: 00-351
GPS 38° 34' 14" N · 7° 54' 40" O

Visitar: Esta antiquísima ciudad, a la que los romanos llamaron Liberalitas Julia, es patrimonio de la humanidad gracias a una riqueza monumental que data de distintas épocas: desde su imponente **catedral** fortificada de traza gótica hasta la **Universidad do Espírito Sto.,** pasando por los monumentos megalíticos que los íberos dejaron en el lugar. Alcanzó su edad de oro en el s. XV, cuando llegó a ser la residencia de los reyes portugueses. De aquella época datan sus características casas blancas decoradas con azulejos y balcones de hierro. También merece la pena pasear por el romántico jardín en el que se encuentra el **palacio de D. Manuel** y visitar la ermita de S. Blas. Aunque el auténtico símbolo de la ciudad es el **templo romano,** con una antigüedad de 2.000 años, una de las ruinas históricas más importantes del país.

Fiestas: La fiesta principal de la ciudad es la **Gran Feria Popular** en honor a **S. João,** celebrada en la primera quincena de junio y que ofrece al público exposiciones de artesanía y espectáculos folclóricos.

Alrededores: A apenas 3 km de Évora se puede visitar el yacimiento megalítico Cromeleque dos Almendres (el mayor de la península ibérica), un conjunto de 95 monolitos, con miles de años y un propósito aún desconocido. **Estremoz** (a 46 km) cuenta con rico patrimonio cultural, en el que destacan el castillo y la antigua ciudadela, y **Vila Viçosa** (a 60 km) guarda un interesante Palacio Ducal.

Yacimiento de Cromeleque dos Almendres

Restaurantes

Degust'Ar. Cândido dos Reis, 72. T. 266 740 700.
www.mardearhotels.com P
Magníficas instalaciones en el Palácio dos Sepúlvedas del s. XV. Cocina alentejana renovada con influencias mediterráneas que añade la creatividad del chef. **Cazón** aliñado, **pollo de campo con pimientos, lomitos de cerdo rellenos con grelos y *alheira* de caza.** Precio medio 30 €.

Fialho. Travessa dos Mascarenhas, 16. T. 266 703 079.
www.restaurantefialho.com
Cierra lunes, del 1 al 22 de septiembre y del 24 de diciembre al 2 de enero. Es uno de los más conocidos y de los mejores restaurantes portugueses. Fiel a la gastronomía alentejana y especialidades regionales de sabor único, como la **sopa de cazón,** el **cordero pascual asado** o la **perdiz *à Fialho.*** Parada obligatoria para gastrónomos. Precio medio 35 €.

L'And & Vineyards. (En MONTEMOR-O-NOVO, a 30 km).
Estrada Nacional 4. T. 266 242 400. *www.l-andvineyards.com/pt*
Tiene una cocina inspirada en la cocina portuguesa con productos regionales de temporada, de los que son ejemplos el **arroz con pulpo y almejas** y el **lomo de cordero merino con *tagine* de verduras y boniato.** Precio medio 60 €.

Narcissus. (Alentejo Marmòris Hotel & Spa, en VILA VIÇOSA, a 60 km).
Largo Gago Coutinho, 11. T. 268 887 010. *www.alentejomarmoris.com* P
La variedad de colores y texturas que distingue el mármol caracteriza también la cocina del Narcissus, integrado en un hotel que es un museo de esa roca cristalina. Con técnicas innovadoras se descubren sabores tradicionales, gracias al ingenio y al arte del chef Alexandre Silva. Precio medio 35 €.

São Rosas. (En ESTREMOZ, a 46 km). Largo D. Dinis, 11.
T. 268 841 005.
Cierra lunes, primera quincena de enero y de julio. Es una referencia, no solo del Alentejo, sino también de la cocina tradicional portuguesa que se sirve en un ambiente acogedor. Son emblemáticos: **costillar de cordero pascual al horno, *burras* asadas al horno y migas alentejanas.** Excelente **pastelería.** Precio medio 30 €.

® **Tasquinha do Oliveira.** Cândido dos Reis, 45-A. T. 266 744 841.
Cierra domingo y primera quincena de agosto. Fama y calidad son inversamente proporcionales al tamaño del restaurante, que es diminuto pero ha sabido escoger lo mejor de la cocina regional. Irresistibles platos. **Cazón con cilantro, cordero pascual asado al horno, migas con costillas.** Excelente **pastelería de convento.** Precio medio 30 €.

Hoteles

***** **Alentejo Marmòris Hotel & Spa.** (En VILA VIÇOSA, a 60 km).
Largo Gago Coutinho, 11. T. 268 887 010. *www.alentejomarmoris.com*
Hab. 45: 115 €. Suites: 3. Lujoso y nuevo hotel, donde el mármol regional tiene especial relevancia. Hospitalidad, confort y simpatía son, como es usual en el Alentejo. Ofrece un *spa* de calidad, restaurante, piscina y bares.

***** **GL Convento do Espinheiro, a Luxury Collection Hotel.**
Canaviais, s/n. T. 266 788 200. *www.conventodoespinheiro.com*
P
Hab. 82: 160 €. Suites: 10. Enclavado en un monumento nacional del s. XV. Restaurante Divinus.

***** **Mar de Ar Aqueducto.** Cândido dos Reis, 72-78. T. 266 740 700.
www.mardearhotels.com P
Hab. 64: 139 €. Ubicado en el centro histórico y en pleno corazón de la zona patrimonio de la humanidad. Resulta de una profunda y bien conseguida intervención del antaño Pálacio dos Sepúlveda (s. XV). Ofrece confort y encanto. Restaurante Degust'Ar y Sabores do Alentejo.

Artesanía en cuerno

Pousada Rainha Santa Isabel. (En ESTREMOZ, a 46 km).
Largo de Dom Diniz. T. 268 332 075. *www.pousadas.pt*
Hab. 32: 117 €. Suites: 1. Emblemática Pousada ubicada en el castillo de Estremoz (s. XIII), donde vivió y murió la reina Santa Isabel, monumento nacional desde 1910. La vista de la llanura hasta la Serra D'Ossa es imprescindible. Dotado de piscina y un buen restaurante donde la gastronomía alentejana tiene un lugar especial.

Faro

Arco da Vila

103 · B-2
A Lisboa, 298 km
Alt. 5-10 m · Pob. 63.967
T. 289 803 604
Prefijo internacional: 00-351
GPS 37° 0' 57" N · 7° 56' 11" O

Visitar: La capital del Algarve esconde maravillosos lugares como su **catedral,** que preside la plaza del mismo nombre. Junto a ambas se encuentran el Palacio Episcopal y el Ayuntamiento. También impresiona el **Arco da Vila,** que realizaba la función de puerta de entrada a la ciudad durante la época medieval. Para descubrir el centro nada mejor que caminar por la bonita rúa de S. António, cerca del **Museo Regional do Algarve.**

Fiestas: Del 8 al 13 de junio se celebran las fiestas populares en torno al **Día de Portugal.**

Alrededores: Merece la pena acercarse a la **Praia do Faro** (a 9 km), una de las más bellas del Algarve, y al **Parque Natural de Ría Formasa-Marim.** Otras localidades de interés son **Moncarapacho** (a 25 km); **Vilamoura** (a 26 km), un enclave muy concurrido durante los periodos vacacionales; **Paderne** (38 km), con la iglesia románica de S. Salvador; **Porches** (a 52 km); y **Lagos** (a 89 km), con el Fuerte de la Ponta da Bandeira y la playa de Dona Ana.

Restaurantes

® **Orangerie.** (Hotel Vila Monte Resort, en MONCARAPACHO, a 25 km).
Sítio dos Caliços, s/n. T. 289 790 790. *www.vilamonte.com* P
La cocina del bellísimo restaurante del Vila Monte Resort se caracteriza por la utilización de productos frescos del mar y de la tierra, incluyendo algunos de la propia finca. Es innovadora, pero respeta los sabores tradicionales de la región, en la **crema de guisantes,** el **tentáculo de pulpo de Tavira con cremoso de cilantros** y el **lomo de cerdo ibérico con polenta de chorizo.** Precio medio 48 €.

The Ocean

Cierra almuerzos, martes y miércoles. El restaurante *gourmet* del Hotel Vila Vita Parc invita a usar traje elegante para combinar con la excelencia de las instalaciones y de la propia experiencia gastronómica que Hans Neuner proporciona, sacando el mejor partido de los productos portugueses de excelencia con gran técnica y una mayor creatividad. El menú cambia semanalmente. Es un desafío que se renueva.

Precio medio 120 €.

(Hotel Vila Vita Parc, en PORCHES, a 52 km).
Anneliese Pohl. T. 282 310 100.
www.vilavitaparc.com P

☼ **Veneza.** (En PADERNE, a 38 km). Estrada da Paderne, s/n.
T. 289 367 129.
Cierra miércoles almuerzo y martes. Casa sencilla al borde de la carretera con mariscos vivos, platos caseros, pastelería regional. **Sopa de judías, pato al horno con naranja** y otras exquisiteces, con un gran vino para acompañar, pues no falta dónde escoger. Precio medio 30 €.

Hoteles

Pousada de Faro Palácio de Estoi. (En ESTOI, a 10 km). São José, s/n.
T. 289 990 150. *www.pousadas.pt*
Hab. 60: 252 €. Suites: 3. Palacio del s. XVIII de estilo rococó, rehabilitado. Preciosos jardines.

Vila Monte Resort. (En MONCARAPACHO, a 25 km). Sítio dos Caliços, s/n.
T. 289 790 790. *www.vilamonte.com*
Hab. 53: 153 €. Suites: 30. Alojarse en este encantador hotel es vivir al exterior, bien sea a la sombra de los algarrobos centenarios o en una terraza con vistas al mar. Cocina elaborada con productos del Algarve. Restaurante Orangerie.

Torre del Palácio de Estoi

Fátima Santarém

58 · E-4
A Lisboa, 135 km
Alt. 346 m · Pob. 15.000
T. 249 531 139
Prefijo internacional: 00-351
GPS 39° 37' 17" N · 8° 39' 54" O

Visitar: La **capilla de las Apariciones** espera a los más devotos en el interior del santuario de Fátima. En el recinto también se encuentra la basílica de Ntra. Sra. del Rosario y la iglesia de la Stma. Trinidad, entre otras. Destaca, además, el **Museo de las Apariciones de 1917.**

Fiestas: El 13 de mayo es la festividad de la Virgen y, el 1 de junio, **Sta. Fátima.**

Alrededores: A menos de 20 km están los **monasterios de Alcobaça** y **Batalha.** Destaca también el castillo y la catedral de **Leiria.**

Restaurantes

☼ **Tía Alice.** Do Adro, 152. T. 249 531 737.
www.tiaalice.com
Cierra domingo cena, lunes y del 1 al 20 de julio. Delante de la iglesia parroquial de Fátima, una caseta sencilla se volvió lugar de culto de la cocina tradicional portuguesa. Se distingue por la calidad de la materia prima y por el esmero de su cocina. **Bacalao à Tía Alice, arroz con pato** o a la **transmontana.** Excelente pastelería. Precio medio 30 €.

Guarda

28 · B-1
A Lisboa, 361 km
Alt. 1.056 m · Pob. 24.000
T. 271 205 530
Prefijo internacional: 00-351
GPS 40° 32' 15" N · 7° 16' 18" O

Visitar: En esta ciudad fronteriza aún se pueden ver restos de sus murallas y admirar su austera **catedral.** Pero para disfrutar del ambiente más recóndito de Guarda hay que sumergirse en su judería y visitar la **torre de Menagem,** que hizo las veces de castillo y, al estar situada encima de un monte, tiene unas vistas espectaculares. Otra sugerencia para visitantes curiosos es su mercado municipal, lleno de deliciosos quesos.

Fiestas: El 24 de junio es la **feria de S. João.**

Alrededores: A 15 km se halla el **Parque Natural da Serra da Estrela.**

Hoteles

**** **Fortaleza de Almeida.** (En ALMEIDA, a 49 km). Da Muralha. T. 271 574 290.
www.hotelfortalezadealmeida.com
Hab. 21: 85 €. Construida dentro de la muralla de la villa. A 11 km de Vilar Formoso.

Guimarães Braga

28 · E-4
A Lisboa, 362 km
Alt. 190 m · Pob. 158.108
T. 253 518 394
Prefijo internacional: 00-351
GPS 41° 26' 40" N · 8° 17' 35" O

Visitar: Ciudad con un pasado glorioso ligado a la fundación de la identidad nacional portuguesa y a su lengua en el s. XII. Su centro histórico está declarado patrimonio de la humanidad y ha sido Ciudad Europea del Deporte en 2013. Destaca el **palacio de los Duques de Braganza** (s. XV), la iglesia de Nossa Senhora da Oliveira y su castillo, catalogado como monumento nacional.

Fiestas: El 24 de junio se conmemora la **batalla de São Mamede,** que se desarrolló en las inmediaciones de Guimarães.

Alrededores: Moreira de Cónegos (a 9 km) es una de las freguesias más antiguas de Portugal.

Centro Internacional para las Artes José de Guimarães

Restaurantes

® **Papa Boa.** Largo João Franco, s/n. T. 253 415 872. *www.papaboa.pt* ©
Cierra domingo. Expresión de modernidad, en términos gastronómicos, que combina productos y conecta sabores inesperados y excitantes. En este espacio de innovación, elegancia y *glamour* ideal, no vale de nada hablar de los platos, que son siempre cambiantes y reaparecen bajo nuevas formas y con otros nombres. Precio medio 30 €.

☼ **S. Gião.** (En MOREIRA DE CÓNEGOS, a 9 km). Avda. Comendador Joachim Almeida Freitas, 56. Lugar de Vinhas. T. 253 561 853. ❄ P
Cierra domingo cena y lunes. Marco incomparable en versión actual y personalizada. Tiene los mejores productos, que trata con mucho esmero, sean **tripas** o ***foie-gras.*** Todo son especialidades, desde el **bacalao a la cazuela,** a la ***açorda* de perdiz,** que no será olvidada. Precio medio 35 €.

Hoteles

Pousada de Guimarães, Santa Marinha. Largo Domingos Leite de Castro. T. 253 511 249. *www.pousadas.pt*
Hab. 51: 89 €. Suites: 2. La Pousada Santa Marinha es resultado de la restauración del monasterio de los Agostinhos (s. XII). Innumerables pequeños jardines, fuentes y rincones lo convierten un lugar encantador. Las habitaciones tienen decoraciones distintas, adaptadas a cada espacio y ambiente.

102 · D-1

Lagos Ver Faro

40 · A-3

Lamego Ver Viseu

Leiria

58 · E-3
A Lisboa, 149 km
Alt. 113 m · Pob. 127.468
T. 244 848 779
Prefijo internacional: 00-351
GPS 39° 44' 47'' N · 8° 48' 26'' O

Visitar: Destaca el **castillo** románico y gótico, que se divisa desde la entrada de la ciudad y da la bienvenida al visitante; la **catedral** (s. XVI), que está separada de la torre del campanario, y la **plaza Rodrigues Lobo,** situada en pleno centro y de corte medieval.

Fiestas: La **Feria de Mayo** se remonta al s. XII y ofrece productos tradicionales y gastronómicos. En junio, se celebra el **Festival de Música.**

Alrededores: A 55 km se encuentra **Caldas da Rainha,** que debe su nombre al manantial termal, y donde se puede visitar la iglesia de Nra. Sra. del Pópulo o el Museo de la Cerámica.

Restaurantes

☼ **Sabores de Italia.** (En CALDAS DA RAINHA, a 55 km). Praça 5 de Outubro, 40. T. 262 845 600. *www.saboresditalia.com* © ♿ ❄ P
Cierra lunes. Ha cambiado de lugar y ahora posee unas instalaciones más modernas, confortables y luminosas en el edificio de la antigua plaza del pescado. La cocina sigue siendo excelente, el **hojaldre de gambas con *boletus*** es su buque insignia, así como la **pechuga de pato en salsa de oporto y mandarinas,** los ***ñoquis* de espinacas con gambas y alcachofas** y la **sinfonía de pera.** Precio medio 30 €.

Lisboa

77 · B-2
A Madrid, 648 km
Alt. 111 m · Pob. 469.509
T. 210 312 810
Prefijo internacional: 00-351
GPS 38° 42' 24'' N · 9° 8' 15'' O

Visitar: A pesar de sus empinadas calles, Lisboa es una ciudad ideal para pasear, pues cada esquina guarda una sorpresa única. Se puede empezar por la parte más alta, en el **barrio de Alfama,** al que se accede con el tranvía más conocido de Portugal, el ***Eléctrico 28,*** y donde es parada obligada el **castillo de S. Jorge** y el mirador Largo das Portas do Sol con sus bellas vistas. De Alfama al **Bairro Alto** hay un agradable paseo a pie que permite entender por qué éste último es la zona de moda de Lisboa, ya que combina a la perfección el sabor de antaño (para muestra, el mirador de Sta. Catarina) con los círculos de arte más vanguardistas. Los amantes de las ciudades más monumentales y clásicas disfrutarán de **La Baixa,** el corazón de la localidad, surcado por la emblemática **calle Marqués de Pombal** y coronado en la plaza do Comerço. Otra visita importante es el barrio del Chiado, una de las zonas más elegantes y culturales de Lisboa, al que se puede llegar a través del **elevador de Sta. Justa,** diseñado por un admirador de Eiffel. Imposible irse de la ciudad sin pasear a orillas del Tajo y observar sus puentes, como el **25 de abril,** una maravilla de la técnica, y ver el Parque da Nações, con su **Oceanário,** el segundo mayor del mundo, y el Centro de Ciencia Viva, perfecto para los más pequeños.

Mirador de Sta. Luzia

Fiestas: El 25 de abril se celebra el **Día da Liberdade.**

Alrededores: En **Belém** (a 3 km) se puede ver la famosa torre del mismo nombre y el monasterio de los Jerónimos. Otros lugares de interés cercanos son **Cascais** (a 30 km) y **Sintra** (a 34 km).

Restaurantes

☼☼ **100 Maneiras.** Do Teixeira, 35. T. 910 307 575.
www.restaurante100maneiras.com
Cierra almuerzos. Es uno de los espacios gastronómicos más originales de Lisboa. Ambiente informal, tranquilo y discreto, pero lleno de encanto. Cocina innovadora que muestra el talento y la técnica de Lyubomir Stanisic. **Atún con *foie-gras* y manzana caramelizada con melaza y ensalada *wakame*, entrecot de cerdo negro con puré de zanahoria, crujiente de parmesano y *mousse* de caballa.** Indispensable. Solo menú degustación 45 €. También, **Bistró 100 Maneiras** (Largo da Trindade, 9. T. 910 307 575. Cierra almuerzos y domingo), a precios más económicos (25 €).

Ⓡ **A Confraria.** (York House Hotel). Das Janelas Verdes, 32.
T. 213 962 435. *www.yorkhouselisboa.com*
Cierra lunes. En uno de los más encantadores rincones de Lisboa, que fue un convento en el s. XVIII. Cautiva por dos razones esenciales: la cocina moderna y creativa, con productos y sabores portugueses, y el servicio impecable, en la sala y en el jardín. Para degustar: **pulpo asado con aceite y ajo, fritos de lomo de bacalao en hojaldre en su salsa y hamburguesa *gourmet*.** Precio medio 40 €.

☼ **A Travessa.** Travessa do Convento das Bernardas, 12.
T. 213 902 034. *www.atravessa.com*
Cierra almuerzos de lunes y sábado; y domingo. A la sombra de los claustros del antiguo convento de las Bernardas, en verano, y en la sala calentada por el horno de leña, en invierno, se disfruta de una tentadora oferta gastronómica, con platos como **gallo con champán, perdiz al convento de las Bernardas, y *filet mignon* de venado con trufas negras.** Precio medio 50 €.

☼ **Alma.** Calçada do Marquês de Abrantes, 92-94.
T. 213 963 527. *www.alma.co.pt*
Cierra almuerzos, domingo, lunes, 3 semanas en enero y en agosto. Espacio intimista que refleja Henrique Sá Pessoa, con una cocina accesible de sensibilidad y técnica sorprendentes. **Lomo de bacalao fresco con puré de garbanzos, lechón confitado a baja temperatura con *fondant* de batata, *pak choy* y salsa de asado con naranja.** Precio medio 45 €.

Elevador de Sta. Justa

☼☼☼

Belcanto

Cierra domingo, lunes y 15 días en agosto. Este clásico, con excelente cocina, se volvió una referencia ineludible de la ciudad al acoger, a principios de 2012 y tras una profunda remodelación, el arte del chef José Avillez. Su cocina tiene raíz portuguesa, con toques de creatividad. Es la alta cocina en su expresión más noble, cada plato se revela como una obra de arte, como los ya célebres **huerta de la gallina de los huevos de oro** (huevo, pan crujiente, setas), **inmersión en el mar** (lubina con algas y bivalvos) y **mandarina** (zumo helado, espuma, helado, bizcocho, crema y gajos de mandarina).

Menú 70 €. Precio medio 80 €.

Largo de São Carlos, 10.
T. 213 420 607. *www.belcanto.pt* ❄ S

☼ **Cantinho do Avillez.** Dos Duques de Bragança, 7. T. 211 992 369. *www.cantinhodoavillez.pt* ❄ S
Cierra domingo. Espacio sin pretensiones y acogedor, ambiente informal y cosmopolita. Cocina fiel a la tradición gastronómica portuguesa, aparentemente sencilla, pero con la creatividad y el virtuosismo técnico que el chef José Avillez pone en todo lo que hace. Una cocina diferente, especial, única. Precio medio 35 €.

® **Charcutaria Lisboa.** Do Alecrim, 47-A. T. 213 460 672. *www.restaurantecharcutaria.com* €
Cierra domingo cena. Volvió a abrir con espacio mejorado y con la cocina más amplia, donde las especialidades alentejanas siguen siendo predominantes, pero no exclusivas, ofreciendo también algunos buenos platos de cocina internacional. Precio medio 25 €.

☼☼ **Eleven.** Marqués de Fronteira, s/n. Jardín Amalia Rodrigues. T. 213 862 211. *www.restauranteleven.com* ♿ ❄ P
Cierra domingo y festivos. Espacio elegante, en el parque Eduardo VII, con vistas a la ciudad y al Tajo. Concepto gastronómico de Joachim Koerper, caracterizado por la utilización de ingredientes de los mercados donde trabaja y por la recreación de platos tradicionales. **Vieiras con ensalada de cuscús y vinagreta de zanahoria, mero con manzana caramelizada y salsa de *caril* y *carré* de ternera lechal con salsa de vino de Madeira.** Precio medio 70 €.

® **Estórias na Casa da Comida.** Travessa das Amoreiras, 1. T. 213 885 376. *www.casadacomida.pt* ❄ S
Cierra almuerzos y domingo. Ubicado en un edificio pombalino, junto al Jardín de las Amoreiras. Con bar, sala de estar y sala de comidas orientada a un jardín interior, es uno de los restaurantes más bellos de la ciudad. Cocina competente. **Gambas a la sartén con guindilla, cherne a la sartén con arroz de algas y bivalvos.** Precio medio 40 €.

☼☼ **Feitoria.** (Hotel Altis Belém). Doca do Bom Sucesso, s/n. T. 210 400 200. *www.altishotels.com* ♿ P
Cierra domingo y lunes. Cocina portuguesa en versión contemporánea que le confiere una expresión universal. Platos con firma, personalizados, únicos, servidos en un espacio moderno, elegante y atractivo, en la vecindad del Tajo. **Salmonete *corado* con pasta rellena de bogavante y muslo de capón asado con setas, espárragos y *foie-gras*.** Precio medio 60 €.

® **Gambrinus.** Das Portas de Santo Antão, 23. T. 213 421 466. *www.gambrinuslisboa.com* ♿ ❄ P
Es un clásico de la restauración lisboeta, generalmente considerado como lujoso y caro, pero bueno. Dos salas con ambiente reservado y servicio a la carta, y una zona de aperitivo relajada, en donde se sirven los mismos platos. Hay de todo: desde la **croqueta** y el **pastel de perdiz al *eisbein con choucroute*** al ***soufflé* de vainilla** y los **crepes *suzette*.** Precio medio 70 €.

® **Largo.** Serpa Pinto, 10-A. T. 213 477 225. *www.largo.pt* ♿ ❄
Cierra domingo. Se distingue por la belleza de sus instalaciones, la elegancia del ambiente, la creatividad de la cocina y la delicadeza del servicio. **Bacalao a 80° con migas de poleo y hierbabuena de la ribera y bistec con salsa de queso del Azeitão sobre espinacas.** Precio medio 50 €.

O Polícia. Avda. Marqués Sá da Bandeira, 112-A. T. 217 963 505. *www.restauranteopolicia.com* ❄
Cierra sábado cena y domingo. Hace más de un siglo que sigue en la misma familia y siempre fiel al recetario tradicional portugués y a un patrón exigente de calidad. Especialidades: **pargo asado al horno, fritos a la portuguesa, lomitos de cerdo con almejas y cocinado a la portuguesa,** todos los jueves y sábados. Precio medio 35 €.

Pared de un restaurante en Bairro Alto

Pasteles de Belém, típicos de Lisboa

Ⓡ **O Talho.** Carlos Testa, 1-B. T. 213 154 105. *www.otalho.pt*
Cierra domingo. Espacio moderno y muy bonito que es a la vez carnicería y restaurante. En ambos se trabaja la carne de forma diferente y creativa, valorando el producto, cuyo origen es diverso (portugués, vasco y de Sudamérica), así como sus complementos **(*foie-gras*, croquetas, empanadas)** y guarniciones. Calidad y variedad son sus señas distintivas. Precio medio 25 €.

Ⓡ **Olivier Avenida.** (Hotel Tivoli Jardim). Júlio César Machado, 7. T. 213 174 105. *www.restaurante-olivier.com* **P**
Cierra domingo almuerzo y sábado. Ambiente cosmopolita, elegante y al mismo tiempo informal; cocina contemporánea con platos ligeros donde destaca la gran variedad de entrantes, **ensaladas, pastas** y ***risotti.*** El buque insignia es la ***picanha* de Kobe con *chutney* de mango y vinagre de frambuesa,** en las versiones de 500 y 250 g. Se sirven también desayunos. Precio medio 40 €.

Panorama. (Sheraton Lisboa Hotel & Spa). Latino Coelho, 1. T. 213 120 000. *www.sheratonlisboa.com* **P**
Es, con seguridad, una de las cocinas más originales y sólidas del país. Dos ejemplos: sabor de infancia del **bacalao con todos,** obviamente con ingredientes inusuales y presentación contemporánea pero con todos los sabores que tenemos en la memoria; y ***foie-gras com farofa,*** con ingredientes foráneos y sabores portugueses. Precio medio 65 €.

Pap' Açorda. Da Atalaia, 57-59. T. 213 464 811.
Cierra domingo y lunes. Más de tres décadas de existencia, pero permanece joven, elegante y relajado. Sigue teniendo ese aire de tasca que fue en su momento, antes de volverse un restaurante de referencia de la ciudad. Platos emblemáticos: las ***açordas,*** además de los platos de temporada, como la **caza** y la **lamprea.** Precio medio 55 €.

Ⓡ **Pedro e o Lobo.** Do Salitre, 169. T. 211 933 719. *www.pedroeolobo.pt*
Cierra sábado almuerzo y domingo. Espacio moderno con un cierto ambiente familiar y cocina sofisticada con productos y sabores tradicionales. Combinaciones alegres y a veces excitantes, **terrina de pato, *pickle* de temporada y gelatina de zanahoria y regaliz, salmonete de costa a la brasa, salsa de perifollo y queso de Serpa con migas de aceituna y *pak choy, mousse* de chocolate deshidratada y helado de haba *tonka.*** Precio medio 40 €.

Ⓡ **Populi.** Praça do Comércio, 85-86. T. 218 877 395. *www.populi.pt*
La plaza do Comércio o *Terreiro do Paço,* como prefieren llamarle los lisboetas, adquirió una nueva alma con nuevos restaurantes, en especial el Populi, en el ala naciente, junto al Torreón, donde la elegancia del espacio y de la decoración se conjugan con la modernidad de la cocina, centrada en los sabores portugueses. Precio medio 30 €.

Ⓡ **Spazio Buondi.** Avda. Sacadura Cabral, 53-B. T. 217 970 760.
La cocina, de perfil tradicional y de carácter transmontano, es de Justa Noble, que volvió a encontrar aquí su lugar para deleite de los gastrónomos. La **sopa de centollo,** considerada su plato estrella, no da sombra a otras grandes creaciones, como la **perdiz a la transmontana y al estilo del convento de Alcântara** y la más reciente e ineludible, la **cazuela de cherne y langosta.** Precio medio 30 €.

Tasca da Esquina. Domingos Sequeira, 41-C. T. 210 993 939. *www.tascadaesquina.com*
Cierra lunes almuerzo y domingo. Aire de tasca, por su simplicidad; comida de tasca, por los entrantes. Exquisitez en los sabores y en el virtuosismo de quien los crea y los elabora. **Lascas de bacalao, raya confitada, rabitos de cerdo con cilantro y pudín Abade de Priscos.** En suma: cocina regional reinventada con sabor y arte. Precio medio 30 €.

Tavares. Da Misericordia, 35-37. T. 213 421 112. *www.restaurantetavares.net*
Cierra lunes y domingo. La cocina del más antiguo, lujoso y famoso restaurante de Lisboa está confiada, desde marzo, a Aimé Barroyer, uno de los más cualificados profesionales que trabajan en Portugal. Apasionado por la calidad de los productos portugueses, es excelente conjugando la tradición con la modernidad. **Lubina salvaje y bogavante en *croûte* con crema de erizo y cabrito asado al estilo Oleiros y su arroz al horno.** Precio medio 60 €.

Umai Chiado. Da Misericórdia, 78. T. 967 271 281. *www.restauranteumai.blogspot.pt*

Monumento a los Descubrimientos, en Belém

Sala con tres espacios, decoración elegante y sobria, y un concepto gastronómico de *asian twist* (cocina asiática en pequeños platos). Una cocina fascinante con sabores naturales y nítidos, fuertemente personalizada con la firma de la pareja de cocineros Anna Lins y Paulo Morais. Precio medio 30 €.

☼☼ **Varanda do Ritz.** (Hotel Four Seasons Ritz). Rodrigo da Fomseca, 88. T. 213 811 400. *www.hotelritz.pt*
Sala amplia, decorada con un buen gusto extremo y llena de luz, que se abre hacia el parque Eduardo VII, en el corazón de Lisboa. Al mediodía hay bufé con una exposición de exquisiteces más que convincente. A la cena, una muestra de elegancia. **Terrina de *foie-gras, armagnac,* trufa y confitura de limón con espuma de *limoncello,* arroz de marisco, cherne y cilantro, milhojas.** Precio medio 75 €.

☼ **XL.** Calçada da Estrela, 57. T. 213 956 118.
Cierra almuerzo de lunes a jueves; y domingo. Es un restaurante de éxito, quizá sin parangón, donde el cliente no espera ser sorprendido, pero sí comer bien. Sabe con lo que cuenta y no sale defraudado. El menú cambia cada seis meses, pero poco. La estabilidad es la regla. Platos emblemáticos: los ***soufflés*** y los **filetes** con los sabores familiares de siempre. Precio medio 35 €.

Pintura en la Fundación Calouste Gulbenkian

Hoteles

***** **Altis.** Castilho, 11. T. 213 106 000. *www.altishotels.com*
Hab. 300: 180 €. Suites: 12. Céntrico. Reformado recientemente. Restaurantes Grill Dom Fernando y Coffee Shop Rendez Vous.

***** **Avenida Palace.** 1º Dezembro, 123. T. 213 218 100. *www.hotelavenidapalace.pt*
Hab. 82: 150 €. En pleno centro, en un edificio neoclásico del s. XIX, cuenta con más de un siglo de historia. Fue reformado recientemente, pero mantiene todo el encanto de otros tiempos y su exquisita decoración.

***** **Bairro Alto.** Pza. Luis de Camões, 2. T. 213 408 288. *www.bairroaltohotel.com*
Hab. 51: 270 €. Suites: 4. Este boutique hotel se encuentra en el corazón de la ciudad, entre el bohemio Bairro Alto y O Chiado. Servicio excelente en un ambiente acogedor, cosmopolita y relajante.

***** **Four Seasons Hotel Ritz Lisbon.** Rodrigo da Fonseca, 88. T. 213 811 400. *www.hotelritz.pt*

Hab. 242: 425 €. Suites: 40. Uno de los hoteles más considerados de la capital. Su localización privilegiada se sitúa entre las avenidas más modernas y la avda. da Liberdade. Dispone de varios bares, una piscina, un *spa* y un restaurante de gran calidad, el Varanda.

★★★★★ **Lapa Palace.** Pau de Bandeira, 4. T. 213 949 494.
www.lapapalace.com ❄ P
Hab. 109: 325 €. Suites: 2. Un palacio de lujo en una de las siete colinas de la ciudad. El barrio residencial que lo acoge, la Lapa, es posiblemente el más ilustre de Lisboa. Este edificio del s. XIX proporciona, además de un servicio de calidad, un estupendo *spa*, un restaurante excelente y una piscina rodeada por un emblemático jardín subtropical.

★★★★★ **Pestana Palace Hotel.** Jau, 54. T. 210 401 711.
www.pestana.com ♿ ❄ P
Hab. 189: 193 €. Suites: 4. Palacio del s. XIX, con jardines declarados monumento nacional. Restaurante Valle-Flor, con gran cocina internacional.

★★★★★ **Tivoli Lisboa.** Avda. da Liberdade, 185. T. 213 198 900.
www.tivolihotels.com ♿ ❄ P
Hab. 306: 230 €. Legendario hotel, fundado en 1933. Céntrico. Restaurantes Zodiaco y Grill Terraço.

Edificios del Parque das Nações, en Lisboa

Luso Ver Aveiro

49 · D-3

Matosinhos Ver Porto

39 · C-2

Melgaço Ver Viana do Castelo

17 · E-4

Mirandela Ver Bragança

29 · D-4

Monção Ver Valença do Castelo

17 · D-4

Moncarapacho Ver Faro

103 · B-2

Montemor-o-Novo Ver Évora

78 · A-3

Moreira de Cónegos Ver Guimarães

39 · E-1

Paço D'Arcos Lisboa

77 · B-2
A Lisboa, 16 km
Alt. 67 m · Pob. 15.315
Prefijo internacional: 00-351
GPS 38° 41' 10'' N · 9° 18' 34'' O

Visitar: En la localidad destaca el **fuerte Giribita,** una pequeña fortaleza marítima barroca, el **Palácio dos Arcos** y el conjunto de cinco hornos de cal que durante siglos rigió la actividad económica en la zona. Como visita curiosa, el **Museo del Automóvil** con una notable colección de coches y bicicletas.

Alrededores: Estoril está a apenas 9 km, y **Cascais** a 11 km.

Restaurantes

☼ **Casa da Dízima.** Costa Pinto, 17. T. 214 462 965.
www.casadadizima.com
Cierra domingo cena. Bello edificio del s. XV con comedor abovedado en ladrillo. Sala amplia, elegante y confortable. Los platos más emblemáticos: **filetes de salmonete con *risotto* negro, rape en costra de gambas y medallones de jabalí.** Precio medio 30 €.

☼ **Claro!** (Hotel Solar Palmeiras). Avda. Marginal, s/n. Curva dos pinheiros. T. 214 414 231. *www.restauranteclaro.com* ♿ P
Localización privilegiada sobre la ribera, con un panorama bellísimo de la desembocadura del Tajo. Ambiente tranquilo, tanto en las salas de estar y de comidas como en la terraza, y una cocina de sabores clásicos con técnica y presentación modernas, esmerado fruto de la creatividad del chef Vítor Claro. Precio medio almuerzo 24 €. Cenas solo menús degustación 35 y 60 €.

102 · F-1
Paderne Ver Albufeira

39 · E-2
Paredes Ver Porto

28 · D-1
Paredes de Coura Ver Valença do Minho

40 · A-2
Peso da Régua Ver Vila Real

102 · E-1
Porches Ver Faro

Porto/Oporto

39 · C-2
A Lisboa, 314 km
Alt. 158 m · Pob. 237.559
T. 223 393 472
Prefijo internacional: 00-351
GPS 41° 8' 58" N · 8° 36' 41" O

Visitar: Esta ciudad patrimonio de la humanidad tiene aroma de vino, agua –el río Duero es principio y final de todos sus paseos–, sana decadencia y tradición. Y aunque sea una villa de sensaciones, lo es también de acciones, pues no hay que parar de caminar para conocer todo lo que guarda. Su barroca **torre de los Clérigos** es un monumento único en el mundo, igual que su **catedral,** desde la que se divisan unas vistas maravillosas. Un paisaje que se comprende más y mejor después de haber pasado por el **Museo de Vino,** al que se accede gracias a un tranvía rehabilitado de principios de siglo. El alma de Portugal está en las fachadas adoquinadas de la **capilla de Las Almas** o de la **iglesia de S. Ildefonso.** Pasear y comprar es una delicia por las calles Sta. Catarina, Mouzinho da Silveira y 31 de Janeiro. También es interesante acercarse a la Fundación Serralves y pasear por sus bellos jardines, así como descubrir el **Museo de Arte Contemporáneo.**

Fiestas: Durante todo el mes de junio se celebra **S. João.**

Alrededores: A 8 km se hallan las playas de **Matosinhos;** a 10 km, en **Vila Nova de Gaia,** con interesantes bodegas de vino oporto, 20 establecimientos con visitas guiadas, degustación de vinos, pequeños museos en su interior... También se puede realizar un crucero lleno de historia sobre el Duero. El pueblo pesquero de **Póvoa de Varzim** (a 35 km) cuenta con una playa fantástica y en **Paredes** (a 38 km) se puede practicar piragüismo, escalada o alpinismo.

Restaurantes

☼ **Cafeína.** Do Padrão, 100. T. 226 108 059. *www.cafeina.pt*
Localización privilegiada, en la desembocadura, y estilo de cocina con buenas influencias muy representativas. Platos emblemáticos: ***carpaccio* de vieiras y gambas con ensalada de hierbas, *filet mignon* de cerdo negro con *canelloni de alheira* y trigo estofado** y **crepes quemados con arándanos.** Precio medio 40 €.

® **Casa Aleixo.** Da Estaçao, 216. T. 225 370 462. P
Cierra domingo. Abrió como una sencilla tasca con buena comida, por iniciativa del ciudadano gallego que le da el nombre, y pasó a ser un restaurante de cocina tradicional portuguesa de la mano de Ramiro Oliveira, que hizo de él una referencia de la ciudad. Sus platos estrella son los **filetes de pulpo y de merluza (fresca) con arroz de pulpo, las tripas al estilo de Oporto,** los martes, y el **cocido,** los miércoles. Precio medio 30 €.

☼ **Cozinha da Terra.** (Casa de Louredo, en PAREDES, a 38 km).
Lugar da Herdade, s/n. T. 255 780 900. *www.cozinhadaterra.com* P
Cerrado domingo cena, martes excepto reserva, y lunes. Integra la Casa de Louredo, con patio interior y carácter rural. Cocina con **pan casero, sopa, ahumados** y platos caseros. Especialidades: **bacalao en su pan, cabrito al horno con patatitas y arroz de *pingue*.** Precio medio 35 €.

☼ **D.O.P.** (Palácio das Artes). Largo de S. Domingos, 18.
T. 222 014 313. *www.ruipaula.com*
Bellísima sala en el antiguo convento de S. Domingos, ahora Palacio de las Artes. Gastronomía innovadora con raíces en la cocina portuguesa, **huevos escalfados y jamón, y lomito *maronês* con arroz de setas y queso de la sierra.** Precio medio 50 €.

☼☼ **Egoísta.** (Edif. del Casino, en PÓVOA DE VARZIM, a 35 km).
Passeio Alegre, s/n. T. 252 690 888. *www.casino-povoa.com* P

Torre de los Clérigos

Claustro gótico de la catedral

Cierra almuerzos, domingo y lunes. Ambiente cosmopolita y lleno de encanto. Cocina contemporánea y también atractiva, basada en los productos tradicionales que presenta bajo nuevas formas. El menú degustación es el mejor camino para conocerla. **Langostinos crujientes y su terciopelo con aromas campestres, lubina de 1ª *corada* en aceite, carrilleras de cerdo bísaro estofadas en vino tinto.** Precio medio 65 €.

☼ **Foz Velha.** Esplanada do Castelo, 141. T. 226 154 178.
www.fozvelha.com
Cierra lunes almuerzo y domingo. Es tan joven, elegante y moderno como el día que abrió al público, por eso sigue estando de moda. Además del confort de las instalaciones, ofrece sabores portugueses en versión contemporánea. **Taco de bacalao a 54° con puré de garbanzos, filetes de rodaballo con verduras salteadas, lomo de novillo con maíces y salsa de queso.** Precio medio 40 €.

☼ **Palco.** (Hotel Teatro). Sá da Bandeira, 84. T. 220 409 620.
www.hotelteatro.pt
Espacio moderno y sofisticado, con ambiente cosmopolita pero al mismo tiempo intimista. Cocina de inspiración mediterránea con productos frescos, cocina perfeccionada y presentación atractiva. Precio medio 30 €.

☼☼ **Pedro Lemos.** Do Padre Luís Cabral, 974. T. 220 115 986.
www.pedrolemos.net
Cierra domingo cena, y almuerzo lunes y martes. Cocina tradicional portuguesa con creatividad y virtuosismo técnico nada convencionales. **Pescado de costa, cabrito de Tras-os-Montes y ternera mirandesa** son indispensables en los dos menús degustación, pero en preparaciones que se van renovando al ritmo de la inspiración. Precio medio 40 €.

® **Porto Novo.** (Sheraton Porto Hotel & Spa). Tenente Valadim, 146. T. 220 404 191. *www.sheratonporto.com* P
Gran sala con decoración exquisita, en la cual se incluyen el *show cooking*, donde son finalizados algunos platos, y el botellero de cristal, accesible a los clientes. Cocina con base portuguesa e influencias de otras culturas. Especialidades: **cherne al horno de leña con aceite virgen y ajo,** y ***picanha* de Kobe a la parrilla con verduras *baby* ecológicas y arroz *pilaf*.** Bufé al mediodía 20 €. Precio medio 40 €.

® **Portucale.** Da Alegría, 598. Piso 14. T. 225 370 717.
www.miradouro-portucale.com P
Uno de los más amplios y bellos panoramas de la ciudad. El ambiente es discreto pero con encanto; la gastronomía conjuga los sabores de la cocina portuguesa tradicional con influencias internacionales. **Bacalao a la marinera, cabrito estofado a la serrana y tripas al estilo de Oporto.** Precio medio 40 €.

® **Restaurante da Pousada do Porto.** (Pousada do Porto, Freixo Palace Hotel). Estrada Nacional 108. T. 225 311 000. *www.pousadas.pt* P
La sala en el Palacio do Freixo es una ópera prima del barroco, con la huella de Nasoni, que se distingue por la belleza y la armonía, que también caracterizan la cocina, con base portuguesa y algunos toques de innovación. Especialidades: **lomo de lubina a la portuguesa con verduras al horno, patata asada y salsa de tomatada, y bistec de novillo a la portuguesa con patatas salteadas.** Precio medio 40 €.

Vista panorámica de Oporto

Puente de Don Luis I

Sobre los restos del desaparecido Ponte Pênsil e inaugurado en 1886, el puente de Don Luis I es el más conocido de Oporto y une esta ciudad con Vilanova de Gaia. Para su construcción se emplearon 3.000 toneladas de hierro y consta de dos pisos.

Salsa & Loureiro. (Porto Palácio Congress Hotel & Spa). Avda. da Boavista, 1277. Piso 1°. T. 226 086 704. *www.hotelportopalacio.com* P
Moderno, elegante con ambiente cosmopolita y, al mismo tiempo, acogedor. Cocina tradicional portuguesa, con un toque contemporáneo. ***Minipatanisca* de bacalao con ensalada campesina, filetes y arroz de pulpo, y tripas al estilo de Oporto,** que es plato diario. Precio medio 30 €.

Shis. Esplanada do Castelo Praia do Ourigo, s/n.
T. 226 189 593. *www.shisrestaurante.com*
En la playa de Ourigo, sobre el mar, con unas vistas bellísimas, salas y terrazas modernas y confortables. Gastronomía con sabores de Occidente, sobre todo mediterráneos, y de Oriente, en especial japoneses, de los que el ***risotto* de langosta y espárragos con estragón, el filete de lubina con *tartar* de tomate, el *sushi* y el *teppanyaki*** son excelentes. Precio medio 40 €.

Hoteles

***** **HF Ipanema Park.** Serralves, 124. T. 226 194 100.
www.hfhotels.com P
Hab. 281: 235 €. Suites: 18. Un hotel de 5 estrellas con piscina exterior y un Lounge Bar en el último piso que ofrece una vista panorámica de Oporto y la desembocadura del Duero. Cerca del Museo de Serralves. Restaurante Jardim de Inverno.

***** **Infante de Sagres.** Pza. Dona Filipa de Lencastre, 62. T. 223 398 500.
www.hotelinfantesagres.pt P
Hab. 70: 200 €. Suites: 8. Boutique Hotel en Oporto, sofisticado y con una atmósfera íntima. El hotel se sitúa en el centro histórico de la ciudad, a pocos metros de la zona patrimonio de la humanidad de la Unesco, del barrio de las Artes y de los bares de moda. Restaurantes Boca do Lobo y Book.

***** **Palácio das Cardosas.** Pza. Da Liberdades, 25. T. 220 035 600.
www.ihg.com P
Hab. 105: 160 €. Suites: 16. Situado en un palacio del s. XVIII con vista privilegiada de la imponente avda. dos Aliados y a una corta distancia de todos los principales lugares culturales. Un lugar ideal para quien quiere conocer la verdadera esencia de Oporto. Restaurante Astória, abierto para el desayuno, comida y cena.

***** **Porto Palácio.** Avda. Boavista, 1269. T. 226 086 600.
www.hotelportopalacio.com P
Hab. 233: 129 €. Suites: 18. Hotel moderno, de considerables dimensiones y con una atmósfera elegante. Está en la lista de The Leading Hotels of the World. Restaurantes Salsa & Loureiro, Portobeer, Madruga y Góshò.

***** **Sheraton Porto Hotel & Spa.** Tenente Valadim, 146.
T. 220 404 000. *www.sheratonporto.com*
Hab. 266: 89 €. Ofrece un ambiente acogedor en el centro de la ciudad. Posee 1.750 m² de espacios flexibles para conferencias, reuniones y banquetes y 4.000 m² de jardines preparados para la celebración de cualquier evento. Restaurante Porto Novo.

39 · C-1
Póvoa de Varzim Ver Porto

102 · E-2
Praia da Galé Ver Albufeira

77 · A-2
Praia do Guincho Ver Cascais

29 · E-4
Romeu Ver Bragança

28 · C-2
Santa Marta de Portuzelo Ver Viana do Castelo

77 · B-4
Sesimbra Ver Setúbal

Setúbal

77 · D-4
A Lisboa, 55 km
Alt. 10 m · Pob. 120.791
T. 265 524 284
Prefijo internacional: 00-351
GPS 38° 31' 28'' N · 8° 53' 35'' O

Visitar: Merece la pena visitar el **convento de Jesús,** el mejor ejemplo del gótico terciario, y el **Parque Verde da Bela Vista,** que se ha convertido en el principal pulmón de la ciudad. Desde los muelles y el faro, con un poco de suerte, se pueden divisar delfines en el mar.

Fiestas: Entre julio y agosto se celebra la **Feria de Santiago,** donde no faltan las verbenas, los conciertos y una muestra de la gastronomía y la artesanía de la zona. En junio, tiene lugar el **Festival Internacional de Cine Festroia.**

Alrededores: En **Sesimbra** (a 30 km), un pintoresco pueblo de pescadores, merece la pena visitar el castillo y el santuario de la Virgen del Cabo Espichel.

Restaurantes

☼ **Ribamar.** (En SESIMBRA, a 30 km). Avda. dos Náufragos, 29.
T. 212 234 853. *www.ribamar.com.pt* € P
Sala amplia y luminosa que se prolonga en la terraza sobre la ribera de Sesimbra, frente al mar. El escaparate de pescado atrae la mirada y la cocina convence a todos. **Sopa rica de pescados y mariscos, *tartar* de gambas, ostras, huevas de erizo y lubina macerada en aceite, pescados a la parrilla, a la sal y al vapor.** Precio medio 26 €.

Sintra

77 · A-2
A Lisboa, 27 km
Alt. 206 m · Pob. 377.249
T. 219 231 157
Prefijo internacional: 00-351
GPS 38° 47' 53" N · 9° 23' 22" O

Visitar: Enclavada en el Parque Natural Sintra-Cascais, esta bella localidad está declarada patrimonio de la humanidad y paisaje cultural debido a su riqueza, no solo monumental, sino también natural. Entre sus joyas, quizás la más conocida es el **palacio da Pena,** de estilo romántico, que llama la atención por sus llamativos colores. Magníficos son también el **palacio de Monserrate,** rodeado de bellos árboles centenarios; el Palacio Nacional, antigua residencia real que combina diferentes estilos, y el **castillo dos Mouros,** desde cuyas murallas se divisan unas impresionantes vistas. Otras visitas de interés son el Museo del Juguete y el Museo Arqueológico de S. Miguel de Odrinhas.

Calle de Sintra

Fiestas: El 29 de junio se celebra **S. Pedro** y el 29 de junio, el **Día del Municipio.** En julio es la **Feria Medieval.**

Alrededores: A 11 km está **Colares,** pequeña villa famosa por sus vinos y su Bodega Regional, desde donde se puede llegar a Praia Grande, un lugar perfecto para practicar surf y *bodyboard* y donde también se observa la huella de los dinosaurios que habitaron esta zona.

Restaurantes

® **Arola.** (Penha Longa Hotel). Estrada de Lagoa Azul, s/n.
T. 219 249 028. *www.penhalonga.com* P
Cierra cenas de lunes y martes. Espacio encantador en el escenario natural de Penha Longa, en la Serra de Sintra; ambiente relajado pero elegante; gastronomía con el sello personal de Sergi Arola, inspirada en las tapas y raciones con elaboración refinada. Platos emblemáticos: **patatas bravas, ensalada de cangrejo real, lomo de bacalao con habas salteadas.** Precio medio 45 €.

® **Midori.** (Penha Longa Hotel). Estrada da Lagoa Azul, s/n.
T. 219 249 011. *www.penhalonga.com* P
Cierra almuerzos, domingo y lunes. *Midori* significa verde en japonés, a tono con el césped y la arboleda, siempre verdes. Ambiente refinado y suave, como su cocina. ***Sushi, tempura y teppanyaki*** se preparan frente al cliente. Precio medio 40 €.

Hoteles

***** **Palácio de Seteais.** Barbosa do Bocage, 8. T. 219 233 200.
www.tivolihotels.com P
Hab. 30: 89 €. Palacio mítico y lujoso del s. XVIII, en la ladera de la Serra de Sintra y con fabulosas vistas del castillo dos Mouros y el palacio da Pena. Su interesante arquitectura e historia están patentes en cada detalle, desde en los interiores – frescos, tapices, mobiliario...– hasta los jardines. Restaurante Seteais.

***** **Penha Longa Hotel, Spa & Golf Resort.** Estrada da Lagoa Azul, s/n.
T. 219 249 011. *www.penhalonga.com* P
Hab. 191: 180 €. Suites: 3. En un monasterio del s. XIV, dentro del Parque Natural Sintra-Cascais. Restaurantes Arola, Midori, Acqua, Il Mercato y B-Lounge.

Tavira Faro

103 · C-2
A Lisboa, 300 km
Alt. 25 m · Pob. 26.167
Prefijo internacional: 00-351
GPS 37° 7' 41" N · 7° 39' 17" O

Visitar: Conocida como la Venecia del Algarve, Tavira recibe al visitante con su **puente romano** sobre el río Gilão. Es famosa por su isla sobre el Atlántico, que cuenta con excelentes playas y a la que se accede en barco. Merece la pena ver su **castillo,** a orillas del Sèqua, y admirar edificios como el **palacio da Galería.** También es interesante su patrimonio religioso, en el que destaca la **iglesia de la Misericordia,** que guarda un bello retablo en su interior, y la ermita de Sta. Ana, una de las más antiguas de la localidad.

Fiestas: El 14 y 15 de agosto se celebran las fiestas de **Sta. Margarida.**

Alrededores: Muy apreciadas por sus playas son **Vila Nova de Cacela** (a 12 km) y **Altura** (a 15,9 km), en el concejo de Castro Marim. Destaca también el **Parque Natural de Ría Formosa** y los campos de golf de Conceição.

Restaurantes

☼ **Vistas.** (Hotel Monte Rei Golf & Country Club, en VILA NOVA DE CACELA, a 12 km). Sítio do Pocinho, s/n. T. 281 950 960. *www.golf.monte-rei.com* ♿ P
Cierra almuerzos, domingo y lunes. El panorama circular y vastísimo que se ofrece a quien visita este restaurante justifica su nombre. Las instalaciones son otro lujo, que se une a una gastronomía creativa que raya la perfección técnica. **Vieiras a la parrilla con salsa de puerro, huevas de trucha y emulsión de cilantros, lomo charolés con tartaleta Wellington** y, de postre, **espuma de vainilla con frutos rojos.** Precio medio 80 €.

Valença do Minho Viana do Castelo

17 · C-4
A Lisboa, 445 km
Alt. 72 m · Pob. 3.500
T. 251 823 374
Prefijo internacional: 00-351
GPS 42° 1' 25" N · 8° 38' 15" O

Iglesia de Sta. María de los Ángeles

Visitar: Separada de la ciudad española de Tuy por dos puentes que cruzan el río Miño, Valença no sería lo que es sin su **fortaleza Vauban,** un imponente perímetro de murallas que vigila la frontera fluvial con España. Intramuros merece la pena visitar la **iglesia de Sta. María de los Ángeles,** románica, y en las afueras, el sobrio **convento benedictino de Ganfei,** donde hay que detenerse en su claustro y su iglesia románica. Los amantes de los trenes disfrutarán en el Museu Nacional Ferroviário, situado en la antigua estación de trenes.

Fiestas: A principios de agosto son las fiestas de **Sta. María de los Ángeles.**

Alrededores: En la ciudad fortificada de **Monçâo** (a 17 km) se pueden visitar las iglesias de la Misericordia o de Sto. Antonio de los Capuchos. A 25 km está **Paredes de Coura,** donde cada verano se celebra un importante festival de música.

Restaurantes

® **O Conselheiro.** (En PAREDES DE COURA, a 25 km). Largo Vizconde de Moselos. s/n. T. 251 782 610. © ♿ ❄
Cierra domingo cena y lunes. Ambiente acogedor. Gastronomía genuinamente portuguesa con la base de los productos locales. Plato estrella: **cabrito al vino.** Otros platos emblemáticos: **bacalao *à Conselheiro,* olla de cocido al estilo del pueblo, *rojões* curados templados con verde tinto.** Precio medio 20 €.

☼ **Quinta do Prazo.** Lugar da Urgeira, s/n. T. 251 821 230. *www.restaurantequintadoprazo.com* © ♿ P
Cierra domingo cena y lunes. Casa en medio de unos jardines con lago. Cocina de base tradicional, pero creativa, bonita y sorprendente. Menú estacional. **Lamprea con vino de Oporto *vintage*** –el plato estrella–, **taco de *barrosã,* muslo de gallo relleno de moras y menudillos.** Precio medio 30 €.

® **Sete a Sete.** (En MONÇÂO, a 17 km). Conselheiro João da Cunha, s/n. T. 251 652 577. ©
Cierra lunes y de mediados de septiembre al 4 de octubre. Tesoro de las tradiciones gastronómicas del Alto Miño. Su plato estrella es la **lamprea,** para muchos insuperable, sea **en arroz, a la bordalesa, en escabeche, ahumada o asada a la brasa.** Otras especialidades: **bacalao de la casa y cordero asado.** Precio medio 22 €.

Viana do Castelo

28 · B-2
A Lisboa, 388 km
Pob. 40.000
Prefijo internacional: 00-351
GPS 41° 41' 33" N · 8° 50' 18" O

Visitar: Bañada por el océano Atlántico, Viana do Castelo merece una visita para admirar **la iglesia de la Misericordia,** situada en la bella plaza da República, donde también se halla la fuente de Chafariz. Otros edificios de interés son los antiguos Paços do Concelho, edificio del s. XVI donde se reunía el concejo de Viana; la Casa de los Condes da Carreira, una bella casa señorial, y la **catedral,** románica con influencias góticas. No hay que perderse el **puente Eiffel** situado sobre el río Lima.

Fiestas: El 20 de agosto se celebra **Ntra. Sra. d'Agonia** con una procesión marinera.

Alrededores: En el monte de Sta. Luzia, a 3 km, se encuentra un templo votivo, un parque y unas interesantes ruinas galaico-romanas. En **Santa Marta de Portuzelo** (a 6,1 km) se puede visitar el castillo de Portuzelo, emplazado junto al río Lima. Y en **Melgaço** (a 104 km), merecen la pena su castillo y la casa solariega del Alvarinho.

Restaurantes

® **Camelo.** (En SANTA MARTA DE PORTUZELO, a 6,1 km). De Santa Marta, 119. Estrada Nacional 202. T. 258 839 090. *www.camelorestaurantes.com* © ♿ ❄

Cierra lunes. Uno de los baluartes de la gastronomía del Alto Miño. El **cocido a la portuguesa** con productos caseros es el plato estrella y motivo de romería el segundo domingo de cada mes. **Arroz de *gallo pé descalço*, arroz de *sarrabulho* con embutidos y *rojões* caseros, cabrito asado al horno y lamprea,** en temporada. Precio medio 25 €.

Os 3 Potes. Beco dos Fornos, 7-9. T. 258 829 928.
Un grato local con cocina portuguesa tradicional. Cabrito asado, arroz con leche. Precio medio 35 €.

☼ **Panorama.** (Edif. del Mercado Municipal, en MELGAÇO, a 104 km). Das Carvalhiças, 13. T. 251 410 400.
Cierra domingo cena, lunes, segunda quincena de mayo y de octubre. Sala confortable con vistas espectaculares del río Miño y de las tierras españolas. Cocina exuberante de sabores. Plato estrella: menú de entradas, que es insuperable. Otras especialidades: **cabrito al horno con patatitas, parrilladas de pescado y de carne, y lamprea y sábalo,** en temporada. Precio medio 25 €.

Vilamoura Faro

103 · A-2
A Lisboa, 260 km
Pob. 18.000
Prefijo internacional: 00-351
T. 808 781 212
GPS 37° 5' 32" N · 8° 7' 17" O

Visitar: Situado en pleno corazón del Algarve, se trata de uno de los complejos turísticos y residenciales de Europa gracias a su clima, sus campos de golf y su puerto deportivo. Sin olvidar sus playas, como la de **Vilamoura** o la de la **Falésia,** donde los arenales son dorados y de una belleza natural inigualable. Entre sus alicientes culturales destaca un conjunto de ruinas romanas y el **Museo de Cerro da Vila.**

Fiestas: Sus **carnavales,** la segunda semana de febrero, adoptan el mismo aire festivo y colorido que los brasileños.

Alrededores: Se puede visitar el **castillo de Silves** (a 30 km), de los ss. VIII-XIII.

Serapias en corazón que crecen en Vilamoura

Restaurantes

☼ **Emo.** Avda. dos Descobrimentos, s/n. T. 289 317 000. *www.tivolihotels.com*
Instalado en el último piso del Hotel Tivoli Victoria, tiene un ambiente intimista y sofisticado. Cocina muy elaborada que sorprende tanto por la combinación de sabores –del tradicionalismo portugués al exotismo oriental–, como por la belleza de la presentación. Precio medio 50 €.

☼☼ **Willie's.** Do Brasil, 2. T. 289 380 849. *www.willies-restaurante.com*
Cierra miércoles. Integrado en una vivienda de la zona más tranquila de Vilamoura. Ambientes distintos en sala y jardín con la misma gran elegancia. Cocina de excepción, buenos ejemplos son los excelentes **ravioli de marisco con salsa de vermut** y **lomo de rape frito en salsa de mostaza con *mousse* de patata.** Precio medio 60 €.

Hoteles

***** **Hilton Vilamoura As Cascatas.** Torre d'Agua, 4.11.1B. T. 289 304 000. *www.hiltonvilamouraresort.com.pt*
Hab. 176: 150 €. Suites: 5. Numerosos premios acreditan la calidad de sus servicios y atención. Su situación privilegiada, restaurantes, bares, piscinas, gimnasio, *spa* y los muy destacados campos de golf que lo rodean son sus principales atractivos.

***** **Tivoli Victoria.** Avda. dos Descobrimentos. T. 289 317 000. *www.tivolihotels.com*
Hab. 280: 170 €. Suites: 3. Hotel sofisticado y de gran calidad que ofrece una importante selección de servicios de apoyo. Piscinas, restaurantes, bares y un *spa* son ejemplo de ello. Su campo de golf Oceânico Victoria Golf Course fue diseñado por el famoso golfista Arnold Palmer. Restaurante Emo.

Vila Nova de Cacela Ver Tavira

103 · D-1

Vila Nova de Famalicão Ver Braga

28 · D-4

Vila Nova de Gaia Porto

39 · C-2
A Lisboa, 308 km
Alt. 71 m · Pob. 302.092
T. 223 702 559
Prefijo internacional: 00-351
GPS 41° 8' 9" N · 8° 37' 59" O

Visitar: Se encuentra situada en el margen izquierdo del Duero, justo enfrente de Oporto, a la que queda unida por el puente Luis I. Imprescindible dar un paseo en barco por el río, visitar algunas de las afamadas **bodegas** donde se fabrica el vino de Oporto y ascender por sus empinadas calles hasta el **Monasteiro da Serra do Pilar,** que ofrece magníficas vistas.

Fiestas: Catas populares, muestras gastronómicas, exposiciones, talleres, demostraciones... Todo se da cita en el **Festival do Vinho do Porto,** a principios de septiembre.

Funicular en Vila Nova de Gaia

Alrededores: En **Grijó** (a 14 km), el Monasterio Agustiniano de São Salvador posee un singular claustro de dos pisos, que terminó de construirse en 1593.

Restaurantes

® **Barão de Fladgate.** Do Choupelo, 250. T. 223 742 800. *www.tresseculos.pt*
Cierra domingo cena. Sala refinada, en un edificio de granito rodeado por jardines con vistas deslumbrantes de la ciudad. Productos de excelencia y cocina sólida. **Bacalao al horno con costra de pan de maíz y aceitunas, *tournedos* de novillo envuelto en bacón con salsa de Oporto *Taylor's LBV* y nata.** Precio medio 30 €.

☼☼ **The Yeatman.** Do Choupelo, s/n. T. 220 133 100. *www.the-yeatman-hotel.com*
Solo la vista espectacular del río Duero y de la ciudad de Oporto puede competir con la calidad de la cocina, que es actual, creativa, de gran rigor técnico y perfección estética. **Vieira caramelizada con *canelonni* de centollo, rodaballo de mar cocinado al vapor en caldo aromatizado con tallarín de yemas, *strudel* y helado de almendra tostada.** Sorprendente. Menú 105 €. Precio medio 83 €.

Hoteles

***** **The Yeatman.** Do Choupelo, s/n. T. 220 133 100. *www.the-yeatman-hotel.com*
Hab. 82: 215 €. Suites: 7. Consultar tarifas. Habitaciones con amplias terrazas que proporcionan impresionantes vistas de la ciudad y del río.

Vila Viçosa Ver Évora

78 · E-2

Vila Real

40 · B-1
A Lisboa, 240 km
Alt. 431 m · Pob. 52.219
T. 964 547 248
Prefijo internacional: 00-351
GPS 41° 17' 45'' N · 7° 44' 47'' O

Visitar: Merece la pena pasear por su casco antiguo, de carácter medieval, y hacer una parada en la **Casa de Mateus,** un conjunto arquitectónico del s. XVII. Además, desde el alto del calvario se obtienen unas vistas inmejorables de la ciudad y de la Serra do Alvão.

Fiestas: Las fiestas mayores, en honor a **S. Pedro y S. Antonio,** comienzan el 27 y 28 de junio y se extienden a lo largo de toda una semana.

Alrededores: Situada junto al río Duero se encuentra **Peso da Régua** (a 12 km), que tuvo un papel crucial en la comercialización del vino de Oporto.

Restaurantes

® **Cais da Villa.** Monsenhor Jerónimo do Amaral, s/n. T. 259 351 209. *www.caisdavilla.com*
Espacio bonito, con restaurante, *wine bar* y terraza, en un antiguo almacén de mercancías de la estación de Vila Real. Cocina del mundo en versión contemporánea. **Pulpo a la parrilla con col al vapor y chuleta de novillo con puré de trufa y espárragos a la parrilla.** Precio medio 35 €.

® **Castas e Pratos.** (En PESO DA RÉGUA, a 12 km). José Vasques Osório, s/n. T. 254 323 290. *www.castasepratos.com* S
Antiguo almacén de la CP transformado en un restaurante moderno y bonito con *wine bar, lounge* y tienda *gourmet*. Cocina creativa de inspiración regional. Especialidades: **milhojas de queso de cabra, compota de higo, pasta *brie* y reducción de Oporto y almendra, taco de bacalao con costra de pan de maíz, cabrito al vino de Oporto con habas.** Precio medio 30 €.

Viseu

50 · A-2
A Lisboa, 330 km
Alt. 494 m · Pob. 93.501
Prefijo internacional: 00-351
GPS 40° 39' 35'' N · 7° 54' 44'' O

Visitar: Su plaza del Rossio es el mejor lugar para comenzar una ruta a pie por esta ciudad medieval que ha de llevar a la **catedral,** antigua fortaleza romana; a la **iglesia de la Misericordia** y a la **plaza D. Duarte.** El Edificio dos Paços do Concelho muestra un bonito panel de azulejos. Otro plan agradable es pasear por el **parque do Fontelo** y visitar alguna de las bodegas que forman parte de la Ruta del Vino de Dão.

Fiestas: El 17 de junio se celebran las **Cavalhadas de Teivas** y el 21 de septiembre, la **feria de S. Mateus.**

Alrededores: A 15 km está el Palacio dos Condes de Anadia; a 20 km, las termas de Sangemil Tondela, y a 25 km, las de Carvalhal. En **Lamego** (a 61 km), se puede visitar el castillo, la catedral y el santuario de Nossa Senhora dos Remédios, y en **Armamar** (a 75 km), la iglesia románica Madre de Armamar (s. XIII).

Restaurantes

Ⓡ **Almapura.** (Hotel Aquapura Douro Valley, en LAMEGO, a 61 km). Quinta de Vale Abraão, s/n. T. 254 660 600.
www.aquapurahotels.com
Al margen sur del Duero, entre las viñas y el río, en un escenario natural. El restaurante Almapura gastronómico es tentador. **Escabeche de sardina con lechugas finas y tomate *concassé*,** degustación de la costa portuguesa con ***açorda* de buey de mar y *crumble* de tinta de choco.** Precio medio 75 €.

D.O.C. (En ARMAMAR, a 75 km). Estrada Nacional 222, Folgosa. T. 254 858 123. *www.restaurantedoc.com*
Situado sobre las aguas del Duero con instalaciones modernas. La cocina de Rui Paula, inspirada en las tradiciones del Duero y Tras-os-Montes, valora los buenos productos regionales y utiliza las técnicas más modernas. **Cabrito, cerdo bísaro, ternera maronesa y mirandesa.** Precio medio 30 €.

Ⓡ **Muralha da Sé.** Adro da Sé, 24. T. 232 437 777.
www.muralhadase.pt
Cierra domingo cena y lunes. Sala de comidas amplia, elegante y confortable en un edificio de granito con jardín, contiguo a la Sé. Gastronomía cuidada con fuerte presencia regional. **Bacalao lagareiro, pulpo con migas y secretos de cerdo negro con arroz de judías.** Precio medio 25 €.

Hoteles

***** **Aquapura Douro Valley.** (En LAMEGO, a 61 km). Quinta de Vale Abraão. T. 254 660 600. *www.aquapurahotels.com*
Hab. 50: 170 €. Suites: 6. Esta antigua finca de 5 ha rodeada de selva es ahora un lujoso hotel con excelentes comodidades y un reconocido *spa* (Aquapura). La decoración, moderna, encaja perfectamente. Impresionantes vistas sobre el valle del Duero. Restaurantes Vale Abraão y Almapura.

***** **Montebelo Hotel & Spa.** Urb. Quinta do Bosque, s/n. T. 232 420 000. *www.montebeloviseu.pt*
Hab. 172: 91 €. Suites: 7. Sofisticado y moderno hotel al lado de Viseu. La decoración es contemporánea y con buen gusto. Habitaciones muy confortables, piscina, un excelente restaurante, bares y un completo *spa* son sus grandes atractivos.

Ruinas en Viseu

AÇORES

Angra do Heroísmo Isla Terceira

Alt. 56 m · Pob. 34.976
T. 295 213 393
Prefijo internacional: 00-351
GPS 38° 39' 31'' N · 27° 12' 57'' O

Visitar: En el centro de la ciudad, declarado patrimonio de la humanidad en 1983, encontramos la **plaza de los Santos.** También merece una visita el Monte Brasil, en el que se encuentra el **castillo de São Felipe,** y el palacio de los Capitanes, un edificio del s. XVI íntimamente ligado a la historia del archipiélago de las Azores.

Fiestas: La **Feria de San Juan** se celebra el 24 de junio.

Restaurantes

Ambientes com Sabores. Direita, 80. T. 295 216 517.
Cierra domingo. Edificio antiguo y con una fuente en su interior. Decoración moderna, de ambiente cosmopolita y una cocina muy actualizada, tanto en la elaboración como en la presentación de los platos. **Lomo de pez-sierra con *açorda*** (migas) **de huevas, pulpo salteado con castañas y puerro y filete de novillo con yuca crujiente.** Precio medio 25 €.

Ⓡ **Quinta do Martelo.** Canada do Martelo, 24. T. 295 642 842.
www.quintadomartelo.com
Cierra miércoles. Es probablemente el restaurante más emblemático de la isla y un verdadero tesoro de la gastronomía tradicional azoreña. Espacio de cultura y de buen gusto. Precio medio 15 €.

Hoteles

***** **Angra Marina Hotel.** Porto de Pipas. T. 291 724 209.
www.angramarinahotel.com
Hab. 130: 50 €. Suites: 1. El Marina Hotel, ubicado en el puerto náutico de Angra, ofrece múltiples servicios de gran calidad. Su situación permite vistas impresionantes del océano Atlántico, la ciudad y el puerto náutico. Piscinas, restaurantes, bares y un *spa* son algunas de sus propuestas.

Iglesia de São Gonçalo

Furnas Isla de São Miguel

Alt. 303 m · Pob. 1.541
T. 296 584 525
Prefijo internacional: 00-351
GPS 37° 46' 23'' N · 25° 18' 42'' O

Visitar: El **valle das Furnas** es uno de los enclaves más valiosos de la localidad. Atravesado por dos caudalosas riberas, una de agua caliente y otra de agua fría, es una zona de gran belleza marcada por la existencia de múltiples manantiales. También merece la pena visitar **Terra Nostra Park,** cuya historia está vinculada a la evolución de la aldea como centro termal y de veraneo. Este jardín botánico de gusto romántico fue construido en los ss. XVIII a XIX y es uno de los sitios más populares de la isla de São Miguel gracias a su piscina geotermal, sus magníficos escenarios y la variedad y riqueza de la vegetación exótica.

Alrededores: El **mirador do Pico do Ferro,** con una altitud de 544 metros, está cercano al campo de golf de la localidad y ofrece unas magníficas vistas.

Restaurantes

® **Terra Nostra.** (Terra Nostra Garden Hotel).
Padre José Jacinto Botelho, 5. T. 296 549 090. *www.bensaude.pt* P
Es un escenario natural de ensueño. Además de la belleza y del confort, ofrece lo mejor de la gastronomía regional. **Caldereta de bacalao *nas caldeiras, feijoada nas caldeiras,* filetes de brótola a la Terra Nostra.** Precio medio 25 €.

MADEIRA

Funchal

Alt. 37 m · Pob. 112.015
T. 291 211 900
Prefijo internacional: 00-351
GPS 32° 39' 4'' N · 16° 54' 35'' O

Pavo Real Blanco en el Jardín Botánico de Funchal

Visitar: Son muchos los lugares para visitar en esta ciudad con más de 500 años de existencia. Destaca la **Sé,** iglesia principal del municipio, de estructura gótica. También se debe visitar la **iglesia y monasterio de Sta. Clara** y el Museo de Arte Sacro, con una importante muestra de arte flamenco de los ss. XV y XVI y ubicado en el antiguo palacio episcopal.

Fiestas: Son famosos los **fuegos artificiales de Año Nuevo,** incluidos en el *Libro Guinness de los Récords* por ser los más grandes del mundo, y el **Festival de las Flores,** que se celebra en primavera y es una de las principales atracciones de la isla.

Alrededores: Dado el complicado relieve de la capital de Madeira, los teleféricos son un excelente medio de transporte para salvar en pocos minutos los 500 o 600 metros de desnivel entre el centro y las alturas de la ciudad.

Restaurantes

Il Gallo D'Oro. (Hotel The Cliff Bay). Estrada Monumental, 147.
T. 291 707 700. *www.portobay.com* P
Cierra almuerzos. Restaurante gastronómico del hotel The Cliff Bay, que se erige en un promontorio natural conectado al mar y cercado por jardines. Cocina creativa, técnica y estéticamente perfecta. Carta en permanente renovación. Resulta ineludible la opción del menú degustación del chef. Precio medio 70 €.

® **Uva.** (Hotel The Vine). Dos Aranhas, 27-A. T. 291 009 000.
www.hotelthevine.com P
Cierra almuerzos. Espacio elegante con una vista espectacular de la ciudad y del mar, un ambiente también seductor y una gastronomía inspirada en la cocina francesa con interesante adopción de los productos regionales. Además del servicio a la carta, al ser de temporada, se recomienda el menú degustación. Menú 40 €. Precio medio 60 €.

® **Villa Cipriani.** (Hotel Reid's). Estrada Monumental, 139.
T. 291 717 171. *www.reidspalace.com* P
Cierra almuerzos. Integrado en el Reid' s Hotel Palace, sinónimo de lujo y elegancia, comparte la belleza de ese lugar privilegiado, aunque cuenta con un ambiente relajado, acorde con su cocina de inspiración italiana y portuguesa. ***Carpaccio* de novillo a la Cipriani, *ossobuco* con *risotto* a la milanesa.** Precio medio 60 €.

® **La Belle Terrase.** (Hotel Quinta das Vistas).
Caminho de Santo António, 52. T. 291 750 001.
www.charminghotelsmadeira.com P

Carros de Cesto do Monte

Cierra almuerzo. En el escenario encantador de la Quinta das Vistas, entre jardines y árboles centenarios y la bahía del Funchal, cocina refinada con sala y balcón cubiertos y terraza al aire libre. **Ensalada de bogavante en duna de arena de aceite de trufas con vinagreta de mango y nueces, atún en dos cocciones sobre algas japonesas con aceite de vainilla.** Precio medio 50 €.

Hoteles

***** **The Cliff Bay.** Estrada Monumental, 147. T. 291 703 711.
www.portobay.com
Hab. 202: 206 €. Suites: 5. Con fantásticas vistas panorámicas del océano Atlántico. Desde el hotel se puede acceder a una playa privada. Además del famoso Il Gallo D´Oro, el hotel dispone de otros dos restaurantes y cinco bares. Cuenta también con un moderno *spa*, una preciosa piscina y servicios de gran calidad.

***** **Reid's.** Estrada Monumental, 139. T. 291 717 171.
www.reidspalace.com
Hab. 163: 390 €. Suites: 16. Probablemente el más seductor y cautivador hotel de Madeira. Lleno de encanto, de rincones, balcones, con un fantástico y enorme jardín y una excelente piscina. Situado en la cima de un acantilado con vistas del Atlántico y de la bahía de Funchal. Visite el restaurante. Servicio de enorme calidad.

***** **Royal Savoy.** Carvalho Araújo. T. 291 724 238.
www.madeiraroyalsavoy.com
Hab. 172: 275 €. Suites: 59. Este lujoso hotel, uno de los más premiados del mundo, dispone de una soberbia localización en Funchal. Cuenta con un restaurante de gran calidad, varios bares, spa y una excelente piscina. También se puede disfrutar de paseos por su jardín subtropical con vista al mar.

Grandes cadenas hoteleras

La selección de hoteles ofrecida en esta Guía turística se ha realizado teniendo en cuenta su emplazamiento o arquitectura singular. Adicionalmente, en estas páginas podrá ampliar nuestra propuesta de alojamientos con la relación de los grupos hoteleros con presencia nacional e internacional más destacados.
Tanto en *www.guiarepsol.com* como en esta publicación, ponemos a disposición de viajeros e internautas toda la información necesaria para consultar, localizar y reservar el hotel que mejor se adapte a sus necesidades o preferencias. Podrá elegir entre un amplio abanico de posibilidades, desde los hoteles más modernos y funcionales a aquellos de mayor lujo y confort; en definitiva, el que mejor se ajuste a su forma de viajar.

abba Hotels

Nº de hoteles: 27
Tel. 902 153 163
www.abbahoteles.com

AC Hotels Marriott

Nº de hoteles: 76
Tel. 902 292 293
www.ac-hotels.com

Barceló Hotels & Resorts

Nº de hoteles: 142
Tel. 902 101 001
www.barcelo.com

Eurostars Hotels

Nº de hoteles: 70
Tel. 902 932 424
www.eurostarshotels.com

H10 Hotels

Nº de hoteles: 43
Tel. 902 100 906
www.h10hotels.com

Hoteles Servigroup

Nº de hoteles: 16
Tel. 965 855 900
www.servigroup.es

Husa Hoteles

Nº de hoteles: 100
Tel. 902 100 710
www.husa.es

Iberostar Hotels & Resorts

Nº de hoteles: 100
Tel. 902 995 555
www.iberostar.com

Meliá Hotels International

Nº de hoteles: 381
Tel. 902 144 440
www.melia.com

NH Hoteles

Nº de hoteles: 400
Tel. 902 570 368
www.nh-hoteles.es

Occidental Hotels & Resorts

Nº de hoteles: 17
Tel. 902 559 135
www.occidentalhotels.com

Palladium Hotel Group

Nº de hoteles: 42
Tel. 902 424 252
www.palladiumhotelgroup.com

Paradores de Turismo de España

Nº de hoteles: 94
Tel. 902 547 979
www.parador.es

Petit Palace Hoteles
Nº de hoteles: 33
Tel. 902 283 686
www.petitpalace.com

Pousadas de Portugal
Nº de hoteles: 37
Tel. 902 444 340
www.pousadas.pt

Relais & Châteaux
Nº de hoteles: 520
Tel. 933 176 633
www.relaischateaux.com

Riu Hotels & Resorts
Nº de hoteles: 100 (Aprox.)
Tel. 902 400 502
www.riu.com

Sercotel Hotels
Nº de hoteles: 152
Tel. 933 636 363
www.sercotelhoteles.com

Starwood Hotels & Resorts
Nº de hoteles: 1.146
www.starwoodhotels.com

Vincci Hoteles
Nº de hoteles: 35
Tel. 902 454 585
www.vinccihoteles.com

Zenit Hoteles
Nº de hoteles: 22
Tel. 912 182 028
www.zenithoteles.com

Otras cadenas hoteleras

Be Live Hotels
Nº de hoteles: 30
Tel. 902 433 366
www.belivehotels.com

Best Hotels, S. L.
Nº de hoteles: 27
Tel. 977 374 203
www.besthotels.es

Catalonia Hoteles
Nº de hoteles: 61
Tel. 902 301 078
www.hoteles-catalonia.com

Celuisma Grupo Hotelero
Nº de hoteles: 25
Tel. 900 351 017
www.celuisma.com

Confortel Hoteles
Nº de hoteles: 21
Tel. 902 424 242
www.confortelhoteles.com

Domus Hoteles
Nº de hoteles: 26
Tel. 902 366 874
www.domus-hoteles.es

Dunas Hotels & Resorts
Nº de hoteles: 4
Tel. 902 142 828
www.hotelesdunas.com

Elba Hoteles
Nº de hoteles: 10
Tel. 902 172 182
www.hoteleselba.com

Expo Hoteles & Resorts
Nº de hoteles: 9
Tel. 936 006 958
www.expohotels.com

Garden Hoteles
Nº de hoteles: 14
Tel. 902 051 105
www.gardenhotels.com

GHT Hotels
Nº de hoteles: 10
Tel. 937 662 072
www.ghthotels.com

Grupo Hotelero Gargallo
Nº de hoteles: 19
Tel. 902 222 270
www.gargallohotels.es

Grupotel
Nº de hoteles: 34
Tel. 902 404 444
www.grupotel.com

Guitart Hotels
Nº de hoteles: 9
Tel. 902 347 034
www.guitarthotels.com

HG Hoteles Y Gestion
Nº de hoteles: 10
Tel. 902 205 902
www.grupohg.com

Hipotels
Nº de hoteles: 27
Tel. 971 587 512
www.hipotels.com

HLG Hoteles
Nº de hoteles: 9
Tel. 902 112 010
www.hlghotels.com

Hospes
Nº de hoteles: 7
Tel. 902 254 255
www.hospes.es

Hoteles Saint Michel
Nº de hoteles: 21
Tel. 971 274 822
www.saintmichel.net

Insotel Hotel Group
Nº de hoteles: 8
Tel. 902 112 345
www.insotelhotelgroup.com

Lopesan Hotel Group
Nº de hoteles: 20
Tel. 902 45 00 10
www.lopesanhotels.com

Monarque Hoteles
Nº de hoteles: 7
Tel. 902 570 668
www.monarquehoteles.es

Playa Senator
Nº de hoteles: 30
Tel. 902 533 532
www.playasenator.com

Princess Hotels & Resorts
Nº de hoteles: 19
Tel. 902 406 306
www.princess-hotels.com

Roc Hotels
Nº de hoteles: 19
Tel. 902 337 722
www.roc-hotels.com

Sirenis Hotels & Resorts
Nº de hoteles: 10
Tel. 902 636 448
www.sirenishotels.com

Solvasa Hoteles
Nº de hoteles: 9
Tel. 902 500 838
www.solvasa.com

Stil Hotels & Resorts
Nº de hoteles: 6
Tel. 902 474 000
www.stilhotels.com

THB Hotels
Nº de hoteles: 18
Tel. 902 091 559
www.thbhotels.com

Vime Hotels & Resorts
Nº de hoteles: 6
Tel. 902 364 525
www.vimehoteles.com

Viva Hotels & Resort
Nº de hoteles: 17
Tel. 902 34 34 32
www.hotelsviva.com

3

Índice de poblaciones

Índice de poblaciones

Edita
Repsol, S. A.

Realización
HEARST *boutique creativa*

Diseño
Manuel Estrada Design

Maquetación
HEARST *boutique creativa*

Impresión
Central de Producción, S. A.

ISBN
978-84-87980-33-6

Depósito legal
M-26904-2013

NOTA

Los datos de esta Guía están actualizados a 30 de septiembre de 2013 y han sido proporcionados por La Asociación de Amigos de la Real Academia de Gastronomía. Los precios, tarifas y datos de contacto reflejados en la presente publicación están sujetos a posibles cambios por los establecimientos y son orientativos, declinando REPSOL, S. A. cualquier responsabilidad del uso de que se pueda dar a la información contenida en esta Guía y a los posibles errores, imprecisiones, inexactitudes u omisiones pese a los esfuerzos de REPSOL, S. A. por verificar dicha información.

Para cualquier aclaración o comentario sobre el contenido de esta Guía, pueden acudir a nuestro Servicio de Atención al Cliente (900 101 101), a la web *guiarepsol.com* o *repsol.com*.